U0563573

中国社会科学院老年学者文库

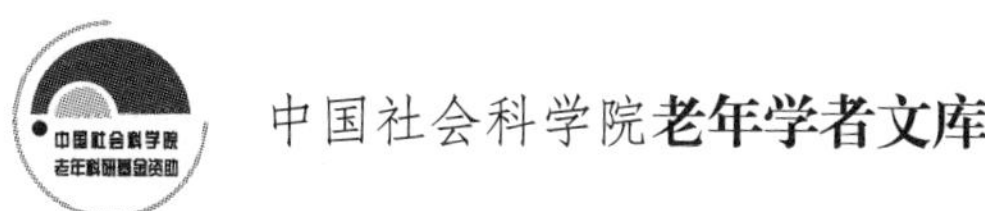

王辅世语言研究文集

王辅世 / 著

目　录

宣化方言地图

苗语古音构拟

语言研究论文

马　序

20世纪50年代我与王辅世教授在贵阳花溪公园的一座黄褐色的小楼房里主持苗族创制、改革文字的调查研究工作，昕夕与共，所知较多。今辅世文集行将付梓，问序于我，回首往事，有不能已于言者。

新中国成立之初，辅世就对苗语作了一些出色的调查研究。1956年党和政府为了解决少数民族的文字问题，在全国展开了民族语言的普查工作，组织了有七百多民族语文工作者的调查队，我与辅世奉派在第二工作队负责苗语的调查工作。那时辅世年富力强、风华正茂，白天处理队务、指导队员业务研究；入夜灯下研究苗语材料。寒夜荒村，孜孜不倦，经常达旦不寐。

苗族分布在贵州、湖南、云南、广西、四川、广东、湖北七个省区，人口五百零三万余人(1982年)，方言分湘西、黔东、川黔滇三个方言。

为了了解方言的实际情况，辅世经常同队员攀山涉水，深入苗寨做实地调查，足迹遍苗区。收集材料盈箧，分析入微，因而硕果累累。

苗族虽有自己的语言，但在漫长的岁月中一直没有自己的文字。为了帮助苗族创造文字，我们根据调查研究的结果，认为苗语三个方言的区别较大，若要七个省区的苗族共同使用一种拼音文字，势必增加学习上的困难，不利于及早提高文化，发展经济，因而给三个大方言区各创造了一种文字；另外改革了川黔滇方言的滇东北次方言原有的一种旧文字。试验推行，效果较好。但由于“左”的思潮影响，苗文推行不久就停止了。从此辅世离开贵州，回到北京中国社会科学院民族研究所，潜心研究苗语。二十年来对苗语的语音、语法、词汇、方言作深入细致的研究，写出了许多前所未发的有关苗语理论的论文，如《怎样分析和记录汉藏语系语言的声调》，受到普通语言学家的好评。特别值得提出的是1979年在巴黎召开的第十二届汉藏语言学会议宣读他的《苗语方言声韵母比较》，博得与会的各国学者的称赞，认为这是近年来苗语研究的重要论著，为我国学术界争光。

辅世之所以赢得国际的声誉,我认为是由于他三十多年来对苗瑶语族语言有专攻的毅力。被国外誉为"非汉语"语言之父的国际著名语言学家李方桂先生,分析汉藏语言的研究比印欧语研究所以迟缓的原因说:"研究藏汉语的人往往有别的主要兴趣,语言反是次等的兴趣。……还有一个大缺陷就是专门做语言工作的人,他们的志愿太广。在未把一支系的语言系统研究清楚之前,就想做一番大的比较工作,他们的成绩有不少可以供我们参考的,但是他们所做的工作大部分是建设在不稳固的基础上。我们要用他们的结果不能不小心。学者往往被他们的学说引入歧途,做些冤枉工作,而不能有什么大收获。这也是迟缓原因之一。"(《藏汉系语言研究法》)

辅世敏而好学,术有专攻,因而他的论著是对自己亲手调查的第一手材料经过分析研究后得出准确的科学成果。辅世文集出之于世,不仅为促进汉藏语系语言的研究做出了卓越的贡献,他严谨的治学态度,也为青年学者树立了良好的楷模。

中外学者对汉藏语系语言的研究已经一个多世纪了。老一辈语言学家披荆斩棘,为我们开拓了这块科学园地,希望后之学者为汉藏语系的建立和比较研究继续努力吧!

马学良

1987年3月于中央民族学院

王 序

王辅世教授的语言研究文集行将正式出版，我为他高兴。他的论著分别刊出时都曾引起国内外语言学界的注意和好评，这使他早就在国内外享有崇高的学术地位。但是单篇论文和短篇著作的结集，得以体现他所达到的学术水平，也可使读者免于翻检之苦，是符合学术发展的需要的。应琳教授给我打来电话，让我写篇序。她说，如果我太忙，切莫勉强，她也就不再另求别人了。我说，辅世兄的，我一定写。真心实意地愿意写。不仅由于我们之间半个世纪以来的真挚友情，更因为我对他的由衷敬仰。王辅世教授治学的广博精深，和他为人的深情博爱，一个“博”字，一个“深”字，都体现在他身上，无论在治学方面，还是在做人方面，那么真切，那么实在，那么自然，凡是认识他的人无不众口一词。我还是愿意讲讲我的感受。

民族语言学界的专家，比我们年长的，都是我们的师辈，由于我们又有共同的老师，例如罗常培先生，所以我和辅世，都成了“老专家”中的小字辈。自然，对长者怀一个“敬”字，对年轻人，抱一个“帮”字，由衷希望看到他们青出于蓝，超越我们，成为我们共同的理念。这是理所当然的，而辅世比我造诣深厚，却是我所不及的。虽然我笨嘴拙舌，不能表达我的感受于万一，但是，借他的文集说一说我对他的敬仰之情，是我真实的愿望。

我不知道文集已有马学良先生写了序。但我仍愿再写一篇附于骥尾。

马先生同辅世共事多年，对辅世相知更深，他写得更实在，我有同感，就不重复了。文集中的论文俱在，它们的创新贡献和学术价值，读者自可体会，也无庸我赘言。我讲点不限于文集的事情。

王辅世教授学问的精深得益于他的刻意专攻，也得益于他精通多国语言文字。他先后从学于辅仁大学的方言地理学家贺登崧（W. A. Grootaers）和北京大学的罗常培大师，以优异成绩获得人类学和语言学双硕士。他是善于学习的，所以迭有新见；而他掌握包括英、日、俄、法等诸语种的深厚修养，更使他眼界高广，所以他的研究领域相当宽阔。他的专业是苗语研究，但他对其他语言情况绝不陌生。比如我找他谈壮侗语和外语中的某些问题，他都十分在行，而他对于藏缅语的某些问题，也常常能够一语中的。他在苗语方面的深入创获，一来是他对苗族同行无私帮助和与之亲密合作的体现，二来也表现了他尊重前人、超越前人、不懈追求的学术品质。1950 年代他在北大文科研究所研究威宁苗语时，能把伯格里苗文(Polard Script)掌握得那么好，连威宁苗族老专家杨汉先先生都表示叹服，真使我钦佩。他对张琨先生的《苗瑶语声调问题》(1947) 一文始终给予高度的评价。后来他研究的范围更加广阔了，对苗语声调系统的复杂对应与变化有了更全面的掌握，他对张琨先生的论文评价更高；这种尊重前人的态度是他高尚风格的具体体现。于是他决心通过苗语方言的深入研究，从共时表现推拟历时演变，进行苗语古音构拟，说要编写一部《苗语广韵》。他不是说了玩儿的，后来他几乎把全副精力都投入这一研究上，而且一丝不苟，多次修订补充，以臻完善。特别是美国语言学家白保罗(Paul K. Benedict)宣言“苗瑶语不属于汉藏语系”而属于他所创设的“澳泰语”(Austro-Thai)，辅世决心以他所掌握的大量苗语资料、严谨的研究方法和研究结果，为苗瑶语的系属问题提出一个令人信服的结论，同时也为中国的比较语言学做出他自己的贡献。发表在本书的《苗语古音构拟》同他和毛宗武教授合著的《苗瑶语古音构拟》，堪称这一方面的典范著作。本文集中收入的多篇有关论文，说明王辅世教授在这方面锲而不舍的努力，从中我们可以看出几次修订补充的研究过程。不论学术界的最后结论如何，人们不能忽略我国这些位学者的辛勤努力和贡献。说他把全副精力都投入苗语系属研究，显然并不全面。王辅世教授对苗语语音语法研究、苗语方言研究和方言的划分、苗语语音研究中理论和实践的结合、苗族文字问题的研究、苗语或名为苗族的语言(如龙胜伶话、湖南瓦乡话等)的实质等有关情况的研究，说明他的研究既有中心，也有广度。另外，他早在 1954 年就参照多种日文文献资料，在《中国语文》上发表了《台湾高山族语言概况》，这可以说是大陆介绍我国台湾高山族语言的发轫之作。对于汉语研究，辅世也是有贡献的。例如他对汉语音系的研究，他在《中国语文》1963 年第 2 期上发表的《北京话韵母的几个问题》，从汉语普通话基本韵母与儿化音的生成表现，论述舌尖元音和舌面前高元音的音韵地位以及中元音的音位变体，被认为“有独到的见地”，受到语言学界的高度评价。《宣化方言地图》是汉语方言一个点内若干语词的方言地图的结集，是辅世兄在辅仁大学的硕士论文，在调查和绘图方法上都有它自己的特点，曾于 1994 年由日本东京国立亚非语言文化研究所出版，他的导师贺登崧先生称它是“语言地理学的一个标版作品”。

王辅世教授是一位淡于名利、一心治学的学者。他的夫人应琳教授为他的墓碑撰写一副对联，联曰：“从容半世泛舟客，笃志终身治学人。”可谓对知音的毕生写照。他是淡于名利，却并不脱离为学科服务。无论对谁，对任何事，他都无一例外的好，无一例外的认真！在1950至1970年代的历次政治斗争中，他表现了一个正直学者的朴质形象。“文革”以后，他为民族所语言研究室、研究情报资料室的建设，付出了不懈的努力。研究所内外，在学术问题上，在待人接物上，他受到所有接触到的人的称道。我说一件对他来讲“不值一提”的“小事”：1956年，我的老伴托他把我七十来岁的老岳母从云南带到北京来。他对老人无微不至的照料，不仅让她安全舒适，还让老人一路高兴，使我老岳母把那次来京之行一直当做一件永远难忘的愉快的旅行。他对任何人都是这样的。王辅世这个好人呐，真是没说的！我能不借他出文集的机会表一表我对他永远怀念的心意吗？

王　均

壬午年冬

宣 化 方 言 地 图

贺　序

在我面前有一张沙滩村的照片。这是 1948 年 7 月在龙王庙大院子的外边拍下的。引起我注意的是那五个男孩子正张望着这样一个罕见的场面：两个年轻的中国人和一个“洋鬼子”坐一辆马车进村。一个中国人和那个外国人走进庙去。“他们要去求雨吗？”而另一个中国人则向孩子们走去，他力求不说北京话，用一两句当地土话和他们打招呼。他蹲下，拿起一张纸开始发问。他就是我的研究生王辅世，在张家口南边约 15 里的地方作调查。王拿着一张虫、鸟名称的表，指着图画提问，不用书面名称提问。在一个月走遍一百多个村子的这种短程旅行期间，不可能以调查该地区全部语言的结构作为目标。王知道有些常用词，特别是儿童用词，会显出该方言的两个主要因素：

1. 这些词分布的地理位置能表明道路和城市中心的影响。

2. 这些词是当地语音变化和通俗词源的适用例词。也就是说，这些词能表现出说当地话的人，如何不顾文字传统去再造他们的语言。

1948 年旅程的成果后来就是王 1950 年提交的硕士论文。这是语言地理学的一个样板。幸赖新谷忠彦和岩田礼两位教授的大力协助，这本披荆之作就要出版了。我为此感到极大的欣喜和自豪。

贺登崧

1994 年 3 月 10 日

摄于沙滩村（Cz307）龙王庙之门口，1948 年 7 月

自　序

1948 年暑假我和李世瑜先生跟我的导师贺登崧（W. A. Grootaers）神父到当时属于察哈尔省的宣化县调查民俗（主要是宗教信仰和庙宇）和方言。贺神父是民俗学家、方言地理学家。他指导李世瑜先生调查民俗，指导我调查方言。我那时只是在辅仁大学人类学研究所跟随贺神父读了一年语音学和听了季羡林先生一年的语言学的课，并没有调查过语言，没有记音的经验。我们调查宣化方言时，都是贺老师和我同时记音，遇到难记的音，我随时向贺老师请教，两个月的实践，使我学到许多记音的知识。贺神父为了培养我这个研究生，把我们共同调查的宣化县的方言材料全部都交给我，让我编写《宣化方言地图》作为我的硕士论文。我们从宣化回到北京以后，新的学期开始，贺神父热心指导我如何绘制方言地图，但到 1948 年底贺神父离开北京回到他的祖国比利时，我在贺神父的鼓舞下，努力学习语言学著作，并在 1949 年暑假后，考入北京大学中文系研究部作研究生，导师是著名的语言学家罗常培先生，我一面向罗先生学习语音学、音位学、语言学等课程，一面努力编写辅仁大学人类学研究所的硕士论文《宣化方言地图》，终于 1950 年 6 月写完这本《宣化方言地图》，参加由林传鼎先生主持的研究生答辩会，答辩会通过了我的论文并授予我硕士学位。我被分配到中国科学院语言研究所工作，所长是我在北京大学中文系研究部当研究生时的导师罗常培先生，以后我就研究苗语，未作汉语方言的研究。

贺神父到日本以后经常和我联系，寄给我他自己编写的多种著作和日本语言学家的著作，继续培养我这个当年的研究生。1993 年 9 月 30 日我应东京外国语大学亚非语言文化研究所的邀请来该所研究苗语。到东京后我又和我阔别四十五年的老师贺神父见了面，真有说不出来的高兴。我把《宣化方言地图》的底稿带到东京，心想在东京出版用贺神父和我共同调查的宣化县的方言材料编写的《宣化方言地图》，用以献给我的尊敬的老师。我向亚非语言研究所的新谷忠彦先生表示了我的愿望，新谷先生大力支持，征得亚非语言研究所上冈弘二所长的同意，由该所出版我的四十多年以前写的论文。新谷先生又请我慕名已久的岩田礼先生协助，岩田先生又请了樋口勇夫、秋谷裕幸两位先生打字，岩田先生亲自打国际音标和绘制全书的三十四张地图，我实在感激日本学者对我的帮助。

眼看，我压在箱底四十多年的《宣化方言地图》就要出版，我真有说不出的高兴，我把它献给我的老师贺神父，我想贺神父也一定非常高兴。我再一次感谢日本的学者们对我的帮助。

王辅世

1994 年 3 月 16 日

第一章　绪论

第一节　中国的方言

方言就是一个地方的土话，囿于一方，不能通行各地。和方言相对的，乃是标准语，也就是一个国家中通用的语言。实际说来，根本不应当分出方言、标准语的区别，所谓标准语，不过是势力较强大的方言。语言是不可以用人工方法制造的，利用政治力量使一种方言完全普及在一个国家里，效果当然是有的，不过在短期间内，使全国人民都说统一的语言，是不可能的。中国地广人众，自不必说；就是英、法等国，国土面积小，人口也少，经其政府多年的努力，至今还是不能消灭各地的方言，所以说方言自有其存在的势力。语言学家自20世纪之初特别重视方言的研究，以比较各地语言的不同，从而考出方言与地理、历史、文化、政治、社会和民族心理诸方面的关系，这样，不但方言研究的本身，算是一种科学，它还可以辅助其他科学，探求真理。

我国在汉朝时候，扬雄撰《方言》十三卷①，详论一物一名各地方言的不同，训诂学家多借以考证古义。② 清杭世骏撰《续方言》二卷，程际盛撰《方言续补》一卷，都是采《说文》《释名》诸书补足扬氏方言的阙遗的。其他如各地的地方志，大都载有方言一章，不过这些关于方言的记载，由于汉文不是标音文字的关系，很不精确，而多半注重一事一物之异名，只不过是方言学上的一部分，所以说过去我国对方言的研究，很不发达，至少，研究方言的人没有找到方言学的正路。

晚近以来，我国语言学受了西洋学说的影响，以赵元任为首的语言学者，对方言的

① 《汉书》艺文志不载《方言》一书，扬雄本传亦不言其曾著此书，宋洪迈疑其书为汉人伪托扬氏名而作。晋郭璞曾为作《注》，清戴震为作《疏证》十三卷，王念孙作《疏证补》一卷，钱绎作《笺疏》十三卷，刘台拱作《校补》一卷。

② 晋孙炎著《尔雅音义》，杜预注《左氏传》，皆曾引此书，是此书为汉人作品，不烦考证。

研究，迭有贡献，足见国人已找出研究方言的路子。不过中国太广大了，而研究出来的结果和调查过的地方，都谈不到充分，比起西方国家还差得太远，我们是应当急起直追的。

如前所述，方言乃是一个地方的土话，这里所指的“地方”，意义不免模糊，到底一个地方的大小应当以什么做标准呢？严格说来，一个村庄和另一个村庄，距离尽管近，所说的话，都未必完全相同。县与县、省与省之间的区别更要大些。像中国这样的大国，若要十分严密地考校方言的异点，则方言的种类，将不可胜数。过去的学者，常用音韵学的原理，把语言相近的划在一起，叫做一个方言区或方音系。早年最普通的分法，是把汉语分成三个方言区，即华北方言区、华中方言区、华南方言区。① 章炳麟把中国方言分为九种②，即河北方言、陕西方言、河南方言、福建方言、广东方言、山东方言、浙江方言、安徽方言及四川方言。黎锦熙则依河湖界限分汉语方言为十二种③，即河北方言（包括河北、山西、东三省、山东及河南北部）、河南方言（包括河南中部、山西南部、江苏、安徽及淮河以北地方）、河西方言（包括陕西、甘肃及新疆）、江淮方言（包括江苏北部、安徽中部及江西北部）、江汉方言（包括河南南部及湖北省）、江湖方言（包括湖南东部、湖北东南部及江西西南部）、金沙方言（包括四川、云南、贵州、广西北部及湖南西部）、太湖方言（包括江苏南部若干地方及浙江北部）、浙源方言（包括浙江东部及江西东部）、瓯海方言（包括浙江南部近海区域）、闽海方言（福建）、粤海方言（广东）。王力把中国方言分为五大方音系④，即官话音系（包括河北、山西、陕西、甘肃、山东、河南、湖北、湖南、四川、云南、贵州、安徽、江苏北部、江西北部及广西北部）、吴音系（包括江苏之苏州、常州、无锡、常熟、昆山、上海、松江、宜兴、溧阳、金坛、丹阳、江阴等地及浙江之宁波、嘉兴、湖州、杭州、诸暨、金华、衢州、温州等地）、闽音系（包括福建之大部分、台湾及潮州、汕头、琼州等地，其在国外最占势力的地方为马来半岛、新加坡、苏门答腊岛、菲律宾等地）、粤音系（包括广东之大部分及广西南部，其在国外最占势力的地方为美洲）及客家音系（包括广东之梅县、大埔、惠阳、兴宁等地，福建之汀州、江西之南部，其在国外最占势力的地方为南洋荷属东印度群岛）。王力说：“在全国方音未经科学的调查以前，我们不能断说中国方音共有几种。”⑤ 他把汉语分为五大音系，完全根据音韵学的观点，找出各个方音的特征。但章炳麟说：“山国陵阜，多自隔绝，虽

① 见岑麒祥 *Étude Expérimentale sur les Articulation des Sons du Dialecte Cantonais*（载《语言文学专刊》第一卷第二期）。

② 见《章氏丛书》检论卷五。

③ 见注②所引文，第 11 页。

④ 见王氏所著《中国音韵学》下册（大学丛书，商务印书馆，1937）。汉语本身虽有若干不同方言系统，但各系均有相同之语法，亦即各系在形态学及措辞学上相同，纵略有不同，其差异亦甚微小。各方言系之大不同处，悉在语音方面，故研究汉语各系之区别，仅就方音方面入手，即可得结论。则此处王氏不将汉语分为五大方言系，而分为五大方音系，即此道理。在说同一语言之国家中，方言与方音本无区别。

⑤ 见王氏所著《中国音韵学》下册，第 280 页。

邑乡不能无异语，大略似也。”① 所以说把汉语分为三区、九区、十二区或五大音系，都是很勉强的。既是勉强，就不合科学，我们应当把中国各地的方言，做一个科学的调查。近代学者，多已在此方面入手，如赵元任曾著《现代吴语的研究》《瑶歌记音》《南京音系》《中山方言》。罗常培曾著《临川音系》《厦门音系》。王力曾著《博白方音实验录》。② 不过就全国方言复杂的情况来说，这些调查研究，显得太不够了。广东中山大学曾计划调查中国方言，不过调查工作始终未能展开。

第二节　为什么要调查方言

自从20世纪以后，方言的研究，在语言学上，占了很重要的地位。以往印欧语言学派的学者，只在比较语音和比较文法上面下功夫，创立了许多声律（sound laws）。英国语言学家 Palmer 氏说得好：“声律乃是某些特别声音在某些特别语言中的发展的叙述，如我们说古印欧语中 *pətēr③ 一字发展到英语时，变成 father，但 father 在英语中到底是什么呢？虽然把它印在纸上，每一个说英语的人，都懂得它的意义，但实际说话的时候，对这一个看得见的记号的发音，一个人与另外一个人就很不相同；写法一致，不过是表面上的一致，因为在英国每一个地方，对这一个字都有不同的发音；如此说来，由语音学观点来看，在英语中并不单单有 father 这一个字，而是一串有关系的声音符号”④，所以我们研究语言对于文字的关系，一定要从调查方言入手。

在西洋，19世纪的语言学家，尤其是青年文法学家，定出来的声律，在他们认为是没有例外的。意思是说，语言的变化都受音变定律的支配。这种武断的假定，使后来的学者们不无怀疑，于是他们为了要试验这些声律的真实性，才发生了调查方言的动机，这种运动萌芽于德国，而第一个果实却在法国结出。⑤ 其后在德、法两国相继出了许多语言地理的书籍，⑥ 遂使这一门学问在学术界有了很重要的地位。

上面不过说到方言研究开始的动机，至于开始以后，它本身的价值就不限于试验声律的真假了。其价值至少有下述几种。

---

① 见《章氏丛书》检论卷五。

② 法文本，载《国学月刊》第三号。

③ 如在字之左上角附 * 符号，即表示该字为后人拟造之古字。

④ 此段见 L. R. Palmer, *An Introduction to Modern Linguistics* Chap. 7, p. 129。

⑤ 法人 Gilliéron 与 Edmont 首于20世纪之初（1902～1910）在法国及比利时南部调查俚语，编制《法国方言地图》（“Atlas linguistique de la France”）。

⑥ 德国方面有 E. Gamielscheg, *Die Sprachgeographie*（Bielefeld, 1928），K. Jaberg, *Sprachgeographie*（Aarau, 1908），A. Bach, *Deutche Mundartfor-schung*（Heidelberg, 1934）及 F. Wredes ,*Deutcher Sprachatlas*（Marburg, 1926）等。法国方面有 J. Gilliéron, *Généalogie des mots qui désignent l'abeille*（Paris, 1918）和 A. Dauzat, *Géographie linguistique*（Paris, 1922）等。

第一，由于方言的调查，我们可以更深刻地明了调查区居民的生活，物质的和精神的。因为一个地方居民的生活，都表现在他们的语言里面，经我们确实地调查清楚他们的语言之后，就知道他们所说的话，有哪些是固有的字，哪些是借来的字。他们对于一种东西的叫法，更反映出他们对那一种东西的心理状态。张世禄说："各民族社会心理习惯各有不同，联想习惯不同，语词形式、语句结构亦不同。若在某种语言中，语词上某种形式的变化、语法上某种结构已成为心理普遍的习惯，便产生这种语言的语法范畴。"① 这一段虽是说明语法范畴产生的过程，但也足证民族心理与语言有莫大的关系，尤其是语法（包括形态学和措辞学）完全要建筑在居民的心理活动和社会逻辑上。所以说，由于方言的调查，能够认识和了解说那种话的居民。

第二，由于方言的调查，可以求出地理环境对于语言的关系。这又可以分两方面来说：一方面由于观察调查区的地形如山脉、河流、沙漠、森林等，可以看出这些自然屏障对于方言分界的影响。一方面由于观察调查区的风土气候，可以归纳出许多它们对于居民发音器官运用的影响的法则，这些法则对于生理学、地理学，或再作其他方言调查，都有很大的用处。

第三，由于方言的调查，可以补充说明当地居民的历史：假如被调查的地方是很开化的，当然有很详细的历史说明当地居民的来历，过去的政治区划，社会演变的情形，和其他民族的移入。但我们可以用方言调查的结果，去佐证那些史料，有时很能弥补历史之不足。假如被调查的地方是偏僻的，或竟是未开化的，根本没有信史记录那个地方的一切，我们用方言调查的方法，可以察出民族移动的方向，过去所受异族政治力量、经济力量的影响，和文化交流的情况等等。

总之，方言调查对于当地居民的历史、地理、社会心理、政治经济各方面的研究都有极大的帮助，做调查工作的人应当认真去做，社会方面应当予调查者以极多的协助和鼓励。

第三节　调查方言的方法

中国古代对方言研究的专书如扬雄的《方言》，到底是怎样调查来的，我们不能知道。以当时的交通困难情形来推测，好像扬雄把一物一事之名称，向远方朋友打听出来的，他

① 例如汉语的"我打狗"表示汉语的语序是"主—谓—宾"型的。主语"我"发出"打"的动作，这种动作加于宾语"狗"上，也就是先说主语，次说动作，再说宾语。若将各字的顺序变动，即变为相反的意思（如"狗打我"）或竟无意义（如"狗我打""我狗打""打狗我"）。英语"I beat the dog"表示英语的语序和汉语的语序相同，但在 dog 之前加一冠词 the，指明非打任何一只狗。这和汉语不同处，即在英国人对事物之分析较汉人为精细。日本语"私は犬を打つ"表示日本语的语序是"主—宾—谓"型的，与汉语不同，主语之后先见宾语，最后始见动作，此种表示法证明日本人之心理活动为在动作发生之先即有动作对象。

自己以为官之身绝不可能亲自做那么广泛的调查。而且他只注重一物一名文字上的不同，并没有分析文字音调的异同，本来语言和文字不是一回事，往往有语而无字，他便勉强找同音或近音的字代替，若没有可用的字，还可以造新字，这都是不合科学的。不过他在两千年前，已经知道方言的重要，凭一个人的力量，写出一部专书，当然也有他的贡献，我们无可厚非。至于杭世骏的《续方言》和程际盛的《方言续补》，则完全根据经传注疏和《说文》《释名》《尔雅》诸书补扬氏《方言》的遗漏，在方言学上的价值则太小了，因为他们的方言根本未经调查，只不过搜集古书上的材料，略加整理而已。

一般调查方言的方法，美国语言学家 H. Kurath 氏在其所著 *Handbook of the Linguistic Geography of New England* 一书第二章中曾详细论述，这里不再赘述。

关于汉语方言调查的方法，岑麒祥曾写过一篇《方言调查方法概论》，载于中山大学研究院文科研究所中国语言文学部出版的《语言文学专刊》第一卷第一期，论列很是详尽，这里也不赘述。

这里只把调查方言应当特别留意之点列出，假使有我们认为是从事田野工作的经验，也一并写在这里。

我们调查汉语方言，应当力矫过去对于方言研究的错误。在调查中，一定要把文字抛在一边，只注重语音的记载。汉语的方言，虽然在形态学（Morphology）及措辞学（Syntax）上没有显著的差异，但在整理语音记录时，还是要注意形态学和措辞学的区别。若能在这方面找出区别，比在语音上找出区别，更可宝贵。

所谓语音，就是人们用发音器官以一定的发音方法发出的声音。汉文是表意的文字（ideograph），旧日的语言学家写方音的时候，往往不能利用文字，正确无讹地表出。即便勉强找出与那方音相同或相近的字，后人读时，仍得不到正确的读音，因为音值随时间空间而变，除非读者是一个音韵史学家，知道某时、某地、某字的音值，才勉强读出来。这里面的误差很大。正因为有这种缺点，使我们对于中国的历时语言学（diachronic linguistics）得不到满意的研究材料。现在语言学已成为一门科学，有各种语言学派，各学派都有调查方言的方法。我们可以利用各学派的方法，还有国际语音学会制订的国际音标，不再蹈前人的覆辙。

如上所述，我们调查汉语的方言，最要紧的就是只记说话人的音，不可与文字纠缠在一起。那么，当听到一个声音时，万不可想：它这个音，是哪一个字的音呢？若找出一个音义相似的字，去代表那一个音，便会发生很大的错误。更不可先写好了字，去问发音人怎样读那一个字。中国各地语音虽不相同，但有统一的文字，中国不是言文一致的国家，各地方言之不同，只在说话方面，而不在文字方面。比如说调查方言的人写“蟋蟀”两个字，到中国岭南和漠北去问怎样发音，可能没有很大的区别。但各地方对于蟋蟀这种昆虫，在日常说话中，都各有不同的叫法。若依问字音调查的方法，决定中国南北方言对这种昆虫都叫做蟋蟀，其不同处，只在发音上面，试问这是不是真正的方言呢？我们知道北京统称蟋蟀为蛐蛐儿，其大者叫油葫芦、雌者叫三尾儿（尾读作已），头呈三角形者叫勃儿头，此外还有许多名称（这里只证明不应当执字问音，至于以汉字蛐蛐儿、油葫芦等字表昆虫正犯了以字记音的毛病，不过这是举例，正式调查方言时，当然不应当这样做）。在别的地方也一定有像北京这样的情形，把这种昆虫叫做促织或其他的名称，虽然写出蟋蟀这两个字来，全国各地都知道是什么意思，但在日常说话时，便不把秋夜的鸣虫叫做蟋蟀了。

用问字音的方法调查方言，还有一种弊病。因为被问的人一定是认识字的人，一个读过书的人，在说本地土话时往往很不自觉地受着文字的影响，所以即使一面问他几个字音，一面再问他几句土话，这种土话恐怕也不是真正的土话，于是调查方言的目的，便不能完全达到。

调查方言的人，应当以记土音为主要工作，如上段所述发音的人也要选择不曾读过书和不曾到外地旅行过的人。因为到外地旅行过的人，都难免受其他方言的影响。

正式的方言调查，最好是像调查一种完全不同的语言一样。换句话说，我们不妨把一地的方言当作一种外国语去研究。Bloomfield 所著的 *Outline Guide for the Practical Study of Foreign Languages* 上面有许多可以参考的地方。他特别指出几点，对于方言的调查很有关系，兹摘录于下。

一、把发音人的话全记下来，使他重复，直到你能写出最好的记录为止。

二、记录越详细越精确，则越有价值，所以不要忘记你所听到的任何声音，重音号，声调号也不应当遗漏。

三、须注意辅音之长短及辅音是否声门化或有没有先吐气的现象。

四、第一、二周中所记的音往往不正确、不详细，因为听觉还不太习惯，若是后来发觉了最初记的音有疑问，最好再补记一回，就是说再把发音人找来，叫他把以往问过的话，重说一遍，记音的人则乘机矫正错误，弥补缺漏。

至于整理和分析调查材料，是相当麻烦的工作。若所调查的方言，是一个陌生的，我们必须分析文法结构和音位，美国语言学家 B. Bloch 及 G. L. Trager 曾著一本书叫做 *Outline of Linguistic Analysis*，对于语言的分析，有一套简单的说明。至于分析语言最详细的方法，美国密支干大学出版的语言学，分别由 K. Pike 及 E. A. Nida 等人执笔，可算是最可参考的书籍（1946 年密大出版）。像我们调查汉语的方言，最大的工作还是在语音上面，整理方音看其演变就须画方言地图。有了调查来的材料，随便拿出一个语词，都可以研究出相当的结果来。单是一个语词的方言地图，并不足信，要用许许多多的语词来画地图，互相参证，最后一定可以看出调查区方言的大概的状貌。由这些地图上还可以看出方言发展的方面和方言与地理环境的关系等等。

我们在宣化调查方言两个月，得到许多经验，下面摘要写出几点。

一、调查区的面积越小越好，在小的区域做精深的调查，所得到的结果，比在大区域做广泛的调查所得的结果，有更大的价值。

二、调查的时间越长越好，时间长比时间短的好处在于能够免除偶然的不可靠的结果。语音固不必说，即便是语法形态和措辞，也只能在长时间调查中，才能有新发现。

三、调查的人，除去事先有记音训练以外，尤须有听音、审音的训练，他的耳音必须特别灵敏，发音器官必须没有缺陷，以便在听到某音之后，自己模仿，便于记音。最好调查者是调查区的土著，否则也须是懂得土著语言的人，一方面他本人于问方言时，无语言不通之弊，另一方面，他本人于问方言时，有对答案的正确性，加以判断的能力。这样调查来的结果比较可靠，同时又能节省时间。

四、被问方言的人，应当是不认识字的和不曾离开本地的人，他可以是男性，也可以是女性。若是已婚的女性，应当问她的娘家距离调查区有多少远，若相隔太远，便不能选她做回答方言的人，因为不论她在这个区域住了多久，她的语言中也杂有她娘家的语言成分，若回答方言的是女孩子，也要问她母亲的娘家住在什么地方，因为女孩子的语言受母亲语言的影响比较大，若她母亲是外地人，最好是不用那个女孩子做回答方言的人。岑麒祥认为小学教师是最好的回答方言的人，这并不对，因为小学教师受过师范或中等教育，答话时，免不掉带有文气，他认为说土话失面子，虽然你要求他说土话，他也不能不受文字的影响。同时他受教育的地方，可能是大都市，他一定接触过其他的方言和受了标准语的熏陶，他之不能说他的纯粹的方言，乃是不自觉的，在他认为已经完全合于调查者的要求，实际上，他的答案往往是不合理想的。

五、问方言时，在可能范围内，不给回答方言的人任何的提示（Suggestions），这里所说的提示，是指语音方面的，但画图做手势，绕着弯解释，都是许可的。若所问的是一件具体的东西，尽可能在事前准备下标本，比画图或做手势又省力又确切。

六、汉语是单音节的，音节语言的一种特征就是有各种不同的声调，记录语音时一定要把声调高低升降用线表示出来，因为两种方言，尽管发音方法相同，但由于音的调子不同，听起来完全异样，一般受过记音训练不久的人，当记音的时候，未记声调，以致所得的结果不能满意，而这种缺陷，除去再做一次同样的调查以外，几乎是无法弥补的。记音的时候也要注意，假使有遗漏的地方，事后也不可追忆补充，因为追忆是最不可靠的。遇到这种情形，我们要采取宁缺毋滥的态度，材料尽可以不完全，也不令它有错误。

第四节　宣化方言调查的经过

1948 年暑假，辅仁大学派贺登崧司铎、李世瑜先生和作者到宣化调查民俗和方言。民俗方面由李世瑜先生负责，方言方面由作者负责，贺神父则站在指导的地位，帮助我们做调查工作。那一次调查还是把力量主要集中在民俗的调查，语言调查只不过是民俗调查的一部分。时间又短，精力又不集中，所以我们对于怎样进行方言的调查，颇费考虑。

假使时间长些，我们很可以做一个完全的方言调查，从语音、词汇、形态、措辞等各方面研究。短短的两个月，又不能把力量都放在语言的调查上，只能选择一些比较容易看出方言特色的材料，做一种方言地理的研究。这种研究可以繁也可以简，不受时间的限制。当然越繁越好，若不能繁，只要选材有办法，也可以看出方言的状况，贺神父对这方面很有经验，在1941年至1943年，他在山西大同做过类似的调查，并且成绩很好，所以我们为了迁就时间，就决定做这种调查。

当我们到达张家口以后，以三天的时间做准备工作，贺神父根据他以往调查的经验，认为最能看出方言特色的材料就是虫、鸟的名称。不过调查虫、鸟的名称，最好是有标本，没有标本也要有图画，我们事前没有准备，标本和彩色图一时都找不到。贺神父便依照动物学辞典，用铅笔画了十来种虫、鸟的图，作为临时补救的办法。

贺氏最初所画的图，计有：蝴蝶、啄木鸟、蜻蜓、喜鹊、石龙子、蚂蚁、田鸡、守宫、蝙蝠等九种，其中守宫一种，在调查的时候，宣化人都说没有看见过，所以得不到答案，因此就取消了。不过在调查中间，又增加了钱龙、蜣螂、蝌蚪、叶肢介和薮螽等五种动物。此外，因为我们发现了宣化人对于第一人称代名词“我”有两种显然不同的说法，对于疑问代名词“什么”也有两种不同的说法，就也把这两种材料在调查中途加入。

也许有人要问，调查方言，只问些虫、鸟的名称，有什么价值呢？关于此点，须略加解释，我们既决定做方言地理的研究，就不管语言学上其他方面的调查，我们的目的，是由方言调查中，得到宣化方言地理方面的知识。比如说，发现宣化有不同的几种方言，我们要从历史、地理方面找解释，这种工作不单单如普通调查方言的知其当然，还要察出其所以然来。为了达到这个目的，我们就必须找一些最不容易变化的语言材料，做研究的对象，而什么材料最不易变化呢？没有这方面经验的人，是很难知道的。贺神父是方言地理学专家，他知道最能保存古方言特色的材料，就是虫、鸟的名称。因为无论什么东西的名称，都可以受时代的影响，惟有自然物，尤其是虫、鸟的名称，最不易受时代的影响，想要找出方言的界限，若不由虫、鸟名称的调查着手，就不易得出结果。我们既是抱了这个目的，当然在选材料的时候，就要选择容易使我们得到结论的虫、鸟做材料了。后来因为越来越感到虫、鸟名称的驳杂，所以又加上几种。至于“我”“什么”之被采取，纯是出乎意外的。最初我们没有想到在两个代名词上也有不同，既发现了不同，当然要用来做材料的。这就是我们选择材料的经过与理由。

我们在这两个月的期间，一共调查过115个村庄和一个宣化县城。由于村庄过密的关系，我们只在64个村庄，问过方言。宣化县城是一县政治、商业的中心，居民复杂，恐怕找不出老住户，所以我们不在城内问方言，而以其附近村庄的方言，作为宣化县城的方言。何以我们不逐村问方言呢？这是我们当时看情形决定的，因为相距太近的村庄，在方言上很难找出显著的不同来。法国语言学家 J. Gilliéron 和 E. Edmont 所做的法国方言地图，是在全国做了650次调查，每两个调查地点的距离是50英里。我们在纵20英里横15英里的地方，调查64次，比起法国的方言调查要详细得多了。

我们所选择的材料即多半都是虫、鸟的名称，我们就决定以男孩子做我们的答话人，因为他们日常和虫、鸟接近，容易一看到图画就说出名字来。女孩子或成人都不是良好的问话对象，我们竭力避免向他们问方言，但有时找不到男孩子，也只好向他们问了。有时儿童与成人所发的音稍有差异，就一并记下，以便研究其原因。

至于我们记的音，不像一般调查语音的那么严格，我们的目的，在找显著的不同，譬如有许多村庄对一种动物的名称，仅有小的差别，并且差得都很合理，当然记音的时候，分别把不同的读音都记下来，在整理的时候，常把相似的合并在一起，作为相同的方言。本来语言就不会有相同的，一个人和另外一个人说话不相同，即是他自己在不同的时候，也不可能说一句完全相同的话，发一个相同的音。如果太严格地分起来，非但我们不胜其烦，并且也不是我们所需要的答案，离我们调查的目的太远。

我们最怕的，不是某一个人的发音的小节目记不清楚，而怕的是那一个人对于某物的叫法，不是一般的叫法。至于细微的不同，则无关宏旨。还好，我们调查的地方，孩子很多。当我们问方言时，总是围着一大群的孩子。当我们问一种动物的名字，常是好几个孩子异口同音地说出来，这样，使我们的顾虑减少了许多。当然有的时候，只遇到一个孩子，不过这种情形比较少，而后来整理的时候，常是在这种场合所得到的答案发生问题。不过大体说来，若疑惑到我们记音不见得可靠，未免是过分多虑，因为我们对于语音的记载，非常谨慎，常为一个字音，要问多少次，总怕发生错误。有时，已经调查过的村庄，在我们第二次经过的时候，一定再照旧地问一遍，这都是我们谨慎的地方，因为我们想：假使把错误的材料整理出来，那还有什么意义呢？我们是对我们的材料负责任的。

我们把每一种材料的调查结果，都画出方言地图，以便研究某种方言的通用区域，为了地图清晰醒目，把村名都编成号码，在东经115°以西的村子，号码前面冠以Cz这样，在东经115°以东的村子，号码前面冠以Dv字样，这是根据贺神父所画的全中国方言调查区域草图所规定的。下面列出我们调查过的村名及号码（只限于调查过方言的），以便读者参阅，在文中叙述时，也只提号码，不提村名，乃是为了减少读者阅图时候的困难，若号码、村名并写，又太费篇幅，有了下面的表，可以随时检阅，非常方便。

宣化方言调查村名村号对照表

村名	村号	村名	村号
阎家屯	Cz270	大辛庄	Dv85a
高家屯	Cz278	大仓盖	Dv89
七里茶房	Cz279	西望山	Dv95
前屯	Cz279b	东望山	Dv96
沙滩	Cz307	李家庄	Dv98
陈家房	Cz307a	定兴堡	Dv122
二里台子	Cz309	双庙	Dv122a
清水河	Cz309a	蔡家庄	Dv122b
鹘突地	Cz310	路家房	Dv123b
老鸦庄	Cz311b	沙圪垯洼	Dv125b
小辛庄	Cz314	元台子	Dv125c
宁远站	Cz315a	姚家坟	Dv125d
姚家房	Cz315b	北楼儿房子	Dv126
骆家房	Cz315c	马家窑子	Dv127d
井儿房	Cz315d	楼儿房	Dv129a
姚家庄	Cz316	东泡沙	Dv133a
刘家坑	Cv317	后慢岭	Dv138
屈家庄	Cz318a	东深沟	Dv138b
西榆林	Cz319	下葛峪	Dv139
东榆林	Cz319a	姚家营	Dv139a
南庄堡	Cz320	二台子	Dv163
南兴渠	Cz351	侯家庙	Dv163a
太师湾	Cz351a	红庙	Dv164
陈家庄	Cz352	赵家营	Dv164a
沙岭堡	Cz353	土沙洼	Dv164b
朱家庄	Cz353b	泥河子	Dv167
宋家庄	Cz353c	徐家房	Dv170a
八里庄	Cz355	小慢岭	Dv171
北甘庄	Dv83	大慢岭	Dv171a
梅家营	Dv83a	左家营	Dv173a
河家堰	Dv84	北台子	Dv176
殷家庄	Dv85	半坡街	Dv178

第二章　宣化方言地图

第一节　概说

研究方言地理，必须绘制方言地图，欲制方言地图，必先有调查区的详细地图作为蓝本。中国地理学落后，以往各县地图，都是不经过调查勘测，想象画出的。宣化地处塞上，文化落后，更谈不到有详确的地图。我们所根据的地图，乃是从书摊上买到的一张旧的军用地图，一村一镇都有。我们就依原图画一张大图，调查时，按图索骥，时常发现图上的位置不正确，我们便爬到高山头上，对一部分村庄做一个鸟瞰，然后改正图的错误。两个月的期间，无日不在改正地图，最后我们认为满意的时候，带回北京来，由本校张国勋先生，把地图重新绘了一张把村名用号码代替，影印了许多张。有了这种缩小的地图，我们就把调查来的方言材料，填写上去，可以看出许多有关方言的现象来。然后根据这些现象，利用语言学、语音学、地理学的知识作出解释。大抵每一种材料都有它的同音圈线（isogloss）。若是各种材料的同音图线互相重合或接近重合，则我们就可以判断这重合线的两侧不说相同的方言，若欲结论正确，必须多找词汇。词汇多，而各词汇的同音圈线又都重合起来或接近重合以构成一束的同音圈线，大概结论两侧不属于同一方言，不会有错。若再找出历史的证据来，更能使结论的健全性增大，这都是研究方言地理的人所应做的工作。

同音圈线由字面上看来好像是一个密闭的圆圈。事实上也确是一个密闭的圆圈。不过，若是调查区太小，某一词语的同音圈线一部分落在区外，仅仅有一部分落在区内。落在区外的部分当然在图上看不见。若仅有一部分落在区内，在调查区的地图上，只看见一段曲线，这就表示曲线的左和右（非经广泛的调查，不能画出整个的圈线）对于某词语的发音不同，既是左右发音不同，就表示左侧在一个同音圈线之内，右侧在另一个同音圈线之内。则图上所见到的一段曲线，正可视为两同音圈线的毗连部分，关于同音圈线还要在第五章结论中做详细的说明（参阅第31图）。

我们调查的区域很小，依常例说，那么一个小区域内，不可能有完整的同音圈线。因为我们调查的地区偏巧有不同方言的存在，我们所选的材料又是经过考虑认为有价值的，虽然词语少些，几乎每一个词语的同音圈线都有一部分落在调查地区内，并且绝大多数的部分同音圈线互相接近构成了“圈线束”，使我们对于宣化的方言能够一目了然地看出怎样划分，并给我们从历史上找证据的线索。

从下一节起，我就开始解释十几种材料的方言地图。

第二节　蝴蝶

蝴蝶是一种最常见的昆虫，学名 Vanessa xanthomelas，Esper，为卵生虫类之一种，体形长，色褐黄，复眼褐，触角为棍棒状，翅亦黄，翅缘有角状或波状之凹凸，前翅有大小黑纹七八枚，沿外缘有波状黑纹，在内侧的褐色有蓝彩；后翅缘有一大黑纹，色彩与前股同，内缘阔，遮蔽腹部。春夏飞翔各处花间，遗黄色小卵于茎叶间，成蛹后，即化为蝴蝶。因为它是最常见的东西，在我们的调查区中，对它的叫法，差不多是相同的，但仔细分来，却有下列几种不同的读音。

1. ’xu^{42}tjɛœr^{55}
2. ’xu^{42}tjœr^{55}
3. xu^{55}’tjɛr^{55}
4. xu^{55}’tjœr^{24}
5. xu^{55}’tjɛœr^{24}
6. ’xu^{42}tçœr^{24}
7. ’xu^{42}t‘œr^{55}
8. ’xu^{42}tçɛr^{55}
9. ’xu^{42}tœr^{55}
10. ’xu^{42}təœr^{55}
11. ’xu^{42}teœr^{55}

我们由以上各读音中，可以看出前两种的差别，仅在一个元音上面，第 1 种读音中多一个［ɛ］。我们知道［j］是一个展唇半元音，［œ］是一个圆唇前元音，和［œ］发音部位相当的展唇前元音就是［ɛ］，所以由展唇半元音［j］和圆唇前元音［œ］组成的复合音，必须经过由展唇改圆唇的过程，那就是说这个复合音必须经由［ɛ］变为［œ］，所以说第 1、2 两种读音实际就是一种，在第 1 图中，我们把这两种读音列为一组，为简化起见，在图下的标音只标第 2 种，两种都以圆形符号表示。第 3、4、5 三种读音中第 4、5 两种的音标分别与第 2、第 1 两种完全相同，只是重读不同。第 1、2 两种的重读落在第一个音节上，第 4、5 两种的重读落在第二个音节上，同时声调也不相同；第 3 种的声调虽与第 4、5 两种小有不同，但重读却也落在第二个音节上，我们把这三种读音列入一组，为简化起见，在图下的标音，只标第 5 种，三种都以方形符号表示。第 6、7、8 三种也应当归并在一组，因为第 6、8 两种的声母［tç］在齿音［t］之后有一个摩擦腭音［ç］，遂使［t］有送气的作用，第 7 种的声母［t‘］在［t］之后没有［ç］，但有一个送气符号

第 1 图

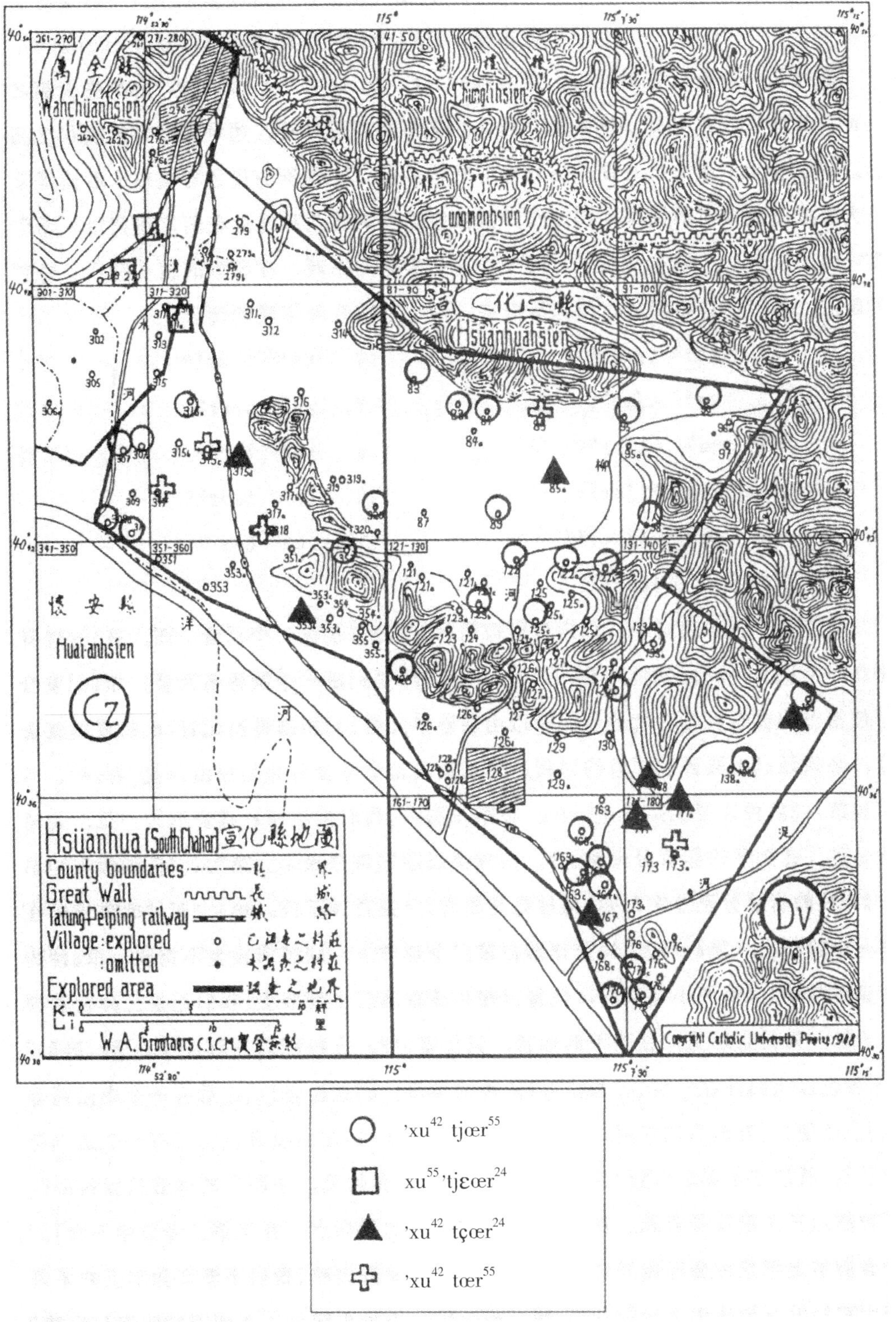
Wanchüanhsien
Chinglihsien
Lungmenhsien
Hsüanhuahsien
Huai-anhsien
Cz
Dv
Hsüanhua (South Chahar) 宣化縣地圖
County boundaries
Great Wall 長城
Tatung-Peiping railway
Village: explored
omitted
Explored area
W. A. Grootaers C.I.C.M.
Copyright Catholic University Peiping 1948
○ 'xu^{42} tjœr^{55}
□ xu^{55}'tjεœr^{24}
▲ 'xu^{42} tçœr^{24}
✚ 'xu^{42} tœr^{55}

[ʻ]，所以它与第6、8两种共同列入一组，为简化起见，在图下的标音只标第6种，三种都以三角形符号表示。第9、10、11三种读音的相同点，在于第二音节中不含［j］，在音韵学上把这种音叫做开口呼，而带［j］的叫做齐齿呼，我们不管音韵学上的术语，只因它们没有韵头半元音［j］，三种自成一组，为简化起见，在图下的标音只标第9种，三种都以十字形符号表示。

现在让我们先看图上四种符号的数目，很明显地以圆形符号为最多，共有31个，占总数47的65.96%；其次是三角形符号，共有8个，占总数的17.02%；再次是十字形符号，共有5个，占总数的10.64%；最少的是方形符号，只有3个，占总数的6.38%。

我们再看它们的分布情形，最令人注意的，就是方形符号完全集中在图的左上角，也就是调查区的西北角。其次值得注意的就是三角形符号在图的右下角分布得密度大些。至于圆形符号，因为数目较多，随处都有。十字形符号除有两个分居于图的正上（Dv85）及右下（Dv173a）部以外，其余三个都集中在图的左边。

由图上符号的分布情形来看，我们可以大胆地作出下面的假定。

宣化本来的方言是把蝴蝶叫做［ˈxu^{42}tjœr^{55}］的，也就是说第一音节的声调是下降的，第二音节的声调是高平的，重读在第一音节上，第二音节的声母［t］并不送气。在宣化的西北部，好像是受到另外一种方言的侵入，那一种方言是把重读落在第二音节上的。还有一个现象，就是这些方形符号所代表的读音的声调问题，其他各种符号所代表的读音的声调是一致的，都是第一音节下降，第二音节高平（有个别例外）。而方形符号所代表的读音的声调，第一音节高平第二音节上升（有个别例外）；这可能是受了重读的影响。无论如何，我们认为西北角上的方言与其他各部分的迥不相同，这种所谓不同，并不是音符方面的，乃是重读与声调的不同，汉语是单音节的，声调在区别音的时候，非常重要，至于重读的重要性，凡是学过西洋语言的，都能知道。

我们再看图的右下角，分布了五个三角形符号，也就是说这些地方的人蝴蝶这个词的第二音节的声母是［tʻ］或［tç］有送气的现象。我们再看这些村庄，正当泥河入洋河的地方，我们不难想象这是由泥河谷侵入的一种方言，泥河谷向上溯是龙关县境，当我们调查时，曾遇到许多龙关县的人，经向他们询问的结果，知道他们口中的蝴蝶这个词的第二个音节的声母也是送气的，足见我们的想法也不是毫无根据的。

至于图的左部，沿着铁路还有两个三角形符号，这应当怎样解释呢？我们不妨认为泥河方言侵入后，有沿铁路向北前进的趋势。但，据罗常培先生的意见，铁路是新建的，与方言的前进，应当没有很多的关系。我们由宣化的地形来看，斜贯在铁路左边的是洋河，铁路的右边又是山地，方言固然不沿铁路前进，至少也受到山河的阻碍，沿着平原向西北前进，正是它的自然的发展路线。在Dv85a也发现了送气的［tʻ］。关于此点，我们有两种解释：第一，它可能与泥河谷口的读音没有关系，因为泥河谷口的读音是［ˈxu^{42}tçœr^{55}］或是［ˈxu^{42}tçɛr^{55}］，而Dv85a的读音是［ˈxu^{42}tʻœr^{55}］，它是纯粹送气的［tʻ］，而不是由于［ç］的摩擦，好像把［t］给带得送气了似的。第二，假定它是龙关方言的侵入，那么这

第 2 图

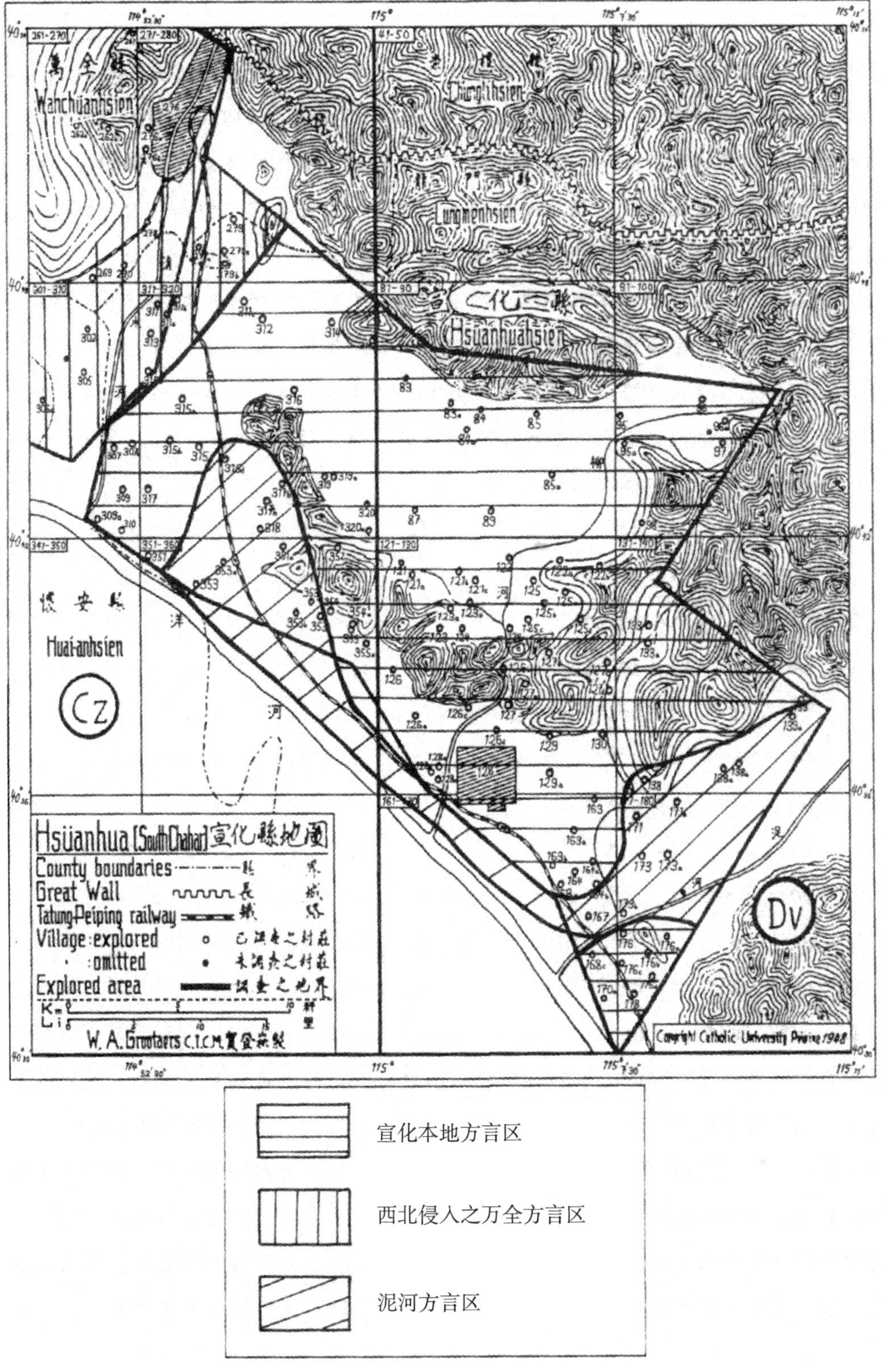
Hsüanhua [South Chahar] 宣化縣地圖
County boundaries
Great Wall
Tatung-Peiping railway
Village: explored
: omitted
Explored area
W. A. Grootaers C.I.C.M.
Copyright Catholic University Peiping 1948
Wanchüanhsien
Chinglihsien
Lungmenhsien
Hsüanhuahsien
Huai-anhsien
Cz
Dv
宣化本地方言区
西北侵入之万全方言区
泥河方言区

是由山地向西发展的一支，不与沿泥河而西下的有所关联。此外，还有一种可能：就是发音人本身发音与一般同村的人不一样，构成一个特例，这就不好作决断了。

最后论到不含展唇半元音［j］的十字形符号，虽然有三个集中在西部铁路的两侧，我们也不必重视它们，因为［'xu^{42}tjœr^{55}］与［'xu^{42}teœr^{55}］之差，只在嘴唇之开合程度的大小，而当记音时，并未十分注视发音人的口形。这里面难免有误差，即使记得很对，并且承认它们有不同，但由重读和声调观察，与圆形符号、三角形符号完全相同，同时又在圆形符号与三角形符号两者之间，我们用不着特别讨论它们。

这里又发生一个问题：十字形符号的左边有五个圆形符号，上下有两个三角形符号，它们既然在重读与声调上与圆形及三角形符号都相同，是把它们附属在圆形符号中呢？还是把它们附属在三角形符号中呢？若为强调泥河谷出来的方言有向西北沿洋河前进的趋势的假说，当然可以把它们附列在三角形符号中。但我们不要把个人的偏见参加进去，我们知道三角形符号所代表的读音中的［tç］是有送气作用的，而这十字形符号所代表的读音并没有把［t］音送气，所以我们认为还是把它们附属在圆形符号中为比较合理。至于图的中上部的那个十字形符号，当然也循例附属于圆形符号中。右下角的十字形符号，则处在三角符号的边上，只得附于三角符号中。如此我们可以画一幅比较清楚的方言区划图（第 2 图），由这一张图，我们一望便知宣化对于蝴蝶的叫法，仍是本地方言占有较大的势力，就是说把蝴蝶叫做［'xu^{42}tjœr^{55}］或其变形，至于侵入的方言，一个没有发展起来（西北的万全方言），另一个受地形限制，只能沿着洋河前进，并且受到阻力，至于此后怎样发展：是本地方言把侵入的同化，抑是侵入的把本地方言切断，都是不可知的。

关于蝴蝶的讨论，我们不用多费篇幅，因为它是在叫法上比较差异小的昆虫，只能由重读、声调和送气等方面找区别，当然这些也都是很重要的，不过一般不知道语音学理的人，觉得没有兴趣，那应就止于此。

第三节　啄木鸟

啄木鸟是一种常见的鸟类，《尔雅》上称为斲木鸟，《动物辞典》称为青鴷，学名 Piculus（种名不一），我们所以选这种鸟作为调查的材料，正因为它有它的长嘴和啄木的特殊技能。在问方言的时候，只要借助于手势和图画，回答的人极易了解，因此所得的答案非常正确。不像画一个蝴蝶，常被小孩子们误认为扑灯蛾，须费很多的话，才使他们给出正当的答案。

在宣化，人们对于啄木鸟的叫法稍有分歧，不像对于蝴蝶的叫法那样一致。不过有一个特点，就是声调和重读很有规律：声调都是第一个音节下降，第二个音节上升，第三个音节又下降，若有第四个音节，即非常短促，声调低得很。重读都在第三个音节上，所以我们不能以声调和重读来区别各村的方言。

下面先写出宣化对啄木鸟的不同的叫法。

1. pœ̃^{42}su^{24}’tsʻuŋ^{42}zə^{1}
2. pœ̃^{42}su^{24}’tsœ̃^{42}zə^{1}
3. pœ̃^{42}su^{24}’tsœ̃^{42}zə^{1}
4. pœ̃^{42}su^{24}’tsũ^{42}zə^{1}
5. pœ̃^{42}su^{24}’tsʻuəŋ^{42}zə^{1}
6. pœ̃^{42}su^{24}’tsʻuɔ̃^{42}
7. pœ̃^{42}su^{24}’tsʻuœ̃r^{42}
8. pœ̃^{42}ʃu^{24}’tsʻui^{42}zə^{1}
9. pœ̃^{42}ʃu^{24}’tsʻue^{42}zə^{1}
10. pœ̃^{42}ʃu^{24}’tsʻuɛ^{42}zə^{1}
11. pœ̃^{42}ʃu^{24}’tsʻue^{42}ðə^{1}
12. pœ̃^{42}ʃu^{24}’tsʻue^{42}
13. pœ̃^{42}su^{24}’tsʻui^{42}zə^{1}
14. pœ̃^{42}su^{24}’tsʻue^{42}zə^{1}
15. pœ̃^{42}su^{24}’tsʻuɛ^{42}zə^{1}
16. pœ̃^{42}su^{24}’tsʻue^{42}ðə^{1}
17. pœ̃^{42}su^{24}’tsʻue^{42}
18. pœ̃^{42}pœ̃^{24}’tsʻun^{42}ðə^{1}
19. pœ̃^{42}pœ̃^{24}’tsʻuŋ^{42}ðə^{1}
20. pœ̃^{42}pœ̃^{24}’tsʻuɔ̃^{42}ðə^{1}
21. pœ̃^{42}pœ̃^{24}’tsʻuœ̃^{42}ðə^{1}
22. pœ̃^{42}pœ̃^{24}’tsʻuɔ̃^{42}zə^{1}
23. pœ̃^{42}pœ̃^{24}’tsʻuŋ^{42}zə^{1}
24. pœ̃^{42}pœ̃^{24}’tsʻuŋ^{42}

我们试看以上不同的二十四种叫法，由第 1 至第 7 种，可以列为一组，其相差之处只在第三音节的韵母上。虽然第三音节的韵母各为［uŋ］、［ɔ̃］、［œ̃］、［ũ］、［uəŋ］、［uɔ̃］及［uœ̃r］，我们可以找出它们的相同点：(1) 这些韵母元音都是圆唇的，(2) 都是或带鼻音韵尾或元音鼻音化，(3) 其中除［œ̃］以外都是后元音，而［œ̃］为［œ］的鼻音化的音，由发音方法来说，凡前元音经鼻音化以后，因为气流要从口腔的后面向上经鼻腔流出一部，听起来便含有后元音的色彩。那么，这七种读音既有这么许多相同点，为了简化解释的手续，把它们算作一类；至于前五种都有第四个音节，第 6、7 两种没有第四个音节，也没有多大关系，因为第四个音节［zə］是名词词尾（有人认为［zə］是附加于名词后的小词——particle），其实是可以省略的，至于第 7 种的［r］和其前面的［œ̃］相连，则为名词的指小称儿化词尾，既有前面诸点相同，只有这一点点的区别，不能构成另分一类的条件，所以把第 6、7 两种和前五种归并在一组，在第 3 图的标音只标第 1 种为代表，图内则以圆形符号表示这七种读音。

第 8 种至第 12 种，很显然地又是一组，在这些种的第三个音节中，韵尾不含鼻音或鼻化元音。第 8 至第 10 种的第三个音节的复合元音分别为［ui］、［ue］、［uɛ］，其区别仅在开口的大小。第 11 种的第四个音节为［ðə］，看起来与第 8、9、10 三种的［zə］不同，但［ð］与［z］同为有声摩擦音，所不同的地方在于发音点（point of articulation）① 的不同，前者的发音点为齿龈，后者的发音点为齿缝，两者的发音器（articulator）同为舌尖，

① B. Bloch 在其所著 *Outline of Linguistic Analysis* 中之第二章论语音学，将发音器官分为两部，一部为能活动的，名曰 Articulator，如舌、下唇等；一部为固定的，名曰 Points of Articulation。

第 3 图

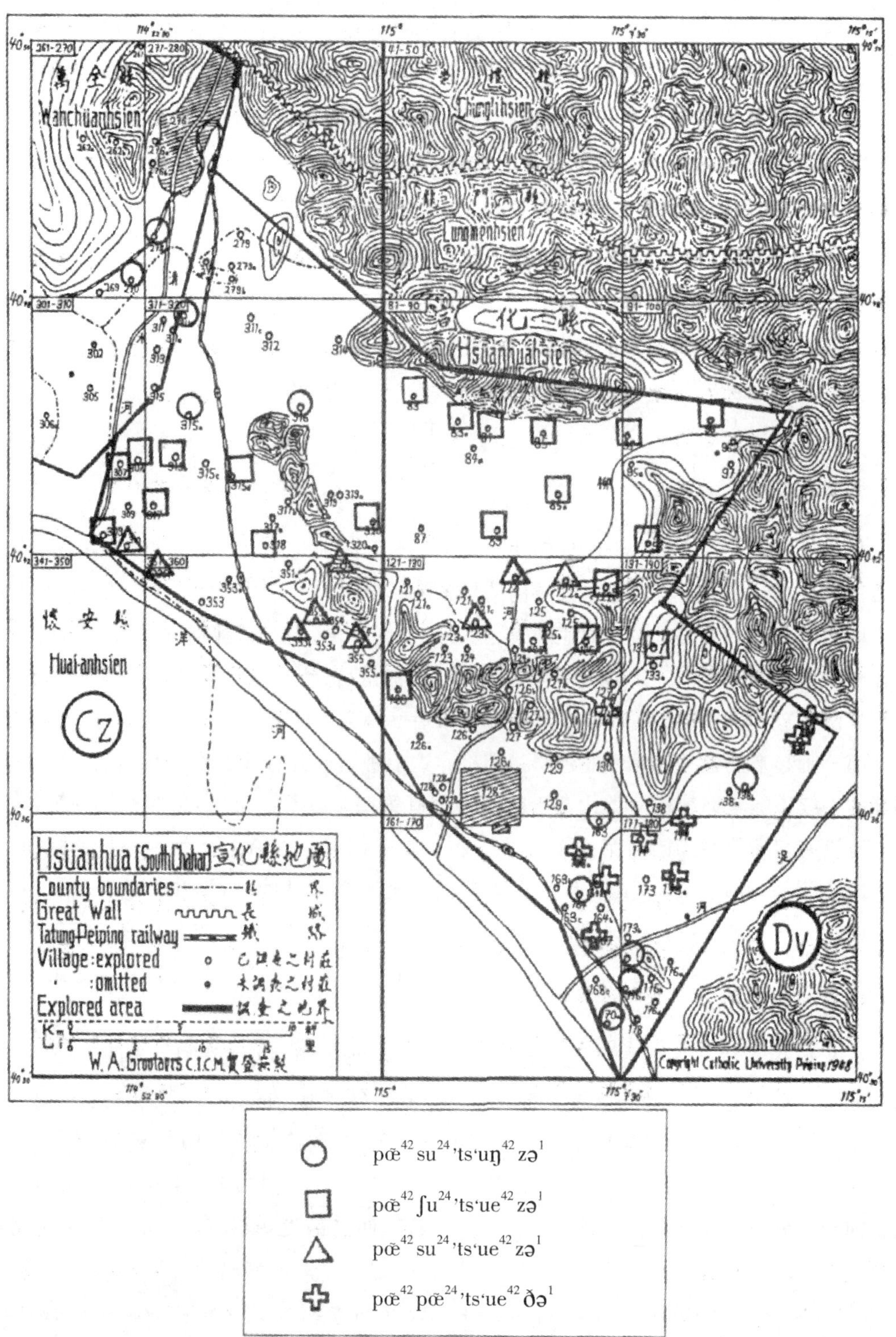

萬全縣
Wanchüanhsien
赤城縣
Chihchenghsien
龍門縣
Lungmenhsien
宣化縣
Hsüanhuahsien
懷安縣
Huai-anhsien
Cz
Dv
Hsüanhua (South Chahar) 宣化縣地圖
County boundaries
Great Wall
Tatung-Peiping railway
Village: explored
: omitted
Explored area
已調查之村莊
未調查之村莊
調查之地界
W. A. Grootaers C.I.C.M. 賀登崧製
Copyright Catholic University Peiping 1948
pœ̃^{42}su^{24}'ts'uŋ^{42}zə^{1}
pœ̃^{42}ʃu^{24}'ts'ue^{42}zə^{1}
pœ̃^{42}su^{24}'ts'ue^{42}zə^{1}
pœ̃^{42}pœ̃^{24}'ts'ue^{42}ðə^{1}

小孩子对这两个音本来不会十分区别，所以也构不成分类的条件。至于第 12 种没有第四个音节，正是省略了名词词尾，所以这五种应当列为一类。为了简单起见，在第 3 图的标音，只标第 9 种，图中以方形符号表示这五种读音。

第 13 至第 17 种，实际与第 8 至第 12 种相似，只差在第二音节的声母上。第 8 至第 12 种的第二音节的声母为无声摩擦腭龈音［ʃ］，第 13 至第 17 种的第二音节的声母为无声摩擦齿音［s］，两者的发音部位本来差得不多，其实可以归并在一起，为了分得更详细一点，我们把这五种也另列一类。在第 3 图的标音，只标第 14 种，作为这一类的代表，图中则用三角形符号表示。

第 18 至第 24 种与前十七种有很显著的不同，因为前十七种的第二个音节为［su］或［ʃu］，这后七种的第二个音节为［pæ̃］，而第三音节的韵母又都是含有鼻音或鼻音化元音的，自然应该把它们另列一类。在第 3 图的标音，只标第 18 种，作为这一类的代表，图中则用十字形符号表示。

现在让我们看第 3 图，这张图表现出许多方言事实。我们先看各种符号的数目，符号总数是 51 个，其中圆形符号有 11 个，占全数的 21.57%；方形符号有 22 个，占全数的 43.14%；三角形符号有 9 个，占全数的 17.65；十字形符号也有 9 个，占全数的 17.65%。

我们再看它们的分布。圆形符号分布在图的左上和右下两角；方形符号分布在图的中腰一带和右上角；三角形符号虽也在中腰一带，但它们几乎全部都在北纬 40°42′以南，至于十字形符号，则完全集中在图的右下角。

在语言学上有一件最重要的事，就是一个民族的语言，完全受民族心理所支配。当我们看完第 3 图以后，一定奇怪为什么在这样一个小区域中，居然对于啄木鸟的叫法，有两个极端不同的音：一个是第三音节带有鼻音或鼻音化的元音，另一个是第三音节不带鼻音而元音也不鼻音化。清代古音学家孔广森发明阴阳对转的学说，他认为凡是阳声字①都可以转为与其相对的阴声字，王力认为由阳声字转为阴声字必经元音鼻音化的过程②，所以当我们初看到这两种不相同的读音时，极易想象带鼻音的是由不带鼻音的转来，或不带鼻音的是由带鼻音的转去的。总之我们认为最初宣化对啄木鸟的叫法是一致的。在我们调查的当时，无意中注意到民族心理的问题。当我们调查到调查区的西北部的时候，问一个孩子为什么把啄木鸟叫做［pœ̃^{42}su^{24}ʼtsʻuŋ^{42}zə^{1}］，经他解释我们才知道他们所以把这种鸟叫做［pœ̃^{42}su^{24}ʼtsʻuŋ^{42}zə^{1}］。原来因为他们看见啄木鸟啄树上的虫，他们称“啄”为［pœ̃^{55}］，称“树”为［su^{24}］，称“虫”为［tsʻuŋ^{42}zə^{1}］，把这些个音联结起来就是［pœ̃^{42}su^{24}ʼtsʻuŋ^{42}zə^{1}］，连读时第一个音节本来的高平调改为下降调。这样看来，［pœ̃^{42}su^{24}ʼtsʻuŋ^{42}zə^{1}］，乃是以一个叙述表示一个东西的名称，正如英语中的 forget-me-not 意为“勿忘我草”一样。后来我们在

① 此处所指之阳声阴声，与普通所指的声调的阴阳不同，乃指韵母中是否含有鼻音而言，韵母不带鼻音者曰阴声韵，其带鼻音者曰阳声韵。

② 王力：《中国音韵学》上册，第 79 页。

调查区的中部问另外的孩子们为什么把啄木鸟叫做［pœ̃^{42}su^{24}ts‘ue^{42}zə^{1}］，他们说这个鸟的嘴和槌子差不多，所以把它叫做［pœ̃^{42}su^{24}ts‘ue^{42}zə^{1}］，他们把“槌子”读作［ts‘ue^{42}zə^{1}］，我们才知道带鼻音与不带鼻音的区别，原来在于命名的心理上的不同，而不是由于阴阳对转的结果。

我们既知道这个事实，就可以把四类叫法归并成两类了。一类是韵母带鼻音或元音鼻音化的，另一类是韵母不带鼻音尾或元音不鼻音化的。如此则圆形符号与十字形符号应并入一类，方形符号与三角形符号应并入一类。为了看得更明白些，我们再画一张图（第4图），在第4图中，以圆形符号代替第3图中的圆形和十字形符号；以方形符号代替第3图中的方形和三角形符号。很明显地，在图上可以看见圆形符号分别集中在左上角和右下角，也就是说在调查区的西北角和东南角都是把啄木鸟认为是啄食虫子的鸟。再看方形符号，由于分布区域的广大与数目的众多，我们认为这是宣化本地的方言，乃是把啄木鸟认做啄木的槌子的。西北角的居民把啄木鸟认做啄树中虫子的鸟，我们还要推定是另一种方言（万全方言）侵入的结果。至于东南角何以也发生和西北角相同的现象呢？可以不可以解释作原来宣化都是把啄木鸟认做是啄树虫的鸟，而被一个认为啄木鸟是啄树的槌子的方言由东北方冲来把原来的方言割作两断呢？谈到这个问题，我们还要翻回去看第3图。在第3图中我们看到东南角不仅是圆形符号，相反地，是被十字形符号占了主要地位。我们知道十字形符号所代表的读音为［pœ̃^{42}pœ̃^{24}’ts‘uŋ^{42}zə^{1}］（或其类似形状），假使最初与西北角的方言是一种，不会在第二音节上有这样的不同，所以我们决不承认东南和西北两角对于啄木鸟的叫法有着相同的起源。那么我们现在可以回答第一个问题，为什么西北和东南两角都把啄木鸟认做是啄树虫的鸟呢？对于这种现象的解释，是和蝴蝶方言地图的解释相同的。东南角是泥河谷开口地带，此地方言与中部山地的方言所以不同，乃是受了从东方侵进来的方言的影响，由于十字形符号的众多，我们可以推定，东方侵入的方言是把啄木鸟叫做［pœ̃^{42}pœ̃^{24}’ts‘uŋ^{42}zə^{1}］的。至于何以有圆形符号发生在这个区域，我们的解释如下：原来这个地方也和稍西的地方一样，是说宣化方言，把啄木鸟叫做［pœ̃^{42}su^{24}ts‘ue^{42}zə^{1}］的，后来东方来的方言，把民族心理，借着势力的强大给改变了，这种改变是不自觉的，使旧有的“槌子”观念改变为新的“虫子”观念，是很自然的事，至于头两个音节因为用之已久，并且声调与新方言的头两个音节相同，由于语言惰性关系，仍保留原状，只改变了第三个音节。由这一个解释，可以看出第3图左上角和右下角的圆形符号，实在并不是同一来源。

由第4图上再看两种方言侵入的路线，很像夹攻一个阵地的两股军队，颇有在中间会师的可能。方言的传播是受地理环境支配的，泥河谷和柳河圳之间①有很高的山阻住去路，

① 宣化人称山谷曰圳，或径作川，图中自Cz314a、Cz316向东分别沿山脚东画，成一袋形平原，有柳河流贯其东侧，是即所谓之柳河圳，圳中三十余村，土肥物阜，为宣化宝库，柳河常年有水，水清且甘，宣化人导入城中灌田，饮用，城内河渠交错，空气清新，景色柔美。

第 4 图

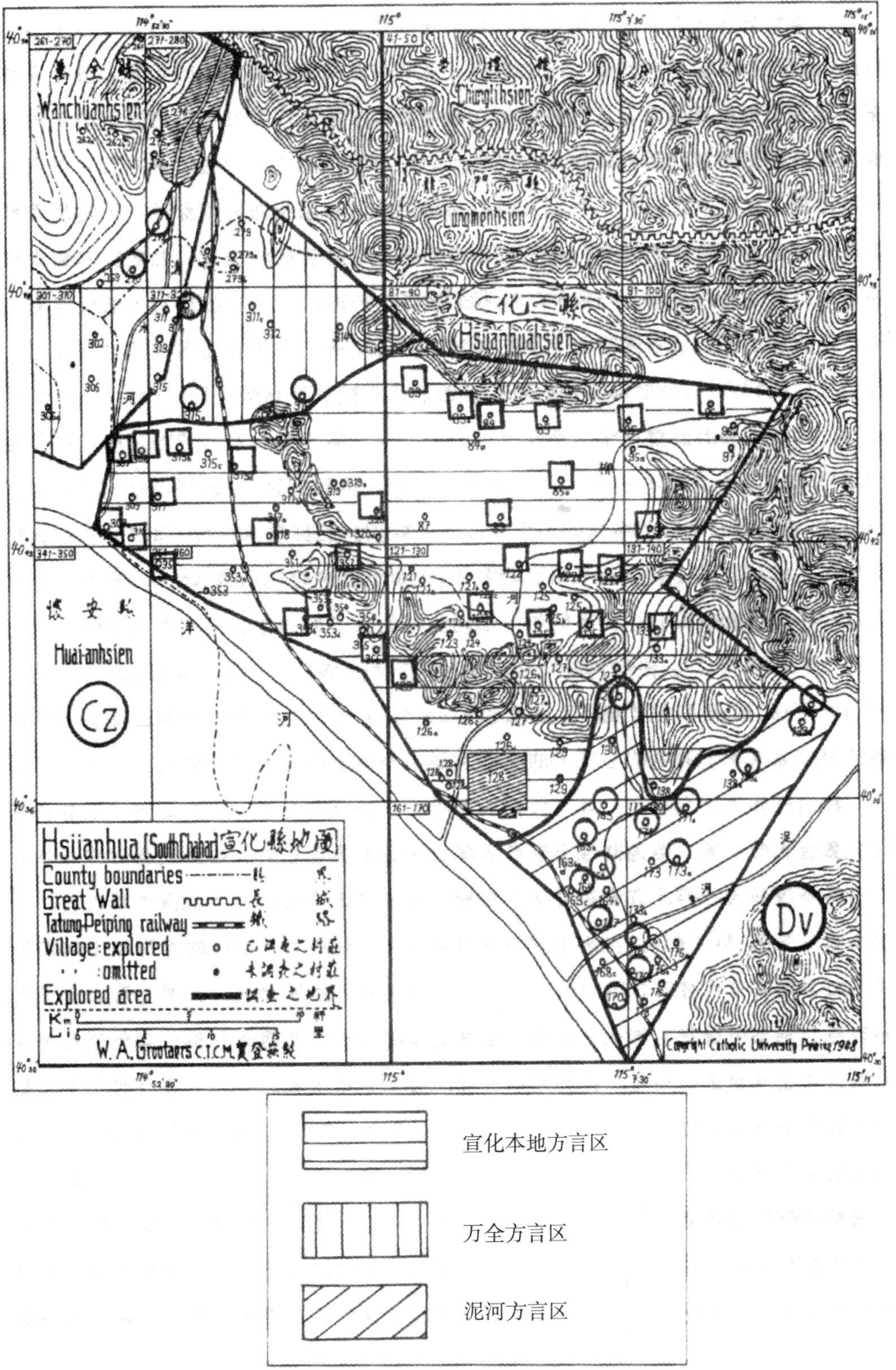
Wanchüanhsien
Lungmenhsien
Hsüanhuahsien
懷安縣
Huai-anhsien
Cz
Dv
Hsüanhua [South Chahar] 宣化縣地圖
County boundaries
Great Wall
Tatung-Peiping railway
Village: explored
omitted
Explored area
W. A. Grootaers C.I.C.M.
Copyright Catholic University Peiping 1948
宣化本地方言区
万全方言区
泥河方言区

发展一定受阻碍，很可能沿着铁路或说是洋河北岸的各地前进的，这与蝴蝶方言图所讨论的事实也正相吻合。果然这样子的假设不是太不着边际的话，我们可以断言，将来宣化对于啄木鸟的叫法有被［pœ̃^{42}su^{24}'ts'uŋ^{42}zə^{1}］统一的趋势，那时候由于旧方言的被切断，可能在东北角和西南角留下少数的村庄，仍把啄木鸟叫做［pœ̃^{42}su^{24}ts'ue^{42}zə^{1}］，那些村庄就是所谓的方言岛了。

至于中腰地带为什么有［pœ̃^{42}ʃu^{24}ts'ue^{42}zə^{1}］和［pœ̃^{42}su^{24}ts'ue^{42}zə^{1}］两种不同的发音呢？这里我们应当略加解说，［ʃ］音若按发音部位来说是比较偏后，宣化人所发的并不是真正的［ʃ］，而是［ʂ］，［ʂ］的发音部位比［ʃ］靠前，就很接近［s］的发音部位了，我们记音时把［ʂ］记做［ʃ］，把［tʂ］记做［tʃ］，把［tɕ］记做［c］，总之都是比本来的音向后移一部位，若做语音的研究都应当更正过来，我们做方言地理研究，只要不由这些小节目发生大错误，在我们自己了解之下，就不做从头到尾的改变了。［ʂ］与［s］都是无声摩擦音，发音部位又极相近，小孩子在发音不完全的时候，对这两个音常不能分别，我们可以解释作没有多大区别。不过由于［ʃ］（实即［ʂ］）音分布的集中，好像又另成一个系统，我们没有调查洋河以南的方言，不能断定这种带［ʃ］的方言是否和洋河以南的方言另成一系，这要待将来调查以后才能决定。

第四节　蜻蜓

蜻蜓古名蜻蝏，又名蜻蛉，学名 Anax Parthenope，selys，是一种常见的昆虫。卵生，体分头、胸、腹三部。头甚大，有复眼一对，口器很强，便于咀嚼；胸背有膜质翅两对；腹面有足三对；腹部细长分数节，各节形状不同，性活泼，喜群飞。雨时或夜间，则静息而平披其翅；产卵时以尾点水，使附水草之茎，孵化成蜻蜓。

我国各地对于蜻蜓的叫法，很不相同，如北京称为老琉璃，许多地方把它叫做蚂螂。我们选择这个昆虫作为调查材料，就是要看宣化对它的叫法有怎样的不同，但在宣化并没有很异样的叫法，现在让我们先看宣化方言对这个昆虫的不同的叫法。

1. 'swɪ^{42}tɕ'jɛr^{55}
2. 'swɪ^{42}tɕ'jœr^{55}
3. 'swe^{42}tɕ'œr^{55}
4. 'swɪ^{42}tɕ'jɑœr^{55}
5. 'swɪ^{42}tɕ'yɛr^{55}
6. 'swɪ^{42}tɕ'yœr^{55}
7. 'swe^{42}tɕ'yœr^{55}
8. 'fɪ^{42}tɕ'jœr^{55}
9. 'ʃwe^{42}tɕ'jœr^{55}
10. 'ʃwe^{42}tɕ'jœr^{55}

11. 'swe^{42}tɕ'iŋ^{55}

12. 'swɪ^{42}tɕ'iŋ^{55}

13. 'swɪ^{42}tɕ'iŋ^{55}tɕ'iŋ^{55}

14. 'swe^{42}tɕ'ĩ^{55}

15. 'swe^{42}tɕæ̃r^{55}

16. 'swe^{42}tɕ'jœr^{55}

由上面十六种不同的叫法看来，除去第5、6、7三种以外，其余十三种几乎是全属于一类的。何以说十三种不同形式的读音属于一类呢？因为：

一、在这十三种读音中，第一音节的声母，几乎全是［s］，只有第8种的第一音节的辅音为［f］，第9、10两种的辅音是［ʃ］。我们在前节已经说过［s］与［ʃ］同为无声摩擦音，所不同的只是舌位的前后稍异，小孩子们对这两个音分别的能力很低，我们若找不出其他的区别，只这一点并不能说是方言上的差异。至于第8种的［f］，何以与［s］同属于一类呢？这就要看两者的发音方法了。我们看出在［s］之后有一个半元音［w］，［sw］是一个齿摩擦音与双唇半元音［w］组成的复合音，而［f］正是一个唇齿摩擦音，中国有许多地方把［sw］或［ʃw］用［f］代替，如山东西南部的方言把水［ʃwe］字读做［fɪ］，这就说明了两者的近似性，同时我们又不能不想到回答方言的孩子把［sw］读为［f］，也许是一个特例，他不能代表一般人的音，像这样的个别情形，在任何方言中都有。

二、这十三种读音的第一个音节的韵母都是［ɪ］或［e］，而［ɪ］与［e］同为展唇前元音，不过［e］比［ɪ］略为开口一点，实际上当一个人说话时，听话的人除非特别注意去观察说话人的口部状态，很难把［ɪ］、［e］分别得十分清楚，所以我们应当说只有［ɪ］、［e］之差，不能构成方言区分的条件。

三、这十三种的第二音节的韵母，虽有显著的不同，但若根据语音学来讲，实在也没有差别：第11种的第二个音节为［tɕ'iŋ］，第13种把［tɕ'iŋ］重复一次作为第三个音节，这种重复在形态学上认为是指小称的一种形式，至于其他十一种，除第14种外，第二个音节差不多都以［œr］结尾，这是指小称的另一种构成的形式，叫做儿化。带鼻音尾的字以［r］做指小称的儿化词尾时，鼻音往往丢失，这是极普通的现象，如北京话“人”，在单读时是［ʐən^{35}］，但当以其指小称用在“俏佳人儿”一词时，“人儿”字应当发音做［ʐəœr^{35}］，绝对不能发音做［ʐən^{35}œr^{35}］，这样就好像外国人说汉语了。至于第14种的［ĩ］是把［iŋ］的鼻音减轻，乃是为了发音省力的缘故，这倒不是指小称的形式，不过与［iŋ］、［œr］、［œ̃r］、［ɛr］同属一类是不成问题的。

何以第5、6、7三种另成一类呢？这完全由于在第二音节发现了圆唇前元音韵头［y］的关系。上面所说的十三种可以说都是“水蜻”两个字不同的读音，因为我们曾经问过一个宣化成年人为什么把蜻蜓叫做［'swe^{42}tɕ'iŋ^{55}］，他说因为这种昆虫常在水面飞翔，点水为戏，所以叫做水蜻（宣化人大体读水如［swɪ^{24}］或［swe^{24}］）。既有这样的解释，问题便发生了：蜻字在宣化方言中是齐齿呼，若是第5、6、7三种的第二个音节也是“蜻”字的不同的读音，那么“蜻”字不是又变成撮口呼了吗？所以我们决定5、6、7三种的第二个音节绝对不是“蜻”字的音，而是另外一个字的音，但我们从孩子们的口中问不出到底是哪一个字的音。我们可以推测，蜻蜓戏水点水成圈，由于这个特点，宣化人把它叫做“水圈”，这又是以另一种心理给这个昆虫命名了。这种推测当然不合科学，不过我们又问不出正确的答案来，就事论事，决不能把5、6、7三种也附在其余十三种内，所以说这三种另成一类，事实上也必须另列一类。

虽如上所述，把所有十六种读音分为两类，乃是一种粗糙的分法，L. Bloomfield 在其所著 *Language* 一书中论方言地图，他说“方言地图的主要价值即在于完全，画得越详细，叙述得越完全”。[①] 我们为了多发现些方言上的事实，研究得更细密一些，还是把有明显不同的分为几组：第1至第4种是第二音节不带鼻音或不含鼻音化元音的，在第5图上的标音只标第1种做代表，以圆形符号表示它们；第5、6、7三种是第二音节含有圆唇前元音韵头［y］的，在第5图上的标音只标第5种做代表，以方形符号表示它们；第8种是第一个音节的声母为［f］的，在图上以五角星形符号表示；第9、10两种是第一音节的声母为［ʃ］的，图上的标音只标第9种做代表，以三角形符号表示它们；第11至第16种为第二音节含鼻音或鼻化元音的，在图上的标音只标第11种做代表，以十字形符号表示它们。

现在让我们看第5图，首先引起我们注意的就是左上角的符号都是方形的，不过在图的左下角也有两个方形符号，这里需要解释，左上角的方形符号，和前两节的解释相同，表示现在的宣化西北部是属于万全方言区，至于左下角为什么也发现了方形符号，我们不敢下断说。所可揣测的就是从前清水河流域的那些村庄都是说万全方言的，后来宣化方言和泥河方言由东面侵来，把万全方言给截断了，所以在清水河流域的村庄只有南北两端还保存着万全方言的样子，中间的村庄都把万全方言的特色丢失了。这是历史问题，若由地理上来看，左下角具有方形符号的两个村庄（Cz310、Cz351）都是沿着洋河接近怀安县境的，很可能这两个村庄受了怀安方言的影响，至于西北角侵入的万全方言是否与怀安方言同属一系，则有待于将来的调查与历史的材料来证明。

我们再看十字形符号，十字形符号是表示第二音节中带鼻音或含有鼻音化元音的。在图上很显然地可以看出十字形符号分布的情形，它们是主要集中在中部山地和东北角靠山边的地方，它们在泥河谷的密度并不太大，仅占四分之一，所以证明由泥河谷侵入的方言对于蜻蜓的叫法，在第二音节中不带鼻音，夹在其中间的四个十字形符号，也是集中于接近山边的地方，这又证明原来泥河谷的方言是带有鼻音而被侵入方言击败，只在接近中部山地的村庄保留着带有鼻音的痕迹。

---

① 见 L. Bloomfield 所著 *Language*（1948年修正版）第323页。

第 5 图

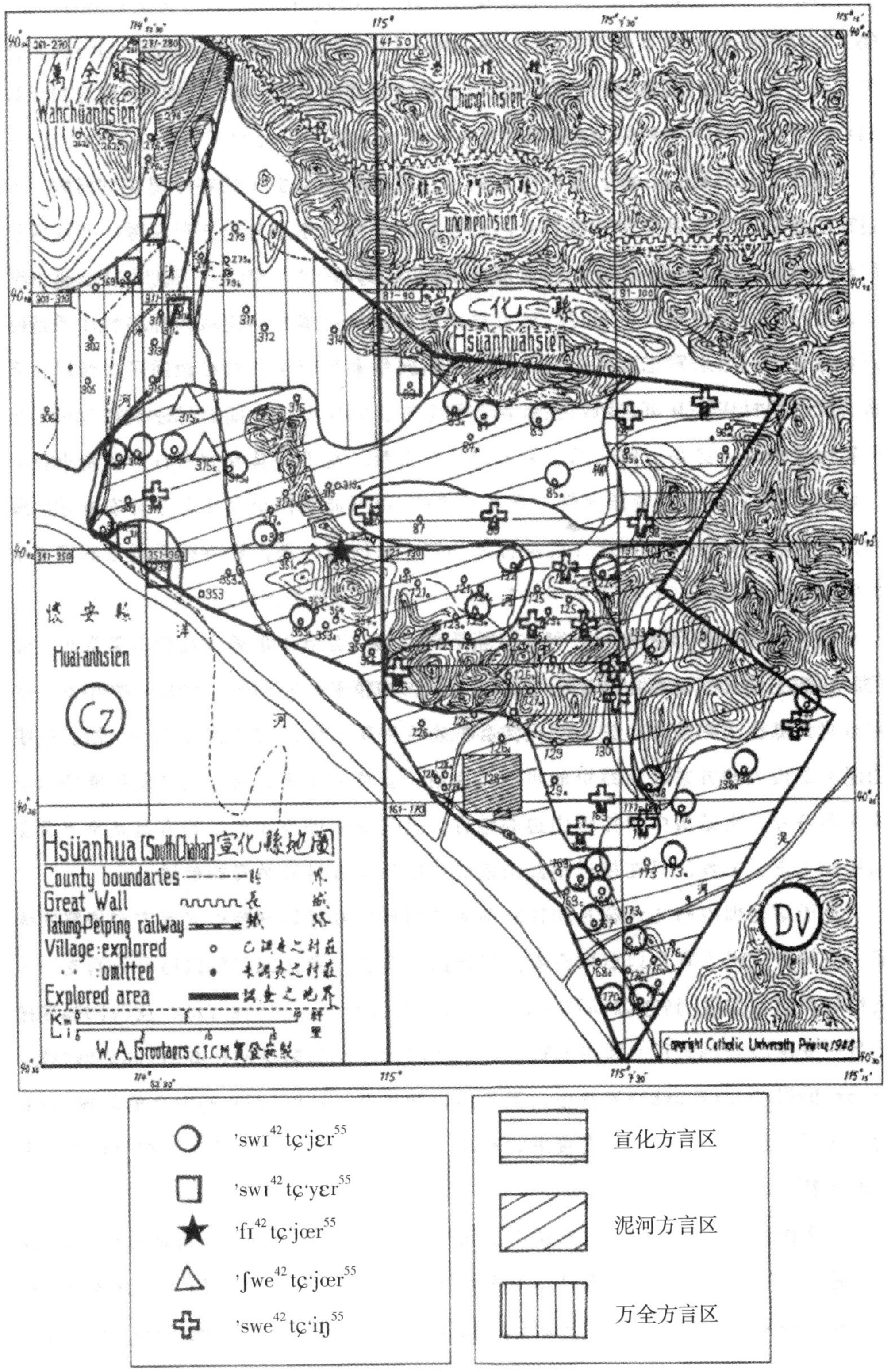
萬全縣
Wanchüanhsien
Chunglihsien
Lungmenhsien
宣化縣
Hsüanhuahsien
懷安縣
Huai-anhsien
Cz
Dv
Hsüanhua [South Chahar] 宣化縣地圖
County boundaries 縣界
Great Wall 長城
Tatung-Peiping railway 鐵路
Village: explored 已調查之村莊
: omitted 未調查之村莊
Explored area 調查之地界
Km 籽
Li 里
W. A. Grootaers C.I.C.M. 賀登崧製
Copyright Catholic University Peiping 1948
'swɪ^{42} tɕ'jɛr^{55}
'swɪ^{42} tɕ'yɛr^{55}
'fɪ^{42} tɕ'jœr^{55}
'ʃwe^{42} tɕ'jœr^{55}
'swe^{42} tɕ'iŋ^{55}
宣化方言区
泥河方言区
万全方言区

至于柳河圳中的圆形符号和铁路两侧的圆形符号可以解释作泥河方言侵略的结果。泥河方言侵入宣化以后即沿着洋河向西北前进，到达 Cz355a 以后分为两支：一支继续向西北前进，到达 Cz353b、Cz318、Cz315d、Cz315b、Cz307a、Cz307 及 Cz309a 等村；另一支由 Cz355a 向正北通过石壑子[①]入柳河圳，受到影响的计有 Dv123b、Dv122、Dv85a、Dv85、Dv84 及 Dv83a 等村庄。至于 Dv122b 是受了从 Dv122 来的方言的影响，抑是受了从泥河谷口经 Dv133a 而直接来的影响，或者根本 Dv133a 也是受了柳河圳中转来的影响都不能确言。

至于西部 Cz315a 和 Cz315c 的两个三角形符号和中部 Cz352 的五角星形符号，可以认为是个人特殊发音而视为例外，绝不可认为是方言岛，因为我们在调查区中没有找到和这些发音相同的情形。我们还敢断言，即使不是个人发音的特殊情形，以后也只有被圆形符号所同化，就是说，这三个村庄的四周都是以［s］为第一音节的声母，它们也不会恒久地固执着用［ʃ］或［f］做第一音节的声母。若以含不含鼻音为权衡的标准，它们都是不含鼻音的，也证明它们已经带有泥河方言的特色。

现在我们可以下结论了：宣化方言本来是把蜻蜓叫做[ʼswe^{42} tɕʻiŋ^{55}]的，后来由西北侵入一种方言把蜻蜓叫做［ʼswɪ^{42} tɕʻyɛr^{55}］，由东方侵入一种把蜻蜓叫做［ʼswɪ^{42} tɕʻ jɛr^{55}］的方言，并且后一支势力很大，几乎把原来的方言淹没，只有中部山地和东北部山边地带，还保留着原来方言的状态。这些事实由第 5 图一看就能知道，在这里不必再做更多的证明。

至于方言分区问题，我们可以规定方形符号属于万全方言区，圆形、三角形和五角星形符号属于泥河方言区，十字形符号属于宣化方言区，在第 5 图上分别以线条画出。

第五节　喜鹊

喜鹊本名鹊，学名 Pica Pica Sericea，属鸣禽类乌科，形似乌，嘴尖，尾长，体之上面黑褐，有青紫色光泽，肩颈腹翮之中央及冠毛之后皆白色，尾翮皆黑白驳杂，栖于山野，鸣声喳喳，冬季始筑巢，春间孵子，秋时头顶毛秃。有时常见于村庄树上。我们选择喜鹊作为问话材料，就因为这种鸟的毛色和鸣声有其特异之点，在问方言时，只说黑羽毛白肚皮，叫声喳喳的鸟，再顺便给被问者以图画参看，就能得到正确的答案。若是在问方言的地方，能够找到一群喜鹊在树上高鸣，更能给回答方言的人以具体的启示。所以我们可以断言，对这个鸟的答案，不会有暧昧不清的情形。

经我们在五十一个村庄问讯所得的结果，使我们惊异宣化人对这种鸟叫法的一致。一

① 石壑子为宣化城西北之山道，介于两山之间，昔为北京至张家口、库伦必经之路，自铁路兴建后，已不复有行商过此。壑内有关公庙，建筑颇雄壮，塑像亦精致，传出于京中名匠之手，但已年久失修，渐就颓倾，在图上东经 115°与北纬 45°42′之交点，即壑之北口。

般说来，除去第二个音节的指小称儿化词尾及名词附加词尾以外，宣化人普通是把喜鹊叫做［ɕɪ⁵⁵'tɕ'ja⁴²］的，不过，为了由小处观察方言的不同，我们还是有分析研究的必要。

在五十一个村庄中，对喜鹊的叫法，约有下列十四种。

1. 'ɕɪ⁴² tɕ'ja⁵⁵ tɕ'ja⁵⁵
2. 'ɕɪ⁴² tɕ'ja⁵⁵
3. ɕɪ⁵⁵ 'tɕ'ja⁴² tɕ'jar⁵⁵
4. 'ɕi²⁴ tɕ'ja⁵⁵
5. ɕɪ⁵⁵ 'tɕ'ja⁴² zə¹
6. ɕɪ⁵⁵ 'tɕ'ja⁴² zʅ¹
7. ɕɪ⁵⁵ 'tɕ'ja⁴² ðə¹
8. ɕɪ⁵⁵ 'tɕ'ja⁴² ðə¹
9. ɕɪ⁵⁵ 'tɕ'jar²⁴
10. ɕɪ⁵⁵ 'tɕ'ja²⁴ zə¹
11. ɕɪ⁵⁵ 'tɕ'ja²⁴ ðə¹
12. 'si⁵⁵ tɕ'jœr⁴²
13. si·⁵⁵ 'tɕ'ja⁴² zə¹
14. si·⁵⁵ 'tɕ'ja⁵⁵ tɕ'ja⁵⁵

从上面十四种对喜鹊不同的叫法中，我们可以看出：前四种显然可以列为一类，因为它们不带名词词尾［zə］（或其变形［zʅ］、［ðə］），第 1 种把第二个音节［tɕ'ja⁵⁵］重复一次；第 3 种于重复第二音节之后又加儿化词尾［r］；二者都是指小称，第 4 种的第一个音节中的元音为［i］，而前三种都是［ɪ］，表面上看起来不同，而［i］和［ɪ］之差，仅在于口之开合位及舌之高低稍有不同。为了归并研究，当然可以把这四种归于一类，在第 6 图下的标音，只标第 1 种做代表，图中以圆形符号表示它们。

第 5、6、7、8 四种是另外一类，因为它们都带有名词词尾［zə］（或其变形），其余如声调和重读方面都很一致，好像比第一类还有规律。在第 6 图下的标音，只标第 5 种做代表，图中以方形符号表示它们。

第 9、10、11 三种，本不应当单列为一类，因为第 9 种可以归并在第一类，第 10、11 两种可以归并在第二类。不过因为这三种的第二个音节都是上升声调，听起来与其他的下降声调或高平声调有很大的不同，所以把它们另列一类，这种分法也许失之过细，但为了分析得更清楚一些，还是详细比简略好些。在第 6 图下的标音，只标第 9 种做代表，图中以三角形符号表示它们。

第 12 至第 14 种，很明显地是另外一类，因为它们的第一个声母为［s］而不是［ç］，由语音学上来看，［s］与［ç］都是无声的摩擦音，不过［s］属于舌尖与齿龈的摩擦，［ç］则位置偏后，属于舌面前与上腭的摩擦（宣化人的发音不如［ç］那样偏后，应当为［ɕ］）两者是不同的，在第 6 图下的标音只标第 12 种作代表，图中以十字形符号表示它们。

现在我们可以讨论本题了。在第 6 图上，我们看圆形符号分布的区域，十五个圆形符号，有 11 个位置在调查区的西北部，其中在东经 115°以西，北纬 45°42′以北的竟有十个；有三个在调查区的东南角，一个在中部山地。在表面上看来，好像不很集中，其实是很集中的，因为我们知道圆形符号是表示把喜鹊用指小称的办法称呼的。我们曾硬性地把

第 6 图

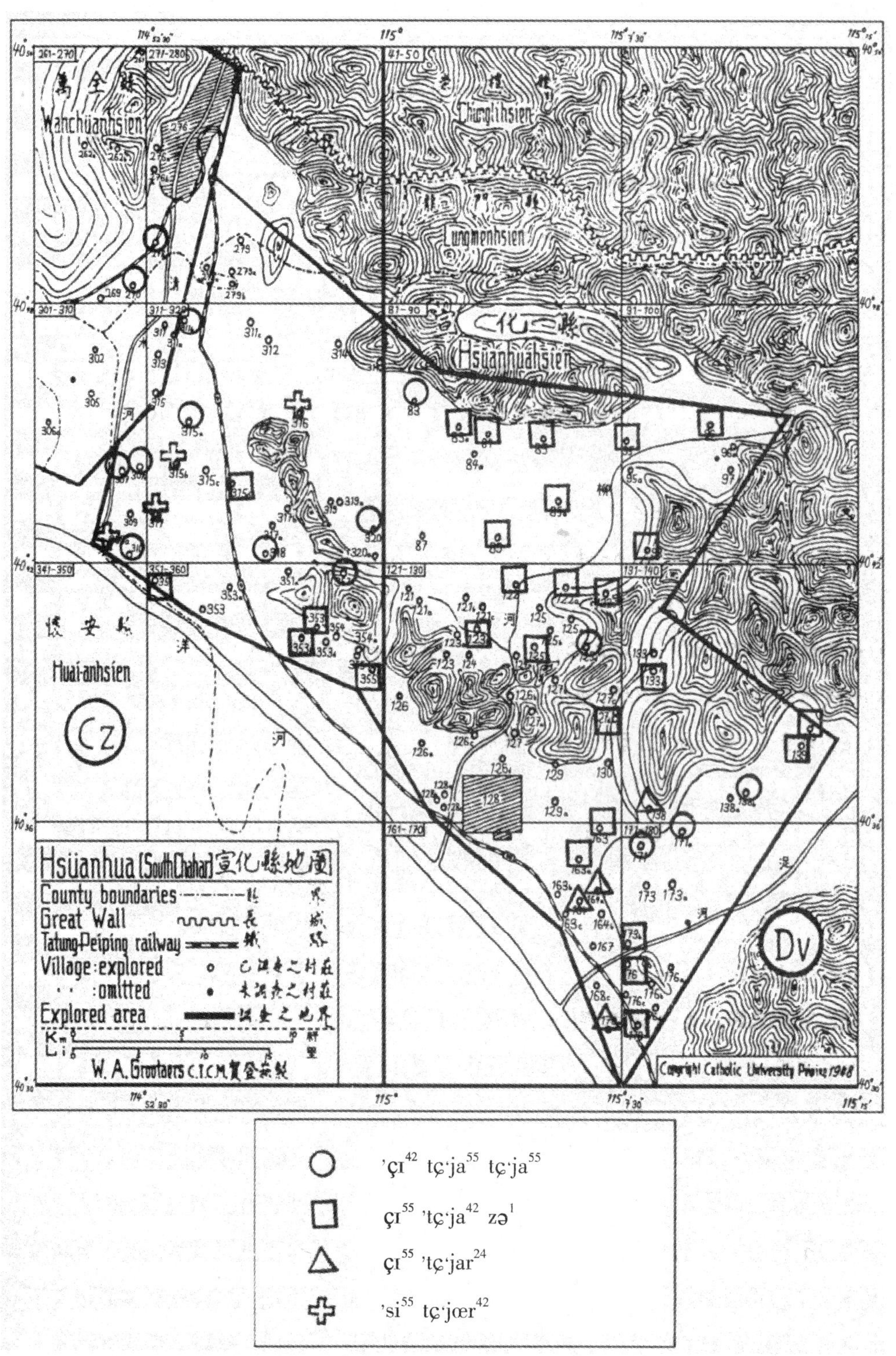

Hsüanhua (South Chahar) 宣化縣地圖
County boundaries
Great Wall
Tatung-Peiping railway
Village: explored
: omitted
Explored area
W. A. Grootaers C.I.C.M.
Copyright Catholic University Peiping 1948
Wanchüanhsien
Chunglihsien
Lungmenhsien
Hsüanhuahsien
Huai-anhsien
Cz
Dv
'çɪ^{42} tç'ja^{55} tç'ja^{55}
çɪ^{55} 'tç'ja^{42} zə^{1}
çɪ^{55} 'tç'jar^{24}
'si^{55} tç'jœr^{42}

['çɪ⁴² tɕʻja⁵⁵]归入这一类中，它可以具有指小称的意义，也可以具有不指小的意义，决定的因素，乃是四周的情形，假使某村把喜鹊叫做['çɪ⁴² tɕʻja⁵⁵]，而其四周都是把喜鹊叫做['çɪ tɕʻjar]或['çɪ tɕʻja tɕʻja]，我们就认为那个村庄也是用指小的办法来称呼喜鹊，不过答话人于回答方言时把指小称的儿化音[r]或第二音节的重复给省略了。若另外有一个村庄也把喜鹊叫做['çɪ⁴² tɕʻja⁵⁵]，而其四周的村庄都是把喜鹊叫做[çɪ' tɕʻja zə]的，我们就认为那个村庄是同样把喜鹊叫做[çɪ' tɕʻja zə]，不过答话人在回答方言时，把名词词尾[zə]给省略了。这是很自然很合理的事，绝不是牵强附会，勉作解释。由第6图我们看见中部山地的Dv125d和东南角的Dv171、Dv171a和Dv138b都在方形符号的包围中；若是这个村庄把喜鹊叫做['çɪ⁴² tɕʻjar⁵⁵]或是[çɪ⁴²' tɕʻjar⁴² tɕʻjar⁵⁵]等指小称的形式，我们就难以自圆其说，偏巧他们都是把喜鹊叫做['çɪ⁴² tɕʻja⁵⁵]或['çi²⁴ tɕʻja⁵⁵]的，都没有指小称儿化音[r]或把第二音节重复一次以表指小的性质。由我们的假定，证明它们把名词词尾[zə]（或其变形）给省略了，那么它们虽是用圆形符号表示的，实际上应当用方形符号表示。所以我们很可以说：把喜鹊用指小方法称呼的，只通行在调查区的西北角，在中部山地和东南角的泥河谷，绝没有这种情形。读者或许要问：在调查区的西北角有没有不用指小称的办法来称呼喜鹊呢？不错，有的，例如Cz270就是把喜鹊叫做['çɪ⁴² tɕʻja⁵⁵]的，正因为我们假定['çɪ⁴² tɕʻja⁵⁵]这一读音在表示指小这方面来说，是有两面性的：它一方面可能为带名词词尾[zə]（或其变形[zʅ]、[ðə]）的省略形，另一方面也可能是带指小称儿化音[r]（或重复第二音节）[tɕʻja]的省略形。决定它到底属于哪一种省略形，要看它处于那一种环境中。我们既确定Dv125、Dv171、Dv171a、和Dv138b的[çɪ tɕʻja]为[çɪ tɕʻja zə]的省略形，因为它们处在方形符号的环境中，那么我们当然可以确定Cz270的['çɪ⁴² tɕʻja⁵⁵]属于['çɪ⁴² tɕʻja⁵⁵ tɕʻja⁵⁵]（或[çɪ⁵⁵' tɕʻja⁴² tɕʻjar⁵⁵]）的省略形了。因为它处在指小称的环境中。这里我们不妨把话说得更明确些：Cz270的答话者，在回答方言时把指小称儿化音[r]省略掉了。反之，Dv125d和东南角的Dv171、Dv171a、Dv138b等地的发音人却把名词词尾[zə]（或其变形）给省略掉了。

有了这样的情形，我们再看方形符号，可以说大多数都在东经115°以东，特别是在调查区的东北角和中部山地，几乎没有例外，这与西北角圆形符号的集中，恰好是一个对比。所以我们不得不承认调查区的东西两部，是有着不同的方言的。

我们再看调查区西部和圆形符号接近的几个十字形符号，由它们的位置来看，正是在圆形符号与方形符号的分界线上，这种现象在方言地理学上有一种特别的解释：在两种不同的方言势力相伯仲的时候，交界线上可能出现另一种方言。不过十字形符号与方形、圆形符号所差的只在第一个音节的声母不同，并且极为相近（[s]、[ç]），所以我们不能武断十字形符号区代表另一种方言区，若由指小称来区别，则Cz316、Cz309a属于圆形符号区，Cz315b和Cz317属于方形符号区。

现在再看右下角的四个三角符号，我们所以把它们另列一类，乃是因为它们的第二音节为高升调。处理它们，我们有两种方法：第一，认为它们代表着由泥河谷下来的方言，在谷口所以势力不强，也许因为本地方言与外来方言相差无几，新方言的升调被同化为降调，只有四个村庄还保留着这个特点。第二，还用指小或不指小来衡量它们，则 Dv138 和 Dv170 应为方形符号，Dv164 和 Dv164a 应为圆形符号，很奇怪的就是在周围都是方形符号（依照我们上面的解释，认为 Dv171、Dv171a、Dv138b 等三个圆形符号应当改为方形符号）的环境下，居然出现两个圆形符号（Dv164、Dv164a），这就很难解释。因为调查时没有把材料整理出来，对这种现象未能做就地的研究，这实在是很遗憾的。我们不能不怀疑回答方言的小孩子有问题，也许他们的外婆家是在圆形符号区。若这种怀疑不对，我们可以想到这两个村庄也许是受了洋河右岸方言的影响，因为洋河右岸的方言还未调查，对这种特殊现象的解释，一时不能定案，我们不肯把这两个村庄认为是方言岛。

既然把全部的符号完全分析完毕，我们不妨按照分析的结果再画一张地图，第 7 图就是依指小称或不指小称来分划宣化的方言。

由第 7 图我们能够一目了然地看出宣化方言对于喜鹊的叫法，有两种形式，西北角是以指小称叫喜鹊，这里面会含有亲爱的意思，换句话说，听到他们叫喜鹊那样地亲切，知道他们很喜欢这种鸟，至少是不憎厌的。但在东南部就不肯用指小称去叫喜鹊，却加一个名词词尾［zə］（或其变形［zɿ］、［ðə］），凡用［zə］作词尾的名词，里面不含有亲爱的意思，但也不一定含有憎恶的意思。

我们分析方言，除去可以求出方言与历史地理的关系以外，还可以间接知道说某种方言的民族心理，像我们分析喜鹊这种鸟的叫法，由词尾上可以看出民族心理，同时也可以根据记录把宣化对于这种鸟的叫法给分为两部，也就是可以找出很明显的界线，这种相互为用的研究，可以算是方言地理学的独特的性格。

美国语言学家 L. Bloomfield 说：调查语言，记录越详细越好。[①] 因为调查人不能随便再回到调查区做第二次的调查，记得详细不见得把记录完全用上，但若用着时，可以随手拾来，像喜鹊这个名称，我们能从词尾上把宣化方言分为很整齐的两个区域，从而窥出东西两部居民对这种鸟的心理上的认识，这不能不归功于记录得详细。

现在我们再研究宣化方言对喜鹊叫法的同音圈线，从东经 114°52′30″、北纬 40°42′之点起北行，沿 Cz307a、Cz315a 东行，又向南转沿 Cz317a、Cz318、Cz351a、Cz353c、Cz354 东南行，及至与东经 115°线相遇后又北上，几乎与东经 115°线相平行，到 Dv83 与 Dv83a 之间时，终于本调查区的北界。在这个同音圈线上面的区域较小，在它下面的区域很大，成为前者的三倍半。由于线上势力较弱，线下势力较强，我们看出线下部分一定是宣化本地方言的区域，线上是侵入的万全方言区域，在前几节我们曾看到类似的事，不过前几节中，万全方言并不像本节这样深入。根据方言地理学原理，没有两条同音圈线完全重合的，[②] 我们这几节得到的几条同音圈线也都不相重合，表示某种方言的进出是因字或词而深浅不同的。

---

① 见 L. Bloomfield, *Outline Guide for the Practical Study of Foreign Languaes* Chap. 6。

② 见 L. Bloomfield, *Language*（1948） Chap. 7， p. 291ff。

第 7 图

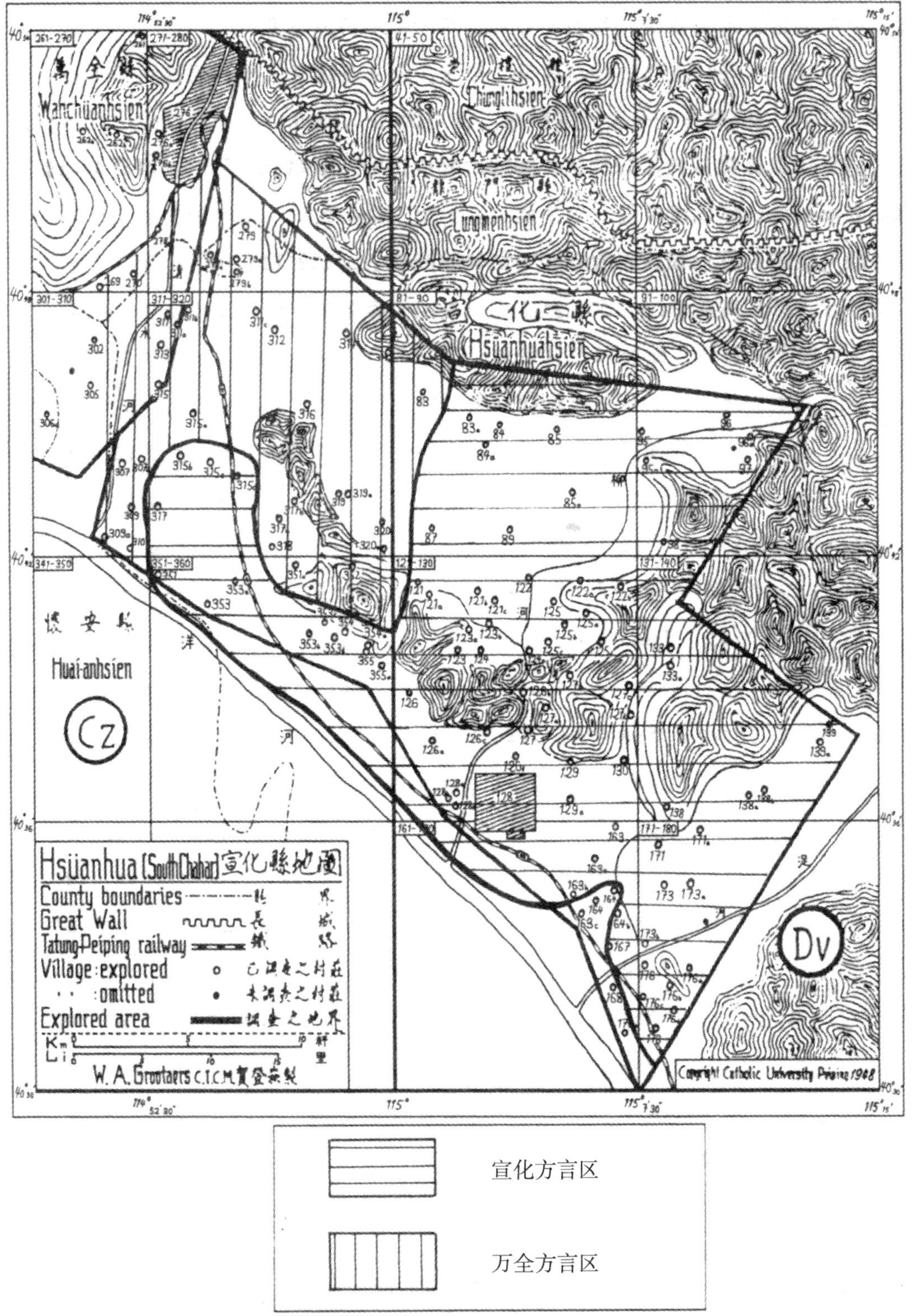

萬全縣
Wanchüanhsien
Chunglihsien
Lungmenhsien
宣化縣
Hsüanhuahsien
懷安縣
Huai-anhsien
Cz
Dv
Hsüanhua [South Chahar] 宣化縣地圖
County boundaries 縣界
Great Wall 長城
Tatung-Peiping railway 鐵路
Village: explored 已調查之村莊
omitted 未調查之村莊
Explored area 調查之地界
Km
Li
W. A. Grootaers C.I.C.M. 賀登崧製
Copyright Catholic University Peiping 1948
宣化方言区
万全方言区

至于泥河方言，在这一节中表现得不太明显，只有四个三角形符号（见第6图）。我们又按指小称分为两部，一部附列于方形符号（Dv138、Dv170a），一部为圆形符号（Dx164、Dv164a）。我们把这两个圆形符号单独划出，不认为它们与西北角的万全方言有直接关系，所以在第7图上并没有把它们与万全方言区画作同样的纵线条。在洋河南岸的方言未调查前，我们不好对这两个圆形符号论断。

第六节　石龙子

石龙子古名山龙子，又名泉龙亦名蜥蜴，学名 Eumeces Quinquelineatus 或 Eumeces latiscutatus Halowell，为爬虫类，蜥蜴属，尾与身皆似蛇，有四足，长四五寸。头扁尾长，俗称四脚蛇。雌者色褐，雄者青绿色，舌短，尾易断，断后复生。常栖石壁之隙或田野间，捕食小虫。因为这种既是常在田野间发现，所以乡下人对于它特别熟悉。我们在宣化问这个东西的时候，只要把图指给小孩子们看，再略加一点解释，便毫不困难地得到答案。回来经过整理以后，出乎意料，它居然是我们调查材料中相当成功的一个。有了它，使前几节的讨论，更增加了确实性。

宣化人对于石龙子的叫法很不一致，在我们调查的五十九个村庄中，竟有三十一种不同的发音。现在先看这三十一种不同的发音是怎样的情形。

1. ’tʃʻə^{42} sœr^{55}
2. ’tʃʻœə^{42} sœr^{55}
3. tɕʻjɛ^{33} mɛ^{33}’sʅ^{42} zə^{1}
4. tɕʻja^{33} mə^{33}’sœr^{42}
5. tʃʻə^{33} ma^{33}’sə^{42} zə^{1}
6. tʃʻə^{33} mə^{33}’sʅ^{42} zə^{1}
7. tʃʻə^{33} mə^{33}’sʅ^{42}
8. tʃʻə^{42} ma^{33}’sœr^{42}
9. ’tʃʻœə^{42} ma^{33} sœr^{42}
10. tʃʻœə^{33} ma^{33}’sœr^{42}
11. tʃʻœ^{33} mə^{33}’sœr^{42}
12. sə^{33} mə^{33}’sœr^{42}
13. sə^{33} mə^{33}’ʃœr^{42}
14. ʃə^{33} mə^{33}’sʅ^{42} za^{1}
15. ʃœə^{33} ma^{33}’sə^{42} za^{1}
16. ʃœə^{33} mə^{33}’sʅ^{42} za^{1}
17. ʃœə^{33} mə^{33}’sʅ^{42} ðə^{1}
18. ʃʅ^{33} ma^{33}’sœ^{42} ðə^{1}
19. ʃœə^{33} mə^{33}’sʅ^{42}
20. ʃœə^{33} ma^{33}’sœə^{42}
21. ’ʃə^{42} sœr^{55}
22. ʃə^{33} mə^{33}’sœr^{42}
23. ʃœə^{33} ma^{33}’sœr^{42}
24. ʃœə^{33} mə^{33}’sœr^{42}
25. ʃœə^{33} ma^{33}’sœr^{42}
26. ʃə^{33} mə^{33}’ʃœr^{42}
27. ʃə^{33} ma^{33}’zœr^{42}
28. ʃə^{42} ma^{33}’sœr^{42}

29. ʃə[42] ma[33]'ʃœr[42]　　31. ʃʅ[33] ma[33]'sœr[33]

30. 'ʃœə[42] ma[33] sə[33]

上列三十一种读音虽各不相同，但两两之间的差别都很微妙，例如第 1 种与第 2 种之差仅在第一音节的韵母上，一个是央元音［ə］，一个是前元音［œ］附加央元音［ə］，二者前后之差却是极小的。在发音方法上，也不过是第一个读音的嘴唇上下开一点，第二个读音的嘴唇除开得稍大一点以外，并且要使之圆化，总之二者之差是很小的。L. Bloomfield 说“语言学家发现没有两个完全相同的发音”① 意思是说：一个人读某一个字或说某一句话，由一个懂记音的人很严格地记出来，若再叫那个人重复一次，再由原记音人记出来，两次的结果都未必一样，也就是说当我们说话的时候对于某一个字音的读法不是一成不变的，不过变得不太多，可以使对方了解意思，就达到语言的交际目的。同样说标准语的，发出来的音，人各不同（因为我们能用语音辨别人，闭目听人说话，就知是生人、熟人，打电话、听无线电、收音机，都能知对方是谁）但都能互相了解，这是我们对这些不同的音已听惯了，不觉得怎样刺耳，同时也不注意各个音的差别，若是特别注意去研究每个人的发音都精密记录下来，便看出不同来了。我们这次记录宣化对于石龙子的发音，所以记出那么多种不同的音，正是由于这个原因。Bloomfield 说：“我们说 pen 这个字的元音 e，可以有许多不同的读法，但决不会把 e 读成像 pin 中的 i，也决不会读成像 pan 中的 a，这三种音彼此有很严格的界限，互相分开”。② 他又说：“一种语言或方言中在音位上认为不同的，在另外的语言或方言中也许不认为不同”。③ 在我所记的三十一种不同的读音中若把第一音节中的相似韵母的以一个韵母符号记出来，把第二个音节中相似的韵母拿另一个韵母符号记出来，则经归并之后所余就没有几种了。

现在我们先检查这三十一种读音的第一个音节中的韵母，共有［ə］、［œə］、［ja］、［jɛ］、［œ］、［ʅ］等六种，很明显地，［ə］、［œə］［œ］是相似的；［ja］、［jɛ］是相似的；［ʅ］是独立的一种。我们为了符合音位学的原理，把韵母符号设计得简单一些，以［ə］代表第一组的［ə］、［œə］、［œ］，以［ja］代表第二组的［ja］、［jɛ］，以［ʅ］仍旧代表［ʅ］。

再检查第二音节中的韵母，这里需要声明的是要把第 1、2、21 三种只有两个音节的读音除外，而是要检查以［m］为声母的第二个音节。在二十八种读音中，第二音节的元音只有［ə］、［ɛ］、［a］、三种，这三种的［ə］及［a］（［a］有许多地方应当记作［ɐ］，不过当时为了方便，同时也预备在分音位时合并就都写作［a］了）应划归一组，以［ə］代表（其实是应当以［ɐ］代表的，因为［ɐ］也是央元音，又是比较开口的，以之代［ə］、［a］，最合实际情况，好在我们这里只注重整理，既知究竟，以［ə］代表，

① 见 L. Bloomfield, *Language* Chap. 5, p. 76。

② 见 L. Bloomfield, *Language* Chap. 5, p. 51。

③ 见 L. Bloomfield, *Language* Chap. 5, p. 77。

亦无不可），［ɛ］自己为另一组。

除去韵母以外，我们再检查最末一个（有的是第二个，有的是第三个，有的是第四个）音节，最末一个音节共有［sœr］［zə］［sɿ］［ʃœr］［sœə］［zœr］［za］［sə］［ðə］等九种读音，其中［sœr］［ʃœr］［sœə］［zœr］是含有指小意义的，我们把它们合并为一组，以［sœr］代表；［zə］［za］［ðə］是名词的词尾，虽其声母不同，［z］［ð］在宣化属于同一音位（［z］［ð］在英文中不属于同一音位，但在某些语言中，可以属于同一音位），［ə］与［a］的关系已如上述，所以把这三种不同的读音也归并在一组，以［zə］代表；［sɿ］［sə］为一组，以［sɿ］代表。

现在我们以归并的音位符号整理三十一种读音则得以下十四种。

1. ˈtʃʻə^{42} sœr^{55}
2. tɕʻja^{33} mɛ^{33}ˈsɿ^{42} zə^{1}
3. tɕʻja^{33} mə^{33}ˈsœr^{42}
4. tʃʻə^{33} mə^{33}ˈsə^{42} zə^{1}
5. tʃʻə^{33} mə^{33}ˈsɿ^{42} zə^{1}
6. tʃʻə^{33} mə^{33}ˈsœr^{42}
7. tʃʻə^{33} mə^{33}ˈsɿ^{42}
8. sə^{33} mə^{33}ˈsœr^{42}
9. ʃə^{33} mə^{33}ˈsœr^{42}
10. ˈʃə^{42} sœr^{55}
11. ʃə^{33} mə^{33}ˈsɿ^{42} zə^{1}
12. ʃə^{33} mə^{33}ˈsɿ^{42}
13. ʃə^{33} mə^{33}ˈsə^{42} zə^{1}
14. ʃə^{33} mə^{33}ˈsœ^{42} zə^{1}

由前一段的分析，我们承认［ə］、［ɿ］为一类，而［sɿ^{42} zə^{1}］与［sɿ^{42}］之差仅在名词词尾之有无，若假定说［sɿ］是把［zə］省略的形状，经再一次的归并，更可使读音的数目减少：

1. ˈtʃʻə^{42} sœr^{55}
2. tɕʻja^{33} mə^{33}ˈsœr^{42}
3. tɕʻja^{33} mɛ^{33}ˈsɿ^{42} zə^{1}
4. tʃʻə^{33} mə^{33}ˈsɿ^{42} zə^{1}
5. tʃʻə^{33} mə^{33}ˈsœr^{42}
6. sə^{33} mə^{33}ˈsœr^{42}
7. ʃə^{33} mə^{33}ˈsœr^{42}
8. ʃə^{33} mə^{33}ˈsɿ^{42} zə^{1}
9. ʃə^{33} mə^{33}ˈsœ^{42}
10. ˈʃə^{42} sœr^{55}

现在让我们看这十种不同的读音，还可以分为五类。若以第一个音节的声母来区别，则共有［tʃʻ］、［tɕʻ］、［s］、［ʃ］四类，第 1 种虽与第 4、5 两种有相同的声母，但它没有［mə］音节，所以另成一类，在第 8 图上，用圆形符号表示。第 2、3 两种是以［tɕʻ］为第一音节的声母的，亦另成一类，在图下标音只标第 3 种做代表，以方形符号表示它们。第 4、5 两种为以［tʃʻ］为第一音节的声母，同时又是包含三个音节以上的，所以另成一类，在图下标音只标第 4 种做代表，以三角形符号表示它们。第 6 种为以［s］为第一音节的声母的，另成一类，在图上以十字形符号表示。第 7、8、9、10 四种都是以［ʃ］为第一音节声母的，其中第 10 种也是没有［mə］音节的，情形与第 1 种相同，但因第一音

第 8 图

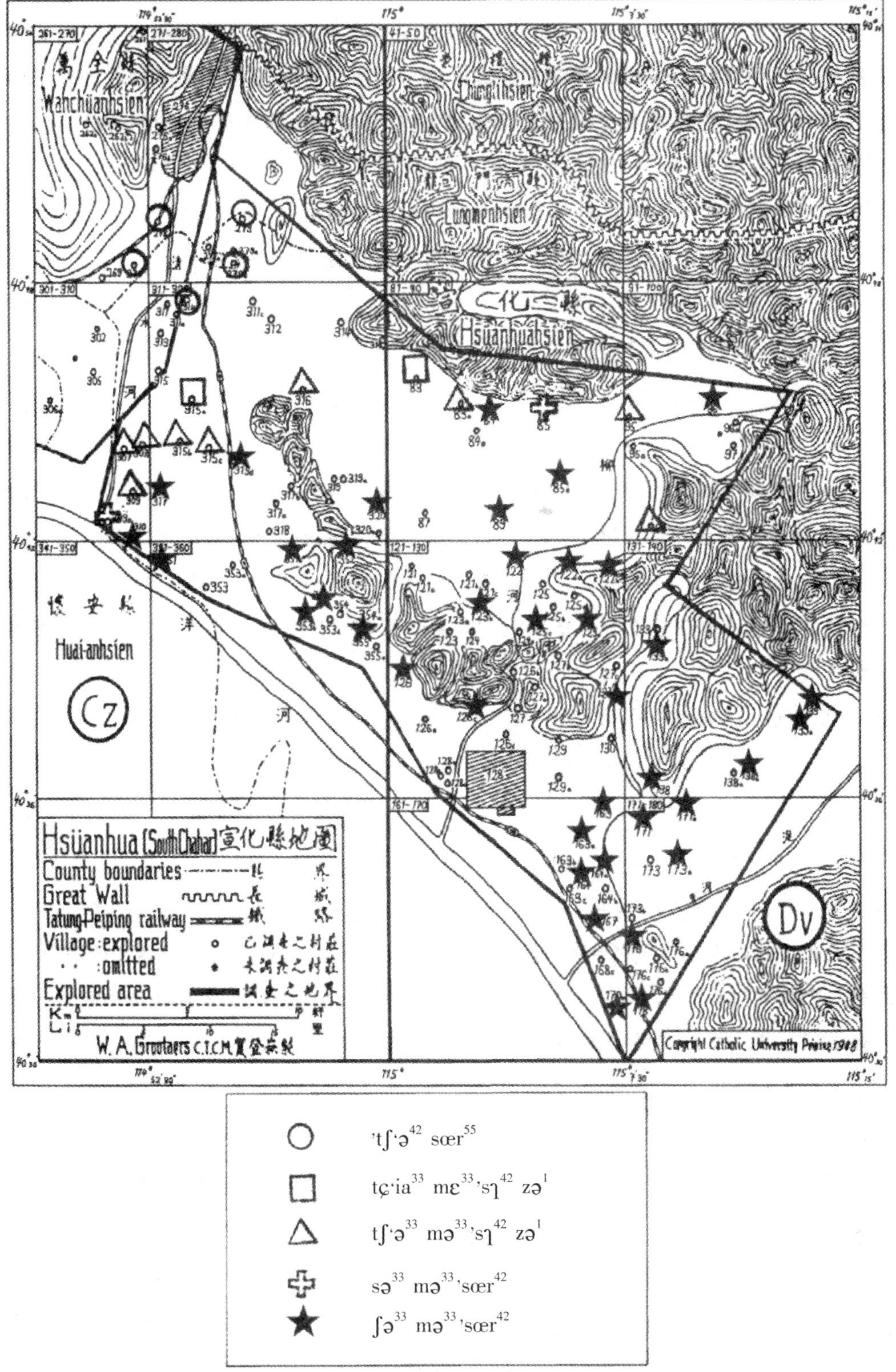
Wanchüanhsien
Lungmenhsien
Hsüanhuahsien
Huai-anhsien
Cz
Dv
Hsüanhua (South Chahar) 宣化縣地圖
County boundaries
Great Wall
Tatung-Peiping railway
Village: explored
: omitted
Explored area
Km
Li
W. A. Grootaers C.I.C.M.
Copyright Catholic University Peiping 1948
○ 'tʃ'ə^{42} sœr^{55}
□ tɕ'ia^{33} mɛ^{33}'sɿ^{42} zə^{1}
△ tʃ'ə^{33} mə^{33}'sɿ^{42} zə^{1}
✚ sə^{33} mə^{33}'sœr^{42}
★ ʃə^{33} mə^{33}'sœr^{42}

节声母的关系，先把它放在这一类中，因为只有 Cz351 有第 10 种读音，最后再特别提出来讨论。在图下的标音只标第 7 种做代表，以五角星形符号表示它们。

现在让我们看第 8 图。五个圆形符号都聚在调查区的西北角，很明显地表示西北角是属于万全方言区的。圆形符号的下面，就是一层三角形和方形符号相间排列的地带。这里我们不要忘记三角形是代表以［tʃʻ］为第一音节声母而第二音节为［mə］的读音，而方形符号是代表以［tɕʻ］为第一音节的声母，同样带有［mə］音节的读音。［tʃʻ］、［tɕʻ］都是送气的塞擦音，只是［tʃʻ］的位置比较靠前，乃是舌尖和舌面先与龈腭之间接触发闭塞音［t］之后发摩擦音［ʃ］；［tɕʻ］为舌面与前硬腭接触发闭塞音［ȶ］之后在发摩擦音［ɕ］，两者随后都向外送气，在汉语有许多方言不以这一点的差别改变意义，所以说在宣化把这两种音归并成一种，绝对发生不了错误，如此两个方形符号可以改为三角符号。由三角形符号分布的地方和它们的特性来看，不难看出宣化方言受西北方言侵略的情形，因为三角形符号是具有与西北的万全方言相同的第一音节的声母［tʃʻ］，而同时又与其他方形符号同具［mə］音节，这里，我们可以设两个假定，第一个假定是所有具有三角符号的村庄起初都是和西北角的方言一样，把石龙子叫做［ʼtʃʻə^{42} sœr^{55}］，后来因为和宣化方言相接触受了影响，加上［mə］音节，但第一音节的声母［tʃʻ］未被淘汰，仍保留下来，以成现在的情形。第二个假定是这些具有三角形符号（包括方形符号在内）的村庄本来说宣化方言，把石龙子叫做［ʃə^{33} mə^{33}ʼsœr^{42}］，后来因为受了西北万全方言的影响，把第一音节的声母改为［tʃʻ］了。这两种假定都有可能性，不过改变声母比加上一个帮助语气的音节［mə］是困难的，所以总以第一个假定为比较接近事实，至于柳河圳里的三个三角形符号，我们只能说是万全方言沿了圳北的大道向东侵略的结果。

关于两个十字形符号的解释，并不太难，十字形符号所代表的读音既是以［s］为第一音节的声母，而［s］与［ʃ］之相似性在前两节中曾详细地说过，我们不妨把十字形符号归并在五角星形符号中，这样一来，五角星形符号的数目由 41 个增至 43 个，实占全数 59 个的 72.88%，我们认为这些具有五角星形符号的村庄是说宣化本来方言的，换句话说，这些村庄的居民是把石龙子叫做［ʃə^{33} mə^{33}ʼsœr^{42}］的。

经过以上的分析，我们便看出宣化对石龙子的叫法，大体可分两种，一种是以［tʃʻ］（包括［tɕʻ］）为第一音节的声母，一种以［ʃ］（包括［s］）为第一音节的声母，为了看得更清楚一些，我们再画一张图（第 9 图）明示这两种方言的区划。

在第 9 图中，我们看见一个很像 Florida 半岛的袋形地区在右上角，这是因为我们把 Dv95 和 Dv98 画在受万全方言的影响区里，不得不这样画，其实这样画法是不谨慎的，因为我们没有把个人情形考虑在内，若以 A B C 曲线表示［tʃʻ］及［ʃ］的同音圈线更是危险，为了免除危险，最好如第 10 图所画的方言区域图，把 Dv95 和 Dv98 都画在［ʃ］的区域内，因为［ʃ］音环境的中间出现两个发［tʃʻ］的村庄，不能不使我们怀疑这是答话的孩子们的个别情形，也许他们的外婆家住在［tʃʻ］音区中，当然我们可以解释做这也是受了万全方言的影响，但还是画在［ʃ］音区比较安全。

第 9 图

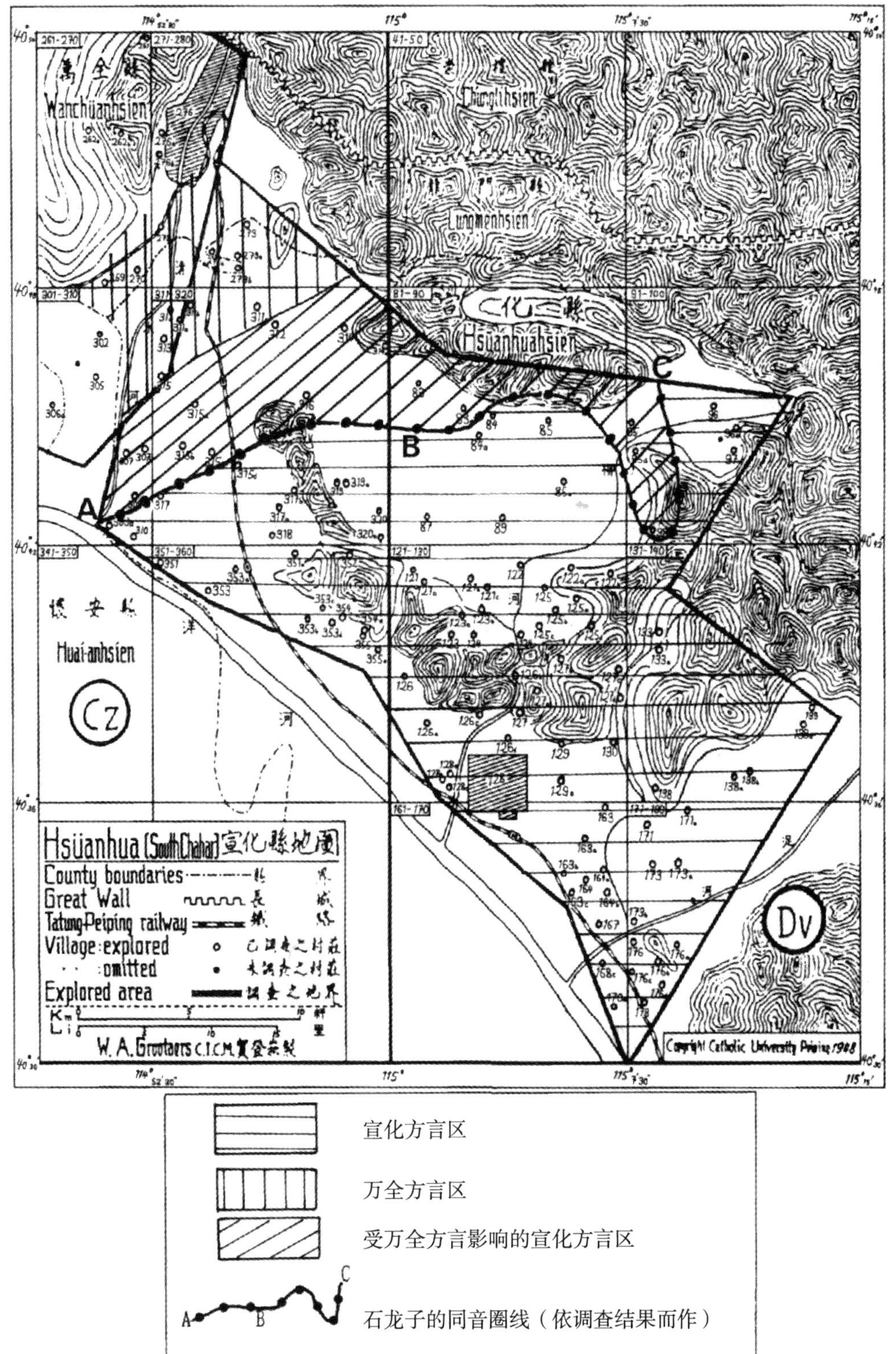
萬全縣
Wanchüanhsien
Lungmenhsien
Hsüanhuahsien
懷安縣
Huai-anhsien
Cz
Dv
A
B
C
Hsüanhua (South Chahar) 宣化縣地圖
County boundaries
Great Wall
Tatung-Peiping railway
Village: explored
omitted
Explored area
W. A. Grootaers C.I.C.M.
Copyright Catholic University Peiping 1948
宣化方言区
万全方言区
受万全方言影响的宣化方言区
A B C
石龙子的同音圈线（依调查结果而作）

第 10 图

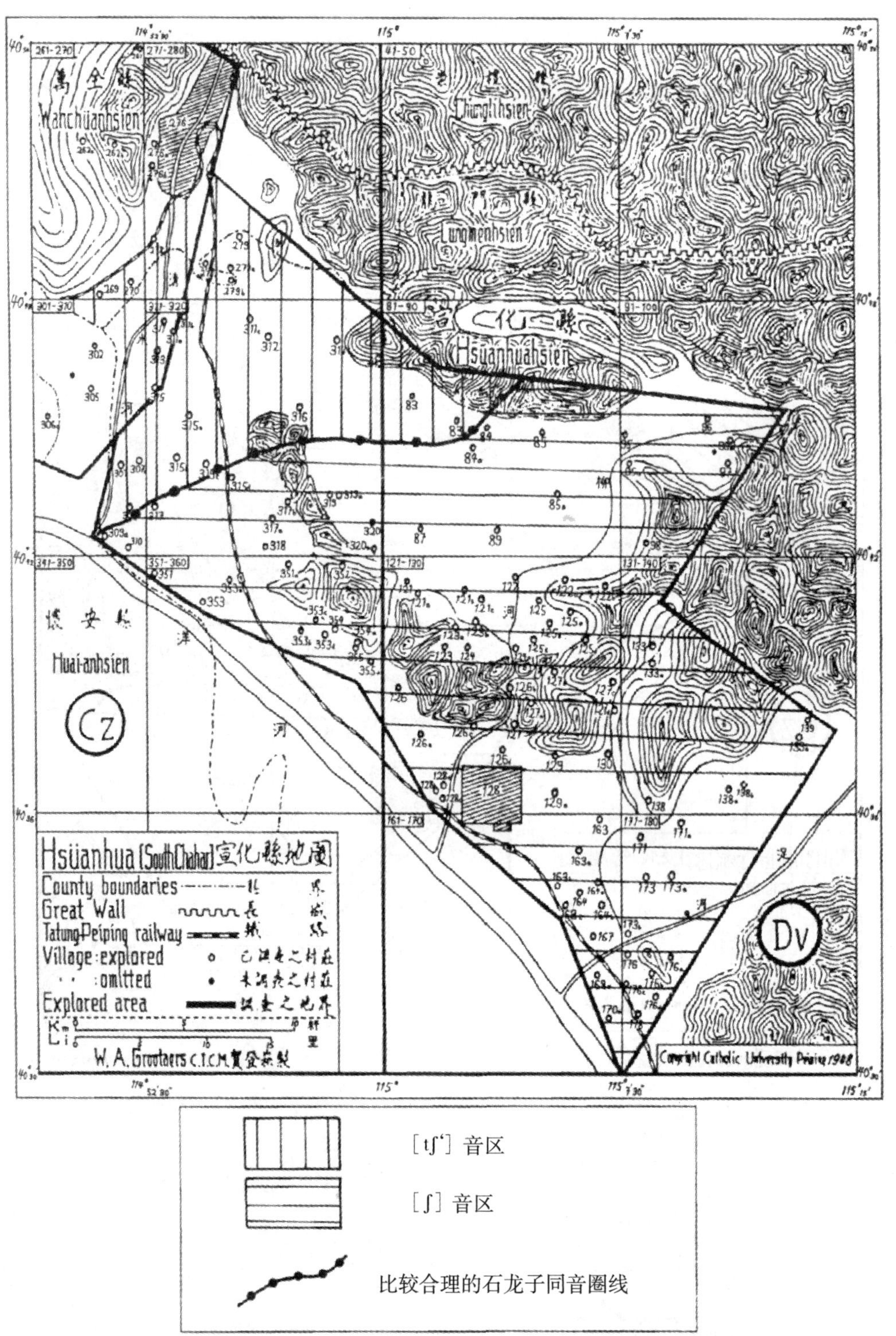
Wanchüanhsien
Lungmenhsien
Hsüanhuahsien
懷安縣
Huai-anhsien
Cz
Dv
Hsüanhua (South Chahar) 宣化縣地圖
County boundaries
Great Wall
Tatung-Peiping railway
Village: explored
: omitted
Explored area
W. A. Grootaers C.I.C.M.
Copyright Catholic University Peiping 1948
［tʃʻ］音区
［ʃ］音区
比较合理的石龙子同音圈线

读者切须注意，这里的［tʃ‘］、［ʃ］的同音圈线不是普遍性的，换句话说，不是凡在线的左面发［tʃ‘］音的字在线的右面就发［ʃ］音，我们把这条线叫做［tʃ‘］、［ʃ］的同音圈线，倒不如把它叫做石龙子的同音圈线。至于为什么发生了［tʃ‘］、［ʃ］两音的不同呢？贺神父曾对此发生疑问，他问［ʃ］音区的孩子为什么把石龙子叫做［ʃə^{33}mə^{33}'sœr^{42}］，在 Cz353 有一个孩子回答说：“这种东西是蛇生的，一条蛇生许多小蛇，到最末一条就是这个东西，所以把它叫做［ʃə^{33}mə^{33}'sœr^{42}］”。当地读“蛇”为［ʃə］，读“末”为［mə］，读“生”为［sœŋ］，但因将三字并成一物之名，遂以指小称儿化音结尾，将“生”字的［ŋ］取消而代以［r］。依孩子的解释来读这三个字的音，第三音应为高平调，但平常说话时即改为下降语调了。至于西北角所以把石龙子叫做［'tʃ‘ə^{42}sœr^{55}］的原因，我们也曾问过一个乡下人，他说这种动物名为“赤舌”，因为它的舌头是红色的。［'tʃ‘ə^{42}sœr^{55}］一音就是“赤舌”一词的指小称的音。我们不必认为他的话是可靠的，不过由他的话可以解释所以叫石龙子为［'tʃ‘ə^{42}sœr^{55}］的道理。由以上这一段话，我们可知两种方言对石龙子的叫法，根本不是由同一种心理出发的，难怪有［tʃ‘］、［ʃ］的不同了。正因如此我们不能把第 10 图上的线看做［tʃ‘］或［ʃ］的同音圈线。

最后谈谈 Cz351。Cz351 的符号虽是五角星形的，但它是把石龙子叫做［'ʃə^{42}sœr^{55}］的，这个读音虽也是以［ʃ］的第一音节的声母，但它的重读与万全方言全同，又没有［mə］音节，我们不能不怀疑它与万全方言有关系，假使我们说清水河流域的村庄原来都把石龙子叫做［'tʃ‘ə^{42} sœr^{55}］，后因与宣化方言接触，而增加一个［mə］音节，［tʃ‘］音反未被［ʃ］音同化，我们就可以认为 Cz351 正与那些村子相反，它是继续保持原来万全方言的音节数目，却把第一个音节的声母被宣化方言的［ʃ］同化了。另外我们在第四节讨论蜻蜓时，Cz351 就与西北的万全方言相同，我们曾考虑到它可能受了洋河南岸怀安方言的影响，由于洋河南岸怀安的方言还没有调查，我们不能下断语，现在它又与清水河流域的方言不同，我们还可以推想它与怀安方言有关系，至于怀安方言与万全方言是否在石龙子的叫法上相同，在怀安方言未调查之前，只能留作悬案。

第七节　蚂蚁

蚂蚁属节肢动物昆虫类，膜翅类蚁科，学名 Formica Ant，形性多似蜂。体形长，色黑或褐，头、胸、腹之区别甚明，头大，有复眼二，触角颇长，口有钩屈之大腮一对；胸部略呈卵形；腰细，尾端有带毒刺者，有脚三对，脚端具二爪；雌雄蚁每有翅，职蚁无翅；雌比雄大，性活泼勤勉；两蚁以触角相交，能通情意；巢于地中或朽木中，分多数之隧道，集社会而群栖。雌、雄司生殖；职蚁司营巢采食育幼虫；兵蚁司御外敌任战斗，职、兵二蚁生殖器不发达，为非雌非雄之中性。

蚂蚁为乡间习见之昆虫，在乡间问这种昆虫，不必利用图书或标本，就在问话地方的地面上，能够找到活的蚂蚁，而所得到的答案一定正确，因为答话者不会误解问话人的意思。

宣化人对蚂蚁的叫法，也很一致，这里所说的一致，是指叫法的声韵而言，若细察其声调及指小不指小的情形，则宣化方言对蚂蚁的叫法，正如对于喜鹊的叫法一样，是以指小称来区别的。当我们讨论喜鹊方言时，曾下过假定说，［ʼçɪ^{42} tɕʻja^{55}］有两面性，若其周围为以［œr］或重复第二音节时，它就是把［œr］或重复的音节省略了；若它的周围为以［zə］（或其变形）为词尾的读音时，则它必是省略了名词词尾［zə］。读者或许以为这种假定太勉强，难免责备说牵强附会，其实这种假定决不是毫无理由的。现在讨论到蚂蚁的方言地图，可以看出不必“牵强附会”就能证明以指小称可以分别不同的方言。这一张蚂蚁方言图可以加强喜鹊方言图的真实性。以往的方言地理学家常常以语音的不同来分别方言，如 G. G. Kloeke 于 1927 年出版一本 *De Hollandsch Expansie*，专门讨论比利时及荷兰的语音变化情形；K. Haag 于 1898 年写了一本 *Die Mundarten des oberen Nechar – und Donaulandes* 也是以语音的不同来区别方言的。① 当然地面广大，语音的变化是很明显的，如南北德国中间有一束同音圈线，北部的［p］、［t］、［k］到南部分别变为［f］或［pf］、［s］或［ts］、［x］，② 但是，L. Bloomfield 说“在一个相当大的地方，语言绝不能一致，每一个村庄或最多某两三个村庄组成的村庄群，都有其语言上的地方特性”。③ 我们若想要在很小的区域内找语言上的不同，只在语音上努力，势必失望，所以我们的注意力要集中在其他小的方面，如声调变化、重读变化、指小称的应用等。当然像上一节能找出语音上的不同（［tʃʻ］与［ʃ］）是最好的，若找不出语音上的不同，就认为一个区域内说相同的语言，就是大谬的判断，我们必须从小的地方去看，能由其他小的地方找不出不同来，也是很有意义的。如本节讨论宣化人对蚂蚁的叫法，很能证明上面的话是很有道理的。

当我们正在进行调查的时候，因为感到宣化人对蚂蚁叫法一致，曾数度想把它放弃，认为它不是一个能够看出方言特性的材料。因为对于调查人来说，最希望听到对某种东西不同的叫法。最使我们感兴趣的就是下面我们将要讨论的薮螽，④ 像蚂蚁的叫法，平淡无奇，当然会使我们失望。可是等我们回来整理以后，画出草图，再仔细研究，才知道：蚂蚁在宣化方言中，并不平淡，正因为它的叫法简单，反使我们一望而知宣化方言的情形。论它的同音圈线，实在与上节石龙子的同音圈线几乎重叠（当然两种材料的同音圈线不会完全重叠，若能找到多种材料的同音圈线大概重叠或略有出入，而成一束同音圈线，那么，这束同音圈线就可以认为是两种方言的界限⑤），真使我们出乎意料。

---

① 见 L. Bloomfield, *Language* Chap. 19，p. 325，p. 328。

② 见注①所引书，p. 344。

③ 见注①所引书，p. 325。Bloomfield 氏在此句之前曾指明语言变化因村而异必为居住极久早经开发之地，其新近开拓之地如美国、加拿大之英语、法语，则不在此原则之内。其原住民之印第安语及爱斯基摩语却又在此原则中包括。

④ 见本章第十三节。

⑤ 见 L. Bloomfield, *Language* Chap. 19，p. 328，Sec. 4。

现在先让我们看宣化人对蚂蚁的叫法到底简单到怎样的程度，下面的表就明示出来。

1. ’ma^{42} jœr^{33}
2. ma^{33}’jœr^{42}
3. ma^{42}’jœr^{24}
4. ’ma^{42}jɪ^{55}
5. ma^{42}’jɪ^{24}
6. ma^{42}’jɪ^{33}
7. ma^{42}’ji^{24}
8. ma^{42}’ji^{33}
9. t‘u^{33}ma^{33}’jɪ^{24}

由上表可知宣化人对蚂蚁的叫法，虽在表面上有九种互相不同的，但仔细观察起来，第 7 种实与第 5 种同声调同重读；第 8 种与第 6 种同声调同重读；二者所以与第 5、6 两种区别出来，实因为第二音节的元音为［i］而非［ɪ］，在前第四节讨论蜻蜓时，我们曾说过［i］、［ɪ］之差仅在唇之开闭的程序及舌位高低上的不同，两者之差极为微妙。现在［i］、［ɪ］之前同为半元音［j］，更使我们不能把［i］、［ɪ］截然划分，因为［i］在［j］后与［ɪ］在［j］后，使两者的相似性更加一层的接近。所以我们不能在图上另把［ma^{42}’ji^{24}］及［ma^{42}’ji^{33}］单列一类（另一个原因：把蚂蚁叫做［ma ji］的——不计声调与重读——只有 Dv126 及 Dv122 两个村庄）。至于把蚂蚁叫做［t‘u^{33} ma^{33}’jɪ^{24}］的，只有 Dv127a 一个村庄，当我们调查到这个村庄的时候，因为找不到小孩子，我们是向一个成年人询问的，成年人答问题往往不如小孩子直爽，他可能怕我不懂，而加上注解，在［ma^{33}’jɪ^{24}］的前面加一个［t‘u^{33}］（土）字表示这种蚂蚁是住在土里的，以示与树蚂蚁区别，所以我们也不单把这种读音另列一类。还有第 4、5、6 三种读音在声母、韵母方面完全相同，只是声调上稍有出入，假使没有其他特点，我们尚且不敢以声调或重读来区别方言（主要因为我们记声调并不太精确）。现在它们和第 1、2、3 三种既有显著的不同，我们更不能把第 4、5、6 三种分别为三类，而算做一类，同时还把第 7、8、9 三种也放在这一类中，以［ma^{42}’jɪ^{24}］一种音标代表（因为据实际调查的结果，以把蚂蚁叫做［ma^{42}’jɪ^{24}］的村庄数目最多），在第 11 图上，我们用五角星形符号表示它们。

第 1、2、3 三种读音显然是另一类，因为它们都是以［œr］为词尾的，虽然重读和声调小有不同，也如前段叙述的理由，不把它们各用一种符号表示，同时以［’ma^{42}jœr^{33}］一种读音作为三种的代表，在第 11 图上，我们用圆形符号表示它们。

现在让我们看第 11 图，先检查圆形符号的数目和分布的情形，使我们惊异的就是它们没有发现在东经 115°以东，数目是 13 个，还占不到总数 55 个的 23.64%，主要分布的地方，还是调查区的西北角，在北纬 40°42′以南的不过 3 个，足见它们是怎样地集中了。再看五角星形符号，共有 42 个，为圆形符号的三倍以上，占总数的 76.36%，主要分布在东经 115°以东，在东经 115°以西的只有 8 个，也可以看出它们集中的情形。

第 11 图

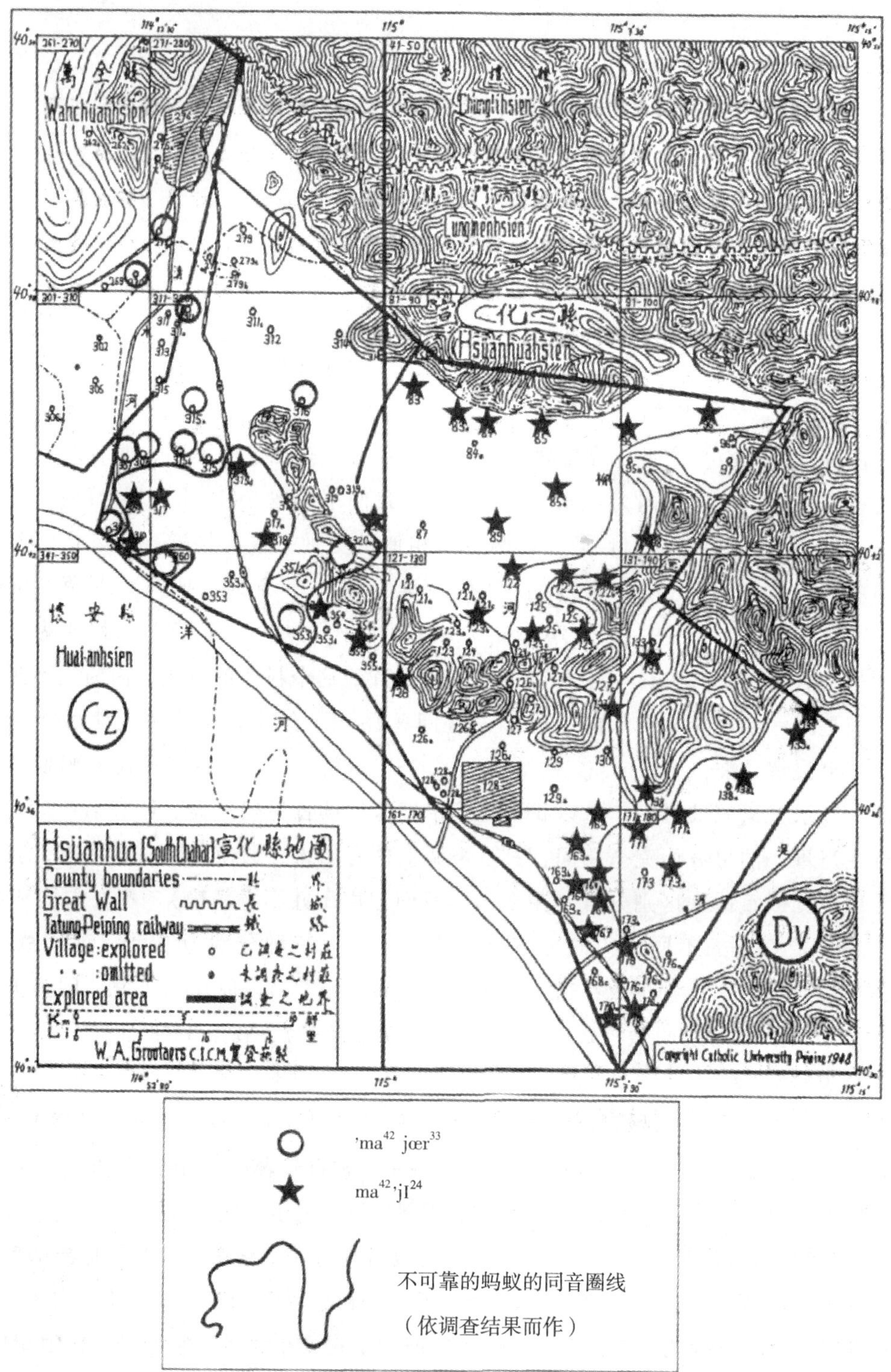
Wanchüanhsien
Changbhsien
Lungmenhsien
Hsüanhuahsien
懷安縣
Huai-anhsien
Cz
Dv
Hsüanhua (South Chahar) 宣化縣地圖
County boundaries 縣界
Great Wall 長城
Tatung-Peiping railway 鐵路
Village: explored 已調查之村莊
: omitted 未調查之村莊
Explored area 調查之地界
W. A. Grootaers C.I.C.M. 賀登崧製
Copyright Catholic University Peiping 1948
'ma^{42} jœr^{33}
ma^{42}'jI^{24}
不可靠的蚂蚁的同音圈线
（依调查结果而作）

从两种符号分别居于调查区的东西两部来看，并根据前数节的推论，我们可以确定宣化本来是把蚂蚁叫做［ma⁴²ʼjɪ²⁴］的，至于西北角把蚂蚁用指小的方法叫做［ʼma⁴² jœr³³］，乃是另一种方言（或可确言为万全方言），否则就是宣化方言受了万全方言的影响。

现在问题发生了：在东经115°以西两种符号杂居的现象应当怎样解释呢？原来这些村庄是说宣化方言呢？还是说万全方言呢？这是一个很难据图解答的问题。若由符号的数目来看，在铁路以东，五角星形符号较多，铁路以西，圆形符号较多，所以说即使我们强调在调查区西部从前是说万全方言的，我们总要保留铁路以东的部分，也就是说，万全方言区不能向东逾过铁路，那么在铁路东面发现的三个圆形符号，无疑是宣化方言受了万全方言的影响，也可以说是宣化方言受了万全方言的侵略。至于铁路以西的五角星形符号，也是同样的道理，由于方言的接触，宣化方言影响了万全方言。若以现在的宣化县境作为宣化方言的范围，我们就可以说是万全方言侵入了宣化方言区内，事实是一个，只因观点不同，说法也就不同了。

关于Cz351和Cz309a的两个圆形符号和西北角的圆形符号的关系，我们还有讨论的必要。若假定清水河流域从前说万全方言，Cz309、Cz317的五角星形符号是宣化方言的侵入，当然可以自圆其说地认为Cz351、Cz309a的圆形符号与西北角的圆形符号有相同的性质。但在第四节讨论蜻蜓的方言地图时，曾发生类似的情形，当时我们曾考虑这也许是受了洋河右岸怀安方言的影响，现在我们也同样保留这个不肯定的说法，在洋河右岸方言未调查以前，我们无法下断语。在这个断语未下之前，Cz353b和Cz352的圆形符号是否是受了西北来的万全方言的侵略，还是有问题的，因为也可能是怀安方言经过Cz351而到达Cz353b和Cz352，至于怀安方言和万全方言在从前是怎样的关系，现在是怎样的关系，必须借助于历史和调查，我们现在只讨论宣化方言受侵的方向，大可不必在题外徘徊。事实和条件也不允许我们在题外徘徊。

现在我们可以画一条蚂蚁的同音圈线，毫无疑问地，第11图中的线是太机械了，以致离开了真实。因为，由Cz316到Cz352有一条大山，能够妨碍方言的传播，同时它的圆形符号是不是由万全方言传来的，尚有问题。假使我们画同音圈线的目的是在找宣化方言与万全方言的界限，更不应当冒险把夹在五角星形符号中的圆形符号画到圆形符号区，即便是Cz309a和Cz351的圆形符号并不是夹在五角星形符号中，因为来得奇怪，我们也不把它们画在西北的圆形符号区，这样，我们的同音圈线（第12图）只能沿着Cz309、Cz317、Cz315d向东北作一条线，线下面表示宣化本来的方言，是把蚂蚁叫做［ma⁴²ʼjɪ²⁴］的，线上面表示万全方言，把蚂蚁叫做［ʼma⁴²jœr³³］。

由前节讨论石龙子所得到的结果来看，使我们更相信第12图的同音圈线是比较合理的，蚂蚁的同音圈线与石龙子的同音圈线几乎重叠起来，不应当解释作巧合。

第 12 图

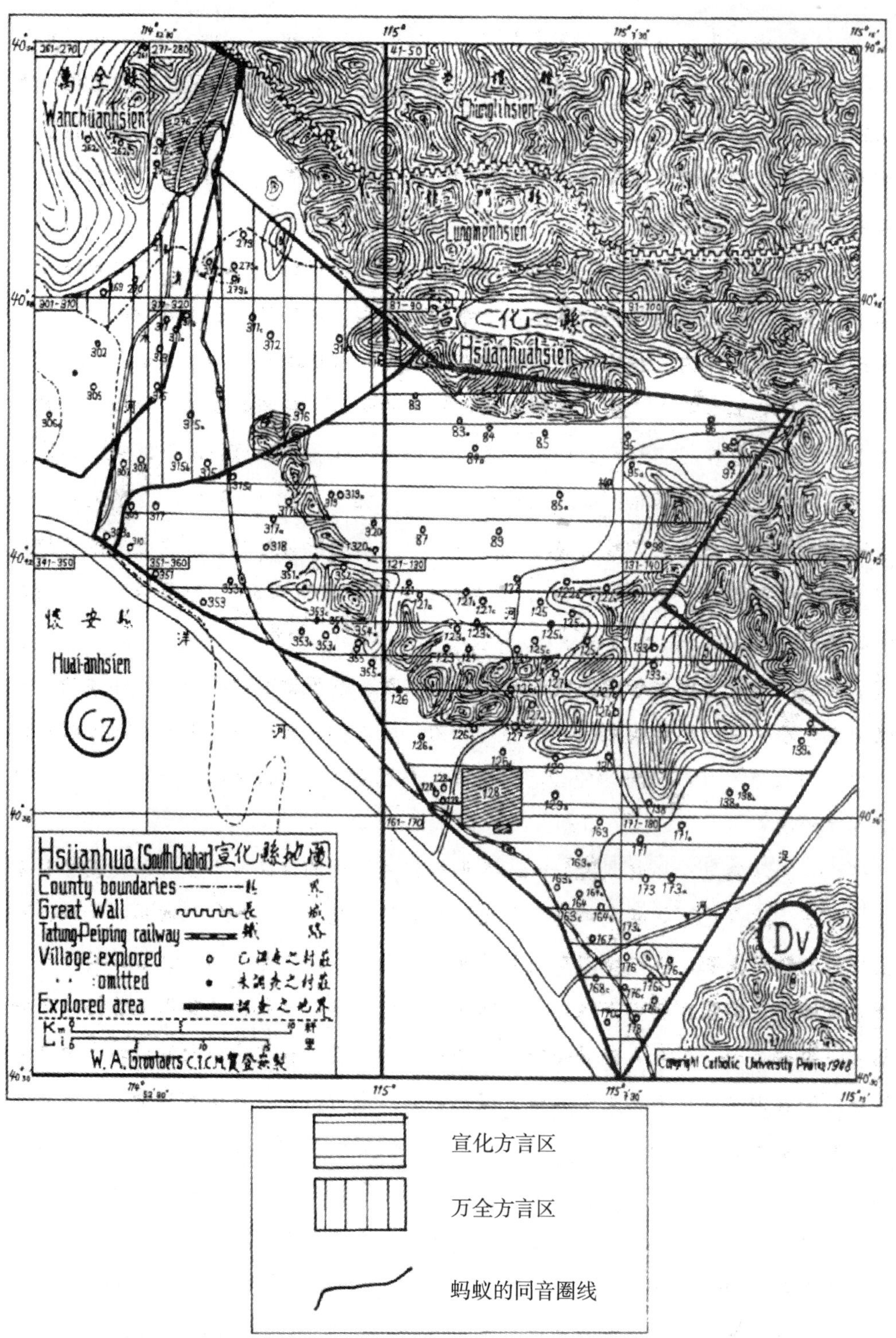
Wanchüanhsien
Chinglihsien
Lungmenhsien
Hsüanhuahsien
Huai-anhsien
Cz
Dv
Hsüanhua (South Chahar) 宣化縣地圖
County boundaries
Great Wall
Tatung-Peiping railway
Village: explored
omitted
Explored area
W. A. Grootaers C.I.C.M.
Copyright Catholic University Peiping 1948
宣化方言区
万全方言区
蚂蚁的同音圈线

第八节　钱龙

钱龙俗名钱串子，学名 Scutigera，属节肢动物多足虫类，蜈蚣类，蚰蜒科，故亦名蚰蜒，又名蠼螋，与昆虫类之蠼螋同名异物。体圆长微扁，略似蜈蚣，能蜷曲，色灰白兼黄黑，全体分十五环节，各环节分出淡黄色细长之脚一对，计十五对，口器有毒钩，善咬，触角长，行动迅速，栖木石下之阴湿地，昼伏夜出，觅食小动物，在室内壁上屋角常有发现，为一种极普通之虫类。

我们所以选这种动物作为调查的材料，乃是由于我们在张家口找到了一条，就把它夹在笔记本中，作为标本，当打开笔记本问方言的时候，许多孩子都争先告诉我们这种虫子的名字。他们的答案相当使我们惊奇，走遍了五六十个村庄，答案都差不多，证明第一次回答方言的人并不是说鬼话的。

何以说答案使我们惊奇呢？在我们所问的十几种动物的名称中，虽然不是每一种动物的名字都能用文字表示出来，但至少听起来是汉语，自己也可以想出意思差不多的汉字去代表它们。如石龙子之名［'tʃə^{42}sœr^{55}］，经乡人解释，我们就知道是赤舌两个字的音；石龙子又叫做［'tʃ‘ə^{33}mə^{33}'sœr^{55}］我们可以想到第二音节是附加进［‘tʃə^{42}sœr^{55}］的首尾两音节中的一个没有意义的音。至于把石龙子叫做［ʃə^{33}mə^{33}'sœr^{42}］，我们一方面可以解释作由［tʃ‘ə^{33}mə^{33}'sœr^{42}］转变去的，一方面由小孩子的话解释作“蛇末生”，总之都能够自圆其说，下定义作解释。唯有对于钱龙的叫法，太特别了，使我们几乎怀疑耳朵不敏。当我们听到一群孩子把钱龙异口同音地叫做［'tsʅ^{42}sa^{33}］的时候，我们的脑筋再快，也想不出用哪两个汉字代表它。这当然是我们陷入重大的错误，因为根据近代美国描写语言学派的意见，[①] 是应该不问文字只求字音的，贺神父也主张不要去管文字，但我们既为汉族人，调查汉语，纵有多少科学上的法则和学理，也不能使我们把文字抛到九天以外。我们不能不查究这种读音是由哪几个字变来的，但我们失败了。到现在还没有找出相当于［'tsʅ^{42}sa^{33}］音的汉字，我们曾经问过当地的成年人和有知识的人，他们也都不能解答我们的问题。只说“俗名这样叫，根本没有字。”我们只好不作努力了。贺神父常说“语言和文字不是一件东西”，实在不错。

像［'tsʅ^{42}sa^{33}］（或其相似的读音）这样听起来像外国音的叫法，在我们初听见时，认为绝对不会是普遍的叫法，至少在我们调查的区域内，一定会得到像“钱龙”“钱串子”“草鞋鼻”、“蚰蜒”等等汉语的答案。但与此相反，除去西北角有着不大相同的叫法以外，几乎在调查区的全境都没有两样的叫法，这也可以说是一件奇迹，我们怀疑这个名称是从蒙古语或满洲语借来的，不过这还要在将来设法查出个究竟来。

---

① 如 Leonard Bloomfield，*Haus Kurath*，*Kenneth*. L. Pike，Eugene. A. Nida。

如上所述，宣化人对钱龙的叫法既然很一致，那么，可以不必画方言地图了。其实不然，我们所谓一致，不过是说大概一致，细分起来，仍有显著的差异，除去西北角具有不同的叫法以外，在宣化本部东西两边和中间还有声调上的不同，还是要提出讨论的。

下面先写出宣化人对钱龙的不同的叫法。

1. ’sa^{42}sa^{33}
2. ’ʃa^{42}ʃa^{33}
3. ’tsə^{42}sa^{33}
4. ’tsɿ^{42}sa^{33}
5. ’tsɿ^{24}sa^{33}
6. ’tsə^{33}sa^{33}
7. tsə^{42}’sa^{42}
8. tsə^{33}’sa^{42}
9. tsɿ^{33}’sa^{42}
10. ’ðə^{42}sa^{33}
11. tsu^{33}’sa^{42}
12. tsuɔ^{33}’sa^{42}

上面十二种读音中，第 1、2 两种除去声母彼此不同以外，韵母、声调和重读都相同。还有，［’sa^{42}sa^{33}］发现在 Cz278，［’ʃa^{42}ʃa^{33}］发现在 Cz270。当我们听［ʃ］的声音，曾顾虑到是回答方言的人的特殊情形，因为答话人是小孩子，小孩子对于［s］、［ʃ］的辨别力很低，于是我们又向成年人去问，结果不出我们预料，果然［’ʃa^{42}ʃa^{33}］是小儿语，成年人还是把钱龙叫做［’sa^{42}sa^{33}］，所以在这里，我们不讨论［s］、［ʃ］在语音学上的关系。按实际情况，发［ʃ］音的，仅有 Cz270 一村，且系小儿语，我们当然要把第 1、2 两种列在一起，算是第一类，在第 13 图下的标音，只标第 1 种，在图中以方形符号表示。

第 3、4、5、6 四种虽然第一音节的韵母有［ɿ］、［ə］的区别，声调上也小有不同，但其重读却都在第一音节上。［ɿ］、［ə］的可以并入同一个音位，在前第五、六两节已有例子，但并未说明何以两者属于同一音位，［ɿ］是舌尖元言，发音时舌尖抵住齿龈，但不令气流在接触面摩擦（若摩擦即成［z］音）所以舌不能与齿龈紧接，只准触到一点，其余舌的部位与发央元音［ə］完全相同，触到而不许摩擦，与触不到，对于听觉上没有多大差别，所以记音时，便记成［ɿ］、［ə］两种。大抵［ɿ］音都是作者所记，因作者系汉族人，惯知汉语中有舌尖元音；［ə］音都是贺神父所记，贺虽知汉语中有舌尖元音，但因本国无此音，耳音对此特别不敏，每遇舌尖元音，就用央元音代替，所以［ɿ］、［ə］实在是一种音。既如此，第 3、4、5、6 四种的不同处只在声调上，但在两音节以上的词，声调的重要性，远不如重读，所以把这四种归并为一类，在第 13 图下的标音，只标第 3 种，图内则以圆形符号表示。

第 7、8、9 三种与第 3、4、5、6 四种的区别即在其重读落在第二个音节上，在听到发音时，极易觉察其特点，绝对不能与重音落在第一音节的读音相混，所以我们把这三种列为一类，在第 13 图下的标音，只标第 7 种做代表，图内则以五角星形符号表示。

第 10 种若由重读来看，应当属于圆形符号，不过它的声母为［ð］，与其他的［ts］是不同的，在图上以三角形符号表示，因为只有 Dv133a 有这样一个符号，其重要性不大。

第 13 图

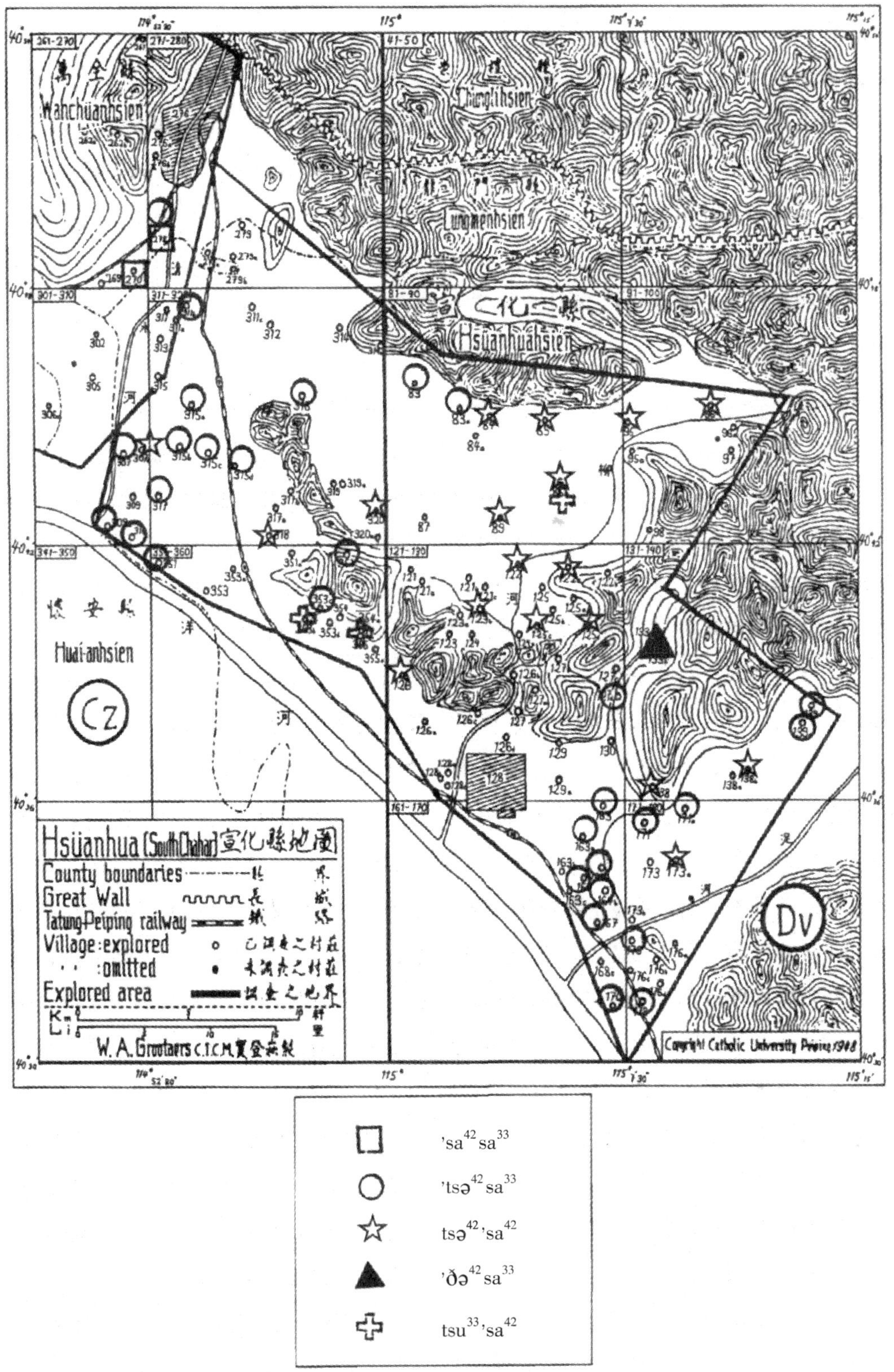
萬全縣
Wanchüanhsien
Lungmenhsien
宣化縣
Hsüanhuahsien
懷安縣
Huai-anhsien
Cz
Dv
Hsüanhua (South Chahar) 宣化縣地圖
County boundaries 縣界
Great Wall 長城
Tatung-Peiping railway 鐵路
Village: explored 已調查之村莊
: omitted 未調查之村莊
Explored area 調查之地界
W. A. Grootaers C.I.C.M. 賀登崧製
Copyright Catholic University Peiping 1948
'sa^{42} sa^{33}
'tsə^{42} sa^{33}
tsə^{42} 'sa^{42}
'ðə^{42} sa^{33}
tsu^{33} 'sa^{42}

第 11、12 两种除去声调和重读相同以外，第一音节的韵母是［u］或有［u］韵头，所以我们把它们列在一类，在图上只标第 11 种读音做代表，而以十字形符号表示。

在第 13 图还有两件特殊的事情：第一，Dv85a 有两个符号，一个是五角星形符号，一个是十字形符号。特别要声明的就是该地一般的说法是把钱龙叫做［tsə^{33}'sa^{42}］的，只有一个小孩子把钱龙叫做［tsuɔ^{33}'sa^{42}］，我们怀疑他受了他母亲的方言的影响，我们就问他的外婆家住在什么地方，回答说是距村十五里的东方某村，复经我们到 Dv96 去调查，结果知道那里并没有在第一音节中含有圆唇后元音的情形，所以他把第一音节元音圆唇化，只能归于他个人的发音情形特殊，而找不出适当的解释。第二，在 Cz278 也有两个符号，一个是方形符号，一个是圆形符号，这实在是特殊而罕见的现象，我们由以往各节讨论结果，知道 Cz278 是毫无疑问地属于万全方言区，并且以往观察方言侵略的现象，只有宣化方言受到万全方言侵略，这一回就正相反，居然在万全方言区中发现了宣化方言的特征，当然值得我们注意，不过事情还有值得一提的乃是 Cz278 的小孩子们仍是把钱龙叫做［'sa^{42}sa^{33}］，保存万全方言的特色，至于［'tsʅ^{42}sa^{33}］一读音乃得之于一成年人，万全、宣化毗连，一个成年人因贸易或走亲戚难免到宣化旅行，从而受到宣化方言的影响，这都是情理中可能的事。据该成年人表示，Cz278 的人仍是以把钱龙叫做［'sa^{42}sa^{33}］为普通，叫［'tsʅ^{42}sa^{33}］的占少数，这就帮助我们解决了两个符号相混的困难。

现在我们可以按第 13 图分析关于钱龙的方言区域了。首先使我们注意的就是西北角的 Cz270 和 Cz278 有着与其他地方迥不相同的叫法，仍和以往诸节的讨论结果一样，我们认为 Cz270、Cz278 是代表着西北的万全方言的。再看 Cz311b，在以往诸节的方言地图上，总是看见它与 Cz270、Cz278 同属于万全方言区，也就是说，它无论在哪方面来说，都与 Cz270、Cz278 具有相同的特点，惟独在第 13 图上，它与 Cz270、Cz278 不相同了，它是具有一个圆形符号，而把钱龙叫做［'tsə^{42}sa^{33}］，它与南面的村庄对于钱龙的叫法相同。我们可以由这种现象下断语说：万全方言在钱龙的叫法来说，并未侵入北纬 40°48 以南的地方，当然这种现象是常有的，一个方言之进出不是把特点完全都带来的。换言之，即某几种特点，可以进得深些，某几种特点，进得浅些，并不是同一进退的，关于钱龙的方言特性，即充分说明了这一个事实。假使认为清水河流域最初是属于万全方言区，我们这种解释也能够站得住，那就是说宣化方言侵入清水河流域，一般来说到达不了 Cz311b，惟独钱龙的叫法则达到 Cz311b，比其他的方言特点，进得较深。

再看东经 115°以西，北纬 40°48 以南的地区，除 Cz311b 已经讨论过以外，还有十七个村庄，其中有十二个圆形符号，三个五角星形符号，两个十字形符号。再看这十七个符号分布的情形：圆形符号有十个集中在这个小区域的西侧，五角星形符号除一个在西侧外，其余两个都在东侧山地的边缘，两个十字形符号，则在这个小区域的东南角，很明显地，西侧的圆形符号代表着一种与东部五角星形所代表的不同的方言。再看东侧两个五角星形符号的东面，柳河圳及宣化城北中部山地都是五角星形符号分布的区域，当然所有的五角星形符号的区域是代表着另一种方言的，由符号的数目与分布的情形来看，我们不妨认为这是宣化本来的方言，因为它们都集中在中央地区，至于柳河圳北侧西边的两个圆形符号（Dv83、Dv83a），无疑是受了西面圆形符号的影响。

若认为 Cz270、Cz278 代表着万全方言，中部山地柳河圳代表着宣化方言，那么清水河流域的圆形符号区应该代表着什么方言呢，这是很容易解释的，我们这里应当假定清水河流域在最初也是说万全方言的，就是说把钱龙叫做［ʼsa^{42} sa^{33}］，后来与宣化方言接触，把第一音节改为［tsɿ］，但重读和声调却仍旧保存着原来的形状，这不是悬空构想的，在语音学上把这种改变同音（第一、二音节的声母都是［s］）为不同的音是很常见的，并且叫做异化作用（dissimilation）。

再看调查区的东南角泥河入洋河的河口各地，共有十六个已经调查过的村子，其中有十三个圆形符号，三个五角星形符号。根据过去讨论啄木鸟和蝴蝶的经验与假定，我们仍是认为泥河谷原来是说宣化方言的，后来受到由泥河上游来的方言的侵略，而改变了样子，Dv138、Dv138b、Dv173a 仍保存着宣化本来方言的形式，泥河上游方言的势力，这一次好像来得强些，居然发展到中部山地的边缘，像 Dv127d 的圆形符号，就是毫无疑问地受了泥河谷方言的影响，而 Dv133a 的［ʼðə^{42} sa^{33}］除去［ð］与［ts］不同以外（［ð］与［ts］在小孩子们也是极难区别的，也可能是答话孩子的个人发音特殊），在声调和重读上都与泥河谷方言相同，所以我们认为泥河方言势力一直达到了 Dv133a 的山坳中。Dv127d 和 Dv133a 都在泡沙沟中，泡沙沟是一个袋形山坳，有泡沙河的河道与泥河谷相通，交通非常便利，则这两村受泥河谷方言的影响，由地理环境来说，实在是必然的事。

现在有一个问题：为什么泥河方言与清水河方言相同呢？上段我们曾说清水河在最初可能说万全方言，后来与宣化方言接触，改变了第一音节的声母，而声调重读未变。这是未将泥河方言考虑在内的说法，现在把泥河方言加入讨论，更能使我们得到比较合理的解释。因为清水河的方言与宣化本地方言毗连，受其影响发生变化，当然是可能的，即便是声调与重读也可以渐渐改变得与宣化方言相同，就是说把重读落在第二音节，使第一音节的下降调改为平调，第二音节的平调改为下降调，但偏巧从泥河谷沿了洋河来了一支泥河方言，这个方言的重读声调与清水河原来的重读与声调全同，并且这支方言的侵略力因交通便利的关系，远大于宣化方言，所以把将要改变声调及重读的清水河方言，停留在原来的形状上，与泥河方言完全相同。在以前讨论蜻蜓时，我们曾说泥河方言有沿洋河北侵之趋势，并标明侵略路线，在初见到那一张图的人，可能认为那种说法未免武断。现在可以拿第 13 图和第 5 图对比来看，就可以知道两张图是怎样相似了。假使我们判断的不正确，怎么这两张图竟相像到几乎重叠的程度？在第 13 图我们找不到由泥河谷到清水河流域的中间跳板，但对这一层我们却有一种比较合理的解释。由泥河谷到清水河谷有一条沿着洋河的大道（不必说铁路，因为铁路是近五十年中才建筑起来的。虽然五十年中方言可能有变化，但影响不到虫、鸟的名字），泥河谷的村庄稠密，居民向西移动，却不必停留在宣化山地的南侧，可一直到西侧的清水河各地，这是一点。另外一种可能性，就是在泥河谷和清水河谷之间有几个村庄未能调查（如 Dv126a、Dv128a、Dv128b）。假使这两三个村庄有着与泥河谷口相同的读音的话，就是我们所要找的跳板，所以由地形上看泥河谷与清水河谷的连接并不是太困难的事，假使中间有了跳板，更容易解释泥河方言北上的情形。还有一件最重要的事，就是由泥河谷口到清水河口不过三十公里，而由 Dv163b 到 Cz353c 不过十五公里，即使中间没有跳板，以十五公里的距离表示方言的联系，不是太勉强的事，更何况两地中间的村庄并不大密呢？

权且承认这种假定，再看泥河方言到达清水河谷以后向外发展的情形，这也是值得我们注意的事。由以往各节的讨论来佐证，我们认为柳河圳西北角上的 Dv83、Dv83a 两个村庄与清水河谷的交通是比较频繁的，而这两个村庄与清水河谷各村的交通是通过 Cz316 而进行的，所以 Dv83、Dv83a 和 Cz316 常是在一个方言区中，这是可以解释密度原则（Principle of density of communication）的。[①] 无论清水河谷从北方南方或东南方接受了方言的侵略，一定把这种方言向柳河圳发展，而最先受到影响的就是把守圳口的 Cz316 和 Dv83，力量强一些的就能达到 Dv83a 或更深入一些。这由前几节的方言图上都可以看得出来。这是说泥河方言到达清水河谷以后向东北发展的路线；另外，由于在 Cz278 发现了一个圆形符号，我们可以解释做这种方言的势力居然也有侵入纯粹万全方言区的趋势。这实在与以前诸节所讨论的宣化方言受万全方言侵略的事实相反，不过在本节前面的几段我们已经说过，方言特点的进退不是一成不变的，有些特点前进，有些特点是可能后退的。像钱龙这个动物的叫法，就是一向影响宣化方言的万全方言，接受了泥河方言的影响。

关于两个十字形符号，我们不预备加以解释，也认为是答话人的个别情形。

为了使读者看得比较清楚一些，我们再画一张对于钱龙叫法的方言区域图（第 14 图），可以和蜻蜓方言图（第 5 图）上的泥河方言侵略进路对照着看，便见出某村发某种方音不是偶然的事。

也许有人要问：为什么有几种动物的名称，泥河方言并未特别表示出特性来呢？这是很容易解答的问题，在宣化这么一个小区域中，我们不敢希望每一种东西的名称都有显著不同的三种叫法，如石龙子的叫法，泥河谷和柳河圳根本没有区别。关于这个，我们不假定泥河谷的方言把整个柳河圳的方言都淹没了，也不假定柳河圳的方言把泥河谷的方言给同化了，那都是离事实太远的假设。总之，在可能范围内，不作多的假定，就认为两个区域对某种东西有相同的叫法是经过很久远的时间，由于交通的频繁，把不同点给统一了，对于解释方言的原则，没有说不下去的。

① 见 L. Bloomfield, *Language* p. 46ff, Chap. 3, Sec. 4。

第 14 图

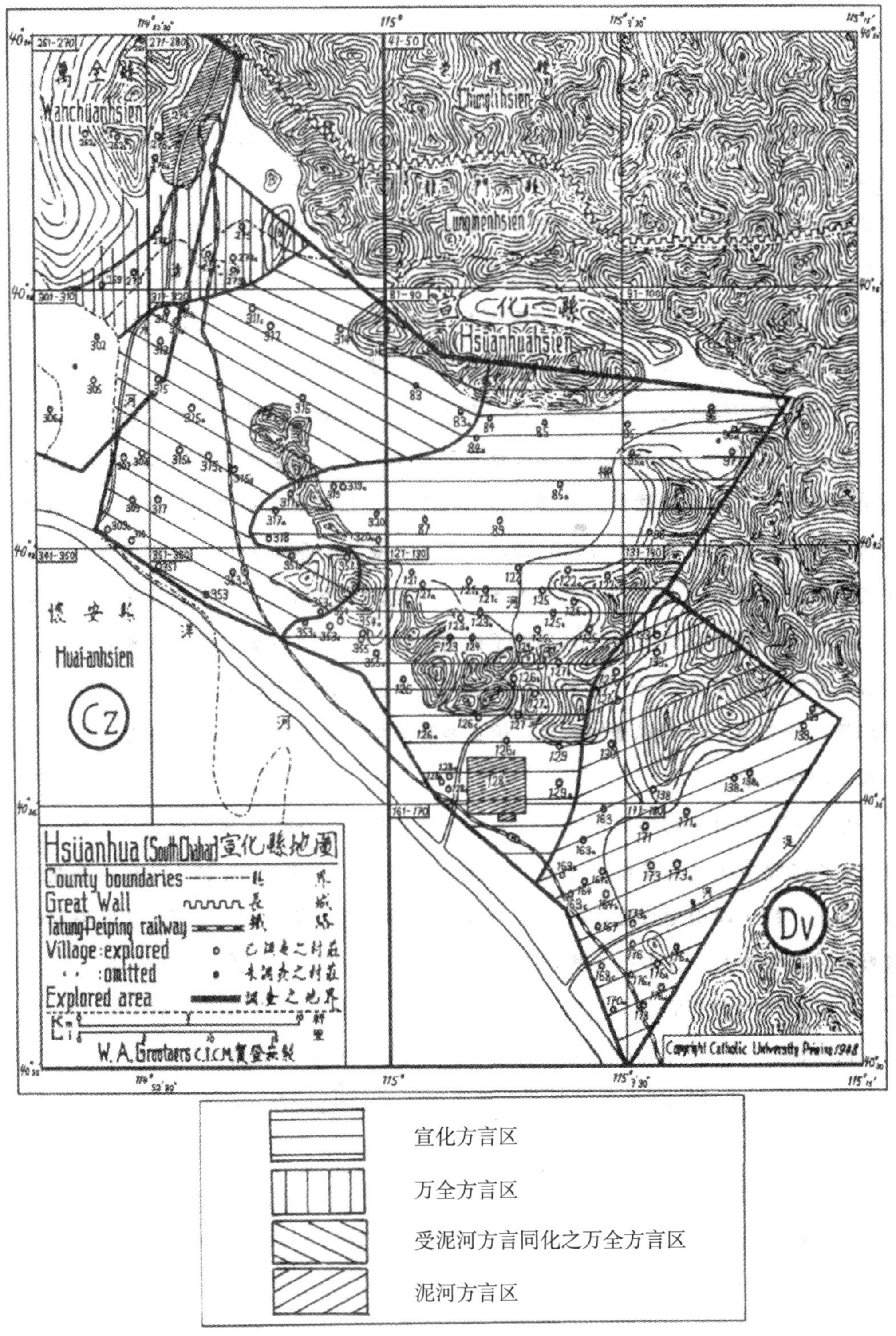
Wanchüanhsien
Chinglihsien
Lungmenhsien
Hsüanhuahsien
懷安縣
Huai-anhsien
Cz
Dv
Hsüanhua (South Chahar) 宣化縣地圖
County boundaries 縣界
Great Wall 長城
Tatung-Peiping railway 鐵路
Village: explored 已調查之村莊
" : omitted 未調查之村莊
Explored area 調查之地界
W. A. Grootaers C.I.C.M. 賀登崧製
Copyright Catholic University Peiping 1948
宣化方言区
万全方言区
受泥河方言同化之万全方言区
泥河方言区

第九节　蜣螂

蜣螂或作蜣蜋，俗名屎壳郎，学名 Geotrupes laevistriatus Motsch，属节肢动物昆虫类鞘翅类金龟子科。体暗黑而微青，有光泽。额片大，有刻点。大腮薄，呈镰状。触角及两须赤褐，其末端之球杆部灰色。前头略呈半球形，中央有 V 形之凹陷；后头平滑。前胸背圆而穹起，两侧略有刻点，中央有一直沟，棱状部略呈心脏形，近末端有凹陷部。翅鞘有数条直沟，沟中具刻点，但至尾端则不明显。尾节端赤褐，有黄褐毛，体下黑蓝色，多褐毛。体雌、雄同长，约六分。常吸食动物之尸体及粪屎，更能团粪为丸而推之，故有推丸、推车客之别名。

我们选择的蜣螂是比较小的一种，其大小仅如蚕豆，常成群发现于路旁，推马粪为丸。在宣化，人们对于大小两种蜣螂叫法不同，所以当我们问方言时，必定说明是小蜣螂，以免答案受到大蜣螂的影响。不过，在本节凡是提到蜣螂一词，就隐含着小蜣螂的意思，所以不写小蜣螂，乃是为了省事。因为我们研究的是方言，不是动物学，不过借了这一种动物作为研究的手段，当然可以不在字面上追究其大小。

宣化人对于蜣螂的叫法，也和对于蝴蝶的叫法一样，在音符上的差别很小，比较令人注意的就是第二音节的声母，在泥河谷有送气的现象，至于声调的差别，找不出相当的规律，惟有重读的前后，造成最显著的区别，并且界限很清楚，这一点与钱龙的情形很相似。

虽说宣化人对于蜣螂的叫法，在发音上差别很小，但由于精密的记音，总可以看出不同的地方来。至于精密记音何以能够发现许多的不同，在第六节讨论石龙子时，我们曾经很详细地说过，这里不必再说。下面先看宣化人对蜣螂叫法的不同的读音，经初步归并，还有二十种。

1. 'sɿ^{24}pɔ^{33}nju^{33}
2. 'sə^{24}pɒ^{33}nju^{33}
3. 'sɿ^{24}p'ɒ^{33}nju^{33}
4. 'sɿ^{24}pɔ̃^{33}nju^{33}
5. 'sə^{24}pɒ̃^{33}nju^{33}
6. 'sɿ^{24}p'ɔ^{33}nju^{33}
7. sɿ^{33}'pɔ^{42}nju^{33}
8. sɿ^{33}'pɒ^{42}nju^{33}
9. sə^{33}'pɔ̃^{42}nju^{33}
10. sə^{42}'pɒ̃^{33}nju^{33}
11. sɿ^{33}'p'ɔ^{42}nju^{33}
12. sɿ^{24}pɔ^{24}'nju^{42}
13. sɿ^{33}pɔu^{24}'nju^{42}
14. sɿ^{33}pɔ̃^{24}'nju^{42}
15. sɿ^{33}p'ɔ^{24}'nju^{42}
16. sɿ^{33}p'ɔ^{24}'nju^{42}
17. sɿ^{55}p'ɔ̃^{55}nju^{42}
18. sə^{33}p'ɔ̃^{42}'nju^{42}
19. sə^{33}p'ɔ̃^{24}'nju^{42}
20. sə^{33}p'ɒ̃^{42}'nju^{42}

由上表我们可以看出各种读音的音符相当有规律，为了有系统起见，我们分开五点叙述它们的一致性。

（1）二十种读音各含有三个音节。

（2）每种读音的第一音节中的韵母，非［ɿ］即［ə］，而两者之同属于一个音位，在讨论钱龙时即已说过。

（3）第一音节的声母都是［s］，不像喜鹊之有［s］、［ç］的区别，也不像石龙子之有［tʃ‘］、［ʃ］的区别，更不像蜻蜓之有［s］、［ʃ］、［f］的区别。

（4）第二音节的韵母不出［ɔ］、［ɒ］、［ɔu］、［ɔ̃］、［ɒ̃］等五种的范围，而［ɔ］、［ɒ］之区别仅在于口之开合程度不同、二者同属圆唇后元音，［ɔ］的开口程度比［ɒ］稍小，实际情形，宣化人所发的音比［ɔ］开口程度大些，比［ɒ］开口程度小些，记音时因为事先没有定好音符[①]，所以有的时候用［ɔ］，有的时候用［ɒ］，其实二者所代表的音是相同的。至于［ɔu］乃是发完［ɔ］音之后，有一点合口的现象，其合口程度极微而暂，记音时写一个小［w］附在［ɔ］的右上角，最后整理才改作［ɔu］。［ɔu］实际与［ɔ］之差别是很小的，除非记音时特别注视发音人的唇部动作，对这两个音的辨别，是很不容易的。最大原因是在下面还有一个音节，不易注视［ɔ］音发完后的唇部状态，假使止于第二音节，则比较易于观察，所以在记音卡片上虽然发现有［ɔ］、［ɔʷ］两种音符，我们不能断言就表示有两种迥不相同的音，也许每一个［ɔ］的后面都有合口的现象，不过由于疏忽没有看见唇部的细微的动作，把小［w］给丢掉了，所以我们说这里的［ɔ］和［ɔu］实在没有区别的必要，即认为是一个同样的音也无不可。至于［ɔ̃］、［ɒ̃］两个鼻音化元音，在表面上看起来与［ɔ］、［ɒ］是不相同的，并且以往讨论啄木鸟时曾以有没有鼻音作为方言分别的标准，在这里却应当另作讨论。当讨论啄木鸟时，鼻音所以特别列为一个系统，乃是因为有一组绝对不带鼻音，并且在鼻化元音的后面的音节中根本没有鼻音，那一种鼻音化的元音，不能不使我们注意。在本节所见的各个读音的第二音节的韵母变为鼻音化元音并不是无缘故的。我们看，第三音节的第一个声母是［n］，［n］是鼻音，我们可以想象，由［ɔ］进行到［n］的过程中，是不是必须经过悬雍垂下降的手续，才使气流由鼻腔通过，若正当悬雍垂下降，而［ɔ］音尚未停止的时候，气流由鼻腔口腔分道而出，一定产生一个鼻化元音［ɔ̃］（当然［ɒ］也是一样的，不过这里仅提出［ɔ］来讨论，以节省篇幅），不过这种过渡的鼻化元音（所谓过渡的意思，就是在这个鼻化元音的后边还有一个音节，紧跟着就发出音来），为时甚暂，不注意去听是要忽略掉的。[②] 所以这里的鼻化元音［ɔ̃］、［ɒ̃］，实在与［ɔ］、［ɒ］是相同的，我们不能乍一看见鼻音化的符号［˜］就判断它们是另一种音，我们处理一个问题，不是能够断章取义的，应当看看问题在什么环境中出现，在啄木鸟读音中我们把鼻

① Bloomfield 在其所著 *Outline Guide for the Practical Study of Foreign Languages* 上说音符可由调查者自己编制，一般调查方言者仍多依国际音标记音，不过国际音标有时不够用，调查者可以自己制造符号。

② 元音受后面鼻音影响而鼻音化的现象，在语音学上叫同化作用（assimilation）。元音仅被鼻音化，还是同化作用不强的表现。如同作用极强，可能在元音之后再加一个鼻音。

化元音与带鼻音尾的韵列在一起，有其客观的环境，迫使我们不能不把它们列在一起；在蛲蛷的读音中的鼻化元音与非鼻化元音视同一类，也正因为有其特殊客观环境，不得不这样分类，总之都不违背语音学的原则。如以上的解释，则第二音节的韵母虽有［ɔ］、［ɒ］、［ɔu］、［ɔ̃］、［ɒ̃］等五种不同的音符，实际上只是一种，以［ɔ］或［ɒ］代替都可以，为了顾及实际调查的结果，以［ɔ］代替比较合理，因为在五十三张卡片上有三十七张是以［ɔ］为第二音节的韵母的（这里不计其是否含有鼻化符号）。

（5）二十种读音的第三个音节都是［nju］，没有一个例外，这是很难得的。不过我们在这里还要加一层解释，根据语音学的规则，复合元音构成的韵母不作主要元音的（non-syllablic vowel）应当以半元音［j］或［w］表示，如英语 boy 应标作［boj］，法语 roi 应标作［ʀwa］。[①] 在我们这里的第三个音节就很难断定应当标作［niw］，或是标作［nju］，当然［nju］和［niw］代表两种不同的音，前者以［u］为韵母的主要元音，也叫音节元音（syllablic vowel），后者以［i］为韵母的主要元音。据我们调查时所听到的，宣化人对蛲蛷的叫法中，重读落在第一、二个音节上时，第三个音节中韵母的主要元音为第一个元音，是应当写作［iw］的；但把重读落在第三个音节上时，该音节中韵母的主要元音为第二个元音，应当写作［ju］。不过若这样细分起来，将使我们不胜其烦，且对于讨论无多大关系，因为既然主要元音的在前在后与重读有关，我们可以用重读区别方言的不同。为了使阅者醒目起见，我们一律写作［ju］，虽是违背严格记音的原则，但不妨害我们讨论蛲蛷的问题。

由以上诸段的叙述，我们知道了宣化对蛲蛷的叫法的一致性，根据各音符的一致性，我们可以把二十种不同的读音归并成下列六种（由于我们对声调记得不精确，不能构成分类的标准，同时由于声调与重读有相联系的现象[②]，在下列六种读音中，只取最普通的读音中的声调作为代表，不再详论声调问题）。

1. ʼsɿ^{24}pɔ^{33}nju^{33}
2. ʼsɿ^{24}p‘ɔ^{33}nju^{33}
3. sɿ^{33}ʼpɔ^{42}nju^{33}
4. sɿ^{33}pɔ^{24}ʼnju^{42}
5. sɿ^{33}p‘ɔ^{24}ʼnju^{42}
6. sɿ^{33}ʼp‘ɔ^{42}nju^{33}

此表中的第 1 种读音实在就是本节最初所列读音表中的第 1、2、4、5 种的代表，乃是把［ɒ］、［ɔ̃］、［ɒ̃］用［ɔ］代替，把［ə］用［ɿ］代替的。第 2 种读音就是前表中的第 3、6 种的代表，因为它们的第二个音节有送气的现象，用［ɔ］代替［ɒ］，第 3 种读音就是前表中的第 7 至第 10 种的代表，乃是以［ɿ］代［ə］，以［ɔ］代［ɒ］、［ɔ̃］、［ɒ̃］的。第 4 种读音就是前表第 12 至第 14 种的代表，是以［ɔ］代［ɔu］、［ɔ̃］的。第

① 见 B. Bloch & Trager G. L.，*Outline of Linguistic Analysis* Chap. 2。

② 在第 1、2 两种读音中，重读落在第一音节而第一音节都是上升调；第 3、6 两种读音中，重读落在第二音节，第二音节都是下降调；第 4、5 两种读音中，重读落在第三音节，而第三音节又都是下降调。

5 种读音就是前表第 15 至第 20 种代表，是以［ɿ］代［ə］，以［ɔ］代［ɔ̃］、［ɒ̃］的。第 6 种读音就是前表中的第 11 种。

在第 15 图中，我们以圆形符号表示［sɿ^{24} pɔ^{33} nju^{33}］，以✪形符号表示［ʼsɿ^{24} pʻɔ^{33} nju^{33}］，以三角形符号表示［sɿ^{33}ʼpɔ^{42} nju^{33}］，以十字形符号表示［sɿ^{33} pɔ^{24}ʼnju^{42}］，以五角星形符号表示［sɿ^{33} pʻɔ^{24}ʼnju^{42}］，以△★形符号表示［sɿ^{33}ʼpʻɔ^{42} nju^{33}］。

现在让我们看第 15 图中各种符号的数目和分布的情形，总计五十三个符号，其中有十三个圆形符号，二十一个三角形符号，两个✪形符号，一个△★形符号，十个五角星形符号，六个十字形符号。圆形符号全在北纬 40°42′以北，在东经 115°以东的仅有四个，其余均在东经 115°以西。三角形符号虽在北纬 40°42′南北均有，但在南者比在北者较多，且多集中在中部山地的边缘，只有两个靠近北部山地（Dv85、Dv96），一个在清水河入洋河之口的附近（Cz309）。六个十字形符号全都集中在泥河谷。十个五角星形符号也和十字形符号一样全在泥河谷。至于两个✪形符号，一个在 Cz351，一个在 Dv133a。△★形符号则在 Dv127d。

由这种分布的情形来看，使我们立刻回忆起过去几节所讨论的结果。当然由音标符号来看，除去重读以外，几乎只有两种不同的叫法，一种是第二音节的声母［p］不送气，一种是送气的。但重读在任何语言中都占有极重要的地位，可惜我国语言学家一向对于重读不十分注意，由我们这次调查的结果，重读居然在区别方言上占了很重要的地位，蝴蝶、石龙子、钱龙等的方言区，差不多都是以重读作标准来分划的。不过那些动物的叫法，除重读不同以外，总还有其他可据为分划的标准，① 在本节所讨论的蜣螂方言区的分划，主要以重读作为标准，送气不送气反居于次要的地位。

在调查区的西北部显然是另一个方言系统，因为圆形符号完全集中在那里，我们还是把这个方言叫做万全方言。调查区的中部，完全是三角形符号的势力范围，这也代表一个方言系统，因为它们的数目最多，分布亦广，我们可以认为这是宣化方言。调查区的东南部，也就是泥河谷的方言，分布着十字形符号和五角星形符号，两者都是重读第三音节的，又形成另外一个方言系统，因为两种符号都在泥河谷地方，我们还是把这个方言叫泥河方言。这一个方言区域中表现出一件特别引人注意的事，就是第二音节声母送气的现象。在泥河谷被调查的村庄共有十六个，其中第二音节声母为［pʻ］的竟有十个，就是五角星形符号所代表的。Dv171 虽然在第 15 图上印着一个十字形符号，在我们调查时特别注意该村对于第二音节有没有声母送气的现象，结果有一部分小孩子真是把声母读做送气的［pʻ］，但大多数还是不送气，所以我们就用十字形符号表示了。这就是说在图上看 Dv171 是十字形符号，其实里面还包含着一个五角星形符号。这种送气的现象怎么会使我们特别注意呢？因为蝴蝶叫法的第二音节就是在泥河谷有送气的现象，现在蜣螂叫法的第二音节又是在这里发现送气的现象，足证这种送气的现象不是偶然的，并且与民族造词的

① 参阅本章第二、第六、第八诸节。

第 15 图

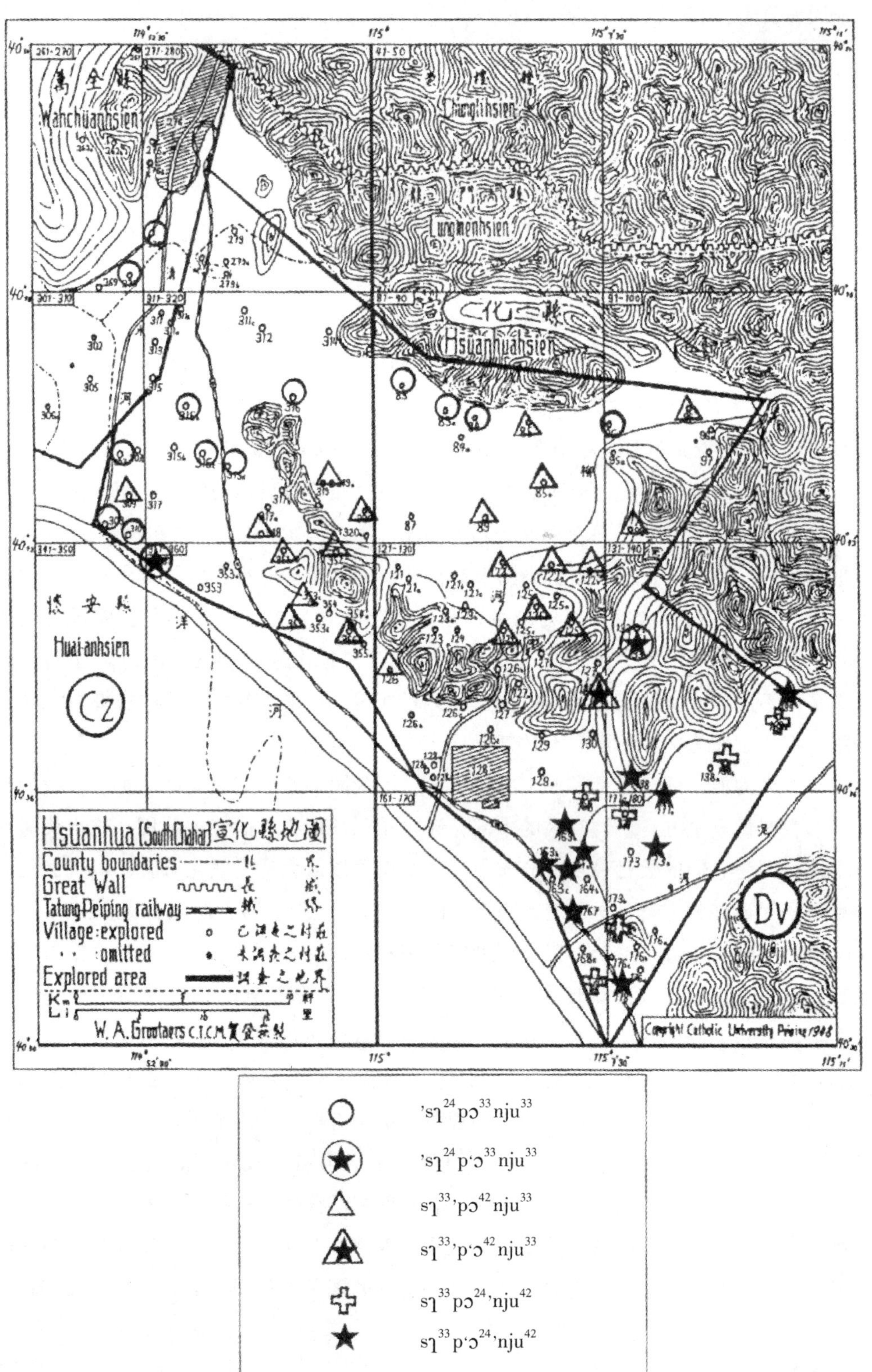
Hsüanhua (South Chahar) 宣化縣地圖
County boundaries 縣界
Great Wall 長城
Tatung-Peiping railway 鐵路
Village: explored 已調查之村莊
: omitted 未調查之村莊
Explored area 調查之地界
W. A. Grootaers C.I.C.M. 賀登崧製
Copyright Catholic University Peiping 1948
Wanchüanhsien
Chunglihsien
Lungmenhsien
Hsüanhuahsien
Huai-anhsien
Cz
Dv
'sɿ^{24}pɔ^{33}nju^{33}
'sɿ^{24}p'ɔ^{33}nju^{33}
sɿ^{33}'pɔ^{42}nju^{33}
sɿ^{33}'p'ɔ^{42}nju^{33}
sɿ^{33}pɔ^{24}'nju^{42}
sɿ^{33}p'ɔ^{24}'nju^{42}

心理又有不可分离的关系。我们在宣化并未问当地居民为什么把蜣螂叫做［’sɿ^{24}pɔ^{33}nju^{33}］（或其他形式），不过贺神父知道居庸关外各地把“粪便”叫做［’sɿ^{24}pa^{33}］，把“牛”叫做［nju^{33}］，连起“粪牛”即是［’sɿ^{24}pa^{33}nju^{33}］，后来第二音节的韵母由［a］改为［ɒ］、［ɔ］，若是这样，则把蜣螂叫做［’sɿ^{24}p‘ɔ^{33}nju^{33}］（或其他送气形式）就不能解释了，一定由另一个造词心理出发。我们可以由这两种不同的叫法，分析它们形成的早晚，无疑问地，不送气的叫法形成在前，送气的叫法形成在后。为什么呢？当［’sɿ^{24}pa^{33}nju^{33}］一词经［’sɿ^{24}pɒ^{33}nju^{33}］而到达［’sɿ^{24}pɔ^{33}nju^{33}］的阶段，把原来的粪字的意思丢了，因为粪便的俗语为［’sɿ^{24}pa^{33}］，居然变为［’sɿ^{24}pɔ^{33}］，当然使人不知作何解释了，正巧粪便一小堆叫做“一脬”［ji^{24}p‘ɔ^{33}］，便认为［’sɿ^{24}pɔ^{33}nju^{33}］中第二音节应该送气以表示“脬”的意思，为此［’sɿ^{24}p‘ɔ^{33}nju^{33}］就代表“粪堆牛”与原来的“粪牛”意思有了出入。幸亏这种动物常滚粪便为球，不然第一个音节的［sɿ］（屎）字也可能被人误解。我们这又是由语音上推测民族心理，并且是很合于实际情形。

我们看：在 Dv127d 和 Dv133a 也有送气的现象，以前讨论钱龙时曾说这两个村庄都在泡沙沟的山坳里，与泥河谷的交通比对于柳河圳的交通还要便利得多。虽然它们距柳河圳的村庄比距泥河谷的村庄较近，因受了山脉的阻隔，遂使方言的流通也受了阻碍，即使 Dv127d 与 Dv133a 最初说宣化方言，因受了泥河方言的影响，也要起变化。我们由它们两个的符号来看，更能证明它们方言转变的情形：Dv127d 是由一个三角形符号和一个五角星形符号组成的复合符号，表示它既有三角形符号的特点，也有五角星形符号的特点，也就是说：它是把重读落在第二个音节上，而第二音节的声母［p‘］又是送气的。这种现象可以解释作 Dv127d 最初是把蜣螂叫做［sɿ^{33}’pɔ^{42}nju^{33}］的，后来由于接受泥河方言的影响，把第二个音节的声母由［p］改为［p‘］，但原来的重读落在第二音节的特点并未丧失，这是极合理且可能的事。何以说合理而可能呢？譬如说：在 Dv127d 有一个家庭生了一个女孩子，长到十七八岁出嫁的时候，嫁的方向只有两条路，一条是爬过高山到柳河圳去，一条是沿着泡沙河的河道到泥河流域去。乡下人对于走亲戚非常重视，若把女儿嫁到柳河圳，虽然近些，来去翻山越岭，一则容易出危险（泡沙河两旁的山路很峭陡，我们曾亲身走过，并且多狼，单身客至黄昏时即不敢走路）。二来走路吃力，当然不如把女儿嫁到宣化城东的泥河谷平原地带，这是一般人的恒情，并不新奇。反过来说，若是泡沙沟内的村庄（Dv127d 或 Dv133a）中的某一个家庭生了一个男孩子，及至成丁纳室的时候，也一定到泥河谷的村庄去找对象，同时有出嫁的姑娘给说媒作伐，更容易使青年男女们撮合。试问带着泥河谷方言特色的女子嫁到泡沙沟内的村庄，能不把语言教给她自己的孩子说么？所以我们屡次发现泡沙沟内村庄如 DV127d、Dv133a 等的方言常与泥河方言相同或受其影响，正是这个道理。这又是密度原则的一个实例。① 泡沙沟内的村庄的方言受泥河

① 密度原则亦译作交际密度原则，原文为“principle of density of communication”，见 L. Bloomfield，*Language* Chap. 3，Sec. 4。

方言的影响是不成问题的，但并不见得把它们原来方言的特点完全丢失，本节关于蜣螂的叫法，就是保存一部分原来特点的例子。

关于 Dv133a 的符号问题，还有加一层解释的必要，它是由一个圆形符号和一个五角星形符号组成的复合符号，我们一望即知它包含着圆形符号和五角星形符号的特性，它是把重音落在第一个音节，而第二个音节的声母则是送气的［p‘］。我们一定怀疑 Dv133a 距离圆形符号区很远，突然具备了圆形符号的特征，不知是什么原因。由地图上来看这件事几乎是不可能的，这里面一定有错误发生。第一个可能发生的错误，就是记音的疏忽或抄录卡片时的疏忽，因为我们记音的时候，总是先记在笔记本上，等调查回到宣化的寓所，再整理抄在卡片上，假使在记音时记错了重读，当然抄录时也就错了，不过记音时记错的可能性很少，只因初稿系用铅笔记录，抄卡片时可能不谨慎把写得不真的重读号抄错，这是调查方言不可避免的事情。第二个可能发生的错误即答话者在答话时过于矜持，情绪紧张，心情不自然，遂致使其回答的话与日常说话不同，这是更寻常的事，Father W. Schmidt 在其所著 *Ethnological Methodology* 一书中曾指出需要姿势的材料不可靠。① 我们的答话人虽不是需要姿势，但由于精神紧张，也可能做出不自然的表情，因而影响到答话的结果。同时即便他根本心理上没有发生何等变化，他为了解释这种蜣螂是吃人屎的昆虫，特别在说屎（［sɿ］）字时加重了口气②，这也是难免的。我们当时不曾考虑到这些情形，就认为他照平常的样说话，而记录下来，当然会发生错误的。第三个可能使这个读音不正确的原因，就是回答方言的孩子可能受过圆形符号区方言的影响，若是他的外婆家住在调查区的西北部（前段所述泡沙沟内居民多与泥河谷的村庄通婚，那是依地理环境下的推论，认为一般有那样的趋势，但不能说就没有与其他地方通婚的情形），则他把重音放在第一个音节上，是很自然的事。由以上各种可能发生的错误来看，总以抄录卡片时发生错误的可能成分较多。那么，Dv133a 应当有一个和 Dv127d 相同的符号就是我们的结论。

现在再讨论 Cz351 的★形符号，它就不能与 Dv133a 属于相同的情形，我们可以认为它是正确无讹的，因为它是接近圆形符号区的，在它的左上方就是两个圆形符号，则把重音落在第一个音节上，当然是可能的，并且也只以落在第一个音节上为最容易解释。至于它何以也包含着泥河方言的特色，第二音节的声母是送气的［p‘］呢？这一点我们曾屡次提到，泥河的方言有侵入清水河流域的趋势，首当其冲的就是 Cz351。我们常常发现 Cz351 在许多张图上都有与它北面的村庄具有不同的符号，正可以拿这一点来解释，不过方言消长的情形是不规则的，如泥河方言对于钱龙的叫法，势力竟达到 Cz278，但对于蜣螂的叫法，势力仅达到 Cz351，不过由于 Cz351 又具备了泥河方言的特色，更使我们的泥河方言北侵的假定，增加了证据。

现在我们再看西北的万全方言发展的情形，由以往各节的方言地图来看，我们知道西

① 见 Zackareas, *Ethnology, as a historical science, its method*（辅大讲义）p. 6。

② 见 Kurath H., *Handbook of the Linguistic Geography of New England* Chap. 2, I. 2, p. 48。

北的万全方言也有侵入宣化方言区的趋势，但普通只向东扩展到Dv83，远一些的到Dv83a或Dv84。如第15图所示，蜣螂叫法的西北方言的势力，竟沿了北面高山的边缘直达Dv95，这实在是一个新现象。虽然有一个三角符号（Dv85）介于Dv84及Dv95之间，也不能证明万全方言发展到Dv95的说法是无稽的，因为方言前跳过一两个村庄是常有的事。

关于泥河谷有两种符号（十字形符号和五角星形符号）杂处，我们可以作以下的解释：这两种符号有其共同点，即同声调同重读。这是铁的事实谁也不能否认。至于第二音节的声母不同，应当怎样解释？我们认为这地方原来声母是送气的，现在居然有不送气的村庄。这里面也有原因，经我们实际调查的结果，在许多村庄都是小孩子们送气而成年人不送气（其实并非不送气，不过送气不如小孩子们送得多）。在我们没有男孩子可以找到的时候，只能向成年人问方言，所以那几个十字形符号，可能都是应当即作五角星形符号的。这种怀疑当然太不着边际，我们还有两种说法，第一，泥河方言是由泥河上游沿河下来的方言，在最初泥河谷的村庄说宣化方言的，泥河方言下来以后，当地方言受了影响，但变了重读及声调，而未将第二音节的声母改为送气的［p‘］。第二，即认为泥河方言由来甚久，其成形之日不比宣化方言为晚，我们可以说最初第二个音节的声母是［p‘］，现在由于与宣化本地方言区交通频繁，使宣化方言渐渐影响泥河方言，将第二音节的声母的送气现象取消了。由成年人不送气，小孩子送气来观察这种假定，也是有道理的，因为成年人有外出贸易探亲的机会，可能改变自己的方言。总之，泥河谷地方发现了送气的［p‘］，不是一件偶然的事，也不是特殊某一个人的个人情形，因为在十六个村庄中，有十个五角星形符号，而每一村的发音人常是十个至二十个小孩，当然不会发生多大偏差。若说［p‘］不是泥河方言的特征（因为并不普遍），我们也敢断言再向东北去到泥河的上游，第二音节的声母送气的现象当更明显，泥河谷口不过是其开端而已。

下面我们再画一张蜣螂叫法的分区图，看来比较清楚些，也可以与其他方言区分划的地图比照参阅。

在第16图上我们完全以重读分划方言，万全方言是以重读落在第一音节为特征，宣化方言以重读落在第二音节为特征，泥河方言以重读落在第三音节为特征，分别以三种不同的线条表示三种方言的地区，Cz351因含有泥河方言的特色（第二音节的声母送气）也把它划成泥河方言的线条，以表示泥河方言向北侵略的现象。

第十节　田鸡

田鸡俗名青蛙，学名 Rana esculenta，为两栖类蛙属之一种。体小色青绿，腹部白色。前跩无蹼，后趾有半蹼。雄者将雨必鸣。其肉可供食用，味美如鸡肉，故有田鸡之名。

我们选田鸡作为问方言的材料，也因为它是乡间小孩子们常见的东西，夏天在城市里

第 16 图

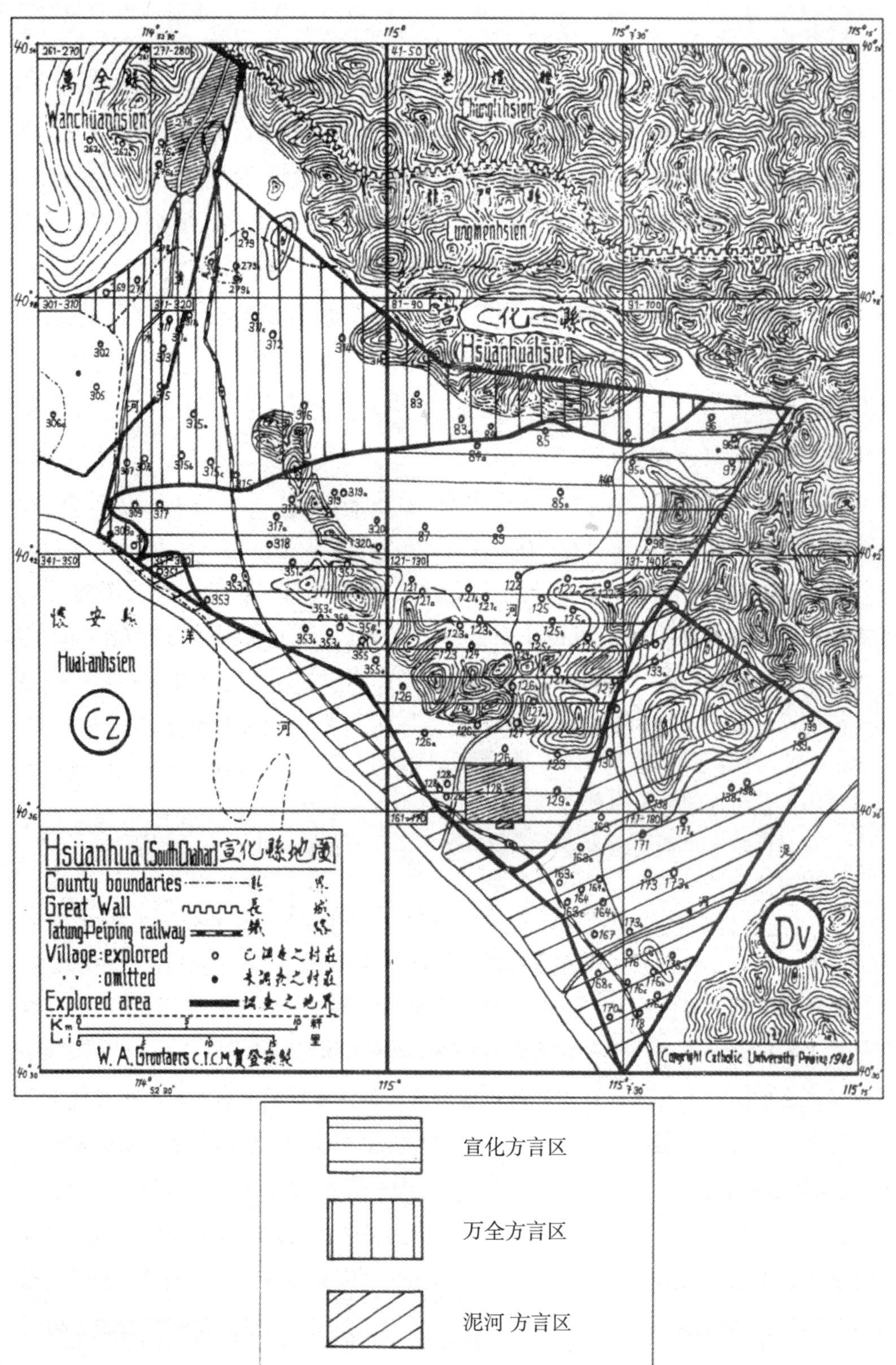
Wanchüanhsien
Chunglihsien
Lungmenhsien
Hsüanhuahsien
Huai-anhsien
Cz
Dv
Hsüanhua [South Chahar] 宣化縣地圖
County boundaries 縣界
Great Wall 長城
Tatung-Peiping railway 鐵路
Village: explored 已調查之村莊
: omitted 未調查之村莊
Explored area 調查之地界
W. A. Grootaers C.I.C.M. 賀登崧製
Copyright Catholic University Peiping 1948
宣化方言区
万全方言区
泥河 方言区

找一个田鸡往往很困难，可是在乡间，只要有水塘，就有它的踪迹。正巧我们是在夏天做的调查工作，当我们坐马车或步行在田野间时，除去昆虫是我们常见的动物以外，田鸡也是随时可以看见的东西。当我们在张家口旅寓中订调查计划时，贺神父建议一定要问田鸡的叫法，因为根据他在大同调查方言的经验，知道这种动物的名称很不一致，于是我们就决定拿它作为问方言的材料。

田鸡的叫法在宣化方言中并没有什么很多的不同，一致性比蜣螂还强。在讨论蜣螂时我们曾说明有三种不同的重读（重读落在第一、第二、第三音节上），和两种不同的声母(第二音节中的［p］和［p‘］)，在田鸡的叫法中，就没有这许多不同，许多种读音虽然有三个音节，但重读没有落在第二音节上的。三个音节的声母都不送气，于是我们的问题简单多了。我们只需以重读的前后分划方言，不再有其他麻烦。谈到重读问题，因为本节将结束以重读分划方言的办法，我们还需略加说明。根据以前诸节的讨论，知道凡以重读区别方言时，也有一个共同点，就是西北万全方言有把重读落在第一个音节的现象，而宣化本地方言和泥河方言则多半把重读落在后面的音节，或是第二个，或是第三个的上面，由喜鹊、石龙子、蚂蚁、钱龙、蜣螂都能看得出来。本节所讨论的田鸡，又是表现这种特点最强的一个。足征以重读区别方言不是拣出一个特例来略加解释就算完事，而是要接二连三地表现出来给读者看，到底重读对于区分方言是有怎样的关系。若不是由于某种特殊的读音习惯，怎会有屡次把重读落在前面或后面的现象？这是很难解释的方言现象。总之，以重读区别方言，到本章作一结束，虽然只有少数例子，但例外很少（蝴蝶），我们不能承认这种分法是不合科学的。

下面先写出宣化人对田鸡叫法的几种不同形式：

1. ’tɕjɛ^{24} xə^{33} ma^{33}
2. ’tɕɛ^{24} xə^{33} ma^{33}
3. ’tɕɛ^{11} xə^{33} ma^{55}
4. ’tɕɛ^{24} xə^{33} ma^{24}
5. tɕjɛ^{33} xə^{33} ’ma^{42}
6. tɕɛ^{24} xə^{33} ’ma^{42}
7. tɕɛ^{33} xə^{33} ’ma^{24}

由上表我们可以看出宣化人对田鸡的叫法，也和对于蝴蝶的叫法相似，具有两种不同的重读，第 1 至第 4 种读音是把重读落在第一个音节上，第 5 至第 7 种读音把重读落在第三个音节上。我们把前四种并为一类，在第 17 图中的标音只标第 1 种做代表，以圆形符号表示。后三种并为一类，在图中的标音只标第 7 种做代表，以五角星形符号表示。

也许有人要问，前四种读音除在重读上相同外，在声调和韵母上并不一致：第 1、2 两种的声调与第 3、4 种的声调不同，第 1 种的第一个音节的韵母是由韵头［j］与元音［ɛ］组成的复合音，而第 2、3、4 种的第一个音节的韵母只是一个单纯的［ɛ］，岂不是四种读音都不相同么？同样，第 5 至第 7 三种读音各不相同，第 5 种第一音节的韵母也是由韵头［j］和元音［ɛ］组成的复合音，第 6、7 两种读音的第一音节的韵母则是一个单纯的［ɛ］，这岂不是又不相同么？我们不否认这些是七种互不相同的读音，正因为它们都

第 17 图

○	ʼtɕjɛ^{24}xə^{33}ma^{33}
★	tɕɛ^{33}xə^{33}ʼma^{24}

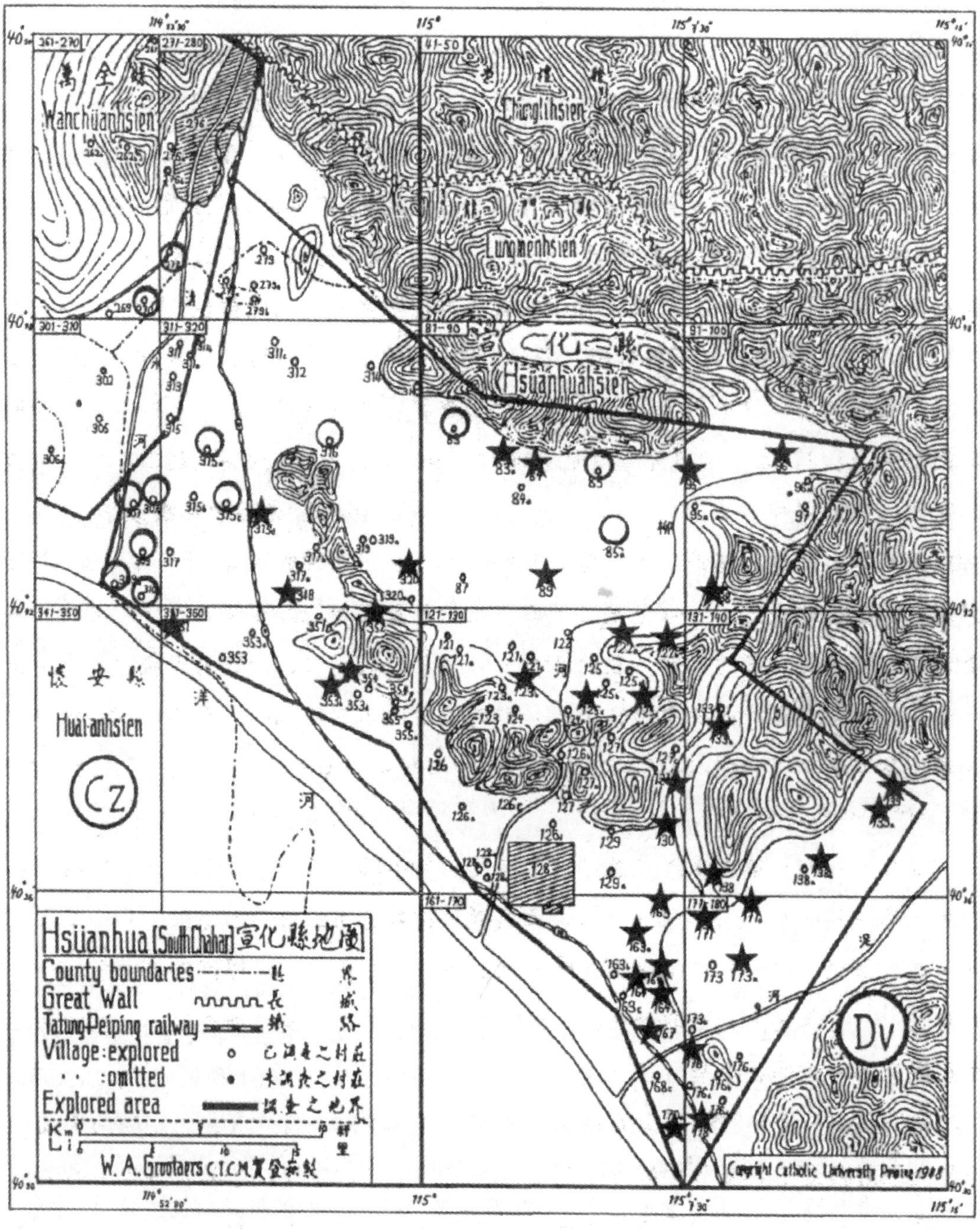

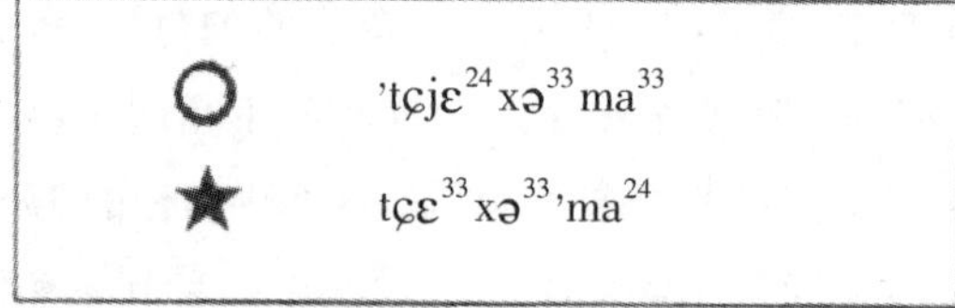

互相不同，所以才把它们都列出来，我们调查了五十多个村庄，最后只归并成七种，当然是互有分别的。现在先谈声调问题：在我们调查的时候，随身并未带着审查声调的机器，即便带到调查区，因为没有电源也不能应用，所以我们记声调只能凭耳审查。谁都知道听声听韵是比较容易的，听调子最是困难，我们深知声调虽难却不能忽略，我们也知道听声调的升、降、高、低并不困难，只是确定调值比较困难。于是我们决定只记声调的升降，不标尺度，固然决定调值是困难的，若由一个人记录，还可以勉强摸索。我们的记音卡片是由贺神父和作者两个人合记的，两人对于调的认识不同（如贺神父认为某字的调为自 C 调的 do 升到 mi，作者可能认为系由 D 调的 do 升到 mi）又没有试音的笛子，恐怕记得太乱。所以只能决定记录调的升降，当然只不过是调的大致情形，我们不能以声调作为区别方言的主要的根据，但有时也可以起一定的作用，假使有更强的特性，我们就不考虑声调，所以本节的读音虽有七种互不相同，尤以声调大有出入，但我们有重读的特点，可以作为分划标准，我们就把声调问题放在一边，以免发生错误。

关于重读，我们认为错误很少，因为贺神父是西洋人，深知重读的重要性，作者也学过英文，知道重读是很重要的语音现象，听起来也容易，记起来也简单，所以我们对于重读的记录，不会有多大问题，拿它作方言区分的标准，绝不致发生错误。

至于第 1、5 种的第一音节的韵母为［jɛ］与其余五种的［ɛ］不同，如何要解释作相同呢？这是语音学上的问题，极易解决。［tɕ］是由舌面与前硬腭接触发出塞音［ȶ］再与舌面摩擦音［ɕ］组成的塞擦音，［ɕ］是由前硬腭及舌面互相接触使气流通过发生摩擦，并不发声，［j］是由硬腭与舌面接近所发的半元音。我们可以想象由声母［tɕ］到韵母［ɛ］是连续发音的，并不是像做发音练习时先发了［tɕ］音，停顿一下，再发［ɛ］音。既是由［tɕ］到［ɛ］为连续的，当［tɕ］音发完时，准备发［ɛ］音而舌尚未下降到［ɛ］的舌位，而声带已经开始振动，就在舌面与硬腭分开时［j］音就出来了，其后舌面渐渐下降到［ɛ］的舌位，乃成［tɕjɛ］的音。为什么其有时又记作［tɕɛ］呢？这就因为［j］的发音时间极短，不易听出，若细分析，知其必有，所以［tɕjɛ］与［tɕɛ］根本相同。我国的语言学家对于［tɕ］、［tɕ‘］、［ȵ］等腭音与元音相拼时，有的在这些音的后面加一个［j］，如罗常培先生就是这样的；有的直接与元音相连，如李方桂先生就是这样。我们用加韵头［j］，到底应当用［jɛ］还是［ɛ］呢？这需要和重读联系起来，大抵落有重读的音，都是应当长些的，所以有许多日本文的标音，表示重读的符号，只用一条长音线表之①，可见重读与音之长短是有关系的，重读的音比较长些，不重读的比较短促。既然如此，我们就很可以对于［tɕjɛ］、［tɕɛ］的采用问题取一个合理的办法，就是在前四种重读在第一音节的读音应当用［tɕjɛ］，而第 5 至第 7 种重读在第三音节的，应当用［tɕɛ］，这样就不怪我们在第 17 图的标音上以［'tɕjɛ^{24} xə^{33} ma^{33}］代表圆形符号的音，以

① 如清水董三等所著之《日满露会话》，以日文片假名标俄文之音，即以长音线表示重读，例如俄文 гости́ница ‘旅馆’ 重读在第二音节，清水等以日文假名标作ゴスチーニツア。

[tɕɛ³³xə³³'ma²⁴] 代表五角星形符号的音了。

现在让我 们看第 17 图，总计 50 个符号，其中圆形符号有 13 个，占总数的 26%，五角星形符号有 37 个，占总数的 74%。再看两种符号分布的情形：圆形符号还是和以往讨论的结果一样，是集中在调查区的西北角的。在东经 115°以西的有十个，以东的有三个。五角星形符号的分布，除西北角以外，几乎布满全调查区。尤以中部山地和泥河谷一带的密度最大。

这一次有一个特殊现象就是两种符号分布得非常整齐，除 Dv85 和 Dv85a 两个圆形符号夹在五角星形符号区中以外，简直没有错综杂处的现象，尤其是方言一向复杂的泥河谷，这一次完全是五角星形符号，泥河方言在对于田鸡的叫法上来讲与中部山地的宣化方言和柳河圳的方言相同，我们当然也找不出泡沙沟中的多村庄的方言与柳河圳的方言不同，而图上所表现的正是这样。

另外值得注意的就是 Cz351 的问题，在以往我们曾说过 Cz351 虽与 Cz309、Cz310、Cz317 等紧相比邻，可是它在方言方面的表现总不与这些村庄一致，在第 17 图上又表现出这一点，它虽与 Cz353 距离很远（此处说远近，是相对的，其实两村相距不过十二三里，但须知它与 Cz310 相距仅三四里）都同属于一个方言系统，这的确是一个值得注意的问题，同时又给以往诸节的结论，增加了健全性。

现在，我们再画一张方言区划图（第 18 图），顺便看一看田鸡的同音圈线，以便与前几节所得到的其他材料的同音圈线相比较。

在第 18 图中，田鸡的同音圈线是沿着 Cz310、Cz317、Cz316、Dv83 的下面东北西南方向的一条线。Dv85 和 Dv85a 在图上也画着万全方言的线条，但其周围的粗线，我们不应当认为是田鸡的同音圈线的延长部分，我们也不能认为 Dv85 和 Dv85a 附近那一小部分是方言岛，因为若认为那是方言岛，预先假定它与西面 Dv83 以西的地方曾经有一个时期是相连在一块的，后来由于南方来的宣化方言由 Dv87、Dv89 向北到达 Dv83a、Dv84、Dv84a 而把 Dv85、Dv85a 与西部割断，这种假定是多么危险呀！我们在许多其他的方言地图上，未曾发现 Dv85、Dv85a 与西北方言发生过多大的关系，现在仅以一个例子，即做这么多的假定，当然是不妥当的。我们把它特别画出来是为阅者看着醒目，由以往诸节的推论，我们不妨认为 Dv85、Dv85a 是万全方言跳跃侵略的终点，这虽也是假定，但真实性却大得多。至于偏要把它认为与万全方言有不可分的关系，还有待其他事实的证明。我们还可以作一个折衷的说法，就是把在这里出现圆形符号的责任，由作者自己去负，而承认是记录有错，不是本来就是圆形符号，因为即使作者记录未错，发音人的个别情形也是难免的，当然这样抹杀事实的想法也许是错误的，不过总比作冒险性的假定较为妥当。

关于田鸡的讨论，本来是很简单的，因为解释语音学上的问题竟占了许多篇幅，不过像我们这种研究，对于语音的解释也是必需的，譬如以后遇到类似的问题，可以一描而过，不用多加解释。如石龙子、蜣螂都有［ʅ］、［ə］相互应用属于同一音位的解释，以后遇到了就不用多费篇幅，那么我们本节中对于语音上所下的功夫，也许不是毫无意义的。

第 18 图

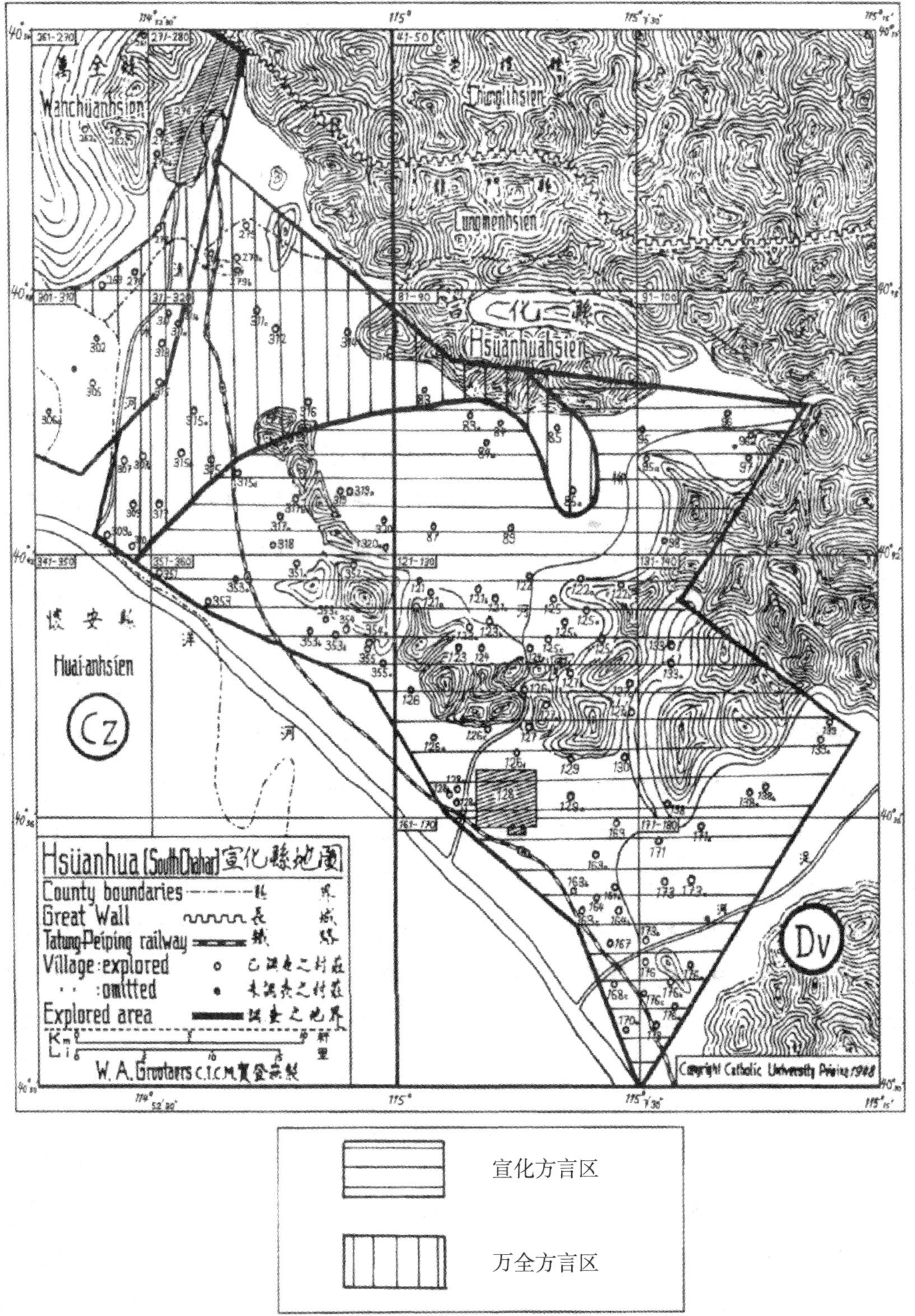
萬全縣
Wanchüanhsien
Lungmenhsien
宣化縣
Hsüanhuahsien
懷安縣
Huai-anhsien
Cz
Dv
Hsüanhua (South Chahar) 宣化縣地圖
County boundaries
Great Wall
Tatung-Peiping railway
Village: explored
: omitted
Explored area
W. A. Grootaers C.I.C.M.
Copyright Catholic University Peiping 1948
宣化方言区
万全方言区

第十一节　蝌蚪

蝌蚪为蛙类之幼虫，色黑，体呈椭圆形，有扁长之尾，故全体如勺形。初孵出时，如豆粒大，渐长至杏核大，游于水中，先生后肢，再生前肢，前肢出而尾即脱落，终成幼蛙。蝌蚪无学名，凡两栖类如蝾螈、鲵鱼之幼虫统称蝌蚪，不过我们所指的是田鸡的幼虫，所画的图也是照蛙的幼虫画的。在问方言时，问完田鸡，即问蝌蚪，并明言是田鸡的幼虫，所以答话人，也绝不会误解我们的意思。

最初我们根本没有计划以蝌蚪作为问方言的材料，后来我们发现这种动物的名称，有不一致的现象，因为当我们调查到 Dv83 时，听见一个女孩子把它叫做［'ju^{33}ʃəŋ^{33}ʃəŋ^{33}］和我们在其他村庄听来的［kə^{33}'tor^{42}］差得太远，恐怕还有其他不同的叫法，所以我们就把它也列在调查材料里面了。

事情果然如我们想象的发生了。蝌蚪在宣化的叫法，的确有很不一致的现象，同时由于它和下一节所讨论的叶肢介在某些村庄有混淆不清的现象，更使我们发生了兴趣，于是又添了叶肢介，也作为我们调查的材料。

调查完了以后，我们失望了，经过细心整理卡片，知道我们所希望的从这个动物上得到一些方言地理上的发现，完全成为幻想，不但不能给我们以新的发现，即是佐证其他各节的力量也很薄弱。

宣化人对于蝌蚪的叫法除去在字音上可以和蝌蚪联系起来的［kə^{33}'tor^{42}］、［kə^{33}'tow^{42}zə^{1}］、［kə^{33}'tow^{42}tow^{33}］等以外，还有四种表现得特别的，如［'ju^{33}ʃəŋ^{33}ʃəŋ^{33}］、［'mə^{33}ʃəŋ^{33}ʃəŋ^{33}］、［'muɔ^{33}ʃow^{33}ðə^{1}］、［'wɔ^{55}pa^{33}］等。令人失望的是这几种特别的读音差不多却是发现在特定的村庄中，也就是说每一种特别的读音只出现一次，这是最使人摸不着头脑的。与其发现了这种不同的称呼，还不如不发现它们，因为有它们存在，反倒不容易解释了。不过发现它们好不好，容易理解不容易解释都是主观的见解，在宣化确有它们存在，这是客观的事实，我们决不能因为它们对我们了解方言无帮助，就抹杀它们的存在。

调查工作是正确地进行了，所得到的材料是尽到我们最大的努力才到手的。至于材料有没有错误，至少我们主观地信任自己。在讨论的时候，我们必须把我们所得到的全部材料画在图上，根据所知道的理论来作解释。我们决不因为它对于以往诸节没有很多帮助，或根本与以往诸节有冲突的地方，就不予讨论。这都是不合科学的，我们希望，以我们的不充分的方言地理的知识，能怎样尽美尽善地解释就怎样解释。如果受能力的限制，不能合理地解决问题，材料摆在面前，谁都可以参加意见，以这两张地图作更好、更完全的解释。

下面我们先把宣化人对于蝌蚪的二十一种不同的叫法写出来。

1. kə^{33}'tow^{42}tow^{33}
2. kə^{33}'toœr^{42}
3. kə^{33}'tor^{42}
4. kə^{33}'towœr^{42}
5. kə^{33}'toər^{42}
6. kə^{33}'tow^{42}zə^{1}
7. kə^{33}'toœr^{55}
8. kə^{33}'towr^{42}
9. kə^{33}'tow^{42}za^{1}
10. kə^{33}'tow^{42}ðə^{1}
11. kə^{33}'to^{42}dzə^{1}
12. wɔ̃^{55}pa^{33}kə^{33}'tor^{42}
13. wɔ̃^{55}pa^{33}kə^{33}'to^{42}za^{1}
14. wɔ^{55}pa^{33}kə^{33}'tow^{42}zə^{1}
15. 'wɔ̃^{24}pa^{33}kə^{33}tow^{42}ðə^{1}
16. 'wɔ^{55}pa^{33}
17. xə^{24}ma^{42}kə^{33}'tor^{42}
18. xə^{24}ma^{42}kə^{33}'tow^{42}zə^{1}
19. 'ju^{33}ʃəŋ^{33}ʃəŋ^{33}
20. 'mə^{33}ʃəŋ^{33}ʃəŋ^{33}
21. 'muɔ^{33}ʃow^{33}ðə^{1}

这二十一种不同的读音，也如以前的样子，我们把它们分类。

第 1 种自成一类，因为它具有三个音节，第二、第三两音节除声调不同外，其声母、韵母均同，这种把第二音节重复一次的办法，是指小称构成的一种方法。在我们讨论喜鹊时，我们曾把这种重复第二音节的指小称和加指小称儿化词尾［r］的读音归并在一类，在本节则分为两类，主要是利用分类详细能够看出更多的事实，在第 19 图上以方形符号表示第 1 种读音。

第 2、3、4、5、7、8 等六种读音，根据以往各节的讨论，知道它们都是代表指小称的。关于这几种读音在语音学上的相同性，虽然在以前各节未作过讨论，我们不必在这里多费篇幅解释，只略作说明就够了。其中第 2 种和第 7 种的发音方法声母均同，只是第二音节的声调稍有不同，我们已经说过，声调最难记，只有声调稍异，而声母韵母重读均同，我们可以归并成一类。第 2、3、4、5、8 等五种读音在声调上完全相同，只是第二音节的元音稍有不同，但主要元音没有例外地都是［o］，只不过附加元音稍有出入。这些小区别本来不算什么很重要的问题，至于怎么会产生这些小区别，也有其原因；作者记音就不如贺神父记得严，作者记成［tor］的，贺神父可能记为［toœr］、［toər］或［towr］。因为他对于语音分析得精密并善于观察发音人的口部状态，在调查后期，作者接受贺神父的指导，也渐渐注意这些次要的元音（或半元音）［œ］、［ə］、［w］的应用，不再写单纯的［o］了（自然只记一个［o］为元音，对于以语音为手段的方言地理的研究，已经够了，多加一些次要的元音，除去表现得更确实以外，并不起很大的作用，因为无论记得多么详细，回来画图时，也要分组归并，不然则不胜其烦，且无意义）。因此记音的卡片上，虽有许多不同的符号，其音值的差，绝不如符号所表现得那样多，它们既都是以指小称词尾［r］为结束的读音，我们就把它们六种列为一类，在第 19 图上以［kə^{33}'tor^{42}］作为标音的代表，用圆形符号表示。

第 6、9、10、11 等四种是以名词词尾［zə］、［za］、［ðə］为第三音节的，第二音节

第 19 图

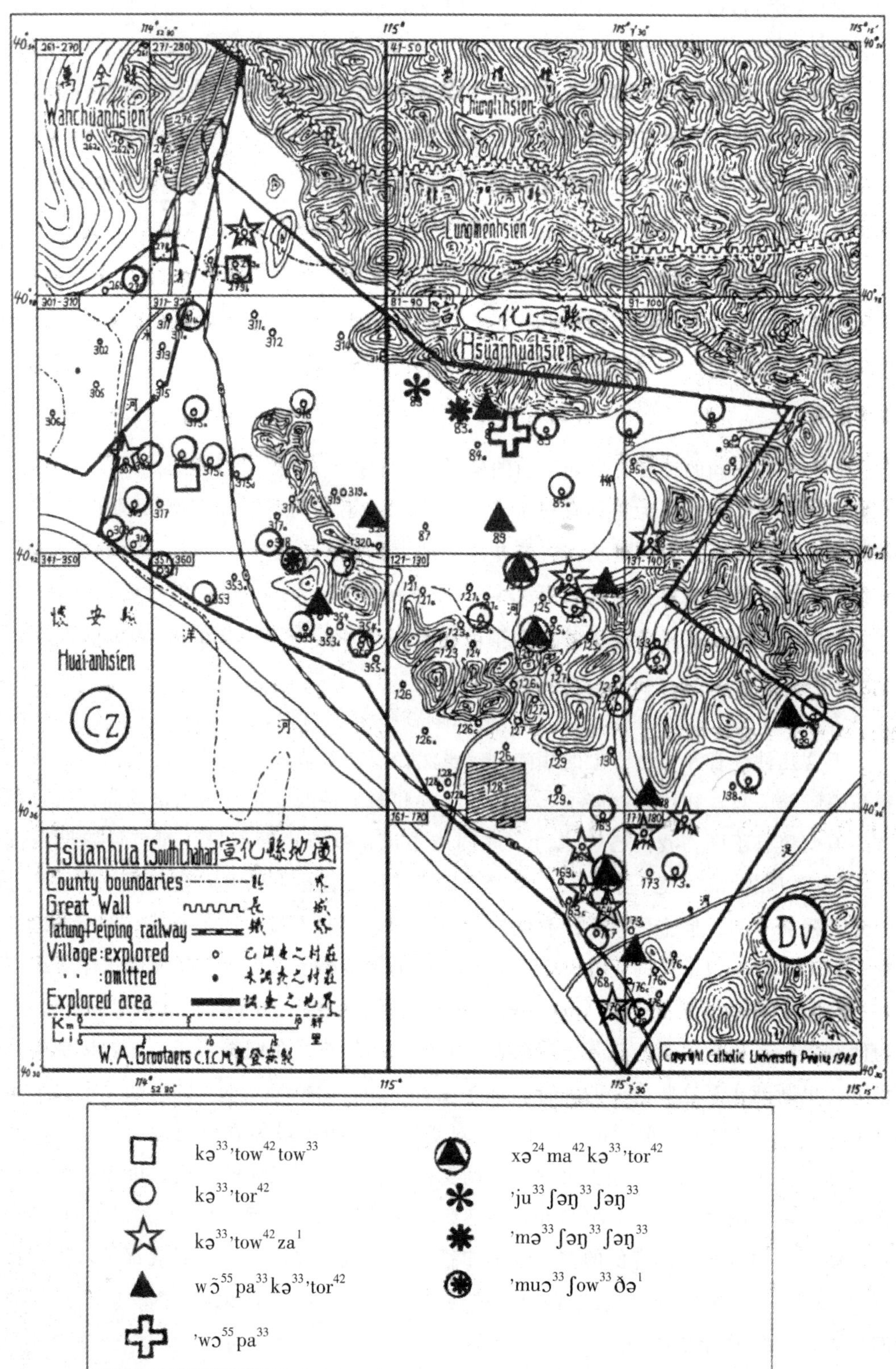
Wanchüanhsien
Chunglihsien
Lungmenhsien
Hsüanhuahsien
Huai-anhsien
Cz
Dv
Hsüanhua [South Chahar] 宣化縣地圖
County boundaries
Great Wall
Tatung-Peiping railway
Village: explored
: omitted
Explored area
W. A. Grootaers C.I.C.M.
Copyright Catholic University Peking 1948
kə^{33}'tow^{42}tow^{33}
kə^{33}'tor^{42}
kə^{33}'tow^{42}za^{1}
wɔ̃^{55}pa^{33}kə^{33}'tor^{42}
'wɔ^{55}pa^{33}
xə^{24}ma^{42}kə^{33}'tor^{42}
'ju^{33}ʃəŋ^{33}ʃəŋ^{33}
'mə^{33}ʃəŋ^{33}ʃəŋ^{33}
'muɔ^{33}ʃow^{33}ðə^{1}

的韵母只有第11种为［o］，其余三种都是［ow］，这也是因上段所述的理由而发生的差异。至于四种名词词尾［zə］、［za］、［ðə］、［dzə］，虽在音值上彼此不同（［z］与［ð］、［dz］虽都是齿音，但［z］为舌尖与上齿的有声摩擦音，［ð］为齿缝与舌尖的有声摩擦音，［dz］为上齿与舌尖的有声塞擦音），但小孩子对这三种音的辨别力很低，同时又都是组成名词词尾的声母，在音值上的不同不影响我们的宽式的分类，元音［ə］与［a］的差别更小，当然可以并为一种，所以第6、9、10、11等四种可以归为一类，以第9种读音作为标音的代表，用五角星形符号表示。

第12至第15种虽然词尾上有两种不同的构造，一种是指小称的（第12种的［r］），一种为名词词尾的（第13至第15种的［zə］）。可是它们的前两个音节是相似的（只有第14种的第一音节的元音为［ɔ］，其余均为［ɔ̃］），可能是相同，但由于记音不谨慎，才发生了差异，因为［ɔ］、［ɔ̃］两音不太容易分辨，在记音时，常因元音的鼻音化问题，引起贺神父和作者的争论，有时作者听着有鼻音化现象，贺神父却认为没有，足证后元音的鼻音化，在听时须特别留意。何以说这几种读音的第一音节的韵母应当相同呢？这又不能不牵涉到文字问题，［'wɔ̃^{55}pa^{33}］所代表的字为“王八”（汉语多数方言中鳖之通称，依北京话应标作［'waŋ^{35}pa^{3}］，第一音节中有舌根鼻音［ŋ］，则宣化话中［ɔ］音的鼻音化，不是没有缘故的。固然不能以一种方言衡量另一种方言，但宣化方言在许多方面与北京方言相同，所以王力把察哈尔南部的方言也划入北方官话区，若泥守语言学上的不能以方言衡量方言的规则，往往倒使理论脱离现实）。第12、13、15三种的［ɔ］都鼻音化成［ɔ̃］，惟有第14种未经鼻音化作用，恐怕是不可能的，我们可以认为它是带有鼻音化作用而不太明显，记音时被忽略了。即便是真的没有一点鼻音化现象，也可以解释作个人情形，因为大多数的村庄还都没有把鼻音化现象丢失的现在，不可能在一两个村中丢掉，所以第12至第15种应当是属于一类，在第19图上只标第12种读音作为标音的代表，用三角形符号表示。

第16种本身自成一类，这里不问它的第一个音节的韵母［ɔ］是否有鼻音化现象，因为只有一个村庄（Dv84）有这种读音，用不着在一个音上作讨论（根据上一段的讨论，它也是应当有鼻音化作用的）。在图上用一个十字形符号表示。

第17、18两种都含有［xə^{24}ma^{42}］两个音节，所以另成一类，在图上以第17种读音作为音标的代表，用◭形符号表示。

第19、20、21等三种各成一类，分别以＊、✱、⊛形符号表示。

在第19图上我们可以看见蝌蚪这种小动物在宣化的不同的叫法是怎么样的复杂了。我们不怕复杂，只要有规律，能够找出一些方言上的现象，便是我们的收获。可惜这些号分布得太凌乱了，我们不能把每一种符号的特性很精密地分析研究，只把极明显的事实写出来供大家参考。

一、各种符号的总数为60个，其中圆形符号占32个，并且分布得很广，东经115°以东有15个，以西有17个，不过东经115°以东的面积约为115°以西的二倍，以数目面积比，圆形符号在东经115°以西分布的密度较115°以东约大一倍，足证以指小称的方法叫蝌蚪，还是以调查区的西部为盛。这与以往讨论喜鹊、蚂蚁、石龙子的结果一致，这也是反映居民对这种动物的心理，表示并不讨厌，而有爱抚的意思。

二、方形符号共有三个，而在西北角上有两个，另一个也在清水河流域发现，并且离西北角很近。我们知道方形符号代表的读音为［kə^{33}'tow^{42}tow^{33}］，也是一种指小称的形式，由于铁路以西几乎全都是方形符号和圆形符号（只有一个五角星形符号），也就说全都是以指小称来叫蝌蚪。我们不能不想在从前铁路以西是属于同一个方言区的，不过西北角的方形符号表示未经其他方言侵略仍保持原来的形状，而清水河流的村庄已经变了形，但还未失去指小称的特性。由于在Cz270发现了一个圆形符号，我们也可以指出西北角的万全方言也正在变形过程之中。

三、泥河谷的方言一向复杂，这一次表现得更出色，在小小的一个角落，竟有四种符号。由于Dv139、Dv139a、Dv138不是五角星形符号，我们推测泥河上游没有以［kə^{33}'tow^{42}zə^{1}］来称呼蝌蚪的习惯，则泥河口附近地方的五角星形符号的集中与泥河方言没有关系。我们仍如以往的假定认为，泥河谷在从前是把蝌蚪叫做［kə^{33}'tow^{42}zə^{1}］的，从泥河上游下来的方言却把蝌蚪叫做［kə^{33}'tor^{42}］。有一部分的村庄改变了原来的叫法，另外一部分村庄仍保持未变。不过这种泥河方言沿了洋河西北下到了清水河流域，就把原来把蝌蚪叫做［kə^{33}'tow^{42}tow^{33}］的万全方言改变为［kə^{33}'tor^{42}］。万全方言所以易于接受泥河方言的影响，主要因为两种都是以指小称的方法来称呼蝌蚪，当然改起来容易一些，这种泥河方言到达清水河流域以后又向柳河圳发展，与蜻蜓的情形很相类似。

四、把蝌蚪叫做［wɔ̃^{55}pa^{33}kə^{33}'tor^{42}］或［wɔ̃^{55}pa^{33}kə^{33}'tow^{42}zə^{1}］的村庄数目也不少（约有八个，当我们初问时，Dv84的居民也说是［wɔ̃^{55}pa^{33}kə^{33}'tow^{42}zə^{1}］，等我们再追问的时候，他们又说是［'wɔ^{55}pa^{33}］）并且分布的很不集中，找不出理由来说这是从前有系统的一种方言。这些符号在中部山地和柳河圳南部比较集中一些，但在泥河谷也居然散在着三个，所以我们不能断言宣化最初的方言是把蝌蚪叫做［kə^{33}'tow^{42}zə^{1}］，抑是［wɔ̃^{55}pa^{33}kə^{33}'tow^{42}zə^{1}］。

五、在Dv122、Dv125c、Dv164a、发现三个▲形符号，表示把蝌蚪叫做［xə^{24}ma^{42}kə^{33}'tow^{42}zə^{1}］或［xə^{24}ma^{42}kə^{33}'tor^{42}］，把它们归并在三角形符号中是合理的。因为两者都是在［kə^{33}'tor^{42}］或［kə^{33}'tow^{42}zə^{1}］之前加两个音节，不然，只这三个更看不出方言系统来，因为只有三个符号，同时不集中在一处，连方言岛都画不成。另外还有一个处理办法，就是认为第一、二两个音节［xə^{24}ma^{42}］是附加定语，表示蝌蚪的从属。宣化人称田鸡为［tɕɛ^{33}xə^{33}'ma^{42}］，这里的［xə^{33}ma^{42}］就是［tɕɛ^{33}xə^{33}'ma^{42}］的简称，表示这种蝌蚪是田鸡的幼虫，不是蝾螈或鲵鱼的幼虫，则［xə^{24}ma^{42}kə^{33}'tow^{42}zə^{1}］正表示是［tɕɛ^{33}xə^{33}'ma^{42}］的［kə^{33}'tor^{42}］。若以指小不指小来权衡这三个符号，则Dv122应当是一个圆形符

号，Dv125c 应当是一个五角星形符号，而 Dv164a 又是一个圆形符号。

六、Dv83 的 ✻ 形符号、Dv83a 的❋形符号、Dv84 的十字形符号和 Cz351a 的㊉形符号的出现，简直是不能解释的问题。四个村子有四种不同的叫法，Cz351a 与 Dv83、Dv83a、Dv84 相离稍远，且隔着一条山，名称特殊，还可以解释。至于 Dv83、Dv83a、Dv84 三村相连，而各有不同的叫法，可谓出乎情理之外。由于这种事实的发现，我们却得到一些启示：日常不在家中见到的小动物，尤以河水中的小动物，做父母的没有机会教给孩子们正当的叫法，孩子们到水中看到这些小动物，即运用他们自己的智慧，按动物的形状或特性给它们起名字，这种名字只有一部分孩子们承认，并未经过成年人的同意，这种名字可能在孩子们长大以后渐渐消灭，而下一代的小孩子又另外给这些动物命名。我们所以在四个村庄得到四个不同的名称，其原因即在于此。假如丢开小孩子不问，去问成年人，我们敢保证他们一定把蝌蚪叫做［$kə^{33}$'$towr^{42}$］或［$kə^{33}$'$tow^{42}zə^{1}$］。至于为什么只有这四个村子有这种现象，我们的解释是：这四个村子都是在山边或山中的，根本水少，平时见不到这种小动物，所以大人们教给孩子们这种动物名称的机会更少，当然容易发生这样的事。地理环境影响方言，这也是一个例子。

七、一般说来，在我们调查的地方，很少有水池或湿地，所以田鸡不算太多，当然蝌蚪也少，成年人又多半限制孩子们到池塘去洗澡。因此孩子们对于水中动物的接触不如对于陆地动物的接触多，对于水中动物的名称也就模糊不清，由 Cz315b、Dv84、Dv139a 等村各有两个名称来看，也能证明这种事实。

由以上七点来看，我们对于蝌蚪的调查，虽尽到很多的努力，由于宣化人对于它比较生疏，答案虽丰，却难如以往各节得出健全的结论，不过我们总应当尽力作合理的分析。我们由第 19 图上看出几件事实，都是有关方言地理的现象，并且与以往诸结的结论，有的很有关系。

第一，西北角的方言仍具有特点。

第二，西部比东部用指小称的时候较多。

第三，在平原地带或河谷地带对于蝌蚪的叫法相当一致，因为平原、河谷多水，习见这种动物，容易有具体且统一的名称。在山边或山中，对于这种动物比较生疏，所以叫法也就很不一致，并且有奇怪的叫法。

第四，清水河流域本来是说万全方言的，因为泥河方言的影响而改变，同时把这种改变带到柳河圳中。

第五，由于中部山地对蝌蚪的叫法的庞杂，我们断定宣化方言对蝌蚪的叫法，没有统一的历史。

第六，由于圆形符号的扩散，我们敢断定将来它有普及全调查区的可能。

关于蝌蚪的讨论只能如此，我们为慎重计，不能画关于它的叫法的方言区划图。

第十二节　叶肢介

叶肢介属节肢动物甲壳类叶脚类。学名 Estheria，壳薄为几丁质，共二瓣，瓣嘴在背缘之中央或前端近旁，壳面平滑，又有环状线，肉体伸长，环节之分界不明，肢为树叶状，善游泳，咸水或淡水皆产之，雌雄异体，习性略似水蚤，其化石发现于泥盆纪，又白垩层中，亦有一种。

调查方言的时候，往往于发现了新的现象之后，不得不加上一部分调查材料，叶肢介就是这样被我们采用作为调查材料的。

叶肢介所以被我们采用作为调查材料的原因，是与蝌蚪有关系的。当我们调查了将近一个月的时候，我们知道调查区的人对于蝌蚪的叫法最普通的是［kə^{33}'towr^{42}］或［kə^{33}'tow^{42}zə^{1}］。有一天，我们到 Dv84 去调查，出乎意料的就是村民把蝌蚪叫做［'wɔ^{55}pa^{33}］或［wɔ^{55}pa^{33}kə^{33}'tow^{42}zə^{1}］。假使他们只说［'wɔ^{55}pa^{33}］一种名字，我们可能认为是蝌蚪的一种不同的叫法，不再去追究，可是他们又说蝌蚪叫做［wɔ^{55}pa^{33}kə^{33}'tow^{42}zə^{1}］，引起我们的疑窦，我们问，“什么是［kə^{33}'towr^{42}］？”正巧有一个孩子在一个铁罐中养着几个叶肢介，他们就以实物指给我们说，“这才是［kə^{33}'toœr^{42}］呢”；接着又说，“您所说的那种［tɕɛ^{33}xə^{33}'ma^{42}］的幼虫叫做［'wɔ^{55}pa^{33}］”。经我们又向许多旁的孩子们询问，所得的答案都是相同的，我们证明这不是个别的情形，于是开始注意这个问题。［kə^{33}'towr^{42}］既然在宣化方言中以一词代表两种类属不同的动物，我们需要把叶肢介，也列在调查材料之中。

事实是这样的：当我们调查 Dv84 的时候，我们在柳河圳的调查日程已经终了，次日即进行泥河谷诸村的调查，所以在柳河圳中所得到的关于叶肢介的答案只有 Dv84 和 Dv85a 两个村庄的。至于中部山地的村庄，更是在早期调查日程之内的，当然没有答案。后来我们在泥河谷及清水河流域和西北角诸村调查，知道叶肢介是很有价值的材料，可惜我们发现得太迟，遂使一个有价值的材料大大地失去光彩。虽然如此，我们还是可以由这一个小动物上得到一些关于宣化方言地理方面的知识。

假使我们调查的时间放长一星期或十天，使我们从容地把有问题的地方或不充分的地方解决了或补足了，那实在太好。但是由于我们调查的经费用尽，同时也到了学校开学注册的时候，使我们没有办法把不足的材料补齐，有问题的地方，仍旧还是有问题。对于一个科学工作者来说，实在是一种耻辱，好在这是作者第一次从事田野工作，不过是走向科学大道的第一步，当然不能做得十分成功。贺神父对作者说，“只有一张薮螽的方言地图①就能写出一篇很有价值的报告，更不用说还有十几张可供佐证的方言地图。”他又说，“研究方言地理不一定要占很大的面积，更不必要很多的词汇，只要材料确实，不怕少，一样可以得出有价值的结果。”

① 见本章第十三节。

我们于是不再斤斤于计较材料全与不全，抱定“往者不可谏，来者犹可追”的态度，努力做去，把我们在能力内能搜集的关于叶肢介的材料全搜集来，今日画出地图来，也居然能看出一些方言地理上的现象。

宣化人对于叶肢介的叫法，包括与蝌蚪相混杂的读音在内，计有下列十二种。

1. ’wɔ̃^{33}pa^{33}
2. wɔ̃^{42}pa^{33}kə^{33}’tor^{42}
3. ’xaj^{24}lwə^{55}paœr^{55}
4. xæ^{24}’lwə^{55}par^{42}
5. tsa^{33}’ts‘ɔw^{24}tɔw^{33}
6. tsa^{55}’ts‘ɔw^{42}tɔw^{33}
7. tsa^{55}’ts‘o^{42}to^{33}
8. tsa^{55}’ts‘ow^{42}tow^{33}
9. kə^{33}’toœr^{42} （或 ［kə^{33}’tow^{42}zə^{1}］）
10. swɪ^{24}’pœ^{42}tɕ‘ɪ^{33}
11. ’swɪ^{55}pwɔ^{42}tɕ‘ɪ^{33}tɕɪ^{33}
12. swe^{24}’pwɔ^{42}tɕ‘jær^{33}

这十二种不同的读音中第 1、2、9 等三种是与蝌蚪的叫法相混的，其余九种都是单独用于叶肢介的。这里我们应当把蝌蚪的问题忘却，就叶肢介论叶肢介，当然把第 1、2、9 等三种也认为是正当合法的叶肢介的叫法。

第 1 种与第 2 种不同，只有第 2 种的前面两个音节，所以不与第 2 种并为一类，叫它自成一类，在第 20 图上用一个三角形符号表示。

第 2 种在图上用方形符号表示。

第 9 种只有第 2 种的后两个音节（第二音节的韵母，可看做相同的韵母），情形与第 1 种相似，也令其自成一类，在图上用十字形符号表示。

第 3、4 种应当并为一类，虽然两者在标音方面不太相同，但性质上的相同却极明显。第 3 种第一个音节的韵母为由［a］及［i］组成的复合元音，第 4 种第一个音节的韵母为［æ］，由表面上看来，当然两者是不相同的，在事实上也不相同，因［ai］这个复元音包括唇的由开到闭，舌的由低到高的动作，而［æ］是一个把唇舌位置形状固定之后发出来的元音。不过看问题要由全面着眼，第 3 种读音的重读在第一个音节上，而第 4 种读音的重读在第二个音节上，在前节我们已经说过，长音与重读有密切的关系，第 3 种读音的［ai］发音的时间比［æ］长，其原因就因为它是重读的，换句话说，正因为第 3 种读音的第一音节是重读的，遂令其韵母变长而成［ai］；至于第 4 种的第一音节因为不重读，发音的时间短，在我们看不到唇部由开到闭的过程中，已进入第二个音节，所以我们记音时只能写一个［æ］。① 至于第 3、第 4 两种读音的第三个音节也彼此不同，前者在元音中多

① 关于［ai］、［æ］之区别，对中国学生之初学英语者，常为其初期之困难，因为［ai］是复合元音，［æ］是单元音，这两个音在汉语中不区别意义，如“海”字依标准语应标作［xaj^{214}］，但若有人把海字读作［xæ^{214}］，任何懂得汉语的人都能了解。可是在英语中［ai］与［æ］是绝不相同的，假如你把 might“力量”读作［mæt］，任何英国人也听不懂，你必须读作［mait］。同理，你把 mat“席子”读作［mait］，更是不成话，你必须读作［mæt］。

一个［œ］，也是因为全词重读的关系所引起的现象。我们熟知英语在多音节词中，常有第一重读、第二重读、第三重读的区别，如 exaggeration［igzædʒə'reiʃən］“夸张”一词，第一重读在第四音节，第二重读在第二音节，若非复合词，其第一、第二两重读极少相连接的（如 bookshop［'bukʃɔp］“书店”）。现在，在第 3 种读音中，重读在第一音节，次重读（第二重读）在第三音节，所以发音较长，均能听得出［œ］来，而在第 4 种读音中，重读在第二音节，在情理中不能使第三个音节发生次重读的现象，所以第三音节比较短促，听不见［œ］音。其实两者是相同的，只因受了重读的影响，在音标上有了差异，由于两种读音的多方面的相似（三个音节的辅音相同，元音相近），所以我们把它们列为一类，在第 20 图上标第 3 种读音作为标音的代表，用圆形符号表示。

第 5 种至第 8 种读音的相同性更大，关于它们的元音相同性在以前曾做过类似的讨论，这里为了节省篇幅，不再叙述。总之，它们四种是属于一种类型的，在第 20 图上只标第 6 种读音作为标音的代表，以五角星形符号表示。

第 10、11、12 等三种读音，虽有指小与不指小的区别，由其读音的结构上看，也具有许多相同之点，关于它们的韵母上的不同，在讨论蝌蚪时已经讨论过［ɪ］、［e］的相似性，［œ］与［ɔ］虽在形状上相差太远，但两者都是半开口的元音，并且都是圆唇的，舌的高低也同，所差者是一前一后，可是我们不要忽略了［ɔ］韵头的［w］，在［ɔ］之前加一个圆唇的韵头，使两者更加相似。实际发音的情形，是不应当如标音所表示的那么相异，所以我们把这三种并为一类，在第 20 图上只标第 11 种读音作为标音的代表，用 ✻ 形符号表示。

在第 20 图中我们可以看见符号数目减少与分布的不均匀（柳河圳中缺乏材料），这是由于我们半途把叶肢介加入做调查材料的缘故。只有这一些符号，我们很难给出完全的解释。不过我们不妨在这里加一两个假设，对于我们的解释有很多的帮助。

先看西北角上 Cz278 地方，有两个符号，那里孩子们是把叶肢介叫做［'wɔ̃^{33}pa^{33}］的，而成年人却把它叫做［'wɔ̃^{42}pa^{33}kə^{33}tor^{42}］，在这里决没有人把叶肢介叫做［kə^{33}'tow^{42}tow^{33}］或［kə^{33}'tor^{42}］的，因为这两个名称系指蝌蚪而言的（见上节）。

Cz270 一向与 Cz278 有着相同的方言特性，可是在前一节的方言图（第 19 图）中，它和 Cz278 相悖谬了，而与其南的大多数村庄具有同一种符号。在第 20 图中，它又和 Cz278 相悖谬而与其南的大多数村庄具有相同的符号（五角星形符号）。Cz279 在前一节中，与西北角诸村都不相同，具有一个五角星形符号（见第 19 图），在第 20 图中，它也是不把叶肢介叫做［kə^{33}'tor^{42}］的，但它也决不把叶肢介叫做［tsa^{55}'ts‘ɔw^{42}tɔw^{33}］，它却把叶肢介用一个奇怪的名称［'xaj^{24}lwə^{55}paœr^{55}］来表示。我们可以想象，Cz279 必定是与西北的万全方言不同，我们对于它的解释只能认为它是张家口市方言的支脉，因为三个圆形符号都在铁路沿线，分布得很整齐，Cz279 与万全方言不同，在讨论蝥螽时，还能看得出来。

第 20 图

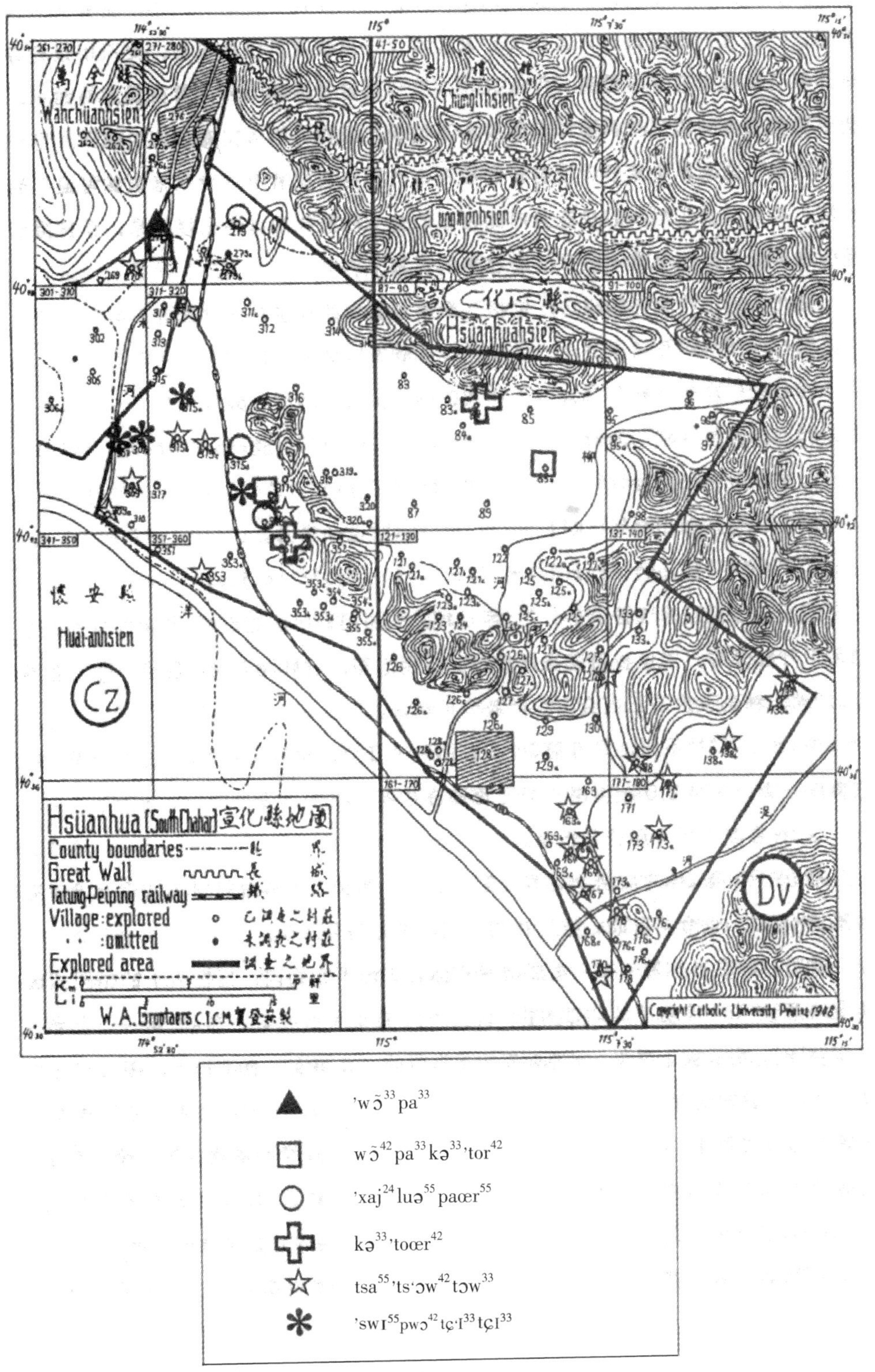
Hsüanhua (South Chahar) 宣化縣地圖
County boundaries 縣界
Great Wall 長城
Tatung-Peiping railway 鐵路
Village: explored 已調查之村莊
: omitted 未調查之村莊
Explored area 調查之地界
W. A. Grootaers C.I.C.M. 賀登崧製
Copyright Catholic University Peiping 1948
Wanchüanhsien
Chinglihsien
Lungmenhsien
Hsüanhuahsien
Huai-anhsien
Cz
Dv
'wɔ̃^{33}pa^{33}
wɔ̃^{42}pa^{33}kə^{33}'tor^{42}
'xaj^{24}luə^{55}paœr^{55}
kə^{33}'toœr^{42}
tsa^{55}'ts'ɔw^{42}tɔw^{33}
'swɪ^{55}pwɔ^{42}tɕ'ɪ^{33}tɕɪ^{33}

Cz307、Cz307a、Cz315b 的三个 ✻ 形符号出现得很奇怪，其实这在方言地理学上是有法子解释的。我们一般的想法，认为在这三个村庄的北面是五角星形符号，南面也是五角星形符号，忽然发现三个 ✻ 形符号，一定疑心这是由西方侵进来的怀安方言。这种想法当然也有道理，不过总是比较冒险，方言地理学上有一种现象就是在两种方言势均力敌的时候，在两者之间时常发现一种方言，既不属于这一种方言系统，又不属于那一种方言系统，Cz307、Cz307a、Cz315b 很可能就是这种情形。读者也许要问，在这三个村庄的北面并不是其他的符号，也是和它们南面村庄一样具有五角星形符号，怎么说它们是介于两大之间呢？我们由图上可以看出清水河口附近的村庄都是五角星形符号，与泥河谷的村庄相同。我们根据以往的结论，这些村庄是受了泥河方言的侵略，这次的侵略力量很大，把万全方言完全代替。我们可以想，曾有过一个时期就以 Cz307、Cz307a、Cz315b 这些村庄作为泥河方言的分界，那时先出来了［swɪ^{24}ʼpœ^{42}tɕʻɪ^{33}］这样的叫法，后来泥河方言继续北侵，把这三个村子跳过而达到 Cz270、Cz311b、Cz279b 等三个村庄，这是在形成新方言后发展的。我们不要认为 Cz307、Cz307a、Cz315b 的三个 ✻ 形符号的出现是偶然的，从它们的分布与回答方言者答话时的肯定，我们知道在这一带的确有这样的叫法，我们没有向西做更深的调查，再向西去，一定会找到相同的叫法。

在以前我们曾一再推测泥河谷的方言有沿洋河北上的趋势，现在让我们看泥河谷的村庄对叶肢介的叫法是怎么样呢？由第 20 图上我们可以看出那里是毫无例外地把叶肢介叫做［tsa^{55}ʼtsʻɔw^{42}tɔw^{33}］的，由这现象更可以证明清水河口的方言是受了泥河方言的影响了。

Dv127d 一向受泥河方言的影响，这一次仍然有一个与泥河谷诸村相同的五角星形符号。最可惜的是一向与 Dv128a 具有相同方言特性的泥沙沟中的 133a 没有关于叶肢介的材料，使我们的解释减少了力量。

再看柳河圳中，虽然只有两个村庄具有关于叶肢介的叫法的记录，但没有一个是把叶肢介叫做［tsa^{55}ʼtsʻɔw^{42}tɔw^{33}］的，当然两个不能解释全体现象。其他诸村既没有记录的材料，我们不敢断言柳河圳的人都不把叶肢介叫做［tsa^{55}ʼtsʻɔw^{42}tɔw^{33}］。但至少有两个村庄是不那样叫的，我确言柳河圳中与泥河谷对叶肢介的叫法不尽相同，当然没有语病。根据已得的材料，我们说柳河圳中叶肢介至少有两种叫法：一种是如 Dv85a 的［wɔ̃^{42}pa^{33}kə^{33}ʼtor^{42}］（在第 20 图中以方形符号表示），一种是如 Dv84 的［kə^{33}ʼtoœr^{42}］（在第 20 图中以十字形符号表示），也不会发生错误。

现在让我们看 Cz351a 和 Cz318。在 Cz351a 有一个十字形符号；Cz318 有四个符号，一个是圆形的，一个是 ✻ 形的，一个是方形的，一个是五角星形的。由以往所得的经验，Cz318 与 Cz351a 的方言是常与柳河圳一致的，当然我们在 Cz351a 发现了十字形符号和在 Cz318 发现了方形符号都不成问题，极容易解释，可是为什么在 Cz318 又发现了三种其他的符号呢？这就要看它所处的地位了。第一，它北面 Cz315d 是具有与 Cz279 相同的圆形符号，Cz318 和 Cz315d 两村都是天主教教民独占的村子，当然因为教务关系两村来往交通甚多，把张家口的圆形符号介绍到Cz318是很可能的。第二，在Cz318的西面全是五角星形符号的势力圈，它在这个圈的旁边，当然会接受到五角星形符号。第三，它与Cz315b相距不到十华里，而它有一个很大的天主堂，Cz315b的教民做弥撒一定到它这里来。这样也促进交通的频繁，当然可以把✱形符号带到它这里来，所以说在Cz318发现四种不同的符号，也就是说Cz318对叶肢介有四种不同的叫法，完全不是没有理由的，一则由于其位置适当各种符号的集合地，二则由于宗教上的关系使与远村、近村都有频繁的交通，以致形成错综的现象。至于这四种叫法是以相同势力并存呢？还是有强有弱呢？换句说到底哪一种最常说呢？这也是我们曾经注意到的问题。经我们询问的结果，知道仍是以［tsa^{55} 'ts'ɔw^{42}tɔw^{33}］为最普通。由此看来，毕竟势力强的方言发展得远一些。

关于叶肢介的讨论，因为柳河圳中材料缺少，使我们不能得到全面看问题的机会，只对于个别的语言现象作了适当的解释，不过我们很满意的就是又能看出泥河方言北侵的现象。我们因为材料不充分，不敢冒险地去画方言区划图和方言侵略路线图，则本节的讨论即终于此。

第十三节　薮螽

薮螽为螽斯科的一种昆虫，属节肢动物昆虫类直翅类，学名Locusta japonica Brun，薮螽本来是日本名词，在日文读作ヤブキリ（jabukiri）。薮字在日文中，意为小竹林，由名称可以看出这种昆虫是生长在小竹林中的一种螽斯。体绿色，形似螽斯，鸣声短促，常栖于灌木林中。前胸中央有淡褐色大条纹，其后方之两侧黄色，头尖出，呈三角形，中有一条直沟，触角比翅长，前胫节之刺颇长，前腿节之内侧，有四个相离之黑色小齿，前翅比尾端长，翅脉细，折叠于背上，呈灰褐色，产卵管约一寸，末端略带赤色，突出于翅尖之后，雄体由头至翅端长约一寸半，雌体连产卵管长约二寸。

薮螽也是在调查期间增加的材料，不过我们把它增加的时间较早，大约是在我们调查工作刚开始一个星期的时候。那时我们住在Cz318，有一天到铁路西侧的Cz309、Cz307、Cz307a等村调查的时候，无意中在路旁柳条上捉住一只薮螽，便把它作为标本，问毕既定材料之后，就顺便问这种昆虫的名字，其后相沿成习，也居然算做我们正式的调查材料。由于这种昆虫名称的驳杂，到调查后期，它竟做了我们的主要材料，其他各种虫、鸟的名称，反成了次要的了。

因为我们把它列在我们的调查材料中的时间比较早，所得的记录也就不像叶肢介那么不完全。当然也有一部分遗漏的，由于我们对它特别重视的缘故，在我们由宣化坐马车回张家口转北京的时候，每经过一个已经调查过其他材料而缺乏这种材料的村庄时，一定下车专做这种材料的调查，如此又补足了一部分阙漏。

贺神父对这种昆虫的调查，也很重视，每到一个村庄，他一定争先去问小孩子们怎样叫这种昆虫，自己动笔去记，并询问和这种昆虫类似的昆虫的名字，以免因误解引起错误。当我们的第一个标本丢失了的时候，再去捉第二个，第二个丢失了，去捉第三个，有时水田里有这种昆虫，我们还要下水去捉。它是很聪明的动物，当人走近的时候就停止鸣声，又生就了天然的保护声，所以除非成群的发现，只有一两个，是很不容易捉到的。

我们调查的材料，虽然有十数种虫、鸟，但始终有标本在手的只有蝼蛄，所以说，其他材料所得的答案有问题、有错误，蝼蛄的答案是不会有问题、有错误的。材料的答案既无问题、无错误，而答案又十分分歧，无怪会引起我们的兴趣与注意了。

当我们回到北京以后，作者把蝼蛄的调查结果，画了一张很大的方言地图，经贺神父详细研究，他说，“这一次宣化县的方言调查，只有这一张蝼蛄图就算不虚此行。”随后他讲解这张方言图上所表现的方言现象，当时作者尚未将其他材料整理出来，及至将其他材料整理出来以后，再看这一张蝼蛄的方言图，更收到相互佐证的功效，把贺神父所解释的现象都证实了。

宣化对于蝼蛄的叫法不是以重读或指小称来区别的，也不是如啄木鸟之以鼻音的有无作区别或石龙子之以声母不同作区别。它乃是有几组根本不相干的读音，彼此各有一定的分布区域，而形成很明显的同音圈线，下面先看各种不同的读音。

宣化对蝼蛄的叫法非常复杂，经过初步整理以后，还有下列的三十四种：

1. ’tɕjɔ^{24}ma^{42}za^{3}
2. ’tɕjɔw^{24}ma^{33}za^{1}
3. ’tɕjɔ^{24}ma^{42}dza^{1}
4. ’tɕjɔw^{24}ma^{42}za^{1}
5. ’tɕjɔ^{24}mə^{42}za^{1}
6. ’tɕʻo^{24}mja^{42}dza^{1}
7. ’tɕjo^{24}ma^{42}dzar^{3}
8. ’tɕjaw^{24}mə^{42}zœr^{3}
9. ’tɕjɔ^{24}mar^{42}
10. ’tɕjow^{24}mər^{42}
11. ’tɕjo^{24}mœr^{42}
12. ’tɕjaw^{24}mər^{42}
13. ’tɕjaw^{24}mar^{42}
14. ’tʻəw^{42}sjĩ^{42}
15. tʻəw^{33}sjĩ^{33}’pœr^{42}
16. tʻəw^{33}sjĩ^{33}’pær^{42}
17. tʻɔ^{33}ɕiŋ^{33}’pæ̃r^{42}
18. tʻɔw^{33}ɕiŋ^{33}’pær^{42}
19. ’wɔ^{24}tɔw^{33}sɿ^{33}
20. ’wɔ^{24}tɔ^{11}sɿ^{33}
21. ’wɔ̃^{24}tow^{33}sɿ^{33}
22. ’wɔ^{33}to^{33}sɿ^{33}
23. ’wɒ̃^{42}tow^{33}sɿ^{33}
24. ’vɒ̃^{42}to^{24}sə^{33}
25. ’vɒ̃^{24}to^{33}sɿ^{33}
26. ’vɔ̃^{33}to^{33}sə^{33}
27. ’tʂɔ̃^{55}to^{33}sɿ^{33}
28. ’tʂɒ̃^{55}tow^{33}sɿ^{33}
29. ’tʂɔ̃^{55}tow^{33}sɿ^{33}
30. ’tʂɔ̃^{55}to^{33}sə^{33}
31. ’xæ̃^{42}kwe^{33}
32. ’xæ̃^{24}kwɛ^{33}
33. ’tsʻɔ̃^{24}tsœr^{42}tɕjow^{24}ɥœr^{42}
34. ’tsʻɔ̃^{24}tsœr^{42}

上面的三十四种读音不过是经过初步整理的结果，为了便于画图，我们还要并成几类。

第 1 种至第 13 种，彼此都有相似点，但第 1 至第 8 种每种都含有三个音节，与第 9 至第 13 种之含有两个音节者不同，若说第 9 至第 13 种为［ʼtɕjɔ^{24}ma^{42}za^{3}］的指小称，则第 7、第 8 两种应当作何解释呢？这是须要在这里说明的。经我们向乡民询问何以把蝛螽叫做［ʼtɕjɔ^{24}ma^{42}za^{3}］，他们说因为它是会叫的蚂蚱，宣化人读“叫”为［tɕjɔ^{42}］，读“蚂蚱”为［ma^{42}za^{55}］（“蚂蚱”为蝗虫之俗称，北京也有同样的叫法），连起来说第一个音节的降调改为升调，第二个音节的降调不降得那么低，第三个音节变得短促一些。由这种解释，我们知道［ʼtɕjɔ^{24}ma^{42}za^{3}］的第三个音节不可认为与［kə^{33}tow^{42}za^{1}］或［pœ̃^{42}pœ̃^{24}za^{1}］等读音中的第末一个音节［za］相同，后两种的［za］乃是名词词尾，相当于汉语标准语中的［tsə］（如桌子在汉语标准语中读为［ʼʈʂuɔ^{55}tsə^{1}］，椅子读为［ʼji^{214}tsə^{3}］）。在正常情况下，指小称的名词不带名词词尾，（如小桌子［ɕiau^{214}ʼʈʂuɔɚ^{55}］——汉语标准语中指小称词尾是 ɚ——，很少有人叫小桌子儿［ɕiau^{21}ʼʈʂuɔ^{55}tsɿ^{1}ɚ^{1}］的）而只在名词本身后面加一个指小称词尾，所以蝌蚪的指小称为［kə^{33}ʼtor^{42}］而不是［kə^{33}ʼtow^{42}zar^{1}］。现在我们既确认［ʼtɕjɔ^{24}ma^{42}za^{3}］的［za］不是名词词尾，当然在改为指小称时，不能把［za］取消，而要在［za］的后面加一个指小称词尾［r］（或改变元音后再加［r］）。那么第 7、第 8 两种读音正好是［ʼtɕjɔ^{24}ma^{42}za^{3}］的指小称，而第 9 至 13 种反而不是正当的指小称了。话虽如此，第 9 至 13 种所表现的完全是指小称的形式，那么，它们是哪一个名词的指小称呢？原来这里面还有一段缘故，也有解释的必要。汉语名词的变化，除去加名词词尾或指小称词尾以外，还有一种简化的变化，这正与加名词词尾或指小称词尾相反，乃是把名词本身的音节减少。这种办法，在英语中也有，如简称日本人为 Jap，Thomas 为 Tom。不过在汉语中特别发达，例如简称吃面条曰吃面，日本人曰日本（他是个日本），最明显的例子就是把中华人民共和国简称中国，苏维埃社会主义共和国联盟简称苏联或只说一个苏字，就能使听话人了解。蝛螽在宣化叫做［ʼtɕjɔ^{24}ma^{42}za^{3}］（叫蚂蚱），它的简化说法就是［ʼtɕjɔ^{24}ma^{42}］（叫蚂），把第三个音节省略了，听话的人当然也能了解，不过总觉着生硬，又表现不出小而可爱的意思，于是感到有加上指小称词尾的必要，这一次的指小称词尾是加在［ʼtɕjɔ^{24}ma^{42}za^{3}］的简化形式［ʼtɕjɔ^{24}ma^{42}］之后，于是生出了第 9 至第 13 种的读音。若放宽尺度，由第 1 至第 13 种读音除去指小称（或简化形之指小称）和非指小称的区别外，本来没有大不同处。各读音中韵母差别很小，在宣化方言中，彼此变换不改变词义或使语义不明，所以说这十三种没有多大的不同，应当把它们算做一类。不过据贺神父的意思，认为［ʼtɕjɔ^{24}ma^{42}za^{3}］和［ʼtɕjɔ^{24}ma^{42}dzar^{3}］同属于一类是合理的，至于［ʼtɕjɔ^{24}mar^{42}］，因为经过一回简化手续，又经过一回变作指小称的手续，好像距离［ʼtɕjɔ^{24}ma^{42}za^{3}］比较远些，可以另作一类。他这种看法很对，今即依贺氏的意见将第 1 至第 8 种并为一类，在第 21 图上标第 1 种读音做代表，以空心五角星形符号表示。第 9 至第 13 种另成一类，在第 21 图标第 9 种读音做代表，以实心五角星形符号表示。

第 21 图

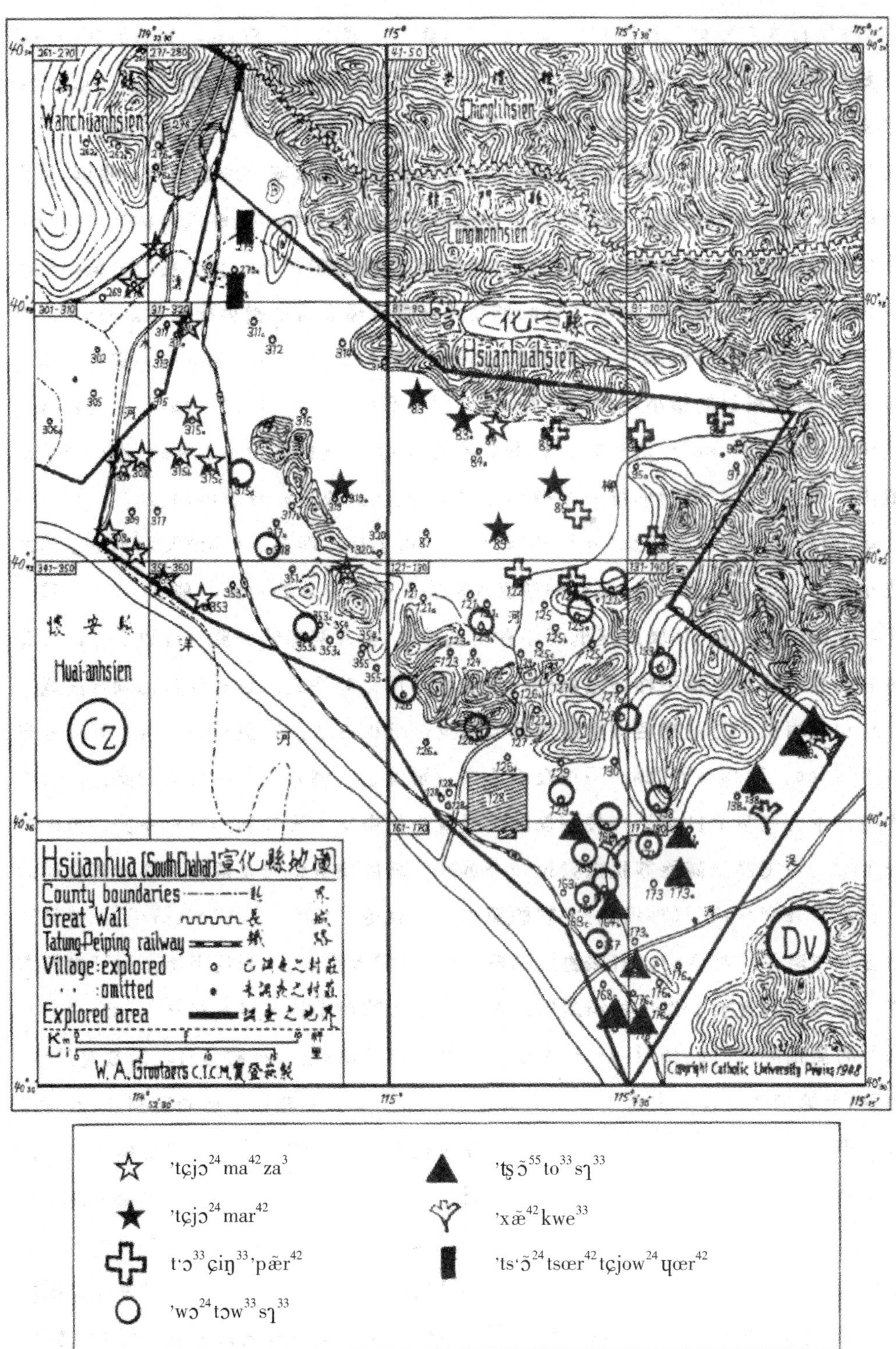
Wanchüanhsien
Lungmenhsien
宣化縣
Hsüanhuahsien
懷安縣
Huai-anhsien
Cz
Dv
Hsüanhua (South Chahar) 宣化縣地圖
County boundaries 縣界
Great Wall 長城
Tatung-Peiping railway 鐵路
Village: explored 已調查之村莊
: omitted 未調查之村莊
Explored area 調查之地界
W. A. Grootaers C.I.C.M. 賀登崧製
Copyright Catholic University Peiping 1948
☆ 'tɕjɔ^{24}ma^{42}za^{3}
★ 'tɕjɔ^{24}mar^{42}
t‘ɔ^{33}ɕiŋ^{33}'pæ̃r^{42}
'wɔ^{24}tɔw^{33}sɿ^{33}
'tʂɔ̃^{55}to^{33}sɿ^{33}
'xæ̃^{42}kwe^{33}
'ts‘ɔ̃^{24}tsœr^{42}tɕjow^{24}ɥœr^{42}

第 14 至第 18 种和上一段所说的情形有相似的地方。第 15 至第 18 种各有三个音节并且声调相同，所不同的还是在音符上面。先说声母，四种读音的第一音节的声母都是［t‘］①，四种读音的第三音节的声母都是［p］。只有第二音节，在 15、16 两种中的声母是［s］，在 17、18 两种中是［ç］。关于这一点，我们有两种解释：第一，宣化人实在发的音既不是像［s］那样以舌尖和上齿相接所发的摩擦音那么靠前，又不是［ç］那样以舌面中部与硬腭相接所发的摩擦音那么靠后，而是介于两者之间的舌面前部与前硬腭相接所发的摩擦音，标音符号应当是［ç］。不过当我们记音时并未用［ç］，凡贺神父所记的音都用［s］，凡作者所记的音都用［ç］，其实两者所代表的是相同的音。第二，即使贺神父所记的音不全如以上所说的情形，而真有发［s］音的，们在本章喜鹊一节中曾说过小孩子们对于［s］、［ç］两音的区别能力很弱，所以有发［s］音的，也有发［ç］音的。发［s］音我们可以认作发音人的个别情形，［s］与［ç］不应看作迥不相关的两种符号。再看这四种读音中的韵母。第一音节中的韵母分别为［əw］、［əw］、［ɔ］、［ɔw］，其中前两种相同，后两种虽不同，只在唇部动作的有无，在以前曾说过，若是发音止于这一个音节，当然唇的最后位置可以被我们注视得到，由于后面还有两个音节，当发完第一个音节的元音以后，紧跟着就发出第二个音节的声母以至韵母而到第三个音节，音节与音节之间的停顿时间太短，以致我们无法连看带记，有时由于自己模仿仔细分析，才把［w］加上，不然就不去理会。至于 15、16 两种读音的第一音节的元音［əw］，在性质上与［ɔw］是不相同的，［əw］是央元音［ə］加上闭口动作，［ɔw］为后元音［ɔ］加上闭口动作。不过在宣化方言中，这两种音可以属于同一音位，即两者不构成区别意义的条件，所以说这四种读音的第一音节的韵母是相同的。再看第二音节的韵母的主要元音，四种分别为［ĩ］［ĩ］［i］［i］，其中［ĩ］［ĩ］同为前元音之有鼻音化作用的，［i］为前元音之不带鼻音化作用的，但其后面有舌根鼻音［ŋ］，所以说这四种读音的第二音节都含有鼻音，不过 15、16 两种的鼻音较轻，只把元音鼻音化就够了；17、18 两种则在元音后，再加鼻音。15、16 两种的韵母主要元音［ĩ］与［ĩ］在宣化属于同一个音位，所以说第二音节的韵母也都相同。至于第三音节韵母的主要元音，四种读音有［œ］、［æ̃］、［æ］三种元音，［œ］、［æ̃］本不属于同一音位，不过在其他各音节都在相似情形之下，［œ］、［æ̃］的前后辅音又各相同，在快读的时候，也没有多大区别，所以我们说第 17、18 与 15、16 种很有理由归并成一类。至于第 14 种，只有第 15 种的前两个音节，当调查到这种地方，我们就发生了问题。若把名词词尾［zə］（或［za］）去掉是很普通的，为什么把很重要的音节［pær］给取消了呢？我们就问居民为什么把薮螽叫做［t‘əw^{33} sjĩ ^{33},pær^{42}］。他们说，“这种昆虫发现得最早，鸣叫也比其他鸣虫早，好像吹鼓手的‘头行班’（开始鼓吹

① 这里的［t‘］是送气的［t］，不过不是单纯地由喉中把气送出来，气经过舌根时略发一点摩擦，所以这种送气符号，不应当只用一个［‘］，而要在［t］的右上角加一个［ˣ］以便表示得更清楚一些。但我们为了通俗，沿用一般常用的送气舌尖塞音［t‘］。

的一班）。”宣化人读“头”为［t‘əw^{24}］，读“行” ［sjĩ^{24}］ （或［çjĩ^{24}］），读“班”为［pæ̃^{33}］（指小称为［pær^{33}］或［pæ̃r^{33}］）。若合起以指小称结尾，即成［t‘əw^{33}‘sjĩ^{33}’pær^{42}］（声调略变）。这是以人拟物法，把薮螽叫做［t‘əw^{33}sjĩ^{33}］，正好做前段所说的名词简化的例子（仅以“头行”两个字表示“头行班”）。若依前段的办法，第 14 种也应当另成一类，但在我们的调查区只有一个村庄把薮螽叫做［t‘əw^{33}sjĩ^{33}］，而它既与［t‘əw^{33}sjĩ^{33}’pær^{42}］相似，所以也就把它附在第 15、16、17、18 等种中作为一类，在第 21 图标第 17 种读音做代表，以十字形符号表示。

第 19 至第 26 种读音属于一类，理由如下：

（1）每种读音各有三个音节，重读都在第一音节。

（2）第一音节之元音有［ɔ］、［ɔ̃］、［ɒ̃］三种，同为后元音之圆唇者，［ɔ］与［ɔ̃］之区别仅在鼻音化不鼻音化上面，我们曾说过，辨别后元音的鼻音化与否，比辨别前元音的鼻音化与否，要难得多。总之，［ɔ］、［ɔ̃］之差是很微妙的，而［ɔ̃］、［ɒ̃］之差仅在口之开张程度的大小，记音时因专在描写，当然不厌其精（口张开之程度因人而异），在归类时当然可以合并。

（3）第二音节之韵母［ɔ］、［o］、［ɔw］、［ow］及第三音节之元音［ə］、［ʅ］之相似性已经说过多次，不再赘言。

（4）第二音节之声母及第三音节之声母均各相同。

（5）第一音节之声母［w］及［v］是不相同的，其实两者都不是正当的符号。宣化人发的音不是唇齿有声摩擦音［v］（也不是双唇摩擦音［β］），同时也不是没有摩擦的双唇音［w］，乃是没有摩擦的唇齿通音［ʋ］①，［ʋ］音是上齿与下唇稍为接触之后立即抬起，如汉语标准语“文”字标音即作［ʋən^{35}］。宣化也有这一个音，不过当我们调查时，并没有应用这个音符，贺神父用［v］，作者用［w］，以致发生了不同的符号，其实两者是相同的。不过我们不敢说宣化人对于薮螽的叫法没有发［w］音的，但决没有发［v］音的。即便真有发［w］音的，［w］与［ʋ］之差，听不出来，只能看得出来，所以说归并一类来研究，没有什么不可以的。

6. 这八种读音的声调小有出入，我们曾说过我们记声调不太精确，只能拿它来帮助强化其他的分类标准，但它本身不能做分类的标准。

在第 21 图标第 19 种读音做代表，以圆形符号表示。

第 27 至第 30 种的情形与上一类完全相同，只是第一音节的声母改为［tʂ］，我们不再讨论它们的相似性，就把它们列为一类，在第 21 图标第 27 种读音做代表，以三角形符号表示。

第 31 及第 32 两种同属于一类，因为两者的不同处只在第二音节韵母的主要元音，一个为［e］，一个为［ɛ］，［e］与［ɛ］同为前元音之半开口者，不过［e］比［ɛ］的口

① 见赵元任译《国际音标》（1937 年教育部标准语推行委员会出版）。

形稍闭，舌位稍高。其实所差甚少，在宣化，两者不致引起意义上的差别，所以列在一类是合理的，声调虽小异，但重读却相同，更使两者合并的理由健全一些，在第 21 图标第 31 种读音做代表，以⚘形符号表示。

第 33、34 两种读音可以视为一类，因为第 33 种的［ʼts‘ɔ̃^{24} tsœr^{42} tɕjow^{24} ɥœr^{42}］据乡民讲是“长翅叫鱼”的音，宣化人说“长”为［ʼts‘ɔ̃^{24}］，说“翅”为［tsɿ^{42} tsɿ^{33}］（第一个音节为“翅”的音，第二个音节为名词词尾）。若把“翅”字用指小称的办法发音，先将名词词尾去掉，再把第一个音节中的元音［ɿ］取消，加上［œr］为指小称词尾。宣化人称“叫哥哥”（北京俗名“蝈蝈”）为“叫鱼”，其音为［tɕjow^{24} ɥœr^{42}］（鱼之本音在宣化为［ɥy^{42}］，［ɥœr^{42}］亦为指小称，而是将［ɥy^{42}］中的元音［y］取消而代以［œr］）。第 34 种读音［ʼts‘ɔ̃^{24} tsœr^{42}］，就只有第 33 种读音的前两个音节，译义为“长翅”，乡民说“长翅”即“长翅叫鱼”之省略形，两种本来相同，不过第 34 种经过一次简化作用，减少了两个音节，我们既追溯出它们的本源来，当然要把它们两种归并成一类，在第 21 图标第 33 种的读音做代表，以长方形符号表示。

上面既已简单地说明了划分三十四种不同的读音为七类，并规定了在第 21 图上的符号所代表的读音，现在让我们看第 21 图。

先看五角星形符号的数目和分布的情形。在图上各种符号的总数为五十九个，其中五角星形符号计有十九个，约占总数的三分之一弱，这十九个符号中有十四个是空心的，有五个是实心的。这两种符号的分布很有规律，十四个空心的五角星形符号中有十二个在铁路的西侧，一个在中部山地（Cz353），一个在柳河圳（Dv84）。五个实心五角星形符号全部分布在柳河圳中，并且都在圳的西北部。关于五角星形符号怎样解释呢？我们根据以往诸节的讨论来看五角星形符号分布的情形，我们很容易判断空心五角星形符号区是代表着万全方言的，也就是说清水河流域的村庄把薮螽叫做［ʼtɕjɔw^{24} ma^{42} za^{1}］，这乃是万全方言的特色，因为西北角的 Cz270、Cz278、Cz311b 一向代表标准的万全方言，这一次与清水河口的村庄有着相同的符号，所以说整个清水河流域的村庄，都保存着万全方言的特色。由现在的政治区划来说，我们就认为这是宣化的西北部受了万全方言的侵略，这种侵略势力不止占据了铁路以西的村庄，并且又向东发展到柳河圳中。不过清水河流域的万全方言与原来的没有许多变化，最大的变化不过是发展到末梢有了指小称的现象（Cz309a 的叫法为［ʼtɕjo^{24} ma^{42} dzar^{3}］）或辅音增加送气的现象（Cz353 的叫法为［ʼtɕ‘ɔ^{24} mja^{42} dza^{1}］）。可是向东进入柳河圳的一支，发生的变化就比较大些，乃是先把原来三个音节的名词，简化为两个音节的名词，又把简化了的名词的第二个音节加上指小称的词尾，终成［ʼtɕjɔ^{24} mar^{42}］的形状。不过在柳河圳中并不是全部经过这种改变过程的，像 Dv84 就仍旧保持着原来万全方言的特点，一毫未改地把薮螽叫做［ʼtɕjɔ^{24} mə^{42} za^{1}］。Cz352 也是保留着原特色较多的一个（Cz352 把薮螽以指小称的方法称为［ʼtɕjaw^{24} mə^{42} zœr^{3}］），它虽不在柳河圳的平原上，但由它的位置上来看，它是由柳河圳接受方言影响的。正因为它在山地，容易保持原来方言的特色，所以我们能够证明万全方言最初到柳河圳的时候，不是像现在的情形，而是和清水河流域的方言一样，后来在圳的平原地带改为简化指小称，但在山中或山边（Cz352、Dv84），仍保留旧时的样子。这一点可以证明 Bloomfield 氏的说法，他说，边远的地方容易保存古语，这不是凭空臆想的。①

我们再看圆形符号。在图上共有十七个圆形符号，虽不及五角星形多，但五角星形符号本身又分两种，一种为空心的，一种为实心的，单独以空心五角星形符号或实心五角星形符号来比较，还是圆形的势力大些。在上面已经说过，五角星形符号是代表万全方言的，那么宣化本来的方言把薮螽怎样叫呢？我们由圆形符号分布的地方来看，可以认为圆形符号区是宣化方言区，把薮螽叫做［ʼwɔ^{24} tɔw^{33} sɿ^{33}］。它向西发展，这一次未能越过铁路，在柳河圳中因受万全方言的侵略，已撤至圳的南端沿山的地方。在泥河谷，圆形符号也遭遇了相同的命运，现在圆形符号的势力，只能达到泥河的北岸，最东仅止于 Dv138、Dv171。在这两个村子以西的地方并且已经发现了三角形符号和♈形符号，这都能表示宣化本来方言退步的现象。不过宣化本来方言表现在薮螽上面的，并不太弱，在以往各节有若干次都是在中部山地发现了侵入方言的痕迹，这一次却表现得很纯洁，中部山地未受泥河谷方言的影响。相反地，在泥河谷，宣化本来的方言颇为有力。泡沙沟中的 Dv127d 和 Dv133a 一向是受泥河方言影响的，这一次则完全保持原状，仍是宣化方言的面目。关于这件事，还有解释一下的必要，前数节讨论到 Dv127d 和 Dv133a 的方言受泥河方言影响的原因时，我们曾说是由于交通的频繁和婚姻的沟通。这一种说法，不可视为游戏之谈，在这里还要强调这种说法，并加以补充。由第 21 图，我们可以看见泥河口附近的村庄，如 Dv163、Dv163a、Dv164a、Dv167 等都是属于圆形符号区，也就是宣化方言区，Dv127d 和 Dv133a 从泡沙沟出来最先接触的村子就是 Dv130，其次，再往南就是上述的一些村庄，即使向东达到 Dv138 和 Dv171，也还是圆形符号区。乡下人通婚的距离不肯太远，依理推测，大半即止于这些村庄。这些村庄既是属于圆形符号区，则当然不能给 Dv127a 和 Dv133a 以方言上的改变（单指薮螽而言）。也就是说，我们在泥河口的村庄都是圆形符号的情形下，没有理由叫我们在 Dv127d 和 Dv133a 发现其他的符号，据此更可以看出语言与交通的关系了。

再看三角形符号。共计有十个，完全集中在泥河谷中，越向东越纯粹（在 Cz139a，Dv138b）虽有♈形符号，但仍是以三角符号所代表的读音（［ʼtsɒ̃^{55} to^{33} sɿ^{33}］）为最普通，同时又没有某一个村（只限于泥河谷，本调查区东部）不把薮螽叫做［ʼtʂɒ̃^{55} to^{33} sɿ^{33}］而叫做其他的名称的，这都表示三角形符号在泥河上游的势力，非常强大。由泥河口上溯有赵川堡，过赵川堡即是龙关县境，据流落在宣化的龙关难民说，龙关方言也是把薮螽叫做［ʼtʂɒ̃^{55} to^{33} sɿ^{33}］的，由此可以证明三角形符号是由东边沿泥河下来的了。

① 见 L. Bloomfield: *Language* Chap. XIX, p. 322。

在泥河谷中的三个♈形符号，应当怎样解释呢？第一，我们要注意没有一个村庄单独具有这一种符号，由东向西说，它首先出现在Dv139a，在那里它与三角形符号同时存在，其次在Dv138b出现，还是与三角形符号同时存在，最后它在Dv163出现，在这里它与圆形符号、三角形符号同时存在，成三足鼎立的姿势，这种现象是前所未见的。当我们调查方言时，也曾注意到一种东西为什么要有两种到三种的不同的名称呢？我们在Dv163向村民问这个原因，有一个村民给了我们一个很有人类学道理的答案，他说，当天旱时我们把它叫做［'xæ̃^{42}kwe^{33}］，乃是诅咒它的意思（宣化人读“旱”作［xæ̃^{42}］，读“鬼”作［kwe^{33}］）。可是当我们走到Dv164的时候，在问方言以后，问乡民是不是把蝼蛄也叫做［'xæ̃^{42}kwe^{33}］（问闲话一定要在方言问完之后，若在进行问方言的时候，问这一句话，就等于提示答话人给答案）①，一个乡民说，我们是不把它叫做“旱鬼”的，因为时常“旱鬼、旱鬼”地叫喊，天就要不下雨了。他的解释正与Dv163的村民的答案有异曲同工之妙，一个为诅咒（cursing），一个为禁忌（taboo），都是原始民族留下来的风俗。

由以上这一段的解释，当然可以不再讨论♈形符号了。但我们还要注意：无论［'xæ̃^{42}kwe^{33}］是诅咒的意思也好，是禁忌的意思也好，至少在这一个小区域内有把蝼蛄叫做［'xæ̃^{42}kwe^{33}］的习惯。也就是说，假使有一个人到他们的社会里去说［'xæ̃^{42}kwe^{33}］这一个名词，他们心目中知道这个名词所代表的怎样的一种动物。大概懂得咀咒和禁忌的，只有成年人，小孩子对这些事情，不大注意。这种动物有［'xæ̃^{42}kwe^{33}］这样的一种叫法，姑不问其势力的大小，至少我们要承认其存在。

在Cz163，我们发现了圆形、三角形和♈形三种符号，若依乡民的说法，只能解决了♈形符号的问题，对于圆形、三角形两种符号的同时出现，还是有解释一下的必要。我们不妨认为Dv163的位置，适当三种符号交汇之处，由Dv163向西都是圆形符号，向东都是三角形符号（Dv138、Dv171可以认作是圆形符号的凸出部分），而在三角形符号区中，又存在着♈形符号，所以在Dv163发现了三种符号并不新奇，而是方言学上的正常现象。

现在再看调查区东北角的十字形符号。调查区东北角的方言，一向与中部山地或柳河圳相一致，惟关于蝼蛄的叫法，发生了差异，也是一件值得注意的事情。我们可以想象，同时也不得不想象宣化本地方言是由宣化城向四外扩张的，Bloomfield氏说，“一种以Yorksire或Swabia或Normandy为中心的地方语，可以有系统地以地名分类（就是说以地名作方言名为Yorkshire话、Swabia话、Normandy话），但在四周有一圈只分得该地方言特性的一部分”。② 足见地方语的特性是由该地政治中心向四外扩展，等到了边陲，特性就渐渐减少，这与本节的情形正合。在调查区的东北角，正是宣化县的东北角，在宣化方言向东北角扩张的时候，正好由西北方来了万全方言的一支，就是21图上实心五角星形符

① 见Kurath Hans, *Handbook of the Linguistic Geography of New England* Chap. II，p. 48。

② 见L. Bloomfield, *Language* Chap. XIX，p. 341。

号所表示的。遇到这种情形，使宣化东北角的居民感到困难，贺神父说，“凡遇到两种势均力敌的方言接触的地方，极易引起一种新的方言。”这里所谓的方言是广义的，凡方言中的一切现象，均包含在内，尤其容易产生新的词汇。譬如说，宣化方言把蝼蝈叫做［'wɔ^{24}tɔ^{11}sɿ^{33}］，万全方言把蝼蝈叫做［'tɕjɔ^{24}mar^{42}］，两种叫法遇到一块的时候，就发生了［t'əw^{33}ɕiŋ^{33}'pær^{42}］这样一个新名词，所以在东北角发现六七个十字形符号，也不是不可解释的。最初我们曾幻想宣化东北角的方言可能是由长城外面传进来的，但这是很困难的，在那里有万仞高山又有长城，都是妨碍交通的好屏障，与密度原则违背，不可能发生这种情形。同时，当我们调查的时候，我们雇了一头驴，给驮东西，驴夫老沈，说他曾到过崇礼县（在长城以北），他说崇礼县把蝼蝈叫做［'ju^{24}mɛ^{42}dzœr^{33}］，与［t'əw^{33}çiŋ^{33}'pær^{42}］相去太远，当然能够证明［t'əw^{33}çiŋ^{33}'pær^{42}］不是由长城以外传来的方言。还有一个证明，就是当地所以把蝼蝈叫做［t'əw^{33}çiŋ^{33}'pæ̃r^{42}］，是因为它鸣叫得最早，犹同吹鼓手的“头行班”（最初奏演的一班），大抵一个地方的造词心理与该地方的自然和社会环境都有密切的关系。在宣化常于举行婚葬礼仪时，要找吹鼓匠演奏吹打乐器，普通的小孩子甚至成人都很爱好这种音乐，在他们给一种动物命名时，也表现出他们对于鼓吹游戏的兴趣，这是很合理的事，据此更不能解释做由长城外面传来的了。

现在只余下 Cz279 和 Cz279b 的两个长方形符号还没有讨论。关于这两个长方形符号，我们可以作一个详尽的解释。我们总记得在前几节中 Cz279 和 Cz279b 的方言经常与 Cz270 和 Cz278 的不同，在讨论叶肢介时，我们曾提到 Cz279 是属于张家口的城市语区中，当时我们并未举出充分的理由来说明这个事实。Cz279 和 Cz279b 是接近张家口市的两个村庄，并且已经划在张家口的市区以内，这虽是最近的事情，但足证它们与张家口的关系非常密切。张家口是一个都市，都市的人对于乡间的事情往往隔阂，尤其对于小昆虫的叫法更是模糊，但和蝼蝈相近的“叫哥哥”（蝈蝈儿）却不生疏。因为乡下人常在夏天把大批的“叫哥哥”捉住放在席篾编的小笼中运到城市中去卖，城市中的人，尤其是小孩子们花几个铜元买一个拿回家去玩（主要是听它的鸣声）。在张家口“叫哥哥”叫做［'tɕjow^{24}ɥœr^{42}］，所以在 Cz279 把蝼蝈叫做［'ts'ɔ̃^{24}tsœr^{42}tɕjow^{24}ɥœr^{42}］的原因，乃是因为当人们见到这种昆虫时，联想到“叫哥哥”，以为是“叫哥哥”，又见有很长的翅（“叫哥哥”没有长翅，只有如鞍的短翅），没有办法，把它叫做“长翅叫鱼”［'ts'ɔ̃^{24}tsœr^{42}tɕjow^{24}ɥœr^{42}］（宣化人称“叫哥哥”为“叫鱼”，张家口亦然）。至于 Dv279b 只叫［'ts'ɔ̃^{24}tsœr^{42}］的理由，在本节之初已经解释过，乃是［'ts'ɔ̃^{24}tsœr^{42}tɕjow^{24}ɥœr^{42}］的省略形，当然不用再解释了。

有人也许要问：Cz278 距张家口市比 Cz279 还要近半里路，为什么 Cz278 不属于张家口的城市方言区，而 Cz279 却属于城市方言区呢？这一点也不难解释，第一，自清初至清末，由北京通往口北的大道是由北京到达宣化以后，由 Cz355 经过 Cz354a 与 Dv121 之间的石壑子入柳河圳而达张家口。现在则由京绥路直达张家口，两条大路都是必经 Cz279 和 Cz279b 的，这两条路上的人都很频繁，所以 Cz279 和 Cz279b 接触城市方言的机会多。但

Cz278 与此情形大异，它在张家口的西南，不是京张大路必经之地，由张家口南下转大同的交通不是非常频繁的，接触都市方言的机会少得多。第二，从前和现在 Cz279、Cz279b 与 Cz278、Cz270 不是同一个政治区中的村子，Cz279 属宣化县，Cz278 属万全县（在张家口市扩充以前）。政治疆域往往是方言的界限①，并不是没有理由的，大凡在乡下住的，通婚姻总是倾向于不出县境，即使在边界上，也有这种倾向，因此语言界线常与政治界线相重合。现在 Cz278 和 Cz270，既是属万全县管辖，当然具有万全方言的特色，同时与张家口的城市语接触的机会又比 Cz279 和 Cz279b 为少，则它们当然保留万全方言的机会多些。

现在关于蝼蛄本身的讨论已经完了，为了看得清楚些，我们依照第 21 图再画一张它的方言区划图（第 22 图），由图上可以看出几条同音圈线，和万全方言与泥河方言侵入的情形。

当我们进行关于蝼蛄调查的同时，我们又注意到雌叫哥哥的叫法在某些村庄中与蝼蛄的叫法有关系。譬如说，在万全方言区中，你问“什么叫［'wɔ^{24}tɔw^{33}sɿ^{33}］?”孩子们会异口同声地说，“［'wɔ̃^{24}tow^{33}sɿ^{33}］带刀（即产卵管也），不会叫，是‘母叫鱼’（雌叫哥哥之谓也）”。这显然是一个名称指两件东西了。因为在宣化本来的方言区中，把蝼蛄叫做［'wɔ^{24}tɔw^{33}sɿ^{33}］，在万全方言区中居然把雌叫哥哥唤做［'wɔ̃^{24}tow^{33}sɿ^{33}］。这也是值得注意的，我们要利用雌叫哥哥的叫法来佐证蝼蛄调查所得的结论，于是在许多个而不是每一个村庄中顺便问了雌叫哥哥的叫法。在整个调查区中，关于雌叫哥哥的叫法，很有规则，大概说来只有三种不同的叫法，现在写在下面：

1. 'wɔ̃^{24}tow^{33}sɿ^{33}
2. lɒ̃^{42}'to^{24}zə^{1}（或 lɒ̃^{42}'to^{24}ðа^{1}）
3. mu^{42}tɕjɔ^{24}'ɥœr^{42}

我们所得的材料虽然不全，但也能说明一些事实，和蝼蛄的方言地图很有关系。在第 23 图上我们用圆形符号表示［'wɔ̃^{24}tow^{33}sɿ^{33}］，用三角形符号表示［lɒ̃^{42}'to^{24}zə^{1}］（或其变形），用五角星形符号表示［mu^{42}tɕjɔ^{24}'ɥœr^{42}］。

在第 23 图上，可以看出关于雌叫哥哥的叫法，比蝼蛄的叫法简单多了。这里不用费许多篇幅讨论这种昆虫，不过可以由这一张方言图上，归纳出几件事实来。

一、凡是把蝼蛄叫做［'tɕjɔ^{24}ma^{42}za^{1}］或［'tɕjɔ^{24}mar^{42}］的地方，一律把雌叫哥哥叫做［'wɔ̃^{24}tow^{33}sɿ^{33}］。

二、把蝼蛄叫做［t'ɔ^{33}çiŋ^{33}'pæ̃r^{42}］的地方，有一部分村庄，把雌叫哥哥叫做［'wɔ̃^{24}tow^{33}sɿ^{33}］（Dv95、Dv96），有一部分村庄把它叫做［lɒ̃^{42}'to^{24}zə^{1}］。这还是表示一部分村庄对语言的倔强性，不过趋势演变，使这些村庄渐渐屈服于更有势力的方言。七个把蝼蛄叫

① 见 L. R. Palmer, *An Intruduction to Modern Linguistics* Chap. Ⅶ, pp. 135 - 137。

第 22 图

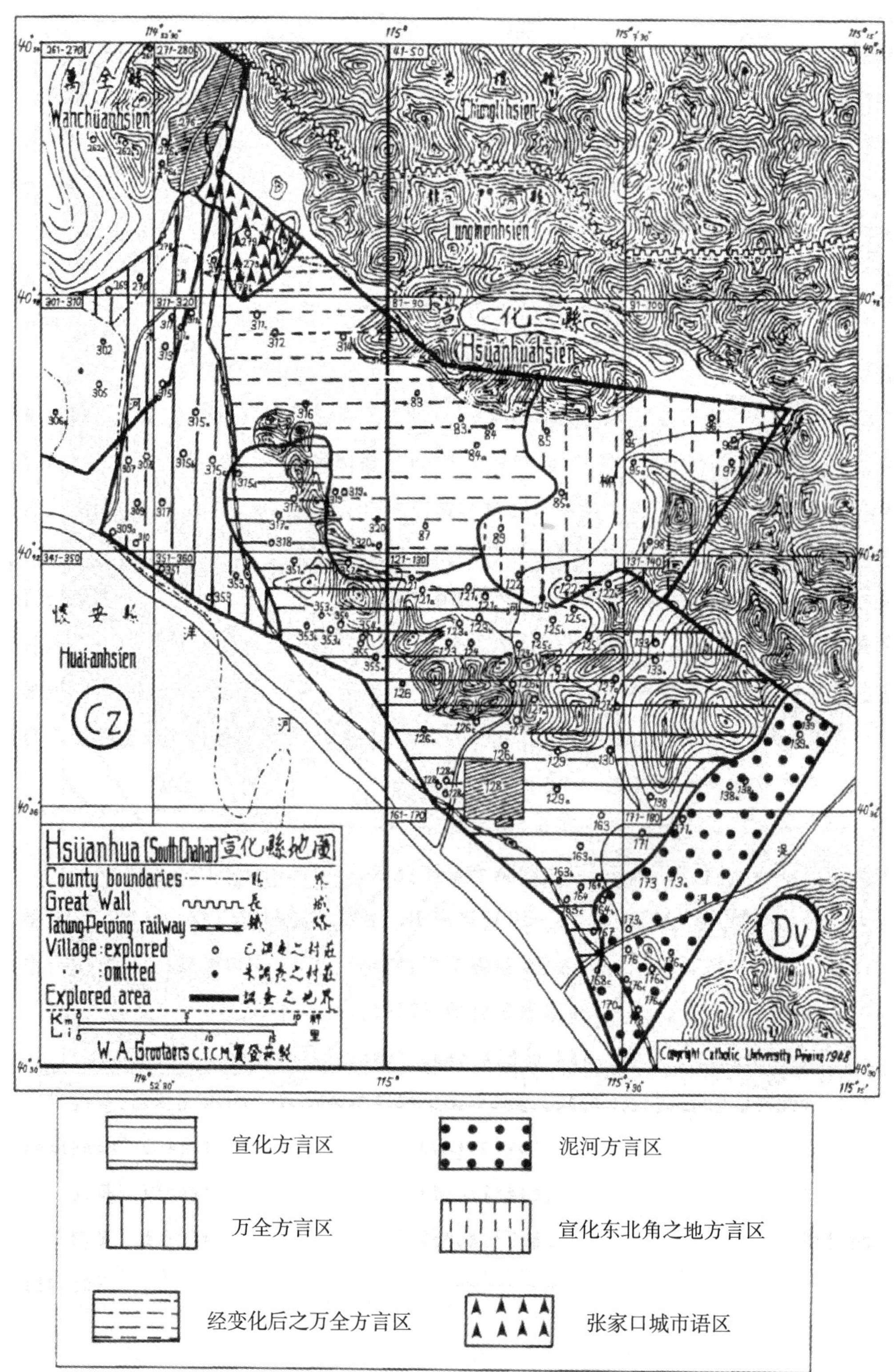
Wanchüanhsien
Chünglihsien
Lungmenhsien
Hsüanhuahsien
Huai-anhsien
Cz
Dv
Hsüanhua (South Chahar) 宣化縣地圖
County boundaries 縣界
Great Wall 長城
Tatung-Peiping railway 鐵路
Village: explored 已調查之村莊
omitted 未調查之村莊
Explored area 調查之地界
Km
Li
W. A. Grootaers C.I.C.M.
Copyright Catholic University Peiping 1948
宣化方言区
泥河方言区
万全方言区
宣化东北角之地方言区
经变化后之万全方言区
张家口城市语区

第 23 图

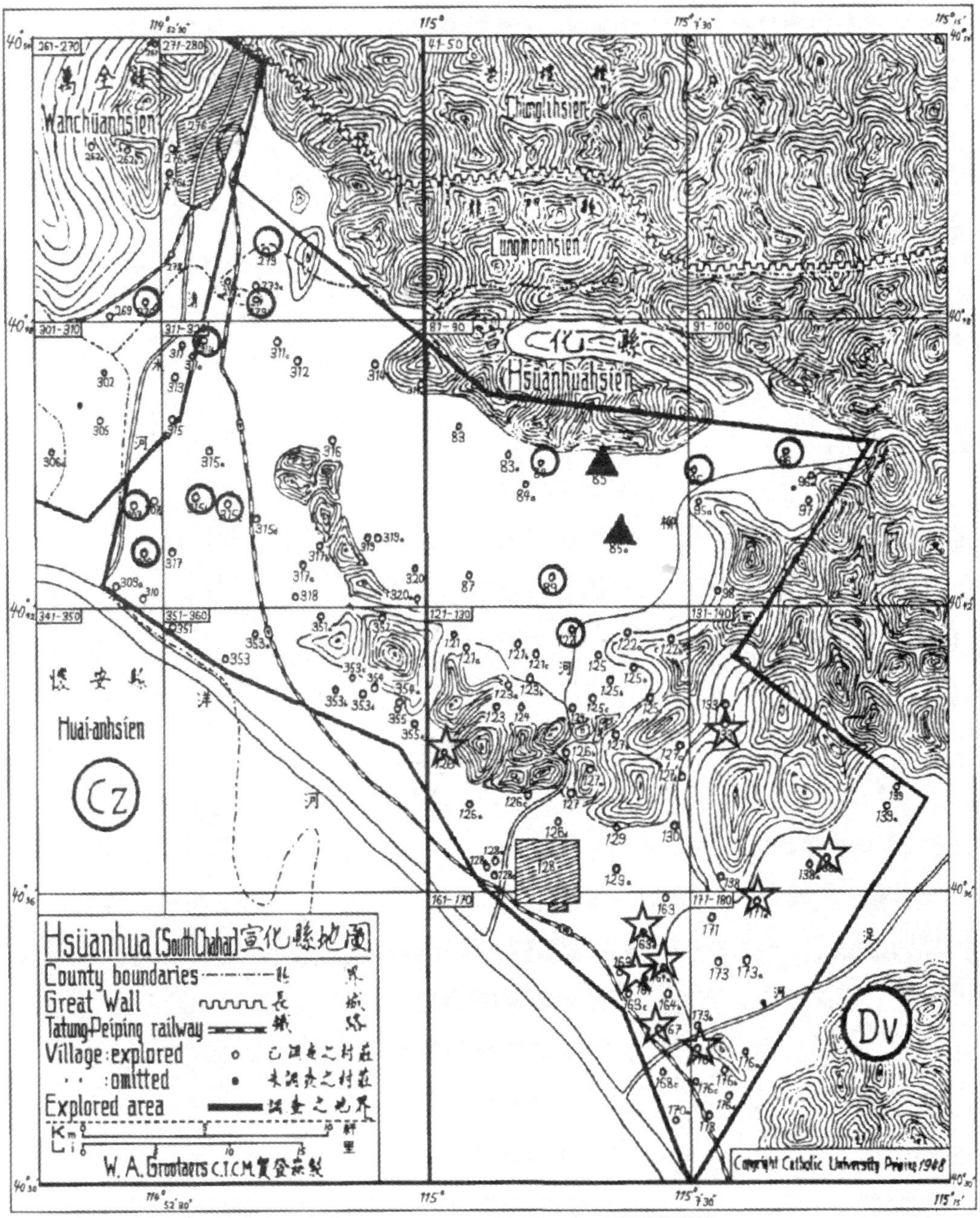

Hsüanhua (South Chahar) 宣化縣地圖

County boundaries 縣界

Great Wall 長城

Tatung-Peiping railway 鐵路

Village: explored 已調查之村莊

 : omitted 未調查之村莊

Explored area 調查之地界

W. A. Grootaers C.I.C.M. 賀登崧製

Copyright Catholic University Peiping 1948

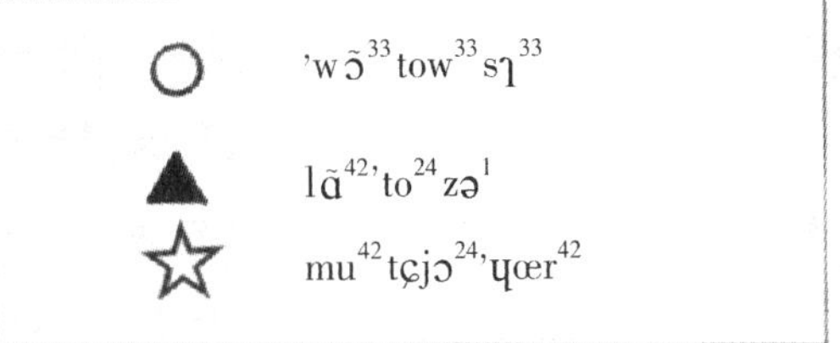

做［t'ɔ³³çiŋ³³'pæ̃r⁴²］（或其类似形状）的村庄，有五个把雌叫哥哥叫做［'wɔ̃²⁴tow³³sɿ³³］，只余下 Dv85、Dv85a 还别树一帜，早晚会被同化的。

三、把蔹螽叫做［'wɔ²⁴tɔw³³sɿ³³］、［'tʂɔ̃⁵⁵to³³sɿ³³］或［'xæ̃²⁴kwe³³］的村庄，对于雌叫哥哥的叫法一致为［mu⁴²tɕjɔ²⁴'ɥœr⁴²］，由这一点可以看出泥河方言与宣化方言的关系很密切，与万全方言的关系比较疏远一些。

四、Cz279，Cz279b 本来在蔹螽的叫法上与 Cz278、Cz270 不相同，但在雌叫哥哥的叫法上却与之相同，其情形与东北角方言的屈服一样，Cz278 与 Cz279 相距甚近，当然容易受强势力同化。

由以上四点能够看出我们所记蔹螽的叫法并没有误解的地方，从第 23 图也可以看出，凡把雌叫哥哥叫做［'wɔ̃²⁴tow³³sɿ³³］的地方都是不把蔹螽叫做［'wɔ²⁴tɔw³³sɿ³³］的地方，而把蔹螽叫做［'wɔ²⁴tɔw³³sɿ³³］的地方都决不把雌叫哥哥叫做［'wɔ̃²⁴tow³³sɿ³³］，足证居民对这两种昆虫，有很敏锐的分辨力。把蔹螽叫做［'tʂɔ̃⁵⁵to³³sɿ³³］的地方，也不把雌叫哥哥叫做［'wɔ̃²⁴tow³³sɿ³³］，可以证明［'wɔ̃²⁴tow³³sɿ³³］与［'tʂɔ̃⁵⁵to³³sɿ³³］有着极密切的关系，其差别只在一个声母上。当然两者有其共同的来源，［'wɔ̃²⁴tow³³sɿ³³］据村民说是"王道士"三字的对音，［'tʂɔ̃⁵⁵to³³sɿ³³］是"张道士"三字的对音，至于怎样在宣化的王道士到了泥河谷却改为张道士，现在的乡民也都解释不出来。

第十四节　我、我们

差不多与蔹螽同时被我们增加的调查材料，还有第一人称代名词。这是由于我们在无意中发见第一人称代名词单数形有很不同的两种发音，后来听本地人说他们也知道称呼"自己"的方法，在宣化的东、西两边有区别，因为没有人实地调查，不知道两者的界线究竟在什么地方。我们认为这却是一个很有意思的材料，一个人在日常生活中，只要和人有来往，必定发生我、你、他的关系，所以一个人说话的时候极容易说："我怎样""你怎样"。若想要问某一个字的音设法由一句话中找那个字的音，往往使你不容易得到答案，因为发音人不见得就要说你想要问的字，可是你想要叫他说一个"我"字是比较容易的。

方言的不同，若仅由几种昆虫、鸟类的叫法上去找，力量好像不够，若能在日常生活中所常说的字尤其是每日不离嘴的人称代名词中找出不同的读音，从而察出不同的方言区域，才是更有价值的事。我们居然找到了"我"的同音圈线，经过整理以后，发现与以前所讨论的方言现象有许多相合的地方，这使我们感到很大的兴趣。

宣化人对于自己的称呼，比对于其他小动物的叫法简单多了，虽然在我们的卡片上有［ŋə⁴²］、［ŋœ⁴²］、［ŋœə⁴²］、［wɔ⁴²］、［vɔ⁴²］等五种不同的读音，而实际上只是两种，一种是以舌根鼻音［ŋ］为声母的，一种是以唇音［w］或［v］为声母的。以［ŋ］为声母的读音共有三种不同的韵母，一个为［ə］，一个为［œ］，一个为［œə］。在讨论石龙子时，我们曾说过这三种元音在宣化是属于同一音位的，为了顾及［œ］、［ə］两种元音的性质，我们采取［œə］作为代表的韵母，则第1种读音应为［ŋœə^{42}］。在第24图上，我们用圆形符号表示。以唇音［w］或［v］为声母的读音，情形与前节蝼螽的一种叫法［'wɔ̃^{24}tow^{33}sɿ^{33}］相似。在讨论［'wɔ̃^{24}tow^{33}sɿ^{33}］时，我们曾说大多数宣化人所发的唇音既非［w］，又非［v］而是唇齿无擦通音［ʋ］，在本节中的［wɔ^{42}］或［vɔ^{42}］也是一样的。宣化人自称为［wɔ^{42}］的中间的［w］，有多一半是［ʋ］，但也有发真正的［w］音的，我们的目的不在找［w］、［v］、［ʋ］的区别，而在找唇音与鼻音的区别，则以［w］、［v］、［ʋ］的任何一个代替唇音都可，为了顾及我们的记录，还是采用［w］为代表。至于韵母都是［ɔ］，当然不必讨论了。如此则第二种读音应为［wɔ^{42}］，在24图上以五角星形符号表示。

下面可以看第24图上两种符号分布的情形。

第24图的确够得上算是最标准的一张方言地图。十二个圆形符号，完全集中在调查区的西北部，在圆形符号区中绝对没有一个村庄具有五角星形符号；在五角星形符号区中，也没有一个圆形符号。

由图上五角星形符号的数目与分布的面积来看，我们可以知道宣化本来的方言是把自己称为［wɔ^{42}］的，因为五角星形符号不但数目多，而它们分布的面积几占全调查区面积的六分之五，即连方言一向最复杂的泥河谷地区，也完全没有异样。

以前，我们曾下过若干次推论说，万全方言有侵入宣化的情形。由本节更可以明白地看出来，在宣化的西北部连人称代名词都不是宣化本来的方言，而是万全的方言，可见万全方言的势力是很强大的。我们怎样敢断定把自己称为［ŋœə^{42}］的是万全方言呢？因为在1947年夏天，贺神父曾在万全调查过一次民俗，知道万全人自称为［ŋœə^{42}］，所以说宣化西北的方言属于万全方言区。

至于这里所说的万全方言侵入宣化，这一句话是不是合逻辑呢？这须要加以解说，在方言学上常常以地名作方言区的名称①，如我们常说某某人说苏州话，某某人说绍兴话；外国也有同样的情形，如英国有Yorkshire话，法国有Normandy话，York-shire、Normandy都是地名。由现在的政治区划来看，如Cz307、Cz307a、Cz309、Cz309a、Cz315a、Cz315b、Cz315c、Cz311b诸村是属于宣化县的，而这些村子却说着万全方言。根据以地名作方言名的原则，我们既在宣化发现了万全方言，当然可以说万全方言侵入了宣化。实际上呢，一种语言，若不经过民族的大迁徙，它是与土地相附着的，在历史上我们找不出民族由万全向宣化迁徙的事迹，当然万全方言不可能迁到宣化来。那么为什么在宣化发现了万全方言呢？这就是方言地理学所要解决的问题，也就是说方言地理学之为用就表现在解决这种问题上面。

① 见L. Bloomfield, *Language* Chap. XIX, p. 322。

第 24 图

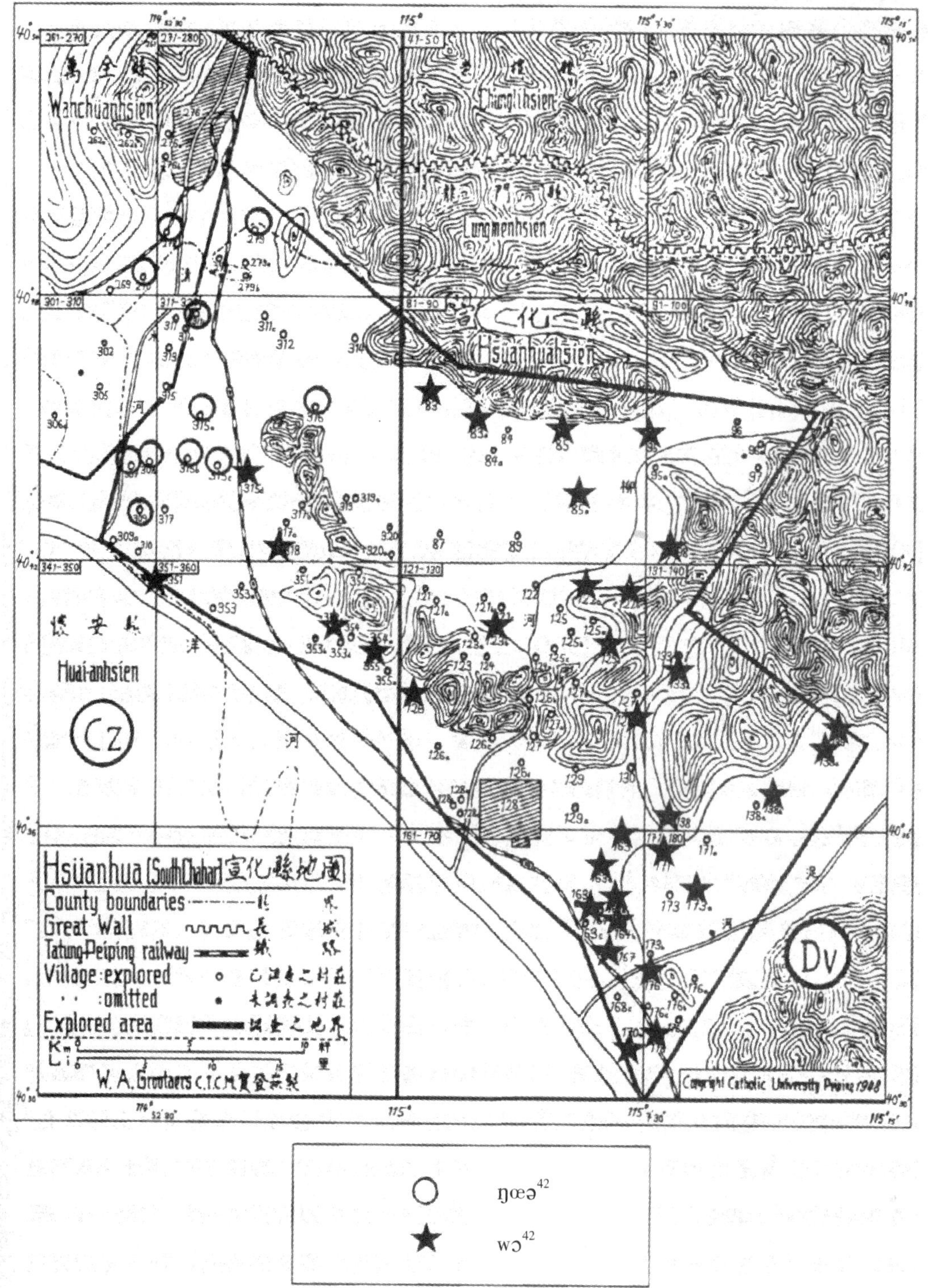

○	ŋœə⁴²
★	wɔ⁴²

在表面上看来是万全方言侵入宣化，并且在以往数节，我们曾一贯地用这种“侵略”的字样，骨子里呢？我们应当知道政治区划不是由古至今一成不变的。假使自古迄今宣化与万全的界限就是现在的界限，而现在在宣化发现了万全方言的特色，我们可以说万全方言侵入了宣化，可是政治区划是时常改变的。所以说现在的宣化县的西北部怎么就不会是古时候的万全县的东南部呢？若说万全方言侵入宣化，更何尝不可以说是宣化的政治势力侵入万全呢？从前我们所说的某某方言侵入某地完全是根据现在的政治区划作为方言区划而说的，不是真如帝国主义的侵略一样，我们说的侵略只是强调某地发现了另一种方言。至于是否是真的侵略，则须有历史的证据，才能下断语。至于宣化境内发现了万全方言是不是真的侵略，在这里先不讨论，那要留在下一章作一个全盘的研究。

如上一段所说，岂不是语言不能离开民族的迁徙而发展呢？这也是不正确的，由于交通、婚媾、贸易都能使语言交流，发展当然是有的，不过政治疆界往往是语言的相对疆界。有了政治疆界使种种交通包括婚媾在内都受到限制，国与国自不必说，省与省、县与县之间的疆界，对于语言的界限都有关系。

还有一层，两种语言或方言若因交通频繁而发生互相交流的现象，其所交流的内容多限于借字，① 而字之最容易借的，就是名词，其次为动词、形容词，至于代名词根本不可能借来，因为无论如何幼稚的民族，都有彼此相称的字。现在在宣化境内发现了两个发音迥不相同的人称代名词，这是不可以解释做由于交通频繁使西北部的宣化人把自己的原来的代名词丢却而借用万全的代名词，这里面一定有更具体的原因，在下一章将详细叙述。

有一件应当注意的事情，就是 Cz351 的问题。我们曾在以往一再提出 Cz351 虽与 Cz310 和 Cz309a 相距很近，但它却与这两个村子说不同的方言，我们曾假定 Cz351 属于宣化方言区，Cz309a、Cz310 属于万全方言区。在第 24 图上又表现出这种事实，从而可以窥出以往我们根据重读或指小称分划方言的区域，也颇能站得住。当然我们总是怀疑那种以重读或指小称来区别方言的可靠性，认为太抽象，现在［ŋ］、［w］的区别，总算很具体了吧，也以同样的事实告诉给我们，是我们由具体的可以佐证抽象的了。

关于“我”的同音圈线的绘画，由第 24 图我们可以看出沿 Cz309、Cz315c、Cz316 向东北画一条线到达调查区的北界就是“我”的同音圈线。但事实上并不那样简单。在图上的 Cz319 和 Cz319a 是我们最初调查的村庄，没有“我”的材料，当我们调查到 Dv122 时，村民向我们说 Cz319 自称为［ŋœə 42］，而与它相距不满半里的 Cz319a 则称自己为［wɔ^{42}］，这种不直接的材料，我们不敢相信，所以我们不能在 Cz319 和 Cz319a 上画上任何符号。假使 Dv122 的村民的话是真的，则“我”的同音线还要沿山南下把 Cz319 画在线的左边，才算合理。Dv122 的村民对我们说话时，态度很认真，他并且也深以这种方言的截然划界为奇迹，好像不是开玩笑的，我们不妨相信他的话。第 25 图上画一条“我”的同音圈线，也就是［wɔ^{42}］的同音圈线和［ŋœə^{42}］的同音圈线重合的部分，线的右边是

① 见罗常培《语言与文化》（1950 年北京大学出版部出版）第 4 章，第 18 ~ 54 页。

第 25 图

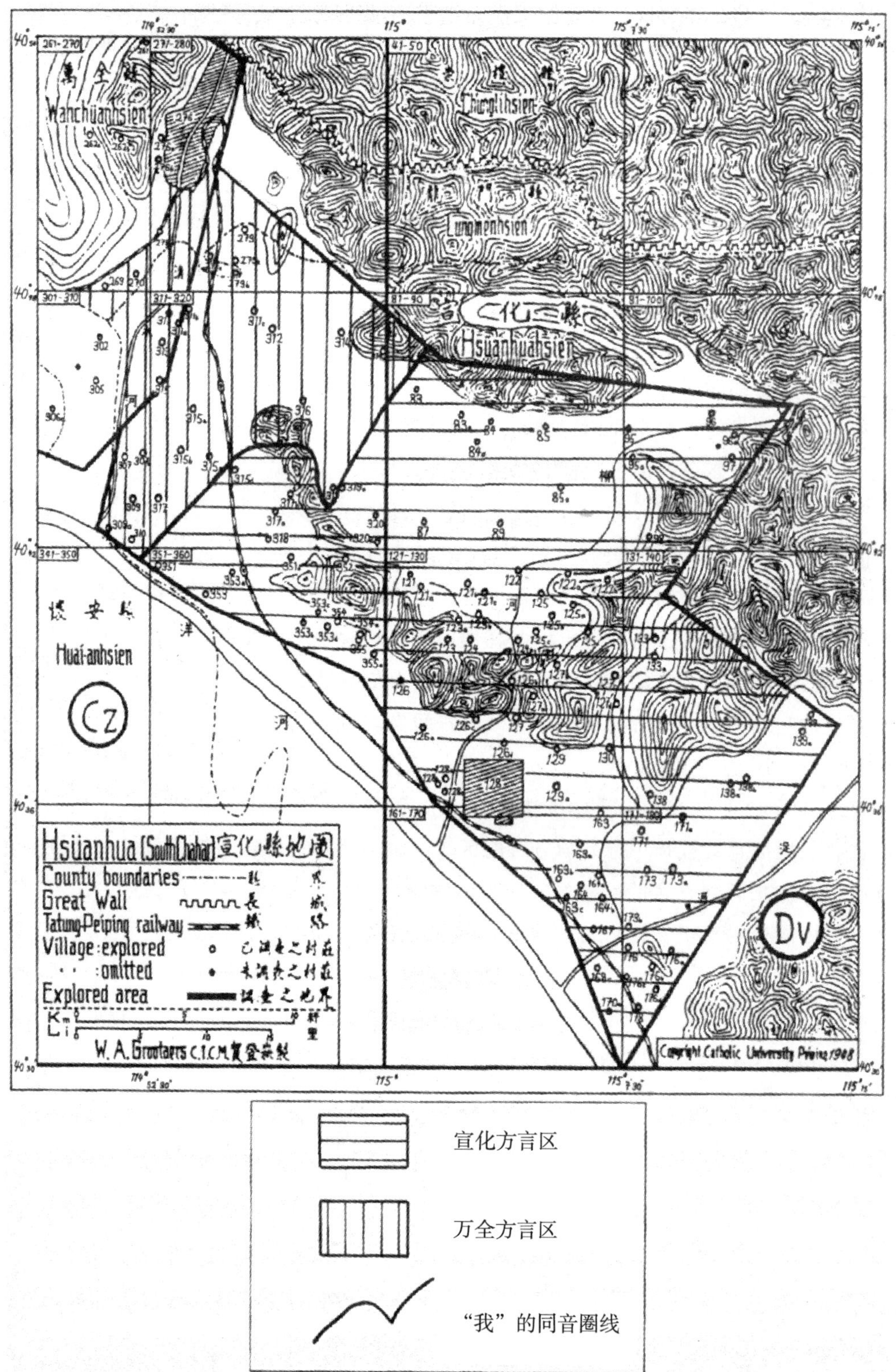
Wanchüanhsien
Chinglihsien
Lungmenhsien
宣化縣
Hsüanhuahsien
懷安縣
Huai-anhsien
Cz
Dv
Hsüanhua (South Chahar) 宣化縣地圖
County boundaries 縣界
Great Wall 長城
Tatung-Peiping railway 鐵路
Village: explored 已調查之村莊
: omitted 未調查之村莊
Explored area 調查之地界
Km 粁
Li 里
W. A. Grootaers C.I.C.M. 賀登崧製
Copyright Catholic University Peiping 1948
宣化方言区
万全方言区
“我”的同音圈线

［wɔ^{42}］音区，左边是［ŋœə^{42}］音区。这条同音圈线与下一节“什么”的同音圈线，几近重叠，可以对照观看。

关于“我”的讨论已经完了，在这里还有几句关于调查技术上应当注意的经验要顺便提及。当我们调查到 Dv126 时，在村外遇到三个孩子，在攀树为戏，我们就问他们怎样称呼自己，其中一个姓王的孩子（年约九岁）答道“自己称自己为［ŋœə^{42}］”。当时我们非常奇怪，因为 Dv126 正在宣化方言区中，怎么也有［ŋœə^{42}］音呢？于是再问另外一个姓苟的孩子（年十三岁），他说自己称自己为［wɔ^{42}］。第三个孩子也姓王（年十一岁），答案和姓苟的孩子一样，也是把自己叫［wɔ^{42}］。我们更奇怪了，怎么一个地方会有两种不同的自称的方法呢？就问第一个孩子是不是本村人，他答道是本村人，同时苟姓的孩子也说那孩子是本村人，我们只能怀疑他是受了他的外婆家语言的影响。于是问他的外婆家在哪里，他答道，“在下八里（Dv126a）”。下八里也是在宣化方言区中，使我们更莫明其妙了，最后还是姓苟的孩子告诉我们说，“那个孩子的外婆曾在老鸦庄（Cz311b）住过许多年，所以她说话有张家口的味儿”。我们才恍然大悟，由这一件事实，我们得出三个结论。

一、没有客观的原因，一个人的语言绝对脱离不了土语。

二、孩童受母亲及外婆之影响，使其语言与本村的传的语言不同。

三、问方言时必须注意发音人之外婆家与调查地之距离，能对发音人知道得多么清楚，便要知道多么清楚。

这又牵涉到调查方言的方法上去，未免离开了本题，但这总是由“我”的发音法找到的知识，所以把它写出来，多少对于研究方言地理的人是有益处的。

下面让我们再看“我们”的读音。

宣化人虽然在称“我”的有以［ŋ］及［w］为声母的两种迥不相同的音，并且各占一个地域。但是第一人称代名词多数形的“我们”的读音并不与“我”的读音相对应，其以［ŋ］为“我”的声母的，在称“我们”时，“我”字的声母仍为［ŋ］。但以［w］为“我”的声母的，在称“我们”时，“我”字的声母也多半是［ŋ］，只在元音上有区别，也有以［w］为声母的，不过居于少数。此外还有两个村庄（Cz310、Dv122）以元音［ɑ］为“我”的韵母（此处的“我”是“我们”一词中的“我”），不过在［ɑ］发音之前，声门紧闭，随后开启，始将［ɑ］音发出，这是以喉闭塞音（glottal stop）为声母的。

下面先看宣化称“我们”的十一种不同的读音。

1. 'ŋœə^{42}mæ̃^{33}
2. 'ŋœ^{42}mæ̃^{33}
3. 'ŋœ^{42}mœŋ^{33}
4. 'ŋə^{42}məŋ^{33}
5. 'ŋə^{42}mə̃^{33}
6. 'ŋa^{42}muŋ^{33}
7. 'ŋa^{42}mæ̃^{33}
8. 'ŋa^{42}mœŋ^{33}

9. ’ŋa^{42}mən^{33}　　　　11. ’ʔɑ^{42}mæ̃^{33}

10. ’wɔ^{42}mæ̃^{33}

以上十一种读音中，前五种是可以归并成一类的，因为它们的声、韵都有极密切的关系。先说两个音节的声母，五种读音均各为［ŋ］及［m］；再说韵母，第一音节的韵母前三种为［œ］（只有第1种附有［ə］的尾音），第4、5两种为［ə］，［œ］为前元音之圆唇的，［ə］为央元音，虽然两个元音的发音方法稍有不同，但二者都是半开口的元音，如前所述，在“我”的读音中也有［œ］、［ə］两个元音，实际上宣化人所发的音不是纯粹的［œ］，也不是纯粹的［ə］，的确是先发［œ］而后以［ə］为收尾，正如第1种所记的样子；所以我们把这五种的第一音节的韵母统一为［œə］。第二音节的韵母前两种为［œ̃］乃是［œ］的鼻音化元音；第3种为［œŋ］，［œ］未鼻音化，但其后有［ŋ］尾；第4、5两种的韵母分别为［əŋ］、［ə̃］，第4种收［ŋ］尾，第5种虽然不收［ŋ］尾，但有鼻音化作用使［ə］成［ə̃］，可以说第二音节的韵母是以鼻音收尾或有鼻音化的元音，元音本身又都是半开的，经参加上鼻音的因素以后，使它们的区别更小了，我们把第二音节的韵母统一为［œŋ］。则全词以［’ŋœə^{42}mœŋ^{33}］统一，使五种简化为一种。至于声调和重读，不但这五种一致，几乎全宣化对于“我们”一词的声调都是先降后平的，不过不是高平调，重读都在第一音节，当然用不着讨论。在第26图上以圆形符号表示［’ŋœə^{42}mœŋ^{33}］这一个系统的读音。

第6种至第9种的第一音节的声母都是［ŋ］，第二音节的声母都是［m］，第一音节的韵母都是［a］，这都是相同点，不要讨论。这四种的第二音节的韵母分别为［uŋ］、［œ̃］［œŋ］［ən］，其中第6种的元音为［u］，附鼻音［ŋ］尾，第7种的元音为［œ̃］，乃是［œ］的鼻音化形式，第8种的元音为［œ］，附鼻音［n］尾，第9种的元音为［ə］，附鼻音［n］尾。四种的元音相差无多，而且都与鼻音有关，既然第一音节都是以开口元音［a］为韵母，能表示出与前五种不同，所以这四种应归并为一类，我们决定以［’ŋa^{42}mœŋ^{33}］为统一形，在第26图上以五角星形符号表示这一个系统的读音。

第10种为以［w］为第一音节声母的读音，自成一类，在图上以三角形符号表示。

第11种为以声门闭塞音为第一音节声母的读音，亦自成一类，在图上以十字形符号表示。

由第26图我们可以看出圆形符号与第24图的圆形符号，除Cz309没有“我们”的材料之外，其余十一个的位置完全相同。Cz309未得到材料，我们虽然不敢武断它也具有一个圆形符号，但由另外十一个圆形符号的完全相合来看，我们很难期望Cz309会是另一种符号。

再看第24图，我们看见Cz351、Dv85、Dv126都是五角星形符号，在26图中，又因为缺少这些村子的材料，不曾在它们上面加任何符号；Dv122在第24图上没有符号，在26图中，却有一个十字形符号。Dv85及Dv126没有材料倒没有很大的关系，因为它们不接近同音圈线；Cz351没有材料与Cz309的没有材料同样是遗憾的事，因为这两个村庄正在两种不同

第 26 图

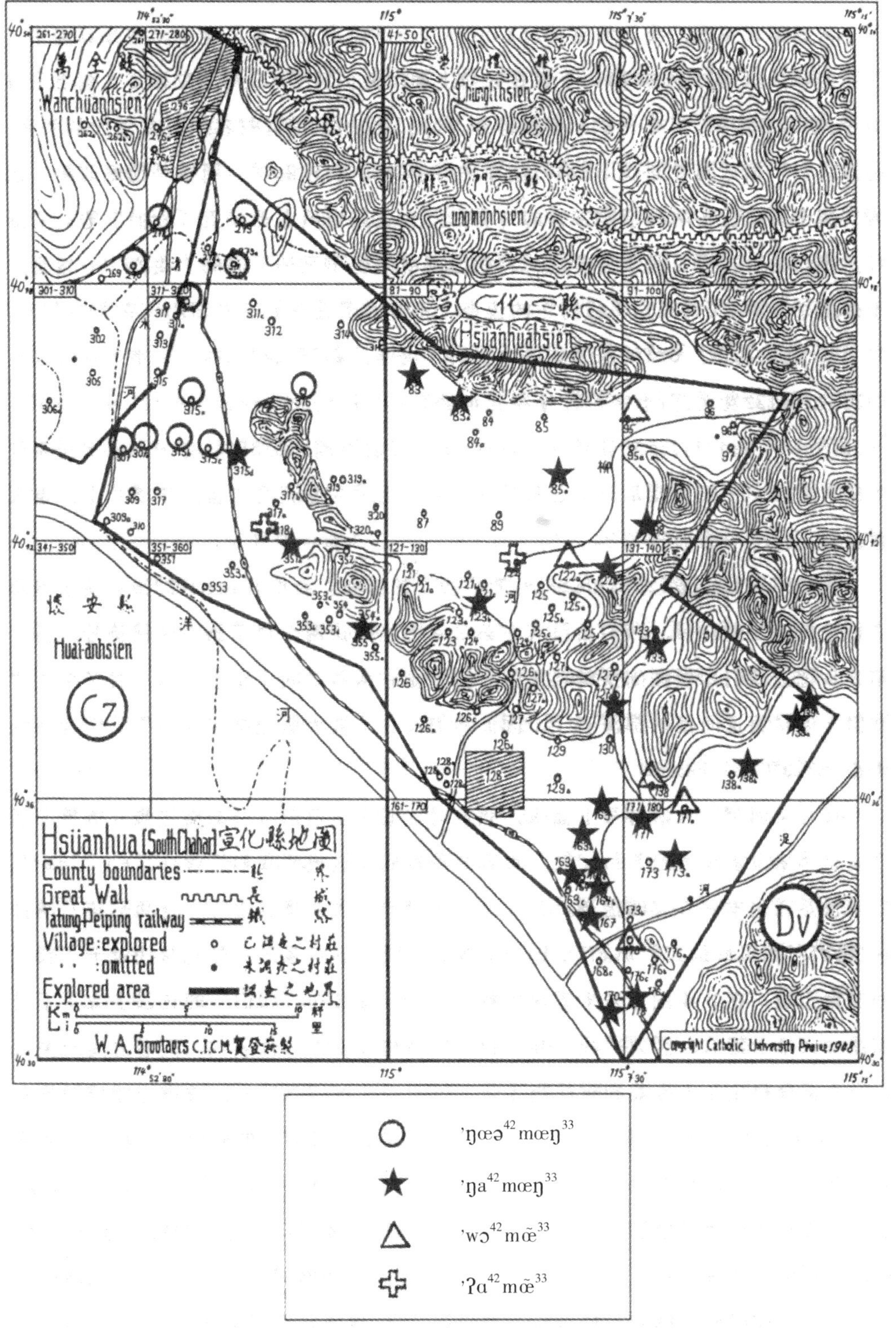
Wanchüanhsien
Lungmenhsien
宣化縣
Hsüanhuahsien
懷安縣
Huai-anhsien
Cz
Dv
Hsüanhua [South Chahar] 宣化縣地圖
County boundaries 縣界
Great Wall 長城
Tatung-Peiping railway 鐵路
Village: explored 已調查之村莊
: omitted 未調查之村莊
Explored area 調查之地界
Km
Li
W. A. Grootaers C.I.C.M. 賀登崧製
Copyright Catholic University Peiping 1948
ˈŋœə^{42} mœŋ^{33}
ˈŋa^{42} mœŋ^{33}
ˈwɔ^{42} mœ̃^{33}
ˈʔɑ^{42} mœ̃^{33}

方言的边界上，也就是说两者都接近“我们”的同音圈线。我们由于在把“我”读作［wɔ^{42}］的区域中发现了三种不同的“我们”的读音，于是就不敢断定Cz351的“我们”的读音。不过由于三角形符号都出现在东经115°7′30″线的两侧，Cz351是很难把“我们”读作［'wɔ^{42}m œ̃^{33}］的，十字形符号仅在Cz318和Dv122发现，而十字形符号与五角星形符号所代表的读音（一为［'ʔɑ^{42}mœ̃^{33}］，一为［'ŋa^{42}mœŋ^{33}］）在发音部位上相近，所以我们不顾虑Cz351具有一个十字形符号。当然它有多一半的可能是一个五角星形符号，但因为它正在方言的边界线上，谁又敢保它不是一个圆形符号？

最成问题的还是Cz319和Cz319a的“我”的材料。我们还由Dv122得到关于这两个村子的间接的材料，我们虽没有在第24图上给这两个村子画上任何符号，但在第25图上我们却根据间接材料把同音圈线画在两村之间。至于这两个村子关于“我们”的材料连间接的都没有了，因此我们实在不敢大胆地把“我们”的同音圈线画在Cz319和Cz319a之间了。

现在再回到三角形符号上面来，我们对这五个三角形符号的看法最宜慎重，因为宣化本来方言称自己为［wɔ^{42}］，很容易使我们误认把“我们”读作［'wɔ^{42}mœ̃^{33}］的方言是宣化本来方言的遗迹。其实这是不对的，因为具有这五个三角形符号的村庄（Dv95、Dv122a、Dv138、Dv171a、Dv176）与其他具有五角星形符号的村庄对于“我”的发音上说，在24图上并未表现出特异之处。忽然在“我们”的读法上有了不同，实在令人难于置信，因为“我”与“我们”是相关联着的代名词，两者之间的关系不会一部分村庄与大多数的村庄相违背。但事实是这样表现的，难道还能推翻事实吗？关于此点，我们的解释是：大抵答方言的人于回答方言的时候都有矜持的毛病，我们在问方言时，极力避免直接问“怎样称呼自己？自己的同伴？”这样的问题，总设法在和他的谈话中发现对于“我”“我们”的发音。不过有的村民极难对付，任你怎样引导他说“我”“我们”，他也不说。譬如你问他“你贵姓？”他回答“姓王”；你问他“你们这村有多少户人家？”他回答“百十来户”；你问他“你把你的父亲的哥哥叫什么？”他回答“大伯”。在这种情形之下只能采取直接问话的方法，我问他“你怎么称呼你自己？”，他回答说“称自己为［wɔ^{42}］”，若紧接着问：“怎样称呼你和你的同伴？”因为他方才说称自己为［wɔ^{42}］，这时逼着他说“我们”，不能避免地他要受前一个答案的影响，而说称自己和自己的同伴为［'wɔ^{42}mœ̃^{33}］，实际上他平时说话的时候还是称“我们”为［'ŋa^{42}mœŋ^{33}］。还有一部分宣化人时常表示万全人把自己称为［ŋœə^{42}］，声音硬涩，很不中听，很以为他们的［wɔ^{42}］与标准语相近，比较好听。既有这种不正确的思想，当你问他“怎样称呼自己和自己的同伴？”他一定避免回答［'ŋa^{42}mœŋ^{33}］，因为［'ŋa^{42}mœŋ^{33}］的第一个音节的［ŋa^{42}］，也是同样的硬涩难听。因此在第26图上发现了五个三角形符号。还有这五个三角形符号中的一个（Dv122a）的产生，更有一段值得提起的事，当我们调查到Dv122a时，曾设法和一个乡人说话，想由谈话中找一个“我”的发音和一个“我们”的发音。谈了半天只得到一个“我”的发音［wɔ^{42}］，再努力也得不到“我们”的音，只得采用直接问话的方法。我们问“你怎样称呼你和你的同伴们？”，他回答“称为伙计”；我们又问“你们每天吃几顿饭？”他回答“三顿”；我们真没办法了，才问“你们把自己叫

第 27 图

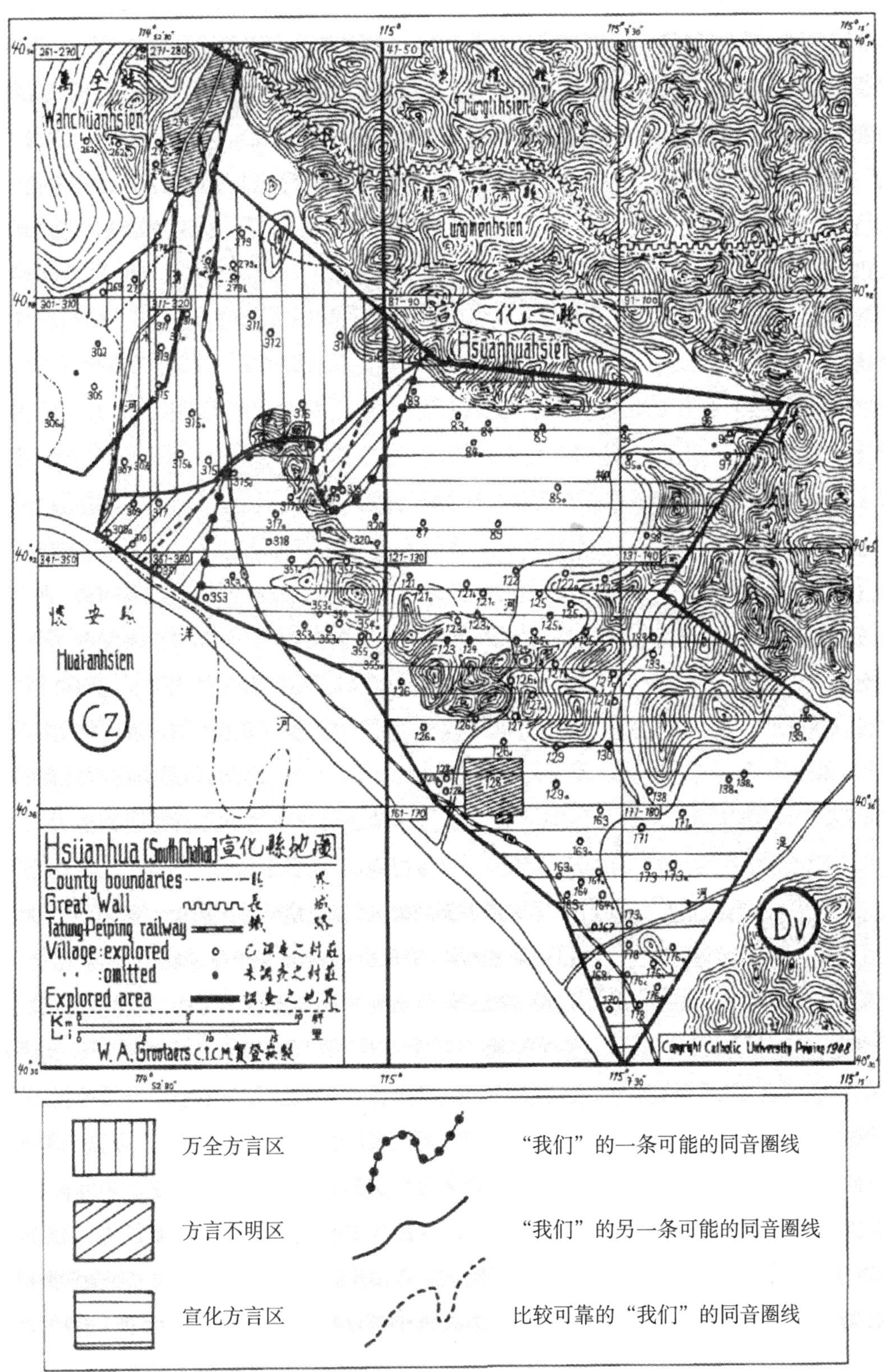
Hsüanhua (South Chahar) 宣化縣地圖
County boundaries 縣界
Great Wall 長城
Tatung-Peiping railway 鐵路
Village: explored 已調查之村莊
: omitted 未調查之村莊
Explored area 調查之地界
Km
Li
W. A. Grootaers C.I.C.M. 賀登崧製
Copyright Catholic University Peiping 1948
Wanchüanhsien
Chinglihsien
Lungmenhsien
Hsüanhuahsien
懷安縣
Huai-anhsien
Cz
Dv
万全方言区
方言不明区
宣化方言区
“我们”的一条可能的同音圈线
“我们”的另一条可能的同音圈线
比较可靠的“我们”的同音圈线

不叫［'wɔ^{42}mœ̃^{33}］?”他答道“是的，是叫［'wɔ^{42}mœ̃^{33}］。”像这种由提示而得到的答案，正确性很有问题。假使再问他“你们把自己叫不叫［'ŋa^{42}mœŋ^{33}］?”他也一定回答一声“是”，因为这两种读音对于他都是熟习，都是能了解的。他用［'ŋa^{42}mœŋ^{33}］为不自觉的，你若明告诉他要问怎样发“我们”的音，他变成自觉的了。他不肯在人前显丑，便回答说“［'wɔ^{42}mœ̃^{33}］”，若经你提示出来，他又不能否认他知道他认为不美的读音，只得都一并承认下来。所以说提示是最不好的问方言的办法。五个三角形符号有一个是经提示出来的，其余四个又有本段开头所说的原因，遂致使这五个三角形符号都有问题了。不过这种解释是否正确，还有备考的必要。

至于两个十字形符号为什么说与五角星形符号相近呢？因为［ʔ］为声门闭塞音，乃是闭住声门使气流不能出来，骤然开放，再发后边的元音［ɑ］,［ŋ］是舌根与［k］同部位的鼻音，所以能在舌根产生鼻音，乃是因为有气流流过，由舌根之后经鼻道流出，［ʔ］是表示声门闭住的现象，并没有声音，既无气流流出，当然不能产生鼻音。其实［ʔ］、［ŋ］两者发音的部位都是偏后的，同时［ɑ］与［a］之差正与［ʔ］、［ŋ］之差相关联，［ʔ］更偏后，骤一开放声门，使前元音不易出现，就发出［ɑ］来了。这都是情理之中的事，两者既都是发音部位偏后，同时十字形符号又过少，则把十字形符号并入五角星形符号中，是很合理的。这里面还没有把发音人的个人特别情形计入，若偏巧发音人在 Dv122 和 Cz138 是各该村的特殊情形，则问题更容易解决了。

既如上述，宣化人对于第一人称代名词多数形的发音，虽然第一音节的声母都是［ŋ］，第一音节的韵母西部为［œə］，东部［a］，分为两种不同的方言，是毫无疑问的。

在 27 图上“我们”的两条可能的同音圈线，上面的一条是［'ŋœə^{42}məŋ^{33}］的同音圈线，下面的一条是［'ŋa^{42}mœŋ^{33}］同音圈线，这两条线只有中间的一段重合。由于 Cz351、Cz309、Cz319、Cz319a 四村缺乏材料，两条线的两端我们不敢重合。不过由于本节一再的讨论，以虚线联合两条线中间重合的一段线为比较可靠的“我们”的同音圈线。那样一来，“我”“我们”的两条同音圈线完全重合了。

第十五节　什么

宣化人对于疑问代名词“什么”也有不同的说法，这种现象也是在我们调查进行的时候发现的。经我们仔细注意的结果，大体在把“我”读作［ŋœə^{42}］的村庄，就把“什么”读作［ʃæ̃^{24}］；把“我”读作［wɔ^{42}］的村庄，就把“什么”读作［swa^{42}］，好像两种读音很有系统地配合着。当我们在中部山地和泥河谷等地调查时，都是把“什么”读作［swa^{42}］，根本没有例外，所以我们不愿意在记录本上把这个音记下来。在西北角的村庄都是把“什么”读作［ʃæ̃^{24}］、［ʃœŋ^{24}］、［ʃəŋ^{24}］。我们曾在调查末期比较清闲的时候，记录过几个村庄关于“什么”的读音，我们想如此简单的方言区别，用不着作普遍无缺的记录，只要把两者的界线找出来，就可以了。

我们的确在这方面努力了。当我们走在“我”的两种不同的读音的交界线附近的村子的时候，我们就问“什么”的读音，这样做乃是怕两者的同音圈线不见得完全重合，果然不出我们所料，两条同音圈线并不重合。

Dv83是把“我”读作［wɔ^{42}］的，依我们最初的判断，它应当把“什么”读［swa^{42}］，但事实与理论正相反，它是读“什么”作［ʃœ̃^{24}］的。Cz319和Cz319a对于“我”的读法，据Dv122的人说是不相同的，但对于“什么”的读法却彼此相同，都读作［swa^{42}］。Cz315c和Cz315d两村相距三里，对于“我”的读法彼此不同（Cz315c读“我”为［ŋœə^{42}］，Cz315d读“我”为［wɔ^{42}］）。两村对于“什么”的读法也彼此不同，Cz315c读“什么”为［ʃœŋ^{24}］，Cz351d读“什么”为［swa^{42}］。Cz310和Cz351相距不过五里，对于“什么”的读法也是彼此不同：Cz310读“什么”为［ʃəŋ^{24}］，Cz351读“什么”为［swa^{42}］。这些村庄都是与“什么”的同音圈线有关系的，所以“什么”的同音圈线有了这些村庄的调查材料，就能很明显地被表示出来。

我们的调查卡片上关于“什么”的读法有下列不同的四种。

1. ʃœ̃^{24}	3. ʃəŋ^{24}
2. ʃœŋ^{24}	4. swa^{42}

第1至第3种实际上是一种，关于这三种相同的理由，在前节讨论［ˈŋœə^{42}məŋ^{33}］时已经详细叙述过，在这里不用多费篇幅再作讨论。这些读音都发现在调查区的西北部，至于第四种的［swa^{42}］虽只在Dv83、Cz319、Cz319a、Cz315d、Cz351等五个村子的卡片上有记载，由这些村子往东南往东北直到Dv139、Dv178、Dv96都是单纯地只有这一种读音，并没有一个例外，这一点我们是可以保证的。至于沿Dv83、Cz316、Cz315c、Cz317、Cz309诸村的一条线以西北，也没有［swa^{42}］的读音，这一点也是可以保证的。

在28图上我们用圆形符号表示［ʃæ̃^{24}］（或其类似读音），用五角星形符号表示［swa^{42}］。并沿着两种符号交界的中间地带画一条线以表示“什么”的同音圈线，也就是［ʃœ̃^{24}］的同音圈线和［swa^{42}］的同音圈线相重合的那一部分。在这条线的左上侧画上直线以表［ʃœ̃^{24}］的方言区，也就是万全方言区。在线的右下侧画上横线，以表［swa^{42}］的方言区，也就是宣化方言区。从这张图上便可以看出在宣化境内的两种不同方言关于“什么”的读法，非常清楚。

第 28 图

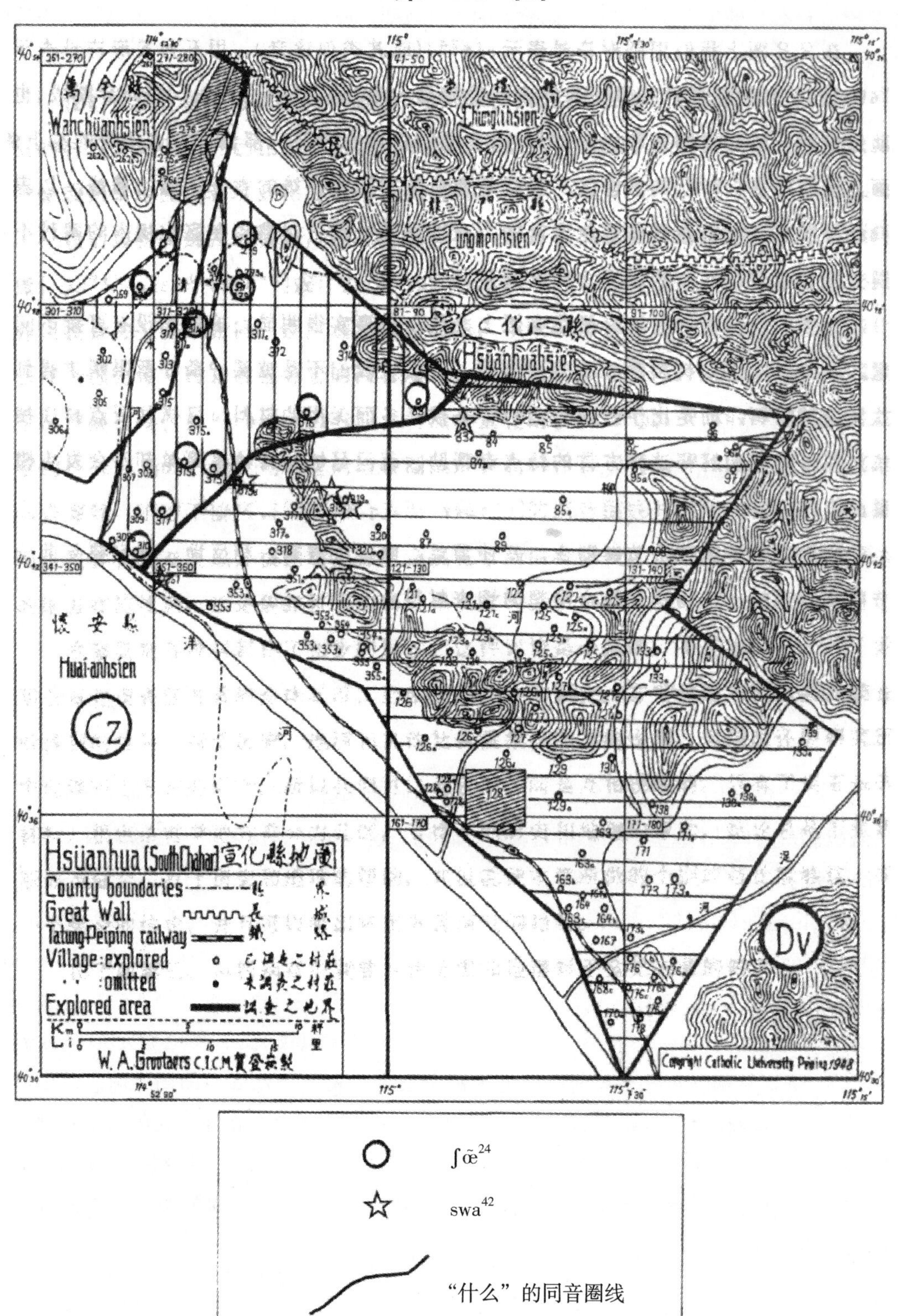
Wanchüanhsien
Chiuglihsien
Lungmenhsien
Hsüanhuahsien
Huai-anhsien
Cz
Dv
Hsüanhua (South Chahar) 宣化縣地圖
County boundaries
Great Wall
Tatung-Peiping railway
Village: explored
omitted
Explored area
W. A. Grootaers C.I.C.M. 賀登崧製
Copyright Catholic University Peiping 1948
ʃœ̃²⁴
swa⁴²
"什么"的同音圈线

关于“什么”的讨论，虽只有以上几段，但事实很明显，这里面没有可疑的问题，我们并不因为材料少，而感到遗憾。事实上我们不是被某种条件所限制才得到这样少的材料，而是出于我们自动的不去搜集多而无用的材料。只抓住要点村庄搜集材料，对我们解释这种方言的特点有帮助，就已足够，讨论虽简单却不会发生错误。

我们非但不因这一节材料少，叙述简单，而去轻视它，相反地，我们要与前一节同样地重视，认为这是最合理想的调查材料。

第十六节　尾语

我们在宣化调查方言的时间很短，所得到的材料也很少，经过整理以后把有意义的材料分做十五种已在上面由第二节至第十五节叙述完了。并且在每一节中绘出一张或两张地图以表示宣化方言的真实状况。

我们最初所选择的材料，还有蝙蝠一种，因为在调查区内的村庄全部把蝙蝠叫做［'jɛ^{213}pjɛ^{33}xwœr^{33}］或［'jɛ^{213}pjɛ^{33}xur^{33}］，有的村庄第二个音节短促一点，非但在音符上基本相同，连声调和重读都同，本来这种情形是在情理之中的，为什么呢？因为每一种东西都有它的同音圈线，蝙蝠当然不能例外，据我们所知，北京土话把蝙蝠叫［'jɛ^{51}mə^{1}xur^{214}］，当然与宣化的［'jɛ^{213}pjɛ^{33}xwœr^{33}］不同，北京的［'jɛ^{51}mə^{1}xur^{214}］有它的同音圈线，宣化的［'jɛ^{213}pjɛ^{33}xwœr^{33}］也有它的同音圈线。不过不凑巧，［'jɛ^{213}pjɛ^{33}xwœr^{33}］的同音圈线并未落在我们的调查区内，也许在调查区以外很近的地方就会发现它的同音圈线，也许要到距调查区很远的地方才能找到，这是要靠将来的调查来决定的。

本章既把各种材料作了初步的讨论，这种讨论是个别的，不是综合的，为了要明白宣化调查区方言的全体状况，必须要做综合的研究。方言地理学就是要靠调查所得到的结果，对于历史、地理和其他社会现象作有力的说明，但同时还要研究历史地理对于方言的影响，所以我们可以说它们之间是互相说明的。只有有了调查来的材料，根据语言学把方言分为几区，若得不到历史和地理的帮助，结论总是不免武断而不健全。有了历史和地理的帮助，非但能使本章所作的个别的结论能够统一成一个健全的结论，并且可以看出宣化方言演变的趋势。

在下面第三、第四两章中就要讨论历史和地理对于宣化方言的影响。

第三章　宣化方言与历史的关系

研究方言地理若没有历史的材料辅助，往往使方言现象得不到正当的解释。因为语言是属于人类的，而人类活动的记载就是历史。各地有各地的语言，也就是由于人类活动产生的结果。所以要想研究全世界的语言，必须知道全人类的历史。要想研究某一国的语言，必须知道该国的历史。欧洲各国的方言地理学家，于研究某地的方言或作全国不同方言的比较时，都先作某地方或某些地方的历史的研究[①]，有了历史上的材料，才能看出某种语言形式怎样发生怎样演变，把调查得来的材料与历史的记载互相印证，有系统地整理出来，其结果能收互相补足阙漏的功效。把 19 世纪青年文法学家所不能解决的声律的例外，都能作出答案。[②] 罗常培先生在他新近著的《语言与文化》的总结中说："语言学跟地理学、姓氏学、人类学都有实质的密切关系，咱们如果能够应用语言和各方面的联系去研究历史或社会现象，在分析具体事物的条件、时间和地点的时候，更可增加一些把握。"[③] 他又说："语言为解明文化的次第给咱们一种'累积的基层'（stratified matrix）；它对于文化历史的关系，粗略地说，就像地质学对于古生物学似的。"[④] 罗氏这两段话就明示出语言与历史的关系。不过他着重于以语言的研究去找历史材料中所不具备的材料，但是现在的语言有某一种现象，又须有历史的材料来佐证才能解释，这也是不可否认的事。

我们研究宣化的方言，势必也要知道宣化的历史，由于在我们的方言地图上常在西北角发见万全方言，我们也必要知道万全的历史，才能部分地解释我们的方言地图上所表示出来的现象（不能全部地解释，因为还有地理环境的因素在内）。有了历史的根据，非但使我们的解释变得健全，并且还能由现在推测将来方言演变的趋势。

---

① 如 A. Bach 于其所著"Deutsche Mundartfarschung"中曾叙述 us 和 uns 之分界，因历代莱茵河为交通要道而使同音圈线沿河弯曲。又如 E. Gamillscheg 于其所著"Sprachgeographie"中曾举出法国西南部之一束同音圈线与古代联络地中海与大西洋之商业大路相合（见 L. R. Palmer *An Introduction to Modern Linguistics* pp. 136 – 137，Chap. VII）。又如 G. G. kloeke 于研究尼德兰与比利时的 mouse 与 house 的元音时，曾有系统地以历史作根据解释元音变化的现象（见 L. Bloomfield *Language* p. 328，Chap. 19）。

② 见 L. R. Palmer "An introduction to Modern Linguistics" p. 134。

③ 见罗常培《语言与文化》第八章，第 95 页。

④ 罗氏此段引自 Edward Sapir *Time Perspective in Aboriginal American Culture* pp. 51 – 54。

第一节　宣化沿革

宣化现属察哈尔省，为京绥铁路沿线的一县，民国十七年（1928 年）以前，属直隶省口北道，道即治宣化城。下面将宣化的沿革略作叙述。

据许云峤《方舆考证》所志，“宣化府为禹贡冀州之城，周幽州地，春秋战国时属燕，秦汉上谷郡地。晋分上谷置广宁郡，后魏兼置燕州，隋属涿郡，唐初属妫州，唐末始置武州，属河东道，契丹曰归化州，兼置雄武军，属西京路。元初升为宣宁府，太宗七年，改山东路总管府，中统四年改置宣德府属上都路，至元三年改顺宁府。明洪武四年府废，二十六年置宣府左、右、前三卫，隶北平都指挥使司，永乐七年，直隶京师，又置总兵镇此曰宣府镇。宣德五年，置万全都指挥使司，本朝康熙三十二年改置宣化府。【口北道驻此理事，同知三，驻张家口、独石口及多伦诺尔。】”这是宣化府的沿革。再看宣化县的沿革，许氏原书谓：“宣化县——汉置广宁县属上谷郡，晋省入下洛县，唐初为怀戎县地，后析置文德县，为武州治，辽为归化州治，金大定二十九年改县曰宣德，为宣德州治，元为宣德府治，明洪武二十六年改置宣府三卫，本朝初省左、右二卫，入前卫为宣府镇治，康熙三十二年改置宣化县为府治，东至龙门界五十里，西至怀安界四十里，南至蔚州界百三十里，北至龙门界三十五里。”①

以上是关于全宣化的沿革，我们的调查区虽不是全宣化县，但我们也必须知道县内的政治区划的沿革，才能看出历史与方言的关系。

据《宣化县志》所载：“明洪武三年命汤和取宣德（据上文知元时宣化一度称为宣德府），因徙其民于居庸诸郡，县废，特遣将平番守之，名曰宣德府【实非府也】，二十六年置宣府前、左、右三卫于宣德，领以指挥使，隶北平都指挥使司，【后置使同佥经历镇抚五千户所，皆抽调内地馀丁实之，其宣府之左卫以晋府左护卫调充，右卫以定州右卫调充】，永乐七年置镇守总兵官佩镇朔将军印驻镇城【自是始称宣府镇】，十六年革北平都指挥使司诸卫所，直隶京师，二十年弃兴和【因蒙人扰边也】，徙其守御所于宣府。”②

《宣化县志》所记的宣化建革史非常详细，我们特别引出这一段明初的建革史，就是要由这一段中找出政治区划的沿革。我们知道宣化地处居庸关外与少数民族交界，历代汉族与少数民族交替统治，自秦汉迄明初，战乱频仍，人民颠沛，到明太祖派汤和取宣化时，宣化已成废墟，由内地抽丁移居其地，自后即无大乱。由于汉民族的定居，当然语言亦固定下来，所以要研究宣化的方言，就要知道明朝时候的政治区划，若能察知明时宣化是怎样地分划，对于解释它的方言现象，便有很大的帮助。

---

① 引文中方括号内为《方舆考证》作者许云峤注。

② 见康熙五十四年版《宣化县志》建革志。方括号内为县志作者注。

由《宣化县志》和许云峤的《方舆考证》，我们可以看出宣化的政治机构与区划大概情形如下：

（1）明洪武二十六年以前，旧元宣德府废，仅以军队驻守，虽名曰宣德府，实际没有政治机构。

（2）洪武二十六年置宣府前、左、右三卫，使指挥使治理，属北平都指挥使司。

（3）永乐七年直隶京师，置镇守总兵官佩镇朔将军印驻宣化，自是始称宣府镇。

（4）各卫置使同佥、经历、镇抚五千户所，都是由内地抽调去的。

（5）宣德五年在宣化设万全都指挥使司。

由第二项我们可以看出那时宣化有前、左、右三卫。这三卫都在什么地方，是我们所要知道的。第五项明言在宣化设万全都指挥使司，不禁使我们联想到我们方言地图上的万全方言的问题，所以对于万全都指挥使司的辖区要考察明白。

关于宣府前左右三卫，《明史》地理志记载得很详细：①

"宣府左卫【元宣德县，为顺宁府治】，洪武四年县废。二十六年二月置卫，属山西行都司。二十八年四月改为宣府护卫，属谷王府。三十五年十一月罢宣府护卫，复置，徙治保定。永乐元年二月，直隶后军督都府。宣德五年六月，还故治，改属。【洪武二十四年二月建谷王府，永乐元年迁于湖广长沙。西有滦河，源自炭山，下流入开平界。南有桑干河，洋河东流入之。又有顺圣川，延袤二百余里，下流亦合于桑干河。北有东西二城，其东城为顺圣县，元属顺宁府，西城为弘州，元属大同路，洪武中俱废。天顺四年修筑二城。又东北有大白阳、小白阳及龙门关等堡。东南有鸡鸣驿堡。北有葛峪堡。西北有长峪口、青边口羊房等堡。】"

"宣府右卫，洪武二十六年二月置，与左卫同城，属山西行都司。二十八年四月，改为宣府护卫，属谷王府。三十五年十一月罢宣府护卫，复置，徙治定州。永乐元年二月直隶后军都督府。宣德五年六月，还故治，改属。"

"宣府前卫，洪武二十六年置，治宣府城，属山西行都司。永乐元年二月直隶后军都督府。宣德五年六月改属。"

由以上三段记载，只知宣府前卫治宣府城，而左、右二卫同城，这个城在什么地方，未明白说出，在《读史方舆纪要》中却有比较简明的叙述。

"宣府左卫，汉潘县地，唐置文德县，契丹因之，金大定二十九年改曰宣德，元为宣德府治，明初府、县俱废，洪武二十六年改置今卫，二十七年筑城，正统五年甃以砖瓦，隆庆二年增修，今有门四，城周二十四里，又有南关，城周四里。"

宣府右卫前卫同上。

① 见《明史》卷四十《志第十六·地理一》。方括号内为《明史》作者张廷玉注。

第 29 图

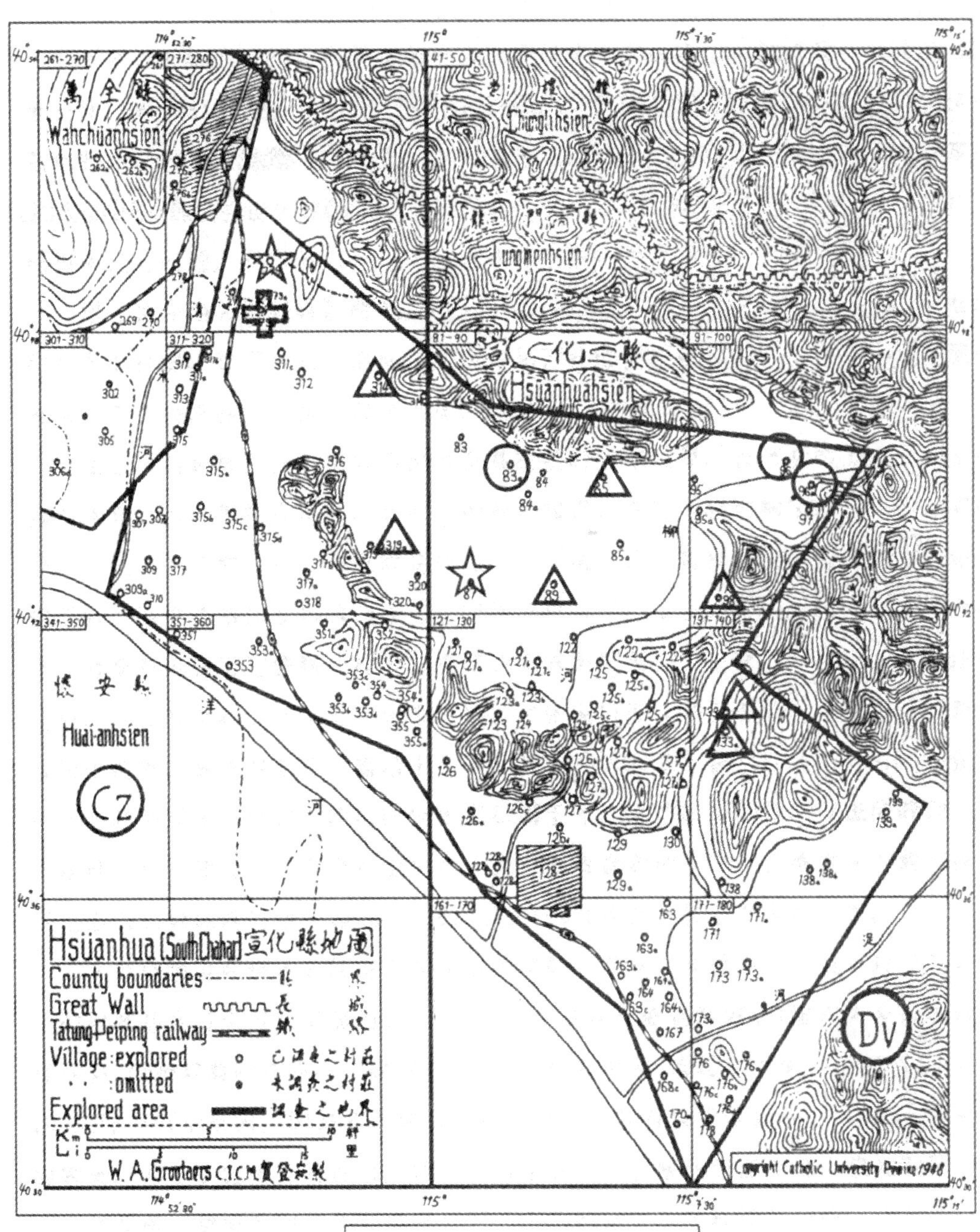

○ 宣府左卫

☆ 宣府右卫

△ 宣府前卫

✚ 万全右卫

这两段明白告诉我们：宣府左卫就设在现在的宣化城中，因为宣化县钟楼上有正统五年的石碑，记载修城的经过，同时所称城周二十四里又有南关城周四里等情，就是现今宣化城的情形。所以说宣府左卫设在现在的宣化城中，当无疑问。而右卫及前卫既与左卫同治，当然也在现在的宣化城中。这样一来，倒使我们难于寻找三个卫的边界了。关于三卫的辖区，从历史及方志上找不到材料，因为现存的《宣化县志》，最早版本为清康熙五十四年本，而宣化废卫改县在康熙三十二年，当然在县志中找不出明朝三卫的辖区材料。不过由于知道宣府前、左、右三卫都在宣化城办公，我们倒无须注意三卫的界线了。因为我们所以要找界线的原因，乃是要看政治区划对于方言的影响，现在三卫既在一城办公，三卫的人民都要到宣府城办事。虽有三卫的形式，实际上并不自成政治区域。至于三卫的辖区，据我们由调查宣化庙宇的钟上的记载来看，也是非常错综，并不像现在政治区划那样划分得清楚。如第 29 图所示，圆形符号表示在村中钟上记载着“宣府左卫某所某某庄铸钟一口”等字；五角星形符号表示在村中钟上记载着“宣府右卫某所某某庄铸钟一口”等字；三角形符号表示村中钟上记载着“宣府前卫某所某某庄铸钟一口”等字。若是钟上所记的村名与所调查的村名相符，当然知道在明朝这个村庄属于哪一个卫，哪一个千户所；若不相符，则钟必是由外村移来的，就不能作为现在有钟的村庄在明朝属于哪一个卫的证明（宣化的庙钟多半都是明代及清初铸造）。

由第 29 图上几个符号来看，就能看出当时卫的分界并不整齐，也许根本没有固定的界线，就好像现在驻军似的。宣府的三个卫犹同一师的三个团，团部驻在宣府城内，而各团的士兵则驻在四乡。这也不是凭空设想的。当时明太祖所以废县治卫，也是为了适应环境，防御边患，军政必须一致，置卫的意思与现在的军管性质一样。卫的首领名为指挥使，也是因为他的任务在指挥军队。到了清康熙三十二年，海内安定，蒙古臣服，不用在长城边上守御，才把卫取消改为普通的府、县。

我们既知宣府三卫都集中在宣化城内，而其辖区又没有固定的界线。我们很难找出这种政治区划对于方言的影响。我们还要找现在宣化界内有没有不属于这三个卫的地方。我们必须知道万全县在明朝时候的政治区划，看与我们的调查区有没有关系，这要在下一节中讨论。

第二节　万全沿革

研究方言地理绝不能只限定某一个地方做孤立的研究，须知语言与其他社会现象一样，是与四周的环境有不可分的关系的。我们若要把宣化方言弄清楚，一定把宣化四邻各县的方言都有认识，并对四邻各县的历史也要搞明白。不过如第二章所见到的方言地图，总是表现宣化西北的方言有问题的时候居多，其他部分的问题少，或根本没有问题，所以我们必须对万全有一个彻底的了解。

据《古今地名大辞典》所载，“万全县，汉宁县地，唐文德县地，元宣平县地，明初置德胜堡，移万全右卫治此。宣德中属万全都指挥使司，清改置万全县，属直隶宣化府，民国移治于张家口之下堡，属直隶口北道。”①

由这一段记载，我们可以看出万全县在明时为德胜堡，设万全右卫，属万全都指挥使司。万全都指挥使司，我们已由前节知道设在旧元时的顺宁府（元初为宣德府，至元三年改顺宁府），也就是现在的宣化城。这个机构很大，据《明史》地理志所载，万全都指挥使司领卫十五，守御千户所三，堡五，除宣府三卫属它管辖以外，万全右卫也属它管辖。在顾祖禹《读史方舆纪要》上关于万全右卫并没有任何记载，但在万全右卫之下附列张家口堡，“张家口堡：在卫东三十五里，东南至镇城四十四里，宣德四年筑，嘉靖十二年，万历二年增筑，堡周四里。”② 足证张家口在明时是属于万全右卫的。非但张家口属于万全右卫，即我们的调查区的 Cz279b 的庙钟上也记载着，“万全右卫中所，张家屯观音庙钟一口，正德六年”的字样。可见由 Cz279b 以西的地方如 Cz278、Cz311b、Cz270 等都是属于万全右卫的。

与万全右卫联带着的就是万全左卫的问题，据《古今地名大辞典》对于万全左卫的记载是在万全卫的下面的，“万全卫，左卫在今直隶怀安县（按应为今察哈尔省怀安县，因编辞典时在察哈尔建省以前，故仍称直隶省）东北六十里，右卫即旧万全县治（按即今万全县治，因察哈尔建省以前，万全县政府设于张家口，建省后，张家口为省会，万全县复设于德胜堡，即今之万全县城，在张家口西北三十里）。”③

顾祖禹《读史方舆纪要》中关于万全左卫的记载，比较详细一些，“万全左卫【在司（指万全都指挥使司而言，即宣化城）西六十里，西至怀安卫（有的版本作怀来卫，不合，因怀来在宣化东南，不在万全左卫的西面）六十里，西南至山西蔚州二百五十里。】唐初为妫州地，后为武州地，契丹属归化州，金属宣德州，元为宣德府地，明初废，洪武二十六年置今卫，后改迁不一，永乐初复为万全左卫。”④

由这一段记载并看不出与我们的调查区有什么关系，但在《读史方舆纪要》万全左卫一条下面有两个小目，却是非常重要。

第一个小目为洋河，《纪要》说，“洋河（在万全左）卫北五里，自塞外流经此，东南入宣府卫界。”

第二个小目为宁远站堡，“宁远站堡在万全左卫东三十余里。（有的版本作司东三十余里，不合，因司指万全都指挥使司，即今宣化城，宁远站堡即 Cz315a，如何能在宣化城东三十余里？）永乐初设站于此，嘉靖四十一年为敌攻毁。万历六年改筑，周三里有奇，堡当张家口之冲。万历二十七年复于堡北刘平寺湾，新置土墩一座，周回建瓮城以翼之，往来行旅，恃以无忌。堡本属镇城，万历三十六年改属上西路管辖。”

① 见《中国古今地名大辞典》，第 1050 页。

② 见《读史方舆纪要》卷十八，直隶九。

③ 见《中国古今地名大辞典》，第 1050 页。

④ 见《读史方舆纪要》卷十八，直隶九。引文中方括号内为著者顾祖禹注。

由第一个小目中可以看出两件事：

A. 万全左卫在洋河南岸，距河五里。当我们调查到 Cz309a 时，我们坐在清水河的岸边。面对着洋河，贺神父说，“过河不远就是左卫”。

B. 明时沿长城设卫，为行政机构，一卫常分前、后、左、右。但前、后、左、右并不构成行政机构的单位。如宣府分前、左、右三卫，但其总称则为宣府卫。无怪我们在宣化找不出三个卫的界线。

由第二个小目可以看出宁远站堡（Cz315a）自明万历以后即不属宣化城的镇台衙门所管，而改属万全卫所管。

万全左右卫在《明史》地理志的记载，似乎更明白些。“万全左卫【元宣平县，属顺宁府。洪武四年县废。】洪武二十六年二月置卫，属山西行都司。三十五年徙治山西蔚州。永乐元年二月徙治通州，直隶后军都督府，寻还故治。宣德五年改属。【北有洋河，西海子自西来流入之。又西北有沙城堡，西有合河堡，东有宁远站堡。】东距都司六十里。”“万全右卫，洪武二十六年置，与左卫同城，属山西行都司。三十五年徙治山西蔚州。永乐元年二月，徙治通州，直隶后军都督府。二年徙治德胜堡，宣德五年改属。【北有翠屏山，又有野狐岭。西北有西阳河，下流入滦河。东有张家口堡，西有新河口堡，北有膳房堡、上庄堡，西北有新开口、柴沟、洗马林等堡。西南有渡口堡，又有西阳河堡。】东距都司八十里。”①

由这两段可以看出宁远站堡附列于万全左卫，张家口堡附列于万全右卫，同时两卫的位置也确定了。

第三节　明代政治区划与宣化方言的关系

由前两节我们查考宣化、万全两县的历史，我们得到了明朝时候这两县的政治区划的大概。

宣化城内有一个管辖十五个卫的万全都指挥使司，同时宣府三卫都设在城内，对外统称宣府卫。其统辖地方虽未经细考，但向西北不能到达张家口，向西不能到达宁远站（Cz315a）。在宣化城西北，洋河南岸五里有一个万全左卫，也归万全都指挥使司所辖。但它能把统辖区向东北沿清水河到达宁远站，在最初万全右卫和左卫同驻一城，犹同宣府的三卫，在一地办公。张家口归万全右卫统辖。所以说不管左、右，只谈万全卫，它的政治力量北到张家口、宁远站。

万全左卫距洋河五里，距宣化六十里（见前）。它距清水河流域的村庄当然就很近，远在清水河以东的宁远站（Cz315a）还属它管辖。当然在宁远站西南的村庄，如 Cz307、Cz307a、Cz309、Cz309a、Cz310、Cz317、Cz351、Cz315b 等必定也归它管辖。至于张家口

① 见《明史》卷四十《志十六·地理一》。引文中方括号内为著者张廷玉注。

附近的 Cz279b 既由钟上知归万全右卫管辖，则 Cz279b 以西的地方当然是宣化卫政治力量达不到的地方。也就是说自张家口向南沿 Cz279b、315a 这一条线以西是万全卫的政治力量所及的地方。

我们知道万全虽分两卫，在最初则在一城办公。由方言地理学来讲，这种情形对方言引不起大变化来。所以我们每发现宣化西北角的村子 Cz279、Cz278、Cz270、Cz311b 与清水河口附近的村庄有着相同或相似的特性。但毕竟以上所列各村由地理位置上来看，是属于后来由万全左卫移于德胜堡的右卫的。所以这些村子的方言，有时虽在特点上与宁远站（Cz315a）以南的方言相似，但总有稍异的地方。

由现在的政治区划来看，万全方言侵入了宣化境内。可是实际上呢，在明朝时，张家口附近的村庄和宁远站堡都是属于万全卫的。当我们发现宣化西北部方言与宣化城附近的方言不同，在未了解这段历史背景之前是不会解释的。如第 30 图所示，直线地区表示万全卫政治力量所达到的区域，包括 Cz279a 及 Cz315a 在内。这两个地方是我们从历史和庙钟的记录上知道属于万全卫的。至于万全卫的政治力量是否超出第 30 图上直线地区的范围，我们没有历史材料作根据，不敢下断语。不过由于大多数的同音圈线都集中在第 30 图上的粗线上，我们可以想象明代万全卫辖区可能以这条粗线为极限。不过这总近于假设，即使如正确材料所告诉我们的，万全卫的辖区真以虚线为极限，在虚线以东发现了万全方言的特点也不是不能解释的。因为当地是一片平地没有河山的阻隔，人又是活动的、社会的动物，在不受地形限制的时候，语言是可以传播的。这可以从第二章各方言地图中所表示的同音圈线来证明。在十几条同音圈线中，有的偏东，有的偏西，也有在我们的第 30 图的直线地区的万全方言区中的。那岂不是说宣化方言也传播到万全方言区中吗？所以在虚、实两条线之间的地带，表示万全方言侵入宣化卫内，是最客观的看法。其实我们应当主观认为虚、实两线之间的地带，在明朝时候是属于万全卫的。因为 Cz315a 既归万全卫所辖，它以南以东的村庄属万全卫是合理的。在第 30 图上，我们可以看出那条虚线很不自然。因为我们不要忘记万全左卫的位置是距清水河口不远的，情理上也不允许它跳过清水河口附近的村庄去管辖 Cz315a。

第四节　泥河方言问题讨论

在前一章我们常常看到泥河谷的方言与宣化方言不同，并且有沿洋河向北侵略的现象。有许多场合侵入万全方言区，或对整个调查区的方言，包括宣化本来的方言与万全方言，都有重大的影响。这是应当怎样解释呢？

据 L. R. Palmer 氏的说法，河流常成为传播方言的有力工具。① 泥河谷虽在明朝时，在政

① 见 L. R. Palmer, *An Introduction to Modern Linguistics* Chap. VII, p. 136。

第 30 图

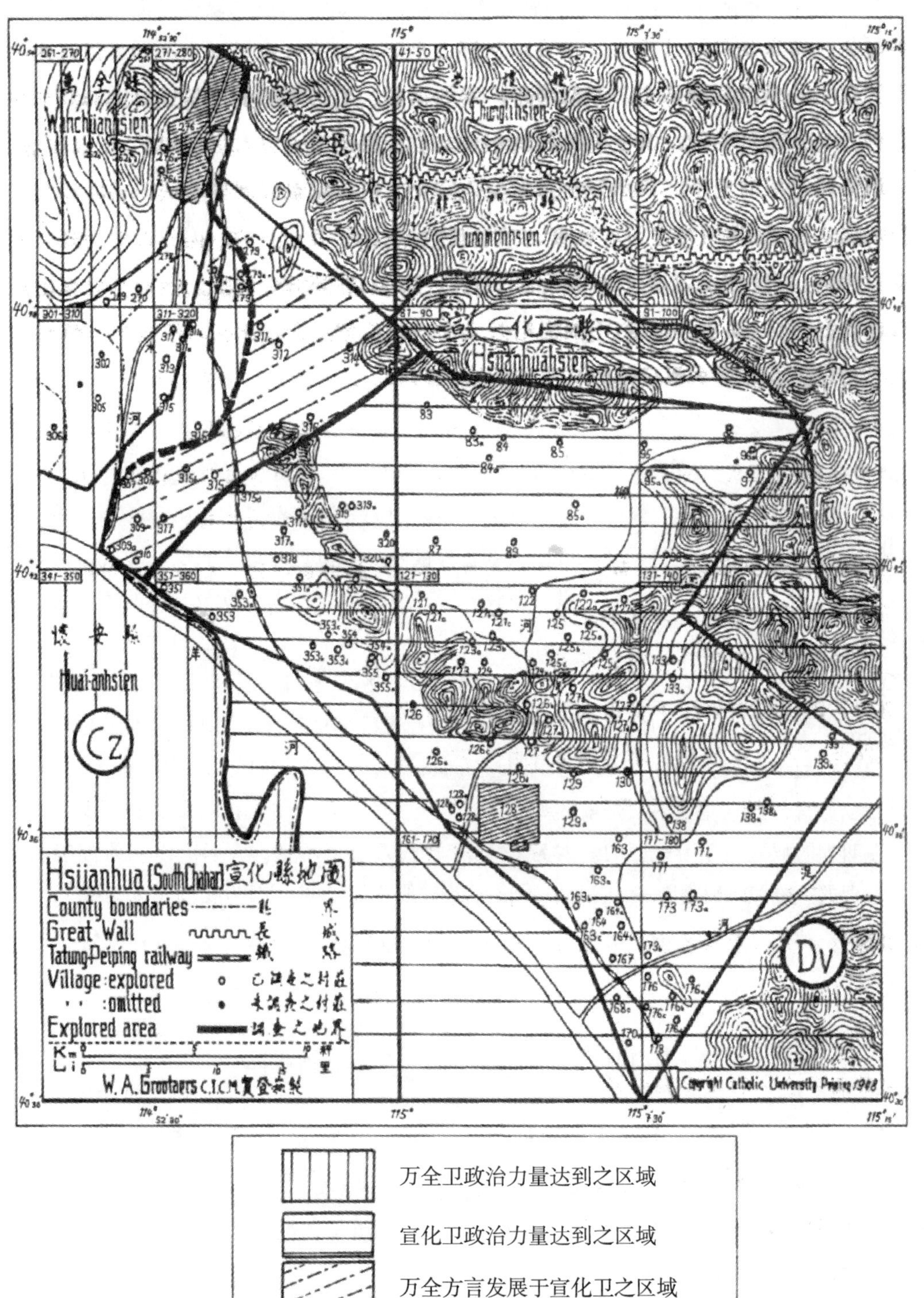

万全卫政治力量达到之区域

宣化卫政治力量达到之区域

万全方言发展于宣化卫之区域

治上属宣化卫所辖（由庙钟上未得到材料，但以距宣化城很近，我们能作这种推测），由泥河上游到泥河谷的交通，不因政治力量而受阻碍。不过我们找不到任何由龙关到宣化移民的证据。方言地理学在这一点上，反可补足历史的不足，证明在这里的人民的移动是必曾发生过的。

由龙关沿泥河到宣化的人的活动，虽没有信史可考，但由泥河口沿洋河向西北的人的活动则有可靠的材料。

明初蒙人寇边，成祖遣将征伐，反为蒙人击败。[①] 成祖于永乐八年二月、十二年三月，二十年三月、二十一年七月、二十二年四月曾亲征五次。其所行走的路就是沿洋河向西北前进的。关于成祖北征的记录，金幼孜的《前后北征记》及杨荣的《北征记》可以参阅。李素英整理成祖北征的史料有《成祖北征纪行初编》和《成祖北征纪行二编》。[②] 今摘录其初编数段，就能看出成祖行军的路程与方言移动的关系。

“二月甲寅（十七日）车驾次泥河（Dv167），上途中见病卒，命马载至营，遂命诸将抚恤军士，命太医院遣医分疗各营将士之病。”

“二月乙卯（十八日）发泥河，午次宣府，上阅武营内，夜雨。”

“二月丙辰（十九日）遣行在太常寺少卿朱焯祭宣府山川城隍，十九日微雨，驻跸宣府，阅武营内。”

“二月丁巳（二十日）驻跸宣府。”

“二月戊午（二十一日）发宣府，晚至宣平[③]，召幼孜等谓曰‘今灭此残虏，惟守开平、兴和、宁夏、甘肃，大宁、辽东，则边境可永无事矣。’”

“二月辛酉（二十四日）早发宣平，行数里，度一河，水迅急及马腹，近岸冰未解，水从下流，人马从冰上度，间有缺处，下见水流，而薄处仅盈寸，度此甚战栗，更行数里，入山峡中，行又数里，上登山而行，过山下平陆，次万全，大风寒，下微雪。”

由这一段旅行纪中，能使我们解决了泥河方言北侵的问题。成祖征虏出居庸关经怀来、沙城入宣化县境时，必先在鸡鸣山驻跸[④]，次日即至泥河，泥河就是泥河谷的一个大村庄（Dv167），再由泥河至宣化城，由宣化城到万全左卫、万全右卫。皇帝亲征所带队伍及扈从为数何止数万。这样大队的人马一而再、再而三由泥河谷口地方经过，到宣化去，泥河的方言当然可以带到万全方言区中去，而且现在的泥河方言是由这一大群人马带到泥河，都有可能。总之，泥河谷的方言在清水河谷发现是很自然的事，有了历史上的证据，更使我们深信不疑。即使没有历史上的证据，依 Palmer 的说法，河流往往是传播方言的工具，我们也可以想象泥河方言北上的情形。

明朝还有一个皇帝就是明武宗（正德皇帝），他曾三次到宣府大同[⑤]，每次前往更何

① 成祖曾于永乐七年遣邱福讨鞑靼，全师覆灭。

② 见《禹贡》半月刊三卷八期。

③ 据《中国古今地名大辞典》，宣平为元朝县名，即明朝之万全左卫。

④ 据李素英《成祖北征纪行初编》记载，明成祖于到达泥河之前一日，曾在鸡鸣驿驻跸。

⑤ 见江左文《明武帝三幸宣府大同纪》（《禹贡》半月刊五卷六期）。

尝不是走成祖的旧路。不用说平时客旅由北京到口北须由泥河谷经过，两位皇帝和其他多次的行军，每次带着成千成万的人，想使方言不传播，根本是不可能的。尤其明武宗到大同去是游山玩水的性质，在一个地方一住就是多少天，他们京里人说的话，地方人士能不努力学习？再说也有不回来的，在当地落户。这都是使方言变化的条件，所以泥河方言与中部山地不同反而与清水河谷有相同的情形，只用上述的理由就能满意地回答了。

第四章　宣化方言与地理环境的关系

研究方言除注意历史因素以外，还要注意地理环境，历史因素所给予方言的影响是人为的影响，地理环境对于方言的影响则是自然的影响，实际上，历史是不能脱开地理的。我们只能说地理能决定历史，历史却不能决定地理。不过这里所指的地理是专指自然地理而言，并不包含人文地理。

在第一章中我们曾说过，自然环境包括地理和气候对于语言有很密切的关系。譬如说，住在山地的居民发音往往拙笨、硬涩，而近水的居民，发音就比较轻松，悦耳。在某一种气候下就能使人类的发音器官的某一部分特别发达，某一部分特别退化，以致容易发某种音，或避免发某种音。我们根据唯物的观点，坚决否认发音天赋的学说，这乃是各种地理环境下产生不同语音的一种重要的原因。不过，这种说法很玄虚，好像不着边际，具有奥妙不可思议的道理。我们不需要在讨论宣化方言中说这种不可捉摸的抽象理论。因为在我们的方圆几十里的地方找不出地理环境对于发音上所发生的不同的影响，我们只就地理环境如山川之类对于方言的影响略作讨论，不但材料具体易于了解，同时方言地理学家对于这方面的学说很有发明，我们在宣化发现了某种地理因素影响了方言，都可以引证方言地理学的理论作为解释的根据。

本来在讨论宣化方言与地理环境的关系时，应当先把宣化的地理作一个全盘的研究，再讨论它与宣化方言的不可分的关系。不过若要很详细地讨论宣化地理，牵涉太远，并且太费篇幅，同时有些地理因素在宣化方言上并不产生什么影响。所以我们只举出对于宣化方言有特别关系的地理因素加以讨论。

宣化的地形由我们的方言地图上也可以看出大概的情形来，在我们的调查区，地形并不复杂，没有湖沼，没有沙漠，具体的地形就是山脉、河流、平原、河谷。

我们本章只讨论山脉及河流对宣化方言的影响，在我们的调查区，只有这两种地形对于方言有显著的影响。调查区中也有平原地带如柳河圳及洋河北岸的平地，不过绝不是大片的平原，在平原地方的语言受山脉河流的影响，河谷地带更不必说，也受山脉河流的影响，所以我们只讨论山脉及河流就能把地理对于宣化县的方言影响大致表示出来。

下面我们分两节叙述。

第一节　河流对于宣化方言的影响

宣化的河流在地图上表现得很清楚，自西北向东南有一条比较大的河，就是洋河，洋河是桑干河的支流，它要由宣化向东南流到涿鹿县才注入桑干河中。它的确是一条相当大的河，在夏秋发水时，河面常有十里以上的宽度，可是在冬天或春天，水量并不多，河面（指有水部分）很窄，并且很浅。

在我们的调查区有三条河注入洋河，都是不很大的，在县的西部 Cz309 的地方有由张家口流来的清水河注入洋河，在 Dv168c 的西南，有由龙关流来的泥河注入，这是最西与最东的两条。在宣化城西南，有由柳河圳流来的柳河注入，这是中间的一条。另外还有一条泡沙河，由泡沙沟流出注入泥河，注入的地方是在 Dv167 及 Dv173a 之间的地方，由图上一看就可以知道，虽然在图上并没有泡沙河三个字。

据 L. R. Palmer 的意见，若不是构成国界或省界、县界的河流，它对于语言的关系，非但不是阻碍物，并且因为交通的关系，往往使语言沿河前进，这句话对于我们的宣化方言与河流的关系，有着很多的真理。

洋河不像莱茵河那么大，并且也没有舟楫之利，按情理说，不会对于交通有何等的帮助，可是事实上却极有关系。在我们的地图上看不见洋河右岸的地势，我们曾亲临其境，所以知道得比较详细，洋河南岸不远就是万仞高山，是宣化人所熟知的大山，名字叫做黄阳山，①洋河实际上是行走在宣化山地的中间，形成了一条很窄的河谷，由内地来的人到西北走，必须要经过这个河谷，所以尽管洋河本身没有舟楫之利，它的河谷却是陆路交通的孔道。明成祖、明武宗几次征伐鞑靼，巡幸大同，都是由这条河谷向西北去的。就因为古时这条交通路线行人的频繁，遂致影响了泥河方言传到清水河流域，造成泥河方言向西北侵略的现象，这都是要由洋河谷为交通要道来解释的。

再看清水河，它是由长城外边经过张家口南流注入洋河的。我们知道张家口在明代属于万全右卫，居民说万全方言，有了这一条河，遂使清水河流域的 Cz307、Cz307a、Cz315b、Cz309a、Cz310、Cz317 等村的方言有许多万全方言的特征，这是假定这些村子在明代属于宣化卫的，若这些村子在明代属于万全卫（因无历史上的证据，不能武断说这些村子属万全卫），当时万全卫的政治中心在洋河南岸的左卫，因为有了这一个河谷，使交通便利，遂令整个河谷由 Cz310 到 Cz278 都有相同的方言。这些村子仅在我们调查的十几种材料中就有九条同音圈线与宣化方言相隔离。这固然可能有一部分原因是由于历史上政

① 黄阳山是宣化人心目中神圣的山，相传古时有一个牧牛童得道成仙，就在此山中，司人间雨水，后来又将他的两个妹妹度化成仙，也司人间雨水。现在宣化的龙王庙中都有这三位神仙的牌位或塑像，居民信之甚笃。

治区划所造成的，但与清水河成为交通要道这一个因素并不是没有关系的。有历史的因素固可造成现在的情形，但有了清水河谷这样一个交通的大道也可以造成现在的情形，又有历史因素，又有地理因素，当然更可以造成现在的情形。

柳河对于宣化方言的因素，也很可观。由地图上可以看出在调查区的中部有一条东南、西北方向的山，这山是由泡沙山向西北走的，越往西北越低，到 Cz316 就以土丘的形状终止了，虽说不算高山，但假如没有柳河，穿山而过，它妨碍方言传播的力量总是有的。就因为有了柳河，使柳河圳与宣化中部山地以南的村子发生了密切交通的关系，所以我们虽然研究了十几种的方言材料，除去少数的几种以外，差不多柳河圳与中部山地及山地以南的方言都是相同的。这也可以用 Palmer 氏的学说解释。

最东边的泥河，在这三条洋河的支流中，表现得比较特别一点。在泥河谷的方言，有某些特征与宣化中部山地及柳河圳相同，有某些特征与万全方言相同，也有一些形式是宣化方言和万全方言都没有的。若说由泥河上游到下游有方言移动的现象，为什么还有许多与宣化及万全方言相同的地方呢？关于这一点，在第二章的尾语中我们曾经说过，大凡一种物件尤其是虫、鸟的叫法，虽因地而异，但是地域的范围有广有狭。譬如蝙蝠这种动物，在我们的调查区以内就找不出两种迥不相同的叫法，只有少数村庄的第二音节稍短，不但声韵相同，就是重读与声调也相同，所以我们在调查区的地图上就不能画一条蝙蝠的同音圈线。泥河谷地方在历史上找不出不属于宣化卫的材料，当然不能与铁路西侧以 Cz315a 为中心的一片地带相比，那里在明代很可能属于万全卫，至少 Cz315 是属万全卫的。方言特色的表现与历史地理两种因素都有重要的关系，缺少一个因素，都会影响方言特色的表现。在以 Cz315a 为中心的铁路西边的一带地方有清水河作为交通的通路，又有可能的历史上政治区划与宣化不同的事实，当然在语言上的表现就与宣化本地方言有很多的差别。虽然如此，还有啄木鸟、蜻蜓、钱龙、蝌蚪等动物的名称，大体与宣化方言一致。所以泥河谷的方言有很多与宣化方言相同，是很容易解释的，因为它只有地理因素，连可能的历史因素都没有，其与宣化本地方言相同点比较多，是很正常的现象。至于为什么还有时表现得特别一点呢？当然地理环境在方言上是起作用的。泥河的上游是龙关县境，我们总知道宣化在明朝是口北军事政治的中心，万全都指挥使司以下还有许多衙门都设在宣化城内（就是在清朝，口北道已经发达起一个张家口，宣化仍是口北道的政治中心，有大小七十二座衙门）。万全都指挥使司共辖十五个卫，现在的龙关当然在它的辖区之内，龙关有许多公事须到宣化去接头。就以商业来说，宣化是口北道的第一大都会，商贾云集，龙关的商人必沿泥河到宣化贸易，我们可以想象当年泥河谷中龙关商人活动的情形。有了这一个交通的路线，当然可以把龙关的方言特色传到泥河谷地方来。大家也许要问：既然泥河谷是宣化、龙关交通的大道，龙关方言可以沿泥河到宣化，宣化方言何尝不可以溯泥河到龙关呢？是的，这是不容讳言的，不过我们只讨论我们调查区内的问题，至于调查区外有没有宣化方言的特色，不在我们讨论的范围以内，据推测当然会有的。

至于泥河方言有万全方言相同的形式，并且我们曾说泥河方言有向西侵略的形迹，这是我们由方言地图的表现先下假定，后来由历史上明成祖北征及明武宗巡幸来证实这种假定。那么，万全方言中偶尔发现泥河方言，也是在情理之中的。

一种方言有许多特色，这些特色不见得同时以相同的速度向前进，所以 L. R. Palmer 说，“任何一点不同，都可以使一个方言与其邻近的方言划分开，它与其南邻的方言在某几点上相同，又与其北邻在某几点上相同，仍然不能抹杀它与南北二相邻方言的区别”。他又说，“没有两个字有恰好相同的音变规律”。[①] 足见方言的某一种形式（即特点）可以向前推进，而另一种形式根本可以不向前进，同为向前进的，也有进多、进少之分。泥河方言正是这种情形的一个例子，前进所采取的道路，仍是离不开河道。

至于泡沙河对于方言传播的作用，在第二章作个别讨论时已经说过，在这里不必赘述了。

第二节　山脉对于宣化方言的影响

宣化县境多山，特别在我们调查区中山脉最多，在宣化城南洋河对岸有着崇高的黄阳山，在地图上没有画出来。一出宣化北门三里就是宣化人所谓的北山，北山在柳河的西侧，向西北绵延至 Cz316 约有三十里，不过越往西北越低，到 Cz316 就不见了。在柳河东侧就是著名的龙烟铁矿的出产地泡沙山，土名又叫红红山，泡沙山向南直达 Dv129。泡沙山的东边有一个山谷，非常狭小，叫做泡沙沟，中间有一条泡沙河，平时没有水，下雨以后山水下注，才由河道下泻注入泥河。泡沙沟的东面就是大片的山脉了，在地理上把这个山脉叫做燕山脉。

柳河圳的东北两面也是燕山脉，南面有不太高的北山（见前），使柳河流域形成一个盆地，俗名柳河圳。

在泥河的南侧也是很高的山，再向南就是鸡鸣山。

以上是宣化山脉大致的情形。至于山脉对宣化方言的关系怎样，是很难解答的。因为在我们调查区中，东南、东、东北、正北都是高山，南面是一条洋河，调查区外的方言是怎样的情形，我们一概不知，我们怎样单以我们所调查来的结果来衡量山脉对于方言的影响呢？不过虽得不到邻近各县如龙关、怀安等县的方言材料，我们可由宣化本身方言的现象来做小范围的分析。

一般说来，自然的障碍物如山脉、河流等若不是天然的政治疆界，并不是语言的界线。如法国东南部的白朗山（Mont Blanc）在山的两侧并没有语言的区别。可是在法国西南部的比利牛斯山（Pyrénées），因为它横在法国和西班牙的界上，所以它就成了一个语言

① 见 L. R. Palmer, *Introduction to Modern Linguistics* Chap. VII, p. 132。

的界线。在宣化至少东、北两侧是与龙关县（旧龙门县）相交界的，当然由大处来看，省、县的界线不算是政治上的界线，只有国界才算是政治上的界线，如鸭绿江一水之隔，在丹东和新义州就说两种根本不同的语言。宣化和龙关（龙门）都是说汉语的，当然这些山脉不是语言的界线，不过我们是在研究方言，一种语言中有许多种方言，这些山脉不是语言的界线，在方言的隔绝上，就有很大的作用。所可惜的是我们丝毫没有宣化邻近各县的方言材料（只知龙关人把石龙子叫做［ʂœə^{42}ʈʂ‘ʅ^{33}’ljw^{42}tsə^{1}］，与宣化的［ʃœə^{33}mə^{33}’sœr^{42}］或［tʃ‘œə^{33}mə^{33}’sœr^{42}］不同），我们不能加重山脉对于宣化与邻县方言的隔绝作用。不过，山脉是妨碍交通的，即使有山路可通，也使山两侧的人的社交减少，当然对于语言的交流发生影响，容易使山脉的两侧各说不同的方言。

由宣化的方言调查所得到的材料怎样能够间接看出山脉对方言的影响呢？假使我们对于调查各角落的方言特别留意的话，就能看出许多事实来。

在调查区的西部，我们看见那里没有山脉，调查区的西面也没有山脉，乃是一片平原，并且有清水河从北面流入洋河，交通便利，那里的方言竟与宣化本地的方言有很大的区别。固然有历史的因素在内，然而历史也是离不开地理的，万全方言所以能够很快地发展到这些地方，就因为没有山脉的阻隔。

再看泥河谷的方言，因为泥河从东面流来，东面就是龙关县境，由龙关到宣化必经泥河谷，交通也很便利，泥河两侧的高山阻止不住龙、宣的交通，所以泥河方言进入宣化方言区内，由第二章的许多张方言地图上可以看出这个事实。

现在再看调查区的东北角，那里没有很大的路通龙关，只有崎岖的山路。Dv96 与龙关县界相距尚不及十华里，当然比 Dv139 距龙关县界要近得多，可是调查的结果，Dv96 的方言特色，除去一两个受万全方言的影响以外，它与宣化方言几乎全部相同。若是在东北角也有一条清水河或泥河那样大的河流，它的方言绝对不是现在的样子。所以使它的方言未与宣化方言脱节的原因，乃是因为它除去与宣化发生密切的关系以外，并没有其他接近外人的机会，在它的东、北两面都是高山，实在妨碍它与山后面的人互相来往。我们由这个事实，可以看出山脉对于方言的分划有着很大的关系，山脉可以妨碍其两侧人民的社交，而社交乃是沟通语言所必需的。两侧的人民没有或虽有也很少这一类的交通，方言将要个别的发展，越是年代久，相差越远。昌平县与怀来县仅隔着一个居庸关，尚且有大道自古相通，但终因大山横阻，南口的交通再频繁也调剂不了两地的隔阂，由于两地人民的很少往来，使两地的方言遂成今日的相差很大。这种现象在宣化的方言中也表现得很清楚。

例如泡沙沟的 Dv133、Dv133a 和 Dv127d 三个村庄，论其与柳河圳或中部山地的距离，当然比它们与泥河口地方的村庄的距离要近得多。可是它们的方言由第二章各节的方言地图来看，它们无时不在与泥河口的村庄的方言一致，而与柳河圳或中部山地的方言常是不同（若是柳河圳方言与泥河方言相同，当然在表面上我们可以认为它们与柳河圳的方言相同，但不要忘记它们与泥河方言也相同）。关于这一点，在第二章讨论到这种现象时，我们曾说明所以这些村庄和柳河圳的方言不同的原因，就是山脉妨碍交通，使两地人民的社会交际减少，以致影响到语言上的不同。

关于地理环境对于方言的影响，在宣化只能提出河流与山脉。铁路本来也可以影响方言，不过铁路是属于人文地理的。在宣化铁路毕竟是比较新的东西，据 Bloomfield 的意见，方言的变化至少五十年才能看得出来，[①] 宣化的铁路是清宣统元年才修成的，到现在才四十年，我们不能强调它对于宣化方言的影响，等到第五章论到宣化方言演变的趋势时再作说明。

① L. Bloomefield, *Language* Chap. XIX, p. 321.

第五章　结论

第一节　宣化方言与万全方言

据一般语言学家的意见，两种方言颇难有截然的界限。所以各种语言特点的同音圈线，不会彻头彻尾地重合，不过各个同音圈线虽不完全重合，也必须是稍有出入地集中在一起，构成一个同音圈线束，这一束同音圈线，就表示两种方言的大概界限。

L. Bloomfield 说“每一种语音上的，词汇上的，或文法上的特点，都有它自己的通行范围，而被其自己的同音圈线所包围。这种明显的结论，曾经以一个格言的形式被解释得十分透彻。这句格言就是：‘每一个字都有它自己的历史’（Every word has its own history）”。[①] 依照 Bloomfield 的说法，我们对于几条同音圈线的不相重合，可以视为当然了。

L. Bloomfield 氏所说的某种特点有其特有的通行范围而被其自己的同音圈线所包围，也许有人不大了解。因为我们所画的同音圈线，都不是闭口的曲线，当然令人不能体会“圈”的意思。明明写着同音圈线，而实际上在圈上所见到的都是有端点的曲线，岂不是与 Bloomfield 氏的说法不相合吗？在我们将要讨论宣化与万全方言的关系之前，我们必须彻底明白同音圈线的意义，否则就觉得茫无头绪了。

在我们的方言地图上的同音圈线不是闭口曲线而是有端点的曲线，与 Bloomfield 氏的说法仍是相合的。因为依照 L. R. Palmer 氏的说法，同音圈线的定义是：在方言地图上把有同一声音处理的地方，用一条线圈起来，这条线叫做一个同音圈线（On the dialect map, a line is drawn enclosing all places which have the same sound treatment. Such a line is called an isogloss）。[②] 在我们的方言地图上所以看不见闭口曲线，乃是因为我们的调查区太小，在图上的曲线，不过是闭口曲线的一部分。下面举一个例子，说明这个事实。

---

① 见 L. Bloomfield, *Language* Chap. XIX, p. 328。

② 见 L. R. Palmer, *An Introduction to Modern Linguistics* Chap. VII, p. 130。

例如“什么”这一个词的发音在宣化有两种：一种是［ʃœ̃^{24}］，一种是［swa^{42}］。在我们的方言图中有一条同音圈线，把全调查区分为两部，实际上并不是一条同音圈线，而是［ʃœ̃^{24}］的同音圈线与［swa^{42}］的同音圈线重合部分。按调查的情形，在调查区的东部是把“什么”读作［swa^{42}］的，是不是出了调查区再向东出去一百里或二百里甚至一千里永远把“什么”读作［swa^{42}］呢？这当然是不可能的。因为在北京不把“什么”读作［swa^{42}］，而读作［'ʂən^{35}mə^{3}］，冀东一带就读作［ʂa^{55}］。如此说，［swa^{42}］音向东向西向南向北总必有其极限。我们这些极限上的点联结起来，就是［swa^{42}］的同音圈线。至于［ʃœ̃^{24}］也是一样的道理。由宣化向西走出三百里、五百里，甚至一千里、两千里，总有到达一个不把“什么”读作［ʃœ̃^{24}］的地方的时候。当然向南向北也有极限，这极限上的点联结起来就是一条［ʃœ̃^{24}］的同音圈线。不过在宣化境内两条同音圈线重合而成为我们的第 28 图的“什么”的同音圈线。下面我们画一张图（第 31 图），把调查区的形状缩小地画出。假想［swa^{42}］和［ʃœ̃^{24}］的流行范围，画出两条密闭的曲线，分别表示［swa^{42}］和［ʃœ̃^{24}］的同音圈线，则对于第 28 图上“什么”的同音圈线，不难明白它的究竟了。同样，所有我们的方言图上的同音圈线的画成，都是本着以上的道理。

第 31 图

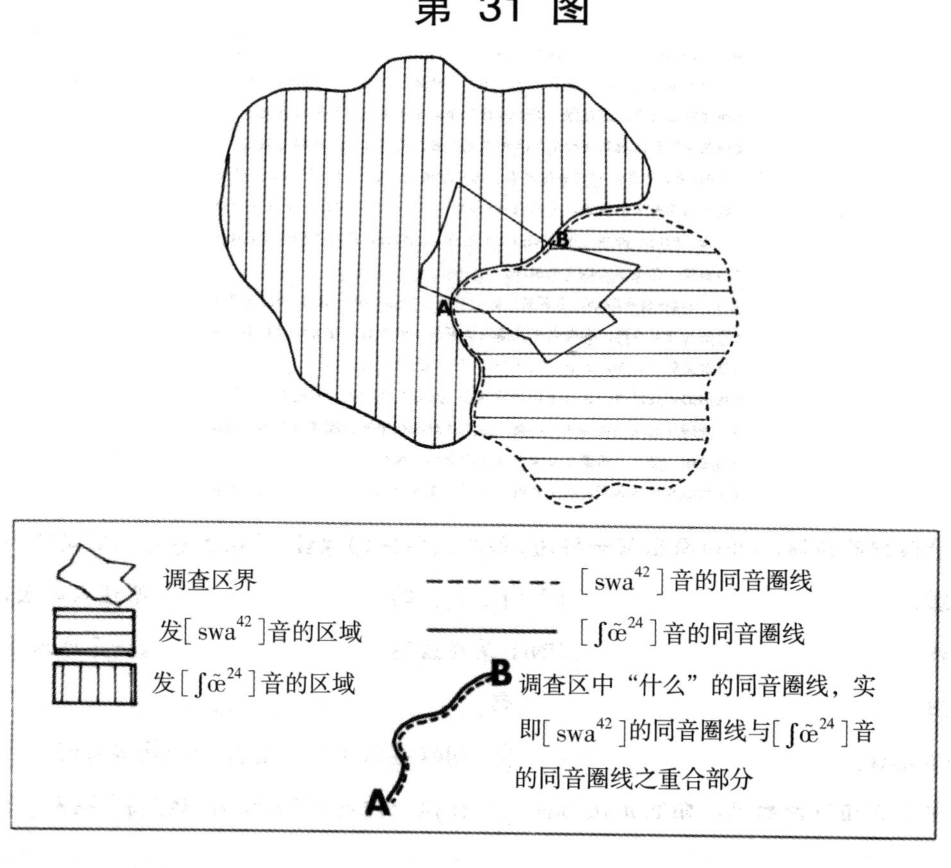

Karl Haag 在调查 Swabia 南部诸村的方言时，发见在 Bubsheim 村周围十条同音圈线，并不是互相重合的，而是其中几条在某两村中间重合，在另外两村中间并不重合，其情形见第 32 图，这就说明了 Bloomfield 氏的学说。①

在我们的调查区中，也发生同样的情形。第 33 图就表示宣化方言与万全方言之间的十条同音圈线的实际情形。虽然有某些村庄在甲同音圈线的右面，而在乙同音圈线的左面，但远不像第 32 图所表示的那样不规则。

现在我们看第 33 图。图上共有十条同音圈线，都表示虫、鸟和代名词的宣化方言与万全方言的分界。凡是调查过方言的村庄，都点黑点（没有黑点的村庄，只调查过民俗，没有方言材料，当然点上黑点的村庄也调查过民俗）。由黑点对于每条同音圈线的位置，可以看出某一种虫、鸟和代名词的读音，是属于宣化方言区或万全方言区；凡在线的右面（假定线由下向上走）的村庄，对于那一条线所代表的虫、鸟或代名词的读音，是属于宣化方言的；其在线的左面的村庄，对于那一条线所代表的虫、鸟或代名词的读音则属于万全方言。

第 32 图

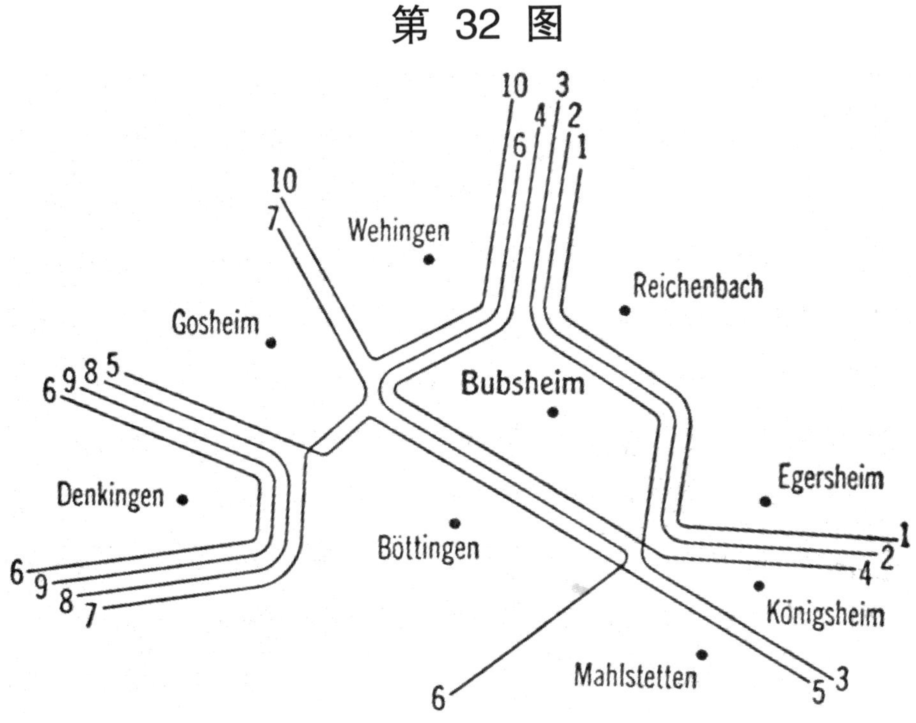

Bubsheim 周围的同音圈线

（引自 Bloomfield "Language" p. 326，Denkingen 之画入，即在表示第六条同音圈线之再度出现）

① 见 L. Bloomfield, *Language* Chap. XIX，p. 326。

第 33 图

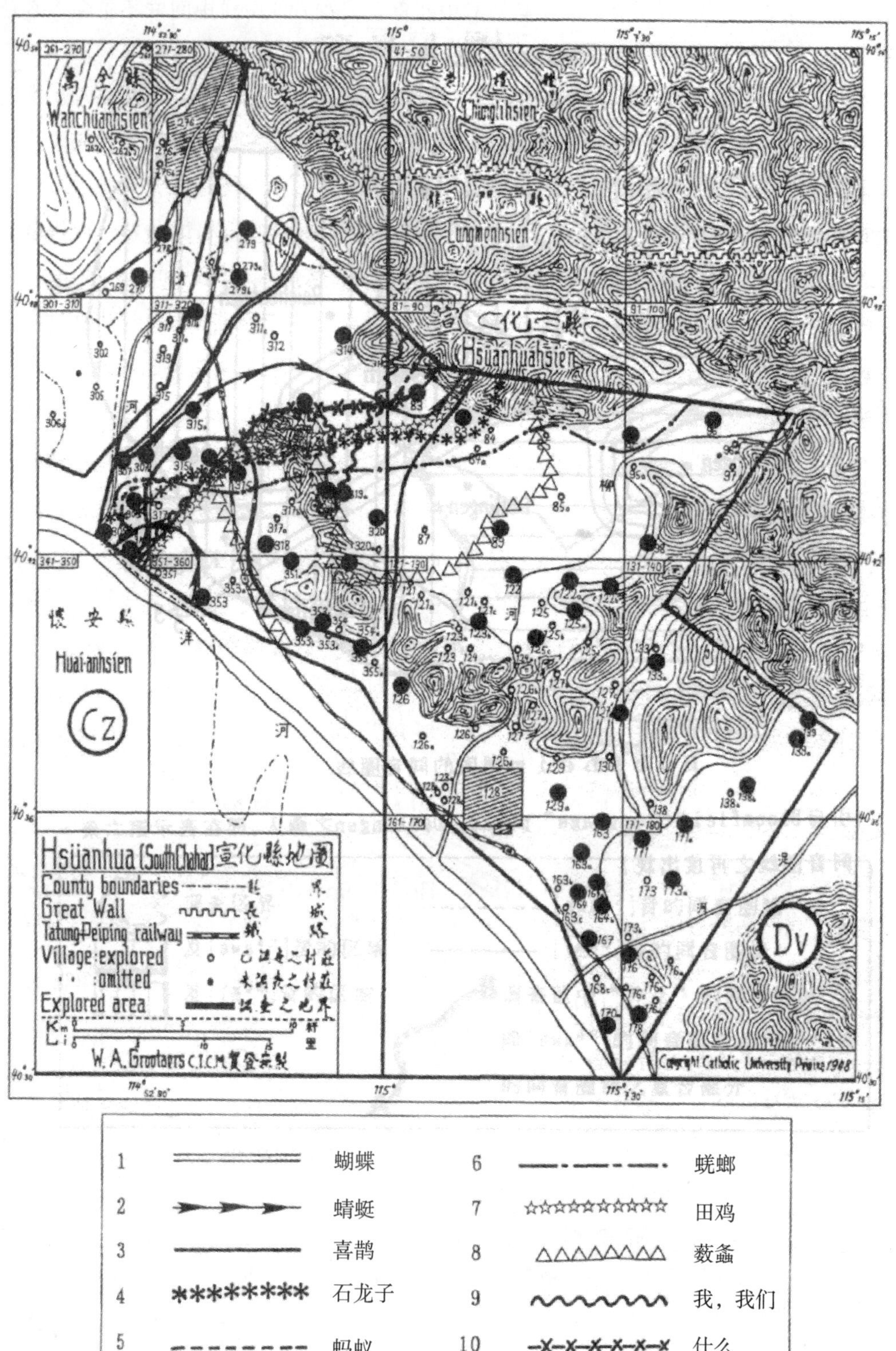
Wanchüanhsien
Chinglihsien
Lungmenhsien
Hsüanhuahsien
Huai-anhsien
Cz
Dv
Hsüanhua (South Chahar) 宣化縣地圖
County boundaries 縣界
Great Wall 長城
Tatung-Peiping railway 鐵路
Village: explored 已調查之村莊
: omitted 未調查之村莊
Explored area 調查之地界
W. A. Grootaers C.I.C.M. 賀登崧製
Copyright Catholic University Peiping 1948
1 蝴蝶
2 蜻蜓
3 喜鹊
4 石龙子
5 蚂蚁
6 蜣螂
7 田鸡
8 薮螽
9 我，我们
10 什么

先看第 1 条蝴蝶的同音圈线，在图上用双实线画的，它是一条相当直的线。我们为了叙述方便起见，给它定出方向：一律援上段所定的规则，认为同音圈线都是由下向上行走。说得具体一点，任何一条线都与调查区的边界相交，得两个交点，这两个交点哪一个纬度低，哪一个便算作起点，纬度高的交点，算作终点。蝴蝶的同音圈是由 Cz307 的北边调查区的西界上开始的，向东北斜走交于调查区的北界。在它左边的村庄只有 Cz270、Cz278、Cz279、Cz279b、Cz311b 等五个村子（专指有方言调查材料的村庄而言，以下一律仿此）。所以说是万全方言表现得不太强的一种材料。

第 2 条是蜻蜓的同音圈线。它是一条比较特别的一条，其情形与第 32 图的第 6 条同音圈线相似。它在地图上出现两次，也就是说，这条同音圈线在我们的调查区内有两段：第一段从 Cz353 的西边的调查区的南界上出发，向北而西北走于 Cz317 及 Cz310 之间，又走在 Cz309a 与 Cz310 之间；在 Cz310 的西边，它又与调查区的南界相交，它把 Cz310 及 Cz351 划在万全方言区。第二段从 Cz307 的北面调查区的西界出发向东北走，把 Cz315a 划在宣化方言区后，向正东行，过了 Cz316，又向东南走，又折向东北在 Dv83、Dv83a 之间与调查区的北界相交。

第 3 条同音圈线是属于喜鹊的。它是一条弯曲度相当大的一条曲线。它由 Cz310、Cz351 之间的调查区的南界出发，向北行走在 Cz309、Cz317 之间，更向北走在 Cz307a、Cz315b 之间；过了 Cz315b 就向东走，把 Cz315b、Cz315c、Cz315d 都划在宣化方言区，就沿着铁路南下；过了 Cz318、Cz351a 向东南走在 Cz353b、Cz353c 之间；从 Cz355 的北面掠过，就沿着东经 115° 线向北走；最后向东北稍偏，终于 Dv83 及 Dv83a 之间的调查区的北界。喜鹊这种材料的万全方言特色侵入宣化比前两条深入得多，不仅前两条，除去薮螽以外，其他材料都比不了它。

第 4 条是石龙子的同音圈线。它由 Cz309a 的北边的调查区的西界上出发，东北行，走在 Cz309、Cz317 之间；更东北行，由 Cz315c 及 Cz315d 之间的窄狭地带穿过，走在 Cz316 的南面向东行；过了 Dv83a 折而北走在 Dv83a 及 Dv84 之间，交于调查区的北界。

第 5 条是蚂蚁的同音圈线。它由 Cz310 及 Cz309a 之间的调查区的南界出发，向北走，绕过 Cz309 之后即折而东；也从 Cz315c 及 Cz315d 之间的窄狭地带通过，走在 Cz316 的南面；过了山脉折向东北，从 Dv83 的西边掠过，交于调查区的北界。

第 6 条是蜣螂的同音圈线。它由 Cz310 的东面的调查区的南界出发，向西北行，走在 Cz309a、Cz309 之间，绕过 Cz309 向东，行走在 Cz307、Cz307a、Cz315b、Cz315c、Cz315d 的南边，过了山向东北走，从 Dv84、Dv85 之间穿过，绕过 Cz85 后又向东南走，绕过 Cz95 之后再向东北走，到达调查区的北界。

第 7 条是田鸡的同音圈线。它从 Cz351、Cz310 之间的调查区的南界出发，向东北走，穿过 Cz315c、Cz315d 之间的狭窄地带，向东北行，从 Cz316 的南边经过，继续前进，由 Dv83 及 Dv83a 之间通过，到达调查区的北界。

第 8 条同音圈线是薮螽的同音圈线。它是十条同音圈线中最弯曲的一条，也是万全方言侵入宣化最深的材料的同音圈线。它由 Cz353b 的西边的调查区的南界出发，沿铁路西北行，穿过 Cz315c、Cz315d 之间的狭窄地带折而东走在 Cz316 的南面，到达山的东侧以后沿山南下绕过 Cz352 向东北行，由 Dv89 的西面掠过更向东北，与 Dv85a 接触后复稍向西北偏，由 Dv85、Dv84 之间到达调查区的北界。为什么必要与 Dv85a 接触之后再向北转呢？因为 Dv85a 有两种符号，我们既不能把它画在同音圈线的左边，也不能画在右边，所以只能画在线上。

第 9 条同音圈线是属于“我”“我们”的。它与田鸡的同音圈线自同一起点出发，穿过 Cz315c、315d 的中间的狭窄地带向东北行走在 Cz316 的南面，过了山，沿山南下绕过 Cz319 向北转，在 Dv83 的西南与调查区的北界相交。

第 10 条同音圈线“什么”的同音圈线。它与“我”“我们”及田鸡的同音圈线有共同的起点，在 Cz310 及 Cz351 之间的调查区南界上，由这里出发，它向北通过 Cz315c、Cz315 之间的狭窄地带，向东北走在 Cz316 的南面，绕过 Dv83 折而北，到达调查区的北界。

这十条同音圈线，若依现在的政治区划来看，都在宣化境内，在线的左边既是万全方言区，却在宣化境内，我们就必须说是万全方言侵入宣化。十条同音圈线并不重合，有的偏东，有的偏西，也就是说万全方言侵入的深度不同。由于第 3、第 8 两条同音圈线的弯曲度最大，位置最偏东，我们就知道在喜鹊和蝼蝈两种动物的叫法上，万全方言的特色表现得最强。大多数的同音圈线都不太偏东而是从 Cz315c 及 Cz315d 附近（特别是中间）通过，到达 Cz316 以后以不同的角度与调查区的北界相交。

这确是一个不容轻视的问题，与德国横贯东西的几条同音圈线互相重合到莱茵河以后分成四支而成为著名的莱茵河扇（Rhenish fan）的情形几乎相仿。[1]

在第 33 图上我们还可以看出 Cz315a、Cz307、Cz307a、Cz315b、Cz315c、Cz309、Cz309a、Cz317、Cz310 等村大体是在那一束同音圈线的左边，也就是在多种材料上，它们是具有万全方言特色的。其中除 Cz315a 以外，其余各村，我们都找不出在明朝属于万全卫的证明。不过由于在方言上表示得这样明显，我们是有理由推断它们在明朝是与 Cz315a 同样属于万全卫的，至少我们可以这样地假定，以待由其他方面找材料证实。

好像万全方言侵入柳河圳的情形比较严重一些，除去少数的材料以外，大多数的材料的万全方言特色都是沿着北面的山边向前推进的，这也有其地理的原因存在。因为在 Dv96 的东边有一个长峪口，是明时防备边患的要塞，由长峪口沿着 Dv96、Dv95、Dv85、Dv84、Dv83a、Dv83、Cz316、Cz312、Cz279b、Cz279a、Cz279 到张家口有一条大路，古时用兵频繁（现在已改为公路，交通也很盛）。这是一条很重要的道路，所以西面的方言有沿着北边山缘向东前进的现象。方言与历史地理的不能分离，这也是一个证明。

我们假定明时万全卫与宣化卫以 Cz310 及 Cz351 互相分界，在这方面的万全方言，好

① 见 L. Bloomfield, *Language* Chap. XIX, p. 344。

像就停滞在那里并未向前推进多少（最多只把 Cz351、Cz353 划入万全方言区）。这是怎样个道理？我们可以想：自明朝到现在总是汉人由内地向西北前进，除去极少的几次鞑靼扰边以外，洋河的交通是以逆水为主的，所以我们只看见泥河方言之侵入万全方言，正是这个道理。

关于宣化方言与万全方言的关系，已在第二章各节里分别零散地讨论过，这里不过是总起来再说一点，为了节省篇幅，不再重复以前的话，就止于此。

第二节　宣化方言与泥河方言

泥河方言因为缺少历史因素，与宣化本地的方言差不多都相同，只有少数几种调查材料表现出异样。有的表现得很清楚，可以画出同音圈线来（如蝴蝶、啄木鸟、蜣螂、薮螽），有的表现得很模糊，就难画同音圈线（如蜻蜓）。在第二章各节中，曾讨论过泥河方言，不过那是片断的、是依特定材料讨论的，我们还有总结的必要。

泥河在历史上不是重要的河，在地理上不是巨大的河，我们曾亲身走在它的河道上，水是很浅的，当然谈不到舟楫之利。到了冬季，一定会干涸的。它的上游通龙关县境，龙关到宣化的交通，虽不借助于河水的力量，却要借助于这一条河谷。如地图上所示，泥河谷的两侧都是很高的山，以泥河谷作为龙、宣交通的道路，才引起泥河谷的方言与宣化本地方言的区别。泥河谷的村庄在明朝的政治区划，我们找不出它属于宣化卫的史料。观其距离宣化城之近，也不可能不属于宣化卫。所以我们发现泥河方言虽与宣化方言有异，但绝对不像西北角的方言与宣化方言差得那么远。与其说泥河自有方言，倒不如说泥河谷的村庄原来属宣化方言区，后来受了龙关方言的侵略才成了今日的现象。我们为了迁就现实，在本节中仍称泥河方言。

我们虽有十五种方言材料，泥河方言与宣化方言具有显著不同特点的只有四种材料，就是蝴蝶、啄木鸟、蜣螂、薮螽。这四种材料的同音圈线也不大一致，足证泥河谷的方言，不是特点很明显的方言。

在第 34 图上就明示着这四条同音圈线的形状。第 1 条是蝴蝶的同音圈线，它在调查区中，又是出现了两段。长的一段东起 Dv139a 及 Dv139 之间的调查区的东界上，西止 Cz353 与 Cz351 之间的调查区的南界上，在线下的村庄属泥河方言区，线上的村庄属宣化方言区。短的一段正巧与泥河截于调查区东南角之部分相重合，在线的北面属泥河方言区，南面又属于宣化方言区。这个现象很特别，中间是泥河方言区，南北都是宣化方言区。不过这正好给我们一个暗示，表示泥河方言区是由泥河上游侵进来的。因为向前冲力太猛，遇到洋河折向西北，竟达到 Cz315d。正因为冲力太猛，竟没有在泥河南岸的一个小角发展开来。但要注意，不是任何一个特征都不向东南的一个小角发展。

第 34 图

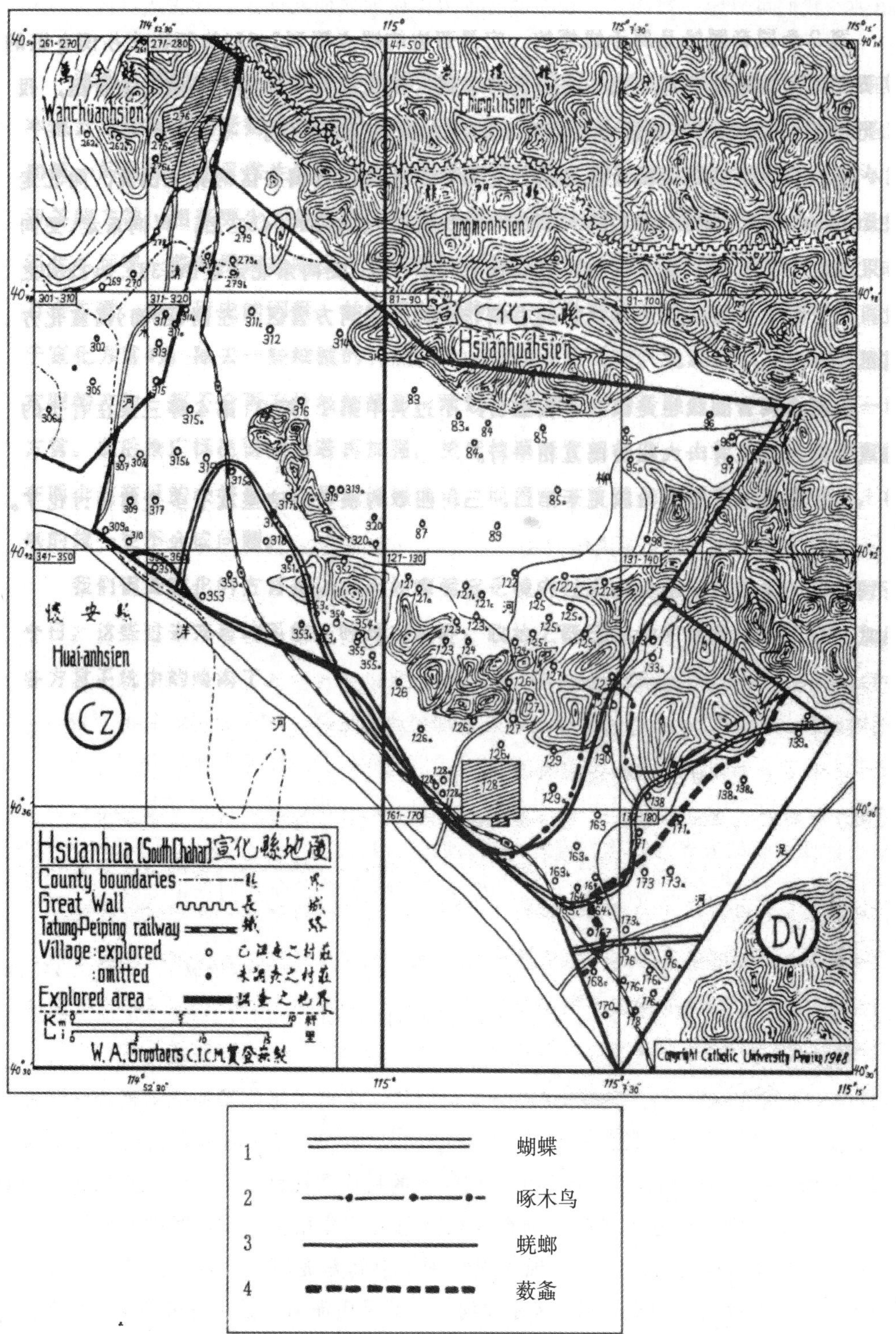
Hsüanhua (South Chahar) 宣化縣地圖
County boundaries 縣界
Great Wall 長城
Tatung-Peiping railway 鐵路
Village: explored 已調查之村莊
:omitted 未調查之村莊
Explored area 調查之地界
Km 粁
Li 里
W. A. Grootaers C.I.C.M. 賀登崧製
Copyright Catholic University Peiping 1948
Wanchüanhsien
Chinglihsien
Lungmenhsien
Hsüanhuahsien
懷安縣
Huai-anhsien
Cz
Dv
1 蝴蝶
2 啄木鸟
3 蛲螂
4 薮螽

第 2 条同音圈线是属于啄木鸟的。它由 Dv139 的北面调查区的东界上到宣化城东南的调查区的南界上，线的下面属泥河方言区，线的上面属宣化方言区。中间隆起一块将 Dv127d 划在线的下面，令它属于泥河方言区。这是一件值得再提起的事，Dv127d 在四条同音圈线的两条的下面，主要因为它与泥河谷村庄交通频繁。

第 3 条同音圈线是属于蜣螂的。它最西边的端点要到 Cz351 的西边才与调查区的南界相交，线下面（即南面）是泥河方言区，线上面（即北面）是宣化方言区，我们把 Cz351 划在泥河方言区，这又表示泥河方言北侵的事实。

第 4 条同音圈线是属于薮螽的。它由 Dv168c 西边的调查区的界上出发，向北走在 Dv167 的东面，向西北走在 Dv167、Dv164b 之间，绕过 Dv164b 之后，再向东走，更向东北走在 Dv173、Dv171a 之西边，过北纬 40°36′后，更向东北走在 Dv138a、Dv138b 之北，终于到达调查区的东界。线的右侧（东面）属泥河方言区，左侧（西面）属宣化方言区。

这四个同音圈线也是彼此不相重合，不过其中第 1、第 2、第 4 等三条在右边的端点相同，并且有一大段距离互相平行。

关于泥河方言的讨论散见于第二、三、四章的很多，这里就不多费篇幅讨论了。

第三节　宣化方言演变的趋势

宣化方言经我们在前两节中叙述其与万全方言及泥河方言的关系，已看出宣化本地方言始终在遭受两种方言的侵略，不过由大的方面来看，现在的宣化方言是走向统一的局面。在日常生活中，宣化本地方言与侵入的方言已渐趋统一，尤其与泥河谷的方言，相差更少，保留的不过在一些细碎的东西上面。至于人称代名词及疑问代名词等一些常用词根本上没有区别，所以泥河方言不会成为特殊的方言。只有万全方言，由于历史的因素，始终保持着特点，这种特点好像不是短期内可以同化于宣化方言的。除去一些细微的特点以外，其他大的方面，尤以科学方面或其他新文明的产物，都不会再有分歧的情形，所以将来也会使两者融会在一起，成为一种方言。此后推广标准语运动若再加强，更能使两者互相接近。由作者个人的观察，在两个方言区的小学生，已经能说标准语，而两个方言区又都属于北方官话区，将来的统一更不会成问题。

我们调查宣化的方言是以从小处察看宣化境内过去方言系统为主要工作，时至今日，这些过去方言的系统，时时在破坏，政治上既已属于一县所辖，不会再加深各方言系统中的鸿沟了。

参考书目

王力：《中国音韵学》（商务印书馆，1939）
江左文：《明武宗三幸宣府大同记》（载《禹贡》半月刊五卷六期）
李素英：《明成祖北征纪行初编》（载《禹贡》半月刊三卷八期）
李素英：《明成祖北征纪行二编》（载《禹贡》半月刊四卷五期、十期）
岑麒祥："Etude Expérimentale sur les Articulations des sons du Dialecte Cantonais"（载中山大学《语言文学专刊》一卷二期，1936）
岑麒祥：《方言调查方法概论》（载中山大学《语言文学专刊》一卷一期，1936）《宣化县志》（康熙五十四年版）
张廷玉：《明史》卷四十地理志
许云峤：《方舆考证》
顾祖禹：《读史方舆纪要》
章炳麟：《章氏丛书》
Bloch, B. and G. L. Trager: *Outline of Linguistic Analysis* (1942)
Bloomfield, L.: *Language* (1948)
Bloomfield, L.: *Outline Guide for the Practical Study of Foreign Languages* (1942)
Kurath, H.: *Handbook of the Linguistic Geography of New England* (Brown University, Rhook-Island, 1939)
Palmer, L. R.: *An Introduction to Modern Linguistics* (London, 1936)
Pike, K.: *Phonetics:A Critical Analysis of Phonetic Theory and a Technic for the Practical Description of Sounds* (1943)
Sturtvant, E. H.: *An Introduction to Linguistic Science* (1947)
Zachareas, H. C. E.: *Ethnology, as a Historical Science, Its Method* (1948)

宣化方言地图提要

宣化方言地图全文共分五章。第一章为绪论，泛论中国方言要略，并叙述调查方言的用意及本研究事前调查工作的经过，其中特别根据作者在研究过程中所得之经验，对调查方言应用之方法，加以讨论。

第二章即本论，共包括十六节，在概说中说明绘制方言地图的总步骤，接着分析十五个语词的同音圈线，他们包括十二种虫、鸟的名称及两个人称代名词和一个疑问代名词，即蝴蝶、啄木鸟、蜻蜓、喜鹊、石龙子、蚂蚁、钱龙、蜣螂、田鸡、蝌蚪、叶肢介、蝥螽、我、我们及什么。

这十四节的方言地图均依记音卡片之音取其相类似者归并成组，各以一种符号加于图上预先印好的村庄号码上，再观察各种符号之分布情形，根据方言地理学说分析，以作解释，最后说明此种个别材料，可以总合起来，去了解方言与历史和地理的关系，借以看出宣化方言演变之时间与空间之条件。

第三章论宣化方言与历史之关系，以历史背景对第二章各节地图所表现之现象加以解释，本章先述宣化与万全两地之沿革，继而讨论明代政治区划对于现在宣化方言之关系，最后解释泥河方言与历史背景之关系。这是一种综合性的讨论，不单举出某一方言地图作深入之讨论。

第四章与第三章之性质相同，但内容大异，乃讨论地理环境对于宣化方言之影响，我们总结第二章所分析之结果考究地理环境与宣化方言之关系，地理要素极多，本章仅就山脉河流二者作举隅的讨论。

第五章为结论，乃根据第二、三、四章所讨论之结果将各方言地图上之同音圈线(isogloss)按宣化与万全、宣化与泥河方言之关系，集中于两张地图上，以观察宣化方言之真实情况，计所调查之十五种材料除叶肢介无明显之同音圈线外，其余十四种皆有同音圈线，大半集中成一束，宣化方言即以此同音圈线束大致与万全方言分界。至于宣化方言与泥河方言之间亦有同音圈线四条，但不集中成一束，四条同音圈线中有三条于右端并行。

作者告白

作者将全文写完，然有数事，须告白于读者。

第一，作者得与贺登崧神父赴宣化调查皆得到我校芮格尼神父之精神与经济之鼓励与帮助，谨此感谢。

第二，最初贺神父指导作者撰此文，1948 年冬贺氏返国，作者时诣罗常培先生处请益，然未敢请指导，文中有关语音学之解释，多为作者窃听自罗先生者，然先生不知，且未校阅，若有错误，先生不负责任，但作者不得不向罗先生道歉并致谢意。

第三，文中关于动物之形态、习性及学名等多承曲韵芳、陈鼎贞二同学帮忙，特志谢意。

第四，作者去岁本无意写此文，蒙魏建功、柴德赓二位老师多方鼓励，卒底于成，衷心感篆。

第五，林传鼎先生于百忙中替作者指导，并细心校改，使作者免出大错，无任感佩。

最后，这篇文章虽自搜集材料之日起至文成之日止约有一年又九个月，但真正开始写是 1949 年 10 月，至 1950 年 2 月初稿写毕，时间仓促，学理及文字方面难免有错误或不通顺的地方，尚望读者指正。

1950 年 5 月 15 日作者于北京辅仁大学

苗语古音构拟

序

1979 年 10 月我参加在巴黎召开的第十二届国际汉藏语言学会议，提交了题为《苗语方言声韵母比较》的论文。在这篇论文中，我列出了古苗语的一百二十一个声类和三十二个韵类，并构拟了声类的古音。这篇论文有许多缺点和错误。例如该论文的第四韵类例字的声母没有来源于古苗语卷舌音声类的，而第五韵类例字的声母都是来源于古苗语卷舌音声类的，按补充分配原则，这两个韵类，应当合并为一个韵类。[①] 又如该论文把舌面后音的声类都合并在舌根音声类了。还有许多例字的声、韵类归属问题弄错的情况，即本应是甲声类的例字，却列在乙声类中，本应是甲韵类的例字，却列在乙韵类中。另外，该论文只构拟了声类的古音，没有构拟韵类的古音。我为了指出《苗语方言声韵母比较》中的错误，曾写过《苗语古音构拟问题》（载《民族语文》1988 年第 2 期）和《苗语补充调查中的新收获》（载《民族语文》1989 年第 2 期）等论文。我一直想把《苗语方言声韵母比较》改写成一本《苗语古音构拟》，也就是改正已发现的错和增加对韵类古音的构拟。但我在国内有许多别的工作，这个工作一直没有进行。新谷忠彦先生从 1989 年就和我时常通信，也非常支持我来日本进行这个工作。新谷先生一再替我申请，我终于得到亚非语言文化研究所的同意，给我来日本工作一年的机会。我来日本以后主要的工作就是改写《苗语方言声韵母比较》，增加对苗语韵类古音的构拟，更名《苗语古音构拟》到今年 6 月底我终于把这本书写完，并把文稿交给新谷先生替我打字，眼看我盼望多年的《苗语古音构拟》就要在日本东京出版了。我非常感谢东京外国语大学亚非语言文化研究所给我提供优良的居住条件和工作条件，尤其感谢新谷忠彦先生对我工作的支持和帮助。我在工作进行中曾由贵州省民族研究所的鲜松奎先生和中国社会科学院民族研究所的李云兵先生提供了新增声类的例字，在《苗语古音构拟》快要出版的时候，特向二位先生表示谢意。

王辅世

1994 年 8 月 3 日

① 指出这个错误和个别例字声类归属错误的是美国语言学者斯特列克（David Strecker）先生。

概　论

苗语研究工作者早已掌握了大多数苗语词的调类，如果再掌握了它们的声类和韵类，在进行新的调查时，就会心中有数，记录材料可以节省时间，又比较准确。我们很想编一本苗语古音字典，从这本字典中，可以找出苗语每个有意义的音节所属的声类，韵类和调类，可以找出全部同声类，同韵类和同调类的音节。这将是一本非常好的工具书，对苗语的深入研究，对进行苗语和同语族、同语系语言的比较研究，都很有用。但编写这样一本字典，需要相当多的调查点的非常准确的材料，在目前我们还没有条件进行这一工作。

本文是为编写这样的字典而做的初步尝试。要想找出苗语的声类和韵类，必须进行方言比较。进行方言比较当然代表点越多越好，但我们认为同一个方言或次方言选用许多个点却没有必要，因为既属于同一方言或次方言，其语音差别不大，在比较时，徒费篇幅，得不出更多的结果，如果代表点太少，也不能得出正确的结论。以苗语而论，如方言、次方言下面的土语各有一个代表点，再加上几个无所归属的小的方言点，把这些点的调查材料拿来进行比较，所得的结果就比较可靠，但进行这一工作要费相当多的人力和时间，还需要有确实的全面的材料。本文只由苗语湘西方言、黔东方言和川黔滇方言的七个次方言各选一个代表点共九个代表点进行比较。九个代表点是：

（1）贵州凯里县挂丁镇养蒿寨，属黔东方言北部土语，简称养蒿。

（2）湖南花垣县吉卫乡腊乙坪寨，属湘西方言西部土语，简称腊乙坪。

（3）贵州毕节县小哨苗族乡大南山寨，属川黔滇方言川黔滇次方言第一土语，简称大南山。

（4）贵州威宁彝族回族苗族自治县中水区石门坎寨，属川黔滇方言滇东北次方言（本次方言不分土语），简称石门坎。

（5）贵州贵阳市花溪区青岩镇摆托寨，属川黔滇方言贵阳次方言北部土语，简称摆托。

（6）贵州贵阳市花溪区高坡苗族乡甲定寨，属川黔滇方言惠水次方言北部土语，简称甲定。

(7) 贵州紫云苗族布依族自治县宗地乡绞坨寨，属川黔滇方言麻山次方言中部土语，简称绞坨。

(8) 贵州福泉县干坝乡野鸡坡寨，属川黔滇方言罗泊河次方言（本次方言不分土语），简称野鸡坡。

(9) 贵州黄平县重兴乡枫香寨，属川黔滇方言重安江次方言（本次方言不分土语），简称枫香。

进行这样的比较，我们只要苗语固有的词，其中有一些在来源上和汉语相同，是苗汉同源词还是汉语借词，一时尚不能确定。现代汉语借词不能作构拟苗语古音的依据，所以本文一律不用。汉语借词在本文中专指古借词而言，其中又分早期、晚期两种，不论早期、晚期，其调类都和汉语的调类对应，苗语的 A、B、C、D 相当于汉语的平、上、去、入，苗语的 1、2、3、4、5、6、7、8 相当于汉语的阴平、阳平、阴上、阳上、阴去、阳去、阴入、阳入。比较的字数当然是越多越好，因限于材料，本文只比较了五百九十多个单音节的词或词素（以下一律简称为字），这当然很不够，有一些苗语的声类和韵类可能没有找出来，这只有等以后陆续补充。有一些声类和韵类可能归纳错了，例如把一个声类或韵类错误地分作两个，或者把两个声类或韵类错误地并为一个，或者某一个字本为甲声类或甲韵类的却错排在乙声类或乙韵类，这将在今后的研究中加以改正。

在比较时，常常发现有的字声母、韵母或声调有不合对应规则的情况。这有三种可能，一种可能是那个字根本不是同源字，第二种可能是在语言演变过程中，个别的字在个别方言、土语中发生了特殊的变化，第三种可能是记音有误。在比较时，如果发现某个字在某个点声、韵、调之一不符合对应规则，我们还是列在表上，在音标后面加上“声!”、“韵!”、“调!”字样，分别表示声母、韵母、声调不合对应规则，以请读者注意。对这些不符合对应规则的字，我们能分析其不符合的原因时，就在注释中加以分析，实在不能分析的，只好留在那里，等以后研究出结果来，再补充说明。在一般情况下，声、韵、调有两项不符合对应规则，就不列在表上，但有的字确属同源而有声、韵、调中的两项不符合对应规则时，我们还是列在比较表上，并加必要的说明。

按照一般科学原则，孤证是不能成立的。比如，我们找到一条声母或韵母对应规则，但合于这一条对应规则的只有一个例字，我们怎么办呢？我们采取的办法是，首先看声调，如果声调在各方言、次方言的代表点属于同一调类，然后再看声母、韵母，如果声母符合对应规则，也就是说有两个以上的字具有相同的声母对应规则，那么，尽管韵母对应表上只有一个例字，我们也把它看做一个韵类，同样，如果韵母符合对应规则，也就是说有两个以上的字具有相同的韵母对应规则，那么，尽管声母对应表上只有一个例字，我们也把它看做一个声类，这里面有两种可能，一种可能是，还有同声类、同韵类的字，有待于进一步去找，另一种可能是个别字脱离了一般语音对应规则，在某个或几个方言、次方言中发生特殊的变化，那就没有别的字和它同韵类或同声类了。总之，我们不能允许同一个字在声母比较表中自成一个声类，而在韵母比较表中它又自成一个韵类。只有这种情况，我们才认为是孤证，我们要排除的只是这样的孤证。

在比较的时候，不能只限于比较具有相同意义的字，而要设法找出真正的同源字，而那一个字在某个或某几个方言、次方言中词汇意义已经有所改变，表示了其他有关的词汇意义。例如表示“米”这个词汇意义的字在养蒿读作 shε$^{35}_{(3)}$，在摆托、甲定、绞坨、野鸡坡、枫香的“米”和养蒿的 shε$^{35}_{(3)}$无论在声、韵、调各方面都有对应关系，但腊乙坪的“米”读作 ntsɔ$^{53}_{(5)}$，大南山的“米”读作 ɳʈʂa$^{43}_{(1)}$，石门坎的“米”读作 ndlɦi$^{35}_{(2)}$都和其他六个点的“米”无对应关系。我们发现腊乙坪的“稀饭”读作 lhe$^{53}_{(5)}$ci$^{44}_{(7)}$se$^{44}_{(3)}$或 ci$^{44}_{(7)}$se$^{44}_{(3)}$（逐字译义为“饭粥米”或“粥米”）其最后一个音节 se$^{44}_{(3)}$正好是和其他六个点的“米”有对应关系的字（千母、断韵、3 调），所以我们在比较“米”字时，腊乙坪栏中不写 ntsɔ$^{53}_{(5)}$，而写 se$^{44}_{(3)}$，在音标下注上“（稀饭）”，说明在“稀饭”这个词中的“米”才是有对应关系的同源字。我们又发现作“小米”讲的字在大南山是 tsho$^{55}_{(3)}$，在石门坎是 tshu$^{55}_{(3)}$，它们和其他六个点读作“米”讲的字同源（同为千母、断韵、3 调），于是在比较“米”字时，大南山栏中不写 ɳʈʂa$^{43}_{(1)}$，石门坎栏中不写 ndlɦi$^{35}_{(2)}$，而分别写上 tsho$^{55}_{(3)}$，tshu$^{55}_{(3)}$，在音标下面注上“（小米）”字样，说明这两个点和其他六个点的“米”同源的字是“小米”而不是概括的“米”。词义的缩小、扩大在任何语言中都有，例如汉语“走”字古义为“跑”，现在广州话“走”仍作“跑”讲，而在普通话“走”作“行”讲，“走”的本义由“跑”表示了。如果我们比较汉语方言“走”字的读音，把广州话的“行”（广州话的“行”和普通话的“走”词汇意义相同）拿来比较，肯定不符合对应规则，只能把作“跑”讲的“走”字拿来比较，才符合对应规则。这种情况在苗语中比较多，而我们对苗语的了解很少，所以在比较表上经常有一些点是空白的，这不表示那些点没有材料，而是那些点的材料和表中所列的其他点的材料不同源，而我们又不知道真正同源的字意义扩大、缩小或转变情况，不知道它隐藏在我们调查的大量材料的哪一个词中，只好先空起来，等以后再慢慢补上。我们认为苗语尽管方言差别大，最基本的词在各方言中还是相同的，只是词义有了变化，经过努力，将来是会找到更多的同源字的。找到更多的同源字以后，有两种情况可能发生，一种情况是这些材料说明我们归纳出来的声类和韵类是正确的，这当然是好的；另一种可能是这些材料说明我们归纳出来的声类和韵类是错误的，这也是好的，我们可以根据新材料改正错误，使我们研究的成果更符合实际情况。

下面我们对比较表中的音标作一简要说明：

首先列出各代表点的声调表

<table>
<tr><th rowspan="2">古苗语声调</th><th rowspan="2">古苗语声母</th><th colspan="2">养蒿</th><th colspan="2">腊乙坪</th><th colspan="2">大南山</th><th colspan="3">石门坎</th><th colspan="3">摆托</th><th colspan="2">甲定</th><th colspan="3">绞坨</th><th colspan="2">野鸡坡</th><th colspan="2">枫香</th></tr>
<tr><th>调类</th><th>调值</th><th>调类</th><th>调值</th><th>调类</th><th>调值</th><th colspan="2">调类</th><th>调值</th><th colspan="2">调类</th><th>调值</th><th>调类</th><th>调值</th><th colspan="2">调类</th><th>调值</th><th>调类</th><th>调值</th><th>调类</th><th>调值</th></tr>
<tr><td rowspan="3">A</td><td rowspan="2">清</td><td rowspan="2">1</td><td rowspan="2">33</td><td rowspan="2">1</td><td rowspan="2">35</td><td rowspan="2">1</td><td rowspan="2">43</td><td colspan="2" rowspan="2">1</td><td rowspan="2">55</td><td colspan="2" rowspan="2">1</td><td rowspan="2">55</td><td rowspan="2">1</td><td rowspan="2">24</td><td>古全清</td><td>1a</td><td>32</td><td rowspan="3">A</td><td rowspan="3">31</td><td rowspan="2">1</td><td rowspan="2">33</td></tr>
<tr><td>古次清</td><td>1b</td><td>22</td></tr>
<tr><td>浊</td><td>2</td><td>55</td><td>2</td><td>31</td><td>2</td><td>31</td><td colspan="2">2</td><td>35</td><td colspan="2">2</td><td>54</td><td>2</td><td>55</td><td colspan="2">2</td><td>53</td><td>2</td><td>24</td></tr>
<tr><td rowspan="4">B</td><td rowspan="2">清</td><td rowspan="2">3</td><td rowspan="2">35</td><td rowspan="2">3</td><td rowspan="2">44</td><td rowspan="2">3</td><td rowspan="2">55</td><td colspan="2" rowspan="2">3</td><td rowspan="2">55</td><td colspan="2" rowspan="2">3</td><td rowspan="2">13</td><td rowspan="2">3</td><td rowspan="2">13</td><td>古全清</td><td>3a</td><td>42</td><td rowspan="4">B</td><td rowspan="4">55</td><td rowspan="2">3</td><td rowspan="2">53</td></tr>
<tr><td>古次清</td><td>3b</td><td>232</td></tr>
<tr><td rowspan="2">浊</td><td rowspan="2">4</td><td rowspan="2">11</td><td rowspan="2">4</td><td rowspan="2">33</td><td rowspan="2">4</td><td rowspan="2">21</td><td>名　词</td><td>4Ⅰ</td><td>33</td><td colspan="2" rowspan="2">4</td><td rowspan="2">32</td><td rowspan="2">4</td><td rowspan="2">31</td><td colspan="2" rowspan="2">4</td><td rowspan="2">11</td><td rowspan="2">4</td><td rowspan="2">13</td></tr>
<tr><td>非名词</td><td>4Ⅱ</td><td>11</td></tr>
<tr><td rowspan="4">C</td><td rowspan="2">清</td><td rowspan="2">5</td><td rowspan="2">44</td><td rowspan="2">5</td><td rowspan="2">53</td><td rowspan="2">5</td><td rowspan="2">44</td><td colspan="2" rowspan="2">5</td><td rowspan="2">33</td><td colspan="2" rowspan="2">5</td><td rowspan="2">43</td><td rowspan="2">5</td><td rowspan="2">43</td><td>古全清</td><td>5a</td><td>55</td><td rowspan="4">C</td><td rowspan="4">24</td><td rowspan="2">5</td><td rowspan="2">55</td></tr>
<tr><td>古次清</td><td>5b</td><td>35</td></tr>
<tr><td rowspan="2">浊</td><td rowspan="2">6</td><td rowspan="2">13</td><td rowspan="2">6</td><td rowspan="2">42</td><td rowspan="2">6</td><td rowspan="2">13</td><td>名　词</td><td>6Ⅰ</td><td>53</td><td>纯</td><td>6</td><td>21</td><td rowspan="2">6</td><td rowspan="2">22</td><td>纯</td><td>6</td><td>33</td><td rowspan="2">6</td><td rowspan="2">31</td></tr>
<tr><td>非名词</td><td>6Ⅱ</td><td>31</td><td>送气</td><td>6</td><td>21</td><td>送气</td><td>6</td><td>13</td></tr>
<tr><td rowspan="4">D</td><td rowspan="2">清</td><td rowspan="2">7</td><td rowspan="2">53</td><td rowspan="2">7</td><td rowspan="2">44</td><td rowspan="2">7</td><td rowspan="2">33</td><td colspan="2" rowspan="2">7</td><td rowspan="2">11</td><td colspan="2" rowspan="2">7</td><td rowspan="2">43</td><td rowspan="2">7</td><td rowspan="2">43</td><td>古全清</td><td>7a</td><td>44</td><td rowspan="4">D</td><td rowspan="4">31</td><td rowspan="2">7</td><td rowspan="2">53</td></tr>
<tr><td>古次清</td><td>7b</td><td>13</td></tr>
<tr><td rowspan="2">浊</td><td rowspan="2">8</td><td rowspan="2">31</td><td rowspan="2">8</td><td rowspan="2">33</td><td rowspan="2">8</td><td rowspan="2">24</td><td>名　词</td><td>8Ⅰ</td><td>53</td><td colspan="2" rowspan="2">8</td><td rowspan="2">54</td><td rowspan="2">8</td><td rowspan="2">55</td><td colspan="2" rowspan="2">8</td><td rowspan="2">21</td><td rowspan="2">8</td><td rowspan="2">13</td></tr>
<tr><td>非名词</td><td>8Ⅱ</td><td>31</td></tr>
</table>

声调表的说明：

1. 古苗语有 A，B，C，D 四个声调，在现代苗语，除川黔滇方言罗泊河次方言外，大多数方言、次方言，四个古声调因古声母的清、浊不同各分化为两个声调。古清声母所在字的声调分别为 A_1，B_1，C_1，D_1 调或简称 1，3，5，7 调，古浊声母所在的声调分别为 A_2，B_2，C_2，D_2 调或简称 2，4，6，8 调。

2. 在石门坎，古苗语浊音的 B，C，D 调因具有各该声调的单音节词的词类不同，又各分化为两个声调，单音节的名词（包括量词）的调类分别是 4Ⅰ，6Ⅰ，8Ⅰ，调值分别为 33，53，53；单音节的非名词（主要是动词，有少数形容词和其他词类）的词类分别是 4Ⅱ，6Ⅱ，8Ⅱ，调值分别为 11，31，31。

3. 古苗语浊闭塞音（包括塞音如＊b，＊d，＊g，塞擦音如＊dz，＊dʐ，＊dʑ；含有塞音的复辅音）声母在摆托变为清音，但古苗语 C 调字的浊闭塞音声母变为清音后和其他浊连续音声母在大多数字中带有浊送气成分，我们把调类号记作 6，调值记作 21，有少数字的由古浊闭塞音变来的清闭塞音声母和其他浊连续音声母无浊送气成分，我们把这些字的调类号记作6，调值记作21。

4. 古苗语清声母的 A，B，C，D 四个声调在绞坨因古声母的全清、次清各分化为两个声调，我们分别用 1a，1b，3a，3b，5a，5b，7a，7b 作调类号，调值分别为 32，22，

42，232，55，35，44，13。古全清声母包括不送气的清塞音，清塞擦音（包括带鼻冠音的）如＊p，＊mp，＊t，＊nt，＊k，＊ŋk，不送气清塞擦音（包括带鼻冠音的）如＊ts，＊nts，＊ʈʂ，＊ɳʈʂ，＊tɕ，＊ȵtɕ 含有不送气清塞音的复辅音（包括带鼻冠音的）如＊pts，＊mpts，＊pʈʂ，＊mpʈʂ，＊pl，＊mpl，＊ql，＊ɴql，带先喉塞音的浊连续音如＊ʔm，＊ʔn，＊ʔl，＊ʔʑ，带先喉塞音的由浊擦音构成的复辅音＊ʔvʐ 和喉塞音 ʔ。古次清声母包括送气的清塞音（包括带鼻冠音的）如＊ph，＊mph，＊th，＊nth，＊kh，＊ŋkh，送气的清塞擦音（包括带鼻冠音的）如＊tsh，＊ntsh，＊ʈʂh，＊ɳʈʂh，＊tɕh，＊ȵtɕh，含有送气清塞音的复辅音（包括带鼻冠音的）如＊phtsh，＊phl，＊mphl，清的连续音如＊m̥，＊n̥，＊ȵ̥，＊l̥，由清连续音构成的复辅音如＊m̥n̥，＊m̥ʂ。

5. 古苗语浊闭塞音声母在绞坨变为清音，但 C 调字的浊闭塞音变为清音后和其他浊连续音声母在大多数字带有浊送气成分，我们把调类号记作 6，调值记作 13，有少数字的由古浊闭塞音变来的清音和其他浊连续音声母没有浊送气成分，我们把调号记作6̲，调值记作 33。

6. 腊乙坪、石门坎、摆托、甲定、绞坨、野鸡坡、枫香都有两个调类共一个调值的情况，由表上一看便知，不用在这里详细叙述。

九个点的音合于一般国际音标标准读音的不再叙述，这里只谈一些不合一般标准读音的情况和关于标音的规则。苗语无以元音开始的字，本文中凡以元音开始的字，其前面都有一个喉塞音声母，如养蒿 i$^{33}_{(1)}$ ‘一’读作［ʔi^{33}］，o$^{33}_{(1)}$ ‘二’读作［ʔo^{33}］。我们在声类系统表列有喉塞音声类（第 129 声类鸭̲母̲），在声母比较表中也有一个喉塞音（鸭̲母）比较表。除腊乙坪有 a，ɑ 两个低元音之外，其他点都只有一个低元音，甲定用 ɑ 表示，下面另有说明，其他七个点都用 a 表示。a 单独作韵母时读作［ᴀ］，在韵母 ai 中读作［æ］，在 au，aŋ，aɯ 中读作［ɑ］；除腊乙坪和甲定的 oŋ 读作［ũ］以外，其余各点（石门坎无）的 oŋ 都读作［uŋ］；音标右上角的阿拉伯数字表示调值，如 55 表示高平，35 表示高升，33 表示中平，11 表示低平，31 表示低降，21 表示超低降。调值下面音标右下角括弧内的 A，B，C，D 或 1，2，3，4，5，6，7，8 表示调类。

下面分别叙述九个点音标的特殊规则。

养蒿　ə 接舌尖中音、小舌音、喉音声母时读作［əɯ］，如tə$^{44}_{(5)}$ “树”读作［təɯ^{44}］，qə$^{33}_{(1)}$ ‘庄稼’读作［qəɯ^{33}］，ə$^{33}_{(1)}$ ‘水’读作［ʔəɯ^{33}］。舌根音声母接韵母 a 时，有显著腭化作用，如 ka$^{35}_{(3)}$ ‘饭’读作［kjᴀ^{35}］。4，6 调字的声母都带有浊送气成分，其中 6 调字声母的浊送气成分较重，如 lu$^{11}_{(4)}$ ‘老’读作［lɦu^{11}］，ta$^{13}_{(6)}$ ‘死’读作［tɦᴀ^{13}］。

《苗汉词典》（黔东方言）（王春德编著　1992 年，贵州民族出版社出版）是根据养蒿的语音编写的，但为了照顾方言区大多数人使用，有少数字未按养蒿语言拼写，如养蒿的 z，在大多数地区读作 n，词典把养蒿的 z 一律改作 n，如‘鱼’在养蒿读作zɛ$^{11}_{(4)}$，在词典中写作 nail（ai 表示［ɛ］，l 为 4 调调号，调值为 11）。词典上的声母 dl 是为了和其他方言文字汇通用来表示l̥的，并不是黔东方言有 dl［tl̥］这个声母。因为黔东方言的［l̥］和川黔滇次方言，滇东北次方言的［tl̥］对应，川黔滇，滇东北的文字都以 dl 表示［tl̥］，为了使一部分同源字在字形上一致，黔东方言文字就用 dl 表示［l̥］了。这样一汇通，‘鹰’这个词，尽管黔东、川黔滇、滇东北分别读作 l̥aŋ$^{35}_{(3)}$，tl̥aŋ$^{55}_{(3)}$，tl̥aɯ$^{55}_{(3)}$，在三种方言文字都写作 dlangd（ang 表示 aŋ［ɑŋ］或 aɯ［ɑɯ］，d 为 3 调调号，调值黔东为 35，川黔滇与滇东北是 55）。另外黔东方言文字方案对个别声母的表示法作了特殊的规定，如以 w 表示［v］，以 v 表示［ɣ］，词典就是按这种规定拼写的，如黔东方言文字方案不熟悉，很容易认为 vib‘石头’读作［vi^{33}］，而实际读作［ɣi^{33}］，认为 waix‘天’读作［wɛ^{55}］，而实际读作［vɛ^{55}］。这也是为了和其他方言文字汇通而作的特殊表示法。试比较：黔东的 wil‘我’和湘西的 wel‘我’二者字形相近，但实际声母不同，黔东读 wil 作［vɦi^{11}］，湘西读 wel 作［wɦe^{33}］，再比较：黔东的 vik‘藏’和滇东北的 vaik‘藏’二者字形相近，但实际声母不同，黔东读 vik 作［ɣi^{53}］，滇东北读 vaik 作［vai^{11}］。还有黔东词典对个别字的写法也略有改动，如‘白’和‘四’在养蒿都读作［l̥u^{33}］，词典把‘四’的读音规范为［l̥o^{33}］，文字写作 dlob，‘白’的读音不变，文字写作 dlub（b 为 1 调调号，调值为 33）。在养蒿‘菜’读作［ɣu^{33}］，但为了照顾大多数地区的苗族学习文字，词典把这个字的读音规范为［ɣo^{33}］，文字写作 vob。词典上的这些字的读音和本文的写法都不同，我们有必要在这里说明所以不同的原因，以免发生误解。

腊乙坪　有两个低元音，a 为前低元音，ɑ 为后低元音，发音与国际音标的标准读音相同，由于腊乙坪的 a 与其他各点的 a 读音不同，所以在这里交代一下。带鼻音韵尾的韵母实际都是鼻音化元音，鼻音韵尾只是鼻音化符号，除 oŋ 的实际音值是［ũ］以外，in，en，ɛn，ɑŋ 的实际音值都是各韵母中元音的鼻音化形式，如 ɕɛn$^{44}_{(3)}$‘牙齿’读作［ɕɛ̃^{44}］，ŋɑŋ$^{31}_{(2)}$‘船’读作［ŋɑ̃^{31}］。4，6，8 调字的声母都带有浊送气成分，如 lo$^{33}_{(4)}$‘来’读作［lɦo^{33}］，qɔ$^{42}_{(6)}$‘醉倒’读作［qɦɔ^{42}］，ku$^{33}_{(8)}$‘十’读作［kɦu^{33}］。

大南山　i 与舌尖前音声母相拼时，读作［ɿ］，如 tsi$^{55}_{(3)}$‘果子’读作［tsɿ^{55}］，i 与舌尖后音声母相拼时，读作［ʅ］，如 ʂi$^{43}_{(1)}$‘轻’读作［ʂʅ^{43}］。韵母 ua 的实际音值是［ɒ］或［ᵘɒ］为了便于印刷，采用了 ua。韵母 eu 实际音值是 ɛɯ，由于大南山的语言音系统中 ɛ，ɯ 不作单元音韵母，所以用 eu 表示，可以解释作 u 受 e 的顺同化变为展唇元音。4，6 调字的声母都是带浊送气成分的浊音，如 ŋʈuɑ$^{21}_{(4)}$‘鼓’读作［ŋɖɦɒ^{21}］，tɕau$^{13}_{(6)}$‘栽’读作［dʑɦɑu^{13}］。u 接舌头中音声母时读作［y］，如 tu$^{13}_{(6)}$‘哪’读作［dɦy^{13}］，lu$^{31}_{(2)}$‘烂’读作［ly^{31}］。

石门坎　韵母 ey 的实际音值是 œy，为了便于打字、印刷，所以用 ey 表示，可以解释作 e 受 y 的逆同化变为圆唇元音。i，y 与舌尖前音声母相拼时，分别读作［ɿ］［ʮ］如 tsi$^{55}_{(3)}$‘果子’读作［tsɿ^{55}］，ntshy$^{33}_{(5)}$‘大象’读作［ntshʮ^{33}］；i，y 与舌尖后音声母相拼时，分别读作［ʅ］［ʯ］，如 ʂi$^{55}_{(1)}$‘轻’读作［ʂʅ^{55}］，ʈʂy$^{33}_{(5)}$‘嗅’读作［ʈʂʯ^{33}］。4 Ⅱ 调

和 7 调的调值都写作 11，但 4 Ⅱ 调的调值实际为 12，由于两调字的声母性质不同，都写作 11，完全没有问题。7 调字的声母为清闭塞音，清浊连续音，4 Ⅱ 调字的声母为带浊气成分的浊闭塞音，浊连续音，这两调字的声母有显著的区别，只要声母读得准确，即把 4 Ⅱ 调读作 11 调，决不会被人指摘说读错了声调。所以我们把 4 Ⅱ 调的调值也标作 11。

摆托　4 调字的声母都有浊送气成分，如 tau$^{32}_{(4)}$ ‘柴’读作［tɦɑu^{32}］，6 调字的声母大部分有浊送气成分，我们把声调记作$^{21}_{(6)}$，如 ʈau$^{21}_{(6)}$ ‘筷子’读作［ʈɦɑu^{21}］，有少数 6 调字的声母无浊送气成分，我们把声调记作$^{21}_{(6)}$，如 tɔŋ$^{21}_{(6)}$ ‘半天’读作［tɔŋ^{21}］至于为什么有这种区别，尚未查明。

甲定 ɑ 作单元音韵母时的实际音值是［ɒ］，如 khɑ$^{43}_{(5)}$ ‘鞋’读作［khɒ^{43}］。带鼻音韵尾的韵母都是鼻化元音，鼻音韵尾只是鼻化符号，除 oŋ 的实际音值是［ũ］以外，in，en，ɛn，ɑŋ，əŋ 的实际音值都是各韵母中元音的鼻音化形式，如 qin$^{55}_{(2)}$ ‘芦笙’读作［qĩ^{55}］，ʈɑŋ$^{55}_{(2)}$ ‘笛子’读作［ʈɑ̃^{55}］。6 调字的声母都有浊送气成分，如 tɕo$^{22}_{(6)}$ ‘膝盖’读作［tɕɦo^{22}］。

绞坨 ua，əa 中的 a 读作 ɑ，如 wua$^{32}_{(1a)}$ ‘簸箕’读作［wuɑ^{32}］，təa$^{13}_{(6)}$ ‘死’读作［təa^{13}］或［thəɑ^{13}］。æin 和 ein 中的 n 不是鼻音韵尾而是紧接在它前面的元音 i 的鼻化符号，æin 和 ein 的实际读音分别是［æĩ］，［eĩ］。22（1b），232（3b），35（5b），11（4），13（6~7b）各调字的不带鼻冠音的闭塞音声母都是可送气或不送气的，如 tei$^{35}_{(5b)}$ ‘箍’可以读作［thei^{35}］，也可以读作［tei^{35}］，只要声调读得准，声母送气与否关系不大。22（1b），232（3b），35（5b），11（4），13（6~7b）各调字的带鼻冠音的闭塞音声母和连续音声母都带有浊送气成分，如 ntəa$^{13}_{(6)}$ ‘麻’读作［ntɦəɑ^{13}］，ntsua$^{232}_{(3b)}$ ‘血’读作［ntsɦuɑ^{232}］，məŋ$^{22}_{(1b)}$ ‘苗族’读作［mɦəŋ^{22}］，lu$^{11}_{(4)}$ ‘老’读作［lɦu^{11}］，ʂoŋ$^{35}_{(5b)}$ ‘擦’读作［ʂɦoŋ^{35}］。əa 只出现在 4，6 调字中，a 永远不出现在 4，6 调字中，根据补充分配原则，用 a 表示 əa 是可以的，但因 6 调和 7b 调的调值都是 13，如果我们只标调值不标调类，遇见像 ta^{13} 这样的字，就不知道它读作［tA^{13}］或［thA^{13}］还是读作［təɑ^{13}］或［thəɑ^{13}］了，而我们除作方言比较时标调类以外，一般都不标调类，所以不能以 a 表 əa。本文是方言比较的文章，可以用 a 表 əa，但为了使任何场合的字形都一致。本文仍保留 əa 韵母。在绞坨，韵母变更音值的，不只是在其他调字中读 a 的，在 4，6 调字中读 əa，如韵母比较表中出现的，在其他调字中读 æin 的，在 4，6 调字中读 ein，在其他调字中读 ɔ 的，在 4，6 调字中读 o，在其他调字中读 o 的，在 4，6 调字中读 u，在其他调字中读 ə 的，在 4，6 调字中读 ɯ，在其他调中读 aŋ 的，在 4，6 调字中读 əŋ。我们都是按实际读音写的。凡是在 4，6 调读音特殊的韵母都作为次要的变体括在括弧内，因此，不会增加实际不存在的韵母。

野鸡坡　浊擦音声母有时可以听到轻微的浊闭塞成分，如 va$^{24}_{(C)}$ ‘把’读作［v^{b}ɑ^{24}］，za$^{31}_{(D)}$ ‘醒’读作［z^{dz}ɑ^{31}］，由浊擦音与 l 组成的复辅音声母，有时在浊擦音后面也可以听到轻微的闭塞成分，如 vlo$^{31}_{(A)}$ ‘魂’读作［v^{b}lo^{31}］。通过比较我们才知道这种浊闭塞成分都是来源于古浊闭塞音声母，但这种浊闭塞成分已达到不区分音位的地步，说这种次方言（罗泊河次方言）的苗族大多数已把浊擦音后面的浊闭塞成分丢失了，他们也区别不了由古浊擦音来的声母和由古浊闭塞音来的声母。例如“八”的声母是古浊擦音 ＊ʑ 沿袭下来的，在野鸡坡“八”读作 ʑa$^{31}_{(D)}$，“九”的声母在古苗语是 ＊dʑ，在野鸡坡演变为 ʑ，“九”读作 ʑa$^{31}_{(A)}$和“八”的声母、韵母、调值（野鸡坡 A，D 两调的调值都是 31）都相同，也就是说野鸡坡苗语的“八”，“九”是同音词了。当我们问发音人，“‘八’和‘九’读音相同，有区别的必要时，怎样区分呢?”他说，“‘八’是 ʑa^{31}，‘九’是多一点的 ʑa^{31}”。例如“初八”读作 sen^{31} ʑa^{31}，“初九”读作 sen^{31} ʑa^{31} te^{31} nʔtu^{24}，nʔtu^{24}的意思是“多”，te^{31}是个虚字，sen^{31}ʑa^{31}te^{31}nʔtu^{24}的意思是“初八多一点的 ʑa^{31}”，多一点的 ʑa^{31}是“九”，“初八多一点的 ʑa^{31}就是初九”。由此可见说野鸡坡苗语的苗族对来源不同的浊擦音大都没有区别的能力，我们只好把来源于古浊闭塞音的浊擦音和来源于浊擦音的浊擦音都写作浊擦音，在前者的后面不把个别人还保留的轻微浊闭塞成分写出来。此外，野鸡坡韵母 e 与含有 l 的复辅音声母相拼时读作［ɛ］，如 mple$^{31}_{(D)}$‘舌头’读作［mplɛ^{31}］。

枫香 i 与舌尖前音声母相拼时读作［ɿ］，如：ntshi$^{33}_{(1)}$‘干净’读作［ntshɿ^{33}］。

我们共选了 590 多个单音节词和词素进行声、韵母的比较，比较的结果，声母对应规则共有 122 条，应即是 122 个声类，由少数代表点补上的声类 8 个，所以我们找出的声类共有 130 个。按声类系统来推测，可能有而未发现的声类还有 18 个。这里只是说可能有，而不是必定有。虽然未发现的不一定有 18 个，但肯定是有脱漏的，还须进一步努力寻找。韵母对应规则共有 30 条，应即是 30 个韵类。现代苗族各方言、次方言的韵母都比较少，我们比较的字数对韵母来说相对地多，所以我们认为苗语韵类漏掉的可能性不大。

苗语没有传统的韵书，因此，给声、韵类命名是很困难的。苗族没有统一的文字，有四种方言文字，用某一种方言文字给古苗语声、韵类命名，其他方言的苗族用起来很不习惯。我们已经通过比较，知道哪些字属于古苗语同一声类，哪些字属于古苗语同一韵类，我们从同一声类的字中选出一个，以表其词汇意义的汉字作为声类的名称，从同一韵类的字中选出一个，以表其词汇意义的汉字作为韵类的名称。把声类称为“母”，把韵类称为“韵”。并在声、韵类名称的下面加上线，如“百母”，“果韵”。这样的声、韵类的名称对各个方言的苗族都很方便，因为各个方言的知识分子大都通晓汉语、汉文。这种命名法，表面上看来有张冠李戴的嫌疑，实际上我们尽量选用了苗汉同源字或汉语借词，照顾了读音。

下面列出苗语的声类系统表（各声类名称下面的线和后面的“母”字，构拟古音左上角的星花均省略）

1. 百 p	2. 破 ph	3. 抱 b	4. 病 ʔm	5. 晚 m̥	6. 麦 m	7. 梦 mp	8. 撒 mph	9. 拍 mb	10. 箕 ʔv	11. 头 f	12. 万 v
13. 三 pts	14. 劈 phtsh	15. 手 bdz		16. 齿 m̥n̥	17. 马 mn	18. 补 mpts	19. 女 mphtsh	20. 辫 mbdz		21. 雷 fs	22. 锅 vz
23. 簸 ptʂ	24. 吹 phtʂh	25. 套 bdʐ		26. 苗 m̥ʂ	27. 听 mʐ	28. 肺 mptʂ		29. 鼻 mbdʐ	30. 石 ʔvʐ	31. 写 fʂ	32. 梨 vʐ
33. 四 pl	34. 抚 phl	35. 顿 bl			36. 柔 ml	37. 片 mpl	38. 环 mphl	39. 叶 mbl			
40. 毛 pɭ		41. 魂 bɭ									
42. 灶 ts	43. 千 tsh	44. 钱 dz				45. 早 nts	46. 糙 ntsh	47. 瘦 ndz		48. 送 s	
49. 答 t	50. 炭 th	51. 铜 d	52. 这 ʔn	53. 弩 n̥	54. 鸟 n	55. 戴 nt	56. 摊 nth	57. 麻 nd	58. 短 ʔl	59. 绳 l̥	60. 老 l
61. 爪 ʈ	62. 插 ʈh	63. 笛 ɖ	64. 种 ʔɳ	65. 饭 ɳ̥	66. 事 ɳ	67. 中 ɳʈ	68. 里 ɳʈh	69. 摘 ɳɖ			
70. 笑 tɭ		71. 门 dɭ				72. 浑 ɳtɭ		73. 滴 ɳdɭ	74. 兔 ʔɭ	75. 烧 ɭ̥	76. 镰 ɭ
77. 甑 tʂ	78. 车 tʂh	79. 匠 dʐ				80. 贬 ɳtʂ	81. 清 ɳtʂh	82. 量 ɳdʐ		83. 熟 ʂ	
84. 蒸 tɕ	85. 穿 tɕh	86. 骑 dʑ	87. 娘 ʔȵ	88. 肠 ȵ̥	89. 银 ȵ	90. 啄 ȵtɕ	91. 泼 ȵtɕh	92. 柱 ȵdʑ	93. 秧 ʔʑ	94. 岁 ɕ	95. 羊 ʑ
96. 药 c	97. 鞋 ch	98. 十 ɟ				99. 菌 ɲc	100. 尘 ɲch	101. 船 ɲɟ			
102. 沟 k	103. 蜈 kh	104. 蚱 g	105. 杯 ʔŋ		106. 鹅 ŋ	107. 泞 ŋk	108. 桠 ŋkh	109. 圈 ŋg		110. 磨 x	
111. 鸡 q	112. 客 qh	113. 叫 ɢ					114. 鸽 ɴq	115. 渴 ɴqh	116. 肉 ɴɢ		
117. 狗 ql		118. 桃 ɢl				119. 觉 ɴql		120. 褴 ɴɢl			
121. 鬼 qɭ		122. 庹 ɢɭ									
123. 过 qlw		124. 黄 ɢlw						125. 天 ɴɢlw			
126. 蛋 qwj	127. 姜 qhwj	128. 蜗 ɢwj									
129. 鸭 ʔ									130. 喝 h		

从声类系统表可以看出，由于我们没有足够的比较材料，有许多声类没有找出来，最明显的是可以构拟为，* mphʈʂh ，* phɭ，* tɭ̥h，* ŋtɭ̥h ，* qhl，* ɴqhl，* qhɭ，* qhlw 等送气音的声类都没有列出来，也没有列出可以构拟为 * ŋ̊ 的声类。根据我们熟悉的大南山、石门坎苗语，我们可以找到有可能属于这些声类的例字。如大南山的 phle$^{44}_{(5)}$ ‘缩’，phleu$^{33}_{(7)}$ ‘鳞’，phli$^{33}_{(7)}$（石门坎：tl̥hi$^{11}_{(7)}$）‘脱皮’，phlo$^{44}_{(5)}$（石门坎：tl̥hu$^{33}_{(5)}$）‘脸’，phlua$^{43}_{(1)}$ ‘分开’，phlua$^{55}_{(3)}$ ‘急放出貌’等，由于没有养蒿，绞坨的比较材料，我们不能断定它们属于构拟为 * phl（抚母）的声类还是属于可构拟为 * phɭ 的声类，如果我们到养蒿，绞坨去找同源字，一旦发现它们之中的哪一个或哪几个在养蒿的同源字声母为ɭ̥h 或者在绞坨的同源字声母为 pɭ，我们就可以断定古苗语有一个可构拟为 * phɭ 的类声。石门坎的 tl̥ha$^{11}_{(7)}$ ‘疲劳’有可能属于构拟为 * phl（抚母）的声类，也可能属于可构拟为 * phɭ，* tɭ̥h，* qhl，* qhɭ，* qhlw 等声类中的一个。石门坎的 ntl̥hie$^{11}_{(7)}$ ‘陡状’，* ntl̥ho$^{33}_{(5)}$ ‘急捅破状’可能属于构拟为 * mphl（环母）的声类，也可能属可构拟为 * ɳtɭ̥h 的声类或者也可能属于可构拟为 * ɴqhl 的声类。石门坎有 ŋ̊这个声母，如 ŋ̊u$^{55}_{(1)}$ ‘坛子’，ŋ̊a$^{11}_{(7)}$ ‘小母牛’，在本书把 ŋ̊u$^{55}_{(1)}$ 中的 ŋ̊ 处理为 h 的变体，把 ŋ̊a$^{11}_{(7)}$中的 ŋ̊ 处理为 ç 的变体。由于没有其他点的材料，我们不敢断定它是否属于可构拟为 * ŋ̊ 的声类。此外，是否根本没有可构拟为 * ʔmn，* ʔvz，* ʔmʐ，* ʔml，* m̥ l̥，* ʔz，* z，* ʔʐ，* ʐ 的声类，等等，这一系列的问题，要在搜集到大量的材料并进行比较研究以后，才能最后得到答案。

下面列出古苗语的韵类系统表（各韵类名称下面的线和后面的“韵”字，构拟古音左上角的星花均省略）

（1）果 i			（18）新 in	
（2）一 e	（10）窄 ei	（13）酒 eu	（19）人 en	（24）疮 eŋ
（3）地 æ			（20）千 æn	
（4）借 a	（11）买 ai	（14）二 au		（25）重 aŋ
（5）拍 ɑ		（15）搓 ɑu		（26）匠 ɑŋ
（6）凿 ɔ		（16）粑 ɔu	（21）放 ɔn	（27）冷 ɔŋ
（7）笑 o	（12）毛 oi	（17）烧 ou	（22）断 on	（28）羊 oŋ
（8）髓 u				（29）桶 uŋ
（9）收 ə			（23）金 ən	（30）鬃 əŋ

由韵类系统表，我们可以看出古苗语第（1）至（17）韵类是不带鼻音韵尾的，这十七个韵类在现代苗语的反映形式也基本上都是不带鼻音韵尾的韵母，只有第（1）韵类（果韵）在养蒿的反映形式是带鼻音韵尾的，第 5 韵类（拍韵）养蒿的反映形式在少数例

字是带鼻音韵尾的，出现这种现象的原因尚未查清，可能与所接声母的性质有关。至于第（11）韵类（买韵）在甲定，绞坨的反映形式是带鼻音韵尾的，可以解释做受鼻音声母影响的结果。古苗语第（18）至（30）韵类是带鼻韵尾的，这十三个韵类在现代苗语的反映形式都是带鼻音韵尾的，但不是每个韵类在各个方言、次方言中都有带鼻音韵尾的反映形式。各个方言、次方言，十三个古苗语的韵类的反映形式带鼻音韵尾的有多有少，只有滇东北次方言，没有带鼻音的韵尾的反映形式。据我们了解，川黔滇次方言的第二土语，也没有带鼻音韵尾的韵母。

下面列出苗语各方言、次方言代表点的声母比较表和韵母比较表。每一个表就是一个声类或韵类的例字表。声韵类的名称写在表的左上角，声类名称把“母”字省略，前面有表示声类次序的阿拉伯数字。韵类名称把“韵”字省略，前面有表示韵类次序的阿拉伯数字。声韵表名称下面的线未省略。声韵类的名称下面标出构拟的古音。依惯例在构拟的古音左上角应加上一个星花，出现在每个表的左上角的已经说明是构拟的古音，所以我们不加星花。我们构拟的古音出现在文章中时，一律加上星花。我们所以省略表中构拟的古音左上角的星花，是由于我们大量用星花作声、韵母变体加注的符号，若再用星花作古音的符号，增加阅读时的麻烦。对于表内的符号或例字需要注释或说明的，就写在每个表的下面，不是写在每页的最后作脚注，这是因为表格多，注释多，若不分开写，都写在每页的最后，容易混淆，眉目不清。一个声母或韵母往往因出现环境不同而有两个或更多的变体，我们把最重要的变体写在括弧外面，把次要的变体写在括弧里面，并在括弧的右上角加上❶❷等符号，在表的下面说明变体出现的环境。对声、韵类或例字需要加以说明的，就在声、韵类的格内和例字的右上角加上①，②等符号，在表下依序注明。说明声母和声调问题的在声母比较表下面加注，说明韵母问题的，在韵母比较表下面加注。为了使例字的意义明确，在例字栏中往往把与例字有关的字也写出来，只是在例字的上面加上黑点，如“用指掸”是用手指掸掉灰尘的动作而不是弹棉花或弹琴的动作，“长短”是长度大的意思，不是生长的意思。在声母比较表每个例字比较的音标末尾（也就是在枫香的音标右面）的阿拉伯数字如——（3）（5）（18）——是那个例字所属的韵类的次序。如第一个比较表（即百母比较表）的第一个例字“大腿”的枫香的音标右面有一个“（5）”表示“大腿”这个例字属第五韵类（即拍韵）。在韵母比较表每个例字比较的音标末尾（也就是在枫香的音标右面）的阿拉伯数字（如 3，5，129）是那个例字所归属的声类的次序，如第一个比较表（即果韵比较表）的第二个例字“苦胆”的枫香的音标右面有一个“77”表示“苦胆”这个例字属第 77 声类（即甑母）。这是为了使读者在看到某一例字的声母对应关系时，便于查阅该例字的韵母对应关系。也起到在声母比较表见到任何例字，当时就能知道该例字属于哪一个韵类，在韵母比较表见到任何例字，当时就能知道该例字属于哪一个声类的作用。至于调类，在音标上都有调类的数字，不用再作表示。

为了检索方便，本书最后附有依拼音字母顺序排列的声韵类比较例字（汉义）索引。和比较表中的写法一样，为了使意义明确，例字前面或后面常附有限制其意义的字，在例字上面都点有黑点，音序是按照例字排列的。和例字并列有古苗语的拟音，后面有英文释义和出现的声、韵类顺序数字。读者在找到要查的例字以后，就可按照该字出现的声、韵类顺序数字在比较表中查到。只要是比较表中有的例字，不论是作比较条目的或某个点的词汇意义有所改变的都列出来了。有的例字由于没有足够的材料，只出现在声类，未出现在韵类，当然在例字表中，只能列出声类顺序数字。

苗语古声类

1. 百母	养蒿	腊乙坪	大南山	石门坎	摆托	甲定	绞坨	野鸡坡	枫香	韵类号
p	p	p	p	p	p	p	p	p	p	
大腿	pa$^{33}_{(1)}$	pa$^{35}_{(1)}$	pua$^{43}_{(1)}$	pa$^{55}_{(1)}$	pa$^{55}_{(1)}$	pɑ$^{24}_{(1)}$	pa$^{32}_{(1a)}$	——	pa$^{33}_{(1)}$	(5)
臼齿	——	pa$^{31}_{2}$	pua$^{43}_{(1)}$ 调!	pa$^{55}_{(1)}$	——	——	——	——	pa$^{33}_{1}$	(5)
知道	pu$^{33}_{(1)}$	——	pou$^{43}_{(1)}$	pau$^{55}_{(1)}$	pu$^{55}_{(1)}$	po$^{24}_{(1)}$	pɔ$^{32}_{(1a)}$	——	pou$^{33}_{(1)}$	(17)
落	——	——	poŋ$^{43}_{(1)}$	pau$^{55}_{(1)}$	poŋ$^{55}_{(1)}$	poŋ$^{24}_{(1)}$	paŋ$^{32}_{(1a)}$	poŋ$^{32}_{(A)}$	poŋ$^{33}_{(1)}$	(30)
黄豆	pu$^{35}_{(3)}$	——	pou$^{55}_{(3)}$	pau$^{55}_{(3)}$	——	po$^{13}_{(3)}$	——	——	pou$^{53}_{(3)}$	(17)
射箭	paŋ$^{35}_{(3)}$	pɑŋ$^{44}_{(3)}$	pau$^{55}_{(3)}$	po$^{55}_{(3)}$	pɔŋ$^{13}_{(3)}$	poŋ$^{13}_{(3)}$	poŋ$^{42}_{(3a)}$	poŋ$^{55}_{(B)}$ 打枪	paŋ$^{53}_{(3)}$	(21)
铺被子	——	——	pua$^{44}_{(5)}$	pa$^{33}_{(5)}$	po$^{43}_{(5)}$	pɑ$^{43}_{(5)}$	pa$^{55}_{(5a)}$	pi$^{24}_{(C)}$	pa$^{55}_{(5)}$	(5)
百	pa$^{44}_{(5)}$	pa$^{53}_{(5)}$	pua$^{44}_{(5)}$	pa$^{33}_{(5)}$	po$^{43}_{(5)}$	pɑ$^{43}_{(5)}$	pa$^{55}_{(5a)}$	pi$^{24}_{(C)}$	pa$^{55}_{(5)}$	(5)
睡、卧	pi$^{44}_{(5)}$韵!	pə$^{53}_{(5)}$	pu$^{44}_{(5)}$	py$^{33}_{(5)}$	pu$^{43}_{(5)}$	pɯ$^{43}_{(5)}$	pu$^{55}_{(5a)}$韵!	pu$^{24}_{(C)}$	pu$^{55}_{(5)}$	(8)
空气	poŋ$^{44}_{(5)}$	——	paŋ$^{44}_{(5)}$	paɯ$^{33}_{(5)}$	paŋ$^{43}_{(5)}$	pɑŋ$^{43}_{(5)}$	paŋ$^{55}_{(5a)}$	poŋ$^{24}_{(C)}$ (水汽)	paŋ$^{55}_{(5)}$ (水汽)	(28)
开门	pu$^{53}_{(7)}$	pu$^{44}_{(7)}$	peu$^{33}_{(77)}$ (敞坟)	——	——	pə$^{43}_{(7)}$	——	po$^{31}_{(D)}$	pɛ$^{53}_{(7)}$	(13)

2. 破母	养蒿	腊乙坪	大南山	石门坎	摆托	甲定	绞坨	野鸡坡	枫香	韵类号
ph	ph	ph	ph	ph	ph	ph	p	ph	ph	
猪拱土	phɛ$^{33}_{(1)}$	——	phu$^{43}_{(1)}$	phy$^{55}_{(1)}$	phu$^{55}_{(1)}$	phɯ$^{24}_{(1)}$	pou$^{22}_{(1b)}$	——	——	(8)
一床被子	phaŋ$^{33}_{(1)}$	——	phau$^{43}_{(1)}$	pho$^{55}_{(1)}$	phɔŋ$^{55}_{(1)}$	phoŋ$^{24}_{(1)}$	——	phoŋ$^{31}_{(A)}$	phaŋ$^{33}_{(1)}$	(21)
破开肚子	pha$^{44}_{(5)}$	pha$^{53}_{(5)}$韵!	phua$^{44}_{(5)}$ (劈)	pha$^{33}_{(5)}$	pho$^{43}_{(5)}$	phu$^{43}_{(5)}$	pa$^{35}_{(5b)}$	pha$^{24}_{(C)}$	pha$^{55}_{(5)}$	(15)

3. 抱母	养蒿	腊乙坪	大南山	石门坎	摆托	甲定	绞坨	野鸡坡	枫香	韵类号
b	p	p(pj)❶	p	b(bɦ)❷	p	p	p	v	p	
女人	——	——	po$^{31}_{(2)}$	bɦo$^{35}_{(2)}$	——	——	——	vu$^{31}_{(A)}$	——	(7)
还账	pə$^{55}_{(2)}$韵!	pji$^{31}_{(2)}$	pou$^{31}_{(2)}$	bɦau$^{35}_{(2)}$	pu$^{54}_{(2)}$	po$^{55}_{(2)}$	pɔ$^{53}_{(2)}$	vu$^{31}_{(A)}$	pou$^{24}_{(2)}$	(12)
花	paŋ$^{55}_{(2)}$	pen$^{31}_{(2)}$	paŋ$^{31}_{(2)}$	bɦaɯ$^{35}_{(2)}$	pɔŋ$^{54}_{(2)}$	poŋ$^{55}_{(2)}$	pua$^{53}_{(2)}$	ven$^{31}_{(A)}$	pu$^{24}_{(2)}$	(24)

山①	pi$^{11}_{(4)}$	——	pe$^{21}_{(4)}$	pɦi$^{31}_{(8Ⅱ)}$调!	pa$^{32}_{(4)}$	pæ$^{31}_{(4)}$	pe$^{11}_{(4)}$	vei$^{55}_{(B)}$	pi$^{13}_{(4)}$	(3)
				(坡上面)						
刺(名)	pə$^{11}_{(4)}$	——	po$^{21}_{(4)}$	bo$^{33}_{(4Ⅰ)}$	pau$^{32}_{(4)}$	pə$^{31}_{(4)}$	pɯ$^{11}_{(4)}$韵!	vu$^{55}_{(B)}$	——	(7)
脸	——	——	——	bey$^{33}_{(4Ⅰ)}$	pau$^{32}_{(4)}$	pə$^{31}_{(4)}$	pɯ$^{11}_{(4)}$	——	pɛ$^{13}_{(4)}$	(13)
坏了	pa$^{11}_{(4)}$	pɑ$^{33}_{(4)}$	pua$^{21}_{(4)}$	bɦa$^{11}_{(4Ⅱ)}$	po$^{32}_{(4)}$	pu$^{31}_{(4)}$	pəa$^{11}_{(4)}$	vu$^{55}_{(B)}$韵!	pa$^{13}_{(4)}$	(15)
				(天阴 = 天坏)						
镯子	——	pɔ$^{42}_{(6)}$	pou$^{13}_{(6)}$	bau$^{53}_{(6Ⅰ)}$	pu$^{21}_{(6)}$	pɑ$^{22}_{(6)}$	po$^{13}_{(6)}$	vu$^{24}_{(C)}$	pou$^{31}_{(6)}$	(6)
肩	——	pə$^{42}_{(6)}$	pu$^{13}_{(6)}$	by$^{33}_{(4Ⅰ)}$调!	pu$^{21}_{(6)}$	pɯ$^{22}_{(6)}$	——	vu$^{24}_{(C)}$	pu$^{31}_{(6)}$	(8)
抱	pə$^{13}_{(6)}$	——	pua$^{13}_{(6)}$	ba$^{31}_{(6Ⅱ)}$	po$^{21}_{(6)}$	pu$^{22}_{(6)}$	pəa$^{13}_{(6)}$	va$^{24}_{(C)}$	pa$^{31}_{(6)}$	(16)
脓	pu$^{13}_{(6)}$	pɔ$^{42}_{(6)}$	pou$^{13}_{(6)}$	bau$^{53}_{(6Ⅰ)}$	pu$^{21}_{(6)}$	po$^{22}_{(6)}$	po$^{13}_{(6)}$	vu$^{55}_{(B)}$调!	pou$^{31}_{(6)}$	(17)
看见	poŋ$^{31}_{(8)}$韵!	——	po$^{24}_{(8)}$	bɦo$^{31}_{(8Ⅱ)}$	pau$^{54}_{(8)}$	pə$^{55}_{(8)}$	po$^{21}_{(8)}$	mpu$^{31}_{(D)}$声!	pau$^{13}_{(8)}$	(7)

❶接 i 时为 Pj，接其他韵母时为 P。

❷石门坎浊声母有送气，不送气两套，不送气的出现在4Ⅰ，6Ⅰ，6Ⅱ，8Ⅰ等调字中，送气的出现在2，4Ⅱ，8Ⅱ调字中，按补充分配原则，可能取消送气浊音。但6Ⅱ调和8Ⅱ调的调值同为低降（31）调。本文为比较研究的文章，既标调值，也标调类，可以取消送气浊音，但我们在其他场合只标调值，就不能取消送气浊音，为了在各种场合标音一致，本文也保留了送气浊音。在声母栏中将送气浊音写在括弧内，说明古苗语只有一类浊音，关于此问题只在此处交代一次，以后各表不再加注。

①石门坎的 bɦi$^{31}_{(8Ⅱ)}$作“坡上面”讲，唐纳（G. B. Downer）认为是第4调作“山”讲的字由类推变调变来的，我们同意唐纳的看法。见唐纳，《白苗话的调变和变调》，载《东方和非洲研究院学报》第三十卷，第三部分，589 – 599 页，1967，伦敦。（G. B. Downer，Tone Change and Tone – shift in White Miao，*Bulletin of the School of Oriental and African Studies*，Vol. XXX，part 3，pp. 589 – 599，1967，London.）

4. 病母	养蒿	腊乙坪	大南山	石门坎	摆托	甲定	绞坨	野鸡坡	枫香	韵类号
ʔm	m	m	m	m	m	m	m	ʔm	m	
病、痛	moŋ$^{33}_{(1)}$韵!	moŋ$^{35}_{(1)}$	mau$^{43}_{(1)}$	mo$^{55}_{(1)}$	mɔŋ$^{55}_{(1)}$	moŋ$^{24}_{(1)}$	məŋ$^{32}_{(1a)}$韵!	ʔmoŋ$^{31}_{(A)}$	maŋ$^{33}_{(1)}$韵!	(27)

5. 晚母	养蒿	腊乙坪	大南山	石门坎	摆托	甲定	绞坨	野鸡坡	枫香	韵类号
m̥	m̥h	m̥h	m̥	m̥	m̥m̥	h	m	m̥	m̥h	
跳蚤	m̥hen$^{33}_{(1)}$	——	mo$^{43}_{(1)}$声!	mu$^{55}_{(1)}$声	mu$^{55}_{(1)}$声!	m̥həŋ$^{24}_{(1)}$	moŋ$^{24}_{(1b)}$	m̥en$^{31}_{(A)}$	m̥hu$^{33}_{(1)}$	(23)
晚上	m̥haŋ$^{44}_{(5)}$	m̥hɑŋ$^{53}_{(5)}$	m̥au$^{44}_{(5)}$	m̥o$^{33}_{(5)}$	m̥ɔŋ$^{43}_{(5)}$	m̥hoŋ$^{43}_{(5)}$	mɔ$^{35}_{(5b)}$	m̥oŋ$^{24}_{(C)}$	m̥haŋ$^{55}_{(5)}$	(21)
狼	m̥haŋ$^{44}_{(5)}$	——	——	m̥aɯ$^{33}_{(5)}$	——	——	ma$^{35}_{(5b)}$	——	——	(24)

6. 麦母	养蒿	腊乙坪	大南山	石门坎	摆托	甲定	绞坨	野鸡坡	枫香	韵类号
m	m	m	m	m(mɦ)	m	m	m	m	m	
你们①	maŋ$^{55}_{(2)}$韵！	me$^{31}_{(2)}$韵！	me$^{31}_{(2)}$韵！	me$^{31}_{(6Ⅱ)}$调！	ȵi$^{54}_{(2)}$声！	min$^{22}_{(6)}$调！	mein$^{53}_{(2)}$ 韵！	men$^{31}_{(A)}$	men$^{24}_{(2)}$	(1)
有	mɛ$^{55}_{(2)}$	me$^{31}_{(2)}$	mua$^{31}_{(2)}$	mɦa$^{35}_{(2)}$	mu$^{54}_{(2)}$	məŋ$^{55}_{(2)}$	——	ma$^{31}_{(A)}$	mu$^{55}_{(5)}$调！	(11)
买②	mɛ$^{11}_{(4)}$	——	mua$^{21}_{(4)}$	mɦa$^{11}_{(4Ⅱ)}$	mu$^{21}_{(6)}$调！	——	——	ma$^{55}_{(B)}$	mu$^{31}_{(6)}$调！	(11)
面粉细	moŋ$^{11}_{(4)}$韵！	mɑŋ$^{33}_{(4)}$	mau$^{21}_{(4)}$	mɦo$^{11}_{(4Ⅱ)}$	——	moŋ$^{31}_{(4)}$	——	——	maŋ$^{13}_{(4)}$	(21)
蝇子	——	mɑŋ$^{33}_{(4)}$	mau$^{21}_{(4)}$	mo$^{33}_{(41)}$	mɔŋ$^{32}_{(4)}$	——	moŋ$^{11}_{(4)}$韵！	moŋ$^{55}_{(B)}$	——	(21)
去	moŋ$^{11}_{(4)}$韵！	moŋ$^{33}_{(4)}$	mo$^{21}_{(4)}$韵！	mɦau$^{11}_{(4Ⅱ)}$	moŋ$^{32}_{(4)}$	məŋ$^{31}_{(4)}$韵！	məŋ$^{11}_{(4)}$	mu$^{55}_{(B)}$	mu$^{13}_{(4)}$	(30)
眼睛	mɛ$^{13}_{(6)}$	me$^{42}_{(6)}$ (脸)	mua$^{13}_{(6)}$	ma$^{53}_{(61)}$	mu$^{21}_{(6)}$	məŋ$^{22}_{(6)}$	moŋ$^{33}_{(6)}$	ma$^{24}_{(C)}$	mu$^{31}_{(6)}$	(11)
卖	mɛ$^{11}_{(4)}$调！	me$^{42}_{(6)}$	mua$^{13}_{(6)}$	——	mu$^{21}_{(6)}$	məŋ$^{22}_{(6)}$	moŋ$^{13}_{(6)}$	ma$^{24}_{(C)}$	mu$^{31}_{(6)}$	(11)
麦子	maŋ$^{11}_{(4)}$调！	——	mau$^{13}_{(6)}$	mo$^{53}_{(61)}$ (大麦)	moŋ$^{21}_{(6)}$韵！	moŋ$^{22}_{(6)}$	məŋ$^{13}_{(6)}$韵！	mu$^{24}_{(C)}$韵！	moŋ$^{31}_{(6)}$	(27)

①“你们”为 2 调字，石门坎、甲定为 6 调，可能是历史上变调的结果。摆托的声母不合，疑为受当地汉语影响的结果。

②“买”，“卖”在养蒿、摆托、枫香同音，在养蒿是 4 调，在摆托、枫香是 6 调，只要后面加上“来”，“去”或“进”，“出”等字，意义明确，不影响交际。

7. 梦母	养蒿	腊乙坪	大南山	石门坎	摆托	甲定	绞坨	野鸡坡	枫香	韵类号
mp	p	mp	mp	mp	mp	mp	mp	mˀp (mˀpz)❶	mp	
含一口水	——	——	mpua$^{55}_{(3)}$	mpa$^{55}_{(3)}$	mpo$^{13}_{(3)}$	mpɑ$^{13}_{(3)}$	mpa$^{42}_{(3a)}$	mˀpzi$^{55}_{(B)}$	——	(5)
猪	pa$^{44}_{(5)}$	mpa$^{53}_{(5)}$	mpua$^{44}_{(5)}$	mpa$^{33}_{(5)}$	mpo$^{43}_{(5)}$	mpɑ$^{43}_{(5)}$	mpa$^{55}_{(5a)}$	mˀpei$^{24}_{(C)}$ 韵！	mpa$^{55}_{(5)}$	(5)
梦	pu$^{44}_{(5)}$	mpei$^{53}_{(5)}$	mpou$^{44}_{(5)}$	mpu$^{33}_{(5)}$韵！	——	mpo$^{43}_{(5)}$	mpɔ$^{55}_{(5a)}$	mˀpu$^{24}_{(C)}$	mpou$^{55}_{(5)}$	(12)
披衣服	pa$^{44}_{(5)}$	——	mpua$^{44}_{(5)}$	mpa$^{33}_{(5)}$	mpo$^{43}_{(5)}$	mpu$^{43}_{(5)}$	mpa$^{55}_{(5a)}$	——	mpa$^{55}_{(5)}$	(15)
沸	——	——	mpou$^{44}_{(5)}$	mpau$^{33}_{(5)}$	mpu$^{43}_{(5)}$	mpo$^{43}_{(5)}$	mpɔ$^{55}_{(5a)}$	mˀpu$^{24}_{(C)}$	——	(17)

❶接 i 时为 mˀpz，接其他韵母时为 mˀp。

8. 撒母	养蒿	腊乙坪	大南山	石门坎	摆托	甲定	绞坨	野鸡坡	枫香	韵类号
mph❶	(ph)	mph	mph	mph	(mph)	(mph)	(mp)	mˀph	(mph)	
撒土	——	mp̥hu$^{53}_{(5)}$ (洒水)	mphoŋ$^{44}_{(5)}$	mphau$^{33}_{(5)}$	——	——	——	mˀphoŋ$^{24}_{(C)}$	——	(29)

❶养蒿、摆托、甲定、绞坨、枫香缺例字，它们的反映形式是根据梦母的反映形式推测出来的。

9. 拍母	养蒿	腊乙坪	大南山	石门坎	摆托	甲定	绞坨	野鸡坡	枫香	韵类号
mb	m	m	mp	mb (mbɦ)	mp	mp	mp	mp❶ (mpz)	mp	
拍手	ma$^{55}_{(2)}$	ma$^{31}_{(2)}$	mpua$^{31}_{(2)}$	mbɦa$^{35}_{(2)}$	mpo$^{54}_{(2)}$	mpɑ$^{55}_{(2)}$	mpa$^{53}_{(2)}$	mpzi$^{31}_{(A)}$	mpa$^{24}_{(2)}$	(5)
盖锅	mə$^{13}_{(6)}$	——	mpo$^{13}_{(6)}$	mbo$^{31}_{(6Ⅱ)}$ (盖瓦)	mpau$^{21}_{(6)}$	mpə$^{22}_{(6)}$	mpu$^{13}_{(6)}$	mpu$^{24}_{(C)}$	mpau$^{31}_{(6)}$	(7)

❶接 i 时为 mpz，接其他韵母时为 mp。

10. 箕母	养蒿	腊乙坪	大南山	石门坎	摆托	甲定	绞坨	野鸡坡	枫香	韵类号
ʔv	v	w	v	v	v(ʑ)❶	v	w(ʑ)❷	ʔw	v	
樱桃	va$^{33}_{(1)}$	wɑ$^{35}_{(1)}$	——	——	ʑe$^{55}_{(1)}$	vɑ$^{24}_{(1)}$	ʑi$^{32}_{(1a)}$	——	va$^{33}_{(1)}$	(4)
簸箕	vaŋ$^{33}_{(1)}$	wen$^{35}_{(1)}$	vaŋ$^{43}_{(1)}$	vaɯ$^{55}_{(1)}$	vɔŋ$^{55}_{(1)}$	voŋ$^{24}_{(1)}$	wua$^{32}_{(1a)}$	ʔwen$^{31}_{(A)}$	vu$^{33}_{(1)}$	(24)
盖被	——	——	vo$^{55}_{(3)}$	və$^{55}_{(3)}$韵！	vau$^{13}_{(3)}$	və$^{13}_{(3)}$	wo$^{42}_{(3a)}$	ʔwu$^{55}_{(B)}$	vau$^{53}_{(3)}$	(7)
女婿	——	——	vou$^{55}_{(3)}$	vau$^{55}_{(3)}$	vu$^{13}_{(3)}$	vo$^{13}_{(3)}$	wɔ$^{42}_{(3a)}$	ʔwu$^{55}_{(B)}$	——	(17)

❶接 e 时为 ʑ，接其他韵母时为 v。可能是接前元音韵母时为 ʑ，但因无例字，不敢肯定。

❷接 i 时为 ʑ，接其他韵母时为 w。可能是接前元音韵母时为 ʑ，但因无例字，不敢肯定。

11. 头母	养蒿	腊乙坪	大南山	石门坎	摆托	甲定	绞坨	野鸡坡	枫香	韵类号
f	fh	pʐ	h	f	h	h	w	h	f～h❶	
树（二）	——	——	——	faɯ$^{55}_{(1)}$韵！（棵）	ho$^{55}_{(1)}$	hu$^{24}_{(1)}$	wa$^{22}_{(1b)}$	——	fa$^{33}_{(1)}$	(16)
头①	fhu$^{35}_{(3)}$	pʐei$^{44}_{(3)}$	hou$^{44}_{(5)}$调！	fau$^{33}_{(5)}$调！	hu$^{13}_{(3)}$	ho$^{13}_{(3)}$	wɔ$^{35}_{(5b)}$调！	hu$^{55}_{(B)}$	hou$^{55}_{(3)}$	(12)

❶ f，h 各有一个例字，不能确定出现的条件，因而不能确定它们的主、次，所以并列。

①“头”为 3 调字。大南山、石门坎、绞坨读 5 调，这是历史上变调的结果。现在石门坎“头”的全词为 li^{33} fau^{33}，这个词的前加成分 li^{33}，据推测原为$^{55}_{(1)}$调的，$^{55}_{(1)}$调字后接$^{55}_{(3)}$调字时，$^{55}_{(3)}$调变为$^{33}_{(5)}$调，可以想象在历史上曾有过 li$^{55}_{(1)}$fau$^{55\to33}_{(3\to5)}$这个形式的阶段，后来前加成分 li^{55}又受 fau^{33}的逆同化，变为 li^{33}以致成为现在 li^{33}fau^{33}的形式。大南山、绞坨也是这样演变来的，不过前加成分已经丢失。和“头”情况相似的还有“公鸡”，“骨头”，“嗉囊”，“树林”等。

12. 万母	养蒿	腊乙坪	大南山	石门坎	摆托	甲定	绞坨	野鸡坡	枫香	韵类号
v	v	w	v	v (vɦ)	w	v	w	w	v	
菜园	vaŋ$^{55}_{(2)}$	——	vaŋ$^{31}_{(2)}$	vɦaɯ$^{35}_{(2)}$	wɔŋ$^{54}_{(2)}$	voŋ$^{55}_{(2)}$	wua$^{53}_{(2)}$	——	vu$^{24}_{(2)}$	(24)

	养蒿	腊乙坪	大南山	石门坎	摆托	甲定	绞坨	野鸡坡	枫香	韵类号
瓦①	——	——	vua$^{21}_{(4)}$	va$^{33}_{(4Ⅰ)}$	wo$^{32}_{(4)}$	vɑ$^{31}_{(4)}$	wəa$^{11}_{(4)}$	——	va$^{13}_{(4)}$	(5)
芋头	vu$^{13}_{(6)}$	wə$^{42}_{(6)}$	veu$^{13}_{(6)}$ (老虎芋)	vey$^{53}_{(6Ⅰ)}$	wau$^{21}_{(6)}$	——	wɯ$^{13}_{(6)}$	wo$^{24}_{(C)}$	——	(13)
万	vaŋ$^{13}_{(6)}$	——	vaŋ$^{13}_{(6)}$	——	waŋ$^{21}_{(6)}$	vɑŋ$^{22}_{(6)}$	waŋ$^{33}_{(6)}$	waŋ$^{24}_{(C)}$	vaŋ$^{31}_{(6)}$	(26)

①"瓦"腊乙坪读作 wɑ^{42}，野鸡坡读作 wa^{55}，可能是现代汉语借词，前者的韵、调不合，后者的韵母不合，未列入表内。大南山、石门坎、摆托、甲定、绞坨、枫香的"瓦"字可能是晚期汉语借词。"瓦"在养蒿读作ŋi$^{11}_{(4)}$，可能是早期汉语借词或苗汉同源词，因声、韵与其他各点都不合，所以也未列入表内。

13. 三母 pts❶	养蒿 p(ts)❷	腊乙坪 p	大南山 ts(p)❸	石门坎 ts(p)❹	摆托 p(pj)❺	甲定 p	绞坨 p(pj)❻	野鸡坡 p(pz)❼	枫香 p(ts)❽	韵类号
三	pi$^{33}_{(1)}$	pu$^{35}_{(1)}$韵！	pe$^{43}_{(1)}$	tsi$^{55}_{(1)}$	pa$^{55}_{(1)}$	pæ$^{24}_{(1)}$	pæ$^{32}_{(1a)}$	pzi$^{31}_{(A)}$	tsi$^{33}_{(1)}$韵！	(3)
我们	pi$^{33}_{(1)}$	pɯ$^{35}_{(1)}$	pe$^{43}_{(1)}$	pi$^{55}_{(1)}$声！ 韵！	pa$^{55}_{(1)}$	pæ$^{24}_{(1)}$	pæ$^{32}_{(1a)}$	pei$^{31}_{(A)}$	pi$^{33}_{(1)}$声！	(3)
果子	tsen$^{35}_{(3)}$	pji$^{44}_{(3)}$	tsi$^{55}_{(3)}$	tsi$^{55}_{(3)}$	pji$^{13}_{(3)}$	pi$^{13}_{(3)}$	pei$^{42}_{(3a)}$	pze$^{55}_{(B)}$	tsi$^{53}_{(3)}$	(1)
公狗	pa$^{35}_{(3)}$	pɑ$^{44}_{(3)}$	tsi$^{55}_{(3)}$	tsi$^{55}_{(3)}$	pje$^{13}_{(3)}$	pɑ$^{13}_{(3)}$	pi$^{42}_{(3a)}$	pa$^{55}_{(B)}$	pa$^{53}_{(3)}$	(4)
嗉囊①	pi$^{35}_{(3)}$	——	tsa$^{44}_{(5)}$调！	tsie$^{33}_{(5)}$调！	pjen$^{13}_{(3)}$	pə$^{13}_{(3)}$韵！	pjein$^{55}_{(5a)}$ 调！	pu$^{55}_{(B)}$韵！	poŋ$^{53}_{(3)}$韵！	(18)
满	pɛ$^{35}_{(3)}$	pe$^{44}_{(3)}$	po$^{55}_{(3)}$	pu$^{55}_{(3)}$	poŋ$^{13}_{(3)}$	pəŋ$^{13}_{(3)}$	poŋ$^{42}_{(3a)}$	paŋ$^{55}_{(B)}$	pu$^{53}_{(3)}$	(22)
结果子	tsen$^{44}_{(5)}$	——	tsi$^{44}_{(5)}$	tsi$^{33}_{(5)}$	pji$^{43}_{(5)}$	pi$^{43}_{(5)}$	pei$^{55}_{(5a)}$	pze$^{24}_{(5)}$	tsi$^{55}_{(5)}$	(1)

❶"我们","满"本可列入百母,但贵州黔西县铁石这两个字的声母是 ts,所以把这两个字定为三母字。

❷接 en 时为 ts,接其他韵母时为 p。

❸接 e,o 时为 p,接其他韵母时为 ts。

❹接 u 时为 p,接 i,ie 时为 ts,但为了区别同韵类同调类的字,有个别字接 i 时为 p。

❺接前元音时为 pj,接其他元音时为 p。

❻接 ein 时为 pj,接其他韵母时为 p。

❼接韵母 i,e 时为 pz,接其他韵母时为 p。

❽接 i 时为 ts,但为了区别同韵类同调类的字,有个别字接 i 时为 p,接其他韵母时为 p。

①"嗉囊"为 3 调字,大南山、石门坎、绞坨读 5 调,是历史上变调的结果,参见"头"的注。

14. 劈母 phtsh	养蒿 ph	腊乙坪 ph	大南山 tsh(ph)❶	石门坎 tsh	摆托 ph(phj)❷	甲定 ph	绞坨 p(pj)❸	野鸡坡 ph(phj)❹	枫香 ph(tsh)❺	韵类号
劈	pha$^{33}_{(1)}$	pha$^{35}_{(1)}$	tshi$^{43}_{(1)}$ (一块板)	tshi$^{55}_{(1)}$ (一块板)	——	phi$^{24}_{(1)}$	——	pho$^{31}_{(A)}$韵！	tshi$^{33}_{(1)}$	(2)

烧房子	phi$^{35}_{(3)}$		phe$^{55}_{(3)}$	tshi$^{55}_{(3)}$	pha$^{13}_{(3)}$	phæ$^{13}_{(3)}$	——	——	tshei$^{55}_{(3)}$ 韵！	(3)
半斤①	——	——	tshai$^{33}_{(7)}$ 调！	tshai$^{11}_{(7)}$ 调！	phjai$^{43}_{(5)}$	phe$^{43}_{(5)}$	pje$^{13}_{(7b)}$ 调！	phje$^{24}_{(C)}$	phɛ$^{55}_{(5)}$	(10)

❶接 e 时为 ph,接其他韵母时为 tsh。

❷接 ai 时为 phj,接其他韵母时为 ph。

❸接 e 时为 pj,只有一个例字,估计接其他韵母时为 p。

❹接 e 时为 phj,由韵母不合的例字 pho$^{31}_{(A)}$推测,接其他韵母时为 ph。

❺接 i,ei 时为 tsh,接其他韵母时为 ph。

①“半斤”在大南山、石门坎、绞坨读 7 调,在野鸡坡、枫香读 5 调(野鸡坡的古清声母 C 调字相当于其他各点的 5 调字),在摆托、甲定读 5 调或 7 调(这两个点 5,7 调合并),由表面看不出来“半斤”是第几调字,但由于枫香没有变调现象,而大南山、石门坎、绞坨的 5 调字接在 1 调字之后时都有变为 7 调的特点,这个字前面可能有一个“一”字,而“一”是 1 调字,所以我们认为这个字是 5 调字,和这个字情况相似的还有沟母的例字“蛆”。

15. 手母	养蒿	腊乙坪	大南山	石门坎	摆托	甲定	绞坨	野鸡坡	枫香	韵类号
bdz	p	t	t	d	ts	k	ʂ	w	p	
手①	pi$^{11}_{(4)}$	tɯ$^{33}_{(4)}$	te$^{21}_{(4)}$	di$^{33}_{(41)}$	tsa$^{32}_{(4)}$	kæ$^{31}_{(4)}$	ʂe$^{11}_{(4)}$	wei$^{55}_{(B)}$	pi$^{13}_{(4)}$	(3)

①“手”字各点韵母、声调全都有对应关系(地韵,4 调),只有声母差别较大,虽没有另外的合于这一声母对应规律的字,我们也认为“手”是各方言的同源字。

16. 齿母	养蒿	腊乙坪	大南山	石门坎	摆托	甲定	绞坨	野鸡坡	枫香	韵类号
m̥n̥	m̥h	ç	n̥	n̥(ȵ̥)❶	m̥j	m̥h	m	m̥(m̥j)❷	m̥h	
牙齿	m̥hi$^{35}_{(3)}$	çɛn$^{44}_{(3)}$	n̥a$^{55}_{(3)}$	ȵ̥ie$^{55}_{(3)}$	m̥jen$^{13}_{(3)}$	m̥hiɛ$^{13}_{(3)}$	mi$^{232}_{(3b)}$	m̥jen$^{55}_{(B)}$	m̥hen$^{53}_{(3)}$	(18)
脚印①	m̥ha$^{35}_{(3)}$	——	nen$^{55}_{(3)}$声！	n̥ɯ$^{55}_{(3)}$	m̥jen$^{13}_{(3)}$	m̥hin$^{13}_{(3)}$	meni$^{42}_{(3a)}$ 调！	m̥a$^{55}_{(B)}$	m̥hen$^{33}_{(1)}$ 调！	(19)
嗅②	m̥hi$^{44}_{(5)}$	——	n̥a$^{44}_{(5)}$	n̥aɯ$^{33}_{(5)}$韵！（动物嗅）	m̥jou$^{43}_{(5)}$ 韵！	m̥hɛ$^{43}_{(5)}$	mi$^{35}_{(5b)}$	m̥jen$^{24}_{(C)}$	m̥hen$^{55}_{(5)}$	(18)

❶接 ie 时为 ȵ̥，接其他韵母时为 n̥。

❷接 en 时为 m̥j，接 a 时为 m̥。

①“脚印” 大南山声母应为 n̥，现为 n，绞坨应为 3b 调，现为 3a 调，枫香应为 3 调，现为 1 调，原因不明。

②“嗅”，石门坎、摆托韵母不合，但我们认为是同源字，因为这个声母不是出现频率很高的，声母和别的点对应，不是偶然的。

17. 马母	养蒿	腊乙坪	大南山	石门坎	摆托	甲定	绞坨	野鸡坡	枫香	韵类号
mn	m	m	n	n(ȵ,nɦ,ȵɦ)	mj	m	m	m	m	
柿子①	mi$^{11}_{(4)}$	mɛn$^{33}_{(4)}$	na$^{21}_{(4)}$	ȵɦie$^{11}_{(4Ⅱ)}$（野柿子）	——	mɛ$^{31}_{(4)}$	——	men$^{53}_{(B)}$	men$^{13}_{(4)}$	(18)
马②	ma$^{11}_{(4)}$	me$^{33}_{(4)}$	nen$^{21}_{(4)}$	nɯ$^{33}_{(4Ⅰ)}$	mji$^{32}_{(4)}$韵！	min$^{31}_{(4)}$	mein$^{11}_{(4)}$	ma$^{55}_{(B)}$	nen$^{13}_{(4)}$声！	(19)
母狗③	mi$^{31}_{(8)}$	——	na$^{24}_{(8)}$	ȵie$^{53}_{(8Ⅰ)}$	mje$^{54}_{(8)}$韵！	mɛ$^{55}_{(8)}$	mi$^{21}_{(8)}$	men$^{24}_{(C)}$调！	men$^{13}_{(8)}$	(18)

①“柿子”在石门坎是 tsi^{55}pi^{33}l̥y^{33}，有一种野生的柿子叫 tsi^{55} ki$^{55\to11}$ ȵɦie^{11}。石门坎单音节的4调名词，声母为不送气浊音，调值为33，我们标作4Ⅰ调。但双音节的名词词根可以是4Ⅱ调的，声母是带浊送气成分的浊音，调值为11（tsi^{55}是大类名，作“果子”讲，作“野柿子”讲的是双音节的名词 ki^{55}ȵɦie^{11}）。

②“马”在枫香有读作 nu$^{13}_{(4)}$和 mi$^{13}_{(4)}$的，声韵母都不稳定。

③“母狗”的“母”是名词，意思“雌者”，“母狗”在苗语中，“狗”修饰“母”，意思是“狗之雌者”，所以在石门坎是8Ⅰ调，石门坎8Ⅰ调字都是名词和量词。

18. 补母	养蒿	腊乙坪	大南山	石门坎	摆托	甲定	绞坨	野鸡坡	枫香	韵类号
mpts	p	mp	nts(mp)❶	nts	mp(mpj)❷	mp	mp(mpj)❸	mʔp mʔpl❹	mp(nts)❺	
双生子	pi$^{33}_{(1)}$	——	ntsai$^{43}_{(1)}$	ntsai$^{55}_{(1)}$	mpjai$^{55}_{(1)}$	mpe$^{24}_{(1)}$	mpje$^{32}_{(1a)}$	mʔple$^{31}_{(A)}$	mpɛ$^{33}_{(1)}$	(10)
补锅	pu$^{35}_{(3)}$韵！（弥补）	mpɑ$^{44}_{(3)}$	ntsi$^{55}_{(3)}$	ntsi$^{55}_{(3)}$	mpji$^{13}_{(3)}$韵！	mpɑ$^{13}_{(3)}$	mpi$^{42}_{(3a)}$	mʔpa$^{55}_{(B)}$	mpa$^{53}_{(3)}$	(4)
蝴蝶	——	——	ntsi$^{44}_{(5)}$	ntsi$^{33}_{(5)}$	mpji$^{43}_{(5)}$	mpi$^{43}_{(5)}$	mpei$^{55}_{(5a)}$	mʔple$^{24}_{(C)}$	ntsi$^{55}_{(5)}$	(2)
名字	pi$^{44}_{(5)}$	mpu$^{53}_{(5)}$韵！	mpe$^{44}_{(5)}$	ntsi$^{33}_{(5)}$	mpa$^{43}_{(5)}$	mpæ$^{43}_{(5)}$	mpæ$^{55}_{(5a)}$	mʔpei$^{24}_{(C)}$	mpi$^{55}_{(5)}$声！	(3)
雪①	pɛ$^{44}_{(5)}$	mpe$^{53}_{(5)}$	mpo$^{44}_{(5)}$	mpu$^{33}_{(5)}$声！	mpoŋ$^{43}_{(5)}$	mpəŋ$^{43}_{(5)}$	mpoŋ$^{55}_{(5a)}$	——	mpu$^{55}_{(5)}$	(22)

❶接 e，o 时为 mp，接其他韵母时为 nts。

❷接 i，ai 时为 mpj，接其他韵母时为 mp。

❸接 e 时为 mpj，接其他韵母时 mp。

❹接 e 时为 mʔpl 接其他韵母时为 mʔp。

❺接 i 时为 nts，接其他韵母时为 mp。“名字”韵母为 i，应读作 ntsi$^{55}_{(5)}$，却读作mpi$^{55}_{(5)}$，我们认为声母不合。

①“雪”本可列入梦母，但贵州黔西县铁石这个字读作 ntsei^{55}，声母是 nts，所以把这个字列在补母。

19. 女母	养蒿	腊乙坪	大南山	石门坎	摆托	甲定	绞坨	野鸡坡	枫香	韵类号
mphtsh	ph	mph	ntsh	ntsh	mphj	mph	mpj	mʔphj	mph	
女儿①	phi$^{53}_{(7)}$	mphɑ$^{44}_{(7)}$	ntshai$^{33}_{(7)}$	ntshai$^{11}_{(7)}$	mphjai$^{43}_{(7)}$	mphe$^{43}_{(7)}$	mpje$^{13}_{(7b)}$	mʔphje$^{31}_{(D)}$	mphɛ$^{53}_{(7)}$	(10)

①“女儿”声调、韵母各点都合，肯定是同源字，但合于这条声母对应规律的，只找到这一个例字。

20. 辫母	养蒿	腊乙坪	大南山	石门坎	摆托	甲定	绞坨	野鸡坡	枫香	韵类号
mbdz[1]	m	（m）	nts	ndz（ndzɦ）	mpj	mp（mpl）[2]	mpj	mp（mpz，mpj）[3]	mp（nts）[4]	
疯	——	——	——	——	mpjen$^{54}_{(2)}$	mploŋ$^{55}_{(2)}$	mpjaŋ$^{53}_{(2)}$	mpzoŋ$^{31}_{(A)}$	ntsoŋ$^{24}_{(2)}$	（29）
辫子	mi$^{11}_{(4)}$	——	——	ndzie$^{33}_{(4Ⅰ)}$	——	mpɛ$^{31}_{(4)}$	mpjein$^{11}_{(4)}$	mpen$^{55}_{(B)}$	——	（18）
编辫子	mi$^{11}_{(4)}$	——	ntsa$^{21}_{(4)}$	ndzɦie$^{11}_{(4Ⅱ)}$	mpjen$^{32}_{(4)}$	mpɛ$^{31}_{(4)}$	mpjein$^{11}_{(4)}$	mpen$^{55}_{(B)}$	mpen$^{13}_{(4)}$	（18）
就菜下饭	——	——	ntsua$^{13}_{(6)}$	ndza$^{31}_{(6Ⅱ)}$	ȵtɕo$^{21}_{(6)}$ 声！	mplɑ$^{22}_{(6)}$	mpje$^{13}_{(6)}$ 韵！	mpji$^{24}_{(C)}$	——	（5）

❶腊乙坪无例字，据推测，其反映形式应为 m。

❷接 ɛ 时为 mp，接其他韵母时为 mpl。

❸接 i 时为 mpj，接 oŋ 时为 mpz，接 en 时为 mp。

❹接 en 时为 mp，接 oŋ 时为 nts，只有两个例字，不好归纳 mp 和 nts 出现的条件。

21. 雷母	养蒿	腊乙坪	大南山	石门坎	摆托	甲定	绞坨	野鸡坡	枫香	韵类号
fs	fh	s	s	s	s	sh	s	s	ph	
雷	ho$^{33}_{(1)}$声！	so$^{35}_{(1)}$	so$^{43}_{(1)}$	so$^{55}_{(1)}$	sau$^{55}_{(1)}$	shə$^{24}_{(1)}$	so$^{22}_{(1b)}$	su$^{31}_{(A)}$	phau$^{33}_{(1)}$	（7）
搓绳子	fha$^{33}_{(1)}$	——	sua$^{43}_{(1)}$	sa$^{55}_{(1)}$	so$^{55}_{(1)}$	hu$^{24}_{(1)}$声！	sa$^{22}_{(1b)}$	sa$^{33}_{(A)}$	pha$^{33}_{(1)}$	（15）
线	fhə$^{35}_{(3)}$	so$^{44}_{(3)}$	so$^{55}_{(3)}$	so$^{55}_{(3)}$	sau$^{13}_{(3)}$	shə$^{13}_{(3)}$	so$^{232}_{(3b)}$	su$^{55}_{(B)}$	phau$^{53}_{(3)}$	（7）
糠	fha$^{44}_{(5)}$	sa$^{53}_{(5)}$	sua$^{44}_{(5)}$	sa$^{33}_{(5)}$	so$^{43}_{(5)}$	shɑ$^{43}_{(5)}$	sa$^{35}_{(5b)}$	si$^{55}_{(B)}$调！	pha$^{55}_{(5)}$	（5）

22. 锅母	养蒿	腊乙坪	大南山	石门坎	摆托	甲定	绞坨	野鸡坡	枫香	韵类号
vz	v～ʐ[1]	w	ʐ	ʐ（ʐɦ）	ʐ	v	ʐ	w	v	
头旋儿	ʐi$^{13}_{(6)}$调！	——	ʐi$^{21}_{(4)}$	——	ʐe$^{32}_{(4)}$韵！	vi$^{31}_{(4)}$	ʐi$^{11}_{(4)}$	we$^{55}_{(B)}$	vi$^{13}_{(4)}$	（2）
锅	vi$^{11}_{(4)}$	wɛn$^{33}_{(4)}$	ʐa$^{21}_{(4)}$	ʐie$^{33}_{(4Ⅰ)}$	ʐen$^{32}_{(4)}$	vɛ$^{31}_{(4)}$	ʐein$^{11}_{(4)}$	wen$^{55}_{(B)}$	ven$^{13}_{(4)}$	（18）

❶锅母只有两个例字，在养蒿一个例字的声母为 v，一个例字的声母为 ʐ，所接的韵母又都是 i，我们又不能以声调作为变体的条件（因养蒿无以声调作声韵母变体条件的其他例证），所以 v，ʐ 并列。

23. 簸母	养蒿	腊乙坪	大南山	石门坎	摆托	甲定	绞坨	野鸡坡	枫香	韵类号
ptʂ	ts	pʐ	tʂ	ts（p）[1]	pj（p）[2]	pl	pʐ	pj（p）[3]	ts	
播种	——	pʐo$^{35}_{(1)}$韵！	tʂe$^{43}_{(1)}$	pə$^{55}_{(1)}$	pæ$^{55}_{(1)}$	plæ$^{24}_{(1)}$	pʐæ$^{32}_{(1a)}$	pji$^{31}_{(A)}$	tsei$^{33}_{(1)}$	（3）
五	tsa$^{33}_{(1)}$	pʐɑ$^{35}_{(1)}$	tʂi$^{43}_{(1)}$	pɯ$^{55}_{(1)}$	pe$^{55}_{(1)}$	plɑ$^{24}_{(1)}$	pʐI$^{32}_{(1a)}$	pja$^{31}_{(A)}$	tsa$^{33}_{(1)}$	（4）
房子、家	tsɛ$^{35}_{(3)}$	pʐɯ$^{44}_{(3)}$	tʂe$^{55}_{(3)}$	——	pæ$^{13}_{(3)}$	plæ$^{13}_{(3)}$	pʐæ$^{42}_{(3a)}$	pei$^{55}_{(B)}$	tsei$^{53}_{(3)}$	（3）
簸米	——	pʐu$^{44}_{(3)}$	——	tsau$^{55}_{(3)}$	pjen$^{13}_{(3)}$	ploŋ$^{13}_{(3)}$	pʐaŋ$^{232}_{(3b)}$	pjoŋ$^{55}_{(B)}$ 调！	tsoŋ$^{53}_{(3)}$	（29）
拧毛巾	——	pʐo$^{53}_{(5)}$	tʂo$^{44}_{(5)}$	tso$^{33}_{(5)}$	pjau$^{43}_{(5)}$	plə$^{43}_{(5)}$	pʐo$^{55}_{(5a)}$	pju$^{24}_{(C)}$	tsau$^{55}_{(5)}$	（7）
暗	tsə$^{53}_{(7)}$	pʐu$^{44}_{(7)}$	tʂou$^{33}_{(7)}$	tsau$^{11}_{(7)}$	pju$^{43}_{(7)}$	plə$^{43}_{(7)}$	pʐu$^{44}_{(7a)}$	pjo$^{31}_{(D)}$	tsou$^{53}_{(7)}$	（9）

❶接 ə，ɯ 时为 p，接其他韵母时为 ts。

❷接 æ，e 时为 p，接其他韵母时为 pj。

❸接 ei 时为 p，接其他韵母时为 pj。

24. 吹母	养蒿	腊乙坪	大南山	石门坎	摆托	甲定	绞坨	野鸡坡	枫香	韵类号
phtʂh	tsh	phʐ	tʂh	tsh	phj	phl	pʐ	phj	tsh	
吹火	tsho$^{33}_{(1)}$	phʐo$^{35}_{(1)}$	tʂhua$^{43}_{(1)}$	tsha$^{55}_{(1)}$	phjo$^{55}_{(1)}$	phlu$^{24}_{(1)}$	pʐa$^{22}_{(1b)}$	phja$^{31}_{(A)}$	tsha$^{33}_{(1)}$	(16)
吹芦笙	——	——	tʂho$^{55}_{(3)}$	tsho$^{55}_{(3)}$	phjau$^{13}_{(3)}$	——	pʐo$^{232}_{(3b)}$	——	tshau$^{53}_{(3)}$	(7)

25. 套母	养蒿	腊乙坪	大南山	石门坎	摆托	甲定	绞坨	野鸡坡	枫香	韵类号
bdʐ❶	(ts)	(pʐ)	tʂ	dz（dzɦ，b，bɦ）	pj（p）	pl	pʐ	vj（v）	ts	
圈套	——	——	tʂi$^{21}_{(4)}$	bɯ$^{33}_{(4\mathrm{I})}$	——	pli$^{31}_{(4)}$	——	——	——	(1)
鼠（一）	——	——	tʂua$^{13}_{(6)}$	——	pjo$^{21}_{(6)}$	plu$^{22}_{(6)}$	pʐəa$^{13}_{(6)}$	vja$^{55}_{(B)}$调！	tsa$^{24}_{(2)}$调！	(15)

❶养蒿、腊乙坪的反映形式 pʐ，石门坎的反映形式 dz，dzɦ，bɦ，摆托的反映形式 p 都是根据簸母的反映形式推测出来的。野鸡坡的反映形式 v 是根据簸母的反映形式，参考抱母的反映形式推测出来的。

26. 苗母	养蒿	腊乙坪	大南山	石门坎	摆托	甲定	绞坨	野鸡坡	枫香	韵类号
m̥ʂ	m̥h	ç	m̥	m̥	m̥	m̥h	m	m̥j	m̥h	
苗族①	m̥hu$^{33}_{(1)}$	çoŋ$^{35}_{(1)}$	m̥oŋ$^{43}_{(1)}$	m̥au$^{55}_{(1)}$	m̥oŋ$^{55}_{(1)}$	m̥hoŋ$^{24}_{(1)}$	maŋ$^{22}_{(1b)}$	m̥jo$^{31}_{(A)}$	m̥hoŋ$^{33}_{(1)}$（僸侇族）	(30)
藤子②	——	çin$^{35}_{(1)}$	m̥aŋ$^{43}_{(1)}$	m̥aɯ$^{55}_{(1)}$	m̥aŋ$^{55}_{(1)}$	m̥hɑŋ$^{24}_{(1)}$	ma$^{22}_{(1b)}$	m̥oŋ$^{33}_{(A)}$声！	——	(25)

①枫香的苗语自称 m̥hoŋ$^{33}_{(1)}$，但他们用汉语自称为僸侇族。他们把说黔东方言的苗族称为 qaŋ$^{33}_{(1)}$ ntoŋ$^{31}_{(6)}$。黔东苗族有一种自称为 qa$^{33}_{(1)}$nə$^{13}_{(6)}$，nə$^{13}_{(6)}$与 ntoŋ$^{31}_{(6)}$同源，为麻母，桶韵，6 调字。

②野鸡坡声母不合，原因待查。

27. 听母	养蒿	腊乙坪	大南山	石门坎	摆托	甲定	绞坨	野鸡坡	枫香	韵类号
mʐ❶	(z)	(mʐ)	n	n（nɦ）	mj（m）	ml	mʐ	(mj，m)	n	
听	——	——	noŋ$^{13}_{(6)}$	nau$^{31}_{(6\mathrm{II})}$	mjen$^{21}_{(6)}$	mloŋ$^{22}_{(6)}$	mʐəŋ$^{13}_{(6)}$	——	noŋ$^{31}_{(6)}$	(29)

❶养蒿、腊乙坪、野鸡坡的反映形式都是根据鼻母的反映形式推测出来的。

28. 肺母	养蒿	腊乙坪	大南山	石门坎	摆托	甲定	绞坨	野鸡坡	枫香	韵类号
mptʂ	(s)	mʐ❶	ɳtʂ	nts（mp）❷	mpj	mpl	mpʐ	mˀpj	nts	
缘①	zo$^{55}_{(2)}$声！调！	mʐo$^{35}_{(1)}$	ɳtʂua$^{43}_{(1)}$	ntsa$^{55}_{(1)}$	mpjo$^{55}_{(1)}$	mplu$^{24}_{(1)}$	mpʐa$^{32}_{(1a)}$	mˀpja$^{31}_{(A)}$	ntsa$^{33}_{(1)}$	(16)
肺②	zɛ$^{13}_{(6)}$声！调！	mʐə$^{53}_{(5)}$	ɳtʂu$^{33}_{(7)}$调！	mpy$^{33}_{(5)}$	mpjou$^{43}_{(5)}$	mplɯ$^{43}_{(5)}$	mpʐou$^{55}_{(5a)}$	mˀpju$^{24}_{(C)}$	ntsi$^{31}_{(6)}$调！	(8)

❶古苗语带鼻冠音的闭塞音（包括塞音，塞擦音和由塞音与其他音构成的复辅音声母），在腊乙坪的单数调字中，一般都完整地保留着鼻音和闭塞音部分，如 mp，nt，nts，ȵtɕ 等，这个声母按对应规则应作 mpʐ，但已把塞音 p 丢失（距腊乙坪不远的地方还保留着塞音 p），和在双数调音节中一样，读作 mʐ 了。

❷接 y 时为 mp，接其他韵母时为 nts。

①“绿”为 1 调字，“肺”为 5 调字，在养蒿分别转为 2 调，6 调。由于声母与声调互相制约，声调转为 2 调，6 调，声母也相应地改变 z。养蒿的反映形式写作 s，是比照其他声母对应关系推测出来的。

②“肺”在大南山读 7 调，是历史上变调的结果，在枫香也转为 6 调，疑为受黔东方言影响的结果。

29. 鼻母 mbdʐ	养蒿 z	腊乙坪 mʐ	大南山 ɳʈʂ	石门坎 ndz（ndzɦ，mb，mbɦ）❶	摆托 mpj（mp）❷	甲定 mpl	绞坨 mpʐ	野鸡坡 mpj（mp，mpz）❸	枫香 nts	韵类号
耳朵	zɛ$^{55}_{(2)}$	mʐɯ$^{31}_{(2)}$	ɳʈʂe$^{31}_{(2)}$	mbɦə$^{35}_{(2)}$	mpæ$^{54}_{(2)}$	mplæ$^{55}_{(2)}$	mpʐæ$^{53}_{(2)}$	mpji$^{31}_{(A)}$	ntsei$^{24}_{(2)}$	(3)
呻吟	zaŋ$^{55}_{(2)}$	mʐei$^{31}_{(2)}$ 韵！	ɳʈʂaŋ$^{31}_{(2)}$	ndzɦaɯ$^{35}_{(2)}$	mpjɔŋ$^{54}_{(2)}$	mploŋ$^{55}_{(2)}$	mpʐua$^{53}_{(2)}$	mpen$^{31}_{(A)}$	ntsoŋ$^{24}_{(2)}$	(24)
鱼	zɛ$^{11}_{(4)}$	mʐɯ$^{33}_{(4)}$	ɳʈʂe$^{21}_{(4)}$	mbə$^{33}_{(4I)}$	mpæ$^{32}_{(4)}$	mplæ$^{31}_{(4)}$	mpʐe$^{11}_{(4)}$	mpji$^{55}_{(B)}$	ntsei$^{13}_{(4)}$	(3)
鼻子	zɛ$^{13}_{(6)}$	mʐə$^{42}_{(6)}$	ɳʈʂu$^{13}_{(6)}$	mby$^{53}_{(6I)}$	mpjou$^{21}_{(6)}$	mplɯ$^{22}_{(6)}$	mpʐu$^{13}_{(6)}$	mpju$^{24}_{(C)}$	ntsi$^{31}_{(6)}$	(8)
笋①	za$^{13}_{(6)}$	mʐɑ$^{42}_{(6)}$	ɳʈʂua$^{13}_{(6)}$	——	mpjo$^{21}_{(6)}$	mplu$^{22}_{(6)}$	mpʐəa$^{13}_{(6)}$	mpja$^{24}_{(C)}$	ntsa$^{31}_{(6)}$	(15)
孤儿、寡妇	za$^{13}_{(6)}$	mʐɑ$^{42}_{(6)}$	ɳʈʂua$^{13}_{(6)}$	ndza$^{31}_{(1)}$	mpjo$^{21}_{(6)}$	mplu$^{22}_{(6)}$	mpʐəa$^{13}_{(6)}$	mpja$^{24}_{(C)}$	ntsa$^{31}_{(6)}$	(15)
辣	za$^{31}_{(8)}$	mʐei$^{33}_{(8)}$	ɳʈʂi$^{24}_{(8)}$	mbɦɯ$^{31}_{(8II)}$	mpe$^{54}_{(8)}$	mplɑ$^{55}_{(8)}$	mpʐI$^{21}_{(8)}$	mpja$^{31}_{(D)}$	ntsa$^{13}_{(8)}$	(4)
扇子②	zen$^{31}_{(8)}$	mjɑ$^{44}_{(7)}$声！调！	ntsua$^{24}_{(8)}$ 声！	ndzɦa$^{35}_{(2)}$ 调！	mpjo$^{54}_{(8)}$	mplɑ$^{55}_{(8)}$	mpja$^{21}_{(8)}$ 声！	mpzi$^{31}_{(D)}$	ntsa$^{13}_{(8)}$	(5)
蚂蚁③	——	——	ɳʈʂou$^{24}_{(8)}$	ndzɦau$^{31}_{(8II)}$	mplou$^{54}_{(8)}$ 声！	mplɑ$^{55}_{(8)}$	mpʐɔ$^{21}_{(8)}$	mpju$^{31}_{(D)}$	——	(6)

❶接 ə，y，ɯ 时为 mb（mbɦ），接其他韵母时为 ndz（ndzɦ）。

❷接前元音韵母时为 mp，接后元音韵母时为 mpj。

❸接 en 时为 mp，接 i 而且声调为 D 调时为 mpz，接其他韵母或接 i 而声调不是 D 调时为 mpj。

①“孤”“寡”与“笋”实为同一字，可能由于笋出土时无枝无叶孑然一身，有孤独的形象，于是用来与“儿子”“女人”构成合成词“孤儿”，“寡妇”。

②“扇子”是 8 调字，腊乙坪读作 mjɑ$^{44}_{(7)}$，声母、声调都不合，是记音人耳音不敏，还是发音人个人发音不准，还是整个方言这个字转为 7 调，尚待进一步调查。这个字在大南山读作ntsua$^{24}_{(8)}$，声母不合，原因待查。石门坎读作 ndzɦa$^{35}_{(2)}$，声调不合，ndzɦa$^{35}_{(2)}$在石门坎有两个意思：一个是“扇子”，一个是“扇”，在大南山作“扇”讲的字是第 2 调，作

“扇子”讲的字是第 8 调。显然，石门坎是名词形式并入动词形式了。绞坨读作mpja$^{21}_{(8)}$，声母不合，原因不明，可能是以接 a 为条件的变体。

③石门坎 8Ⅱ调的单音节词都不是名词，但多音节的名词词根可以是 8Ⅱ调的，“蚂蚁”全词读作 ki$^{55}_{(3)}$ndzɦau$^{31}_{(8Ⅱ)}$。

30. 石母 ʔvʐ	养蒿 ɣ（v）❶	腊乙坪 ʐ	大南山 ʐ	石门坎 z（v）❷	摆托 v	甲定 ʐ	绞坨 ʐ	野鸡坡 ʔwj	枫香 ɣ	韵类号
石头	ɣi$^{33}_{(1)}$	ʐɯ$^{35}_{(1)}$	ʐe$^{43}_{(1)}$	və$^{55}_{(1)}$	væ$^{55}_{(1)}$	ʐæ$^{24}_{(1)}$	ʐæ$^{32}_{(1a)}$	ʔwji$^{31}_{(A)}$	ɣi$^{33}_{(1)}$	(3)
蜂蜜	va$^{33}_{(1)}$	——	ʐi$^{43}_{(1)}$	——	ve$^{55}_{(1)}$	ʐɑ$^{24}_{(1)}$	ʐɪ$^{32}_{(1a)}$	ʔwja$^{31}_{(A)}$	ɣa$^{33}_{(1)}$	(4)
菜	ɣu$^{33}_{(1)}$	ʐei$^{35}_{(1)}$	ʐou$^{43}_{(1)}$	zau$^{55}_{(1)}$	vu$^{55}_{(1)}$	ʐo$^{24}_{(1)}$	ʐɔ$^{32}_{(1a)}$	ʔwju$^{31}_{(A)}$	ɣou$^{33}_{(1)}$	(12)
看守	ɣə$^{35}_{(3)}$	——	ʐo$^{55}_{(3)}$	zo$^{55}_{(3)}$	vau$^{13}_{(3)}$	ʐə$^{13}_{(3)}$	ʐo$^{42}_{(3a)}$	ʔwju$^{55}_{(B)}$	ɣau$^{53}_{(3)}$	(7)
树林①	ɣu$^{35}_{(3)}$	ʐu$^{44}_{(3)}$	ʐoŋ$^{55}_{(3)}$	zau$^{33}_{(5)}$调！	ven$^{13}_{(3)}$	ʐoŋ$^{13}_{(3)}$	——	ʔwjoŋ$^{55}_{(B)}$	ɣoŋ$^{53}_{(3)}$	(29)
近	ɣi$^{44}_{(5)}$	ʐɯ$^{53}_{(5)}$	ʐe$^{44}_{(5)}$	və$^{33}_{(5)}$	væ$^{43}_{(5)}$	ʐæ$^{43}_{(5)}$	ʐæ$^{55}_{(5a)}$	ʔwji$^{24}_{(C)}$	ɣi$^{55}_{(5)}$	(3)
好	ɣu$^{44}_{(5)}$	ʐu$^{53}_{(5)}$	ʐoŋ$^{44}_{(5)}$	zau$^{33}_{(5)}$	ven$^{43}_{(5)}$	ʐoŋ$^{43}_{(5)}$	ʐaŋ$^{55}_{(5a)}$	ʔwjoŋ$^{24}_{(C)}$	ɣoŋ$^{55}_{(5)}$	(29)
藏东西	ɣi$^{53}_{(7)}$	ʐɑ$^{44}_{(7)}$	ʐai$^{33}_{(7)}$	vai$^{11}_{(7)}$	——	——	ʐe$^{44}_{(7a)}$	ʔwje$^{31}_{(D)}$	ɣɛ$^{53}_{(7)}$	(10)

❶接 a 时为 v，接其他韵母时为 ɣ。

❷接 ə，ai 时为 v，接其他韵母时为 z。由梨母推测，接 ɯ 时也是 v。

①“树林”为 3 调字，石门坎读 5 调，是历史上变调的结果，“树林”这个词在石门坎是一个带前加成分的双音节词，读作 a$^{33}_{(5)}$zau$^{33}_{(5)}$，其变调的过程见头母“头”的注。

31. 写母 fʂ	养蒿 xh	腊乙坪 ʂ	大南山 ʂ	石门坎 s（f）❶	摆托 f	甲定 ʂh	绞坨 ʐ	野鸡坡 s	枫香 h	韵类号
蕨菜	xhə$^{33}_{(1)}$	ʂo$^{35}_{(1)}$	ʂua$^{43}_{(1)}$	sa$^{55}_{(1)}$	fo$^{55}_{(1)}$	ʂhu$^{24}_{(1)}$	ʐa$^{22}_{(1b)}$	sa$^{31}_{(A)}$	ha$^{33}_{(1)}$	(16)
声音	xhə$^{33}_{(1)}$	ʂo$^{35}_{(1)}$	ʂua$^{43}_{(1)}$	saɯ$^{55}_{(1)}$韵！	fo$^{55}_{(1)}$	ʂhu$^{24}_{(1)}$	ʐa$^{22}_{(1b)}$	sa$^{31}_{(A)}$	ha$^{33}_{(1)}$	(16)
肝	xhi$^{33}_{(1)}$（心肠）	ʂɛn$^{35}_{(1)}$	ʂa$^{43}_{(1)}$	sie$^{55}_{(1)}$	——	ʂhɛ$^{24}_{(1)}$	ʐæin$^{22}_{(1b)}$	sen$^{31}_{(A)}$	hen$^{33}_{(1)}$	(18)
高	xhi$^{33}_{(1)}$	ʂɛn$^{35}_{(1)}$	ʂa$^{43}_{(1)}$	sie$^{55}_{(1)}$	fen$^{55}_{(1)}$	ʂhɛ$^{24}_{(1)}$	ʐæin$^{22}_{(1b)}$	sen$^{31}_{(A)}$	——	(18)
蒿子	xhi$^{35}_{(3)}$	——	ʂo$^{55}_{(3)}$	su$^{55}_{(3)}$	foŋ$^{13}_{(3)}$	ʂhəŋ$^{13}_{(3)}$	ʐoŋ$^{232}_{(3b)}$	saŋ$^{55}_{(B)}$	——	(22)
快	xhi$^{44}_{(5)}$	ʂɑŋ$^{53}_{(5)}$	ʂai$^{44}_{(5)}$	fai$^{33}_{(5)}$	fai$^{43}_{(5)}$	——	——	se$^{24}_{(C)}$	hi$^{55}_{(5)}$韵！	(10)
写	xho$^{44}_{(5)}$韵！	ʂei$^{53}_{(5)}$	ʂou$^{44}_{(5)}$	sau$^{33}_{(5)}$	fu$^{43}_{(5)}$	ʂho$^{43}_{(5)}$	ʐɔ$^{35}_{(5b)}$	——	——	(12)

❶接 ai 时为 f，接其他韵母时为 s。由梨母推测，接 ə，ɯ 时也是 f。

32. 梨母 vʐ	养蒿 ɣ	腊乙坪 ʐ	大南山 ʐ	石门坎 z（zɦ，v，vɦ）❶	摆托 v	甲定 ʐ	绞坨 ʐ	野鸡坡 wj	枫香 ɣ	韵类号
梨	ɣa$^{55}_{(2)}$	ʐɑ$^{31}_{(2)}$	ʐua$^{31}_{(2)}$	zɦa$^{35}_{(2)}$	vo$^{54}_{(2)}$	ʐu$^{55}_{(2)}$	ʐa$^{53}_{(2)}$	wja$^{31}_{(A)}$	ɣa$^{24}_{(2)}$	(15)

龙	ɣoŋ$^{55}_{(2)}$	ʐoŋ$^{31}_{(2)}$	ʐaŋ$^{31}_{(2)}$	zɦaɯ$^{35}_{(2)}$	vaŋ$^{54}_{(2)}$	ʐɑŋ$^{55}_{(2)}$	ʐaŋ$^{53}_{(2)}$	wjoŋ$^{31}_{(A)}$	ɣaŋ$^{24}_{(2)}$	(28)
鸟窝	ɣi$^{11}_{(4)}$	ʐɯ$^{33}_{(4)}$	ʐe$^{21}_{(4)}$	və$^{33}_{(4Ⅰ)}$	væ$^{32}_{(4)}$	ʐæ$^{31}_{(4)}$	ʐe$^{11}_{(4)}$	wji$^{55}_{(B)}$	ɣi$^{13}_{(4)}$	(3)
尿	va$^{11}_{(4)}$声！	ʐɑ$^{33}_{(4)}$	ʐi$^{21}_{(4)}$	vɯ$^{33}_{(4Ⅰ)}$ vɦɯ$^{11}_{(4Ⅱ)}$ （撒尿）	ve$^{32}_{(4)}$	ʐɑ$^{31}_{(4)}$	ʐɪ$^{11}_{(4)}$	wja$^{55}_{(B)}$	ɣa$^{13}_{(4)}$	(4)
仓	——	ʐe$^{33}_{(4)}$	ʐo$^{21}_{(4)}$	zu$^{33}_{(4Ⅰ)}$	voŋ$^{32}_{(4)}$	ʐəŋ$^{31}_{(4)}$	ʐoŋ$^{11}_{(4)}$	wjaŋ$^{55}_{(B)}$	ɣoŋ$^{13}_{(4)}$	(22)
寨子	ɣaŋ$^{11}_{(4)}$	ʐɑŋ$^{33}_{(4)}$	ʐau$^{21}_{(4)}$	zo$^{33}_{(4Ⅰ)}$	vɔŋ$^{32}_{(4)}$	ʐoŋ$^{31}_{(4)}$	ʐoŋ$^{11}_{(4)}$	wjoŋ$^{55}_{(B)}$	ɣaŋ$^{13}_{(4)}$	(21)
梳子	ɣa$^{13}_{(6)}$	ʐa$^{42}_{(6)}$	ʐua$^{13}_{(6)}$	za$^{53}_{(6Ⅰ)}$	vo$^{21}_{(6)}$	ʐɑ$^{22}_{(6)}$	ʐəa$^{13}_{(6)}$	wji$^{24}_{(C)}$	ɣa$^{31}_{(6)}$	(5)
力气	ɣə$^{13}_{(6)}$	ʐo$^{42}_{(6)}$	ʐo$^{13}_{(6)}$	zo$^{53}_{(6Ⅰ)}$	vau$^{21}_{(6)}$	ʐə$^{22}_{(6)}$	ʐu$^{13}_{(6)}$	wju$^{24}_{(C)}$	ɣau$^{31}_{(6)}$	(7)
锐利（一）①	ɣa$^{13}_{(6)}$	ʐɑ$^{42}_{(6)}$	ʐua$^{13}_{(6)}$	——	——	——	——	wja$^{24}_{(C)}$	ɣa$^{31}_{(6)}$	(15)
磨包谷	——	ʐo$^{33}_{(8)}$	ʐo$^{24}_{(8)}$	——	vau$^{54}_{(8)}$	ʐə$^{55}_{(8)}$	ʐo$^{21}_{(8)}$	wju$^{31}_{(D)}$	ɣau$^{13}_{(8)}$	(7)

❶接 ə，ɯ 时为 v（vɦ），接其他韵母时为 z（zɦ）。由写母推测，接 ai 时也是 v（vɦ）。

①大南山作“锐利”讲的字有两个，一个是 ɳʈʂe$^{44}_{(5)}$，一个是这里的 ʐua$^{13}_{(6)}$。

33. 四母	养蒿	腊乙坪	大南山	石门坎	摆托	甲定	绞坨	野鸡坡	枫香	韵类号
pl	l̥	pʐ	pl	tl̥	pl	pl	pl	pl	pl	
四	l̥u$^{33}_{(1)}$	pʐei$^{35}_{(1)}$	plou$^{43}_{(1)}$	tl̥au$^{55}_{(1)}$	plou$^{55}_{(1)}$	plo$^{24}_{(1)}$	plɔ$^{32}_{(1a)}$	plou$^{31}_{(A)}$	plou$^{33}_{(1)}$	(12)
胃①	——	——	plaŋ$^{43}_{(1)}$	tl̥aɯ$^{55}_{(1)}$	plɔŋ$^{55}_{(1)}$	ploŋ$^{24}_{(1)}$	——	——	——	(24)
面粉	——	——	——	——	plou$^{13}_{(3)}$	plo$^{13}_{(3)}$	plɔ$^{55}_{(5a)}$调！	plou$^{55}_{(B)}$	——	(17)

①“胃”也可能属毛母。

34. 抚母	养蒿	腊乙坪	大南山	石门坎	摆托	甲定	绞坨	野鸡坡	枫香	韵类号
phl	l̥h	phʐ	phl	tl̥h	phl	phl	pl	phl	phl	
蛋壳①	——	——	phlou$^{43}_{(1)}$	tl̥hau$^{55}_{(1)}$	phlou$^{55}_{(1)}$	phlo$^{24}_{(1)}$	——	phlau$^{24}_{(C)}$ 韵！调！ （蛋软膜）	——	(12)
抚摸	l̥hɛ$^{44}_{(5)}$	phʐə$^{53}_{(5)}$	phlu$^{44}_{(5)}$	tl̥hy$^{33}_{(5)}$	——	——	plou$^{35}_{(5b)}$	phlu$^{24}_{(C)}$	phlu$^{55}_{(5)}$	(8)

①“蛋壳”在石门坎是变音节词，读作 tl̥hau$^{55}_{(1)}$lau$^{55}_{(1)}$，但有人读作 phau$^{55}_{(1)}$lau$^{55}_{(1)}$，这是很有趣的现象。古苗语 phl 这个声类，在石门坎的反映形式是 tl̥h，但在“壳”这个词中，有人保留了唇音，由于石门坎现在的语音系统中唇音 ph 不能和 l 组成复辅音声母，于是采取把一个音节改为两个音节的办法在 ph 与 l 之间加上一个相同的韵母，形成叠韵的变音节词 phau$^{55}_{(1)}$lau$^{55}_{(1)}$。tl̥hau$^{55}_{(1)}$lau$^{55}_{(1)}$很可能是由 phau$^{55}_{(1)}$lau$^{55}_{(1)}$变来的，本来是应当把 phau$^{55}_{(1)}$和 lau$^{55}_{(1)}$合并成一个音节tl̥hau$^{55}_{(1)}$，但合并时，却把 phau$^{55}_{(1)}$改为 tl̥hau$^{55}_{(1)}$，后面的 lau$^{55}_{(1)}$，仍保留下来，变成 tl̥hau$^{55}_{(1)}$lau$^{55}_{(1)}$。在其他方言、次方言是单音节词，在石门坎变成双音节的叠韵词了。野鸡坡的 phlau$^{24}_{(C)}$韵母、声调都不合，但抚母是出现频率很少的声类，不能认为是偶然的声母相合，所以还是列在比较表中，至于为什么韵母、声调都不合，尚须做进一步的研究。这个字也可能属可构拟为 * phl̥ 的声类。

35. 顿母　bl

只有大南山、石门坎两个点的材料。“一顿饭”大南山读作 plua$^{21}_{(4)}$，石门坎读作dla$^{53}_{(6Ⅰ)}$；“急出貌”大南山读作 pleu$^{21}_{(4)}$，石门坎读作 dlɦey$^{11}_{(4)}$；其中，“顿”大南山读作4调，石门坎读作6Ⅰ调，我们认为这个字应为4调字，因石门坎4Ⅰ调前接1调字时变为6Ⅰ调，“顿”前面有一个 i$^{55}_{(1)}$‘一’，i$^{55}_{(1)}$是1调字，所以变为6Ⅰ调了，大南山变调简单，没有其他调变为4调的，现在既以4调出现，应当认为是本调。“顿”字属买、拍、搓、粑等四韵之一，但不能确定属于哪一韵。“急出貌”为酒韵4调字。又，因为没有养蒿和绞坨的材料，不能断定顿自成一母，还是属于魂母，暂时作一个声类列的这里。

36. 柔母	养蒿	腊乙坪	大南山	石门坎	摆托	甲定	绞坨	野鸡坡	枫香	韵类号
ml	m	n	m	m		ml	n	mj	mj	
柔软	mε$^{13}_{(6)}$	ne$^{42}_{(6)}$	mua$^{13}_{(6)}$	ma$^{11}_{(1)}$调！	——	mləŋ$^{22}_{(6)}$	noŋ$^{13}_{(6)}$	mja$^{24}_{(C)}$	mjoŋ$^{31}_{(6)}$	(11)

37. 片母　mpl

只有大南山、石门坎的材料，例字：大南山 mplai$^{33}_{(7)}$，义为“片、花瓣”石门坎 ntlai$^{11}_{(7)}$义为“切成片”，我们认为这是同一个字，只是意义稍有差别，最初的意义是“片”，还是“切成片”不能确定。汉语“片”字也有“平而薄的物体”和“切削成薄片”两个意义。一个是名词，一个是动词。这个字是窄韵7调字。有这个声类没有问题，但应当排在这里，还是构拟成＊mpl̥，排在魂母之后，因养蒿、绞坨无材料，尚不敢定，暂排在这里。

38. 环母	养蒿	腊乙坪	大南山	石门坎	摆托	甲定	绞坨	野鸡坡	枫香	韵类号
mphl			mphl	(ntl̥h)	(mphl)	mphl	(mpl)	mʔphl	mphl	
指环	——	——	mphlai$^{43}_{(1)}$	——	——	mphle$^{24}_{(1)}$	——	mʔphle$^{31}_{(A)}$	mphlε$^{33}_{(1)}$	(10)

环母肯定是一个声类，但应当排在这里，还是构拟成＊mpl̥，排在魂母之后，因养蒿、绞坨无材料，尚不敢定，暂排在这里。石门坎、摆托、绞坨的反映形式是根据叶母推测出来的。

39. 叶母	养蒿	腊乙坪	大南山	石门坎	摆托	甲定	绞坨	野鸡坡	枫香	韵类号
mbl	n (ȵ)❶	n (mj)❷	mpl	ndl (ndlɦ)	mpl	mpl	mpl	mpl	mpl	
稻子	na$^{55}_{(2)}$	nɯ$^{31}_{(2)}$	mple$^{31}_{(2)}$	ndlɦi$^{35}_{(2)}$	mpla$^{54}_{(2)}$	mplæ$^{55}_{(2)}$	mplæ$^{53}_{(2)}$	——	——	(3)
叶子	nə$^{55}_{(2)}$	nu$^{31}_{(2)}$	mploŋ$^{31}_{(2)}$	ndlɦau$^{35}_{(2)}$	mplen$^{54}_{(2)}$	mploŋ$^{55}_{(2)}$	mplaŋ$^{53}_{(2)}$	mploŋ$^{31}_{(A)}$	mploŋ$^{24}_{(2)}$	(29)
光滑	——	mjεn$^{42}_{(6)}$	mpla$^{13}_{(6)}$	ndlie$^{31}_{(6Ⅱ)}$	mplen$^{21}_{(6)}$	mplε$^{22}_{(6)}$	mplein$^{13}_{(6)}$	mplen$^{24}_{(C)}$	mplen$^{31}_{(6)}$	(18)
糯米	nə$^{31}_{(8)}$	nu$^{33}_{(8)}$	mplou$^{24}_{(8)}$	ndlɦau$^{31}_{(8Ⅱ)}$	mplou$^{54}_{(8)}$	mplə$^{55}_{(8)}$	mplu$^{21}_{(8)}$	mplo$^{31}_{(D)}$	mplou$^{13}_{(8)}$	(9)
舌头①	ȵi$^{31}_{(8)}$	mjɑ$^{33}_{(8)}$	mplai$^{24}_{(8)}$	ndlɦai$^{31}_{(8Ⅱ)}$	mplai$^{54}_{(8)}$	mple$^{55}_{(8)}$	mple$^{21}_{(8)}$	mple$^{31}_{(D)}$	mplε$^{13}_{(8)}$	(10)
鞭子②	——	——	mpleu$^{24}_{(8)}$	ndlɦey$^{31}_{(8Ⅱ)}$	——	mplə$^{55}_{(8)}$	mplə$^{21}_{(8)}$	mpʔlo$^{33}_{(D)}$ 声！	——	(13)

❶接 i 时为 ȵ，接其他韵母时为 n。

❷接 u，ɯ 时为 n 接 ɛn，ɑ 时为 mj。

①②石门坎“鞭子”“舌头”单说时分别作 i$^{55}_{(3)}$ndlɦey$^{31}_{(8Ⅱ)}$，a$^{55}_{(1)}$ndlɦai$^{31\to11}_{8Ⅱ\to4Ⅱ}$，因为是双音节词，所以声调可以是 8 Ⅱ 调。

40. 毛母	养蒿	腊乙坪	大南山	石门坎	摆托	甲定	绞坨	野鸡坡	枫香	韵类号
pɭ	ɭ̥	pj	pl	tl̥	pl	pl	pɭ	pl	pl	
毛	ɭ̥u$^{33}_{(1)}$	pji$^{35}_{(1)}$	plou$^{43}_{(1)}$	tl̥au$^{55}_{(1)}$	plou$^{55}_{(1)}$	plo$^{24}_{(1)}$	pɭɔ$^{32}_{(1a)}$	plou$^{31}_{(A)}$	plou$^{33}_{(1)}$	(12)
心脏	ɭ̥u$^{35}_{(3)}$	——	pleu$^{55}_{(3)}$	tl̥ey$^{55}_{(3)}$	——	plə$^{13}_{(3)}$	pɭə$^{42}_{(3a)}$	plo$^{55}_{(B)}$	——	(13)
野猫	ɭ̥aŋ$^{53}_{(7)}$韵！	——	pli$^{33}_{(7)}$	tl̥i$^{11}_{(7)}$	pli$^{43}_{(7)}$	pli$^{43}_{(7)}$	pɭei$^{35}_{(5a)}$调！	ple$^{24}_{(C)}$调！	pli$^{53}_{(7)}$	(2)

41. 魂母	养蒿	腊乙坪	大南山	石门坎	摆托	甲定	绞坨	野鸡坡	枫香	韵类号
bɭ	ɭ̥	pj	pl	dl（dlɦ）	pl	pl	pɭ	vl	pl	
魂①	ɭ̥u$^{55}_{(2)}$韵！	pjə$^{31}_{(2)}$韵！	pli$^{13}_{(6)}$调！	dli$^{55}_{(1)}$调！	ple$^{21}_{(6)}$调！	plɑ$^{22}_{(6)}$调！	pɭɪ$^{33}_{(6)}$调！	vlo$^{31}_{(A)}$韵！	pla$^{24}_{(2)}$	(4)

①“魂”为 2 调字，这个字最初一定有一个 1 调的前加成分，石门坎 2 调字前接 1 调字变为 1 调，大南山、摆托、甲定、绞坨都有 2 调字前接 1 调字变为 6 调的特点。有一个情况值得注意，即养蒿、腊乙坪、野鸡坡“魂”是酒韵字，而大南山、石门坎、摆托、甲定、绞坨、枫香“魂”是借韵字。不知古苗语这个字属于何韵。暂时先认为是借韵字，在养蒿、腊乙坪、野鸡坡栏内注上“韵!”字，表示这三点的韵母有问题。

42. 灶母	养蒿	腊乙坪	大南山	石门坎	摆托	甲定	绞坨	野鸡坡	枫香	韵类号
ts	s	ts	ts	ts	ts	s	s	ts	s	
鬃①	soŋ$^{33}_{(1)}$韵！	tsoŋ$^{44}_{(3)}$调！	tsoŋ$^{43}_{(1)}$	tsau$^{55}_{(1)}$	tsoŋ$^{55}_{(1)}$	soŋ$^{24}_{(1)}$	saŋ$^{32}_{(1a)}$	pjoŋ$^{31}_{(A)}$声！	tsoŋ$^{33}_{(1)}$声！	(30)
柴刀②	sa$^{44}_{(5)}$	——	tsua$^{33}_{(7)}$调！	tsa$^{33}_{(5)}$	tso$^{43}_{(5)}$	sɑ$^{43}_{(5)}$	sa$^{44}_{(7a)}$调！	tsi$^{24}_{(C)}$	sa$^{55}_{(5)}$	(5)
灶③	so$^{44}_{(5)}$	——	tso$^{33}_{(7)}$调！	tso$^{11}_{(7)}$调！	tsau$^{43}_{(5)}$	so$^{43}_{(5)}$韵！	so$^{35}_{(5b)}$调！	——	sou$^{55}_{(5)}$韵！	(7)
接绳子	sen$^{53}_{(7)}$	tshɑ$^{44}_{(7)}$声！	tsua$^{33}_{(7)}$	tsa$^{11}_{(7)}$	tso$^{43}_{(7)}$	sɑ$^{43}_{(7)}$	sa$^{44}_{(7a)}$	——	——	(5)
接受	sei$^{53}_{(7)}$	——	tsai$^{33}_{(7)}$	tsai$^{11}_{(7)}$	tsai$^{43}_{(7)}$	se$^{43}_{(7)}$	se$^{44}_{(7a)}$	tse$^{31}_{(D)}$	sɛ$^{53}_{(7)}$	(10)
借钱	——	——	tsai$^{33}_{(7)}$	tsai$^{11}_{(7)}$	tsai$^{43}_{(7)}$	se$^{43}_{(7)}$	se$^{44}_{(7a)}$	tse$^{31}_{(D)}$	sɛ$^{53}_{(7)}$	(10)

①“鬃”，养蒿韵母不合，疑为晚期汉语借词，腊乙坪声调不合，疑为现代汉语借词，野鸡坡声母不合，是否 pj 为接后元音的变体，不敢肯定，枫香声母不合，疑为晚期汉语借词。

②“柴刀”是 5 调字，大南山、绞坨读 7 调，是历史上变调的结果。

③“灶”为 5 调字，大南山、石门坎读 7 调是历史上变调的结果。现在石门坎“灶”全词为 a$^{55}_{(1)}$tso$^{11}_{(7)}$其前加成分 a$^{55}_{(1)}$为 1 调字，1 调能使后面的 5 调字变 7 调，tso$^{11}_{(7)}$肯定是由 tso$^{33}_{(5)}$变来的。大南山也是这么演变来的。不过前加成分已经丢失了。甲定、枫香的韵母不合，可能是晚期汉语借词。“灶”在腊乙坪读作 tsɔ$^{35}_{(1)}$，在野鸡坡读作 tso$^{31}_{(A)}$，两者都是韵、调两项不合，疑为现代汉语借词，未列在表内。在绞坨读作 so$^{35}_{(5b)}$，声调不合（应为 5a），恐怕也是现代汉语借词，因只有声调一项不合，所以仍列在表上。

43. 千母 tsh	养蒿 sh	腊乙坪 s	大南山 tsh	石门坎 tsh	摆托 s	甲定 sh	绞坨 s	野鸡坡 tsh	枫香 ç	韵类号
钢	sha$^{33}_{(1)}$	sɯ$^{35}_{(1)}$	——	——	sa$^{55}_{(1)}$	shæ$^{24}_{(1)}$	sæ$^{22}_{(1b)}$	——	çi$^{33}_{(1)}$	(3)
千①	shaŋ$^{33}_{(1)}$	tshɛn$^{35}_{(1)}$ 声！	tsha$^{43}_{(1)}$	tshie$^{55}_{(1)}$	sen$^{55}_{(1)}$	shɛ$^{24}_{(1)}$	tçein$^{22}_{(1b)}$ 声！	tshen$^{31}_{(A)}$	çen$^{33}_{(1)}$	(20)
疮	shaŋ$^{33}_{(1)}$	——	tsaŋ$^{43}_{(1)}$	tshaɯ$^{55}_{(1)}$	sɔŋ$^{55}_{(1)}$	shoŋ$^{24}_{(1)}$	sua$^{22}_{(1b)}$	tshen$^{31}_{(A)}$	——	(24)
米	shɛ$^{35}_{(3)}$	se$^{44}_{(3)}$ （稀饭）	tsho$^{55}_{(3)}$ （小米）	tshu$^{55}_{(3)}$ （小米）	soŋ$^{13}_{(3)}$	shəŋ$^{13}_{(3)}$	soŋ$^{232}_{(3b)}$	tshaŋ$^{55}_{(B)}$	çoŋ$^{53}_{(3)}$	(22)
头骨②	shoŋ$^{35}_{(3)}$	soŋ$^{44}_{(3)}$	tshaŋ$^{44}_{(5)}$ 调！	tshaɯ$^{33}_{(5)}$ 调！	saŋ$^{13}_{(3)}$	shɑŋ$^{13}_{(3)}$	saŋ$^{232}_{(3b)}$	tshoŋ$^{55}_{(B)}$	çaŋ$^{53}_{(3)}$	(28)
锡	——	——	——	tsha$^{11}_{(7)}$	so$^{43}_{(7)}$	shɑ$^{43}_{(7)}$	sa$^{13}_{(7b)}$	——	ça$^{53}_{(7)}$	(5)
漆③	shei$^{53}_{(7)}$	tshei$^{44}_{(7)}$ 声！韵！	tshai$^{33}_{(7)}$	tshai$^{11}_{(7)}$	sai$^{43}_{(7)}$	she$^{43}_{(7)}$	se$^{13}_{(7b)}$	tshe$^{24}_{(C)}$调！	çɛ$^{53}_{(7)}$	(10)

①腊乙坪、绞坨的“千”声母不合，可能是晚期汉语借词。

②“骨头”是3调字，大南山、石门坎，读作5调是历史上变调的结果。见头母“头”字的注。

③腊乙坪的“漆”声、韵都不合，可能是晚期汉语借词。

44. 钱母 dz	养蒿 s	腊乙坪 ts	大南山 ts	石门坎 dz（dzɦ）	摆托 ts	甲定 s	绞坨 s	野鸡坡 z	枫香 s	韵类号
会唱歌	su$^{55}_{(2)}$	——	tseu$^{31}_{(2)}$	dzɦey$^{35}_{(2)}$	——	sə$^{55}_{(2)}$	sə$^{53}_{(2)}$	——	sɛ$^{24}_{(2)}$	(13)
一钱银子	saŋ$^{55}_{(2)}$	——	tsa$^{31}_{(2)}$	dzɦie$^{35}_{(2)}$	tsen$^{54}_{(2\,I)}$	sɛ$^{55}_{(2)}$	sæin$^{53}_{(2)}$	zen$^{31}_{(A)}$	sen$^{24}_{(2)}$	(20)
害羞	——	tsei$^{31}_{(2)}$韵！	tsaŋ$^{31}_{(2)}$	dzɦaɯ$^{35}_{(2)}$	tsɔŋ$^{54}_{(2)}$	soŋ$^{55}_{(2)}$	sua$^{53}_{(2)}$	zen$^{31}_{(A)}$	soŋ$^{24}_{(2)}$	(24)
冰凉	sei$^{11}_{(4)}$	tsɛn$^{33}_{(4)}$	tsa$^{21}_{(4)}$	dzɦie$^{11}_{(4\,II)}$	tsen$^{32}_{(4)}$	sɛ$^{31}_{(4)}$	sein$^{11}_{(4)}$	——	sen$^{13}_{(4)}$	(18)
凿子	so$^{13}_{(6)}$	——	tsou$^{13}_{(6)}$	dzau$^{53}_{(6\,I)}$	tsu$^{21}_{(6)}$	sɑ$^{22}_{(6)}$	so$^{13}_{(6)}$	zu$^{24}_{(C)}$	sou$^{31}_{(6)}$	(6)
到达	so$^{13}_{(6)}$	——	tso$^{13}_{(6)}$	dzo$^{31}_{(6\,II)}$	tso$^{21}_{(6)}$韵！	——	——	zu$^{24}_{(C)}$	sau$^{31}_{(6)}$	(7)

45. 早母 nts	养蒿 s	腊乙坪 nts	大南山 nts	石门坎 nts	摆托 nts	甲定 nz	绞坨 nts	野鸡坡 nʔts	枫香 z	韵类号
洗锅	sa$^{35}_{(3)}$	ntsa$^{44}_{(3)}$	ntsua$^{55}_{(3)}$	ntsa$^{55}_{(3)}$	ntso$^{13}_{(3)}$	nzɑ$^{13}_{(3)}$	ntsa$^{42}_{(3a)}$	nʔtsi$^{55}_{(B)}$	za$^{53}_{(3)}$	(5)
早	so$^{35}_{(3)}$	ntso$^{44}_{(3)}$	ntso$^{55}_{(3)}$	ntso$^{55}_{(3)}$	ntsau$^{13}_{(3)}$	nzə$^{13}_{(3)}$	ntso$^{42}_{(3a)}$	nʔtsu$^{55}_{(B)}$	——	(7)
坟①	saŋ$^{44}_{(5)}$ （停放死尸）	ntsen$^{53}_{(5)}$	ntsaŋ$^{44}_{(5)}$	ntsaɯ$^{11}_{(7)}$ 调！	ntsɔŋ$^{43}_{(5)}$	nzoŋ$^{43}_{(5)}$	ntsua$^{55}_{(5a)}$	——	zoŋ$^{55}_{(5)}$	(24)
蚊子吸血	——	——	ntsai$^{33}_{(7)}$	ntsai$^{11}_{(7)}$	——	nze$^{43}_{(7)}$	——	——	zɛ$^{53}_{(7)}$	(10)

①石门坎的“坟”读作7调，历史上变调的结果。在石门坎，5调字前接1调字，则变为7调，石门坎的“坟”是一个带前加成分hi^{55}的合成词，而hi^{55}是1调字。我们这个结论是通过和其他几个点比较，才得出来的。如果只由石门坎本身来看，我们不知道ntsaɯ$^{11}_{(7)}$是由ntsaɯ$^{33}_{(5)}$变来的，因为ntsaɯ$^{33}_{(5)}$这个字不单用，如果ntsaɯ$^{33}_{(5)}$单独出现或与别的字组成合成词，我们就把“坟”写成hi$^{55}_{(1)}$ntsaɯ$^{33\to11}_{(5\to7)}$，在本表中也就写作ntsaɯ$^{33}_{(5)}$，那就不用加“调！”字了。

46. 糙母	养蒿	腊乙坪	大南山	石门坎	摆托	甲定	绞坨	野鸡坡	枫香	韵类号
ntsh	sh	ntsh	ntsh	ntsh	ntsh	nsh	nts	nʔtsh	ntsh	
干净	sha$^{33}_{(1)}$	ntsha$^{35}_{(1)}$	——	——	ntshi$^{55}_{(1)}$	nshi$^{24}_{(1)}$	ntsei$^{22}_{(1b)}$	nʔtshe$^{31}_{(A)}$	ntshi$^{33}_{(1)}$	(2)
粗糙	sha$^{33}_{(1)}$	ntshɑ$^{35}_{(1)}$	ntshi$^{43}_{(1)}$	ntshi$^{55}_{(1)}$	——	nshɑ$^{24}_{(1)}$	ntsi$^{22}_{(1b)}$	nʔtsha$^{31}_{(A)}$	ntsha$^{33}_{(1)}$	(4)
陡	shoŋ$^{33}_{(1)}$	ntshoŋ$^{35}_{(1)}$	ntshaŋ$^{43}_{(1)}$	ntshaɯ$^{55}_{(1)}$	ntshaŋ$^{55}_{(1)}$	nshɑŋ$^{24}_{(1)}$	ntsaŋ$^{22}_{(1b)}$	nʔtshoŋ$^{31}_{(A)}$	——	(28)
大象	shɛ$^{44}_{(5)}$	——	ntshu$^{44}_{(5)}$	ntshy$^{33}_{(5)}$	ntshou$^{43}_{(5)}$	nshɯ$^{43}_{(5)}$	——	nʔtshu$^{24}_{(C)}$	ntshu$^{55}_{(5)}$	(8)
洗衣	sho$^{44}_{(5)}$	ntsho$^{53}_{(5)}$	ntshua$^{44}_{(5)}$	ntsha$^{33}_{(5)}$	ntsho$^{43}_{(5)}$	nshu$^{43}_{(5)}$	ntsa$^{35}_{(5b)}$	nʔtsha$^{24}_{(C)}$	ntsha$^{55}_{(5)}$	(16)

47. 瘦母	养蒿	腊乙坪	大南山	石门坎	摆托	甲定	绞坨	野鸡坡	枫香	韵类号
ndz	(n)	(n)	nts	(ndz, ndzɦ)	nts	nz	nts	(nts)	z	
瘦①	su$^{44}_{(5)}$声！调！	ntsei$^{53}_{(5)}$声！调！	ntsou$^{13}_{(6)}$	——	ntsu$^{21}_{(6)}$	nzo$^{22}_{(6)}$	ntso$^{13}_{(6)}$	——	zou$^{31}_{(6)}$	(12)

①“瘦”在大南山、摆托、甲定、绞坨、枫香都读 6 调，所以这个字可以认为本来是 6 调字。在养蒿、腊乙坪读 5 调，这是由 6 调转来的，由于声调与声母互相制约，声调转为 5 调，声母也相应地分别改为 s 和 nts。养蒿、腊乙坪、石门坎、野鸡坡的反映形式是参考早母，麻母推测出来的。

48. 送母	养蒿	腊乙坪	大南山	石门坎	摆托	甲定	绞坨	野鸡坡	枫香	韵类号
s	sh	s	s	s	s	sh	s	s	s	
蓑衣①	sho$^{33}_{(1)}$韵！	sɔ$^{35}_{(1)}$韵！	si$^{43}_{(1)}$	si$^{55}_{(1)}$	si$^{55}_{(1)}$韵！	shi$^{24}_{(1)}$	——	su$^{31}_{(A)}$韵！	——	(1)
初一②	——	——	sa$^{43}_{(1)}$	sie$^{55}_{(1)}$	sen$^{55}_{(1)}$	shɛ$^{24}_{(1)}$	sæin$^{22}_{(1b)}$	sen$^{31}_{(A)}$	ɕen$^{33}_{(1)}$声！	(18)
送东西	shoŋ$^{44}_{(5)}$	——	saŋ$^{44}_{(5)}$	saɯ$^{33}_{(5)}$	saŋ$^{43}_{(5)}$	shɑŋ$^{43}_{(5)}$	saŋ$^{35}_{(5b)}$	soŋ$^{24}_{(C)}$（送亲）	saŋ$^{55}_{(5)}$（送亲）	(28)
关门③	shu$^{53}_{(7)}$	——	——	——	sau$^{43}_{(7)}$	shə$^{43}_{(7)}$	ʂə$^{13}_{(7)}$声！	——	——	(13)

①“蓑衣”养蒿、腊乙坪、野鸡坡韵母不合，疑为晚期汉语借词“蓑”的读音。

②“初一”枫香读作 ɕen$^{33}_{(1)}$，声母不合，疑为晚期汉语借词“新”的读音，“初一”是一个新月份的第一天，“初二”是新月份的第二天，用“新”表示“初”是可以理解的，甚至其他几个点的“初”，我们认为也是汉语借词“新”的读音，不过是早期借词而已。

③“关门”也可能属千母。

49. 答母	养蒿	腊乙坪	大南山	石门坎	摆托	甲定	绞坨	野鸡坡	枫香	韵类号
t	t	t	t	t	t	t	t	t	t	
地	ta$^{33}_{(1)}$	tɯ$^{35}_{(1)}$	te$^{43}_{(1)}$	ti$^{55}_{(1)}$	ta$^{55}_{(1)}$	tæ$^{24}_{(1)}$	tæ$^{32}_{(1a)}$	ti$^{31}_{(A)}$	ti$^{33}_{(1)}$	(3)
答	ta$^{33}_{(1)}$	tɯ$^{35}_{(1)}$	te$^{43}_{(1)}$	ti$^{55}_{(1)}$	ta$^{55}_{(1)}$	tæ$^{24}_{(1)}$	tæ$^{32}_{(1a)}$	ti$^{31}_{(A)}$	ti$^{33}_{(1)}$	(3)
厚	ta$^{33}_{(1)}$	ta$^{35}_{(1)}$	tua$^{43}_{(1)}$	ta$^{55}_{(1)}$	to$^{55}_{(1)}$	tɑ$^{24}_{(1)}$	ta$^{32}_{(1a)}$	ti$^{31}_{(A)}$	ta$^{33}_{(1)}$	(5)

秧密	ta$^{33}_{(1)}$	——	tua$^{43}_{(1)}$	ta$^{55}_{(1)}$	to$^{55}_{(1)}$	tɑ$^{24}_{(1)}$	ta$^{32}_{(1a)}$	ti$^{31}_{(A)}$	ta$^{33}_{(1)}$	(5)
深	to$^{33}_{(1)}$	to$^{35}_{(1)}$	to$^{43}_{(1)}$	to$^{55}_{(1)}$	tau$^{55}_{(1)}$	tə$^{24}_{(1)}$	to$^{32}_{(1a)}$	tu$^{31}_{(A)}$	tau$^{33}_{(1)}$	(7)
葫芦	——	tɔ$^{35}_{(1)}$	tou$^{43}_{(1)}$	tau$^{55}_{(1)}$	tu$^{55}_{(1)}$	——	tu$^{32}_{(1a)}$	to$^{31}_{(A)}$	toŋ$^{33}_{(1)}$韵！	(9)
裙子	tei$^{33}_{(1)}$	tɛu$^{35}_{(1)}$	ta$^{43}_{(1)}$	tie$^{55}_{(1)}$	ten$^{55}_{(1)}$	tɛ$^{24}_{(1)}$	tæin$^{32}_{(1a)}$	ten$^{31}_{(A)}$	ten$^{33}_{(1)}$	(18)
儿子	tɛ$^{33}_{(1)}$	te$^{55}_{(1)}$	to$^{43}_{(1)}$	tu$^{55}_{(1)}$	toŋ$^{55}_{(1)}$	təŋ$^{24}_{(1)}$	toŋ$^{32}_{(1a)}$	taŋ$^{31}_{(A)}$	toŋ$^{33}_{(1)}$	(22)
握手	——	——	tua$^{55}_{(3)}$	ta$^{55}_{(3)}$	——	——	ta$^{42}_{(3a)}$	ti$^{55}_{(B)}$	ta$^{53}_{(3)}$	(5)
尾巴	tɛ$^{35}_{(3)}$	tə$^{44}_{(3)}$	tu$^{55}_{(3)}$	——	tou$^{13}_{(3)}$	tɯ$^{13}_{(3)}$	tou$^{42}_{(3a)}$	tu$^{55}_{(B)}$	tu$^{53}_{(3)}$	(8)
皮①	tu$^{35}_{(3)}$	tə$^{44}_{(3)}$	teu$^{44}_{(5)}$调！	tey$^{33}_{(5)}$调！	tau$^{13}_{(3)}$	tə$^{13}_{(3)}$	tə$^{42}_{(3a)}$	to$^{55}_{(B)}$	tɛ$^{53}_{(3)}$	(13)
舂米	to$^{35}_{(3)}$	——	tua$^{55}_{(3)}$	——	to$^{13}_{(3)}$	tu$^{13}_{(3)}$	ta$^{42}_{(3a)}$	ta$^{55}_{(B)}$	ta$^{53}_{(3)}$	(16)
虱子	tɛ$^{35}_{(3)}$	te$^{44}_{(3)}$	to$^{55}_{(3)}$	tu$^{55}_{(3)}$	toŋ$^{13}_{(3)}$	təŋ$^{13}_{(3)}$	toŋ$^{42}_{(3a)}$	taŋ$^{55}_{(B)}$	toŋ$^{53}_{(3)}$	(22)
肋骨	taŋ$^{35}_{(3)}$	——	taŋ$^{55}_{(3)}$	taɯ$^{55}_{(3)}$	tɔŋ$^{13}_{(3)}$	toŋ$^{13}_{(3)}$	tua$^{42}_{(3a)}$	ten$^{55}_{(B)}$	toŋ$^{53}_{(3)}$	(24)
霜	ta$^{44}_{(5)}$	tɯ$^{53}_{(5)}$	te$^{44}_{(5)}$	ti$^{33}_{(5)}$	ta$^{43}_{(5)}$	tæ$^{43}_{(5)}$	tæ$^{55}_{(5a)}$	ti$^{24}_{(C)}$	ti$^{55}_{(5)}$	(3)
得到	to$^{44}_{(5)}$	tɔ$^{53}_{(5)}$	tou$^{44}_{(5)}$	tau$^{33}_{(5)}$	tu$^{43}_{(5)}$	——	tɔ$^{55}_{(5a)}$	tu$^{24}_{(C)}$	tou$^{55}_{(5)}$	(6)
脚②	tu$^{44}_{(5)}$（诗歌用字）	tə$^{53}_{(5)}$	teu$^{44}_{(5)}$	tey$^{33}_{(5)}$	tau$^{43}_{(5)}$	tə$^{43}_{(5)}$	tə$^{55}_{(5a)}$	to$^{24}_{(C)}$	tɛ$^{55}_{(5)}$	(13)
杀人	ta$^{44}_{(5)}$	tɑ$^{53}_{(5)}$	tua$^{44}_{(5)}$	ta$^{33}_{(5)}$	to$^{43}_{(5)}$	——	ta$^{55}_{(5a)}$	——	——	(15)
斧头③	to$^{44}_{(5)}$韵！	tɔ$^{53}_{(5)}$	tou$^{33}_{(1)}$调！	tau$^{11}_{(7)}$调！	tu$^{43}_{(5)}$	——	tɔ$^{55}_{(5a)}$	tu$^{24}_{(C)}$	tou$^{55}_{(5)}$	(17)
线断	tɛ$^{44}_{(5)}$	te$^{53}_{(5)}$	to$^{44}_{(5)}$	tu$^{33}_{(5)}$	toŋ$^{43}_{(5)}$	təŋ$^{43}_{(5)}$	toŋ$^{55}_{(5a)}$	taŋ$^{24}_{(C)}$	toŋ$^{55}_{(5)}$	(22)
翅	ta$^{53}_{(7)}$	tei$^{44}_{(7)}$	ti$^{33}_{(7)}$	ti$^{11}_{(7)}$	tie$^{43}_{(7)}$韵！	tɑ$^{43}_{(7)}$	ti$^{44}_{(7a)}$	ta$^{31}_{(D)}$	ta$^{53}_{(7)}$	(4)
夹菜	——	tɑ$^{44}_{(7)}$	tai$^{33}_{(7)}$	tai$^{11}_{(7)}$	tai$^{43}_{(7)}$	te$^{43}_{(7)}$	te$^{44}_{(7a)}$	te$^{31}_{(D)}$	tɛ$^{53}_{(7)}$	(10)
点灯	tu$^{53}_{(7)}$	——	teu$^{33}_{(7)}$	tey$^{11}_{(7)}$	tau$^{43}_{(7)}$	——	te$^{44}_{(7a)}$韵！	to$^{31}_{(D)}$	tɛ$^{53}_{(7)}$	(13)

①“皮”为3调字，大南山、石门坎读5调，是历史上变调的结果。现在石门坎“皮”全词为pi^{33}tey^{33}，这个词的前加成分pi^{33}原为55（1）调的，55（1）调字后接55（3）调时，55（3）调变为33（5）调。可以推知，“皮”在历史上曾有过pi^{55}tey$^{55→33}$这么一个阶段，前加成分pi^{55}受词根tey$^{55→33}$的逆同化，调值也变为33，以致形成今天的pi^{33}tey^{33}的形式。大南山也是这么演变的，不过前加成分已经丢失了。

②养蒿的tu$^{44}_{(5)}$仅见于诗歌。

③“斧头”养蒿、腊乙坪、绞坨、枫香都是5调，野鸡坡是清声母来源的C调，相当于其他点的5调，摆托、甲定5，7调合并，可以看做5调。只有大南山和石门坎是7调，这是历史上变调的结果，这两个点的5调字前接1调字时变7调，现在石门坎的“斧头”仍带前加成分a$^{55}_{(1)}$，读作a^{55}tau^{11}估计过去大南山也曾有过一个1调的前加成分，所以“斧头”是5调字。

50. 炭母	养蒿	腊乙坪	大南山	石门坎	摆托	甲定	绞坨	野鸡坡	枫香	韵类号
th	th	th	th	th	th	th	t	th	th	
煮开水	tho$^{33}_{(1)}$	——	tho$^{43}_{(1)}$	tho$^{55}_{(1)}$	——	——	to$^{22}_{(1b)}$	thu$^{31}_{(A)}$	thau$^{33}_{(1)}$	(7)

桶	——	——	thoŋ$^{43}_{(1)}$	thau$^{55}_{(1)}$	then$^{55}_{(1)}$	thoŋ$^{24}_{(1)}$	——	thoŋ$^{31}_{(A)}$	thoŋ$^{33}_{(1)}$	(29)
风箱	thoŋ$^{35}_{(3)}$	thɑŋ$^{44}_{(3)}$ 韵！	——	thau$^{55}_{(1)}$ 韵！	thaŋ$^{13}_{(3)}$	thɑŋ$^{13}_{(3)}$	taŋ$^{232}_{(3b)}$	thoŋ$^{55}_{(B)}$	thaŋ$^{53}_{(3)}$	(28)
箍	tha$^{44}_{(5)}$（箍儿）	——	thi$^{44}_{(5)}$	thi$^{33}_{(5)}$	——	thi$^{43}_{(5)}$	tei$^{35}_{(5b)}$	the$^{24}_{(C)}$	——	(2)
木炭	thɛ$^{44}_{(5)}$	the$^{53}_{(5)}$	then$^{44}_{(5)}$	thɯ$^{33}_{(5)}$	thie$^{43}_{(5)}$	thin$^{43}_{(5)}$	tæin$^{35}_{(5b)}$	thaŋ$^{24}_{(C)}$	thi$^{55}_{(5)}$	(19)

51. 铜母	养蒿	腊乙坪	大南山	石门坎	摆托	甲定	绞坨	野鸡坡	枫香	韵类号
d	t	t	t	d（dɦ）	t	t	t	ð	t	
弟兄	ta$^{55}_{(2)}$	——	ti$^{31}_{(2)}$	dɦi$^{35}_{(2)}$	ti$^{54}_{(2)}$韵！	tɑ$^{55}_{(2)}$	ti$^{53}_{(2)}$	ða$^{31}_{(A)}$	——	(4)
客来	ta$^{55}_{(2)}$	——	tua$^{31}_{(2)}$	dɦa$^{35}_{(2)}$	to$^{54}_{(2)}$	tu$^{55}_{(2)}$	ta$^{53}_{(2)}$	ða$^{31}_{(A)}$	ta$^{24}_{(2)}$	(15)
平	——	——	ta$^{31}_{(2)}$	dɦie$^{35}_{(2)}$	ten$^{54}_{(2)}$（头顶）	——	tæin$^{53}_{(2)}$	——	ten$^{24}_{(2)}$（头顶）	(18)
沉①	taŋ$^{55}_{(2)}$	——	tau$^{13}_{(6)}$	do$^{31}_{(6II)}$	ten$^{54}_{(2)}$韵！	——	toŋ$^{13}_{(6)}$	toŋ$^{31}_{(A)}$声！	taŋ$^{24}_{(2)}$	(21)
铜	tə$^{55}_{(2)}$	toŋ$^{31}_{(2)}$韵！	toŋ$^{31}_{(2)}$	dɦau$^{35}_{(2)}$	ten$^{54}_{(2)}$	toŋ$^{55}_{(2)}$	taŋ$^{53}_{(2)}$	ðoŋ$^{31}_{(A)}$	toŋ$^{24}_{(2)}$	(29)
碗	——	——	tai$^{21}_{(4)}$（海碗）	dai$^{33}_{(4I)}$（海碗）	tai$^{32}_{(4)}$	te$^{31}_{(4)}$	te$^{11}_{(4)}$	——	tɛ$^{13}_{(4)}$	(10)
柴、火	tu$^{11}_{(4)}$	tə$^{33}_{(4)}$	teu$^{21}_{(4)}$	dey$^{33}_{(4I)}$	tau$^{32}_{(4)}$	tə$^{31}_{(4)}$	tɯ$^{11}_{(4)}$	ðo$^{55}_{(B)}$	tɛ$^{13}_{(4)}$	(13)
一匹马	tɛ$^{11}_{(4)}$	——	to$^{21}_{(4)}$	tu$^{33}_{(4I)}$声！	toŋ$^{32}_{(4)}$	təŋ$^{31}_{(4)}$	toŋ$^{11}_{(4)}$	ðaŋ$^{55}_{(B)}$	toŋ$^{13}_{(4)}$	(22)
等候	taŋ$^{11}_{(4)}$	tɑŋ$^{33}_{(4)}$	tau$^{21}_{(4)}$	dɦo$^{11}_{(4II)}$	tɔŋ$^{32}_{(4)}$	toŋ$^{31}_{(4)}$	toŋ$^{11}_{(4)}$	ðoŋ$^{55}_{(B)}$	taŋ$^{13}_{(4)}$	(21)
半天②	taŋ$^{11}_{(4)}$	——	taŋ$^{13}_{(6)}$ 韵！调！	daɯ$^{31}_{(6II)}$ 韵！调！	tɔŋ$^{21}_{(6)}$调！	toŋ$^{22}_{(6)}$调！	toŋ$^{33}_{(6)}$调！	——	taŋ$^{13}_{(4)}$	(21)
哪③	tei$^{13}_{(6)}$韵！	——	tu$^{13}_{(6)}$	dy$^{31}_{(6II)}$	te$^{21}_{(6)}$韵！	tɯ$^{22}_{(6)}$	tu$^{13}_{(6)}$	ðu$^{55}_{(B)}$调！	tau$^{31}_{(6)}$韵！	(8)
爆炸	tu$^{13}_{(6)}$	tə$^{42}_{(6)}$	teu$^{13}_{(6)}$	dey$^{31}_{(6II)}$	tau$^{21}_{(6)}$	tə$^{22}_{(6)}$	tɯ$^{13}_{(6)}$	ðo$^{24}_{(C)}$	tɛ$^{31}_{(6)}$	(13)
死	ta$^{13}_{(6)}$	tɑ$^{42}_{(6)}$	tua$^{13}_{(6)}$	da$^{31}_{(6II)}$	to$^{21}_{(6)}$	tu$^{22}_{(6)}$	təa$^{13}_{(6)}$	ða$^{24}_{(C)}$	ta$^{31}_{(6)}$	(15)
蹬	ten$^{31}_{(8)}$	tɑ$^{33}_{(8)}$（踩）	tua$^{24}_{(B)}$	dɦa$^{31}_{(8II)}$	——	tɑ$^{55}_{(8)}$	ti$^{21}_{(8)}$韵！	——	——	(5)
豆子	tə$^{31}_{(8)}$	——	tou$^{24}_{(8)}$	dau$^{53}_{(8I)}$	tu$^{54}_{(8)}$	tə$^{55}_{(8)}$	tu$^{21}_{(8)}$	no$^{31}_{(D)}$声！	tou$^{13}_{(8)}$	(9)
蚊子咬	tə$^{31}_{(8)}$韵！（虎咬）	to$^{33}_{(8)}$	to$^{24}_{(8)}$	dɦo$^{31}_{(8II)}$	tau$^{54}_{(8)}$	tə$^{55}_{(8)}$	to$^{21}_{(8)}$	ðu$^{31}_{(D)}$	tau$^{13}_{(8)}$	(7)

①“沉”养蒿、摆托、枫香为 2 调，野鸡坡为 A 调，相当于其他各点的 2 调。但声母不合。大南山、石门坎、绞坨为 6 调。由不变调的养蒿、枫香来看，此字应为 2 调。另外，大南山和绞坨虽有 2 调变 6 调的可能，但这两个点的动词一般不变调，石门坎的 2 调如果变调，也是变为 1 调，不变 6 调。所以“沉”字本来是几调字不能确定。

②“半天”的“半”字为 4 调字的可能性较大。因养蒿、枫香无变调现象，这两个点的“半”都是 4 调。大南山、摆托、甲定、绞坨等 4 个点的 4 调字前接 1 调字时则变为 6 调，我们认为最初“半”字前面有一个“一”字，而“一”是 1 调字，所以引起“半”字由 4 调变为 6 调。

③"哪"养蒿、摆托、枫香的韵母不合，野鸡坡的声调不合，我们认为这是由于常用词容易发生读音变化的缘故。

52. 这母	养蒿	腊乙坪	大南山	石门坎	摆托	甲定	绞坨	野鸡坡	枫香	韵类号
ʔn	n	n	n	n	n	n	n	ʔn	n	
蛇	naŋ$^{33}_{(1)}$	nen$^{35}_{(1)}$	naŋ$^{43}_{(1)}$	naɯ$^{55}_{(1)}$	no$^{55}_{(1)}$	nɑŋ$^{24}_{(1)}$	na$^{32}_{(1a)}$	ʔnen$^{31}_{(A)}$	noŋ$^{33}_{(1)}$	(24)
这	noŋ$^{35}_{(3)}$	nen$^{44}_{(3)}$	na$^{55}_{(3)}$韵！	na$^{55}_{(3)}$韵！（今年）	na$^{13}_{(3)}$韵！	nɑŋ$^{13}_{(3)}$	na$^{42}_{(3a)}$	ʔnoŋ$^{55}_{(B)}$	naŋ$^{53}_{(3)}$	(25)
冷	——	noŋ$^{53}_{(5)}$	nau$^{44}_{(5)}$	no$^{33}_{(5)}$	nɔŋ$^{43}_{(5)}$	noŋ$^{43}_{(5)}$	nɔ$^{55}_{(5a)}$	——	noŋ$^{55}_{(5)}$	(27)

53. 弩母	养蒿	腊乙坪	大南山	石门坎	摆托	甲定	绞坨	野鸡坡	枫香	韵类号
n̥	n̥h	n̥h	n̥	n̥	n̥	n̥（ȵ̥h）❶	n	n̥	n̥h	
一天、太阳	n̥hɛ$^{33}_{(1)}$	n̥he$^{35}_{(1)}$	n̥o$^{43}_{(1)}$	n̥u$^{55}_{(1)}$	n̥oŋ$^{55}_{(1)}$	n̥həŋ$^{24}_{(1)}$	noŋ$^{22}_{(1b)}$	n̥a$^{31}_{(A)}$	n̥hoŋ$^{33}_{(1)}$	(22)
口袋	——	——	n̥aŋ$^{43}_{(1)}$	n̥aɯ$^{55}_{(1)}$	n̥o$^{55}_{(1)}$	——	na$^{22}_{(1b)}$	——	——	(24)
谷穗	n̥haŋ$^{33}_{(1)}$	n̥hen$^{35}_{(1)}$	n̥aŋ$^{43}_{(1)}$	n̥aɯ$^{55}_{(1)}$	n̥o$^{55}_{(1)}$	n̥hɑŋ$^{24}_{(1)}$	na$^{22}_{(1b)}$	n̥en$^{31}_{(A)}$	n̥hoŋ$^{33}_{(1)}$	(24)
弩①	n̥hen$^{35}_{(3)}$韵！	——	n̥en$^{55}_{(3)}$	n̥ɯ$^{55}_{(3)}$	——	ȵ̥hin$^{13}_{(3)}$	nein$^{232}_{(3b)}$	n̥a$^{55}_{(B)}$	n̥hen$^{53}_{(3)}$	(19)
听见	n̥haŋ$^{35}_{(3)}$	n̥hɑŋ$^{44}_{(3)}$	n̥au$^{55}_{(3)}$	n̥o$^{55}_{(3)}$	n̥ɔŋ$^{13}_{(3)}$	n̥hoŋ$^{13}_{(3)}$	nɔ$^{232}_{(3b)}$	n̥u$^{55}_{(B)}$韵！	n̥haŋ$^{53}_{(3)}$	(21)
苏麻	n̥haŋ$^{35}_{(3)}$	n̥hen$^{44}_{(3)}$	n̥aŋ$^{55}_{(3)}$	n̥aɯ$^{55}_{(3)}$	n̥o$^{13}_{(3)}$	n̥hɑŋ$^{13}_{(3)}$	——	n̥en$^{55}_{(B)}$	n̥hoŋ$^{53}_{(3)}$	(24)
穿衣②	naŋ$^{11}_{(4)}$声！调！	n̥hen$^{44}_{(3)}$	n̥aŋ$^{55}_{(3)}$	n̥aɯ$^{55}_{(3)}$	n̥o$^{13}_{(3)}$	n̥hɑŋ$^{13}_{(3)}$	na$^{232}_{(3b)}$	——	noŋ$^{13}_{(4)}$声！调！	(24)
咳嗽	——	——	n̥oŋ$^{33}_{(7)}$	n̥au$^{11}_{(7)}$	n̥en$^{43}_{(7)}$	——	naŋ$^{13}_{(7b)}$	n̥o$^{31}_{(D)}$	——	(29)

❶接 in 时为 ȵ̥h。接其他韵母时为 n̥h。

①"弩"在枫香有读作 m̥u^{53}的，声、韵不稳定。

②"穿"在养蒿、枫香读 4 调，因为 n̥ 不出现在双数调字中，所以声母也相应地改为 n，其他各点都读 3 调。此字是 3 调字，还是 4 调字，尚不能确定，我们暂认为是 3 调字。

54. 鸟母	养蒿	腊乙坪	大南山	石门坎	摆托	甲定	绞坨	野鸡坡	枫香	韵类号
n	n	n	n(ȵ)❶	n(nɦ，ȵ，ȵɦ)❷	n(ȵ)❶	n(ȵ)❸	n(ȵ)❶	n	n(ȵ)❶	
人①	nɛ$^{55}_{(2)}$	ne$^{31}_{(2)}$	nen$^{43}_{(1)}$调！	nɯ$^{55}_{(1)}$调！ nɦɯ$^{35}_{(2)}$（成家=成人）	——	ȵin$^{55}_{(2)}$	——	na$^{31}_{(A)}$	ȵi$^{24}_{(2)}$	(19)
吃	naŋ$^{55}_{(2)}$	noŋ$^{31}_{(2)}$	nau$^{31}_{(2)}$	nɦau$^{35}_{(2)}$韵！	nau$^{54}_{(2)}$韵！	noŋ$^{55}_{(2)}$	nɔ$^{53}_{(2)}$	noŋ$^{31}_{(A)}$	noŋ$^{24}_{(2)}$	(27)
他	nen$^{55}_{(2)}$调！	——	ȵi$^{21}_{(4)}$	ȵɦi$^{11}_{(4Ⅱ)}$	ȵi$^{32}_{(4)}$	ȵin$^{31}_{(4)}$	ȵi$^{11}_{(4)}$	nen$^{55}_{(B)}$	ȵi$^{24}_{(2)}$调！	(1)
鼠（二）	naŋ$^{11}_{(4)}$	nen$^{33}_{(4)}$	naŋ$^{21}_{(4)}$	naɯ$^{33}_{(4Ⅰ)}$	——	——	——	——	——	(24)

问	nɛ$^{13}_{(6)}$	ne$^{42}_{(6)}$	no$^{13}_{(6)}$	nu$^{31}_{(6Ⅱ)}$	noŋ$^{21}_{(6)}$	nəŋ$^{22}_{(6)}$	noŋ$^{13}_{(6)}$	na$^{24}_{(C)}$	noŋ$^{31}_{(6)}$	(22)
雨	noŋ$^{13}_{(6)}$	noŋ$^{42}_{(6)}$	naŋ$^{13}_{(6)}$	naɯ$^{53}_{(6Ⅰ)}$	naŋ$^{21}_{(6)}$	nɑŋ$^{22}_{(6)}$	naŋ$^{13}_{(6)}$	noŋ$^{24}_{(C)}$	naŋ$^{31}_{(6)}$	(28)
鸟	nə$^{13}_{(6)}$	nu$^{42}_{(6)}$	noŋ$^{13}_{(6)}$	nau$^{53}_{(6Ⅰ)}$	nen$^{21}_{(6)}$	noŋ$^{22}_{(6)}$	nəŋ$^{13}_{(6)}$	no$^{24}_{(C)}$	noŋ$^{31}_{(6)}$	(29)

❶接 i 时为 ȵ，接其他韵母时为 n。

❷接 i 时为 ȵ（ȵɦ），接其他韵母时为 n(nɦ)。

❸接 in 时为 ȵ，接其他韵母时为 n。

①“人”为 2 调字，大南山读 1 调是历史上变调的结果。石门坎“人”现在为双音节词，读作 tɯ$^{55}_{(1)}$nɯ$^{55}_{(1)}$，其中 nɯ^{55}也是由 2 调变来的。现在石门坎“成家”读作 dʑɦie$^{35}_{(2)}$nɦɯ$^{35}_{(2)}$，意即“成人”，第二个音节 nɦɯ^{35}显然是“人”的意思，它正是 2 调字。

55. 戴母	养蒿	腊乙坪	大南山	石门坎	摆托	甲定	绞坨	野鸡坡	枫香	韵类号
nt	t	nt	nt	nt	nt	nt	nt	nˀt	nt	
布	——	ntei$^{35}_{(1)}$	ntou$^{43}_{(1)}$	ntau$^{55}_{(1)}$	ntu$^{55}_{(1)}$	nto$^{24}_{(1)}$	ntɔ$^{32}_{(1a)}$	nˀtu$^{31}_{(A)}$	ntou$^{33}_{(1)}$	(12)
湿	——	nte$^{35}_{(1)}$	nto$^{43}_{(1)}$	ntu$^{55}_{(1)}$	——	——	ntoŋ$^{32}_{(1a)}$	nˀtaŋ$^{31}_{(A)}$	ntoŋ$^{33}_{(1)}$	(22)
漂浮	——	nten$^{35}_{(1)}$	ntaŋ$^{43}_{(1)}$	ntaɯ$^{55}_{(1)}$	——	——	——	——	——	(24)
长短	ta$^{35}_{(3)}$	ntɯ$^{44}_{(3)}$	nte$^{55}_{(3)}$	nti$^{55}_{(3)}$	nta$^{13}_{(3)}$	ntæ$^{13}_{(3)}$	ntæ$^{42}_{(3a)}$	nˀti$^{55}_{(B)}$	nti$^{53}_{(3)}$	(3)
手指	ta$^{35}_{(3)}$	ntɑ$^{44}_{(3)}$	nti$^{55}_{(3)}$	ntsi$^{55}_{(3)}$声！	nte$^{13}_{(3)}$	ntɑ$^{13}_{(3)}$	nti$^{42}_{(3a)}$	nˀta$^{55}_{(B)}$	nta$^{53}_{(3)}$	(4)
纸、书	tu$^{35}_{(3)}$	ntə$^{44}_{(3)}$	nteu$^{55}_{(3)}$	ntey$^{55}_{(3)}$	ntau$^{13}_{(3)}$	ntə$^{13}_{(3)}$	ntə$^{42}_{(3a)}$	nˀto$^{55}_{(B)}$	ntɛ$^{53}_{(3)}$	(13)
用指弹	——	——	nti$^{44}_{(5)}$	——	——	——	ntei$^{55}_{(5a)}$	——	nti$^{55}_{(5)}$	(2)
烤火	ta$^{44}_{(5)}$	ntɯ$^{53}_{(5)}$	nte$^{44}_{(5)}$	nti$^{33}_{(5)}$	nta$^{43}_{(5)}$	ntæ$^{43}_{(5)}$	ntæ$^{55}_{(5a)}$	nˀti$^{24}_{(C)}$	nti$^{55}_{(5)}$	(3)
多①	no$^{44}_{(5)}$声！	——	ntou$^{44}_{(5)}$	——	ntu$^{43}_{(5)}$	ntɑ$^{43}_{(5)}$	ntɔ$^{55}_{(5a)}$	nˀtu$^{24}_{(C)}$	ntou$^{55}_{(5)}$	(6)
树（一）	tə$^{44}_{(5)}$	ntu$^{53}_{(5)}$	ntoŋ$^{44}_{(5)}$	ntau$^{33}_{(5)}$	——	——	——	nˀtoŋ$^{24}_{(C)}$	——	(29)
戴帽子	tə$^{44}_{(5)}$	ntu$^{53}_{(5)}$	ntoŋ$^{44}_{(5)}$	ntau$^{33}_{(5)}$	nten$^{43}_{(5)}$	ntoŋ$^{43}_{(5)}$	ntaŋ$^{55}_{(5a)}$	nˀtoŋ$^{24}_{(C)}$	ntoŋ$^{55}_{(5)}$	(29)
织布	to$^{53}_{(7)}$	nto$^{44}_{(7)}$	nto$^{33}_{(7)}$	nto$^{11}_{(7)}$	ntau$^{43}_{(7)}$	ntə$^{43}_{(7)}$	——	——	——	(7)
打	——	——	ntou$^{33}_{(7)}$	ntau$^{11}_{(7)}$	ntu$^{43}_{(7)}$	ntə$^{43}_{(7)}$	ntu$^{44}_{(7a)}$	——	ntou$^{53}_{(7)}$	(9)
肚脐	tu$^{53}_{(7)}$	ntu$^{44}_{(7)}$	nteu$^{33}_{(7)}$	ntey$^{11}_{(7)}$（脐带）	ntɑu$^{43}_{(7)}$	ntə$^{43}_{(7)}$	ntə$^{44}_{(7a)}$	nˀto$^{31}_{(D)}$	ntɛ$^{53}_{(7)}$	(13)

①古苗语带鼻冠音的塞音声母在养蒿单数调的字中读塞音，但此字例外，读鼻音。

56. 摊母	养蒿	腊乙坪	大南山	石门坎	摆托	甲定	绞坨	野鸡坡	枫香	韵类号
nth	th	nth	nth	nth	nth	nth	nt	nˀth	nth	
阁楼	——	——	nthaŋ$^{43}_{(1)}$	nthaɯ$^{55}_{(1)}$	——	——	ntua$^{22}_{(1b)}$	nˀthen$^{31}_{(A)}$	——	(24)
摊开	tha$^{35}_{(3)}$（解开）	nthɑ$^{44}_{(3)}$（解开）	nthua$^{55}_{(3)}$（散开）	ntha$^{55}_{(3)}$（打开伞）	——	——	——	nˀtha$^{55}_{(B)}$	nthɛ$^{53}_{(3)}$韵！	(15)
薅草	——	ntho$^{53}_{(5)}$	nthua$^{44}_{(5)}$	——	ntho$^{43}_{(5)}$	——	——	——	——	(16)

57. 麻母	养蒿	腊乙坪	大南山	石门坎	摆托	甲定	绞坨	野鸡坡	枫香	韵类号
nd	n	n	nt	nd（ndɦ）	nt	nt	nt	nt	nt	
长刀	——	——	ntaŋ$^{31}_{(2)}$	ndɦaɯ$^{35}_{(2)}$	——	——	ntua$^{53}_{(2)}$	nten$^{31}_{(A)}$	ntoŋ$^{24}_{(2)}$	(24)
下蛋	na$^{13}_{(6)}$	——	nte$^{13}_{(6)}$	ndi$^{31}_{(6Ⅱ)}$	ntɑ$^{21}_{(6)}$	ntæ$^{22}_{(6)}$	nte$^{13}_{(6)}$	nti$^{24}_{(C)}$	nti$^{31}_{(6)}$	(3)
麻	no$^{13}_{(6)}$	no$^{42}_{(6)}$	ntua$^{13}_{(6)}$	nda$^{53}_{(6Ⅰ)}$	nto$^{21}_{(6)}$	ntu$^{22}_{(6)}$	ntəa$^{13}_{(6)}$	nta$^{24}_{(C)}$	nta$^{31}_{(6)}$	(16)

58. 短母	养蒿	腊乙坪	大南山	石门坎	摆托	甲定	绞坨	野鸡坡	枫香	韵类号
ʔl	l	l	l	l	l	l	l	ʔl	l	
猴子	lei$^{33}_{(1)}$	——	la$^{43}_{(1)}$	lie$^{55}_{(1)}$	len$^{55}_{(1)}$	lɛ$^{24}_{(1)}$	læin$^{32}_{(1a)}$	——	len$^{33}_{(1)}$	(18)
红	——	——	la$^{43}_{(1)}$	lie$^{55}_{(1)}$	len$^{55}_{(1)}$	lɛ$^{24}_{(1)}$	læin$^{32}_{(1a)}$	ʔlen$^{31}_{(A)}$	len$^{33}_{(1)}$	(18)
一个碗①	lɛ$^{33}_{(1)}$	le$^{35}_{(1)}$	lo$^{43}_{(1)}$	lu$^{55}_{(1)}$	noŋ$^{55}_{(1)}$声！	nəŋ$^{24}_{(1)}$声！	noŋ$^{32}_{(1a)}$声！	ʔlaŋ$^{31}_{(A)}$	noŋ$^{33}_{(1)}$声！	(22)
扁担断	lo$^{35}_{(3)}$	——	lo$^{55}_{(3)}$	lo$^{55}_{(3)}$	lau$^{13}_{(3)}$	lə$^{13}_{(3)}$	lo$^{42}_{(3a)}$	ʔlu$^{55}_{(B)}$	lau$^{53}_{(3)}$	(7)
短	lɛ$^{35}_{(3)}$	le$^{44}_{(3)}$	lo$^{44}_{(5)}$调！	lu$^{55}_{(3)}$	loŋ$^{13}_{(3)}$	ləŋ$^{13}_{(3)}$	loŋ$^{42}_{(3a)}$	ʔlaŋ$^{55}_{(B)}$	loŋ$^{53}_{(3)}$	(22)
挤虱子	la$^{44}_{(5)}$	lɑ$^{53}_{(5)}$韵！	li$^{44}_{(5)}$	li$^{33}_{(5)}$	li$^{43}_{(5)}$	li$^{43}_{(5)}$	lei$^{55}_{(5a)}$	——	——	(2)
一口饭	lo$^{44}_{(5)}$（嘴）	——	lo$^{44}_{(5)}$	lo$^{33}_{(5)}$	lau$^{43}_{(5)}$	lə$^{43}_{(5)}$	lo$^{55}_{(5a)}$	——	lau$^{55}_{(5)}$	(7)

①我们有理由认为“个”字是各方言的同源字，首先韵母、声调都有对应关系，其次 n 与 l 发音部位相同，在汉语有的方言 n，l 不分，在苗语有的方言把个别字的声母 l 读作 n 也是可能的。另外，“个”这个量词在日常生活中应用最广，容易发生语音变化。

59. 绳母	养蒿	腊乙坪	大南山	石门坎	摆托	甲定	绞坨	野鸡坡	枫香	韵类号
l̥	l̥h	l̥h	l̥	l̥	l̥	l̥h	l	l̥	l̥h	
桥	——	——	——	l̥a$^{55}_{(1)}$	l̥o$^{55}_{(1)}$	l̥hɑ$^{24}_{(1)}$	la$^{22}_{(1b)}$	——	l̥ha$^{33}_{(1)}$	(5)
脑髓	l̥hɛ$^{33}_{(1)}$	l̥hə$^{35}_{(1)}$	l̥u$^{43}_{(1)}$	l̥y$^{55}_{(1)}$	l̥ou$^{55}_{(1)}$	l̥hɯ$^{24}_{(1)}$	lou$^{22}_{(1b)}$	l̥u$^{31}_{(A)}$	l̥hu$^{33}_{(1)}$	(8)
烫虱子	——	——	l̥aŋ$^{43}_{(1)}$	l̥aɯ$^{55}_{(1)}$	l̥ɔŋ$^{55}_{(1)}$	l̥hoŋ$^{24}_{(1)}$	lua$^{22}_{(1b)}$	l̥en$^{31}_{(A)}$	——	(24)
月亮	l̥ha$^{44}_{(5)}$	l̥hɑ$^{53}_{(5)}$	l̥i$^{44}_{(5)}$	l̥i$^{33}_{(5)}$	l̥e$^{43}_{(5)}$	l̥hɑ$^{43}_{(5)}$	li$^{35}_{(5b)}$	l̥a$^{24}_{(C)}$	l̥ha$^{55}_{(5)}$	(4)
绳子	l̥ha$^{44}_{(5)}$	l̥ha$^{53}_{(5)}$	l̥ua$^{44}_{(5)}$	l̥a$^{33}_{(5)}$	l̥o$^{43}_{(5)}$	l̥hɑ$^{43}_{(5)}$	la$^{35}_{(5b)}$	l̥i$^{24}_{(C)}$	l̥ha$^{55}_{(5)}$	(5)
铁	l̥hə$^{44}_{(5)}$	l̥hɔ$^{53}_{(5)}$	l̥ou$^{44}_{(5)}$	l̥au$^{33}_{(5)}$	l̥u$^{43}_{(5)}$	l̥hə$^{43}_{(5)}$	lu$^{35}_{(5b)}$	l̥o$^{24}_{(C)}$	l̥hou$^{55}_{(5)}$	(9)
割肉	l̥hei$^{53}_{(7)}$	l̥hɑ$^{44}_{(7)}$	l̥ai$^{33}_{(7)}$	l̥ai$^{11}_{(7)}$	l̥ai$^{43}_{(7)}$	l̥he$^{43}_{(7)}$	le$^{13}_{(7b)}$	——	l̥hɛ$^{53}_{(7)}$	(10)

60. 老母	养蒿	腊乙坪	大南山	石门坎	摆托	甲定	绞坨	野鸡坡	枫香	韵类号
l	l	l	l	l（lɦ）	l	l	l	l	l	
久	la$^{55}_{(2)}$	lɯ$^{31}_{(2)}$	le$^{31}_{(2)}$	lɦi$^{35}_{(2)}$	la$^{54}_{(2)}$	læ$^{55}_{(2)}$	læ$^{53}_{(2)}$	li$^{31}_{(A)}$	li$^{24}_{(2)}$	(3)
烂	la$^{55}_{(2)}$韵！	——	lu$^{31}_{(2)}$	lɦy$^{35}_{(2)}$	lou$^{54}_{(2)}$	lɯ$^{55}_{(2)}$	lou$^{53}_{(2)}$	len$^{31}_{(A)}$韵！	lu$^{24}_{(2)}$	(8)
聋①	l̥oŋ$^{55}_{(2)}$声！	——	laŋ$^{13}_{(6)}$调！	laɯ$^{55}_{(1)}$调！（聋子）	laŋ$^{54}_{(2)}$	laŋ$^{55}_{(2)}$	——	loŋ$^{31}_{(A)}$	laŋ$^{24}_{(2)}$	(28)
回来	lo$^{11}_{(4)}$	lo$^{33}_{(4)}$	lo$^{21}_{(4)}$	lɦo$^{11}_{(4Ⅱ)}$	lau$^{32}_{(4)}$	lə$^{31}_{(4)}$	lu$^{11}_{(4)}$	lu$^{55}_{(B)}$	lau$^{13}_{(4)}$	(7)

老	lu$^{11}_{(4)}$	——	lou$^{21}_{(4)}$	lɦau$^{11}_{(4Ⅱ)}$	lu$^{32}_{(4)}$	lo$^{31}_{(4)}$	lo$^{11}_{(4)}$	lau$^{55}_{(B)}$韵！	lou$^{13}_{(4)}$	(17)
一两银子	laŋ$^{11}_{(4)}$	——	——	——	laŋ$^{32}_{(4)}$	lɑŋ$^{31}_{(4)}$	——	laŋ$^{55}_{(B)}$	——	(26)
迟	——	——	li$^{13}_{(6)}$	li$^{31}_{(6Ⅱ)}$	le$^{21}_{(6)}$	li$^{22}_{(6)}$	li$^{13}_{(6)}$	——	——	(1)
露水	——	——	lu$^{13}_{(6)}$	ly$^{53}_{(6Ⅰ)}$	lou$^{21}_{(6)}$	——	lu$^{13}_{(6)}$	——	lu$^{31}_{(6)}$	(8)

①“聋”是2调字，大南山读6调，石门坎读1调是历史上变调的结果。大南山的第2调字前接第1调字时，变为第6调，石门坎 laɯ^{55}见于 a^{55}laɯ^{55}“聋子”，a^{55}为1调的前加成分，能使2调字变为1调，现在2调形式已不出现。

61. 爪母	养蒿	腊乙坪	大南山	石门坎	摆托	甲定	绞坨	野鸡坡	枫香	韵类号
ʈ	ȶ	ʈ	ʈ	ʈ	ʈ	ʈ	ʈ	ʈʂ	tɕ	
一把锄头	ȶaŋ$^{33}_{(1)}$	ʈen$^{35}_{(1)}$	ʈaŋ$^{43}_{(1)}$	——	ʈɔŋ$^{55}_{(1)}$	ʈoŋ$^{24}_{(1)}$	ʈua$^{32}_{(1a)}$	ʈʂen$^{31}_{(A)}$	tɕoŋ$^{33}_{(1)}$（一根棍子）	(24)
一朵花	——	ʈɯ$^{44}_{(3)}$	ʈou$^{55}_{(3)}$韵！	ʈə$^{55}_{(3)}$	ʈa$^{13}_{(3)}$	ʈæ$^{13}_{(3)}$	——	——	——	(3)
爪[①]	——	ʈa$^{53}_{(5)}$韵！（蹄）	ʈou$^{44}_{(5)}$调！	ʈau$^{33}_{(5)}$调！	ʈu$^{13}_{(3)}$	ʈo$^{13}_{(3)}$	ʈɔ$^{55}_{(5a)}$调！	——	——	(12)
回来	ȶaŋ$^{35}_{(3)}$	——	ʈau$^{55}_{(3)}$	ʈo$^{55}_{(3)}$	——	——	ʈoŋ$^{42}_{(3a)}$	ʈʂoŋ$^{55}_{(B)}$	tɕaŋ$^{53}_{(3)}$	(21)
穿鞋	ȶo$^{44}_{(5)}$	ʈɔ$^{53}_{(5)}$	ʈou$^{44}_{(5)}$	ʈau$^{33}_{(5)}$	ʈu$^{43}_{(5)}$	——	ʈɔ$^{55}_{(5a)}$	ʈʂu$^{24}_{(C)}$	——	(6)
摘耳根[②]	ȶu$^{53}_{(7)}$	ʈu$^{44}_{(7)}$	ʈou$^{33}_{(7)}$	ʈau$^{11}_{(7)}$	ʈu$^{43}_{(7)}$	ʈə$^{43}_{(7)}$	ʈu$^{44}_{(7a)}$	ʈʂo$^{31}_{(D)}$	tɕou$^{53}_{(7)}$	(9)

①“爪”字在不变调的养蒿、腊乙坪、枫香无同源字，而有同源字的五个点中，大南山、石门坎、绞坨读5调，摆托、甲定读3调，由“骨头”“头”等推测，此字为3调字，其他点现在读5调是历史上变调的结果。

②摘耳根是一种野生植物，根细长，色白，味辛，有异香，可做小菜。

62. 插母	养蒿	腊乙坪	大南山	石门坎	摆托	甲定	绞坨	野鸡坡	枫香	韵类号
ʈh	ȶh	ʈh	ʈh	ʈh	ʈh	ʈh	ʈ	ʈʂh	(tɕh)	
拔刀	ȶhə$^{44}_{(5)}$（拉牛）	ʈho$^{53}_{(5)}$（持枪）	ʈho$^{44}_{(5)}$	ʈho$^{33}_{(5)}$	ʈhau$^{43}_{(5)}$	ʈhə$^{43}_{(5)}$	ʈo$^{35}_{(5b)}$	ʈʂhu$^{24}_{(C)}$	——	(7)
插	ȶhi$^{53}_{(7)}$	——	ʈhai$^{33}_{(7)}$	ʈhai$^{11}_{(7)}$	ʈhai$^{43}_{(7)}$	——	ʈe$^{13}_{(7b)}$	ʈʂhe$^{31}_{(D)}$	——	(10)

63. 笛母	养蒿	腊乙坪	大南山	石门坎	摆托	甲定	绞坨	野鸡坡	枫香	韵类号
ɖ	ȶ	ʈ	ʈ	ɖ（ɖɦ）	ʈ	ʈ	ʈ	ʐ	tɕ	
步	ȶə$^{55}_{(2)}$	——	ʈo$^{31}_{(2)}$	——	ʈau$^{54}_{(2)}$	ʈə$^{55}_{(2)}$	ʈo$^{53}_{(2)}$	ʐu$^{31}_{(A)}$	tɕau$^{24}_{(2)}$	(7)
结实	——	——	ʈua$^{31}_{(2)}$	ɖɦa$^{35}_{(2)}$	ʈo$^{54}_{(2)}$	——	ʈa$^{53}_{(2)}$	——	——	(16)
笛子	ȶoŋ$^{55}_{(2)}$	ʈoŋ$^{31}_{(2)}$	ʈaŋ$^{31}_{(2)}$	ɖɦaɯ$^{35}_{(2)}$（管子）	ʈaŋ$^{54}_{(2)}$	ʈɑŋ$^{55}_{(2)}$	——	ʐoŋ$^{31}_{(A)}$	tɕaŋ$^{24}_{(2)}$	(28)
桌子	——	——	ʈoŋ$^{31}_{(2)}$	ɖɦau$^{35}_{(2)}$	ʈen$^{54}_{(2)}$	ʈoŋ$^{55}_{(2)}$（墩子）	ʈaŋ$^{53}_{(2)}$（椅子）	ʐoŋ$^{31}_{(A)}$（板凳）	tɕoŋ$^{24}_{(2)}$（板凳）	(29)

打中	——	tɔ$^{42}_{(6)}$	ʈou$^{13}_{(6)}$	ɖau$^{31}_{(6Ⅱ)}$	ʈu$^{21}_{(6)}$	ʈɑ$^{22}_{(6)}$	ʈo$^{13}_{(6)}$	——	——	(6)
筷子	ȶu$^{13}_{(6)}$	ʈɯ$^{42}_{(6)}$韵！	ʈeu$^{13}_{(6)}$	——	ʈau$^{21}_{(6)}$	ʈə$^{22}_{(6)}$	ʈɯ$^{13}_{(6)}$	ʐo$^{24}_{(C)}$	tɕɛ$^{31}_{(6)}$	(13)
竹子①	——	——	ʈeu$^{24}_{(8)}$	ɖɦey$^{31}_{(8Ⅱ)}$	ʈau$^{54}_{(8)}$	ʈə$^{55}_{(8)}$	ʈə$^{21}_{(8)}$	——	tɕɛ$^{13}_{(8)}$	(13)

①石门坎8Ⅱ调单音节词无名词，但多音节名词词根可以是8Ⅱ调的，“竹子”单读时作i$^{55}_{(3)}$ ɖɦey$^{31}_{(8Ⅱ)}$，是双音节词。参见鼻母“蚂蚁”的注。

64. 种母	养蒿	腊乙坪	大南山	石门坎	摆托	甲定	绞坨	野鸡坡	枫香	韵类号
ʔɳ	(ȵ)	ɳ	n	(ɳ)	n	(n)	ɳ	(n)	(ȵ)	
种子①	ȵhu$^{31}_{(1)}$ 声！	ɳu$^{35}_{(1)}$	noŋ$^{43}_{(1)}$	——	nen$^{55}_{(1)}$	n̥hoŋ$^{24}_{(1)}$ 声！	ɳaŋ$^{32}_{(1a)}$	n̥o$^{31}_{(A)}$声！	ȵ̥hoŋ$^{33}_{(1)}$	(29)

①“种子”在养蒿、甲定、野鸡坡为清鼻音，有腊乙坪、大南山、摆托、绞坨为浊鼻音。由绞坨全清、次清有不同的调值来看，此字在绞坨为全清声母的调值，所以在古苗语中此字是带先喉塞音的鼻音声母可能性较大。养蒿、甲定、野鸡坡、枫香的反映形式是由“种子”的读音推测出来的。石门坎的反映形式是由“事情”的读音推测出来的。

65. 饭母	养蒿	腊乙坪	大南山	石门坎	摆托	甲定	绞坨	野鸡坡	枫香	韵类号
ɳ̥❶	(ȵ)	(ɳ̥)	n̥	(ɳ̥)	n̥	n̥h	ɳ	n̥	ȵ	
饭	——	——	n̥au$^{44}_{(5)}$	——	n̥ɔŋ$^{43}_{(5)}$	n̥hoŋ$^{43}_{(5)}$	ɳɔ$^{35}_{(5b)}$	——	ȵhaŋ$^{55}_{(5)}$	(21)

❶养蒿、腊乙坪的反映形式是由“种子”的读音推测出来的，石门坎的反映形式是由“事情”的读音推测出来的。

66. 事母 ɳ

有把握属于这个声类的。我们只有大南山、石门坎两个点的材料，例字为“事情”大南山读作 no$^{24}_{(8)}$，石门坎读作 ɳu$^{53}_{(8Ⅰ)}$，是断韵8调字，腊乙坪也有 ɳ 声母，但其来源有三：一为由*ɳɖ 来的，如 ɳɑŋ$^{42}_{(6)}$（大南山：ɳʈo$^{13}_{(6)}$，石门坎：ɳɖo$^{31}_{(6Ⅱ)}$）“跟、和”（笑韵，6调），一为由*ɳɖɳ 来的，如 ɳɑŋ$^{42}_{(6)}$（石门坎：ndlo$^{53}_{(6Ⅰ)}$，养蒿：ȵaŋ$^{13}_{(6)}$）“里面”（新韵，6调），另一种可能是*ɳ 来的。如 ɳɑŋ$^{33}_{(4)}$“怨恨”，ɳe$^{31}_{(2)}$“紧”，ɳo$^{33}_{(4)}$“染”等就有可能是由*ɳ 来的，但因缺乏川黔滇方言各次方言的同源字，对此不敢肯定。

67. 中母	养蒿	腊乙坪	大南山	石门坎	摆托	甲定	绞坨	野鸡坡	枫香	韵类号
ɳʈ	ȶ	ɳʈ	ɳʈ	ɳʈ	ɳʈ	ɳʈ	ɳʈ	ɳʔʈʂ	ȵtɕ	
胸膛	——	——	ɳʈau$^{43}_{(1)}$	ɳʈo$^{55}_{(1)}$	ɳʈɔŋ$^{55}_{(1)}$	ɳʈoŋ$^{24}_{(1)}$	ɳʈoŋ$^{32}_{(1a)}$	——	ȵtɕaŋ$^{33}_{(1)}$	(21)
当中	ȶoŋ$^{33}_{(1)}$	ɳʈoŋ$^{35}_{(1)}$	ɳʈaŋ$^{43}_{(1)}$	ɳʈaɯ$^{55}_{(1)}$	ɳʈaŋ$^{55}_{(1)}$	ɳʈɑŋ$^{24}_{(1)}$	ɳʈaŋ$^{32}_{(1a)}$	ɳʔʈʂoŋ$^{31}_{(A)}$	ȵtɕaŋ$^{33}_{(1)}$	(28)
牛打架	ȶu$^{44}_{(5)}$	——	ɳʈou$^{44}_{(5)}$	ɳʈau$^{33}_{(5)}$	ɳʈu$^{43}_{(5)}$	ɳʈə$^{43}_{(5)}$	ɳʈu$^{55}_{(5a)}$	ɳʔʈʂo$^{24}_{(C)}$	ȵtɕou$^{55}_{(5)}$	(9)

68. 裹母	养蒿	腊乙坪	大南山	石门坎	摆托	甲定	绞坨	野鸡坡	枫香	韵类号
ɳʈh	ȶh	ɳʈh	ɳʈh	ɳʈh	ɳʈh	ɳʈh	ɳʈ	ɳʔʈʂh	ȵȶɕh	
裹腿布	ȶhu$^{33}_{(1)}$	ɳʈhu$^{35}_{(1)}$	ɳʈhoŋ$^{43}_{(1)}$	ɳʈhau$^{55}_{(1)}$	ɳʈhen$^{55}_{(1)}$	ɳʈhoŋ$^{24}_{(1)}$	ɳʈaŋ$^{22}_{(1b)}$	ɳʔʈʂhoŋ$^{31}_{(A)}$	ȵȶɕhoŋ$^{33}_{(1)}$	(29)
肉塞牙缝	——	ɳʈhɑ$^{44}_{(7)}$ 韵！调！	ɳʈha$^{44}_{(5)}$	ɳʈhie$^{33}_{(5)}$	——	——	ɳʈei$^{35}_{(5b)}$ 韵！	——	——	(18)

69. 摘母	养蒿	腊乙坪	大南山	石门坎	摆托	甲定	绞坨	野鸡坡	枫香	韵类号
ɳɖ	ȵ	ɳ	ɳʈ	ɳɖ（ɳɖɦ）	ɳʈ	ɳʈ	ɳʈ	ɳʈʂ	ȵȶɕ	
鼓	ȵə$^{11}_{(4)}$	ɳɑŋ$^{33}_{(4)}$韵！	ɳʈua$^{21}_{(4)}$	ɳɖa$^{33}_{(4Ⅰ)}$	ɳʈo$^{32}_{(4)}$	ɳʈu$^{31}_{(4)}$	ɳʈəa$^{11}_{(4)}$	ɳʈʂa$^{55}_{(B)}$	ȵtɕa$^{13}_{(4)}$	(16)
平坝[①]	——	——	ɳʈaŋ$^{21}_{(4)}$	ɳɖaɯ$^{33}_{(4Ⅰ)}$	ɳʈaŋ$^{32}_{(4)}$	——	——	ɳʈʂoŋ$^{55}_{(B)}$	ȵtɕaŋ$^{13}_{(4)}$	(28)
摘猪草	ȵu$^{13}_{(6)}$	ɳei$^{42}_{(6)}$	——	ɳɖau$^{31}_{(6Ⅱ)}$	——	ɳʈo$^{22}_{(6)}$	ɳko$^{13}_{(6)}$声！	ɳʈʂu$^{24}_{(C)}$	ȵtɕou$^{31}_{(6)}$	(12)
青年男子	ȵo$^{13}_{(6)}$韵！ （男子美）	——	ɳʈou$^{13}_{(6)}$	ɳɖau$^{53}_{(6Ⅰ)}$	——	——	ɳʈo$^{13}_{(6)}$ （男子美）	ɳʈʂu$^{24}_{(C)}$ （男子美）	ȵtɕou$^{31}_{(6)}$ （男子美）	(17)

①多山地区中比较平坦的地方叫做平坝，也叫坝子。

70. 笑母	养蒿	腊乙坪	大南山	石门坎	摆托	甲定	绞坨	野鸡坡	枫香	韵类号
tɭ̥	ȶ	ʈ	ʈ	tl̥	ʈ	ʈ	ʂ	ʈʂ	tɕ	
烧柴	ȶu$^{35}_{(3)}$	——	ʈou$^{55}_{(3)}$	tl̥au$^{55}_{(3)}$	ʈu$^{13}_{(3)}$	ʈo$^{13}_{(3)}$	ʂɔ$^{42}_{(3a)}$	ʈʂu$^{55}_{(B)}$	tɕou$^{53}_{(3)}$	(17)
六	ȶu$^{44}_{(5)}$	ʈɔ$^{53}_{(5)}$	ʈou$^{44}_{(5)}$	tl̥au$^{33}_{(5)}$	ʈu$^{43}_{(5)}$	ʈə$^{43}_{(5)}$	ʂu$^{55}_{(5a)}$	ʈʂo$^{24}_{(C)}$	tɕou$^{55}_{(5)}$	(9)
笑	ȶə$^{53}_{(7)}$	ʈo$^{44}_{(7)}$	ʈo$^{33}_{(7)}$	tl̥o$^{11}_{(7)}$	ʈau$^{43}_{(7)}$	ʈə$^{43}_{(7)}$	ʂo$^{44}_{(7a)}$	ʈʂu$^{31}_{(D)}$	tɕau$^{53}_{(7)}$	(7)

71. 门母	养蒿	腊乙坪	大南山	石门坎	摆托	甲定	绞坨	野鸡坡	枫香	韵类号
dɭ	ȶ	ʈ	ʈ	dl（dlɦ）	ʈ	ʈ	ʂ	ʐ	tɕ	
油	ȶaŋ$^{55}_{(2)}$	——	ʈau$^{31}_{(2)}$	dlɦo$^{35}_{(2)}$	ʈɔŋ$^{54}_{(2)}$	ʈoŋ$^{55}_{(2)}$	ʂoŋ$^{53}_{(2)}$	ʐoŋ$^{31}_{(A)}$	tɕaŋ$^{24}_{(2)}$	(21)
门	ȶu$^{55}_{(2)}$	ʈu$^{31}_{(2)}$	ʈoŋ$^{31}_{(2)}$	dlɦau$^{35}_{(2)}$	ʈen$^{54}_{(2)}$	ʈoŋ$^{55}_{(2)}$	ʂaŋ$^{53}_{(2)}$	ʐoŋ$^{31}_{(A)}$	tɕoŋ$^{24}_{(2)}$	(29)
肥	ȶaŋ$^{13}_{(6)}$	ʈɑŋ$^{42}_{(6)}$	ʈau$^{13}_{(6)}$	dlo$^{31}_{(6Ⅱ)}$	ʈɔŋ$^{21}_{(6)}$	ʈoŋ$^{22}_{(6)}$	ʂoŋ$^{13}_{(6)}$	ʐoŋ$^{24}_{(C)}$	tɕaŋ$^{31}_{(6)}$	(21)

72. 浑母	养蒿	腊乙坪	大南山	石门坎	摆托	甲定	绞坨	野鸡坡	枫香	韵类号
ɳʈɭ̥	（ȶ）	ɳʈ	ɳʈ	ntl̥	（ɳʈ）	（ɳʈ）	ɳʈ	ɳʔʈʂ	（ȵtɕ）	
水浑[①]	ȵə$^{11}_{(4)}$声！ 调！	ɳʈo$^{44}_{(3)}$	ɳʈo$^{55}_{(3)}$	ntl̥o$^{55}_{(3)}$	——	——	ɳʈo$^{42}_{(3a)}$	ɳʔʈʂu$^{55}_{(B)}$	——	(7)

①“浑”为3调字，在养蒿转为4调，由于声母与声调互相制约，声调转为4调，声母相应地改为ȵ。养蒿、摆托、甲定、枫香的反映形式是由门母、滴母的反映形式推测出来的，分别写作ȶ，ɳʈ，ɳʈ，ȵtɕ。

73. 滴母	养蒿	腊乙坪	大南山	石门坎	摆托	甲定	绞坨	野鸡坡	枫香	韵类号
ɳdɳ	ȵ	ɳ	ɳʈ	ndl（ndlɦ）	ɳʈ	ɳʈ	ɳʈ	ɳʈʂ	ȵtɕ	
拄拐棍	ȵa$^{13}_{(6)}$	ɳɑ$^{42}_{(6)}$	ɳʈi$^{13}_{(6)}$	ndlɯ$^{31}_{(6Ⅱ)}$ 韵！	ɳʈe$^{21}_{(6)}$	ɳʈoŋ$^{22}_{(6)}$ 韵！	ɳʈɪ$^{11}_{(4)}$调！	ɳʈʂa$^{24}_{(C)}$	ȵtɕaŋ$^{31}_{(6)}$ 韵！	(4)

滴下来	ȵə$^{13}_{(6)}$	——	ɳʈo$^{13}_{(6)}$	ndlo$^{31}_{(6Ⅱ)}$	ɳʈau$^{21}_{(6)}$	ɳʈə$^{22}_{(6)}$	ɳʈu$^{13}_{(6)}$	ɳʈʂu$^{24}_{(C)}$	ȵtɕau$^{31}_{(6)}$	(7)
里面	ȵaŋ$^{13}_{(6)}$	ɳɑŋ$^{42}_{(6)}$	——	ndlo$^{53}_{(6Ⅰ)}$	——	ɳʈoŋ$^{22}_{(6)}$	——	——	ȵtɕaŋ$^{31}_{(6)}$	(21)
避雨	——	——	ɳʈai$^{24}_{(8)}$	ndlɦai$^{31}_{(8Ⅱ)}$	ɳʈai$^{54}_{(8)}$	ɳʈe$^{55}_{(8)}$	ɳʈe$^{21}_{(8)}$	ɳʈʂe$^{31}_{(D)}$	ȵtɕɛ$^{13}_{(8)}$	(10)

74. 兔母	养蒿	腊乙坪	大南山	石门坎	摆托	甲定	绞坨	野鸡坡	枫香	韵类号
ʔɭ	ɭ̥	(ɭ̥)❶	l	l	l	l	ɭ	ʔl	l	
倒茶水	ɭ̥u$^{33}_{(1)}$	——	lou$^{43}_{(1)}$	——	——	lo$^{24}_{(1)}$	ɭɔ$^{32}_{(1a)}$ (铸)	ʔlu$^{31}_{(A)}$	lou$^{33}_{(1)}$	(17)
公鸡	——	——	lou$^{44}_{(5)}$调!	lau$^{33}_{(5)}$调!	lu$^{13}_{(3)}$	lə$^{13}_{(3)}$	ɭu$^{42}_{(3a)}$	ʔlo$^{55}_{(B)}$	lou$^{53}_{(3)}$	(9)
兔	——	——	lua$^{55}_{(3)}$	la$^{55}_{(3)}$	lo$^{13}_{(3)}$	lu$^{13}_{(3)}$	ɭa$^{42}_{(3a)}$	ʔla$^{55}_{(B)}$	la$^{53}_{(3)}$	(16)

❶腊乙坪的反映形式是由镰母的反映形式推测出来的。

75. 烧母	养蒿	腊乙坪	大南山	石门坎	摆托	甲定	绞坨	野鸡坡	枫香	韵类号
ɭ̥	ɭ̥h	(ɭ̥h)❶	l̥	l̥	l̥	l̥h	ɭ	l̥	l̥h	
大	ɭ̥hə$^{33}_{(1)}$	——	l̥o$^{43}_{(1)}$	l̥o$^{55}_{(1)}$	l̥au$^{55}_{(1)}$	l̥hə$^{24}_{(1)}$	ɭo$^{22}_{(1b)}$	l̥u$^{31}_{(A)}$	l̥hau$^{33}_{(1)}$	(7)
带子	l̥haŋ$^{33}_{(1)}$声! (脐带)	——	l̥aŋ$^{43}_{(1)}$	l̥aɯ$^{55}_{(1)}$	l̥ɔŋ$^{55}_{(1)}$	l̥hoŋ$^{24}_{(1)}$	ɭua$^{22}_{(1b)}$	——	l̥hoŋ$^{33}_{(1)}$	(24)
烧山	——	——	l̥eu$^{55}_{(3)}$	l̥ey$^{55}_{(3)}$	l̥au$^{13}_{(3)}$	l̥hə$^{13}_{(3)}$	ɭə$^{232}_{(3b)}$	——	——	(13)
年轻	——	——	l̥ua$^{33}_{(7)}$	l̥a$^{11}_{(7)}$	l̥o$^{43}_{(7)}$	l̥hɑ$^{43}_{(7b)}$	ɭa$^{13}_{(7b)}$	——	——	(5)

❶腊乙坪的反映形式是由镰母的反映形式推测出来的。

76. 镰母	养蒿	腊乙坪	大南山	石门坎	摆托	甲定	绞坨	野鸡坡	枫香	韵类号
ɭ	ɭ̥	ɭ̥	l	l (lɦ)	l	l	ɭ	l	l	
镰刀①	ɭ̥en$^{55}_{(2)}$韵!	——	la$^{43}_{(1)}$调!	lie$^{55}_{(1)}$调!	len$^{54}_{(2)}$	lɛ$^{55}_{(2)}$	ɭæin$^{53}_{(2)}$	——	len$^{24}_{(2)}$	(18)
田	ɭ̥i$^{55}_{(2)}$	——	la$^{31}_{(2)}$	lɦie$^{35}_{(2)}$	len$^{54}_{(2)}$	lɛ$^{55}_{(2)}$	ɭæin$^{53}_{(2)}$	len$^{31}_{(A)}$	len$^{24}_{(2)}$	(18)
量米	ɭ̥i$^{55}_{(2)}$	——	lo$^{31}_{(2)}$	lɦu$^{35}_{(2)}$	loŋ$^{54}_{(2)}$	ləŋ$^{55}_{(2)}$	ɭoŋ$^{53}_{(2)}$	laŋ$^{31}_{(A)}$	——	(22)
一里路	ɭ̥i$^{11}_{(4)}$	——	l$^{21}_{(4)}$	——	li$^{32}_{(4)}$	li$^{31}_{(4)}$	——	li$^{55}_{(B)}$韵!	li$^{13}_{(4)}$	(2)
埋人	ɭ̥aŋ$^{11}_{(4)}$	ɭ̥ɑŋ$^{33}_{(4)}$	lau$^{21}_{(4)}$	——	lɔŋ$^{32}_{(4)}$	loŋ$^{31}_{(4)}$	ɭoŋ$^{11}_{(4)}$	loŋ$^{55}_{(B)}$	laŋ$^{13}_{(4)}$	(21)
吃惯了	ɭ̥a$^{13}_{(6)}$	ɭ̥ɑ$^{42}_{(6)}$	——	——	lo$^{21}_{(6)}$	lu$^{22}_{(6)}$	ɭəa$^{13}_{(6)}$	la$^{24}_{(C)}$	la$^{31}_{(6)}$	(15)
闪电②	ɭ̥i$^{31}_{(8)}$	ɭ̥ɑ$^{33}_{(8a)}$	lai$^{24}_{(8)}$ (打闪)	lɦai$^{31}_{(8)}$	lai$^{54}_{(8)}$	le$^{55}_{(8)}$	ɭe$^{21}_{(8)}$	le$^{31}_{(D)}$	lɛ$^{13}_{(8)}$	(10)

①“镰刀”是2调字，在大南山、石门坎读1调，这是历史上变调的结果。“镰刀”这个字在古苗语必定有一个前加成分 $*qa^{A}$，$*qa^{A}$是A调字，A调相当现代苗语的1，2调，石门坎现在2调字前接1，2调字，仍变作1调。大南山现在2调字前接1，2调字时变作6调。估计大南山曾有一个时期和石门坎一样，2调字前接1，2调时也变作1调。“镰刀”在养蒿的韵母不合，疑为晚期汉语借词。

②石门坎8Ⅱ调的单音节词都不是名词。如果名词是多音节的，其词根可以是8Ⅱ调的。

“闪电”的全词是 so$^{55}_{(1)}$pi$^{55}_{(1)}$lɦai$^{31\to11}_{(8Ⅱ\to4Ⅱ)}$ndɦaɯ$^{35}_{(2)}$。

77. 甑母	养蒿	腊乙坪	大南山	石门坎	摆托	甲定	绞坨	野鸡坡	枫香	韵类号
ʈʂ	ç	tç	ʈʂ	ʈʂ	ts	s	s	ts	s	
苦胆	çen$^{33}_{(1)}$	tçi$^{35}_{(1)}$	ʈʂi$^{43}_{(1)}$	ʈʂi$^{55}_{(1)}$	tse$^{55}_{(1)}$	sin$^{24}_{(1)}$韵！	sei$^{32}_{(1a)}$	tse$^{31}_{(A)}$	si$^{33}_{(1)}$	(1)
什么①	çi$^{35}_{(3)}$	——	ʈʂi$^{44}_{(5)}$调！	ʂi$^{33}_{(5)}$声！调！	tse$^{13}_{(3)}$韵！	——	si$^{13}_{(7b)}$韵！调！	tsi$^{55}_{(B)}$韵！	——	(2)
老虎	çə$^{55}_{(3)}$	tço$^{44}_{(3)}$	ʈʂo$^{55}_{(3)}$	ʈʂo$^{55}_{(3)}$	tsau$^{13}_{(3)}$	——	so$^{42}_{(3a)}$	tsu$^{55}_{(B)}$	sau$^{53}_{(3)}$	(7)
腋下②	çə$^{44}_{(5)}$	tço$^{53}_{(5)}$	ʈʂo$^{33}_{(7)}$调！	ʈʂo$^{11}_{(7)}$调！	tsau$^{43}_{(5)}$	sə$^{43}_{(5)}$	so$^{44}_{(7a)}$	tsu$^{24}_{(c)}$	sau$^{53}_{(7)}$调！	(7)
臭	——	tçə$^{53}_{(5)}$（嗅）	ʈʂu$^{44}_{(5)}$	ʈʂy$^{33}_{(5)}$（嗅）	tsou$^{43}_{(5)}$	sɯ$^{43}_{(5)}$	sou$^{55}_{(5a)}$	tsu$^{24}_{(c)}$	su$^{55}_{(5)}$	(8)
甑子	çi$^{44}_{(5)}$	tçe$^{53}_{(5)}$	ʈʂo$^{44}_{(5)}$	ʈʂu$^{33}_{(5)}$	tsoŋ$^{43}_{(5)}$	səŋ$^{43}_{(5)}$	soŋ$^{55}_{(5a)}$	tsaŋ$^{24}_{(C)}$	soŋ$^{55}_{(5)}$	(22)
释放	çaŋ$^{44}_{(5)}$	tçɑŋ$^{53}_{(5)}$	ʈʂau$^{44}_{(5)}$	ʈʂo$^{33}_{(5)}$	tsɔŋ$^{43}_{(5)}$	soŋ$^{43}_{(5)}$	soŋ$^{55}_{(5a)}$	tsoŋ$^{24}_{(c)}$	saŋ$^{55}_{(5)}$	(21)
野鸡	——	——	ʈʂeu$^{33}_{(7)}$	ʈʂey$^{11}_{(7)}$	tsau$^{43}_{(7)}$	sə$^{43}_{(7)}$	sə$^{44}_{(7a)}$	——	sɛ$^{53}_{(7)}$	(13)

①“什么”在养蒿、摆托、野鸡坡等三个点读 3 调（野鸡坡古清声母 B 调字相当其他点的 3 调字），大南山、石门坎 3 调字前接 1 调字有变为 5 调的特点，所以“什么”应是 3 调字。只有绞坨读作 7b 调，不能由变调解释。又石门坎声母不合，但 ʂ与 ʈʂ 发音部位相同，发音方法相似，绞坨韵母应为 ei，今为 i，野鸡坡韵母应为 e，今为 i，元音舌位接近，我们认为尽管这些点，“什么”有声、韵、调一项不合的地方，应当看做同源字，这是由于常用词容易发生读音变化的缘故。

②“腋下”在养蒿、腊乙坪、野鸡坡读 5 调（野鸡坡古清声母 C 调字相当其他点的 5 调字），摆托、甲定 5 调、7 调值相同，我们认为是 5 调，大南山、石门坎、绞坨读 7 调，这三个点 5 调前接 1 调时变 7 调，看来，这个词原来是有一个 1 调的前加成分的。现在石门坎仍有前加成分，读作 qa$^{55}_{(1)}$ʈʂo^{11}，所以这个字应是 5 调字。只有枫香读为 7 调，不好解释，可能是记音有误。

78. 车母	养蒿	腊乙坪	大南山	石门坎	摆托	甲定	绞坨	野鸡坡	枫香	韵类号
ʈʂh	çh（xh）❶	ç	ʈʂh	ʈʂh	s	sh	s	tsh	ç	
饿	——	çi$^{35}_{(1)}$韵！	ʈʂhai$^{43}_{(1)}$	ʈʂhai$^{55}_{(1)}$	sai$^{55}_{(1)}$	she$^{24}_{(1)}$	se$^{22}_{(1b)}$	tshe$^{31}_{(A)}$	çɛ$^{33}_{(1)}$	(10)
纺车	——	——	ʈʂhua$^{43}_{(1)}$	ʈʂha$^{55}_{(1)}$	so$^{55}_{(1)}$	——	——	tsha$^{31}_{(A)}$	——	(15)
新①	xhi$^{33}_{(1)}$	çɛn$^{35}_{(1)}$	ʈʂha$^{43}_{(1)}$	ʈʂhie$^{55}_{(1)}$	sen$^{55}_{(1)}$	shɛ$^{24}_{(1)}$	sæin$^{22}_{(1b)}$	sen$^{31}_{(A)}$声！	çen$^{33}_{(1)}$	(18)
灰烬	çhu$^{35}_{(3)}$	çi$^{44}_{(3)}$	ʈʂhou$^{55}_{(3)}$	ʈʂhau$^{55}_{(3)}$	su$^{13}_{(3)}$	sho$^{13}_{(3)}$	sɔ$^{232}_{(3b)}$	tshu$^{55}_{(B)}$	çou$^{53}_{(3)}$	(12)
筛米	——	çɔ$^{53}_{(5)}$	ʈʂhou$^{44}_{(5)}$	ʈʂhau$^{33}_{(5)}$	su$^{43}_{(5)}$	shɑŋ$^{43}_{(5)}$韵！	——	——	——	(6)

❶只有两个例字，接 u 的为 çh，接 i 的为 xh，估计接 i 时为 xh，接其他韵母时为 çh。

①“新” 在野鸡坡声母与其他三个例字不同，这有两种可能，一种可能是 s 以接韵母 en 为条件的变体，另一种可能是 sen^{31} 为晚期汉语借词，以后一种可能性较大。

79. 匠母	养蒿	腊乙坪	大南山	石门坎	摆托	甲定	绞坨	野鸡坡	枫香	韵类号
dʐ	ɕ	tɕ	tʂ	dʐ（dʐɦ）	ts	s	s	z	s	
菜淡	ɕen$^{13}_{(6)}$	——	tʂua$^{13}_{(6)}$	dʐa$^{31}_{(6\mathrm{II})}$	tso$^{31}_{(6)}$	sɑ$^{22}_{(6)}$	səa$^{13}_{(6)}$	zi$^{24}_{(C)}$	sa$^{31}_{(6)}$	（5）
刺猬	ɕen$^{13}_{(6)}$	tɕin$^{42}_{(6)}$	tʂou$^{13}_{(6)}$	dʐau$^{53}_{(61)}$	tsu$^{21}_{(6)}$	so$^{22}_{(6)}$	so$^{13}_{(6)}$	zu$^{24}_{(C)}$	sou$^{31}_{(6)}$	（12）
	韵！	韵！								
少	ɕu$^{13}_{(6)}$	——	tʂeu$^{13}_{(6)}$	dʐey$^{31}_{(6\mathrm{II})}$	tsau$^{21}_{(\underline{6})}$	sə$^{22}_{(6)}$	——	zo$^{24}_{(C)}$	sɛ$^{31}_{(6)}$	（13）
匠人	ɕaŋ$^{13}_{(6)}$	——	——	——	tsaŋ$^{21}_{(\underline{6})}$	sɑŋ$^{22}_{(6)}$	saŋ$^{13}_{(6)}$	zaŋ$^{24}_{(C)}$	saŋ$^{31}_{(6)}$	（26）
七①	ɕoŋ$^{13}_{(6)}$	tɕoŋ$^{42}_{(6)}$	ɕaŋ$^{44}_{(5)}$	ɕaɯ$^{33}_{(5)}$	tsaŋ$^{21}_{(6)}$	sɑŋ$^{22}_{(6)}$	tɕaŋ$^{13}_{(6)}$	zoŋ$^{24}_{(C)}$	saŋ$^{31}_{(6)}$	（28）
			声！调！	声！调！			声！			
醒②	——	——	tʂi$^{13}_{(6)}$	dʐɦi$^{31}_{(8\mathrm{II})}$	tse$^{54}_{(8)}$	sɑ$^{55}_{(8)}$	si$^{21}_{(8)}$	za$^{31}_{(D)}$	sa$^{13}_{(8)}$	（4）
			调！							
下巴③	ɕi$^{33}_{(1)}$	tɕɑ$^{33}_{(8)}$	tʂai$^{24}_{(8)}$	dʐɦai$^{31}_{(8\mathrm{II})}$	——	se$^{55}_{(8)}$	se$^{21}_{(8)}$	ze$^{31}_{(D)}$	sɛ$^{13}_{(8)}$	（10）
	调！									

①“七” 为 6 调字，大南山、石门坎转为 5 调，声母因声调改变，也有所改变，都变成清擦音 ɕ，绞坨声母改变的原因不明。

②“醒” 为 8 调字，大南山为 6 调，可能是由 8 调变来的，因为大南山 8 调字前接 1，2 调字时有变为 6 调的特点。

③石门坎 “下巴” 单读时作 qaɯ$^{55}_{(1)}$ a$^{55}_{(1)}$ dʐɦai$^{31\to11}_{(8\mathrm{II}\to4\mathrm{II})}$ 因为不是单音节词，所以声调可以是 8 Ⅱ 调。见 “蚂蚁” 的注。

80. 眨母	养蒿	腊乙坪	大南山	石门坎	摆托	甲定	绞坨	野鸡坡	枫香	韵类号
ɳtʂ	ɕ	ȵtɕ	ɳtʂ	ɳtʂ	nts	nz	nts	nʔts	z	
盐	ɕi$^{35}_{(3)}$	ȵtɕɯ$^{44}_{(3)}$	ɳtʂe$^{55}_{(3)}$	ɳtʂə$^{55}_{(3)}$	ntsa$^{13}_{(3)}$	nzæ$^{13}_{(3)}$	ntsæ$^{42}_{(3a)}$	nʔtsi$^{55}_{(B)}$	zei$^{53}_{(3)}$	（3）
泡饭	——	ȵtɕɯ$^{53}_{(5)}$	ɳtʂe$^{44}_{(5)}$	ɳtʂə$^{33}_{(5)}$	ntsa$^{43}_{(5)}$	nzæ$^{43}_{(5)}$	ntsæ$^{55}_{(5a)}$	nʔtsi$^{24}_{(C)}$	zei$^{55}_{(5)}$	（3）
锐利(二)	——	——	ɳtʂe$^{44}_{(5)}$	ɳtʂə$^{33}_{(5)}$	ntsa$^{43}_{(5)}$	nzæ$^{43}_{(5)}$	ntsæ$^{55}_{(5a)}$	——	——	（3）
高粱①	——	——	ɳtʂua$^{33}_{(7)}$	ɳtʂa$^{11}_{(7)}$	ntso$^{43}_{(5)}$	nzu$^{43}_{(5)}$	ntsa$^{74}_{(7a)}$	——	za$^{55}_{(5)}$	（16）
			调！	调！			调！			
钉钉子	——	ȵtɕɛn$^{53}_{(5)}$	ɳtʂa$^{44}_{(5)}$	ɳtʂie$^{33}_{(5)}$	ntsen$^{43}_{(5)}$	nzɛ$^{43}_{(5)}$	——	nʔtsen$^{24}_{(c)}$	——	（18）
梳头	ɕa$^{53}_{(7)}$	ȵtɕi$^{44}_{(7)}$	ɳtʂi$^{33}_{(7)}$	ɳtʂi$^{11}_{(7)}$	ntsi$^{43}_{(7)}$	nzɑ$^{43}_{(7)}$	ntsi$^{44}_{(7a)}$	——	——	（4）
					韵！					
眨眼	shei$^{53}_{(7)}$	——	ɳtʂai$^{33}_{(7)}$	ɳtʂai$^{11}_{(7)}$	——	——	ntse$^{13}_{(7b)}$	nʔtse$^{31}_{(D)}$	zou$^{53}_{(7)}$	（10）
	声！						调！		韵！	

①“高粱” 枫香读 5 调，大南山、石门坎、绞坨均有 5 调字前接 1 调字时变为 7 调的特点，这个词在古代可能有一个 1 调的前加成分，现在石门坎仍读作 a^{55} ɳtʂa^{11}。摆托、甲定两

点 5，7 调合并，可以看做 5 调。所以这个字应是 5 调字。

81. 清母	养蒿	腊乙坪	大南山	石门坎	摆托	甲定	绞坨	野鸡坡	枫香	韵类号
ɳʈʂh	ɕh	ȵtɕh	ɳʈʂh	ɳʈʂh	ntsh	nsh	nts	nˀtsh	ntsh	
水獭	ɕha$^{33}_{(1)}$	ȵtɕhɑ$^{35}_{(1)}$	ɳʈʂhua$^{43}_{(1)}$	ɳʈʂha$^{55}_{(1)}$	ntsho$^{55}_{(1)}$	nshu$^{24}_{(1)}$	ntsa$^{22}_{(1b)}$	nˀtsha$^{31}_{(A)}$	ntsha$^{33}_{(1)}$	(15)
水清	ɕhi$^{33}_{(1)}$	——	ɳʈʂha$^{43}_{(1)}$	ɳʈʂhie$^{55}_{(1)}$	ntshen$^{55}_{(1)}$	nshɛ$^{24}_{(1)}$	ntsæin$^{22}_{(1b)}$	nˀtshe$^{31}_{(A)}$ 韵！	ntshen$^{33}_{(1)}$	(18)
头虱	ɕhu$^{35}_{(3)}$	ȵtɕhin$^{44}_{(3)}$ 韵！	ɳʈʂhou$^{55}_{(3)}$	ɳʈʂhau$^{55}_{(3)}$	——	nsho$^{13}_{(3)}$	ntsɔ$^{232}_{(3b)}$	nˀtshu$^{55}_{(B)}$	ntshou$^{53}_{(3)}$	(12)
血	ɕhaŋ$^{35}_{(3)}$	ȵtɕhin$^{44}_{(3)}$	ɳʈʂhaŋ$^{55}_{(3)}$	ɳʈʂaɯ$^{55}_{(3)}$	ntshɔŋ$^{13}_{(3)}$	nshoŋ$^{13}_{(3)}$	ntsua$^{232}_{(3b)}$	nˀtshen$^{55}_{(B)}$	ntshoŋ$^{53}_{(3)}$	(24)
怕	ɕhi$^{33}_{(1)}$ 调！	ȵtɕha$^{53}_{(5)}$	ɳʈʂhai$^{44}_{(5)}$	ɳʈʂhai$^{33}_{(5)}$	ntshai$^{43}_{(5)}$	nshe$^{43}_{(5)}$	ntse$^{35}_{(5b)}$	nˀtshe$^{24}_{(C)}$	ntshɛ$^{55}_{(5)}$	(10)

82. 量母 ɳdʐ

只有养蒿、大南山、石门坎的材料。例字：“量布”养蒿na$^{13}_{(6)}$，大南山 ɳʈʂua$^{21}_{(4)}$，石门坎 ɳdʐɦa$^{11}_{(4)}$，此字属拍、搓二韵之一，4 调或 6 调字；“跌”大南山 ɳʈʂeu$^{24}_{(8)}$，石门坎 ɳdʐɦey$^{31}_{(8Ⅱ)}$，此字为酒韵，8 调字；另外，大南山ɳʈʂe$^{13}_{(6)}$“成立家庭”，石门坎 ɳdʐə$^{31}_{(6Ⅱ)}$“站立”是同一个字，在两个次方言意义发生变化，但仍有联系，此字属地韵 6 调字。

83. 熟母	养蒿	腊乙坪	大南山	石门坎	摆托	甲定	绞坨	野鸡坡	枫香	韵类号
ʂ	ɕh（fh）❶	ɕ	ʂ	ʂ	s	sh	s	s	ɕ（f）❷	
轻	fha$^{33}_{(1)}$	ɕa$^{35}_{(1)}$	ʂi$^{43}_{(1)}$	ʂi$^{55}_{(1)}$	sɿ$^{55}_{(1)}$	shi$^{24}_{(1)}$	sei$^{22}_{(1b)}$	se$^{31}_{(A)}$	fi$^{33}_{(1)}$	(2)
酸	ɕhu$^{33}_{(1)}$	ɕɔ$^{35}_{(1)}$	——	——	su$^{55}_{(1)}$	shə$^{24}_{(1)}$	su$^{22}_{(1b)}$	so$^{31}_{(A)}$	ɕou$^{33}_{(1)}$	(9)
收东西①	ɕhu$^{33}_{(1)}$	——	ʂou$^{44}_{(5)}$ 调！	ʂau$^{33}_{(5)}$ 调！	sou$^{55}_{(1)}$ 韵！	shɯ$^{24}_{(1)}$ 韵！	——	su$^{31}_{(A)}$ 韵！	ɕou$^{33}_{(1)}$	(9)
房上	——	——	ʂua$^{43}_{(1)}$	ʂa$^{55}_{(1)}$	so$^{55}_{(1)}$	shu$^{24}_{(1)}$	sa$^{22}_{(1b)}$	sa$^{31}_{(A)}$	ɕa$^{33}_{(1)}$	(16)
一升米	ɕhen$^{33}_{(1)}$韵！	——	ʂa$^{43}_{(1)}$	ʂi$^{55}_{(1)}$韵！	sen$^{55}_{(1)}$	shɛ$^{24}_{(1)}$	sæin$^{22}_{(1b)}$	sen$^{31}_{(A)}$	ɕen$^{33}_{(1)}$	(18)
线细	——	ɕu$^{35}_{(1)}$	ʂoŋ$^{43}_{(1)}$	ʂau$^{55}_{(1)}$	——	——	saŋ$^{22}_{(1b)}$	soŋ$^{31}_{(A)}$	——	(29)
暖和	ɕhə$^{35}_{(5)}$	ɕo$^{44}_{(3)}$	ʂo$^{55}_{(3)}$	ʂo$^{55}_{(3)}$	sau$^{13}_{(3)}$	shə$^{13}_{(3)}$	so$^{232}_{(3b)}$	su$^{55}_{(B)}$	ɕau$^{53}_{(3)}$	(7)
筋	ɕhu$^{35}_{(3)}$	ɕi$^{44}_{(3)}$	ʂou$^{55}_{(3)}$	ʂey$^{55}_{(3)}$ 韵！	su$^{13}_{(3)}$	shaŋ$^{13}_{(3)}$ 韵！	sɔ$^{232}_{(3b)}$	su$^{55}_{(B)}$	ɕou$^{33}_{(1)}$ 调！	(12)
站起来	ɕhu$^{35}_{(3)}$	ɕə$^{44}_{(3)}$	ʂeu$^{55}_{(3)}$	ʂey$^{55}_{(3)}$	sau$^{13}_{(3)}$	shə$^{13}_{(3)}$	sə$^{232}_{(3b)}$	so$^{55}_{(B)}$	ɕɛ$^{53}_{(3)}$	(13)
熟	ɕhaŋ$^{35}_{(3)}$	ɕɛn$^{44}_{(3)}$	ʂa$^{55}_{(3)}$	ʂie$^{55}_{(3)}$	sen$^{13}_{(3)}$	shɛ$^{13}_{(3)}$	sæin$^{232}_{(3b)}$	sen$^{55}_{(B)}$	ɕen$^{53}_{(3)}$	(20)
休息	tɕhə$^{44}_{(5)}$ 声！	ɕo$^{53}_{(5)}$	ʂo$^{44}_{(5)}$	ʂo$^{33}_{(5)}$	——	shə$^{43}_{(5)}$	so$^{35}_{(5b)}$	su$^{24}_{(C)}$	ɕau$^{55}_{(5)}$	(7)
午饭	——	——	ʂo$^{44}_{(5)}$	ʂu$^{33}_{(5)}$	soŋ$^{43}_{(5)}$	shəŋ$^{43}_{(5)}$	soŋ$^{35}_{(5b)}$	saŋ$^{24}_{(C)}$	——	(22)
揹	ɕhaŋ$^{44}_{(5)}$	ɕaŋ$^{53}_{(5)}$	ʂau$^{44}_{(5)}$	ʂo$^{33}_{(5)}$	sɔŋ$^{43}_{(5)}$	shoŋ$^{43}_{(5)}$	soŋ$^{35}_{(5b)}$	soŋ$^{24}_{(C)}$	ɕaŋ$^{55}_{(5)}$	(21)

相好②	çi$^{44}_{(5)}$ 声!	——	şi$^{33}_{(7)}$	hi$^{11}_{(7)}$声! şi$^{11}_{(7)}$（诗歌用字）	——	shoŋ$^{13}_{(3)}$	——	si$^{31}_{(A\sim D)}$韵!	çou$^{33}_{(1)}$韵!	(2)

❶接 a 时为 fh，接其他韵母时为 çh。

❷接 i 时为 f，接其韵母时为 ç。

①“收东西”除大南山、石门坎读 5 调外，其余各点都读 1 调（野鸡坡古清声母 A 调字相当其他点的 1 调字），我们认为此字是 1 调字，大南山、石门坎变为 5 调原因不明。腊乙坪“收”字读作 çɯ$^{44}_{(3)}$，韵、调都不合，故未在表上。

②“相好”养蒿读 5 调，大南山、石门坎读 7 调，甲定读 3 调，野鸡坡读 1 调或 7 调（野鸡坡古清声母 A 调字相当其他点的 1 调字，古清声母 D 调字相当其他点的 7 调字），枫香为 1 调，则这个字在各点的调类不一致，不能确定这个字本来是第几调的字。至于养蒿声母不合，可能是由于常用词读音容易发生变化的缘故。石门坎在诗歌中读作 şi^{11}，在口语已变为 hi^{11}。

84. 蒸母	养蒿	腊乙坪	大南山	石门坎	摆托	甲定	绞坨	野鸡坡	枫香	韵类号
tç	tç	tç	tç	tç	tç	tç	tç	tç	tç	
设网套捉鸟	——	——	tçua$^{43}_{(1)}$	tça$^{55}_{(1)}$	——	tçu$^{24}_{(1)}$	tçæ$^{32}_{(1a)}$ 韵!	tça$^{31}_{(A)}$	tça$^{33}_{(1)}$	(16)
蒸	tçi$^{33}_{(1)}$	tçe$^{35}_{(1)}$	tço$^{43}_{(1)}$	tçu$^{55}_{(1)}$	tçoŋ$^{55}_{(1)}$	tçəŋ$^{24}_{(1)}$	tçoŋ$^{32}_{(1a)}$	tçaŋ$^{31}_{(A)}$	tçoŋ$^{33}_{(1)}$	(22)
斤	tçaŋ$^{33}_{(1)}$	——	——	——	tçen$^{55}_{(1)}$	tçɛ$^{24}_{(1)}$	tçein$^{32}_{(1a)}$	tçen$^{31}_{(A)}$	tçen$^{33}_{(1)}$	(20)
黄蜡	tçaŋ$^{33}_{(1)}$	tçin$^{35}_{(1)}$	tça$^{43}_{(1)}$ 韵!	tçie$^{55}_{(1)}$ 韵!	tçɔŋ$^{55}_{(1)}$	tçoŋ$^{24}_{(1)}$	tçua$^{32}_{(1a)}$	tçen$^{31}_{(A)}$	tçoŋ$^{33}_{(1)}$	(24)
蚯蚓	tçoŋ$^{33}_{(1)}$	coŋ$^{35}_{(1)}$ 声!	tçaŋ$^{43}_{(1)}$	tçaɯ$^{55}_{(1)}$	tçaŋ$^{55}_{(1)}$	tçɑŋ$^{24}_{(1)}$	tçaŋ$^{32}_{(1a)}$	tçoŋ$^{31}_{(A)}$	tçaŋ$^{33}_{(1)}$	(28)
牵牛	——	tçoŋ$^{35}_{(1)}$	tçaŋ$^{43}_{(1)}$	tçaɯ$^{55}_{(1)}$	tçaŋ$^{55}_{(1)}$	tçoŋ$^{24}_{(1)}$ 韵!	tçaŋ$^{32}_{(1a)}$	tçoŋ$^{31}_{(A)}$	——	(28)
画眉鸟	tçu$^{33}_{(1)}$	tçu$^{35}_{(1)}$	tçoŋ$^{43}_{(1)}$	tçau$^{55}_{(1)}$	——	tçoŋ$^{24}_{(1)}$	tçaŋ$^{32}_{(1a)}$	tçoŋ$^{31}_{(A)}$	tçoŋ$^{33}_{(1)}$	(29)
身体	tçi$^{35}_{(3)}$	tçɯ$^{44}_{(3)}$	tçe$^{55}_{(3)}$	tçi$^{55}_{(3)}$	tça$^{13}_{(3)}$	tçæ$^{13}_{(3)}$	tçæ$^{42}_{(3a)}$	tçi$^{55}_{(B)}$	tçi$^{53}_{(3)}$	(3)
酒	tçu$^{35}_{(3)}$	tçɯ$^{44}_{(3)}$ 韵!	tçeu$^{55}_{(3)}$	tçey$^{55}_{(3)}$	tsau$^{13}_{(3)}$ 声!	tçə$^{13}_{(3)}$	tçə$^{42}_{(3a)}$	tço$^{55}_{(B)}$	tçɛ$^{53}_{(3)}$	(13)
烤粑粑	tçen$^{44}_{(5)}$	——	tçi$^{44}_{(5)}$	tçi$^{33}_{(5)}$	——	tçi$^{43}_{(5)}$	tçi$^{55}_{(5a)}$	tçi$^{24}_{(C)}$	tsi$^{55}_{(5)}$ 声!	(1)
挑水	tçi$^{44}_{(5)}$	——	——	——	tça$^{43}_{(5)}$	tçæ$^{43}_{(5)}$	tçæ$^{55}_{(5a)}$	——	tçi$^{55}_{(5)}$	(3)
风①	tçen$^{44}_{(5)}$	——	tçua$^{44}_{(5)}$	tça$^{33}_{(5)}$	——	tçɑ$^{43}_{(5)}$	——	tçi$^{24}_{(C)}$	tça$^{55}_{(5)}$	(5)
嚼饭	tça$^{44}_{(5)}$	cɑ$^{53}_{(5)}$ 声!	tçua$^{44}_{(5)}$	tça$^{33}_{(5)}$（啃）	tço$^{43}_{(5)}$	tçu$^{43}_{(5)}$	tça$^{55}_{(5a)}$	tça$^{24}_{(C)}$	tça$^{55}_{(5)}$	(15)

①“风”腊乙坪读 ci$^{53}_{(5)}$，声、韵都不合，故未列在表上，但我们认为有可能是同源字，因

为声母 c，tɕ 发音部位接近，韵母应作 a，今作 i，不知何故。

85. 穿母 tɕh	养蒿 tɕh	腊乙坪 tɕh	大南山 tɕh	石门坎 tɕh	摆托 tɕh	甲定 tɕh	绞坨 tɕ	野鸡坡 tɕh	枫香 tɕh	韵类号
扫地	tɕhi$^{33}_{(1)}$	——	tɕhe$^{43}_{(1)}$	tɕhi$^{55}_{(1)}$	tɕha$^{55}_{(1)}$	tɕhæ$^{24}_{(1)}$	tɕæ$^{22}_{(1b)}$	tɕhi$^{31}_{(A)}$	tɕhi$^{33}_{(1)}$	(3)
腹部	tɕhu$^{33}_{(1)}$	tɕhi$^{35}_{(1)}$	——	tɕhau$^{55}_{(1)}$	——	——	tɕɔ$^{22}_{(1b)}$	tɕhu$^{31}_{(A)}$	——	(12)
穿针	tɕhaŋ$^{33}_{(1)}$	tɕhɑŋ$^{35}_{(1)}$	tɕhau$^{43}_{(1)}$	tɕho$^{55}_{(1)}$	tɕhɔŋ$^{55}_{(1)}$	tɕhoŋ$^{24}_{(1)}$	tɕoŋ$^{22}_{(1b)}$	tɕhoŋ$^{31}_{(A)}$	tɕhaŋ$^{33}_{(1)}$	(21)
一间房①	tɕhoŋ$^{35}_{(3)}$	——	tɕhaŋ$^{55}_{(3)}$	tɕhaɯ$^{55}_{(3)}$	tɕhaŋ$^{13}_{(3)}$	tɕhɑŋ$^{13}_{(3)}$	tɕaŋ$^{232}_{(3b)}$	khoŋ$^{55}_{(B)}$ 声！	tɕhaŋ$^{53}_{(3)}$	(28)
床铺	tɕhu$^{44}_{(5)}$	——	tɕheu$^{44}_{(5)}$	tɕhey$^{33}_{(5)}$	——	——	——	tɕho$^{24}_{(C)}$	tɕhɛ$^{55}_{(5)}$	(13)
削②	——	——	tɕhai$^{33}_{(7)}$	tɕhai$^{11}_{(7)}$	——	khe$^{43}_{(7)}$ 声！（剃）	tɕe$^{13}_{(7b)}$	tɕhe$^{31}_{(D)}$	khɛ$^{53}_{(7)}$ 声！（剃）	(10)

①“间”野鸡坡声母作 kh，不合对应规则。

②“削”甲定、枫香分别作 khe^{43}，khɛ^{53}，但意思均为“剃”，这两点无问题是同一个字。声母不合对应规则，可能于其他点不同源。

86. 骑母 dʑ	养蒿 tɕ	腊乙坪 tɕ	大南山 tɕ	石门坎 dʑ（dʑɦ）	摆托 tɕ	甲定 tɕ	绞坨 tɕ	野鸡坡 ʑ	枫香 tɕ	韵类号
荞麦	——	——	tɕe$^{31}_{(2)}$	dʑɦi$^{35}_{(2)}$	tɕa$^{54}_{(2)}$	tɕæ$^{55}_{(2)}$	tɕæ$^{53}_{(2)}$	ʑi$^{31}_{(A)}$	tɕi$^{24}_{(2)}$	(3)
骑	tɕi$^{55}_{(2)}$	——	tɕai$^{31}_{(2)}$	dʑɦɯ$^{35}_{(2)}$ 韵！	tɕai$^{54}_{(2)}$	——	tɕe$^{53}_{(2)}$	ʑe$^{31}_{(A)}$	——	(10)
九	tɕə$^{55}_{(2)}$	tɕo$^{31}_{(2)}$	tɕua$^{31}_{(2)}$	dʑɦa$^{35}_{(2)}$	tɕo$^{54}_{(2)}$	tɕu$^{55}_{(2)}$	tɕa$^{53}_{(2)}$	ʑa$^{31}_{(A)}$	tɕa$^{24}_{(2)}$	(16)
活	——	——	tɕa$^{31}_{(2)}$	dʑɦie$^{35}_{(2)}$	——	tɕɛ$^{55}_{(2)}$	tɕein$^{53}_{(2)}$	ʑi$^{31}_{(A)}$ 韵！	——	(18)
根①	tɕoŋ$^{55}_{(2)}$	tɕoŋ$^{31}_{(2)}$	tɕaŋ$^{13}_{(6)}$ 调！	dʑɦaɯ$^{35}_{(2)}$	tɕaŋ$^{21}_{(6)}$ 调！	tɕɑŋ$^{22}_{(6)}$ 调！	tɕaŋ$^{13}_{(6)}$ 调！	ʑoŋ$^{31}_{(A)}$	tɕaŋ$^{24}_{(2)}$	(28)
栽树(一)	tɕen$^{11}_{(4)}$	——	——	——	tɕi$^{32}_{(4)}$	tɕi$^{31}_{(4)}$	——	ʑe$^{55}_{(B)}$	tsi$^{13}_{(4)}$ 声！	(1)
树枝②	tɕi$^{11}_{(4)}$	kɯ$^{33}_{(4)}$ 声！	tɕe$^{13}_{(6)}$ 调！	dʑi$^{53}_{(6Ⅰ)}$ 调！	tɕa$^{32}_{(4)}$	tɕæ$^{31}_{(4)}$	tɕe$^{11}_{(4)}$	ʑa$^{55}_{(B)}$ 韵！	tɕi$^{13}_{(4)}$	(3)
碓③	tɕə$^{11}_{(4)}$	tɕo$^{33}_{(4)}$	tɕo$^{21}_{(4)}$	dʑɦo$^{11}_{(4Ⅱ)}$	tɕau$^{32}_{(4)}$	tɕə$^{31}_{(4)}$	tɕu$^{11}_{(4)}$	ʑi$^{55}_{(B)}$ 韵！	tɕau$^{13}_{(4)}$	(7)
完	tɕu$^{11}_{(4)}$	tɕu$^{33}_{(4)}$	——	——	tɕen$^{32}_{(4)}$	tɕoŋ$^{31}_{(4)}$	tɕəŋ$^{11}_{(4)}$	——	tɕoŋ$^{13}_{(4)}$	(29)
燃	tɕen$^{13}_{(6)}$	——	tɕi$^{13}_{(6)}$	dʑi$^{31}_{(6Ⅱ)}$	tɕi$^{21}_{(6)}$	tɕi$^{22}_{(6)}$	tɕi$^{13}_{(6)}$	ʑe$^{24}_{(C)}$	tsi$^{31}_{(6)}$ 声！	(1)
遇见	tɕa$^{13}_{(6)}$	——	——	——	——	tɕu$^{22}_{(6)}$	tɕəa$^{13}_{(6)}$	ʑa$^{24}_{(C)}$	tɕa$^{31}_{(6)}$	(15)
膝盖	tɕu$^{13}_{(6)}$	tɕɔ$^{42}_{(6)}$	tɕau$^{13}_{(6)}$	dʑau$^{53}_{(6Ⅰ)}$	tɕu$^{21}_{(6)}$	tɕo$^{22}_{(6)}$	tɕo$^{13}_{(6)}$	ʑu$^{24}_{(C)}$	tɕou$^{31}_{(6)}$	(17)
栽树(二)	——	tɕɑŋ$^{42}_{(6)}$	tɕau$^{13}_{(6)}$	dʑo$^{31}_{(6Ⅱ)}$	——	——	tɕoŋ$^{13}_{(6)}$	——	——	(21)
男人④	tɕaŋ$^{13}_{(6)}$	——	——	dʑɦaɯ$^{11}_{(4Ⅱ)}$（男孩）调！	tɕɔŋ$^{21}_{(6)}$	tɕoŋ$^{22}_{(6)}$	tɕua$^{33}_{(6)}$	——	tɕoŋ$^{31}_{(6)}$	(24)

①“根”是 2 调字，大南山、摆托、甲定、绞坨读 6 调，是历史上变调的结果。这四个点的 2 调字前接 1 调字即变 6 调，估计这个字本来有一个 1 调的前加成分。

②“枝”是 4 调字，大南山读 6 调，是历史上变调的结果，石门坎读 6 Ⅰ调，是由 4 Ⅰ调变来的，估计这个字本来有一个 1 调的前加成分，石门坎 4 Ⅰ调字前接 1 调字，变为 6 Ⅰ调。

③石门坎 4 Ⅱ调的单音节词都不是名词，但多音节的名词词根可以是 4 Ⅱ调的，“碓”全词读作 a$^{55}_{(3)}$ dʑɦo$^{11}_{(4Ⅱ)}$。

④“男人”在石门坎隐含在“男孩”这个词里，读 4 Ⅱ是历史上变调的结果，“男孩”全词为 tu^{55} ti^{11} dʑɦaɯ^{11}。据推测，此词最初曾是 tu$^{55}_{(1)}$ti$^{55}_{(1)}$dʑaɯ$^{53}_{(6Ⅰ)}$，其后 dʑaɯ^{53}发生变调，成为 tu$^{55}_{(1)}$ti$^{55}_{(1)}$ dʑɦaɯ^{11}，后来第二音节声调受最后音节声调同化成为现在的读法 tu^{55} ti^{11} dʑɦaɯ^{11}。由于现在第三个音节不单用，我们不能把这个词写作 tu$^{55}_{(1)}$ti$^{55}_{(1)}$dʑaɯ$^{53\to11}_{(6Ⅰ\to4Ⅱ)}$。石门坎单音节名词没有 4 Ⅱ，6 Ⅱ，8 Ⅱ调的，但多音节名词的词根可以是 4 Ⅱ，6 Ⅱ，8 Ⅱ调的。

87. 娘母	养蒿	腊乙坪	大南山	石门坎	摆托	甲定	绞坨	野鸡坡	枫香	韵类号
ʔȵ̥	ȵ̥	ȵ̥	ȵ̥	ȵ̥	ȵ̥	ȵ̥	ȵ̥	ʔȵ̥	ȵ̥	
在、居住	ȵ̥aŋ$^{33}_{(1)}$	ȵ̥i$^{35}_{(1)}$韵！	ȵ̥au$^{43}_{(1)}$	ȵ̥o$^{55}_{(1)}$	ȵ̥ɔŋ$^{55}_{(1)}$	ȵ̥oŋ$^{24}_{(1)}$	ȵ̥ɔ$^{32}_{(1a)}$	ʔȵ̥oŋ$^{31}_{(A)}$	ȵ̥aŋ$^{33}_{(1)}$	(21)
新娘、媳妇	ȵ̥aŋ$^{33}_{(1)}$	ȵ̥i$^{35}_{(1)}$（嫂嫂）	ȵ̥aŋ$^{43}_{(1)}$	ȵ̥aɯ$^{55}_{(1)}$	ȵ̥o$^{55}_{(1)}$	ȵ̥ɑŋ$^{24}_{(1)}$	ȵ̥ɑ$^{32}_{(1a)}$	ʔȵ̥en$^{31}_{(A)}$	ȵ̥oŋ$^{33}_{(1)}$	(24)
哭	ȵ̥aŋ$^{35}_{(3)}$	ȵ̥ɛn$^{44}_{(3)}$	ȵ̥a$^{55}_{(3)}$	ȵ̥ie$^{55}_{(3)}$	ȵ̥en$^{13}_{(3)}$	ȵ̥ɛ$^{13}_{(3)}$	ȵ̥i$^{42}_{(3a)}$	ʔȵ̥en$^{55}_{(B)}$	ȵ̥i$^{53}_{(3)}$	(20)

88. 肠母	养蒿	腊乙坪	大南山	石门坎	摆托	甲定	绞坨	野鸡坡	枫香	韵类号
ȵ̥	ȵ̥h	ɕ（h）❶	ȵ̥	ȵ̥	ȵ̥	ȵ̥h	ȵ̥	ȵ̥	ȵ̥h	
额头	ȵ̥aŋ$^{33}_{(1)}$	ɕɛn$^{35}_{(1)}$	——	ȵ̥ie$^{55}_{(1)}$	——	——	ȵ̥i$^{22}_{(1b)}$	——	ȵ̥hi$^{33}_{(1)}$	(20)
重	ȵ̥hoŋ$^{35}_{(3)}$	hen$^{44}_{(3)}$	ȵ̥aŋ$^{55}_{(3)}$	ȵ̥aɯ$^{55}_{(3)}$	ȵ̥aŋ$^{13}_{(3)}$	ȵ̥hɑŋ$^{13}_{(3)}$	ȵ̥a$^{232}_{(3b)}$	ȵ̥oŋ$^{55}_{(B)}$	ȵ̥haŋ$^{53}_{(3)}$	(25)
肠子	——	ɕe$^{44}_{(3)}$	ȵ̥o$^{55}_{(3)}$	ȵ̥u$^{55}_{(3)}$	ȵ̥u$^{13}_{(3)}$	ȵ̥həŋ$^{13}_{(3)}$	ȵ̥oŋ$^{232}_{(3b)}$	ȵ̥en$^{55}_{(B)}$	ȵ̥hoŋ$^{53}_{(3)}$	(23)

❶接 en 时为 h，接其他韵母时为 ɕ。

89. 银母	养蒿	腊乙坪	大南山	石门坎	摆托	甲定	绞坨	野鸡坡	枫香	韵类号
ȵ	ȵ	ȵ	ȵ	ȵ（ȵɦ）	ȵ（ŋ）❶	ȵ（ŋ）❷	ȵ（ŋ）❸	ȵ	ȵ	
银子	ȵi$^{55}_{(2)}$	——	ȵa$^{31}_{(2)}$	ȵɦie$^{35}_{(2)}$	ȵen$^{54}_{(2)}$	ȵɛ$^{55}_{(2)}$	ȵi$^{53}_{(2)}$	ȵen$^{31}_{(A)}$	ȵi$^{24}_{(2)}$	(18)
水牛①	ȵen$^{55}_{(2)}$	ȵe$^{31}_{(2)}$	ȵo$^{31}_{(2)}$（黄牛）	ȵɦu$^{35}_{(2)}$（黄牛）	ŋu$^{54}_{(2)}$（黄牛）	ŋəŋ$^{55}_{(2)}$	ŋoŋ$^{53}_{(2)}$（牛）	ȵen$^{31}_{(A)}$	ŋoŋ$^{24}_{(2)}$声！	(23)
浅（一）	ȵi$^{11}_{(4)}$	——	——	——	——	ȵɛ$^{31}_{(4)}$	ȵi$^{11}_{(4)}$	——	ȵi$^{13}_{(4)}$	(18)
薄	ȵaŋ$^{11}_{(4)}$	ȵɛn$^{33}_{(4)}$	ȵa$^{21}_{(4)}$	ȵɦie$^{11}_{(4Ⅱ)}$	ȵen$^{32}_{(4)}$	ȵɛ$^{31}_{(4)}$	ȵi$^{11}_{(4)}$	ȵen$^{55}_{(B)}$	ȵi$^{13}_{(4)}$	(20)
生食物	ȵu$^{11}_{(4)}$	ȵu$^{33}_{(4)}$	ȵoŋ$^{21}_{(4)}$	ȵɦau$^{11}_{(4Ⅱ)}$	——	ȵoŋ$^{31}_{(4)}$	——	ȵo$^{55}_{(B)}$	ȵoŋ$^{13}_{(4)}$	(29)

偷	ȵaŋ$^{13}_{(6)}$	ȵɛn$^{42}_{(6)}$	ȵa$^{13}_{(6)}$	ȵie$^{31}_{(6Ⅱ)}$	ȵen$^{21}_{(6)}$	ȵɛ$^{22}_{(6)}$	ȵi$^{13}_{(6)}$	ȵen$^{24}_{(c)}$	ȵi$^{31}_{(6)}$	(20)
胡须	ȵaŋ$^{13}_{(6)}$	ȵi$^{42}_{(6)}$	——	——	——	ȵɑŋ$^{22}_{(6)}$	ȵa$^{33}_{(6)}$	ȵen$^{24}_{(c)}$	ȵoŋ$^{31}_{(6)}$	(24)

❶接 u 时为 ŋ，接其他韵母时为 ȵ。

❷接 əŋ 时为 ŋ，接其他韵母时为 ȵ。

❸接 oŋ 时为 ŋ，接其他韵母时为 ȵ。

①“水牛”在摆托、甲定、绞坨、枫香声母作 ŋ，前三点以所接韵母不同，勉强解释为同一音位的变体，至于枫香读作 ŋ，用补充分配原则都不能解释，只好作为声母有问题，暂时存疑。

90. 啄母	养蒿	腊乙坪	大南山	石门坎	摆托	甲定	绞坨	野鸡坡	枫香	韵类号
ȵtɕ	tɕ	ȵtɕ	ȵtɕ	ȵtɕ	ȵtɕ	ȵtɕ	ȵtɕ	ȵʔtɕ	ȵtɕ	
直	——	——	ȵtɕaŋ$^{31}_{(2)}$ 调！	ȵtɕaɯ$^{55}_{(1)}$	——	ȵtɕɑŋ$^{24}_{(1)}$	ȵtɕaŋ$^{32}_{(1a)}$	ȵʔtɕaŋ$^{31}_{(A)}$	ȵtɕaŋ$^{33}_{(1)}$	(26)
爬树	tɕi$^{44}_{(5)}$	ȵtɕɯ$^{53}_{(5)}$	ȵtɕe$^{44}_{(5)}$	ȵtɕi$^{33}_{(5)}$	ȵtɕa$^{43}_{(5)}$	ȵtɕæ$^{43}_{(5)}$	ȵtɕæ$^{55}_{(5a)}$	ȵtɕi$^{24}_{(c)}$	ȵtɕi$^{55}_{(5)}$	(3)
篾条	tɕen$^{44}_{(5)}$韵！	ȵtɕɔ$^{53}_{(5)}$	ȵtɕou$^{44}_{(5)}$	ȵtɕau$^{33}_{(5)}$	——	ȵtɕɑ$^{43}_{(5)}$	ȵtɕɔ$^{55}_{(5a)}$	——	——	(6)
枕头	——	ȵtɕɯ$^{53}_{(5)}$ 韵！	ȵtɕoŋ$^{44}_{(5)}$	ȵtɕau$^{33}_{(5)}$	ȵtɕen$^{43}_{(5)}$	ȵtɕoŋ$^{43}_{(5)}$	ȵtɕaŋ$^{55}_{(5a)}$	ȵʔtɕoŋ$^{24}_{(c)}$	——	(29)
挖啄	tɕu$^{53}_{(7)}$	——	ȵtɕeu$^{33}_{(7)}$	ȵtɕey$^{11}_{(7)}$	ȵtɕau$^{43}_{(7)}$	ȵtɕə$^{43}_{(7)}$	ȵtɕə$^{44}_{(7a)}$	ȵʔtɕo$^{31}_{(D)}$	ȵtɕɛ$^{53}_{(7)}$	(13)

91. 泼母	养蒿	腊乙坪	大南山	石门坎	摆托	甲定	绞坨	野鸡坡	枫香	韵类号
ȵtɕh	tɕh	ȵtɕh	ȵtɕh	ȵtɕh	ȵtɕh	ȵtɕh	ȵtɕ	ȵʔtɕh	ȵtɕh	
泼水	tɕhə$^{35}_{(3)}$	ȵtɕho$^{44}_{(3)}$	ȵtɕhua$^{55}_{(3)}$	ȵtɕha$^{55}_{(3)}$	——	ȵtɕhu$^{13}_{(3)}$	ȵtɕa$^{232}_{(3b)}$	ȵʔtɕha$^{55}_{(B)}$	——	(16)
炊烟	——	ȵtɕho$^{53}_{(5)}$	ȵtɕho$^{44}_{(5)}$	ȵtɕho$^{33}_{(5)}$	ȵtɕhu$^{43}_{(5)}$ 韵！	ȵtɕhə$^{43}_{(5)}$ （蒸）	ȵtɕo$^{35}_{(5b)}$ 调！	ȵʔtɕhu$^{55}_{(B)}$	ȵtɕhau$^{55}_{(5)}$	(7)

92. 柱母	养蒿	腊乙坪	大南山	石门坎	摆托	甲定	绞坨	野鸡坡	枫香	韵类号
ȵdʑ	ȵ	ȵ	ȵtɕ	ȵdʑɦ	ȵtɕ	ȵtɕ	ȵtɕ	ȵtɕ	ȵtɕ	
柱子	ȵi$^{55}_{(2)}$	ȵɯ$^{31}_{(2)}$	ȵtɕe$^{31}_{(2)}$	ȵdʑɦi$^{35}_{(2)}$	ȵtɕa$^{54}_{(2)}$	ȵtɕæ$^{55}_{(2)}$	ȵtɕæ$^{53}_{(2)}$	ȵtɕi$^{31}_{(A)}$	——	(3)
嘴	ȵu$^{55}_{(2)}$ （喙）	ȵɔ$^{31}_{(2)}$	ȵtɕou$^{31}_{(2)}$	ȵdʑɦau$^{35}_{(2)}$	ȵtɕu$^{54}_{(2)}$	ȵtɕə$^{55}_{(2)}$	ȵtɕu$^{53}_{(2)}$	ȵtɕo$^{31}_{(A)}$	ȵtɕou$^{24}_{(2)}$	(9)

93. 秧母	养蒿	腊乙坪	大南山	石门坎	摆托	甲定	绞坨	野鸡坡	枫香	韵类号
ʔʑ	ʑ	ʑ	ʑ	ʑ	ʑ	ʑ	ʑ	ʔʑ	ʑ	
秧	ʑi$^{33}_{(1)}$	ʑɑŋ$^{35}_{(1)}$韵！	ʑo$^{43}_{(1)}$	ʑu$^{55}_{(1)}$	ʑoŋ$^{55}_{(1)}$	ʑəŋ$^{24}_{(1)}$	ʑoŋ$^{32}_{(1)}$	ʔʑaŋ$^{31}_{(A)}$	ʑoŋ$^{33}_{(1)}$	(22)
要钱	——	——	ʑua$^{55}_{(3)}$	ʑa$^{55}_{(3)}$	ʑo$^{13}_{(3)}$	ʑu$^{13}_{(3)}$	ʑa$^{42}_{(3a)}$	——	ʑa$^{53}_{(3)}$	(16)
蚊子	ʑu$^{35}_{(3)}$	——	ʑoŋ$^{55}_{(3)}$	——	ʑen$^{13}_{(3)}$	ʑoŋ$^{13}_{(3)}$	ʑaŋ$^{42}_{(3a)}$	ʔʑoŋ$^{55}_{(B)}$	ʑoŋ$^{53}_{(3)}$	(29)
小	ʑu$^{44}_{(5)}$	ʑɔ$^{53}_{(5)}$ （少）	ʑou$^{44}_{(5)}$	——	ʑu$^{43}_{(5)}$	ʑɯ$^{43}_{(5)}$韵！	ʑu$^{55}_{(5a)}$	ʔʑo$^{24}_{(C)}$	——	(9)
飞	ʑaŋ$^{44}_{(5)}$	ʑin$^{53}_{(5)}$	ʑaŋ$^{44}_{(5)}$	ʑaɯ$^{33}_{(5)}$	ʑɔŋ$^{45}_{(5)}$	ʑoŋ$^{43}_{(5)}$	ʑua$^{55}_{(5a)}$	ʔʑen$^{24}_{(C)}$	ʑoŋ$^{55}_{(5)}$	(24)

94. 岁母	养蒿	腊乙坪	大南山	石门坎	摆托	甲定	绞坨	野鸡坡	枫香	韵类号
ɕ	ɕh	(ɕ)	ɕ	ɕ (ŋ̊)	ɕ	ɕ	ʑ	ɕ	ɕ	
伸	ɕhoŋ$^{33}_{(1)}$	——	ɕaŋ$^{43}_{(1)}$	ɕaɯ$^{55}_{(1)}$	——	——	——	——	——	(28)
繁殖	ɕhaŋ$^{44}_{(5)}$ (增加)	——	ɕaŋ$^{44}_{(5)}$	ɕaɯ$^{33}_{(5)}$	——	——	——	——	——	(24)
年①	ȵ̥hu$^{44}_{(5)}$声！	——	ɕoŋ$^{44}_{(5)}$	ɕau$^{33}_{(5)}$	——	——	——	——	ɕoŋ$^{55}_{(5)}$	(29)
小母牛②	——	——	ɕua$^{33}_{(7)}$	ŋ̊a$^{11}_{(7)}$	ɕo$^{43}_{(5\sim7)}$	ɕɑ$^{43}_{(5\sim7)}$	ʑa$^{13}_{(7b)}$	ɕa$^{24}_{(c)}$韵！	——	(5)

①“年”在养蒿读 ȵ̥hu$^{44}_{(5)}$，不读 ɕhu$^{44}_{(5)}$，ȵ̥h 可能是以接 u 为条件的变体。

②“小母牛”石门坎声母读作 ŋ̊，我们认为它是 ɕ 的变体，接 a 时声母变读作 ŋ̊。在石门坎附近的裸开营变读作 ȵ̥。其音值更接近 ɕ。“小母牛”在大南山、石门坎、绞坨读 7 调，在摆托、甲定读 5 调或 7 调，野鸡坡读 5 调（野鸡坡古清声母 C 调相当于其他点的 5 调），由于大南山、石门坎、绞坨有 5 调字前接 1 调字时变为 7 调的特点，这个字应是 5 调字。

95. 羊母	养蒿	腊乙坪	大南山	石门坎	摆托	甲定	绞坨	野鸡坡	枫香	韵类号
ʑ	ʑ	ʑ	ʑ	ʑ (ʑɦ)	ʑ	ʑ	ʑ	ʑ	ʑ	
香椿①	——	——	ʑo$^{31}_{(2)}$	ʑu$^{55}_{(1)}$调！	ʑoŋ$^{54}_{(2)}$	ʑəŋ$^{55}_{(2)}$	ʑoŋ$^{53}_{(2)}$	ʑaŋ$^{31}_{(A)}$	ʑoŋ$^{13}_{(4)}$调！	(22)
融化	ʑaŋ$^{55}_{(2)}$	ʑin$^{31}_{(2)}$	ʑaŋ$^{31}_{(2)}$	ʑɦaɯ$^{35}_{(2)}$	ʑɔŋ$^{54}_{(2)}$	ʑoŋ$^{55}_{(2)}$	ʑua$^{53}_{(2)}$	——	ʑoŋ$^{24}_{(2)}$	(24)
柳树②	——	——	ʐaŋ$^{31}_{(2)}$声！	ʑɦaɯ$^{35}_{(2)}$	ʑa$^{54}_{(2)}$韵！	ʑɑ$^{55}_{(2)}$韵！	ʑaŋ$^{21}_{(8)}$调！	——	ʑaŋ$^{24}_{(2)}$	(26)
羊	ʑoŋ$^{55}_{(2)}$ (诗歌用字)	ʑoŋ$^{31}_{(2)}$	ʑaŋ$^{31}_{(2)}$	ʑɦaɯ$^{35}_{(2)}$	ʑaŋ$^{54}_{(2)}$	ʑɑŋ$^{55}_{(2)}$	ʑaŋ$^{53}_{(2)}$	ʑi$^{31}_{(A)}$韵！	ʑaŋ$^{24}_{(2)}$	(28)
黄牛	——	ʑu$^{33}_{(4)}$韵！	——	——	——	ʑə$^{31}_{(4)}$	——	ʑu$^{55}_{(B)}$	ʑau$^{13}_{(4)}$	(7)
养一家人	ʑi$^{13}_{(6)}$	——	ʑo$^{13}_{(6)}$	ʑu$^{31}_{(6Ⅱ)}$ (养鸡)	ʑoŋ$^{21}_{(6)}$	ʑəŋ$^{22}_{(6)}$	ʑoŋ$^{13}_{(6)}$	ʑaŋ$^{24}_{(c)}$	ʑoŋ$^{31}_{(6)}$	(22)
是③	——	——	ʑau$^{13}_{(6)}$	ʑo$^{31}_{(6Ⅱ)}$	ȵ̥ɔŋ$^{21}_{(6)}$声！	ȵ̥oŋ$^{22}_{(6)}$声！	ʑoŋ$^{13}_{(6)}$	ʑoŋ$^{24}_{(c)}$	ʑaŋ$^{31}_{(6)}$	(21)
八	ʑa$^{31}_{(8)}$	ʑi$^{33}_{(8)}$	ʑi$^{24}_{(8)}$	ʑɦi$^{31}_{(8Ⅱ)}$	ʑi$^{54}_{(8)}$韵！	ʑɑ$^{55}_{(8)}$	ʑi$^{21}_{(8)}$	ʑa$^{31}_{(D)}$	ʑa$^{13}_{(8)}$	(4)
舔	ʑi$^{31}_{(8)}$	ʑɑ$^{33}_{(8)}$	ʑai$^{24}_{(8)}$	ʑɦai$^{31}_{(8Ⅱ)}$	ʑai$^{54}_{(8)}$	ʑi$^{55}_{(8)}$	ʑe$^{21}_{(8)}$	——	——	(10)

①“香椿”石门坎声调不合，是历史上变调的结果，石门坎 2 调字前接 1 调字时变 1 调，“香椿”全词为 zau$^{55}_{(1)}$ʑu^{55}，通过比较，知道 ʑu^{55}是由 ʑɦu$^{35}_{(2)}$变来的，现在 ʑɦu$^{35}_{(2)}$已不单用，所以“香椿”写作 zau$^{55}_{(1)}$ʑu$^{55}_{(1)}$；不写作 zau$^{55}_{(1)}$ʑɦu$^{35\to55}_{(2\to1)}$。枫香声调不合，疑记音有误，因枫香 2 调调值为 24，4 调调值为 13，两者相近，容易记错。

②“柳树”除石门坎、枫香外，其他各点都有声、韵、调之一不相合的地方，其中绞坨读 ʑaŋ^{21}，似乎是现代汉语“杨”字的借字。其余各点都是汉语“杨”字的同源字或汉语“杨”字晚期或早期借音，不过大南山改变了声母，摆托、甲定丢失了韵尾，这个字各点同源是没有问题的。苗族一般对杨、柳二种树不加区分。石门坎“杨柳”总称 ly$^{53}_{(61)}$ʑɦaɯ^{35}，ly$^{53}_{(61)}$可能与“柳”字同源，但声调不合。

③“是”在大南山、石门坎、绞坨、野鸡坡、枫香声母为 ʑ，在摆托、甲定声母为 ȵ̥，不

合声母对应规律，但我们认为这个字同源，首先，各点的声调都是6调（野鸡坡古浊声母C调字相当其他各点的6调字）其次，ʑ，ȵ都是舌面音，除发音部位相同外，在发音方法上也有相同之处（两者都是浊音）。“是”是最常用的字，容易发生读音变化，ʑ读为ȵ是可以理解的。

96. 药母	养蒿	腊乙坪	大南山	石门坎	摆托	甲定	绞坨	野鸡坡	枫香	韵类号
c	tɕ	k ~ tɕ❶	k	k	k	k	k	k（tɕ）❷	k	
药	tɕa$^{33}_{(1)}$	ŋkɑ$^{35}_{(1)}$声！	kua$^{43}_{(1)}$	ka$^{55}_{(1)}$	ko$^{55}_{(1)}$	ku$^{24}_{(1)}$	ka$^{32}_{(1a)}$	ka$^{31}_{(A)}$	ka$^{33}_{(1)}$	(15)
金子	tɕen$^{33}_{(1)}$	ɲce$^{35}_{(1)}$声！	ko$^{43}_{(1)}$	ku$^{55}_{(1)}$	koŋ$^{55}_{(1)}$	kəŋ$^{24}_{(1)}$	koŋ$^{32}_{(1a)}$	tɕen$^{31}_{(A)}$	tɕen$^{33}_{(1)}$声！韵！	(23)
针	tɕu$^{33}_{(1)}$	tɕu$^{35}_{(1)}$	koŋ$^{43}_{(1)}$	kau$^{55}_{(1)}$	ken$^{55}_{(1)}$	koŋ$^{24}_{(1)}$	kaŋ$^{32}_{(1a)}$	koŋ$^{31}_{(A)}$	koŋ$^{33}_{(1)}$	(29)
弟弟	tɕi$^{35}_{(3)}$（弟兄）	kɯ$^{44}_{(3)}$韵！	ku$^{55}_{(3)}$	ky$^{55}_{(3)}$	kou$^{13}_{(3)}$	kɯ$^{13}_{(3)}$	kou$^{42}_{(3a)}$	ku$^{55}_{(B)}$	ku$^{53}_{(3)}$	(8)
我①	——	——	ko$^{55}_{(3)}$	ku$^{55}_{(3)}$	——	——	koŋ$^{42}_{(3a)}$	kaŋ$^{55}_{(B)}$	ku$^{53}_{(3)}$韵！	(22)

❶腊乙坪四个例字的声母各不相同，我们认为前两个例字的声母都有鼻冠音，声母不合。第三个例字的声母为tɕ，第四个例字的声母为k，我们不能确定*c声类在腊乙坪的反映形式，我们不能认为tɕ和k是接不同元音的变体，因为它们所接元音都是后元音。所以把反映形式写作k ~ tɕ。

❷接主要元音为前元音的韵母时为tɕ，接其他韵母时为k。

①“我”根据表上所列大南山、石门坎、绞坨、野鸡坡、枫香等五个点的材料，看不出这个字不属于沟母而属于药母。我们调查过贵州平塘甲桐的苗语，在甲桐，“我”读作tsau$^{53}_{(3)}$。药母在甲桐的反映形式是ts，例如“弟弟”在甲桐读作tsəɯ$^{53}_{(3)}$。沟母在甲桐的反映形式是k ~ tɕ（接前元音韵母时为tɕ，接其他韵母时为k），如“牛角”读作kau$^{24}_{(1)}$，“路”读作tɕe$^{53}_{(3)}$。所以我们认为“我”是属于药母的例字。

97. 鞋母	养蒿	腊乙坪	大南山	石门坎	摆托	甲定	绞坨	野鸡坡	枫香	韵类号
ch❶	tɕh	ɕ	kh	kh	kh	kh	k	kh	kh	
李子	——	——	kheu$^{43}_{(1)}$	khey$^{55}_{(1)}$	khau$^{35}_{(1)}$	khə$^{24}_{(1)}$	kə$^{22}_{(1b)}$	kho$^{31}_{(A)}$	——	(13)
鞋	——	ɕɔ$^{53}_{(5)}$	khou$^{44}_{(5)}$	khau$^{33}_{(5)}$	khu$^{43}_{(5)}$	khɑ$^{43}_{(5)}$	kɔ$^{35}_{(5b)}$	khu$^{24}_{(c)}$	khou$^{55}_{(5)}$	(6)
痒	tɕhu$^{44}_{(5)}$调！	——	khou$^{33}_{(7)}$	khau$^{11}_{(7)}$	khu$^{43}_{(7)}$	khə$^{43}_{(7)}$	ko$^{13}_{(7b)}$	kho$^{31}_{(D)}$	khou$^{53}_{(7)}$	(9)
捡	tɕhə$^{33}_{(1)}$韵！调！	——	kheu$^{33}_{(7)}$	khey$^{11}_{(7)}$	khau$^{43}_{(7)}$	khə$^{43}_{(7)}$	kɯ$^{18}_{(7b)}$	kho$^{31}_{(D)}$	khɛ$^{53}_{(7)}$	(13)

❶根据药母的反映形式，腊乙坪的反映形式应为kh ~ tɕh，但唯一的一个例字ɕɔ$^{53}_{(5)}$“鞋”，韵、调都合，但声母不是kh或tɕh，所以我们暂把腊乙坪的反映形式写作ɕ。养蒿的两个例字，一个声调不合，另一个韵、调都不合，按我们的规定，作“捡”讲的例字，不能列在表上，但这个声类的例字甚少，我们暂列在表上，便于今后深入研究。

98. 十母	养蒿	腊乙坪	大南山	石门坎	摆托	甲定	绞坨	野鸡坡	枫香	韵类号
ɟ	tɕ	k（c）❶	k	g（gɦ）❷	k	k	k（tɕ）❸	ɣ（ʑ）❹	k	
茶	tɕen$^{11}_{(4)}$	ci$^{33}_{(4)}$	——	——	ki$^{32}_{(4)}$	ki$^{31}_{(A)}$	tɕi$^{11}_{(4)}$	ʑi$^{55}_{(B)}$韵！	ki$^{13}_{(4)}$	（1）
十	tɕu$^{31}_{(8)}$	ku$^{33}_{(8)}$	kou$^{24}_{(8)}$	gɦau$^{31}_{(8Ⅱ)}$	ku$^{54}_{(8)}$	khə$^{55}_{(8)}$声！	ku$^{21}_{(8)}$	ɣo$^{31}_{(D)}$	kou$^{13}_{(8)}$	（9）

❶只有两个例字，我们暂定接前元音的韵母时为 c，接其他韵母时为 k。

❷若有 4Ⅰ，6Ⅰ，6Ⅱ，8Ⅰ调的例字，其声母为 g。

❸只有两个例字，我们暂定接前元音的韵母时为 tɕ，接其他韵母时为 k。

❹只有两个例字，我们暂定接前元音的韵母时为 ʑ，接其他韵母时为 ɣ。

99. 菌母	养蒿	腊乙坪	大南山	石门坎	摆托	甲定	绞坨	野鸡坡	枫香	韵类号
ɲc	tɕ	ŋk	ȵtɕ	ȵtɕ	ȵtɕ	ȵtɕ（ŋk）❶	ȵtɕ	ȵtɕ（ŋk）❷	ȵtɕ（ŋk）	
菌子①	tɕi$^{33}_{(1)}$	ŋkɯ$^{35}_{(1)}$声！	ȵtɕe$^{43}_{(1)}$	ȵtɕi$^{55}_{(1)}$	ȵtɕa$^{55}_{(1)}$	ȵtɕæ$^{24}_{(1)}$	ȵtɕæ$^{32}_{(1a)}$	ȵʔtɕi$^{31}_{(A)}$	ȵtɕi$^{33}_{(1)}$	（3）
粑粑	tɕə$^{35}_{(3)}$	——	ȵtɕua$^{55}_{(3)}$	ȵtɕa$^{55}_{(3)}$	ȵtɕo$^{13}_{(3)}$	ŋku$^{13}_{(3)}$	ȵtɕa$^{42}_{(3a)}$	ŋʔka$^{55}_{(B)}$	ŋka$^{53}_{(3)}$	（16）

❶接前元音韵母时为 ȵtɕ，接其他韵母时为 ŋk。

❷接前元音韵母时为 ȵʔtɕ，接其他韵母时为 ŋʔk。

①菌子俗称蘑菇。

100. 尘母	养蒿	腊乙坪	大南山	石门坎	摆托	甲定	绞坨	野鸡坡	枫香	韵类号
ɲch	tɕh	ŋkh	ŋkh	ŋkh	ŋkh	ŋkh	ŋk	ŋʔkh	ŋkh	
扬尘①	tɕhu$^{33}_{(1)}$	——	ŋkheu$^{43}_{(1)}$	ŋkhey$^{55}_{(1)}$	ŋkhau$^{55}_{(1)}$	ŋkhə$^{24}_{(1)}$	ŋkə$^{22}_{(1b)}$	ŋʔkho$^{31}_{(A)}$	ŋkhɛ$^{33}_{(1)}$	（13）
弯曲	——	ŋkhu$^{44}_{(7)}$	ŋkhou$^{33}_{(7)}$	ŋkhau$^{11}_{(7)}$	ŋkhu$^{43}_{(7)}$	——	ŋko$^{13}_{(7b)}$	ŋʔkha$^{31}_{(D)}$韵！	ŋkhou$^{53}_{(7)}$	（9）

①“扬尘”是附在天花板上的灰尘，有时粘在蛛丝上，一串一串的下垂，北京话叫塔灰。

101. 船母	养蒿	腊乙坪	大南山	石门坎	摆托	甲定	绞坨	野鸡坡	枫香	韵类号
ɲɟ	ȵ	ŋ（ȵ）❶	ŋk	ŋg（ŋgɦ）	ŋk	ŋk	ŋk	ŋk（ȵtɕ）❷	ŋk	
船	ȵaŋ$^{55}_{(2)}$	ŋɑŋ$^{31}_{(2)}$	ŋkau$^{31}_{(2)}$	ŋgɦo$^{35}_{(2)}$	ŋkɔŋ$^{54}_{(2)}$	ŋkoŋ$^{55}_{(2)}$	ŋkoŋ$^{53}_{(2)}$	ŋkoŋ$^{31}_{(A)}$	ŋkaŋ$^{24}_{(2)}$	（21）
蓝靛草	ȵi$^{55}_{(2)}$	ȵi$^{31}_{(2)}$	ŋkaŋ$^{31}_{(2)}$	ŋgɦaɯ$^{35}_{(2)}$	ŋkɔŋ$^{54}_{(2)}$	ŋkoŋ$^{55}_{(2)}$	ŋkua$^{53}_{(2)}$	ȵtɕen$^{31}_{(A)}$	ŋkoŋ$^{24}_{(2)}$	（24）
爬行①	ȵoŋ$^{13}_{(6)}$	——	ŋkaŋ$^{13}_{(6)}$	ŋgaɯ$^{31}_{(6Ⅱ)}$	ȵtɕaŋ$^{21}_{(6)}$声！	ȵtɕaŋ$^{22}_{(6)}$声！	ȵtɕaŋ$^{13}_{(6)}$声！	——	ȵtɕaŋ$^{31}_{(6)}$	（28）
粥稠	ȵu$^{13}_{(6)}$	——	ŋkoŋ$^{13}_{(6)}$	——	ŋken$^{21}_{(6)}$	ŋkoŋ$^{22}_{(6)}$	ŋkəŋ$^{13}_{(6)}$	ŋkoŋ$^{24}_{(c)}$	ŋkoŋ$^{31}_{(6)}$	（29）
一双筷子	ȵu$^{31}_{(8)}$	ŋoŋ$^{33}_{(8)}$韵！	ŋkeu$^{24}_{(8)}$	ŋgey$^{53}_{(8Ⅰ)}$	ŋkau$^{54}_{(8)}$	ŋkə$^{55}_{(8)}$	ŋkə$^{21}_{(8)}$	ŋko$^{31}_{(D)}$	ŋkɛ$^{13}_{(8)}$	（31）

❶接前元音韵母时为 ȵ，接其他韵母时为 ŋ。

❷接前元音韵母时为 ȵtɕ，接其他韵母时为 ŋk。

①“爬行”在摆托、甲定、绞坨、枫香声母都是 ȵtɕ，不合对应规则，原因待查。

102. 沟母	养蒿	腊乙坪	大南山	石门坎	摆托	甲定	绞坨	野鸡坡	枫香	韵类号
k	k	k（c）❶	k	k	k	k	k（tɕ）❷	k（tɕ）❷	k	
炒菜	ka$^{33}_{(1)}$	ca$^{35}_{(1)}$	ki$^{43}_{(1)}$	ki$^{55}_{(1)}$	——	——	tɕi$^{32}_{(1a)}$	tɕe$^{31}_{(A)}$	ki$^{33}_{(1)}$	(2)
牛角	ki$^{33}_{(1)}$	ce$^{35}_{(1)}$	ko$^{43}_{(1)}$	ku$^{55}_{(1)}$	koŋ$^{55}_{(1)}$	kəŋ$^{24}_{(1)}$	koŋ$^{32}_{(1a)}$	kaŋ$^{31}_{(A)}$	koŋ$^{33}_{(1)}$	(22)
热	khi$^{33}_{(1)}$声！	——	ko$^{43}_{(1)}$	ku$^{55}_{(1)}$	koŋ$^{55}_{(1)}$	khəŋ$^{24}_{(1)}$ 声！	koŋ$^{32}_{(1a)}$	kaŋ$^{31}_{(A)}$	khoŋ$^{33}_{(1)}$ 声！	(22)
虫	kaŋ$^{33}_{(1)}$	cin$^{35}_{(1)}$	kaŋ$^{43}_{(1)}$	kaɯ$^{55}_{(1)}$	kɔŋ$^{55}_{(1)}$	koŋ$^{13}_{(3)}$调！	kua$^{32}_{(1a)}$	tɕen$^{31}_{(A)}$	koŋ$^{33}_{(1)}$	(24)
沟	koŋ$^{33}_{(1)}$	——	——	——	kaŋ$^{55}_{(1)}$	kɑŋ$^{24}_{(1)}$	kaŋ$^{32}_{(1a)}$	koŋ$^{31}_{(A)}$	kaŋ$^{33}_{(1)}$	(25)
汤①	——	ca$^{44}_{(3)}$	kua$^{44}_{(5)}$调！	ka$^{33}_{(5)}$调！	ko$^{13}_{(3)}$	kɑ$^{13}_{(3)}$	ka$^{42}_{(3a)}$	tɕi$^{55}_{(B)}$	ka$^{53}_{(3)}$	(5)
蛆②	kaŋ$^{44}_{(5)}$	——	kaŋ$^{33}_{(7)}$调！	kaɯ$^{11}_{(7)}$调！	kɔŋ$^{43}_{(5)}$	koŋ$^{43}_{(5)}$	kua$^{44}_{(7a)}$调！	tɕen$^{24}_{(C)}$	koŋ$^{55}_{(5)}$	(24)
斗笠	——	ku$^{44}_{(7)}$	kou$^{33}_{(7)}$	kau$^{11}_{(7)}$	ku$^{43}_{(7)}$	kə$^{43}_{(7)}$	ku$^{44}_{(7a)}$	ko$^{31}_{(D)}$	——	(9)
啃	ki$^{53}_{(7)}$韵！	ku$^{44}_{(7)}$	keu$^{33}_{(7)}$	key$^{11}_{(7)}$	kau$^{43}_{(7)}$	kə$^{43}_{(7)}$	kə$^{44}_{(7a)}$	ko$^{31}_{(D)}$	kɛ$^{53}_{(7)}$	(13)

❶接前元音韵母（腊乙坪 a 是前元音）时为 c，接其他韵母时为 k。

❷接前元音韵母时为 tɕ，接其他韵母时为 k。

①“汤”为 3 调字，大南山、石门坎读 5 调，是历史上变调的结果，参见头母“头”的注。

②“蛆”为 5 调字，大南山、石门坎、绞坨读 7 调，是历史上变调的结果，参见劈母“半斤”的注。

103. 蜈母 kh

这个声类我们在大多数代表点未找到例字，只有养蒿把“蜈蚣”读作 kaŋ$^{33}_{(1)}$khu$^{53}_{(7)}$，我们就以“蜈”作为这个声类的名称。腊乙坪、大南山分别把“蜈蚣虫”叫做 tɑ$^{35}_{(1)}$su$^{44}_{(3)}$和 kaŋ$^{43}_{(1)}$so$^{43}_{(1)}$，都不同源，美国加州大学的张琨先生认为有这个声类。由他的文章中看出黔东方言的养蒿、石洞口（在台江县）、高同（在榕江县）“蜈蚣”的读法分别是 khu^{53}，khəu^{45}，khu^{34}，川黔滇方言的惠水次方言的高坡（在贵阳市）“蜈蚣”的读法是 khu^{54}（相当我们的记音khu$^{43}_{(7)}$），高坡读作 kh，黔东方言不读作 tɕh，肯定不是* ch 声类，而是舌根音声类* kh。（见 Kun Chang, *Proto-Miao Initials* 载于《史语所集刊》第四十七本第二分册，1976 年 2 月，台北）。又本书沟母的例字“热”，养蒿、甲定、枫香的声母都是 kh，我们在这三个点的“热”的音标后面都写上“声！”，认为声母不合。若认为“热”是蜈母字，即大南山、石门坎、摆托、野鸡坡的声母不合，我们暂把“热”字认为是沟母字（绞坨无清闭塞送气音，* kh 的反映形式也必定是 k ~ tɕ）。

104. 蚱母	养蒿	腊乙坪	大南山	石门坎	摆托	甲定	绞坨	野鸡坡	枫香	韵类号
g①	k	（k）	k	g（gɦ）❶	（k）	k	k	ɣ	k	
蚱蜢	ku$^{55}_{(2)}$	——	koŋ$^{31}_{(2)}$	gɦau$^{35}_{(2)}$	——	koŋ$^{55}_{(2)}$	kaŋ$^{53}_{(2)}$	ɣoŋ$^{31}_{(A)}$	koŋ$^{24}_{(2)}$	(30)

❶若有 4Ⅰ，6Ⅰ，6Ⅱ，8Ⅰ调的例字，其声母为 g。

①腊乙坪、摆托的反映形式是根据沟母的反映形式推测出来的。

105. 杯母 ʔŋ

现代各方言、次方言都有出现在阴类调字中的 ŋ 声母，其来源只能是 *ʔŋ，但很少有三个以上的点有同源字，养蒿有一个 ŋə$^{33}_{(1)}$ “杯子”，《川黔滇方言苗汉词典》（贵阳，1958）上有一个 ngaub “杯子” 注有 “方言” 字样，即川黔滇次方言有这样的词，未注明地点，转写为国际音标应作 ŋau$_{(1)}$，调值不能确定，韵母不一定和大南山相同，如大南山韵母作 ou，则此字为收韵 1 调字。另外甲定有一个 ŋo$^{43}_{(5)}$ “低头”，绞坨有一个 ŋɔ$^{55}_{(5a)}$ “瞌睡”，石门坎有一个 ŋo$^{33}_{(5)}$ “瞌睡”，甲定的 ŋo$^{43}_{(5)}$ “低头” 是瞌睡的一种现象，这可能是一个同源字。如果是毛韵或烧韵字，则石门坎韵母不合，如果是放韵字，则甲定韵母不合，所以韵母不能确定，声调是 5 调没有问题。

106. 鹅母 ŋ

现代苗语各方言、次方言都有出现在阳类调字中的 ŋ 声母，其来源却不一定都是古苗语的 *ŋ，因为黔东方言，湘西方言把古带舌根，小舌鼻冠音的声母读作 ŋ 了。另外还有一些现代汉语借词的声母。川黔滇方言的七个次方言中出现在阳类中的 ŋ 声母也不一定都是从古苗语的 $*$ŋ 来的，因为其中有一些现代汉语借词的声母。我们找到大南山的 ŋo$^{21}_{(4)}$和石门坎的 ŋu$^{21}_{(4Ⅰ)}$都作 “鹅” 讲，是断韵 4 调字。另外，石门坎 ŋa$^{55}_{(3)}$ ŋɦa$^{31}_{(8Ⅱ)}$ “婴儿” 中的 ŋɦa$^{31}_{(8Ⅱ)}$和甲定 ŋa$^{55}_{(8)}$ lɛ$^{24}_{(1)}$ “婴儿” 中的 ŋɑ$^{55}_{(8)}$，枫香 ŋa$^{13}_{(8)}$ nen$^{31}_{(6)}$ “婴儿” 中的 ŋɑ$^{13}_{(8)}$是同源字，二韵或拍韵 8 调字，像 “鹅”，“婴儿” 这种字的声母才是从古苗语 *ŋ 声类来的。

107. 泞母 ŋk❶	养蒿 (k)	腊乙坪 (ŋk)	大南山 ŋk	石门坎 ŋk	摆托 ŋk	甲定 (ŋk)	绞坨 ŋk	野鸡坡 (ŋʔk)	枫香 (ŋk)	韵类号
泥泞	——	——	ŋko$^{33}_{(7)}$	ŋko$^{11}_{(7)}$	ŋkau$^{43}_{(7)}$	——	ŋko$^{44}_{(7a)}$	——	——	(7)

❶养蒿、腊乙坪无同源字，反映形式是由沟母推测出来的。

108. 桠母 ŋkh

只有大南山有这个声类的例字：ŋkhi$^{43}_{(1)}$ ‘桠杈’，ŋkhi$^{33}_{(7)}$ ‘刀缺口’ 其他的点尚未发现例字。大南山的这两个例字，肯定属于 $*$ŋkh 这个声类，因为云南省弥勒苗语属川黔滇次方言，但弥勒苗语能区分 $*$ŋkh，$*$ɲch 两个声类，大南山的这两个例字在弥勒苗语的读音和大南山相同。$*$ɲkh（尘母）在大南山的反映形式是 ŋkh，在弥勒苗语的反映形式是 ɲch，如 “扬尘” 在大南山读作 ŋkheu$^{43}_{(1)}$，在弥勒苗语读作ɳchɛ$^{43}_{(1)}$，“弯曲” 在大南山读作 ŋkhou$^{33}_{(7)}$，在弥勒苗语读作 ɲchəu$^{33}_{(7)}$。

109. 圈母	养蒿	腊乙坪	大南山	石门坎	摆托	甲定	绞坨	野鸡坡	枫香	韵类号
ŋg❶	ŋ	（ŋ）	ŋk	ŋg（ŋgɦ）❷	（ŋk）	（ŋk）	ŋk	ŋk	ŋk	
牛圈	ŋə$^{55}_{(2)}$	——	ŋkua$^{31}_{(2)}$	ŋgɦa$^{35}_{(2)}$	——	——	ŋka$^{53}_{(2)}$	ŋka$^{31}_{(A)}$	——	（16）

❶腊乙坪、摆托、甲定无例字，反映形式是由船母推测出来的。

❷若有 4Ⅰ，6Ⅰ，6Ⅱ，8Ⅰ调的例字，其声母为 ŋg。

110. 磨母	养蒿	腊乙坪	大南山	石门坎	摆托	甲定	绞坨	野鸡坡	枫香	韵类号
x	xh	h	h（ç）❶	x	h	h	ɦ	h	h	
磨刀	xhə$^{35}_{(3)}$	ho$^{44}_{(3)}$	ho$^{55}_{(3)}$	xo$^{55}_{(3)}$	hau$^{13}_{(3)}$	hə$^{13}_{(3)}$	ɦo$^{232}_{(3b)}$	hu$^{55}_{(B)}$	hau$^{55}_{(3)}$	（7）
耙地	——	——	hai$^{55}_{(3)}$	xai$^{55}_{(3)}$	——	——	——	——	——	（10）
引导	——	——	çi$^{33}_{(7)}$	xə$^{11}_{(7)}$	——	——	——	——	——	（1）
缩	xhu$^{53}_{(7)}$	——	——	xau$^{11}_{(7)}$	——	——	——	——	——	（17）

❶接 i 时为 ç，接其他韵母时为 h。

111. 鸡母	养蒿	腊乙坪	大南山	石门坎	摆托	甲定	绞坨	野鸡坡	枫香	韵类号
q	q	q	q	q	q	q	h	q	q	
鸡	qei$^{33}_{(1)}$	qa$^{35}_{(1)}$	qai$^{43}_{(1)}$	qai$^{55}_{(1)}$	qai$^{55}_{(1)}$	qe$^{24}_{(1)}$	he$^{32}_{(1a)}$	qe$^{31}_{(A)}$	qɛ$^{33}_{(1)}$	（10）
星	qɛ$^{33}_{(1)}$	qe$^{35}_{(1)}$	qo$^{43}_{(1)}$	qu$^{55}_{(1)}$	qoŋ$^{55}_{(1)}$	qəŋ$^{24}_{(1)}$	hoŋ$^{32}_{(1)}$	qaŋ$^{31}_{(A)}$	qoŋ$^{33}_{(1)}$	（22）
肉香、甜	qaŋ$^{33}_{(1)}$	——	qaŋ$^{43}_{(1)}$	qaɯ$^{55}_{(1)}$	qɔŋ$^{55}_{(1)}$	qoŋ$^{24}_{(1)}$	hua$^{32}_{(1a)}$	qen$^{31}_{(A)}$	qoŋ$^{33}_{(1)}$	（24）
后面、底	qaŋ$^{33}_{(1)}$	——	qaŋ$^{43}_{(1)}$	qɯ$^{55}_{(1)}$韵！	qɔŋ$^{55}_{(1)}$	qoŋ$^{24}_{(1)}$	hua$^{32}_{(1a)}$	——	qoŋ$^{33}_{(1)}$	（24）
庄稼	qə$^{33}_{(1)}$	——	qoŋ$^{43}_{(1)}$	qau$^{55}_{(1)}$	qen$^{55}_{(1)}$	qoŋ$^{24}_{(1)}$	haŋ$^{32}_{(1a)}$	——	qoŋ$^{33}_{(1)}$	（29）
借牛	——	qɑ$^{44}_{(3)}$	qe$^{55}_{(3)}$	qɯ$^{55}_{(3)}$	qe$^{13}_{(3)}$	qɑ$^{13}_{(3)}$	hɪ$^{42}_{(3a)}$	——	——	（4）
屎	qa$^{35}_{(3)}$	qɑ$^{44}_{(3)}$	qua$^{55}_{(3)}$	qa$^{55}_{(3)}$	qo$^{13}_{(3)}$	qu$^{13}_{(3)}$	ha$^{42}_{(3a)}$	qa$^{55}_{(B)}$	qa$^{53}_{(3)}$	（15）
葡萄	qei$^{35}_{(3)}$	qɛn$^{44}_{(3)}$	qa$^{55}_{(3)}$	——	qen$^{13}_{(3)}$	qɛ$^{13}_{(3)}$	hæin$^{42}_{(3a)}$	qen$^{55}_{(B)}$	qen$^{53}_{(3)}$	（18）
青蛙	qaŋ$^{35}_{(3)}$	——	qaŋ$^{55}_{(3)}$	——	qɔŋ$^{13}_{(3)}$	qoŋ$^{13}_{(3)}$	hua$^{42}_{(3a)}$	qen$^{55}_{(B)}$	qoŋ$^{53}_{(3)}$	（24）
骂	——	——	——	——	qai$^{43}_{(5)}$	qe$^{43}_{(5)}$	he$^{55}_{(5a)}$	qe$^{24}_{(C)}$	qɛ$^{55}_{(5)}$	（10）
嫁①	qha$^{44}_{(5)}$声	——	qua$^{44}_{(5)}$	qa$^{33}_{(5)}$	qo$^{43}_{(5)}$	——	ha$^{55}_{(5a)}$	ka$^{24}_{(C)}$声！	——	（15）
公鸡叫	qa$^{44}_{(5)}$	qɑ$^{53}_{(5)}$	qua$^{44}_{(5)}$	qa$^{33}_{(5)}$	qo$^{43}_{(5)}$	qu$^{43}_{(5)}$	ha$^{55}_{(5a)}$	qa$^{24}_{(C)}$	qa$^{55}_{(5)}$	（15）

①“嫁”养蒿声母为送气音，原因不明，野鸡坡声母为舌根音，疑为晚期汉语借词。

112. 客母	养蒿	腊乙坪	大南山	石门坎	摆托	甲定	绞坨	野鸡坡	枫香	韵类号
qh	qh	qh	qh	qh	qh	qh	h	qh	qh	
捆	qhei$^{33}_{(1)}$	——	qhai$^{43}_{(1)}$	qhai$^{55}_{(1)}$	qhai$^{55}_{(1)}$	qhe$^{24}_{(1)}$	he$^{22}_{(1b)}$	qhe$^{31}_{(A)}$	qhɛ$^{33}_{(1)}$	（10）
干枯	——	qha$^{44}_{(3)}$	qhua$^{55}_{(3)}$	qha$^{55}_{(3)}$	qho$^{13}_{(3)}$	qhɑ$^{13}_{(3)}$	ha$^{232}_{(3b)}$	——	qha$^{53}_{(3)}$	（5）

包糖	qhɛ$^{35}_{(3)}$	——	qhu$^{55}_{(3)}$	qhey$^{55}_{(3)}$	——	qhɯ$^{13}_{(3)}$	hou$^{232}_{(3b)}$	qhu$^{55}_{(B)}$	qhu$^{53}_{(3)}$	(8)
洞	qhaŋ$^{35}_{(3)}$	——	qhau$^{55}_{(3)}$	qho$^{55}_{(3)}$	qhɔŋ$^{13}_{(3)}$	qhoŋ$^{13}_{(3)}$	hoŋ$^{232}_{(3b)}$	qhoŋ$^{55}_{(B)}$	qhaŋ$^{53}_{(3)}$	(21)
客人	qha$^{44}_{(5)}$	qha$^{53}_{(5)}$	qhua$^{44}_{(5)}$	qha$^{33}_{(5)}$	qho$^{43}_{(5)}$	qhɑ$^{43}_{(5)}$	ha$^{35}_{(5b)}$	qhei$^{24}_{(c)}$	qha$^{55}_{(5)}$	(5)

113. 叫母	养蒿	腊乙坪	大南山	石门坎	摆托	甲定	绞坨	野鸡坡	枫香	韵类号
G	k	q	q	G（Gɦ）	q	q	h	ʁ	q	
蒜	qa$^{35}_{(2)}$声！	——	qen$^{31}_{(2)}$韵！	Gɦɯ$^{35}_{(2)}$	qe$^{54}_{(2)}$	qɑ$^{55}_{(2)}$	hɪ$^{53}_{(2)}$	ʁa$^{31}_{(A)}$	qa$^{24}_{(2)}$	(4)
鸟叫	ken$^{55}_{(2)}$	——	qua$^{31}_{(2)}$	Gɦa$^{35}_{(2)}$	qo$^{54}_{(2)}$	qɑ$^{55}_{(2)}$	ha$^{53}_{(2)}$	ʁi$^{31}_{(A)}$	qa$^{24}_{(2)}$	(5)
斜、歪	——	qa$^{31}_{(2)}$	qai$^{31}_{(2)}$	Gɦai$^{35}_{(2)}$	——	——	——	ʁe$^{31}_{(A)}$	qɛ$^{24}_{(2)}$	(10)
矮	ka$^{11}_{(4)}$	——	qe$^{21}_{(4)}$	Gɦɯ$^{11}_{(4Ⅱ)}$	qe$^{32}_{(4)}$	qɑ$^{31}_{(4)}$	hɪ$^{11}_{(4)}$	ʁa$^{55}_{(B)}$	qa$^{13}_{(4)}$	(4)
布谷鸟	——	qu$^{33}_{(4)}$韵！	qu$^{21}_{(4)}$	——	——	qɯ$^{31}_{(4)}$	hu$^{11}_{(4)}$	——	——	(8)
醉倒	ku$^{13}_{(6)}$	qɔ$^{42}_{(6)}$	qou$^{13}_{(6)}$	Gau$^{31}_{(6Ⅱ)}$	qu$^{21}_{(6)}$	qo$^{22}_{(6)}$	ho$^{13}_{(6)}$	ʁu$^{24}_{(c)}$	qou$^{31}_{(6)}$	(17)
脊背①	kə$^{31}_{(8)}$	——	qou$^{24}_{(8)}$	Gɦau$^{31}_{(8Ⅱ)}$	ku$^{54}_{(8)}$声！	qə$^{55}_{(8)}$	hu$^{21}_{(8)}$	ʁo$^{31}_{(D)}$	qou$^{13}_{(8)}$	(9)

①石门坎 8Ⅱ调的单音节词都不是名词，但多音节名词词根可以是 8Ⅱ调的，“脊背”全词读作 ti$^{55}_{(3)}$Gɦau$^{31}_{(8Ⅱ)}$。

114. 鸽母	养蒿	腊乙坪	大南山	石门坎	摆托	甲定	绞坨	野鸡坡	枫香	韵类号
Nq	q	Nq	Nq	Nq	Nq	Nq	ŋk	Nˀq	Nq	
鸽子	qo$^{33}_{(1)}$	Nqo$^{35}_{(1)}$	Nqua$^{43}_{(1)}$	Nqa$^{55}_{(1)}$	Nqo$^{55}_{(1)}$	Nqu$^{24}_{(1)}$	ŋka$^{32}_{(1a)}$	Nˀqa$^{31}_{(A)}$	Nqa$^{33}_{(1)}$	(16)
茅草	qɛ$^{33}_{(1)}$	——	Nqen$^{43}_{(1)}$	Nqɯ$^{55}_{(1)}$	Nqe$^{55}_{(1)}$	Nqin$^{24}_{(1)}$	ŋkæin$^{32}_{(1a)}$	——	Nqei$^{33}_{(1)}$	(19)
黄牛叫	——	——	Nqau$^{55}_{(3)}$	Nqo$^{55}_{(3)}$	——	Nqoŋ$^{13}_{(3)}$	ŋkoŋ$^{42}_{(3a)}$	Nˀqoŋ$^{55}_{(B)}$	Nqaŋ$^{53}_{(3)}$	(21)
钩	qa$^{44}_{(5)}$	——	Nqe$^{44}_{(5)}$	Nqɯ$^{33}_{(5)}$	Nqa$^{43}_{(5)}$	Nqæ$^{43}_{(5)}$	Nkæ$^{55}_{(5a)}$	——	Nqei$^{55}_{(5)}$	(3)
价钱	qa$^{44}_{(5)}$	Nqɑ$^{55}_{(5)}$	Nqe$^{44}_{(5)}$	Nqɯ$^{33}_{(5)}$	——	Nqɑ$^{43}_{(5)}$	ŋkɪ$^{55}_{(5a)}$	Nˀqa$^{24}_{(c)}$	Nqa$^{55}_{(5)}$	(4)
吞（二）	——	——	——	——	Nqau$^{43}_{(5)}$	Nqə$^{43}_{(5)}$	ŋkə$^{55}_{(5a)}$	——	Nqɛ$^{55}_{(5)}$	(13)

115. 渴母	养蒿	腊乙坪	大南山	石门坎	摆托	甲定	绞坨	野鸡坡	枫香	韵类号
Nqh	qh	Nqh	Nqh	Nqh	Nqh	Nqh	ŋk	Nˀqh	Nqh	
渴（一）①	qha$^{33}_{(1)}$	——	——	——	Nqho$^{55}_{(1)}$	Nqhɑ$^{24}_{(1)}$	ŋka$^{22}_{(1b)}$	Nˀqhei$^{31}_{(A)}$	Nqha$^{33}_{(1)}$	(5)
干燥	qha$^{33}_{(1)}$	——	Nqhua$^{43}_{(1)}$	Nqha$^{55}_{(1)}$	Nqho$^{55}_{(1)}$	Nqhɑ$^{24}_{(1)}$	ŋka$^{22}_{(1b)}$	——	Nqha$^{33}_{(1)}$（旱）	(5)
渴（二）	——	Nqhe$^{44}_{(7)}$韵！	Nqhe$^{33}_{(7)}$	Nqhɯ$^{11}_{(7)}$	——	——	——	——	——	(3)

①“渴（一）”实际和“干燥”是同一个词。

116. 肉母	养蒿	腊乙坪	大南山	石门坎	摆托	甲定	绞坨	野鸡坡	枫香	韵类号
NG	ŋ	ŋ（ɲ）❶	Nq	NG（NGɦ）	Nq	Nq	ŋk	Nq	Nq	
肉	ŋa$^{55}_{(2)}$韵！	ɲa$^{31}_{(2)}$	Nqai$^{31}_{(2)}$	NGɦai$^{35}_{(2)}$	Nqai$^{54}_{(2)}$	Nqe$^{55}_{(2)}$	ŋke$^{53}_{(2)}$	Nqe$^{31}_{(A)}$（猎物）	Nqɛ$^{24}_{(2)}$	(10)

下去	ŋa$^{11}_{(4)}$	——	Nqe$^{21}_{(4)}$	NGɦɯ$^{11}_{(4\mathrm{II})}$	Nqe$^{32}_{(4)}$	Nqɑ$^{21}_{(4)}$	ŋkɪ$^{11}_{(4)}$	Nqa$^{55}_{(B)}$	Nqa$^{13}_{(4)}$	(4)
梭子①	ŋaŋ$^{11}_{(4)}$	nɑŋ$^{33}_{(4)}$声！	Nqau$^{21}_{(4)}$	NGo$^{33}_{(4\mathrm{I})}$	——	Nqoŋ$^{31}_{(4)}$	ŋkoŋ$^{11}_{(4)}$	Nqoŋ$^{55}_{(B)}$	Nqaŋ$^{13}_{(4)}$	(21)
吞（一）	ŋaŋ$^{11}_{(4)}$	ŋu$^{33}_{(4)}$韵！	Nqau$^{21}_{(4)}$	NGɦo$^{11}_{(4\mathrm{II})}$	——	——	——	Nqoŋ$^{55}_{(B)}$	——	(21)
勤快	ŋa$^{13}_{(6)}$	ŋɑ$^{42}_{(6)}$	Nqua$^{13}_{(6)}$	NGa$^{31}_{(6\mathrm{II})}$	Nqo$^{21}_{(6)}$	Nqu$^{22}_{(6)}$	ŋkəa$^{13}_{(6)}$	Nqa$^{24}_{(C)}$	Nqa$^{31}_{(6)}$	(15)
窄	ŋi$^{31}_{(8)}$	ŋɑ$^{33}_{(8)}$	Nqai$^{24}_{(8)}$	NGɦai$^{31}_{(8\mathrm{II})}$	——	Nqe$^{55}_{(8)}$	ŋke$^{21}_{(8)}$	Nqe$^{31}_{(D)}$	Nqɛ$^{13}_{(8)}$	(10)

❶接前元音（腊乙坪 a 为前元音）时为 ɲ，接其他韵母时为 ŋ。

①在距腊乙坪不远的地方，“梭”字声母即为 ŋ。

117. 狗母	养蒿	腊乙坪	大南山	石门坎	摆托	甲定	绞坨	野鸡坡	枫香	韵类号
ql	l̥（l̡̥）❶	qw	tl̥	tl̥	ʔl	tl̥	l̥	ql	tl̥	
白	l̥u$^{33}_{(1)}$	qwə$^{35}_{(1)}$	tl̥eu$^{43}_{(1)}$	tl̥ey$^{55}_{(1)}$	ʔlau$^{55}_{(1)}$	tl̥ə$^{24}_{(1)}$	l̥ə$^{32}_{(1a)}$	qlo$^{31}_{(A)}$	tl̥ɛ$^{33}_{(1)}$	(13)
黑	l̥ɛ$^{33}_{(1)}$	qwe$^{35}_{(1)}$	tl̥o$^{43}_{(1)}$	tl̥u$^{55}_{(1)}$	ʔloŋ$^{55}_{(1)}$	tl̥əŋ$^{24}_{(1)}$	l̥oŋ$^{32}_{(1a)}$	qlaŋ$^{31}_{(A)}$	tl̥oŋ$^{33}_{(1)}$	(22)
狗	l̥a$^{35}_{(3)}$	qwɯ$^{44}_{(3)}$	tl̥e$^{55}_{(3)}$	tl̥i$^{55}_{(3)}$	ʔla$^{13}_{(3)}$	tl̥æ$^{13}_{(3)}$	l̥æ$^{42}_{(3a)}$	qlei$^{55}_{(B)}$	tl̥i$^{53}_{(3)}$	(3)
腰	l̥a$^{35}_{(3)}$	qwɑ$^{44}_{(3)}$	tl̥ua$^{55}_{(3)}$	tl̥a$^{55}_{(3)}$	ʔlo$^{13}_{(3)}$	tl̥u$^{13}_{(3)}$	l̥a$^{42}_{(3a)}$	qla$^{55}_{(B)}$	tl̥a$^{53}_{(3)}$	(15)
鹰	l̥aŋ$^{35}_{(3)}$	qwen$^{44}_{(3)}$	tl̥aŋ$^{55}_{(3)}$	tl̥aɯ$^{55}_{(3)}$	ʔlɔŋ$^{13}_{(3)}$	ploŋ$^{13}_{(3)}$声！	l̥ua$^{42}_{(3a)}$	——	tl̥oŋ$^{53}_{(3)}$	(24)
拃	l̥o$^{44}_{(5)}$	——	tl̥o$^{44}_{(5)}$	tl̥o$^{33}_{(5)}$	ʔlau$^{43}_{(5)}$	tl̥ə$^{43}_{(5)}$	l̥o$^{55}_{(5a)}$	qlou$^{24}_{(C)}$	tl̥au$^{55}_{(5)}$	(7)
核桃	——	——	tl̥eu$^{44}_{(5)}$	tl̥ey$^{33}_{(5)}$	ʔlau$^{43}_{(5)}$	tl̥ə$^{43}_{(5)}$	l̥ə$^{55}_{(5a)}$	qlo$^{24}_{(C)}$	——	(13)
熊①	l̡̥i$^{53}_{(7)}$	——	tl̥ai$^{33}_{(7)}$	tl̥ai$^{11}_{(7)}$	——	——	l̥e$^{44}_{(7a)}$	——	——	(10)

❶接 i 时为l̡̥，接其他韵母时为l̥。

①也可能属鬼母。

118. 桃母	养蒿	腊乙坪	大南山	石门坎	摆托	甲定	绞坨	野鸡坡	枫香	韵类号
Gl	l̥	qw	tl̥	dl（dlɦ）	ʔl	tl̥	l̥	ʁl	tl̥	
河	——	——	tl̥e$^{31}_{(2)}$	dlɦi$^{35}_{(2)}$	——	——	——	ʁlei$^{31}_{(A)}$	tl̥i$^{24}_{(2)}$	(3)
桃子	l̥en$^{55}_{(2)}$	qwa$^{31}_{(2)}$	tl̥ua$^{31}_{(2)}$	dlɦa$^{35}_{(2)}$	ʔlo$^{54}_{(2)}$	tl̥ɑ$^{55}_{(2)}$	l̥a$^{53}_{(2)}$	ʁlei$^{31}_{(A)}$	tl̥a$^{24}_{(2)}$	(5)
野蒜	——	——	tl̥au$^{21}_{(4)}$	dlo$^{33}_{(4\mathrm{I})}$	ʔlɔŋ$^{32}_{(4)}$	tl̥oŋ$^{31}_{(4)}$	l̥oŋ$^{11}_{(4)}$	ʁloŋ$^{55}_{(B)}$	——	(21)
山丫口①	——	——	tl̥eu$^{24}_{(B)}$	dlɦey$^{31}_{(8\mathrm{II})}$	ʔlau$^{54}_{(8)}$	tl̥ə$^{55}_{(8)}$	l̥ə$^{21}_{(8)}$	——	tl̥ɛ$^{13}_{(8)}$	(13)

①“山丫口”是山岭缺口，横越山岭时必经之路。石门坎单音节名词无 8 Ⅱ 调的，但多音节名词的词根可以是 8 Ⅱ 调的，“山丫口”单读时作 i$^{55}_{(3)}$dlɦey$^{31}_{(8\mathrm{II})}$，是双音节词 。

119. 觉母 Nql

只有少数几个点的材料。例字：“碗缺口”大南山读作ntai$^{33}_{(7)}$,石门坎读作 ntlai$^{11}_{(7)}$，腊乙坪有一个“刀缺口”读作 Nqwɑ$^{53}_{(5)}$，可能是同源字，但韵母不合，若腊乙坪读作 Nqwa$^{53}_{(5)}$，则肯定是同源字，是窄韵 5 调字，大南山、石门坎读 7 调，是历史上变调的结果，“浅（二）”大南山读作 nta$^{55}_{(3)}$，石门坎读作 ntl̥ie$^{55}_{(3)}$。另外，“睡觉”石门坎读作 ntl̥au$^{55}_{(1)}$ŋo$^{33\to11}_{(5\to7)}$，

“睡着了”腊乙坪读作 ɴqwe$^{35}_{(1)}$，野鸡坡读作 ɴʔqlaŋ$^{31}_{(A)}$。ntl̥au$^{55}_{(1)}$，ɴqwe$^{35}_{(1)}$，ɴʔqlaŋ$^{31}_{(A)}$可能同源，声、调都合，只是韵母不合。

120. 褴母	养蒿	腊乙坪	大南山	石门坎	摆托	甲定	绞坨	野鸡坡	枫香	韵类号
ɴɢl	n	ŋw	nt	ndl（ndlɦ）	ɳʈ	ntl̥	mpl	ɴql	ntl̥	
面前	——	——	nta$^{31}_{(2)}$	ndlɦie$^{35}_{(2)}$	——	mplɛ$^{55}_{(2)}$声！	mplæin$^{53}_{(2)}$	ɴqlen$^{31}_{(A)}$	mplen$^{24}_{(2)}$ 声！	（18）
水流	——	ŋwə$^{33}_{(4)}$	ntu$^{21}_{(4)}$	ndlɦy$^{11}_{(4)}$	——	——	——	qlu$^{55}_{(B)}$声！	ntl̥u$^{13}_{(4)}$	（8）
褴褛①	nei$^{13}_{(6)}$韵！	——	ɳʈua$^{13}_{(6)}$声！	ndla$^{31}_{(6Ⅱ)}$	ɳʈo$^{21}_{(6)}$	ntl̥u$^{22}_{(6)}$	mpləa$^{13}_{(6)}$	qla$^{24}_{(c)}$声！	ntl̥a$^{31}_{(6)}$	（16）

①褴母材料甚少，并且对应规则很不整齐，我们确定有这一声类，主要根据野鸡坡。野鸡坡“面前”读作 ɴqlen$^{31}_{(4)}$，声母接近古音 * ɴɢl，“褴褛”读作 qla$^{24}_{(C)}$，“流”读作 qlu$^{55}_{(B)}$，韵、调都合，只有声母不合，我们认为这是记音有误，因为声母发音部位偏后，听不清鼻冠音的可能性较大。

121. 鬼母	养蒿	腊乙坪	大南山	石门坎	摆托	甲定	绞坨	野鸡坡	枫香	韵类号
qɭ	ɭ̊	qw ~ c❶	tl̥	tl̥	ʔl	tl̥	l̥ ~ ɭ̊❷	ql	tl̥	
鬼	ɭ̊aŋ$^{33}_{(1)}$	qwen$^{35}_{(1)}$	tl̥aŋ$^{43}_{(1)}$	tl̥aɯ$^{55}_{(1)}$	ʔlɔŋ$^{55}_{(1)}$	tl̥oŋ$^{24}_{(1)}$	l̥ua$^{32}_{(1a)}$	qlen$^{31}_{(A)}$	tl̥oŋ$^{33}_{(1)}$	（24）
槽	ɭ̊oŋ$^{33}_{(1)}$	coŋ$^{35}_{(1)}$	tl̥aŋ$^{43}_{(1)}$	tl̥aɯ$^{55}_{(1)}$	ʔlaŋ$^{55}_{(1)}$	tl̥ɑŋ$^{24}_{(1)}$	l̥aŋ$^{32}_{(1a)}$	qloŋ$^{31}_{(A)}$	tl̥aŋ$^{33}_{(1)}$	（28）
滚石头	ɭ̊aŋ$^{35}_{(3)}$	cɑŋ$^{44}_{(3)}$（滚下）	tl̥au$^{55}_{(3)}$	tl̥o$^{55}_{(3)}$	ʔlɔŋ$^{13}_{(3)}$	tl̥oŋ$^{13}_{(3)}$	——	qloŋ$^{55}_{(B)}$	——	（21）
咸	ɭ̊u$^{44}_{(5)}$	——	tl̥eu$^{44}_{(5)}$	tl̥ey$^{33}_{(5)}$	ʔlau$^{43}_{(5)}$	tl̥ə$^{43}_{(5)}$	l̥ə$^{55}_{(5a)}$	——	tl̥ɛ$^{55}_{(5)}$	（13）
撕布	ɭ̊i$^{44}_{(5)}$韵！	qwɑ$^{44}_{(3)}$调！（撕肉）	tl̥ua$^{44}_{(5)}$	tl̥a$^{33}_{(5)}$	ʔlo$^{43}_{(5)}$	tl̥u$^{43}_{(5)}$	ɭ̊a$^{55}_{(5a)}$	qla$^{24}_{(c)}$	tl̥a$^{55}_{(5)}$	（15）
冰	ɭ̊u$^{53}_{(7)}$	cɛ$^{44}_{(7)}$韵！	tl̥ou$^{33}_{(7)}$	tl̥au$^{11}_{(7)}$	——	——	——	——	——	（17）

❶有 qw，c 两个反映形式，尚找不出它们出现的条件。

❷根据养蒿的读音，此声母应作 ɭ̊，但我们所记的材料只有“撕”记作 ɭ̊a$^{55}_{(5a)}$，声母为 ɭ̊，其余各字声母都记作l̥，这有两种可能，第一种可能是l̥和 ɭ̊ 发音接近，在记音时未作对比，把 ɭ̊ 误记为l̥，另一种可能是大部分的 ɭ̊ 已并入l̥。

122. 庹母	养蒿	腊乙坪	大南山	石门坎	摆托	甲定	绞坨	野鸡坡	枫香	韵类号
ɢɭ	ɭ̊	c	tl̥	dl（dlɦ）	ʔl	tl̥	l̥❶	ʁl	tl̥	
庹	ɭ̊aŋ$^{55}_{(2)}$	cin$^{31}_{(2)}$	tl̥aŋ$^{31}_{(2)}$	dlɦaɯ$^{35}_{(2)}$	ʔlɔŋ$^{54}_{(2)}$	tl̥oŋ$^{55}_{(2)}$	l̥ua$^{53}_{(2)}$	ʁlei$^{31}_{(A)}$韵！	tl̥oŋ$^{24}_{(2)}$	（24）

❶绞坨声母应作 ɭ̊，但材料作l̥，疑记音有误。

123. 过母	养蒿	腊乙坪	大南山	石门坎	摆托	甲定	绞坨	野鸡坡	枫香	韵类号
qlw	f	kw ~ q❶	tl̥	tl̥（f）❷	k	k	hw	qw	qw	
远	——	qɯ$^{35}_{(1)}$	tl̥e$^{43}_{(1)}$	tl̥i$^{55}_{(1)}$	ka$^{55}_{(1)}$	kæ$^{24}_{(1)}$	hwæ$^{32}_{(1a)}$	qwei$^{31}_{(A)}$	qwei$^{33}_{(1)}$	（3）
黄瓜	fa$^{33}_{(1)}$（瓜）	kwɑ$^{35}_{(1)}$	tl̥i$^{43}_{(1)}$	tl̥i$^{55}_{(1)}$	ke$^{55}_{(1)}$	kɑ$^{24}_{(1)}$	hwɪ$^{32}_{(1a)}$	qwa$^{31}_{(A)}$	qwa$^{33}_{(1)}$	（4）
宽	faŋ$^{35}_{(3)}$	kwen$^{44}_{(3)}$	tl̥aŋ$^{55}_{(3)}$	faɯ$^{55}_{(3)}$	kɔŋ$^{13}_{(3)}$	koŋ$^{13}_{(3)}$	hwua$^{42}_{(3a)}$	——	qwoŋ$^{53}_{(3)}$	（24）
过	fa$^{44}_{(5)}$	kwɑ$^{53}_{(5)}$	tl̥ua$^{44}_{(5)}$	tl̥a$^{33}_{(5)}$（到）	ko$^{43}_{(5)}$	ku$^{43}_{(5)}$	——	qwa$^{24}_{(c)}$	qwa$^{55}_{(5)}$	（15）

❶有 kw，q 两个反映形式，尚找不出它们出现的条件，可能是接 ɯ 时为 q，接其他韵母时为 kw。

❷接 aɯ 时为 f，接其他韵母时为 tl̥。

124. 黄母	养蒿	腊乙坪	大南山	石门坎	摆托	甲定	绞坨	野鸡坡	枫香	韵类号
ɢlw	f	kw ~ qw❶	tl̥ ~ k❷	dl（dlɦ）~ v（vɦ）❸	k	k	hw	ʁw	qw	
黄	faŋ$^{55}_{(2)}$	kwen$^{31}_{(2)}$	tl̥aŋ$^{31}_{(2)}$	vɦaɯ$^{35}_{(2)}$	kɔŋ$^{54}_{(2)}$	koŋ$^{55}_{(2)}$	hwua$^{53}_{(2)}$	ʁwen$^{31}_{(A)}$	——	（24）
太阳亮	faŋ$^{55}_{(2)}$	——	kaŋ$^{31}_{(2)}$	——	kɔŋ$^{54}_{(2)}$	koŋ$^{55}_{(2)}$	hwua$^{53}_{(2)}$	ʁwen$^{31}_{(A)}$	qwoŋ$^{24'}_{(2)}$	（24）
逃脱①	fa$^{31}_{(8)}$	qwei$^{33}_{(8)}$	tl̥i$^{13}_{(6)}$调！	dlɦi$^{31}_{(8Ⅱ)}$	——	kɑ$^{55}_{(8)}$	hwɪ$^{21}_{(8)}$	ʁwa$^{31}_{(D)}$	qwa$^{31}_{(6)}$调！	（4）

❶只有两个例字。在 2 调字为 kw，在 8 调字为 qw，可能因声调不同，而有不同的反映形式。

❷有三个例字。接韵母 i 时为 tl̥，接韵母 aŋ 时有 tl̥，k 两个声母，不能确定在 2 调字中一定是什么声母，所以并列。在 2 调字中出现两个不同的声母，有两种解释：一种解释是用改变声母的方法，区别同音异义字，另一种解释是古声母发音部位偏后的特点在大多数字中丢失，但有个别字还保留着这个特点，k 虽不是小舌音，但发音部位偏后。

❸只有两个例字，不容易找出 vɦ，dlɦ 出现的条件，所以并列。若例字为 4Ⅰ，6Ⅰ，6Ⅱ，8Ⅰ调的，声母肯定是 v 或 dl。可能是接 aɯ 时为 v（vɦ），接其他韵母时为 dl（dlɦ），见过母的反映形式。

①“逃脱”为 8 调字，在大南山读 6 调，这可能是历史上变调的结果，因为大南山 8 调字前接 1，2 调字有变为 6 调的特点。

125. 天母	养蒿	腊乙坪	大南山	石门坎	摆托	甲定	绞坨	野鸡坡	枫香	韵类号
ɴɢlw	v		nt	nd（ndɦ）	nt	ɴq	nt	ɴqw	ɴq	
天	vɛ$^{55}_{(2)}$	——	nto$^{31}_{(2)}$	ndɦu$^{35}_{(2)}$	ntoŋ$^{54}_{(2)}$	ɴqəŋ$^{55}_{(2)}$	ntoŋ$^{53}_{(2)}$	ɴqwaŋ$^{31}_{(A)}$	ɴqoŋ$^{24}_{(2)}$	（22）

126. 蛋母	养蒿	腊乙坪	大南山	石门坎	摆托	甲定	绞坨	野鸡坡	枫香	韵类号
qwj❶	k	（q）	q	q	q	q	h	qwj	k	
蛋	ki$^{44}_{(5)}$	——	qe$^{33}_{(5)}$	qə$^{33}_{(5)}$韵！	qa$^{43}_{(5)}$	qæ$^{53}_{(5)}$	hæ$^{55}_{(5a)}$	qwji$^{24}_{(c)}$	ki$^{55}_{(5)}$	（3）

❶腊乙坪的反映形式是由蜗母推测出来的。

127. 姜母	养蒿	腊乙坪	大南山	石门坎	摆托	甲定	绞坨	野鸡坡	枫香	韵类号
qhwj❶	kh	(qh)	qh	qh	qh	qh	h	qhwj	kh	
姜	khi$^{35}_{(3)}$	——	qha$^{55}_{(3)}$	——	qhen$^{13}_{(3)}$	qhɛ$^{13}_{(3)}$	hæin$^{232}_{(3b)}$	qhwjen$^{55}_{(B)}$	khen$^{53}_{(3)}$	(18)

❶腊乙坪的反映形式是由蜗母推测出来的。

128. 蜗母	养蒿	腊乙坪	大南山	石门坎	摆托	甲定	绞坨	野鸡坡	枫香	韵类号
ɢwj	k	q	q	ɢ (ɢɦ)	q	q	h	ʁwj	k	
蜗牛	ki$^{33}_{(1)}$调!	qə$^{35}_{(1)}$调!	qu$^{31}_{(2)}$	ɢɦey$^{35}_{(2)}$	qou$^{54}_{(2)}$	qɯ$^{55}_{(2)}$	hu$^{53}_{(2)}$韵!	ʁwju$^{31}_{(A)}$	ku$^{24}_{(2)}$	(8)
芦笙	ki$^{55}_{(2)}$	——	qen$^{31}_{(2)}$	ɢɦɯ$^{35}_{(2)}$	qe$^{54}_{(2)}$	qin$^{55}_{(2)}$	hæin$^{53}_{(2)}$	ʁwjaŋ$^{31}_{(A)}$	ki$^{24}_{(2)}$	(19)

129. 鸭母	养蒿	腊乙坪	大南山	石门坎	摆托	甲定	绞坨	野鸡坡	枫香	韵类号
ʔ	ʔ	ʔ	ʔ	ʔ	ʔ	ʔ	ʔ	ʔ	ʔ	
鸡冠①	——	——	i$^{43}_{(1)}$	——	e$^{55}_{(1)}$	vi$^{24}_{(1)}$声!	ei$^{32}_{(1a)}$	ʔwe$^{31}_{(A)}$声!	vi$^{33}_{(1)}$声!	(1)
一②	i$^{33}_{(1)}$	——	i$^{43}_{(1)}$	i$^{55}_{(1)}$	i$^{55}_{(1)}$	i$^{24}_{(1)}$	ei$^{32}_{(1a)}$	——	i$^{33}_{(1)}$	(2)
二	o$^{33}_{(1)}$	ɯ$^{35}_{(1)}$	au$^{43}_{(1)}$	a$^{55}_{(1)}$	o$^{55}_{(1)}$	ɑ$^{24}_{(1)}$	ɔ$^{32}_{(1a)}$	u$^{31}_{(A)}$	a$^{33}_{(1)}$	(14)
乌鸦	——	——	ua$^{43}_{(1)}$	a$^{55}_{(1)}$	o$^{55}_{(1)}$	——	a$^{44}_{(7a)}$调!	——	——	(16)
苦	i$^{33}_{(1)}$韵!	ɛn$^{35}_{(1)}$	a$^{43}_{(1)}$	ie$^{55}_{(1)}$	en$^{55}_{(1)}$	ɛ$^{24}_{(1)}$	æin$^{32}_{(1a)}$	——	en$^{33}_{(1)}$	(18)
水	ə$^{33}_{(1)}$	u$^{35}_{(1)}$	——	au$^{55}_{(1)}$	en$^{55}_{(1)}$	oŋ$^{24}_{(1)}$	aŋ$^{32}_{(1a)}$	oŋ$^{31}_{(A)}$	oŋ$^{33}_{(1)}$	(29)
那(更远指)	i$^{35}_{(3)}$	a$^{44}_{(3)}$	i$^{55}_{(3)}$	i$^{55}_{(3)}$	——	——	i$^{42}_{(3a)}$韵!	e$^{55}_{(B)}$ (远指)	——	(2)
做	ɛ$^{44}_{(5)}$韵!	——	ua$^{44}_{(5)}$	a$^{33}_{(5)}$	o$^{43}_{(5)}$	u$^{43}_{(5)}$	aŋ$^{55}_{(5a)}$韵!	a$^{24}_{(C)}$	a$^{55}_{(5)}$	(15)
肿	aŋ$^{44}_{(5)}$	ɑŋ$^{53}_{(5)}$	au$^{44}_{(5)}$	o$^{33}_{(5)}$	ɔŋ$^{43}_{(5)}$	oŋ$^{43}_{(5)}$	oŋ$^{55}_{(5a)}$	oŋ$^{24}_{(C)}$	aŋ$^{55}_{(5)}$	(21)
云	en$^{44}_{(5)}$韵!	——	oŋ$^{44}_{(5)}$	——	en$^{43}_{(5)}$	oŋ$^{43}_{(5)}$	aŋ$^{55}_{(5a)}$	——	oŋ$^{55}_{(5)}$	(29)
鸭子	——	——	o$^{33}_{(7)}$	o$^{11}_{(7)}$	au$^{43}_{(7)}$	ə$^{43}_{(7)}$	o$^{44}_{(7a)}$	——	——	(7)

①“鸡冠”甲定、野鸡坡、枫香声母不合，若将此字列入箕母，则大南山、摆托、绞坨声母不合，不能确知此字属于哪个声类，暂排在鸭母。

②“一”腊乙坪韵、调不合，我们没有列表上，腊乙坪“一”读作 ɑ$^{44}_{(3)}$，按对应规律应作 a$^{35}_{(1)}$，野鸡坡韵、调不合，我们也未列在表上，野鸡坡“一”读作 i$^{24}_{(C)}$，按对应规律应作 e$^{31}_{(A)}$，至于为什么发生这种现象，应当进一步研究。

130. 喝母	养蒿	腊乙坪	大南山	石门坎	摆托	甲定	绞坨	野鸡坡	枫香	韵类号
h	h	h	h	h (ɕ, ŋ̊)❶	h	h	ɦ	h	h (f)❷	
雾	ho$^{33}_{(1)}$	ho$^{35}_{(1)}$	hua$^{43}_{(1)}$	——	ho$^{55}_{(1)}$	hu$^{24}_{(1)}$	ɦa$^{22}_{(1b)}$	ha$^{31}_{(A)}$	ha$^{33}_{(1)}$	(16)
打草鞋、编簸箕	hei$^{33}_{(1)}$	hɛn$^{35}_{(1)}$	ha$^{43}_{(1)}$	ɕie$^{55}_{(1)}$	hwen$^{55}_{(1)}$声!	hɛn$^{24}_{(1)}$	ɦæin$^{22}_{(1b)}$	hen$^{31}_{(A)}$	hen$^{33}_{(1)}$	(18)

坛子	——	——	ho$^{43}_{(1)}$	ŋ̊u$^{55}_{(1)}$	hoŋ$^{55}_{(1)}$	həŋ$^{24}_{(1)}$	ɦoŋ$^{22}_{(1b)}$	haŋ$^{31}_{(A)}$	hoŋ$^{33}_{(1)}$	(22)
豆腐	——	——	——	çy$^{55}_{(3)}$	hou$^{13}_{(3)}$	hɯ$^{13}_{(3)}$	ɦou$^{232}_{(3b)}$	hu$^{55}_{(B)}$	——	(8)
煮	hu$^{44}_{(5)}$	hɔ$^{53}_{(5)}$	hou$^{44}_{(5)}$	hau$^{33}_{(5)}$	——	ho$^{43}_{(5)}$	——	——	hou$^{55}_{(5)}$	(17)
抢	——	——	hua$^{33}_{(7)}$	ha$^{11}_{(7)}$	ho$^{43}_{(7)}$	hɑ$^{43}_{(7)}$	ɦa$^{13}_{(7b)}$	hi$^{31}_{(D)}$	ha$^{53}_{(7)}$	(5)
舀水	hei$^{53}_{(7)}$	——	hai$^{33}_{(7)}$	hai$^{11}_{(7)}$	——	he$^{43}_{(7)}$	ɦe$^{13}_{(7)}$	he$^{31}_{(D)}$	fɛ$^{53}_{(7)}$	(10)
喝水、吸烟	hə$^{53}_{(7)}$	hu$^{44}_{(7)}$	hou$^{33}_{(7)}$	hau$^{11}_{(7)}$	hu$^{43}_{(7)}$	hə$^{43}_{(7)}$	ɦo$^{13}_{(7b)}$	ho$^{31}_{(D)}$	hou$^{53}_{(7)}$	(9)

❶接前元音韵母时为 ç，接 u 时为 ŋ̊，接其他韵母时为 h。

❷接 ɛ 时为 f，接其他韵母时为 h。

苗语古韵类

(1) 果韵	养蒿	腊乙坪	大南山	石门坎	摆托	甲定	绞坨	野鸡坡	枫香	声类号
i	en	i	i	i (ɯ, ə)❶	i (e)❷	i (in)❸	ei (i)❹	e (en)❺	i	
蓑衣①	sho$^{33}_{(1)}$韵!	sɔ$^{35}_{(1)}$韵!	si$^{43}_{(1)}$	si$^{55}_{(1)}$	si$^{55}_{(1)}$韵!	shi$^{24}_{(1)}$	——	su$^{31}_{(A)}$韵!	——	48
苦胆	ɕen$^{33}_{(1)}$	tɕi$^{35}_{(1)}$	ʈʂi$^{43}_{(1)}$	ʈʂi$^{55}_{(1)}$	tse$^{55}_{(1)}$	sin$^{24}_{(1)}$韵!	sei$^{32}_{(1a)}$	tse$^{31}_{(A)}$	si$^{33}_{(1)}$	77
鸡冠②	——	——	i$^{43}_{(1)}$	——	e$^{55}_{(1)}$	vi$^{24}_{(1)}$声!	ei$^{32}_{(1a)}$	ʔwe$^{31}_{(A)}$声!	vi$^{33}_{(1)}$声!	129
你们	maŋ$^{55}_{(2)}$韵!	me$^{31}_{(2)}$韵!	me$^{31}_{(2)}$韵!	mi$^{31}_{(6Ⅱ)}$调!	ȵi$^{54}_{(2)}$声!	min$^{22}_{(6)}$调!	mein$^{53}_{(2)}$韵!	men$^{31}_{(A)}$	mi$^{24}_{(2)}$	6
果子	tsen$^{35}_{(3)}$	pji$^{44}_{(3)}$	tsi$^{55}_{(3)}$	tsi$^{55}_{(3)}$	pji$^{13}_{(3)}$	pi$^{13}_{(3)}$	pei$^{42}_{(3a)}$	pze$^{55}_{(B)}$	tsi$^{53}_{(3)}$	13
圈套②	——	——	ʈʂi$^{21}_{(4)}$	bɯ$^{33}_{(4Ⅰ)}$	——	pli$^{31}_{(4)}$	——	——	——	25
他	nen$^{55}_{(2)}$调!	——	ȵi$^{21}_{(4)}$	ȵɦi$^{11}_{(4Ⅱ)}$	ȵi$^{32}_{(4)}$	ȵin$^{31}_{(4)}$	ȵi$^{11}_{(4)}$	nen$^{55}_{(B)}$	ȵi$^{24}_{(2)}$调!	54
栽树(一)	tɕen$^{11}_{(4)}$	——	——	——	tɕi$^{32}_{(4)}$	tɕi$^{31}_{(4)}$	——	ʑe$^{55}_{(B)}$	tsi$^{13}_{(4)}$声!	86
茶	tɕen$^{11}_{(4)}$	ci$^{33}_{(4)}$	——	——	ki$^{32}_{(4)}$	ki$^{31}_{(A)}$	tɕi$^{11}_{(4)}$	ʑi$^{55}_{(B)}$韵!	ki$^{13}_{(4)}$	98
结果子	tsen$^{44}_{(5)}$	——	tsi$^{44}_{(5)}$	tsi$^{33}_{(5)}$	pji$^{43}_{(5)}$	pi$^{43}_{(5)}$	pei$^{55}_{(5a)}$	pze$^{24}_{(5)}$	tsi$^{55}_{(5)}$	13
烤粑粑	tɕen$^{44}_{(5)}$	——	tɕi$^{44}_{(5)}$	tɕi$^{33}_{(5)}$	——	tɕi$^{43}_{(5)}$	tɕi$^{55}_{(5a)}$	tɕi$^{24}_{(c)}$	tsi$^{55}_{(5)}$声!	84
迟②	——	——	li$^{13}_{(6)}$	li$^{31}_{(6Ⅱ)}$	le$^{21}_{(6)}$	li$^{22}_{(6)}$	li$^{13}_{(6)}$	——	——	60
燃	tɕen$^{13}_{(6)}$	——	tɕi$^{13}_{(6)}$	dʑi$^{31}_{(6Ⅱ)}$	tɕi$^{21}_{(6)}$	tɕi$^{22}_{(6)}$	tɕi$^{13}_{(6)}$	ʑe$^{24}_{(c)}$	tsi$^{31}_{(6)}$声!	86
引导	——	——	ɕi$^{33}_{(7)}$	xə$^{11}_{(7)}$	——	——	——	——	——	110

❶接 b 时为 ɯ，接 x 时为 ə，接其他声母时为 i。

❷接腭化双唇音、舌面音、舌根音声母时为 i，接其他声母时为 e（元音开始的音节，其前面有一个喉塞音声母），有一个例外，“蓑衣”读作 si$^{55}_{(1)}$，原因不明。

❸接鼻音声母时为 in，接其他声母时为 i，有一个例外，“苦胆”读作 sin$^{24}_{(1)}$，原因不明。

❹在 4，6 调字中或在其他调字中接舌面音声母时为 i，在其他调字中不接舌面音声母时为 ei。

❺接鼻音声母时为 en，接其他声母时为 e。有两个接舌面音声母的字（“茶”，“烤粑粑”）例外，韵母是 i，原因不明。

①“蓑衣”也可能属一韵。养蒿、腊乙坪、野鸡坡分别读作 sho$^{33}_{(1)}$，sou$^{35}_{(1)}$，su$^{31}_{(A)}$，韵母不合，

疑为晚期汉语借词。

②也可能属一韵。

(2) 一韵 e	养蒿 a (i)❶	腊乙坪 a	大南山 i	石门坎 i	摆托 i (ʅ)❷	甲定 i	绞坨 ei (i)❸	野鸡坡 e	枫香 i	声类号
劈	pha$^{33}_{(1)}$	pha$^{35}_{(1)}$	tshi$^{43}_{(1)}$（一块板）	tshi$^{55}_{(1)}$（一块板）	——	phi$^{24}_{(1)}$	——	pho$^{31}_{(A)}$韵！	tshi$^{33}_{(1)}$	14
干净	sha$^{33}_{(1)}$	ntsha$^{35}_{(1)}$	——	——	ntshi$^{55}_{(1)}$	nshi$^{24}_{(1)}$	ntsei$^{22}_{(1b)}$	nʔtshe$^{31}_{(A)}$	ntshi$^{33}_{(1)}$	46
轻	fha$^{33}_{(1)}$	ɕa$^{35}_{(1)}$	ʂi$^{43}_{(1)}$	ʂi$^{55}_{(1)}$	sʅ$^{55}_{(1)}$	shi$^{24}_{(1)}$	sei$^{22}_{(1b)}$	se$^{31}_{(A)}$	fi$^{33}_{(1)}$	83
炒菜	ka$^{33}_{(1)}$	ca$^{35}_{(1)}$	ki$^{43}_{(1)}$	ki$^{55}_{(1)}$	——	——	tɕi$^{32}_{(1a)}$	tɕe$^{31}_{(A)}$	ki$^{33}_{(1)}$	102
一	i$^{33}_{(1)}$	——	i$^{43}_{(1)}$	i$^{55}_{(1)}$	i$^{55}_{(1)}$	i$^{24}_{(1)}$	ei$^{32}_{(1a)}$	——	i$^{33}_{(1)}$	129
什么①	ɕi$^{35}_{(3)}$	——	tʂi$^{44}_{(5)}$调！	ʂi$^{33}_{(5)}$声！调！	tse$^{13}_{(3)}$韵！	——	si$^{13}_{(7b)}$韵！调！	tsi$^{55}_{(B)}$韵！	——	77
那（更远指）	i$^{35}_{(3)}$	a$^{44}_{(3)}$	i$^{55}_{(3)}$	i$^{55}_{(3)}$	——	——	i$^{42}_{(3a)}$韵！	e$^{55}_{(B)}$（远指）	——	129
头旋儿	ʐi$^{13}_{(6)}$调！	——	ʐi$^{21}_{(4)}$	——	ʐe$^{32}_{(4)}$韵！	vi$^{31}_{(4)}$	ʐi$^{11}_{(4)}$	we$^{55}_{(B)}$	vi$^{13}_{(4)}$	22
一里路②	ɭi$^{11}_{(4)}$	——	li$^{21}_{(4)}$	——	li$^{32}_{(4)}$	li$^{31}_{(4)}$	——	li$^{55}_{(B)}$韵！	li$^{13}_{(4)}$	76
蝴蝶③	——	——	ntsi$^{44}_{(5)}$	ntsi$^{33}_{(5)}$	mpji$^{43}_{(5)}$	mpi$^{43}_{(5)}$	mpei$^{55}_{(5a)}$	mʔple$^{24}_{(C)}$	ntsi$^{55}_{(5)}$	18
箍	tha$^{44}_{(5)}$（箍儿）	——	thi$^{44}_{(5)}$	thi$^{33}_{(5)}$	——	thi$^{43}_{(5)}$	tei$^{35}_{(5b)}$	the$^{24}_{(C)}$	——	50
用指弹③	——	——	nti$^{44}_{(5)}$	——	——	——	ntei$^{55}_{(5a)}$	——	nti$^{55}_{(5)}$	55
挤虱子	la$^{44}_{(5)}$	lɑ$^{53}_{(5)}$韵！	li$^{44}_{(5)}$	li$^{33}_{(5)}$	li$^{43}_{(5)}$	li$^{43}_{(5)}$	lei$^{55}_{(5a)}$	——	——	58
野猫③	ɭ̥aŋ$^{53}_{(7)}$韵！	——	pli$^{33}_{(7)}$	tl̥i$^{11}_{(7)}$	pli$^{43}_{(7)}$	pli$^{43}_{(7)}$	pɭei$^{35}_{(5a)}$调！	ple$^{24}_{(C)}$调！	pli$^{53}_{(7)}$	40
相好④	ɕi$^{44}_{(5)}$声！	——	ʂi$^{33}_{(7)}$	hi$^{11}_{(7)}$声！ ʂi$^{11}_{(7)}$（诗歌用字）	——	shoŋ$^{13}_{(3)}$	——	si$^{31}_{(A-D)}$韵！	ɕou$^{33}_{(1)}$韵！	83

❶接舌面音、喉音声母时为 i，接其他声母时为 a。

❷接 s 时为 ʅ，接其他声母时为 i。

❸接舌面音声母时为 i，接其他声母时为 ei。

①“什么”摆托、绞坨、野鸡坡韵母不合，可能是由于日常用词容易发生语音变化的缘故。

②“里”野鸡坡韵母不合，疑为晚期汉语借词。

③也可能属果韵。

④“相好”甲定韵母为 oŋ，并非韵母不合，因为甲定的前加成分的韵母因词根而变，词根的韵母是什么，前加成分的韵母也是什么。在甲定，“好”为 ʐoŋ$^{43}_{(5)}$，“相好”当然为 shoŋ$^{13}_{(3)}$

ʐoŋ$^{43}_{(5)}$，“遇见”为 tɕu$^{22}_{(6)}$，“相遇”为 shu$^{13}_{(3)}$ tɕu$^{22}_{(6)}$，“见”为 pə$^{55}_{(8)}$，“相见”为 shə$^{13}_{(3)}$ pə$^{55}_{(8)}$，如果词根的韵母是 i，前加成分“相”的韵母就是 i，如“缠”为 ʐi$^{22}_{(6)}$，“相缠”就读作 shi$^{13}_{(3)}$ ʐi$^{22}_{(6)}$。

(3) 地韵	养蒿	腊乙坪	大南山	石门坎	摆托	甲定	绞坨	野鸡坡	枫香	声类号
æ	a (i)[1]	ɯ	e	i (ə, ɯ)[2]	a ~ æ[3]	æ	æ (e)[1]	i (ei)[5]	i (ei)[6]	
我们	pi$^{33}_{(1)}$	pɯ$^{35}_{(1)}$	pe$^{43}_{(1)}$	pi$^{55}_{(1)}$声！韵！	pa$^{55}_{(1)}$	pæ$^{24}_{(1)}$	pæ$^{32}_{(1a)}$	pei$^{31}_{(A)}$	pi$^{33}_{(1)}$声！	13
三	pi$^{33}_{(1)}$	pu$^{35}_{(1)}$韵！	pe$^{43}_{(1)}$	tsi$^{55}_{(1)}$	pa$^{55}_{(1)}$	Pæ$^{24}_{(1)}$	Pæ$^{32}_{(1a)}$	pzi$^{31}_{(A)}$	tsi$^{33}_{(1)}$韵！	13
播种	——	pʐo$^{35}_{(1)}$韵！	ʈʂe$^{43}_{(1)}$	pə$^{55}_{(1)}$	pæ$^{55}_{(1)}$	plæ$^{24}_{(1)}$	pʐæ$^{32}_{(1a)}$	pji$^{31}_{(A)}$	tsei$^{33}_{(1)}$	23
石头	ɣi$^{33}_{(1)}$	ʐɯ$^{35}_{(1)}$	ʐe$^{43}_{(1)}$	və$^{55}_{(1)}$	væ$^{55}_{(1)}$	ʐæ$^{24}_{(1)}$	ʐæ$^{32}_{(1a)}$	ʔwji$^{31}_{(A)}$	ɣi$^{33}_{(1)}$	30
钢	sha$^{33}_{(1)}$	sɯ$^{35}_{(1)}$	——	——	sa$^{55}_{(1)}$	shæ$^{24}_{(1)}$	sæ$^{22}_{(1b)}$	——	ɕi$^{33}_{(1)}$	43
地	ta$^{33}_{(1)}$	tɯ$^{35}_{(1)}$	te$^{43}_{(1)}$	ti$^{55}_{(1)}$	ta$^{55}_{(1)}$	tæ$^{24}_{(1)}$	tæ$^{32}_{(1a)}$	ti$^{31}_{(A)}$	ti$^{33}_{(1)}$	49
答	ta$^{33}_{(1)}$	tɯ$^{35}_{(1)}$	te$^{43}_{(1)}$	ti$^{55}_{(1)}$	ta$^{55}_{(1)}$	tæ$^{24}_{(1)}$	tæ$^{32}_{(1a)}$	ti$^{31}_{(A)}$	ti$^{33}_{(1)}$	49
扫地	tɕhi$^{33}_{(1)}$	——	tɕhe$^{43}_{(1)}$	tɕhi$^{55}_{(1)}$	tɕha$^{55}_{(1)}$	tɕhæ$^{24}_{(1)}$	tɕæ$^{22}_{(1b)}$	tɕhi$^{31}_{(A)}$	tɕhi$^{33}_{(1)}$	85
菌子	tɕi$^{33}_{(1)}$	ŋkɯ$^{35}_{(1)}$	ȵtɕe$^{43}_{(1)}$	ȵtɕi$^{55}_{(1)}$	ȵtɕa$^{55}_{(1)}$	ȵtɕæ$^{24}_{(1)}$	ȵtɕæ$^{32}_{(1a)}$	ȵʔtɕi$^{31}_{(A)}$	ȵtɕi$^{33}_{(1)}$	99
远	——	qɯ$^{35}_{(1)}$	tl̥e$^{43}_{(1)}$	tl̥i$^{55}_{(1)}$	ka$^{55}_{(1)}$	kæ$^{24}_{(1)}$	hwæ$^{32}_{(1a)}$	qwei$^{32}_{(A)}$	qwei$^{33}_{(1)}$	123
耳朵	zɛ$^{55}_{(2)}$	mʐɯ$^{31}_{(2)}$	ɳʈʂe$^{31}_{(2)}$	mbɦə$^{35}_{(2)}$	mpæ$^{54}_{(2)}$	mplæ$^{55}_{(2)}$	mpʐæ$^{53}_{(2)}$	mpji$^{31}_{(A)}$	ntsei$^{24}_{(2)}$	29
稻子	na$^{55}_{(2)}$	nɯ$^{31}_{(2)}$	mple$^{31}_{(2)}$	ndlɦi$^{35}_{(2)}$	mpla$^{54}_{(2)}$	mplæ$^{55}_{(2)}$	mplæ$^{53}_{(2)}$	——	——	39
久	la$^{55}_{(2)}$	lɯ$^{31}_{(2)}$	le$^{31}_{(2)}$	lɦi$^{35}_{(2)}$	la$^{54}_{(2)}$	læ$^{55}_{(2)}$	læ$^{53}_{(2)}$	li$^{31}_{(A)}$	li$^{24}_{(2)}$	60
荞麦	——	——	tɕe$^{31}_{(2)}$	dʑɦi$^{35}_{(2)}$	tɕa$^{54}_{(2)}$	tɕæ$^{55}_{(2)}$	tɕæ$^{53}_{(2)}$	ʑi$^{31}_{(A)}$	tɕi$^{24}_{(2)}$	86
柱子	ȵi$^{55}_{(2)}$	ȵɯ$^{31}_{(2)}$	ȵtɕe$^{31}_{(2)}$	ȵdʑɦi$^{35}_{(2)}$	ȵtɕa$^{54}_{(2)}$	ȵtɕæ$^{55}_{(2)}$	ȵtɕæ$^{53}_{(2)}$	ȵtɕi$^{31}_{(A)}$	——	92
河	——	——	tl̥e$^{31}_{(2)}$	dlɦi$^{35}_{(2)}$	——	——	——	ʁlei$^{31}_{(A)}$	tl̥i$^{24}_{(2)}$	118
烧房子	phi$^{35}_{(3)}$	——	phe$^{55}_{(3)}$	tshi$^{55}_{(3)}$	pha$^{13}_{(3)}$	phæ$^{13}_{(3)}$	——	——	tshei$^{53}_{(3)}$韵！	14
房子、家	tsɛ$^{35}_{(3)}$	pʐɯ$^{44}_{(3)}$	ʈʂe$^{55}_{(3)}$	——	pæ$^{13}_{(3)}$	plæ$^{13}_{(3)}$	pʐæ$^{42}_{(3a)}$	pei$^{55}_{(B)}$	tsei$^{53}_{(3)}$	23
长短	ta$^{35}_{(3)}$	ntɯ$^{44}_{(3)}$	nte$^{55}_{(3)}$	nti$^{55}_{(3)}$	nta$^{13}_{(3)}$	ntæ$^{13}_{(3)}$	ntæ$^{42}_{(3a)}$	nʔti$^{55}_{(B)}$	nti$^{53}_{(3)}$	55
一朵花	——	ʈɯ$^{44}_{(3)}$	ʈou$^{55}_{(3)}$韵！	ʈə$^{55}_{(3)}$	ʈa$^{13}_{(3)}$	ʈæ$^{13}_{(3)}$	——	——	——	61
盐	ɕi$^{35}_{(3)}$	ȵtɕɯ$^{44}_{(3)}$	ɳʈʂe$^{55}_{(3)}$	ɳʈʂə$^{55}_{(3)}$	ntsa$^{13}_{(3)}$	nzæ$^{13}_{(3)}$	ntsæ$^{42}_{(3a)}$	nʔtsi$^{55}_{(B)}$	zei$^{53}_{(3)}$	80
身体	tɕi$^{35}_{(3)}$	tɕɯ$^{44}_{(3)}$	tɕe$^{55}_{(3)}$	tɕi$^{55}_{(3)}$	tɕa$^{13}_{(3)}$	tɕæ$^{13}_{(3)}$	tɕæ$^{42}_{(3a)}$	tɕi$^{55}_{(B)}$	tɕi$^{53}_{(3)}$	84
路	ki$^{35}_{(3)}$	kɯ$^{44}_{(3)}$	ke$^{55}_{(3)}$	ki$^{55}_{(3)}$	ka$^{13}_{(3)}$	kæ$^{13}_{(3)}$	kæ$^{42}_{(3a)}$	tɕi$^{55}_{(B)}$	ki$^{53}_{(3)}$	102
狗	l̥a$^{35}_{(3)}$	qwɯ$^{44}_{(3)}$	tl̥e$^{55}_{(3)}$	tl̥i$^{55}_{(3)}$	ʔla$^{13}_{(3)}$	tl̥æ$^{13}_{(3)}$	l̥æ$^{42}_{(3a)}$	qlei$^{55}_{(B)}$	tl̥i$^{53}_{(3)}$	117
山	pi$^{11}_{(4)}$	——	pe$^{21}_{(4)}$	bɦi$^{31}_{(8II)}$调！(坡上面)	pa$^{32}_{(4)}$	pæ$^{31}_{(4)}$	pe$^{11}_{(4)}$	vei$^{55}_{(B)}$	pi$^{13}_{(4)}$	3
手	pi$^{11}_{(4)}$	tɯ$^{33}_{(4)}$	te$^{21}_{(4)}$	di$^{33}_{(4I)}$	tsa$^{32}_{(4)}$	kæ$^{31}_{(4)}$	ʂe$^{11}_{(4)}$	wei$^{55}_{(B)}$	pi$^{13}_{(4)}$	15

鱼	zɛ$^{11}_{(4)}$	mʐɯ$^{33}_{(4)}$	ɳʈʂe$^{21}_{(4)}$	mbə$^{33}_{(4\mathrm{I})}$	mpæ$^{32}_{(4)}$	mplæ$^{31}_{(4)}$	mpʐe$^{11}_{(4)}$	mpji$^{55}_{(B)}$	ntsei$^{13}_{(4)}$	29
鸟窝	ɣi$^{11}_{(4)}$	ʐɯ$^{33}_{(4)}$	ʐe$^{21}_{(4)}$	və$^{33}_{(4\mathrm{I})}$	væ$^{32}_{(4)}$	ʐæ$^{31}_{(4)}$	ʐe$^{11}_{(4)}$	wji$^{55}_{(B)}$	ɣi$^{13}_{(4)}$	32
树枝	tɕi$^{11}_{(4)}$	kɯ$^{33}_{(4)}$声!	tɕe$^{13}_{(6)}$调!	dʑi$^{53}_{(6\mathrm{I})}$调!	tɕa$^{32}_{(4)}$	tɕæ$^{31}_{(4)}$	tɕe$^{11}_{(4)}$	ʑa$^{55}_{(B)}$韵!	tɕi$^{13}_{(4)}$	86
名字	pi$^{44}_{(5)}$	mpu$^{53}_{(5)}$韵!	mpe$^{44}_{(5)}$	ntsi$^{33}_{(5)}$	mpa$^{43}_{(5)}$	mpæ$^{43}_{(5)}$	mpæ$^{55}_{(5a)}$	mʔpei$^{24}_{(C)}$	mpi$^{55}_{(5)}$声!	18
近	ɣi$^{44}_{(5)}$	ʐɯ$^{53}_{(5)}$	ʐe$^{44}_{(5)}$	və$^{33}_{(5)}$	væ$^{43}_{(5)}$	ʐæ$^{43}_{(5)}$	ʐæ$^{55}_{(5a)}$	ʔwji$^{24}_{(C)}$	ɣi$^{55}_{(5)}$	30
霜	ta$^{44}_{(5)}$	tɯ$^{53}_{(5)}$	te$^{44}_{(5)}$	ti$^{33}_{(5)}$	ta$^{43}_{(5)}$	tæ$^{43}_{(5)}$	tæ$^{55}_{(5a)}$	ti$^{24}_{(C)}$	ti$^{55}_{(5)}$	49
烤火	ta$^{44}_{(5)}$	ntɯ$^{53}_{(5)}$	nte$^{44}_{(5)}$	nti$^{33}_{(5)}$	nta$^{43}_{(5)}$	ntæ$^{43}_{(5)}$	ntæ$^{55}_{(5a)}$	nʔti$^{24}_{(C)}$	nti$^{55}_{(5)}$	55
锐利(二)	——	——	ɳʈʂe$^{44}_{(5)}$	ɳʈʂə$^{33}_{(5)}$	ntsa$^{43}_{(5)}$	nzæ$^{43}_{(5)}$	ntsæ$^{55}_{(5a)}$	——	——	80
泡饭	——	ȵtɕɯ$^{53}_{(5)}$	ɳʈʂe$^{44}_{(5)}$	ɳʈʂə$^{33}_{(5)}$	ntsa$^{43}_{(5)}$	nzæ$^{43}_{(5)}$	ntsæ$^{55}_{(5a)}$	nʔtsi$^{24}_{(C)}$	zei$^{55}_{(5)}$	80
挑水	tɕi$^{44}_{(5)}$	——	——	——	tɕa$^{43}_{(5)}$	tɕæ$^{43}_{(5)}$	tɕæ$^{55}_{(5a)}$	——	tɕi$^{55}_{(5)}$	84
爬树	tɕi$^{44}_{(5)}$	ȵtɕɯ$^{53}_{(5)}$	ȵtɕe$^{44}_{(5)}$	ȵtɕi$^{33}_{(5)}$	ȵtɕa$^{43}_{(5)}$	ȵtɕæ$^{43}_{(5)}$	ȵtɕæ$^{55}_{(5a)}$	ȵtɕi$^{24}_{(C)}$	ȵtɕi$^{55}_{(5)}$	90
钩	qa$^{44}_{(5)}$	——	Nqe$^{44}_{(5)}$	Nqɯ$^{33}_{(5)}$	Nqa$^{43}_{(5)}$	Nqæ$^{43}_{(5)}$	ŋkæ$^{55}_{(5a)}$	——	Nqei$^{55}_{(5)}$	114
蛋	ki$^{44}_{(5)}$	——	qe$^{33}_{(5)}$	qə$^{33}_{(5)}$韵!	qa$^{43}_{(5)}$	qæ$^{53}_{(5)}$	hæ$^{55}_{(5a)}$	qwji$^{24}_{(C)}$	ki$^{55}_{(5)}$	126
下蛋	na$^{13}_{(6)}$	——	nte$^{13}_{(6)}$	ndi$^{31}_{(6\mathrm{II})}$	ntɑ$^{21}_{(6)}$	ntæ$^{22}_{(6)}$	nte$^{13}_{(6)}$	nti$^{24}_{(C)}$	nti$^{31}_{(6)}$	57
成立家庭	——	——	ɳʈʂe$^{13}_{(6)}$	ɳdʐə$^{31}_{(6\mathrm{II})}$	——	——	——	——	——	82
渴（二）	——	Nqhe$^{44}_{(7)}$韵!	Nqhe$^{33}_{(7)}$	Nqhɯ$^{11}_{(7)}$	——	——	——	——	——	115

❶接唇音、舌面音、舌根音声母时为 i，接舌尖前音声母时为 ɛ，接其他声母时为 a。

❷接唇音、舌尖后音声母时为 ə，接小舌音声母时为 ɯ，接其他声母时为 i，但，“我们”读作 pi$^{55}_{(1)}$，“蛋”读作 qə$^{33}_{(5)}$，原因待查。

❸接唇音声母有 a，æ 两种形式，除接唇齿音声母时为 æ 外，接其他双唇音声母或含有双唇音的复辅音声母时有的为 a，有的为 æ，出现条件尚未查清。接其他声母时为 a。

❹在 4，6 调字为 e，在其他调字为 æ。

❺接硬唇音、小舌音和由小舌音与边音构成的复辅音声母时为 ei，接其他声母时为 i。

❻接舌尖前音和小舌音声母时为 ei，接其他声母时为 i，但“三”的声母为舌尖前音，应读作 tsei$^{33}_{(1)}$，现读作 tsi$^{33}_{(1)}$，原因待查。

(4) 借韵	养蒿	腊乙坪	大南山	石门坎	摆托	甲定	绞坨	野鸡坡	枫香	声类号
a	a	ɑ(ei,i)❶	i(e)❷	i(ɯ)❸	e❹	ɑ	i(ɪ)❺	a	a	
樱桃	va$^{33}_{(1)}$	wɑ$^{35}_{(1)}$	——	——	ʑe$^{55}_{(1)}$	vɑ$^{24}_{(1)}$	ʑi$^{32}_{(1a)}$	——	va$^{33}_{(1)}$	10
五	tsa$^{33}_{(1)}$	pʐɑ$^{35}_{(1)}$	ʈʂi$^{43}_{(1)}$	pɯ$^{55}_{(1)}$	pe$^{55}_{(1)}$	plɑ$^{24}_{(1)}$	pʐɪ$^{32}_{(1a)}$	pja$^{31}_{(A)}$	tsa$^{33}_{(1)}$	23
蜂蜜	va$^{33}_{(1)}$	——	ʐi$^{43}_{(1)}$	——	ve$^{55}_{(1)}$	ʐɑ$^{24}_{(1)}$	ʐɪ$^{32}_{(1a)}$	ʔwja$^{31}_{(A)}$	ɣa$^{33}_{(1)}$	30
粗糙	sha$^{33}_{(1)}$	ntshɑ$^{35}_{(1)}$	ntshi$^{43}_{(1)}$	ntshi$^{55}_{(1)}$	——	nshɑ$^{24}_{(1)}$	ntsi$^{22}_{(1b)}$	nʔtsha$^{31}_{(A)}$	ntsha$^{33}_{(1)}$	46
黄瓜	fa$^{33}_{(1)}$（瓜）	kwɑ$^{35}_{(1)}$	tl̥i$^{43}_{(1)}$	tl̥i$^{55}_{(1)}$	ke$^{55}_{(1)}$	kɑ$^{24}_{(1)}$	hwɪ$^{32}_{(1a)}$	qwa$^{31}_{(A)}$	qwa$^{33}_{(1)}$	123

魂	l̥u${}^{55}_{(2)}$韵！	pjə${}^{31}_{(2)}$韵！	pli${}^{13}_{(6)}$调！	dli${}^{55}_{(1)}$调	ple${}^{21}_{(6)}$调！	plɑ${}^{22}_{(6)}$调！	pɭɪ${}^{33}_{(6)}$调！	vlo${}^{31}_{(A)}$韵！	pla${}^{24}_{(2)}$	41
弟兄	ta${}^{55}_{(2)}$	——	ti${}^{31}_{(2)}$	dɦi${}^{35}_{(2)}$	ti${}^{54}_{(2)}$韵！	tɑ${}^{55}_{(2)}$	ti${}^{53}_{(2)}$	ða${}^{31}_{(A)}$	——	51
蒜	qa${}^{55}_{(2)}$声！	——	qen${}^{31}_{(2)}$韵！	ɢɦɯ${}^{35}_{(2)}$	qe${}^{54}_{(2)}$	qɑ${}^{55}_{(2)}$	hɪ${}^{53}_{(2)}$	ʁa${}^{31}_{(A)}$	qa${}^{24}_{(2)}$	113
公狗	pa${}^{35}_{(3)}$	pɑ${}^{44}_{(3)}$	tsi${}^{55}_{(3)}$	tsi${}^{55}_{(3)}$	pje${}^{13}_{(3)}$	pɑ${}^{13}_{(3)}$	pi${}^{42}_{(3a)}$	pa${}^{55}_{(B)}$	pa${}^{53}_{(3)}$	13
补锅	pu${}^{35}_{(3)}$韵！ 弥补	mpɑ${}^{44}_{(3)}$	ntsi${}^{55}_{(3)}$	ntsi${}^{55}_{(3)}$	mpji${}^{13}_{(3)}$ 韵！	mpɑ${}^{13}_{(3)}$	mpi${}^{42}_{(3a)}$	mʔpa${}^{55}_{(B)}$	mpa${}^{53}_{(3)}$	18
手指	ta${}^{35}_{(3)}$	ntɑ${}^{44}_{(3)}$	nti${}^{55}_{(3)}$	ntsi${}^{55}_{(3)}$声！	nte${}^{13}_{(3)}$	ntɑ${}^{13}_{(3)}$	nti${}^{42}_{(3a)}$	nʔta${}^{55}_{(B)}$	nta${}^{53}_{(3)}$	55
借牛	——	qɑ${}^{44}_{(3)}$	qe${}^{55}_{(3)}$	qɯ${}^{55}_{(3)}$	qe${}^{13}_{(3)}$	qɑ${}^{13}_{(3)}$	hɪ${}^{42}_{(3a)}$	——	——	111
尿	va${}^{11}_{(4)}$声！	ʐɑ${}^{33}_{(4)}$	ʐi${}^{21}_{(4)}$	vɯ${}^{33}_{(4Ⅰ)}$ vɦɯ${}^{11}_{(4Ⅱ)}$ （撒尿）	ve${}^{32}_{(4)}$	ʐɑ${}^{31}_{(4)}$	ʐɪ${}^{11}_{(4)}$	wja${}^{55}_{(B)}$	ɣa${}^{13}_{(4)}$	32
矮	ka${}^{11}_{(4)}$	——	qe${}^{21}_{(4)}$	ɢɦɯ${}^{11}_{(4Ⅱ)}$	qe${}^{32}_{(4)}$	qɑ${}^{31}_{(4)}$	hɪ${}^{11}_{(4)}$	ʁa${}^{55}_{(B)}$	qa${}^{13}_{(4)}$	113
下去	ŋa${}^{11}_{(4)}$	——	Nqe${}^{21}_{(4)}$	NɢɦɯU${}^{11}_{(4Ⅱ)}$	Nqe${}^{32}_{(4)}$	Nqɑ${}^{21}_{(4)}$	ŋkɪ${}^{11}_{(4)}$	Nqa${}^{55}_{(B)}$	Nqa${}^{13}_{(4)}$	116
月亮	l̥ha${}^{44}_{(5)}$	l̥hɑ${}^{53}_{(5)}$	l̥i${}^{44}_{(5)}$	l̥i${}^{33}_{(5)}$	l̥e${}^{43}_{(5)}$	l̥hɑ${}^{43}_{(5)}$	li${}^{35}_{(5b)}$	l̥a${}^{24}_{(c)}$	l̥ha${}^{55}_{(5)}$	59
价钱	qa${}^{44}_{(5)}$	Nqɑ${}^{53}_{(5)}$	Nqe${}^{44}_{(5)}$	Nqɯ${}^{33}_{(5)}$	——	Nqɑ${}^{43}_{(5)}$	ŋkɪ${}^{55}_{(5a)}$	NʔqA${}^{24}_{(C)}$	Nqa${}^{55}_{(5)}$	114
拄拐棍	ȵa${}^{13}_{(6)}$	ɳɑ${}^{42}_{(6)}$	ɳʈi${}^{13}_{(6)}$	ndlɯ${}^{31}_{(6Ⅱ)}$ 韵！	ɳʈe${}^{21}_{(6)}$	ɳʈoŋ${}^{22}_{(6)}$ 韵！	ɳʈɪ${}^{11}_{(4)}$调！	ɳʈʂa${}^{24}_{(C)}$	ȵtɕaŋ${}^{31}_{(6)}$ 韵！	73
翅	ta${}^{53}_{(7)}$	tei${}^{44}_{(7)}$	ti${}^{33}_{(7)}$	ti${}^{11}_{(7)}$	tie${}^{43}_{(7)}$韵！	tɑ${}^{43}_{(7)}$	ti${}^{44}_{(7a)}$	ta${}^{31}_{(D)}$	ta${}^{53}_{(7)}$	49
梳头	ɕa${}^{53}_{(7)}$	ȵtɕi${}^{44}_{(7)}$	ɳʈʂi${}^{33}_{(7)}$	ɳʈʂi${}^{11}_{(7)}$	ɳtsi${}^{43}_{(7)}$韵！	nzɑ${}^{43}_{(7)}$	ntsi${}^{44}_{(7a)}$	——	——	80
辣	za${}^{31}_{(8)}$	mʐei${}^{33}_{(8)}$	ɳʈʂi${}^{24}_{(8)}$	mbɦɯ${}^{31}_{(8Ⅱ)}$	mpe${}^{54}_{(8)}$	mplɑ${}^{55}_{(8)}$	mpʐɪ${}^{21}_{(8)}$	mpja${}^{31}_{(D)}$	ntsa${}^{13}_{(8)}$	29
醒	——	——	ʈʂi${}^{13}_{(6)}$调！	dʐɦi${}^{31}_{(8Ⅱ)}$	tse${}^{54}_{(8)}$	sɑ${}^{55}_{(8)}$	si${}^{21}_{(8)}$	za${}^{31}_{(D)}$	sa${}^{13}_{(8)}$	79
八	ʑa${}^{31}_{(8)}$	ʑi${}^{33}_{(8)}$	ʑi${}^{24}_{(8)}$	ʑɦi${}^{31}_{(8Ⅱ)}$	ʑi${}^{54}_{(8)}$韵！	ʑɑ${}^{55}_{(8)}$	ʑi${}^{21}_{(8)}$	ʑa${}^{31}_{(D)}$	ʑa${}^{13}_{(8)}$	95
逃脱	fa${}^{31}_{(8)}$	qwei${}^{33}_{(8)}$	tl̥i${}^{13}_{(6)}$调！	dlɦi${}^{31}_{(8Ⅱ)}$	——	kɑ${}^{55}_{(8)}$	hwɪ${}^{21}_{(8)}$	ʁwa${}^{31}_{(D)}$	qwa${}^{31}_{(6)}$调！	124

❶在 7，8 调字接舌面音声母时为 i，接其他声母时为 ei，在其他调字为 ɑ。

❷接小舌音声母时为 e，接其他声母时为 i。“蒜”读作 qen${}^{31}_{(2)}$，韵母不合。

❸接唇音和小舌音声母时为 ɯ，接其他声母时为 i。“拄”读作 ndlɯ${}^{31}_{(6Ⅱ)}$，原因待查。

❹“弟兄”读作 ti${}^{54}_{(2)}$，“补锅”读作 mpji${}^{13}_{(3)}$，“梳头”读作 ntsi${}^{43}_{(7)}$，“八”读作ʑi${}^{54}_{(8)}$，韵母都是 i，我们找不出 i 出现的条件，若说接舌尖中音为 i，但“手指”读作nte${}^{13}_{(3)}$，“月亮”读作l̥e${}^{43}_{(5)}$，若说接腭化唇音为 i，但“公狗”读作 pje${}^{13}_{(3)}$，若说接舌尖前音为 i，但“醒”读作 tse${}^{54}_{(8)}$，若说接舌面前音为 i，但“樱桃”读作 ʑe${}^{55}_{(1)}$。“翅”读作 tie${}^{43}_{(7)}$，摆托没有 ie 韵母，可能是把 te${}^{43}_{(7)}$误记作 tie${}^{43}_{(7)}$。我们认为韵母不合，把上述五个例字的音标后面都各写一个“韵！”。

❺接卷舌音（舌尖后音）、舌根音、喉音声母时为 ɪ，接其他声母时为 i。

(5) 拍韵 ɑ	养蒿 a (en)❶	腊乙坪 a (ɑ)❷	大南山 ua	石门坎 a	摆托 o	甲定 ɑ	绞坨 a (əa)❸	野鸡坡 i (ei)❹	枫香 a	声类号
大腿	pa$^{33}_{(1)}$	pa$^{35}_{(1)}$	pua$^{43}_{(1)}$	pa$^{55}_{(1)}$	po$^{55}_{(1)}$	pɑ$^{24}_{(1)}$	pa$^{32}_{(1a)}$	——	pa$^{33}_{(1)}$	1
白齿	——	pa$^{31}_{(2)}$调！	pua$^{43}_{(1)}$	pa$^{55}_{(1)}$	——	——	——	——	pa$^{33}_{(1)}$	1
秧密	ta$^{33}_{(1)}$	——	tua$^{43}_{(1)}$	ta$^{55}_{(1)}$	to$^{55}_{(1)}$	tɑ$^{24}_{(1)}$	ta$^{32}_{(1a)}$	ti$^{31}_{(A)}$	ta$^{33}_{(1)}$	49
厚	ta$^{33}_{(1)}$	ta$^{35}_{(1)}$	tua$^{43}_{(1)}$	ta$^{55}_{(1)}$	to$^{55}_{(1)}$	tɑ$^{24}_{(1)}$	ta$^{32}_{(1a)}$	ti$^{31}_{(A)}$	ta$^{33}_{(1)}$	49
桥	——	——	——	l̥a$^{55}_{(1)}$	l̥o$^{55}_{(1)}$	l̥hɑ$^{24}_{(1)}$	la$^{22}_{(1b)}$	——	l̥ha$^{33}_{(1)}$	59
干燥	qha$^{33}_{(1)}$	——	Nqhua$^{43}_{(1)}$	Nqha$^{55}_{(1)}$	Nqho$^{55}_{(1)}$	Nqhɑ$^{24}_{(1)}$	ŋka$^{22}_{(1b)}$	——	Nqha$^{33}_{(1)}$（旱）	115
渴（一）	qha$^{33}_{(1)}$	——	——	——	Nqho$^{55}_{(1)}$	Nqhɑ$^{24}_{(1)}$	ŋka$^{22}_{(1b)}$	Nʔqhei$^{31}_{(A)}$	Nqha$^{33}_{(1)}$	115
拍手	ma$^{55}_{(2)}$	ma$^{31}_{(2)}$	mpua$^{31}_{(2)}$	mbɦa$^{35}_{(2)}$	mpo$^{54}_{(2)}$	mpɑ$^{55}_{(2)}$	mpa$^{53}_{(2)}$	mpzi$^{31}_{(A)}$	mpa$^{24}_{(2)}$	9
鸟叫	ken$^{55}_{(2)}$	——	qua$^{31}_{(2)}$	Gɦa$^{35}_{(2)}$	qo$^{54}_{(2)}$	qɑ$^{55}_{(2)}$	ha$^{53}_{(2)}$	ʁi$^{31}_{(A)}$	qa$^{24}_{(2)}$	113
桃子	l̥en$^{55}_{(2)}$	qwa$^{31}_{(2)}$	tl̥ua$^{31}_{(2)}$	dlɦa$^{35}_{(2)}$	ʔlo$^{54}_{(2)}$	tl̥ɑ$^{55}_{(2)}$	la$^{53}_{(2)}$	ʁlei$^{31}_{(A)}$	tl̥a$^{24}_{(2)}$	118
含一口水	——	——	mpua$^{55}_{(3)}$	mpa$^{55}_{(3)}$	mpo$^{13}_{(3)}$	mpɑ$^{13}_{(3)}$	mpa$^{42}_{(3a)}$	mʔpzi$^{55}_{(B)}$	——	7
洗锅	sa$^{35}_{(3)}$	ntsa$^{44}_{(3)}$	ntsua$^{55}_{(3)}$	ntsa$^{55}_{(3)}$	ntso$^{13}_{(3)}$	nzɑ$^{13}_{(3)}$	ntsa$^{42}_{(3a)}$	nʔtsi$^{55}_{(B)}$	za$^{53}_{(3)}$	45
握手	——	——	tua$^{55}_{(3)}$	ta$^{55}_{(3)}$	——	——	ta$^{42}_{(3a)}$	ti$^{55}_{(B)}$	ta$^{53}_{(3)}$	49
汤	——	ca$^{44}_{(3)}$	kua$^{44}_{(5)}$调！	ka$^{33}_{(5)}$调！	ko$^{13}_{(3)}$	kɑ$^{13}_{(3)}$	ka$^{42}_{(3a)}$	tɕi$^{55}_{(B)}$	ka$^{53}_{(3)}$	102
干枯	——	qha$^{44}_{(3)}$	qhua$^{55}_{(3)}$	qha$^{55}_{(3)}$	qho$^{13}_{(3)}$	qhɑ$^{13}_{(3)}$	ha$^{232}_{(3b)}$	——	qha$^{53}_{(3)}$	112
瓦	——	——	vua$^{21}_{(4)}$	va$^{33}_{(4Ⅰ)}$	wo$^{32}_{(4)}$	vɑ$^{31}_{(4)}$	wəa$^{11}_{(4)}$	——	va$^{13}_{(4)}$	12
铺被子	——	——	pua$^{44}_{(5)}$	pa$^{33}_{(5)}$	po$^{43}_{(5)}$	pɑ$^{43}_{(5)}$	pa$^{55}_{(5a)}$	pi$^{24}_{(C)}$	pa$^{55}_{(5)}$	1
百	pa$^{44}_{(5)}$	pa$^{53}_{(5)}$	pua$^{44}_{(5)}$	pa$^{33}_{(5)}$	po$^{43}_{(5)}$	pɑ$^{43}_{(5)}$	pa$^{55}_{(5a)}$	pi$^{24}_{(C)}$	pa$^{55}_{(5)}$	1
猪	pa$^{44}_{(5)}$	mpa$^{53}_{(5)}$	mpua$^{44}_{(5)}$	mpa$^{33}_{(5)}$	mpo$^{43}_{(5)}$	mpɑ$^{43}_{(5)}$	mpa$^{55}_{(5a)}$	mʔpei$^{24}_{(C)}$ 韵！	mpa$^{55}_{(5)}$	7
糠	fha$^{44}_{(5)}$	sa$^{53}_{(5)}$	sua$^{44}_{(5)}$	sa$^{33}_{(5)}$	so$^{43}_{(5)}$	shɑ$^{43}_{(5)}$	sa$^{35}_{(5b)}$	si$^{55}_{(B)}$调！	pha$^{55}_{(5)}$	21
柴刀	sa$^{44}_{(5)}$	——	tsua$^{33}_{(7)}$调！	tsa$^{33}_{(5)}$	tso$^{43}_{(5)}$	sɑ$^{43}_{(5)}$	sa$^{44}_{(7a)}$调！	tsi$^{24}_{(C)}$	sa$^{55}_{(5)}$	42
绳子	l̥ha$^{44}_{(5)}$	l̥ha$^{53}_{(5)}$	l̥ua$^{44}_{(5)}$	l̥a$^{33}_{(5)}$	l̥o$^{43}_{(5)}$	l̥hɑ$^{43}_{(5)}$	la$^{35}_{(5b)}$	l̥i$^{24}_{(C)}$	l̥ha$^{55}_{(5)}$	59
风	tɕen$^{44}_{(5)}$	——	tɕua$^{44}_{(5)}$	tɕa$^{33}_{(5)}$	——	tɕɑ$^{43}_{(5)}$	——	tɕi$^{24}_{(C)}$	tɕa$^{55}_{(5)}$	84
客人	qha$^{44}_{(5)}$	qha$^{53}_{(5)}$	qhua$^{44}_{(5)}$	qha$^{33}_{(5)}$	qho$^{43}_{(5)}$	qhɑ$^{43}_{(5)}$	ha$^{35}_{(5b)}$	qhei$^{24}_{(C)}$	qha$^{55}_{(5)}$	112
就菜下饭	——	——	ntsua$^{13}_{(6)}$	ndza$^{31}_{(6Ⅱ)}$	ȵtɕo$^{21}_{(6)}$ 声！	mplɑ$^{22}_{(6)}$	mpje$^{13}_{(6)}$ 韵！	mpji$^{24}_{(C)}$	——	20
梳子	ɣa$^{13}_{(6)}$	ʐa$^{42}_{(6)}$	ʐua$^{13}_{(6)}$	za$^{53}_{(6Ⅰ)}$	vo$^{21}_{(6)}$	ʐɑ$^{22}_{(6)}$	ʐəa$^{13}_{(6)}$	wji$^{24}_{(C)}$	ɣa$^{31}_{(6)}$	32
菜淡	ɕen$^{13}_{(6)}$	——	tʂua$^{13}_{(6)}$	dʐa$^{31}_{(6Ⅱ)}$	tso$^{31}_{(6)}$	sɑ$^{22}_{(6)}$	səa$^{13}_{(6)}$	zi$^{24}_{(C)}$	sa$^{31}_{(6)}$	79
接绳子	sen$^{53}_{(7)}$	tshɑ$^{44}_{(7)}$声！	tsua$^{33}_{(7)}$	tsa$^{11}_{(7)}$	tso$^{43}_{(7)}$	sɑ$^{43}_{(7)}$	sa$^{44}_{(7a)}$	——	——	42
锡	——	——	——	tsha$^{11}_{(7)}$	so$^{43}_{(7)}$	shɑ$^{43}_{(7)}$	sa$^{13}_{(7b)}$	——	ɕa$^{53}_{(7)}$	43
年轻	——	——	l̥ua$^{33}_{(7)}$	l̥a$^{11}_{(7)}$	l̥o$^{43}_{(7)}$	l̥hɑ$^{43}_{(7)}$	ɭa$^{13}_{(7b)}$	——	——	75

小母牛	——	——	ɕua$^{33}_{(7)}$	ŋ̊a$^{11}_{(7)}$	ɕo$^{43}_{(5\sim7)}$	ɕɑ$^{43}_{(5\sim7)}$	ʑa$^{13}_{(7b)}$	ɕa$^{24}_{(C)}$韵！	——	94
抢	——	——	hua$^{33}_{(7)}$	ha$^{11}_{(7)}$	ho$^{43}_{(7)}$	hɑ$^{43}_{(7)}$	ɦa$^{13}_{(7)}$	hi$^{31}_{(D)}$	ha$^{53}_{(7)}$	130
扇子	zen$^{31}_{(8)}$	mjɑ$^{44}_{(7)}$声！调！	ntsua$^{24}_{(8)}$声！	ndzɦa$^{35}_{(2)}$调！	mpjo$^{54}_{(8)}$	mplɑ$^{55}_{(B)}$	mpja$^{21}_{(8)}$声！	mpzi$^{31}_{(D)}$	ntsa$^{13}_{(8)}$	29
蹬	ten$^{31}_{(8)}$	tɑ$^{33}_{(8)}$（踩）	tua$^{24}_{(B)}$	dɦa$^{31}_{(8Ⅱ)}$	——	tɑ$^{55}_{(8)}$	ti$^{21}_{(8)}$韵！	——	——	51
婴儿①	——	——	——	ŋɦa$^{31}_{(8Ⅱ)}$	——	ŋɑ$^{55}_{(8)}$	——	——	ŋa$^{13}_{(8)}$	106

❶有几个例字韵母为 en，出现条件尚未查清，若认为 7，8 调字韵母为 en，但 2 调有两个例字（“鸟叫”读作 ken$^{55}_{(2)}$，“桃子”读作l̥en$^{55}_{(2)}$），5 调有一个例字（“风”读作 tɕen$^{44}_{(5)}$）6 调有一个例字（“莱淡”读作 ɕen$^{13}_{(6)}$），若认为 7，8 调字和其他调声母为舌面前音的字（“风”读作 tɕen$^{44}_{(5)}$，“莱淡”读作 ɕen$^{13}_{(6)}$）韵母为 en，还有“鸟叫”和“桃子”的韵母也是 en，关于这个问题需要进一步调查研究。

❷在 7，8 调字为 ɑ，在其他调字为 a。

❸在 4，6 调字为 əa，在其他调字为 a。

❹接小舌音声母或由小舌音与边音构成的复辅音声母时为 ei，接其他声母时为 i。

①也可能属二韵。

(6) 凿韵	养蒿	腊乙坪	大南山	石门坎	摆托	甲定	绞坨	野鸡坡	枫香	声类号
ɔ	o	ɔ	ou	au	u（ou）❶	ɑ	ɔ（o）❷	u	ou	
得到	to$^{44}_{(5)}$	tɔ$^{53}_{(5)}$	tou$^{44}_{(5)}$	tau$^{33}_{(5)}$	tu$^{43}_{(5)}$	——	tɔ$^{55}_{(5a)}$	tu$^{24}_{(C)}$	tou$^{55}_{(5)}$	49
多	no$^{44}_{(5)}$声！	——	ntou$^{44}_{(5)}$	——	ntu$^{43}_{(5)}$	ntɑ$^{43}_{(5)}$	ntɔ$^{55}_{(5a)}$	nʔtu$^{24}_{(C)}$	ntou$^{55}_{(5)}$	55
穿鞋	ȶo$^{44}_{(5)}$	ʈɔ$^{53}_{(5)}$	ʈou$^{55}_{(5)}$	ʈau$^{33}_{(5)}$	ʈu$^{43}_{(5)}$	——	ʈɔ$^{55}_{(5a)}$	ʈʂu$^{24}_{(C)}$	——	61
筛①	——	ɕɔ$^{53}_{(5)}$	ʈʂhou$^{44}_{(5)}$	ʈʂhau$^{33}_{(5)}$	su$^{43}_{(5)}$	shɑŋ$^{43}_{(5)}$韵！	——	——	——	78
篾条②	tɕen$^{44}_{(5)}$韵！	ȵtɕɔ$^{53}_{(5)}$	ȵtɕou$^{44}_{(5)}$	ȵtɕau$^{33}_{(5)}$	——	ȵtɕɑ$^{43}_{(5)}$	ȵtɕɔ$^{55}_{(5a)}$	——	——	90
鞋	——	ɕɔ$^{53}_{(5)}$	khou$^{44}_{(5)}$	khau$^{33}_{(5)}$	khu$^{43}_{(5)}$	khɑ$^{43}_{(5)}$	kɔ$^{35}_{(5b)}$	khu$^{24}_{(C)}$	khou$^{55}_{(5)}$	97
镯子	——	pɔ$^{42}_{(6)}$	pou$^{13}_{(6)}$	bau$^{53}_{(6Ⅰ)}$	pu$^{21}_{(6)}$	pɑ$^{22}_{(6)}$	po$^{13}_{(6)}$	vu$^{24}_{(C)}$	pou$^{31}_{(6)}$	3
凿子	so$^{13}_{(6)}$	——	tsou$^{13}_{(6)}$	dzau$^{53}_{(6Ⅰ)}$	tsu$^{21}_{(6)}$	sɑ$^{22}_{(6)}$	so$^{13}_{(6)}$	zu$^{24}_{(C)}$	sou$^{31}_{(6)}$	44
打中	——	ʈɔ$^{42}_{(6)}$	ʈou$^{13}_{(6)}$	ɖau$^{31}_{(6Ⅱ)}$	ʈu$^{21}_{(6)}$	ʈɑ$^{22}_{(6)}$	ʈo$^{13}_{(6)}$	——	——	63
蚂蚁	——	——	ɳʈʂou$^{24}_{(8)}$	ndzɦau$^{31}_{(8Ⅱ)}$	mplou$^{54}_{(8)}$声！	mplɑ$^{55}_{(8)}$	mpʐɔ$^{21}_{(8)}$	mpju$^{31}_{(D)}$	——	29

❶只有“蚂蚁”读作 mplou$^{54}_{(8)}$，其他例字的韵母都是 u。我们怀疑“蚂蚁”的韵母记音有误，但把 u 记作 ou 的可能性不大，所以我们未写“韵！”，暂时认为 ou 是以接 mpl 声母为条件的变体。

❷在 4，6 调字为 o，在其他调字为 ɔ。

①我们怀疑甲定的韵母记音有误，甲定的 ɑŋ 实际音值是 ɑ̃，ɑ 的实际音值是 ɒ，记音时把

ɒ 听成 ɑ̃ 是可能的，但我们还是认为记音无误，这个字韵母不合，写上“韵!”。②养蒿声母、声调都合，只有韵母不合，原因不明。

(7) 笑韵	养蒿	腊乙坪	大南山	石门坎	摆托	甲定	绞坨	野鸡坡	枫香	声类号
o	o(ə)[1]	o	o	o	au	ə	o(u)[2]	u(ou)[3]	au	
雷	ho$^{33}_{(1)}$声!	so$^{35}_{(1)}$	so$^{43}_{(1)}$	so$^{55}_{(1)}$	sau$^{55}_{(1)}$	shə$^{24}_{(1)}$	so$^{22}_{(1b)}$	su$^{31}_{(A)}$	phau$^{33}_{(1)}$	21
深	to$^{33}_{(1)}$	to$^{35}_{(1)}$	to$^{43}_{(1)}$	to$^{55}_{(1)}$	tau$^{55}_{(1)}$	tə$^{24}_{(1)}$	to$^{32}_{(1a)}$	tu$^{31}_{(A)}$	tau$^{33}_{(1)}$	49
煮开水	tho$^{33}_{(1)}$	——	tho$^{43}_{(1)}$	tho$^{55}_{(1)}$	——	——	to$^{22}_{(1b)}$	thu$^{31}_{(A)}$	thau$^{33}_{(1)}$	50
大	ɭ̥hə$^{33}_{(1)}$	——	l̥o$^{43}_{(1)}$	l̥o$^{55}_{(1)}$	l̥au$^{55}_{(1)}$	l̥hə$^{24}_{(1)}$	ɭo$^{22}_{(1b)}$	l̥u$^{31}_{(A)}$	l̥hau$^{33}_{(1)}$	75
女人	——	——	po$^{31}_{(2)}$	bɦo$^{35}_{(2)}$	——	——	——	vu$^{31}_{(A)}$	——	3
步	ȶə$^{55}_{(2)}$	——	ʈo$^{31}_{(2)}$	——	ʈau$^{54}_{(2)}$	ʈə$^{55}_{(2)}$	ʈo$^{53}_{(2)}$	ʐu$^{31}_{(A)}$	tɕau$^{24}_{(2)}$	63
盖被	——	——	vo$^{55}_{(3)}$	və$^{55}_{(3)}$韵!	vau$^{13}_{(3)}$	və$^{13}_{(3)}$	wo$^{42}_{(3a)}$	ʔwu$^{55}_{(B)}$	vau$^{53}_{(3)}$	10
线	fhə$^{35}_{(3)}$	so$^{44}_{(3)}$	so$^{55}_{(3)}$	so$^{55}_{(3)}$	sau$^{13}_{(3)}$	shə$^{13}_{(3)}$	so$^{232}_{(3b)}$	su$^{55}_{(B)}$	phau$^{53}_{(3)}$	21
吹芦笙	——	——	tʂho$^{55}_{(3)}$	tsho$^{55}_{(3)}$	phjau$^{13}_{(3)}$	——	pʐo$^{232}_{(3b)}$	——	tshau$^{53}_{(3)}$	24
看守	ɣə$^{35}_{(3)}$	——	ʐo$^{55}_{(3)}$	zo$^{55}_{(3)}$	vau$^{13}_{(3)}$	ʐə$^{13}_{(3)}$	ʐo$^{42}_{(3a)}$	ʔwju$^{55}_{(B)}$	ɣau$^{53}_{(3)}$	30
早	so$^{35}_{(3)}$	ntso$^{44}_{(3)}$	ntso$^{55}_{(3)}$	ntso$^{55}_{(3)}$	ntsau$^{13}_{(3)}$	nzə$^{13}_{(3)}$	ntso$^{42}_{(3a)}$	nʔtsu$^{55}_{(B)}$	——	45
扁担断	lo$^{35}_{(3)}$	——	lo$^{55}_{(3)}$	lo$^{55}_{(3)}$	lau$^{13}_{(3)}$	lə$^{13}_{(3)}$	lo$^{42}_{(3a)}$	ʔlu$^{55}_{(B)}$	lau$^{53}_{(3)}$	58
水浑	ȵə$^{11}_{(4)}$声! 调!	ɳʈo$^{44}_{(3)}$	ɳʈo$^{55}_{(3)}$	ntl̥o$^{55}_{(3)}$	——	——	ɳʈo$^{42}_{(3a)}$	ɳʔʈʂu$^{55}_{(B)}$	——	72
老虎	ɕə$^{55}_{(3)}$	tɕo$^{44}_{(3)}$	tʂo$^{55}_{(3)}$	tʂo$^{55}_{(3)}$	tsau$^{13}_{(3)}$	——	so$^{42}_{(3a)}$	tsu$^{55}_{(B)}$	sau$^{53}_{(3)}$	77
暖和	ɕhə$^{35}_{(3)}$	ɕo$^{44}_{(3)}$	ʂo$^{55}_{(3)}$	ʂo$^{55}_{(3)}$	sau$^{13}_{(3)}$	shə$^{13}_{(3)}$	so$^{232}_{(3b)}$	su$^{55}_{(B)}$	ɕau$^{53}_{(3)}$	83
磨刀	xhə$^{35}_{(3)}$	ho$^{44}_{(3)}$	ho$^{55}_{(3)}$	xo$^{55}_{(3)}$	hau$^{13}_{(3)}$	hə$^{13}_{(3)}$	ɦo$^{232}_{(3b)}$	hu$^{55}_{(B)}$	hau$^{53}_{(3)}$	110
刺（名）	pə$^{11}_{(4)}$	——	po$^{21}_{(4)}$	bo$^{33}_{(4Ⅰ)}$	pau$^{32}_{(4)}$	pə$^{31}_{(4)}$	pɯ$^{11}_{(4)}$韵!	vu$^{55}_{(B)}$	——	3
回来	lo$^{11}_{(4)}$	lo$^{33}_{(4)}$	lo$^{21}_{(4)}$	lɦo$^{11}_{(4Ⅱ)}$	lau$^{32}_{(4)}$	lə$^{31}_{(4)}$	lu$^{11}_{(4)}$	lu$^{55}_{(B)}$	lau$^{13}_{(4)}$	60
碓	tɕə$^{11}_{(4)}$	tɕo$^{33}_{(4)}$	tɕo$^{21}_{(4)}$	dʑɦo$^{11}_{(4Ⅱ)}$	tɕau$^{32}_{(4)}$	tɕə$^{31}_{(4)}$	tɕu$^{11}_{(4)}$	ʑi$^{55}_{(B)}$韵!	tɕau$^{13}_{(4)}$	86
黄牛	——	ʑu$^{33}_{(4)}$韵!	——	——	——	ʑə$^{31}_{(4)}$	——	ʑu$^{55}_{(B)}$	ʑau$^{13}_{(4)}$	95
拧毛巾	——	pʐo$^{53}_{(5)}$	tʂo$^{44}_{(5)}$	tso$^{33}_{(5)}$	pjau$^{43}_{(5)}$	plə$^{43}_{(5)}$	pʐo$^{55}_{(5a)}$	pju$^{24}_{(C)}$	tsau$^{55}_{(5)}$	23
灶	so$^{44}_{(5)}$	——	tso$^{33}_{(7)}$调!	tso$^{11}_{(7)}$调!	tsau$^{43}_{(5)}$	so$^{43}_{(5)}$韵!	so$^{35}_{(5b)}$调!	——	sou$^{55}_{(5)}$韵!	42
一口饭	lo$^{44}_{(5)}$（嘴）	——	lo$^{44}_{(5)}$	lo$^{33}_{(5)}$	lau$^{43}_{(5)}$	lə$^{43}_{(5)}$	lo$^{55}_{(5a)}$	——	lau$^{55}_{(5)}$	58
拔刀	ȶhə$^{44}_{(5)}$（拉牛）	ʈho$^{53}_{(5)}$（持枪）	ʈho$^{44}_{(5)}$	ʈho$^{33}_{(5)}$	ʈhau$^{43}_{(5)}$	ʈhə$^{43}_{(5)}$	ʈo$^{35}_{(5b)}$	ʈʂhu$^{24}_{(C)}$	——	62
腋下	ɕə$^{44}_{(5)}$	tɕo$^{53}_{(5)}$	tʂo$^{33}_{(7)}$调!	tʂo$^{11}_{(7)}$调!	tsau$^{43}_{(5)}$	sə$^{43}_{(5)}$	so$^{44}_{(7a)}$	tsu$^{24}_{(C)}$	sau$^{53}_{(7)}$调!	77
休息	tɕhə$^{44}_{(5)}$声!	ɕo$^{53}_{(5)}$	ʂo$^{44}_{(5)}$	ʂo$^{33}_{(5)}$	——	shə$^{43}_{(5)}$	so$^{35}_{(5b)}$	su$^{24}_{(C)}$	ɕau$^{55}_{(5)}$	83
炊烟	——	ȵtɕho$^{53}_{(5)}$	ȵtɕho$^{44}_{(5)}$	ȵtɕho$^{33}_{(5)}$ 韵!	ȵtɕhu$^{43}_{(5)}$（蒸）	ȵtɕhə$^{43}_{(5)}$	ȵtɕo$^{35}_{(5b)}$ 调!	ȵʔtɕhu$^{55}_{(B)}$	ȵtɕhau$^{55}_{(5)}$	91

拃	l̥o$^{44}_{(5)}$	——	tl̥o$^{44}_{(5)}$	tl̥o$^{33}_{(5)}$	ʔlau$^{43}_{(5)}$	tl̥ə$^{43}_{(5)}$	l̥o$^{55}_{(5a)}$	qlou$^{24}_{(C)}$	tl̥au$^{55}_{(5)}$	117
盖锅	mə$^{13}_{(6)}$	——	mpo$^{13}_{(6)}$	mbo$^{31}_{(6\mathrm{II})}$（盖瓦）	mpau$^{21}_{(6)}$	mpə$^{22}_{(6)}$	mpu$^{13}_{(6)}$	mpu$^{24}_{(C)}$	mpau$^{31}_{(6)}$	9
力气	ɣə$^{13}_{(6)}$	ʐo$^{42}_{(6)}$	ʐo$^{13}_{(6)}$	zo$^{53}_{(6\mathrm{I})}$	vau$^{21}_{(6)}$	ʐə$^{22}_{(6)}$	ʐu$^{13}_{(6)}$	wju$^{24}_{(C)}$	ɣau$^{31}_{(6)}$	32
到达	so$^{13}_{(6)}$	——	tso$^{13}_{(6)}$	dzo$^{31}_{(6\mathrm{II})}$	tso$^{21}_{(6)}$韵！	——	——	zu$^{24}_{(C)}$	sau$^{31}_{(6)}$	44
滴下来	ȵə$^{13}_{(6)}$	——	ɳʈo$^{13}_{(6)}$	ndlo$^{31}_{(6\mathrm{II})}$	ɳʈau$^{21}_{(6)}$	ɳʈə$^{22}_{(6)}$	ɳʈu$^{13}_{(6)}$	ɳʈʂu$^{24}_{(C)}$	ȵtɕau$^{31}_{(6)}$	73
织布	to$^{53}_{(7)}$	nto$^{44}_{(7)}$	nto$^{33}_{(7)}$	nto$^{11}_{(7)}$	ntau$^{43}_{(7)}$	ntə$^{43}_{(7)}$	——	——	——	55
笑	ȶə$^{53}_{(7)}$	ʈo$^{44}_{(7)}$	ʈo$^{33}_{(7)}$	ʈl̥o$^{11}_{(7)}$	ʈau$^{43}_{(7)}$	tə$^{43}_{(7)}$	ʂo$^{44}_{(7a)}$	ʈʂu$^{31}_{(D)}$	tɕau$^{53}_{(7)}$	70
泥泞	——	——	ŋko$^{33}_{(7)}$	ŋko$^{11}_{(7)}$	ŋkau$^{43}_{(7)}$	——	ŋko$^{44}_{(7a)}$	——	——	107
鸭子	——	——	o$^{33}_{(7)}$	o$^{11}_{(7)}$	au$^{43}_{(7)}$	ə$^{43}_{(7)}$	o$^{44}_{(7a)}$	——	——	129
看见	poŋ$^{31}_{(8)}$韵！	——	po$^{24}_{(8)}$	bɦo$^{31}_{(8\mathrm{II})}$	pau$^{54}_{(8)}$	pə$^{55}_{(8)}$	po$^{21}_{(8)}$	mpu$^{31}_{(D)}$声！	pau$^{13}_{(8)}$	3
磨包谷	——	ʐo$^{33}_{(8)}$	ʐo$^{24}_{(8)}$	——	vau$^{54}_{(8)}$	ʐə$^{55}_{(8)}$	ʐo$^{21}_{(8)}$	wju$^{31}_{(D)}$	ɣau$^{13}_{(8)}$	32
蚊子咬	tə$^{31}_{(8)}$韵！（虎咬）	to$^{33}_{(8)}$	to$^{24}_{(8)}$	dɦo$^{31}_{(8\mathrm{II})}$	tau$^{54}_{(8)}$	tə$^{55}_{(8)}$	to$^{21}_{(8)}$	ðu$^{31}_{(D)}$	tau$^{13}_{(8)}$	51

❶接唇音、舌面音、舌根音声母时为 ə，接其他声母时为 o。

❷在 4，6 调字为 u，在其他调字为 o。

❸接 ql 时为 ou，接其他声母时为 u。

(8) 髓韵 u	养蒿 ɛ（i）❶	腊乙坪 ə	大南山 u	石门坎 y（ey）❷	摆托 ou（u）❸	甲定 ɯ	绞坨 ou（u）❶	野鸡坡 u	枫香 u（i）❺	声类号
猪拱土	phɛ$^{33}_{(1)}$	——	phu$^{43}_{(1)}$	phy$^{55}_{(1)}$	phu$^{55}_{(1)}$	phɯ$^{24}_{(1)}$	pou$^{22}_{(1b)}$	——	——	2
脑髓	l̥hɛ$^{33}_{(1)}$	l̥hə$^{35}_{(1)}$	l̥u$^{43}_{(1)}$	l̥y$^{55}_{(1)}$	l̥ou$^{55}_{(1)}$	l̥hɯ$^{24}_{(1)}$	lou$^{22}_{(1b)}$	l̥u$^{31}_{(A)}$	l̥hu$^{33}_{(1)}$	59
烂	la$^{55}_{(2)}$韵！	——	lu$^{31}_{(2)}$	lɦy$^{35}_{(2)}$	lou$^{54}_{(2)}$	lɯ$^{55}_{(2)}$	lou$^{53}_{(2)}$	len$^{31}_{(A)}$韵！	lu$^{24}_{(2)}$	60
蜗牛	ki$^{33}_{(1)}$调！	qə$^{35}_{(1)}$调！	qu$^{31}_{(2)}$	ɢɦey$^{35}_{(2)}$	qou$^{54}_{(2)}$	qɯ$^{55}_{(2)}$	hu$^{53}_{(2)}$韵！	ʁwju$^{31}_{(A)}$	ku$^{24}_{(2)}$	128
尾巴	tɛ$^{35}_{(3)}$	tə$^{44}_{(3)}$	tu$^{55}_{(3)}$	——	tou$^{13}_{(3)}$	tɯ$^{13}_{(3)}$	tou$^{42}_{(3a)}$	tu$^{55}_{(B)}$	tu$^{53}_{(3)}$	49
弟弟	tɕi$^{35}_{(3)}$（弟兄）	kɯ$^{44}_{(3)}$韵！	ku$^{55}_{(3)}$	ky$^{55}_{(3)}$	kou$^{13}_{(3)}$	kɯ$^{13}_{(3)}$	kou$^{42}_{(3a)}$	ku$^{55}_{(B)}$	ku$^{53}_{(3)}$	96
包糖	qhɛ$^{35}_{(3)}$	——	qhu$^{55}_{(3)}$	qhey$^{55}_{(3)}$	——	qhɯ$^{13}_{(3)}$	hou$^{232}_{(3b)}$	qhu$^{55}_{(B)}$	qhu$^{53}_{(3)}$	112
豆腐	——	——	——	ɕy$^{55}_{(3)}$	hou$^{13}_{(3)}$	hɯ$^{13}_{(3)}$	ɦou$^{232}_{(3b)}$	hu$^{55}_{(B)}$	——	130
布谷鸟	——	qu$^{33}_{(4)}$韵！	qu$^{21}_{(4)}$	——	——	qɯ$^{31}_{(4)}$	hu$^{11}_{(4)}$	——	——	113
水流	——	ŋwə$^{33}_{(4)}$	ntu$^{21}_{(4)}$	ndlɦy$^{11}_{(4)}$	——	——	——	qlu$^{55}_{(B)}$声！	ntl̥u$^{13}_{(4)}$	120
睡、卧	pi$^{44}_{(5)}$韵！	pə$^{53}_{(5)}$	pu$^{44}_{(5)}$	py$^{33}_{(5)}$	pu$^{43}_{(5)}$	pɯ$^{43}_{(5)}$	pu$^{55}_{(5a)}$韵！	pu$^{24}_{(C)}$	pu$^{55}_{(5)}$	1
肺	zɛ$^{13}_{(6)}$声！调！	mʐə$^{53}_{(5)}$	ɳʈʂu$^{33}_{(7)}$调！	mpy$^{33}_{(5)}$	mpjou$^{43}_{(5)}$	mplɯ$^{43}_{(5)}$	mpʐou$^{55}_{(5a)}$	mʔpju$^{24}_{(C)}$	ntsi$^{31}_{(6)}$调！	28
抚摸	l̥hɛ$^{44}_{(5)}$	phʐə$^{53}_{(5)}$	phlu$^{44}_{(5)}$	tl̥hy$^{33}_{(5)}$	——	——	plou$^{35}_{(5b)}$	phlu$^{24}_{(C)}$	phlu$^{55}_{(5)}$	34
大象	shɛ$^{44}_{(5)}$	——	ntshu$^{44}_{(5)}$	ntshy$^{33}_{(5)}$	ntshou$^{43}_{(5)}$	nshɯ$^{43}_{(5)}$	——	nʔtshu$^{24}_{(C)}$	ntshu$^{55}_{(5)}$	46

臭	——	tɕə$^{53}_{(5)}$（嗅）	ʈʂu$^{44}_{(5)}$	ʈʂy$^{33}_{(5)}$（嗅）	tsou$^{43}_{(5)}$	sɯ$^{43}_{(5)}$	sou$^{55}_{(5a)}$	tsu$^{24}_{(C)}$	su$^{55}_{(5)}$	77
肩	——	pə$^{42}_{(6)}$	pu$^{13}_{(6)}$	by$^{33}_{(4Ⅰ)}$调！	pu$^{21}_{(6)}$	pɯ$^{22}_{(6)}$	——	vu$^{24}_{(C)}$	pu$^{31}_{(6)}$	3
鼻子	zɛ$^{13}_{(6)}$	mʐə$^{42}_{(6)}$	nʈʂu$^{13}_{(6)}$	mby$^{53}_{(6Ⅰ)}$	mpjou$^{21}_{(6)}$	mplɯ$^{22}_{(6)}$	mpʐu$^{13}_{(6)}$	mpju$^{24}_{(C)}$	ntsi$^{31}_{(6)}$	29
哪	tei$^{13}_{(6)}$韵！	——	tu$^{13}_{(6)}$	dy$^{31}_{(6Ⅱ)}$	te$^{21}_{(6)}$韵！	tɯ$^{22}_{(6)}$	tu$^{13}_{(6)}$	ðu$^{55}_{(B)}$调！	tau$^{31}_{(6)}$韵！	51
露水	——	——	lu$^{13}_{(6)}$	ly$^{53}_{(6Ⅰ)}$	lou$^{21}_{(6)}$	——	lu$^{13}_{(6)}$	——	lu$^{31}_{(6)}$	60

❶接舌面音、舌根音声母时为 i，接其他声母时为 ε。

❷接小舌音声母时为 ey，接其他声母时为 y。

❸接硬唇音声母时为 u，接其他声母时为 ou。

❹在 4，6 调字为 u，在其他调字音节为 ou。

❺接舌尖前音声母时为 i，接其他声母时为 u。

(9) 收韵 ə	养蒿 ə（u）❶	腊乙坪 u（ɔ）❷	大南山 ou	石门坎 au	摆托 u（ou）❸	甲定 ə	绞坨 u（o）❶	野鸡坡 o	枫香 ou	声类号
葫芦	——	tɔ$^{35}_{(1)}$	tou$^{43}_{(1)}$	tau$^{55}_{(1)}$	tu$^{55}_{(1)}$	——	tu$^{32}_{(1a)}$	to$^{31}_{(A)}$	toŋ$^{33}_{(1)}$韵！	49
酸	ɕhu$^{33}_{(1)}$	ɕɔ$^{35}_{(1)}$	——	——	su$^{55}_{(1)}$	shə$^{24}_{(1)}$	su$^{22}_{(1b)}$	so$^{31}_{(A)}$	ɕou$^{33}_{(1)}$	83
收东西[①]	ɕhu$^{33}_{(1)}$	——	ʂou$^{44}_{(5)}$调！	ʂau$^{33}_{(5)}$调！	sou$^{55}_{(1)}$韵！	shɯ$^{24}_{(1)}$韵！	——	su$^{31}_{(A)}$韵！	ɕou$^{33}_{(1)}$	83
嘴	ȵu$^{55}_{(2)}$（喙）	ȵɔ$^{31}_{(2)}$	ȵtɕou$^{31}_{(2)}$	ȵdʑɦau$^{35}_{(2)}$	ȵtɕu$^{54}_{(2)}$	ȵtɕə$^{55}_{(2)}$	ȵtɕu$^{53}_{(2)}$	ȵtɕo$^{31}_{(A)}$	ȵtɕou$^{24}_{(2)}$	92
公鸡	——	——	lou$^{44}_{(5)}$调！	lau$^{33}_{(5)}$调！	lu$^{13}_{(3)}$	lə$^{13}_{(3)}$	ɭu$^{42}_{(3a)}$	ʔlo$^{55}_{(B)}$	lou$^{53}_{(3)}$	74
铁	l̥hə$^{44}_{(5)}$	l̥hɔ$^{53}_{(5)}$	l̥ou$^{44}_{(5)}$	l̥au$^{33}_{(5)}$	l̥u$^{43}_{(5)}$	l̥hə$^{43}_{(5)}$	lu$^{35}_{(5b)}$	l̥o$^{24}_{(c)}$	l̥hou$^{55}_{(5)}$	59
牛打架	ȶu$^{44}_{(5)}$	——	ɳʈou$^{44}_{(5)}$	ɳʈau$^{33}_{(5)}$	ɳʈu$^{43}_{(5)}$	ɳʈə$^{43}_{(5)}$	ɳʈu$^{55}_{(5a)}$	ɳʔʈʂo$^{24}_{(c)}$	ȵtɕou$^{55}_{(5)}$	67
六	ȶu$^{44}_{(5)}$	ʈɔ$^{53}_{(5)}$	ʈou$^{44}_{(5)}$	tl̥au$^{33}_{(5)}$	ʈu$^{43}_{(5)}$	ʈə$^{43}_{(5)}$	ʂu$^{55}_{(5a)}$	ʈʂo$^{24}_{(c)}$	tɕou$^{55}_{(5)}$	70
小	ʑu$^{44}_{(5)}$	ʑɔ$^{53}_{(5)}$（少）	ʑou$^{44}_{(5)}$	——	ʑu$^{43}_{(5)}$	ʑɯ$^{43}_{(5)}$韵！	ʑu$^{55}_{(5a)}$	ʔʑo$^{24}_{(c)}$	——	93
暗	tsə$^{53}_{(7)}$	pʐu$^{44}_{(7)}$	ʈʂou$^{33}_{(7)}$	tsau$^{11}_{(7)}$	pju$^{43}_{(7)}$	plə$^{43}_{(7)}$	pʐu$^{44}_{(7a)}$	pjo$^{31}_{(D)}$	tsou$^{53}_{(7)}$	23
打	——	——	ntou$^{33}_{(7)}$	ntau$^{11}_{(7)}$	ntu$^{43}_{(7)}$	ntə$^{43}_{(7)}$	ntu$^{44}_{(7a)}$	——	ntou$^{53}_{(7)}$	55
摘耳根	ȶu$^{53}_{(7)}$	ʈu$^{44}_{(7)}$	ʈou$^{33}_{(7)}$	ʈau$^{11}_{(7)}$	ʈu$^{43}_{(7)}$	ʈə$^{43}_{(7)}$	ʈu$^{44}_{(7a)}$	ʈʂo$^{31}_{(D)}$	tɕou$^{53}_{(7)}$	61
痒	tɕhu$^{44}_{(5)}$调！	——	khou$^{33}_{(7)}$	khau$^{11}_{(7)}$	khu$^{43}_{(7)}$	khə$^{43}_{(7)}$	ko$^{13}_{(7b)}$	kho$^{31}_{(D)}$	khou$^{53}_{(7)}$	97
斗笠	——	ku$^{44}_{(7)}$	kou$^{33}_{(7)}$	kau$^{11}_{(7)}$	ku$^{43}_{(7)}$	kə$^{43}_{(7)}$	ku$^{44}_{(7a)}$	ko$^{31}_{(D)}$	——	102
弯曲	——	ŋkhu$^{44}_{(7)}$	ŋkhou$^{33}_{(7)}$	ŋkhau$^{11}_{(7)}$	ŋkhu$^{43}_{(7)}$	——	ŋko$^{13}_{(7b)}$	ŋʔkha$^{31}_{(D)}$韵！	ŋkhou$^{53}_{(7)}$	100
喝水、吸烟	hə$^{53}_{(7)}$	hu$^{44}_{(7)}$	hou$^{33}_{(7)}$	hau$^{11}_{(7)}$	hu$^{43}_{(7)}$	hə$^{43}_{(7)}$	ɦo$^{13}_{(7b)}$	ho$^{31}_{(D)}$	hou$^{53}_{(7)}$	130
糯米	nə$^{31}_{(8)}$	nu$^{33}_{(8)}$	mplou$^{24}_{(8)}$	ndlɦau$^{31}_{(8Ⅱ)}$	mplou$^{54}_{(8)}$	mplə$^{55}_{(8)}$	mplu$^{21}_{(8)}$	mplo$^{31}_{(D)}$	mplou$^{13}_{(8)}$	39
豆子	tə$^{31}_{(8)}$	——	tou$^{24}_{(8)}$	dau$^{53}_{(8Ⅰ)}$	tu$^{54}_{(8)}$	tə$^{55}_{(8)}$	tu$^{21}_{(8)}$	no$^{31}_{(D)}$声！	tou$^{13}_{(8)}$	51

十	tçu$^{31}_{(8)}$	ku$^{33}_{(8)}$	kou$^{24}_{(8)}$	gɦau$^{31}_{(8Ⅱ)}$	ku$^{54}_{(8)}$	khə$^{55}_{(8)}$声！	ku$^{21}_{(8)}$	ɣo$^{31}_{(D)}$	kou$^{13}_{(8)}$	98
脊背	kə$^{31}_{(8)}$	——	qou$^{24}_{(8)}$	Gɦau$^{31}_{(8Ⅱ)}$	ku$^{54}_{(8)}$声！	qə$^{55}_{(8)}$	hu$^{21}_{(8)}$	ʁo$^{31}_{(D)}$	qou$^{13}_{(8)}$	113

❶接舌面音声母时为 u，接其他声母时为 ə。

❷在 7，8 调字时为 u，在其他调字时为 ɔ。

❸接 mpl 时为 ou，接其他声母时为 u。

❹在 7b 调字为 o，在其他调字为 u。

①"收"摆托、甲定、野鸡坡韵母不合，可能为晚期汉语借词。绞坨读作 ʂou[22]，声、韵都不合，可能是现代汉语借词，未列入表内，腊乙坪读作 ɕɯ[44]，声、韵、调都不合，肯定是现代汉语借词，未列入表内。"收"也可能属毛韵或烧韵。

(10)窄韵 ei	养蒿 ei（i）❶	腊乙坪 a（ɑ）❷	大南山 ai	石门坎 ai	摆托 ai	甲定 e（i）❸	绞坨 e	野鸡坡 e	枫香 ɛ	声类号
双生子	pi$^{33}_{(1)}$	——	ntsai$^{43}_{(1)}$	ntsai$^{55}_{(1)}$	mpjai$^{55}_{(1)}$	mpe$^{24}_{(1)}$	mpje$^{32}_{(1a)}$	mʔple$^{31}_{(A)}$	mpɛ$^{33}_{(1)}$	18
指环	——	——	mphlai$^{43}_{(1)}$	——	——	mphle$^{24}_{(1)}$	——	mʔphle$^{31}_{(A)}$	mphlɛ$^{33}_{(1)}$	38
饿	——	ɕi$^{35}_{(1)}$韵！	ʈʂhai$^{43}_{(1)}$	ʈʂhai$^{55}_{(1)}$	sai$^{55}_{(1)}$	she$^{24}_{(1)}$	se$^{22}_{(1b)}$	tshe$^{31}_{(A)}$	ɕɛ$^{33}_{(1)}$	78
鸡	qei$^{33}_{(1)}$	qa$^{35}_{(1)}$	qai$^{43}_{(1)}$	qai$^{55}_{(1)}$	qai$^{55}_{(1)}$	qe$^{24}_{(1)}$	he$^{32}_{(1a)}$	qe$^{31}_{(A)}$	qɛ$^{33}_{(1)}$	111
捆	qhei$^{33}_{(1)}$	——	qhai$^{43}_{(1)}$	qhai$^{55}_{(1)}$	qhai$^{55}_{(1)}$	qhe$^{24}_{(1)}$	he$^{22}_{(1b)}$	qhe$^{31}_{(A)}$	qhɛ$^{33}_{(1)}$	112
骑	tɕi$^{55}_{(2)}$	——	tɕai$^{31}_{(2)}$	dʑɦɯ$^{35}_{(2)}$ 韵！	tɕai$^{54}_{(2)}$	——	tɕe$^{53}_{(2)}$	ʑe$^{31}_{(A)}$	——	86
斜、歪	——	qa$^{31}_{(2)}$	qai$^{31}_{(2)}$	Gɦai$^{35}_{(2)}$	——	——	——	ʁe$^{31}_{(A)}$	qɛ$^{24}_{(2)}$	113
肉①	ŋa$^{55}_{(2)}$韵！	ɲa$^{31}_{(2)}$	Nqai$^{31}_{(2)}$	NGɦai$^{35}_{(2)}$	Nqai$^{54}_{(2)}$	Nqe$^{55}_{(2)}$	ŋke$^{53}_{(2)}$	Nqe$^{31}_{(A)}$ （猎物）	Nqɛ$^{24}_{(2)}$	116
耙地	——	——	hai$^{55}_{(3)}$	xai$^{55}_{(3)}$	——	——	——	——	——	110
碗	——	——	tai$^{21}_{(4)}$ （海碗）	dai$^{33}_{(4Ⅰ)}$ （海碗）	tai$^{32}_{(4)}$	te$^{31}_{(4)}$	te$^{11}_{(4)}$	——	tɛ$^{13}_{(4)}$	51
半斤	——	——	tshai$^{33}_{(7)}$ 调！	tshai$^{11}_{(7)}$ 调！	phjai$^{43}_{(5)}$	phe$^{43}_{(5)}$	pje$^{13}_{(7b)}$	phje$^{24}_{(C)}$	phɛ$^{55}_{(5)}$	14
快②	xhi$^{44}_{(5)}$	ʂɑŋ$^{53}_{(5)}$	ʂai$^{44}_{(5)}$	fai$^{33}_{(5)}$	fai$^{43}_{(5)}$	——	——	se$^{24}_{(C)}$	hi$^{55}_{(5)}$韵！	31
怕	ɕhi$^{33}_{(1)}$调！	ɳtɕha$^{53}_{(5)}$	ɳʈʂhai$^{44}_{(5)}$	ɳʈʂhai$^{33}_{(5)}$	ntshai$^{43}_{(5)}$	nshe$^{43}_{(5)}$	ntse$^{35}_{(5b)}$	nʔtshe$^{24}_{(C)}$	ntshɛ$^{55}_{(5)}$	81
骂	——	——	——	——	qai$^{43}_{(5)}$	qe$^{43}_{(5)}$	he$^{55}_{(5a)}$	qe$^{24}_{(C)}$	qɛ$^{55}_{(5)}$	111
女儿	phi$^{53}_{(7)}$	mphɑ$^{44}_{(7)}$	ntshai$^{33}_{(7)}$	ntshai$^{11}_{(7)}$	mphjai$^{43}_{(7)}$	mphe$^{43}_{(7)}$	mpje$^{13}_{(7b)}$	mʔphje$^{31}_{(D)}$	mphɛ$^{53}_{(7)}$	19
藏东西	ɣi$^{53}_{(7)}$	ʐɑ$^{44}_{(7)}$	ʐai$^{33}_{(7)}$	vai$^{11}_{(7)}$	——	——	ʐe$^{44}_{(7a)}$	ʔwje$^{31}_{(D)}$	ɣɛ$^{53}_{(7)}$	30
接受	sei$^{53}_{(7)}$	——	tsai$^{33}_{(7)}$	tsai$^{11}_{(7)}$	tsai$^{43}_{(7)}$	se$^{43}_{(7)}$	se$^{44}_{(7a)}$	tse$^{31}_{(D)}$	sɛ$^{53}_{(7)}$	42
借钱	——	——	tsai$^{33}_{(7)}$	tsai$^{11}_{(7)}$	tsai$^{43}_{(7)}$	se$^{43}_{(7)}$	se$^{44}_{(7a)}$	tse$^{31}_{(D)}$	sɛ$^{53}_{(7)}$	42
漆③	shei$^{53}_{(7)}$	tshei$^{44}_{(7)}$ 声！韵！	tshai$^{33}_{(7)}$	tshai$^{11}_{(7)}$	sai$^{43}_{(7)}$	she$^{43}_{(7)}$	se$^{13}_{(7b)}$	tshe$^{24}_{(C)}$调！	ɕɛ$^{53}_{(7)}$	43

蚊子吸血	——	——	ntsai$^{33}_{(7)}$	ntsai$^{11}_{(7)}$	——	nze$^{43}_{(7)}$	——	——	zɛ$^{53}_{(7)}$	45
夹菜	——	tɑ$^{44}_{(7)}$	tai$^{33}_{(7)}$	tai$^{11}_{(7)}$	tai$^{43}_{(7)}$	te$^{43}_{(7)}$	te$^{44}_{(7a)}$	te$^{31}_{(D)}$	tɛ$^{53}_{(7)}$	49
割肉	l̥hei$^{53}_{(7)}$	l̥hɑ$^{44}_{(7)}$	l̥ai$^{33}_{(7)}$	l̥ai$^{11}_{(7)}$	l̥ai$^{43}_{(7)}$	l̥he$^{43}_{(7)}$	le$^{13}_{(7b)}$	——	l̥hɛ$^{53}_{(7)}$	59
插	ȶhi$^{53}_{(7)}$	——	ʈhai$^{33}_{(7)}$	ʈhai$^{11}_{(7)}$	ʈhai$^{43}_{(7)}$	——	ʈe$^{13}_{(7b)}$	ʈʂhe$^{31}_{(D)}$	——	62
眨眼	shei$^{53}_{(7)}$声!	——	ɳʈʂai$^{33}_{(7)}$	ɳʈʂai$^{11}_{(7)}$	——	——	ntse$^{13}_{(7b)}$调!	nʔtse$^{31}_{(D)}$	zou$^{53}_{(7)}$韵!	80
削	——	——	tɕhai$^{33}_{(7)}$	tɕhai$^{11}_{(7)}$	——	khe$^{43}_{(7)}$声!（剃）	tɕe$^{13}_{(7b)}$	tɕhe$^{31}_{(D)}$	khɛ$^{53}_{(7)}$声!（剃）	85
熊	ȴ̥i$^{53}_{(7)}$	——	tl̥ai$^{33}_{(7)}$	tl̥ai$^{11}_{(7)}$	——	——	l̥e$^{44}_{(7a)}$	——	——	117
舀水	hei$^{53}_{(7)}$	——	hai$^{33}_{(7)}$	hai$^{11}_{(7)}$	——	he$^{43}_{(7)}$	ɦe$^{13}_{(7b)}$	he$^{31}_{(D)}$	fɛ$^{53}_{(7)}$	130
舌头	ȵi$^{31}_{(8)}$	mjɑ$^{33}_{(8)}$	mplai$^{24}_{(8)}$	ndlɦai$^{31}_{(8\text{II})}$	mplai$^{54}_{(8)}$	mple$^{55}_{(8)}$	mple$^{21}_{(8)}$	mple$^{31}_{(D)}$	mplɛ$^{13}_{(8)}$	39
避雨	——	——	ɳʈai$^{24}_{(8)}$	ndlɦai$^{31}_{(8\text{II})}$	ɳʈai$^{54}_{(8)}$	ɳʈe$^{55}_{(8)}$	ɳʈe$^{21}_{(8)}$	ɳʈʂe$^{31}_{(D)}$	ȵtɕɛ$^{13}_{(8)}$	73
闪电	ɭi$^{31}_{(8)}$	ɭɑ$^{33}_{(8)}$	lai$^{24}_{(8)}$（打闪）	lɦai$^{31}_{(8\text{II})}$	lai$^{54}_{(8)}$	le$^{55}_{(8)}$	ɭe$^{21}_{(8)}$	le$^{31}_{(D)}$	lɛ$^{13}_{(8)}$	76
下巴	ɕi$^{33}_{(1)}$调!	tɕɑ$^{33}_{(8)}$	ʈʂai$^{24}_{(8)}$	dʐɦai$^{31}_{(8\text{II})}$	——	se$^{55}_{(8)}$	se$^{21}_{(8)}$	ze$^{31}_{(D)}$	sɛ$^{13}_{(8)}$	79
舔	ʑi$^{31}_{(8)}$	ʐɑ$^{33}_{(8)}$	ʐai$^{24}_{(8)}$	ʐɦai$^{31}_{(8\text{II})}$	ʐai$^{54}_{(8)}$	ʑi$^{55}_{(8)}$	ʑe$^{21}_{(8)}$	——	——	95
窄	ŋi$^{31}_{(8)}$	ŋɑ$^{33}_{(8)}$	Nqai$^{24}_{(8)}$	NGɦai$^{31}_{(8\text{II})}$	——	Nqe$^{55}_{(8)}$	ŋke$^{21}_{(8)}$	Nqe$^{31}_{(D)}$	Nqɛ$^{13}_{(8)}$	116

❶接唇音、舌面音、舌根音声母时为 i，接其他声母时为 ei，又养蒿有人把这个韵类全读作 a。

❷在 7，8 调字为 ɑ，在其他调字为 a。

❸接舌面音声母时为 i，接其他声母时为 e。

①“肉”养蒿韵母不合是有原因的，因为这个韵类在养蒿大多数人读作 ei 或 i，有少数人读作 a，我们采取大多数人的读法，但难免有个别字，少数人的读法为大家所接受，“肉”就是这样的字，现在养蒿只有少数人把“肉”读作 ŋi^{55}，大多数人都读作 ŋa^{55}了。

②“快”枫香韵母不合，i 可能是以接 h 为条件的变体。

③“漆”腊乙坪韵母不合，可能是晚期汉语借词

(11)买韵	养蒿	腊乙坪	大南山	石门坎	摆托	甲定	绞坨	野鸡坡	枫香	声类号
ai❶	ɛ	e	ua	a	u	əŋ	oŋ	a	oŋ（u）❷	
有	mɛ$^{55}_{(2)}$	me$^{31}_{(2)}$	mua$^{31}_{(2)}$	mɦa$^{35}_{(2)}$	mu$^{54}_{(2)}$	məŋ$^{55}_{(2)}$	——	ma$^{31}_{(A)}$	mu$^{55}_{(5)}$调!	6
买	mɛ$^{11}_{(4)}$	——	mua$^{21}_{(4)}$	mɦa$^{11}_{(4\text{II})}$	mu$^{21}_{(6)}$调!	——	——	ma$^{55}_{(B)}$	mu$^{31}_{(6)}$调!	6
眼睛	mɛ$^{13}_{(6)}$	me$^{42}_{(6)}$（脸）	mua$^{13}_{(6)}$	ma$^{53}_{(6\text{I})}$	mu$^{21}_{(6)}$	məŋ$^{22}_{(6)}$	moŋ$^{33}_{(6)}$	ma$^{24}_{(C)}$	mu$^{31}_{(6)}$	6
卖	mɛ$^{11}_{(4)}$调!	me$^{42}_{(6)}$	mua$^{13}_{(6)}$	——	mu$^{21}_{(6)}$	məŋ$^{22}_{(6)}$	moŋ$^{13}_{(6)}$	ma$^{24}_{(C)}$	mu$^{31}_{(6)}$	6
柔软	mɛ$^{13}_{(6)}$	ne$^{42}_{(6)}$	mua$^{13}_{(6)}$	ma$^{11}_{(1)}$调!	——	mləŋ$^{22}_{(6)}$	noŋ$^{13}_{(6)}$	mja$^{24}_{(C)}$	mjoŋ$^{31}_{(6)}$	36

❶买韵只接双唇鼻音声母是很不合理的，利用补充分配原则，并入搓、粑二韵类的任何一个

都可以，因为这两个韵类都没有声母为双唇鼻音的例字。但到底应并入哪一个韵类，我们没有把握，暂时先让买韵自成一个韵类，等将来进行更多材料的比较以后，也许搓、粑二韵类之一没有双唇鼻音声母的例字，我们就可以确定买韵应当合并在哪一个韵类。

❷接 m 时为 u，接 mj 时为 oŋ。

(12)毛韵 oi	养蒿 u	腊乙坪 ei(i)❶	大南山 ou	石门坎 au	摆托 u(ou)❷	甲定 o	绞坨 ɔ(o)❸	野鸡坡 u(ou)❷	枫香 ou	声类号
菜	ɣu$^{33}_{(1)}$	ʐei$^{35}_{(1)}$	ʐou$^{43}_{(1)}$	zau$^{55}_{(1)}$	vu$^{55}_{(1)}$	ʐo$^{24}_{(1)}$	ʐɔ$^{32}_{(1a)}$	ʔwju$^{31}_{(A)}$	ɣou$^{33}_{(1)}$	30
四	l̥u$^{33}_{(1)}$	pʐei$^{35}_{(1)}$	plou$^{43}_{(1)}$	tl̥au$^{55}_{(1)}$	plɔu$^{55}_{(1)}$	plo$^{24}_{(1)}$	plɔ$^{32}_{(1a)}$	plou$^{31}_{(A)}$	plou$^{33}_{(1)}$	33
蛋壳①	——	——	phlou$^{43}_{(1)}$	tl̥hau$^{55}_{(1)}$	phlou$^{55}_{(1)}$	phlo$^{24}_{(1)}$	——	phlau$^{24}_{(C)}$ 韵！调！ （蛋软膜）	——	34
毛	ɭ̥u$^{33}_{(1)}$	pji$^{35}_{(1)}$	plou$^{43}_{(1)}$	tl̥au$^{55}_{(1)}$	plou$^{55}_{(1)}$	plo$^{24}_{(1)}$	pɭɔ$^{32}_{(1a)}$	plou$^{31}_{(A)}$	plou$^{33}_{(1)}$	40
布	——	ntei$^{35}_{(1)}$	ntou$^{43}_{(1)}$	ntau$^{55}_{(1)}$	ntu$^{55}_{(1)}$	nto$^{24}_{(1)}$	ntɔ$^{32}_{(1a)}$	nʔtu$^{31}_{(A)}$	ntou$^{33}_{(1)}$	55
腹部	tɕhu$^{33}_{(1)}$	tɕhi$^{35}_{(1)}$	——	tɕhau$^{55}_{(1)}$	——	——	tɕɔ$^{22}_{(1b)}$	tɕhu$^{31}_{(A)}$	——	85
还账	pə$^{55}_{(2)}$韵！	pji$^{31}_{(2)}$	pou$^{31}_{(2)}$	bɦau$^{35}_{(2)}$	pu$^{54}_{(2)}$	po$^{55}_{(2)}$	pɔ$^{53}_{(2)}$	vu$^{31}_{(A)}$	pou$^{24}_{(2)}$	3
头	fhu$^{35}_{(3)}$	pʐei$^{44}_{(3)}$	hou$^{44}_{(5)}$调！	fau$^{33}_{(5)}$调！	hu$^{13}_{(3)}$	ho$^{13}_{(3)}$	wɔ$^{35}_{(5b)}$调！	hu$^{55}_{(B)}$	hou$^{53}_{(3)}$	11
爪	——	ʈa$^{53}_{(5)}$韵！ （蹄）	ʈou$^{44}_{(5)}$调！	ʈau$^{33}_{(5)}$调！	ʈu$^{13}_{(3)}$	ʈo$^{13}_{(3)}$	ʈɔ$^{55}_{(5a)}$调！	——	——	61
灰烬	ɕhu$^{35}_{(3)}$	ɕi$^{44}_{(3)}$	ʈʂhou$^{55}_{(3)}$	ʈʂhau$^{55}_{(3)}$	su$^{13}_{(3)}$	sho$^{13}_{(3)}$	sɔ$^{232}_{(3b)}$	tshu$^{55}_{(B)}$	ɕou$^{53}_{(3)}$	78
头虱	ɕhu$^{35}_{(3)}$	ȵtɕhin$^{44}_{(3)}$ 韵！	ɳʈʂhou$^{55}_{(3)}$	ɳʈʂhau$^{55}_{(3)}$	——	nsho$^{13}_{(3)}$	ntsɔ$^{232}_{(3b)}$	nʔtshu$^{55}_{(B)}$	ntshou$^{53}_{(3)}$	81
筋	ɕhu$^{35}_{(3)}$	ɕi$^{44}_{(3)}$	ʂou$^{55}_{(3)}$	ʂey$^{55}_{(3)}$韵！	su$^{13}_{(3)}$	shɑŋ$^{13}_{(3)}$韵！	sɔ$^{232}_{(3b)}$	su$^{55}_{(B)}$	ɕou$^{33}_{(1)}$调！	83
梦	pu$^{44}_{(5)}$	mpei$^{53}_{(5)}$	mpou$^{44}_{(5)}$	mpu$^{33}_{(5)}$韵！	——	mpo$^{43}_{(5)}$	mpɔ$^{55}_{(5a)}$	mʔpu$^{24}_{(c)}$	mpou$^{55}_{(5)}$	7
写	xho$^{44}_{(5)}$韵！	ʂei$^{53}_{(5)}$	ʂou$^{44}_{(5)}$	sau$^{33}_{(5)}$	fu$^{43}_{(5)}$	ʂho$^{43}_{(5)}$	ʐɔ$^{55}_{(5b)}$	——	——	31
瘦	su$^{44}_{(5)}$声！ 调！	ntsei$^{53}_{(5)}$ 声！调！	ntsou$^{13}_{(6)}$	——	ntsu$^{21}_{(6)}$	nzo$^{22}_{(6)}$	ntso$^{13}_{(6)}$	——	zou$^{31}_{(6)}$	47
摘猪草	ȵu$^{13}_{(6)}$	ɳei$^{42}_{(6)}$	——	ɳɖau$^{31}_{(6Ⅱ)}$	——	ɳʈo$^{22}_{(6)}$	ŋko$^{13}_{(6)}$声！	ɳʈʂu$^{24}_{(c)}$	ȵtɕou$^{31}_{(6)}$	69
刺猬	ɕen$^{13}_{(6)}$韵！	tɕin$^{42}_{(6)}$韵！	ʈʂou$^{13}_{(6)}$	dʐau$^{53}_{(6Ⅰ)}$	tsu$^{21}_{(6)}$	so$^{22}_{(6)}$	so$^{13}_{(6)}$	zu$^{24}_{(c)}$	sou$^{31}_{(6)}$	79

❶接腭化唇音声母和舌面前音声母时为 i，接其他声母时为 ei。“头虱”与“刺猬”韵类不合，原因待查。

❷接 pl，phl 时为 ou，接其他声母时为 u。

❸在 4，6 调字为 o，在其他调字为 ɔ。

①也可能属烧韵。野鸡坡“蛋壳”是 khu$^{55}_{(B)}$lu$^{31}_{(A-D)}$，和其他点不同源，但“蛋软膜”是 a$^{31}_{(A)}$ phlo$^{31}_{(A)}$phlau$^{24}_{(c)}$，词根是双声的，我们认为 phlo$^{31}_{(A)}$phlau$^{24}_{(c)}$可能和其他各点的“蛋壳”同源，不过在野鸡坡意义转变为“蛋软膜”了。我们若选用了第一个音节 phlo$^{31}_{(A)}$韵母不合，应写上“韵！”今选用了第二个音节 phlau$^{24}_{(C)}$，韵、调都不合，分别写上“韵！”“调！”。

(13)酒韵	养蒿	腊乙坪	大南山	石门坎	摆托	甲定	绞坨	野鸡坡	枫香	声类号
eu	u	ə (u)❶	eu	ey	au	ə	ə (ɯ)❷	o	ɛ	
李子	——	——	kheu$^{43}_{(1)}$	khey$^{55}_{(1)}$	khau$^{35}_{(1)}$	khə$^{24}_{(1)}$	kə$^{22}_{(1b)}$	kho$^{31}_{(A)}$	——	97
扬尘	tɕhu$^{33}_{(1)}$	——	ŋkheu$^{43}_{(1)}$	ŋkhey$^{55}_{(1)}$	ŋkhau$^{55}_{(1)}$	ŋkhə$^{24}_{(1)}$	ŋkə$^{22}_{(1b)}$	ŋʔkho$^{31}_{(A)}$	ŋkhɛ$^{33}_{(1)}$	100
白	l̥u$^{33}_{(1)}$	qwə$^{35}_{(1)}$	tl̥eu$^{43}_{(1)}$	tl̥ey$^{55}_{(1)}$	ʔlau$^{55}_{(1)}$	tl̥ə$^{24}_{(1)}$	l̥ə$^{32}_{(1a)}$	qlo$^{31}_{(A)}$	tl̥ɛ$^{33}_{(1)}$	117
会唱歌	su$^{55}_{(2)}$	——	tseu$^{31}_{(2)}$	dzɦey$^{35}_{(2)}$	——	sə$^{55}_{(2)}$	sə$^{53}_{(2)}$	——	sɛ$^{24}_{(2)}$	44
心脏	ɭ̥u$^{35}_{(3)}$	——	pleu$^{55}_{(3)}$	tl̥ey$^{55}_{(3)}$	——	plə$^{13}_{(3)}$	pɭ̥ə$^{42}_{(3a)}$	plo$^{55}_{(B)}$	——	40
皮	tu$^{35}_{(3)}$	tə$^{44}_{(3)}$	teu$^{44}_{(5)}$调！	tey$^{33}_{(5)}$调！	tau$^{13}_{(3)}$	tə$^{13}_{(3)}$	tə$^{42}_{(3a)}$	to$^{55}_{(B)}$	tɛ$^{53}_{(3)}$	49
纸、书	tu$^{35}_{(3)}$	ntə$^{44}_{(3)}$	nteu$^{55}_{(3)}$	ntey$^{55}_{(3)}$	ntau$^{13}_{(3)}$	ntə$^{13}_{(3)}$	ntə$^{42}_{(3a)}$	nʔto$^{55}_{(B)}$	ntɛ$^{53}_{(3)}$	55
烧山	——	——	l̥eu$^{55}_{(3)}$	l̥ey$^{55}_{(3)}$	l̥au$^{13}_{(3)}$	l̥hə$^{13}_{(3)}$	ɭ̥ə$^{232}_{(3b)}$	——	——	75
站起来	ɕhu$^{35}_{(3)}$	ɕə$^{44}_{(3)}$	ʂeu$^{55}_{(3)}$	ʂey$^{55}_{(3)}$	sau$^{13}_{(3)}$	shə$^{13}_{(3)}$	sə$^{232}_{(3b)}$	so$^{55}_{(B)}$	ɕɛ$^{53}_{(3)}$	83
酒	tɕu$^{35}_{(3)}$	tɕɯ$^{44}_{(3)}$韵！	tɕeu$^{55}_{(3)}$	tɕey$^{55}_{(3)}$	tsau$^{13}_{(3)}$声!	tɕə$^{13}_{(3)}$	tɕə$^{42}_{(3a)}$	tɕo$^{55}_{(B)}$	tɕɛ$^{53}_{(3)}$	84
脸	——	——	——	bey$^{33}_{(4Ⅰ)}$	pau$^{32}_{(4)}$	pə$^{31}_{(4)}$	pɯ$^{11}_{(4)}$	——	pɛ$^{13}_{(4)}$	3
柴、火	tu$^{11}_{(4)}$	tə$^{33}_{(4)}$	teu$^{21}_{(4)}$	dey$^{33}_{(4Ⅰ)}$	tau$^{32}_{(4)}$	tə$^{31}_{(4)}$	tɯ$^{11}_{(4)}$	ðo$^{55}_{(B)}$	tɛ$^{13}_{(4)}$	51
脚	tu$^{44}_{(5)}$（诗歌用字）	tə$^{53}_{(5)}$	teu$^{44}_{(5)}$	tey$^{33}_{(5)}$	tau$^{43}_{(5)}$	tə$^{43}_{(5)}$	tə$^{55}_{(5a)}$	to$^{24}_{(C)}$	tɛ$^{55}_{(5)}$	49
床铺	tɕhu$^{44}_{(5)}$	——	tɕheu$^{44}_{(5)}$	tɕhey$^{33}_{(5)}$	——	——	——	tɕho$^{24}_{(C)}$	tɕhɛ$^{55}_{(5)}$	85
吞（二）	——	——	——	——	Nqau$^{43}_{(5)}$	Nqə$^{43}_{(5)}$	ŋkə$^{55}_{(5a)}$	——	Nqɛ$^{55}_{(5)}$	114
核桃	——	——	tl̥eu$^{44}_{(5)}$	tl̥ey$^{33}_{(5)}$	ʔlau$^{43}_{(5)}$	tl̥ə$^{43}_{(5)}$	l̥ə$^{55}_{(5a)}$	qlo$^{24}_{(C)}$	——	117
咸	ɭ̥u$^{44}_{(5)}$	——	tl̥eu$^{44}_{(5)}$	tl̥ey$^{33}_{(5)}$	ʔlau$^{43}_{(5)}$	tl̥ə$^{43}_{(5)}$	l̥ə$^{55}_{(5a)}$	——	tl̥ɛ$^{55}_{(5)}$	121
芋头	vu$^{13}_{(6)}$	wə$^{42}_{(6)}$	veu$^{13}_{(6)}$（老虎芋）	vey$^{53}_{(6Ⅰ)}$	wau$^{21}_{(6)}$	——	wɯ$^{13}_{(6)}$	wo$^{24}_{(C)}$	——	12
爆炸	tu$^{13}_{(6)}$	tə$^{42}_{(6)}$	teu$^{13}_{(6)}$	dey$^{31}_{(6Ⅱ)}$	tau$^{21}_{(6)}$	tə$^{22}_{(6)}$	tɯ$^{13}_{(6)}$	ðo$^{24}_{(C)}$	tɛ$^{31}_{(6)}$	51
筷子	ȶu$^{13}_{(6)}$	ʈɯ$^{42}_{(6)}$韵！	ʈeu$^{13}_{(6)}$	——	ʈau$^{21}_{(6)}$	tə$^{22}_{(6)}$	tɯ$^{13}_{(6)}$	ʐo$^{24}_{(C)}$	tɕɛ$^{31}_{(6)}$	53
少	ɕu$^{13}_{(6)}$	——	ʈʂeu$^{13}_{(6)}$	dʐey$^{31}_{(6Ⅱ)}$	tsau$^{21}_{(6)}$	sə$^{22}_{(6)}$	——	zo$^{24}_{(C)}$	sɛ$^{31}_{(6)}$	79
开门	pu$^{53}_{(7)}$	pu$^{44}_{(7)}$	peu$^{33}_{(7)}$（敞坟）	——	——	pə$^{43}_{(7)}$	——	po$^{31}_{(D)}$	pɛ$^{53}_{(7)}$	1
关门	shu$^{53}_{(7)}$	——	——	——	sau$^{43}_{(7)}$	shə$^{43}_{(7)}$	ʂə$^{13}_{(7)}$声！	——	——	48
点灯	tu$^{53}_{(7)}$	——	teu$^{33}_{(7)}$	tey$^{11}_{(7)}$	tau$^{43}_{(7)}$	——	te$^{44}_{(7a)}$韵！	to$^{31}_{(D)}$	tɛ$^{53}_{(7)}$	49
肚脐	tu$^{53}_{(7)}$	ntu$^{44}_{(7)}$	nteu$^{33}_{(7)}$	ntey$^{11}_{(7)}$（脐带）	ntɑu$^{43}_{(7)}$	ntə$^{43}_{(7)}$	ntə$^{44}_{(7a)}$	nʔto$^{31}_{(D)}$	ntɛ$^{53}_{(7)}$	55
野鸡	——	——	ʈʂeu$^{33}_{(7)}$	ʈʂey$^{11}_{(7)}$	tsau$^{43}_{(7)}$	sə$^{43}_{(7)}$	sə$^{44}_{(7a)}$	——	sɛ$^{53}_{(7)}$	77
挖啄	tɕu$^{53}_{(7)}$	——	ȵ̥tɕeu$^{33}_{(7)}$	ȵ̥tɕey$^{11}_{(7)}$	ȵ̥tɕau$^{43}_{(7)}$	ȵ̥tɕə$^{43}_{(7)}$	ȵ̥tɕə$^{44}_{(7a)}$	ȵ̥ʔtɕo$^{31}_{(D)}$	ȵ̥tɕɛ$^{53}_{(7)}$	90
捡	tɕhə$^{33}_{(1)}$韵！调！	——	kheu$^{33}_{(7)}$	khey$^{11}_{(7)}$	khau$^{43}_{(7)}$	khə$^{43}_{(7)}$	kɯ$^{18}_{(7b)}$	kho$^{31}_{(D)}$	khɛ$^{53}_{(7)}$	97
啃①	ki$^{53}_{(7)}$韵！	ku$^{44}_{(7)}$	keu$^{33}_{(7)}$	key$^{11}_{(7)}$	kau$^{43}_{(7)}$	kə$^{43}_{(7)}$	kə$^{44}_{(7a)}$	ko$^{31}_{(D)}$	kɛ$^{53}_{(7)}$	102

	养蒿	腊乙坪	大南山	石门坎	摆托	甲定	绞坨	野鸡坡	枫香	声类号
鞭子	——	——	mpleu$^{24}_{(8)}$	ndlɦey$^{31}_{(8Ⅱ)}$	——	mplə$^{55}_{(8)}$	mplə$^{21}_{(8)}$	mpʔlo$^{31}_{(D)}$ 声!	——	39
竹子	——	——	ʈeu$^{24}_{(8)}$	ɖɦey$^{31}_{(8Ⅱ)}$	ʈau$^{54}_{(8)}$	ʈə$^{55}_{(8)}$	ʈə$^{21}_{(8)}$	——	tɕɛ$^{13}_{(8)}$	63
跌	——	——	ɳʈʂeu$^{24}_{(8)}$	ɳɖʐɦey$^{31}_{(8Ⅱ)}$	——	——	——	——	——	82
一双筷子	ȵ̥u$^{31}_{(8)}$	ŋoŋ$^{33}_{(8)}$韵!	ŋkeu$^{24}_{(8)}$	ŋgey$^{53}_{(8Ⅰ)}$	ŋkau$^{54}_{(8)}$	ŋkə$^{55}_{(8)}$	ŋkə$^{21}_{(8)}$	ŋko$^{31}_{(D)}$	ŋkɛ$^{13}_{(8)}$	101
山丫口	——	——	tl̥eu$^{24}_{(B)}$	dlɦey$^{31}_{(8Ⅱ)}$	ʔlau$^{54}_{(8)}$	tl̥ə$^{55}_{(8)}$	l̥ə$^{21}_{(8)}$	——	tl̥ɛ$^{13}_{(8)}$	118

❶在7调字为u，在其他调字为ə。有3个字韵母不合。ŋoŋ$^{33}_{(4)}$ “双”实际读作［ŋ ũ^{33}］，我们认为韵母的鼻化是受声母影响的结果，实际应是ŋu，看起来在7，8调字都是u。ʈɯ$^{42}_{(6)}$ “筷子”，ɯ可能是以接卷舌音为条件的变体。至于tɕɯ$^{44}_{(3)}$ “酒”不好解释，不能说ɯ是接舌面音的变体，因为ə也可以接舌面音，如ɕə$^{44}_{(3)}$ “站”。

❷在4，6调字为ɯ，在其他调字为ə。

①“啃”在养蒿读作ki^{53}，韵母不合，但i很可能是接舌根音的变体，由于只有一个例字，暂不作变体看待。

(14)二韵	养蒿	腊乙坪	大南山	石门坎	摆托	甲定	绞坨	野鸡坡	枫香	声类号
au	o	ɯ	au	a	o	ɑ	ɔ	u	a	
二①	o$^{33}_{(1)}$	ɯ$^{35}_{(1)}$	au$^{43}_{(1)}$	a$^{55}_{(1)}$	o$^{55}_{(1)}$	ɑ$^{24}_{(1)}$	ɔ$^{32}_{(1a)}$	u$^{31}_{(A)}$	a$^{33}_{(1)}$	129

①“二”各点声母、声调都合，只是合于这条韵母对应规则的只找到这一个例字，利用补充分配原则，把这个韵归并在哪一个韵类都不合适，所以让这个字自己成为一个韵类，可能在比较的字数增加以后还有合于这条对应规则的。

(15)搓韵	养蒿	腊乙坪	大南山	石门坎	摆托	甲定	绞坨	野鸡坡	枫香	声类号
ɑu	a	ɑ	ua	a	o	u	a（əa）❶	a	a	
搓绳子	fha$^{33}_{(1)}$	——	sua$^{43}_{(1)}$	sa$^{55}_{(1)}$	so$^{55}_{(1)}$	hu$^{24}_{(1)}$声!	sa$^{22}_{(1b)}$	sa$^{31}_{(A)}$	pha$^{33}_{(1)}$	21
纺车①	——	——	ʈʂhua$^{43}_{(1)}$	ʈʂha$^{55}_{(1)}$	so$^{55}_{(1)}$	——	——	tsha$^{31}_{(A)}$	——	78
水獭	ɕha$^{33}_{(1)}$	ȵtɕhɑ$^{35}_{(1)}$	ɳʈʂhua$^{43}_{(1)}$	ɳʈʂha$^{55}_{(1)}$	ntsho$^{55}_{(1)}$	nshu$^{24}_{(1)}$	ntsa$^{22}_{(1b)}$	nʔtsha$^{31}_{(A)}$	ntsha$^{33}_{(1)}$	81
药	tɕa$^{33}_{(1)}$	ŋkɑ$^{35}_{(1)}$声!	kua$^{43}_{(1)}$	ka$^{55}_{(1)}$	ko$^{55}_{(1)}$	ku$^{24}_{(1)}$	ka$^{32}_{(1a)}$	ka$^{31}_{(A)}$	ka$^{33}_{(1)}$	96
梨	ɣa$^{55}_{(2)}$	ʐɑ$^{31}_{(2)}$	ʐua$^{31}_{(2)}$	zɦa$^{35}_{(2)}$	vo$^{54}_{(2)}$	ʐu$^{55}_{(2)}$	ʐa$^{53}_{(2)}$	wja$^{31}_{(A)}$	ɣa$^{24}_{(2)}$	32
客来	ta$^{55}_{(2)}$	——	tua$^{31}_{(2)}$	dɦa$^{35}_{(2)}$	to$^{54}_{(2)}$	tu$^{55}_{(2)}$	ta$^{53}_{(2)}$	ða$^{31}_{(A)}$	ta$^{24}_{(2)}$	51
摊开	tha$^{35}_{(3)}$（解开）	nthɑ$^{44}_{(3)}$（解开）	nthua$^{55}_{(3)}$（散开）	ntha$^{55}_{(3)}$（打开伞）	——	——	——	nʔtha$^{55}_{(B)}$	nthɛ$^{53}_{(3)}$ 韵!	56
屎	qa$^{35}_{(3)}$	qɑ$^{44}_{(3)}$	qua$^{55}_{(3)}$	qa$^{55}_{(3)}$	qo$^{13}_{(3)}$	qu$^{13}_{(3)}$	ha$^{42}_{(3a)}$	qa$^{55}_{(B)}$	qa$^{53}_{(3)}$	111
腰	l̥a$^{35}_{(3)}$	qwɑ$^{44}_{(3)}$	tl̥ua$^{55}_{(3)}$	tl̥a$^{55}_{(3)}$	ʔlo$^{13}_{(3)}$	tl̥u$^{13}_{(3)}$	l̥a$^{42}_{(3a)}$	qla$^{55}_{(B)}$	tl̥a$^{53}_{(3)}$	117

坏了	pa$^{11}_{(4)}$	pɑ$^{33}_{(4)}$	pua$^{21}_{(4)}$	bɦa$^{11}_{(4\mathrm{II})}$（天阴＝天坏）	po$^{32}_{(4)}$	pu$^{31}_{(4)}$	pəa$^{11}_{(4)}$	vu$^{55}_{(B)}$韵！	pa$^{13}_{(4)}$	3
破开肚子	pha$^{44}_{(5)}$	pha$^{53}_{(5)}$韵！	phua$^{44}_{(5)}$	pha$^{33}_{(5)}$（劈）	pho$^{43}_{(5)}$	phu$^{43}_{(5)}$	pa$^{35}_{(5b)}$	pha$^{24}_{(C)}$	pha$^{55}_{(5)}$	2
披衣服	pa$^{44}_{(5)}$	——	mpua$^{44}_{(5)}$	mpa$^{33}_{(5)}$	mpo$^{43}_{(5)}$	mpu$^{43}_{(5)}$	mpa$^{55}_{(5a)}$	——	mpa$^{55}_{(5)}$	7
杀人	ta$^{44}_{(5)}$	tɑ$^{53}_{(5)}$	tua$^{44}_{(5)}$	ta$^{33}_{(5)}$	to$^{43}_{(5)}$	——	ta$^{55}_{(5a)}$	——	——	49
嚼饭	tɕa$^{44}_{(5)}$	cɑ$^{53}_{(5)}$声！	tɕua$^{44}_{(5)}$	tɕa$^{33}_{(5)}$（啃）	tɕo$^{43}_{(5)}$	tɕu$^{43}_{(5)}$	tɕa$^{55}_{(5a)}$	tɕa$^{24}_{(C)}$	tɕa$^{55}_{(5)}$	84
公鸡叫	qa$^{44}_{(5)}$	qɑ$^{53}_{(5)}$	qua$^{44}_{(5)}$	qa$^{33}_{(5)}$	qo$^{43}_{(5)}$	qu$^{43}_{(5)}$	ha$^{55}_{(5a)}$	qa$^{24}_{(C)}$	qa$^{55}_{(5)}$	111
嫁	qha$^{44}_{(5)}$声！	——	qua$^{44}_{(5)}$	qa$^{33}_{(5)}$	qo$^{43}_{(5)}$	——	ha$^{55}_{(5a)}$	ka$^{24}_{(C)}$声！	——	111
撕布	ɭi$^{44}_{(5)}$韵！	qwɑ$^{44}_{(3)}$调！（撕肉）	tl̥ua$^{44}_{(5)}$	tl̥a$^{33}_{(5)}$	ʔlo$^{43}_{(5)}$	tl̥u$^{43}_{(5)}$	ɭ̥a$^{55}_{(5a)}$	qla$^{24}_{(C)}$	tl̥a$^{55}_{(5)}$	121
过	fa$^{44}_{(5)}$	kwɑ$^{53}_{(5)}$	tl̥ua$^{44}_{(5)}$	tl̥a$^{33}_{(5)}$（到）	ko$^{43}_{(5)}$	ku$^{43}_{(5)}$	——	qwa$^{24}_{(C)}$	qwa$^{55}_{(5)}$	123
做①	ɛ$^{44}_{(5)}$韵！	——	ua$^{44}_{(5)}$	a$^{33}_{(5)}$	o$^{43}_{(5)}$	u$^{43}_{(5)}$	aŋ$^{55}_{(5a)}$韵！	a$^{24}_{(C)}$	a$^{55}_{(5)}$	129
鼠(一)①	——	——	ʈʂua$^{13}_{(6)}$	——	pjo$^{21}_{(6)}$	plu$^{22}_{(6)}$	pʐəa$^{13}_{(6)}$	vja$^{55}_{(B)}$调！	tsa$^{24}_{(2)}$调！	25
笋	za$^{13}_{(6)}$	mʐɑ$^{42}_{(6)}$	ɳʈʂua$^{13}_{(6)}$	——	mpjo$^{21}_{(6)}$	mplu$^{22}_{(6)}$	mpʐəa$^{13}_{(6)}$	mpja$^{24}_{(C)}$	ntsa$^{31}_{(6)}$	29
孤儿、寡妇	za$^{13}_{(6)}$	mʐɑ$^{42}_{(6)}$	ɳʈʂua$^{13}_{(6)}$	ndza$^{31}_{(6\mathrm{II})}$	mpjo$^{21}_{(6)}$	mplu$^{22}_{(6)}$	mpʐəa$^{13}_{(6)}$	mpja$^{24}_{(C)}$	ntsa$^{31}_{(6)}$	29
锐利(一)	ɣa$^{13}_{(6)}$	ʐɑ$^{42}_{(6)}$	ʐua$^{13}_{(6)}$	——	——	——	——	wja$^{24}_{(C)}$	ɣa$^{31}_{(6)}$	32
死	ta$^{13}_{(6)}$	tɑ$^{42}_{(6)}$	tua$^{13}_{(6)}$	da$^{31}_{(6\mathrm{II})}$	to$^{21}_{(6)}$	tu$^{22}_{(6)}$	təa$^{13}_{(6)}$	ða$^{24}_{(C)}$	ta$^{31}_{(6)}$	51
吃惯了	ɭa$^{13}_{(6)}$	ɭɑ$^{42}_{(6)}$	——	——	lo$^{21}_{(6)}$	lu$^{22}_{(6)}$	ɭəa$^{13}_{(6)}$	la$^{24}_{(C)}$	la$^{31}_{(6)}$	76
遇见	tɕa$^{13}_{(6)}$	——	——	——	——	tɕu$^{22}_{(6)}$	tɕəa$^{13}_{(6)}$	ʑa$^{24}_{(C)}$	tɕa$^{31}_{(6)}$	86
勤快	ŋa$^{13}_{(6)}$	ŋɑ$^{42}_{(6)}$	Nqua$^{13}_{(6)}$	NGɑ$^{31}_{(6\mathrm{II})}$	Nqo$^{21}_{(6)}$	Nqu$^{22}_{(6)}$	ŋkəa$^{13}_{(6)}$	Nqa$^{24}_{(C)}$	Nqa$^{31}_{(6)}$	116

❶在 4，6 调字为 əa，在其他调字为 a。

①也可能属粑韵。

(16)粑韵	养蒿	腊乙坪	大南山	石门坎	摆托	甲定	绞坨	野鸡坡	枫香	声类号
ɔu	o（ə）❶	o	ua	a	o	u	a（əa）❷	a	a	
树(二)①	——	——	——	faɯ$^{55}_{(1)}$韵！（棵）	ho$^{55}_{(1)}$	hu$^{24}_{(1)}$	wa$^{22}_{(1b)}$	——	fa$^{33}_{(1)}$	11
吹火	tsho$^{33}_{(1)}$	phʐo$^{35}_{(1)}$	ʈʂhua$^{43}_{(1)}$	tsha$^{55}_{(1)}$	phjo$^{55}_{(1)}$	phlu$^{24}_{(1)}$	pʐa$^{22}_{(1b)}$	phja$^{31}_{(A)}$	tsha$^{33}_{(1)}$	24
绿	zo$^{55}_{(2)}$声！调！	mʐo$^{35}_{(1)}$	ɳʈʂua$^{43}_{(1)}$	ntsa$^{55}_{(1)}$	mpjo$^{55}_{(1)}$	mplu$^{24}_{(1)}$	mpʐa$^{32}_{(1a)}$	mʔpja$^{31}_{(A)}$	ntsa$^{33}_{(1)}$	28
蕨菜	xhə$^{33}_{(1)}$	ʂo$^{35}_{(1)}$	ʂua$^{43}_{(1)}$	ʂa$^{55}_{(1)}$	fo$^{55}_{(1)}$	ʂhu$^{24}_{(1)}$	ʐa$^{22}_{(1b)}$	sa$^{31}_{(A)}$	ha$^{33}_{(1)}$	31
声音	xhə$^{33}_{(1)}$	ʂo$^{35}_{(1)}$	ʂua$^{43}_{(1)}$	saɯ$^{55}_{(1)}$韵！	fo$^{55}_{(1)}$	ʂhu$^{24}_{(1)}$	ʐa$^{22}_{(1b)}$	sa$^{31}_{(A)}$	ha$^{33}_{(1)}$	31
房上①	——	——	ʂuɑ$^{43}_{(1)}$	ʂa$^{55}_{(1)}$	so$^{55}_{(1)}$	shu$^{24}_{(1)}$	sa$^{22}_{(1b)}$	sa$^{31}_{(A)}$	ɕa$^{33}_{(1)}$	83

设网套	——	——	tɕua$^{43}_{(1)}$	tɕa$^{55}_{(1)}$	——	tɕu$^{24}_{(1)}$	tɕæ$^{32}_{(1a)}$韵！	tɕa$^{31}_{(A)}$	tɕa$^{33}_{(1)}$	84
捉鸟①										
鸽子	qo$^{33}_{(1)}$	Nqo$^{35}_{(1)}$	Nqua$^{43}_{(1)}$	Nqa$^{55}_{(1)}$	Nqo$^{55}_{(1)}$	Nqu$^{24}_{(1)}$	ŋka$^{32}_{(1a)}$	Nʔqa$^{31}_{(A)}$	Nqa$^{33}_{(1)}$	114
乌鸦②	——	——	ua$^{43}_{(1)}$	a$^{55}_{(1)}$	o$^{55}_{(1)}$	——	a$^{44}_{(7a)}$调！	——	——	129
雾	ho$^{33}_{(1)}$	ho$^{35}_{(1)}$	hua$^{43}_{(1)}$	——	ho$^{55}_{(1)}$	hu$^{24}_{(1)}$	ɦa$^{22}_{(1b)}$	ha$^{31}_{(A)}$	ha$^{33}_{(1)}$	130
结实②	——	——	ʈua$^{31}_{(2)}$	ɖɦa$^{35}_{(2)}$	ʈo$^{54}_{(2)}$	——	ʈa$^{53}_{(2)}$	——	——	63
九	tɕə$^{55}_{(2)}$	tɕo$^{31}_{(2)}$	tɕua$^{31}_{(2)}$	dʑɦa$^{35}_{(2)}$	tɕo$^{54}_{(2)}$	tɕu$^{55}_{(2)}$	tɕa$^{53}_{(2)}$	ʑa$^{31}_{(A)}$	tɕa$^{24}_{(2)}$	86
牛圈	ŋə$^{55}_{(2)}$	——	ŋkua$^{31}_{(2)}$	ŋgɦa$^{35}_{(2)}$	——	——	ŋka$^{53}_{(2)}$	ŋka$^{31}_{(A)}$	——	109
舂米	to$^{35}_{(3)}$	——	tua$^{55}_{(3)}$	——	to$^{13}_{(3)}$	tu$^{13}_{(3)}$	ta$^{42}_{(3a)}$	ta$^{55}_{(B)}$	ta$^{53}_{(3)}$	49
兔①	——	——	lua$^{55}_{(3)}$	la$^{55}_{(3)}$	lo$^{13}_{(3)}$	lu$^{13}_{(3)}$	ɭa$^{42}_{(3a)}$	ʔla$^{55}_{(B)}$	la$^{53}_{(3)}$	74
泼水	tɕhə$^{35}_{(3)}$	ȵtɕho$^{44}_{(3)}$	ȵtɕhua$^{55}_{(3)}$	ȵtɕha$^{55}_{(3)}$	——	ȵtɕhu$^{13}_{(3)}$	ȵtɕa$^{232}_{(3b)}$	ȵʔtɕha$^{55}_{(B)}$	——	91
要钱①	——	——	ʑua$^{55}_{(3)}$	ʑa$^{55}_{(3)}$	ʑo$^{13}_{(3)}$	ʑu$^{13}_{(3)}$	ʑa$^{42}_{(3a)}$	——	ʑa$^{53}_{(3)}$	93
粑粑	tɕə$^{35}_{(3)}$	——	ȵtɕua$^{55}_{(3)}$	ȵtɕa$^{55}_{(3)}$	ȵtɕo$^{13}_{(3)}$	ŋku$^{13}_{(3)}$	ȵtɕa$^{42}_{(3a)}$	ŋʔka$^{55}_{(B)}$	ŋka$^{53}_{(3)}$	99
鼓	ȵə$^{11}_{(4)}$	ɳɑŋ$^{33}_{(4)}$韵！	ɳʈua$^{21}_{(4)}$	ɳɖa$^{33}_{(41)}$	ɳʈo$^{32}_{(4)}$	ɳʈu$^{31}_{(4)}$	ɳʈəa$^{11}_{(4)}$	ɳʈʂa$^{55}_{(B)}$	ȵtɕa$^{13}_{(4)}$	69
洗衣	sho$^{44}_{(5)}$	ntsho$^{53}_{(5)}$	ntshua$^{44}_{(5)}$	ntsha$^{33}_{(5)}$	ntsho$^{43}_{(5)}$	nshu$^{43}_{(5)}$	ntsa$^{35}_{(5b)}$	nʔtsha$^{24}_{(C)}$	ntsha$^{55}_{(5)}$	46
薅草	——	ntho$^{53}_{(5)}$	nthua$^{44}_{(5)}$	——	ntho$^{43}_{(5)}$	——	——	——	——	56
高粱①	——	——	ɳʈʂua$^{33}_{(7)}$ 调！	ɳʈʂa$^{11}_{(7)}$调！ 调！	ntso$^{43}_{(5)}$	nzu$^{43}_{(5)}$	ntsa$^{44}_{(7a)}$	——	za$^{55}_{(5)}$	80
抱	pə$^{13}_{(6)}$	——	pua$^{13}_{(6)}$	ba$^{31}_{(6Ⅱ)}$	po$^{21}_{(6)}$	pu$^{22}_{(6)}$	pəa$^{13}_{(6)}$	va$^{24}_{(C)}$	pa$^{31}_{(6)}$	3
麻	no$^{13}_{(6)}$	no$^{42}_{(6)}$	ntua$^{13}_{(6)}$	nda$^{53}_{(61)}$	nto$^{21}_{(6)}$	ntu$^{22}_{(6)}$	ntəa$^{13}_{(6)}$	nta$^{24}_{(C)}$	nta$^{31}_{(6)}$	57
褴褛①	nei$^{13}_{(6)}$韵！	——	ɳʈua$^{13}_{(6)}$声！	ndla$^{31}_{(6Ⅱ)}$	ɳʈo$^{21}_{(6)}$	ntl̥u$^{22}_{(6)}$	mpləa$^{13}_{(6)}$	qla$^{24}_{(C)}$声！	ntl̥a$^{31}_{(6)}$	120

❶接双唇音、舌面音、舌根音声母时为 ə，接其他声母时为 o。

❷在 4，6 调字为 əa，在其他调字为 a。

①也可能属搓韵。

②也可能属拍、搓二韵中的任何一韵。

(17)烧韵	养蒿	腊乙坪	大南山	石门坎	摆托	甲定	绞坨	野鸡坡	枫香	声类号
ou	u	ɔ	ou	au	u（ou）❶	o	ɔ（ou）❷	u（ou）❶	ou	
知道①	pu$^{33}_{(1)}$	——	pou$^{43}_{(1)}$	pau$^{55}_{(1)}$	pu$^{55}_{(1)}$	po$^{24}_{(1)}$	pɔ$^{32}_{(1a)}$	——	pou$^{33}_{(1)}$	1
倒茶水①	ɭju$^{33}_{(1)}$	——	lou$^{43}_{(1)}$	——	——	lo$^{24}_{(1)}$	ɭo$^{32}_{(1a)}$铸	ʔlu$^{31}_{(A)}$	lou$^{33}_{(1)}$	74
黄豆①	pu$^{35}_{(3)}$	——	pou$^{55}_{(3)}$	pau$^{55}_{(3)}$	——	po$^{13}_{(3)}$	——	——	pou$^{53}_{(3)}$	1
女婿①	——	——	vou$^{55}_{(3)}$	vau$^{55}_{(3)}$	vu$^{13}_{(3)}$	vo$^{13}_{(3)}$	wɔ$^{42}_{(3a)}$	ʔwu$^{55}_{(B)}$	——	10
面粉①	——	——	——	——	plou$^{13}_{(3)}$	plo$^{13}_{(3)}$	plɔ$^{55}_{(5a)}$调！	plou$^{55}_{(B)}$	——	33
烧柴①	ʈu$^{35}_{(3)}$	——	ʈou$^{55}_{(3)}$	tl̥au$^{55}_{(3)}$	tu$^{13}_{(3)}$	ʈo$^{13}_{(3)}$	ʂɔ$^{42}_{(3a)}$	ʈʂu$^{55}_{(B)}$	tɕou$^{53}_{(3)}$	70

老①②	lu$^{11}_{(4)}$	——	lou$^{21}_{(4)}$	lɦau$^{11}_{(4\mathrm{II})}$	lu$^{32}_{(4)}$	lo$^{31}_{(4)}$	lo$^{11}_{(4)}$	lau$^{55}_{(B)}$韵！	lou$^{13}_{(4)}$	60
沸①	——	——	mpou$^{44}_{(5)}$	mpau$^{33}_{(5)}$	mpu$^{43}_{(5)}$	mpo$^{43}_{(5)}$	mpɔ$^{55}_{(5a)}$	mʔpu$^{24}_{(C)}$	——	7
斧头	to$^{44}_{(5)}$韵！	tɔ$^{53}_{(5)}$	tou$^{33}_{(1)}$调！	tau$^{11}_{(7)}$调！	tu$^{43}_{(5)}$	——	tɔ$^{55}_{(5a)}$	tu$^{24}_{(C)}$	tou$^{55}_{(5)}$	49
煮	hu$^{44}_{(5)}$	hɔ$^{53}_{(5)}$	hou$^{44}_{(5)}$	hau$^{33}_{(5)}$	——	ho$^{43}_{(5)}$	——	——	hou$^{55}_{(5)}$	130
脓	pu$^{13}_{(6)}$	pɔ$^{42}_{(6)}$	pou$^{13}_{(6)}$	bau$^{53}_{(61)}$	pu$^{21}_{(6)}$	po$^{22}_{(6)}$	po$^{13}_{(6)}$	vu$^{55}_{(B)}$调！	pou$^{31}_{(6)}$	3
青年男子①	ȵo$^{13}_{(6)}$韵！（男子美）	——	ɳʈou$^{13}_{(6)}$	ɳɖau$^{53}_{(61)}$	——	——	ɳʈo$^{13}_{(6)}$（男子美）	ɳʈʂu$^{24}_{(C)}$（男子美）	ȵtɕou$^{31}_{(6)}$（男子美）	69
膝盖	tɕu$^{13}_{(6)}$	tɕɔ$^{42}_{(6)}$	tɕou$^{13}_{(6)}$	dʑau$^{53}_{(61)}$	tɕu$^{21}_{(6)}$	tɕo$^{22}_{(6)}$	tɕo$^{13}_{(6)}$	ʑu$^{24}_{(C)}$	tɕou$^{31}_{(6)}$	86
醉倒	ku$^{13}_{(6)}$	qɔ$^{42}_{(6)}$	qou$^{13}_{(6)}$	ɢau$^{31}_{(6\mathrm{II})}$	qu$^{21}_{(6)}$	qo$^{22}_{(6)}$	ho$^{13}_{(6)}$	ʁu$^{24}_{(C)}$	qou$^{31}_{(6)}$	113
缩①	xhu$^{53}_{(7)}$	——	——	xau$^{11}_{(7)}$	——	——	——	——	——	110
冰	l̥u$^{53}_{(7)}$	cɛ$^{44}_{(7)}$韵！	tl̥ou$^{33}_{(7)}$	tl̥au$^{11}_{(7)}$	——	——	——	——	——	121

❶接 pl 时为 ou，接其他声母时为 u。

❷在 4，6 调字为 o，在其他调字为 ɔ。

①也可能属毛韵。

②“老”野鸡坡韵母不合，疑为晚期汉语借词。

(18)新韵	养蒿	腊乙坪	大南山	石门坎	摆托	甲定	绞坨	野鸡坡	枫香	声类号
in	ei（i）❶	ɛn	a	ie	en	ɛ（ɛn）❷	æin(ein i)❸	en	en（i）❶	
肝	xhi$^{33}_{(1)}$（心肠）	ʂɛn$^{35}_{(1)}$	ʂa$^{43}_{(1)}$	sie$^{55}_{(1)}$	——	ʂhɛ$^{24}_{(1)}$	ʐæin$^{22}_{(1b)}$	sen$^{31}_{(A)}$	hen$^{33}_{(1)}$	31
高	xhi$^{33}_{(1)}$	ʂɛn$^{35}_{(1)}$	ʂa$^{43}_{(1)}$	sie$^{55}_{(1)}$	fen$^{55}_{(1)}$	ʂhɛ$^{24}_{(1)}$	ʐæin$^{22}_{(1b)}$	sen$^{31}_{(A)}$	——	31
初一①	——	——	sa$^{43}_{(1)}$	sie$^{55}_{(1)}$	sen$^{55}_{(1)}$	shɛ$^{24}_{(1)}$	sæin$^{22}_{(1b)}$	sen$^{31}_{(A)}$	ɕen$^{33}_{(1)}$声！	48
裙子	tei$^{33}_{(1)}$	tɛn$^{35}_{(1)}$	ta$^{43}_{(1)}$	tie$^{55}_{(1)}$	ten$^{55}_{(1)}$	tɛ$^{24}_{(1)}$	tæin$^{32}_{(1a)}$	ten$^{31}_{(A)}$	ten$^{33}_{(1)}$	49
猴子	lei$^{33}_{(1)}$	——	la$^{43}_{(1)}$	lie$^{55}_{(1)}$	len$^{55}_{(1)}$	lɛ$^{24}_{(1)}$	læin$^{32}_{(1a)}$	——	len$^{33}_{(1)}$	58
红①	——	——	la$^{43}_{(1)}$	lie$^{55}_{(1)}$	len$^{55}_{(1)}$	lɛ$^{24}_{(1)}$	læin$^{32}_{(1a)}$	ʔlen$^{31}_{(A)}$	len$^{31}_{(1)}$	58
新	xhi$^{33}_{(1)}$	ɕɛn$^{35}_{(1)}$	ʈʂha$^{43}_{(1)}$	ʈʂhie$^{55}_{(1)}$	sen$^{55}_{(1)}$	shɛ$^{24}_{(1)}$	sæin$^{22}_{(1b)}$	sen$^{31}_{(A)}$声！	ɕen$^{33}_{(1)}$	78
水清	ɕhi$^{33}_{(1)}$	——	ɳʈʂha$^{43}_{(1)}$	ɳʈʂhie$^{55}_{(1)}$	ntshen$^{55}_{(1)}$	nshɛ$^{24}_{(1)}$	ntsæin$^{22}_{(1b)}$	nʔtshe$^{31}_{(A)}$韵！	ntshen$^{33}_{(1)}$	81
一升米②	ɕhen$^{33}_{(1)}$韵！	——	ʂa$^{43}_{(1)}$	ʂi$^{55}_{(1)}$韵！	sen$^{55}_{(1)}$	shɛ$^{24}_{(1)}$	sæin$^{22}_{(1b)}$	sen$^{31}_{(A)}$	ɕen$^{33}_{(1)}$	83
苦	i$^{33}_{(1)}$韵！	ɛn$^{35}_{(1)}$	a$^{43}_{(1)}$	ie$^{55}_{(1)}$	en$^{55}_{(1)}$	ɛ$^{24}_{(1)}$	æin$^{32}_{(1a)}$	——	en$^{33}_{(1)}$	129
打草鞋、编簸箕	hei$^{33}_{(1)}$	hɛn$^{35}_{(1)}$	ha$^{33}_{(1)}$	ɕie$^{55}_{(1)}$	hwen$^{55}_{(1)}$声！	hɛn$^{24}_{(1)}$	ɦæin$^{22}_{(1b)}$	hen$^{31}_{(A)}$	hen$^{33}_{(1)}$	130
平③	——	——	ta$^{31}_{(2)}$	dɦie$^{35}_{(2)}$	ten$^{54}_{(2)}$（头顶）	——	tæin$^{53}_{(2)}$	——	ten$^{24}_{(2)}$（头顶）	51

镰刀	ɭ̥en$^{55}_{(2)}$韵！	——	la$^{43}_{(1)}$调！	lie$^{55}_{(1)}$调！	len$^{54}_{(2)}$	lɛ$^{55}_{(2)}$	ɭæin$^{53}_{(2)}$	——	len$^{24}_{(2)}$	76
田	ɭ̥i$^{55}_{(2)}$	——	la$^{31}_{(2)}$	lɦie$^{35}_{(2)}$	len$^{54}_{(2)}$	lɛ$^{55}_{(2)}$	ɭæin$^{53}_{(2)}$	len$^{31}_{(A)}$	len$^{24}_{(2)}$	76
活①	——	——	tɕa$^{31}_{(2)}$	dʑɦie$^{35}_{(2)}$	——	tɕɛ$^{55}_{(2)}$	tɕein$^{53}_{(2)}$	ʑi$^{31}_{(A)}$韵！	——	86
银子	ȵi$^{55}_{(2)}$	——	ȵa$^{31}_{(2)}$	ȵɦie$^{35}_{(2)}$	ȵen$^{54}_{(2)}$	ȵɛ$^{55}_{(2)}$	ȵi$^{53}_{(2)}$	ȵen$^{31}_{(A)}$	ȵi$^{24}_{(2)}$	89
面前①	——	——	nta$^{31}_{(2)}$	ndlɦie$^{35}_{(2)}$	——	mplɛ$^{55}_{(2)}$ 声！	mplæin$^{53}_{(2)}$	ɴqlen$^{31}_{(A)}$	mplen$^{24}_{(2)}$ 声！	120
嗉囊	pi$^{35}_{(3)}$	——	tsa$^{44}_{(5)}$调！	tsie$^{33}_{(5)}$调！	pjen$^{13}_{(3)}$	pə$^{13}_{(3)}$韵！	pjein$^{55}_{(5a)}$ 调！	pu$^{55}_{(B)}$韵！	poŋ$^{53}_{(3)}$韵！	13
牙齿	m̥hi$^{35}_{(3)}$	ɕɛn$^{44}_{(3)}$	n̥a$^{55}_{(3)}$	ȵie$^{55}_{(3)}$	m̥jen$^{13}_{(3)}$	m̥hɛ$^{13}_{(3)}$	mi$^{232}_{(3b)}$	m̥jen$^{55}_{(B)}$	m̥hen$^{53}_{(3)}$	16
葡萄	qei$^{55}_{(3)}$	qɛn$^{44}_{(3)}$	qa$^{55}_{(3)}$	——	qen$^{13}_{(3)}$	qɛ$^{13}_{(3)}$	hæin$^{42}_{(3a)}$	qen$^{55}_{(B)}$	qen$^{53}_{(3)}$	111
姜	khi$^{35}_{(3)}$	——	qha$^{55}_{(3)}$	——	qhen$^{13}_{(3)}$	qhɛ$^{13}_{(3)}$	hæin$^{232}_{(3b)}$	qhwjen$^{55}_{(B)}$	khen$^{53}_{(3)}$	127
柿子	mi$^{11}_{(4)}$	mɛn$^{33}_{(4)}$	na$^{21}_{(4)}$	ȵɦie$^{11}_{(4Ⅱ)}$ （野柿子）	——	mɛ$^{31}_{(4)}$	——	men$^{55}_{(B)}$	men$^{13}_{(4)}$	17
辫子	mi$^{11}_{(4)}$	——	——	ndzie$^{33}_{(4Ⅰ)}$	——	mpɛ$^{31}_{(4)}$	mpjein$^{11}_{(4)}$	mpen$^{55}_{(B)}$	——	20
编辫子	mi$^{11}_{(4)}$	——	ntsa$^{21}_{(4)}$	ndzɦie$^{11}_{(4Ⅱ)}$	mpjen$^{32}_{(4)}$	mpɛ$^{31}_{(4)}$	mpjein$^{11}_{(4)}$	mpen$^{55}_{(B)}$	mpen$^{13}_{(4)}$	20
锅	vi$^{11}_{(4)}$	wɛn$^{33}_{(4)}$	ʑa$^{21}_{(4)}$	ʑie$^{33}_{(4Ⅰ)}$	ʑen$^{32}_{(4)}$	vɛ$^{31}_{(4)}$	ʑein$^{11}_{(4)}$	wen$^{55}_{(B)}$	ven$^{13}_{(4)}$	22
冰凉	sei$^{11}_{(4)}$	tsɛn$^{33}_{(4)}$	tsa$^{21}_{(4)}$	dzɦie$^{11}_{(4Ⅱ)}$	tsen$^{32}_{(4)}$	sɛ$^{31}_{(4)}$	sein$^{11}_{(4)}$	——	sen$^{13}_{(4)}$	44
浅（一）	ȵi$^{11}_{(4)}$	——	——	——	——	ȵɛ$^{31}_{(4)}$	ȵi$^{11}_{(4)}$	——	ȵi$^{13}_{(4)}$	89
嗅	m̥hi$^{44}_{(5)}$	——	n̥a$^{44}_{(5)}$	n̥aɯ$^{33}_{(5)}$ （动物嗅）韵！	m̥jou$^{43}_{(5)}$ 韵！	m̥hɛ$^{43}_{(5)}$	mi$^{35}_{(5b)}$	m̥jen$^{24}_{(C)}$	m̥hen$^{55}_{(5)}$	16
肉塞 牙缝①	——	ɳʈha$^{44}_{(7)}$ 韵！调！	ɳʈha$^{44}_{(5)}$	ɳʈhie$^{33}_{(5)}$	——	——	ɳʈei$^{35}_{(5b)}$ 韵！	——	——	68
钉钉子①	——	ȵtɕɛn$^{53}_{(5)}$	ɳʈʂa$^{44}_{(5)}$	ɳʈʂie$^{33}_{(5)}$	ntsen$^{43}_{(5)}$	nzɛ$^{43}_{(5)}$	——	nˀtsen$^{24}_{(C)}$	——	80
光滑①	——	mjɛn$^{42}_{(6)}$	mpla$^{13}_{(6)}$	ndlie$^{31}_{(6Ⅱ)}$	mplen$^{21}_{(6)}$	mplɛ$^{22}_{(6)}$	mplein$^{13}_{(6)}$	mplen$^{24}_{(C)}$	mplen$^{31}_{(6)}$	39
母狗	mi$^{31}_{(8)}$	——	na$^{24}_{(8)}$	ȵie$^{53}_{(81)}$	mje$^{54}_{(8)}$韵！	mɛ$^{55}_{(8)}$	mi$^{21}_{(8)}$	men$^{24}_{(C1)}$调！	men$^{13}_{(8)}$	17

❶接唇音、舌面音、舌根音、喉塞音（标音省略，以元音开始）时为 i，接其他声母时为 ei，“升”，“镰刀”声母为舌面音，应作 i，今作 en，疑为晚期汉语借词。

❷接 h 时为 ɛn，接其他声母时为 ɛ。

❸接鼻音声母时为 i，接舌面音声母时为 ein，接其他声母而在 4，6 调字时，也是 ein，在其他调字时则为 æin。

❹接 ȵ 时为 i，接其他声母时为 en。

①也可能属千韵。

②“升”养蒿韵母不合，疑为晚期汉语借词，石门坎韵母不合，原因不明。又此字也可能属千韵。

③摆托、甲定“平”字分别读作 phjen$^{54}_{(2)}$，phlin$^{55}_{(2)}$，都是晚期汉语借词，和别的点不同源。摆托、枫香“头顶”分别读作 ten$^{54}_{(2)}$，ten$^{24}_{(2)}$，声、韵、调都与其他各点对应，应为同源

字，苗族认为“头顶”为头的平坦的部位，以“平”表“顶”是可以理解的。“平”甲定读 tin^{55}，义为“头顶”，韵母不合，疑为现代汉语“顶”字的借音，未列在表上。又“平”字可能属千韵。

(19)人韵	养蒿	腊乙坪	大南山	石门坎	摆托	甲定	绞坨	野鸡坡	枫香	声类号
en	ɛ(i,a)❶	e	en	ɯ	e(ie,en)❷	in	æin(ein)❸	aŋ(a)❹	i(ei,en)❺	
茅草	qɛ$^{33}_{(1)}$	——	Nqen$^{43}_{(1)}$	Nqɯ$^{55}_{(1)}$	Nqe$^{55}_{(1)}$	Nqin$^{24}_{(1)}$	ŋkæin$^{32}_{(1a)}$	——	Nqei$^{33}_{(1)}$	114
人	nɛ$^{55}_{(2)}$	ne$^{31}_{(2)}$	nen$^{43}_{(1)}$调！	nɯ$^{55}_{(1)}$调！ nɦɯ$^{35}_{(2)}$（成家=成人）	——	ȵin$^{55}_{(2)}$	——	na$^{31}_{(A)}$	ȵi$^{24}_{(2)}$	54
芦笙	ki$^{55}_{(2)}$	——	qen$^{31}_{(2)}$	Gɦɯ$^{35}_{(2)}$	qe$^{54}_{(2)}$	qin$^{55}_{(2)}$	hæin$^{53}_{(2)}$	ʁwjaŋ$^{31}_{(A)}$	ki$^{24}_{(2)}$	128
脚印	m̥ha$^{35}_{(3)}$	——	nen$^{55}_{(3)}$声！	n̥ɯ$^{55}_{(3)}$	m̥jen$^{13}_{(3)}$	m̥hin$^{13}_{(3)}$	mein$^{42}_{(3a)}$ 调！	m̥a$^{55}_{(B)}$	m̥hen$^{33}_{(1)}$ 调！	16
弩	n̥hen$^{35}_{(3)}$ 韵！	——	n̥en$^{55}_{(3)}$	n̥ɯ$^{55}_{(3)}$	——	ȵ̊hin$^{13}_{(3)}$	nein$^{232}_{(3b)}$	n̥a$^{55}_{(B)}$	h̥en$^{53}_{(3)}$	53
马	ma$^{11}_{(4)}$	me$^{33}_{(4)}$	nen$^{21}_{(4)}$	nɯ$^{33}_{(41)}$	mji$^{32}_{(4)}$韵！	min$^{31}_{(4)}$	mein$^{11}_{(4)}$	ma$^{55}_{(B)}$	nen$^{13}_{(4)}$声！	17
木炭	thɛ$^{44}_{(5)}$	the$^{53}_{(5)}$	then$^{44}_{(5)}$	thɯ$^{33}_{(5)}$	thie$^{43}_{(5)}$	thin$^{43}_{(5)}$	tæin$^{35}_{(5b)}$	thaŋ$^{24}_{(C)}$	thi$^{55}_{(5)}$	50

❶接舌根音声母时为 i，接唇鼻音声母时为 a，接其他声母时为 ɛ。

❷接 th 时为 ie，接唇鼻音声母时为 en，接其他声母时为 e。

❸接鼻音声母或在 4，6 调字时为 ein，不接鼻音声母在其他调字时为 æin。

❹接鼻音声母时为 a，接其他声母时为 aŋ。

❺接小舌音声母时为 ei，接硬鼻音声母时为 en，接其他声母时为 i。

(20)千韵	养蒿	腊乙坪	大南山	石门坎	摆托	甲定	绞坨	野鸡坡	枫香	声类号
æn	aŋ	ɛn	a	ie	en	ɛ	æin（ein，i）❶	en	en（i）❷	
千	shaŋ$^{33}_{(1)}$	tshɛn$^{35}_{(1)}$ 声！	tsha$^{43}_{(1)}$	tshie$^{55}_{(1)}$	sen$^{55}_{(1)}$	shɛ$^{24}_{(1)}$	tɕein$^{22}_{(1b)}$ 声！	tshen$^{31}_{(A)}$	ɕen$^{33}_{(1)}$	43
斤	tɕaŋ$^{33}_{(1)}$	——	——	——	tɕen$^{55}_{(1)}$	tɕɛ$^{24}_{(1)}$	tɕein$^{32}_{(1a)}$	tɕen$^{31}_{(A)}$	tɕen$^{33}_{(1)}$	84
额头	ȵaŋ$^{33}_{(1)}$	ɕɛn$^{35}_{(1)}$	——	ȵie$^{55}_{(1)}$	——	——	ȵi$^{22}_{(1b)}$	——	ȵhi$^{33}_{(1)}$	88
一钱银子	saŋ$^{55}_{(2)}$	——	tsa$^{31}_{(2)}$	dzɦie$^{35}_{(2)}$	tsen$^{54}_{(21)}$	sɛ$^{55}_{(2)}$	sæin$^{53}_{(2)}$	zen$^{31}_{(A)}$	sen$^{24}_{(2)}$	44
熟	ɕhaŋ$^{35}_{(3)}$	ɕɛn$^{44}_{(3)}$	ʂa$^{55}_{(3)}$	ʂie$^{55}_{(3)}$	sen$^{13}_{(3)}$	shɛ$^{13}_{(3)}$	sæin$^{232}_{(3b)}$	sen$^{55}_{(B)}$	ɕen$^{53}_{(3)}$	83
哭	ȵaŋ$^{35}_{(3)}$	ȵɛn$^{44}_{(3)}$	ȵa$^{55}_{(3)}$	ȵie$^{55}_{(3)}$	ȵen$^{13}_{(3)}$	ȵɛ$^{13}_{(3)}$	ȵi$^{42}_{(3a)}$	ʔȵen$^{55}_{(B)}$	ȵi$^{53}_{(3)}$	87
薄	ȵaŋ$^{11}_{(4)}$	ȵɛn$^{33}_{(4)}$	ȵa$^{21}_{(4)}$	ȵɦie$^{11}_{(4Ⅱ)}$	ȵen$^{32}_{(4)}$	ȵɛ$^{31}_{(4)}$	ȵi$^{11}_{(4)}$	ȵen$^{55}_{(B)}$	ȵi$^{13}_{(4)}$	89
偷	ȵaŋ$^{13}_{(6)}$	ȵɛn$^{42}_{(6)}$	ȵa$^{13}_{(6)}$	ȵie$^{31}_{(6Ⅱ)}$	ȵen$^{21}_{(6)}$	ȵɛ$^{22}_{(6)}$	ȵi$^{13}_{(6)}$	ȵen$^{24}_{(C)}$	ȵi$^{31}_{(6)}$	89

❶接鼻音声母时为 i，接鼻音声母以外的舌面音声母时为 ein，接其他声母时为 æin。由人韵类推，若有非舌面鼻音声母的 4，6 调字，其韵母也是 ein。

❷接鼻音声母时为 i，接其他声母时为 en。

(21)放韵	养蒿	腊乙坪	大南山	石门坎	摆托	甲定	绞坨	野鸡坡	枫香	声类号
ɔn	aŋ	ɑŋ	au	o	ɔŋ	oŋ	oŋ（ɔ）❶	oŋ	aŋ	
一床被子	phaŋ$^{33}_{(1)}$	——	phau$^{43}_{(1)}$	pho$^{55}_{(1)}$	phɔŋ$^{55}_{(1)}$	phoŋ$^{24}_{(1)}$	——	phoŋ$^{31}_{(A)}$	phaŋ$^{33}_{(1)}$	2
胸膛	——	——	ɳʈau$^{43}_{(1)}$	ɳʈo$^{55}_{(1)}$	ɳʈɔŋ$^{55}_{(1)}$	ɳʈoŋ$^{24}_{(1)}$	ɳʈoŋ$^{32}_{(1a)}$	——	ȵtɕaŋ$^{33}_{(1)}$	67
穿针	tɕhaŋ$^{33}_{(1)}$	tɕhɑŋ$^{35}_{(1)}$	tɕhau$^{43}_{(1)}$	tɕho$^{55}_{(1)}$	tɕhɔŋ$^{55}_{(1)}$	tɕhoŋ$^{24}_{(1)}$	tɕoŋ$^{22}_{(1b)}$	tɕhoŋ$^{31}_{(A)}$	tɕhaŋ$^{33}_{(1)}$	85
在、居住	ȵaŋ$^{33}_{(1)}$	ȵi$^{35}_{(1)}$韵！	ȵau$^{43}_{(1)}$	ȵo$^{55}_{(1)}$	ȵɔŋ$^{55}_{(1)}$	ȵoŋ$^{24}_{(1)}$	ȵɔ$^{32}_{(1a)}$	ʔȵoŋ$^{31}_{(A)}$	ȵaŋ$^{33}_{(1)}$	87
沉	taŋ$^{55}_{(2)}$	——	tau$^{13}_{(6)}$	do$^{31}_{(6Ⅱ)}$	ten$^{54}_{(2)}$韵！	——	toŋ$^{13}_{(6)}$	toŋ$^{31}_{(A)}$韵！	taŋ$^{24}_{(2)}$	51
油	ȶaŋ$^{55}_{(2)}$	——	ʈau$^{31}_{(2)}$	dlɦo$^{35}_{(2)}$	ʈɔŋ$^{54}_{(2)}$	ʈoŋ$^{55}_{(2)}$	ʂoŋ$^{55}_{(2)}$	ʐoŋ$^{31}_{(A)}$	tɕaŋ$^{24}_{(2)}$	71
船	ȵaŋ$^{55}_{(2)}$	ŋɑŋ$^{31}_{(2)}$	ŋkau$^{31}_{(2)}$	ŋgɦo$^{35}_{(2)}$	ŋkɔŋ$^{54}_{(2)}$	ŋkoŋ$^{55}_{(2)}$	ŋkoŋ$^{53}_{(2)}$	ŋkoŋ$^{31}_{(A)}$	ŋkaŋ$^{24}_{(2)}$	101
射箭	paŋ$^{35}_{(3)}$	pɑŋ$^{44}_{(3)}$	pau$^{55}_{(3)}$	po$^{55}_{(3)}$	pɔŋ$^{13}_{(3)}$	poŋ$^{13}_{(3)}$	poŋ$^{42}_{(3a)}$	poŋ$^{55}_{(B)}$ （打枪）	paŋ$^{53}_{(3)}$	1
听见	n̥haŋ$^{35}_{(3)}$	n̥hɑŋ$^{44}_{(3)}$	n̥au$^{55}_{(3)}$	n̥o$^{55}_{(3)}$	n̥ɔn$^{13}_{(3)}$	n̥hoŋ$^{13}_{(3)}$	nɔ$^{232}_{(3b)}$	n̥u$^{55}_{(B)}$韵！	n̥haŋ$^{53}_{(3)}$	53
回来	ȶaŋ$^{35}_{(3)}$	——	ʈau$^{55}_{(3)}$	ʈo$^{55}_{(3)}$	——	——	ʈoŋ$^{42}_{(3a)}$	tʂoŋ$^{55}_{(B)}$	tɕaŋ$^{53}_{(3)}$	61
洞	qhaŋ$^{35}_{(3)}$	——	qhau$^{55}_{(3)}$	qho$^{55}_{(3)}$	qhɔŋ$^{13}_{(3)}$	qhoŋ$^{13}_{(3)}$	hoŋ$^{232}_{(3b)}$	qhoŋ$^{55}_{(B)}$	qhaŋ$^{53}_{(3)}$	112
黄牛叫	——	——	Nqau$^{55}_{(3)}$	Nqo$^{55}_{(3)}$	——	Nqoŋ$^{13}_{(3)}$	ŋkoŋ$^{42}_{(3a)}$	NʔqoŋN$^{55}_{(B)}$	Nqaŋ$^{53}_{(3)}$	114
滚石头	ȴ̥aŋ$^{35}_{(3)}$	cɑŋ$^{44}_{(3)}$	tl̥au$^{55}_{(3)}$	tl̥o$^{55}_{(3)}$	ʔlɔŋ$^{13}_{(3)}$	tl̥oŋ$^{13}_{(3)}$	——	qloŋ$^{55}_{(B)}$ （滚下）	——	121
绳子	——	mɑŋ$^{33}_{(4)}$	mau$^{21}_{(4)}$	mo$^{33}_{(4Ⅰ)}$	mɔŋ$^{32}_{(4)}$	——	moŋ$^{11}_{(4)}$韵！	moŋ$^{55}_{(B)}$	——	6
面粉细	moŋ$^{11}_{(4)}$韵！	mɑŋ$^{33}_{(4)}$	mau$^{21}_{(4)}$	mɦo$^{11}_{(4Ⅱ)}$	——	moŋ$^{31}_{(4)}$	——	——	maŋ$^{13}_{(4)}$	6
寨子	ɣaŋ$^{11}_{(4)}$	ʐɑŋ$^{33}_{(4)}$	ʐau$^{21}_{(4)}$	zo$^{33}_{(4Ⅰ)}$	vɔŋ$^{32}_{(4)}$	ʐoŋ$^{31}_{(4)}$	ʐoŋ$^{11}_{(4)}$	wjoŋ$^{55}_{(B)}$	ɣaŋ$^{13}_{(4)}$	32
半天	taŋ$^{11}_{(4)}$	——	taŋ$^{13}_{(6)}$ 韵！调！	daɯ$^{31}_{(6Ⅱ)}$ 韵！调！	tɔŋ$^{21}_{(6)}$调！	toŋ$^{22}_{(6)}$调！	toŋ$^{33}_{(6)}$调！	——	taŋ$^{13}_{(4)}$	51
等候	taŋ$^{11}_{(4)}$	tɑŋ$^{33}_{(4)}$	tau$^{21}_{(4)}$	dɦo$^{11}_{(4Ⅱ)}$	tɔŋ$^{32}_{(4)}$	toŋ$^{31}_{(4)}$	toŋ$^{11}_{(4)}$	ðoŋ$^{55}_{(B)}$	taŋ$^{13}_{(4)}$	51
埋人	ȴaŋ$^{11}_{(4)}$	ȴɑŋ$^{33}_{(4)}$	lau$^{21}_{(4)}$	——	lɔŋ$^{32}_{(4)}$	loŋ$^{31}_{(4)}$	ɭoŋ$^{11}_{(4)}$	loŋ$^{55}_{(B)}$	laŋ$^{13}_{(4)}$	76
梭子	ŋaŋ$^{11}_{(4)}$	nɑŋ$^{33}_{(4)}$声！	Nqau$^{21}_{(4)}$	NGo$^{33}_{(4Ⅰ)}$	——	Nqoŋ$^{31}_{(4)}$	ŋkoŋ$^{11}_{(4)}$	Nqoŋ$^{55}_{(B)}$	Nqaŋ$^{13}_{(4)}$	116
吞（一）	ŋaŋ$^{11}_{(4)}$	ŋu$^{33}_{(4)}$韵！	Nqau$^{21}_{(4)}$	NGɦo$^{11}_{(4Ⅱ)}$	——	——	——	Nqoŋ$^{55}_{(B)}$	——	116
野蒜	——	——	tl̥au$^{21}_{(4)}$	dlo$^{33}_{(4Ⅰ)}$	ʔlɔŋ$^{32}_{(4)}$	tl̥oŋ$^{31}_{(4)}$	l̥oŋ$^{11}_{(4)}$	ʁloŋ$^{55}_{(B)}$	——	118
晚上	m̥haŋ$^{44}_{(5)}$	m̥hɑŋ$^{53}_{(5)}$	m̥au$^{44}_{(5)}$	m̥o$^{33}_{(5)}$	m̥ɔŋ$^{43}_{(5)}$	m̥hoŋ$^{43}_{(5)}$	mɔ$^{35}_{(5b)}$	m̥oŋ$^{24}_{(C)}$	m̥haŋ$^{55}_{(5)}$	5
饭	——	——	n̥au$^{44}_{(5)}$	——	n̥ɔŋ$^{43}_{(5)}$	n̥hoŋ$^{43}_{(5)}$	ɳɔ$^{35}_{(5b)}$	——	ȵhaŋ$^{55}_{(5)}$	65
释放	ɕaŋ$^{44}_{(5)}$	tɕɑŋ$^{53}_{(5)}$	tʂau$^{44}_{(5)}$	tʂo$^{33}_{(5)}$	tsɔŋ$^{43}_{(5)}$	soŋ$^{43}_{(5)}$	soŋ$^{55}_{(5a)}$	tsoŋ$^{24}_{(C)}$	saŋ$^{55}_{(5)}$	77
瞌睡	——	——	——	ŋo$^{33}_{(5)}$	——	ŋo$^{43}_{(5)}$韵！ （低头）	ŋɔ$^{55}_{(5a)}$	——	——	105
揩	ɕhaŋ$^{44}_{(5)}$	ɕɑŋ$^{53}_{(5)}$	ʂau$^{44}_{(5)}$	ʂo$^{33}_{(5)}$	sɔŋ$^{43}_{(5)}$	shoŋ$^{43}_{(5)}$	soŋ$^{35}_{(5b)}$	soŋ$^{24}_{(C)}$	ɕaŋ$^{55}_{(5)}$	83
肿	aŋ$^{44}_{(5)}$	ɑŋ$^{53}_{(5)}$	au$^{44}_{(5)}$	o$^{33}_{(5)}$	ɔŋ$^{43}_{(5)}$	oŋ$^{43}_{(5)}$	oŋ$^{55}_{(5a)}$	oŋ$^{24}_{(C)}$	aŋ$^{55}_{(5)}$	129

肥	ʈaŋ$^{13}_{(6)}$	ʈɑŋ$^{42}_{(6)}$	ʈau$^{13}_{(6)}$	dlo$^{31}_{(6Ⅱ)}$	ʈɔŋ$^{21}_{(6)}$	ʈoŋ$^{22}_{(6)}$	ʂoŋ$^{13}_{(6)}$	ʐoŋ$^{24}_{(C)}$	tɕaŋ$^{31}_{(6)}$	71
里面	ȵaŋ$^{13}_{(6)}$	ɳɑŋ$^{42}_{(6)}$	——	ndlo$^{53}_{(6Ⅰ)}$	——	ɳʈoŋ$^{22}_{(6)}$	——	——	ȵtɕaŋ$^{31}_{(6)}$	73
栽树(二)	——	tɕɑŋ$^{42}_{(6)}$	tɕau$^{13}_{(6)}$	dʑo$^{31}_{(6Ⅱ)}$	——	——	tɕoŋ$^{13}_{(6)}$	——	——	86
是	——	——	ʑau$^{13}_{(6)}$	ʑo$^{31}_{(6Ⅱ)}$	ȵɔŋ$^{21}_{(6)}$声！	ȵoŋ$^{22}_{(6)}$声！	ʑoŋ$^{13}_{(6)}$	ʑoŋ$^{24}_{(C)}$	ʑaŋ$^{31}_{(6)}$	95

❶接鼻音声母时为 ɔ，接其他声母时为 oŋ。只有“蝇子”读做 moŋ$^{11}_{(4)}$，声母为鼻音，但韵母是 oŋ 而不是 ɔ，我们认为韵母不合，写上“韵！”。

(22)断韵	养蒿	腊乙坪	大南山	石门坎	摆托	甲定	绞坨	野鸡坡	枫香	声类号
on	ɛ (i)❶	e	o	u	oŋ	əŋ	oŋ	aŋ (a)❷	oŋ (u)❸	
儿子	tɛ$^{33}_{(1)}$	te$^{55}_{(1)}$	to$^{43}_{(1)}$	tu$^{55}_{(1)}$	toŋ$^{55}_{(1)}$	təŋ$^{24}_{(1)}$	toŋ$^{32}_{(1a)}$	taŋ$^{31}_{(A)}$	toŋ$^{33}_{(1)}$	49
一天、太阳	n̥hɛ$^{33}_{(1)}$	n̥he$^{35}_{(1)}$	n̥o$^{43}_{(1)}$	n̥u$^{55}_{(1)}$	n̥oŋ$^{55}_{(1)}$	n̥həŋ$^{24}_{(1)}$	noŋ$^{22}_{(1b)}$	n̥a$^{31}_{(A)}$	n̥hoŋ$^{33}_{(1)}$	53
湿	——	nte$^{35}_{(1)}$	nto$^{43}_{(1)}$	ntu$^{55}_{(1)}$	——	——	ntoŋ$^{32}_{(1a)}$	nʔtaŋ$^{31}_{(A)}$	ntoŋ$^{33}_{(1)}$	55
一个碗	lɛ$^{33}_{(1)}$	le$^{35}_{(1)}$	lo$^{43}_{(1)}$	lu$^{55}_{(1)}$	noŋ$^{55}_{(1)}$声！	nəŋ$^{24}_{(1)}$声！	noŋ$^{32}_{(1a)}$声！	ʔlaŋ$^{31}_{(A)}$	noŋ$^{33}_{(1)}$声！	58
蒸	tɕi$^{33}_{(1)}$	tɕe$^{35}_{(1)}$	tɕo$^{43}_{(1)}$	tɕu$^{55}_{(1)}$	tɕoŋ$^{55}_{(1)}$	tɕəŋ$^{24}_{(1)}$	tɕoŋ$^{32}_{(1a)}$	tɕaŋ$^{31}_{(A)}$	tɕoŋ$^{33}_{(1)}$	84
秧①	ʑi$^{33}_{(1)}$	ʑɑŋ$^{35}_{(1)}$韵！	ʑo$^{43}_{(1)}$	ʑu$^{55}_{(1)}$	ʑoŋ$^{55}_{(1)}$	ʑəŋ$^{24}_{(1)}$	ʑoŋ$^{32}_{(1)}$	ʔʑaŋ$^{31}_{(A)}$	ʑoŋ$^{33}_{(1)}$	93
牛角	ki$^{33}_{(1)}$	ce$^{35}_{(1)}$	ko$^{43}_{(1)}$	ku$^{55}_{(1)}$	koŋ$^{55}_{(1)}$	kəŋ$^{24}_{(1)}$	koŋ$^{32}_{(1a)}$	kaŋ$^{31}_{(A)}$	koŋ$^{33}_{(1)}$	102
热	khi$^{33}_{(1)}$声！	——	ko$^{43}_{(1)}$	ku$^{55}_{(1)}$	koŋ$^{55}_{(1)}$	khəŋ$^{24}_{(1)}$声！	koŋ$^{32}_{(1a)}$	kaŋ$^{31}_{(A)}$	khoŋ$^{33}_{(1)}$声！	102
星	qɛ$^{33}_{(1)}$	qe$^{35}_{(1)}$	qo$^{43}_{(1)}$	qu$^{55}_{(1)}$	qoŋ$^{55}_{(1)}$	qəŋ$^{24}_{(1)}$	hoŋ$^{32}_{(1)}$	qaŋ$^{31}_{(A)}$	qoŋ$^{33}_{(1)}$	111
黑	l̥ɛ$^{33}_{(1)}$	qwe$^{35}_{(1)}$	tl̥o$^{43}_{(1)}$	tl̥u$^{55}_{(1)}$	ʔloŋ$^{55}_{(1)}$	tl̥əŋ$^{24}_{(1)}$	l̥oŋ$^{32}_{(1a)}$	qlaŋ$^{31}_{(A)}$	tl̥oŋ$^{33}_{(1)}$	117
坛子	——	——	ħo$^{43}_{(1)}$	ŋ̊u$^{55}_{(1)}$	hoŋ$^{55}_{(1)}$	həŋ$^{24}_{(1)}$	ɦoŋ$^{22}_{(1b)}$	haŋ$^{31}_{(A)}$	hoŋ$^{33}_{(1)}$	130
量米	ɭi$^{55}_{(2)}$	——	lo$^{31}_{(2)}$	lɦu$^{35}_{(2)}$	loŋ$^{54}_{(2)}$	ləŋ$^{55}_{(2)}$	ɭoŋ$^{53}_{(2)}$	laŋ$^{31}_{(A)}$	——	76
天	vɛ$^{55}_{(2)}$	——	nto$^{31}_{(2)}$	ndɦu$^{35}_{(2)}$	ntoŋ$^{54}_{(2)}$	Nqəŋ$^{55}_{(2)}$	ntoŋ$^{53}_{(2)}$	Nqwaŋ$^{31}_{(A)}$	Nqoŋ$^{24}_{(2)}$	125
香椿	——	——	ʑo$^{31}_{(2)}$	ʑu$^{55}_{(1)}$调！	ʑoŋ$^{54}_{(2)}$	ʑəŋ$^{55}_{(2)}$	ʑoŋ$^{53}_{(2)}$	ʑaŋ$^{31}_{(A)}$	ʑoŋ$^{13}_{(4)}$调！	95
满	pɛ$^{35}_{(3)}$	pe$^{44}_{(3)}$	po$^{55}_{(3)}$	pu$^{55}_{(3)}$	poŋ$^{13}_{(3)}$	pəŋ$^{13}_{(3)}$	poŋ$^{42}_{(3a)}$	paŋ$^{55}_{(B)}$	pu$^{53}_{(3)}$	13
蒿子	xhi$^{35}_{(3)}$	——	ʂo$^{55}_{(3)}$	su$^{55}_{(3)}$	foŋ$^{13}_{(3)}$	ʂhəŋ$^{13}_{(3)}$	ʐoŋ$^{232}_{(3b)}$	saŋ$^{55}_{(B)}$	——	31
米	shɛ$^{35}_{(3)}$	se$^{44}_{(3)}$（稀饭）	tsho$^{55}_{(3)}$（小米）	tshu$^{55}_{(3)}$（小米）	soŋ$^{13}_{(3)}$	shəŋ$^{13}_{(3)}$	soŋ$^{232}_{(3b)}$	tshaŋ$^{55}_{(B)}$	ɕoŋ$^{53}_{(3)}$	43
虱子	tɛ$^{35}_{(3)}$	te$^{44}_{(3)}$	to$^{55}_{(3)}$	tu$^{55}_{(3)}$	toŋ$^{13}_{(3)}$	təŋ$^{13}_{(3)}$	toŋ$^{42}_{(3a)}$	taŋ$^{55}_{(B)}$	toŋ$^{53}_{(3)}$	49
短	lɛ$^{35}_{(3)}$	le$^{44}_{(3)}$	lo$^{44}_{(5)}$调！	lu$^{55}_{(3)}$	loŋ$^{13}_{(3)}$	ləŋ$^{13}_{(3)}$	loŋ$^{42}_{(3a)}$	ʔlaŋ$^{55}_{(B)}$	loŋ$^{53}_{(3)}$	58
我	——	——	ko$^{55}_{(3)}$	ku$^{55}_{(3)}$	——	——	koŋ$^{42}_{(3a)}$	kaŋ$^{55}_{(B)}$	ku$^{53}_{(3)}$韵！	96
仓	——	ʐe$^{33}_{(4)}$	ʐo$^{21}_{(4)}$	zu$^{33}_{(41)}$	voŋ$^{32}_{(4)}$	ʐəŋ$^{31}_{(4)}$	ʐoŋ$^{11}_{(4)}$	wjaŋ$^{55}_{(B)}$	ɣoŋ$^{13}_{(4)}$	32
一匹马	tɛ$^{11}_{(4)}$	——	to$^{21}_{(4)}$	tu$^{33}_{(4Ⅰ)}$声！	toŋ$^{32}_{(4)}$	təŋ$^{31}_{(4)}$	toŋ$^{11}_{(4)}$	ðaŋ$^{55}_{(B)}$	toŋ$^{13}_{(4)}$	51
鹅	——	——	ŋo$^{21}_{(4)}$	ŋu$^{33}_{(4Ⅰ)}$	——	——	——	——	——	106

雪	pε$^{44}_{(5)}$	mpe$^{53}_{(5)}$	mpo$^{44}_{(5)}$	mpu$^{33}_{(5)}$声！	mpoŋ$^{43}_{(5)}$	mpəŋ$^{43}_{(5)}$	mpoŋ$^{55}_{(5a)}$	——	mpu$^{55}_{(5)}$	18
线断	tε$^{44}_{(5)}$	te$^{53}_{(5)}$	to$^{44}_{(5)}$	tu$^{33}_{(5)}$	toŋ$^{43}_{(5)}$	təŋ$^{43}_{(5)}$	toŋ$^{55}_{(5a)}$	taŋ$^{24}_{(C)}$	toŋ$^{55}_{(5)}$	49
甑子	ɕi$^{44}_{(5)}$	tɕe$^{53}_{(5)}$	tʂo$^{44}_{(5)}$	tʂu$^{33}_{(5)}$	tsoŋ$^{43}_{(5)}$	səŋ$^{43}_{(5)}$	soŋ$^{55}_{(5a)}$	tsaŋ$^{24}_{(C)}$	soŋ$^{55}_{(5)}$	77
午饭	——	——	ʂo$^{44}_{(5)}$	ʂu$^{33}_{(5)}$	soŋ$^{43}_{(5)}$	shəŋ$^{43}_{(5)}$	soŋ$^{35}_{(5b)}$	saŋ$^{24}_{(C)}$	——	83
问	nε$^{13}_{(6)}$	ne$^{42}_{(6)}$	no$^{13}_{(6)}$	nu$^{31}_{(6Ⅱ)}$	noŋ$^{21}_{(6)}$	nəŋ$^{22}_{(6)}$	noŋ$^{13}_{(6)}$	na$^{24}_{(C)}$	noŋ$^{31}_{(6)}$	54
养—家人	ʑi$^{13}_{(6)}$	——	ʑo$^{13}_{(6)}$	ʑu$^{31}_{(6Ⅱ)}$ 养鸡	ʑoŋ$^{21}_{(6)}$	ʑəŋ$^{22}_{(6)}$	ʑoŋ$^{13}_{(6)}$	ʑaŋ$^{24}_{(C)}$	ʑoŋ$^{31}_{(6)}$	95

❶接舌面音、舌根音声母时为 i，接其他声母时为 ε。

❷接鼻音声母时为 a，接其他声母时为 aŋ。

❸接唇音声母时为 u，接其他声母时为 oŋ。“我”读作ku$^{53}_{(3)}$，声母不是唇音，但韵母是 u，我们认为韵母不合，写上“韵！”。

①“秧”在腊乙坪韵母不合，疑为晚期汉语借词。

(23)金韵	养蒿	腊乙坪	大南山	石门坎	摆托	甲定	绞坨	野鸡坡	枫香	声类号
ən	en	e	o	u	oŋ（u）❶	əŋ	oŋ	en	oŋ（u）❷	
跳蚤	m̥hen$^{33}_{(1)}$	——	mo$^{43}_{(1)}$声！	mu$^{55}_{(1)}$声！	mu$^{55}_{(1)}$声！	m̥hən$^{24}_{(1)}$	moŋ$^{22}_{(1b)}$	m̥en$^{31}_{(A)}$	m̥hu$^{33}_{(1)}$	5
金子	tɕen$^{33}_{(1)}$	ɲce$^{35}_{(1)}$声！	ko$^{43}_{(1)}$	ku$^{55}_{(1)}$	koŋ$^{55}_{(1)}$	kəŋ$^{24}_{(1)}$	koŋ$^{32}_{(1a)}$	tɕen$^{31}_{(A)}$	tɕen$^{33}_{(1)}$声！ 韵！	96
水牛	ȵen$^{55}_{(2)}$	ȵe$^{31}_{(2)}$	ȵo$^{31}_{(2)}$ （黄牛）	ȵɦu$^{35}_{(2)}$ （黄牛）	ŋu$^{54}_{(2)}$ （黄牛）	ŋəŋ$^{55}_{(2)}$	ŋoŋ$^{53}_{(2)}$ （牛）	ȵen$^{31}_{(A)}$	ŋoŋ$^{24}_{(2)}$声！	89
肠子	——	ɕe$^{44}_{(3)}$	ȵo$^{55}_{(3)}$	ȵu$^{55}_{(3)}$	ȵu$^{13}_{(3)}$	ȵhəŋ$^{13}_{(3)}$	ȵoŋ$^{232}_{(3b)}$	ȵen$^{55}_{(B)}$	ȵhoŋ$^{53}_{(3)}$	88

❶接鼻音声母时为 u，接其他声母时为 oŋ。

❷接唇音声母时为 u，接其他声母时为 oŋ。“金子”读作 tɕen$^{33}_{(1)}$，韵母不合，写上“韵！”。

(24)疮韵	养蒿	腊乙坪	大南山	石门坎	摆托	甲定	绞坨	野鸡坡	枫香	声类号
eŋ	aŋ	en（in，i）❶	aŋ	aɯ	ɔŋ（o）❷	oŋ（ɑŋ）❸	ua（a）❹	en	oŋ（u）❺	
簸箕	vaŋ$^{33}_{(1)}$	wen$^{35}_{(1)}$	vaŋ$^{43}_{(1)}$	vaɯ$^{55}_{(1)}$	vɔŋ$^{55}_{(1)}$	voŋ$^{24}_{(1)}$	wua$^{32}_{(1a)}$	ʔwen$^{31}_{(A)}$	vu$^{33}_{(1)}$	10
胃	——	——	plaŋ$^{43}_{(1)}$	tl̥aɯ$^{55}_{(1)}$	plɔŋ$^{55}_{(1)}$	ploŋ$^{24}_{(1)}$	——	——	——	33
疮	shaŋ$^{33}_{(1)}$	——	tsaŋ$^{43}_{(1)}$	tshaɯ$^{55}_{(1)}$	sɔŋ$^{55}_{(1)}$	shoŋ$^{24}_{(1)}$	sua$^{22}_{(1b)}$	tshen$^{31}_{(A)}$	——	43
蛇	naŋ$^{33}_{(1)}$	nen$^{35}_{(1)}$	naŋ$^{43}_{(1)}$	naɯ$^{55}_{(1)}$	no$^{55}_{(1)}$	nɑŋ$^{24}_{(1)}$	na$^{32}_{(1a)}$	ʔnen$^{31}_{(A)}$	noŋ$^{33}_{(1)}$	52
谷穗	n̥haŋ$^{33}_{(1)}$	n̥hen$^{35}_{(1)}$	n̥aŋ$^{43}_{(1)}$	n̥aɯ$^{55}_{(1)}$	n̥o$^{55}_{(1)}$	n̥hɑŋ$^{24}_{(1)}$	na$^{22}_{(1b)}$	n̥en$^{31}_{(A)}$	n̥hoŋ$^{33}_{(1)}$	53
口袋	——	——	n̥aŋ$^{43}_{(1)}$	n̥aɯ$^{55}_{(1)}$	n̥o$^{55}_{(1)}$	——	na$^{22}_{(1b)}$	——	——	53
漂浮①	——	nten$^{35}_{(1)}$	ntaŋ$^{43}_{(1)}$	ntaɯ$^{55}_{(1)}$	——	——	——	——	——	55
阁楼	——	——	nthaŋ$^{43}_{(1)}$	nthaɯ$^{55}_{(1)}$	——	——	ntua$^{22}_{(1b)}$	nʔthen$^{31}_{(A)}$	——	56
烫虱子	——	——	l̥aŋ$^{43}_{(1)}$	l̥aɯ$^{55}_{(1)}$	l̥ɔŋ$^{55}_{(1)}$	l̥hoŋ$^{24}_{(1)}$	lua$^{22}_{(1b)}$	l̥en$^{31}_{(A)}$	——	59

一把锄头	ȶaŋ$^{33}_{(1)}$	ʈen$^{35}_{(1)}$	ʈaŋ$^{43}_{(1)}$	——	ʈɔŋ$^{55}_{(1)}$	ʈoŋ$^{24}_{(1)}$	ʈua$^{32}_{(1a)}$	ʈʂen$^{31}_{(A)}$	tɕoŋ$^{33}_{(1)}$ （一根棍子）	61
带子	l̥haŋ$^{33}_{(1)}$声！ （脐带）	——	l̥aŋ$^{43}_{(1)}$	l̥aɯ$^{55}_{(1)}$	l̥ɔŋ$^{55}_{(1)}$	l̥hoŋ$^{24}_{(1)}$	l̥ua$^{22}_{(1b)}$	——	l̥hoŋ$^{33}_{(1)}$	75
黄蜡	tɕaŋ$^{33}_{(1)}$	tɕin$^{35}_{(1)}$	tɕa$^{43}_{(1)}$韵！	tɕie$^{55}_{(1)}$韵！	tɕɔŋ$^{55}_{(1)}$	tɕoŋ$^{24}_{(1)}$	tɕua$^{32}_{(1a)}$	tɕen$^{31}_{(A)}$	tɕoŋ$^{33}_{(1)}$	84
新娘、媳妇	ȵaŋ$^{33}_{(1)}$	ȵi$^{35}_{(1)}$ （嫂嫂）	ȵaŋ$^{43}_{(1)}$	ȵaɯ$^{55}_{(1)}$	ȵo$^{55}_{(1)}$	ȵɑŋ$^{24}_{(1)}$	ȵɑ$^{32}_{(1a)}$	ʔȵen$^{31}_{(A)}$	ȵoŋ$^{33}_{(1)}$	87
虫②	kaŋ$^{33}_{(1)}$	cin$^{35}_{(1)}$	kaŋ$^{43}_{(1)}$	kaɯ$^{55}_{(1)}$	kɔŋ$^{55}_{(1)}$	koŋ$^{13}_{(3)}$调！	kua$^{32}_{(1a)}$	tɕen$^{31}_{(A)}$	koŋ$^{33}_{(1)}$	102
后面、底	qaŋ$^{33}_{(1)}$	——	qaŋ$^{43}_{(1)}$	qɯ$^{55}_{(1)}$韵！	qɔŋ$^{55}_{(1)}$	qoŋ$^{24}_{(1)}$	hua$^{32}_{(1a)}$	——	qoŋ$^{33}_{(1)}$	111
肉香、甜	qaŋ$^{33}_{(1)}$	——	qaŋ$^{43}_{(1)}$	qaɯ$^{55}_{(1)}$	qɔŋ$^{55}_{(1)}$	qoŋ$^{24}_{(1)}$	hua$^{32}_{(1a)}$	qen$^{31}_{(A)}$	qoŋ$^{33}_{(1)}$	111
鬼	l̥aŋ$^{33}_{(1)}$	qwen$^{35}_{(1)}$	tl̥aŋ$^{43}_{(1)}$	tl̥aɯ$^{55}_{(1)}$	ʔlɔŋ$^{55}_{(1)}$	tl̥oŋ$^{24}_{(1)}$	l̥ua$^{32}_{(1a)}$	qlen$^{31}_{(A)}$	tl̥oŋ$^{33}_{(1)}$	121
花	paŋ$^{55}_{(2)}$	pen$^{31}_{(2)}$	paŋ$^{31}_{(2)}$	bɦaɯ$^{35}_{(2)}$	pɔŋ$^{54}_{(2)}$	poŋ$^{55}_{(2)}$	pua$^{53}_{(2)}$	ven$^{31}_{(A)}$	pu$^{24}_{(2)}$	3
菜园	vaŋ$^{55}_{(2)}$	——	vaŋ$^{31}_{(2)}$	vɦaɯ$^{35}_{(2)}$	wɔŋ$^{54}_{(2)}$	voŋ$^{55}_{(2)}$	wua$^{53}_{(2)}$	——	vu$^{24}_{(2)}$	12
呻吟	zaŋ$^{55}_{(2)}$	mʐei$^{31}_{(2)}$ 韵！	ɳʈʂaŋ$^{31}_{(2)}$	ndzɦaɯ$^{35}_{(2)}$	mpjɔŋ$^{54}_{(2)}$	mploŋ$^{55}_{(2)}$	mpʐua$^{53}_{(2)}$	mpen$^{31}_{(A)}$	ntsoŋ$^{24}_{(2)}$	29
害羞	——	tsei$^{31}_{(2)}$韵！	tsaŋ$^{31}_{(2)}$	dzɦaɯ$^{35}_{(2)}$	tsɔŋ$^{54}_{(2)}$	soŋ$^{55}_{(2)}$	sua$^{53}_{(2)}$	zen$^{31}_{(A)}$	soŋ$^{24}_{(2)}$	44
长刀	——	——	ntaŋ$^{31}_{(2)}$	ndɦaɯ$^{35}_{(2)}$	——	——	ntua$^{53}_{(2)}$	nten$^{31}_{(A)}$	ntoŋ$^{24}_{(2)}$	57
融化	ʑaŋ$^{55}_{(2)}$	ʑin$^{31}_{(2)}$	ʑaŋ$^{31}_{(2)}$	ʑɦaɯ$^{35}_{(2)}$	ʑɔŋ$^{54}_{(2)}$	ʑoŋ$^{55}_{(2)}$	ʑua$^{53}_{(2)}$	——	ʑoŋ$^{24}_{(2)}$	95
蓝靛草	ȵi$^{55}_{(2)}$	ȵi$^{31}_{(2)}$	ŋkaŋ$^{31}_{(2)}$	ŋgɦaɯ$^{35}_{(2)}$	ŋkɔŋ$^{54}_{(2)}$	ŋkoŋ$^{55}_{(2)}$	ŋkua$^{53}_{(2)}$	ȵtɕen$^{31}_{(A)}$	ŋkoŋ$^{24}_{(2)}$	101
庹	l̥aŋ$^{55}_{(2)}$	cin$^{31}_{(2)}$	tl̥aŋ$^{31}_{(2)}$	dlɦaɯ$^{35}_{(2)}$	ʔlɔŋ$^{54}_{(2)}$	tl̥oŋ$^{55}_{(2)}$	l̥ua$^{53}_{(2)}$	ʁlei$^{31}_{(A)}$韵！	tl̥oŋ$^{24}_{(2)}$	122
黄	faŋ$^{55}_{(2)}$	kwen$^{31}_{(2)}$	tl̥aŋ$^{31}_{(2)}$	vɦaɯ$^{35}_{(2)}$	kɔŋ$^{54}_{(2)}$	koŋ$^{55}_{(2)}$	hwua$^{53}_{(2)}$	ʁwen$^{31}_{(A)}$	——	124
太阳亮	faŋ$^{55}_{(2)}$	——	kaŋ$^{31}_{(2)}$	——	kɔŋ$^{54}_{(2)}$	koŋ$^{55}_{(2)}$	hwua$^{53}_{(2)}$	ʁwen$^{31}_{(A)}$	qwoŋ$^{24}_{(2)}$	124
肋骨	taŋ$^{35}_{(3)}$	——	taŋ$^{55}_{(3)}$	taɯ$^{55}_{(3)}$	tɔŋ$^{13}_{(3)}$	toŋ$^{13}_{(3)}$	tua$^{42}_{(3a)}$	ten$^{55}_{(B)}$	toŋ$^{53}_{(3)}$	49
苏麻	n̥haŋ$^{35}_{(3)}$	n̥hen$^{44}_{(3)}$	n̥aŋ$^{55}_{(3)}$	n̥aɯ$^{55}_{(3)}$	n̥o$^{13}_{(3)}$	n̥hɑŋ$^{13}_{(3)}$	——	n̥en$^{55}_{(B)}$	n̥hoŋ$^{55}_{(3)}$	53
穿衣	naŋ$^{11}_{(4)}$声！调！	n̥hen$^{44}_{(3)}$	n̥aŋ$^{55}_{(3)}$	n̥aɯ$^{55}_{(3)}$	n̥o$^{13}_{(3)}$	n̥hɑŋ$^{13}_{(3)}$	na$^{232}_{(3b)}$	——	noŋ$^{13}_{(4)}$声！调！	53
血	ɕhaŋ$^{35}_{(3)}$	ȵtɕhin$^{44}_{(3)}$	ɳʈʂhaŋ$^{55}_{(3)}$	ɳʈʂaɯ$^{55}_{(3)}$	ntshɔŋ$^{13}_{(3)}$	nshoŋ$^{13}_{(3)}$	ntsua$^{232}_{(3b)}$	nʔtshen$^{55}_{(B)}$	ntshoŋ$^{53}_{(3)}$	81
青蛙	qaŋ$^{35}_{(3)}$	——	qaŋ$^{55}_{(3)}$	——	qɔŋ$^{13}_{(3)}$	qoŋ$^{13}_{(3)}$	hua$^{42}_{(3a)}$	qen$^{55}_{(B)}$	qoŋ$^{53}_{(3)}$	111
鹰	l̥aŋ$^{35}_{(3)}$	qwen$^{44}_{(3)}$	tl̥aŋ$^{55}_{(3)}$	tl̥aɯ$^{55}_{(3)}$	ʔlɔŋ$^{13}_{(3)}$	ploŋ$^{13}_{(3)}$声！	l̥ua$^{42}_{(3a)}$	——	tl̥oŋ$^{53}_{(3)}$	117
宽	faŋ$^{35}_{(3)}$	kwen$^{44}_{(3)}$	tl̥aŋ$^{55}_{(3)}$	faɯ$^{55}_{(3)}$	kɔŋ$^{13}_{(3)}$	koŋ$^{13}_{(3)}$	hwua$^{42}_{(3a)}$	——	qwoŋ$^{53}_{(3)}$	123
鼠（二）	naŋ$^{11}_{(4)}$	nen$^{33}_{(4)}$	naŋ$^{21}_{(4)}$	naɯ$^{33}_{(41)}$	——	——	——	——	——	54
狼	m̥haŋ$^{44}_{(5)}$	——	——	m̥aɯ$^{33}_{(5)}$	——	——	ma$^{35}_{(5b)}$	——	——	5
坟	saŋ$^{44}_{(5)}$ （停放死尸）	ntsen$^{53}_{(5)}$	ntsaŋ$^{44}_{(5)}$	ntsaɯ$^{11}_{(7)}$ 调！	ntsɔŋ$^{43}_{(5)}$	nzoŋ$^{43}_{(5)}$	ntsua$^{55}_{(5a)}$	——	zoŋ$^{55}_{(5)}$	45
飞	ʑaŋ$^{44}_{(5)}$	ʑin$^{53}_{(5)}$	ʑaŋ$^{44}_{(5)}$	ʑaɯ$^{33}_{(5)}$	ʑɔŋ$^{45}_{(5)}$	ʑoŋ$^{43}_{(5)}$	ʑua$^{55}_{(5a)}$	ʔʑen$^{24}_{(C)}$	ʑoŋ$^{55}_{(5)}$	93

繁殖③	çhaŋ$^{44}_{(5)}$（增加）	——	çaŋ$^{44}_{(5)}$	çaɯ$^{33}_{(5)}$	——	——	——	——	——	94
蛆	kaŋ$^{44}_{(5)}$	——	kaŋ$^{33}_{(7)}$调！	kaɯ$^{11}_{(7)}$调！	kɔŋ$^{43}_{(5)}$	koŋ$^{43}_{(5)}$	kua$^{44}_{(7a)}$调！	tçen$^{24}_{(C)}$	koŋ$^{55}_{(5)}$	102
男人	tçaŋ$^{13}_{(6)}$	——	——	dʑɦaɯ$^{11}_{(4Ⅱ)}$（男孩）调！	tçɔŋ$^{21}_{(6)}$	tçoŋ$^{22}_{(6)}$	tçua$^{33}_{(6)}$	——	tçoŋ$^{31}_{(6)}$	86
胡须	ȵaŋ$^{13}_{(6)}$	ȵi$^{42}_{(6)}$	——	——	——	ȵɑŋ$^{22}_{(6)}$	ȵa$^{33}_{(6)}$	ȵen$^{24}_{(C)}$	ȵoŋ$^{31}_{(6)}$	89

❶接 ȵ 时为 i，接其他舌面音声母时为 in，接其他声母时为 en。“呻吟”，“害羞”韵母不合，原因待查。

❷接鼻音声母时为 o，接其他声母时为 ɔŋ。

❸接鼻音声母时为 ɑŋ（nsh，nz 来源于带鼻冠音的塞擦音声母，不算鼻音声母），接其他声母时为 oŋ。

❹接鼻音声母时为 a，接其他声母时为 ua。

❺接唇音声母时为 u，接其他声母时为 oŋ。

①也可能属重韵。

②甲定声调不合，疑为记音有误。因 1 调为 24，3 调为 13，“虫”为 1 调字，应记作 24，但材料记作 13。今后应补充调查，订正错误。

③也可能属匠韵。

(25)重韵	养蒿	腊乙坪	大南山	石门坎	摆托	甲定	绞坨	野鸡坡	枫香	声类号
aŋ	oŋ	en（in）❶	aŋ	aɯ	aŋ	ɑŋ	aŋ（a）❷	oŋ	aŋ	
篾子	——	çin$^{35}_{(1)}$	m̥aŋ$^{43}_{(1)}$	m̥aɯ$^{55}_{(1)}$	m̥aŋ$^{55}_{(1)}$	mhɑŋ$^{24}_{(1)}$	ma$^{22}_{(1b)}$	m̥oŋ$^{31}_{(A)}$声！	——	26
沟	koŋ$^{33}_{(1)}$	——	——	——	kaŋ$^{55}_{(1)}$	kɑŋ$^{24}_{(1)}$	kaŋ$^{32}_{(1a)}$	koŋ$^{31}_{(A)}$	kaŋ$^{33}_{(1)}$	102
这①	noŋ$^{35}_{(3)}$	nen$^{44}_{(3)}$	na$^{55}_{(3)}$韵！	na$^{55}_{(3)}$韵！今年	na$^{13}_{(3)}$韵！	nɑŋ$^{13}_{(3)}$	na$^{42}_{(3a)}$	ʔnoŋ$^{55}_{(B)}$	naŋ$^{53}_{(3)}$	52
重	ȵ̥hoŋ$^{35}_{(3)}$	hen$^{44}_{(3)}$	ȵ̥aŋ$^{55}_{(3)}$	ȵ̥aɯ$^{55}_{(3)}$	ȵ̥aŋ$^{13}_{(3)}$	ȵ̥hɑŋ$^{13}_{(3)}$	ȵ̥a$^{232}_{(3b)}$	ȵ̥oŋ$^{55}_{(B)}$	ȵ̥haŋ$^{53}_{(3)}$	88

❶接舌面音声母时为 in，接其他声母时为 en。

❷接鼻音声母时为 a，接其他声母时为 aŋ。

①“这”在大南山、石门坎、摆托韵母不合，这是由于常用词容易发生语音变化的缘故。

(26)匠韵	养蒿	腊乙坪	大南山	石门坎	摆托	甲定	绞坨	野鸡坡	枫香	声类号
ɑŋ	aŋ		aŋ	aɯ	aŋ	ɑŋ	aŋ	aŋ	aŋ	
直	——	——	ȵtçaŋ$^{31}_{(2)}$调！	ȵtçaɯ$^{55}_{(1)}$	——	ȵtçɑŋ$^{24}_{(1)}$	ȵtçaŋ$^{32}_{(1a)}$	ȵʔtçaŋ$^{31}_{(A)}$	ȵtçaŋ$^{33}_{(1)}$	90
柳树①	——	——	ʐaŋ$^{31}_{(2)}$声！	ʑɦaɯ$^{35}_{(2)}$	ʑa$^{54}_{(2)}$韵！	ʑɑ$^{55}_{(2)}$韵！	ʑaŋ$^{21}_{(8)}$调！	——	ʑaŋ$^{24}_{(2)}$	95
一两银子	laŋ$^{11}_{(4)}$	——	——	——	laŋ$^{32}_{(4)}$	lɑŋ$^{31}_{(4)}$	——	laŋ$^{55}_{(B)}$	——	60

万	vaŋ$^{13}_{(6)}$	——	vaŋ$^{13}_{(6)}$	——	waŋ$^{21}_{(6)}$	vɑŋ$^{22}_{(6)}$	waŋ$^{33}_{(6)}$	waŋ$^{24}_{(C)}$	vaŋ$^{31}_{(6)}$	12
匠人	ɕaŋ$^{13}_{(6)}$	——	——	——	tsaŋ$^{21}_{(6)}$	sɑŋ$^{22}_{(6)}$	saŋ$^{13}_{(6)}$	zaŋ$^{24}_{(C)}$	saŋ$^{31}_{(6)}$	79

①也可能属羊韵。

(27)冷韵	养蒿	腊乙坪	大南山	石门坎	摆托	甲定	绞坨	野鸡坡	枫香	声类号
ɔŋ	aŋ	oŋ	au	o	ɔŋ	oŋ	ɔ	oŋ	oŋ	
病、痛①	moŋ$^{33}_{(1)}$韵!	moŋ$^{35}_{(1)}$	mau$^{43}_{(1)}$	mo$^{55}_{(1)}$	mɔŋ$^{55}_{(1)}$	moŋ$^{24}_{(1)}$	məŋ$^{32}_{(1a)}$韵!	ʔmoŋ$^{31}_{(A)}$	maŋ$^{33}_{(1)}$韵!	4
吃②	naŋ$^{55}_{(2)}$	noŋ$^{31}_{(2)}$	nau$^{31}_{(2)}$	nɦau$^{35}_{(2)}$韵!	nau$^{54}_{(2)}$韵!	noŋ$^{55}_{(2)}$	nɔ$^{53}_{(2)}$	noŋ$^{31}_{(A)}$	noŋ$^{24}_{(2)}$	54
冷	——	noŋ$^{53}_{(5)}$	nau$^{44}_{(5)}$	no$^{33}_{(5)}$	nɔŋ$^{43}_{(5)}$	noŋ$^{43}_{(5)}$	nɔ$^{55}_{(5a)}$	——	noŋ$^{55}_{(5)}$	52
麦子③	maŋ$^{11}_{(4)}$调!	——	mau$^{13}_{(6)}$	mo$^{53}_{(61)}$ 大麦	moŋ$^{21}_{(6)}$韵!	moŋ$^{22}_{(6)}$	məŋ$^{13}_{(6)}$韵!	mu$^{24}_{(C)}$韵!	moŋ$^{31}_{(6)}$	6

①“病、痛”在养蒿、绞坨、枫香韵母不合，可能不是此韵的字，暂寄排在此。

②“吃”在石门坎、摆托韵母不合，恐系由于最常用的字，容易发生语音变化的缘故。

③“麦子”在养蒿声调不合，在摆托、绞坨、野鸡坡韵母不合，可能不是此韵的字，暂寄排在此。也可能是此韵的字，由于是常用字，容易发生语音变化。

冷韵的例字都是鼻音声母的，这是极不合理的现象，可以根据补充分配原则并入匠韵，因为匠韵的例字中没有鼻音声母的。但目前不能这样做。首先我们比较的材料太少，不敢肯定匠韵中绝对没有鼻音声母的字，也不敢肯定冷韵中绝对没有口音声母的字。其次，如果把冷韵和匠韵合并，就出现大南山的两个变体 aŋ，au，石门坎的两个变体 aɯ，o，摆托的两个变体 aŋ，ɔŋ，甲定的两个变体 ɑŋ，oŋ，绞坨的两个变体 aŋ，ɔ，野鸡坡的两个变体 aŋ，oŋ，枫香的两个变体 aŋ，oŋ。一个韵类在绝大多数方言、次方言的代表点都各有两个变体，当然不是不可能的，但总是很少见的，所以暂时把冷韵算做一个韵类。

(28)羊韵	养蒿	腊乙坪	大南山	石门坎	摆托	甲定	绞坨	野鸡破	枫香	声类号
oŋ	oŋ	oŋ	aŋ	aɯ	aŋ	ɑŋ	aŋ	oŋ	aŋ	
陡	shoŋ$^{33}_{(1)}$	ntshoŋ$^{35}_{(1)}$	ntshaŋ$^{43}_{(1)}$	ntshaɯ$^{55}_{(1)}$	ntshaŋ$^{55}_{(1)}$	nshɑŋ$^{24}_{(1)}$	ntsaŋ$^{22}_{(1b)}$	nʔtshoŋ$^{31}_{(A)}$	——	46
当中	ʈoŋ$^{33}_{(1)}$	ɳʈoŋ$^{35}_{(1)}$	ɳʈaŋ$^{43}_{(1)}$	ɳʈaɯ$^{55}_{(1)}$	ɳʈaŋ$^{55}_{(1)}$	ɳʈɑŋ$^{24}_{(1)}$	ɳʈaŋ$^{32}_{(1a)}$	ɳʔʈʂoŋ$^{31}_{(A)}$	ȵtɕaŋ$^{33}_{(1)}$	67
蚯蚓	tɕoŋ$^{33}_{(1)}$	coŋ$^{35}_{(1)}$声!	tɕaŋ$^{43}_{(1)}$	tɕaɯ$^{55}_{(1)}$	tɕaŋ$^{55}_{(1)}$	tɕɑŋ$^{24}_{(1)}$	tɕaŋ$^{32}_{(1a)}$	tɕoŋ$^{31}_{(A)}$	tɕaŋ$^{33}_{(1)}$	84
牵牛	——	tɕoŋ$^{35}_{(1)}$	tɕaŋ$^{43}_{(1)}$	tɕaɯ$^{55}_{(1)}$	tɕaŋ$^{55}_{(1)}$	tɕoŋ$^{24}_{(1)}$韵!	tɕaŋ$^{32}_{(1a)}$	tɕoŋ$^{31}_{(A)}$	——	84
伸	ɕhoŋ$^{33}_{(1)}$	——	ɕaŋ$^{43}_{(1)}$	ɕaɯ$^{55}_{(1)}$	——	——	——	——	——	94
槽	l̥oŋ$^{33}_{(1)}$	coŋ$^{35}_{(1)}$	tl̥aŋ$^{43}_{(1)}$	tl̥aɯ$^{55}_{(1)}$	ʔlaŋ$^{55}_{(1)}$	tl̥ɑŋ$^{24}_{(1)}$	l̥aŋ$^{32}_{(1a)}$	qloŋ$^{31}_{(A)}$	tl̥aŋ$^{33}_{(1)}$	121
龙	ɣoŋ$^{55}_{(2)}$	ʐoŋ$^{31}_{(2)}$	ʐaŋ$^{31}_{(2)}$	zɦaɯ$^{35}_{(2)}$	vaŋ$^{54}_{(2)}$	ʐɑŋ$^{55}_{(2)}$	ʐaŋ$^{53}_{(2)}$	wjoŋ$^{31}_{(A)}$	ɣaŋ$^{24}_{(2)}$	32
聋	l̥oŋ$^{55}_{(2)}$声!	——	laŋ$^{13}_{(6)}$调!	laɯ$^{55}_{(1)}$调!（聋子）	laŋ$^{54}_{(2)}$	lɑŋ$^{55}_{(2)}$	——	loŋ$^{31}_{(A)}$	laŋ$^{24}_{(2)}$	60

笛子	ȶoŋ$^{55}_{(2)}$	ʈoŋ$^{31}_{(2)}$	ʈaŋ$^{31}_{(2)}$	ɖɦaɯ$^{35}_{(2)}$ （管子）	ʈaŋ$^{54}_{(2)}$	ʈɑŋ$^{55}_{(2)}$	——	ʐoŋ$^{31}_{(A)}$	tɕaŋ$^{24}_{(2)}$	63
根	tɕoŋ$^{55}_{(2)}$	tɕoŋ$^{31}_{(2)}$	tɕaŋ$^{13}_{(6)}$调！	dʑɦaɯ$^{35}_{(2)}$	tɕaŋ$^{21}_{(6)}$调！	tɕɑŋ$^{22}_{(6)}$调！	tɕaŋ$^{13}_{(6)}$调！	ʑoŋ$^{31}_{(A)}$	tɕaŋ$^{24}_{(2)}$	86
羊	ʑoŋ$^{55}_{(2)}$ （诗歌用字）	ʑoŋ$^{31}_{(2)}$	ʑaŋ$^{31}_{(2)}$	ʑɦaɯ$^{35}_{(2)}$	ʑaŋ$^{54}_{(2)}$	ʑɑŋ$^{55}_{(2)}$	ʑaŋ$^{53}_{(2)}$	ʑi$^{31}_{(A)}$韵！	ʑaŋ$^{24}_{(2)}$	95
骨头	shoŋ$^{35}_{(3)}$	soŋ$^{44}_{(3)}$	tshaŋ$^{44}_{(5)}$ 调！	tshaɯ$^{33}_{(5)}$ 调！	saŋ$^{13}_{(3)}$	shɑŋ$^{13}_{(3)}$	saŋ$^{232}_{(3b)}$	tshoŋ$^{55}_{(B)}$	ɕaŋ$^{53}_{(3)}$	43
风箱	thoŋ$^{35}_{(3)}$	thɑŋ$^{44}_{(3)}$ 韵！	——	thau$^{55}_{(3)}$ 韵！	thaŋ$^{13}_{(3)}$	thɑŋ$^{13}_{(3)}$	taŋ$^{232}_{(3b)}$	thoŋ$^{55}_{(B)}$	thaŋ$^{53}_{(3)}$	50
一间房	tɕhoŋ$^{35}_{(3)}$	——	tɕhaŋ$^{55}_{(3)}$	tɕhaɯ$^{55}_{(3)}$	tɕhaŋ$^{13}_{(3)}$	tɕhɑŋ$^{13}_{(3)}$	tɕaŋ$^{232}_{(3b)}$	khoŋ$^{55}_{(B)}$ 声！	tɕhaŋ$^{53}_{(3)}$	85
平坝	——	——	ɳʈaŋ$^{21}_{(4)}$	ɳɖaɯ$^{33}_{(41)}$	ɳʈaŋ$^{32}_{(4)}$	——	——	ɳʈʂoŋ$^{55}_{(B)}$	ȵtɕaŋ$^{13}_{(4)}$	69
空气	poŋ$^{44}_{(5)}$	——	paŋ$^{44}_{(5)}$	paɯ$^{33}_{(5)}$	paŋ$^{43}_{(5)}$	pɑŋ$^{43}_{(5)}$	paŋ$^{55}_{(5a)}$	poŋ$^{24}_{(C)}$ （水汽）	paŋ$^{55}_{(5)}$ （水汽）	1
送东西	shoŋ$^{44}_{(5)}$	——	saŋ$^{44}_{(5)}$	saɯ$^{33}_{(5)}$	saŋ$^{43}_{(5)}$	shɑŋ$^{43}_{(5)}$	saŋ$^{35}_{(5b)}$	soŋ$^{24}_{(C)}$ （送亲）	saŋ$^{55}_{(5)}$ （送亲）	48
雨	noŋ$^{13}_{(6)}$	noŋ$^{42}_{(6)}$	naŋ$^{13}_{(6)}$	naɯ$^{53}_{(61)}$	naŋ$^{21}_{(6)}$	nɑŋ$^{22}_{(6)}$	naŋ$^{13}_{(6)}$	noŋ$^{24}_{(C)}$	naŋ$^{31}_{(6)}$	54
七	ɕoŋ$^{13}_{(6)}$	tɕoŋ$^{42}_{(6)}$	ɕaŋ$^{44}_{(5)}$声！ 调！	ɕaɯ$^{33}_{(5)}$声！ 调！	tsaŋ$^{21}_{(6)}$	sɑŋ$^{22}_{(6)}$	tɕaŋ$^{13}_{(6)}$ 声！	zoŋ$^{24}_{(C)}$	saŋ$^{31}_{(6)}$	79
爬行	ȵoŋ$^{13}_{(6)}$	——	ŋkaŋ$^{13}_{(6)}$	ŋgaɯ$^{13}_{(6Ⅱ)}$	ȵtɕaŋ$^{21}_{(6)}$ 声！	ȵtɕɑŋ$^{22}_{(6)}$ 声！	ȵtɕaŋ$^{13}_{(6)}$ 声！	——	ȵtɕaŋ$^{31}_{(6)}$ 声！	101

(29)桶韵 uŋ	养蒿 ə（u）❶	腊乙坪 u	大南山 oŋ	石门坎 au	摆托 en	甲定 oŋ❷	绞坨 aŋ（əŋ）❸	野鸡坡 oŋ（o）	枫香 oŋ	声类号
桶	——	——	thoŋ$^{43}_{(1)}$	thau$^{55}_{(1)}$	then$^{55}_{(1)}$	thoŋ$^{24}_{(1)}$	——	thoŋ$^{31}_{(A)}$	thoŋ$^{33}_{(1)}$	50
种子	ȵhu$^{31}_{(1)}$ 声！	ɳu$^{35}_{(1)}$	noŋ$^{43}_{(1)}$	——	nen$^{55}_{(1)}$	ŋ̊huŋ$^{24}_{(1)}$ 声！	ɳaŋ$^{32}_{(1a)}$	ŋ̊o$^{31}_{(A)}$声！	ȵhoŋ$^{33}_{(1)}$	64
裹腿布	ȶhu$^{33}_{(1)}$	ɳʈhu$^{35}_{(1)}$	ɳʈhoŋ$^{43}_{(1)}$	ɳʈhau$^{55}_{(1)}$	ɳʈhen$^{55}_{(1)}$	ɳʈhoŋ$^{24}_{(1)}$	ɳʈaŋ$^{22}_{(1b)}$	ɳʔʈʂhoŋ$^{31}_{(A)}$	ȵtɕhoŋ$^{33}_{(1)}$	68
线细	——	ɕu$^{35}_{(1)}$	ʂoŋ$^{43}_{(1)}$	ʂau$^{55}_{(1)}$	——	——	saŋ$^{22}_{(1b)}$	soŋ$^{31}_{(A)}$	——	83
画眉鸟	tɕu$^{33}_{(1)}$	tɕu$^{35}_{(1)}$	tɕoŋ$^{43}_{(1)}$	tɕau$^{55}_{(1)}$	——	tɕoŋ$^{24}_{(1)}$	tɕaŋ$^{32}_{(1a)}$	tɕoŋ$^{31}_{(A)}$	tɕoŋ$^{33}_{(1)}$	84
针	tɕu$^{33}_{(1)}$	tɕu$^{35}_{(1)}$	koŋ$^{43}_{(1)}$	kau$^{55}_{(1)}$	ken$^{55}_{(1)}$	koŋ$^{24}_{(1)}$	kaŋ$^{32}_{(1a)}$	koŋ$^{31}_{(A)}$	koŋ$^{33}_{(1)}$	96
庄家	qə$^{33}_{(1)}$	——	qoŋ$^{43}_{(1)}$	qau$^{55}_{(1)}$	qen$^{55}_{(1)}$	qoŋ$^{24}_{(1)}$	haŋ$^{32}_{(1a)}$	——	qoŋ$^{33}_{(1)}$	111
水	ə$^{33}_{(1)}$	u$^{35}_{(1)}$	——	au$^{55}_{(1)}$	en$^{55}_{(1)}$	oŋ$^{24}_{(1)}$	aŋ$^{32}_{(1a)}$	oŋ$^{31}_{(A)}$	oŋ$^{33}_{(1)}$	129
疯	——	——	——	——	mpjen$^{54}_{(2)}$	mploŋ$^{55}_{(2)}$	mpjaŋ$^{53}_{(2)}$	mpzoŋ$^{31}_{(A)}$	ntsoŋ$^{24}_{(2)}$	20
叶子	nə$^{55}_{(2)}$	nu$^{31}_{(2)}$	mploŋ$^{31}_{(2)}$	ndlɦau$^{35}_{(2)}$	mplen$^{54}_{(2)}$	mploŋ$^{55}_{(2)}$	mplaŋ$^{53}_{(2)}$	mploŋ$^{31}_{(A)}$	mploŋ$^{24}_{(2)}$	39
铜①	tə$^{55}_{(2)}$	toŋ$^{31}_{(2)}$韵！	toŋ$^{31}_{(2)}$	dɦau$^{35}_{(2)}$	ten$^{54}_{(2)}$	toŋ$^{55}_{(2)}$	taŋ$^{53}_{(2)}$	ðoŋ$^{31}_{(A)}$	toŋ$^{24}_{(2)}$	51
桌子	——	——	ʈoŋ$^{31}_{(2)}$	ɖɦau$^{35}_{(2)}$	ʈen$^{54}_{(2)}$	ʈoŋ$^{55}_{(2)}$ （墩子）	ʈaŋ$^{53}_{(2)}$ （椅子）	ʐoŋ$^{31}_{(A)}$ （板凳）	tɕoŋ$^{24}_{(2)}$ （板凳）	63
门	ȶu$^{55}_{(2)}$	ʈu$^{31}_{(2)}$	ʈoŋ$^{31}_{(2)}$	dlɦau$^{35}_{(2)}$	ʈen$^{54}_{(2)}$	ʈoŋ$^{55}_{(2)}$	ʂaŋ$^{53}_{(2)}$	ʐoŋ$^{31}_{(A)}$	tɕoŋ$^{24}_{(2)}$	71

簸米	——	pʐu$^{44}_{(3)}$	——	tsau$^{55}_{(3)}$	pjen$^{13}_{(3)}$	ploŋ$^{13}_{(3)}$	pʐaŋ$^{232}_{(3b)}$ 调！	pjoŋ$^{55}_{(B)}$	tsoŋ$^{53}_{(3)}$	23
树木	ɣu$^{35}_{(3)}$	ʐu$^{44}_{(3)}$	ʐoŋ$^{55}_{(3)}$	zau$^{33}_{(5)}$ 调！	ven$^{13}_{(3)}$	ʐoŋ$^{13}_{(3)}$	——	ʔwjoŋ$^{55}_{(B)}$	ɣoŋ$^{53}_{(3)}$	30
蚊子	ʑu$^{35}_{(3)}$	——	ʑoŋ$^{55}_{(3)}$	——	ʑen$^{13}_{(3)}$	ʑoŋ$^{13}_{(3)}$	ʑaŋ$^{42}_{(3a)}$	ʔʑoŋ$^{55}_{(B)}$	ʑoŋ$^{53}_{(3)}$	93
完	tɕu$^{11}_{(4)}$	tɕu$^{33}_{(4)}$	——	——	tɕen$^{32}_{(4)}$	tɕoŋ$^{31}_{(4)}$	tɕəŋ$^{11}_{(4)}$	——	tɕoŋ$^{13}_{(4)}$	86
生食物	ȵu$^{11}_{(4)}$	ȵu$^{33}_{(4)}$	ȵoŋ$^{21}_{(4)}$	ȵɦau$^{11}_{(4Ⅱ)}$	——	ȵoŋ$^{31}_{(4)}$	——	ȵo$^{55}_{(B)}$	ȵoŋ$^{13}_{(4)}$	89
撒土	——	mphu$^{53}_{(5)}$（洒水）	mphoŋ$^{44}_{(5)}$	mphau$^{33}_{(5)}$	——	——	——	mʔphoŋ$^{24}_{(C)}$	——	8
好	ɣu$^{44}_{(5)}$	ʐu$^{53}_{(5)}$	ʐoŋ$^{44}_{(5)}$	zau$^{33}_{(5)}$	ven$^{43}_{(5)}$	ʐoŋ$^{43}_{(5)}$	ʐaŋ$^{55}_{(5a)}$	ʔwjoŋ$^{24}_{(C)}$	ɣoŋ$^{55}_{(5)}$	30
树（一）	tə$^{44}_{(5)}$	ntu$^{53}_{(5)}$	ntoŋ$^{44}_{(5)}$	ntau$^{33}_{(5)}$	——	——	——	nʔtoŋ$^{24}_{(C)}$	——	55
戴帽子	tə$^{44}_{(5)}$	ntu$^{53}_{(5)}$	ntoŋ$^{44}_{(5)}$	ntau$^{33}_{(5)}$	nten$^{43}_{(5)}$	ntoŋ$^{43}_{(5)}$	ntaŋ$^{55}_{(5a)}$	nʔtoŋ$^{24}_{(C)}$	ntoŋ$^{55}_{(5)}$	55
枕头	——	ȵtɕɯ$^{53}_{(5)}$ 韵！	ȵtɕoŋ$^{44}_{(5)}$	ȵtɕau$^{33}_{(5)}$	ȵtɕen$^{43}_{(5)}$	ȵtɕoŋ$^{43}_{(5)}$	ȵtɕaŋ$^{55}_{(5a)}$	ȵʔtɕoŋ$^{24}_{(C)}$	——	90
年	ȵhu$^{44}_{(5)}$ 声！	——	ɕoŋ$^{44}_{(5)}$	ɕau$^{33}_{(5)}$	——	——	——	——	ɕoŋ$^{55}_{(5)}$	94
云	en$^{44}_{(5)}$ 韵！	——	oŋ$^{44}_{(5)}$	——	en$^{43}_{(5)}$	oŋ$^{43}_{(5)}$	aŋ$^{55}_{(5a)}$	——	oŋ$^{55}_{(5)}$	129
听	——	——	noŋ$^{13}_{(6)}$	nau$^{31}_{(6Ⅱ)}$	mjen$^{21}_{(6)}$	mloŋ$^{22}_{(6)}$	mʐəŋ$^{13}_{(6)}$	——	moŋ$^{31}_{(6)}$	27
鸟	nə$^{13}_{(6)}$	nu$^{42}_{(6)}$	noŋ$^{13}_{(6)}$	nau$^{53}_{(6Ⅰ)}$	nen$^{21}_{(6)}$	noŋ$^{22}_{(6)}$	nəŋ$^{13}_{(6)}$	no$^{24}_{(C)}$	noŋ$^{31}_{(6)}$	54
粥稠	ȵu$^{13}_{(6)}$	——	ŋkoŋ$^{13}_{(6)}$	——	ŋken$^{21}_{(6)}$	ŋkoŋ$^{22}_{(6)}$	ŋkəŋ$^{13}_{(6)}$	ŋkoŋ$^{24}_{(C)}$	ŋkoŋ$^{31}_{(6)}$	101
咳嗽	——	——	n̥oŋ$^{33}_{(7)}$	n̥au$^{11}_{(7)}$	n̥en$^{43}_{(7)}$	——	naŋ$^{13}_{(7b)}$	n̥o$^{31}_{(D)}$	——	53

❶接舌面音、舌根音声母时为 u，接其他声母时为 ə。

❷在 4，6 调字中为 əŋ，在其他调字中为 aŋ。

❸接鼻音声母时为 o，接其他声母时为 oŋ。

①“铜”为早期汉语借词，腊乙坪韵母不合，疑为晚期汉语借词。

(30)鬃韵 əŋ	养蒿 u	腊乙坪 oŋ	大南山 oŋ	石门坎 au	摆托 oŋ	甲定 oŋ	绞坨 aŋ(əŋ)❶	野鸡坡 oŋ(o,u)❷	枫香 oŋ(u)❸	声类号
落	——	——	poŋ$^{43}_{(1)}$	pau$^{55}_{(1)}$	poŋ$^{55}_{(1)}$	poŋ$^{24}_{(1)}$	paŋ$^{32}_{(1a)}$	poŋ$^{31}_{(A)}$	poŋ$^{33}_{(1)}$	1
苗族	m̥hu$^{33}_{(1)}$	ɕoŋ$^{35}_{(1)}$	m̥oŋ$^{43}_{(1)}$	m̥au$^{55}_{(1)}$	m̥oŋ$^{55}_{(1)}$	m̥hoŋ$^{24}_{(1)}$	maŋ$^{22}_{(1b)}$	m̥jo$^{31}_{(A)}$	m̥hoŋ$^{33}_{(1)}$（倮俛族）	26
鬃①	soŋ$^{33}_{(1)}$ 韵！	tsoŋ$^{44}_{(3)}$ 调！	tsoŋ$^{43}_{(1)}$	tsau$^{55}_{(1)}$	tsoŋ$^{55}_{(1)}$	soŋ$^{24}_{(1)}$	saŋ$^{32}_{(1a)}$	pjoŋ$^{31}_{(A)}$ 声！	tsoŋ$^{33}_{(1)}$ 声！	42
蚱蜢②	ku$^{55}_{(2)}$	——	koŋ$^{31}_{(2)}$	gɦau$^{35}_{(2)}$	——	koŋ$^{55}_{(2)}$	kaŋ$^{53}_{(2)}$	ɣoŋ$^{31}_{(A)}$	koŋ$^{24}_{(2)}$	104
去③	moŋ$^{11}_{(4)}$ 韵！	moŋ$^{33}_{(4)}$	mo$^{21}_{(4)}$ 韵！	mɦau$^{11}_{(4Ⅱ)}$	moŋ$^{32}_{(4)}$	məŋ$^{31}_{(4)}$ 韵！	məŋ$^{11}_{(4)}$	mu$^{55}_{(B)}$	mu$^{13}_{(4)}$	6

❶在 4 调字为 əŋ，在其他调字为 aŋ。根据桶韵推测，若有 6 调例字，其韵母也是 əŋ。

❷接 m 时为 u，接 m̥j 时为 o，接其他声母时为 oŋ。

❸接 m 时为 u，接其他声母时为 oŋ。

①“鬃”，在养蒿韵母不合，疑为晚期汉语借词，在腊乙坪声调不合，疑为现代汉语借词。

②也可能属桶韵。

③“去”在养蒿、大南山、甲定韵母不合，我们认为这是由于最常用词容易发生语音变化的缘故。

声韵类比较例字索引

例字汉义	古苗语拟音	英文释义	声类号	韵类号
ǎi 矮	*ɢa^{B}	*low*	113	(4)
àn 暗	*pʈʂə^{D}	*dark*	23	(9)
bā 八	*ʑa^{D}	*eight*	95	(4)
bābɑ 粑粑	*ɲcɔu^{B}	*cake*	99	(16)
bá(dāo)拔刀	*ʈho^{C}	*to draw (one's sword)*	62	(7)
(yì)bǎ(chútou)一把锄头	*ʈeŋ^{A}	*a (hoe)*	61	(24)
bà(dì)耙地	*xei^{B}	*to harrow (a field)*	110	(10)
bɑ́i 白	*qleu^{A}	*white*	117	(13)
bǎi 百	*pɑ^{C}	*hundred*	1	(5)
bǎndèng 板凳	*ɖuŋ^{A}	*bench*	63	(29)
bàn(jīn)半斤	*phtshei^{C}	*half(a catty)*	14	(10)
bàn(tiān)半天	*don^{B}	*half(of a day)*	51	(21)
(huā)bàn 花瓣	*mplei^{D}	*petal*	37	(10)
bāo(táng)包糖	*qhu^{B}	*to pack (suger)*	112	(8)
bào 抱	*bɔu^{C}	*to embrace*	3	(16)
bàozhà 爆炸	*deu^{C}	*to explode*	51	(13)
bēi 杯	*ʔŋ^{A}	*cup*	105	
(jǐ)bèi 脊背	*ɢə^{D}	*back*	113	(9)
bízi 鼻子	*mbdʐu^{C}	*nose*	29	(8)
bì(yǔ)避雨	*ɳdɭei^{D}	*to seek shelter from(the rain)*	73	(10)
biān(biànzi)编辫子	*mbdzin^{B}	*to braid, to plait(one's hair)*	20	(18)
biān(bòji)编簸箕	*hin^{A}	*to weave (a dustpan)*	130	(18)

biānzi 鞭子	*mbleu^{D}	*whip*	39	(13)
biànzi 辫子	*mbdzin^{B}	*plait, queue*	20	(18)
bīng 冰	*qlou^{D}	*ice*	121	(17)
bìng 病	*ʔmɔŋ^{A}	*disease, ill*	4	(27)
bō(zhǒng)播种	*ptʂæ^{A}	*to sow(seeds)*	23	(3)
bó 薄	*ŋ̥æn^{B}	*thin*	89	(20)
bǒ(mǐ)簸米	*ptʂuŋ^{B}	*to winnow away the chaff*	23	(29)
bòji 簸箕	*ʔveŋ^{A}	*winnowing fan*	10	(24)
bǔ(guō)补锅	*mptsa^{B}	*to mend (a pot)*	18	(4)
bù 布	*ntoi^{A}	*cloth*	55	(12)
bù 步	*ɖo^{A}	*step*	63	(7)
bùgǔniǎo 布谷鸟	*ɢu^{B}	*cuckoo*	113	(8)
cǎi 踩	*dɑ^{D}	*to step on*	51	(5)
cài 菜	*ʔvʐoi^{A}	*vegetable*	30	(12)
cāng 仓	*vʐon^{B}	*barn*	32	(22)
cáng(dōngxi)藏东西	*vʐei^{D}	*to hide*	30	(10)
cáo 槽	*qloŋ^{A}	*trough*	121	(28)
chā 插	*ʈhei^{D}	*to insert*	62	(10)
chá 茶	*ɟi^{B}	*tea*	98	(1)
chái 柴	*deu^{B}	*firewood*	51	(13)
cháng(duǎn)长短	*ntæ^{B}	*long*	55	(3)
chángdāo 长刀	*ndeŋ^{A}	*long sword*	57	(24)
chángzi 肠子	*ŋ̥ən^{B}	*intestines*	88	(23)
chǎng(fén)敞坟	*peu^{D}	*to open wide*	1	(13)
chǎo(cài)炒菜	*ke^{A}	*to fry*	102	(2)
chén 沉	*dɔn^{A}	*to sink*	51	(21)
chénglì(jiātíng)成立家庭	*ɳdʐæ^{C}	*to establish*	82	(3)
chī 吃	*nɔŋ^{A}	*to eat*	54	(27)
chí(qiāng)持枪	*ʈho^{C}	*to hold*	62	(7)
chí 迟	*li^{C}	*late*	60	(1)
chì 翅	*tæ^{D}	*wing*	49	(4)
chōng(mǐ)舂米	*tɔu^{B}	*to husk(rice)*	49	(16)
chóng 虫	*keŋ^{A}	*insect*	102	(24)
(zhōu)chóu 粥稠	*ɲɟuŋ^{C}	*thick*	101	(29)
chòu 臭	*tʂu^{C}	*sticking*	77	(8)

chū(yī)初一	* sin^{A}	*prefix of the names of the first ten days of any month of lunar calendar*	48	(18)
chuān(yī)穿衣	* n̥eŋ^{B}	*to put on (clothes)*	53	(24)
chuān(xié)穿鞋	* ʈɔ^{C}	*to put on (shoes)*	61	(6)
chuān(zhēn)穿针	* tɕhɔn^{A}	*to thread (a needle)*	85	(21)
chuán 船	* ɲɟɔn^{A}	*boat, ship*	101	(21)
chuāng 疮	* tsheŋ^{A}	*skin ulcer*	43	(24)
(yì)chuáng(bèizi)一床被子	* phɔn^{A}	*a(quilt)*	2	(21)
chuángpù 床铺	* tɕheu^{C}	*bed*	85	(13)
chuī(huǒ)吹火	* phʈʂhɔu^{A}	*to blow*	24	(16)
chuī(lúshēng)吹芦笙	* phʈʂo^{B}	*to play (a reed-pipe wind instrument)*	24	(7)
chuīyān 炊烟	* ɲ̥tɕho^{C}	*smoke from kitchen chimney*	91	(7)
cì 刺(名词)	* bo^{B}	*thorn*	3	(7)
cìwèi 刺猬	* dʐoi^{C}	*hedgehog*	79	(12)
cūcāo 粗糙	* ntsha^{A}	*rough*	46	(4)
cuō(shéngzi)搓绳子	* sɑu^{A}	*to twist (hemp rope)*	21	(15)
dá 答	* tæ^{A}	*to answer*	49	(3)
dǎ 打	* ntə^{D}	*to beat*	55	(9)
dǎ(cǎoxié)打草鞋	* hin^{A}	*to weave(straw shose)*	130	(18)
(níu)dǎnjià 牛打架	* ɳʈə^{C}	*(bulls) fight*	67	(9)
dǎ(qiāng)打枪	* pɔn^{B}	*to fire(a gun)*	1	(21)
dǎkāi(sǎn)打开伞	* nthɑu^{B}	*to open (an umbrella)*	56	(15)
dǎshǎn 打闪	* ɭei^{D}	*to lightning*	76	(10)
dà 大	* ɭ̥o^{A}	*large*	75	(7)
dàmài 大麦	* mɔŋ^{C}	*barley*	6	(27)
dàtuǐ 大腿	* pɑ^{A}	*leg*	1	(5)
dàxiàng 大象	* ntshu^{C}	*elephant*	46	(8)
dài(màozi)戴帽子	* ntuŋ^{C}	*to put on (a cap)*	55	(29)
dài(zhuózi)戴镯子	* ʈɔ^{C}	*to wear (bracelets)*	61	(6)
dàizi 带子	* ɭ̥eŋ^{A}	*belt*	75	(24)
dàn 蛋	* qwjæ^{C}	*egg*	126	(3)
(cài)dàn 菜淡	* dʐɑ^{C}	*tasteless (not salty)*	79	(5)
dāngzhōng 当中	* ɳʈuŋ^{A}	*middle*	67	(28)

(zuì) dǎo 醉倒	*ɢou^{C}	*fall*	113	(17)
dào 到	*qlwɑu^{C}	*to go to*	123	(15)
dàodá 到达	*dzo^{C}	*to reach*	44	(7)
dào(cháshuǐ) 倒茶水	*ʔɭou^{A}	*to pour*	74	(17)
dàozi 稻子	*mblæ^{A}	*paddy*	39	(3)
dédào 得到	*tɔ^{C}	*to get, to gain*	49	(6)
dēng 蹬	*dɑ^{D}	*to step on*	51	(5)
děnghòu 等候	*dɔn^{B}	*to wait*	51	(21)
dī(xiàlɑi) 滴下来	*ɳdɭo^{C}	*to drop*	73	(7)
dízi 笛子	*ɖoŋ^{A}	*flute*	63	(28)
dǐ 底	*qeŋ^{A}	*bottom*	111	(24)
dì 地	*tæ^{A}	*earth, land*	49	(3)
dìdi 弟弟	*cu^{B}	*younger brother*	96	(8)
diǎn(dēng) 点灯	*teu^{D}	*to light*	49	(13)
diē 跌	*ɳdʐeu^{D}	*to stumble*	82	(13)
(tóu) dǐng 头顶	*din^{B}	*top (of the head)*	51	(18)
dìng 钉(动词)	*ɳʈʂin^{C}	*to nail*	80	(18)
dòng 洞	*qhɔn^{B}	*hole, cave*	112	(21)
dǒu 陡	*ntshoŋ^{A}	*steep*	46	(28)
dǒulì 斗笠	*kə^{D}	*bamboo hat*	102	(9)
dòuzi 豆子	*də^{D}	*bean*	51	(9)
dùqí 肚脐	*nteu^{D}	*navel*	55	(13)
duǎn 短	*ʔlon^{B}	*short*	58	(22)
(biǎndan) duàn 扁担断	*ʔlo^{B}	*to break*	58	(7)
(xiàn) duàn 线断	*ton^{C}	*to snap*	49	(22)
dùi 碓	*dʑo^{B}	*mortar*	86	(7)
(yí) dùn(fàn) 一顿饭	*bl^{B}	*a (meal)*	35	
dūnzi 墩子	*ɖuŋ^{A}	*a block of stone or wood*	63	(29)
duō 多	*ntɔ^{C}	*many, much*	55	(6)
(yì) duǒ(huā) 一朵花	*ʈæ^{B}	*a (flower)*	61	(3)
étóu 额头	*ȵæn^{A}	*forehead*	88	(20)
é 鹅	*ŋon^{B}	*goose*	106	(22)
érzi 儿子	*ton^{A}	*son*	49	(22)
ěrduo 耳朵	*mbdʐæ^{A}	*ear*	29	(3)
èr 二	*ʔau^{A}	*two*	129	(14)
fàn 饭	*ɳɔn^{C}	*cooked ice, mael*	65	(21)

fánzhí 繁殖	*çeŋ^{C}	*to propagate*	94	(23)
fángzi 房子	*ptʂæ^{B}	*house*	23	(3)
fǎngchē 纺车	*tʂhɑu^{A}	*spinning wheel*	78	(15)
fēi 飞	*ʔʑeŋ^{C}	*to fly*	93	(23)
féi 肥	*dɭɔn^{C}	*fat*	71	(21)
fèi 肺	*mptʂu^{C}	*lung*	28	(8)
fèi 沸	*mpou^{C}	*to boil*	7	(17)
fén 坟	*ntseŋ^{C}	*grave, tomb*	45	(24)
fēng 风	*tɕɑ^{C}	*wind*	84	(5)
fēngxiāng 风箱	*thoŋ^{B}	*bellows*	50	(28)
fēngmì 蜂蜜	*vʐa^{A}	*honey*	30	(4)
fùbù 腹部	*tɕhoi^{A}	*belly, stomach*	85	(12)
(dòu)fu 豆腐	*hu^{B}	*(bean) curd*	130	(8)
fǔmó 抚摩	*phlu^{C}	*to stroke*	34	(8)
fǔtou 斧头	*tou^{C}	*ax*	49	(17)
gài(bèi) 盖被	*ʔvo^{B}	*to cover (with quilt)*	10	(7)
gài(guō) 盖锅	*mbo^{C}	*to cover (the pot)*	9	(7)
gài(wǎ) 盖瓦	*mbo^{C}	*to cover (with tiles)*	9	(7)
gān 肝	*f ʂin^{A}	*liver*	31	(18)
gānjing 干净	*ntshe^{A}	*clean*	46	(2)
gānkū 干枯	*qhɑ^{B}	*dry*	112	(5)
gānzào 干燥	*ɴqhɑ^{A}	*dry*	115	(5)
gāng 钢	*tshæ^{A}	*steel*	43	(3)
gāo 高	*fʂin^{A}	*high*	31	(18)
gāoliang 高粱	*ɳtʂɔu^{D}	*sorghum*	80	(16)
gē(ròu) 割肉	*l̥ei^{D}	*to cut*	59	(10)
gēdōuzú 亻革亻兜族	*m̥ʂəŋ^{A}	*Gedou People*	26	(30)
gēzi 鸽子	*ɴqɔu^{A}	*pigeon*	114	(16)
gélóu 阁楼	*ntheŋ^{A}	*attic*	56	(24)
(yī)gè(wǎn)一个碗	*ʔlon^{A}	*a (bowl)*	58	(22)
gēn 根	*dʑoŋ^{A}	*root*	86	(28)
(yì)gēn(gùn zi)一根棍子	*ʈeŋ^{A}	*a (stick)*	61	(24)
gēn 跟	*ɳɖo^{C}	*together with*	66	(7)
gōng(jī) 公鸡	*ʔɭə^{B}	*male (chicken)*	74	(9)
gōng(gǒu) 公狗	*ptsa^{B}	*male (dog)*	13	(4)
(zhū)gǒng(tǔ)猪拱土	*phu^{A}	*to dig (earth)*	2	(8)
gōu 沟	*kaŋ^{A}	*ditch*	102	(25)

gōu 钩	* ɴqæ^{C}	*to hook*	114	(3)
gǒu 狗	* qlæ^{B}	*dog*	117	(3)
gū 箍	* the^{C}	*to hoop*	50	(2)
gūr 箍儿	* the^{C}	*hoop*	50	(2)
gū(ér) 孤儿	* mbdʐɑu^{C}	*fatherless*	29	(15)
gǔ 鼓	* ɳɖɔu^{B}	*drum*	69	(16)
gútou 骨头	* tshoŋ^{B}	*bone*	43	(28)
guā 瓜	* qlwa^{A}	*melon*	123	(4)
guǎ(fu) 寡妇	* mbdʐɑu^{C}	*without husband*	29	(15)
guān(mén) 关门	* seu^{D}	*to close (the door)*	48	(13)
guǎnzi 管子	* ɖoŋ^{A}	*tube*	63	(28)
(chī)guàn(le) 吃惯了	* ɭɑu^{C}	*to be used to*	76	(15)
guānghua 光滑	* mblin^{C}	*smooth*	39	(18)
guǐ 鬼	* qɭeŋ^{A}	*ghost*	121	(24)
gǔn(shítou) 滚石头	* qɭɔn^{B}	*to come rolling down*	121	(21)
gǔn(xià) 滚下	* qlɔn^{B}	*to tumble from*	121	(21)
guō 锅	* vzin^{B}	*pot*	22	(18)
guǒtuǐbù 裹腿布	* ɳthuŋ^{A}	*puttee*	68	(29)
guǒzi 果子	* ptsi^{B}	*fruit*	13	(1)
guò 过	* qlwɑu^{C}	*to pass*	123	(15)
hǎiwǎn 海碗	* dei^{B}	*large bowl*	51	(10)
hàixīu 害羞	* dzeŋ^{A}	*shy, bashful*	44	(24)
hán(yīkǒushuǐ) 含一口水	* mpɑ^{B}	*to keep (in mouth)*	7	(5)
hàn 旱	* ɴqhɑ^{A}	*drought*	115	(5)
hāo(cǎo) 薅草	* nthɔu^{C}	*to weed*	56	(16)
hāozi 蒿子	* fʂon^{B}	*artemisia*	31	(22)
hǎo 好	* ʔvʐuŋ^{C}	*good*	30	(29)
hē(shuǐ) 喝水	* hə^{D}	*to drink (water)*	130	(9)
hé 河	* ɢlæ^{A}	*river*	118	(3)
hé 和	* ɳɖo^{C}	*and*	66	(7)
hétao 核桃	* qleu^{C}	*walnut*	117	(13)
hēi 黑	* qlon^{A}	*black*	117	(22)
hóng 红	* ʔlin^{A}	*red*	58	(18)
hóuzi 猴子	* ʔlin^{A}	*monkey*	58	(18)
hòu 厚	* tɑ^{A}	*thick*	49	(5)
hòumian 后面	* qeŋ^{A}	*back*	111	(24)
húdié 蝴蝶	* mptse^{C}	*butterfly*	18	(2)

húlu 葫芦	*tə^{A}	*gourd*	49	(9)
húxū 胡须	*ȵeŋ^{C}	*beard*	89	(24)
huā 花	*beŋ^{A}	*flower*	3	(24)
huābàn 花瓣	*mplei^{D}	*petal*	37	(10)
huàméiniǎo 画眉鸟	*tɕuŋ^{A}	*lark*	84	(29)
huài(le) 坏了	*bɑu^{B}	*to spoil*	3	(15)
huán(zhàng) 还账	*boi^{A}	*to pay (one's debt)*	3	(12)
huáng 黄	*ɢlweŋ^{A}	*yellow*	124	(24)
huáng(dòu) 黄豆	*pou^{B}	*soy*	1	(17)
huánggua 黄瓜	*qlwa^{A}	*cucumber*	123	(4)
huánglà 黄腊	*tɕeŋ^{A}	*wax*	84	(24)
huángníu 黄牛	*ȵən^{A}	*ox, cattle*	89	(23)
	*ʑo^{B}	*ox, cattle*	95	(7)
huījìn 灰烬	*ʈʂhoi^{B}	*cinder*	78	(12)
huí(lai) 回来	*ʈɔn^{B}	*to return*	61	(21)
huì 喙	*ȵdʑə^{A}	*beak*	92	(9)
huì(chànggē) 会唱歌	*dzeu^{A}	*can (sing songs)*	44	(13)
hún 魂	*bɭa^{A}	*soul*	41	(4)
(shuǐ)hún 水浑	*ɳʈɭo^{B}	*turbid, muddy*	72	(7)
huó 活	*dʑin^{A}	*alive*	86	(18)
huǒ 火	*deu^{B}	*fire*	51	(13)
jī 鸡	*qe^{A}	*chicken*	111	(10)
jīguān 鸡冠	*ʔi^{A}	*crest*	129	(1)
jíchūmào 急出貌	*bleu^{B}	*the manner of going out quickly*	35	(13)
jǐ(shīzi) 挤虱子	*ʔle^{C}	*to press (the louse) with the nails of two thumbs*	58	(2)
jiā 家	*pʈʂæ^{B}	*home, house*	23	(3)
(chéng)jiā,(chéng)rén 成家=成人	*nen^{A}	*man, person*	54	(19)
jiā(cài) 夹菜	*ntei^{D}	*to grip (the cooked food) with chopsticks*	49	(10)
jià 嫁	*qɑu^{C}	*to marry off(a daughter)*	111	(15)
jiàqian 价钱	*ɴqa^{C}	*price*	114	(4)
jiān 肩	*bu^{C}	*shoulder*	3	(8)
(yì)jiān(fáng) 一间房	*tɕhoŋ^{B}	*a (room)*	85	(28)

jiǎn 捡	*cheu^{D}	*to pick up*	97	(13)
(kàn)jiàn 看见	*bo^{D}	*to see*	3	(7)
jiāng 姜	*qhwjin^{B}	*ginger*	127	(18)
jiàngrén 匠人	*dʐɑŋ^{C}	*craftsman*	79	(26)
jiáo(fàn) 嚼饭	*tɕɑu^{C}	*to chew (one's food)*	84	(15)
jiáodòushēng 嚼豆声	*ŋkeu^{B}	*the sound of chewing beans*	107	(13)
(níu)jiǎo 牛角	*kon^{A}	*horn*	102	(22)
jiǎo 脚	*teu^{C}	*foot*	49	(13)
(gōngjī)jiào 公鸡叫	*qɑu^{C}	*to crow*	111	(15)
(huángníu)jiào 黄牛叫	*ɴqɔn^{B}	*to low*	114	(21)
(niǎo)jiào 鸟叫	*ɢɑ^{A}	*(birds) sing*	113	(5)
(shuì)jiào 睡觉	*ɴql ^{A}	*to sleep*	119	
jiē(shéngzi) 接绳子	*tsɑ^{D}	*to join (two ropes) together*	42	(5)
jiēshòu 接受	*tsei^{D}	*to receive*	42	(10)
jiē(guǒzi) 结果子	*ptsi^{C}	*to bear (fruit)*	13	(1)
jiēshi 结实	*ɖɔu^{A}	*solid, durable*	63	(16)
jiěkāi 解开	*nthɑu^{B}	*to untie*	56	(15)
jiè(níu) 借牛	*qa^{B}	*to borrow (the cow) from, to lend (the cow) to*	111	(4)
jièqián 借钱	*tsei^{D}	*to borrow (the money) from, to lend (the money) to*	42	(10)
jīn 斤	*tɕæn^{A}	*a unit of weight (=1/2 kilogram)*	84	(20)
jīn 筋	*ʂoi^{B}	*sinew, muscle*	83	(12)
jīn(nián) 今年	*ʔnaŋ^{B}	*this (year)*	52	(25)
jīnzi 金子	*cən^{A}	*gold*	96	(24)
jǐn 紧	*ɳ ^{A}	*tight*	66	
jìn 近	*ʔvʐæ	*near*	30	(3)
jǐu 九	*dʑɔu^{A}	*nine*	86	(16)
jǐu 久	*læ^{A}	*for a long time*	60	(3)
jǐu 酒	*tɕeu^{B}	*wine*	84	(13)
jìu(càixiàfàn) 就菜下饭	*mbdzɑ^{C}	*to have some (dishes) to go with (the rice)*	20	(5)
jìuchǐ 臼齿	*pɑ^{A}	*molar*	1	(5)

jūzhù 居住	*ʔȵɔn^{A}	*to live, to dwell*	87	(21)
juécài 蕨菜	*fʂɔu^{A}	*brake (fern)*	31	(16)
jùnzi 菌子	*ȵtɕæ^{A}	*mushroom*	90	(3)
kāi 揩	*ʂɔn^{C}	*to wipe*	83	(21)
kāi(mén) 开门	*peu^{D}	*to open (the door)*	1	(13)
kānshǒu 看守	*vʐo^{B}	*to watch*	30	(7)
kāng 糠	*fsɑ^{C}	*chaff, bran*	21	(5)
kǎo(bāba) 烤粑粑	*tɕi^{C}	*to bake (the cake)*	84	(1)
kǎo(huǒ) 烤火	*ntæ^{C}	*to warm (oneself by a fire)*	55	(3)
kē 棵	*fɔu^{A}	*a (tree)*	11	(16)
kēshuì 瞌睡	*ʔŋɔu^{C}	*to have a nap*	105	(21)
(dàn)ké 蛋壳	*phloi^{A}	*(egg) shell*	34	(12)
késou 咳嗽	*n̥uŋ^{D}	*to cough*	53	(29)
kě 渴(一)	*ɴqhɑ^{A}	*thirsty*	115	(5)
kě 渴(二)	*ɴqhæ^{D}	*thirsty*	115	(5)
kèren 客人	*qhɑ^{C}	*guest*	112	(5)
kěn 啃	*tɕɑu^{C}	*to gnaw, to nibble at*	84	(15)
	*keu^{D}	*to gnaw, to nibble at*	102	(13)
kōngqì 空气	*poŋ^{C}	*air*	1	(28)
(yì)kǒu(fàn) 一口饭	*lo^{C}	*a mouthful of (the rice)*	58	(7)
kǒudai 口袋	*n̥eŋ^{A}	*pocket*	53	(24)
kū 哭	*ʔȵin^{B}	*to weep*	87	(20)
kǔ 苦	*ʔin^{A}	*bitter*	129	(18)
kǔdǎn 苦胆	*ʈʂi^{A}	*gall*	77	(1)
kuài 快	*fʂei^{C}	*quick*	31	(10)
kuàizi 筷子	*ɖeu^{C}	*chopsticks*	63	(13)
(yí)kuài(bǎn) 一块板	*phe^{A}	*piece*	14	(2)
kuān 宽	*qlweŋ^{B}	*wide*	123	(24)
kǔn 捆	*qhei^{A}	*to tie, to bind*	112	(10)
lā(níu) 拉牛	*ʈho^{C}	*to lead (the ox)*	62	(7)
là 辣	*mbdʐa^{D}	*hot, peppery*	29	(4)
(huí)lai 回来	*lo^{B}	*to come (back)*	60	(7)
(kè)lái 客来	*dɑu^{A}	*(the guests) come*	51	(15)
lándiàncǎo 蓝靛草	*ɲɟeŋ^{A}	*indigo*	101	(24)
lánlǚ 褴褛	*ɴɢlɔu^{C}	*shabby, ragged*	120	(16)
làn 烂	*lu^{A}	*to rot*	60	(8)

lǎo 老	*lou^{B}	*old*	60	(17)
lǎohǔ 老虎	*ʈʂo^{B}	*tiger*	77	(7)
lǎohǔyù 老虎芋	*veu^{C}	*a kind of taro*	12	(13)
léi 雷	*fʂo^{A}	*thunder*	21	(7)
lèigǔ 肋骨	*teŋ^{B}	*rib*	49	(24)
lěng 冷	*nɔŋ^{C}	*cold*	52	(27)
lí 梨	*vʐɑu^{A}	*pear*	32	(15)
(yì) lǐ (lù) 一里路	*ɭe^{B}	*li, a Chinese unit of length (=1/2 kilometre)*	76	(2)
lǐmiàn 里面	*ɳdɳɔn^{C}	*interior*	73	(21)
lǐzi 李子	*cheu^{A}	*plum*	97	(13)
lìqi 力气	*vʐo^{C}	*strength*	32	(7)
liándāo 镰刀	*ɭin^{A}	*sickle*	76	(18)
liǎn 脸	*mai^{C}	*face*	6	(11)
	*beu^{B}	*face*	3	(13)
(bīng) liáng 冰凉	*dzin^{B}	*cold*	44	(18)
liáng (bù) 量布	*ɳdʐ	*to measure (the cloth)*	82	
liáng (mǐ) 量米	*ɭon^{A}	*to mete out (rice)*	76	(22)
(yì) liǎng (yínzi) 一两银子	*lɑŋ^{B}	*tael*	60	(26)
(tàiyáng) liàng 太阳亮	*ɢlweŋ^{A}	*bright*	124	(24)
lièwù 猎物	*ɴɢei^{A}	*game*	116	(10)
(shuǐ) líu 水流	*ɴɢlu^{B}	*to flow*	120	(8)
lǐushù 柳树	*ʑɑŋ^{A}	*willow*	95	(26)
lìu 六	*tɭ̥ə^{C}	*six*	70	(9)
lóng 龙	*vʐoŋ^{A}	*dragon*	32	(28)
lóng 聋	*loŋ^{A}	*deaf*	60	(28)
lóngzi 聋子	*loŋ^{A}	*a deaf man*	60	(28)
lúshēng 芦笙	*ɢwjen^{A}	*a reed-pipe wind instrument, used by the Miao, Yao and Dong nationalities*	128	(19)
lù 路	*kæ^{B}	*road*	102	(3)
lùshuǐ 露水	*lu^{C}	*dew*	60	(8)
luò 落	*pəŋ^{A}	*to fall*	1	(30)
lǜ 绿	*mptʂɔu^{A}	*green*	28	(16)
má 麻	*ndɔu^{C}	*hemp*	57	(16)
mǎ 马	*mnen^{B}	*horse*	17	(19)

mǎyǐ 蚂蚁	*mbdʐɔ^{D}	*ant*	29	(6)
mà 骂	*qei^{C}	*to scold*	111	(10)
mái(rén)埋人	*ɭɔn^{B}	*to bury*	76	(21)
mǎi 买	*mai^{B}	*to buy*	6	(11)
mài 卖	*mai^{C}	*to sell*	6	(11)
màizi 麦子	*mɔŋ^{C}	*wheat*	6	(27)
mǎn 满	*pon^{B}	*full*	13	(22)
máo 毛	*pɭoi^{A}	*hair*	40	(12)
máocǎo 茅草	*ɴqen^{A}	*cogongrass*	114	(19)
mén 门	*dɭuŋ^{A}	*door,gate*	71	(29)
mèng 梦	*mpoi^{C}	*dream*	7	(12)
míbǔ 弥补	*mptsa^{B}	*to remedy*	18	(4)
mǐ 米	*tshon^{B}	*rice*	43	(22)
(yāng)mì 秧密	*tɑ^{A}	*close,dense,thick*	49	(5)
miànfěn 面粉	*plou^{C}	*flour*	33	(17)
miànqián 面前	*ɴɢlin^{A}	*in front of*	120	(18)
miáozú 苗族	*m̥ʂəŋ^{A}	*Miao nationality*	26	(30)
miètiáo 蔑条	*ȵtɕɔ^{C}	*thin bamboo strip*	90	(6)
míngzì 名字	*mptsæ^{C}	*name*	18	(3)
mó(dāo)磨刀	*xo^{B}	*to grind(the kitchen knife)*	110	(7)
mó(bāogǔ)磨包谷	*vʐo^{D}	*to mill(the maize)*	32	(7)
mǔ(gǒu)母狗	*mnin^{D}	*female(dog)*	17	(18)
mùtàn 木炭	*then^{C}	*charcoal*	50	(19)
nǎ 哪	*du^{C}	*which*	51	(8)
nà(gèngyuǎnzhǐ) 那(更远指)	*ʔe^{B}	*that*	129	(2)
nánrén 男人	*dʑeŋ^{C}	*man*	86	(24)
nánhái 男孩	*dʑeŋ^{C}	*boy*	86	(24)
nǐmen 你们	*mi^{A}	*you*	6	(1)
nínìng 泥泞	*ŋko^{D}	*muddy*	107	(7)
nián 年	*ɕuŋ^{C}	*year*	94	(29)
niánqīng 年轻	*ɭ̥a^{D}	*young*	75	(5)
niǎo 鸟	*nuŋ^{C}	*bird*	54	(29)
niào 尿	*vʐa^{B}	*urine*	32	(4)
níng(máojīn)拧毛巾	*pʈʂo^{C}	*to wring(a towel)*	23	(7)
níujuàn 牛圈	*ŋgɔu^{A}	*stable*	109	(16)

nóng 脓	*bou^{C}	*pus*	3	(17)
nǔ 弩	*n̥en^{B}	*crossbow*	53	(19)
nǚer 女儿	*mphtshei^{D}	*daughter*	19	(10)
nǚren 女人	*bo^{A}	*woman*	3	(7)
nǚxù 女婿	*ʔvou^{B}	*son-in-law*	10	(17)
nuǎnhe 暖和	*ʂo^{B}	*warm*	83	(7)
nuò(mǐ)糯米	*mblə^{D}	*glutinous*	39	(9)
pá(shù)爬树	*ȵtɕæ^{C}	*to climb*	90	(3)
páxíng 爬行	*ɲɟoŋ^{C}	*to creep*	101	(28)
pà 怕	*ɳʈʂhei^{C}	*to fear, to be afraid of*	81	(10)
pāi(shǒu)拍手	*mbɑ^{A}	*to clap*	9	(5)
pào(fàn)泡饭	*ɳʈʂæ^{C}	*to soak(cooked rice in soup or water)*	80	(3)
pī 劈	*phtshe^{A}	*to split, to chop*	14	(2)
	*phɑu^{C}	*to split, to chop*	2	(15)
pī(yīfu)披衣服	*mpɑu^{C}	*to throw on(some clothing)*	7	(15)
(yì)pǐ(mǎ)一匹马	*don^{B}	*a(horse)*	51	(22)
pí 皮	*teu^{B}	*skin, leather*	49	(13)
piàn 片	*mplei^{D}	*piece*	37	(10)
piāopú 漂浮	*nteŋ^{A}	*to float*	55	(24)
píng 平	*din^{A}	*level*	51	(18)
píngbà 平坝	*ɳɖoŋ^{B}	*flat ground*	69	(28)
pō(shuǐ)泼水	*ȵtɕhɔu^{B}	*to sprinkle, to splash*	91	(16)
pōshàngmian 坡上面	*bæ^{B}	*upper part of the hillside*	3	(3)
pòkāi(dùzi)破开肚子	*phɑu^{C}	*to cut(the belly of fish)*	2	(15)
pū(bèizi)铺被子	*pɑ^{C}	*to pave, to make (the bed)*	1	(5)
pútao 葡萄	*qin^{B}	*grape*	111	(18)
qī 七	*dʐoŋ^{C}	*seven*	79	(28)
qī 漆	*tshei^{D}	*lacquer*	43	(10)
qí 骑	*dʑei^{A}	*to ride*	86	(10)
qídài 脐带	*nteu^{D}	*umbilical cord*	55	(13)
(shuǐ)qì 水汽	*poŋ^{C}	*steam*	1	(28)
qiān 千	*tshæn^{A}	*thousand*	43	(20)
qiān(níu)牵牛	*tɕoŋ^{A}	*to lead(the ox)*	84	(28)

qǐlaí 起来	*ʂeu^{B}	*to get up*	83	(13)
(yì)qián(yínzi) 一钱银子	*dzæn^{A}	*a unit of noble metals such as gold and silver, it equals to one tenth of a tael*	44	(20)
qiǎn 浅(一)	*ȵin^{B}	*shallow*	89	(18)
qiǎn 浅(二)	*ɴql^{B}	*shallow*	119	
qiǎng 抢	*hɑ^{D}	*to rob*	130	(5)
qiáo 桥	*l̥ɑ^{D}	*bridge*	59	(5)
qiáomài 荞麦	*dʑæ^{A}	*buckwheat*	86	(3)
(dàn)qiào 蛋壳	*phloi^{C}	*eggshell*	34	(12)
qiēchéng(piàn)切成片	*mplei	*to cut(into slices)*	37	(10)
qínkuai 勤快	*ɴɢɑu^{C}	*diligent*	116	(15)
(shuǐ)qīng 水清	*ɳtʂhin^{A}	*clear*	81	(18)
qīng 轻	*ʂe^{A}	*light*	83	(2)
qīngniánnánzi 青年男子	*ɳɖou^{C}	*young man*	69	(17)
qīngwā 青蛙	*qeŋ^{B}	*frog*	111	(24)
qīuyǐn 蚯蚓	*tɕoŋ^{A}	*earthworm*	84	(28)
qū 蛆	*keŋ^{C}	*maggot*	102	(24)
qù 去	*məŋ^{B}	*to go*	6	(30)
quāntào 圈套	*bdʐi^{B}	*noose, trap*	25	(1)
(dāo)quēkǒu 刀缺口	*ŋkh^{D}	*gap*	108	
(wǎn)quēkǒu 碗缺口	*ɴqlei^{D}	*gap*	119	(10)
qúnzi 裙子	*tin^{A}	*skirt*	49	(18)
rán 燃	*dʑi^{C}	*to burn*	86	(1)
rén 人	*næn^{A}	*man, person*	54	(19)
(chéng)rén 成人	*næn^{A}	*(to be grown to) manhood*	54	(19)
rónghuà 融化	*ʑeŋ^{A}	*to melt*	95	(24)
róuruǎn 柔软	*mlai^{C}	*soft*	36	(11)
ròu 肉	*ɴɢei^{A}	*meat, flesh*	116	(10)
(dàn)ruǎnmó 蛋软膜	*phloi^{C}	*soft membrace (inside the eggshell)*	34	(12)
ruìlì 锐利(一)	*vʐɑu^{C}	*sharp*	32	(15)
ruìlì 锐利(二)	*ɳtʂæ^{C}	*sharp*	80	(3)
sā(niào)撒尿	*vʐa^{B}	*to urinate*	32	(4)

sǎ(shuǐ)洒水	*mphuŋ^{C}	*to sprinkle*	8	(29)
sǎ(tǔ)撒土	*mphuŋ^{C}	*to sprinkle*	8	(29)
(ròu)sāi(yáfèng)肉塞牙缝	*ɳʈhin^{C}	*to fill in*	68	(18)
sān 三	*ptsæ^{A}	*three*	13	(3)
sànkāi 散开	*nthɑu^{B}	*to disperse*	56	(15)
sǎo(dì)扫地	*tɕhæ^{A}	*to sweep*	85	(3)
sǎosao 嫂嫂	*ȵeŋ^{A}	*sister-in-law*	87	(24)
shā(rén)杀人	*tɑu^{C}	*to kill(a person)*	49	(15)
shāi 筛	*ʈʂhɔ^{C}	*to sieve*	78	(6)
shān 山	*bæ^{B}	*mountain, hill*	3	(3)
shānyākou 山丫口	*ɢleu^{D}	*mountain pass*	118	(13)
shànzi 扇子	*mbdʐɑ	*fan*	29	(5)
(fáng)shàng 房上	*ʂɔu^{A}	*on the top of(the house)*	83	(16)
shāo(chái)烧柴	*tl̥ou^{B}	*to burn(firewood)*	70	(17)
shāo(fángzi)烧房子	*phtshæ^{B}	*to burn(a house)*	14	(3)
shāo(shān)烧山	*l̥eu^{B}	*to burn(the grass on the mountain)*	75	(13)
shǎo 少	*dʐeu^{C}	*few, little, to be short*	79	(13)
shé 蛇	*ʔneŋ^{A}	*snake*	52	(24)
shétou 舌头	*mblei^{D}	*tongue*	39	(10)
shè(jiàn)射箭	*pɔn^{B}	*to shoot(an arrow)*	1	(21)
shèwǎngtàozhuō(niǎo)设网套捉鸟	*tɕɔu^{A}	*to catch(birds) by means of setting net*	84	(16)
shēn 伸	*ɕoŋ^{A}	*to stretch*	94	(28)
shēn 深	*to^{A}	*deep*	49	(7)
shēntǐ 身体	*tɕæ^{B}	*body*	84	(3)
shēnyín 呻吟	*mbdʐeŋ^{A}	*to groan*	29	(24)
shénme 什么	*ʈʂe^{B}	*what*	77	(2)
shēng(shíwù)生食物	*ȵuŋ^{B}	*raw, uncooked*	89	(29)
shēngyīn 声音	*fʂɔu^{A}	*sound, voice*	31	(16)
shéngzi 绳子	*l̥ɑ^{C}	*rope*	59	(5)
shī 湿	*nton^{A}	*wet, damp*	55	(22)
shīzi 虱子	*ton^{B}	*louse*	49	(22)
shí 十	*ɟə^{D}	*ten*	98	(9)
shítou 石头	*ʔvʐæ^{A}	*stone*	30	(3)
shǐ 屎	*qɑu^{B}	*excrement*	111	(15)
shì 是	*ʐɔn^{C}	*to be*	95	(21)

shìfàng 释放	*tʂon^{C}	*to release*	77	(21)
shìqing 事情	*ɳon^{D}	*thing, matter*	66	(22)
shìzi 柿子	*mnin^{B}	*persimmon*	17	(18)
shōu(dōngxi)收东西	*ʂə^{A}	*to receive*	83	(9)
shǒu 手	*bdzæ^{D}	*hand*	15	(3)
shǒuzhǐ 手指	*nta^{B}	*finger*	50	(4)
shòu 瘦	*ndzoi^{C}	*thin, lean*	47	(12)
shū 梳	*ɳtʂa^{D}	*to comb*	80	(4)
shūzi 梳子	*vʐɑ^{C}	*comb*	32	(5)
shū 书	*nteu^{B}	*book*	55	(13)
shú 熟	*ʂæn^{B}	*ripe, cooked*	83	(20)
shǔ 鼠(一)	*bdʐɑu^{C}	*rat, mouse*	25	(15)
shǔ 鼠(二)	*neŋ^{B}	*rat, mouse*	54	(24)
shù 树(一)	*ntuŋ^{C}	*tree*	55	(29)
shù 树(二)	*fɔu^{A}	*tree*	11	(16)
shùlín 树林	*ʔvʐuŋ^{C}	*forest, grove*	30	(29)
(yì)shuāng(kuàizi) 一双筷子	*ɲɟeu^{D}	*a pair of (chopsticks)*	101	(13)
shuāngshēng(zǐ)双生子	*mptsei^{A}	*twin*	18	(10)
shuǐ 水	*ʔuŋ^{A}	*water*	129	(29)
shuǐniú 水牛	*ɳən^{A}	*buffalo*	89	(23)
shuǐtǎ 水獭	*ɳtʂhau^{A}	*otter*	81	(15)
shuì 睡	*pu^{C}	*to sleep*	1	(8)
shuìzháole 睡着了	*ɴql^{A}	*to fall asleep*	119	
sī(bù)撕布	*qɭɑu^{C}	*to tear*	121	(15)
sī(ròu)撕肉	*qɭɑu^{C}	*to tear*	121	(15)
sǐ 死	*dɑu^{C}	*to die*	51	(15)
sì 四	*ploi^{A}	*four*	33	(12)
sòng(dōngxi)送东西	*soŋ^{C}	*to send*	48	(28)
sòng(qīn)送亲	*soŋ^{C}	*to escort (the bride to her husband's house)*	48	(28)
sūmá 苏麻	*n̥eŋ^{B}	*perilla*	53	(24)
sùnáng 嗉囊	*ptsin^{B}	*crop (of a bird)*	13	(18)
suān 酸	*ʂə^{A}	*sour*	83	(9)
suàn 蒜	*ɢɑ^{A}	*garlic*	113	(4)
(nǎo)suǐ 脑髓	*ɭu^{A}	*marrow*	59	(8)
(gǔ)suì 谷穗	*n̥eŋ^{A}	*ear*	53	(24)

sŭn 笋	*mbdʐɑu^{C}	*bamboo shoot*	29	(15)
suō 缩	*xou^{D}	*to shorten, to shrink*	110	(17)
suōyi 蓑衣	*si^{A}	*straw or palm-bark rain cape*	48	(1)
suōzi 梭子	*ɴɢɔn^{B}	*shuttle*	116	(21)
tā 他	*ni^{B}	*he, she, it*	54	(1)
tàiyang 太阳	*n̥on^{A}	*sun*	53	(22)
tānkāi 摊开	*nthɑu^{B}	*to spread out*	56	(15)
(yòngzhǐ) tán 用指弹	*nte^{C}	*to flick (with the fingers)*	55	(2)
tánzi 坛子	*hon^{A}	*earthen jar*	130	(22)
tāng 汤	*kɑ^{B}	*soup*	102	(5)
tàng (shīzi) 烫虱子	*l̥eŋ^{A}	*to scald*	59	(24)
táozi 桃子	*ɢlɑ^{A}	*peach*	118	(5)
téngzi 籐子	*m̥ʂaŋ^{A}	*vine*	26	(25)
tí 蹄	*ʈoi^{C}	*hoof*	61	(12)
tì 剃	*tɕhei^{D}	*to have one's hair shaved*	85	(10)
tiān 天	*ɴɢlwon^{A}	*heaven, sky*	125	(22)
tián 田	*ɭin^{A}	*field*	76	(18)
tián 甜	*qeŋ^{A}	*sweet*	111	(24)
tiǎn 舔	*ʑei^{D}	*to lick*	95	(10)
tiāo (shuǐ) 挑水	*tɕæ^{C}	*to carry (water) on the shoulder with a pole*	84	(3)
tiàozao 跳蚤	*m̥on^{A}	*flea*	5	(22)
tiě 铁	*l̥ə^{C}	*iron*	59	(9)
tīng 听	*mʐuŋ^{C}	*to listen*	27	(29)
tīngjian 听见	*n̥ɔn^{B}	*to hear*	53	(21)
tóng 铜	*duŋ^{A}	*copper*	51	(29)
tǒng 桶	*thuŋ^{A}	*bucket, pail*	50	(29)
tòng 痛	*ʔmɔŋ^{A}	*painful, sore*	4	(27)
tōu 偷	*ɳ̥æn^{C}	*to steal, to make of with*	89	(20)
tóu 头	*foi^{B}	*head*	11	(12)
tóushī 头虱	*ɳʈʂhoi^{B}	*head louse*	81	(12)
tóuxuánr 头旋儿	*vze^{B}	*crown of the head*	22	(2)
tù 兔	*ʔɭɔu^{B}	*hare, rabbit*	74	(16)
tūn 吞(一)	*ɴɢɔn^{B}	*to swallow, to gulp down*	116	(21)

tūn 吞(二)	*ɴqeu^{C}	*to swallow, to gulp down*	114	(13)
(táo)tuō 逃脱	*ɢlwa^{D}	*to get rid of*	124	(4)
tuǒ 庹	*ɢɭeŋ^{A}	*span, arm spread*	122	(24)
wā 挖	*ȵtɕeu^{D}	*to dig*	90	(13)
wǎ 瓦	*vɑ^{B}	*tile*	12	(5)
wāi 歪	*ɢei^{A}	*crooked, slanting*	113	(10)
wānqū 弯曲	*ɲchə^{D}	*curved*	100	(9)
wán 完	*dʑuŋ^{B}	*to finish*	86	(29)
wǎn 碗	*dei^{B}	*bowl*	51	(10)
wǎnshang 晚上	*m̥ɔn^{C}	*night*	5	(21)
wǎndiéluòdìshēng 碗碟落地声	*ŋk^{B}	*the sound of bowl or dish falling on the floor*	107	
wàn 万	*vɑŋ^{A}	*ten thousand*	12	(26)
wěiba 尾巴	*tu^{B}	*tail*	49	(8)
wèi 胃	*pleŋ^{A}	*stomach*	33	(24)
wénzi 蚊子	*ʔʑuŋ^{B}	*mosquito*	93	(29)
wèn 问	*non^{C}	*to ask, to inquire*	54	(22)
(niǎo)wō 鸟窝	*vʐæ^{B}	*nest*	32	(3)
wōníu 蜗牛	*ɢwju^{A}	*snail*	128	(8)
wǒ 我	*con^{B}	*I, me*	96	(22)
wǒmen 我们	*ptsæ^{A}	*we*	13	(3)
wò 卧	*pu^{C}	*to lie*	1	(8)
wò(shǒu)握手	*tɑ^{B}	*to hold, to shake(hands)*	49	(5)
wūyā 乌鸦	*ʔɔu^{A}	*crow*	129	(16)
wúgong 蜈蚣	*kh^{D}	*centipede*	103	
wǔ 五	*pʈʂa^{A}	*five*	23	(4)
wǔfàn 午饭	*ʂon^{C}	*lunch*	83	(22)
wù 雾	*hɔu^{A}	*fog*	130	(16)
(wénzi)xī(xiě)蚊子吸血	*ntsei^{D}	*to suck*	45	(10)
xī(yān)吸烟	*hɑu^{D}	*to smoke*	130	(15)
xīfàn 稀饭	*tshon^{B}	*porridge*	43	(22)
xīgài 膝盖	*dʑou^{C}	*knee*	86	(17)
xī 锡	*tshɑ^{D}	*tin*	43	(5)
xífu 媳妇	*ʔȵeŋ^{A}	*son's wife*	87	(24)
xǐ(guō)洗锅	*ntsɑ^{B}	*to wash(pot)*	45	(5)

xǐ(yī)洗衣	*ntshɔu^{C}	*to wash (clothes)*	46	(16)
(xiàn)xì 线细	*ʂuŋ^{A}	*thin*	83	(29)
(miànfěn)xì 面粉细	*mɔn^{B}	*fine*	6	(21)
xiàba 下巴	*dʑei^{D}	*chin, the lower jaw*	79	(10)
xià(dàn)下蛋	*ndæ^{C}	*to lay(egg)*	57	(3)
xià(qu)下去	*ɴɢa^{B}	*(to go) down*	116	(4)
xián 咸	*qɭeu^{C}	*salty*	121	(13)
xiàn 线	*fso^{B}	*thread*	21	(7)
xiāng(hǎo)相好	*ʂe	*mutually*	83	(2)
(ròu)xiāng 肉香	*qeŋ^{A}	*sweet-smelling*	111	(24)
xiāngchun 香椿	*ʑon^{A}	*Chinese toon*	95	(22)
xiāo 削	*tɕhei^{D}	*to peel*	85	(10)
xiǎo 小	*ʔʑə^{C}	*small, little*	93	(9)
xiǎomǐ 小米	*tshon^{B}	*millet*	43	(22)
xiǎomǔ(níu)小母牛	*ɕɑ^{D}	*young(cow)*	94	(5)
xiào 笑	*tl̥o^{D}	*to laugh*	70	(7)
xié 斜	*ɢei^{A}	*slanting, oblique*	113	(10)
xié 鞋	*chɔ^{C}	*shoes*	97	(6)
xiě 写	*fʂoi^{C}	*to write*	31	(12)
xīn 新	*ʈʂhin^{A}	*new*	78	(18)
xīnniáng 新娘	*ʔȵeŋ^{A}	*bride*	87	(24)
xīnzàng 心脏	*pɭeu^{B}	*heart*	40	(13)
xīng 星	*qon^{A}	*star*	111	(22)
xǐng 醒	*dʑa^{D}	*to wake*	79	(4)
(dì)xiōng 弟兄	*da^{A}	*elder brother*	51	(4)
xiōngtáng 胸膛	*ɳʈɔn^{A}	*breast, bosom*	67	(21)
xióng 熊	*qlei^{D}	*bear*	117	(10)
xīuxi 休息	*ʂo^{C}	*to rest*	83	(7)
xìu 嗅	*m̥n̥in^{C}	*to smell*	16	(18)
	*ʈʂu^{C}	*to smell*	77	(18)
(dòngwù)xìu 动物嗅	*m̥n̥in^{C}	*to smell*	16	(18)
xuě 雪	*mptson^{C}	*snow*	18	(22)
xuè 血	*ɳʈʂheŋ^{B}	*blood*	81	(24)
xūn 熏	*ȵtɕho^{C}	*to smoke*	91	(7)
yāchà 桠杈	*ŋkh^{A}	*fork of a tree*	108	
yāzi 鸭子	*ʔo^{D}	*duck*	129	(7)
yáchǐ 牙齿	*m̥n̥in^{B}	*tooth*	16	(18)

yán 盐	*ɳʈʂæ^{B}	*salt*	80	(3)
yǎnjing 眼睛	*mai^{C}	*eye*	6	(11)
yāng 秧	*ʔʑon^{A}	*seedling*	93	(22)
yáng 羊	*ʑoŋ^{A}	*sheep*	95	(28)
yángchen 扬尘	*ɲcheu^{A}	*dust and dirt hanging to the ceiling*	100	(13)
yǎng(jī)养鸡	*ʑon^{C}	*to raise(hens)*	95	(22)
yǎng(yìjiārén)养一家人	*ʑon^{C}	*to support(a family)*	95	(22)
yǎng 痒	*chu^{D}	*itch, tickle*	97	(9)
yāo 腰	*qlɑu^{B}	*waist*	117	(16)
(lǎohǔ)yǎo 老虎咬	*do^{D}	*to bite*	51	(7)
(wénzi)yǎo 蚊子咬	*do^{D}	*to bite*	51	(7)
yǎo(shuǐ)舀水	*hei^{D}	*to ladle out*	130	(10)
yào(qián)要钱	*ʔʑɔu^{B}	*to ask for(money)*	93	(16)
yào 药	*cɑu^{A}	*medicine, drug*	96	(15)
yějī 野鸡	*ʈʂeu^{D}	*pheasant*	77	(13)
yěmāo 野猫	*pɭe^{C}	*wildcat*	40	(2)
yěshìzi 野柿子	*mnin^{B}	*wild persimmon*	17	(18)
yěsuàn 野蒜	*ɢlɔn^{B}	*wild garlic*	118	(21)
yèxià 腋下	*ʈʂo^{C}	*armpit*	77	(7)
yèzi 叶子	*mbluŋ^{A}	*leaf*	39	(29)
yī 一	*ʔe^{A}	*one*	129	(2)
yǐzi 椅子	*ɖuŋ^{A}	*chair*	63	(29)
(tiān)yīn 天阴	*bɑu^{B}	*(the sky is)overcast*	3	(15)
yínzi 银子	*ʑin^{A}	*silver*	89	(18)
yǐndǎo 引导	*xi^{D}	*to guide, to lead*	110	(1)
yīng 鹰	*qleŋ^{B}	*eagle*	117	(24)
yīngtao 樱桃	*ʔva^{A}	*cherry*	10	(4)
yīng'ěr 婴儿	*ŋ^{D}	*baby*	106	
yíngzi 蝇子	*mɔn^{B}	*fly*	6	(21)
yóu 油	*dɭɔn^{A}	*oil, fat*	71	(21)
yǒu 有	*mai^{A}	*to have, there is*	6	(11)
yú 鱼	*mbdʐæ^{B}	*fish*	29	(3)
yǔ 雨	*noŋ^{C}	*rain*	54	(28)
yùjian 遇见	*dʑɑu^{C}	*to meet*	86	(15)
yùtou 芋头	*veu^{C}	*taro*	12	(13)
(cài)yuán 菜园	*veŋ^{A}	*(vegetable)garden*	12	(24)

yuǎn 远	*qlwæ^{A}	*far*	123	(3)
yuànhèn 怨恨	*ɳ^{B}	*to hate, to have a grudge against somebody*	66	
yuèliang 月亮	*ɭ̥a^{C}	*moon*	59	(4)
yún 云	*ʔuŋ^{C}	*cloud*	129	(29)
zāi(shù)栽树(一)	*dʑi^{B}	*to plant(trees)*	86	(1)
zāi(shù)栽树(二)	*dʑɔn^{C}	*to plant(trees)*	86	(21)
zài 在	*ʔɳ̥ɔn^{A}	*to exist, to be living*	87	(21)
záozi 凿子	*dzɔ^{C}	*chisel*	44	(6)
zǎo 早	*ntso^{B}	*early*	45	(7)
zào 灶	*tso^{C}	*cooking stove*	42	(7)
zēngjiā 增加	*ɕeŋ^{C}	*to increase*	94	(24)
zèngzi 甑子	*ʈʂon^{C}	*rice steamer*	77	(22)
zhǎ 拃	*qɭo^{C}	*span*	121	(7)
zhǎ(yǎn)眨眼	*ɳʈʂei^{D}	*to wink*	80	(10)
zhàměng 蚱蜢	*gəŋ^{A}	*grasshopper*	104	(30)
zhāi(zhūcǎo)摘猪草	*ɳɖoi	*to pick(greenfeed for pigs)*	69	(12)
zhāiěrgēn 摘耳根	*ʈə^{D}	*a kind of edible parsley of which the roots taste peppery and have strange flavor*	61	(9)
zhǎi 窄	*ɴɢei^{D}	*narrow*	116	(10)
zhàizi 寨子	*vʐɔn^{B}	*village*	32	(21)
zhàn(qǐlai)站起来	*ʂeu^{B}	*to stand(up)*	83	(13)
zhànlì 站立	*ɳdʐæ^{C}	*to stand*	82	(3)
zhè 这	*ʔnaŋ^{B}	*this*	52	(25)
zhēn 针	*cuŋ^{A}	*needle*	96	(29)
zhěntou 枕头	*ɳtɕuŋ^{C}	*pillow*	90	(29)
zhēng 蒸	*tɕon^{A}	*to steam*	84	(22)
(shù)zhī 树枝	*dʑæ^{B}	*branch*	86	(3)
zhī(bù)织布	*nto^{D}	*to weave(cotton cloth)*	55	(7)
zhīdao 知道	*pou^{A}	*to know*	1	(17)
zhí 直	*ɳtɕaŋ^{A}	*straight*	90	(26)
zhǐ 纸	*nteu^{B}	*paper*	55	(13)
zhǐhuán 指环	*mphlei^{A}	*finger ring*	38	(10)
(dǎ)zhòng 打中	*ɖɔ^{C}	*to hit, to fit exactly*	63	(6)

zhǒng 肿	*ʔɔn^{C}	*to swell*	129	(21)
zhǒngzi 种子	*ʔɳuŋ^{A}	*seed*	64	(29)
zhòng 重	*ȵ̥aŋ^{B}	*heavy*	88	(25)
zhū 猪	*mpɑ^{C}	*pig*	7	(5)
zhúzi 竹子	*ɖeu^{D}	*bamboo*	63	(13)
zhǔ(kāishuǐ)煮开水	*ho^{C}	*to boil*	130	(7)
zhǔ(guǎigùn)拄拐棍	*ɳdɭe^{C}	*to lean on(a stick)*	73	(4)
zhù 铸	*ʔɭou^{A}	*to cast*	74	(17)
zhùzi 柱子	*ȵ̥dʑæ^{A}	*pillar*	92	(3)
zhuǎ 爪	*ʈoi^{B}	*claw*	61	(12)
zhuāngjia 庄稼	*quŋ^{A}	*crop*	111	(29)
zhuōzi 桌子	*ɖuŋ^{A}	*table*	63	(29)
zhuó 啄	*ȵ̥tɕeu^{D}	*to peck*	90	(13)
zhuózi 镯子	*bɔ^{C}	*bracelet*	3	(6)
zōng 鬃	*tsəŋ^{A}	*bristle*	42	(30)
zuǐ 嘴	*ȵ̥dʑə^{A}	*mouth*	92	(9)
	*ʔlo^{C}	*mouth*	58	(7)
zuò 做	*ʔɑu^{C}	*to do*	129	(15)

ENGLISH INDEX OF THE MIAO WORDS

English meaning	*Chinese character*	*Reconstructed Miao form*	*Initial*	*Final*
a (bowl)	一个碗	*ʔlon^{A}	58	(22)
a (flower)	一朵花	*ʈæ^{B}	61	(3)
a (hoe)	一把锄头	*ʈeŋ^{A}	61	(24)
a (horse)	一匹马	*don^{B}	51	(22)
a (quilt)	一床被子	*phɔn^{A}	2	(21)
a (meal)	一顿饭	*bl ^{B}	35	
a (room)	一间房	*tɕhoŋ^{B}	85	(28)
a (stick)	一根棍子	*ʈeŋ^{A}	61	(24)
a (tree)	棵	*fɔu^{A}	11	(16)
to be afraid of	怕	*ɳʈʂhei^{C}	81	(10)
air	空气	*poŋ^{C}	1	(28)
alive	活	*dʑin^{A}	86	(18)
and	和	*ɳɖo^{C}	66	(7)
to answer	答	*tæ^{A}	49	(3)
ant	蚂蚁	*mbdʐɔ^{D}	29	(6)
arm spread	庹	*ɢɭeŋ^{A}	122	(24)
armpit	腋下	*ʈʂo^{C}	77	(7)
artemisia	蒿子	*fʂon^{B}	31	(22)
to ask	问	*non^{C}	54	(22)
to ask for (money)	要钱	*ʔʑɔu^{B}	93	(16)
attic	阁楼	*ntheŋ^{A}	56	(24)
ax	斧头	*tou^{C}	49	(17)
baby	婴儿	*ŋ ^{D}	106	

back	后面	*qeŋ^{A}	111	(24)
back	脊背	*ɢə^{D}	113	(9)
to bake (the cake)	烤粑粑	*tɕi^{C}	84	(1)
bamboo	竹子	*ɖeu^{D}	63	(13)
bamboo hat	斗笠	*kə^{D}	102	(9)
bamboo shoot	笋	*mbdʐɑu^{C}	29	(15)
barley	大麦	*mɔŋ^{C}	6	(27)
barn	仓	*vʐon^{B}	32	(22)
bashful	害羞	*dzeŋ^{A}	44	(24)
to be	是	*ʑɔn^{C}	95	(21)
beak	喙	*ȵdʑə^{A}	92	(9)
bean	豆子	*də^{D}	51	(9)
bear	熊	*qlei^{D}	117	(10)
to bear (fruit)	结果子	*ptsi^{C}	13	(1)
beard	胡须	*ȵeŋ^{C}	89	(24)
to beat	打	*ntə^{D}	55	(9)
bed	床铺	*tɕheu^{C}	85	(13)
bellows	风箱	*thoŋ^{B}	50	(28)
belly	腹部	*tɕhoi^{A}	85	(12)
belt	带子	*l̥eŋ^{A}	75	(24)
bench	板凳	*ɖuŋ^{A}	63	(29)
to bind	捆	*qhei^{A}	112	(10)
bird	鸟	*nuŋ^{C}	54	(29)
to bite	蚊子咬	*do^{D}	51	(7)
to bite	老虎咬	*do^{D}	51	(7)
bitter	苦	*ʔin^{A}	129	(18)
black	黑	*qlon^{A}	117	(22)
block of stone or wood	墩子	*ɖuŋ^{A}	63	(29)
blood	血	*ɳʈʂheŋ^{B}	81	(24)
to blow	吹火	*phʈʂhɔu^{A}	24	(16)
boat	船	*ɲɟɔn^{A}	101	(21)
body	身体	*tɕæ^{B}	84	(3)
book	书	*nteu^{B}	55	(13)
to boil	沸	*mpou^{C}	7	(17)
to boil	煮开水	*ho^{C}	130	(7)
bone	骨头	*tshoŋ^{B}	43	(28)
to borrow (the cow) from	借牛	*qa^{B}	111	(4)

to borrow (the money) from	借钱	*tsei^{D}	42	(10)
bosom	胸膛	*ɳʈɔn^{A}	67	(21)
bottom	底	*qeŋ^{A}	111	(24)
bowl	碗	*dei^{B}	51	(10)
boy	男孩	*dʑeŋ^{C}	86	(24)
bracelet	镯子	*bɔ^{C}	3	(6)
to braid	编辫子	*mbdzin^{B}	20	(18)
brake (fern)	蕨菜	*fʂɔu^{A}	31	(16)
bran	糠	*fsɑ^{C}	21	(5)
branch	树枝	*dʑæ^{B}	86	(3)
to break	扁担断	*ʔlo^{B}	58	(7)
breast	胸膛	*ɳʈɔn^{A}	67	(21)
bride	新娘	*ʔȵeŋ^{A}	87	(24)
bridge	桥	*l̥ɑ^{A}	59	(5)
bright	太阳亮	*ɢlweŋ^{A}	124	(24)
bristle	鬃	*tsəŋ^{A}	42	(30)
bucket	桶	*thuŋ^{A}	50	(29)
buckwheat	荞麦	*dʑæ^{A}	86	(3)
buffalo	水牛	*ȵən^{A}	89	(23)
to burn	燃	*dʑi^{C}	86	(1)
to burn (firewood)	烧柴	*tɭ̊ou^{B}	70	(17)
to burn (a house)	烧房子	*phtshæ^{B}	14	(3)
to burn (the grass on the mountain)	烧山	*ɭ̊eu^{B}	75	(13)
to bury	埋人	*ɭɔu^{B}	76	(21)
butterfly	蝴蝶	*mptse^{C}	18	(2)
to buy	买	*mai^{B}	6	(11)
cake	粑粑	*ɲcɔn^{B}	99	(16)
can (sing songs)	会唱歌	*dzeu^{A}	44	(13)
to carry (water) on the shoulder with a pole	挑水	*tɕæ^{C}	84	(3)
to cast	铸	*ʔɭou^{A}	74	(17)
to catch (birds) by means of setting net	设网套捉鸟	*tɕɔu^{A}	84	(16)
cattle	黄牛	*ȵən^{A}	89	(23)
cattle	黄牛	*ʑo^{B}	95	(7)

cave	洞	*qhɔn^{B}	112	(21)
centipede	蜈蚣	*kh ^{D}	103	
chaff	糠	*fsɑ^{C}	21	(5)
chair	椅子	*ɖuŋ^{A}	63	(29)
charcoal	木炭	*then^{C}	50	(19)
cherry	樱桃	*ʔva^{A}	10	(4)
to chew (one's food)	嚼饭	*tɕɑu^{C}	84	(15)
chicken	鸡	*qe^{A}	111	(10)
chin	下巴	*dʐei^{D}	79	(10)
Chinese toon	香椿	*ʐon^{A}	95	(22)
chisel	凿子	*dzɔ^{C}	44	(6)
to chop	劈	*phɑu^{C}	2	(15)
to chop	劈	*phtshe^{A}	14	(2)
chopsticks	筷子	*ɖeu^{C}	63	(13)
cinder	灰烬	*tʂhoi^{B}	78	(12)
to clap	拍手	*mbɑ^{A}	9	(5)
claw	爪	*ʈoi^{B}	61	(12)
clean	干净	*ntshe^{A}	46	(2)
clear	水清	*ɳʈʂhin^{A}	81	(18)
to climb	爬树	*ȵtɕæ^{C}	90	(3)
close	秧密	*tɑ^{A}	49	(5)
to close (the door)	关门	*seu^{D}	48	(13)
cloth	布	*ntoi^{A}	55	(12)
cloud	云	*ʔuŋ^{C}	129	(29)
cogongrass	茅草	*ɴqen^{A}	114	(19)
cold	冷	*nɔŋ^{C}	52	(27)
cold	冰凉	*dzin^{B}	44	(18)
comb	梳子	*vʐɑ^{C}	32	(5)
to comb	梳	*ɳʈʂa^{D}	80	(4)
(the guests) come	客来	*dɑu^{A}	51	(15)
to come (back)	回来	*lo^{B}	60	(7)
to come rolling down	滚石头	*qɭɔn^{B}	121	(21)
cooked	熟	*ʂæn^{B}	83	(20)
cooked rice	饭	*ɳɔn^{C}	65	(21)
cooking stove	灶	*tso^{C}	42	(7)
copper	铜	*duŋ^{A}	51	(29)
to cough	咳嗽	*n̥uŋ^{D}	53	(29)

to corer (with quilt)	盖被	* ʔvo^{B}	10	(7)
to cover (the pot)	盖锅	* mbo^{C}	9	(7)
to cover (with tiles)	盖瓦	* mbo^{C}	9	(7)
craftsman	匠人	* dʐaŋ^{C}	79	(26)
to creep	爬行	* ɲɟoŋ^{C}	101	(28)
crest	鸡冠	* ʔi^{A}	129	(1)
crooked	歪	* ɢei^{A}	113	(10)
crop (of a bird)	嗉囊	* ptsin^{B}	13	(18)
crop	庄稼	* quŋ^{A}	111	(29)
crossbow	弩	* n̥en^{B}	53	(19)
crow	乌鸦	* ʔɔu^{A}	129	(16)
to crow	公鸡叫	* qau^{C}	111	(15)
crown of the head	头旋儿	* vze^{B}	22	(2)
cuckoo	布谷鸟	* ɢu^{B}	113	(8)
cucumber	黄瓜	* qlwa^{A}	123	(4)
cup	杯	* ʔŋ ^{A}	105	
(bean) curd	豆腐	* hu^{B}	130	(8)
curved	弯曲	* ɲchə^{D}	100	(9)
to cut	割肉	* l̥ei^{D}	59	(10)
to cut(the belly of fish)	破开肚子	* phau^{C}	2	(15)
to cut (into slices)	切成片	* mplei	37	(10)
damp	湿	* nton^{A}	55	(22)
dark	暗	* ptʂə^{D}	23	(9)
daughter	女儿	* mphtshei^{D}	19	(10)
deaf	聋	* loŋ^{A}	60	(28)
a deaf man	聋子	* loŋ^{A}	60	(28)
deep	深	* to^{A}	49	(7)
dense	秧密	* ta^{A}	49	(5)
dew	露水	* lu^{C}	60	(8)
to die	死	* dau^{C}	51	(15)
to dig	挖	* ȵtɕeu^{B}	90	(13)
to dig (earth)	猪拱土	* phu^{A}	2	(8)
diligent	勤快	* ɴɢau^{C}	116	(15)
disease	病	* ʔmɔŋ^{A}	4	(27)
to disperse	散开	* nthau^{B}	56	(15)
ditch	沟	* kaŋ^{A}	102	(25)
to do	做	* ʔan^{C}	129	(15)

dog	狗	*qlæ^{B}	117	(3)
door	门	*dɭuŋ^{A}	71	(29)
(to go) down	下去	*ɴɢa^{B}	116	(4)
dragon	龙	*vʐoŋ^{A}	32	(28)
to draw(one's sword)	拔刀	*ʈho^{C}	62	(7)
dream	梦	*mpoi^{C}	7	(12)
to drink (water)	喝水	*hə^{D}	130	(9)
to drop	滴下来	*ɳdɭo^{C}	73	(7)
drought	旱	*ɴqhɑ^{A}	115	(5)
drum	鼓	*ɳɖɔu^{B}	69	(16)
duck	鸭子	*ʔo^{D}	129	(7)
drug	药	*cɑu^{A}	96	(15)
dry	干枯	*qhɑ^{B}	112	(5)
dry	干燥	*ɴqhɑ^{A}	115	(5)
durable	结实	*ɖɔu^{A}	63	(16)
dust and dirt hanging to the ceiling	扬尘	*ɲcheu^{A}	100	(13)
to dwell	居住	*ʔɳ̥ɔn^{A}	87	(21)
eagle	鹰	*qleŋ^{B}	117	(24)
ear	耳朵	*mbdʐæ^{A}	29	(3)
ear	谷穗	*n̥eŋ^{A}	53	(24)
early	早	*ntso^{B}	45	(7)
earth	地	*tæ^{A}	49	(3)
earthen jar	坛子	*hon^{A}	130	(22)
earthworm	蚯蚓	*tɕoŋ^{A}	84	(28)
to eat	吃	*nɔŋ^{A}	54	(27)
a kind of edible parsley of which the roots taste peppery and have strange flavor	摘耳根	*ʈə^{D}	61	(9)
egg	蛋	*qwjæ^{C}	126	(3)
eggshell	蛋壳	*phloi^{C}	34	(12)
eight	八	*ʐa^{D}	95	(4)
elder brother	弟兄	*da^{A}	51	(4)
elephant	大象	*ntshu^{C}	46	(8)
to embrace	抱	*bɔu^{C}	3	(16)
to escort (the bride to her husband's house)	送亲	*soŋ^{C}	48	(28)

to establish	成立家庭	*ɳdʐæ^{C}	82	(3)
excrement	屎	*qɑu^{B}	111	(15)
to exist	在	*ʔɳ̥ɔu^{A}	87	(21)
to explode	爆炸	*deu^{C}	51	(13)
eye	眼睛	*mai^{C}	6	(11)
face	脸	*mai^{C}	6	(11)
face	脸	*beu^{B}	3	(13)
to fall	落	*pəŋ^{A}	1	(30)
fall	醉倒	*ɢou^{C}	113	(17)
to fall asleep	睡着了	*ɴql^{A}	119	
fan	扇子	*mbdʐɑ	29	(5)
far	远	*qlwæ^{A}	123	(3)
fat	油	*dɭɔn^{A}	71	(21)
fat	肥	*dɭɔn^{C}	71	(21)
fatherless	孤儿	*mbdʐɑu^{C}	29	(15)
to fear	怕	*ɳʈʂhei^{C}	81	(10)
female (dog)	母狗	*mnin^{D}	17	(18)
few	少	*dʐeu^{C}	79	(13)
field	田	*ɭin^{A}	76	(18)
(bulls) fight	牛打架	*ɳʈə^{C}	67	(9)
to fill in	肉塞牙缝	*ɳʈhin^{C}	68	(18)
fine	面粉细	*mɔn^{B}	6	(21)
finger	手指	*nta^{B}	50	(4)
finger ring	指环	*mphlei^{A}	38	(10)
to finish	完	*dʑuŋ^{B}	86	(29)
fire	火	*deu^{B}	51	(13)
to fire (a gun)	打枪	*pɔn^{B}	1	(21)
firewood	柴	*deu^{B}	51	(13)
fish	鱼	*mbdʐæ^{B}	29	(3)
to fit exactly	打中	*ɖɔ^{C}	63	(6)
five	五	*pʈʂa^{A}	23	(4)
flat ground	平坝	*ɳɖoŋ^{B}	69	(28)
flea	跳蚤	*m̥on^{A}	5	(22)
flesh	肉	*ɴɢei^{A}	116	(10)
to flick (with the fingers)	用指弹	*nte^{C}	55	(2)
to float	漂浮	*nteŋ^{A}	55	(24)
flour	面粉	*plou^{C}	33	(17)

to flow	水流	*ɴɢlu^{B}	120	(8)
flower	花	*beŋ^{A}	3	(24)
flute	笛子	*ɖoŋ^{A}	63	(28)
fly	蝇子	*mɔn^{B}	6	(21)
to fly	飞	*ʔʑeŋ^{C}	93	(23)
fog	雾	*hɔu^{A}	130	(16)
foot	脚	*teu^{C}	49	(13)
for a long time	久	*læ^{A}	60	(3)
forehead	额头	*ȵ̥æn^{A}	88	(20)
forest	树林	*ʔvʐuŋ^{C}	30	(29)
fork of a tree	桠杈	*ŋkh^{A}	108	
four	四	*ploi^{A}	33	(12)
frog	青蛙	*qeŋ^{B}	111	(24)
fruit	果子	*ptsi^{B}	13	(1)
to fry	炒菜	*ke^{A}	102	(2)
full	满	*pon^{B}	13	(22)
to gain	得到	*tɔ^{C}	49	(6)
gall	苦胆	*tʂi^{A}	77	(1)
game	猎物	*ɴɢei^{A}	116	(10)
gap	刀缺口	*ŋkh^{D}	108	
gap	碗缺口	*ɴqlei^{D}	119	(10)
(vegetable) garden	菜园	*veŋ^{A}	12	(24)
garlic	蒜	*ɢa^{A}	113	(4)
gate	门	*dɭuŋ^{A}	71	(29)
Gedou People	俤侼族	*m̥ʂəŋ^{A}	26	(30)
to get	得到	*tɔ^{C}	49	(6)
to get rid of	逃脱	*ɢlwa^{D}	124	(4)
to get up	起来	*ʂ̥eu^{B}	83	(13)
ghost	鬼	*qɭeŋ^{A}	121	(24)
ginger	姜	*qhwjin^{B}	127	(18)
glutinous	糯米	*mblə^{D}	39	(9)
to gnaw	啃	*tɕɑu^{C}	84	(15)
to gnaw	啃	*keu^{D}	102	(13)
to go	去	*məŋ^{B}	6	(30)
to go to	到	*qlwɑu^{C}	123	(15)
gold	金子	*cən^{A}	96	(24)
good	好	*ʔvʐuŋ^{C}	30	(29)

goose	鹅	*ŋon^{B}	106	(22)
gourd	葫芦	*tə^{A}	49	(9)
grape	葡萄	*qin^{B}	111	(18)
grasshopper	蚱蜢	*gəŋ^{A}	104	(30)
grave	坟	*ntseŋ^{C}	45	(24)
green	绿	*mpʈʂɔu^{A}	28	(16)
to grind (the kitchen knife)	磨刀	*xo^{B}	110	(7)
to grip (the cooked food) with chopsticks	夹菜	*ntei^{D}	49	(10)
to groan	呻吟	*mbdʐeŋ^{A}	29	(24)
grove	树林	*ʔvʐuŋ^{C}	30	(29)
guest	客人	*qhɑ^{C}	112	(5)
to guide	引导	*xi^{D}	110	(1)
to gulp down	吞(一)	*ɴɢɔn^{B}	116	(21)
to gulp down	吞(二)	*ɴqeu^{C}	114	(13)
hair	毛	*pɭoi^{A}	40	(12)
half (a catty)	半斤	*phtshei^{C}	14	(10)
half (of a day)	半天	*don^{B}	51	(21)
hand	手	*bdzæ^{B}	15	(3)
hare	兔	*ʔɭɔu^{B}	74	(16)
to harrow (a field)	耙地	*xei^{B}	110	(10)
to hate	怨恨	*ɳ^{B}	66	
to have	有	*mai^{A}	6	(11)
to have a grudge against somebody	怨恨	*ɳ^{B}	66	
to have a nap	瞌睡	*ʔŋɔn^{C}	105	(21)
to have one's hair shaved	剃	*tɕhei^{D}	85	(10)
to have some (dishes) to go with (the rice)	就菜下饭	*mbdzɑ^{C}	20	(5)
he	他	*ni^{B}	54	(1)
head	头	*foi^{B}	11	(12)
head louse	头虱	*ɳʈʂhoi^{B}	81	(12)
to hear	听见	*n̥ɔn^{B}	53	(21)
heart	心脏	*pɭeu^{B}	40	(13)
heaven	天	*ɴɢlwon^{A}	125	(22)
heavy	重	*ȵ̥aŋ^{B}	88	(25)
hedgehog	刺猬	*dʐoi^{C}	79	(12)

hemp	麻	*ndɔu^{C}	57	(16)
to hide	藏东西	*vʐei^{D}	30	(10)
high	高	*fʂin^{A}	31	(18)
hill	山	*bæ^{B}	3	(3)
to hit	打中	*ɖɔ^{C}	63	(6)
to hold	握手	*tɑ^{B}	49	(5)
to hold	持枪	*ʈho^{C}	62	(7)
hole	洞	*qhɔu^{B}	112	(21)
home	家	*pʈʂæ^{B}	23	(3)
honey	蜂蜜	*vʐa^{A}	30	(4)
hoof	蹄	*ʈoi^{C}	61	(12)
to hook	钩	*ɴqæ^{C}	114	(3)
hoop	箍儿	*the^{C}	50	(2)
to hoop	箍	*the^{C}	50	(2)
hot	辣	*mbdʐa^{D}	29	(4)
horn	牛角	*kon^{A}	102	(22)
horse	马	*mnen^{B}	17	(19)
house	家	*pʈʂæ^{B}	23	(3)
house	房子	*pʈʂæ^{B}	23	(3)
hundred	百	*pɑ^{C}	1	(5)
to husk (rice)	舂米	*tɔu^{B}	49	(16)
I	我	*con^{B}	96	(22)
ice	冰	*qʈou^{D}	121	(17)
ill	病	*ʔmɔŋ^{A}	4	(27)
in front of	面前	*ɴɢlin^{A}	120	(18)
to increase	增加	*ɕeŋ^{C}	94	(24)
indigo	蓝靛草	*ɲɟeŋ^{A}	101	(24)
to inquire	问	*non^{C}	54	(22)
insect	虫	*keŋ^{A}	102	(24)
to insert	插	*ʈhei^{D}	62	(10)
interior	里面	*ɳɖɳɔn^{C}	73	(21)
intestines	肠子	*ŋ̥ən^{B}	88	(23)
iron	铁	*l̥ə^{C}	59	(9)
it	他	*ni^{B}	54	(1)
itch	痒	*chu^{D}	97	(9)
to join (two ropes) together	接绳子	*tsɑ^{D}	42	(5)
to keep (in mouth)	含一口水	*mpɑ^{B}	7	(5)

to kill (a person)	杀人	* tɑu^{C}	49	(15)
knee	膝盖	* dʑou^{C}	86	(17)
to know	知道	* pou^{A}	1	(17)
lacquer	漆	* tshei^{D}	43	(10)
to ladle out	舀水	* hei^{D}	130	(10)
land	地	* tæ^{A}	49	(3)
large	大	* l̥o^{A}	75	(7)
large bowl	海碗	* dei^{B}	51	(10)
lark	画眉鸟	* tɕuŋ^{A}	84	(29)
late	迟	* li^{C}	60	(1)
to laugh	笑	* tl̥o^{D}	70	(7)
to lay (egg)	下蛋	* ndæ^{C}	57	(3)
to lead	引导	* xi^{D}	110	(1)
to lead (the ox)	牵牛	* tɕoŋ^{A}	84	(28)
to lead (the ox)	拉牛	* ʈho^{C}	62	(7)
leaf	叶子	* mbluŋ^{A}	39	(29)
lean	瘦	* ndzoi^{C}	47	(12)
to lean on (a stick)	拄拐棍	* ɳdɳe^{C}	73	(4)
leather	皮	* teu^{B}	49	(13)
leg	大腿	* pɑ^{A}	1	(5)
to lend (the cow) to	借牛	* qa^{B}	111	(4)
to lend (the money) to	借钱	* tsei^{D}	42	(10)
level	平	* din^{A}	51	(18)
li, a Chinese unit of length (=½kilometre)	一里路	* ɭe^{B}	76	(2)
to lick	舔	* ʑei^{D}	95	(10)
to lie	卧	* pu^{C}	1	(8)
light	轻	* ʂe^{A}	83	(2)
to light	点灯	* teu^{D}	49	(13)
to lightning	打闪	* ɭei^{D}	76	(10)
to listen	听	* mʐuŋ^{C}	27	(29)
little	小	* ʔʑə^{C}	93	(9)
little	少	* dʐeu^{C}	79	(13)
to live	居住	* ʔȵɔn^{A}	87	(21)
liver	肝	* fʂin^{A}	31	(18)
to be living	在	* ʔȵɔn^{A}	87	(21)
long	长短	* ntæ^{B}	55	(3)

long sword	长刀	*ndeŋ^{A}	57	(24)
louse	虱子	*ton^{B}	49	(22)
low	矮	*ɢa^{B}	113	(4)
to low	黄牛叫	*ɴqɔn^{B}	114	(21)
the lower jaw	下巴	*dʐei^{D}	79	(10)
lunch	午饭	*ʂon^{C}	83	(22)
lung	肺	*mptʂu^{C}	28	(8)
maggot	蛆	*keŋ^{C}	102	(24)
to make (the bed)	铺被子	*pɑ^{C}	1	(5)
to make of with	偷	*ȵæn^{C}	89	(20)
male (chicken)	公鸡	*ʔɭə^{B}	74	(9)
male (dog)	公狗	*ptsa^{B}	13	(4)
man	人	*næn^{C}	54	(19)
man	男人	*dʑeŋ^{C}	86	(24)
man	成家 = 成人	*nen^{A}	54	(19)
(to be grown to) manhood	成人	*næn^{A}	54	(19)
the manner of going out quickly	急出貌	*bleu^{B}	35	(13)
many	多	*ntɔ^{C}	55	(6)
marrow	脑髓	*l̥u^{A}	59	(8)
to marry off (a daughter)	嫁	*qɑu^{C}	111	(15)
matter	事情	*ɳon^{D}	66	(22)
me	我	*con^{B}	96	(22)
meal	饭	*ɳ̥ɔn^{C}	65	(21)
to measure (the cloth)	量布	*ɳdʐ	82	
meat	肉	*ɴɢei^{A}	116	(10)
medicine	药	*cɑu^{A}	96	(15)
to meet	遇见	*dʑɑu^{C}	86	(15)
melon	瓜	*qlwa^{A}	123	(4)
to melt	融化	*ʑeŋ^{A}	95	(24)
to mend (a pot)	补锅	*mptsa^{B}	18	(4)
to mete out (rice)	量米	*ɭon^{A}	76	(22)
Miao nationality	苗族	*m̥ʂəŋ^{A}	26	(30)
middle	当中	*ɳʈuŋ^{A}	67	(28)
to mill (the maize)	磨包谷	*vʑo^{D}	32	(7)
millet	小米	*tshon^{B}	43	(22)
molar	臼齿	*pɑ^{A}	1	(5)

monkey	猴子	*ʔlin^{A}	58	(18)
moon	月亮	*l̥a^{C}	59	(4)
mortar	碓	*dʑo^{B}	86	(7)
mosquito	蚊子	*ʔʑuŋ^{B}	93	(29)
mountain	山	*bæ^{B}	3	(3)
mountain pass	山丫口	*ɢleu^{D}	118	(13)
mouse	鼠(一)	*bdʐɑu^{C}	25	(15)
mouse	鼠(二)	*neŋ^{B}	54	(24)
mouth	嘴	*ȵdʑə^{A}	92	(9)
mouth	嘴	*ʔlo^{C}	58	(7)
a mouthful of (the rice)	一口饭	*lo^{C}	58	(7)
much	多	*ntɔ^{C}	55	(6)
muddy	泥泞	*ŋko^{D}	107	(7)
muddy	水浑	*ɳʈɭ̥o^{B}	72	(7)
muscle	筋	*ʂ̥oi^{B}	83	(12)
mushroom	菌子	*ȵtɕæ^{A}	90	(3)
mutually	相好	*ʂ̥e	83	(2)
to nail	钉(动词)	*ɳʈʂin^{C}	80	(18)
name	名字	*mptsæ^{C}	18	(3)
narrow	窄	*ɴɢei^{D}	116	(10)
navel	肚脐	*nteu^{D}	55	(13)
near	近	*ʔvʐæ	30	(3)
needle	针	*cuŋ^{A}	96	(29)
nest	鸟窝	*vʐæ^{B}	32	(3)
new	新	*ʈʂhin^{A}	78	(18)
to nibble at	啃	*tɕɑu^{C}	84	(15)
to nibble at	啃	*keu^{D}	102	(13)
night	晚上	*m̥ɔn^{C}	5	(21)
nine	九	*dʑɔu^{A}	86	(16)
noose	圈套	*bdʐi^{B}	25	(1)
nose	鼻子	*mbdʐu^{C}	29	(8)
oblique	斜	*ɢei^{A}	113	(10)
oil	油	*dɭɔn^{A}	71	(21)
old	老	*lou^{B}	60	(17)
on the top of (the house)	房上	*ʂ̥ɔu^{A}	83	(16)
one	一	*ʔe^{A}	129	(2)
to open (the door)	开门	*peu^{D}	1	(13)

to open (an umbrella)	打开伞	*nthɑu^{B}	56	(15)
to open wide	敞坟	*peu^{D}	1	(13)
otter	水獭	*ɳʈʂhɑu^{A}	81	(15)
(the sky is) overcast	天阴	*bɑu^{B}	3	(15)
ox	黄牛	*ȵən^{A}	89	(23)
ox	黄牛	*ʑo^{B}	95	(7)
to pack (suger)	包糖	*qhu^{B}	112	(8)
paddy	稻子	*mblæ^{A}	39	(3)
pail	桶	*thuŋ^{A}	50	(29)
painful	痛	*ʔmɔŋ^{A}	4	(27)
a pair of (chopsticks)	一双筷子	*ɲɟeu^{D}	101	(13)
paper	纸	*nteu^{B}	55	(13)
to pass	过	*qlwɑu^{C}	123	(15)
to pave	铺被子	*pɑ^{C}	1	(5)
to pay (one's debt)	还账	*boi^{A}	3	(12)
peach	桃子	*ɢlɑ^{A}	118	(5)
pear	梨	*vʐɑu^{A}	32	(15)
to peck	啄	*ȵtɕeu^{D}	90	(13)
to peel	削	*tɕhei^{D}	85	(10)
peppery	辣	*mbdʐa^{D}	29	(4)
perilla	苏麻	*n̥eŋ^{B}	53	(24)
persimmon	柿子	*mnin^{B}	17	(18)
person	人	*næn^{A}	54	(19)
person	成家 = 成人	*nen^{A}	54	(19)
petal	花瓣	*mplei^{D}	37	(10)
pheasant	野鸡	*ʈʂeu^{D}	77	(13)
to pick (greenfeed for pigs)	摘猪草	*ɳɖoi	69	(12)
to pick up	捡	*cheu^{D}	97	(13)
piece	片	*mplei^{D}	37	(10)
piece	一块板	*phe^{A}	14	(2)
pig	猪	*mpɑ^{C}	7	(5)
pigeon	鸽子	*ɴqɔu^{A}	114	(16)
pillar	柱子	*ȵdʑæ^{A}	92	(3)
pillow	枕头	*ȵtɕuŋ^{C}	90	(29)
plait	辫子	*mbdzin^{B}	20	(18)
to plait (one's hair)	编辫子	*mbdzin^{B}	20	(18)

to plant (trees)	栽树(一)	*dʑi^{B}	86	(1)
to plant (trees)	栽树(二)	*dʑɔn^{C}	86	(21)
to play (a reed-pipe wind instrument)	吹芦笙	*phʈʂo^{B}	24	(7)
plum	李子	*cheu^{A}	97	(13)
pocket	口袋	*n̥eŋ^{A}	53	(24)
porridge	稀饭	*tshon^{B}	43	(22)
pot	锅	*vzin^{B}	22	(18)
to pour	倒茶水	*ʔɭou^{A}	74	(17)
prefix of the names of the first ten days of any of lunar calendar month	初一	*sin^{A}	48	(18)
to press (the louse) with the nails of two thumbs	挤虱子	*ʔle^{C}	58	(2)
price	价钱	*ɴqa^{C}	114	(4)
to propagate	繁殖	*ɕeŋ^{C}	94	(23)
pus	脓	*bou^{C}	3	(17)
to put on (a cap)	戴帽子	*ntuŋ^{C}	55	(29)
to put on (clothes)	穿衣	*n̥eŋ^{B}	53	(24)
to put on (shoes)	穿鞋	*ʈɔ^{C}	61	(6)
puttee	裹腿布	*ɳʈhuŋ^{A}	68	(29)
queue	辫子	*mbdzin^{B}	20	(18)
quick	快	*fʂei^{C}	31	(10)
rabbit	兔	*ʔɭɔu^{B}	74	(16)
ragged	褴褛	*ɴɢlɔu^{C}	120	(16)
rain	雨	*noŋ^{C}	54	(28)
to raise (hens)	养鸡	*ʑon^{C}	95	(22)
rat	鼠(一)	*bdʐɑu^{C}	25	(15)
rat	鼠(二)	*neŋ^{B}	54	(24)
raw	生食物	*ȵ̥uŋ^{B}	89	(29)
to reach	到达	*dzo^{C}	44	(7)
to receive	收东西	*ʂə^{A}	83	(9)
to receive	接受	*tsei^{D}	42	(10)
red	红	*ʔlin^{A}	58	(18)
a reed-pipe wind instrument, used by the Miao, Yao and Dong nationalities	芦笙	*ɢwjen^{A}	128	(19)

to release	释放	*tʂɔu^{C}	77	(21)
to remedy	弥补	*mptsa^{B}	18	(4)
to rest	休息	*ʂo^{C}	83	(7)
to return	回来	*ʈɔn^{B}	61	(21)
rib	肋骨	*teŋ^{B}	49	(24)
rice	米	*tshon^{B}	43	(22)
rice steamer	甑子	*tʂon^{C}	77	(22)
to ride	骑	*dʑei^{A}	86	(10)
ripe	熟	*ʂæn^{B}	83	(20)
river	河	*ɢlæ^{A}	118	(3)
road	路	*kæ^{B}	102	(3)
to rob	抢	*hɑ^{D}	130	(5)
root	根	*dʑoŋ^{A}	86	(28)
rope	绳子	*l̥ɑ^{C}	59	(5)
to rot	烂	*lu^{A}	60	(8)
rough	粗糙	*ntsha^{A}	46	(4)
salt	盐	*ɳʈʂæ^{B}	80	(3)
salty	咸	*qɭeu^{C}	121	(13)
to scald	烫虱子	*l̥eŋ^{A}	59	(24)
to scold	骂	*qei^{C}	111	(10)
to see	看见	*bo^{D}	3	(7)
seed	种子	*ʔɳuŋ^{A}	64	(29)
seedling	秧	*ʔʑon^{A}	93	(22)
to seek shelter from (the rain)	避雨	*ɳdɭei^{D}	73	(10)
to sell	卖	*mai^{C}	6	(11)
to send	送东西	*soŋ^{C}	48	(28)
seven	七	*dʐoŋ^{C}	79	(28)
shabby	褴褛	*ɴɢlɔu^{C}	120	(16)
to shake (hands)	握手	*tɑ^{B}	49	(5)
shallow	浅(一)	*ȵin^{B}	89	(18)
shallow	浅(二)	*ɴql^{B}	119	
sharp	锐利(一)	*vʐɑu^{C}	32	(15)
sharp	锐利(二)	*ɳʈʂæ^{C}	80	(3)
she	他	*ni^{B}	54	(1)
sheep	羊	*ʑoŋ^{A}	95	(28)
(egg) shell	蛋壳	*phloi^{A}	34	(12)

ship	船	*ɲɟɔn^{A}	101	(21)
shoes	鞋	*chɔ^{C}	97	(6)
to shoot (an arrow)	射箭	*pɔn^{B}	1	(21)
short	短	*ʔlon^{B}	58	(22)
to be short	少	*dʐeu^{C}	79	(13)
to shorten	缩	*xou^{D}	110	(17)
shoulder	肩	*bu^{C}	3	(8)
to shrink	缩	*xou^{D}	110	(17)
shuttle	梭子	*ɴɢɔn^{B}	116	(21)
shy	害羞	*dzeŋ^{A}	44	(24)
sickle	镰刀	*ɭin^{A}	76	(18)
to sieve	筛	*tʂhɔ^{C}	78	(6)
silver	银子	*ʑin^{A}	89	(18)
sinew	筋	*ʂoi^{B}	83	(12)
(birds) sing	鸟叫	*ɢɑ^{A}	113	(5)
to sink	沉	*dɔn^{A}	51	(21)
sister-in-law	嫂嫂	*ȵeŋ^{A}	87	(24)
six	六	*tɭ̥ə^{C}	70	(9)
skin	皮	*teu^{B}	49	(13)
skin ulcer	疮	*tsheŋ^{A}	43	(24)
skirt	裙子	*tin^{A}	49	(18)
sky	天	*ɴɢlwon^{A}	125	(22)
slanting	斜	*ɢei^{A}	113	(10)
slanting	歪	*ɢei^{A}	113	(10)
to sleep	睡	*pu^{C}	1	(8)
to sleep	睡觉	*ɴql^{A}	119	
small	小	*ʔʑə^{C}	93	(9)
to smell	嗅	*m̥n̥in^{C}	16	(18)
to smell	嗅	*tʂu^{C}	77	(18)
to smell	动物嗅	*m̥n̥in^{C}	16	(18)
to smoke	熏	*ȵtɕho^{C}	91	(7)
to smoke	吸烟	*hɑu^{D}	130	(15)
smoke from kitchen chimney	炊烟	*ȵtɕho^{C}	91	(7)
smooth	光滑	*mblin^{C}	39	(18)
snail	蜗牛	*ɢwju^{A}	128	(8)
snake	蛇	*ʔneŋ^{A}	52	(24)

to snap	线断	*ton^{C}	49	(22)
snow	雪	*mptson^{C}	18	(22)
to soak (cooked rice in soup or water)	泡饭	*ɳʈʂæ^{C}	80	(3)
soft	柔软	*mlai^{C}	36	(11)
soft membrace (inside the eggshell)	蛋软膜	*phloi^{C}	34	(12)
solid	结实	*ɖɔu^{A}	63	(16)
son	儿子	*ton^{A}	49	(22)
son-in-law	女婿	*ʔvou^{B}	10	(17)
son's wife	媳妇	*ʔȵeŋ^{A}	87	(24)
sore	痛	*ʔmɔŋ^{A}	4	(27)
sorghum	高粱	*ɳʈʂɔu^{D}	80	(16)
soul	魂	*bɭa^{A}	41	(4)
sound	声音	*fʂɔu^{A}	31	(16)
the sound of bowl or dish falling on the floor	碗碟落地声	*ŋk^{B}	107	
the sound of chewing beans	嚼豆声	*ŋkeu^{B}	107	(13)
soup	汤	*kɑ^{B}	102	(5)
sour	酸	*ʂə^{A}	83	(9)
to sow (seeds)	播种	*pʈʂæ^{A}	23	(3)
soy	黄豆	*pou^{B}	1	(17)
span	拃	*qɭo^{C}	121	(7)
span	庹	*ɢɭeŋ^{A}	122	(24)
spinning wheel	纺车	*ʈʂhɑu^{A}	78	(15)
to split	劈	*phtshe^{A}	14	(2)
to split	劈	*phɑu^{C}	2	(15)
to spoil	坏了	*bɑu^{B}	3	(15)
to spread out	摊开	*nthɑu^{B}	56	(15)
to sprinkle	泼水	*ȵtɕhɔu^{B}	91	(16)
to sprinkle	洒水	*mphuŋ^{C}	8	(29)
to sprinkle	撒土	*mphuŋ^{C}	8	(29)
to splash	泼水	*ȵtɕhɔu^{B}	91	(16)
stable	牛圈	*ŋgɔu^{A}	109	(16)
to stand	站立	*ɳdʐæ^{C}	82	(3)
to stand (up)	站起来	*ʂeu^{B}	83	(13)
star	星	*qon^{A}	111	(22)

to steal	偷	*ȵæn^{C}	89	(20)
steam	水汽	*poŋ^{C}	1	(28)
to steam	蒸	*tɕon^{A}	84	(22)
steel	钢	*tshæ^{A}	43	(3)
steep	陡	*ntshon^{A}	46	(28)
step	步	*ɖo^{A}	63	(7)
to step on	蹬	*dɑ^{D}	51	(5)
to step on	踩	*dɑ^{D}	51	(5)
sticking	臭	*ʈʂu^{C}	77	(8)
stomach	腹部	*tɕhoi^{A}	85	(12)
stomach	胃	*pleŋ^{A}	33	(24)
stone	石头	*ʔvʐæ^{A}	30	(3)
straight	直	*ȵtɕɑŋ^{A}	90	(26)
straw or palm-bark rain cape	蓑衣	*si^{A}	48	(1)
strength	力气	*vʐo^{C}	32	(7)
to stretch	伸	*ɕoŋ^{A}	94	(28)
to stroke	抚摩	*phlu^{C}	34	(8)
to stumble	跌	*ȵdʐeu^{D}	82	(13)
to suck	蚊子吸血	*ntsei^{D}	45	(10)
sun	太阳	*n̥on^{A}	53	(22)
to support (a family)	养一家人	*ʑon^{C}	95	(22)
to swallow	吞(一)	*ɴɢɔn^{B}	116	(21)
to swallow	吞(二)	*ɴqeu^{C}	114	(13)
to sweep	扫地	*tɕhæ^{A}	85	(3)
sweet	甜	*qeŋ^{A}	111	(24)
sweet-smelling	肉香	*qeŋ^{A}	111	(24)
to swell	肿	*ʔɔn^{C}	129	(21)
table	桌子	*ɖuŋ^{A}	63	(29)
tael	一两银子	*lɑŋ^{B}	60	(26)
tail	尾巴	*tu^{B}	49	(8)
taro	芋头	*veu^{C}	12	(13)
a kind of taro	老虎芋	*veu^{C}	12	(13)
tasteless (not salty)	菜淡	*dʐɑ^{C}	79	(5)
tea	茶	*ɟi^{B}	98	(1)
to tear	撕布	*qɭɑu^{C}	121	(15)
to tear	撕肉	*qɭɑu^{C}	121	(15)

ten	十	*ɟə^{D}	98	(9)
ten thousand	万	*vaŋ^{C}	12	(26)
that	那(更远指)	*ʔe^{B}	129	(2)
there is	有	*mai^{A}	6	(11)
thick	秧密	*tɑ^{A}	49	(5)
thick	厚	*tɑ^{A}	49	(5)
thick	粥稠	*ɲɟuŋ^{C}	101	(29)
thin	线细	*ʂuŋ^{A}	83	(29)
thin	瘦	*ndzoi^{C}	47	(12)
thin	薄	*ȵæn^{B}	89	(20)
thin bamboo strip	篾条	*ȵtɕɔ^{C}	90	(6)
thing	事情	*ɳon^{D}	66	(22)
thirsty	渴(一)	*ɴqhɑ^{A}	115	(5)
thirsty	渴(二)	*ɴqhæ^{D}	115	(5)
this	这	*ʔnaŋ^{B}	52	(25)
this (year)	今年	*ʔnaŋ^{B}	52	(25)
thorn	刺(名词)	*bo^{B}	3	(7)
thousand	千	*tshæn^{A}	43	(20)
thread	线	*fso^{B}	21	(7)
to thread (a needle)	穿针	*tɕhɔn^{A}	85	(21)
three	三	*ptsæ^{A}	13	(3)
to throw on (some clothing)	披衣服	*mpɑu^{C}	7	(15)
thunder	雷	*fʂo^{A}	21	(7)
tickle	痒	*chu^{D}	97	(9)
to tie	捆	*qhei^{A}	112	(10)
tiger	老虎	*ʈʂo^{B}	77	(7)
tight	紧	*ɳ^{A}	66	
tin	锡	*tshɑ^{D}	43	(5)
tile	瓦	*vɑ^{B}	12	(5)
together with	跟	*ɳɖo^{C}	66	(7)
tomb	坟	*ntseŋ^{C}	45	(24)
tongue	舌头	*mblei^{D}	39	(10)
tooth	牙齿	*m̥n̥in^{B}	16	(18)
top (of the head)	头顶	*din^{B}	51	(18)
trap	圈套	*bdʐi^{B}	25	(1)
tree	树(一)	*ntuŋ^{C}	55	(29)
tree	树(二)	*fɔu^{A}	11	(16)

trough	槽	*qɭoŋ^{A}	121	(28)
tube	管子	*ɖoŋ^{A}	63	(28)
to tumble from	滚下	*qɭɔu^{B}	121	(21)
turbid	水浑	*ɳʈɭ̥o^{B}	72	(7)
twin	双生子	*mptsei^{A}	18	(10)
to twist (hemp rope)	搓绳子	*sɑu^{A}	21	(15)
two	二	*ʔau^{A}	129	(14)
umbilical cord	脐带	*nteu^{D}	55	(13)
uncooked	生食物	*ȵuŋ^{B}	89	(29)
a unit of noble metals such as gold and silver, it equals to one tenth of a tael	一钱银子	*dzæn^{A}	44	(20)
a unit of weight (=½kilogram)	斤	*tɕæn^{A}	84	(20)
to untie	解开	*nthɑu^{B}	56	(15)
upper part of the hillside	坡上面	*bæ^{B}	3	(3)
urine	尿	*vʐa^{B}	32	(4)
to urinate	撒尿	*vʐa^{B}	32	(4)
to be used to	吃惯了	*ɭɑu^{C}	76	(15)
vegetable	菜	*ʔvʐoi^{A}	30	(12)
village	寨子	*vʐɔn^{B}	32	(21)
vine	藤子	*m̥ʂaŋ^{A}	26	(25)
voice	声音	*fʂɔu^{A}	31	(16)
waist	腰	*qlɑu^{B}	117	(16)
to wait	等候	*dɔn^{B}	51	(21)
to wake	醒	*dʐa^{D}	79	(4)
walnut	核桃	*qleu^{C}	117	(13)
warm	暖和	*ʂo^{B}	83	(7)
to warm (oneself by a fire)	烤火	*ntæ^{C}	55	(3)
to wash (pot)	洗锅	*ntsɑ^{B}	45	(5)
to wash (clothes)	洗衣	*ntshɔu^{C}	46	(16)
to watch	看守	*vʐo^{B}	30	(7)
water	水	*ʔuŋ^{A}	129	(29)
wax	黄腊	*tɕeŋ^{A}	84	(24)
we	我们	*ptsæ^{A}	13	(3)
to wear (bracelets)	戴镯子	*ʈɔ^{C}	61	(6)
to weave(cotton cloth)	织布	*nto^{D}	55	(7)

to weave(a dustpan)	编簸箕	*hin^{A}	130	(18)
to weave(straw shoes)	打草鞋	*hin^{A}	130	(18)
to weed	薅草	*nthɔu^{C}	56	(16)
to weep	哭	*ʔɳ̥in^{B}	87	(20)
wet	湿	*nton^{A}	55	(22)
what	什么	*ʈʂe^{B}	77	(2)
wheat	麦子	*mɔŋ^{C}	6	(27)
which	哪	*du^{C}	51	(8)
whip	鞭子	*mbleu^{D}	39	(13)
white	白	*qleu^{A}	117	(13)
wide	宽	*qlweŋ^{B}	123	(24)
wild garlic	野蒜	*ɢlɔn^{B}	118	(21)
wild persimmon	野柿子	*mnin^{B}	17	(18)
wildcat	野猫	*pɭe^{C}	40	(2)
willow	柳树	*ʑaŋ^{A}	95	(26)
wind	风	*tɕa^{C}	84	(5)
wine	酒	*tɕeu^{B}	84	(13)
wing	翅	*tæ^{D}	49	(4)
to wink	眨眼	*ɳʈʂei^{D}	80	(10)
to winnow away the chaff	簸米	*pʈʂuŋ^{B}	23	(29)
winnowing fan	簸箕	*ʔveŋ^{A}	10	(24)
to wipe	揩	*ʂɔn^{C}	83	(21)
without husband	寡妇	*mbdʐau^{C}	29	(15)
woman	女人	*bo^{A}	3	(7)
to wring (a towel)	拧毛巾	*pʈʂo^{C}	23	(7)
to write	写	*fʂoi^{C}	31	(12)
year	年	*ɕuŋ^{C}	94	(29)
yellow	黄	*ɢlweŋ^{A}	124	(24)
you	你们	*mi^{A}	6	(1)
young	年轻	*ɭ̥a^{D}	75	(5)
young (cow)	小母牛	*ɕa^{D}	94	(5)
young man	青年男子	*ɳɖou^{C}	69	(17)
younger brother	弟弟	*cu^{B}	96	(8)

王辅世自传

我叫王辅世，于1919年4月21日出生在河北省滦南县，1928年随父母移居北京。1940年毕业于师大附中，同年9月考入私立燕京大学。1941年12月8日太平洋战争爆发，燕京大学关门，我转入北大法学院经济系，1944年6月毕业，取得法学学士学位。1944年9月我考入私立辅仁大学人类学研究所，1945年初休学，离开敌人占领的北京绕道内蒙古赴西安，在商办正报社当编辑。日本投降后，我于1945年9月至1946年6月在陕西蓝田国立二十一中学任英文教员。1946年9月至1947年6月在甘肃兰州中学任英文教员。1947年7月我回到北京，9月在辅仁大学人类学研究所复学，导师是比利时国的贺登崧（W. A. Grootaers），贺是语言学家兼民俗学家。我在他的指导下撰写硕士论文《宣化方言地图》。1949年贺赴日本，我考入北京大学中文系研究部，导师是罗常培，专业是语言学。我向罗先生学习美国结构主义学派的语言学理论和方法。在罗先生指导下，我于1950年6月完成了《宣化方言地图》，提交辅仁大学，通过论文答辩获得硕士学位，被分配在中国科学院语言研究所工作。一面工作，一面继续在北京大学中文系研究部学习，直到1952年6月毕业。1956年12月中国科学院设立少数民族语言研究所，我由语言研究所转入少数民族语言研究所任副研究员。1962年1月，少数民族语言研究所并入民族研究所，我一直在民族研究所工作，不过自1978年以后，民族所改转中国社会科学院。我从1980年1月升任研究员。

我从1950年6月参加工作以来，一直做苗语的调查研究工作。1956年中国科学院和中央民族学院、地方民族语文机构共同组成七个少数民族语言调查工作队，我任第二工作队的副队长，负责调查苗瑶语族的语言并帮助苗族创立三种文字，改革一种文字共设计了四种拉丁字母式的苗语方言文字方案，现在这些文字都在苗族地区试验推行，受到苗族人民的欢迎。

1952年至1953年我到贵州威宁调查苗语，搜集了大量的长篇材料。我已经写出关于量词、方位词、状词，声调的论文数篇（其中有三篇是我与苗族王德光同志合著的）。我还计划要写关于名词、动词、形容词、虚词等几篇文章，最后综合起来以“贵州威宁苗语研究”为题，出一本专著。

我在调查苗语的过程中，接触到湖南、云南、四川、贵州、广西等省（区）的苗语，我认为已有条件根据苗语各方言、次方言的材料求出古苗语的声类和韵类，从而便于展开今后苗语的调查研究，所以我于1979年写了一本《苗语方言声韵母比较》，作为提交在巴黎召开的第十二届汉藏语言学会议的论文（于1980年《民族语文》第2期上发表了该文的摘要，题目是《苗语的声类和韵类》)。这篇文章是张琨先生的《苗瑶语声调问题》之后的一篇重要文章。希望在接到批评意见后再作补充修改，最后争取公开发表。

对于汉语方言，我除写了一本《宣化方言地图》（约十万字，内有语言地图数十张）以外，又曾写了《北京话韵母的几个问题》《广西龙胜伶话记略》《湖南泸溪瓦乡话语音》《再论湖南泸溪瓦乡话是汉语方言》等。

王辅世主要著译目录

1952 年

苗族文字改革问题　《中国语文》第 6 期

俄语语音学参考资料（与王均合著）　《俄文教学》12 月号《科学通报》7 月号

论俄语方言地图　〔苏联〕P. N. 阿瓦涅索夫著　王辅世译

雅库特方言的研究　〔苏联〕E. 乌布里亚托夫著　王辅世译　《科学通报》7 月号

1954 年

台湾高山族语言概况　《中国语文》第 9 期

贵州省少数民族概况和创制文字的问题　《新建设》9 月号

1956 年

怎样分析和记录汉藏语系语言的声调　《中国语文》第 6 期

为什么要给苗族创立一种以上的文字（与马学良、张济民合著）　《光明日报》10 月 28 日

苗语方言的划分和对创立改革苗文的意见（与马学良、张济民合著）　《人民日报》11 月 17 日

苏联北方各部族的标准语与方言　〔苏联〕B. A. 阿夫罗林著　王辅世与刘涌泉合译　《语言学论文选译》第 1 辑

1957 年

苗文中汉语借词的拼法问题　《中国语文》第 5 期

贵州威宁苗语量词　《语言研究》第 2 期

设计汉语拼音方案应当考虑少数民族的语音情况　《光明日报》3 月 13 日（与马学良合著）

1958 年

少数民族文字中汉语借词问题　《中国语文》第 7 期

1959 年

介绍两本苗文词典

［1.《苗（黔东方言）汉简明词典（初稿）》2.《苗（川黔滇方言）汉简明词典（初稿）》］　《中国语文》第 10 期

1962 年

苗语概况（王辅世执笔）　《中国语文》第 1 期

1963 年

北京话韵母的几个问题　《中国语文》第 2 期

1979 年

广西龙胜伶话记略　《方言》第 2、3 期

苗语方言声韵母比较　提交第十二届国际汉藏语言学会议的论文（巴黎）

白苗话的调变和变调　〔英〕G. B. 唐纳著　王辅世译　《民族译丛》第 2、3 期

1980 年

苗语的声类和韵类　民族语文

察合台语手册的引言　〔美〕J. 艾克曼著　王辅世译　《阿尔泰语文学论文选择》

苗瑶语藏缅语汉语的鼻冠音声母　〔美〕张琨、张谢蓓蒂合著　王辅世译　《汉藏语系语言学论文选择》

侗水语的浊塞音　〔法〕A. G. 欧德里古尔著　王辅世译　《民族译丛》第 4 期

1981 年

谈谈在苗语方言声韵母比较中的几点体会　《语言研究》第 1 期

1982 年

湖南泸溪瓦乡话的语音　《语言研究》第 1 期

我对苗语语法上几个问题的看法　《民族语文研究文集》（青海民族出版社）

贵州威宁苗语的方位词（与王德光合著）　《民族语文》第 4 期

贵州威宁苗语的状词（与王德光合著）　提交第十五届国际汉藏语言学会议的论文

1983 年

苗语方言划分问题　《民族语文》第 5 期

1984 年

苗文正字法问题　《贵州民族研究》第 3 期

1985 年

苗语简志（王辅世主编）　民族出版社

再论湖南泸溪瓦乡话是汉语方言　《中国语文》第 3 期

切韵的综合性质　〔美〕张琨著　王辅世译

1986 年

苗瑶语系属问题初探　《民族语文》第 1 期

贵州威宁苗语的声调（与王德光合著）　《中国民族语言论文集》（四川民族出版社）

1987 年

苗语语音研究中理论和实践的结合　《民族语文》第 1 期

语言研究论文

苗族文字改革问题*

苗族本来没有文字，20世纪初，英国传教士柏格里（Samuel Pollard）和几个牧师共同创制了一种苗文。这种苗文是拼音文字，它有大小两种字母。拼写的方法和一般拼音文字不同：大字母为声母，小字母为韵母，小字母写在大字母的上面、右上角、右侧、右下角和下面，以表示声调的高低。我们知道，苗语是有声调的语言，用这种拼写方法处理有声调的语言比较简单，只是在印刷和书写时稍有技术上的困难。这种文字创出以后（完成于1904年），教士们就用它来翻译基督教的圣经，在黔西滇东一带传教，使基督教很快地传播开来。

柏格理的苗文最初只是用来拼写苗语圣经。由于信教人数增多，信教的人都要读圣经，所以能写这种文字的人就一天天多起来，应用的范围由宗教渐渐转到日常生活和通信方面。

后来云南、贵州两省有其他的少数民族也用柏格理苗文字母拼写他们自己的语言。这样一来，本来专为苗语设计的柏格理苗文，已经不能再专称苗文，所以现在人们把柏格理等所创的苗文改称柏格理字母了。

下面我们讨论一下柏格理苗文的优缺点。

我们熟习了柏格理苗文以后，就觉得这种文字有两个优点：第一，它是由左往右横书的拼音文字，跟自右往左横书的维吾尔文和自左往右直书的蒙古文来比较，写起来是顺手一些。第二，书写或印刷时，节省纸张。柏格理苗文字母和汉语注音符号的体例相同，不是音素化的，每一声母、韵母各为一个字母，所以写起来简单，如：ϯ= [ts]，ᑕ= [ʈʂ]，Δ= [tl̥] ǁ= [ɑu]，Ꮆ= [ɑɯ]。如果把一页柏格理苗文用拉丁字母拼写，假使字体大小相同，则后者要用两页半的篇幅。

尽管柏格理苗文有上述的优点，我们也不能忽视它的缺点：

1. 区别清浊音不够详尽。苗语中清浊音的区别明显，黔西威宁通行的苗文中，除去[f]、[v]；[s]、[z]；[ʂ]、[ʐ] 等三对清浊分立外，其余闭塞、塞擦、鼻塞及鼻塞擦的声母都不分清浊，各以同一个字母表示。如：ᒧ既表 [p]，又表 [b]（也表 [bɦ]，见

* 本文发表于《中国语文》1952年12月号，第12~13页。

后）；T既表［t］，又表［d］；ł既表［ts］，又表［dz］；ᑕ既表［ʈʂ］，又表［dʐ］；ᒧ既表［mp］，又表［mb］；Δ既表［ntl̥］，又表［ndl̥］等，共有十六个这样的声母。闻宥在他所作的《论 Pollard's Script》一文中说：苗语高调为清音，低调为浊音。但据我所记的黔西威宁苗语看来，证明清浊音并不完全与声调相配合：低调亦有清音，高调亦有浊音。如果看见小字母在下面就读作浊音，虽不一定错，但有错的可能。例如："笔"字在苗语中读作［pi³¹］，是低降调，但声母是清音，柏格理苗文写作ᒧₙ，如果认为低调声母发浊音，则ᒧₙ应读作［bi³¹］，事实决不如此。又如"珍珠"在苗语中读作［bau⁵³］，调子是很高的，但声母是浊音，柏格理苗文写作ᒧⁿ（或写作ᒧⁿ''，见后），如果把高调全认为清音，就会读ᒧⁿ作［pau⁵³］，意思就不作"珍珠"解了。又如苗语中"手"字读作［di⁴⁴］，"霜"字读作［ti⁴⁴］，写成柏格理苗文都是Tⁿ读者遇到这个字就要看上下文，先确定它的意义，再决定声母是清是浊。有人为了使读者区别声母的清浊，曾设计在韵母前面加一个元音ᑎ［i］，表示声母发浊音，ᑎ本身不发音，只算是浊音符号。如上面所举的"珍珠"可以写作ᒧⁿ''，但这只限于韵母不是ᑎ或以ᑎ为介音的字，如上面所举的"手"就不能写作Tⁿⁿ。原因据说是不好看，其实不好看倒不成理由，有时却有具体的困难。如"牲口"读作［dʐɦie³⁵ mpa⁴⁴］，柏格理苗文写作ᑕ = ᑕ ᒧ-，假使用加ᑎ的办法表示浊音，应当写作ᑕⁿ = ᑕ ᒧ-，但ᑕ这个字母在柏格理苗文中同时代表卷舌和舌面两套塞擦音，也就是既代表［ʈʂ，dʐ，dʐɦ］，又代表［tɕ，dʑ，dʑɦ］，其区别的方法就看韵母是不是ᑎ或以ᑎ为介音，以ᑎ作韵母或作介音时，ᑕ就发舌面塞擦音［tɕ，dʑ，dʑɦ］，现在若把"牲口"写作ᑕⁿ = ᑕ ᒧ-，可能被人读作［tɕie⁴⁴ mpa⁴²］也可能被人读作［dʑie⁴⁴ mpa⁴⁴］或［dʑɦie³⁵ mpa⁴⁴］，因为在韵母前面加一个ᑎ，又作舌面化的符号，又作浊音符号，在这两种情形都可能有的时候，就令人无所适从了。因为苗语中浊音很多，而柏格里苗文对浊音表示的方法，设计太不完善，遂使写的人难写，读的人难读。

2. 声母代表的音太多。上段已经谈到每一个闭塞、塞擦、鼻塞、鼻塞擦音的声母都各代表清浊两种声音，其实浊音又包含送气与不送气两个音。因为这样，ᒧ这个字母实际就要代表［p，b，bɦ］三个音；T代表［t，d，dɦ］三个音。有时一个字母还要代表更多的音，如前段所提到的ᑕ就要代表［ʈʂ，dʐ，dʐɦ，tɕ，dʑ，dʑɦ］六个音。当然鼻塞擦声母ᑕᑕ也就代表［nʈʂ，ndʐ，ɳdʐɦ，ɲtɕ，ɲdʑ，ɲdʑɦ］六个音了。除此以外，ᑐ代表［m，mɦ］两个音，ᑕ代表［n，nɦ，ɲ̥，ɲ̥ɦ］四个音，L代表［l，ʒ］两个音，ᒍ代表［ʂ，ɕ］两个音，ᒣ代表［h，x］两个音；I代表［x，ʁ］两个音。这些都是极易使读者发生困难的音。若遇到这些字母，须看上下文才能决定读法。这比上面所说的清浊不分，还要严重一些。

3. 标调方法不严密。以威宁为中心的黔西苗语共有六个声调，柏格理苗文最初应用时，按小字母的位置不同，可以标出五个调子来。当时标调的方法是把小字母（韵母）放在大字母（声母）的上面、右上角、右侧中央、右下角和下面等五个位置，现在举一个例子。如ↄ̄, ↄ¯, ↄ-, ↄ_, ⊇（ↄ＝［m］或［mɦ］，－＝［a］），后来为了书写方便起见，把最后一种取消，而改用四度标调法，作ↄ̄, ↄ¯, ↄ-, ↄ_形状，以⊇表示高平（55）调，以ↄ¯表示高降（53），次高（44）两调，以ↄ-表示中升（24）调，以ↄ_表示低降（21）、中平（33）两调。后来觉得在某些大字母上面加小字母不美观，部分地改为三度标调法，把大字母上面的小字母也移到右上角，如此，大字母右上角这个位置就表示高平、高降、次高等三个调子，如ↄ¯可以读作［$mɑ^{55}$，$mɑ^{53}$，$mɑ^{44}$］。区别意义的办法又是看上下文。试问声母清浊要凭上下文决定，音值要凭上下文决定，调子也要凭上下文决定，用这种文字写出的文章，多么难读啊！

4. 未定型化。柏格理苗文虽然已经制订了四十多年，但是到现在还没有定型化，写的人可以按照自己的方言任意地写，都是临时拼凑，没有严格的正字法。如［ç］音有人用ㄱ（［h］）字母表示，有人用ꓕ（［ʂ］）字母表示。苗语的方言很多，声、韵、调相差得很远，如果没有共同的正字法规定标准的拼写方法，那么这种文字还是不能作为苗族人民的交际工具。

上面简单叙述了柏格理苗文的优缺点，我们肯定它的缺点是应当克服并且是可以克服的。现在新民主主义的文化正在以无比的力量向前发展，以柏格理苗文面对当前的苗族文化事业已经感到力量不足。根据《中国人民政治协商会议共同纲领》第六章“民族政策”五十三条的精神，我们要帮助苗族在已经通行柏格理苗文的地区进行文字改革，一定要使它成为一种能够提高苗族文化，巩固民族感情的工具。

论到苗族文字改革问题，也和其他的文字改革问题一样，有两种不同的做法。一种是根据旧有的文字作部分的修改，或者加一些字母或符号使它成为一种更完善的文字；另一种做法是废止旧文字，改用拉丁字母或斯拉夫字母拼写。柏格理苗文是拼音文字，对这两种做法都相宜，补充一些字母使它免除用一个字母代表许多个音的情形，再把标调问题解决，使它定型起来，未始不可以应付目前提高苗族文化的需要。不过柏格理苗文尽管有一些优点，但是在印刷和书写的时候是相当困难的。它的字母就是一个个的小方块字，连起来像花边图案，不能草书，虽说节省纸张，却浪费了时间，同时又不便印刷（小字母排版困难），不便打字，所以还是有许多音理以外的缺点。这个问题希望关心苗族文化的人士不论是苗族本族的人或汉族人都要认真考虑。

中国科学院语言研究所和中央民族学院合作编制的教汉族干部学习苗语的课本是用拉丁字母写的。这是纯粹为了适合汉族干部学习方便而设计的，因为用拉丁字母写出来不会使一个声母表示两个或两个以上的声音，同时调子标得也很紧严，不用看上下文就能够正确地读出音来。用这种课本在中央民族学院试教四个多月，效果很好，学员都已经能用苗语讲普通的话。假使把这种文字的拼写法教给苗族人民去学习，在两个星期到三个星期之内就可以完全掌握，能够拼写自己的语言，写起来很快，因为音值分析得很清楚，所以极容易定型化。

改革文字是一个民族的大事情，我们决不强调苗文非要拉丁化不可。中央民族事务委员会李维汉主任委员说：改革文字要根据本民族的意志，汉族决不包办代替。这是非常正确的。据作者所知，黔西威宁石门坎一带的苗族人士对文字改革问题早已注意研究，我们希望他们和有关方面能够取得联系，共同商讨，也许对于这个问题的正确解决是有益的。

台湾高山族语言概况*

高山族并不是说同一种语言的民族，而是说同一语族各种语言的许多部族。在过去部族的数目可能很多，现在仅剩下七个，这七个部族的名称是：泰耶尔（或称泰雅）、赛设特（或称赛夏）、布农、邹（或称曹）、排湾、阿眉斯（或称阿美）、耶眉（或称雅美）。他们的总人数约有16.6万。除这七个部族以外，还有一部分讲汉话的高山族，他们居住在台湾西部、东部的平原。在恒春县附近的讲汉话的高山族有的本来是排湾人和阿眉斯人，但这里大多数人都不能判定从前是哪个部族的，也许是由现存的七个部族之外的别的部族转化来的。讲汉话的高山族的人口总数约有4万，他们的风俗习惯已经和汉族很相近，大部分都丧失了自己的语言。现在还保持着自己语言的只有从噶玛兰地方移至花莲、台东、新港等县的加里宛人和台中县附近的巴则海人等。

高山族语言的数目和部族的数目并不相等，语言的差别比部族名称的差别还要大一些。同一部族的人有时操几种不同的语言。由于没有文字的约束，每种语言内部的方言差别很大。

高山族的语言大致可以分为十二种，下面把十二种语言的名称和操各种语言的部族名称列出：

1. 泰耶尔语（Tayal，Tayor，Atayal，ətayal，Itaal）——操这种语言的是由广义的泰耶尔人中除去赛德人以外的泰耶尔人。他们居住在台北、新竹两县及东势、能高两区的山地，人口总数约有2.1万。这种语言又分甲、乙两种方言，甲方言的特征是有小舌塞音q，乙方言没有q这个音。同时乙方言使用的区域不是整片的，分为六个小区，分布在甲方言的周围，其中一个小区竟以孤岛的形式出现在塞德语言区的南部，所以乙方言内部的土语的差别很大。

2. 赛德语（Sedeq，Seʔedeq，Səjəq，Sediakh）——操这种语言的是广义泰耶尔人中的塔乌茨阿、托罗克、塔罗克、塔乌塞等统称为赛德人的集团，他们居住在从台中县的雾社附近到花莲县的山地，人口总数约有1.2万。这种语言实际是许多氏族语言的总称，所

* 本文发表于《中国语文》1954年9月号，第28~29页。这里略有删改。

以内部的差别很大。

3. 赛设特语（Saisiat，Saisirat，Saishet）——操这种语言的是赛设特人，他们居住在新竹县南庄附近的山地，人口总数约有1300。这种语言使用的区域很小。

4. 布农语（Bunun，ʔBunun，Bunung）——操这种语言的是布农人，他们居住在台东县的里垅、花莲县的五里和能高、嘉义县（极少数）的山地，人口总数约有1.8万。这种语言又分甲、乙、丙、丁四种方言。其中丁方言脱离了另外三个方言区而以孤岛的形式处于邹语区的西南与卡语区之间。

5. 邹语（Tsou，Tsowu，Tsō）——操这种语言的是由广义的邹人中除去路伏托、伊姆茨、塔邦、托伏亚诸氏族以外的邹人。

6. 卡那卡那布语（Kanakanabu，简称卡语）

7. 沙阿路阿语（l̥aʔarua，l̥aʔrua，Sarua，简称沙语）

操6、7两种语言的是广义邹人中的路伏托、伊姆茨、塔邦、托伏亚诸氏族。5、6、7三种语言的差别较大。操5、6、7三种语言的广义的邹人居住在玉山以西的山地，人口总数约有2000。

8. 鲁凯语（Rukai，Dukai）——操这种语言的是广义排湾人中旧称札里森人的加利伊人。加利伊人中有一部分蒲却尔人也不说这种语言，说这种语言的加利伊人居住在台东县和高雄县的屏东、潮州两区的山地，人口总数约有1.3万。

9. 帕拿帕拿颜语（Panapanayan）——操这种语言的是广义排湾人中旧称卑南人的帕拿帕拿颜人，他们居住在台东县的山脚地带，人口总数约有5500。

10. 排湾语（paiwan，paiwang）——操这种语言的是由广义排湾人中除去加利伊人和帕拿帕拿颜人以外的排湾人，他们居住在大武山、潮州两区的山麓，人口总数约有2.3万。

11. 阿眉斯语（Ami，ʔmiʃ）——操这种语言的是阿眉斯人，他们居住在台东县和花莲县之间的平原，也有一些散居在新城县和恒春县附近的沿海地方，人口总数约有4.3万。除去极北端占有一角的萨其杂亚方言以外，这种语言大体上可以分为北、中、南三个方言。台湾南端以孤岛形式存在于排湾语区的一个很小的阿眉斯语区，属于南部方言区。

12. 耶眉语（Yami）——操这种语言的是耶眉人，他们居住在台湾东南的兰屿上，人口总数约有1600。

以上是高山族的语言分类，另外讲汉话的加里宛人和巴则海人都还保持着自己的语言，和上列十二种语言不同。全部高山族的各种语言都有方言的差别，不但语音不同，语法和词汇也有不同。

高山族的各种语言虽然彼此差别很大，但都属于南岛语系的印度尼西亚语族。它们和同语族的马来语（Malay，Malayan，在马来半岛和南洋群岛）、他加禄语（Tagalog，在菲律宾的马尼拉附近）、麻拉噶西语（Malagasi，在非洲的马达加斯加岛）都很接近；同时和南岛语系的美拉尼西亚语族、波利尼西亚语族的语言也有亲属关系。

下面以泰耶尔语（泰）、赛设特语（赛）、布农语（布）、鲁凯语（鲁）、排湾语（排）、阿眉斯语（阿）等几个比较重要的高山族的语言和同语族的马来语、他加禄语（他）、麻拉噶西语（麻）以及美拉尼西亚语族的刹摩罗语（刹，Chamorro，在马利亚那群岛）、波利尼西亚语族的夏威夷语（夏，Hawaii，在夏威夷群岛）的几个基本词作一个简单的比较，就可以看出高山族各种语言和这些南岛语系语言的关系来了。

	一	二	三	四	五
泰	kotoh	lusa	chungal	spayat	imangal
赛	kengal	daha	toro	spat	lima
布	tasha	rusa	tao	pat	hima
鲁	denga	nusa	toro	pata	lima
排	ita	lusa	turu	spat	lima
阿	tsai	tusa	tulu	spat	lima
马	satu	dua	tiga	ĕmpat	lima
他	isa	alaua	tatlo	apat	lima
麻	iray	roa	telo	efatra	dimi
刹	hacha	hugua	tulo	fatfat	lima
夏	kahi	lua	koru	ha	lima

	七	眼	手	火	水	吃
泰	pitu	masa（眼珠）	kava	hapoi	ksha	mannyek
赛	pito	daorek	baga	pynyek	kasha	mukan
布	pito	mata	ima	sapol	lanom	kaunun（食物）
鲁	pitu	matsa	alima	apui	aehilai	takanu
排	pitu	mats'a	lima	sapui	zalom	k-um-an
阿	pitu	mata	kamai	apoi	nanom	k-um-an
马	tujoh	mata	tangan	api	ayĕr	makan
他	pito	mata	kamay	apoy	tubug	k-um-an
麻	fito	maso	tanana	afu	ranu	
刹	fiti	mata	canai	guafe	hanum	cano
夏	hiku	maka	lima	ahi	wai	ai

高山族的语言没有声调，但有词形变化。现在将所知道的高山族的语法要点略述

如下：

1. 人称代名词分独立格、主格、所有格、宾格、与格等五个格，不过宾格和与格的形式各语言除鲁凯语外差不多都相同。

2. 指示代名词分独立格、主格、止格、宾格、与格等五个格。

3. 有不甚发达的量词。

4. 动词变化最多的（如布农语、阿眉斯语）有直陈、进行、过去、尚然、命令、否定、未然、禁止、希望、指示、条件、推量等十二式，最少的（如排湾语）也有直陈、进行、过去，命令、否定、禁止、条件、推量等八式。

5. 名词加上词头（prefix）或词嵌（infix）可以变为动词。例如阿眉斯语的“水”读作 nanom，加上词头 mi-成为 minanom，就作“喝水”讲；排湾语的“枪”读作 kowan，加上词嵌-om-成为 komowan 就作“放枪”讲。

6. 形容词分直陈（作谓语）、形容（作修饰语），条件等三式。

7. 各种语言的语序不同。

高山族的语言虽然语言种类多，方言差别大，但在台湾回归祖国以后，经过调查研究，总可以由十几种语言中找出比较重要的语言，由一种语言中找出普遍性最大的方言来。根据高山族的意愿，可以创制自己的文字。那时高山族也将和其他少数民族一样通过自己的文字来学习文化科学知识，那将是多么令人兴奋的景象呀！

怎样分析和记录汉藏语系语言的声调*

一　声调在汉藏语系语言中的作用

在发元音或浊擦音、鼻音、边音、颤音时，声带颤动的频率（单位时间颤动的次数）大，声音就高；频率小，声音就低。如果声带在发音过程中颤动的频率改变，那么声音的高低也就改变。我们在语音学上把发音过程中的高低升降叫做声调。

声调和元音或浊的连续音（擦音、鼻音、边音、颤音）是互相依存的，没有无声调的元音或浊的连续音，同时脱离开元音或浊的连续音也就无所谓声调。这样看来，任何一种语言都有声调，但声调在各种语言中的重要性不同。在一些语言中，声调（连同声音的强弱）只能表示情感，并不决定音节的意义或在语法上起作用，我们把这种声调叫做语调。语调在任何语言中都有，并且同样的情感在各种语言中的语调也大致相似。在另外一些语言，把声音读得高一些或低一些，就会使同一个或多个音节具有不同的意义，或在语法上起了不同的作用。如果把应当读得高的音节读成低的，或把应当读得低的音节读成高的，听话人就会误解或根本不了解说话人的意思。所以声调虽然在任何语言里都有，但在各种语言里所起的作用不同。我们把离开声调就不能顺利地做人们的交际工具的语言叫做有声调的语言。世界上有声调的语言很多，汉藏语系的语言就是有声调的。我们在这里所谈的只限于汉藏语系语言的声调。

声调在汉藏语系的语言里和声母、韵母有同样重要的地位。一个声、韵、调具备的音节，如果把声母或韵母改换，立刻就改变了意义。例如：北京话 ma^{55} 这个音节的意义是“妈”，如果把声母 m 改换为 p，使音节成为 pa^{55}，那么音节的意义就改变为“八”或“疤”；如果把韵母 a 改换为 au，使音成为 mau^{55}，那么音节的意义就改变为“猫”。同样，如果把 ma^{55} 的声调 55 改换为 35，使音节成为 ma^{35}，那么，音节的意义就改变为“麻”。

在汉藏语系的语言中，声调有时和词类有密切的关系。例如在威宁石门坎地方的苗

* 本文发表于《中国语文》1956 年 6 月号，第 19～27 页。

语，低升调和低降调浊声母的单音节词几乎全部都是动词和形容词。例如：

mɦau^{13} 去　dɦau^{13} 能干　lɦo^{13} 来　dʑɦie^{13} 凉　dɦo^{13} 等待　nau^{31} 听

da^{31} 死　ndlie^{31} 光滑　dɦa^{31} 踢　ɖɦœy^{31} 忙　nɦa^{31} 看

高降调和中平调浊声母的单音节词又几乎全部是名词（包括量词）。例如：

ɢœy^{53} 灰鹤　ŋgœy^{53} 双　za^{53} 梳子　dau^{53} 豆子　dla^{53} 册　nau^{53} 鸟

la^{53} 朋友　dæy^{33} 柴　dla^{33} 顿　dae^{33} 海碗　dzau^{33} 群　gau^{33} 犬齿

di^{33} 手　dlo^{33} 野蒜

包含一个词头和一个词根的双音节词，如果词头是高平调，词根是高降调、低平调、低升调或低降调，就一定是名词。例如：

a^{55}ma^{53} 眼睛　a^{55}mby^{53} 鼻子　a^{55}ʐœy^{53} 男人　a^{55}ʈʂhy^{11} 猫　a^{55}tau^{11} 斧子

ŋa^{55}ʑau^{11} 孩子　a^{55}dʑɦa^{13} 药　a^{55}ɖɦie^{13} 刀子　a^{55}ɖa^{31} 傻子　pi^{55}dɦau^{31} 故事

ʑy^{55}ʑɦy^{31} 马铃薯　tɕhy^{55}tɕhy^{31} 枪

包含一个词头和一个词根的双音节词，如果词头是低平调或低降调，大概都不是名词。例如：

pi^{11} tl̥ha^{11}　破烂的样子　　pi^{11} tshae^{11}　点点滴滴下雨的样子

ntshie^{11} lɦie^{13}　白的样子　　pi^{11} lɦae^{13}　火焰摇摆的样子

ki^{31} laɯ^{31}　儿童摇手要东西的样子　　ki^{31} za^{31}　模糊不清的样子

pi^{31} gi^{31}　明天①　a^{31}naɯ^{31}　昨天　pi^{31} dɦo^{31}　好像　a^{31} ɖa^{31}　傻

在汉语中，声调有时也与词类有关系。例如：

ʈʂən^{51} 枕（动词）—— ʈʂən^{214}thəu^{3} 枕头（名词）

tiŋ^{51} 钉（动词）—— tiŋ^{55}tsɿ^{2} 钉子（名词）

fəŋ^{35} 缝（动词）—— fəŋ^{51} tsɿ^{1} 缝子（名词）

不过这种例子不很多，并且同一种词类不一定有相同的声调（比较：ʈʂən^{51}，tiŋ^{51}，fəŋ^{35}），所以重要性不大。

在威宁石门坎的苗语中有一些方位词因出现位置不同而有不同的声调。当它们出现在名词的前面时是低降调，有前置词的作用；当它们单用或放在名词的后面作指示词用时是高升调。例如：

vɦae
- vɦae^{31} lae^{55} ŋgɦa^{35}　在家里
  那里　个　家
- vɦae^{35}　那里
  那里
- lae^{55} ŋgɦa^{35} vɦae^{35}　那所房子
  个　房　那

bɦi
- bɦi^{31} lae^{55} ʈau^{55}　在上面的山上
  坡上　个　山
- bɦi^{35}　坡上
  坡上
- lae^{55} ʈau^{55} bɦi^{35}　上面的山
  个　山　坡上

① 在威宁石门坎苗话中，时间词不是名词。带有词头的双音节词，如果是名词就有不肯定式的变形，但是时间词如 pi^{31}gi^{31} “明天” a^{31}naɯ^{31} “昨天” 等没有变形，所以说不是名词。

ɖɦu

ɳɖɦu^{31} lae^{55} haɯ^{55} 在下面的山谷
坡下 个 山谷

ɳɖɦu^{35} 坡下
坡下

lae^{55} haɯ^{55} ɳɖɦu^{35} 下面的山谷
个 山谷 坡下

dɦi

dɦi^{31} lae^{55} vɦaɯ^{35} 在对面的园子
对面 个 园子

dɦi^{35} 对面
对面

lae^{55} vɦaɯ^{35} dɦi^{35} 对面的园子
个 园子 对面

在现代藏语拉萨话有一些动词利用声调区别自动式和使动式。例如：

rɛ^{14} 破　　rɛ^{55} 撕（使破）　　ʈʂoʔ^{13} 惊　　ʈʂoʔ^{54} 使惊

loʔ^{13} 回去　　loʔ^{54} 使回去　　nup^{13} 没落　　nup^{54} 使没落

汉藏语系的语言是有声调的语言，并且我们已经发现这个语系中的语言如苗语、藏语、汉语等的声调无论在词汇和语法上都有很重要的作用。因此，我们在调查汉藏语系的语言时，必须把声调和声母、韵母同样重视，收集到的材料才完整可靠。

二　调值和调类

在汉藏语系的具体语言或一种语言的具体方言中，每一个音节的读音都有一定的高低、升降、曲直、长短的形式。这种声音的高低、升降、曲直、长短叫做调值。我们可以用耳朵或仪器来辨知每一个音节的调值，用声调符号把调值表示出来。一种语言或一种方言中的音节数很多，但发音时的高低、升降、曲直、长短的形式却很少（普通都不到十种），也就是说全部音节可以分为几群，每群有一个共同的调值。如果有共同调值的音节在连读时遵守共同的变调规律，我们就说它们属于同一调类。例如北京话有四个不同的调值（55，35，214，51），所以就有四个调类（阴、阳、上、去）；福州话有七个不同的调值（44，52，31，213，232，23，4），所以就有七个调类（阴平、阳平、上声、阴去、阳去、阴入、阳入）。

普通我们记调值，都是把音节一个一个地单独拿出来记，也就是把音节孤立起来记录。事实上，这样记录出来的同调值的音节出现在某调音节的前面或后面时，不一定遵守同一种变调规律。如果同调值的音节和某调的音节连读时，不遵守同一种变调规律，那就表示，在单读时，那些音节虽有共同的调值，但它们实际上并不属于同一调类。如果只因调值相同，就说它们属于同一调类，在叙述变调规律时，必须说明这一类音节中的哪些音节变调，哪些不变。那就会出现大量的例外，规律也就不成其为规律了。在给少数民族创立文字以前，若是这样地整理音系，规定符号，会让使用文字的人不知道怎么读，读了也不能确定怎么讲，造成文字学习和应用上的大混乱。我们举一个具体的例子来说明这个问题。威宁石门坎苗语高平调音节，有一部分接在某些高升调的音节的后面时，要变成中平调，而另外一部分不变。如：mbɦo^{35} tl̥i^{55} （ȵ̥i^{55}）“这群狗”读作 mbɦo^{35} tl̥i^{33}，mbɦo^{35} tʂ̥o^{55}
群 狗 这 群 狗 群 虎
（ȵ̥i^{55}）“这群虎”读作 mbɦo^{35} tʂ̥o^{33}，但 mbɦo^{35} lie^{55} （ȵ̥i^{55}）“这群猴子”仍读作 mbɦo^{35} lie^{55}，
这 群 虎 群 猴 这 群 猴
mbɦo^{35} qae^{55} （ȵ̥i^{55}）“这群鸡”仍读作 mbɦo^{35} qae^{55}。假使我们不照顾到这种变调的事实，硬
群 鸡 这 群 鸡
说高平调音节 tl̥i^{55}，tʂ̥o^{55}，lie^{55}，qae^{55}属于同一调类，而在创立文字时给高平调确定一个声调字母，那就使读文字的人不能掌握正确的读法。如果根据读法书写，也就是读得高时写高调的声调字母，读得低时写低调的声调字母，那么在文字中就有一部分字有两种以上的写法，造成字无定形的现象。因此，我们不能说有几个调值就有几个调类。为了把这个问题弄得更清楚些，不妨再举一种汉语方言的例子。江苏武进城里的话有两套声调系统，一套是文雅语声调系统，一套是街头语声调系统。在文雅语声调系统中，假使一个字一个字地单读，就有七个调类。除阳上有一部分并入阳平，一部分并入阴上，一部分并入阳去不单成一个调类以外，其余各调（阴平、阳平、阴上、阴去、阳去、阴入、阳入）都各成为一个调类。但是当我们注意并入阳平的那一部分阳上字和别的字连读时，我们发现它们和阳平本调的字不同。像“劳”（阳平本调的字）和“老”（由阳上并入阳平的字）单读时都读作 lɑɤ^{13}，但是当它们的后面接上“先生”两个字时，前者（“劳”字）变为低平调，这是阳平本调字在这种声调环境中应有的正常现象；但是后者（“老”字）却变成一个高升调，正如阳去单读时的调值一样。这样看来，虽然“老”字和“劳”字单读时的调值相同，但是在变调时，两者并不一样，所以在武进话中表面上是七个调类，实际上是存在着阳上这一个调类的。

上面所讲的调类是一种具体语言的某一个方言的调类。我们知道，一个语系下面各语族的语言或一种语言里面的各方言都是在历史上长期发展形成起来的，它们彼此间有着极密切的关系。我们要想研究一种语言或方言的内部发展规律，如果只由该语言或方言本身去研究是不够的。必须通过亲属语言或各个方言的研究，才能得出比较满意的结果。如果有历史材料，更应拿来参考。在汉语方面，历史材料比较多，根据切韵、广韵系统的韵书可以很清楚地看出古代调类在现代各方言中分合的情况。

我们研究少数民族的语言，常常没有记录古代调类的书籍参考。但是我们如果把一种语言的几种方言材料拿来比较，也可以看出调类分合的情形。再参考声母对应关系，就不难推测出那种语言本来调类的数目，也可以把推测出来的调类认为是古代（但不一定是很古）的调类。

一种语言的古代同一调类的字，如果声母的性质（如清、浊，浊的又分浊闭塞、浊连续）相同，在现代的每一种方言中，它们往往属于同一调类（不排斥其他来源的字也属于这一调类），但是它们在各方言中调值可能不相同。后面列出汉语古调类在全国各主要城市和有代表性的方言点的现代调类和调值对照表。（见下页）

汉语古调类在现代方言中的现代调类和调值对照表

<table>
<tr><th rowspan="3">古调类 名称
声母
现代调类和调值
地名</th><th colspan="2">平</th><th colspan="3">上</th><th colspan="2">去</th><th colspan="4">入</th></tr>
<tr><th rowspan="2">清</th><th rowspan="2">浊</th><th rowspan="2">清</th><th colspan="2">浊</th><th rowspan="2">清</th><th rowspan="2">浊</th><th rowspan="2" colspan="2">清</th><th colspan="2">浊</th></tr>
<tr><th>连续</th><th>闭塞</th><th>连续</th><th>闭塞</th></tr>
<tr><td>北京</td><td>Ⅰ,55</td><td>Ⅱ,35</td><td colspan="2">Ⅲ,214</td><td colspan="3">Ⅳ,51</td><td colspan="2">Ⅰ,Ⅱ,Ⅲ,Ⅳ</td><td>Ⅳ</td><td>Ⅱ</td></tr>
<tr><td>天津</td><td>Ⅰ,11</td><td>Ⅱ,55</td><td colspan="2">Ⅲ,24</td><td colspan="3">Ⅳ,42</td><td colspan="2">Ⅰ,Ⅱ,Ⅲ,Ⅳ</td><td>Ⅳ</td><td>Ⅱ</td></tr>
<tr><td>上海</td><td>Ⅰ,51</td><td>Ⅱ,13</td><td colspan="2">Ⅲ,434</td><td>Ⅳ,13</td><td>Ⅲ</td><td>Ⅳ</td><td colspan="2">Ⅴ,5</td><td colspan="2">Ⅳ,24</td></tr>
<tr><td>沈阳</td><td>Ⅰ,33</td><td>Ⅱ,35</td><td colspan="2">Ⅲ,213</td><td colspan="3">Ⅳ,41</td><td colspan="2">Ⅰ,Ⅱ,Ⅲ,Ⅳ</td><td>Ⅳ</td><td>Ⅱ</td></tr>
<tr><td>重庆</td><td>Ⅰ,55</td><td>Ⅱ,31</td><td colspan="2">Ⅲ,42</td><td colspan="3">Ⅳ,214</td><td colspan="4">Ⅱ</td></tr>
<tr><td>汉口</td><td>Ⅰ,55</td><td>Ⅱ,313</td><td colspan="2">Ⅲ,42</td><td colspan="3">Ⅳ,35</td><td colspan="4">Ⅱ</td></tr>
<tr><td>广州</td><td>Ⅰ,55</td><td>Ⅱ,21</td><td>Ⅲ,35</td><td colspan="2">Ⅳ,24</td><td>Ⅴ33</td><td>Ⅵ22</td><td>短元音
Ⅶ,5</td><td>长元音
Ⅷ,33</td><td colspan="2">Ⅸ,2或22</td></tr>
<tr><td>长沙</td><td>Ⅰ,33</td><td>Ⅱ,13</td><td colspan="2">Ⅲ,42</td><td>Ⅴ,11</td><td>Ⅳ,55</td><td>Ⅴ</td><td colspan="4">Ⅵ,24</td></tr>
<tr><td>西安</td><td>Ⅰ,31</td><td>Ⅱ,24</td><td colspan="2">Ⅲ,42</td><td colspan="3">Ⅳ,55</td><td colspan="2">Ⅰ</td><td colspan="2">Ⅲ</td></tr>
<tr><td>南京</td><td>Ⅰ,32</td><td>Ⅱ,14</td><td colspan="2">Ⅲ,22</td><td colspan="3">Ⅳ,44</td><td colspan="4">Ⅴ,5</td></tr>
<tr><td>太原</td><td colspan="2">Ⅰ,11</td><td colspan="2">Ⅱ,53</td><td colspan="3">Ⅲ,55</td><td colspan="2">Ⅳ,2</td><td colspan="2">Ⅴ54</td></tr>
<tr><td>济南</td><td>Ⅰ,13</td><td>Ⅱ,53</td><td colspan="2">Ⅲ,55</td><td colspan="3">Ⅳ,21</td><td colspan="2">Ⅰ</td><td>Ⅳ</td><td>Ⅱ</td></tr>
<tr><td>昆明</td><td>Ⅰ,33</td><td>Ⅱ,31</td><td colspan="2">Ⅲ,53</td><td colspan="3">Ⅳ,13</td><td colspan="4">Ⅱ</td></tr>
<tr><td>兰州</td><td>Ⅰ,53</td><td>Ⅱ,31</td><td colspan="2">Ⅲ,42</td><td colspan="6">Ⅳ,24</td><td>Ⅱ</td></tr>
<tr><td>成都</td><td>Ⅰ,44</td><td>Ⅱ,41</td><td colspan="2">Ⅲ,53</td><td colspan="3">Ⅳ,13</td><td colspan="4">Ⅱ</td></tr>
<tr><td>贵阳</td><td>Ⅰ,55</td><td>Ⅱ,31</td><td colspan="2">Ⅲ,42</td><td colspan="3">Ⅳ,13</td><td colspan="4">Ⅱ</td></tr>
<tr><td>福州</td><td>Ⅰ,44</td><td>Ⅱ,52</td><td colspan="2">Ⅲ,22</td><td>Ⅴ,242</td><td>Ⅳ,12</td><td>Ⅴ</td><td colspan="2">Ⅵ,13</td><td colspan="2">Ⅶ,4</td></tr>
<tr><td>厦门</td><td>Ⅰ,55</td><td>Ⅱ,24</td><td colspan="2">Ⅲ,51</td><td>Ⅴ,33</td><td>Ⅳ,11</td><td>Ⅴ</td><td colspan="2">Ⅵ,32</td><td colspan="2">Ⅶ,4</td></tr>
<tr><td>开封</td><td>Ⅰ,24</td><td>Ⅱ,41</td><td colspan="2">Ⅲ,55</td><td colspan="3">Ⅳ,31</td><td colspan="2">Ⅰ</td><td colspan="2">Ⅱ</td></tr>
<tr><td>桂林</td><td>Ⅰ,44</td><td>Ⅱ,21</td><td colspan="2">Ⅲ,54</td><td colspan="3">Ⅳ,213</td><td colspan="4">Ⅱ</td></tr>
<tr><td>呼和浩特</td><td>Ⅰ,213</td><td>Ⅱ,31</td><td colspan="2">Ⅲ,53</td><td colspan="3">Ⅳ,55</td><td colspan="4">Ⅴ,43</td></tr>
<tr><td>包头</td><td>Ⅰ,13</td><td>Ⅱ,22</td><td colspan="2">Ⅲ,13</td><td colspan="3">Ⅳ,53</td><td colspan="4">Ⅴ,43</td></tr>
<tr><td>梅县</td><td>Ⅰ,24</td><td>Ⅱ,11</td><td colspan="2">Ⅲ,52</td><td colspan="3">Ⅳ,53</td><td colspan="2">Ⅴ,32</td><td colspan="2">Ⅵ,5</td></tr>
</table>

由这个表就可以看出汉语现代各方言的调类和古代（《切韵》时代，《切韵》是公元601年写定的）的调类不同，古汉语有平、上、去、入四声，现代汉语的调类自三个至九个不等。北京话除轻声外，有阴、阳、上、去四声，广州话有九声。古调类变成今调类，古声母的清浊是主要演变条件。例如，古平声清声母字在现代北京话里读阴平，如："天、诗、飞、乌"；古平声浊声母字，在现代北京话里读阳平，如："田、时、肥、吴"。浊声母的受阻方式也在调类分合上起了一定的作用。例如，古入声浊的塞音、塞擦音、擦音声母字，在现代北京话里读阳平，如："读、白、杂、俗"；古入声浊的鼻音、边音声母字在现代北京话里读去声，如："麦、纳、鹿、力"。

三　连续变调

汉藏语系的语言每一个音节都有一定的声调，在几个音节连起来读的时候，有的音节的调值和单读时的调值不同。这种在连读时改变调值的现象叫做连续变调，改变以后的调值叫做变调调值。

我们要想学会一种汉藏语系的语言，如果不掌握它的变调规律，就很难学得好。要想研究它的声调系统，也必须彻底了解它的变调规律，否则会把变调形式误认为本调形式，因而不知道它的声调到底有几类。

据我们了解，有声调的语言多少都有一些变调现象。变调调值有时是音节单读时的调值，有时是在音节单读时的调值以外另产生的新的调值。

变调发生的情形有三种：一种是前一音节使后一音节变调，一种是后一音节使前一音节变调，一种是前后两音节全都变调。

威宁石门坎苗语的变调多半是前面的音节影响后面的音节变调。例如：

ɴɢɦae^{35} + ȵɦu^{35}　牛肉——→ɴɢɦae^{35} ȵu^{55}
肉　　　牛

（注意：不但ȵɦu^{35}的声调由35变55，声母也由送气浊音变为纯浊音。）

dʐɦie^{35} + mpa^{44}　家畜——→dʐɦie^{35} mpa^{11}　　au^{55} + dzɦie^{13}　凉水——→au^{55} dzie^{53}
牲口　　猪　　　　　　　　　水　　凉

（注意：不但dzɦie^{13}的声调由13变53，声母也由送气浊音变为纯浊音。）

在北京话里的变调多半是后面的音节影响前面的音节变调。两个上声字相连，前面的上声字的声调就变为阳平。例如：

粉214 + 笔214 ——→粉35 笔214　　老214 + 酒214 ——→老35 酒214

上声字后面接其他声调的字时，上声字的声调就变为半上。例如：

水214 + 门35 ——→水21 门35　　酒214 + 精55 ——→酒21 精55

好 214 + 看 51 ⟶好 21 看 51

在威宁石门坎苗语中也有两音相连双方都变调的情形。例如：

hi^{33} + da^{31} 不死⟶hi^{55} da^{53}　　hi^{11} + mbɦaɯ^{35} 互助⟶hi^{33} mbaɯ^{55}

不　死　　　　　　　　　　　互相　帮助

（注意：不但 mbɦaɯ^{35}的声调由 35 变 55，声母也由送气浊音变为纯浊音。）

由变调现象我们可以找出在单读时看不出来的调类。在前面讲调类和调值时，我们已经举了威宁石门坎苗语和江苏武进话的例子说明了这个问题。现在再举一个例子。河北省滦县中部的话，若是一个字一个字地单读，只有三个不同的调值：阴平、阳平不分，调值为 11，上声调值为 213，去声调值为 55，但这并不说明它只有三个调类。阴平、阳平字在单读时虽然不分，但是后面接上本调为阴平或上声的轻声字时，阴平字的调值不变，阳平字的调值变为 21（这个调值是单读时的三个调值以外的变调调值）。例如："方"、"房"两个字单读时都作 faŋ^{11}，但"方家"读作 faŋ^{11} tɕe^{3}，"房家"读作 faŋ^{21} tɕe^{3}（注意：家 tɕa^{11}变轻声后，韵母起了变化）；"桌"（阴入字并入阴平的）、"镯"（阳入字并入阳平的）两个字单读时都作 ʈʂuə^{11}，但"桌子"读作 ʈʂuə^{11} tsɿ^{3}，"镯子"读作 ʈʂuə$^{11\to31}$ tsɿ^{3}。去声字（包括中古全浊声母上声字、清浊声母去声字，清声母入声字、次浊声母入声字）的调值虽都是 55，但来自中古全浊声母上声字和浊声母去声字的后面接轻声字时调值变 35（这个调值也是单读时三个调值以外的变调调值），来自中古清声母去声字、清声母入声字、次浊声母入声字的后面接轻声字时不变调。例如："赵家"读作 ʈʂau$^{55\to35}$ tɕe^{3}，"帽子"读作 mau$^{55\to35}$tsɿ^{3}，"拌上"读作 pan$^{55\to35}$ ʂəŋ^{3}（注意：上 ʂaŋ^{55}变轻声后韵母起了变化）；"邵家"读作 ʂau^{55} tɕe^{3}，"扣子"读作 khəu^{55} tsɿ^{3}，"错了"读作 tshuə^{55} lie^{3}（注意：了 liau^{213}变轻声后韵母起了变化），"栗子"读作 li^{55} tsɿ^{3}。不过并不是所有的来自中古全浊声母上声字和浊声母去声字的字后面接轻声字时都变调。同时，一个来自中古全浊声母上声字或浊声母去声字的字后面，接甲轻声字变调，接乙轻声字不变调，所以在没有作精细的研究工作之前，还不能就肯定在滦县中部的话里有阳去这个调类。

轻声也是变调的一种，不过是比较特殊的变调形式。在北京话里，无论本调是什么调的字，接在阴平字的后面变轻声时，都一律变为半低调的轻声，调值为 2；接在阳平字的后面变轻声时，都一律变为中调的轻声，调值为 3；接在上声字的后面变轻声时，都一律变为次高调的轻声，调值为 4；接在去声字的后面变轻声时，都一律变为低调的轻声，调值为 1。例如：

机^{55} + 关^{55}⟶机^{55}关^{2}　家^{55} + 庭^{35}⟶家^{55}庭^{2}　舒^{55} + 坦^{214}⟶舒^{55}坦^{2}　关^{55} + 系^{51}⟶关^{55}系^{2}

人^{35} + 家^{55}⟶人^{55}家^{3}　麻^{35} + 烦^{35}⟶麻^{35}烦^{3}　盆^{35} + 子^{214}⟶盆^{35}子^{3}　程^{35} + 度^{51}⟶程^{35}度^{3}

眼^{214} + 睛^{55}⟶眼^{214}睛^{4}　本^{214} + 钱^{35}⟶本^{214}钱^{4}　椅^{214} + 子^{214}⟶椅^{214}子^{4}　买^{214} + 卖^{51}⟶买^{214}卖^{4}

舅^{51} + 妈^{55}⟶舅^{55}妈^{1}　困^{51} + 难^{35}⟶困^{51}难^{1}　道^{51} + 理^{214}⟶道^{51}理^{1}　笑^{51} + 话^{51}⟶笑^{51}话^{1}

如果轻声字后面还有轻声字，接在调值 4 后面的字，调值为 2。例如：

损^{214} + 失^{55} + 了^{214}⟶损^{21}失^{4}了^{2}

接在调值为 3，2，1 后面的字，调值都为 1。例如：

来^{35} + 了^{214} + 吧^{55}→来^{35}了^{3}吧^{1}　将55 + 军55 + 们^{35}→将^{55}军^{2}们^{1}　看51 + 看51 + 去^{51}→看^{51}看^{1}去^{1}

轻声在北京话里有区别同音词的作用，也可以作区别词与句或仂语的手段。动词重叠，居后的音节轻声，表示试一为之的意思①，所以轻声在语法上很重要。少数民族语言，还没有人在轻声问题上，做过深入的研究，今后研究少数民族语言的，应当注意这个问题。

四　声母与声调的关系

汉藏语系的语言，声母与声调有密切的关系。汉语古代有平、上、去、入四声，每类各有清声母和浊声母的字。古平声字在现代方言中，根据声母的清浊而分为两个调类（阴平、阳平）。古上声字的演变情形比较复杂一些。清声母字到现在是一个调类，浊声母的又按浊的性质分为两类，次浊在大多数方言中都和清声母上声字具有相同的调值，全浊则和浊声母（不论全浊，次浊）的去声字具有相同的调值。古去声的清声母字和浊声母字在现代官话方言调值相同，在吴、湘、粤、闽各方言调值不同，是两个调类（阴去，阳去）。古入声的清声母字和浊声母字在南京、汉口、长沙都不分了，但在福州、广州、太原、梅县等地仍然分。这些现象都说明汉语的声调与声母的性质有不可分的关系。

在藏语中，声母和声调也有关系。现代拉萨口语中，不带辅音韵尾的高调音节和低调音节都有清闭塞音和鼻音（浊音）声母，好像声母和声调没有关系。但是根据代表古代声韵面貌的文字来看，凡现代口语读高调的音节的清闭塞声母，在古代就是清闭塞声母；其鼻音声母在古代则是带有前缀辅音的鼻音声母。凡现代口语读低调的音节的清闭塞声母，在古代是浊闭塞声母；其鼻音声母在古代就是不带前缀辅音的鼻音声母。藏语声调与声母的关系很复杂，这里只举出这一点说明两者的关系。

苗瑶语没有像汉语、藏语那样的古代声韵学方面的文献。我们不必作种种假设，就由现代的具体方言中也可以看出声调和声母的密切关系。现代四川珙县的苗语（苗语西部方言中的许多个地方的苗语也有类似的情况）的声调和声母的关系是一眼就看得出的。珙县苗语共有九个声调：33，31，53，21，55，23，44，34，24。送气浊声母只能出现在21，23，34 等三个声调里；送气清闭塞音（包括塞、塞擦、塞边、鼻塞、鼻塞擦和鼻塞边）、清擦音、清化鼻音、清化边音和喉塞音声母只能出现在33，53，55，44 等四个声调的音节里（有个别例外）；不送气清闭塞音，浊的鼻音、边音、擦音能出现在33，31，53，55，44，24 等六个声调的音节里。除去21、23、34 等三个声调的音节里只能有送气浊声

---

① 试比较：老21子4（父亲）：老21子214（人名）；没35有3（尚未）：没35有214（无）；花55红2（一个词，水果名）：花55红35（一个句子）

将55军2（一个词，高级军官）：将55军55（缺主语的句子，下棋时，准备次一步杀死对方主将的招数）；看51：看51看1（试看一次）；尝35：尝35尝3（试尝一回）。

母出现，容易看出声母和声调的关系以外，后两种情况好像不大清楚。毫无疑问，只能在33，53，55，44等四个声调的音节里出现送气清闭塞音、清擦音、清化鼻音，清化边音和喉塞音声母不是偶然的事情，说明这四个声调跟清声母有关系。但根据第三种情况，在这四个声调的音节里又可以出现浊的鼻音、边音和擦音，好像这四个声调又不一定与清声母有关系了。在没有得到更多的材料之前，我们先不必下这个结论，但有三件事情可以供我们参考：第一件事情是汉语次浊上声字并入阴上的问题。这种现象可能发生很久了。现代的汉语绝大多数的方言都把m、n、l、ŋ、ʐ等声母的上声字和清声母的上声字读成相同的调值。我们有韵书可查，知道这些次浊声母在古代和全浊声母都是浊的。如果按清浊分为两个调类（就如平声分为阴平、阳平那样），上声也分为阴上、阳上的话，不论次浊声母的和全浊声母的上声字都应当成为阳上，但并没有这样分化，而是全浊声母的并入阳去，次浊声母的并入阴上。苗语没有韵书可查，我们不敢肯定次浊阳什么调并入阴什么调，但这种事情发生的可能性是存在的。第二件事情是藏语的鼻音问题。前面已经提到，现代拉萨话中，声母为鼻音，韵母不带韵尾辅音p，t，k，ʔ的音节可以有高低两种声调。凡是古代的（由文字上看）鼻音到现代仍然是鼻音的，作声母时，声调就是低的；凡是古代带前缀辅音的鼻音到现代变为不带前缀辅音的鼻音的，作声母时，声调就是高的。后一种声调恰好就是古清声母出现的声调，是不是苗语在古代也有这种带前缀辅音的鼻音呢？我们现在不知道，但我们却不能说没有这种可能。如果这种假设可以成立，那么在今日珙县苗语33，53，55，44等四个声调的音节里出现送气清闭塞音、清擦音、清化鼻音和喉塞音声母同时又出现浊鼻音声母，正如现代拉萨话里不带韵尾辅音p，t，k，ʔ的高降调的音节里出现清声母同时又出现鼻音声母一样，这是完全可以理解的。第三件事情是壮语的浊的鼻音、边音、擦音的问题。现代壮语北部方言个别土语（如来宾话）中有带先喉塞音的浊的鼻音、边音、擦音（如ʔm，ʔn，ʔŋ，ʔl，ʔj），它们只出现在四个阴调（清声母出现的音节的声调）里。不过在大多数地方，这一套带先喉塞音的浊的鼻音、边音、擦音中的先喉塞音丢失，并入浊的鼻音、边音、擦音中去了，所以使得阴调音节里大量出现了浊的鼻音、边音、擦音声母。是不是苗语在古代也有这么一套带先喉塞音的声母，而在今日珙县苗语中把先喉塞音丢失，只剩下浊的鼻音，边音和擦音，仍留在清声母出现的阴调的音节里呢？这也不是不可能的。如果有这种情况，则问题就很清楚了。我们可以说33，53，55，44等四个声调是和清声母有关系的。现在再讨论31，24两个声调。这两调音节的声母都是浊的鼻音，边音、擦音和不送气清闭塞音，没有送气清闭塞音、清擦音、清化鼻音、清化边音和喉塞音声母（有个别例外），这是什么道理呢？我们根据别的方言（如威宁石门坎苗语）可以证明31，24两个声调中的不送气清闭塞音本来是浊的，到珙县变成清的了。这由珙县苗语本身也可以得到证明，就是这两调的音节接在33，31两调音节的后面时，如果合于变调环境（多半是有修饰关系的两个词相连时），它们的清声母就变为送气浊声母，而33，53，55，44等调音节中的不送气清闭塞音声母在任何情况下也不可能变为送气浊闭塞音声母。所以在现代珙县的苗语中，不送气清闭塞音声母实际有两个来源，一个来源是清的，一个来源是浊的，31，24两调音节中的正是浊来源的。这两调的音节中没有送气清闭塞音、清擦音、清化鼻音、清化边音和喉塞音声母出现，也正表示声调和声母的性质是有关系的。

在壮语、布依语里声母和声调的关系也很明显，因为限于篇幅，就不在这里叙述了。

总之，在汉藏语系的语言中，声调和声母的关系很密切，这使我们做少数民族语言研究工作的又方便又困难。方便的是可以根据声母的性质去记声调，或根据声调去鉴别声母，不容易记错。困难的是由于声母和声调的演变，有的浊音丢了，有的声调合并了，在记音时又难于运用声调和声母的关系去帮助记音。如果机械地拿着“理论”去记音，耳目被“理论”所蒙蔽，记出来的材料可能一错就不可收拾。所以，尽管我们知道汉藏语系的语言里声调和声母有关系，在记音时还要随时留意，遇到不合于自己心目中的“规律”的现象时，尤其要细心地记，因为我们的“规律”可能有错误，可能在搜集到更多的材料的时候加以修改。但是发音合作人是不会说错话的，因为他是活语言的使用者，他从很小的时候就在使用那种语言的社会中生活，很自然地掌握了它。当他发音时，他没有必要把他日常所说的话变个样子说给我们听。我们记音时不要因为自己的“规律”遭到“破坏”，就怀疑发音合作人说错了。一定要忠实地把所听到的记下来，等材料多了，自然就知道发音合作人并没有说错，而是自己的“规律”所能适用的范围太小，或者根本还不成为规律。

五　韵母和声调的关系

韵母和声调的关系主要表现在长短的对应上：元音长，声调就长；元音短，声调就短。在汉语中，带p、t、k、ʔ等尾音的韵母，通常是比较短的，所以含有这种韵母的音节的声调也比较短。例如，江西临川话的声调中，阳去最长，在每秒钟转动110公厘的浪纹计的烟熏纸上所作浪纹的长度是42.5公厘，时值是386σ（千分之三百八十六秒）；阴入（韵母带塞尾音）最短，在同速度的浪纹计的烟熏纸上所作浪纹的长度是9公厘，时值是82σ（千分之八十二秒）[①]

声调如果是曲折的，常常会使元音加长。例如北京话上声字的元音显然比其他各调的元音长一些。

阴平55时值436σ　　阳平35时值455σ　　上声214时值483σ　　去声51时值425σ

在广州话中，阴入字因元音的长短也影响到声调的高低（同时也影响到声调的长短）：短元音，调值为55，长元音，调值为33。

① 参见罗常培《临川音系》，商务印书馆，1939，第19页。

六 记录声调的方法

汉藏语系各语言的声调数目通常都不很多，在记音时如果先把调类找出来，然后再记正式的材料，工作进行得就比较快，因为这样做，免得在每个字的声调上都费脑筋。

下面分三段叙述记录声调的方法。

（一）如果要记录的语言是过去没有记过的，找调类的方法是先记几十个词，记的时候要集中力量听调值，记完以后，看一共有几个不同的调值。在一般情况下，记几十个词，声调就不会遗漏了。把不同调值的字分别集中写在不同的卡片上，放在旁边，然后开始记录材料。如果所记字的声调很有特征（譬如那种语言只有一个高平，其他的都不是平调，那么可以说高平调的字声调很有特征），看看旁边列出来的声调例字表上的调值是多么高，就照样标上。如果所记字的声调不很清楚（譬如不能确定是次高还是中平），那就要和旁边放着的声调例字表上的字比较。请发音合作人把例字再读几遍同时再读所要记的字，看和哪一张卡片上的字同调值。这样一比较，就能确定所要记的字的调值了。这样记出来的声调就不会有很大的错误。

（二）如果有过去曾经记录过的别的方言的材料，那就更好办一些。先把已记过的方言材料检查一下，一共有几个调类（现代的），把每类字各选出十几个，请发音合作人读这些字，看调值是多么高，记录下来。如果在过去记录过的方言中某一调类的字，在这个方言中都读一个调值，这就说明两个方言的这个调类相同。如果在过去记录过的方言中某一调类的字，在这个方言中有两个调值，那就说明已记过的方言中的那一个调类是这个方言中两个调类合并起来的。这时，必须要记住在这个方言中哪两个调值的字相当已记过方言的哪一个调值的字。把已记过的方言的各个调类的字各问十几个以后，就看出在这个方言中共有多少种不同的调值，先暂定有那么多的调类。① 把两种方言调值对照表写出来放在旁边，开始记录材料。记到一个字时，先问自己（或查已记过的材料）这个字在已记过的方言中是什么调值，再看旁边的两种方言调值对照表，知道在这个方言中应当是什么调值，然后再细听发音合作人发音，看他读的调值和表上写的是不是相同。如果相同，就按对照表上的调值标上；如果不相同，就表示方才问声调例字时有遗漏，可能是这个方言有更多的调类并入已记过方言中的一个调类，还要把听来的调值和例字补在旁边放着的声调例字调值对照表上。这样进行记音非常方便，记录的材料也可靠。现在举一个实例说明这种记声调的方法（为了省事起见，下面只标声调，不记声，韵母）。譬如我们已经记录过

① 经过变调的整理，最后调类的数目可能多一两个。

北京话的材料，现在要去记贵阳话。第一步先把北京话的四个声调的例字选出来。[①] 高平调的选刚、知、专、屋、出、一等字，高升调的选穷、陈、床、国、竹、职等字，曲折调的选古、展、纸、百、笔、铁等字，全降调的选盖、帐、正、入、六、纳等字。我们先问贵阳人北京读高平调的六个字，我们发现这六个字中，前三个在贵阳也读高平，后三个在贵阳读作低降。于是我们初步得出结论：北京的高平调字是贵阳的两个调类的字合并的，这两个调类的调值一个是高平，一个是低降。再问北京读高升调的六个字，发现这六个字在贵阳无例外地都读作低降，说明这个调类在北京和贵阳不乱。再问北京读曲折调的六个字，发现这六个字中，前三个在贵阳读中降，后三个在贵阳又读低降，于是我们又得出结论：北京的曲折调字又是贵阳两个调类的字合并的，这两个调类的调值，一个是中降，一个是低降。再问北京读全降调的六个字，我们发现这六个字中，前三个在贵阳读作低升调，后三个在贵阳又读作低降调，于是我们又得出结论：北京的全降调字又是贵阳两个调类的字合并的，这两个调类的调值，一个是低升，一个是低降。我们再把二十四个字的对照调值看一下，得出一个总的结论：贵阳共有四个不同的调值，暂时可以认为有四个调类，一个调类的调值是高平的，一个调类的调值是低降的，一个调类的调值是中降的，一个调类的调值是低升的；和北京调类的对应关系是，贵阳的高平相当北京的高平，贵阳的低降相当北京的高升、高平、曲折和全降，贵阳的中降相当北京的曲折，贵阳的低升相当北京的全降。我们把北京和贵阳的声调例字调值对照表写出如下：

	北京	**贵阳**		**北京**	**贵阳**		**北京**	**贵阳**		**北京**	**贵阳**
刚	55	55	穷	35	31	古	214	42	盖	51	13
知	55	55	陈	35	31	展	214	42	帐	51	13
专	55	55	床	35	31	纸	214	42	正	51	13
屋	55	31	国	35	31	百	214	31	入	51	31
出	55	31	竹	35	31	笔	214	31	六	51	31
一	55	31	职	35	31	铁	214	31	纳	51	31

把这个表放在旁边就开始记音了。我们要记开、超、初、七、秃、缺、寒、时、详、得、福、局、走、比、短、尺、法、谷、唱、替、菜、麦、物、药等字。第一个先记“开”字，首先看北京的材料“开”读多么高，一查知道读高平，再看调值对照表，知道贵阳这个字的声调不是高平，就是低降，决不会读成中降或低升。请发音合作人发音，果然是高平，于是就记成高平；问到“七”字，查北京的材料，又是高平，请发音合作人发音，是降调，这时看声调例字调值对照表，知道虽有两个降调，但应当是低降，还不要过分自信，请发音合作人把“一”重读一遍，把“七”重读一遍，一比，果然调值相同，于是就记成低降调，而不能记成中降调。就照这个方法把二十四个字的声调就记成下列的样子：

① 在这里每个调类只选六个字，为的是节省篇幅，实地记音时，最好多问一些，以免遗漏调类。

开 55　超 55　初 55　七 31　秃 31　缺 31　寒 31　时 31　详 31　得 31　福 31　局 31

走 42　比 42　短 42　尺 31　法 31　谷 31　唱 13　替 13　菜 13　麦 31　物 31　药 31

最后我们归纳：在贵阳刚、知、专、开、超、初是一个调类的字，调值是高平；屋、出、一、穷、陈、床、国、竹、职、百、笔、铁、入、六、纳、七、秃、缺、寒、时、详、得、福、局、尺、法、谷、麦、物、药是一个调类的字，调值是低降；古、展、纸、走、比、短是一个调类的字，调值是中降；盖、帐、正、唱、替、菜是一个调类的字，调值是低升。只有在记到别的方言如广州话、福州话等以后，才知道贵阳的低降调字是别的方言三个调类（阳平、阴入、阳入）合并来的。我们通过这样地记录一种语言的许多种方言的材料，最后就可以推究出超方言的调类的数目。这个数目通常比任何方言的调的数目都多，至少也和调类最多的方言的调类数目相等。

（三）找出超方言的调类以后，再记录方言材料时，就更方便了。记录的方法是以一种方言材料为根据，选出二三百个包含那种方言全部声母、韵母、声调的例字。把例字中超方言的调类相同的标上代表那个调类的符号。普通都用阿拉伯数字作为调类的符号，譬如超方言的调类是八个，我们在选出的代表声、韵、调的例字的每一个上面都分别标上 1，2，3，4……数目字。最后看出这二三百个例字中标 1 的有多少个，标 2 的有多少个，标 3 的有多少个……。记音以前，先问这二三百个例字，自然会看出标 1 的例字的调值有多么高，标 2 的例字的调值有多么高……。因为超方言的调类是由各方言材料中求出来的，所以除非在极特殊的场合，同一个超方言的调类的字在一个方言中的调值是相同的。常见的是超方言的两个或两个以上的调类的字在一个方言中合并为一个调类（如贵阳的低降调是由阳平、阴入、阳入等三个超方言的调类合并来的），具有一个调值。找出超方言的调类在所要调查的方言中的调值以后，就可以开始记音了。我们的调查表格上每个词都附有作记音根据的方言的材料，那个材料上每个音节都标有超方言的调类的调值。记到哪一个音节时，一看声调例字调值对照表，就知道那个音节的调值应当多么高。在正规的场合下，发音合作人读出的调值和记音人心目中所想的调值是一样的。这就使记音工作的进行非常顺利。有时发音合作人读出来的调值和记音人心目中所想的不同，那就是例外的字，也就是调类在各方言中比较乱的字。这时应当忠实地按照所听到的调值记录。听到这样的不规则的材料，不但不应该懊丧，反而要特别珍视，因为有许多语言现象要利用这些不规则的语言材料作线索才能发现。①

只有用这种“心中有数”的记声调的方法，才能记录出可靠的语言材料；而唯有可靠的语言材料，才能作比较研究之用。

① 例如：威宁石门坎的 a^{33} tshaɯ^{33} “骨头” 和 a^{33} zʅ^{33} “姐姐” 中的 tshaɯ^{33}，zʅ^{33} 本应为 tshaɯ^{55}，zʅ^{55}，调类变了，由此我们能够知道词头 a^{33} 本来是 a^{55}。

七 记录声调时应当注意的事项

（一） 现在我们记声调用的都是五度标调法。五度标调法只是表示声调的相对高度而不表示声调的绝对高度。换句话说，我们平常说某调是35调，并不是说那个声调是由乐谱上的C调或D、E、F……调的mi升到so。要想知道声调的绝对高度，单凭耳朵是不行的，必须用仪器测量[①]。声调的绝对高度实用的意义不大，原因是声音的高低，男、女、老、少各不相同，实际测量出来的结果就不一样；但无论男、女、老、少，只要是说同一种语言的、若发某调的一个音节的音，他们发出的声音的相对高度是差不多的，也就是说女人和孩子的声音的最高点比男人的声音的最高点高，他们的声音的最低点也比男人的声音的最低点高，这样用五度标调法标出来的调值就不会有什么大的差别。如果在记音过程中，由于不得已的情况而换了发音人，声调的尺度必须重新调整，不能以甲的尺度记乙的声调，那样就失去五度标调法的意义了。

（二） 各地声调最高与最低的绝对音高不同，譬如甲地的高平调在一般男子发来是C调的so，在乙地的高平调在一般男子发来就可能低一些是C调的fa或mi。我们记音时只能把发音合作人声音最高点记作5，最低点记作1，不能以甲地的（通常是记音人自己本地的）尺度来衡量乙地的声调。

（三） 务必使发音合作人情绪安定，能做到发音时不疾不徐，同平时说话一样，声调才能记得准确。

（四） 在问声调例字时，最好不把同调类的字放在一起，以免后面字的声调受前面字的影响。如果第一个字的声调没有发得正确，则后面的字将受类推的影响而全都不正确了。在前面举的以北京话材料为根据去记贵阳话的例子，问那二十四个声调例字时，若把次序调整一下，不使北京话同一调类的字紧相挨着，问完以后再把北京话同一调类的字摆在一起，就看出那些字在贵阳话中的调值了。这样问出来的结果，就比把同调类的字集中在一起去问好得多。

（五） 记声调例字时，前几个和末几个字都不甚可靠，因为发音合作人发前几个字时，记音人还没有把声调的尺度定好，譬如听到一个高平调，记成55，但后来又发现一个更高的平调，则前面的55，实际应当是44。最末几个字不甚可靠的原因，是当一连气问了二三百个字，眼看着就要完了的时候，发音合作人心中想“可要告一段落了”，就在这么一想当中，声调的高低可能起了变化。在整理声调例字时，可以把最前面的和最后面的字重

① 测量声调绝对高度的方法可参阅刘复《乙二声调推断尺》，载历史语言研究所《集刊》第4本第1分第355～361页；白涤洲《关中声调实验录》，载同刊第450～453页。

问一遍或根本不要那几个字。

（六） 当一个字的调值听不清楚时，不能一再地让发音合作人重复发音，那样会使他不耐烦起来，影响工作进行。如果问了两三遍还没有听清，就先把那个字放起来，过一个时候再问，请别人帮着听一听，就可以记出来了。

（七） 记音时最好不单干，因为一个人记音，没有人可以商量，容易发生错误。最好是三四个人同时记一份材料，由一个人执笔，一个人向发音合作人提问题，另外的一个人或两个人在旁边看着执笔的人记音，如发现笔误，当时请他改正。如对某音（包括声调）的记法有不同的意见，可以提出来大家讨论，讨论出结果来，由执笔人写上。不应当老由一个人执笔，应当大家轮流着做，这样就会使每一个人都有练习记音的机会。三四个人工作一个时期，每个人记了几份材料以后，逐渐就对这种语言熟习起来，记音有了把握，这时可以考虑两个人为一组，进行记音。如果能力特别强，一个人也可以记，但在可能范围内，应当避免这种做法。

苗文中汉语借词的拼法问题*

1956年10月31日到11月7日在贵阳举行的苗族语言文字问题科学讨论会上，初步通过了由中国科学院少数民族语言研究所第二工作队拟定的苗语四个方言的四个文字方案。

在方案中没有谈到汉语借词的拼法问题。但是文字一出来，汉语借词必定要和苗族群众见面，汉语借词到底应当怎样拼写，是应该在方案中明确规定的。所以在讨论会闭幕以后，第二工作队曾就这个问题在队内讨论过许多次，但没有得出大家一致的看法。

有一部分同志说，汉语现在正在推广普通话，并且拟定了汉语拼音方案（草案），为了苗族人民将来学习汉语汉文的方便，最好在苗文中用北京音拼写汉语借词。这样，在四种方言文字中的汉语借词词形都一样，也便于互相学习，又能促进将来苗文的统一。

另外一部分同志说，苗语各方言的音位数目不同，和北京的音位都有相当大的差别，最重要的是声音的结合不同。比如说，北京话和苗语东部方言都有a和u音位，北京话a和u可以结合成复元音au，但是苗语东部方言却不能。现在叫苗族学习苗文，同时再读一些根本不习惯发出或不习惯结合的音，必然要造成很大的困难。如果说，各方言文字中汉语借词拼法的一致有助于苗文将来的统一，那么为什么现在不创立统一的苗文呢？只用一种苗文岂不是当时就统一了吗？所以要给苗族创立三种文字，改革一种文字，原因就是苗语方言差别太大，目前不能使用统一的苗文。若只创立一种苗文在全国苗族聚居区内使用，结果只有基础方言区的苗族容易学习，非基础方言区的苗族学习起来就非常困难。既然创立了三种文字，改革了一种文字，这就说明苗语本身的词并没有统一。苗语词的形状不统一，而光叫汉语借词的形状一致，到底有多大意义呢？为了使汉语借词在各方言文字中的拼法一致而给学习造成困难，是不是与给苗族创立三种文字，改革一种文字的意图矛盾呢？为了学习上的方便，应当让各方言区的苗族用自己固有的音位拼写当地汉语。话是常说的，音是自己语言里有的，这样就不会在学习汉语借词的时候加上一重负担。

这两种说法都有道理，但是同时也都不能使对方信服。

主张汉语借词用北京音拼写的人会说：文字是要一个词一个词学习的，虽然学习用北

---

* 本文发表于《中国语文》1957年5月号，第42~44页。

京音拼写的汉语借词有困难，但学会了以后，对于将来学习汉语汉文就有很大的方便。再说这种困难也不是大到不能克服的程度，总比学习汉字容易一些。也应当比英国的小孩子学习英文，法国的小孩子学习法文容易，因为在英文中一个音位往往用各种不同的字母表示，例如［iː］音位可以用 e（me），ee（meet），ea（meat），i（live），ie（thief）表示，同一个音位在哪一个具体的字里用什么字母表示需要死记。法文也有一个音位用各种不同字母表示的，同时词末辅音多半不发音，例如 temps，ps 不发音，m 表示 e 鼻化，并且变为后元音［ɑ̃］。同一个音位在哪一个具体的词里用什么字母表示，到底哪个词后面的字母不发音（有时竟然是整个音节不发音，如法语动词第三人称多数的屈折部分-ent）都需要死记。还有一种困难是同一个字母代表许多不同的音（如英文中的 a 可以代表［aː］［ʌ］［æ］［ei］［ɔ］等好几个音位，法文中的 e 可以代表［e］［ɛ］［ə］等几个音位，有时还不发音），它在某个具体词里读什么音更需要死记。汉语拼音方案虽然和苗文不同，但它本身是有条理的，没有以不同的字母表示同一个音位的情形（汉语拼音方案不分尖团，若分尖团，确有以不同字母表示同一音位的情形，如“西”和“希”同音，分尖团时，则“西”写作 si，“希”写作 hi，s 和 h 都表示［ɕ］音），更没有以同一字母代表许多不同的音位的情形（即便有，也是有条件的，如 g、k、h 后面接 i 或 y 时读作［tɕ］［tɕh］［ɕ］），为什么就记不住呢？

主张用苗语各方言的音位拼写汉语借词的人也会说：拼音文字当然比表意文字好学，但是拼音的办法越简单就越好学。用苗语各方言的音位拼写当地的汉语，只要学会一套苗文的拼写规则就行了。若用北京音拼写汉语借词，还得再记一套汉语拼音规则，同时有许多音是苗族所不会发出或不习惯结合的。若要勉强学，当然可以学会，不过给学习造成相当大的困难，而这种困难原是可以避免的。英文、法文是有几百年历史的文字，现在文字的词形是古代传下来的，由于语音不断变化，当然会发生用不同字母表达同一音位或用同一字母表达不同的音位的情形。苗文是新创的，在刚创立时不应当制造读音上的混乱。为什么我们不创立容易学容易记忆的文字呢？正因为法文、德文、西班牙文都有带附加符号的缺点，我们才在创立苗文时没有采用附加符号。

是的，两方面从表面上谈这个问题，是难以把对方说服的。

我个人对这个问题的看法倾向于第二种说法，也就是赞成用四种方言的音拼写各个方言当地的汉语借词。

第一，我们应当首先确定什么是汉语借词，什么不是汉语借词。在苗语各方言中很明显有古代汉语借词，例如北部方言中的 ȵu^{53} sɯ^{55}（事情）中的 sɯ^{55}音节就是汉语“事”字的借音，把 ly^{53}ʑ^{ɦ}aɯ^{35}（杨柳）就是汉语“柳杨”二字的借音。这样的借音怎样处理？我想主张用北京音拼写汉语借词的人也不会主张把 sɯ^{55}改作 ʂʅ^{51}，ly^{53} ʑ^{ɦ}aɯ^{35}改作 liu^{214} jaŋ^{35}，因为这些词已经深入民间，几乎变成苗语自己的词了。这些词不能按北京话拼，那么什么样的借词才用北京话拼呢？当然可以说凡是新名词（术语）就用北京话拼。不过新旧没有一个尺度，是以借入的时间作标准呢，还是以意义的新旧作标准？例如“合作社”总应当算是新名词吧，但若干年以后，就可能和 ȵu^{53} sɯ^{55}，ly^{53} ʑ^{ɦ}aɯ^{35}一样地深入民间，而“合作社”和“事”、“柳杨”的拼写方式是两套，一套是北京音，一套是苗音，这恐怕不很恰当吧。苗语西部方言大量借用汉语的虚词，如：很［xeŋ^{53}］，最［tsue^{13}］，虽然［sue^{33}ʐaŋ^{31}］，但是［tɑŋ^{13}sɿ^{13}］。也借了一些双音词，如：世界［sɿ^{13} kai^{13}］，生产［seŋ^{44} tshɑŋ^{53}］，阶级［kɑi^{44}tɕi^{31}］等等。这些词都成了日常用语，如果按北京音拼写，就要把这些词按 xən^{214}，tsui^{51}，sui^{55} ʐan^{35}，tan^{51} ʂʅ^{51}，ʂʅ^{51} tɕie^{51}，ʂəŋ^{55}tʂʻan^{214}的标音写成拼音文字。试想一个人在口语中把“世界”叫 sɿ^{13} kai^{13}，而在文字上看到的是代表 ʂʅ^{51} tɕie^{51}的音，需要怎样在脑子里转弯，才知道两者是一回事呢？

我觉得像苗语这样已经含有一部分几乎变作基本词汇的汉语借词的语言，在谈到汉语借词的拼法时，就不能从新借、旧借，新名词、旧名词上来区分而允许有两套拼写法存在。如果不能把旧有的借词全写成北京音，那就不能要求把另一些所谓新名词写成北京音。因为新旧是相对的，今天新，明天就不新了。我们不可能今天把一个借词拼成一个样子，明天又改为另一个样子。要是不改，岂不是同样的旧借词（在明天来看）却用着两套拼写办法么？

有人举苏联的例子，说苏联境内有些少数民族借俄语的词时，即使俄语的音位在自己的语言中没有，也把俄文的词原封不动地借用。但是在苏联关于俄语借词的拼法问题在语言学界意见并没有完全一致。我国的少数民族和苏联的少数民族情况不同，尤其是西南和中南的少数民族包括苗族在内，千百年来和汉族杂居在一起，汉语对他们的语言从很早就有了影响。如果仔细研究，古借词也可以找出时代的先后来。在这个问题上我们不能把解放前和解放后截然划分为两个时代，把解放前借的词叫旧借词，解放后借的词叫新借词。旧借词用苗语的音位拼写，新借词用北京音拼写。这样做是机械的，是不合实际情况的。

我认为像西南、中南一带的少数民族语言在音位系统上和北京话差得很多，同时又有一大批古汉语或近代汉语借词已进入日常应用的基本词汇中，而这些借词是用本民族的语音模仿汉语地方话读的。在给他们创立文字时，关于汉语借词的处理就不能强调非用北京音拼写不可。如果不能把已经活在人民口语中的汉语借词改为北京音，那也就没有必要把另外一些在人民口语中还没有生根（而明日可能生根）的汉语借词用北京音去拼写，因为这样做会给少数民族制造学习文字的困难。

第二，我们从苗文方案和汉语拼音方案的正字法来看，也说明汉语借词不能用北京音拼。苗文方案规定每个音节都有标声调的字母，这是用辅音字母兼代的，居于每个音节的最后。苗语的声调比较多，东部方言最少，还有六个声调（用 b、v、d、g、q、x 表示），例如 hneb（太阳）的最后一个字母 b 不发音，只表示声调是高升调（35），中部方言有八个声调（用 b、v、d、g、q、x、l、f 表示），西部方言有九个声调（用 b、v、d、g、q、x、l、f、w 表示），北部方言有十个声调（用 b、v、d、g、q、x、h、l、f、w 表示）。有这么多的声调，如果不在字面上表示（即标调），文字就很难学习。汉语拼音方案没有表示声调的字母，只是必要时在元音上加上 - ˊ ˇ ˋ 等声调符号表示。如果苗文中的汉语借词用汉语拼音方案拼写北京音，那么苗文就显然有两套正字法，一套是苗语的，一套是汉语的。在苗文的正字法中每个音节最后一个字母表示声调，而在汉语的正字法中每个音节最后一个字母是韵母或是韵母的一部分。这样在教学的时候必须说明哪个词是苗语的，哪个词是汉语借词。不但学起来麻烦，另外还给学习的人一种不愉快的感觉。在读书的时候随时注意哪个词是苗语的，要用苗语的正音法去读，哪个词是汉语借词，要用汉语的正音法去读，这就实在不胜其烦了。

有人说尽管汉语拼音方案不用声调字母标调，在借入到苗语时，加上声调符号，岂不是又和苗语的正字法不冲突，同时四种方言文字中的汉语借词又都词形一样，岂不是很好吗？这要看用什么字母表示汉语借词的声调。如果用各方言自己的声调字母，则在词形上还是不一致，因为苗语各方言的声调字母不是标调值的，而是按调类定的。比如说东部方言一个 b 调的字如果在中部、西部、北部各方言中也有和它同源的字，则在那三个方言文字中也标 b 调。例如东部方言的 deb（儿子）在中部、西部、北部方言中都有其同源的字，在那三个方言的文字中分别写作 daeb，dob，dub。同是一个 b 调在调值上各方言不尽相同，它在东部方言中的调值是 35，在中部方言中是 33，在西部方言中是 43，在北部方言中是 55。北京话阴平、阳平、上声和去声的调值分别是 55，35，214，51。现在单说阴平吧，东部方言中没有 55 调，表示 55 只能用 44，而 44 调的代表字母是 d，中部方言中有 55 调，但 55 调的代表字母是 v。如果声韵用北京音，声调用苗语各方言相同或相近的调值标示，则同一个“中”字在东部方言中要写作 zhungd，在中部方言中要写作 zhungv。所以说词形并不一致。而且这样做与汉语的拼法也不一样。汉语的拼法没有声调字母，即使学会了这样的汉语借词，将来读拼音汉文也不一定读得惯。如果不问调值，简单地规定阴平标 b，阳平调 v，上声标 d，去声标 g，那么由于这些声调的调值在各个方言不同，各地苗族按着他们自己的调值读汉语借词，管保谁也听不懂。要想解决这个问题只有单找出四个字母表示北京的声调。例如用 p 表阴平（55），t 表阳平（35），k 表上声（214），s 表去声（51），那就是要四个方言区的苗族除去记自己语言的六个至十个声调字母以外再多记四个声调字母，而这四个声调字母有时又和自己语言的声调字母具有相同的调值。例如东部方言 b 调的调值是 35，而又要记住七调的调值也是 35，其区别就在于 b 调的词是苗语的，七调的词是汉语借词，这种负担也是一般儿童以至成年人所难于忍受的。

总之，汉语借词如果按北京音拼写，不标声调有困难，标声调更有困难。

假使汉语借词用苗语四个方言的音位系统拼写四个方言标准音所在地的汉语，非标准音地区的人学起来当然也是有困难的，不过克服这种困难是有代价的，因为通过汉语借词的学习更进一步地巩固了标准音的学习。在标准音地区的人学习起来就毫无困难。例如“中”在苗语中部方言区标准音点（凯里）的汉话中读作 $tsuŋ^{33}$，那就依苗语的音位系统用苗语中部方言文字方案把它写作 zuŋb，苗族人一读就读出来，也不必知道它是不是汉语借词，因为汉语借词和苗语是一套拼写规则。若把它依北京音用汉语拼音方案写作 zhong，就必须交代说明苗语本来没有卷舌音［ʈʂ］，但在北京话里有这个音位，在文字上用 zh 表示，如果自己不会发这个音，那就只好把 zh 也读作［ts］，也就是说 z 和 zh 都读作［ts］。另外还要说明 ng 是汉语借词的辅音韵尾，相当于苗语的辅音韵尾 ŋ，所以 g 不是声调字母，但在苗文中 g 又是声调字母。试想，这在教学的时候是不是有很大的困难呢？

根据上面的两项理由，我主张苗语各方言文字中的汉语借词应当用各方言自己的音位拼写当地的汉语，才能在学习上不造成困难，否则就会使学习的人对苗文感到恐惧，直接影响苗文的推行工作。

同时我顺便得出一点体会，就是凡受汉语影响深、借汉语词多的少数民族语言，在处理汉语借词时都不能直接借北京话，否则就把自己的音位系统打乱。汉语借词本身如保持系统的完整性，就等于以人为的方法改变少数民族语言。如果旧借词用少数民族自己的音位系统拼，新借词（假定新旧借词还可以划分界限的话）用北京音拼，则汉语借词本身的系统就不能保持完整。不过这只是在目前的情况下应当这样处理。至于将来普通话大力推广，各地都会读北京音的时候，北京的音位也可能传到少数民族的语言里去，那时问题的解决又将是另一个办法了。

贵州威宁苗语量词*

一　数词和指示词

威宁苗语（以下简称苗语）量词常与数词或指示词共同修饰名词，要知道量词的用法，应当先知道数词和指示词。

（一）数词　苗语主要的数词如下：

ntaɯ^{33}，ts‘ae^{33}，daɯ^{31}　半　　i^{55}　一　　a^{55}　二

tsɿ^{55}　三　　tl̥au^{55}　四　　pɯ^{55}　五

tl̥au^{33}　六　　ɕaɯ^{33}　七　　ʑ‘i^{31}　八

dʑ‘a^{35}　九　　g‘au^{31}　十　　ȵi^{31}ng‘au^{31}　二十

tsɿ^{55}dʑ‘au$^{31\to13}$　三十　　tl̥au^{55} dʑ‘au$^{31\to13}$　四十　　pɯ^{55} dʑ‘au$^{31\to13}$　五十

tl̥au^{33} dʑ‘au^{31}　六十　　ɕaɯ^{33} dʑ‘au^{31}　七十　　ʑ‘i^{31} dʑ‘au^{31}　八十

dʑ‘a^{35} dʑ‘au$^{31\to13}$　九十　　pa^{33}　百　　ts‘ie^{55}　千

vau^{53}　万　　pi^{55} dʐau^{53}　若干　　tɕau^{55}　多

几点说明：

（1）复合数词构成方式和汉语相同。例如：

76　　读作 ɕaɯ^{33} dʑ‘au^{31} tl̥au^{33}
　　　　　七　十　六

105　　读作 i^{55} pa$^{33\to11}$ l‘œy^{31} pɯ^{55}
　　　　　一　百　零　五

2538　　读作 a^{55} ts‘ie^{55} pɯ^{55} pa$^{33\to11}$ tsɿ^{55} dʑ‘au$^{31\to13}$ ʑ‘i^{31}
　　　　　二　千　五　百　三　十　八

49637　读作 tl̥au^{55} vau$^{54\to13}$‘ dʑ‘a^{35} ts‘ie^{55} tl̥au^{33} pa^{33} tsɿ^{55} dʑ‘au$^{31\to13}$ ɕaɯ^{33}
　　　　　四　万　九　千　六　百　三　十　七

---

* 本文发表于《语言研究》1957 年第 2 期，第 75～121 页。

365784 读作 tsɿ^{55} dʐʻau$^{31\to13}$ tl̥au^{33} vau$^{53\to31ʻ}$ pɯ^{55} tsʻie^{55} ɕaɯ^{33} pa^{33} ʐʻi^{31} dʐʻau^{31} tl̥au^{55}
三 十 六 万 五 千 七 百 八 十 四

（2）pa^{33}（百）和 vau^{53}（万）都不单独加于量词之前，只有在它们的前面再加上别的数词，才能加于量词之前。它们因受前面数词的影响而变调，它们变调后，就以改变后的调值（pa^{33}变为 pa^{11}，vau^{53}变为 vʻau^{13}或 vʻau^{31}）去影响量词变调。它们前接数词时的变调情形见表一。

表 1　数词 pa^{33}（百）和 vau^{53}（万）前接数词时的变调表

接数词后的调值 / 前接数词最后一音节或二音节的调值 / 本来的读法		55	33	31	35	13	11	53	33 31
百	pa^{33}	11	33	33	11			11	
万	vau^{53}	13ʻ	31ʻ	13ʻ	13ʻ	31ʻ	31ʻ	13ʻ	31ʻ

pa^{33}（百）和 vau^{53}（万）前接数词时的变调举例：

i^{55} pa$^{33\to11}$ 一百　　a^{55} pa$^{33\to11}$ 二百　　tl̥au^{33} pa^{33} 六百　　ʐʻi^{31} pa^{33} 八百
dʐʻa^{35} pa$^{33\to11}$ 九百　　pi^{55} dʐau^{53} pa$^{33\to11}$ 几百　　i^{55} vau$^{54\to13ʻ}$ 一万　　a^{55} vau$^{53\to13ʻ}$ 二万
tl̥au^{33} vau$^{53\to31ʻ}$ 六万　　ʐʻi^{31} vau$^{53\to13ʻ}$ 八万　　dʐʻa^{35} vau$^{53\to13ʻ}$ 九万
tsɿ^{55}dʐʻau$^{31\to13}$ vau$^{53\to31ʻ}$ 三十万　　i^{55} pa$^{33\to11}$ vau$^{53\to31ʻ}$ 一百万
pi^{55} dʐau^{53} vau$^{53\to13ʻ}$ 几万　　tl̥au$^{33\to11}$ dʐʻau^{31} vau$^{53\to31ʻ}$ 六十万

（3）单音节高平调的数词本身能单独接量词的有 i^{55}，a^{55}，tsɿ^{55}，tl̥au^{55}，pɯ^{55}等五个；不能单独接量词的有 tsʻie^{55}，tɕau^{55}等两个。这两个数词必须前接其他数词，然后才能加于量词前面。例如：i^{55} tsʻie^{55} lu^{55}—— 一千个，pɯ^{55} dʐʻau$^{31\to13}$ tɕau^{55} lu^{55}—— 五十多个。

（4）如果 vau^{53}（万）的前面所接的数词是两个音节以上的，并且最后两个音节的声调为 33 或 31，则影响 vau^{53}变调的不是那个数词最后一音节的声调，而是最后两个音节的声调，所以在表一的第一行最后一格中有两个调号（33，31）。例如：“六十万”须读作 tl̥au^{33} dʐʻau^{21} vau$^{53\to31ʻ}$，“三百七十万”须读作 tsɿ^{55} pa$^{33\to11}$ ɕaɯ^{33} dʐʻau^{31} vau$^{53\to31ʻ}$，但“三百八十万”则读作 tsɿ^{55}pa$^{33\to11}$ ʐʻi^{31} dʐʻau^{31} vau$^{33\to13ʻ}$。

（5）苗语量词不全能接作“半”字讲的数词，作“半”字讲的数词主要的是 ntaɯ^{33}。大体上说，如果量词是容器名或由容器名变来的，都可以接 ntaɯ^{33}，其余可以接 ntaɯ^{33}的很少。除 ntaɯ^{33}作“半”字讲以外，另外还有两个作“半”字讲的数词 tsʻae^{33}和 daɯ^{31}，这两个字可以加在不能接 ntaɯ^{33}的量词上。在附录一（见第 339 页）主要的量词的解释后面括弧中都附注上应当加哪个作“半”字讲的数词。不加附注的，就表示那个量词不能接任何作“半”字讲的数词。苗语 ntaɯ^{33}和 tsʻae^{33}后接量词时，通常在前面还接数词 1。接数词 1 以后，ntaɯ^{33}要变调读作 ntaɯ^{11}；ts‘ae^{33}要变调读作 ts‘ae^{11}。

（二）指示词　苗语主要的指示词如下：

ȵi^{55}　　这（近指）

v‘ae^{35}　　那（远指）

i^{55}　　那（不在场的，所指事物在视线以外或不在场）

b‘i^{35}　　那（坡上的，所指事物和说话人在同一山坡上，位置比说话人所在地较高）

nɖ‘u^{35}　　那（坡下的，所指事物和说话人在同一山坡上，位置比说话人所在地较低）

ts‘ae^{35}　　那（侧面的，所指事物和说话人在同一山坡上，和说话人所在地一般高，但在视线以外）

ts‘au^{35}　　那（比 ts‘ae^{35}更远）

d‘i^{35}　　那（对面的）

b‘i^{31}d‘i^{35}　　那（同 d‘i^{35}）

nɖ‘ae^{35}　　那（里面的）

dy^{31}　　哪（疑问指示词）

二　量词的种类和变化

（一）量词和种类

苗语的量词可以按声母的清浊和声调的高低分为七组。

Ⅰ　清高平甲组　清声母高平调

Ⅱ　高升组　浊声母高升调

Ⅲ　清高平乙组　清声母高平调

Ⅳ　清中平组　清声母中平调

Ⅴ　浊中平组　浊声母中平调

Ⅵ　高降组　浊声母高降调

Ⅶ　浊高平组　浊声母高平调

有一个量词 tu^{33}（指长形硬性中实的无生物、抽象事物和一切动物）就声母声调论，属于第四组，不过变化特殊，在讨论时有时单提出来。

以上这七组量词可以叫做一般量词。

另外有两个量词，一个 ti^{55}，一个 tsɿ^{55}。ti^{55}的变化和一般量词不同，并且只能指复数的事物，为了叙述的方便，我们把它叫做复量词。tsɿ^{55}的变化比较简单，它有两种用法，一种用法和一般量词的一部分用法相同；一种用法是加在其他量词的后面，只对于量词起一种辅助作用。前一种用法很窄，只能指男性的人；后一种用法很广，是它的主要用法。

为了叙述的方便，我们把它叫做助量词。

（二）量词的变化

1. 连续变调　一般量词接在数词的后面或接在复量词后面，时常发生变调的现象，而这些现象又常不是苗语的一般变调规律所能包括的，所以我们认为这种变调现象是量词特有的变化。

A. 一般量词和数词连用时的变调情形见表2。

表2　一般量词和数词连用时的变调表

量词前接数词最后一音节或二音节的调值 / 量词接在数词后面的调值 / 量词			55	33	31	35	13	11	53	33 31	X 55
清	Ⅰ	55	55	55	55	55	55	55	55	55	55
	Ⅲ	55	33	55	55	33	55	55	33	55	33
	Ⅳ	33	11	33	33	11	33	33	11	33	11
浊	Ⅱ	35	55	35	35	55	35	35	55	35	55
	Ⅴ	33	31	33	13‘	13‘	31	31	31	31	13
	Ⅵ	53	13‘	31‘	13‘	13‘	31‘	31‘	13‘	31‘	13‘
	Ⅶ	55	55	35	35	55	35	35	55	35	55

几点说明：

（1）二音节以上的数词如果最后二音节的调值为33/31，则量词的变调依表中33/31栏所列的为准，不以31栏所列的为准。例如“六十条河”在苗语中读作 tl̥au^{33} dʑ‘au^{31} baɯ$^{33\to31}$ dl‘i^{35}，不读作 tl̥au^{33} dʑ‘au^{31} baɯ$^{33\to13‘}$ dl‘i^{35}。

（2）不能单独加于量词之前的高平调数词（ts‘ie^{55}，tɕau^{55}）影响量词变调的不是这种单音节数词本身的声调，而是它和它前面的一个音节的声调共同影响量词变调。换句话说，不能因为这种数词居于复合数词的末尾，就以表中55栏所列的作为量词变调的标准，必须以X/55栏所列的为量词变调的标准，X可以表示任何调值。例如“一千条河”在苗语中读作 i^{55}ts‘ie^{55} baɯ$^{33\to13‘}$ dli^{35}，而不读作 i^{55} ts‘ie^{55} baɯ$^{33\to31}$ dl‘i^{35}；“三十多条河”在苗语中读作 tsɿ^{55}dʑ‘au$^{31\to13‘}$ tɕau^{55} baɯ$^{33\to13‘}$ dl‘i^{35}，而不读作 tsɿ^{55}dʑ‘au$^{31\to13}$ tɕau^{55} baɯ$^{33\to31}$ dl‘i^{35}。能单独加于量词之前的高平调单音节数词（i^{55}，a^{55}，tsɿ^{55}，tl̥au^{55}，pɯ^{55}）若居于复合数词的末尾，影响量词变调的仍限于这种单音节数词本身的声调。例如：“三十一条河”在苗语中读作 tsɿ^{55} dʑ‘au$^{31\to13}$ i^{55} baɯ$^{33\to31}$ dl‘i^{35}；“六十五条河”在苗语中读作 tl̥au^{33}dʑ‘au^{31} pɯ^{55} baɯ$^{33\to31}$ dl‘i^{35}。

（3）根据其他方言知道调值为55的清声母的量词本不是同一类声调的字。在威宁苗语中也实际上分成两类，第一类接任何调的数词，都不变调；第二类因所接数词的声调不同而变调，所以在表上分别处理。我们见到一个清声母高平调的量词，若不接在数词后面，不能断定它究竟属于哪一类。也就是说，不知道它是属于清高平甲组，还是属于清高平乙组。

B. 量词 tu^{33}和数词连用时，声调和声母都有改变。变读的情形见表 3。

表 3　量词 tu^{33}和数词连用时的变读表

接前数词最后一音节或二音节的调值	55	33	31	35	13	11	53	X* 55
tu^{33}的变读	du^{31}	du^{33}	d‘u^{13}	d‘u^{13}	d‘u^{13}	d‘u^{13}	d‘u^{13}	d‘u^{13}

* X/55的意义见表 2 的说明（2）。

量词 tu^{33}前接数词时的变读举例：

一　　tu^{33}（一只，一根，一个）读作 i^{55}du^{31}

六　　tu^{33}（六只，六根，六个）读作 tl̥au^{33} du^{33}

每　　ts‘a^{33} tu^{33}（每只，每根，每个）读作 ts‘a^{33} du^{33}

八　　tu^{33}（八只，八根，八个）读作 ʐ‘i^{31} d‘u^{13}

九　　tu^{33}（九只，九根，九个）读作 dʐ‘a^{35} d‘u^{13}

三十　tu^{33}（三十只，三十根，三十个）读作 tsʅ^{55} dʐ‘au$^{31\rightarrow13}$ d‘u^{13}

六十　tu^{33}（六十只，六十根，六十个）读作 tl̥au^{33} dʐ‘au^{31} d‘u^{13}

一百　tu^{33}（一百只，一百根，一百个）读作 i^{55} pa$^{33\rightarrow11}$ d‘u^{13}

几　　pi^{55} dʐau^{53} tu^{33}（几只，几根，几个）读作 pi^{55} dʐau^{53} d‘u^{13}

一千　tu^{33}（一千只，一千根，一千个）读作 i^{55} ts‘ie^{55} d‘u^{13}

二万　tɕau^{55} tu^{33}（两万多只，两万多根，两万多个）读作 a^{55} vau$^{53\rightarrow13}$‘ tɕau^{55} d‘u^{13}

C. 一般量词接于复量词后，有时也有变调现象，变调情形见表 4。

表 4　一般量词接在复量词后时的变调表

量词本来的调值	清			浊			
	Ⅰ	Ⅲ	Ⅳ	Ⅱ	Ⅴ	Ⅵ	Ⅶ
	55	55	33	35	33	53	55
接在复量词后的调值	55	55	11	35	31‘	31‘	55

D. 量词 tu^{33}接于复量词后时变读为 d‘u^{13}。

2. 形态变化　苗语的量词有形态变化，分述于下。

A. 一般量词除本形外有四个变形。见表 5。

表 5　一般量词变化公式表

本　形	变　形		
CVT	本调变形	AE 变形	CAET
		A 变形	CAT
	高调变升形	AE 变形	CAE^{35}
		A 变形	CA^{35}

几点说明:

（1）C 代表任何声母，V 代表任何韵母，T 代表任何声调。

（2）当 V 为 i 或 ie 时，AE = iae，A = ia

当 V 为 y 时，AE = yae，A = ya

当 V 为其他韵母时，AE = ae，A = a

（3）35 代表高升调

一般量词变化公式应用举例。

（1）设 C = f，V = aɯ，T = 55

则 CVT = $faɯ^{55}$（棵——指植物）

代入表 5 则得表 6。

表 6　量词 $faɯ^{55}$的变化表

本　形	变　形		
$faɯ^{55}$	本调变形	AE 变形	fae^{55}
		A 变形	fa^{55}
	高调变升形	AE 变形	fae^{35}
		A 变形	fa^{35}

（2）设 C = k，V = i，T = 33

则 CVT = ki^{33}（斤——质量单位）

代入表 5 则得表 7。

表 7　量词 ki^{33}的变化表

本　形	变　形		
ki^{33}	本调变形	AE 变形	$kiae^{33}$
		A 变形	kia^{33}
	高调变升形	AE 变形	$kiae^{35}$
		A 变形	kia^{35}

（3）设 C = s，V = ie，T = 33

则 CVT = sie^{33}（串——指编起来的东西如玉蜀黍，大蒜等）

代入表 5 则得表 8。

表 8　量词 sie^{33} 的变化表

本　形	变　形		
sie^{33}	本调变形	AE 变形	siae^{33}
		A 变形	sia^{33}
	高调变升形	AE 变形	siae^{35}
		A 变形	sia^{35}

（4）设 C = ndʑʻ，V = y，T = 35

则 CVT = ndçʻy^{35}（堆——指搭成棚状的柴）

代入表 5 则得表 9。注意高升调的量词的本调变形和高升调变形相同。

表 9　量词 ndʑʻy^{35} 的变化表

本　形	变　形		
ndʑʻy^{35}	本调变形	AE 变形	ndʑʻyae^{35}
		A 变形	ndʑʻya^{35}
	高调变升形	AE 变形	ndʑʻyae^{35}
		A 变形	ndʑʻya^{35}

（5）设 C = ntɕ，V = a，T = 33

则 CVT = ntɕa^{33}（里——长度的单位）

代入表 5 则得表 10。注意韵母为 a 的量词的本调 A 变形和量词本形相同。

表 10　量词 ntɕa^{33} 的变化表

本　形	变　形		
ntɕa^{33}	本调变形	AE 变形	ntɕae^{33}
		A 变形	ntɕa^{33}
	高调变升形	AE 变形	ntɕae^{35}
		A 变形	ntɕa^{35}

（6）C = tʻ，V = ae，T = 33

则 CVT = tʻae^{33}（级——指楼梯）

代入表5则得表11。注意韵母为ae的量词的本调AE变形和量词本形相同。

表11 量词tʻae^{33}的变化表

本形	变形		
tʻae^{33}	本调变形	AE变形	tʻae^{33}
		A变形	tʻa^{33}
	高调变升形	AE变形	tʻae^{35}
		A变形	tʻa^{35}

B. 量词tu^{33}的变化有些特殊。见表12。

表12 量词tu^{33}的变化表

本形	变形		
tu^{33}	本调变形	AE变形	tae^{33}
		A变形	ta^{33}
	高调变升形	AE变形	dae^{35}
		A变形	da^{35}

C. 复量词ti^{55}的变化，见表13。①

表13 复量词ti^{55}的变化表

清变化			浊变化		
本形		ti^{55}	低降调变形		di^{31}
本调变形	AE变形	tae^{55}	高调变升形	AE变形	dae^{35}
	A变形	ta^{55}		A变形	da^{35}

D. 助量词tsʅ^{55}的变化，见表14。

表14 助量词tsʅ^{55}的变化表

本形	tsʅ^{55}
AE变形	tsae^{55}
A变形	tsa^{55}

① 在一些地区（如威宁天生桥）复量词清变化本调AE变形、A变形读作tiae^{55}（或tie^{55}），tia^{55}；复量词浊变化高升调AE变形、A变形分别读作diae^{35}，dia^{35}。

各变化表的总说明：

（1）各表中本调变形表示量词变化后的声调仍为本来的声调。高升调变形表示量词变化后的声调为高升调。低降调变形表示量词变化后的声调为低降调。AE 变形表示量词变化后的韵母为 ae（或 iae，yae）。A 变形表示量词变化后的韵母为 a（或 ia，ya）。

（2）表 13 中的清变化表示声母是清音，浊变化表示声母是浊音。

（3）一般量词的本形和高升调变形可以在前面接数词，也可以不接；本调变形绝对不能在前面接数词。

（4）复量词清变化不能在前面接数词，但后面可以接指示词；浊变化能在前面接数词 i^{55}，也可以不接，但后面绝对不能接指示词。

（5）各表中的本形或复量词浊变化中的低降调变形修饰的名词所代表的事物是壮美的①，它本身作代名词用时所代表的事物也是壮美的。但本形若居于句尾时，就不一定表示壮美，须看上下文决定。

（6）各表中 AE 变形修饰的名词所代表的事物是普通的，它本身作代名词用时所代表的事物也是普通的。

（7）各表中 A 变形修饰的名词所代表的事物是小巧，少量或可爱的，它本身作代名词用时所代表的事物也是小巧，少量或可爱的。

（8）量词的下列各种形式修饰的名词所代表的事物是确定的，是听话人已经知道的。同样，这些形式本身作代名词用时所代表的事物也是确定的，是听话人已经知道的。

A. 一般量词本形（前面不接数词的用法）。

B. 一般量词本调变形。

C. 一般量词高升调变形，但前面必须接“二”以上的数词，后面必须有指示词。

D. 复量词的清变化（包括复量词本形及本调变形）。

E. 含有助量词在内的量词短语。

（9）量词的下列各种形式修饰的名词所代表的事物是不定的，是听话人以往所不知道的。同样，这些形式本身作代名词用时所代表的事物也是不定的，是听话人以往所不知道的：

A. 一般量词本形（前面接数词的用法）。

B. 一般量词的高升调变形（除上条 C 项所说的情形以外）。

C. 复量词的浊变化（包括低降调变形及高升调变形）。

① “壮美的”的意思就是好的、壮健的、美好的，或虽不好而说话人认为是好的。

三 量词的用法

（一）一般量词（在本章中简称量词）的用法

1. 量词本形的用法

A. 量词本形居于名词之前修饰名词

（a）量词本形不借助于数词和指示词，自己修饰名词，名词还可以有别的修饰语。这种用法表示名词所代表的事物是单数的，即使是集体量词如 mb‘o^{35}（群），qae^{33}（队），ngœy^{53}（双）等，也只表示是一群，一队，一双。量词如果是区分事物类别的，这种用法颇像印欧语中的定冠词，在汉语中不能译出。量词如果是度量衡单位或是集体量词，在汉语中可以译出，但须加上指示词，才合汉语习惯。例如：

lu^{55} li^{33} fau^{33} 头　　lu^{55} li^{33} p‘y^{55} ku^{11} l̥o^{55} 大瓶子　　tu^{33} ȵ‘u^{35} 牛
个　头　　个　瓶　的　大　　只　牛

tu^{33} ȵu^{35} dz‘ae^{35}（变读作 dzae^{55}）花牛　　tu^{33} sie^{55} nd‘y^{31} 思想
只　牛　花　　个　思想

mb‘o^{35} nɯ$^{33→53}$ 这群（或那群）马　　ki^{33} nɢ‘ae^{35} 这斤（或那斤）肉
群　马　　斤　肉

（b）量词本形与数词或指示词修饰名词；或与数词及指示词共同修饰名词。名词还可以有别的修饰语。但当名词后面有指示词时，量词本形前面的数词不能是 i^{55}。例如：

i^{55} faɯ^{55} ntau^{33} 一棵树
一　棵　树

i^{55} faɯ^{55} ntau^{33} ku^{11} l̥o^{55} 一棵大树
一　棵　树　的　大

i^{55} tu^{33}（变读作 du^{31}）dʑ‘ae^{35} ȵau$^{53→13‘}$ 一个钟头
一　个　时间

tə^{55} b‘aɯ^{35} ȵi^{55} 这朵花
朵　花　这

tə^{55} b‘aɯ^{35} ku^{11} lie^{55} ȵi^{55} 这朵红花
朵　花　的　红　这

a^{55} dz‘o^{35}（变读作 dzo^{55}）ki^{55} b‘i^{35} （坡上的）那两条路
二　条　路　（坡上的）那

a^{55} dz‘o^{35}（变读作 dzo^{55}）ki^{55} ku^{11} pi^{55} la^{31} nd‘o^{35} b‘i^{35}
二　条　路　的　我们　曾　走　（坡上的）那

（坡上的）那两条我们曾经走过的路

B. 量词本形与数词组成数量结构，在这种结构中量词本形作代名词用。例如：

ku^{55} ʑy^{31} n‘a^{31} maɯ^{33} v‘ae^{31} ȵi^{55} m‘a^{35} pi^{55} dʐau^{53} tu^{33}（变读作 d‘u^{13}） ȵ‘u^{35}， i^{55} tu^{33}
我 数 看 望 地方 这 有 若干 只 牛 一 只

（变读作 du^{31}），a^{55} tu^{33}（变读作 du^{31}），tsɿ^{55} tu^{33}（变读作 du^{31}），tl̥au^{55} tu^{33}（变读作 du^{31}），
二 只 三 只 四 只

pɯ^{55} tu^{33}（变读作 du^{31}），tl̥au^{33} tu^{33}（变读作 du^{33}），ɕaɯ^{33} tu^{33}（变读作 du^{33}），ʑ‘i^{31} tu^{33}
五 只 六 只 七 只 八 只

（变读作 d‘u^{13}），dʑ‘a^{53} tu^{33}（变读作 d‘u^{13}），xu^{55}bɯ^{53} m‘a^{35} dʑ‘a^{35} tu^{33}（变读作 d‘u^{13}）.
九 只 共 有 九 只

我数数看这里有几头牛，一头，两头，三头，四头，五头，六头，七头，八头，九头，一共有九头。

量词本形在它与数词组成的数量结构中所代表的事物不一定是壮美的，不过在上例中是壮美的，因为上例一开始修饰 ȵ‘u^{35} 的量词是 tu^{33}，所以知道说话人心目中的牛是壮美的。如果上例一开始是 ku^{55} ʑy^{31} n‘a^{31} maɯ^{33} v‘ae^{31} ȵi^{55} m‘a^{35} pi^{55} dʐau^{53} dae^{35} ȵ‘u^{35}，则在下面的 i^{55} tu^{33}（变读作 du^{31}），a^{55} tu^{33}（变读作 du^{31}）……数量结构中的量词本形所代表的牛就是普通的了。

C. 量词本形可以和它的修饰语组成下列各种结构：

量形结构　　量词本形 + 形容词短语或子句
量指结构　　量词本形 + 指示词
量形指结构　　量词本形 + 形容词短语或子句 + 指示词
数量形结构　　数词 + 量词本形 + 形容词短语或子句
数量指结构　　数词 + 量词本形 + 指示词
数量形指结构　　数词 + 量词本形 + 形容词短语或子句 + 指示词

量词本形在所有这些结构中都作代名词用。举例如下：

（1）量形结构

faɯ^{55} ku^{11} l̥o^{55}　　这棵（或那棵）大的（指植物）
棵 的 大

faɯ^{55} ku^{11} ku^{55} dʑo^{31}　　我种的这棵（或那棵，指植物）
棵 的 我 种

（2）量指结构

tu^{33} ȵi^{55} 这只（指动物）、这根（指长形硬性中实的无生物）、这个（指抽象事物）
只，根，个 这

tu^{33} v‘ae^{35} 那只（指动物）、那根（指长形硬性中实的无生物）、那个（指抽象事物）
只，根，个 那

（3）量形指结构

lu^{55} ku^{11} lie^{55} ȵi^{55}　这个红的（指圆形或中空的无生物）
个　的　红　这

lu^{55} ku^{11} ku^{55} m‘a^{13}　i^{55}　我买的（不在场的）那个（指圆形或中空的无生物）
个　的　我　买　（不在场的）那

（4）数量形结构

a^{55} baɯ$^{33\to31}$ ku^{11} ntʂ‘ie^{55}　两条清的（指河）　t̥lau^{55} baɯ$^{33\to31}$ ku^{11} nti^{55}　四条长的（指河）
二　条　的　清　四　条　的　长

（5）数量指结构

tsɿ^{55} dz‘o^{35}（变读作 dzo^{55}）ȵi^{55}　这三条（指路、绳子、带子）
三　条　这

t̥lau^{33} dz‘o^{35} v‘ae^{35}　那六条（指路、绳子、带子）
六　条　那

（6）数量形指结构

a^{55} tso$^{33\to11}$ ku^{11} lie^{55} ȵi^{55}　这两条红的（指线）
二　条　的　红　这

ɕaɯ^{33} tso^{33} ku^{11} t̥lu^{55} v‘ae^{35}　那七条黑的（指线）
七　条　的　黑　那

例句：

v‘ae^{31} ȵi^{55} m‘a^{35} a^{55} dzɿ$^{53\to13‘}$ dz‘aɯ^{35}，dzɿ^{53}ku^{11}t̥lœy^{55} ku^{11} ku^{55} bie^{53}，dzɿ^{53}ku^{11}v‘aɯ^{35} ku^{11}
地方　这　有　二　张　床　张　的　白　是　我　的　张的黄　是

ku^{55} a$^{55\to31}$m‘au bie^{53}.　这里有两张床，白的是我的，黄的是我哥哥的。——量形结构
我　兄　的

v‘ae^{31} ȵi^{55} m‘a^{35} a^{55} faɯ^{55} ntau^{33}，faɯ^{55} ȵi^{55} ku^{11} i^{55} faɯ^{55} ly^{53} ʑ‘aɯ^{35}，faɯ^{55}ku^{11}l̥o^{55}v‘ae^{35}
地方　这　有　二　棵　树　棵　这　是　一　棵　柳　棵　的　大　那

ku^{11} i^{55} faɯ^{55} hi^{11} ȵau^{11}.
是　一　棵　柏

这里有两棵树，这是一棵柳树，那棵大的是一棵柏树。——量指结构，量形指结构

gi^{31} ʈə^{55} b‘aɯ^{35} hi$^{33\to55}$ lie^{55}，ku^{55} m‘a^{35} tsɿ^{55}ʈə$^{55\to33}$ku^{11}lie^{55} ta^{55} die^{31}.
你　朵　花　不　红　我　有　三　朵　的　红　很

你的花不红，我有三朵很红的。——数量形结构

v‘ae^{31} ȵi^{55} m‘a^{35} pɯ^{55} lu^{55} li^{33} p‘y^{55}，a^{55}lu^{55}ȵi^{55} ku^{11} gi^{31} bie^{53}，tsɿ^{55}lu^{55}v‘ae^{35} ku^{11}
地方　这　有　五　个　瓶　二　个　这　是　你　的　三　个　那　是

qa^{55} dy$^{31\to13‘}$ bie^{53}?
谁　的

这里有五个瓶子，这两个是你的，那三个是谁的？——数量指结构

v'ae^{31} ȵi^{55} m'a^{35} tsɿ^{55} tso$^{33\to11}$ so^{55}, tso^{33}ku^{11}lie^{55}ȵi^{55} ku^{11} ku^{55} bie^{53},
地方 这 有 三 条 线 条 的 红 这 是 我 的
a^{55}tso$^{33\to11}$ku^{11}v'aɯ^{35}ȵi^{55} ku^{11} ȵ'i^{13} bie^{53}.
二 条 的 黄 这 是 他 的

这里有三条线，这条红的是我的，这两条黄的是他的。——量形指结构，数量形指结构

D. 量词本形与助量词组成量词短语，这种短语一定与“二”以上的数词共同修饰名词，指示词也可以参加修饰。量词本形与助量词组成的量词短语又可以与它的修饰语组成下列各种结构：

数量形结构　数词（必须是“二”以上的）+量词短语（量词本形+助量词）+形容词短语或子句

数量指结构　数词（必须是“二”以上的）+量词短语（量词本形+助量词）+指示词

数量形指结构　数词（必须是“二”以上的）+量词短语（量词本形+助量词）+形容词短语或子句+指示词

量词本形与助量词组成的量词短语在所有这些结构中都作代名词用。本条的例子见助量词的用法。

E. 量词本形与复量词组成量词短语修饰名词，量词本形与复量词清变化各形式组成量词短语修饰名词时，指示词也可以参加修饰，但任何数词不能参加修饰。量词本形与复量词浊变化各形式组成量词短语修饰名词时，数词“一”也可以参加修饰，但指示词不能参加修饰。量词本形与复量词组成的量词短语又可以与它的修饰语组成下列各种结构：

量形结构　量词短语（复量词清变化或浊变化各形式+量词本形）+形容词短语或子句

量指结构　量词短语（复量词清变化各形式+量词本形）+指示词

量形指结构　量词短语（复量词清变化各形式+量词本形）+形容词短语或子句+指示词

数量形结构　数词（只能是“一”）+量词短语（复量词浊变化各形式+量词本形）+形容词短语或子句

量词本形与复量词组成的量词短语在所有这些结构中都作代名词用。本条的例子见复量词的用法。

F. 量词本形读成接数词“一”的读法，后面接一个音节 ka^{55}，就构成否定代名词，必须与否定副词 hi^{33}（不）连用。例如：

gi^{31} m'a^{35} tsɿ^{35} tu^{33}（变读作 du^{31}）ȵ'u^{35}, ku^{55} tu^{33}（变读作 du^{31}） ka^{55} tu^{33} hi^{33} m'a^{35}.
你 有 三 只 牛 我 只 （词尾）都 不 有

你有三头牛，我一头都没有。

ȵ‘i^{13} hi$^{33\to55}$ pau^{55} ntʂʅ$^{33\to11}$ ka^{55} qa^{55} ʂʅ^{33} 他什么也不懂。
他 不 知 少许 （词尾） 什 么

第二例中的 ntʂʅ^{33}相当于汉语“一点儿”的“点儿”，在苗语中也是量词。ntʂʅ^{33}后面接 ka^{55}就成为否定代名词，受后面疑问代名词修饰。不要认为 ntʂʅ^{33} ka^{55}是 qa^{55} ʂʅ^{33}的修饰语。

G. 量词本形前面加上一个音节 a^{33}就变成抽象名词。a^{33}加于量词本形前面时，常引起 a^{33}本身或量词本形变调。变调的情形大致是：a^{33}加在第Ⅱ，Ⅲ，Ⅳ组的量词前面时，a^{33}和量词本形都不变调；a^{33}加在第Ⅰ组的量词前面时，a^{33}变高平调，量词本形不变调；a^{33}加在第Ⅶ组的量词前面时，a^{33}不变调，量词本形变高升调；a^{33}加在第Ⅴ，Ⅵ组的量词前面时，a^{33}都变高平调，量词本形变低降调，同时声母由不送气浊音变为送气浊音。为了清楚起见，我们再列一个表（表15）。

表15 量词本形前接 a^{33}时的变调表

a^{33}的调值	量词本形的调值			变调情况	结果
33	清	Ⅰ	55	a^{33}变	55 55
		Ⅲ	55	都不变	33 55
		Ⅳ	33	都不变	33 33
	浊	Ⅱ	35	都不变	33 35
		Ⅴ	33	都变	55 31‘
		Ⅵ	53	都变	55 31‘
		Ⅶ	55	量词变	33 35‘

下面举例说明 a^{33}和量词本形相连时的变调情形：

a$^{33\to55}$faɯ^{55} 棵儿（指植物）
a^{33}ʈə^{55} 朵儿（指花）、片儿（指叶）、张儿（指纸）
a^{33}tso^{33} 条儿（指线）
a^{33}dz‘o^{35} 条（指路）、条儿（指绳子，带子）
a$^{33\to55}$ baɯ$^{33\to31‘}$ 条（指河）
a$^{33\to55}$ dzʅ$^{53\to31‘}$ 张（指桌子，床）、把（指椅子）、杆（指秤）、座（指桥）
a^{33}lu$^{55\to35‘}$ 个儿（指圆形或中空的无生物）

量词 tu^{33}前接 a^{33}时，a^{33}和 tu^{33}都不变调，不过 tu^{33}的声母由清变浊，a^{33} tu^{33}读作 a^{33} du^{33}，a^{33}tu^{33}（变读作 du^{33}）的意思是“个儿”、“只儿”（指动物）、“条儿”、“根儿”（指长形硬性中实的无生物）、“个”（指抽象事物）。

a^{33}加在量词本形前面的用法举例：

tae^{55} faɯ^{55} zau^{55} ȵi^{55} lɯ^{31} a$^{33\to55}$ faɯ^{55} dae^{31}. （为数不多的）这些棵菜论棵儿卖。
些 棵 菜 这 论 棵儿 卖

tae^{55} ʈə^{55} b‘aɯ^{35} ȵi^{55} a^{33} ʈə^{55} l̥o^{55} ta^{55} die^{31}.　（为数不多的）这些朵花的朵儿很大。
些　朵　花　这　朵儿　大　很

tae^{55} tso$^{33\to11}$ so^{55} ȵi^{55} a^{33} tso^{33} l‘o^{35} ta^{55} die^{31}.　（为数不多的）这些条线的条儿很粗。
些　条　线　这　条儿　粗　很

ku^{55} tae^{55} dz‘o^{35} l̥a$^{33\to11}$ ȵi^{55} a^{33} dz‘o^{35} lu^{55} la^{55} tu^{55} gi^{31} bie^{53}.
我　些　条　绳　这　条儿　短　比　你　的
（为数不多的）我这些条绳子的条儿比你的短。

dl‘i^{35} lɯ^{31} a$^{33\to55}$ baɯ$^{33\to31‘}$ ʐy^{31}.　河论条计算。
河　论　条　计数

ki^{33} ɖ‘au^{35} lɯ^{31} a$^{33\to55}$ dzʅ$^{53\to31‘}$ ʐy^{31}.　桌子论张计算。
桌　论　张　计数

ku^{55} tae^{55} lu^{55} tsʅ^{55} ȵi^{55} a^{33} lu$^{55\to35‘}$ l̥o^{55} la^{55} tu^{55} gi^{31} bie^{53}.
我　些　个　果　这　个儿　大　比　你　的
（为数不多的）我这些果子的个儿比你的大。

tae^{55} tl̥i^{55} ȵi^{55} a^{33} tu^{33}（变读作 du^{33}）l̥o^{55} lae^{55}！（为数甚多的）这些狗个儿很大呢！
些　狗　这　个儿　大　呢

2. 量词本调变形的用法

A. 量词本调变形居于名词之前修饰名词

（a）量词本调变形不借助于数词和指示词，自己修饰名词。这种用法和量词本形的Aa项用法全同，只是修饰的名词所代表的事物的性质不同：量词本形修饰的名词所代表的事物是壮美的；本调AE变形修饰的名词所代表的事物是普通的；本调A变形修饰的名词代表的事物是小巧、少量或可爱的。例如：

lae^{55} li^{33} fau^{33}　头　　la^{55} li^{33} fau^{33}　头　　tae^{33} ȵ‘u^{35}　牛　　ta^{33} ȵ‘u^{35}　牛
个　头　　个　头　　只　牛　　只　牛

tae^{33} sie^{55} nd‘y^{31} ku^{11} zau^{33}　好思想
个　思想　的　好

ta^{33} sie^{55} nd‘y^{31} ku^{11} ntʂ‘œy^{33} v‘u^{31} ʐ‘i^{13}　爱国思想
个　思想　的　爱　国家

mb‘ae^{35} nɯ^{33}　这群（或那群）马　　mb‘a^{35} nɯ^{33}　这群（或那群）马
群　马　　群　马

kiae^{33} ɴɢ‘ae^{35}　这斤（或那斤）肉　　kia^{33} ɴɢ‘ae^{35}　这斤（或那斤）肉
斤　肉　　斤　肉

（b）量词本调变形与指示词共同修饰名词。名词还可以有别的修饰语。例如：

fae^{55} ntau^{33} ȵi^{55}　这棵树　　fa^{55} ntau^{33} ȵi^{55}　这棵树
棵　树　这　　棵　树　这

ʈae^{55} b‘aɯ^{35} ku^{11} lie^{55} v‘ae^{35}　那朵红花　　ʈa^{55} b‘aɯ^{35} ku^{11} lie^{55} v‘ae^{35}　那朵红花
朵　花　的　红　那　　朵　花　的　红　那

lae^{55} ng‘a^{35} va$^{33→53}$ ts‘ae^{35} （侧面的）那所瓦房
个 房 瓦 （侧面的）那

la^{55} ng‘a^{35} va$^{33→53}$ ts‘ae^{35} （侧面的）那所瓦房
个 房 瓦 （侧面的）那

bae^{33} dl‘i^{35} ku^{11} ntʂ‘ie^{55} nɖ‘u^{35} （坡下的）那条清河
条 河 的 清 （坡下的）那

ba^{33} dl‘i^{35} ku^{11} ntʂ‘ie^{55} nɖ‘u^{35} （坡下的）那条清河
条 河 的 清 （坡下的）那

tsae^{33} so^{55} ku^{11} ȵ‘i^{13} dʑ‘o^{35} i^{55} 他用的（不在场的）那条线
条 线 的 他 用 （不在场的）那

tsa^{33} so^{55} ku^{11} ȵ‘i^{13} dʑ‘o^{35} i^{55} 他用的（不在场的）那条线
条 线 的 他 用 （不在场的）那

dz‘ae^{35} ki^{55} ku^{11} zau^{33} nd‘o^{35} b‘i^{35} （坡上的）那条好走的路
条 路 的 好 走 （坡上的）那

dz‘a^{35} ki^{55} ku^{11} zau^{33} nd‘o^{35} b‘i^{35} （坡上的）那条好走的路
条 路 的 好 走 （坡上的）那

dzae^{53} dz‘aɯ^{35} ku^{11} v‘aɯ^{35} d‘i^{35} （对面的）那张黄床
张 床 的 黄 （对面的）那

dza^{53} dz‘aɯ^{35} ku^{11} v‘aɯ^{35} d‘i^{35} （对面的）那张黄床
张 床 的 黄 （对面的）那

tae^{33} nɯ$^{33→13‘}$ dy^{31} 哪匹马
只 马 哪

ta^{33} nɯ$^{33→13‘}$ dy^{31} 哪匹马
只 马 哪

B. 量词本调变形可以和它的修饰语组成下列各种结构：

量形结构　　量词本调变形＋形容词短语或子句

量指结构　　量词本调变形＋指示词

量形指结构　量词本调变形＋形容词短语或子句＋指示词

量词本调变形在所有这些结构中都作代名词用。举例如下：

（1）量形结构

fae^{55} ku^{11} sie^{55} 这棵（或那棵）高的（指植物）
棵 的 高

fa^{55} ku^{11} ku^{55} dʑo^{31} 我种的这棵（或那棵，指植物）
棵 的 我 种

（2）量指结构

tae^{33} ȵi^{55} 这只（指动物）、这根（指长形硬性中实的无生物）、这个（指抽象事物）
只,根,个 这

ta^{33} ȵi^{55} 这只（指动物）、这根（指长形硬性中实的无生物）、这个（指抽象事物）
只,根,个 这

(3) 量形指结构

lae^{55} ku^{11} lie^{55} ȵi^{55} 这个红的（指圆形或中空的无生物）
个 的 红 这

la^{55} ku^{11} ku^{55} m'a^{13} i^{55} 我买的（不在场的）那个（指圆形或中空的无生物）
个 的 我 买 （不在场的）那

例句：

v'ae^{31} ȵi^{55} m'a^{35} a^{55} dzae^{35} dz'aɯ^{35}, dzae^{53}ku^{11}tl̥œy^{55} ku^{11} ku^{55} bie^{53}, dzae^{53}ku^{11}v'aɯ^{35} ku^{11}
地方 这 有 二 张 床 张 的 白 是 我 的 张 的 黄 是

ku^{55} a$^{55\to31}$ m'au^{31} bie^{53}.
我 兄 的

这里有两张床，白的是我的，黄的是我哥哥的。——量形结构

v'ae^{31} ȵi^{55} m'a^{35} a^{55} fa^{35} ntau^{33}, fa^{55}ȵi^{55} ku^{11} i^{55} fa^{35} ly^{53} ʑ'aɯ^{35},
地方 这 有 二 棵 树 棵 这 是 一 棵 柳

fa^{55}ku^{11}m'a^{35}a^{33} ndl'au^{35}ntsa^{55}v'ae^{35} ku^{11} i^{55} fa^{35} hi^{11} ȵau^{11}.
棵 的 有 叶 绿 那 是 一 棵 柏

这里有两棵树，这是一棵柳树，那棵有绿叶子的是一棵柏树。——量指结构，量形指结构

3. 量词高升调变形的用法

A. 量词高升调变形居于名词之前修饰名词。名词还可以有别的修饰语，但指示词不能参加修饰名词。这种用法的量词高升调变形修饰的名词所代表的事物是单数不确定的，也就是听话人以往所不知道的，所以颇像印欧语中的不定冠词，译为汉语则作“某一”，“任一”。当说话人初次介绍一件事物给听话人时，除壮美的用量词本形去修饰外，其普通或小巧可爱的就要用量词高升调变形的 AE 变形或 A 变形去修饰。既经把它介绍给听话人以后，就不能再用量词高升调 AE 变形或 A 变形去修饰了，必须改用量词本调变形的 AE 变形或 A 变形去修饰，因为事物一经介绍，就是听话人所知道的了，就由不确定变为确定的了，而量词本调变形修饰的名词所代表的事物正是确定的。例如：

v'ae^{31} ȵi^{55} m'a^{35} dae^{35} ȵ'u^{35} ku^{11} dlo^{31}, tae^{33} ȵ'u^{35} ni^{55} ku^{11} ku^{55} tsa^{55} mbœy^{33} bie^{53}.
地方 这 有 只 牛 的 肥 只 牛 这 是 我 个 表兄弟 的

这里有（某）一头牛（听话人以往不知道这头牛），这头牛是我表弟的。

ku^{55} m'a^{35} la^{35} li^{33} p'y^{55}, la^{55} li^{33} p'y^{55} i^{55} ku^{11} ku^{55} tsa^{55} ky^{55} saɯ^{33} ʈ'au^{33} ku^{55}.
我 有 个 瓶 个 瓶 （不在场的）那 是 我 个 弟 送 给 我

我有（某）个瓶子（听话人以往不知道那个瓶子），（不在场的）那个瓶子是我弟弟送给我的。

B. 量词高升调变形与数词共同修饰名词，名词还可以有别的修饰语，但指示词不能参加修饰名词。这种用法与 A 项所说的相同，不过 A 项所说的量词高升调变形修饰的名

词所代表的事物是单量的，也可以说是本项所说的用法中省去数词“一”的用法，本项所说的用法，除数词为“一”时以外，一律表复量。如果数词是“一”，和 A 项所说的一样，在把事物介绍给听话人以后，再谈到已介绍的事物时，就要用量词本调变形去修饰代表那个事物的名词。如果数词是“二”以上的，在把事物介绍给听话人以后，再谈到已介绍的事物时，通常用数词和量词本形与助量词的 AE 变形或 A 变形组成的量词短语去修饰代表那个事物的名词，不过也有径用数词和量词高升调变形修饰的（见 C 项）例如：

v‘ae^{31} ȵi^{55} m‘a^{35} a^{55} dae^{35} nau^{53} a^{55} tu^{33}（变读作 du^{31}） tsae^{55} nau^{53} ȵi^{55} zau^{33}
地方 这 有 二 只 鸟 二 只 （助量词） 鸟 这 好
n‘a^{31} ta^{55} die^{31}.
看 很

这里有（某）两只鸟（听话人以往不知道这两只鸟），这两只鸟很好看。

ku^{55} m‘a^{35} tsɿ^{35} na^{35} ntœy^{55}，tsɿ^{55} naɯ$^{33\to31}$ tsa^{55} ntœy^{55} ȵi^{55} ku^{11} ku^{55} a$^{11\to31}$m‘au^{31}
我 有 三 本 书 三 本 （助量词） 书 这 是 我 兄
saɯ^{33} ʈ‘au^{33} ku^{55}.
送 给 我

我有（某）三本书（听话人以往不知道那三本书），这三本书是我哥哥送给我的。

C. 量词高升调变形与“二”以上的数词及指示词共同修饰名词。名词还可以有别的修饰语。这种用法的量词高升调变形和 A、B 两项所说的用法完全不同，它是量词本形与助量词的 AE 变形或 A 变形合成的量词短语的简化形式。它修饰的名词所代表的事物是确定的，也就是听话人已经知道的。例如：

m‘au^{13} nɖo^{31} ku^{55} k‘œy^{11} a^{55} lae^{35}（ = lu^{55} tsae^{55}） k‘o^{55}vә^{55} i^{55} l‘o^{13}.
去 给 我 拿 二 个 个 （助量词） 碗 （不在场的）那 来

去给我把（不在场的）那两个碗拿来（听话人知道是哪两个碗）。

ku^{55} a^{55} na^{35}（ = naɯ$^{33\to31}$ tsa^{55}） ntœy^{55} ku^{11} lie^{55} ȵi^{55} ku^{11} m‘a^{13} l‘o^{13} mu^{55}ti^{55}.
我 二 本 本 （助量词） 书 的 红 这 是 买 来 昭通

我这两本红书是从昭通买来的（听话人知道是哪两本书）。

D. 量词高升调变形可以和它的修饰语组成下列各种结构：

量形结构　　量词高升调变形 + 形容词短语或子句

数量形结构　　数词 + 量词高升调变形 + 形容词短语或子句

数量指结构　　“二”以上的数词 + 量词高升调变形 + 指示词

数量形指结构　　“二”以上的数词 + 量词高升调变形 + 形容词短语或子句 + 指示词

量词高升调变形在所有这些结构中都作代名词用。举例如下：

（1）量形结构

fae^{35} ku^{11} l̥o^{55}　（某）一棵大的（指植物）
棵 的 大

fa^{35} ku^{11} $m'a^{35}$ a^{33} $ndl'au^{35}$ $ntsa^{55}$ （某）一棵有绿叶子的（指植物）
棵 的 有 叶 绿

(2) 数量形结构

i^{55} lae^{35} ku^{11} lie^{55} （某）一个红的（指圆形或中空的无生物）
一 个 的 红

a^{55} la^{35} ku^{11} $ntsa^{55}$ （某）两个绿的（指圆形或中空的无生物）
二 个 的 绿

(3) 数量指结构

a^{55} dae^{35} （ = tu^{33} "变读作 du^{31}" $tsae^{55}$）$ȵi^{55}$
二 只、根、个 只、根、个 （助量词） 这

这两只（指动物）、这两根（指长形硬性中实的无生物）、这两个（指抽象事物）

$tsɿ^{55}$ da^{35} （ = tu^{33} "变读作 du^{31}" tsa^{55}） $v'ae^{35}$
三 只、根、个 只、根、个 （助量词） 那

那三只（指动物）、那三根（指长形硬性中实的无生物）、那三个（指抽象事物）

(4) 数量形指结构

a^{55} $dz'ae^{35}$（ = $dz'o^{35}$ "变读作 dzo^{55}" $tsae^{55}$） ku^{11} $faɯ^{55}$ $ȵi^{55}$
二 条 条 （助量词） 的 宽 这

这两条宽的（指路，带子）

$tsɿ^{55}$ $dz'a^{35}$（ = $dz'o^{35}$ "变读作 dzo^{55}" tsa^{55}） ku^{11} zau^{33} $nd'o^{35}$ $v'ae^{35}$
三 条 条 （助量词） 的 好 走 那

那三条好走的（指路）

例句：

$ȵo^{55}$ $tsɿ^{55}$ $faɯ^{55}$ $tsae^{55}$ $ntau^{33}$ $ȵi^{55}$ pi^{55} $nʈaɯ^{55}$， $m'a^{35}$ $fae^{35}ku^{11}$ $hi^{33}m'a^{35}a^{33}$ $ndl'au^{35}$，
在 三 棵 （助量词） 树 这 中 有 棵 的 不 有 叶
$m'a^{35}$ $a^{55}fae^{35}ku^{35}m'a^{35}a^{33}ndl'au^{55}ntsa^{55}$.
有 二 棵 的 有 叶 绿

在这三棵树中间，有（某）棵没有叶子的，有（某）两棵有绿叶子的。——量形结构，数量形结构。

$v'ae^{31}$ $ȵi^{55}$ $m'a^{35}$ $tl̥au^{55}$ da^{35} mpa^{33}， $a^{55}da^{35}$ （ = tu^{33} "变读作 du^{31}" tsa^{55}） $ȵi^{55}$ ku^{11} ku^{55}
地方 这 有 四 只 猪 二 只 只 （助量词） 这 是 我
bie^{53}， $a^{55}da^{35}$ （ = tu^{33} "变读作 du^{31}" tsa^{55}） $ku^{55}tl̥œy^{55}v'ae^{35}$ ku^{11} $ȵ'i^{13}$ bie^{53}.
的 二 只 只 （助量词） 的 白 那 是 他 的

这里有四头猪，这两头是我的，那两头白的是他的。——数量指结构，数量形指结构。

（二）复量词的用法

1. 复量词清变化各形式的用法

A. 复量词清变化各形式居于名词之前修饰名词。凡被复量词清变化各形式修饰的名

词所代表的事物都是不能计算或不便计算的。

（a）复量词清变化各形式不借助于指示词，自己修饰名词。名词还可以有别的修饰语。因为复量词清变化各形式修饰的名词所代表的事物是确定的，所以译为汉语时，有时须加上指示词才合于汉语的习惯。例如：

ti^{55} tu^{55} tsɿ^{55} （为数甚多的）这些（或那些）兵
些 兵

tae^{55} tɕœy^{55} 酒 ta^{55} a^{33}ndl‘au^{35} ntau$^{33\rightarrow11}$ （为数甚多的）树叶
些 酒 些 叶 树

（b）复量词清变化各形式与指示词共同修饰名词。名词还可以有别的修饰语。例如：

ti^{55} au^{55} ȵi^{55} 这水
些 水 这

tae^{55} ndl‘i^{35} ȵi^{55} 这米
些 米 这

ta^{55} ki$^{55\rightarrow31}$ ndz‘au^{31} ku^{11} tl̥u^{55} v‘ae^{35} （为数甚多的）那些黑蚂蚁
些 蚁 的 黑 那

B. 复量词清变化各形式可以和它的修饰语组成下列各种结构：

量形结构 复量词（清变化各形式）+形容词短语或子句
量指结构 复量词（清变化各形式）+指示词
量形指结构 复量词（清变化各形式）+形容词短语或子句+指示词

复量词清变化各形式在所有这些结构中都作代名词用。举例如下：

（1）量形结构

ti^{55} ku^{11} tl̥œy^{55}
些 的 白

这（或那）白的（指不可计算或不便计算的东西如水、酒、米等）、这些（或那些）白的（指可计算，但因为数过多，一时不能计算清楚的东西，如大群的马、牛、羊、蚁、蜂等）

tae^{55} ku^{11} zau^{33} hau^{11} 好喝的（指饮料）
些 的 好 喝

ta^{55} ku^{11} ntau^{11}ndʐɿ^{33}
些 的 打仗

打仗的这些（或那些，指可以计算，但因为数过多一时不能计算清楚的东西如蚂蚁）

（2）量指结构

ti^{55} ȵi^{55}
些 这
tae^{55} ȵi^{55}
些 这
ta^{55} ȵi^{55}
些 这

这（指不可计算或不便计算的东西如水、酒、米等）
这些（指可以计算，但因为数过多，一时不能计算清楚的东西，如大群的马、牛、羊、蚁、蜂等）

(3) 量形指结构

ti^{55} ku^{11} tl̥œy^{55} ȵi^{55}
些 的 白 这
tae^{55} ku^{11} tl̥œy^{55} ȵi^{55}
些 的 白 这
ta^{55} ku^{11} tl̥œy^{55} ȵi^{55}
些 的 白 这

这白的（指不可计算或不便计算的东西如水、酒、米等）这些白的（指可以计算，但因为数过多，一时不能计算清楚的东西，如大群的马、牛、羊、蚁、蜂等）

例句：

m̥u^{33} na^{33} ku^{55} tau^{33} hau^{11} a^{55} tʂaɯ$^{55\rightarrow 33}$ tɕœy^{55}, ti^{55}ku^{11}lie^{55} ae^{55} zau^{33} hau^{11}, ti^{55}ku^{11}tl̥œy^{55}
今日 我 得 喝 二 种 酒 些 的 红 很 好 喝 些 的 白
mbʻɯ^{31} ta^{55} die^{31}.
辣 很

今我喝了两种酒，红的很好喝，白的辣得很。——量形结构

vʻae^{31} ȵi^{55} mʻa^{35} a^{55} tʂaɯ$^{55\rightarrow 33}$ qau^{55}, tae^{55}ȵi^{55}ku^{11} ndlʻi^{35}, tae^{55}vʻae^{35} ku^{11} tsʻu^{55}.
地方 这 有 二 种 粮食 些 这 是 米 些 那 是 粟

这里有两种粮食，这是稻米，那是谷子。——量指结构

vʻae^{31} ȵi^{55} mʻa^{35} a^{55} tʂa^{35} ki$^{55\rightarrow 31}$ ndzʻau^{31}, ta^{55}ku^{11}tl̥u^{55}ȵi^{55} hi^{33} dzʻœy^{35} dʻo^{31} tɯ^{55} nɯ^{55},
地方 这 有 二 种 蚁 些 的 黑 这 不 会 咬 人
ta^{55}ku^{11}vʻaɯ^{35}vʻae^{35} dzʻœy^{35} dʻo^{31} tɯ^{55} nɯ^{55}.
些 的 黄 那 会 咬 人

这里有两种蚂蚁，这些黑的不会咬人，那些黄的会咬人。——量形指结构

C. 复量词清变化各形式与量词本形组成量词短语修饰名词。凡用这种量词短语修饰的名词所代表的事物都是可以计算，但在说话时不遑计算的为数不多的东西。

(a) 这种量词短语不借助于指示词，自己修饰名词。名词还可以有别的修饰语，但数词例外。例如：

ti^{55} lɯ^{55} tɯ^{55} nɯ^{55} （为数不多的）这些（或那些）个人
些 个 人

tae^{55} tu^{33}（变读作 dʻu^{13}）ȵʻu^{35} vʻaɯ^{35}（变读作 vaɯ^{55}）
些 只 牛 黄
（为数不多的）这些（或那些）头黄牛

ta^{55} lu^{55} li^{33} pʻy^{55} ku^{11} lie^{55} （为数不多的）这些（或那些）个红瓶子
些 个 瓶 的 红

(b) 这种量词短语和指示词共同修饰名词。名词还可以有别的修饰语，但数词例外。例如：

ti^{55} lɯ^{55} tu^{55} tsɿ^{55} ȵi^{55} （为数不多的）这些个兵
些 个 兵 这

tae^{55} tu^{33}（变读作 dʻu^{35}）nɯ^{33} vʻae^{35} （为数不多的）那些匹马
些 只 马 那

ta^{55} lu^{55} li^{33} p‘y^{55} ku^{11} lie^{55} i^{55} （为数不多的不在场的）那些个红瓶子

些 个 瓶 的 红 （不在场的）那

D. 复量词清变化各形式与量词本形组成的量词短语可以和它的修饰语组成下列各种结构：

量形结构　量词短语（复量词清变化各形式＋量词本形）＋形容词短语或子句

量指结构　量词短语（复量词清变化各形式＋量词本形）＋指示词

量形指结构　量词短语（复量词清变化各形式＋量词本形）＋形容词短语或子句＋指示词

复量词清变化各形式与量词本形组成的量词短语在所有这些结构中都作代名词用。举例如下：

（1）量词结构

ti^{55} lɯ^{55} ku^{11} n‘au^{35} va^{53} saɯ^{33} （为数不多的）吃过饭的这些（或那些）个人

些 个 的 吃 饭 掉

tae^{55} tu^{33} （变读作 d‘u^{13}）ku^{11} tl̥u^{55}

些 只、根 的 黑

（为数不多的）这些（或那些）只黑的（指动物）、（为数不多的）这些（或那些）根黑的（指长形硬性中实的无生物）

ta^{55} lu^{55} ku^{11} ku^{55} m‘a^{13}

些 个 的 我 买

（为数不多的）我买的这些（或那些）个（指圆形或中空的无生物）

（2）量指结构

ti^{55} lɯ^{55} ȵi^{55} （为数不多的）这些个（指人）

些 个 这

tae^{55} tu^{33} （变读作 d‘u^{13}）v‘ae^{35}

些 只，根，个 那

（为数不多的）那些只（指动物）、（为数不多的）那些根（指长形硬性中实的无生物）、那些个（指抽象事物）

ta^{55} lu^{55} i^{55} （为数不多的，不在场的）那些个（指圆形或中空的无生物）

些 个 （不在场的）那

（3）量形指结构

ti^{55} lɯ^{55} ku^{11} ɡœy^{31} ntœy^{55} tsɿ^{55} laɯ^{55} ȵi^{55} （为数不多的）正在读书的这些个（指人）

些 个 的 读 书 正在 这

tae^{55} tu^{33} （变读作 d‘u^{13}）ku^{11} nti^{55} v‘ae^{35}

些 只，根 的 长 那

（为数不多的）那些只长的（指动物）、（为数不多的）那些根长的（指长形硬性中实的无生物）

ta^{55} lu^{55} ku^{11} ntsa^{55} i^{55}

些 个 的 绿 （不在场的）那

（为数不多的，不在场的）那些个绿的（指圆形或中空的无生物）

例句：

xu^{33} ti^{55}lɯ^{55}ku^{11}hi$^{33→55}$b'o^{31}n'au^{35}va^{53} d'a^{35} n'au^{35} lo^{31}!

叫 些 个 的 不 见 吃 饭 来 吃 喽

叫（为数不多的）没有吃饭的那些位来吃饭喽！——量形结构

tae^{55}tu^{33}（变读作 d'u^{13}）ȵi^{55} ku^{11} ku^{55} bie^{53}，tae^{55}tu^{33}（变读作 d'u^{13}）v'ae^{35} ku^{11}

些 只、根 这 是 我 的 些 只、根 那 是

ȵ'i^{13} bie^{53}.

他 的

（为数不多的）这些只是我的，（为数不多的）那些只是他的（指动物）；（为数不多的）这些根是我的，（为数不多的）那些根是他的（指长形硬性中实的无生物）。——量指结构

ta^{55}lu^{55}ku^{11}lie^{55}ȵi^{55} ae^{55} zau^{33} n'a^{31}，ta^{55}lu^{55}ku^{11}ntsa^{55}v'ae^{35} ʈʂʅ^{55} n'a^{31} ta^{55} die^{31}.

些 个 的 红 这 很 好 看 些 个 的 绿 那 坏 看 很

（为数不多的）这些个红的很好看，（为数不多的）那些个绿的难看得很。——量形指结构

2. 复量词浊变化各形式的用法

A. 复量词浊变化各形式居于名词之前修饰名词。名词还可以有别的修饰语，但指示词例外。前面可以有或没有数词“一”，凡被复量词浊变化各形式修饰的名词所代表的事物也都是不能计算或不便计算的。例如：

（i^{55}）di^{31} tɯ^{55} nɯ^{55} （为数甚多的某）一些人 （i^{55}）dae^{35} tɕœy^{55} （某）一些酒

一 些 人 一 些 酒

（i^{55}）da^{35} a^{33} ndl'au^{35} ntau$^{33→11}$ （为数甚多的某）一些树叶

一 些 叶 树

B. 复量词浊变化各形式可以和它们的修饰语组成下列两种结构：

量形结构 复量词（浊变化各形式）+形容词短语或子句

数量形结构 数词“一”+复量词（浊变化各形式）+形容词短语或子句

复量词浊变化各形式在这两种结构中都作代名词用。其实这两种结构的用法及意义全同，前者不过是后者省略数词“一”的形式。举例如下：

（i^{55}）di^{31} ku^{11} tl̥u^{55}

一 些 的 黑

（某种）黑的（指不可计算或不便计算的东西如水、酒、米等）、（某）一些黑的（指可计算，但因为数过多一时不能计算清楚的东西如大群的马、牛、羊、蚁、蜂等）

(i^{55}) dae^{35} ku^{11} vʻaɯ^{35}

一　些　的　黄

(某种) 黄的 (指不可计算或不便计算的东西如水、酒、米等)、(某) 一些黄的 (指可计算，但因为数过多一时不能计算清楚的东西如大群的马、牛、羊、蚁、蜂等)

(i^{55}) da^{35} ku^{11} tl̥œy^{55}

一　些　的　白

(某种) 白的 (指不可计算或不便计算的东西如水、酒、米等)、(某) 一些白的 (指可计算，但因为数过多一时不能计算清楚的东西如大群的马、牛、羊、蚁、蜂等)

例句：

ȵ̥o^{55} lu^{55} ʂ̥o$^{55\to33}$ ndlʻau^{35} və^{55} ndlʻau^{35} ntau$^{33\to11}$ ku^{11} gi^{11} ntsa^{55} mi^{55} sie^{55}, ɣʻu^{13} dzo^{31}

在　个　夏　叶　石　叶　树　是 (虚字) 绿 (绿的样子) 甫　到

lu^{55} ki^{33} tsʻə^{33}, mʻa^{35} (i^{55}) di^{31}ku^{11}tl̥ʻi^{11} gi^{11} vʻaɯ^{35}ki^{55} zie^{55}, mʻa^{35} (i^{55}) di^{31}ku^{11}tl̥ʻi^{11} gi^{11}

个　秋　有　一　些　的　变 (虚字) 黄 (黄的样子)　有　一　些　的　变 (虚字)

lie^{55} ki^{11} ndʻa^{13}.

红 (红的样子)

在夏天全部树叶都是绿葱葱的，一到秋天，有 (为数甚多的某) 一些变得黄澄澄的，有 (为数甚多的某) 一些变得红艳艳的。—— (数) 量形结构

C. 复量词浊变化各形式与量词本形组成量词短语修饰名词。名词还可以有别的修饰语。这种短语前面可以有或没有数词“一”。凡用这种短语修饰的名词所代表的事物都是可以计算的，但在说话时不遑计算的为数不多的东西。例如：

(i^{55}) di^{31} lɯ^{55} tɯ^{55} nɯ^{55}　　(为数不多的某) 一些个人

一　些　个　人

(i^{55}) dae^{35} tu^{33} (变读作 dʻu^{13}) ȵ̥ʻu^{35}　　(为数不多的某) 一些头牛

一　些　只　牛

(i^{55}) da^{35} lu^{55} li^{33}pʻy^{55}　　(为数不多的某) 一些个瓶子

一　些　个　瓶

D. 复量词浊变化各形式与量词本形组成的量词短语可以和它的修饰语组成下列两种结构：

量形结构　量词短语 (复量词浊变化各形式 + 量词本形) + 形容词短语或子句

数量形结构　数词“一” + 量词短语 (复量词浊变化各形式 + 量词本形) + 形容词短语或子句

复量词浊变化各形式与量词本形组成的量词短语在这两种结构中都作代名词用。其实这两种结构的用法及意义全同，前者不过是后者省略数词“一”的形式。举例如下：

(i^{55}) di^{31} lɯ^{55} ku^{11} nʻau^{35} va^{53} saɯ^{33}　　(为数不多的某) 一些个吃过饭的 (指人)

一　些　个　的　吃　饭　掉

(i^{55}) dae^{35} tu^{33} (变读作 d‘u^{13}) ku^{11} v‘aɯ^{35}

一 些 只、根 的 黄

(为数不多的某)一些只黄的(指动物)、(为数不多的某)一些根黄的(指长形硬性中实的无生物)

(i^{55}) da^{35} lu^{55} ku^{11} lie^{55} (为数不多的某)一些个红的(指圆形或中空的无生物)

一 些 个 的 红

例句:

ȵo^{55} tae^{55} tɯ^{55} nɯ^{55} ȵi^{55} pi^{55} nʈaɯ^{55} m‘a^{35} (i^{55}) dae^{13}lɯ^{55}ku^{11}l‘o^{35}mu^{55} ti^{55}, m‘a^{35}

在 些 人 这 中间 有 一 些 个 的 来 昭 通 有

(i^{55}) dae^{35}lɯ^{55}ku^{11}l‘o^{13}a^{55} ȵie^{53}lau$^{53\to31}$.

一 些 个 的 来 昆 明

在(为数甚多的)这些人当中,有(为数不多的某)一些个是从昭通来的,有(为数不多的某)一些个是从昆明来的。——(数)量形结构

(三)助量词的用法

1. 助量词作一般量词用,修饰代表男性人物的名词,或与它的修饰语组成各种结构,在结构中作代名词用,代表男性人物。按作用来说,助量词本形和它的 AE、A 两种变形与不接数词的量词 lɯ^{55} 及 lɯ^{55} 的本调 AE、A 两种变形 lae^{55},la^{55} 完全相同,只是 lɯ^{55},lae^{55},la^{55} 修饰代表女性人物的名词,它们本身作代名词用时代表女性人物。表 16 就是两方面用法的对照表。(见下表)

表 16 助量词 tsɿ^{55} 和它的 AE、A 两种变形 tsae^{55},tsa^{55} 与量词 lɯ^{55} 和它的本调 AE、A 两种变形 lae^{55},la^{55} 的用法对照

男性	tsɿ^{55} a^{55} ʑœy^{53}	男人
	tsɿ^{55} v‘ae^{31}	父亲
	tsa^{55} tu^{55}	儿子
	tsae^{55} tu^{55} k‘o^{33} ndz‘aɯ^{35}	医生
	tsa^{55} nɖau^{53} ȵi^{55}	这个青年男子
	tsɿ^{55} ku^{11} d‘a^{35} mu^{55} ti^{55}	从昭通来的这位(或那位)(男性)
	tsae^{55} ȵi^{55}	这位(男性)
	tsa^{55} ku^{11} dz‘œy^{35} xu^{33} ng‘au^{35} i^{55}	(不在场的)那个会唱歌的(小男性)
女性	lɯ^{55} a^{33} b‘o^{35}	女人
	lɯ^{55} ȵ‘ie^{31}	母亲
	la^{55} nts‘ae^{11}	女儿
	lae^{55} tu^{55} k‘o^{33} ndz‘aɯ^{35}	女医生
	la^{55} ti^{55} ng‘au^{35}(变读作 ngau^{55})ȵi^{55}	这个姑娘
	lɯ^{55} ku^{11} d‘a^{35} mu^{55} ti^{55}	从昭通来的这位(或那位)(女性)
	lae^{55} ȵi^{55}	这位(女性)
	la^{55} ku^{11} dz‘œy^{35} xu^{33} ng‘au^{35} i^{55}	(不在场的)那个会唱歌的(小女性)

2. 助量词与量词本形合用，助量词本身没有具体的意义，但有两种作用：（甲）表示事物确定——如果量词本形与助量词组成量词短语去修饰名词，则那个名词所代表的事物是确定的，也就是听话人所知道的；如果量词本形与助量词组成的量词短语又与它的修饰语组成各种结构，则在那些结构中量词本形与助量词组成的量词短语所代表的事物也是确定的，也就是听话人所知道的。（乙）表示事物的壮美，普通或小巧可爱——当叙述两个以上的确定的事物时，习惯上是用量词本形与助量词组成的量词短语来修饰代表那个事物的名词，或在量词本形与助量词组成的量词短语和它的修饰语组成的各种结构中用量词本形与助量词组成的量词短语代表那个事物，这时事物的壮美，普通或小巧可爱用助量词表示。如果事物是壮美的，就用助量词本形，如果事物是普通的，就用助量词 AE 变形，如果事物是小巧可爱的，就用助量词 A 变形。

A. “二”以上的数词和量词本形与助量词组成的量词短语共同修饰名词。名词还可以有别的修饰语。例如：

a^{55} lu^{55} $tsɿ^{55}$ $p‘o^{55}$ zo^{55} 两辆车 a^{55} lu^{55} $tsae^{55}$ $p‘o^{55}$ zo^{55} $l̥au^{33→11}$ 两辆火车

二 个 （助量词） 车 二 辆 （助量词） 车 铁

a^{55} lu^{55} tsa^{55} $p‘o^{55}$ zo^{55} $ȵi^{55}$ 这两辆车

二 辆 （助量词） 车 这

B. 量词本形与助量词组成的量词短语可以与它的修饰语组成下列各种结构：

数量形结构 数词（必须是“二”以上的）+量词短语（量词本形+助量词）+形容词短语或子句

数量指结构 数词（必须是“二”以上的）+量词短语（量词本形+助量词）+指示词

数量形指结构 数词（必须是“二”以上的）+量词短语（量词本形+助量词）+形容词短语或子句+指示词

量词本形与助量词组成的量词短语在所有这些结构中都作代名词用。举例如下：

（1）数量形结构

a^{55} tu^{33} （变调作 du^{31}） $tsɿ^{55}$ ku^{11} ku^{55} $m‘a^{13}$

二 只，根 （助量词） 的 我 买

我买的这（或那）两只（指动物）、我买的这（或那）两根（指长形硬性中实的无生物）

$tsɿ^{55}$ $faɯ^{55}$ $tsae^{55}$ ku^{11} $l̥o^{55}$ 三棵大的（指植物）

三 根 （助量词） 的 大

$tl̥au^{55}$ lu^{55} tsa^{55} ku^{11} lie^{55} 四个红的（指圆形或中空的无生物）

四 个 （助量词） 的 红

（2）数量指结构

a^{55} tu^{33} （变读作 du^{31}） $tsɿ^{55}$ $ȵi^{55}$

二 只，根 （助量词） 这

这两只（指动物）、这两根（指长形硬性中实的无生物）

tsɿ^{55} faɯ^{55} tsae^{55} v'ae^{35} 那三个（指植物）
三 棵 （助量词） 那

tl̥au^{55} lu^{55} tsa^{55} i^{55} （不在场的）那四个（指圆形或中空的无生物）
四 个 （助量词）（不在场的）那

（3）数量形指结构

pɯ^{55} tu^{33}（变读作 du^{31}） tsɿ^{55} ku^{11} ku^{55} m'a^{13} ȵi^{55}
五 只，根 （助量词） 的 我 买 这

我买的这五只（指动物）、我买的这五根（指长形硬性中实的无生物）

tl̥au^{55} faɯ^{55} tsae^{55} ku^{11} gi^{31} dʑo^{31} v'ae^{35} 你种的那六棵（指植物）
六 棵 （助量词） 的 你 种 那

ɕaɯ^{33} lu（变读作 l'u^{35}） tsa^{55} ku^{11} lie^{55} i^{55}
七 个 （助量词） 的 红 （不在场的）那

（不在场的）那七个红的（指圆形或中空的无生物）

例句：

v'ae^{31} ȵi^{55} m'a^{35} pɯ^{55} fae^{35} ntau^{33}，a^{55} faɯ^{55} tsae^{55} ku^{11} hi^{33} m'a^{35} a^{33} ndl'au^{35} ku^{11} ly^{53} ʑ'aɯ^{35}，
地方 这 有 五 棵 树 二 棵 （助量词）的 不 有 叶 是 柳

tsɿ^{55} faɯ^{55} tsae^{55} ku^{11} m'a^{35} a^{33} ndl'au^{35} ntsa^{55} ku^{11} hi^{11} ȵau^{11}.
三 棵 （助量词）的 有 叶 绿 是 柏

这里有五棵树，两棵没有叶子的是柳树，三棵有绿叶子的是柏树。——数量形结构

ku^{55} m'a^{35} tl̥au^{33} na^{35} ntœy^{55}，tsɿ^{55} naɯ$^{33\to31}$ tsa^{55} ȵi^{55} ku^{11} ku^{55} ʑ'u^{13} m'a^{13} ʑ'u^{13}，
我 有 六 本 书 三 本 （助量词） 这 是 我 自己 买 自己

tsɿ^{55} naɯ$^{33\to31}$ tsa^{55} v'ae^{35} ku^{11} ku^{55} ʐae^{53} la^{31} saɯ^{33} ʈ'au^{33} ku^{55}.
三 本 （助量词） 那 是 我 友 送 给 我

我有六本书，这三本是我自己买的，那三本是我朋友送给我的。——数量指结构

v'ae^{31} ȵi^{55} m'a^{35} ʑ'i^{31} tu^{33}（变读作 d'u^{13}） nɯ^{33}，a^{55} tu^{33}（变读作 du^{31}）tsɿ^{55} ku^{11} tl̥œy^{55} ȵi^{55}
地方 这 有 八 只 马 二只 （助量词）的 白 这

ku^{11} ku^{55} bie^{53}，tl̥au^{33} tu^{33}（变读作 du^{33}） tsɿ^{55} ku^{11} lie^{55} v'ae^{35} ku^{11} ku^{55} ʐae^{53} la^{31} bie^{53}.
是 我 的 六 只 （助量词）的 红 那 是 我 友 的

这里有八匹马，这两匹白的是我的，那六匹红的是我朋友的。——数量形指结构

上面我们已经把苗语量词（包括一般量词、复量词和助量词）的用法分别叙述了一下，不过在上面的叙述中只谈到量词的每一种形式的用法，并没有谈到在整段语中多次使用量词时应当怎样处理。这是量词用法上的一个重要问题，我们要在这里加以说明。

我们已经知道苗语的量词在对于一种事物的性质的描写上有三种形式，一种是本形（复量词除本形外，还有降低调变形），它修饰的名词所代表的事物或它本身作代名词用时所代表的事物是壮美的；一种是 AE 变形，它修饰的名词所代表的事物或它本身作代名词用时所代表的事物是普通的；一种是 A 变形，它修饰的名词所代表的事物或它本身作代名

词用时所代表的事物是小巧，少量或可爱的。其实一种事物的壮美、普通或小巧可爱虽有客观的标准，但也有观察者的主观看法。一种事物在甲认为是壮美的，在乙看来也许是很平常的；在甲认为是可爱的，在乙看来也许并不可爱。但是无论如何一个人对于一种事物的看法至少在片刻的时间内应当是前后一致的，也就是说在某一片刻，一个人叙述一种事物时对于那种事物的性质应当有首尾一致的看法，不能在说第一句话认为那种事物是壮美的，说第二句话时又认为是普通的。因此在他对于一种事物的叙述中就不能把量词本形和 AE 变形，A 变形混起来用。如果在初次介绍一种事物时用量词本形（复量词则是用低降调变形）修饰，则在后面再谈到那种事物时还要用量词本形修饰；如果初次介绍一种事物时用量词高升调 AE 变形或 A 变形修饰，则在后面再谈到那种事物时，必须还用量词本调 AE 变形或 A 变形修饰，这样才使听话人对于听到的事物有一个清晰的认识。否则就觉得说话人前后矛盾，令人抓不住他们所说的话的要领。

另外还有一种情形：在表示恭维或谦逊的场合，说话人有时故意歪曲客观事实或自己对于事物的看法，因而所用的量词与应当用的或自己想用的不同。例如别人的东西明明很平常或者很不好，为了表示恭维，也要用量词本形；自己的东西本来很好，为了表示谦逊，也要用 AE 变形。不过要恭维或谦逊也必须恭维或谦逊到底，不能第一句恭维，第二句就不恭维了；第一句谦逊，第二句就不谦逊了，因而在使用量词时，仍然要前后一致，否则也是很不顺耳的。

总起来一句话，在使用量词时前后必须要保持着“称”（壮美称，普通称，指小称）的一致。

有一件事情需要在这里说明：苗族妇女不习惯用量词本形。即使事物在客观上是壮美的或在她主观上认为是壮美的，她也用 AE 变形而不用量词本形。不过这也不能一概而论，个别的妇女也有用量词本形的，只能说一般有这么一种倾向罢了。

关于本章所举各例的汉语译文我们有下面的一点解释：苗语的量词除 AE 变形修饰代表普通事物的名词以外，本形修饰代表壮美事物的名词，A 变形表示小巧、少量或可爱的事物，规定得很清楚，所以在本章所举各例的汉语译文中的名词前面就没有加上“壮”、“美”、“好”、“小”、“一点儿”、“可爱的”等字样。例如：$lae^{55}li^{33}fau^{33}$的意思是普通的头，当然可以译为一个“头”字。$lu^{55}li^{33}fau^{33}$是壮美的头，也只译为一个“头”字。$la^{55}li^{33}fau^{33}$是小的头，同样也只译为一个“头”字。显然三个“头”字的涵义不同，只是为了简明才这样做的。

下面举两段带有量词的文章，从这两段文章中可以看出量词实地应用的情形。因为文章是现成的，不是为了说明量词用法而设计的，所以不能把量词的各种形式都包含在内，只能由这两段文章中窥探量词用法的一斑罢了。

1. da^{35} li^{55} a^{55} nɖo^{31} dae^{35} a^{33} dy^{33}
只 鸦 和 只 狐

mʻa^{35} i^{55} da^{35} li^{55} a^{55} ʐaɯ^{33} tsœy^{11} i^{55} dʑi$^{33\to31}$ ntau^{33}, ɳ̥o^{55} vʻae^{31} ɳ̥ʻi^{13} la^{55} a^{33} ndʐʻau^{35} tae^{11}
有 一 只 鸦 飞 栖 一 枝 树 在 里 他 个 嘴 衔

mʻa^{35} i^{55} tsʻae$^{33\to11}$ nɢʻae^{35} tɕie^{33}. ʈʂʻae^{55} ɳ̥ʻi^{13} ta^{55} die^{31} daɯ^{11}, ɳ̥ʻi^{13} ntʂʻœy^{33} nʻau^{35} tsʻae^{33} nɢʻae^{35}
有 一 块 肉 住 饥 他 很 了 他 想 吃 块 肉

ɳ̥i^{55}. tʻau^{33} i^{55} mʻa^{35} i^{55} dae^{35} a^{33} dy^{33} dʻœy^{31} dʻa^{35}, tae^{33} a^{33} dy^{33} ɳ̥i^{55} la^{11} ae^{55} ʈʂʻae^{55} daɯ^{11},
这 时 那 有 一 只 狐 出 来 只 狐 这 也 很 饥 了

i^{55} vie^{33} ɳ̥ʻi^{13} nʈʻie^{55} hi^{33} tau^{33} qɯ^{55} qa^{55} ʂʅ^{33} nʻau^{35}. ɳ̥ʻi^{13} bʻo^{31} tsʻae^{33} nɢʻae^{35} ku^{11} ɳ̥o^{55} vʻae^{31}
但 他 找 不 得 食物 什么 吃 他 见 块 肉 的 在 地方

ta^{33} li^{55} a^{55} la^{55} a^{33} ndʐʻau^{35} i^{55}, ɳ̥ʻi^{13} ʈae^{11} ʐʻu^{13} hi^{11} ʐʻu^{13} lu^{33} gi^{11} pi^{55} dœy^{55}: "ku^{55}
只 鸦 个 嘴 那 他 就 自己 说 自己 话 （虚字）（自言自语貌） 我

ae^{55} die^{31} la^{55} nʻau^{35} tsʻae^{33} nɢʻae^{35} ɳ̥i^{55}". a^{33} li^{33} ɳ̥i^{55}, ɳ̥ʻi^{13} nɖo^{31} ta^{33} li^{55} a^{55} hi^{11}: "die^{11} gi^{31}
一定 要 吃 块 肉 这 做 如 这 他 对 只 鸦 说 是否 你

zau^{33} ɳ̥o^{55}? tsa^{55} a$^{55\to31}$ mʻau^{31} li^{55} a^{55}, gi^{31} ae^{55} ndʻi^{31} zʻaɯ^{31} ma^{31}, die^{11} gi^{31} ʂaɯ^{55} a^{33} qɯ^{33}
好 在 个 兄 鸦 你 很 衣服华美 呀 是否 你 声 喉

zau^{33} hi^{33} zau^{33}? die^{11} gi^{31} dzʻœy xu^{33} ngʻau^{35}?" ta^{33} li^{55} a^{55} n̥o^{55} ku^{11} tae^{33} a^{33} dy^{33} tsau^{55}
好 不 好 是否 你 会 唱 歌 只 鸦 听见（虚字） 只 狐 夸奖

ɳ̥ʻi^{13}, ɳ̥ʻi^{13} a^{55} sie^{55} la^{31} ta^{55} die^{31}, ɳ̥ʻi^{13} ʈa^{33} a^{33} lo^{33} ʈʂo^{33} saɯ^{55} xu^{33} hi^{11}: "a^{33}, a^{33}……" tsʻae^{33}
他 他 心 喜 很 他 张开 口 放声 唱 说 哇 哇 块

nɢʻae^{35} tau^{33} pau^{55} tl̥a^{33} pi^{55} ti^{55} lʻœy^{31} daɯ^{33}. tae^{33} a^{33} dy^{33} la^{31} tu^{33} hi$^{33\to55}$ la^{31} i^{55} lo$^{33\to11}$, tae^{11}
肉 得 落 到 下 去 了 只 狐 谢 都 不 谢 一 句 衔

tsʻae^{33} nɢʻae^{35} gi^{11} ntɕu^{11} tl̥a^{33} ngʻa^{35} lʻœy^{31} daɯ^{11}.
块 肉 （虚字）（行走的样子） 到 家 去 了

译文：

乌鸦和狐狸

有一只乌鸦歇在一个树枝上，在他的嘴里衔着一块肉。他饿极了，想吃这块肉。这时，出来一只狐狸，这只狐狸也很饿了，可是他找不到什么东西吃。他看见乌鸦嘴里的那块肉，他就喃喃自语道："我一定要吃这块肉。"于是他对乌鸦说："您好吗？乌鸦哥哥，您穿的衣服很华美，您的嗓音好不好？您会唱歌吗？"乌鸦听见狐狸夸奖他，他心里很高兴，他张嘴放声唱道："哇，哇，……"那块肉就落到地下去了。狐狸没有说一句道谢的话，衔起肉，优哉游哉地回家去了。

2. mbʻa^{35}① lie^{55} nɖo^{31} di^{31} kau^{11}
群 猴 和 些 帽

mʻa^{35} i^{55} gʻau^{35}（变读作 ɡau^{55}）i^{55} lae^{35} tɯ^{55} nɯ^{55} ʈʅ^{11} i^{55} ȵʻie^{31} gʻœy^{31} kau^{11} tɕʻau^{33} vʻae^{31}
有 一 次 一 个 人 背 一 大 箩 帽 过 地方

i^{55} lu^{55} ʈau^{55}. n̥u^{55} i^{55} ndʻu^{35} ae^{55} ʂo^{55}, ȵʻi^{13} tl̥ʻa^{11} ta^{55} die^{31}, ʑʻu^{13} hi^{11} ʑʻu^{11}, "ndʻu^{35} ae^{55} ʂo^{55},
一 个 山 日 那 天 很 热 他 累 很 自己 说 自己 天 很 热

lae^{55} gʻœy^{31} kau^{11} ȵi^{55} la^{11} ae^{55} ȵ̥aɯ^{55} ta^{55} die^{31}. ʂo^{33} vʻae^{31} lae^{55} ko^{33} a^{33} zau^{33} ȵi^{55} ndlʻae^{31}
个 箩 帽 这 也 很 重 很 休息 地方 个 根 林 这 避

ntsau^{55} i^{55} mbœy$^{53→13ʻ}$ hie^{55}!"
荫 一 会儿 吧

ȵo^{55} vʻae^{31} lae^{55} ndlo^{53} ko^{33} a^{33}zau^{33} ȵi^{55}, tɕa^{33} tsʻa^{55} ɡi^{11} ntsie^{55} ntsie^{55}, ʈae^{11} mʻa^{35}
在 地方 个 内 根 林 这 风 吹（虚字）（吹风的样子） 又 有

naɯ^{33} nau$^{53→31}$ ɢʻa^{35} ɡi^{11} nʈo^{55} nɖʻɯ^{13}. tsae^{55} tɯ^{55} nɯ^{55} ȵi^{55} zʻau^{31} vʻae^{31} fae^{35} qaɯ^{55}
蛇 鸟 叫（虚字）响（响的样子） 个 人 这 坐 地方 棵 底

ntau$^{33→11}$ tau^{33} py^{33} lʻœy^{31}. lu^{55} n̥u^{55} ʈʻau^{33} vʻae^{31} ta^{55} a^{33}ndlʻau^{35} ntau$^{33→11}$ pi^{55}nʈaɯ^{55} dʻa^{31} tœy^{33}
树 得 睡 去 个 太阳 从 地方 些 叶 树 中 踢 脚

tɕi^{33} ʈau^{33} ȵʻi^{13}. tsae^{55} tɯ^{55} nɯ^{55} ȵi^{55} ʈʻau^{33} vʻae^{31} lae^{55} ɡʻœy^{31} kʻœy^{11} dʻœy^{31} i^{55} lu^{55} kau^{11} lʻo^{13}
照 在 他 个 人 这 从 地方 个 筐 取 出 一 个 帽 来

ntau^{33} tɕie^{33}, a^{33} li^{33} ȵi^{55}, lu^{55} n̥u^{55} ʈae^{11} tɕi^{33} hi$^{33→55}$ ɖau$^{33→35}$ ȵʻi^{13} daɯ^{11}.
戴 起 做 如 这 个 太阳 就 照 不 着 他 了

tsae^{55} tɯ^{55} nɯ^{55} ȵi^{55} tl̥ʻa^{11} ta^{55} die^{31}, ȵʻi^{13} py^{33} ɡi^{11} lʻœy^{31} ʐo^{31}, mʻa^{35} li^{33} ku^{11} a^{55}
个 人 这 累 很 他 睡（虚字）（睡得香甜的样子） 有 约 二

tsʅ^{55} tu^{33}（变读作 du^{31}）dʑʻae^{35} ȵau$^{53→31ʻ}$, ta^{55} lʻie^{13} dʐʻʅ^{31} lʻo^{13}. ȵʻi^{13} ʈʂa^{55} bʻo^{31} lae^{55} gʻœy^{31}
三 个 钟头 才 醒 来 他 只 见 个 箩

ɡi^{11} gʻu^{13} tɕa^{55} tɯ^{55} vʻae^{31} ȵʻi^{13} saɯ^{55} li^{33} taɯ^{55} ta^{55}, ti^{55} kau^{11} hi$^{33→55}$ bʻo^{31} lʻœy^{31}
（虚字） 空 （空的样子）放置 地方 他 边 肋 仅 些 帽 不 见 去

daɯ^{11}. ti^{55} kau^{11} ȵi^{55} tl̥a^{33} qʻo^{55} dy$^{31→53}$ lʻœy^{31} lae^{55}? qa^{55} dʻy$^{31→13}$ kʻœy^{11} lʻœy^{31} lae^{55}?
了 些 帽 这 到 处 何 去 呢 谁 取 去 呢

tsae^{55} tɯ^{55} nɯ^{55} ȵi^{55} ʂœy^{55} lʻo^{13} nʈʻie^{55} ʈau^{33} tsʻa^{33} qʻo^{55}, nʈʻie^{55} ʈau^{33} tae^{55} qaɯ^{55}
个 人 这 起 来 找 在 每 处 找 在 些 底

ntau$^{33→11}$, nʈʻie^{55} ʈau^{33} tae^{55} ɢʻau^{31} ntau^{33}, i^{55} vie^{33} ȵʻi^{13} nʈʻie^{55} hi^{33} tau^{33}.
树 找 在 些 背后 树 但 他 找 不 得

ȵʻi^{13} tau^{33} ʈʂaɯ^{33} li^{33} fau^{33} nʻa^{31} ʈau^{33} ntau^{33} a^{55} ʂa^{55}, bʻo^{31} mʻa^{35} i^{55} mbʻa^{35} lie^{55} ȵo^{55} vʻae^{31}
他 得 抬 头 看 在 树 上 见 有 一 群 猴 在 地方

a^{55} dʑʻi^{31} ntau^{33} a^{55} ʂa^{55}, tsʻa^{33} tu^{33}（变读作 du^{33}）lie^{55} tu^{33} ntau^{33} kau^{11} tl̥ʻie^{33} mʻau^{13} tl̥ʻie^{33}
枝 树 上 每 只 猴 都 戴 帽 跳 去 跳

① 这个 mbʻa^{35}是 mbʻo^{35}的高升调 A 变形。

l‘o^{13} v‘ae^{31} a^{33} dʑ‘i^{31} ntau^{33} a^{55} ʂa^{55}.
来 地方 枝 树 上

tsae^{55} tɯ^{55} nɯ^{55} ȵi^{55} tɕ‘i^{33} ta^{55} die^{31}，ȵ‘i^{13} xu^{33} hi^{11}，“ma^{55} ku^{55} tae^{55}① kau^{11} ʈae^{11} ʈ‘au^{33}
个 人 这 生气 很 他 喊 说 把 我 些 帽 还 给

ku^{55}，ma^{55} ku^{55} tae^{55} kau^{11} ʈae^{11} ʈ‘au^{33} ku^{55}！” i^{35} vie^{33} mb‘a^{35}② lie^{55} tl̥o^{11} ntʂie^{33} ȵ‘i^{13} ta^{55}. tsae^{55}
我 把 我 些 帽 还 给 我 但 群 猴 笑 注视 他 只 个

tɯ^{55} nɯ^{55} ȵi^{55} v‘ae^{13} ntʂ‘ʅ^{11} i^{55} di$^{33\to31}$ a^{55} dʐ‘ʅ^{13} a^{55} və^{55} l‘a^{13} gi^{11} pi^{33} ntʂʅ^{55} pi^{33} nka^{55} m‘au^{13}
人 这 抓 立刻 一 把 碎东西 石 投（虚字）（四处飞散的样子） 去

ntau^{11}，mb‘a^{35}③ lie^{55} ʈae^{11} tl̥i^{33} a^{55} lu^{55} tsʅ^{55} tl̥œy^{33} l‘a^{35} l̥au^{33} l‘o^{13} ntau^{11} ȵ‘i^{13}. tsae^{55} tɯ^{55} nɯ^{55}
打 群 猴 就 摘 果 胡桃 投 下 来 打 他 个 人

ȵi^{55} dʐ‘au^{13} pi^{55} lau^{53} saɯ^{33}，bœy^{33} tl̥‘u^{33} b‘a^{13} vo^{31} daɯ^{11}.
这 困 难 掉 脸 悲惨 了

ȵ‘i^{13} k‘œy^{11} ntʂ‘ʅ^{11} ȵ‘i^{13} lu^{55} kau^{11} l‘a^{13}l̥‘a^{55} saɯ^{33} pi^{55} ti^{55} ha^{11}，ȵie^{55} gi^{11}
他 拿 迅速 他 个 帽 投（投的样子） 掉 下 一面 哭 （虚字）

qa^{33} l‘œy^{13}. mb‘a^{35}④ lie^{55} la^{11} ʑau^{31} ȵ‘i^{13} l̥y^{55} kau^{11} l‘a^{35} saɯ^{33} ha^{11}，ʈae^{11} ʑau^{31} ȵi^{13} ȵie^{55}.
（哭的样子） 群 猴 也 学 他 脱 帽 投 掉 一面 又 学 他 哭

tsae^{55} tɯ^{55} nɯ^{55} ȵi^{55} la^{31} gi^{11} tl̥‘ie^{33} tl̥‘ɯ^{55}，ȵ‘i^{13} ʈae^{11} ʂ au^{33} ti^{55} kau^{11} nd‘i^{31} ʈau^{33}
个 人 这 喜（虚字） 跳（跳的样子） 他 就 收 些 帽 装 在

lae^{55} g‘œy^{31} tɕie^{33}，a^{55} sie^{55} la^{31} ta^{55} die^{31} ha^{11}，ʂœy^{55} l‘œy^{31} daɯ^{11}.
个 箩 起 心 喜 很 一面 起 去 了

译文：

猴子和帽子

有一回，一个人背了一大箩帽子过一座山。那天天气很热，他疲劳极了，自言自语道：“天很热，这箩帽子又很重，在这树林里休息休息避一会儿太阳吧！”

在这个树林里，风轻轻地吹着，各种鸟类婉转地叫着。这人坐在一棵树底下睡了。太阳从树叶中间射下来晒着他，这人从箩里取出一顶帽子戴上，于是太阳就晒不着他了。

这人疲乏极了，他睡得很香，大约有两三个钟头才醒过来。他看见空箩放在他的身旁，帽子不见了。这些帽子到哪儿去了呢？谁拿去了呢？

这人站起来在各处寻找，在树下边找，在树背后找，但他找不到。

① 讲故事的人认为帽子是壮美的，复量词用 ti^{55}，但故事中的帽子主人则为了表示谦逊，把帽子说成普通的，所以复量词用 tae^{55}。

②③④ 这个 mb‘a^{35} 是 mb‘o^{35} 的本调 A 变形。

他抬起头来往树上一看，看见在树枝上，有一群猴子，每只猴子都戴着帽子在树枝上跳来跳去的。

这人生气极了，他喊道："把我的帽子还给我，把我的帽子还给我!"可是猴子只是看着他对他笑。这人抓起一把石头子儿去打，那群猴子就摘胡桃扔下来打他，这人没有办法，愁眉苦脸的。

他急得把他的帽子扔在地下，呜呜地哭起来了。那群猴子也学着他的样子把帽子脱下来扔到地下，同时又学他哭。

这人喜欢得跳了起来，他就把帽子收起来装在箩里，高高兴兴地走了。

四　量词的功用

苗语量词主要的功用有两种，一种功用和汉语的量词相同，只是由于有形态变化，量词本身有壮美、普通、指小的意义，在汉语（北京话）中须赖形容词或名词的儿化来表示。在用法上苗语量词和汉语量词基本上是没有区别的，只是和量词同时修饰的指示词或其他修饰语的位置不同，所以在这里不再叙述。另外一种功用和印欧语的冠词相似，在这里我们可以作简单的对照说明。看表17。

表17　苗语量词和英法德语冠词比较表之一

	苗　语	英　语	法　语	德　语
桌子（单数）	dzae^{53}ki^{33}ɖ‘au^{35}	the table	la table	der Tisch
桌子（复数）	tae^{55}ki^{33}ɖ‘au^{35}	(the) tables	les tables	die Tische
(某)桌子	dzae^{35}ki^{33}ɖ‘au^{35}	a table	une table	ein Tisch
书(单数)	nae^{33}ntœy^{55}	the book	le livre	das Buch
书(复数)	tae^{55}ntœy^{55}	(the) books	les livres	die Bücher
(某)书	nae^{35}ntœy^{55}	a book	un livre	ein Buch
笔(单数)	tae^{33} pi^{31}	the pen	la plume	die Feder
笔(复数)	tae^{55} pi^{31}	(the) pens	les plumes	die Feder
(某)笔	dae^{35}pi^{31}	a pen	une plume	neine Feder

由表17可以看出苗语量词和印欧语冠词是很相似的，不过两者还有区别：首先是有的印欧语冠词有性的区分，这一点我们认为不是苗语量词和印欧语冠词的主要区别，因为印欧语的冠词在某些语言中是决定名词的性的，而名词的性与名词所代表的事物的自然性

又不一定一致，所以严格说来，印欧语中的名词分为阴阳两性或阴、阳、中三性也不过是表示把名词分为两类三类罢了。苗语在这方面分的类较多，至少有几十类，苗语的一部分量词正好就是作为名词分类的标志的。苗语区分事物类别的量词虽多，实际上日常用的并不多，也就是使用的频率很不平衡。量词 tu^{33}指定一切动物、长形硬性中实的无生物和抽象事物；第Ⅶ组量词中的 lu^{55}指定圆形或中空的无生物，lɯ^{55}指定人；第Ⅰ组量词中的 faɯ^{55}指定一切植物。试想世界上的事物非具体的即抽象的；具体的事物中非生物即无生物，生物中非动物即植物；动物中非人即一般动物；无生物的形状大体上说非实即虚，非长即圆；所以 tu^{33}，lu^{55}，lɯ^{55}，faɯ^{55}这四个量词基本上可以把世界上的事物完全指定，凡不能用这四个量词指定的事物，只好算是例外。这样，苗语实际上是把事物分为四类，和印欧语的把事物分为两类或三类是差不多的。苗语量词和印欧语冠词的主要区别在于前者有“称”（壮美称、普通称、指小称）的区别，后者有“格”的变化。有“格”的变化表示词在句中的关系清楚，苗语有固定的词序，词在句中的关系和汉语一样，没有不清楚的现象。有“称”的区别，修辞色彩比较细致，苗语只利用量词，就能使听话人对于说话人所叙述的事物有一个极清晰的概念。印欧语冠词不能做到苗语量词所做的工作，必须在名词上加语尾或借助于形容词的修饰，才能把要叙述的事物的轮廓画出。由表 18 就可以看出苗语量词和印欧语冠词在功用上的差别：

表 18　苗语量词和英法德语冠词比较表之二

	苗　语	英　语	法　语	德　语
书	nae^{33} ntœy^{55}	the book	le livre	das Buch
小书儿	na^{33} ntœy^{55}	the booklet	le livret	das Büchel 或 das Büchelchen 或 das Büchlein
壮美的书	naɯ^{33} ntœy^{55}	the nice book	le bon livre	das gute Buch
鸟	tae^{33} nau^{53}	the bird	l'oiseau	der Vogel
小鸟儿	ta^{33} nau^{53}	the birdie 或 thelittle bird	le petit oiseau	das Vögelein 或 das Vögelchen
壮美的鸟	tu^{33} nau^{53}	the nice bird	le bon oiseau	der gute Vogel
桌子	dzae^{53}ki^{33} ɖ'au^{35}	the table	la table	der Tisch
小桌儿	dza^{53}ki^{33} ɖ'au^{35}	the small table	la petite table	das Tischlein 或 das Tischchen
壮美的桌子	dzɿ^{53}ki^{33} ɖ'au^{35}	the nice table	la bonne table	der gute Tisch

苗语量词对名词的关系比印欧语冠词对名词的关系更为密切。在印欧语中，如果名词前面有修饰语，则冠词省略，苗语的量词则通常不省。看表 19：

表 19　苗语量词和英法德语冠词比较表之三

	苗　　语	英　　语	法　　语	德　　语
马	tae^{33} nɯ$^{33\to13}$‘	the horse	le cheval	das Pferd
我的马	ku^{55} tae^{33} nɯ$^{33\to13}$‘	my horse	mon cheval	mein Pferd
你的马	gi^{13} tae^{33} nɯ$^{33\to13}$‘	your horse	ton cheval	dein Pferd
他的马	ȵ‘i^{31} tae^{33} nɯ$^{33-13}$‘	his horse	son cheval	sein Pferd
桌子	dzae^{53} ki^{33} ɖ‘au^{35}	the table	la table	der Tisch
我的桌子	ku^{55} dzae^{53} ki^{33} ɖ‘au^{35}	my table	ma table	mein Tisch
你的桌子	gi^{31} dzae^{53} ki^{33} ɖ‘au^{35}	your table	ta table	dein Tisch
他的桌子	ȵ‘i^{13} dzae^{53} ki^{33} ɖ‘au^{35}	his table	sa table	sein Tisch
鹅	tae^{33} ŋu$^{33\to13}$‘	the goose	l’oie	die Gans
我的鹅	ku^{55} tae^{33} ŋu$^{33\to13}$‘	my goose	mon oie	meine Gans
你的鹅	gi^{31} tae^{33} ŋu$^{33\to13}$‘	your goose	ton oie	deine Gans
他的鹅	ȵ‘i^{13} tae^{33} ŋu$^{33\to13}$‘	his goose	son oie	seine Gans

苗语量词除上面说的两种功用外，还有两种比较小的功用：一种是用来区别同音词，一种是使动宾结构作名词用。因为苗语的同音词不多，所以量词区别同音词的功用并不显著；至于使动宾结构作名词用的情形，多半是因为某一种事物非苗族所固有，而苗族又不愿意借别的语言的词用，就用动宾结构叙述那种事物的作用，然后在其前面加上一个表示那种事物的形状和性质的量词。这样一来，量词就使动宾结构作名词用了，这种办法在目前应用的也不广泛。下面分别举例说明这两种作用。

1. 用量词区别同音词：

{tsa^{55} ky^{55} 弟弟
 la^{55} ky^{55} 妹妹

{ʈae^{55} b‘aɯ^{35} 花
 dlae^{53} b‘aɯ^{35} 图画

{fae^{55} ntau^{33} 树
 tae^{33} ntau^{33} 木料
 lae^{55} ntau^{33} 棺材

{tae^{33} dʑ‘ae^{35} ȵau$^{53\to13}$‘ 钟头，时间
 lae^{55} dʑ‘ae^{35} ȵau$^{53\to13}$‘ 钟表

{dzae^{35} ki^{33} ɖ‘au^{35} 桌子
 tae^{33} ki^{33} ɖ‘au^{35} 板凳

2. 用量词使动宾结构作名词用：

ntsa^{55}　tl̥'u^{33}　洗脸
洗　脸

lae^{55}　ntsa^{55}　tl̥'u^{33}　洗脸盆
个　洗　脸

dlae^{53}　ntsa^{55}　tl̥'u^{33}　毛巾
幅　洗　脸

（注意上例的量词除使动宾结构作名词用以外，还有区别同音词的作用）

b'o^{31}　ki^{55}　看见路（转为“明亮”的意思）
见　路

lae^{55}　b'o^{31}　ki^{55}　窗子
个　见　路

n'a^{31}　tl̥'u^{33}　看脸
见　脸

lae^{55}　n'a^{31}　tl̥'u^{33}　镜子
个　看　脸

g'au^{35}　a^{55} ma^{53}　围眼
围　眼

lae^{55}　g'au^{35}　a^{55} ma^{53}　眼镜
个　围　眼

附录一　主要的量词

量词解释的后面方括号内的字是作“半”字讲的数词，表示该量词就接那个作“半”字讲的数词。

Ⅰ　清高平甲组

faɯ^{55}　棵（指植物）
fɯ^{55}　分（衡的单位）[ntaɯ^{33}]
l̥aɯ^{55}　小把儿（指明子，行路时照明的松明——用松木劈成的长木条）
ku^{55}　角（如瓶了一角）
n̥aɯ^{55}　口袋（指一切可以盛于口袋内的东西，多指粮食）[ntaɯ^{33}]；穗（指五谷）
n̥u^{55}　天（如三天）[daɯ^{31}]
ŋ̊u^{55}　坛（指一切可以盛于坛内的东西，多指水、甜酒）[ntaɯ^{33}]
tɕ'y^{55}　堆（指草）
ntɕ'i^{55}　杈（指树枝）
p'aɯ^{55}　面（多指河的两侧）
p'o^{55}　张（指毡子）、床（指被子）、件（指蓑衣）

saɯ^{55}　方（指四方）、面（指石磨，木板、石板）

so^{55}　窝（指蜂）

sɿ^{55}　枝（指箭）、巴掌（指东西的厚度，多指猪肉的膘）

ʂa^{55}　杼的宽度单位（四根麻线所占的宽度）

ʂœy^{55}　挂（指肉）

tʂʻə^{55}　小坛（指一切可以盛于小坛内的东西，多指油、酒）[ntaɯ^{33}]

tʻau^{55}　桶（指一切可以盛于桶内的东西，多指水）[ntaɯ^{33}]

tsʻɿ^{55}　片（指木板，石板）

vaɯ^{55}　浅竹器（指一切可以盛于浅竹器上的东西）[ntaɯ^{33}]

xau^{55}　盎、小口大腹瓶（指一切可以盛于小口大腹瓶内的东西，多指油）[ntaɯ^{33}]

Ⅱ高升组

dlʻi^{35}　块（指银元），粒（指米）

dzʻau^{35}　丛（指草，灌木）

dzʻie^{35}　钱（重量单位）

dzʻo^{35}　条（指路，绳子，带子）

dʐʻaɯ^{35}　堆（指火）

dʑʻae^{35}　季，点钟

ɡʻau^{35}　回，次

mbʻa^{35}　掌（如打了一掌）

mbʻo^{35}　群（指动物，有时指人）

ndʻaɯ^{35}　段（指篱笆），股儿（指绳子）

ndʻu^{35}　捶（如捶了两捶）

ndlʻaɯ^{35}　庹

ndzʻu^{35}　道（指衣服或裙子上缝的线）

ndʑʻy^{35}　垛（指搭成棚状的柴）

ngʻa^{35}　屋子（指一切可以容纳于屋子内的东西）[ntaɯ^{33}]

ngʻo^{35}　船（指一切可以载于船上的东西）[ntaɯ^{33}]

zaɯ^{35}　件（指事情）、排（指成排的东西）

Ⅲ　清高平乙组

faɯ^{55}　方（指布）

fɯ^{55}　大口袋（指一切可以装于大口袋内的东西）[ntaɯ^{33}]

ky^{55}　担（指水及其他可以担的东西）[ntaɯ^{33}]

n̥ɯ^{55}　箭（如射了一箭；实际上这个字作弩讲，但汉语不说射了一弩，所以译作箭）

nqə^{55}　口（指饮料，如喝了一口水）

ntʂau^{55}　　堆（指竖立堆起的柴）

ntsɿ^{55}　　瓣（指柑子的果肉，胡桃的果仁）

qə^{55}　　折（1. 用步量东西的长度时，迈一步，再把前腿向前一跪，从后腿的脚跟所踩的地方到前腿膝部所跪的地方之间的距离叫做一步一折。2. 用手量东西的长度时，伸开拇指与食指，尽量使两手指张开，然后再以食指尖端为起点，向前一折，增加两个指节的长度，从拇指尖端所在的地方到食指第二指节所折的地方之间的距离叫做一小拃一折。如以中指代食指，同样去做，则自拇指尖端所在的地方到中指第二指节所折的地方之间的距离叫做一大拃一折。3. 用双臂量东西的长度时，平伸两臂，再以一只手的尖端为起点向左或向右一折，加上半臂的长度，从另一只手的尖端所在的地方到这只臂的肘端之间的距离叫做一庹一折。）

qo^{55}　　束（指草）

q‘aɯ^{55}　　行距（田地中五谷行与行之间隔）

q‘o^{55}　　处（指地方）

q‘œy^{55}　　包（指一切可以包裹的东西），束（指挂面）[ntaɯ^{33}]

ty^{55}　　斗（量的单位）[ntaɯ^{33}]

ʈə^{55}　　朵（指花），片（指叶子），张（指纸）

tɕae^{55}　　背篓（指一切可以盛于背篓内的东西，多指玉蜀黍、煤炭）[ntaɯ^{33}]

tɕo^{55}　　坨儿（指粑粑，土地）

tɕ‘aɯ^{55}　　间（指房屋）

tl̥au^{55}　　堆（指柴），块（指大片土地，又如衣服污了一块）

tl̥ie^{55}　　小勺（指一切可以用小勺舀的东西，多指饭、菜、油）[ntaɯ^{33}]

tl̥o^{55}　　团（指线，乱柴草）

tʂaɯ^{55}　　种（指一切可以分类的东西）

tʂ‘o^{55}　　弯（指河流的曲折）

ʐaɯ^{55}　　段（指一切可以分段的东西，如竹子、文章）

Ⅳ　清中平组

ɕau^{33}　　年 [ts‘ae^{33}]

ki^{33}　　斤（重量单位）[ts‘ae^{33}]

k‘œy^{33}　　捧（指一切可以捧起的东西）

lo^{33}　　口（指饭、汤、水、药），句（指话，lo^{33}的声母古音为 * ʔl，属清音范畴）

l̥i^{33}　　月 [ts‘ae^{33}]

l̥y^{33}　　羊皮口袋（将羊去头尾四肢，取出骨肉脏腑，只剩一个空筒的羊皮，晒干后用以装粮食等物）[ntaɯ^{33}]

m̥o^{33} 夜 [daɯ^{31}]

nk‘ə^{33} 垄（指五谷）、串（指用线串连起来的东西）

nq‘au^{33} 都噜（指成都噜的东西，如葡萄）

ntau^{33} 大把儿（指麻线，十 ntʂ‘a^{33} 为一 ntau^{33}）

nʈaɯ^{33} 背（指可以背负的东西，多指粮食，木炭，煤炭）

ntɕa^{33} 里（度的单位）

ntɕa^{33} ntau^{11} a^{55} və^{55} 投石最大的距离（仅第一音节变形）

ntɕa^{33} ʂo^{33} 程，背物时两次休息之间所走的距离（仅第一音节变形）

ntɕa^{33} xu^{33} 呼声所及的最大距离（仅第一音节变形）

ntʂʅ^{33} （一）点儿（通常只接数词“一”，指少量的不可数的东西）

ntʂ‘a^{33} 把儿（指麻线）

p‘au^{33} 锅（指一切可以盛于锅内的东西，多指饭、菜）[ntaɯ^{33}]

po^{33} 两方（长为宽之两倍的长方形，指布）

qae^{33} 绺（指缨、缕），队（指兵、学生）

qœy^{33} 棍（如打了一棍）

qœy^{33} ʂo^{33} 程，背物时两次休息之间所走距离（与 ntɕa^{33} ʂo^{33} 同，仅第一音节变形）

q‘œy^{33} 罐（指一切可以盛于罐内的东西，多指油、甜酒）[ntaɯ^{33}]

sie^{33} 串，辫（指编起来的玉蜀黍果实）

tau^{33} 掐（拇指与其余四指握起之量，多指酸菜）

tœy^{33} 脚（如踢了一脚）、坯（指粪便）

ti^{33} 层（指石头，泥土）、把（指妇女绩麻绕在手上的麻线的最大量）

t‘ae^{33} 级（指楼梯）

t‘au^{33} 块（指土，粪）

tɕ‘œy^{33} 件（指布）

tl̥o^{33} 拃（中指或食指与拇指张开时指尖间的距离，即五六寸的长度，食指指尖与拇指指尖间的距离叫做 ŋa^{11} tl̥o^{33}，意思是小拃；中指指尖与拇指指尖间的距离叫做 ȵ‘ie^{31} tl̥o^{33}，意思是大拃。ŋa^{11} tl̥o^{33} 及 ȵ‘ie^{13} tl̥o^{33} 前面虽可以加数词，但 tl̥o^{33} 不变调、不变形所以不是量词，而是名词，只有 tl̥o^{33} 单用时才变调、变形，才是量词。）[ntaɯ^{33}]

tsau^{33} 捆（指柴、草）

tso^{33} 条（指线）

ts‘ae^{33} 只（指成双的东西如鞋、手、脚、眼、耳等两个中的一个）、块（指肉）、片（指苗族花衣服肩上的毛织物）

ts‘ʅ^{33} 世、代

ʈʂœy^33　撮（姆、食、中三指捏起之量，多指粉末状的东西）

ʈʂu^33　甑（指一切可以盛于甑内的东西，多指饭）[ntəɯ^33]

V　浊中平组

baɯ^33　条（指河）

dae^33　海碗（指一切可以盛于海碗内的东西）[ntaɯ^33]

di^33　把（一只手可以抓起之量，指一切可以用手抓起的东西）

do^33　段（多指身体，腰以上叫上段，腰以下叫下段）

dla^33　顿（指饭）

dza^33　抱（指一切可以抱的东西，多指柴、草）

dzau^33　群（指人）

dʑi^33　腿（指肉，一腿肉指带一只腿的一块肉）、架（指装有线的织布机）、枝（指树）

ma^33　把儿（指已经绩好预备织布的麻线）

mɯ^33　窝（指猪）

mbœy^33　份（指一切可以分成份的东西）、倍

naɯ^33　册（指书）

ndœy^33　捆（指筷子、菜及照明的油松等）

ndʐa^33　下儿（以任意长度的甲物去量较长的乙物的时候，必须把甲物放在乙物上去比，比一次叫一下儿，比两次叫两下儿，如甲物长一尺，一下儿就等于一尺）

ngau^33　副（指木勺，十个为一副；指碗，十个为一副；指支锅的铁棍，三根为一副；指羊下水，头、四肢、胃、肠为一副）

ngə^33　趟（如走一趟）

ngœy^33　条（指裙子）

və^33　窝（指鸟）、丘（指田）

zo^33　阵（指风、雨、雹），村（指人）

Ⅳ　高降组

ba^53　抱（指一切可以抱的东西）

bœy^53　堆（指除柴草以外的可以堆积的东西，多指粪、煤、炭、土、洋芋等）

da^53　踢（如踢了一踢）

ɖa^53　步

dla^53　本（指书）、张（指纸）、封（指信件）

dzɿ^53　张（指桌子，床）、把（指椅子）、杆（指秤）、座（指桥）

dʐʅ^53　觉（如睡了一觉）

dʐa⁵³ 条（指街，山谷）

li⁵³ 两（衡的单位）

lu⁵³ 石（量的单位）

ndo⁵³ 段（指地）

nɖʮ⁵³ 抒的宽度单位（四十根麻线所占的宽度）

ndzɑe⁵³ 捆（指割下来的麦子）

ndʐi⁵³ 周，圈儿（ntaɯ³³）

ngœy⁵³ 对（指成双的东西，又指两个人）

vau⁵³ 铧（犁地一垡叫一铧）

zae⁵³ 副（指纺车上的绕线轴，四个为一副）

ʐi⁵³ 家（指人）

Ⅶ 浊高平组

lu⁵⁵ 个（指圆形或中空的无生物）

lɯ⁵⁵ 个（前接数词时指一切男人、女人，人的职务如教员、医师、铁匠、科长等，亲属称谓如父亲、母亲、丈夫、妻子、儿子、女儿、姑母、叔父等；不接数词时，只能修饰代表女人的名词，或它在它和它的修饰语组成的各种结构中作代名词用时也只能代表女人）。

附录二 威宁苗语声韵调表

1. 声母表

声母表

			口音				鼻音或带鼻音成分的音			
			清	送气清	浊	送气浊	清	送气清	浊	送气浊
闭音塞	塞音	双唇	p	pʻ	b	bʻ	mp	mpʻ	mb	mbʻ
		舌尖中	t	tʻ	d	dʻ	nt	ntʻ	nd	ndʻ
		舌尖后	ʈ	ʈʻ	ɖ	ɖʻ	nʈ	nʈʻ	nɖ	nɖʻ
		舌根前	k	kʻ	g	gʻ	nk	nkʻ	ng	ngʻ
		舌根后	q	qʻ	ɢ	ɢʻ	nq	nqʻ	nɢ	nɢʻ
	塞擦音	舌尖前	ts	tsʻ	dz	dzʻ	nts	ntsʻ	ndz	ndzʻ
		舌尖后	tʂ	tʂʻ	dʐ	dʐʻ	ntʂ	ntʂʻ	ndʐ	ndʐʻ
		舌面	tɕ	tɕʻ	dʑ	dʑʻ	ntɕ	ntɕʻ	ndʑ	ndʑʻ
	塞边音	舌尖中	tl̥	tl̥ʻ	dl	dlʻ	ntl̥	ntl̥ʻ	ndl	ndlʻ
连续音	擦音	唇齿	f		v	vʻ				
		舌尖前	s		z	zʻ				
		舌尖后	ʂ		ʐ	ʐʻ				
		舌面	ɕ		ʑ	ʑʻ				
		舌根前	x		ɣ	ɣʻ				
		舌根后	χ							
		声门	h		ɦ					
	流音	双唇					m̥		m	mʻ
		舌尖中	l̥		l	lʻ	n̥		n	nʻ
		舌尖后					(ɳ̊)*		ɳ	ɳʻ
		舌面					ȵ̊		ȵ	ȵʻ
		舌根前					ŋ̊		ŋ	ŋʻ
	半元音	双唇			w					

* ɳ̊音依音系推测应当有，但没有发现，所以用括号括起。

2. 韵母表

（1）单元音韵母

i　a　o　u　y　ɯ　ə　ɿ　ʅ　ʮ　ʯ

（2）复元音韵母

ie　ae　au　aɯ　œy

（3）介音

i　u　y

3. 声调表

55（高平）　35（高升）　13（低升）　33（中平）　53（高降）　11（低平）　31（低降）

附录三　本文音标说明

1. 没有声母只有韵母及声调的音节实际上是以喉塞音［ʔ］为声母的，喉塞音符号省略。例如：i^{55} =［ʔi^{55}］，a^{55} =［ʔa^{55}］。

2. 塞擦音及塞边音的塞音部分的舌位与其后的擦音或边音的舌位相同，为了简单起见，闭塞部分一律以 t 或 d 表示，由第二音定确实部位。例如：ts =［t̪s］，tʂ =［ʈʂ］，tɕ =［ȶɕ］，tl̥ =［tl̥］，dz =［d̪z］，dʐ =［ɖʐ］，dʑ =［ȡʑ］，dl =［dl］。

3. 鼻塞音的鼻音部分的舌位与塞音部分的舌位相同，为了简单起见，如果塞音部分是双唇音则前面的鼻音以 m 表示，如果塞音部分是舌音（包括舌尖中、舌尖后、舌根前、舌根后）则前面的鼻音一律以 n 表示。例如：mp =［mp］，nt =［nt］，nʈ =［ɳʈ］，nk =［ŋk］，nq =［ɴq］，mb =［mb］，nd =［nd］，nɖ =［ɳɖ］，ng =［ŋg］，nɢ =［ɴɢ］。

4. 鼻塞擦和鼻塞边音的鼻音部分与塞音部分及擦音或边音部分的舌位相同，为了简单起见，鼻音部分一律以 n 表示。例如：nts =［n̪t̪s］，ntʂ =［ɳʈʂ］，ntɕ =［ȵȶɕ］，ntl̥ =［ntl̥］，ndz =［n̪d̪z］，ndʐ =［ɳɖʐ］，ndʑ =［ȵȡʑ］，ndl =［ndl］。

5. “ ‘ ”加于清声母上时，表示清送气，加于浊声母上时，表示浊送气。例如：p‘ =［ph］，b‘ =［bɦ］，t‘ =［th］，d‘ =［dɦ］。

6. a 单用时音值为［ᴀ］，后接 e 时音值为［a］，后接 u，ɯ 时，音值为［ɑ］。例如：ta =［tᴀ］，tae =［tae］，tau =［tɑu］，taɯ =［tɑɯ］。

7. ie 中的 i 较短。

8. o =［o̜］。

9. 中平调、高降调、低降调音节的不送气鼻浊闭塞声母的闭塞部分读作清音。例如：mbœy^{33}读作［mpœy^{33}］，ndzae^{53}读作［n̪t̪sae^{53}］，ndlau^{31}读作［ntl̥au^{31}］。

10. 高升调音节的送气浊闭塞声母在音节变调后，不但浊送气成分丢失，闭塞部分还要由浊变清。例如：mb‘o^{35}变调后读作［mpo^{55}］，ndz‘aɯ^{35}变调后读作［n̥t̥saɯ^{55}］，ndl‘au^{35}变调后读作［ntl̥au^{55}］。

11. 高升调的调值实际为 24，因为没有更高的升调，所以标作 35；低升调的调值实际为 12，因为没有别的低升调，所以标作 13；中平调的调值实际为 44，因为没有真正的中平调，所以标作 33；低平调的调值实际为 22，因为没有更低的平调，所以标作 11；低降调的调值实际为 21，因为没有别的低降调，所以标作 31；都是为了调号易于区别，免得互相混淆，才这样做的。

12. 依照标调惯例，变调的调值标在本调调号的右边。例如：i^{55} baɯ$^{33\to31}$表示 baɯ^{33}音节在 i^{55}音节后面时，调值由 33 变为 31；i^{55} pa$^{33\to11}$表示 pa^{33}音节在 i^{55}音节后面时，调值由 33 变为 11。如果音节的声母本来是不送气的浊音，变调后，声母变为送气的浊音，就在变调调号的右上角加一个“ ‘ ”符号。例如：i^{55} vau$^{53\to13‘}$表示 vau^{53}音节在 i^{55}音节后面时，变读作［v‘au^{13}］；tl̥au^{33} lu$^{55\to35‘}$表示 lu^{55}音节在 tl̥au^{33}音节后面时，变读作［l‘u^{35}］；ɕaɯ^{33} dzʅ$^{53\to31‘}$表示 dzʅ^{53}音节在 ɕaɯ^{33}音节后面时，变读作dz‘ʅ^{31}。如果声母是清音，变调后声母变为浊音或者如果声母是送气浊音，变调后，送气成分丢失，用变调调号不好表示，就在要变调的音节的后面画括弧注明变调后的读法。例如：i^{55} tu^{33}（变读作 du^{31}）；i^{55}（dz‘o^{35}）（变读作 dzo^{55}）。

苗语概况*

苗族居住在贵州、湖南、云南、广西、四川、广东、湖北等省区，人口有 260 余万。① 贵州省的苗族最多，有 150 余万人，主要居住在黔东南苗族侗族自治州，黔南布依族苗族自治州，安顺、毕节两地区，贵阳市和铜仁地区的松桃苗族自治县。湖南省的苗族有 43 万余人，主要居住在湘西土家族苗族自治州和邵阳专区的城步苗族自治县。云南省的苗族约有 38 万人，主要居住在文山壮族苗族自治州、红河哈尼族彝族自治州和昭通地区。广西壮族自治区的苗族约有 22 万人，主要居住在柳州专区的大苗山苗族自治县（今融水苗族自治县）、三江侗族自治县、桂林专区的龙胜各族自治县和百色专区的隆林各族自治县。四川省的苗族约有 10 万人，主要居住在宜宾专区的叙永、古蔺、长宁、筠连等县，及涪陵专区秀山县（今秀山土家族苗族自治县）。广东省的苗族有 1 万余人，主要居住在海南黎族苗族自治州的琼中、保亭、乐东等县。湖北省的苗族也有 1 万余人，主要居住在恩施专区（今鄂西土家族苗族自治州）的来凤、宣恩等县。

苗族除在黔东南苗族侗族自治州和湘西土家族苗族自治州有较大的聚居区以外，他们主要和汉族杂居；在不同的地区，也分别和布依、侗、土家、壮、黎等民族杂居。但即使在苗族聚居的地区，也有少数的汉族或其他民族居住。

苗族在湖南省湘西土家族苗族自治州的花垣、凤凰、保靖等县和贵州省松桃苗族自治县一般自称为 qɔ^{35}ɕõ^{35}②；在湖南省湘西土家族苗族自治州的泸溪、古丈、龙山等县自称为 so^{53}或 qɯ^{22}suaŋ^{53}；在贵州省黔东南苗族侗族自治州有m̥hu^{33}、mo^{33}、mu^{13}、m̥ɤ^{33}等自称③；在贵州省西部、四川省南部、云南省东部等地有m̥oŋ^{43}、m̥jau^{44}、ɑ^{55}m̥ɑu^{55}、m̥hõ^{24}、moŋ^{22}、m̥jo^{31}等自称。这些自称都同源。

苗族人民绝大多数都以苗语作为主要交际工具。湖南省城步苗族自治县、绥宁县和广西壮族自治区的龙胜各族自治县、资源县约有 7 万人，贵州省天柱县一部分苗族约有 3 万人，

---

* 本文发表于《中国语文》1962 年 1 月号，第 28 ~ 37 页。

① 本文各省（区）苗族人口数字，都是 1958 年的统计数字。苗族各方言、次方言的使用人口，是根据 1958 年的各地人口数计算出来的。

② 音标右上角的数字表调值。如 35 =˧˥，43 =˦˧，33 =˧。

③ 黔东南地区的苗族又自称 qa^{33}nau^{13}。

都说汉语，但各与当地汉语在语音上有较大的差别。湖南省通道侗族自治县的苗族和贵州省黎平县、广西壮族自治区三江侗族自治县的一部分苗族约有3.5万人说侗语。广东省海南黎族苗族自治州的苗族约有1万余人，说瑶族“勉”话的“金门”土语。[①]

苗语属汉藏语系苗瑶语族苗语支。在汉藏语系各语言中，苗语在词汇和语法方面跟瑶族的“布努”话最为接近；跟瑶族的“勉”话也有相当数量的同源词。

根据语音、词汇的异同情况并参考语法现象，苗语可分为湘西、黔东、川黔滇三个方言。湘西方言又分两个土语；黔东方言又分三个土语；川黔滇方言内部差别较大，分为川黔滇、滇东北、贵阳、惠水、麻山、罗泊河、重安江等七个次方言。其中川黔滇次方言又分两个土语，贵阳次方言又分三个土语，惠水、麻山两个次方言又各分四个土语。

湘西方言主要通行在湖南省的花垣、凤凰、吉首、古丈、泸溪、保靖等县和贵州省的松桃苗族自治县。说这个方言的约有44万人。

黔东方言主要通行在贵州省的凯里、雷山、台江、麻江、黄平、剑河、锦屏、黎平、从江、榕江等县，广西壮族自治区的大苗山苗族自治县、三江侗族自治县和湖南省的通道侗族自治县。说这个方言的约有90万人。

川黔滇方言主要通行在四川省南部、贵州省西部和中南部，云南省东部和广西壮族自治区西部。说这个方言的约有115万人。

现在简单介绍苗语语音、词汇、语法的情况。在所举的现象中，有一些是汉藏语系语言所共有的，有一些是苗瑶语族语言所共有的，有一些是苗语所特有的。[②]

一　语音

（一）音位在声母、韵母中的结合有一定的局限性。例如大南山只有鼻音能加在闭塞音[③]前面构成复辅音声母，同时这种复辅音声母的鼻音和闭塞音发音部位还必须相同。如：mp、mpl、nts、nt、ntl̥、ɳʈ、ɳʈʂ、ȵtɕ、ŋk、ɴq。作韵尾的音只能是i、u、n、ŋ。如：ei、ai、eu、au、ou、en、aŋ、oŋ。

（二）除黔东方言外，都有带鼻冠音的闭塞音声母如mp、nts、nt等。[④] 川黔滇方言的

① 关于“布努”话和“勉”话请参阅《汉语在瑶族语言丰富发展中的作用》，载《中国语文》1961年10、11月号。

② 本文根据以下各调查点的材料举例：（1）腊乙坪，在湖南省花垣县，属湘西方言。（2）养蒿，在贵州省凯里县，属黔东方言。（3）大南山，在贵州省毕节县，属川黔滇方言的川黔滇次方言。（4）石门坎，在贵州省威宁彝族回族苗族自治县，属川黔滇方言的滇东北次方言。（5）甲定，在贵州省惠水县，属川黔滇方言的惠水次方言。（6）交坨，在贵州省紫云县，属川黔滇方言的麻山次方言。（7）野鸡坡，在贵州省福泉县，属川黔滇方言的罗泊河次方言。（8）老君寨，在贵州省凯里县，属川黔滇方言的罗泊河次方言。

③ 闭塞音包括塞音、塞擦音和塞音与边音、浊擦音构成的复辅音。

④ 根据目前掌握的材料，川黔滇方言中只有贵州省安顺附近有少数苗族说的话中没有带鼻冠音的闭塞音声母。

带鼻冠音闭塞音声母可以出现在所有各调的音节中；湘西方言苗语固有词的带鼻冠音的闭塞音声母只能出现在单数调的音节中。如大南山共有 43、31、55、21、44、13、33、24 等八个声调，带鼻冠音的闭塞音声母可以出现在所有这八个调的音节中。腊乙坪共有 35、31、44、33、53、42 等六个声调，苗语固有词的带鼻冠音的闭塞音声母只能出现在 35、44、53（即第 1、3、5 调）等三个调的音节中。

（三） 各方言土语一般都有浊闭塞音，不过除川黔滇方言的滇东北次方言和川黔滇次方言的第二土语外，都没有浊闭塞音音位。

（四） 除川黔滇方言的麻山次方言和黔南地区的个别点的苗话以外，各方言、土语都有小舌塞音声母 q、qh。

（五） 有送气与不送气相对立的成套的闭塞音声母。例如养蒿的闭塞音声母有以下七对：

p	ts	t	ȶ	tɕ	k	q
ph	tsh	th	ȶh	tɕh	kh	qh

（六） 川黔滇方言的罗泊河次方言和湘西方言的东部土语有带先喉塞音与不带先喉塞音相对立的浊的鼻音、边音、擦音声母。例如野鸡坡有以下七对：

ʔm	ʔn	ʔȵ	ʔl	ʔw	ʔwj	ʔʑ
m	n	ȵ	l	w	wj	ʑ

（七） 一般只有一个鼻音韵尾，它接在前元音后面时，读作 n，接在后元音后面时，读作 ŋ。因为 n、ŋ 都可以接在同一个韵母前面构成不同的音节，所以是不同的音位。既然鼻音韵尾因所接元音不同而读作 n，或 ŋ，在音系中就根据实际读音分别写作 n、ŋ。有的地区（如湖南省花垣县和贵州省惠水县的一些地方）没有鼻音韵尾，但有鼻化元音。另外有的地区（如贵州省西北部和云南省东北部等地）也没有鼻音韵尾，同时鼻化元音只出现在少数词（大半是象声词）中。

（八） 每个音节都有一个固定的声调，声调有区别意义的作用。除川黔滇方言的罗泊河次方言只有三四个声调外，声调一般都在五个以上。例如腊乙坪有六个声调、养蒿和大南山各有八个声调，交坨有十一个声调。

（九） 声母的发音方法与声调有密切关系。例如养蒿，苗语固有词的送气声母如 ph、th、kh、fh、sh、ɕh、m̥h、n̥h、ȵ̊h、l̥h 等只能出现在 33、35、44、53（即第 1、3、5、7 调）的音节中，不送气声母如 p、t、k、f、s、ɕ、m、n、l 等能出现在所有各调的音节中。另外，苗语声调的分化与古苗语①声母的发音方法也有密切关系。见下表：

① 这里所说的“古苗语”不是远古时代的苗语，而是现代苗语方言形成以前的苗语，时间不能确定。

古苗语调类	A			B			C			D		
古苗语声母①	第一类	第二类	第三类	第一类	第二类	第三类	第一类	第二类	第三类	第一类	第二类	第三类
交坨话声调	22	32	53	232	42	11	35	55	13		44	21
养蒿话声调	33		55	35		11	44		13	53		31
老君寨话声调	31			55			24			33		

（十）除黔东方言和川黔滇方言的重安江次方言外，都有连读变调现象。川黔滇方言的连读变调现象比较多，常是前一音节影响后一音节变调。有时因变调引起声、韵母的改变。湘西方言的连读变调现象比较简单，常是后一音节影响前一音节变调。

（十一）在川黔滇方言的惠水次方言的北部土语中，有一些词头与不同的词根构成复音词时，有词头的韵母根据词根的韵母而改变的现象，即词头的韵母要和词根的韵母相同。例如甲定：

qa^{13}（词头） ʐa^{24}（石头） 石头 qɒ^{13}（词头） phlɒ^{24}（雹子） 雹子

qõ^{13}（词头） m̥phõ^{13}（灰尘） 灰尘 qə̃^{13}（词头） ʐə̃^{22}（岩石） 岩石

lɒ^{31}（词头） i^{24}（一） 第一 lɒ^{31}（词头） ɒ^{24}（二） 第二

la^{31}（词头） pa^{24}（三） 第三 lo^{31}（词头） plo^{24}（四） 第四

下面列出大南山苗语的声、韵、调，以见苗语音系之一斑。

1. 声母

p ph mp mph m m̥ v f w
pl phl mpl mphl
ts tsh nts ntsh s
t th nt nth n n̥
tl̥ tl̥h l l̥
ʈ ʈh ɳʈ ɳʈh
ʈʂ ʈʂh ɳʈʂ ɳʈʂh ʐ ʂ
tɕ tɕh ȵtɕ ȵtɕh ȵ ȵ̊ ɕ ʑ
k kh ŋk ŋkh ŋ x
q qh ɴq ɴqh

声母说明：

（1）w 是专拼汉语借词的声母。

（2）苗语固有词中 p 行、mp 行、m 行、v 行声母可以出现在各个声调的音节；其余各行的声母只能出现在 43、55、44、33 四个调（即第 1、3、5、7 调）的音节。

① 第一类声母包括清的擦音、鼻音、边音如 *f、*m̥、*l̥，送气清闭塞音如 *ph、*tsh、*kh，带鼻冠音的送气清闭塞音如 *mph、*ntsh、*ŋkh；第二类声母包括带先喉塞音的浊的擦音、鼻音、边音如 *ʔw、ʔm、ʔl，不送气清闭塞音（包括喉塞音）如 *p、*ts、*k，带鼻冠音的不送气清闭塞音如 *mp、*nts、*ŋk；第三类声母包括浊的擦音、鼻音、边音如 *w、*m、*l，浊闭塞音如 *b、*dz、*g，带鼻冠音的浊闭塞音如 *mb、*ndz、*ŋg。

（3）p 行、mp 行、m 行、v 行声母出现在 21 调（即第 4 调）和 13 调（即第 6 调）的音节时，读作送气浊音（m 行、v 行声母本身系浊音，只加浊送气成分即可）。例如：po^{21}“刺”读作［bɦo^{21}］，noŋ^{13}“鸟”读作［nɦoŋ^{13}］。

（4）以元音开始的音节，实际都有一个喉塞音声母。例如：au^{43}“二”读作［ʔɑu^{43}］。

2. 韵母

	i	u
e	ie	ue
a		ua
o		
ɚ（əɹ）		
ei		uei
ai		uai
eu		
au	iau	
ou	iou	
en	ien	uen
aŋ	iaŋ	uaŋ
oŋ		

韵母说明：

（1）ɚ、ei、ie、iau、iou、ien、iaŋ、ue、uei、uai、uen、uaŋ 是专拼汉语借词的韵母。

（2）i 与 ts 列声母相拼时，读作 ɿ，与 ʈ 列、ʈʂ 列声母相拼时，读作 ʅ，与 pl 列声母相拼时，本身不发音，使声母中的 l 做切主。例如：tsi^{55}“果子”读作［tsɿ^{55}］，ʈʂi^{44}“不”读作［ʈʂʅ^{44}］，pli^{33}“野猫”读作［pl̩^{33}］。

（3）u、ue、uen 与 tɕ 列声母相拼时，读作［y］、［ye］、［yen］。例如：tɕu^{31}“局”读作［tɕy^{31}］、ʑue“越”读作［ʑye^{31}］、tɕuen“军”读作［tɕyen^{43}］。

（4）eu 的实际音值是［ɛɯ］。例如：nteu^{55}“书”读作［ntɛɯ^{55}］。

3. 声调

调值	43	31	55	21	44	13	33	24
调类	1	2	3	4	5	6	7	8

声调说明：

（1）连读变调规则

①43 + 31→ 43 + 13（清闭塞音声母变送气浊音；浊的鼻音、边音、擦音声母加浊送气成分）。例如：

thoŋ^{43}（桶）tl̥e^{31}（水）“水桶”读作［thoŋ^{43}dlɦe^{13}］

② 43 + 55→ 43 + 44。例如：

ntou^{43}（布）sa^{55}（蓝）“蓝布”读作［ntou^{43}sɑ^{44}］

③ 43 +21→ 43 +13。例如：

qaŋ^{43}（底）ʐau^{21}（寨）“寨子下面”（山坡地村寨水平较低的一方）读作［qaŋ^{43} ʐɦɑu^{13}］

④ 43 +44→ 43 +33。例如：

au^{43}（二）pua^{44}（百）“二百”读作［ɑu^{43}puɑ^{33}］

⑤ 43 +24→ 43 +13（清闭塞音声母变送气浊音；浊的鼻音、边音、擦音声母加浊送气成分。）例如：

i^{43}（一）tl̥ai^{24}（块）“一块”读作［ʔi^{43}dlɦɑi^{13}］

⑥31 +31→ 31 +13（清闭塞音声母变送气浊音；浊的鼻音、边音、擦音加浊送成分。）例如：

ɴqai^{31}（肉）ȵo^{31}（牛）“牛肉”读作［ɴqɑi^{31}ȵɦo^{13}］

⑦31 +55→ 31 +44。例如：

ku^{31}（沟）ʈʂe^{55}（房子）“阴沟”读作［ku^{31}ʈʂe^{44}］

⑧31 +21→ 31 +13。例如：

nto^{31}（天）tsa^{21}（凉）“秋天”读作［nto^{31}dzɦɑ^{13}］

⑨31 +44→ 31 +33。例如：

mploŋ^{31}（叶子）ntoŋ^{44}（树）“树叶”读作［mploŋ^{31}ntoŋ^{33}］

⑩31 +24→ 31 +13（清闭塞音声母变送气浊音；浊的鼻音、边音、擦音声母加浊送气成分。）例如：

tɕua^{31}（九）tɕou^{24}（十）“九十”读作［tɕuɑ^{31}dʑɦou^{13}］

（2）现代汉语借词的阴平和次浊上声调值是43，阳平调值是31；上声调值是55；去声调值是24。例如：ti^{43}“低”，li^{43}“里”；thi^{31}“题”；ti^{55}“底”；ti^{24}“地”。

（3）除31调有一个音节o^{31}“套子”以外，以元音开始的音节只能带有43、55、44、33四个调（即第1、3、5、7调）。

二 词汇

（一） 每个音节差不多都有词汇意义或语法意义，复音的单纯词很少。

（二） 合成词可以分为两类，一类是由词头与词根组成的。例如，腊乙坪：qɔ^{35}（词头）ɕõ^{35}（苗族）“苗族”，ɑ^{35}（词头）pɑ^{31}（父亲）“父亲”。养蒿：qa^{33}（词头）fhu^{35}（头）“头”，qa^{33}（词头）ɣaŋ^{55}（岭）“岭”。石门坎：a^{33}（词头）ȵdʑɦau^{35}（嘴）“嘴”，li^{33}（词头）fau^{33}（头）“头”。一类是由词根与词根组成的，有并列式、修饰式、

动宾式等几种。例如，腊乙坪 tɕhi³⁵（腹）ʂɛ̃³⁵（肝）“心思”（并列式），qɑ⁴⁴（屎）ʐɑ̃³¹（龙）“青苔”（修饰式），ɕə⁴⁴（起）tə⁵³（脚）“动身”（动宾式）。养蒿：ȵaŋ⁵⁵（年）n̥hu⁵³（岁）“年岁”（并列式），əu³³（水）ho³³（雷）“雾”（修饰式），tɕhen³⁵（开）pi¹¹（手）“开始”（动宾式）。石门坎：qau⁵⁵（庄稼）lau³³（庄稼）“庄稼”（并列式），ka³³（汤）ma³¹（眼）“眼泪”（修饰式），ʂey⁵⁵（起）tey³³（脚）“动身”（动宾式）。

（三）有很多并列格式的词和词组。例如，腊乙坪：qɔ³⁵（词头）ɳʈha⁵³（才能）qɔ³⁵（词头）ʐɑ⁴²（聪明）“才能”，qɔ³⁵（词头）mʐɯ³³（鱼）qɔ³⁵ ɲa³¹（肉）“荤菜”（多指肉）。养蒿：faŋ⁵⁵（亮）moŋ¹¹（去）tsəu⁵³（暗）lo¹¹（来）“早出晚归”，li⁵⁵（田）ki¹¹（旱）la¹³（土）kə⁵³（硬）“干田硬土”。石门坎：ʈhau³³（用）dlɦaɯ³⁵（力气）ʈhau³³（用）zo⁵³（力气）“努力”，ŋɡɦa³⁵（房子）ɖɦu³⁵（楼）ŋɡɦa³⁵（房子）va³³（瓦）“楼房瓦房”。

（四）各方言在词汇方面差别较大，这主要是因为有一部分词根（绝大多数同时也是词，其中包括早期汉语借词）彼此不同源。词根不同源，由它们构成的合成词也就不同，因而各方言都有相当数量的为自己所独有的方言词。根据腊乙坪（湘西）、养蒿（黔东）、大南山（川黔滇）的材料进行1100多个词根比较的结果，可以看出三个方言词汇的异同情况。见下表：

相比的点		腊乙坪：养蒿	腊乙坪：大南山	养蒿：大南山
比较词根总数		1177	1175	1177
同源的词根	数目	431	384	471
	占比较总数的百分比	36.62	32.68	40.02
异源的词根	数目	746	791	706
	占比较总数的百分比	63.38	67.32	59.98

下面列举三个点的一些同源、异源的词根。

1. 同源词根

	腊乙坪	**养蒿**	**大南山**
苗族	ɕõ³⁵	m̥hu³³	m̥oŋ⁴³
地	tɯ³⁵	ta³³	te⁴³
太阳	n̥he³⁵	n̥hɛ³³	n̥o⁴³
月亮	l̥hɑ⁵³	l̥ha⁴⁴	l̥i⁴⁴

二	ɯ^{35}	o^{33}	au^{43}
三	pu^{35}	pi^{33}	pe^{43}
四	pʐei^{35}	l̥u^{33}	plou^{43}
吃	noŋ^{31}	naŋ^{55}	nau^{31}
喝	hu^{44}	həu^{53}	xou^{33}
黄	kwei^{31}	faŋ^{55}	tl̥aŋ^{31}
白	qwə^{35}	l̥u^{33}	tl̥eu^{43}
黑	qwe^{35}	l̥ɛ^{33}	tl̥o^{43}

2. 异源词根

	腊乙坪	**养蒿**	**大南山**
天	pʐɑ^{35}	vɛ^{55}	nto^{31}
山	qə^{33}	pi^{11}	ʈoŋ^{43}
饭	l̥he^{53}	ka^{35}	tɕua^{13}
哥哥	nɑ^{35}	pə^{35}	ti^{31}
犁（名词）	li^{31}	kha^{33}	voŋ^{24}
话	tu^{53}	xhə^{33}	lo^{21}
茄子	kwɑŋ^{53}	tɕa^{55}	lu^{21}
鸭子	ʂ̥u^{44}	ka^{13}	o^{33}
说	phu^{44}	m̥ha^{44}	xai^{33}
看	ɴqhe^{44}	ŋi^{44}	nua^{24}

（五） 农历月份名称的表示法在各方言、次方言中不尽相同。例如，大南山：i^{43}（一）l̥i^{44}（月）“正月”，au^{43}（二）l̥i^{44}（月）“二月”，ȵo^{31}（牛）l̥i^{44}（月）“十一月”，ʈʂo^{55}（虎）l̥i^{44}（月）“十二月”。腊乙坪：l̥hɑ^{53}（月）ɑ^{44}（一）“正月”，l̥hɑ^{53}（月）ɯ^{35}（二）“二月”，l̥hɑ^{53}（月）tõ^{35}（冬）“十一月”，l̥hɑ^{53}（月）ʐo^{33}（腊）“十二月”。交坨：ʐaŋ^{53}（龙）li^{35}（月）“正月”，na^{32}（蛇）li^{35}（月）“二月”，so^{42}（虎）li^{35}（月）“十一月”，ɭa^{42}（兔）li^{35}（月）“十二月”。石门坎：naɯ^{55}（蛇）l̥i^{33}（月）“正月”，nɯ^{33}（马）l̥i^{33}（月）“二月”，la^{55}（兔）l̥i^{33}（月）“十一月” zɦaɯ^{35}（龙）l̥i^{33}（月）“十二月”。

（六） 借词的主要来源是汉语。汉语借词分早期的和现代的两种。早期借词较少，多为单音节的，它们有的已进入苗语的基本词汇。现代借词数量很大，多为双音节。早期借词的读音有时与现在当地汉语相差很远，调类多半与苗语声调有对应关系，如汉语的阴平字归入第 1 调，阳入字归入第 2 调，阴上字归入第 3 调，阳上字归入第 4 调等等。如果同一个词在不同方言、次方言中都借入，调类也多半不乱。现代借词的读音基本上与现在当地汉语相同，声调按调值借，如养蒿当地汉语阳平字读低降调，借入苗语也读低降调，而低降调为苗语（养蒿苗话）的第 8 调。腊乙坪当地汉语阳平字读中平调，借入苗语也读中平调，而中平调为苗语（腊乙坪苗话）的第 4 调。大南山当地汉语阳平字读低降调，借入苗语也读低降调，而低降调为苗语（大南山苗话）的第 2 调。这样，同是汉语的阳平字，在三个地方的苗话中分别归入第 8、第 4、第 2 调。

下面举一些早期汉语借词和现代汉语借词的例子。

1. 早期汉语借词（调值后面括弧中的数字表示苗语调类）

	腊乙坪	养蒿	大南山
街	cɑ$^{35(1)}$	qa$^{33(1)}$	ka$^{43(1)}$
千	tshɛ$^{35(1)}$	shaŋ$^{33(1)}$	tsha$^{43(1)}$
桥	cɯ$^{31(2)}$	tɕu$^{55(2)}$	tɕhau$^{31(2)}$
年	——	ȵaŋ$^{55(2)}$	na$^{31(2)}$
酒	tɕɯ$^{44(3)}$①	tɕu$^{35(3)}$	tɕeu$^{55(3)}$
斗	tɯ$^{44(3)}$	to$^{35(3)}$	teu$^{55(3)}$
老	——	lu$^{11(4)}$	lou$^{21(4)}$
臼	tɕo$^{33(4)}$②	tɕə$^{11(4)}$	tɕo$^{21(4)}$
炭	the$^{53(5)}$	thɛ$^{44(5)}$	then$^{44(5)}$
处	——	tɕhu$^{44(5)}$	tɕheu$^{44(5)}$
箸（筷子）	ʈɯ$^{42(6)}$	ʈu$^{13(6)}$	ʈeu$^{13(6)}$
卖	me$^{42(6)}$	mɛ$^{11(4!)}$③	mua$^{13(6)}$
插	tsho$^{44(7)}$④	ʈhi$^{53(7)}$	ʈhai$^{33(7)}$
喝	hu$^{44(7)}$	həu$^{53(7)}$	xou$^{33(7)}$
墨	me$^{33(8)}$	mɛ$^{31(8)}$	me$^{24(8)}$
腊	ʐo$^{33(8)}$	lo$^{31(8)}$	——

2. 现代汉语借词

	腊乙坪	养蒿	大南山
模范	mo^{33}hwɛ^{35}	mo^{31}fɛ^{35}	mu^{31}faŋ^{24}
英雄	ʑin^{44} ɕoŋ^{33}	ʑen^{33} ɕoŋ^{31}	ʑen^{43} ɕoŋ^{31}
汽车	tɕhi^{35} ʈhe^{44}	tɕhi^{35} tshei^{33}	tɕhi^{24} ʈʂhei^{43}
飞机	hwei^{44} tɕi^{44}	fei^{33} tɕi^{33}	fei^{43} tɕi^{43}
公社	koŋ^{44} ʂe^{35}	koŋ^{33} sei^{35}	koŋ^{43} ʂai^{24}
劳动	lɔ^{33} toŋ^{35}	lo^{31} toŋ^{35}	lau^{31} toŋ^{24}

①④ 腊乙坪 44 调相当于养蒿、大南山的第 3、第 7 两调，这里根据对照材料，腊乙坪的 44 调后面括弧内数字写作 3 或 7。

② 腊乙坪 33 调相当于养蒿、大南的第 4、第 8 两调。这里根据对照材料，腊乙坪的 33 调后面括弧内的数字写作 4 或 8。

③ “!”表示调类不合。

民主	min^{33} ʈu^{53}	min^{31} tsu^{55}	min^{31} ʈʂu^{55}
自由	tsi^{35} ʐɯ^{33}	tsi^{35} ʐu^{31}	tsi^{24} ʐou^{31}

三　语法①

（一）就整个苗语来说，词序和虚词是表达语法意义的主要手段。个别方言、次方言除以词序和虚词表达语法意义以外，还有形态变化。例如养蒿的动词、形容词加上一个与动词、形容词同声母、同声调而韵母为 u 的音节，表示无目的、无次序的动作或驳杂不纯的性状。例如：

ma^{31} 砍——mu^{31} ma^{31} 乱砍　　　　ʈi^{33} 打——ʈu^{33} ʈi^{33} 乱打

ɕo^{53} 红的——ɕu^{53} ɕo^{53} 不纯的红色的　　　　zo^{55} 绿的——zu^{55} zo^{55} 不纯的绿色的

又如滇东北次方言石门坎的量词、名词、动词、形容词、状词等均有形态变化。

量词的形态变化　规则量词各有五个形式，表示事物的大小，美丑、肯定、不定。例如：lu^{55} “个”（指圆形或中空的无生物）的变化：

lu^{55}（肯定形或不定形壮美称）　lai^{55}（肯定形普通称）　la^{55}（肯定形指小称）

lai^{35}（不定形普通称）　la^{35}（不定形指小称）

另外，复量词、助量词都有形态变化。

名词的形态变化　只有带词头的复音名词有形态变化。每个复音名词有两种形式，表示事物的肯定与不定。例如：

a^{55} ma^{53} 眼睛（肯定形）
a^{55} mu^{55} a^{55} ma^{55} 眼睛、眉毛等（不定形）

li^{33} phy^{55} 瓶子（肯定形）
li^{55} pu^{55} li^{33} phy^{55} 瓶瓶罐罐（不定形）

动词、形容词的形态变化　与养蒿的动词，形容词变化的公式相似，但所加音节的声调为高平调，表示不定的动作或性状。例如：

nɦa^{31} 看（肯定形）　　　　nu^{55}② nɦa^{31} 随便看看（不定形）

状词的形态变化，见后。

（二）苗语词类根据词的意义和语法特点，可以分为名词、代名词、指示词、数词、量词、动词、形容词、状词、副词、介词、连词、助词、叹词等十三类。

1. 指示词和状词需要说明一下。

（1）苗语的指示词一般不能作主语（代名词能作主语），同时在作修饰语时，与代词的位

① 除非特别注明，本节一律以大南山苗话举例。

② 如动词、形容词的韵母为 u，则所加音节韵母异化为 i；动词，形容词的韵母为 y、o、ɑu、ey，则所加音节的韵母可以为 u，也可以异化为 i。

置不同，所以指示词自成一个词类。指示词的用法举例：

lo^{43} na^{55} ʐau^{13} ʈoŋ^{31} 这是桌子（比较：kau^{31} ʐau^{13} mo̥ŋ^{43} 你是苗族）
个 这 是 桌子 你 是 苗族

pen^{55} nteu^{55} na^{55} 这本书 （比较：ko^{55} le^{33} nteu^{55} 我的书）
本 书 这 我 的 书

（2）苗语的状词是一种修饰动词、形容词表示速度、响声、状态、颜色、味道的词类。状词的作用和副词相近，但是副词通常在动词、形容词的前面，状词则通常在动词、形容词的后面；同时状词在有的方言、次方言中可以作谓语，而副词不能作谓语，所以状词自成一个词类。状词的用法举例：

lua^{13} l̥au^{44} 突然笑起来 ntsen^{55} l̥au^{44} 一下子翻过来
笑 （急笑的样子） 翻 （急翻的样子）

ɳʈau^{55} nto^{43} 咚咚响 la^{43} ʈʂua^{21} 红艳艳的
响 （响声） 红 （红的样子）

滇东北次方言的状词有的有形态变化。有形态变化的状词一般是除本形外有一个变形。本形表示肯定的、规则的动作或性状，可以叫做肯定形；变形表示不定的、不规则的动作或性状，可以叫做不定形。肯定形和不定形都可以加上表示指小意义的助词。有一部分表示性状的状词还可以加上表示加强意义的助词。这样，一个状词就有四种或六种不同的形式。例如石门坎：

①ʈa^{55}（静坐或静卧的样子，修饰动词 zɦau^{31}“坐”、py^{33}“卧”、i^{55}“靠”、l̥ə^{55}“侧卧”等）的变化形式：

ʈa^{55}（肯定形普通式） ʈu^{55}ʈa^{55}（不定形普通式）
ta^{55} ʈa^{55}（肯定形指小式） ta^{55} ʈu^{55}ʈa^{55}（不定形指小式）
（助词） （助词）

②bɯ^{31}（清洁的样子，修饰形容词 xu^{55}“清洁”、ɳʈʂhie^{55}“清”等）的变化形式：

bɯ^{31}（肯定形普通式） bu^{55}bɯ^{31}（不定形普通式）
ta^{55} bɯ^{31}（肯定形指小式） ta^{55} bu^{55}bɯ^{31}（不定形指小式）
（助词） （助词）
ndɦu^{35} bɯ^{31}（肯定形加强式） ndɦu^{35} bu^{55}bɯ^{31}（不定形加强式）
（助词） （助词）

2. 除湘西方言外，量词可以单独修饰名词，表示定指单量。例如：

to^{21} ȵo^{31} 牛 lo^{43} mau^{24} 帽子
只 牛 个 帽

3. 湘西方言有许多名词有两种形式，一种是不带词头的，一种是带词头的。不带词头的形式可以修饰别的名词和受数量词组或别的词修饰。带词头的形式多用于独词句或在列举事物时使用，在句子中不能修饰别的词，通常不受数量词组修饰，甚至也很少被别的词修饰。常见的词头有 qɔ^{35}和 tɑ^{35}两个。qɔ^{35}加在表示非动物的名词前面①，tɑ^{35}加在表示禽，兽、鱼、蛇等各种动物的名词前面。例如腊乙坪：

(1) ntu^{53}—— qɔ^{35} ntu^{53} 树
树 (词头) 树

nu^{31} ntu^{53} 树叶（修饰名词 nu^{31}，不加词头。）
叶子 树

ɑ^{44} ʈu^{42} ntu^{53} 一棵树（受数量词组 ɑ^{44}ʈu^{42}修饰，不加词头。）
一 棵 树

ntu^{53} qwa^{31} 桃树（受名词 qwa^{31}修饰，不加词头。）
树 桃子

mɯ^{31} me^{31} qɔ^{35}nã^{35}？ 你有什么？
你 有 什么

qɔ^{35}ntu^{53}（我有）树。或 we^{33} me^{31} qɔ^{35} ntu^{53}。（或 we^{33} me^{31} ntu^{53}。） 我有树。
(词头) 树 我 有 (词头) 树 我 有 树

（独词句加词头；在句中不修饰别的词也不受别的词修饰时，加词头或不加词头。）

(2) mpa^{53}—— tɑ^{35} mpa^{53} 猪
猪 (词头) 猪

ɳa^{31} mpa^{53} 猪肉（修饰名词 ɳa^{31}，不加词头。）
肉 猪

ɯ^{35} ŋoŋ^{33} mpa^{53} 两只猪（受数量词组 ɯ^{35}ŋoŋ^{33}修饰，不加词头。）
二 只 猪

mpa^{53} ʈɑŋ^{42} 肥猪（受形容的 ʈɑŋ^{42}修饰，不加词头。）
猪 肥

ɑ^{44} ŋoŋ^{33} nen^{44} ɳi^{42} qɔ^{35}ɳɑŋ^{35}？ 这是什么？
一 只 这 是 什么

tɑ^{35} mpa^{53}。（这是）猪。或 ɑ^{44} ŋoŋ^{33} nen^{44} ɳi^{42} tɑ^{33} mpa^{53}.
(词头) 猪 一 只 这 是 (词头) 猪

（或 ɑ^{44} ŋoŋ^{33} nen^{44} ɳi^{42} mpa^{53}。）这是猪。
一 只 这 是 猪

（独词句加词头；在句中不修饰别的词也不受别的词修饰时，加词头或不加词头。）

（三） 词组主要有以下几种（例句中加波浪线部分是词组）：

1. 并列词组　例如：

tau^{24} nte^{31} pe^{43} ʈʂi^{44} mua^{31} la^{31} te^{43}。 从前我们没有田地（水田和旱地）。
从前 我们 不 有 田 地

① 苗族、汉族两族的名称 ɕoŋ^{35}、ʈɑ^{33}也加词头 qɔ^{35}，说成 qɔ^{35} ɕoŋ^{35}，qɔ^{35} ʈɑ^{33}。

qou^{24} ʈʂe^{55} mua^{31} ntoŋ^{44} tsi^{55} kheu^{43} tha^{43} ntoŋ^{44} tsi^{55} tl̥ua^{31}。 房子后面有李子树和桃树。

后 房子 有 树 果子 李子 和 树 果子 桃子

2. 修饰词组 例如：

ko^{55} mua^{31} nteu^{55} tl̥eu^{43}. 我有白纸。

我 有 纸 白

ko^{55} le^{33} ʈʂhau^{44} ȵau^{43} xau^{55} na^{55}. 我的衣服在这里。

我 的 衣服 在 处 这

3. 动宾词组 例如：

lai^{31} la^{31} ʐau^{13} ko^{55} le^{33} no^{24}. 耕田是我的事。

犁 田 是 我 的 事

keu^{24} nteu^{55} ʐau^{13} i^{43} tɕen^{24} ʐoŋ^{44} no^{24}. 读书是一件好事。

读 书 是 一 件 好 事

4. 主谓词组 例如：

ko^{55} mo^{21} la^{21} ʐoŋ^{44}， kau^{31} lo^{21} la^{21} ʐoŋ^{44}. 我去也行，你来也行。

我 去 也 好 你 来 也 好

5. 介词词组 例如：

ȵi^{21} tua^{31} pe^{31} tɕen^{43} tua^{31}. 他从北京来。

他 从 北 京 来

ko^{55} ti^{31} saŋ^{44} ʈou^{44} ko^{55} i^{43} pen^{55} nteu^{55}. 我哥哥送给我一本书。

我 哥哥 送 给 我 一 本 书

6. 助词词组 例如：

to^{21} na^{55} ʐau^{13} ko^{55} le^{33}. 这是我的。 kau^{31} le^{33} ȵau^{43} xau^{55} tu^{13}？ 你的在哪里？

个 这 是 我 的 你 的 在 处 哪

（四）主要的词序

1. 一般句子主语、谓语、宾语的次序是：主语——谓语——宾语。例如：

ko^{55} lai^{31} la^{31}. 我耕田。 kau^{31} seu^{43} ke^{55}. 你修路。

我 犁 田 你 修 路

2. 数量词组（修饰词组的一种）作补语时在宾语的后面。例如：

lau^{43} ʂi^{43} qhua^{43} ko^{55} au^{43} ɕoŋ^{44} te^{21}. 老师教我两年了。

老 师 教 我 二 年 了

3. 数量词组、人称代名词（有时带结构助词）修饰名词时，在名词的前面。例如：

plou^{43} pua^{44} ki^{55} mi^{44} mau^{13} 四百斤小麦 ȵi^{21} ti^{31} 他哥哥 ko^{55} le^{33} nteu^{55} 我的书

四 百 斤 小 麦 他 哥哥 我 的 书

4. 名词作领属性修饰语修饰名词时，在被修饰的名词的前面；作描写性修饰语修饰名词时，在被修饰的名词的后面。例如：

ti^{31} le^{33} pi^{31} 哥哥的笔 ɴqai^{31} ȵo^{31} 牛肉

哥哥 的 笔 肉 牛

5. 除表示“好”、“坏”、“旧”等意思的形容词修饰名词时在名词的前面以外，形容词修饰名词时在名词的后面。例如：

paŋ^{31} la^{43} 红花 （但ʐoŋ^{44} paŋ^{31}好花） ntou^{43} sa^{55} 蓝布 （但qo^{43} ntou^{43}旧布）
花 红 好 花 布 蓝 旧 布

6. 指示词修饰量词或含有量词的词组时，在量词或含有量词的词组的后面。例如：

lo^{43} na^{55} 这个（修饰量词）
个 这

au^{43} to^{21} o^{33} 那两只（修饰数量词组）
二 只 那

pe^{43} lo^{43} tsi^{55} i^{55} 那三个果子（修饰数量名词组）
三 个 果子 那(不在场的)

pen^{55} nteu^{55} na^{55} 这本书（修饰量名词组）①
本 书 这

7. 数词修饰量词时，在量词的前面。例如：

i^{43} lo^{43} 一个 au^{43} to^{21} 两只
一 个 二 只

8. 助动词在动词前面。例如：

tseu^{31} xai^{33} 会说 haŋ^{55} ua^{44} 敢做
会 说 敢 做

9. 副词修饰动词时，在动词的前面（滇东北次方言只有个别副词可以在动词的前面也可以在动词的后面。例如石门坎：khi^{55}ɳʈʂhi^{11}“赶快”xu^{33}“唱”，也可以说作xu^{33} khi^{55} ɳʈʂhi^{11}，都是“赶快唱”的意思）；修饰形容词时，一般都在形容词的前面，个别的可以在形容词的前面，也可以在形容词的后面。例如：

ʈʂi^{44} mo^{21} 不去 ʐou^{24} tua^{31} 又来
不 去 又 来

tsuei^{24} ʐoŋ^{44} 最好 xen^{55} ʐoŋ^{44}或ʐoŋ^{44} xen^{55} 很好
最 好 很 好 好 很

滇东北次方言有时意义相同的两个副词分别在被修饰的动词或形容词的前后，在这种情况下，省略前面或后面的副词，意义不变。例如石门坎：

ʈʂa^{55} mɦa^{35} pi^{31} ta^{55}或 mɦa^{35} pi^{31} ta^{55}或 ʈʂa^{55} mɦa^{35} pi^{31} 只有笔
只 有 笔 只 有 笔 只 只 有 笔

ai^{55} zau^{33} ta^{55} die^{31}或zau^{33} ta^{55} die^{31}或ai^{55} zau^{33} 很好
很 好 很 好 很 很 好

① 量名词组实际为省去数词“一”的数量名词组。苗语除湘西方言和川黔滇方言的惠水次方言的北部土语外，数词“一”通常不与量词、名词组成数量名词组受指示词修饰，也就是说受指示词修饰的数量名词组如果数词是“一”，“一”必须省略，因而产生量名词组受指示词修饰的现象。

(五）句子的种类

1. 按结构分类

（1）单句　例如：

ni^{21} lo^{21} te^{21}.　　他来了。（主—谓）
他 来 了

au^{55} to^{21} l̥ua^{33} lai^{31} la^{31}.　　两个青年耕田。（主—谓—宾）
二 个 青年 犁 田

ni^{21} la^{43} tʂi^{44} no^{24} tou^{43} tseu^{31} ua^{44}.　　他什么事都会做。（主—宾—谓）
他 什么 事 都 会 做

ko^{55} saŋ^{44} ni^{21} i^{43} pen^{55} nteu^{55}.　　我送他一本书。（主—谓—宾—宾）
我 送 他 一 本 书

ko^{55} ua^{44} taŋ^{21} te^{21}.　　我做完了。（主—谓—补）
我 做 完 了

ni^{21} qhua^{43} ko^{55} i^{43} l̥i^{44} te^{21}.　　他教我一个月了。（主—谓—宾—补）
他 教 我 一 月 了

lo^{21} naŋ^{13} te^{21}.　　下雨了。（谓—宾）
下 雨 了

（2）复句

并列复句　例如：

no^{24} la^{21} ʐua^{55} ua^{44}，nteu^{55} la^{21} ʑa^{44} keu^{24}.　　事也要做，书也要读。（联合关系）
事 也 要 做 书 也 要 读

ȵi^{21} tʂi^{44} taŋ^{24} ço^{31} çi^{31} ʐoŋ^{44}，koŋ^{43} tso^{31} la^{21} ʐoŋ^{44}. 他不但学习好，工作也好。（递进关系）
他 不 但 学 习 好 工 作 也 好

kau^{31} mo^{21} xa^{31} ʂi^{24} ȵi^{21} mo^{21}？　你去还是他去？（选择关系）
你 去 还 是 他 去

偏正复句　例如：

tʂi^{44} kuaŋ^{55} ua^{44} tɕaŋ^{21} nau^{44}，pe^{43} xɑ^{31} ʑa^{44} mo^{21} çeu^{43} ke^{55} l̥ou^{44}.
不 管 做 如何 冷 我们 还 要 去 修 路 铁
不管怎样冷，我们还是要去修铁路。（转折关系）

ʑa^{44} ko^{13} tʂi^{44} qhe^{43} xuei^{24}，pe^{43} tou^{24} mo^{21} ua^{44} no^{24}.
要 是 不 开 会 我们 就 去 做 事
若是不开会，我们就去干活儿。（假设关系）

tʂo^{13} mua^{31} tsen^{43} tɕa^{43} sen^{43} tʂhaŋ^{55} le^{44} thi^{31} kau^{43} sen^{43} xo^{31}.
只 有 增 加 生 产 才 提 高 生 活
只有增加生产，才能提高生活。（条件关系）

ʑen^{43} wei^{24} ni^{21} koŋ^{31} tso^{31} ʐoŋ^{44}，ni^{21} le^{44} taŋ^{43} lau^{31} toŋ^{24} mu^{31} faŋ^{24}.
因　为　他　工　作　好　他　才　当　劳　动　模　范
因为他工作好，他才当劳动模范。(因果关系)

2. 按语气分类

（1）直陈句　例如：

pe^{43} ʑoŋ^{55} ʑuen^{43} ɳʈo^{13} koŋ^{24} tʂhaŋ^{55} taŋ^{55} mo^{21}.　我们永远跟着共产党走。
我们　永　远　跟　共　产　党　走

（2）疑问句　例如：

kau^{31} na^{24} ȵau^{43} tʂe^{55} tʂi^{44} ȵau^{43}？　你母亲在不在家？
你　母亲　在　家　不　在

（3）祈使句　例如：

kheu^{33} kau^{31} le^{33} pen^{55} nteu^{55} i^{55} qe^{55} ʈou^{44} ko^{55}.　把你那本书借给我。
把　你　的　本　书　那　借　给　我

（4）感叹句　例如：

o^{44} ʑo^{21}！tu^{55} tshaŋ^{31} na^{55} pau^{43} leu^{24} te^{21}.　哎哟！这堵墙垮了！
哎　哟　堵　墙　这　垮　去　了

苗语各方言都受到汉语的影响，汉语在苗语丰富发展中起了很大的作用。苗族一向由汉语中吸收借词，特别是解放后，日常应用的政治、经济、文化和科学技术方面的新词术语都是汉语借词，利用苗语固有词根创造的很少。随着汉语词的借入，苗语增加了一些声母和韵母，同时也使苗语语法规则起了一些变化。最突出的是各方言都借用了一些连结分句的连词，这样就使得苗语复句在结构上更为严密，在意义上更为精确了。在建设社会主义的伟大时代里，苗汉两族人民的交往非常频繁，为了适应生产和生活的需要，苗族人民逐渐掌握汉语、汉文是必然的趋势，因此汉语作为各族人民共同交际的工具将日益显得重要。在这种情况下，汉语在苗语的丰富发展中，必定会起更大的作用。

过去除滇东北次方言区的苗族有一种传教士设计的既不完备又没有为群众广泛使用的拼音文字外，广大地区的苗族都没有代表本族语言的文字。解放后，党和政府根据苗族人民的意愿，组织了苗语调查队，对苗语进行了普遍调查；于1956年10月在贵阳召开了有苗族代表参加的苗族语言文字问题科学讨论会。在会上通过了在字母形式和字母的用法上尽量和汉语拼音方案取得一致的苗文方案。从此苗族人民才有了能够正确代表本族语言的文字。

广西龙胜伶话记略*

1951年夏，作者有机会记录了广西龙胜各族自治县北区太平塘村伶话的一些材料。发音人石泽文同志是县贸易公司的工作人员，初中文化程度。

太平塘住有称为伶族的二百余人。他们的语言是汉语的一种方言。由于材料记得不多，当时没有认真整理。最近作者清理书箧，觉得这份材料虽然有限，还是可以反映这种方言的面貌的，所以写了这篇记略，供汉语方言研究工作者参考。

在这里要补充说明一点情况。龙胜东区有苗族一万余人，他们所讲的话和伶话基本相同，在语音和词汇方面稍有差别。在成立自治县时，太平塘的伶族经识别定为苗族。太平塘在北区，与东区有大山相隔，所以太平塘的伶话形成一个独自发展的小方言。

讲伶话的人住在当地汉族的中间，所以他们都会说桂北官话，伶话只在本村使用。这一部分人何时从何地移到太平塘待考。从这种方言音系的复杂情况来看，他们由外地迁来的时间已经很久。现在在他们的话里同一中古声母，同一中古韵母往往有两种读法，他们已不知道哪种读法是他们的方言原有的。现在的伶话实际是一种混合方言。虽然是混合方言，毕竟还是以原来的方言为主，夹杂一些其他方言的成分。本文试图指出，哪些读法是伶话固有的，哪些读法是受其他方言，主要是桂北官话的影响。有些读法有待进一步研究，这里只记录事实，存而不论。例如："开" fei^{55}，"砖" tai^{55}，"敲" $nɔ^{55}$，"蹲" $nyŋ^{55}$，"肉" nai^{44}，"肩" kai^{55}，"骨" gy^{33}。我们介绍伶话有两个意义：一个意义是提供一种不同于各大方言的小方言材料，而这种小方言的材料对汉语方言比较研究是有用的。另一个意义是以实际材料证实方言可以混合成一种新的方言，从而推知语法结构相同的两种语言可以混合成一种新的语言。

---

* 本文发表于《方言》1979年第2期，第137～141页；第3期，第231～240页。

一　伶话语音

（一）声母

伶话有二十七个声母，零声母除外。

声母表

唇音	p	ph	b	m	f	w
齿音	t	th	d	n	l̥	l
	tl̥	tl̥h	dl		s	
卷舌	ʈʂ	ʈʂh				
舌面	tɕ	tɕh	dʑ	ɕ		
舌根	k	kh	ɡ	ŋ	h	

声母表说明：

1. 塞音、塞擦音的送气符号用 h。

2. h 声母为喉音，寄排在舌根音列。

3. tl̥l̩ tl̥hl̩ dl̩ sl̩的l̩作韵母使用，写作l̩，如：tl̥l̩^{33}“子”，tl̥hl̩^{33}“齿”，dl̩^{22}“十”，sl̩^{55}“思”。

下面列出中古声类在伶话中的读法，并加以必要的说明。

帮、滂、明三母分别读作 p，ph，m，例如：pa^{55}“巴”，pha^{44}“怕”，ma^{33}“马”。

并母有 b，p 二读，如：bɔ^{22}“婆”，ba^{22}“爬”，bi^{44}“被”，biɛ^{44}“病”；pei^{44}“（一）倍”，pai^{44}“办（法）”。b 是伶话原来的读音；p 是受桂北官话影响的读音，这种读音常见于书面用语的词中。不过“白”是生活用语中常见的词，材料中都记作 pa^{22}。

非母有 p，f，h 三读，如：puŋ^{55}“风”，pu^{33}“斧”；fai^{33}“反”，fia^{22}“发（展）”；hɔ^{55}“（地）方”。

敷母只有一个例字“敷”读作 fu^{55}。

奉母有 b，p，f，h 四读，如：bu^{44}“父”，pu^{44}“（新）妇”（伶话浊声母逢 22 调显著，逢 44 调不太显著，此字可能是 bu^{44}），fu^{22}“佛、服（务）”，fan^{22}“（麻）烦”，fai^{44}“犯（罪）”，fu^{44}“妇（女）”；huŋ^{44}“奉”。

微母有 m，w 两读，如：muŋ^{22}“蚊、文”，muŋ^{44}“问”，mɔ^{22}“亡”，mɔ^{44}“望”；wai^{44}“万”，wuŋ^{22}“文（化）”，wu^{33}“（跳）舞”。

由上面的例字可以看出非、奉、微三母在伶话口语常用词中是读重唇音的，只是在书面语中的词和新词中才读轻唇音，但“万”是例外。“敷”字是发音人照着字读的，不能据以断定口语常用词中的敷母不读 ph。书面语用词和新词是通过读书或与当地汉族交际学来的。常用词的读音代表伶话原来的读音，可能伶话原来是没有轻唇音的。尽管今后发展的趋势是逐渐增加轻唇音的词，但原来读重唇音的词短期内还是不会改为轻唇音的。以“妇”字为例，在“妇女”一词中读 fu^{44}，但在“新妇媳妇”一词中仍旧读 pu^{44}。

端、透二母分别读作 t，th，如：tɔ^{55} “当”，tɔ^{33} “短”，tu^{44} “到”；thɔ^{55} “汤”，thiɛ^{22} “铁”，thɔ^{33} “讨”，thau^{44} “透”。

定母主要读 d，如 dia^{22} “枱”，diɛ^{44} “弟”，di^{22} “提”，di^{44} “地”，diu^{22} “条”，dau^{22} “头”。这是伶话定母原来的读法。只有少数书面语用词如“制度”的“度”读作 tu^{44}，“第一，第二”的“第”读作 ti^{44}。口语常用词“大”读 ta^{44}是个例外。

泥、来二母分别读作 n，l，如 niɛ^{22} “泥”，nia^{33} “奶”，na^{22} “难”；lɔ^{22} “箩”，lu^{33} “老”，lai^{33} “冷”。“你”读作 ŋ̍^{33}是例外。

精、清、从、心、邪五母主要分别读作 tl̥，tl̥h，dl，l̥，dl（从邪不分）。这些是伶话固有读法，如：tl̥iɛ^{55} “睛”，tl̥hiɛ^{33} “请”，dliɛ^{22} “晴”，l̥iɛ^{55} “先”，dliu^{44} “袖”。精母的另一种读法是 tɕ，如 tɕia^{44} “借”，tɕiɛ^{22} “接”。清母的另两种读法是 tɕh，th，如 tɕhiɔ^{33} “抢”，thia^{44} “菜”。从母另一读法是 tɕ，如 tɕyɛ^{22} “绝”。“蹲”读 nyŋ^{55}有点特殊。心母的另两种读法是 ɕ，s，如：ɕiɔ^{55} “相”，ɕiɔ^{33} “想”，sʅ^{55} “思”。邪母的另外三种读法是 dʑ、ɕ、l̥，如 dʑia^{22} “邪”（照字读），ɕia^{44} “谢”，l̥u^{22} “俗”。“接、借、抢、绝、相、想、思、谢、俗”等字多少都受桂北官话的影响。

知、彻、澄主要分别读作 t，th，d，这是伶话原来的读法，如：ti^{55} “知”，tiu^{55} “猪”；thiɛ^{22} “彻”；da^{22} “茶”，diu^{44} “柱”，dei^{22} “锤”，diŋ^{44} “重”。有少数例外，如，知母“中（心）”读作 ʈʂuŋ^{55}，“（发）展”读作 t l̥aŋ^{33}，“追”读作 t l̥ei^{55}，“张”读作 tɕiɔ^{55}；澄母“长”读作 dʑiɔ^{22}。“中、展”两字多少受了桂北官话的影响。

庄、初、崇、生四母的读法比较复杂。庄母的例字只记录了两个，“责”读 tl̥ai^{22}，“侧”读 tha^{22}。初母有 th，tɕh 两读，如 thu^{55} “初”，thai^{33} “铲”；tɕhia^{22} “插”。崇母有 d，tl̥，dʑ，s 等读法，如 du^{22} “锄、床”；tl̥u^{44} “（帮）助”，dʑia^{22} “柴”，sʅ^{44} “事”。生母主要读l̥，如l̥a^{55} “沙”，l̥ɔ^{33} “所”，l̥au^{55} “搜”，l̥ai^{55} “山、生”；在个别的字中读 ɕ，如 ɕia^{44} “晒”；“生活”的“生”读作 səŋ^{55}。伶话庄、初、崇三母原来的读法似乎分别是 t，th，d，也就是说和知彻澄、端透定不分。尽管庄母例字没有读 t 声母的，但“侧”读作 tha^{22}，这个字在许多方言里也是送气的。“责、插、助、事”都受了桂北官话的影响，伶话生母原来的读法是l̥，也就是与心母的读法相同。“生活”的“生”读音也受了桂北官话或普通话的影响。

章母的读法主要是 tɕ，如：tɕiu^{33} “煮、主”，tɕi^{33} “止”，tɕiŋ^{55} “针”，tɕiɛ^{55} “真”，tɕyn^{33} “准”；但“纸”读 tl̥ʅ^{33}，“砖”读 tai^{55}。昌母的读法主要是 tɕh，如：tɕhiɛ^{33} “扯”，tɕhiu^{44} “臭”，tɕhiɔ^{44} “唱”，tɕhiŋ^{55} “称”；在少数字中读 th，如：thai^{55} “穿”，thei^{22} “出”；在个别字中读 tl̥h，ʈʂh，如 tl̥hʅ^{33} “齿”，ʈʂha^{22} “尺”。船母有 dʑ，ø，dl，ɕ 等读

法，如：dʑia^{22} “蛇”；iɛ^{22} “舌”，iu^{22} “食”；dlai^{22} “船”；ɕiŋ^{22} “神”。书母主要读作 ɕ，如：ɕiu^{55} “书、烧”，ɕy^{55} “舒”，ɕiu^{33} “手、鼠”，ɕiɛ^{33} “闪”，ɕiŋ^{55} “身、深”，ɕiɛ^{22} “设”；有少数字读作ɭ，如：ɭei^{33} “水”，ɭei^{22} “说”；有个别字读 s，如 sɭ^{44} “世”。禅母主要有 dʑ，dl 两读，如 dʑiu^{44} “树”，dʑiɛ^{44} “善”，dʑiŋ^{22} “辰”，dʑiɛ^{22} “成”；dɭ^{22} “时、匙”，dɭ^{44} “是”；有个别字读 ɕ，如 ɕiu^{44} “受”。伶话章、昌、船、书、禅原来的读法似乎分别为 tɕ，tɕh，dʑ，ɕ，dʑ（船禅不分）。

日母基本读 n，如 ni^{44} “二”，niɛ^{33} “耳”，niɛ^{22} “入”，nau^{33} “软”，niŋ^{44} “认”，niŋ^{22} “（妇）人”，ni^{22} “日”。“人”字读ŋ̍^{22}也是鼻音。此外“让”字读零声母 iɔ^{44}是受桂北官话的影响。“肉”读作 nai^{44}有点特殊。

见母开合口一、二等和合口三等读 k，如：kɔ^{55} “歌、哥”，kuŋ^{55} “公、工、功”，ka^{55} “家”，kya^{55} “乖”，kuŋ^{55} “弓”；开口三四等读 tɕ，如：tɕiɛ^{33} “己”，tɕiɛ^{55} “坚”。但有例外，“锯”读作 ki^{44}；“绞、觉”分别读作 tɕiau^{33}，tɕiɔ^{22}，是受了桂北官话的影响。“刚刚”读作 tɕiaŋ^{55} tɕiaŋ^{55}，也是受了桂北官话的影响。“肩”读作 kai^{55}，“骨”读作 gy^{33}，都是例外。

溪母的读法稍为复杂一些，开、合口一、二等读 kh，h，f，如：khu^{33} “苦”，khya^{44} “快”，khiau^{44} “扣”，khia^{22} “掐”，hau^{33} “口”，hɔ^{55} “宽”，haŋ^{33} “孔”，fu^{44} “裤”；合口三等“亏”读 khyi^{55}，“去”有 khiɛ^{44}，ɕi^{44}两读；开口三、四等读 tɕh，如：tɕhiɛ^{55} “轻”，tɕhiɛ^{55} “牵”。

群母除“穷”dʑiŋ^{22}为合口三等字外，只有开口三等的例字，其读法多为 dʑ，如：dʑi^{22} “骑” dʑiu^{22} “球、桥”，dʑiŋ^{44} “近”，dʑiaŋ^{22} “强”，有一个“件”字读作 tɕian^{44}，这是受了桂北官话的影响。由整个音系来看，伶话群母合口三等可能有读 g 的。

疑母的读法也比较复杂，开合口一等，开口二等韵时读 ŋ，如：ŋɔ^{44} “饿”，ŋ̍^{33} “五”，ŋa^{22} “牙”。合口二、三等有 ∅，w 两种读法，如：y^{44} “遇”，yan^{33} “愿”，wa^{33} “瓦”，wei^{22} “危”，wiɛ^{22} “原”。开口三、四等为 n，如：ni^{22} “疑”，niɛ^{22} “业”。

晓母开、合口一等各有 h、f 两读，如：hɔ^{44} “汉”，fu^{33} “好”；hɔ^{55} “欢”，faŋ^{33} “谎”；开口二等读 h，如：ha^{55} “虾”；合口二等读 f，如：fa^{44} “化”；开口三等读 ɕ，如：ɕian^{33} “险”，这是受桂北官话的影响；合口四等读 f，如：fei^{22} “血”。但“凶”读作 suŋ^{55}。匣母开口一、二等读 h，如：hai^{44} “害”，hia^{22} “鞋、狭”，hɔ^{22} “合、咸、学”，hai^{22} “行”，hɔ^{44} “旱”；开口四等读 ɕ，如 ɕian^{22} “嫌”，这是受桂北官话的影响；假、遇二摄合口、蟹摄合口一等、山摄合口四等韵时读 f，蟹、山、梗三摄合口二等韵读 w，其他各摄合口韵读 h，分别举例如下：fa^{22} “华”，fu^{22} “胡”，fei^{44} “会”，fiɛ^{44} “县”，wya^{44} “坏”，wai^{22} “还、横”，hɔ^{22} “黄、活”；huŋ^{22} “红”。

影母都是 ∅ 声母，如：i^{33} “椅”，i^{55} “伊、医、衣”，i^{22} “一、亿”，iɛ^{55} “烟”，iu^{44} “要”，iɔ^{55} “秧”，iŋ^{55} “因、鹰”，a^{22} “鸭”，ai^{44} “晏”，ɔ^{33} “碗”，ɔ^{44} “暗” u^{22} “屋”。

但“爱”读作 ŋuei^{44}，可能是受桂北官话的影响。云、以二母也基本上是 ø 声母，如：u^{33}“雨”，uŋ^{22}“云”；i^{33}“以”，i^{44}“易”，ia^{22}“爷”，ia^{33}“也”，ia^{44}“夜”，iɛ^{22}“盐”，iu^{22}“油”，iu^{44}“柚”，iau^{22}“瑶”，u^{33}“舀”，y^{44}“喻”；只有止、山二摄合口读作 w，如：wei^{44}“为”，wiɛ^{33}“远”，wiɛ^{22}“越、沿、铅”。

（二）韵母

伶话有二十九个韵母，l̩和ŋ̍作韵母时除外。

韵母表

i	iɛ	ia	iɔ	iu	ian	iaŋ	in	iŋ
a	ai	an	aŋ					
ɔ								
u	ua	uei	uai	uan	uŋ			
y	yi	yɛ	ya	yn	yŋ			
ə	ei	əŋ						

韵母表说明：

1. 带-n 尾的韵母和 ə、əŋ 两韵都是受了桂北官话影响的读音。这里总的提一下，下文不再提。

2. ə、əŋ 和 ei 排在一列。

下面列出中古韵类在伶话中的读法，并加以必要的说明。入声韵放在相配的平上去之后，叙述时举平声以赅上、去。

果开一歌韵读作 ɔ，如：tɔ^{55}“多”，lɔ^{22}“箩”，tl̥ɔ^{33}“左”，kɔ^{55}“哥、歌”，kɔ^{44}“个”，ŋɔ^{44}“饿”。但“他”读作 tha^{55}，“大”读 ta^{44}，“我”读作 ŋa^{33}。

果合一戈韵读作 ɔ，如：pɔ^{55}“波”，phɔ^{44}“破”，bɔ^{22}“婆”。

假开二麻韵读作 a，如：pa^{55}“巴”，pha^{44}“怕”，ma^{33}“马”，da^{22}“茶”，l̥a^{55}“沙”，ka^{55}“家”。但“爬”读作 bia^{22}。

假开三麻韵读作 ia，如：tɕia^{44}“借”，dʑia^{22}“邪”，ɕia^{44}“谢”，tia^{55}“爹”，ia^{22}“爷”。但“扯”读作 tɕhiɛ^{33}，“姐”读作tl̥iɛ^{33}。

假合二麻韵只有疑、晓、匣母的例字各一个，分别读作 wa^{33}“瓦”，fa^{44}“化”，fa^{22}“华”。

遇合一模韵读作 u 如：phu^{55}“铺”，tu^{55}“都”，tl̥u^{55}“租”，ku^{55}“姑”。但“五”读作 ŋ̍^{33}。

遇合三鱼韵的读法有 iu，y，u，i 四种，泥母和知、章两组读 iu，如：niu^{33}“女”，tiu^{55}“猪”，tɕiu^{33}“煮”，ɕiu^{55}“书”，ɕiu^{33}“鼠”；但“舒”读作 ɕy^{55}。庄组读 u，如：thu^{55}“初”，du^{22}“锄”，tl̥u^{44}“助”；但“所”读作l̥ɔ^{33}。见组读 i，如 ki^{44}“锯”，ɕi^{44}“去”，ni^{22}“鱼”，但“去”有时又读 khiɛ^{44}。书母字“舒”读作 ɕy^{55}，邪母字“绪”读

作 çy^{44}，都是受了桂北官话的影响。

遇合三虞韵的读法有 u，iu，y 三种，非组和云母读 u，如：pu^{33} “斧”，bu^{44} “父”，wu^{44} “雾”；u^{33} “雨”，u^{22} “芋”。精、知、章三组读作 iu，如：tl̥hiu^{33} “取”，diu^{44} “柱”，tɕiu^{33} “主”，dʑiu^{44} “树”，但“聚”读作 tl̥i^{44}，“输”读作l̥ei^{55}。疑、以二母读 y，如：y^{44} “遇、喻”。

蟹开一咍、泰两韵主要有 ia，ai 两读。端、精、泥三组读 ia，如 dia^{22} “抬”，tia^{44} “带”，tl̥ia^{44} “再”，dlia^{44} “在”，thia^{44} “菜”，nia^{33} “乃”，lia^{22} “来”；但“崽”读作 tl̥ai^{33}，这是受了桂北官话的影响。见组读 ai，如：kai^{55} “该”，kai^{33} “改”，hai^{44} “害”；但“开”读 fei^{55}。

蟹开二皆、佳两韵的读法基本上是 ia，如 mia^{22} “埋”，bia^{22} “牌”，bia^{33} “摆”，mia^{33} “买”，nia^{33} “奶”，dʑia^{22} “柴”，çia^{44} “晒”，hia^{22} “鞋”。但“打摆子”的“摆”字读作 pai^{33}，“派”字读作 phai^{44}，可能是受了桂北官话的影响。

蟹开三祭韵的读音是 i，如：tɕi^{44} “制”，但“世”读作 sɿ^{44}，是受桂北官话的影响。

蟹开四齐韵见组声母韵读 i，如：tɕi^{55} “鸡”，tɕhi^{55} “溪”；其他声母韵读 iɛ，如：miɛ^{33} “米”，diɛ^{22} “啼”，diɛ^{44} “弟”，thiɛ^{44} “替”，niɛ^{22} “泥”，l̥iɛ^{33} “洗”，l̥iɛ^{44} “细”。但“东西物品”的“西”读作l̥i^{55}，“第一、第二”的“第”读作 ti^{44}，是受桂北官话的影响。

蟹合一灰、泰两韵读作 ei，如：pei^{55} “背”，mei^{44} “妹”，thei^{55} “推”，tei^{44} “对”，lei^{22} “雷”，dlei^{44} “罪”，fei^{33} “悔”，fei^{44} “会”。

蟹合二皆、夬二韵读作 ya，如：kya^{55} “乖”，khya^{44} “快”，wya^{44} “坏”。但“话”读作 wa^{44}，可能是受了白话广州话系统的方言的影响。

蟹合三祭、废两韵读作 ei，如：l̥ei^{44} “岁”，bei^{44} “吠”。

蟹合四齐韵去声有一个“桂”字读作 kuei^{44}，见于“桂林省”旧省会桂林一词中，是受了桂北官话的影响。

止开三支韵多数读 i，如：bi^{22} “皮”，bi^{44} “被”，li^{22} “离”，l̥i^{55} “撕”，dʑi^{22} “骑”，i^{33} “椅”，i^{44} “易”；章组读ɿ韵，如 tl̥ɿ^{33} “纸”，dɿ^{22} “匙”，dɿ^{44} “是”。

止开三脂韵读作 i，如：pi^{33} “比”，bi^{22} “鼻”，di^{44} “地”，li^{44} “利”，l̥i^{33} “死”，ni^{44} “二”，i^{55} “伊”；个别字读ɿ韵母如 sɿ^{33} “屎”，dɿ^{44} “自”。

止开三之韵有 i，iɛ，ɿ三种读法，来、溪、疑、影、以各母读 i，如：li^{33} “理”，tɕhi^{55} “欺”，ni^{22} “疑”，i^{55} “医”，i^{33} “以”；日、见两母读 iɛ，如：niɛ^{33} “耳”，tɕiɛ^{33} “己”，tɕiɛ^{44} “记”；精、庄、章等组读ɿ，如：tl̥ɿ^{33} “子”，dɿ^{44} “字”，sɿ^{55} “思”，sɿ^{44} “事”，dɿ^{22} “时”，tl̥hɿ^{33} “齿”，但“止”读 tɕi^{33}。材料中无知组声母例字。

止开三微韵读 i，如：tɕi^{33} “几”，tɕhi^{44} “气”，i^{55} “衣”。

止合三支、脂、微三韵都读作 ei，如 tl̥ei^{33} “嘴”，thei^{55} “吹”，wei^{22} “危”，wei^{44}

"为"；tl̥ei^{55}"追"，dei^{22}"锤"，l̥ei^{33}"水"；fei^{55}"非"，fei^{33}"匪"，wei^{22}"微"。但"亏"读作 khyi^{55}，归读作 kyi^{55}，"口水"的"水"读作l̥uei^{33}，似是受了桂北官话的影响。

效开一豪韵读 u，如 mu^{22}"毛"，tu^{55}"刀"，tu^{44}"到"，lu^{22}"牢"，tl̥u^{33}"早"，tl̥hu^{33}"草"，l̥u^{33}"扫、嫂"，ku^{55}"高"，fu^{33}"好"。但"保"读作 pau^{33}，"倒"读作 tau^{44}，"讨"读作 thɔ^{33}或 thau^{33}，"帽"读作 mɔ^{44}，"告"读作 kɔ^{44}，都是受桂北官话的影响。

效开二肴韵读作 ɔ，如：pɔ^{55}"包"，kɔ^{55}"交、教"。但"包"又读作 pau^{55}，"猫"读作 mau^{55}，"绞"读作 tɕiau^{33}，都是受了桂北官话的影响。"敲"读作 nɔ^{55}，声母有点特殊。

效开三宵韵，效开四萧韵都读作 iu，如 piu^{55}"标"，miu^{44}"庙"，tl̥iu^{55}"椒"，l̥iu^{33}"小"，l̥iu^{44}"笑"，ɕiu^{55}"烧"，dʑiu^{22}"桥"，iu^{44}"要"；tiu^{33}"鸟"，tiu^{44}"吊"，diu^{22}"条"，thiu^{44}"跳"，niu^{44}"尿"。但"票"读 phiau^{44}，"瑶族"的"瑶"读作 iau^{22}，"晓"读作 ɕiau^{33}，都是受了桂北官话的影响。

流开一侯韵读作 au，如：thau^{55}"偷"，thau^{44}"透"，dau^{22}"头"，lau^{44}"漏"，tl̥au^{33}"走跑"，tl̥hau^{44}"凑"，kau^{55}"钩"，kau^{33}"狗"，kau^{44}"够"，hau^{33}"口"，hau^{44}"后、厚"。但"头条月上月"中的"头"读作 dou^{22}。

流开三尤韵的读法有 u，au，iu 三种，非组读 u，如：pu^{44}"妇"，fu^{44}"富"，但"浮"读 bau^{22}，精、章、见各组和来、影、云、以各母读 iu，如 tl̥iu^{33}"酒"，l̥iu^{55}"修"，dliu^{44}"袖"，tɕhiu^{44}"臭"，ɕiu^{33}"手"，ɕiu^{44}"受"，tɕiu^{33}"九"，dʑiu^{22}"球"，tɕiu^{44}"救"，iu^{22}"油"，iu^{33}"有、友"，iu^{44}"右、柚"。但"牛"读 ŋau^{22}。庄组声母只有一个"搜"字，读作l̥au^{55}，知组和晓母无例字。

咸开一覃韵的读法有 a，ɔ，an 三种，如 na^{22}"南、男"，tl̥hɔ^{22}"蚕"，ɔ^{44}"暗"，tl̥an^{55}"簪"。合韵有 a，ɔ 两种读法，如 ta^{22}"答"，hɔ^{22}"合"。"南"见于"南方"一词，可能也是受了桂北官话的影响，因为龙胜东区的苗族把"南"读作 nɔ^{22}，"簪、答"大概也是受了桂北官话的影响，所以覃、合韵的伶语原来的读法似乎是 ɔ。

咸开一谈韵读作 a，如：ta^{55}"担"，ta^{33}"胆"，da^{44}"淡"，la^{22}"蓝"，l̥a^{55}"三"。但"毯子"的"毯"读作 than^{33}，"敢"读作 kaŋ^{33}，这都是受了桂北官话的影响。盍韵也读 a，如：la^{22}"蜡"。所以谈、盍韵的伶话原来的读音似乎是 a。

咸开二咸韵只有一个例字"咸"读作 hɔ^{22}。洽韵读 ia，如 tɕhia^{22}"插"，khia^{22}"掐"，hia^{22}"狭"。

咸开二衔韵只有一个例字"岩"读作 ŋia^{22}。狎韵也只有一个例字"鸭"读作 a^{22}。

咸开三盐韵读作 iɛ，如：iɛ^{22}"盐"，ɕiɛ^{33}"闪"。但"险"读作 ɕian^{33}。叶韵也读 iɛ，如：tɕiɛ^{22}"接"。不过接字声母读 tɕ 是受桂北官话的影响。

咸开三严韵无例字，业韵的"业"读 niɛ^{22}。

咸开四添韵的"念"读作 niɛ^{44}，但"嫌"读 ɕian^{22}。

咸合三凡韵读 ai，如：fai^{22}“凡”，fai^{44}“犯”。乏韵读 ia，如：fia^{22}“法”。

深开三侵韵读 iŋ，如 liŋ^{22}“林”，l̥iŋ^{55}“心”，tɕiŋ^{55}“针”，ɕiŋ^{33}“审”，tɕiŋ^{55}“金”，iŋ^{55}“阴”。但“今日”的“今”读作 tɕi^{55}。“桂林”的“林”读作 liɛ^{22}是受桂北官话的影响。缉韵读法有 i，l̥，iɛ 三种，如l̥i^{22}“习”，dl̥^{22}“十、什（么）”，niɛ^{22}“入”，tɕiɛ^{22}“给”。

山开一寒韵和曷韵有 a，ɔ 两种读法，端、精、泥三组读 a，如：ta^{44}“但”，na^{22}“难”，la^{22}“辣”，tl̥ha^{22}“擦”；见组读 ɔ，如：kɔ^{55}“干、竿”，hɔ^{44}“旱、汉”。

山开二山韵读 ai，如：l̥ai^{55}“山”，kai^{55}“间”，thai^{33}“铲”，ŋai^{33}“眼”，pai^{44}“办”。黠韵读 ia，如 pia^{22}“八”。

山开二删韵也读 ai，如：mai^{44}“慢”，ai^{44}“晏”。但“奸”读 tɕian^{55}。辖韵没有例字。

山开三仙韵、薛韵都读 iɛ，如；phiɛ^{55}“篇”，liɛ^{22}“连”，dliɛ^{22}“钱”，tl̥iɛ^{33}“剪”，tl̥hiɛ^{33}“浅”，dʑiɛ^{44}“善”，phiɛ^{44}“骗”，miɛ^{44}“面”，biɛ^{44}“便”，miɛ^{22}“灭”，thiɛ^{22}“彻”，iɛ^{22}“舌”，ɕiɛ^{22}“设”。但“展”读作 tl̥aŋ^{33}，“件”读作 tɕian^{44}，是受桂北官话的影响。

山开四先韵、屑韵也都读 iɛ，如 piɛ^{55}“边”，miɛ^{22}“眠”，thiɛ^{55}“天”，diɛ^{22}“田”，niɛ^{22}“年”，tl̥hiɛ^{55}“千”，dliɛ^{22}“前”，l̥iɛ^{55}“先”，tɕiɛ^{55}“坚”，tɕhiɛ^{55}“牵”，iɛ^{55}“烟”，piɛ^{33}“扁”，diɛ^{44}“电”；thiɛ^{22}“铁”，niɛ^{22}“捏”，tl̥iɛ^{22}“节”，tl̥hiɛ^{22}“切”，tɕiɛ^{22}“结”。只有“肩”读 kai^{55}。

山合一桓韵、末韵都读 ɔ，如：pɔ^{55}“搬”，bɔ^{22}“盘”，tɔ^{55}“端”，dɔ^{22}“团”，hɔ^{55}“宽、欢”，mɔ^{33}“满”，ɔ^{33}“碗”，l̥ɔ^{44}“算”；hɔ^{22}“活”。“端午”的“端”读作 tuan^{55}，“管”读作 kuai^{33}，“玩”读作 waŋ^{22}是受了桂北官话的影响。

山合二删韵读 uai，如：kuai^{44}“惯”，wai^{22}“还”。

山合三仙韵精、章二组读 ai，如 dlai^{22}“全、船”，tai^{55}“砖”；以母读 iɛ，如：wiɛ^{22}“沿，铅”。薛韵读 ei，如：l̥i^{22}“说，雪”。“绝”读作 tɕyɛ^{22}是受了桂北官话的影响。

山合三元韵非组读 ai，如：fai^{33}“反”，bai^{44}“饭”，wai^{44}“万”；见组读 iɛ，如：wiɛ^{22}“原”，云母也读 iɛ，如：wiɛ^{33}“远”。但“烦”读 fan^{22}，“愿”读 yan^{44}。月韵有 ia，ei，iɛ 三种读法，伶话原来的读法是 ei，如：pei^{22}“（头）发”，wei^{22}“月（亮）”。发展的“发”读作 fia^{22}，“袜”读作 wia^{22}，“七月”的“月”和“越来越好”的“越”读作 wiɛ^{22}，这些都是受了桂北官话的影响。有三个理由可以推想 ei 是伶话月韵原来的读法。第一，“头发”的“发”声母是 p，而 p 是伶话非母原来的读音，所以“发”字是伶话原来的读法。第二，“月”字在“上月、下月”里读 ŋuei^{22}，并且“月亮”的“月”字在龙胜东区苗语读 ŋuei^{22}，还保存着疑母的比较早的鼻音读法。至于“正月十五、七月七”等节日很容易受当地汉族说法的影响。第三，薛、屑两韵合口的读法都是 ei，有助于推定月韵的读法也是 ei。

山合四先韵有一个例字“县”读 fiɛ^{44}，韵母和本韵开口相同，这一点和有些方言一致。屑韵有一个例字“血”读 fei^{22}。

臻开一痕韵有三个例字，“根”读作 kaŋ^{55}，“很”读作 həŋ^{33}，“恨”读作 həŋ^{44}，后二者是受了桂北官话的影响。

臻开三真韵、殷韵都读 iŋ，如：ɕiŋ^{55}“新、身”，ɕiŋ^{22}“神”，dʑiŋ^{22}“辰”，tɕiŋ^{55}“巾、筋”，niŋ^{22}“人、银”，iŋ^{55}“因”，ɕiŋ^{44}“信”，niŋ^{44}“认”，dʑiŋ^{44}“近”。但“民”读 miɛ^{22}，“真”读 tɕiɛ^{55}，可能是受了桂北官话的影响。质韵读 i，如：pi^{22}“笔”，tl̥hi^{22}“七”，ni^{22}“日”，i^{22}“一”。迄韵无例字。

臻合一魂韵读 uŋ，如：muŋ^{22}“门”，l̥uŋ^{55}“孙”，puŋ^{33}“本”，kuŋ^{33}“滚”。没韵“骨”读 gy^{33}（龙胜东区苗语“骨”读 ky^{22}）。

臻合三谆韵只有一个例字“准”读作 tɕyn^{33}，是桂北官话的读音。由臻摄合口韵总的情况来看，谆韵的读法应当也是 uŋ。与谆韵相配的入声术韵也只有一个例字“出”读作 thei^{22}（在龙胜东区苗语“出”读 thui^{22}）。

臻合三文韵读 uŋ，如：puŋ^{55}“分”，muŋ^{22}“蚊、文”，muŋ^{44}“问”，uŋ^{22}“云”。与文韵相配的入声物韵读 u，如：pu^{22}“不”，fu^{22}“佛”。

宕开一唐韵、铎韵读 ɔ，如：tɔ^{55}“当”，thɔ^{55}“汤”，dɔ^{22}“堂”lɔ^{22}“郎”，dlɔ^{22}“藏”，tl̥ɔ^{44}“葬”；bɔ^{22}“薄”，l̥ɔ^{22}“索”，但“昨”读作 tl̥a^{22}是例外。至于“帮”读作 paŋ^{55}，“旁”读作 baŋ^{22}，“当”又读作 taŋ^{55}，“刚刚”的“刚”读作 tɕiaŋ^{55}，都是受了桂北官话的影响。

宕开三阳韵、药韵读 iɔ，如：liɔ^{44}“亮”，tɕhiɔ^{44}“唱”，iɔ^{44}“让、样”；ɕiɔ^{22}“削”，tɕiɔ^{22}“着、脚”。“帐”读作 tɔ^{44}是例外。

宕合一唐韵有两个例字，“光”读 kyɔ^{55}，“黄”读 hɔ^{22}，应当认为合口唐韵的读法是 uɔ，见母接介音 u 时，常常改为介音 y，但接喉音声母 h 时很难听出 huɔ 和 hɔ 的区别。“谎”读作 faŋ^{33}显然是受了桂北官话的影响。铎韵无例字。

宕合三阳韵读 ɔ，如：hɔ^{55}“方”，mɔ^{22}“亡”，mɔ^{44}“望”。药韵无例字。

江开二江韵、觉韵读 ɔ，如：kɔ^{55}“江”；kɔ^{22}“角”，hɔ^{22}“学”。“觉”读作 tɕiɔ^{22}，是受了桂北官话的影响。

曾开一登韵读 aŋ，如：taŋ^{55}“灯”，dlaŋ^{22}“层”，l̥aŋ^{55}“僧”，taŋ^{44}“凳”。“朋”读作 buŋ^{22}，“能”读作 nəŋ^{22}是受桂北官话的影响。德韵读 ai，如：pai^{22}“北”，tai^{22}“得”，hai^{22}“黑”。“特”读作 thə^{22}，是受普通话的影响。

曾开三蒸韵读 iŋ，如：iŋ^{55}“应、鹰”，tɕhiŋ^{55}“称”，ɕiŋ^{44}“胜”。职韵有三个例字，“侧”读作 tha^{22}，“食”读作 iu^{22}，“亿”读作 i^{22}。

曾合一登韵无例字，德韵有一个例字“国”读作 kɔ^{22}。

梗开二庚韵读 ai，如：lai^{33}“冷”，l̥ai^{55}“生”，hai^{22}“行”，ŋai^{44}“硬”。“打”读作

ta^{33}，“生活”的“生”读作 səŋ^{55}，“省”读作l̥uŋ^{33}，是受了桂北官话甚至普通话的影响。与梗相配的入声陌韵读 a，如：pa^{22}百，pa^{22}白，pha^{22}拍，ha^{22}客，ŋa^{22}额。

梗开二耕韵、麦韵读 ai，如：kai^{55}“耕”；tl̥ai^{22}“责”。

梗开三庚韵读 iɛ，如：biɛ^{22}“平”，miɛ^{44}“命”，biɛ^{44}“病”。“明日”的“明”读作 mi^{22}（龙胜东区苗语中“明”读 miɛ^{22}）。至于“兵”读作 piŋ^{55}，“明白”的“明”读作 miŋ^{22}，“风景”的“景”读作 tɕiŋ^{33}是受了桂北官话或普通话的影响。陌韵无例字。

梗开三清韵读 iɛ，如：tl̥iɛ^{55}“睛”，tl̥hiɛ^{55}“清”，tl̥hiɛ^{33}“请”，dliɛ^{22}“晴”，tɕiɛ^{55}“正（月）”，dʑiɛ^{22}“成”，tɕhiɛ^{55}“轻”，liɛ^{33}“领”，tɕiɛ^{33}“颈”。“成”又读 dʑiŋ^{22}，“劲”读作 tɕiŋ^{44}，都是受了桂北官话的影响。“整”读 tɕi^{33}，“正”读 tɕi^{44}是例外。昔韵有三个例字，tl̥i^{33}“积”，tɕia^{22}“只”，ʈʂha^{22}“尺”。

梗开四青韵也读 iɛ，如：biɛ^{44}“并”，l̥iɛ^{55}“星”。至于“瓶”读作 biŋ^{22}，“定”读作 diŋ^{44}，“经”读作 tɕiŋ^{55}可能是受了桂北官话的影响。

梗合二庚韵只有一个例字“横”读 wai^{22}。梗开二庚韵读 ai，可以推想梗合二本读 uai 韵。

梗合三庚韵、清韵，梗合四青韵均无例字。

通合一东韵有 uŋ，aŋ 两种读法，在平声字中读 uŋ，如：tuŋ^{55}“东”，thuŋ^{55}“通”，duŋ^{22}“同、铜”，tl̥huŋ^{55}“聪”，kuŋ^{55}“公、工、功”，huŋ^{22}“红”；在上、去声字中读 aŋ，如：thaŋ^{33}“桶”，daŋ^{44}“动”，haŋ^{33}“孔”，l̥aŋ^{44}“送”；“痛”读作 taŋ^{44}，声母不送气，读法与湖南双峰方言相同。与东韵相配的入声屋韵读 u，如：du^{22}“读”，tl̥u^{22}“族”（注意：清声母，可能是受了桂北官话的影响），ku^{22}“谷”，u^{22}“屋”。但“木”读作 muŋ^{22}与四川、湖北某些方言相同。

通合一冬韵和通合一东韵的情况相同，也是在平声字时读 uŋ，如：tl̥uŋ^{55}“宗”，l̥uŋ^{55}“松（紧）”，古上声无例字，古去声“统”字今读 thaŋ^{33}上声。沃韵也无例字。

通合三东韵、锺韵都读 uŋ，如：puŋ^{55}“风”，kuŋ^{55}“弓”，muŋ^{44}“梦”，tl̥uŋ^{44}“众”，thuŋ^{44}“铳”；luŋ^{22}“龙”，dluŋ^{22}“从”，huŋ^{44}“奉”，suŋ^{55}“凶”。但以母读 yŋ，如“用”读 yŋ^{44}。“穷”读 dʑiŋ^{22}，“虫”读 diŋ^{22}，“重”读 diŋ^{44}是例外。屋韵有 u，iu 两种读法，非组读 u，如：fu^{22}“福，伏”；其他读 iu，如：liu^{22}“六”，tiu^{22}“竹”，dʑiu^{22}“熟”。“肉”读 nai^{44}，例外。烛韵只有一个例字“俗”读作l̥u^{22}。

（三）声调 伶话有四个声调。

声调表

中古四声	中古声母	今声调	例字
平	清	阴平 55	hɔ^{55}宽
	浊	阳平 22	hɔ^{22}黄
上	清、次浊	上声 33	hɔ^{33}火
	全浊	去声 44	hɔ^{44}旱
去		去声 44	hɔ^{44}汉
入		阳平 22	hɔ^{22}活

声调表说明：

伶话有四个声调，都是平调，调值分别为 55，44，33，22。由声调表可以看出中古汉语声调在伶话中分合情况是：平声阴阳分立，上去各为一调，全浊上声归去声，入声全归阳平。这和中古汉语声调在西南官话中的分合情况完全相同。我们可以把 55，22，33，44 四个调叫做阴平、阳平、上声、去声，简称阴、阳、上、去。

伶话也有连读变调现象。伶话的变调规则，由于材料较少，不能全部列出。下面是最常见的几条变调规则：

（1）22 + 22→22 + 22 - 55 （浊闭塞音变清音）。例如：

da^{22} fu^{22}→da^{22} fu$^{22-55}$ 茶壶

dl̩^{22} dʑiŋ^{22}→dl̩^{22} tɕiŋ$^{22-55}$ 时辰

liɛ^{22} niɛ^{22}→liɛ^{22} niɛ$^{22-55}$ 来年（义为明年；按“来”字单说时读作 lia^{22}），龙胜东区苗语中“来”字单说就是 liɛ^{22}，“来年”也变调。

ɔ^{22} sl̩^{22}→ɔ^{22} sl̩$^{22-55}$ 湿（□湿）

hɔ^{22} dliɛ^{22}→hɔ^{22} tl̥iɛ$^{22-55}$ 从前（□前）

du^{22} dau^{22}→du^{22} tau$^{22-55}$ 锄头

dau^{22} pei^{22}→dau^{22} pei$^{22-55}$ 头发

（2）33 + 22→33 + 22 - 55 （浊闭塞音变清音）。例如：

ma^{33} dau^{22}→ma^{33} tau$^{22-55}$ 码头

lu^{33} diŋ^{22}→lu^{33} tiŋ$^{22-55}$ 老虎（老虫）

puŋ^{33} dliɛ^{22}→puŋ^{33} tl̥iɛ$^{22-55}$ 本钱

tl̥iɛ^{33} lɔ^{22}→tl̥iɛ^{33} lɔ$^{22-55}$ 姐夫（姐郎）

（3）44 + 22→44 + 22 - 44 （浊闭塞音变清音）。例如：

mei^{44} lɔ^{22}→mei^{44} lɔ$^{22-44}$ 妹夫（妹郎）

khiɛ^{44} niɛ^{22}→khiɛ^{44} niɛ$^{22-44}$　　去年

li^{44} dliɛ^{22}→li^{44} tl̥iɛ$^{22-44}$　　利钱

浊闭塞音变清音，以下仍记浊音。

我们说常常发生变调，也就是说有时符合变调的条件，但不发生变调现象，如：ma^{22}fan^{22} “麻烦”，khya^{44} hɔ^{22} “快活”，l̥ɔ^{33} dl̩^{22} “钥匙（锁匙）”，miŋ^{22} pa^{22} “明白”，hau^{44} ni^{22} “后天（后日）。”受桂北官话影响的一般不按上述变调规则变调，如上列的“麻烦、明白”等例。特别是第二字来自入声时，更不常变调，除上列的“快活”以外，还有一些合成数词如l̥i^{44} dl̩^{22} “四十”，ŋ̍^{33}dl̩^{22} “五十”，i^{22} pa^{22} “一百”，i^{22} i^{22} “一亿”，序数词如 ti^{44} i^{22} “第一”，ti^{22} pia^{22} “第八”，ti^{44} dl̩^{22} “第十”等，都是不变调的。

二　伶话常用词汇

伶话不但在语音上有许多特点，在词汇上也有许多特点。首先是有些话写不出字来。其次，尽管有些词能用汉字写出来，但是用法和普通话不同。第三，有些词见于古汉语，普通话已不在口头上使用。第四，受了大量的桂北官话或普通话词汇的影响，产生了一些同形不同音的同义词素。下面列出常用词汇。由于有的词没有通用的汉字可写，没有汉字作记录声调的参考，有的字声调可能记错。本字与标目不同时，用括弧注明本字，本字不明时用方框“□”表示。

天	thiɛ^{55}	太阳	ni^{22} dau$^{22-55}$（日头）
月亮	wei^{22} liɔ^{44}	星星	l̥iɛ^{55} liɛ^{33}（星□）
云	uŋ^{22} wu^{44}（云雾）	雷	lei^{22}
电	diɛ^{44}	雨	u^{33}
小雨	niɛ^{55} u^{33}（□雨）	雪	l̥ei^{22}
天气	thiɛ^{55} tɕhi^{44}	晴天	dliɛ^{22} thiɛ^{55}
阴天	iŋ^{55} thiɛ^{55}	风	puŋ^{55}
旱	hɔ^{44}	涝	lɔ^{22} u^{33} tɔ^{55}（落雨多）
今年	tɕi^{55} niɛ^{22}	明年	liɛ^{22} niɛ$^{22-55}$（来年）
去年	khiɛ^{44} niɛ^{22}	本月	puŋ^{33} wei^{22}
上月	dou^{22} diu^{22} ŋuei$^{22-55}$ ni^{33}（头条月□）	下月	ti^{44} ni^{44} diu^{22} ŋuei$^{22-55}$ ni^{33}（第二条月□）
今天	tɕi^{55} ni^{22}（今日）	明天	mi^{22} ti^{55} ni^{22}（明□日）

后天	hau^{44} ni^{22} （后日）	昨天	t̥la^{22} ni$^{22-55}$ （昨日）
早晨	ta^{44} t̥lu^{33} tiu^{55} （大早朝）	晌午	pɔ^{44} ni$^{22-44}$ （半日）
傍晚	ia^{44} puei^{44} （夜□）	白天	pa^{22} thiɛ^{55} ni^{33}（白天□）
夜里	ia^{44} dau$^{22-44}$ （夜头）	山	l̥ai^{55}
地	di^{44}	田	diɛ^{22}
树木	dʑiu^{44} muŋ^{22}	林	liŋ^{22}
河	hɔ^{22} （河），l̥ei^{33} （水）	泥	niɛ^{22}
土	kɔ^{55} niɛ^{22} （干泥）	鹰	iŋ^{55}
鸡	tɕi^{55}	公鸡	tɕi^{55}kuŋ^{55} （鸡公）
母鸡	tɕi^{55}bɔ^{22} （鸡婆）	马	ma^{33}
鸭	a^{22}	狗	kau^{33}
牛	ŋau^{22}	羊	iɔ^{22}
猪	tiu^{55}	猫	mau^{55}
老虎	lu^{33} diŋ$^{22-55}$ （老虫）	老鼠	lu^{33} ɕiu^{33}
蛇	dʑia^{22}	虾	ha^{55} kuŋ^{55} （虾公）
竹子	tiu^{22} （竹）	谷子	ku^{22} （谷）
米	miɛ^{33}	白薯	huŋ^{22} dʑy^{44} （红薯）
芋头	u^{22} dau$^{22-55}$ （芋头｜芋读22调）		
李子	li^{33} liɛ^{33} （李□）	柚子	iu^{44} t̥l̩^{33}
金	tɕiŋ^{55}	银	niŋ^{22}
铜	duŋ^{22}	铁	thiɛ^{22}
锡	thi^{55} （锑）	祖父	tia^{55} （爹）
祖母	bɔ^{22} （婆）	父亲	bu^{44} （父）
母亲	nia^{33} （奶）	儿子	t̥lai^{33} （崽）
媳妇	l̥iŋ^{55} pu^{44} （新妇）	女儿	niu^{33} （女）
女婿	lɔ^{22} t̥lai^{33} （郎崽）	孙子	luŋ^{55} t̥lai^{33} （孙崽）
伯父	ta^{44}bu^{44} （大父）	伯母	ta^{44} nia^{33} （大奶）
叔父	niɛ^{55} bu^{44} （□父）	婶母	niɛ^{55} nia^{33} （□奶）
姑母	ku^{55} nia^{33} （姑奶）	姑丈	ku^{55} ia^{22} （姑爷）
哥哥	kɔ^{55} （哥）	嫂子	l̥u^{33} （嫂）
弟弟	diɛ^{44} （弟）	姐姐	ta^{33} （□）
姐夫	t̥liɛ^{33} lɔ$^{22-55}$ （姐郎）	妹妹	mei^{44} （妹）
妹夫	mei^{44}lɔ$^{22-55}$ （妹郎）	岳父	thiŋ^{44} pa^{22} （亲爸；亲去声，爸读22调）

男人	na^{22} niŋ$^{22-55}$ ka^{55}（男人家）	女人	fu^{44} niŋ$^{22-44}$ ka^{55}（妇人家）
老人	lu^{33} taŋ^{55} ŋ̍^{22}（老□人）	教师	l̥iɛ^{55} l̥ai^{55}（先生）
兵	piŋ^{55}	婴儿	mɔ^{33} wiɛ^{22} tl̥ai^{33}（满月崽）
三朝	l̥a^{55} ni^{22}（三日）	满月	mɔ^{33} wiɛ^{22}
百日生子一百天	pa^{22} ni^{22}	头	dau^{22}
头发	dau^{22} pei$^{22-55}$	脸	miɛ^{44}（面）
胡须	l̥iu^{55}（须）	耳朵	niɛ^{33} tɔ^{33}
眼睛	ŋai^{33} tl̥iɛ^{55}	眉毛	ŋai^{33} mu^{22}（眼毛）
鼻子	bi^{22} haŋ^{33}（鼻孔）	嘴	hau^{33}（口）
舌头	iɛ^{22} liɛ^{33}（舌□）	牙齿	ŋa^{22} tl̥hl̩^{33}
脖子	tɕiɛ^{33} kuai^{33}（颈管）	肩	kai^{55} dau^{22}（肩头）
脊背	pei^{44}（背）	手	ɕiu^{33}
嘴唇	tl̥ei^{33} pa^{55} bi^{22}（嘴巴皮）	腕子	ɕiu^{33} tɕiɛ^{33}（手颈）
左手	tl̥ɔ^{33} ɕiu^{33}	右手	iu^{44} ɕiu^{33}
脚	tɕiɔ^{22}	心	l̥iŋ^{55}
肉	nai^{44}（□）	皮	bi^{22}
骨头	gy^{33}（□）	毛	mu^{22}
痰	thɔ^{44}（唾）	口水	hau^{33} l̥uei^{33}
汗	hɔ^{44}	尿	niu^{44}
屎	sl̩^{33}	筋	tɕiŋ^{55}
病	biɛ^{44}	痛	taŋ^{44}
痢	li^{44}	咳嗽	ha^{55}（□）
发疟疾	ta^{33} pai^{33} liɛ^{33}（打摆□）	疯	fia^{22} tiɛ^{55}（发癫）
头痛	taŋ^{44} ŋa^{22} dau$^{22-55}$（痛额头）	裤子	fu^{44}（裤）
领子	liɛ^{33}（领）	袖子	i^{55} dliu^{44}（衣袖）
衣袋	hɔ^{22} pau^{55}（荷包）	扣子	khiau^{44} liɛ^{33}（扣□）
帽子	mɔ^{44} liɛ^{33}（帽□）	鞋	hia^{22}
手巾	ɕiu^{33} tɕiŋ^{55}	被子	bi^{44}（被）
毯子	than^{33} tl̥ə^{33}	帐子	muŋ^{22} tɔ^{44}（蚊帐）
袜子	wia^{22} liɛ^{33}（袜□）	布	pu^{44}
饭	bai^{44}	汤	thɔ^{55}
鸡蛋	tɕi^{55} pa^{33} pau^{55}（鸡白包）	辣椒	la^{22} tl̥iu^{55}
油	iu^{22}	盐	iɛ^{22}
酒	tl̥iu^{33}	茶	da^{22}

开水	kuŋ^{33}l̥ei^{33}（滚水）	凉水	lai^{33}l̥ei^{33}（冷水）
房屋	u^{22}（屋）	楼	lau^{22}
墙	dliaŋ^{22}	柱子	diu^{44}（柱）
窗户	kiɛ^{22} liɛ^{33}（□□）	门	muŋ^{22}
砖	tai^{55}	瓦	wa^{33}
木头	muŋ^{22}（木）	间	kai^{55}
坟	tl̥u^{22}（□）	石头	ŋia^{22}（岩）
船	dlai^{22}	桥	dʑiu^{22}
码头	ma^{33} dau$^{22-55}$	桌子	dia^{22} bɔ^{22}（台盘；第二字声调稍高，但浊声母不变清）
椅子	i^{33} liɛ^{33}（椅□）	凳了	taŋ^{44}（凳）
床	du^{22}	灯	taŋ^{55}
蜡	la^{22}	书	ɕiu^{55}
信	l̥iŋ^{44}	纸	tl̥ʅ^{33}
笔	pi^{22}	针	tɕiŋ^{55}
锅	kɔ^{55} liɛ^{33}（锅□）	筷子	thiu^{44}（箸）
碗	ɔ^{33}	盘子	bɔ^{22} liɛ^{33}（盘□）
茶壶	da^{22} fu$^{22-55}$	瓶子	biŋ^{22} liɛ^{33}（瓶□）
锁	l̥ɔ^{33}	钥匙	l̥ɔ^{33} dʅ^{22}（锁匙）
线	l̥iɛ^{44}	小刀	niɛ^{55} tu^{55}（□刀）
剪子	tl̥iɛ^{33} tu^{55}（剪刀）	笤帚	l̥u^{33} ku^{33}（扫□）
柴	dʑia^{22}	桶	thaŋ^{33}
斧子	pu^{33} dau$^{22-55}$（斧头）	锯	ki^{44} liɛ^{33}（锯□）
钩子	kau^{55}（钩）	锤子	dei^{22}（锤）
锄名词	du^{22} dau$^{22-55}$（锄头）	钳子	thiɛ^{22} tɕia$^{22-55}$（铁夹）
铲子	thai^{33} thai^{33}（铲铲）	尺	ʈʂha^{22}
秤	tɕhiŋ^{44}	扁担	piɛ^{33} ta^{55} kɔ^{55}（扁担杆）
箩筐	lɔ^{22}（箩）	绳子	l̥ɔ^{22}（索）
枪	thuŋ^{44}（铳）	弓	kuŋ^{55}
箭	tl̥iɛ^{44}	钱	dliɛ^{22}
洋钱	iɔ^{22} dliɛ$^{22-55}$	本钱	puŋ^{33} dliɛ$^{22-44}$
利钱	li^{44} dliɛ$^{22-55}$	衙门	ŋa^{22} muŋ$^{22-55}$
学校	hɔ^{22}dɔ$^{22-55}$（学堂）	铺子	phu^{44}（铺）
庙	miu^{44}	事	sʅ^{44}

东西	tuŋ^{55}l̥i^{55}	时候	dl̩^{22} dʑiŋ$^{22-55}$（时辰）
地方	ti^{44} hɔ^{55}	原因	wiɛ^{22} iŋ^{55}
结果	tɕiɛ^{22} kɔ^{33}	精神	tl̥iŋ^{55} ɕiŋ^{22}
脾气	bi^{22} tɕhi^{44}	文化	wuŋ^{22} fa^{44}
习惯	l̥i^{22} kuai^{44}	工作	kuŋ^{55} tl̥u^{22}
成功	dʑiɛ^{22} kuŋ^{55}	输	l̥ei^{55}
想	ɕiɔ^{33}	赢	iɛ^{22}
生活	səŋ^{55} hɔ^{22}	娶妻	thɔ^{33} fu^{44} niɔ^{33}（讨妇女）
嫁女	ka^{44} niu^{33}	元旦	ta^{44} niɛ^{22} thu^{55} i^{22}（大年初一）
端午节	tuan^{55} ŋ̍^{33} tl̥iɛ^{22}	七夕	tɕhi^{22} wiɛ^{22} tɕhi^{22}（七月七）
中元节	tɕhi^{22} wiɛ^{22} dl̩^{22} ŋ̍^{33}（七月十五）	中秋节	pia^{22} wiɛ^{22} dl̩^{22}ŋ̍^{33}（八月十五）
腊八	dl̩^{22} ni^{22} wiɛ^{22} thu^{55}piɑ^{33}（十二月初八）	我	ŋa^{33}
我们	ŋai^{33}（□）	我们的	ŋai^{33} kə^{22}（□□）
你	ŋ̍^{33}	你们	ŋ̍^{33} liɛ^{55}（你□）
你们的	ŋ̍^{33} liɛ^{55} kə^{22}（你□□）	他	tha^{55}（他），i^{55}（伊）
他们	i^{55} liɛ^{55}（伊□）	他们的	thaŋ^{55} kə^{22}（□□）
自己	dl̩^{44} ka^{55}（自家）	谁	ʈʂa^{55} kɔ^{44}（□个）
什么	dl̩^{22} mɔ$^{22-55}$	这个	kɔ^{22} kɔ^{44}
哪里	ʈʂa^{55} ki^{55}（□□）	前面	dliɛ^{22} miɛ^{44}
后面	hau^{44} miɛ^{44}	上面	tɕiɔ^{44} miɛ^{44}
中间	ʈʂuŋ^{55}l̥iɛ^{55} di^{44}（中心地，龙胜东区苗语把"中间"读作 tuŋ^{55} kai^{55}）	里面	pia^{33} ni^{33}（□□）
外面	lai^{33} tɕi^{55}（□□）	远	wiɛ^{33}
近	dʑiŋ^{44}	左	tl̥ɔ^{33}
右	iu^{44}	东方	tuŋ^{55} hɔ^{55}
西方	l̥i^{55} hɔ^{55}	南方	na^{22} hɔ^{55}（南方，龙胜东区苗语"南方"叫 nɔ^{22} hɔ^{55}）
北方	pai^{22} hɔ^{55}	早	tl̥u^{33}
晚	ai^{44}（晏）	现在	kɔ^{22} tɕhi$^{22-55}$（□□）
从前	hɔ^{22} dliɛ$^{22-55}$（□前） haŋ^{33} d l̩^{22}（□时）	常常	tɕhi^{22} tɕhi$^{22-55}$（□□）
不	pu^{22}	用	yŋ^{44}
没有	mau^{33}（□）	错	tl̥hɔ^{44}

大方 ta^{44} liɔ^{44}（大量）
快乐 khya^{44} hɔ^{22}（快活）
难过 na^{22} kɔ^{44}
麻烦 ma^{22} fan^{22}
胆大 ta^{44} ta^{33}
身体好 wu^{33} ɕiŋ^{55} fu^{33}（□身好）
明白 miŋ^{22} pa^{22}
凶 suŋ^{55}
小心 l̥iu^{33}l̥iŋ^{55}
可怜 tl̥au^{44} niɛ^{22}（造孽）
富 fu^{44}
低 tiɛ^{55}
窄 hia^{22}（狭）
长 dʑiɔ^{22}
快 khya^{44}
深 ɕiŋ^{55}
粗 t l̥hu^{55}
厚 hau^{44}
重 diŋ^{44}
小 l̥iu^{33}（小），niɛ^{55}（□）
好 fu^{33}
难 na^{22}
老 lu^{33}
生 l̥ai^{55}
软 nau^{33}
假 ka^{33}
冷 lai^{33}
咸 hɔ^{22}
臭 tɕhiu^{44}
湿 ɔ^{22} sɿ$^{22-55}$（□湿）
黑暗 hai^{22} ɔ^{44}
牢 lu^{22}
白 pa^{22}
黄 hɔ^{22}

小气 l̥iu^{33} liɔ^{44}（小量）
舒服 ɕy^{55} fu^{22}
可爱 khɔ^{33} ŋuei^{44}
讨厌 thau^{33} ɕian^{22}（讨嫌）
胆小 ta^{33}l̥iu^{33}ta^{33} niɛ^{55}（胆□）
衰弱 thi^{33} tl̥l̥^{22} niɔ^{22}（体质弱）
糊涂 fu^{22}du$^{22-55}$
善 dʑiɛ^{44}
美丽 kya^{55} thiɛ^{44}（乖睇）
穷 dʑiŋ^{22}
高 ku^{55}
宽 hɔ^{55}
平 biɛ^{22}
短 tɔ^{33}
慢 mai^{44}
浅 tl̥hiɛ^{33}
细 l̥iɛ^{44}
薄 bɔ^{22}
轻 tɕhiɛ^{55}
大 ta^{44}
坏 wya^{44}
易 i^{44}
年轻 niɛ^{22} tɕhiɛ^{55}
熟 dʑiu^{22}
真 tɕiɛ^{55}
硬 ŋai^{44}
热 nɔ^{33}（暖）
淡 da^{44}
干 kɔ^{55}
光明 kyɔ^{55} miŋ^{22}
坚固 tɕiɛ^{55} ku^{44}
红 huŋ^{22}
蓝 la^{22}
一 i^{22}

二 ni^{44}
三 l̥a^{55}
四 l̥i^{44}
五 ŋ̍^{33}
六 liu^{22}
七 tl̥hi^{22}
八 pia^{22}
九 tɕiu^{33}
十 dl̩^{22}
十一 dl̩^{22} i^{22}
十二 dl̩^{22} ni^{44}
二十 ni^{44}dl̩^{22}
二十一 ni^{44} dl̩^{22} i^{22}
三十 l̥a^{55} dl̩^{22}
四十 l̥i^{44} dl̩^{22}
五十 ŋ̍^{33} dl̩^{22}
一百 i^{22} pa^{22}
一千 i^{22} tl̥hiɛ^{55}
一万 i^{22} wai^{44}
一万万 i^{22} wai^{44} wai^{44}
一亿 i^{22} i^{22}
第一 ti^{44} i^{22}
第二 ti^{44} ni^{44}
几个 tɕi^{33} kɔ^{44}
多少 tɔ^{55} ɕiu^{33}
耕 kai^{55}
种 tl̥ɔ^{22} （□）
锄动词 du^{22}
吃 iu^{22} （食）
喝 l̥ei^{22} （□）
吸 l̥ei^{22} （□），iu^{22} （食）
煮 tɕiu^{33}
烧 ɕiu^{55}
推 thei^{55}
拉 tɕhiɛ^{33} （扯）
挑 ta^{55} （担）
扛 bɑi^{44} （□）
抬 dia^{22}
抱 iu^{55}（□）
掐 nai^{33}（□）,khia^{22}（掐）
抢 tɕhiɔ^{33}
骂 ma^{44}
人 ŋ̍^{22}
打架 ta^{33} ka^{44}
缝 lai^{22}（□）
撕 l̥i^{55}
拿 ta^{55}（□）
给 tɕiɛ^{22}
赔 wai^{22}（还）
亏本 khyi^{55} puŋ^{33}
写 ɕia^{33}
相信 liɔ^{55}liŋ^{44}
敢 kaŋ^{33}
藏 nai^{33}（□）
走 hai^{22}（行）
跑 tl̥au^{33}（走）,phau^{33}（跑）
跳 thiu^{44}
爬 bia^{22}
动 daŋ^{44}
过 kɔ^{44}
去 ɕi^{44}
气 tɕhi^{44}
蹲下去 nyŋ^{55} ha^{44} ɕi^{44}（□下去）
站立 dʑi^{44} liɛ^{22}
搬 pɔ^{55}
回 kyi^{55}（归）
做 tl̥u^{44}
说 l̥ei^{22}（说）,wa^{44}（话）

念	niɛ^{44}
问	tɕia^{44} muŋ^{44}（借问）
记	tɕiɛ^{44}
望	mɔ^{44}
见	tɕiɛ^{44}
舔	lia^{33}（□）
抓	gua^{44}（□）
有	iu^{33}
来	lia^{22}
出	thei^{22}
知道	tai^{22} ti^{55}（得知）
送	l̥aŋ^{44}
告	kɔ^{44}
坐	dlɔ^{44}
觉	tɕiɔ^{22}
穿衣	tɕiɔ^{22} i^{55}（着衣）
租	tl̥u^{55}
偷	thau^{55}
找	lau^{55}（□）
擦	tl̥ha^{22}
说谎	l̥ei^{22} faŋ^{33}
追	tl̥ei^{55}
拍	pha^{22}
透	thau^{44}
泼	haŋ^{44}（□）
下雨	lɔ^{22} u^{33}（落雨）
晒	ɕia^{44}
关	tɕia^{55}（□）
死	l̥i^{33}
埋	mia^{22}
再	tl̥ia^{44}
很	həŋ^{33}
大概	ta^{44} khai^{44}
一样	i^{22} iɔ^{44}
读	du^{22}
答	ta^{22}
笑	l̥iu^{44}
遇	buŋ^{44}（碰）
舀	u^{33}
捏	niɛ^{22}
是	dl̩^{44}
要	iu^{44}
进	niɛ^{22}（入）
想	ɕiɔ^{33}
得	tai^{22}
认	niŋ^{44}
接	tl̥hiɛ^{22}
睡	miɛ^{22}（眠）
梦	muŋ^{44}
洗澡	l̥iɛ^{33} ɕiŋ^{55}（洗身）
借	tɕia^{44}
搜	l̥au^{55}
修理	l̥iu^{55} li^{33}
欺骗	tɕhi^{55} phiɛ^{44}
替	thiɛ^{44}
吹	thei^{55}
谢	ɕia^{44}
漏	lau^{44}
刮大风	thei^{55} ta^{44} puŋ^{55}（吹大风）
打闪	ta^{33} hɔ^{33} ɕiɛ^{33}（打火闪）
开	fei^{55}
切	tl̥hiɛ^{22}
忘	mɔ^{44}
犯罪	fai^{44} dlei^{44}
不	pu^{22}
也	ia^{33}
全	dlai^{22}
一定	i^{22} diŋ^{44}

和连词	niɔ^{33}(□)	所以	l̥ɔ^{33} i^{33}
因为	iŋ^{55} wei^{44}	在	dlia^{44}
到	tu^{44}	为了	wei^{44} liu^{33}
被	bi^{44}	从	dluŋ^{22}
沿	wiɛ^{22}		

三　伶话语法例句

伶话的语法和普通话基本相同，只是几个助词和普通话不同，相当于“的”字的助词是 kə^{22}，相当于“了”字的助词是 wa^{33}，相当于“吗”字的助词是 mau^{33}。下面列举一些伶话的句子，从中可以看出伶话和普通话的语法是多么一致。

我笑。ŋa^{33}l̥iu^{44}.

你跳。ŋ̍^{33} thiu^{44}.

他跑。tha^{55} tl̥au^{33}.（他走）

太阳出。ni^{22} dau$^{22-55}$ thei^{22}.（日头出）

月亮落。wei^{22} liɔ^{44} lɔ^{22}.

鸡叫。tɕi^{55} diɛ^{22}.（鸡啼）

狗叫。kau^{33} bei^{44}.（狗吠）

我插秧。ŋa^{33} tɕhia^{22} iɔ^{55}.

你栽树。ŋ̍^{33} tl̥ia^{55} dʑiu^{44}.

我有书。ŋa^{33} iu^{33} ɕiu^{55}.

他有一只船。tha^{55} iu^{33} i^{22} tɕia^{22} dlai^{22}.

我有一只狗。ŋa^{33} iu^{33} i^{22} tɕia^{22} kau^{33}.

谁是农夫？ʦ̥a^{55} kɔ^{44} ŋ̍^{22} dl̥^{44} kai^{55} thuŋ^{55} kə^{22}?（□个人是耕□□）

这是一张桌子。kɔ^{22} kɔ^{44} dl̥^{44} tɕiɔ^{55} dia^{22} bɔ^{22}.（□个是张台盘）

这本书是我的。kɔ^{22} puŋ^{33} ɕiu^{55} dl̥^{44} ŋa^{33} kə^{22}.（□本书是我□）

这顶帽子是我的吗？kɔ^{22} kɔ^{44} mɔ^{44} liɛ^{33} dl̥^{44} ŋa^{33} kə^{22} mau^{33}?（□个帽□是我□□）

你会讲汉话吗？ŋ̍^{33} tai^{22} ti^{55} wa^{44} ha^{22} wa^{44} mau^{33}?（你得知话客话□）

我可以告诉他吗？ŋa^{33} khɔ^{33} i^{33} kɔ^{44} na^{22} tha^{55} mau^{33}?（我可以告□他□）

他已经能够自立了。tha^{55} i^{33} tɕiŋ^{55} nəŋ^{22} kau^{44} dl̥^{44} tɕiɛ^{22} wa^{33}.（他已经能够自给□）

你吃过饭了吗？ŋ̍^{33} iu^{22} kɔ^{44} bai^{44} wa^{33} mau^{33}?（你食过饭□□）

明天我要到桂林去。mi^{22} ti^{55} ni^{22} ŋa^{33} wei^{44} tu^{44} kuei^{44} liɛ^{22}l̥uŋ^{33} ɕi^{44}.（明□日我□到桂林

省去；wei^{44}疑为“会”字伶话原来的读音，但“会”无“要”的意思）

他正在吃饭。tha^{55} tɕi^{44} taŋ^{55} iu^{22} bai^{44}.（他正当食饭）

我已经插好秧了。ŋa^{33} i^{33} tɕiŋ^{55} tɕhia^{22} fu^{33} iɔ^{55} wa^{33}.（我已经插好秧□）

这堵墙真厚。kɔ^{22} kɔ^{44} dliaŋ^{22} tɕiɛ^{55} dl̩^{44} hau^{44}.（□个墙真是厚）

龙胜县的风景真好。luŋ^{22} ɕiŋ^{44} fiɛ^{44} kə^{22} puŋ^{55} tɕiŋ^{33} tɕiɛ^{55} dl̩^{44}fu^{33}.（龙胜县□风景真是好）

今年的收成一定好。tɕi^{55} niɛ^{22} kə^{22} ɕiu^{55} dʑiŋ^{22} i^{22} diŋ^{44} fu^{33}.（今年□收成一定好）

鸭蛋比鸡蛋大。a^{22} pa^{33} pau^{55} pi^{33} tɕi^{55} pa^{33} pau^{55} ta^{44}.（鸭□□比鸡□□大）

我家门口有条小河。ŋai^{33} ka^{55} muŋ^{22} hau^{33} iu^{33} i^{22} diu^{22} niɛ^{55}l̥ei^{33}.（□家门口有一条□水）

他弟弟有一只红鸟。i^{55} diɛ^{44} diɛ^{44} iu^{33} i^{22}tɕia^{22} huŋ^{22} tiu^{33}.（伊弟弟有一只红鸟）

我们大家一起唱山歌。ŋai^{33} ta^{44} dliɛ$^{22-44}$ i^{22} duŋ^{22} tɕhiɔ^{44}l̥ai^{55} kɔ^{55}.（□大齐一同唱山歌）

不要告诉他这件事。pu^{22} iu^{44} kɔ^{44} na^{22} i^{55} kɔ^{22} tɕian^{44} sl̩^{44}.（不要告□伊□件事）

整天下雨实在讨厌。tɕi^{33} ni^{22} lɔ^{22} u^{33} tɕiɛ^{55} dl̩^{44} thau^{33} ɕian^{22}.（整日落雨真是讨嫌）

我从前去过一次。ŋa^{33} haŋ^{33} dl̩^{44} ɕi^{44} kɔ^{44} i^{22} tɑi^{44}.（我□时去过一□）

你从哪里来的？ŋ̍^{33} dluŋ^{22} ʦ̢a^{55} ki^{55} lia^{22} kə^{22}？（你从□□来□）

我从桂林来的。ŋa^{22} dluŋ^{22} kuei^{44} liɛ^{22}l̥uŋ^{33} lia^{22} kə^{22}.（我从桂林省来□）

你家离这里有多少里？ŋ̍^{33} ka^{55} li^{22} liɛ^{22} kiɛ^{44} iu^{33} fu^{33} tɔ^{55} li^{33}？（你家离□□有好多里？）

他也会唱歌也会跳舞。i^{55} ia^{33} fei^{44} tɕhiɔ^{44} kɔ^{55}，ia^{33} fei^{44} thiu^{44} wu^{33}.（伊也会唱歌，也会跳舞）

今天比昨天热。tɕi^{55} ni^{22} pi^{33} tl̥a^{22} ni^{22} nɔ^{33}.（今日比昨日暖）

他爱吸烟。i^{55} ŋuei^{44} iu^{22} iɛ^{55}.（伊爱食烟）

一打开窗子就可以看见山。i^{22} ta^{33} fei^{55} kiɛ^{22} liɛ^{33}，tɕiu^{44} khɔ^{33} i^{33} mɔ^{44} tɕiɛ^{44}l̥ai^{55}.（一打开□□，就可以望见山）

你打算到什么地方去？ŋ̍^{33} ta^{33}l̥ɔ^{44} tu^{44} dl̩^{22} mɔ^{22} ti^{44} hɔ^{55} ɕi^{44}？

这是什么菜？kɔ^{22} kɔ^{44} d l̩^{44} dl̩^{22} mɔ^{22} thia^{44}？（□个是什么菜）

吃过早饭了吗？iu^{22} kɔ^{44} tlu^{33} bai^{44} wa^{33} mau^{33}？（食过早饭□□）

你应该帮助你母亲做事。ŋ̍^{33} iŋ^{55} kai^{55} paŋ^{55} tl̥u^{44}ŋ̍^{33} kə^{22}（连读作ŋ̍ə^{22}）nia^{33} tl̥u^{44} sl̩^{44}.（你应该帮助你□奶做事）

你敢骑马吗？ŋ̍^{33} kaŋ^{33} dʑi^{22} ma^{33} mau^{33}？

我想学瑶话。ŋa^{33} ɕiɔ^{33} hɔ^{22} iau^{22} wa^{44}.

你愿不愿意为人民服务？ŋ̍^{33} yan^{44} i^{44} pu^{22} yan^{44} i^{44} thiɛ^{44} ta^{44} tl̥uŋ^{44} fu^{22} wu^{44}？（你愿意不愿意替大众服务）

你应当努力工作。ŋ̍^{33} iŋ^{55} taŋ^{55} tl̥haŋ^{33} tɕiŋ^{44} tl̥u^{44} kuŋ^{55}.（你应当□劲做工）

我已经对他讲过了。ŋa^{33} i^{33} tɕiŋ^{55} tei^{44} i^{55} wa^{44} kɔ^{44} wa^{33}.（我已经对伊话过□）

现在我去买肉。kɔ^{22} tɕhi$^{22-55}$ ŋa^{33} ɕi^{44} mia^{33} nai^{44}.（□□我去买□）

这张纸太薄。kɔ^{22} tɕiɔ^{55} tl̥l̩^{33} ɕiɔ^{55} bɔ^{22}（□张纸□薄）

我比他高。ŋa^{33} pi^{33} i^{55} ku^{55}.（我比伊高）

桂林的风景最美。kuei^{44} liɛ^{22}l̥uŋ^{33} kə^{22} puŋ^{55} tɕiŋ^{33} tl̥ei^{44} kya^{55} thiɛ^{44}.（桂林省□风景最乖睇）

这个和哪个一样？kɔ^{22} kɔ^{44} niɔ^{33} ʦa^{55} kɔ^{44} i^{22} iɔ^{44}？（□个□□个一样）

你因为什么不高兴？ŋ̍^{33} iŋ^{55} wei^{44} dl̩^{22} mɔ^{22} pu^{22} hɔ^{55} tɕhi^{33}？（你因为什么不欢□）

他刚刚回去。i^{55} tɕiaŋ^{55} tɕiaŋ^{55} kyi^{55} ɕi^{44}.（伊刚刚归去）

这几天他常常不回家。kɔ^{22} tɕi^{33} ni^{22} i^{55} tɕhi^{22} tɕhi$^{22-55}$ pu^{22} kyi^{55} ka^{55}.（□几日伊□□不归家）

请你立刻去找他。tl̥hiɛ^{33} ŋ̍^{33} li^{44} dl̩^{22} ɕi^{44}lau^{55} i^{55}.（请你□时去□伊）

赶紧给他父亲写一封信。kaŋ^{33} tɕi^{22} pei^{55} i^{55} bu^{44} ɕia^{33} i^{22} huŋ^{55}l̥iŋ^{44}.（赶□□伊父写一封信）

请你再讲一遍。tl̥hiɛ^{33} ŋ̍^{33} tl̥ia^{44} wa^{44} i^{22} tai^{44}.（请你再话一□）

以后不准你到他家去。pei^{44} tiɛ^{44} pu^{22} tɕyn^{33} ŋ̍^{33} tu^{44} i^{55} ka^{55} ɕi^{44}.（□□不准你到伊家去）

你到底回家不回家？ŋ̍^{33} tau^{44} dl̩^{44} kyi^{55} ka^{55} pu^{22} kyi^{55} ka^{55}？（你倒是归家不归家）

走山路要小心。hai^{22}l̥ai^{55} lu^{44} iu^{44}l̥iu^{44}l̥iŋ^{55}.（行山路要小心）

龙胜人的生活太苦，我们应当设法改善。luŋ^{22} ɕiŋ^{44}ŋ̍^{22} kə^{22}səŋ^{55} hɔ^{22} ɕiɔ^{55} khu^{33}，ŋai^{33} iŋ^{55} taŋ^{55} ɕiɔ^{33} fia^{22} kai^{33}fu^{33}.（龙胜人□生活□苦，□应当想法改好。）

首先要开荒，第二要种果树，第三要发展工业。ɕiu^{33}l̥iɛ^{55} iu^{44} fei^{55} hɔ^{55}，ti^{44} ni^{44} iu^{44}tl̥ɔ^{22} kɔ^{22} liɛ^{33} dʑiu^{44}，ti^{44}l̥a^{55} iu^{44} fia^{22} tl̥aŋ^{33} kuŋ^{55} niɛ^{22}.（……，第二要□果□树，……）

十年后人民的生活就要提高一倍。dl̩^{22} niɛ^{22} hau^{44} ŋ̍^{22}miɛ$^{22-55}$ kə^{22} səŋ^{55} hɔ^{22} tl̥iu^{44} iu^{44} di^{22} ku^{55} i^{22} pei^{44}.（十年后人民□生活就要提高一倍。）

人民越来越富，文化越来越高。ŋ̍^{22} miɛ^{22} wiɛ^{22} lia^{22} wiɛ^{22} fu^{44}，wuŋ^{22} fa^{44} wiɛ^{22} lia^{22} wiɛ^{22} ku^{55}.

苗语的声类和韵类*

苗语没有传统的韵书和韵图，苗语研究工作者通过比较已经弄清了苗语的调类。至于古苗语有多少声类、多少韵类，这些声类、韵类在现代各方言中的反映形式如何，哪些有意义的音节（以下简称为字）属于同一声类、同一韵类等问题，我们是心中无数的。因此，当我们记录苗语材料时，不但浪费时间，而且也不容易记录到正确的材料。

我们曾经设想，如果能够编出一本苗语的古音字典，从这本字典中可以知道每一个苗语字属于什么声类、韵类和调类，可以找出全部同声类、同韵类和同调类的字，我们就能在较短的时间内记录到比较准确的材料，同时也可以看出古苗语声类、韵类在现代方言中分合的情况。这对于我们研究苗语语音演变的历史是有帮助的。这样的字典对同语族、同语系语言的比较研究也是很有用处的。但是，编写这样的字典要有相当多的调查点的非常准确的、丰富的材料，并须对这些材料反复分析、比较，必要时还要补充调查。目前我们还没有条件进行这一工作。

我们认为，苗语某一个调查点的声母、韵母的数目虽比声调的数目多，但毕竟是有限的。如果我们记录几百个不同的字，可以把不同的声母、韵母找出来，当然不可能是全部的声母和韵母，但遗漏的也不会很多。我们通过不同方言的若干个调查点的声母、韵母的比较，就可以把声类和韵类找出来，尽管不是全部的声类和韵类。通过这样的比较，至少可以看出这几百个字中哪些属于同一声类，同一韵类。这对我们今后的调查就有很大的帮助。所以我们决心先努力找出声类、韵类，以便为新的调查、为今后编写苗语古音字典创造有利的条件。

我们过去主要是根据最典型的语音特点划分方言、次方言的。我们认为，进行方言声母、韵母的比较，一般来说虽是代表点越多越好，但同一方言或次方言选用许多个代表点却没有必要。因为，它们既属于同一方言或次方言，其语音差别就不大，选用许多个这样的点，在比较时徒占篇幅，并得不出更多的结果；不过代表点太少，也不能得出正确的结

* 本文是提交1979年10月在巴黎举行的第十二届国际汉藏语言学会议的论文《苗语方言声韵母比较》的摘要。在核对该论文所用材料的过程中多承向日征同志协助，谨在此表示谢意。又，限于印刷条件本文舌类前边音记作lj，其清化音记作lj̥。文章发表于《民族语文》1980年第2期，第6~23页。

论。当然，如果方言、次方言下面的不同土语各有一个代表点，再加上几个无所归属的小的方言点，把这些点的材料拿来进行比较，所得的结果就比较可靠了。但进行这一工作也需要相当多的人力和时间，这在目前还有一定的困难。我们最后决定：只从苗语黔东方言、湘西方言和川黔滇方言的七个次方言中各选一个代表点进行比较，对苗语的声类和韵类作一初步探索。九个代表点是：

1. 贵州凯里挂丁乡养蒿寨，属黔东方言北部土语，简称养蒿。
2. 湖南花垣县吉伟乡腊乙坪寨，属湘西方言西部土语；简称吉伟。
3. 贵州毕节县先进乡大南山寨，属川黔滇方言川黔滇次方言第一土语，简称先进。
4. 贵州威宁彝族回族苗族自治县荣合乡石门坎寨，属川黔滇方言滇东北次方言，简称石门。
5. 贵州贵阳市花溪区青岩乡摆托寨，属川黔滇方言贵阳次方言东部土语，简称青岩。
6. 贵州贵阳市高坡区甲定乡甲定寨，属川黔滇方言惠水次方言北部土语，简称高坡。
7. 贵州紫云苗族布依族自治县宗地乡绞坨寨，属川黔滇方言麻山次方言中部土语，简称宗地。
8. 贵州福泉县复员乡野鸡坡寨，属川黔滇方言罗泊河次方言，简称复员。
9. 贵州黄平县重兴乡枫香寨，属川黔滇方言重安江次方言，简称枫香。

进行这样的比较，我们只能选用苗语固有的字。其中有一些与汉语在来源上相同，是苗汉同源字还是汉语借字，一时尚不能确定。这样的字其调类都和汉语的调类对应。苗语的A、B、C、D相当汉语的平、上、去、入，苗语的1（A_1）、2（A_2）、3（B_1）、4（B_2）、5（C_1）、6（C_2）、7（D_1）、8（D_2）相当汉语的阴平、阳平、阴上、阳上，阴去、阳去，阴入、阳入。现代汉语借字与古苗语的声类、韵类、调类无关，因此一律不用。

在比较时，常常发现有的字在某个代表点中，其声母、韵母或声调不符合对应规则。这有三种可能；第一种可能是那个代表点的字和其他各点不同源；第二种可能是在语言演变过程中，个别的字在个别方言、次方言中发生了特殊的变化；第三种可能是记录的材料有错误。在比较时，如果发现声、韵、调之一不符合对应规则，我们还是将该字列在比较表上；能分析其不符合对应规则的原因时，就加以分析。在一般情况下，如果声、韵、调有两项不符合对应规则，就不列在比较表上。但有的字确属同源而有声、韵、调中的两项不符合对应规则，我们也还是列在比较表上了，并尽量对不符合对应规则的原因作出必要的说明。

当我们找到一条声母或韵母对应规则，但合于这一条对应规则的只有一个例字，怎么办呢？处理的办法是首先看声调，如果声调在各点属于同一调类，然后看声母。如果有两个以上的字具有相同的声母对应规则，那么，尽管合于声母对应规则的例字中的一个是一条韵母对应规则的唯一的例字，我们也把它看做一个韵类。例如作“二”讲的字在九个点都是1调（宗地的1a调、复员的清声母A调都相当于其他各点的1调），声母都是喉塞音。九个点声母比较表中以喉塞音作声母的有对应关系的字，除作“二”讲的字以外，还有十个。当然各点喉塞音对应是一条声母对应规则。虽然并无第二个字合于作“二”讲的字的韵母对应规则，我们也把作“二”讲的字看做一个韵类。同样，如果有两个以上的字具有相同的韵母对应规则，那么，尽管合于韵母对应规则的例字中的一个是一条声母对应规则的唯一的例字，我们也把它看作一个声类。例如作“蛋”讲的字，除吉伟因不同源暂时空着以外，其余八个点都是5调（宗地的5a调、复员的清声母c调都相当于其他点的5调），和它具有同一条韵母对应规则的字在比较表中还有三十三个，虽无第二个合于作“蛋”讲的字的声母对应规则，我们也把作“蛋”讲的字看做一个声类。这里面有两种可能，一种可能是还有同声类、同韵类的字有待进一步去发现；另一种可能是个别的字脱离了一般语音对应规则，在某个或某几个方言、次方言中发生了特殊变化，那就没有别的字和它同声类或同韵类了。总之，我们的目的是要排除非同源字。如果有某个字，它既是一条声母对应规则的唯一例字，又是一条韵母对应规则的唯一例字，那它就很可能是个非同源字。这样的字我们一定要排除，不能让它参加比较。

在比较的时候，我们不能只比较具有相同词汇意义的字，而要设法找到真正的同源字。真正的同源字有时在某个方言或次方言中词汇意义已经有所改变，表示了其他有关的词汇意义。例如作“米”讲的字在养蒿读作shε^{35}（3）（音标右上角的“35”是调值，括弧中的“3”是调类，表示作“米”讲的字在养蒿读高升调，是3调字。以下一律同此，不再说明）。作“米”讲的字在青岩、高坡、宗地、复员、枫香的读音和养蒿的shε^{35}（3）在声、韵、调各方面都对应，是同源字；但在吉伟、先进、石门却分别读作ntsɔ^{53}（5）、ɳʈʂa^{43}（1）、ndlɦi^{35}（2），这几个字和养蒿的shε^{35}（3）在声、韵、调各方面都不对应，不是同源字。我们发现吉伟作“稀饭”讲的词读作l̥je^{53}（5）ɕi^{44}（7）se^{44}（3）或ɕi^{44}（7）se^{44}（3），其最后一个音节se^{44}（3）正好和养蒿的shε^{35}（3）对应。所以我们在比较作“米”讲的字时，吉伟栏不写ntsɔ^{53}（5），而写se^{44}（3）。我们又发现作“小米”讲的字在先进是tsho^{55}（3），在石门是tshu^{55}（3），它们和养蒿的shε^{35}（3）在声、韵、调各方面都对应。于是，在比较作“米”讲的字时，先进栏不写ɳʈʂa^{43}（1），石门栏不写ndlɦi^{35}（2），而分别写tsho^{55}（3）、tshu^{55}（3）。为了反映实际情况，我们在吉伟栏的se^{44}（3）下面注上“稀饭”，说明在作“稀饭”讲的词中含有和养蒿的shε^{35}（3）有对应关系的同源字；在先进、石门二栏的tsho^{55}（3）、tshu^{55}（3）下面注上“小米”，说明在这两个点，和养蒿的shε^{35}（3）有对应关系的同源字是作“小米”讲的字，不是作泛称的“米”讲的字。词义的缩小、扩大或转变在任何语言中都有。例如汉语“走”字本义为“跑”，现在广州话“走”仍作“跑”讲；而在普通话中，“走”作“行”讲，“走”的本义由“跑”字表示了。如果我们比较汉语各方言表示“行走”意义的字的读音，普通话用“走”字，把广州话的“行”拿来比较，肯定不符合对应规则，只能把广州话作“跑”讲的“走”字拿来比较，才符合对应规则。这种情况在苗语中比较多，而我们对苗语的了解很少，所以在声母、韵母比较表上经常在一些点留有空白。这不表示那些点没有材料，而是那些点的材料和表上所列的其他各点的材料不同源。我们暂时还不清楚真正同源的字的意义缩小、扩大或转变的情况，也许它们正隐藏在我们调查材料中的一个故事或一首歌谣中的某个词里，所以在比较表中先空起来，以后再逐渐补上。我们认为，尽管苗语方言差别较大，但基本词汇在各方言中还是相同的，只是词义有时发生变化，同一词汇意义的字，在各方言不尽同源。我们相信，经过努力将会找到那些词汇意义已经发生变化而确属同源的字，从而使我们现在所做的工作更完善、更准确、更科学，使我们的研究结果更符合语言实际。

我们能够利用苗语方言声母、韵母的比较来探索声类和韵类的理由是：一个古苗语的声类或韵类在现代各方言、次方言中必定有其不同于其他声类、韵类的对应规则。因此当我们找到一条不同于其他对应规则的对应规则时，我们就认为它是一个声类或韵类。例如作“病”或“痛”讲的字在养蒿、吉伟、先进、石门、青岩、高坡、宗地、枫香各点，声母都是 m；只有在复员，声母是 ʔm；而作“眼睛”讲的字，在九个点声母都是 m。也就是说作“病”或“痛”讲的字的声母，在复员不同于作“眼睛”讲的字的声母。这两个字的声母尽管在九个点中有八个点相同，都是 m；但复员的声母不同，一个 ʔm，一个是 m。如果写成两行进行对照，就成为以下的形式：

作“病”或“痛”讲的字的声母：m，m，m，m，m，m，m，ʔm，m

作“眼睛”讲的字的声母：　　　m，m，m，m，m，m，m，　m，m

由于第八个点（即复员）的声母上下两行不同，所以上下两行是不同的两条对应规则，因而是两个声类。又如作“桃子”讲的字在养蒿、吉伟、先进、石门、青岩、高坡、宗地、复员、枫香各点，韵母分别为“en、a、ua、a、o、ɑ、a、ei、a”；作“客人”讲的字在这九个点的韵母依次为 a、a、ua、a、o、ɑ、a、ei、a。很显然，这两个字除在养蒿的韵母一个是 en，一个是 a 以外，其他八个点都是相同的。也就是说在吉伟，两个字的韵母都是 a；在先进，两个字的韵母都是 ua；在石门，两个字的韵母都是 a，等等。不用再排成对照的两行，也可以看出第一个点养蒿的两个字的韵母不同，是不同的两条对应规则，因而是两个韵类。

我们共选了五百九十多个单音节词或词根进行声母、韵母的比较。比较的结果：声母对应规则共有一百一十五条，应即是一百一十五个声类。另由先进、石门、养蒿、吉伟等点的材料补充的声类有六个，所以我们初步找出的声类共有一百二十一个。由声类系统来观察，也许还有十六个可能存在而尚未发现的声类。这里只是说可能存在，未必一定就有十六个之多，但有遗漏是可以肯定的，还须进一步寻找。

韵母对应规则共有三十二条，应即是三十二个韵类。现代苗语各方言的韵母都比较少，而我们比较的字数对韵母来说是很多的。例如我们比较的字数仅为石门声母数的五倍多一点，但却为石门韵母数的四十多倍。所以，我们认为苗语韵类漏掉的可能性不大；如果有，也是极个别的。

苗语没有传统的韵书，因此声类、韵类没有旧有的名称。又因苗族没有统一的文字，也无法用苗文给声类、韵类命名。一个声类或韵类在古苗语里读什么音虽不易确定，但是哪一些字在古苗语里属于同一声类或韵类，则可以通过比较加以断定。我们从同一声类的字中选出一个，以表其词汇意义的汉字作为声类的名称。同样，从同一韵类的字中选出一个，以表其词汇意义的汉字作为韵类的名称。把声类称为“母”，把韵类称为“韵”。例如百母就是作“百”讲的苗语字的声母所从属的那个声类的名称。一韵就是作“一”讲的苗语字的韵母所从属的那个韵类的名称。这种命名法从表面上看，的确有点张冠李戴（实际上我们尽量采用苗汉同源字或汉语借字以照顾读音），但这样的声类、韵类的名称是稳定的。如用构拟的古音作为声类、韵类的名称，将会因比较点、比较材料的增加而感到构拟的不理想，有改变构拟形式的必要，因而声类、韵类的名称也要做相应地改变，容易造成混乱。

我们对苗语声类和韵类的处理方法是不相同的。就整个苗瑶语族来说，苗语保留的古苗瑶语的声母较全，如果把古苗语的声类找出来，就等于基本上把古苗瑶语的声类找出来了。韵母的情况正好相反，瑶语保留古苗瑶语的韵母较全，我们把古苗语的韵类找出来，其数目距离古苗瑶语韵类的数目仍然较远。正因如此，我们觉得构拟古苗语的声类，对苗瑶语族甚至汉藏语系语言的比较研究是有用处的。所以我们在声类系统表的声类名称下面，在同声类字表的声类名称的后面都写出了构拟的声类的古音。这一套古音基本上是张琨教授在他的《原始苗语声母》（历史语言研究所《集刊》第48本第2分，1976年）一文中构拟的，我们做了一些补充和修改，并调整了声类的次序。至于韵类，我们没有构拟古音，只列出韵类的汉字名称。另外，我们已经找出苗语声类的系统，有条件列出一个苗语声类系统表。我们还没有找出苗语韵类的系统，所以只能简单地列出韵类名称。

下页列出苗语声类系统表（本文不论何处，声类顺序号码一律不加圆圈）：

由声母系统表就会看出，可能存在的、可构拟为*mphr、*phɭ、*tl̥h、*ɳtl̥h、*qhl、*ɴqhl、*qhɭ、*qhlw 等送气音的声类都没有找出来，也没有找出可构拟为*ŋ̊的声类。根据我们所熟悉的先进、石门的材料，可以找到或许是属于这些声类中的个别声类的例字。例如先进的phle^{44}（5）“后缩”，phleu^{33}（7）“鳞”，phli^{33}（7）〔石门：tl̥hi^{11}（7）〕“蛇蜕皮”，phlo^{44}（5）〔石门：tl̥hu^{33}（5）〕“脸（二）”，phlua^{43}（1）“分开”，phlua^{55}（3）“急放出貌”等。由于没有养蒿、宗地的比较材料，我们尚不能断定这些例字属于构拟为*phl 的声类（即抚母），还是属于可构拟为*phɭ 的声类。如果我们到养蒿、宗地去找同源字，一旦发现上列各字之中的一个或几个在养蒿的同源字的声母为l̥j 或者在宗地的同源字的声母为 pɭ，我们就可以断定古苗语有一个可构拟为*phɳ 的声类。又如石门的tl̥ha^{11}（7）“累，疲劳”有可能属于构拟为*phl 的声类，但也可能属于可构拟为*phɭ、*tl̥h、*qhl、*qhɭ、*qhlw 等五个声类中的一个。石门的 ntl̥hie^{11}（7）“陡状”、ntl̥ho^{33}（5）“急捅破状”有可能属于构拟为*mphl（即环母）的声类，也可能属于可构拟为*ɳtl̥h 或*ɴqhl 的声类。又如石门有 ŋ̊ 这个声母，如ŋ̊u^{55}（1）“坛子”、ŋ̊a^{11}（7）“小母牛”等字的声母就是ŋ̊，我们把ŋ̊u^{55}（1）的声母处理为 h 的变体，把ŋ̊a^{11}（7）的声母处理为 ç 的变体。由现在的石门音系来看，利用补充分配原则，这样处理是可以的。由于没有其他点的材料，我们不能断定ŋ̊是否属于可构拟为*ŋ̊的声类。此外，是否根本没有可构拟为

*ʔm̥ʑ、*ʔmr、*m̥r、*ʔml、*m̥l、*ʔwʑ、*w̥ʑ 的声类以及其他等等问题，看来只有在搜集到大量的补充材料并进行研究之后，才能得到答案。

苗语声类系统表

1 百 p	2 破 ph	3 抱 b	4 病 ʔm	5 晚 m̥	6 麦 m	7 梦 mp	8 撒 mph	9 拍 mb	10 箕 ʔw	11 头 w̥	12 万 w
13 三 pʑ	14 劈 phʑ	15 手 bʑ		16 齿 m̥ʑ	17 马 mʑ	18 补 mpʑ	19 女 mphʑ	20 辫 mbʑ			21 锅 wʑ
22 簸 pr	23 吹 phr	24 套 br			25 听 mr	26 肺 mpr		27 鼻 mbr			
28 四 pl	29 抚 phl	30 顿 bl			31 柔 ml	32 片 mpl	33 环 mphl	34 叶 mbl			
35 毛 pɭ		36 魂 bɭ									
37 灶 ts	38 千 tsh	39 钱 dz				40 早 nts	41 糙 ntsh	42 瘦 ndz		43 送 s	
44 答 t	45 炭 th	46 铜 d	47 这 ʔn	48 弩 m̥	49 鸟 n	50 戴 nt	51 摊 nth	52 麻 nd	53 短 ʔl	54 绳 l̥	55 老 l
56 爪 ʈ	57 插 ʈh	58 笛 ɖ	59 种 ʔɳ	60 饭 ɳ̊	61 事 ɳ	62 中 ɳʈ	63 裹 ɳʈh	64 摘 ɳɖ	65 石 ʔr	66 写 r̥	67 梨 r
68 笑 ʈɭ		69 门 ɖɭ				70 浑 ɳʈɭ̥		71 滴 ɳɖɭ̥	72 兔 ʔɭ	73 烧 ɭ̥	74 镰 ɭ
75 甑 ʈʂ	76 车 ʈʂh	77 匠 dʐ				78 眨 ɳʈʂ	79 清 ɳʈʂh	80 量 ɳdʐ		81 熟 ʂ	
82 蒸 tɕ	83 穿 tɕh	84 骑 dʑ	85 娘 ʔȵ	86 肠 ȵ̥	87 银 ȵ	88 啄 ȵtɕ	89 泼 ȵtɕh	90 柱 ȵdʑ	91 秧 ʔʑ	92 岁 ɕ	93 羊 ʑ
94 沟 k	95 鞋 kh	96 十 g	97 杯 ʔŋ		98 鹅 ŋ	99 泞 ŋk	100 曲 ŋkh	101 靛 ŋg		102 磨 x	
103 鸡 q	104 客 qh	105 叫 ɢ				106 鸽 ɴq	107 渴 ɴqh	108 肉 ɴɢ			
109 狗 ql		110 桃 ɢl				111 觉 ql		112 褴 ɴɢl			
113 鬼 qɳ		114 庹 ɢɳ									
115 过 qlw		116 黄 ɢlw									
117 蛋 qwj*	118 姜 qhwj*	119 蜗 ɢwj*									
120 鸭 ʔ										121 喝 h	

* 117 蛋母、118 姜母、119 蜗母在《苗语方言声韵母比较》（油印稿）分别构拟为 qɭw，qhɭw，ɢɭw 由九个点的反映形式来看，构拟得不恰当，现改为 qwj，qhwj，ɢwj。

现将苗语的韵类列举如下（本文不论何处，韵类顺序号码一律加圆圈）：

①一　②果　③借　④地　⑤耳　⑥窄　⑦买　⑧二
⑨接　⑩拍　⑪搓　⑫粑　⑬笑　⑭凿　⑮收　⑯毛[①]
⑰烧　⑱酒　⑲髓　⑳人　㉑新　㉒千　㉓断　㉔金
㉕放　㉖疮　㉗冷　㉘匠　㉙羊　㉚重　㉛鬃　㉜桶

关于韵母表要说明的只是：由①到⑲的韵类在苗语各方言、次方言中或是没有鼻音韵尾，或是在个别方言、次方言有鼻音韵尾而以一定的声母（如鼻音声母、舌面音声母或舌尖前音声母）为其出现的条件。这是声母的伴随音。这种带鼻音韵尾的韵母，也可以看做是不带鼻音韵尾的韵母。在古苗语中这十九个韵类都是不带鼻音韵尾的。而由⑳至㉜韵类在苗语各方言、次方言中则是带鼻音韵尾的，当然不是每个韵类在每个方言，次方言中都有鼻音韵尾。有一些韵类在甲方言或次方言没有鼻音韵尾，但在乙方言或次方言却有。石门根本没有鼻音韵尾，但它的 aɯ 和一部分 ɯ 很明显是由 aŋ 和 en 变来的。在古苗语里这十三个韵类都是带鼻音韵尾的。我们这里所说的古苗语是把古苗瑶语塞音韵尾和 m 韵尾丢失以后尚未分化为方言的阶段而言。古苗瑶语带塞音韵尾的韵类肯定都包含在前十九个韵类中，古苗瑶语带 m 韵尾的韵类肯定都包含在后十三个韵类中。给这种来源复杂的韵类构拟古音，对同语族，同语系语言的比较研究用处并不大。我们之所以没有给苗语韵类构拟古音，主要原因就在这里。

我们进行苗语声母、韵母的比较，就是要找出声类和韵类，找出同声类、同韵类的字。上面已经列出声类系统表和韵类表，下面我们将列出同声类、同韵类的字表。至于详列每个字在各个点的读音的声母、韵母比较表在本文从略。关于字表需要说明如下：

第一，字表按声类、韵类的顺序依次排列（声类名称后面有构拟的古音形式），然后列出该声类、韵类在养蒿等九个点的反映形式，也就是九个点的声母对照。为了简明起见，依养蒿、吉伟、先进、石门、青岩、高坡、宗地、复员、枫香的顺序排列，点与点之间用逗号分开。各代表点的反映形式常因出现环境不同而有不同的读音，我们除写出主要读音外，并在括号里加上次要的读音。为了节省篇幅，对于在什么环境读什么音不作叙述。写出主要读音和次要读音，只是说明一个声类或韵类在一个点有几种不同的读音而已。有时因材料不全，个别的声类、韵类在某个或某几个点无同源字，因而缺该声类、该韵类在那个点或那几个点的反映形式。我们根据有关的声类、韵类推导出的反映的形式则列在方括号内。

第二，字表中的字和声类、韵类的名称一样，也是汉字。它们只表示词汇意义。具有这些词汇意义的苗语字才是同声类、同韵类的字。有时一个汉字是多义的，为了使意义明确，写出上下连用的字，主要的字排为楷体。如“长短”的“长”读 cháng，不读

① 毛韵在《苗语方言声韵母比较》中称为爪韵。“爪”字本身或有可能属于烧韵，不便作为一个韵类的名称，现在改为毛韵。

zhǎng；又如“打中”的“中”读 zhòng，不读 zhōng。有时苗语有两个字都具有同一个汉字所表示的词汇意义，经常是某几个点使用甲字，另外几个点使用乙字；也有在同一个点，甲、乙两字作同义词同时使用。为了使苗汉对照准确，就在汉字后面加上（一）、（二）等字样，如“树（一）”、“树（二）”，“鼠（一）”、“鼠（二）”。这就是说“树（一）”或“鼠（一）”表示甲苗语字，“树（二）”或“鼠（二）”表示乙苗语字。

第三，古苗语分 A、B、C、D 四个声调，因古声母清、浊不同，在多数方言、次方言中又进一步分化为 1、2 调，3、4 调，5、6 调，7、8 调；麻山次方言又因声母的全清、次清，单数调（即阴调）又分化为 1a、1b 调，3a、3b 调，5a、5b 调，7a、7b 调，调值在各方言、次方言也不相同。我们在本文末附有一个声调表，由表上可以看出声调分化的情况。

在同声类、同韵类的字表中，我们只按 A、B、C、D 四个调类分组。因为声类系统表的直行是按声母的性质排列的（由左向右第一、四、七、十行是全清声母，第二、五、八、十一行是次清声母，第三、六、九、十二行是浊声母），只要知道声类是哪一直行的，一查声调表，就能了解 A、B、C、D 四个声调在九个点中的任何一点的调类和调值。例如：我们由声类系统表看见百母在第一直行，当然是全清声母。在百母同声类字表的 A 调组中有作“我们”、“大腿”、“臼齿”、“知道”、“落”等讲的字，由声调表可以看出这些字在养蒿、吉伟、先进、石门、青岩、高坡、枫香的调类为“1”，宗地的调类为 1a，复员的调类为 A。养蒿的调值为 33，吉伟的调值为 35，先进的调值为 43，等等。

下面是同声类和同韵类的字表：

一 同声类字表

1. **百**母 *p　p，　p，　p，　p，　p，　p，　p，　p，　p

   A：我们　大腿　臼齿　知道　落

   B：黄豆　满　射

   C：百　铺被子　睡、卧　空气

   D：开门

2. **破**母 *ph　ph，　ph，　ph，　ph，　ph，　ph，　p，　ph，　ph

   A：猪拱土　一床被子

   C：破开肚子

3. **抱**母 *b　p，　p，　p，　b(bɦ)，p，　p，　p，　v，　p

A：女人　还账　花

B：山　坏了　刺（名词）　脸（一）

C：抱　镯子　脓　肩

D：看见

4. **病**母 *ʔm　m，　m，　m，　m，　m，　m，　m，　ʔm，　m

A：病、痛

5. **晚**母 *m̥　m̥h，　m̥h(ç)，m̥，　m̥，　m̥，　m̥h，　m，　m̥(m̥j)，　m̥h，

A：跳蚤　藤子　苗族

C：晚上　狼

6. **麦**母 *m　m，　m，　m，　m(mɦ)，m，　m，　m，　m，　m

A：你们　有

B：买　蝇子　面粉细　去

C：眼睛　卖　麦子

7. **梦**母 *mp　p，　mp，　mp，　mp，　mp，　mp，　mp(mʔpz)，　mʔp，　mp

B：含一口水

C：猪　披衣服　梦　沸　雪

8. **撒**母 *mph　[ph]，mph，　mph，　mph，　[mph]，[mph]，[mph]，mʔph，　[mph]

C：撒土

9. **拍**母 *mb　m，　m，　mp(mpɦ)，　mb，　mp，　mp，　mp，　mp(mpz)，　mp

A：拍手

C：盖锅

10. **箕**母 *ʔw　v，　w，　v，　v，　v(ʑ)，v，　w(ʑ)，ʔw，　v

A：樱桃　簸箕

B：盖被　女婿

11. **头**母 *w̥　fh，　pʐ，　h，　f，　h，　h，　w，　h，　f(h)

A：树(二)

B：头

12. **万**母 *w　v，　w，　v，　v(vɦ)，w，　v，　w，　w，　v

A：菜园

B：瓦

C：芋头　万

13. 三母 *pʑ　p（ts），p，　ts（p），　ts，　p（pj），p，　p（pj），p（pz），　p（ts）

A：三

B：果子　公狗　嗉囊

C：结果子

14. 劈母 *phʑ　ph，　ph，　tsh（ph），　tsh，　ph（phj），　ph，　p（pj），　ph（phj），　ph（tsh）

A：劈

B：烧房子

C：半斤

15. 手母 *bʑ　p，　t，　t，　d（dɦ），ts，　k，　ʂ，　w，　p

B：手

16. 齿母 *m̥ʑ　m̥h，　ç，　n̥，　n̥（ȵ̊），　m̥j，　m̥h，　m，　m̥（m̥j），　m̥h

B：脚印　牙齿

C：嗅

17. 马母 *mʑ　m，　m，　n，　n（nɦ、ȵ、ȵɦ），　mj，　m，　m，　m，　m

B：马　柿子

D：母狗

18. 补母 *mpʑ　p，　mp，　nts（mp），　nts，　mp（mpj），　mp，　mp（mpj），（mˀpl），　mˀp（mˀpl），　mp（nts）

A：双生子

B：补锅

C：蝴蝶　名字

19. 女母 *mphʑ　ph，　mph，　ntsh，　ntsh，　mphj，　mph，　mpj，　mˀphj，　mph

D：女儿

20. 辫母 *mbʑ　m，　[m]，　nts，　ndz（ndzɦ），　mpj，　mp（mpl），　mpj，　mp（mpz，mpj），　mp（nts）

A：疯

B：辫子　编辫子

C：就菜下饭

21. 锅母 *wʑ　v ~ ʑ，　w，　ʑ，　ʑ（ʑɦ），ʑ，　v，　ʑ，　w，　v

B：头旋儿　锅

22. 簸母 *pr　ts，　pʐ，　tʂ，　ts（p），　pj（p），pl，　pʐ，　pj（p），　ts

A：五　播种

B：房子、家　簸米

C：拧毛巾

D：暗

23. 吹母 *phr　tsh，　phʐ，　ʈʂh，　tsh，　phj，　phl，　pʐ，　phj，　tsh

A：吹火

B：吹芦笙

24. 套母 *br　[ts]，[pʐ]，　ʈʂ，　dz(dzɦ、pj，b、bɦ)，　pl，　pʐ，　vj，　ts

B：圈套

C：鼠(一)

25. 听母 *mr　[n]，[m]，　n，　n(nɦ)，mj，　ml，　mʐ，　[mj]，　n

C：听

26. 肺母 *mpr　[s]，　mʐ，　ɳʈʂ，　nts (mp)，　mpj，　mpl，　mpʐ，　mʔpj，　nts

A：绿

C：肺

27. 鼻母 *mbr　z，　mʐ，　ɳʈʂ，　ndz (ndzɦ、mb/mbɦ)，　mpj (mp)，　mpl，　mpʐ，　mpj (mp、mpz)，　nts

A：耳朵　呻吟

B：鱼

C：笋　孤儿、寡妇　鼻子

D：辣　扇子　蚂蚁

28. 四母 *pl　l̥，　pʐ，　pl，　tl̥，　pl，　pl，　pl，　pl，　pl

A：四　胃

B：面粉

29. 抚母 *phl　l̥h，　phʐ，　phl，　tl̥h，　phl，　phl，　pl，　phl，　phl

A：蛋壳

C：抚摸

30. 顿母 *bl　[l̥]，　[pʐ]，　pl，　dl(dlɦ)，[pl]，　[pl]，　[pl]，　[pl]，　[pl]

B：一顿饭　急出貌

31. 柔母 *ml　m，　n，　m，　m，　[mj]，ml，　n，　mj，　mj

C：柔软

32. 片母 *mpl　[l̥]，　[mʐ]，mpl，　ntl̥，　[mpl]，[mpl]，　[mpl]，[mʔpl]，　[mpl]

D：片、花瓣儿

33. 环母 *mphl　[l̥h]，　[mphʐ] mphl，　[ntl̥h]，[mphl]，mphl，　[mpl]，mʔphl，　mphl

A：指环

34. 叶母 *mbl　n(ȵ), n(mj), mpl,　ndl (ndlɦ),　mpl,　mpl,　mpl,　mpl,　mpl

A：稻子　叶子

C：光滑

D：舌头　糯米　鞭子

35. 毛母 *pɭ　l̥j,　pj,　pl,　t̥l,　pl,　pl,　pɭ,　pl,　pl

A：毛

B：心脏

C：野猫

36. 魂母 *bɭ　l̥j,　pj,　pl,　dl (dlɦ),　pl,　pl,　pɭ,　vl,　pl

A：魂

37. 灶母 *ts　s,　ts,　ts,　ts,　ts,　s,　s,　ts,　s

A：鬃

C：柴刀　灶

D：借钱　接受　接绳子

38. 千母 *tsh　sh,　s,　tsh,　tsh,　s,　sh,　s,　tsh,　ɕ

A：钢　千　疮

B：米　骨头

D：漆　锡

39. 钱母 *dz　s,　ts,　ts,　dz (dzɦ),　ts,　s,　s,　z,　s

A：会唱歌　一钱银子　害羞

B：冰凉

C：到达　凿子

40. 早母 *nts　s,　nts,　nts,　nts,　nts,　nz,　nts,　nˀts,　z

B：洗锅　早

C：坟

D：蚊子吸血

41. 糙母 *ntsh　sh,　ntsh,　ntsh,　ntsh,　ntsh,　nsh,　nts,　nˀtsh,　ntsh

A：干净　粗糙　陡

C：洗衣　大象

42. 瘦母 *ndz　[z], [n],　nts,　[ndz (ndzɦ)],　nts,　nz,　nts,　[nts],　z

C：瘦

43. **送母** *s　sh[fh],s,　s,　s,　s,　sh,　s,　s,　s(ph)

A：蓑衣　搓绳子　雷　初一

B：线

C：糠　送东西

D：关门

44. **答母** *t　t,　t,　t,　t,　t,　t,　t,　t,　t

A：地　答　厚　密　深　葫芦　裙子　儿子

B：握手　舂米　皮　尾巴　虱子　肋骨

C：霜　杀人　得到　斧头　脚　线断

D：翅　夹菜　点灯

45. **炭母** *th　th,　th,　th,　th,　th,　th,　t,　th,　th

A：煮开水　桶

B：风箱

C：箍　木炭

46. **铜母** *d　t,　t,　t,　d(dɦ),t,　t,　t,　ð,　t

A：弟兄　客来　平　沉　铜

B：碗　柴、火　一匹马　半天　等候

C：死　爆炸　哪

D：蹬　蚊子咬　豆子

47. **这母** *ʔn　n,　n,　n,　n,　n,　n,　n,　ʔn,　n

A：蛇

B：这

C：冷

48. **弩母** *n̥　n̥h,　n̥h,　n̥,　n̥,　n̥,　n̥h(n̥h),n,　n̥,　n̥h

A：一天、太阳　口袋　谷穗

B：弩　听见　苏麻　穿衣

D：咳嗽

49. **鸟母** *n　n,　n,　n(ȵ),　n(nɦ、ȵ、ȵɦ),　n(ȵ),n(ȵ),　n(ȵ),n,　n(ȵ)

A：人　吃　他

B：鼠(二)

C：问　雨　鸟

50. **戴母** *nt　t,　nt,　nt,　nt,　nt,　nt,　nt,　nʔt,　nt

A：布　湿　漂浮

B：手指　长短　纸、书

C：用手指弹　烤火　树多(一)　戴帽子

D：织布　打狗　肚脐

51. **摊母** *nth　th，　nth，　nth，　nth，　nth，　nth，　nt，　nʔth，　nth

A：阁楼

B：摊开

C：薅草

52. **麻母** *nd　n，　n，　nt，　nd(ndɦ)，　nt，　nt，　nt，　nt，　nt

A：天　长刀

C：下蛋　麻线

53. **短母** *ʔl　l，　l，　l，　l，　l，　l，　l，　ʔl，　l

A：猴子　红　一个碗

B：扁担断　公鸡　短

C：挤虱子　一口饭

54. **绳母** *l̥　l̥h，　l̥h，　l̥，　l̥，　l̥，　l̥h，　l，　l̥，　l̥h

A：桥　脑髓　带子　烫虱子

C：月亮　绳子　铁

D：割肉

55. **老母** *l　l，　l，　l，　l(lɦ)，　l，　l，　l，　l，　l

A：久　烂　聋

B：回来　老　一两银子

C：迟　露水

56. **爪母** *ʈ　ƫ，　ʈ，　ʈ，　ʈ，　ʈ，　ʈ，　ʈ，　tʂ，　tɕ

A：一把锄头

B：一朵花　回来

C：穿鞋　爪

D：摘耳根(鱼腥草,一种野菜)

57. **插母** *ʈh　ƫh，　ʈh，　ʈh，　ʈh，　ʈh，　ʈh，　ʈ，　tʂh，　[tɕh]

C：拔刀

D：插

58. **笛母** *ɖ　ƫ，　ʈ，　ʈ，　ɖ(ɖɦ)，ʈ，　ʈ，　ʈ，　ʐ，　tɕ

A：牢固　步　笛子　桌子

C：打中　筷子

D：竹子

59. **种母** *ʔɳ　[ȵ̊h], ɳ,　n,　[n],　n,　[n̥h],　ɳ,　[n̥],　[ȵ̊h]

A：种子

60. **饭母** *ɳ̊　[ȵ̊h], [ç],　n̥,　[n̥],　n̥,　n̥h,　ɳ,　n̥,　ȵ̊h

C：饭

61. **事母** *ɳ　[ȵ], [ɳ],　n,　ɳ(ɳɦ), [n],　[n],　[ɳ],　[n],　[ȵ]

D：事情

62. **中母** *ɳʈ　ȶ,　ɳʈ,　ɳʈ,　ɳʈ,　ɳʈ,　ɳʈ,　ɳʈ,　ɳʔʈʂ,　ȵtɕ

A：胸膛　当中

C：牛打架

63. **裹母** *ɳʈh　ȶh,　ɳʈh,　ɳʈh,　ɳʈh,　ɳʈh,　ɳʈh,　ɳʈ,　ɳʔʈʂh,　ȵtɕh

A：裹腿布

C：肉塞牙缝

64. **摘母** *ɳɖ　ȵ,　ɳ,　ɳʈ,　ɳɖ,(ɳɖɦ)　ɳʈ,　ɳʈ,　ɳʈ,　ɳʈʂ,　ȵtɕ

B：鼓　平坝(山区平地)

C：摘猪草　青年男子

65. **石母** *ʔr　ɣ(v), ʐ,　ʐ,　z(v),　v,　ʐ,　ʐ,　ʔwj,　ɣ

A：蜂蜜　石头　菜

B：看守　树林

C：近　好

D：藏东西

66. **写母** *r̥　xh,　ʂ,　ʂ,　s(f),　f,　ʂh,　ʐ,　s,　h

A：蕨菜　声音　肝　高

B：蒿子

C：快　写

67. **梨母** *r　ɣ,　ʐ,　ʐ,　z(zɦ、v、vɦ),　v,　ʐ,　ʐ,　wj,　ɣ

A：梨　龙

B：尿　鸟窝　仓　寨子

C：梳子　锐利(一)力气

D：磨包谷

68. **笑母** *tl̥　ȶ,　ʈ,　ʈ,　tl̥,　ʈ,　ʈ,　ʂ,　ʈʂ,　tɕ

B：烧柴

C：六

D：笑

69. 门母 *dɭ　ȶ，　ʈ，　ʈ，　dl(dlɦ)，ʈ，　ʈ，　ʂ，　ʐ，　tɕ

A：油　门

C：肥

70. 浑母 *ɳʈɭ̥　[ȶ]，　ɳʈ，　ɳʈ，　ntɭ̥，　[ɳʈ]，[ɳʈ]，　ɳʈ，　ɳʔʈʂ，　[ȵtɕ]

B：水浑

71. 滴母 *ɳdɭ　ȵ，　ɳ，　ɳʈ，　ndl(ndlɦ)，　ɳʈ，　ɳʈ，　ɳʈ，　ɳʈʂ，　ȵtɕ

C：拄拐棍　滴下来　里面

D：避雨

72. 兔母 *ʔɭ　lj，　[lj]，　l，　l，　l，　l，　ɭ，　ʔl，　l

A：倒水

B：兔

73. 烧母 *ɭ̥　l̥jh，　l̥jh，　l̥，　l̥，　l̥，　l̥h，　ɭ，　l̥，　l̥h

A：大

B：烧山

D：年轻

74. 镰母 *ɭ　lj，　lj，　l，　l(lɦ)，　l，　l，　ɭ，　l，　l

A：镰刀　田　量米

B：一里路　埋

C：吃惯了

D：闪电

75. 甑母 *ʈʂ　ɕ，　tɕ，　ʈʂ，　ʈʂ，　ts，　s，　s，　ts，　s

A：苦胆

B：什么　老虎

C：腋下　臭　甑子　释放

D：野鸡

76. 车母 *ʈʂh　ɕh(xh)，　ɕ，　ʈʂh，　ʈʂh，　s，　sh，　s，　tsh，　ɕ

A：饿　纺车　新

B：灰烬

C：筛米

77. 匠母 *dʐ　ɕ，　tɕ，　ʈʂ，　dʐ(dʐɦ)，　ts，　s，　s，　z，　s

C：菜淡　刺猬　少　匠人　七

D：醒　下巴

78. 眨母 *ɳʈʂ　ɕ，　ȵtɕ，　ɳʈʂ，　ɳʈʂ，　nts，　nz，　nts，　nʔts，　z

B：盐

C：泡饭　锐利(二)　高粱　钉钉子

D：梳头　眨眼

79. 清母 *ɳʈʂh　ɕh，　ȵtɕh，　ɳtɕh，　ɳtɕh，　ntɕh，　nsh，　nts，　nʔtsh，　ntsh

A：水獭　水清

B：头虱　血

C：怕

80. 量母 *ɳɖʐ　n，　[ɳ]，　ɳʈʂ，　ɳɖʐ (ɳɖʐɦ)，　[nts]，[nz]，　[nts]，[nts]，　[z]

C：量布　成立家庭

D：跌

81. 熟母 *ʂ　ɕh (ɦ)，　ɕ，　ʂ，　ʂ，　s，　sh，　s，　s，　ɕ(f)

A：轻　房上　收东西　酸　一升米　线细

B：暖和　筋　站、起来　熟

C：休息　午饭　揩

D：相好①

82. 蒸母 *tɕ　tɕ，　tɕ，　tɕ，　tɕ，　tɕ，　tɕ，　tɕ，　tɕ，　tɕ

A：设网套捉鸟　斤　蒸　黄蜡　蚯蚓　牵牛　画眉鸟

B：身体　酒

C：烤粑粑　挑水　风　嚼饭

83. 穿母 *tɕh　tɕh，　tɕh，　tɕh，　tɕh，　tɕh，　tɕh，　tɕ，　tɕh，　tɕh

A：扫地　腹部　穿针

B：一间房

C：床铺

D：削

84. 骑母 *dʑ　tɕ，　tɕ，　tɕ，　dʑ (dʑɦ)，　tɕ，　tɕ，　tɕ，　ʑ，　tɕ

A：荞麦　骑　九　活　根

B：栽树(二)　树枝　碓　完

C：燃　遇见　膝盖　栽树(一)　男人

85. 娘母 *ʔȵ　ȵ，　ȵ，　ȵ，　ȵ，　ȵ，　ȵ，　ȵ，　ʔȵ，　ȵ

A：在、居住　新娘、媳妇

---

① 调类在各点不同，读 D 调的点较多，故暂列在 D 调。

B：哭

86. **肠母** *ȵ̥ ȵ̥h， ɕ(h)， ȵ̥， ȵ̥， ȵ̥， ȵ̥h， ȵ， ȵ̥， ȵ̥h

A：额头

B：肠子 轻重

87. **银母** *ȵ ȵ， ȵ， ȵ， ȵ(ȵɦ)，ȵ(ŋ)，ȵ(ŋ)， ȵ(ŋ)，ȵ， ȵ

A：银子 水牛

B：浅(一) 薄 生食物

C：偷 胡须

88. **啄母** *ȵtɕ tɕ， ȵtɕ， ȵtɕ， ȵtɕ， ȵtɕ(ŋk)， ȵtɕ， ȵtɕ(ŋʔk)， ȵʔtɕ， ȵtɕ(ŋk)

A：菌子 直

B：粑粑

C：爬树 篾条 枕头

D：挖、啄

89. **泼母** *ȵtɕh [tɕh]，ȵtɕh， ȵtɕh， ȵtɕh， ȵtɕh， ȵtɕh， ȵtɕ， ȵʔtɕh， ȵtɕh

B：泼水

C：炊烟

90. **柱母** *ȵdʑ ȵ， ȵ， ȵtɕ， ȵdʑ(ȵdʑɦ)， ȵtɕ， ȵtɕ， ȵtɕ， ȵtɕ， ȵtɕ

A：柱子 嘴

91. **秧母** *ʔʑ ʑ， ʑ， ʑ， ʑ， ʑ， ʑ， ʑ， ʔʑ， ʑ，

A：秧

B：要钱 蚊子

C：小 飞

92. **年母** *ɕ ɕh， [ɕ]， ɕ， ɕ(ŋ̊)， ɕ， ɕ， ʑ， ɕ， ɕ

A：伸

C：繁殖 年

D：小母牛

93. **羊母** *ʑ ʑ， ʑ， ʑ， ʑ(ʑɦ)，ʑ， ʑ， ʑ， ʑ， ʑ

A：香椿 溶化 柳树 羊

B：黄牛

C：养一家人 是

D：八 舔

94. **沟母** *k k， k(c)， k， k， k， k， k(tɕ)，k(tɕ)， k

A：炒菜 药 牛角 金子 虫 沟 针

B：路　汤　弟弟　我

C：蛆

D：斗笠　啃

95. 鞋母 *kh　kh，kh，kh，kh，kh，kh，k，kh，kh

A：李子

C：鞋

D：痒　捡拾

96. 十母 *g　k(tɕ)，k(c)，k，g(gɦ)，k，k，k(tɕ)，ɣ(ʑ)，k

A：蚱蜢

B：茶

D：十

97. 杯母 *ʔŋ　ŋ，[ŋ]，ŋ，ŋ，[ŋ]，ŋ，ŋ，[ʔŋ]，[ŋ]

A：杯子

C：瞌睡

98. 鹅母 *ŋ　[ŋ]，[ŋ]，ŋ，ŋ(ŋɦ)，[ŋ]，ŋ，[ŋ]，[ŋ]，[ŋ]

B：鹅

D：婴儿

99. 泞母 *ŋk　[k]，[ŋk]，ŋk，ŋk，ŋk，[ŋk]，ŋk，[ŋʔk]，[ŋk]

D：泥泞

100. 曲母 *ŋkh　[kh](tɕh)，ŋkh，ŋkh，ŋkh，ŋkh，ŋkh，ŋk，ŋʔkh，ŋkh

A：扬尘

D：弯曲

101. 靛母 *ŋg　ŋ(ȵ̥)，ŋ(ɳ、ȵ̥)，ŋk，ŋg(ŋgɦ)，ŋk(ȵtɕ)，ŋk(ȵtɕ)，ŋk(ȵtɕ)，ŋk(ȵtɕ)，ŋk(ȵtɕ)

A：牛圈　船　兰靛草

B：獐子　懒

C：爬行　粥稠

D：一双筷子

102. 磨母 *x　xh，h，h(ɕ)，x，h，h，ɦ，h，h

B：耙地　磨刀

D：引导　收缩

103. 鸡母 *q　q，q，q，q，q，q，h，q，q

A：鸡　星　后面　肉香、甜　庄稼

B：借牛　屎　葡萄　青蛙

C：骂　公鸡叫　嫁

104. **客母** *qh　qh，　qh，　qh，　qh，　qh，　qh，　h，　qh，　qh

A：捆

B：干枯　包糖　洞

C：客人

105. **叫母** *ɢ　k，　q，　q，　ɢ(ɢɦ)，q，　q，　h，　ʁ，　q

A：蒜　斜、歪　鸟叫

B：矮　布谷鸟

C：醉倒

D：脊背

106. **鸽母** *ɴq　q，　ɴq，　ɴq，　ɴq，　ɴq，　ɴq，　ŋk，　ɴʔq，　ɴq

A：鸽子　茅草

B：黄牛叫

C：价钱　钩　吞(二)

107. **渴母** *ɴqh　qh，　ɴqh，　ɴqh，　ɴqh，　ɴqh，　ɴqh，　ŋk，　ɴʔqh，　ɴqh

A：干燥　渴(一)

D：渴(二)

108. **肉母** *ɴɢ　ŋ，　ŋ(ȵ)，ɴq，　ɴɢ　ɴq，　ɴq，　ŋk，　ɴq，　ɴq
(ɴɢɦ)，

A：肉

B：下去　梭子　吞(一)

C：勤快

D：窄

109. **狗母** *ql　l̥(l̥j)，qw，　tl̥，　tl̥，　ʔl，　tl̥，　l̥，　ql，　tl̥

A：白　黑

B：狗　腰　鹰

C：核桃

D：熊(也可能属鬼母)

110. **桃母** *ɢl　l̥，　qw，　tl̥，　dl，(dlɦ)　ʔl，　tl̥，　l̥，　ʁl，　tl̥

A：河　桃子

B：野蒜

D：山口(山岭上的缺口，横越山岭的通道)

111. **缺母** *ɴql　[l̥]，　[ɴqw]，nt，　ntl̥，　[ɳt]，[ntl̥]，　[mpl]，[ɴʔql]，　[ntl̥]

B：浅(二)

C：缺口(指容器)

112. 褴母 *ɴɢl n, [n], nt, ndl(ndlɦ), ɳt, ntl̥, mpl, ɴql, ntl̥

A：面前

B：水流

C：褴褛

113. 鬼母 *qɭ l̥j, qw(c), tl̥, tl̥, ʔl, tl̥, l̥, ql, tl̥

A：鬼　槽

B：滚石头

C：撕布　拃(也可能属狗母)咸淡

D：冰

114. 庹母 *ɢɳ l̥j(c), [qw] tl̥, dl(dlɦ), ʔl, tl̥, l̥, ʁl, tl̥

A：庹

115. 过母 *qlw f, kw(q), tl̥, tl̥(f), k, k, hw, qw, qw

A：黄瓜　远

B：宽

C：过

116. 黄母 *ɢlw f, kw ~ qw, tl̥ ~ k, dl(dlɦ) ~ v(vɦ), k, k, hw, ʁw, qw

A：黄　太阳亮

D：逃脱

117. 蛋母 *qwj k, [q], q, q, q, q, h, qwj, k

C：蛋

118. 姜母 *qhwj kh, [qh], qh, qh, qh, qh, h, qhwj, kh

B：姜

119. 蜗母 *ɢwj k, q, q, ɢ(ɢɦ), q, q, h, ʁwj, k

A：蜗牛　芦笙

120. 鸭母 *ʔ ʔ, ʔ, ʔ, ʔ, ʔ, ʔ, ʔ, ʔ, ʔ①

A：一　鸡冠　二　乌鸦　苦　水

B：那(更远指)

C：做　肿　云

D：鸭子

① 苗语无零声母的音节，我们写作零声母的音节其前面都有一个喉塞音声母，如：养蒿的 i^{33} “一”、o^{33} “二”，实际读音为 [$ʔi^{33}$]、[$ʔo^{33}$]，也就是说我们把喉塞音声母省略了。

121. **喝**母 *h　h,　h,　h,　h (ç,ŋ̊),　h,　h,　ɦ,　h,　h(f)

A：雾　打草鞋、编簸箕　坛子

B：豆腐

C：煮肉

D：舀水　抢　喝水、吸烟

二　同韵类字表

①**一**韵　a(i),　a,　i,　i,　i(ɿ),　i,　ei(i),　e,　i

A：劈　干净　轻　炒菜　一

B：头旋儿　一里路　什么　那(更远指)

C：蝴蝶　箍　用手指弹　挤虱子

D：野猫　相好

②**果**韵　en,　i,　i,　i(ə), i(e),　i(in),　ei(i),　e(en),　i

A：你们　蓑衣(也可能属一韵)　苦胆　鸡冠

B：果子　圈套(也可能属一韵)他　栽树(二)　茶

C：结果子　迟(也可能属一韵)烤粑粑　燃

D：引导(也可能属一韵或借韵)

③**借**韵　a,　ɑ(ei、i), i(e),　i(ɯ), e(i),　ɑ,　i(ɪ),　a,　a

A：樱桃　五　魂　粗糙　弟兄　蜂蜜　蒜　黄瓜

B：公狗　补锅　手指　尿　借牛　矮　下去

C：月亮　拄拐棍　价钱

D：辣　翅　醒　梳头　八　逃脱

④**地**韵　a(i),　ɯ,　e,　i(ə、ɯ),　a,　æ,　æ(e),　i(ei),　i(ei)

A：我们　三　稻子　钢　地　答　久　扫地　荞麦　菌子　柱子　河　远

B：山　烧房子　手　长短　一朵花　盐　身体　树枝　路　狗

C：名字　霜　烤火　下蛋　泡饭　锐利(二)　挑水　爬树　钩　蛋

D：渴(二)

⑤**耳**韵　ɛ(i),　ɯ,　e,　ə,　æ,　æ,　æ(e),　ei(i),　ei(i)

A：播种　耳朵　石头

B：房子、家　鱼　鸟窝

C：近

⑥**窄**韵　ei(i)，a(ɑ)，ai，ai，ai，e(i)，e，e，ɛ

A：双生子　指环　饿　骑　鸡　捆　斜、歪　肉

B：碗　耙地

C：半斤　快　怕　骂

D：女儿　片、花瓣　舌头　接受　借钱　漆　蚊子吸血　夹菜　割肉　插　藏东西　避雨　闪电　下巴　眨眼　削　舔　窄　熊　缺口(指容器)　舀水

⑦**买**韵　ɛ，e，ua，a，u，əŋ，oŋ，a，oŋ(u)

A：有

B：买

C：眼睛　卖　柔软

⑧**二**韵　o，ɯ，au，a，o，ɑ，ɔ，u，a

A：二

⑨**接**韵　en，a(ɑ)，ua，a，o，ɑ，a(əa)，i(ei)，a

A：鸟叫　桃子

C：菜淡　风

D：扇子　接绳子　蹬

⑩**拍**韵　a，a，ua，a，o，ɑ，a(əa)，i(ei)，a

A：大腿　白齿(也可能属接韵)　拍手　厚　密　桥(也可能属接韵)　干燥(也可能属接韵)　渴(一)(也可能属接韵)

B：含一口水(也可能属接韵)　瓦(也可能属接韵)　洗锅　握手(也可能属接韵)　汤(也可能属接韵)　干枯(也可能属接韵)

C：铺被子(也可能属接韵)　百　猪　就菜下饭(也可能属接韵)　柴刀糠　绳子　梳子　客人

D：锡(也可能属接韵)　年轻(也可能属接韵)　小母牛(也可能属接韵)抢(也可能属接韵)

⑪**搓**韵　a，ɑ，ua，a，o，u，a(əa)，a，a

A：搓绳子　客来　梨　纺车(也可能属粑韵)　水獭　药

B：坏了　摊开　屎　腰

C：破开肚子　披衣服　鼠(一)(也可能属粑韵)　笋　孤儿、寡妇　杀人死　锐利(一)　吃惯了　嚼饭　遇见　公鸡叫□□嫁　勤快　撕布(也可能属粑韵)　过　做(也可能属粑韵)

⑫粑韵　o(ə)，　o，　ua，　a，　o，　u，　a(əa)，　a，　a

A：树(二)　(也可能属搓韵)　吹火　绿　牢固(也可能属接、拍、搓三韵之一)蕨菜　声音　房上(也可能属搓韵)　设网套捉鸟(也可能属搓韵)　九　牛圈　鸽子　乌鸦(也可能属接、搓、拍三韵之一)　雾

B：舂米　鼓　兔　粑粑　泼水　要钱(也可能属搓韵)

C：抱　洗衣　薅草　麻线　高粱(也可能属搓韵)　褴褛(也可能属搓韵)

⑬笑韵　o(ə)，　o，　o，　o，　au，　ə，　o(u)，　u(ou)，　au

A：女人　雷　深　煮开水　步　大

B：刺(名词)　盖被　吹芦笙　旱　线　扁担断　回来　看守　水浑　老虎　暖和　碓　黄牛　磨刀

C：盖锅　拧毛巾　灶　到达　一口饭　拔刀　力气　滴下来　腋下　休息　炊烟　搾

D：看见　蚊子咬　织布　磨包谷　笑　泥泞　鸭子

⑭凿韵　ɛ(i)，　ɔ，　ou，　au，　u(ou)，　ɑ，　ɔ(o)，　u，　ou

C：镯子　凿子　得到　多　穿鞋　打中　筛(也可能属烧韵)[①]篾条　鞋

D：蚂蚁

⑮收韵　ə(u)，　u(ɔ)，　ou，　au，　u(ou)，　ə，　u(o)，　o，　ou

A：葫芦　收东西　酸　嘴

B：公鸡

C：铁　牛打架　六　小

D：暗　糯米　豆子　打狗　摘耳根　斗笠　痒　十　弯曲[②]　脊背　喝水、吸烟

⑯毛韵　u，　ei(i)，　ou，　au，　ù(ou)，　o，　ɔ(ou)，　u(ou)，　ou

A：还账　四　蛋壳　毛　布　菜　腹部

B：头　灰烬　头虱　筋[③]

C：梦　瘦　爪　(也可能属烧韵)　摘猪草　写　刺猬

⑰烧韵　u，　ɔ，　ou，　au，　u(ou)，　o，　ɔ(o)，　u(ou)，　ou

A：知道(也可能属毛韵)　倒水(也可能属毛韵)

B：黄豆(也可能属毛韵)　女婿(也可能属毛韵)　面粉(也可能属毛韵)老　烧柴(也可能属毛韵)　獐子(也可能属毛韵)

---

① 在《苗语方言声韵母比较》(油印稿)第156页说“筛”也可能属爪韵(现改为毛韵)或烧韵，按“筛”不能属爪韵，所以现在删去“爪韵或”三字。

② 在《苗语方言声韵母比较》(油印稿)第158页说“弯曲”也可能属爪韵(现改毛韵)或烧韵，按“弯曲”只能属收韵，不能属爪韵或烧韵。

③ 在《苗语方言声韵母比较》(油印稿)中把“筋”列在烧韵是错误的，现改列在毛韵。

C：脓　沸(也可能属毛韵)　斧头　青年男子(也可能属毛韵)　膝盖　收缩　醉倒　冰　煮肉

⑱**酒**韵　u，　ə(u)，　eu，　ey，　au，　ə，　ə(ɯ)，　o，　ε

A：会唱歌　李子　扬尘　白

B：脸(一)　急出貌　心脏　皮　柴、火　纸、书　烧山　站起来　酒

C：芋头　脚　爆炸　筷子　少　床铺　核桃　吞(二)咸淡

D：开门　鞭子　关门　点灯　肚脐　竹子　野鸡　跌　挖、啄　哨　捡拾一双筷子　山口

⑲**髓**韵　ε(i)，　ə，　u，　y(ey),ou(u)，　ɯ，　ou(u)，　u，　u(i)

A：猪拱土　脑髓　烂　蜗牛

B：尾巴　弟弟　包糖　布谷鸟　水流　豆腐

C：睡、卧　肩　肺　鼻子　抚摸　大象　哪　露水 臭

⑳**人**韵　e(i、a)，e，　en，　ɯ，　e(ie、en)，　in，　æin(ein)，　aŋ(a)，　i(ei、en)

A：人　茅草　芦笙

B：脚印　马　弩　懒

C：木炭

㉑**新**韵　ei(i)，　ε，　a，　ie，　en，(ein、i)，　ε(εn)，　æin　en，　en(i)

A：初一　裙子　平　猴子　红　肝　高　镰刀　新　田　水清　一升米　活　银子　面前　苦　打草鞋、编簸箕

B：嗉囊　牙齿　柿子　辫子　编辫子　锅　冰凉　哭　浅(一)　葡萄　浅(二)　姜

C：嗅　光滑　肉塞牙缝　钉钉子　母狗

㉒**千**韵　aŋ，　ε，　a，　ie，　en，　ε，　æin(ein、i)，　en，　en(i)

A：千　一钱银子　斤　额头

B：熟　薄

C：偷

㉓**断**韵　ε(i)，　e，　o，　u，　oŋ，　əŋ，　oŋ，　aŋ(a)，　oŋ(u)

A：儿子　一天、太阳　湿　天　一个碗　量米　蒸　秧　香椿　牛角星　黑　坛子

B：满　米　虱子　一匹马　短　蒿子　仓　我

C：雪　线断　问　甑子　午饭　养一家人

D：事情(也可能属金韵)

㉔金韵 en， e， o， u， oŋ(u)， əŋ， oŋ， en， oŋ(u)

A：跳蚤 水牛 金子

B：肠子

㉕放韵 aŋ， ɑŋ， au， o， ɔŋ， oŋ， oŋ(ɔ)， oŋ， aŋ

A：一床被子 沉 胸膛 油 穿针 在、居住 船

B：射 蝇子 面粉细 等候 半天 听见 回来 寨子 埋 洞 黄牛叫 梭子 吞(一) 野蒜 滚石头

C：晚上 饭 肥 里面 释放 揹 栽树(一) 是 肿

㉖疮韵 aŋ， ei(i)， aŋ， aɯ， ɔŋ(o)， oŋ(ɑŋ)，ua(a)， en， oŋ(u)

A：花 簸箕 菜园 呻吟 胃 疮 害羞 蛇 谷穗 口袋 漂浮阁楼 长刀 带子 烫虱子 一把锄头 黄蜡 新娘、媳妇 溶化 虫兰靛草 后面 肉香、甜 鬼 庹 黄 太阳亮

B：肋骨 苏麻 穿衣 鼠(二) 血 青蛙 鹰 宽

C：狼 坟 男人 胡须 飞 繁殖 蛆

㉗冷韵 aŋ， oŋ， au， o， ɔŋ， oŋ， ɔ， oŋ， oŋ

A：病、痛 吃

C：麦子 冷

㉘匠韵 aŋ， [ɑŋ]， aŋ， aɯ， aŋ， ɑŋ， aŋ， aŋ， aŋ

A：直 柳树(也可能属羊韵)

B：一两银子 万 匠人

㉙羊韵 oŋ， oŋ， aŋ， aɯ， aŋ， ɑŋ， aŋ， oŋ， aŋ

A：陡 聋 笛子 当中 龙 蚯蚓 牵牛 根 伸 羊 槽

B：骨头 风箱 平坝 一间房

C：空气 送 雨 七 爬行

㉚重韵 oŋ， ei(i)， aŋ， aɯ， aŋ， ɑŋ， aŋ(a)， oŋ， aŋ

A：藤子 沟

B：这 轻重

㉛鬃韵 u， oŋ， oŋ， au， oŋ， oŋ， aŋ(əŋ)， oŋ(o)， oŋ(u)

A：落 苗族 鬃 蚱蜢

B：去

㉜桶韵 ə(u)， u， oŋ， au， en， oŋ， aŋ(əŋ)， oŋ(o)， oŋ

A：疯 叶子 桶 铜 桌子 种子 裹腿布 门 线细 画眉鸟 针庄稼 水

B：簸米 树林 完 生食物 蚊子

C：撤土　听　鸟　树(一)　戴帽子　好枕头　年　粥稠　云

D：咳嗽

声调表

古苗语声调	古苗语声母	养蒿 调类	养蒿 调值	吉伟 调类	吉伟 调值	先进 调类	先进 调值	石门 调类		石门 调值	青岩 调类		青岩 调值	高坡 调类	高坡 调值	宗地 调类		宗地 调值	复员 调类	复员 调值	枫香 调类	枫香 调值
A	清	1	33	1	35	1	43	1		55	1		55	1	24	古全清	1a	32	A	31	1	33
																古次清	1b	22				
	浊	2	55	2	31	2	31	2		35	2		54	2	55	2		53			2	24
B	清	3	35	3	44	3	55	3		55	3		13	3	13	古全清	3a	42	B	55	3	53
																古次清	3b	232				
	浊	4	11	4	33	4	21	名词	4Ⅰ	33	4		32	4	31	4		11			4	13
								非名词	4Ⅱ	11												
C	清	5	44	5	53	5	44	5		33	5		43	5	43	古全清	5a	55	C	24	5	55
																古次清	5b	35				
	浊	6	13	6	42	6	13	名词	6Ⅰ	53	纯	6′	21	6	22	纯	6′	33			6	31
								非名词	6Ⅱ	31	送气	6	21			送气	6	13				
D	清	7	53	7	44	7	33	7		11	7		43	7	43	古全清	7a	44	D	31	7	53
																古次清	7b	13				
	浊	8	31	8	33	8	24	名词	8Ⅰ	53	8		54	8	55	8		21			8	13
								非名词	8Ⅱ	31												

谈谈在苗语方言声韵母比较中的几点体会*

我们进行苗语方言语音的比较，主要是为了找出古苗语的声、韵、调类。苗语没有传统的韵书，要想知道古苗语的语音系统，只有通过方言语音比较。找出调类比较容易，不需要很多个调查点的很多材料，就可以得出令人信服的结果，并且，在前人研究的基础上，我们已经得出了这样的结果。找出声类和韵类比较困难，但如果观察若干个具有特色的方言代表点的相当多的材料，也可以对声类和韵类有所认识。我在《民族语文》1980年第2期上发表的《苗语的声类和韵类》就是这方面的初步尝试。假如再增加一些新的调查点，增加一些比较材料，苗语的声类和韵类是可以找出来的。关于怎样通过语音比较来找出声、韵、调类，可以参阅张琨的《原始苗瑶语声调构拟》（历史语言研究所《集刊》第44本，1972，第541～628页）和《原始苗语声母》（历史语言研究所《集刊》第48本，1976，第155～218页）以及拙著《苗语的声类和韵类》等文。

本文只谈我在苗语方言声母和韵母的比较研究中的几点体会。

本文所用苗语方言材料和《苗语的声类和韵类》一文中所用的相同，即简称养蒿、吉伟、先进、石门、青岩、高坡、宗地、复员、枫香九个方言代表点的。

本文只比较单音节的词或词素，一律简称为字。

在比较表中，例字音标下面的“声!”“韵!”“调!”字样的，分别表示该例字声母、韵母、声调不合对应规则。某点例字音标下面括弧内的汉字表示那个例字的意义，这个意义不同于其他各点例字的意义，但有联系。

音标右上角的数字表示调值，如55表示高平，35表示高升，33表示中平，31或21表示低降，11表示低平。调值下面括弧内的数字或大写拉丁字母表示调类。如（1）表示阴平调，（2）表示阳平调，（3）表示阴上调，（4）表示阳上调，等等；复员声调阴阳未分化，（A）表示平声，（B）表示上声，（C）表示去声，（D）表示入声；石门的阳上、阳去、阳入因词类不同各分化为二，名词的调类符号分别标作（4_{I}）（6_{I}）（8_{I}），非名词的调类符号分别标作（4_{II}）（6_{II}）（8_{II}）；青岩的阳去调字的声母有少数字不带浊送气

---

* 本文发表于《语言研究》1981年第1期，第167～176页。

成分，这种字的声调标法是在表示调值的数字 21 下面加一个小横，写作$\underline{21}$，在表示调类的数字 6 的右上角加一个小撇，写作 6′。宗地的阴类调，因古声母的全清、次清各分化为二，全清来源的调类符号标作（1a）、（3a）、（5a）、（7a），次清来源的调类符号标作（1b）、（3b）、（5b）、（7b），阳去调有少数字声母不带浊送气成分，调值也和带浊送气成分的不同，这种字在表示调类的数字 6 的右上角加一个小撇，写作 6′。除养蒿、先进外，都有两个调共一个调值的情况，例如吉伟阴上、阴入共一个调值，阳上、阳入共一个调值，阴上的调号标作$^{44}_{(3)}$，阴入的调号标作$^{44}_{(7)}$，阳上的调号标作$^{33}_{(4)}$，阳入的调号标作$^{33}_{(8)}$。复员平声、入声共一个调值，平声的调号标作$^{31}_{(A)}$，入声的调号标作$^{31}_{(D)}$。

下面谈几点体会。

1. 通过苗语方言语音的比较，可以看出古苗语具有某一意义的词在现代方言中词义扩大、缩小或转变的情况。

词义扩大的例子可以举作“女儿”讲的字（女母窄韵）。这个字在养蒿、先进、石门、青岩、高坡、宗地、复员、枫香分别读作 phi$^{53}_{(7)}$、ntshai$^{33}_{(7)}$、ntshai$^{11}_{(7)}$、mphjai$^{43}_{(7)}$、mphe$^{43}_{(7)}$、mpje$^{13}_{(7b)}$、mʔphje$^{31}_{(D)}$、mphɛ$^{53}_{(7)}$，都只作“女儿”讲，但在吉伟读作 mphɑ$^{44}_{(7)}$除作“女儿”讲以外，还作“女人”讲，词义扩大了。我说是吉伟词义扩大，不说是其他八个点词义缩小，也是武断的，并没有充分的根据。不过，一词多义往往是语言发展的结果，同时，八个点不谋而合地共同缩小词义，可能性不大，所以我认为吉伟 mphɑ$^{44}_{(7)}$ 的原义为“女儿”，现在又作“女人”讲，是词义扩大了。

词义缩小的例子可以举作“嘴”讲的字（柱母收韵）。这个字在吉伟、先进、石门、青岩、高坡、宗地、复员、枫香分别读作 ȵɔ$^{31}_{(2)}$、ȵtɕou$^{31}_{(2)}$，ȵdʑɦau$^{35}_{(2)}$、ȵtɕu$^{54}_{(2)}$、ȵtɕə$^{55}_{(2)}$、ȵtɕu$^{53}_{(2)}$、ȵtɕo$^{31}_{(A)}$、ȵtɕou$^{24}_{(2)}$，作一切动物的“嘴”讲，但在养蒿读作 ȵu$^{55}_{(2)}$，只作鸟类的“嘴（喙）”讲。词义缩小的例子还可以举作“米”讲的字（千母断韵）。这个字在养蒿、青岩、高坡、宗地、复员、枫香分别读作 shɛ$^{35}_{(3)}$、soŋ$^{13}_{(3)}$、shəŋ$^{13}_{(3)}$、soŋ$^{232}_{(3b)}$、tshoŋ$^{55}_{(B)}$、ɕaŋ$^{53}_{(3)}$，都作泛指的“米”讲，但在先进、石门分别读作 thso$^{55}_{(3)}$、thsu$^{55}_{(3)}$，只作“小米”讲。

词义转变的例子可以举作“过”讲的字（过母搓韵）。这个字在养蒿、吉伟、先进、青岩、高坡、复员、枫香分别读作 fa$^{44}_{(5)}$、kwa$^{53}_{(5)}$、tl̥wa$^{44}_{(5)}$、ko$^{43}_{(5)}$、ku$^{43}_{(5)}$、qwa$^{24}_{(c)}$、qwa$^{55}_{(5)}$，都作吃过的“过”讲，但在石门读作 tl̥a$^{33}_{(5)}$，作到什么地方去的“到”讲（先进这个字也作“到”讲，是词义扩大）。词义转变的例子还可以举作“拔”讲的字（插母笑韵）。这个字在先进、石门、青岩、高坡、宗地、复员分别读作 ʈho$^{44}_{(5)}$、ʈho$^{43}_{(5)}$、ʈhau$^{43}_{(5)}$、ʈhə$^{43}_{(5)}$、ʈo$^{35}_{(5b)}$、ʈʂhu$^{24}_{(c)}$，都作拔刀的“拔”讲，但在养蒿读作 ȶhə$^{44}_{(5)}$，作拉牛的“拉”讲，在吉伟，读作 ʈho$^{53}_{(5)}$，作“持”讲。

2. 声母比较表和韵母比较表中各个点不一定都找得到同源字，把两个比较表结合起来看，可以预测每个点所缺同源字的读法，也就是可以预测其声母、韵母和声调。这很像化学元素周期表在未发现某个元素之前，就可以预测那个元素的原子价、原子量和化学性质。下面举例说明。

我最初列出的千母比较表（部分）如下：

千母比较表（部分）

千母 *tsh	养蒿 sh	吉伟 s	先进 tsh	石门 tsh	青岩 s	高坡 sh	宗地 s	复员 tsh(a)	枫香 ɕ
钢	sha$^{33}_{(1)}$	sɯ$^{35}_{(1)}$	——	——	sa$^{55}_{(1)}$	shæ$^{24}_{(1)}$	sæ$^{22}_{(1b)}$	——	ɕi$^{33}_{(1)}$
千	shaŋ$^{33}_{(1)}$	tshε$^{35}_{(1)}$声！	tsha$^{43}_{(1)}$	tshie$^{55}_{(1)}$	sen$^{55}_{(1)}$	shε$^{24}_{(1)}$	tɕein$^{22}_{(1b)}$声！	tshen$^{31}_{(A)}$	ɕen$^{33}_{(1)}$
疮	shaŋ$^{33}_{(1)}$	——	tshaŋ$^{43}_{(1)}$	tshaɯ$^{55}_{(1)}$	sɔŋ$^{55}_{(1)}$	shoŋ$^{24}_{(1)}$	sua$^{22}_{(1b)}$	tshen$^{31}_{(A)}$	——
米	shε$^{35}_{(3)}$	——	——	——	soŋ$^{13}_{(3)}$	shəŋ$^{13}_{(3)}$	soŋ$^{232}_{(3b)}$	tshaŋ$^{55}_{(B)}$	ɕoŋ$^{53}_{(3)}$
骨头	shoŋ$^{35}_{(3)}$	soŋ$^{44}_{(3)}$	tshaŋ$^{44}_{(5)}$调！	tshaɯ$^{33}_{(5)}$调！	saŋ$^{13}_{(3)}$	shaŋ$^{13}_{(3)}$	saŋ$^{232}_{(3b)}$	tshoŋ$^{55}_{(B)}$	ɕaŋ$^{53}_{(3)}$

对这个声母比较表需要加一些说明。这个声母比较表是以例字之一“千”字命名的一个声类的比较表，*tsh 是构拟的古音，养蒿等九个点下面的音是千母在各点的反映形式。吉伟和宗地“千”字的声母不合对应规则，我认为是晚期汉语借词的读音。“骨头”在先进、石门声调不合对应规则，其他各点都是阴上（第 3 调——复员清声母 B 调相当其他各点的第 3 调），而先进、石门为阴去（第 5 调），这是由于连续变调产生的结果。原来这个字前面有一个前加成分（现在石门还有这个前加成分），其声调为阴平，因川黔滇方言，平声能使连读时的阴上变阴去，所以这个字变读为阴去，现在先进前加成分消失了，而这个字仍保持着变调的形式。石门的前加成分虽未消失，但前加成分本身由阴平变为阴去（因石门双音节词没有阴平——阴去的类型，有阴去——阴去的类型，现在石门作“骨头”讲的词读作 a$^{33}_{(5)}$ tshaɯ$^{33}_{(5)}$，是由 a$^{55}_{(1)}$ tshaɯ$^{55-33}_{(3)}$⟶a$^{55}_{(1)}$ tsaɯ$^{33}_{(5)}$⟶a$^{55-33}$ tshaɯ$^{33}_{(5)}$变来的）。

我最初列的断韵比较表（部分）：

断韵比较表（部分）

断韵	养蒿 ε(i)	吉伟 e	先进 o	石门 u	青岩 oŋ	高坡 əŋ	宗地 oŋ	复员 aŋ(a)	枫香 oŋ(u)
儿子	tε$^{33}_{(1)}$	te$^{35}_{(1)}$	to$^{43}_{(1)}$	tu$^{55}_{(1)}$	toŋ$^{55}_{(1)}$	təŋ$^{24}_{(1)}$	toŋ$^{32}_{(1a)}$	taŋ$^{31}_{(A)}$	toŋ$^{33}_{(1)}$
星星	qε$^{33}_{(1)}$	qe$^{35}_{(1)}$	qo$^{43}_{(1)}$	qu$^{55}_{(1)}$	qoŋ$^{55}_{(1)}$	qəŋ$^{24}_{(1)}$	hoŋ$^{32}_{(1a)}$	qaŋ$^{31}_{(A)}$	qoŋ$^{33}_{(1)}$
黑	l̥ε$^{33}_{(1)}$	qwe$^{35}_{(1)}$	tl̥o$^{43}_{(1)}$	tl̥u$^{55}_{(1)}$	ʔloŋ$^{55}_{(1)}$	tl̥əŋ$^{24}_{(1)}$	l̥oŋ$^{32}_{(1a)}$	qlaŋ$^{31}_{(A)}$	tl̥oŋ$^{33}_{(1)}$
满	pε$^{35}_{(3)}$	pe$^{44}_{(3)}$	po$^{55}_{(3)}$	pu$^{55}_{(3)}$	poŋ$^{13}_{(3)}$	pəŋ$^{13}_{(3)}$	poŋ$^{42}_{(3a)}$	paŋ$^{55}_{(B)}$	pu$^{53}_{(3)}$
米	shε$^{35}_{(3)}$	——	——	——	soŋ$^{13}_{(3)}$	shəŋ$^{13}_{(3)}$	soŋ$^{232}_{(3b)}$	tshaŋ$^{55}_{(B)}$	ɕoŋ$^{53}_{(3)}$
虱子	tε$^{35}_{(3)}$	te$^{44}_{(3)}$	to$^{55}_{(3)}$	tu$^{55}_{(3)}$	toŋ$^{13}_{(3)}$	təŋ$^{13}_{(3)}$	toŋ$^{42}_{(3a)}$	taŋ$^{55}_{(B)}$	toŋ$^{55}_{(3)}$
短	lε$^{35}_{(3)}$	le$^{44}_{(3)}$	lo$^{44}_{(5)}$调！	lu$^{55}_{(3)}$	loŋ$^{13}_{(3)}$	ləŋ$^{13}_{(3)}$	loŋ$^{42}_{(3a)}$	ʔlaŋ$^{55}_{(B)}$	loŋ$^{53}_{(3)}$
雪	pε$^{44}_{(5)}$	mpe$^{53}_{(5)}$	mpo$^{44}_{(5)}$	mpu$^{33}_{(5)}$	mpoŋ$^{43}_{(5)}$	mpəŋ$^{43}_{(5)}$	mpoŋ$^{55}_{(5a)}$	——	mpu$^{55}_{(5)}$
线断	tε$^{44}_{(5)}$	te$^{53}_{(5)}$	to$^{44}_{(5)}$	tu$^{33}_{(5)}$	toŋ$^{43}_{(5)}$	təŋ$^{43}_{(5)}$	toŋ$^{55}_{(5a)}$	taŋ$^{24}_{(C)}$	toŋ$^{55}_{(5)}$
甑子	ɕi$^{44}_{(5)}$	tɕe$^{53}_{(5)}$	tʂo$^{44}_{(5)}$	tʂu$^{33}_{(5)}$	tsoŋ$^{43}_{(5)}$	səŋ$^{43}_{(5)}$	soŋ$^{55}_{(5a)}$	tsaŋ$^{24}_{(C)}$	soŋ$^{55}_{(5)}$
问	nε$^{13}_{(6)}$	ne$^{42}_{(6)}$	no$^{13}_{(6)}$	nu$^{31}_{(6II)}$	noŋ$^{21}_{(6)}$	nəŋ$^{22}_{(6)}$	noŋ$^{13}_{(6)}$	na$^{24}_{(C)}$	noŋ$^{31}_{(6)}$

对这个韵母比较表也需要加一些说明。这个韵母比较表是以例字之一“断”字命名的一个韵类的比较表。韵类未构拟古音。养蒿等九个点下面的音是断韵在各点的反映形式。养蒿、复员、枫香因所接声母不同各有两个反映形式：养蒿接舌面音声母时的反映形式为 i，接其他声母时的反映形式为 ɛ；复员接鼻音声母时的反映形式为 a，接其他声母时的反映形式为 aŋ；枫香接硬唇音声母时的反映形式为 u，接其他声母时的反映形式为 oŋ。“短”字先进的声调不合对应规则，其他各点都是阴上调（第 3 调——复员清声母 B 调相当其他各点的第 3 调）而先进为阴去调（第 5 调）。这有两种可能：一种可能是这个字在先进发生了特殊的变化；第二种可能是记音有误，因为阴上的调值为 55，阴去的调值为 44，都是平调，记音时极易记错。

这两个表中共同有的例字是作“米”讲的字。我由调查材料上看到作“米”讲的字在吉伟、先进、石门分别是 ntsɔ$^{53}_{(5)}$、ndlɦi$^{35}_{(2)}$、ɳʈʂa$^{43}_{(2)}$，这三个字和其他各点声、韵、调都无对应关系，不是同源字。所以这三个点作“米”讲的字只好空起来。但把两个表结合起来看，作“米”讲的字是千母断韵字，千母在吉伟、先进、石门的反映形式分别为 s、tsh、tsh，断韵在这三个点的反映形式分别为 e、o、u。所以，如果这三个点有同源字（当然声调必为阴上，即第 3 调），读法应分别为 se$^{44}_{(3)}$、tsho$^{55}_{(3)}$、tshu$^{55}_{(3)}$。我查阅吉伟的调查材料，发现作“粥”讲的词为 ci^{44}se^{44}，ci^{44}和石门作“粥”讲的字 tl̥i$^{11}_{(7)}$同源，为阴入调字，调类符号应标作（7），se^{44}正好和养蒿等六个点作“米”讲的字声、韵、调都对应，是同源字。44 调应为阴上调（吉伟阴上、阴入两调调值同为 44），吉伟作“粥”讲的词声、韵、调全标，应作 ci$^{44}_{(7)}$se$^{44}_{(3)}$，其第二个音节和我们所预测的相同，于是可以断定吉伟 ci$^{44}_{(7)}$se$^{44}_{(3)}$的精确意义为“米粥”（苗语修饰成分在中心成分之后），即用米做的粥。湘西是产米的地区，做粥多半用米，古苗语作“米”讲的字，今天在吉伟隐藏在作“粥”讲的词里，而今天吉伟作“米”讲的字却被 ntsɔ$^{53}_{(5)}$代替。我查阅先进、石门的调查材料，发现这两个点作“小米”讲的字分别为 tsho$^{55}_{(3)}$、tshu$^{53}_{(3)}$，正好和我们预测的和养蒿等六点作“米”讲的同源字的读法相同。这说明古苗语作“米”讲的字，在先进、石门两点词义缩小，只指小米了。而今天在先进、石门作“米”讲的字分别被 ɳʈʂa$^{43}_{(2)}$和 ndlɦi$^{35}_{(2)}$代替了（石门作“米”讲的词还有 ɳʈʂie$^{55}_{(1)}$ndlɦi$^{35-55}$，其第一个音节和先进的 ɳʈʂa$^{43}_{(2)}$同源）。

如果某个点的同源字已经发生词义扩大、缩小或转变的变化，可以根据预测的读法到调查材料中去搜寻，只要已经记录下来，是很容易找到的，前面讲的词义扩大、缩小或转变的例子都是利用预测的读音找到的。如果尚未记录下来，为了找同源字，还要作进一步的调查。例如作“脚”讲的字是答母酒韵字，预测在养蒿应读作 tu$^{44}_{(5)}$，但今日养蒿口语作“脚”讲的字是 lɛ$^{33}_{(1)}$和其他各点不同源。在我们记录的词汇材料中没有找到读作 tu$^{44}_{(5)}$的和脚的意义有关的词，只好在比较表中空起来，说明养蒿缺同源字。后来我问苗族同志，在养蒿有没有和脚有关联的字读作 tu$^{44}_{(5)}$的，他说在歌谣中作“脚”讲的字有读作 tu$^{44}_{(5)}$的。这就是进一步的调查。

3. 在进行方言语音比较的过程中可以纠正记录材料中的错误。当汉族同志记录苗语材料时，由于没有按声、韵、调类排列的调查表格，记音时心中无数，往往记不准确。现举例说明这个问题。请看下页的收韵比较表（部分）。

对于收韵比较表需要说明的不多。这个韵所以叫收韵是因为在比较的字中有一个作“收”讲的字，不过在上面的表中未列出来。养蒿的“十”声母为 tɕ 虽不符合对应规则（若合对应规则应为 k），但在川黔滇方言中“三十”至“九十”中的“十”声母都是 tɕ。到底为什么发生这种变化，尚待研究。养蒿的 tɕ 看来与川黔滇方言“三十”至“九十”中的“十”的声母 tɕ 有关系；高坡的“十”声母为 kh，不明其原因，可能与“十”是入声字有关。在汉语中，入声字丢失韵尾以后往往影响到声母读音。如“色”北京话有 sə^{51}、ʂai^{214} 两读，“壳”北京话有 tɕhye^{51}、khə^{35} 两读，“隔”北京话有 kə^{35}、tɕie^{51}（“隔壁儿”读 tɕie^{51} piər^{214}）两读。关于养蒿、吉伟、青岩、宗地各有两个反映形式，后面将要谈到。

收韵比较表（部分）

收韵	养蒿 ə(u)	吉伟 ɔ(u)	先进 ou	石门 au	青岩 u(ou)	高坡 ə	宗地 u(o)	复员 o	枫香 ou
嘴	ȵu$^{55}_{(2)}$（喙）	ȵɔ$^{31}_{(2)}$	ȵtɕou$^{31}_{(2)}$	ȵdʑɦau$^{35}_{(2)}$	ȵtɕu$^{54}_{(2)}$	ȵtɕə$^{55}_{(2)}$	ȵtɕu$^{53}_{(2)}$	ȵtɕo$^{31}_{(A)}$	ȵtɕou$^{24}_{(2)}$
铁	l̥hə$^{44}_{(5)}$	l̥hɔ$^{53}_{(5)}$	l̥ou$^{44}_{(5)}$	l̥au$^{33}_{(5)}$	l̥u$^{43}_{(5)}$	l̥hə$^{43}_{(5)}$	lu$^{35}_{(5b)}$	l̥o$^{24}_{(C)}$	l̥hou$^{55}_{(5)}$
六	ȶu$^{44}_{(5)}$	ʈɔ$^{53}_{(5)}$	ʈou$^{44}_{(5)}$	tl̥au$^{33}_{(5)}$	ʈu$^{43}_{(5)}$	ʈə$^{43}_{(5)}$	ʂu$^{55}_{(5a)}$	ʈʂo$^{24}_{(C)}$	tɕou$^{55}_{(5)}$
牛打架	ȶu$^{44}_{(5)}$	——	ɳʈou$^{44}_{(5)}$	ɳʈau$^{33}_{(5)}$	ɳʈu$^{43}_{(5)}$	ɳʈə$^{43}_{(5)}$	ɳʈu$^{55}_{(5a)}$	ɳʔʈʂo$^{24}_{(C)}$	ȵtɕou$^{55}_{(5)}$
暗	tsə$^{53}_{(7)}$	pʐu$^{44}_{(7)}$	ʈʂou$^{33}_{(7)}$	tsau$^{11}_{(7)}$	pju$^{43}_{(7)}$	plə$^{43}_{(7)}$	pʐu$^{44}_{(7a)}$	pjo$^{31}_{(D)}$	tsou$^{53}_{(7)}$
摘耳根	ȶu$^{53}_{(7)}$	ʈu$^{44}_{(7)}$	ʈou$^{33}_{(7)}$	ʈau$^{11}_{(7)}$	ʈu$^{43}_{(7)}$	ʈə$^{43}_{(7)}$	ʈu$^{44}_{(7a)}$	ʈʂo$^{31}_{(D)}$	tɕou$^{53}_{(7)}$
喝	hə$^{53}_{(7)}$	hu$^{44}_{(7)}$	hou$^{44}_{(7)}$	hau$^{11}_{(7)}$	hu$^{43}_{(7)}$	hə$^{43}_{(7)}$	ɦo$^{13}_{(7b)}$	ho$^{31}_{(D)}$	hou$^{53}_{(7)}$
糯	nə$^{31}_{(8)}$	nu$^{33}_{(8)}$	mplou$^{24}_{(8)}$	ndlɦau$^{31}_{(8II)}$	mplou$^{54}_{(8)}$	mplə$^{55}_{(8)}$	mplu$^{21}_{(8)}$	mplo$^{31}_{(D)}$	mplou$^{13}_{(8)}$
十	tɕu$^{31}_{(8)}$ 声！	ku$^{33}_{(8)}$	kou$^{24}_{(8)}$	gɦau$^{31}_{(8II)}$	ku$^{54}_{(8)}$	khə$^{55}_{(8)}$ 声！	ku$^{21}_{(8)}$	ɣo$^{31}_{(D)}$	kou$^{13}_{(8)}$

由收韵比较表可以看出，尽管养蒿、吉伟、青岩、宗地收韵各有两个反映形式，由于它们都是条件变体，所列的九个字属于同一韵类是没有问题的。但是我们所记录的枫香的词汇材料中，“嘴”、“铁”、“暗”、“糯”、“十”分别是 ȵtɕəu$^{24}_{(2)}$、l̥həu$^{55}_{(5)}$、tsəu$^{53}_{(7)}$、mpləu$^{13}_{(8)}$、kəu$^{13}_{(8)}$，也就是韵母都记作 əu；“六”，“牛打架”、“摘耳根”分别是 tɕu$^{55}_{(5)}$、ȵtɕu$^{55}_{(5)}$、tɕu$^{53}_{(7)}$，也就是韵母都记作 u；“喝”是 hou$^{53}_{(7)}$，也就是韵母记作 ou。我们看不出 əu、u、ou 是三个变体的条件。因为：如果说 u 是以接舌面音声母为条件的变体，而作“嘴”讲的字声母正是舌面音，韵母却记作 əu，汉语舌面音声母的后面，u 和 əu 不对立，所以汉族同志记苗语时，有时记作 u，有时记作 əu；如果说 ou 是以接 h 为条件的变体，但枫香的 h 实际是一个舌

根音，另一舌根音声母的作“十”讲的字却记作 kəu，汉语 ou 和 əu 不对立，汉族同志记苗语时，有时记作 ou，有时记作 əu，并不是“十”和“喝”的韵母有什么不同。收韵在枫香的反映形式可以定为 əu，也可以定为 ou。由于枫香音系中没有 ə 音位，我把这个复合元音定为 ou，列在表上了。写什么倒是次要的，主要的是通过语音比较，我纠正了在材料中把同一韵母记作 əu、u、ou 三个样子的错误。通过方言声、韵母的比较而校订了的这类错误很多，因限于篇幅，不多举例。

4. 通过方言语音比较，可以看出同一古声类或古韵类在现代不同方言中的反映形式，并且因环境不同而可以有不止一个反映形式。例如上面所列的收韵比较表中，养蒿有 ə、u 两个反映形式，u 是以接舌面音为条件的反映形式，ə 是接其他声母的反映形式。吉伟有 ɔ、u 两个反映形式，u 是以出现在入声调（即第 7、8 调）的音节中为条件的反映形式，ɔ 是以出现在其他各调的音节中为条件的反映形式。青岩的 ou 是以出现在唇舌复辅音声母 mpl 之后为条件的反映形式，u 是以出现在其他声母之后为条件的反映形式。只从收韵比较表来看，这是孤证，似不应下此结论，但如全面地看问题，就会发现并不是孤证，因为毛韵和收韵这两个韵类在青岩（同样也在先进、石门、枫香）合并了。请看下面毛韵比较表（部分）。

毛韵比较表（部分）

毛韵	养蒿 u	吉伟 ei(i)	先进 ou	石门 au	青岩 u(ou)	高坡 o	宗地 ɔ(o)	复员 u(ou)	枫香 ou
四	l̥u$^{33}_{(1)}$	pʐei$^{35}_{(1)}$	plou$^{43}_{(1)}$	tl̥au$^{55}_{(1)}$	plou$^{55}_{(1)}$	plo$^{24}_{(1)}$	plɔ$^{32}_{(1a)}$	plou$^{31}_{(A)}$	plou$^{33}_{(1)}$
蛋壳	——	——	phlou$^{43}_{(1)}$	tl̥hau$^{55}_{(1)}$	phlou$^{55}_{(1)}$	phlo$^{24}_{(1)}$	——	phlau$^{24}_{(C)}$ 韵！调！ （蛋软膜）	——
毛	l̥ju$^{33}_{(1)}$	pji$^{35}_{(1)}$	plou$^{43}_{(1)}$	tl̥au$^{55}_{(1)}$	plou$^{55}_{(1)}$	plo$^{24}_{(1)}$	pɭɔ$^{32}_{(1a)}$	plou$^{31}_{(A)}$	plou$^{33}_{(1)}$
布	——	ntei$^{35}_{(1)}$	ntou$^{43}_{(1)}$	ntau$^{55}_{(1)}$	ntu$^{55}_{(1)}$	nto$^{24}_{(1)}$	ntɔ$^{32}_{(1a)}$	nʔtu$^{31}_{(A)}$	ntou$^{33}_{(1)}$
菜	ɣu$^{33}_{(1)}$	ʐei$^{35}_{(1)}$	ʐou$^{43}_{(1)}$	zau$^{55}_{(1)}$	vu$^{55}_{(1)}$	ʐo$^{24}_{(1)}$	ʐɔ$^{32}_{(1a)}$	ʔwju$^{31}_{(A)}$	ɣou$^{33}_{(1)}$
还账	pə$^{55}_{(2)}$ 韵！	pji$^{31}_{(2)}$	pou$^{31}_{(2)}$	bɦau$^{35}_{(2)}$	pu$^{54}_{(2)}$	po$^{55}_{(2)}$	pɔ$^{53}_{(2)}$	vu$^{31}_{(A)}$	pou$^{24}_{(2)}$
灰烬	ɕhu$^{35}_{(3)}$	ɕi$^{44}_{(3)}$	ʈʂhou$^{55}_{(3)}$	ʈʂhau$^{55}_{(3)}$	su$^{13}_{(3)}$	sho$^{13}_{(3)}$	sɔ$^{232}_{(3b)}$	tshu$^{55}_{(B)}$	ɕou$^{53}_{(3)}$
头虱	ɕhu$^{35}_{(3)}$	ȵtɕhi$^{44}_{(3)}$	ɳʈʂhou$^{55}_{(3)}$	ɳʈʂhau$^{55}_{(3)}$	——	nsho$^{13}_{(3)}$	ntsɔ$^{232}_{(3b)}$	nʔtshu$^{55}_{(B)}$	ntshou$^{53}_{(3)}$
梦	pu$^{44}_{(5)}$	mpei$^{53}_{(5)}$	mpou$^{44}_{(5)}$	mpu$^{33}_{(5)}$ 韵！	——	mpo$^{43}_{(5)}$	mpɔ$^{55}_{(5a)}$	mʔpu$^{24}_{(C)}$	mpou$^{55}_{(5)}$
瘦	su$^{44}_{(5)}$ 调！ 声！	ntsei$^{53}_{(5)}$ 调！	ntsou$^{13}_{(6)}$	——	ntsu$^{21}_{(6)}$	nzo$^{22}_{(6)}$	ntso$^{13}_{(6)}$	——	zou$^{31}_{(6)}$
摘猪草	ȵu$^{13}_{(6)}$	ɳei$^{42}_{(6)}$	——	ɳɖau$^{31}_{(6I)}$	——	ɳʈo$^{22}_{(6)}$	ŋko$^{13}_{(6)}$ 声！	ɳʈʂu$^{24}_{(C)}$	ȵtɕou$^{31}_{(6)}$
刺猬	ɕen$^{13}_{(6)}$ 韵！	tɕi$^{42}_{(6)}$	ʈʂou$^{13}_{(6)}$	dʐau$^{53}_{(6I)}$	tsu$^{21}_{(6)}$	so$^{22}_{(6)}$	so$^{13}_{(6)}$	zu$^{24}_{(C)}$	sou$^{31}_{(6)}$

由毛韵比较表可以看出青岩的 ou 是以出现在唇舌复辅音声母之后为条件的反映形式，所以收韵在青岩的反映形式 ou 也是以出现在唇舌复辅音声母之后为条件的反映形式，并

不是孤证。也许有人会提出，如果在唇舌复辅音之后也写作 u，只要注明接在唇舌复辅音之后的 u 读作 ou，不是也可以吗？从互补的原则上说，这样处理未始不可，但并不恰当，因为在青岩，有 ou 这个韵母，它可以出现在唇舌复辅音以外的声母之后。请看下面髓韵比较表（部分）。既然青岩有 ou 这个韵母，放着不用，又不能取消，却另外规定一条变读规则，在唇舌复辅音声母之后的 u 读作 ou，显然是完全不必要的。

髓韵比较表（部分）

髓韵	养蒿 ɛ(i)	吉伟 ə	先进 u	石门 y(ey)	青岩 ou(u)	高坡 ɯ	宗地 ou(u)	复员 u	枫香 u(i)
骨髓	l̥hɛ$^{33}_{(1)}$	l̥hɛ$^{35}_{(1)}$	l̥u$^{43}_{(1)}$	l̥y$^{55}_{(1)}$	l̥ou$^{55}_{(1)}$	l̥hɯ$^{24}_{(1)}$	lou$^{22}_{(1b)}$	l̥u$^{31}_{(A)}$	l̥hu$^{33}_{(1)}$
蜗牛	ki$^{33}_{(1)}$ 调！	qə$^{35}_{(1)}$ 调！	qu$^{31}_{(2)}$	ɢɦey$^{35}_{(2)}$	qou$^{54}_{(2)}$	qɯ$^{55}_{(2)}$	hu$^{53}_{(2)}$ 韵！	ʁwju$^{31}_{(A)}$	ku$^{24}_{(2)}$
尾巴	tɛ$^{35}_{(3)}$	tə$^{44}_{(3)}$	tu$^{55}_{(3)}$	——	tou$^{13}_{(3)}$	tɯ$^{13}_{(3)}$	tou$^{42}_{(3a)}$	tu$^{55}_{(B)}$	tu$^{53}_{(3)}$
弟弟	——	kɯ$^{44}_{(3)}$ 韵！	ku$^{56}_{(3)}$	ky$^{55}_{(3)}$	kou$^{13}_{(3)}$	kɯ$^{13}_{(3)}$	kou$^{42}_{(3a)}$	ku$^{55}_{(B)}$	ku$^{53}_{(3)}$
肺	zɛ$^{13}_{(6)}$ 声！ 调！	mʐə$^{53}_{(5)}$	ɳʈʂu$^{33}_{(7)}$ 调！	mpy$^{33}_{(5)}$	mpjou$^{43}_{(5)}$	mplɯ$^{43}_{(5)}$	mpʐou$^{55}_{(5a)}$	mʔpju$^{34}_{(C)}$	ntsi$^{31}_{(6)}$ 调！
大象	shɛ$^{44}_{(5)}$	——	ntshu$^{44}_{(5)}$	ntshy$^{33}_{(5)}$	ntshou$^{43}_{(5)}$	nshɯ$^{43}_{(5)}$	——	nʔtshu$^{24}_{(C)}$	ntshu$^{55}_{(5)}$
鼻子	zɛ$^{13}_{(6)}$	mʐə$^{42}_{(6)}$	ɳʈʂu$^{13}_{(6)}$	mby$^{53}_{(6I)}$	mpjou$^{21}_{(6)}$	mplɯ$^{22}_{(6)}$	mpʐu$^{13}_{(6)}$	mpju$^{24}_{(C)}$	ntsi$^{31}_{(6)}$

5. 通过苗语方言语音的比较，可以看出，一种语言中各方言语音的对应关系是非常严整的。从上面所列的比较表上可以发现，尽管同一韵类在某一方言、次方言中有两种（实际上有时有三种）反映形式，但都是有条件的变体。例如收韵在养蒿有 ə、u 两个反映形式，其中 u 出现在舌面音声母之后，ə 出现在其他声母之后；在吉伟有 ɔ、u 两个反映形式，其中 u 出现在入声（第 7、8 调）音节，ɔ 出现在其他各调的音节；在青岩有 u、ou 两个反映形式，其中 ou 出现在唇舌复辅音声母 mpl 之后，u 出现在其他声母之后；在宗地有 u、o 两个反映形式，其中 o 出现在 7b 调的音节，u 出现在其他调的音节。毛韵在吉伟有 ei、i 两个反映形式，其中 i 出现在单纯唇音声母和舌面音声母之后，ei 出现在其他（包括唇舌复辅音）声母之后；在青岩有 u、ou 两个反映形式，其中 ou 出现在唇舌复辅音声母之后，u 出现在其他声母之后，在宗地有 ɔ、o 两个反映形式，其中 o 出现在阳去调（第 6 调，应当还有阳上调即第 4 调）的音节，ɔ 出现在其他各调的音节；在复员有 u、ou 两个反映形式，其中 ou 出现在唇舌复辅音声母之后，u 出现在其他声母之后。髓韵在养蒿有 ɛ、i 两个反映形式，其中 i 出现在舌根音声母之后，ɛ 出现在其他声母之后；在石门有 y、ey 两个反映形式，其中 ey 出现在小舌音声母之后，y 出现在其他声母之后；在宗地有 ou、u 两个反映形式，其中 u 出现在阳去调（第 6 调，应当还有阳上调即第 4 调）的音节，ou 出现在其他各调的音节；在枫香有 u、i 两个反映形式，其中 i 出现在声母 nts（可能是一切舌类前音声母，因无例字，不敢肯定）之后，u 出现在其他声母之后。

我们说一种语言的各个方言语音对应严整，并不是说没有例外。上面谈的只是合乎对应规则的一方面，表中就存在着一些不合对应规则的例字：有的声母不合，有的韵母不合，有的声调不合。对于不合对应规则的，应当研究其不合的理由。我在千母、断韵、收韵的比较表中对不合对应规则的情况曾作过一些分析，由于对苗语认识得不够，分析不一定正确。还应当下功夫研究，直到能够把不符合对应规则的情况完全令人信服地解释明白，把符合对应规则但因出现环境不同而有不同反映形式的道理讲述清楚，那时方能说对苗语有比较深入的了解。下面举一个典型的例子来说明，把例外的问题解决以后更能看出对应关系的严整性。见下地韵比较表（部分）。

地韵比较表（部分）

地韵	养蒿 a（i）	吉伟 ɯ	先进 e	石门 i（ə、ɯ）	青岩 a	高坡 æ	宗地 æ（e）	复员 i（ei）	枫香 i（ei）
我们	pi$^{33}_{(1)}$	pɯ$^{35}_{(1)}$	pe$^{43}_{(1)}$	pi$^{55}_{(1)}$	pa$^{55}_{(1)}$	pæ$^{24}_{(1)}$	pæ$^{32}_{(1a)}$	pei$^{31}_{(A)}$	pi$^{33}_{(1)}$
三	pi$^{33}_{(1)}$	pu$^{35}_{(1)}$韵！	pe$^{43}_{(1)}$	tsi$^{55}_{(1)}$	pa$^{55}_{(1)}$	pæ$^{24}_{(1)}$	pæ$^{32}_{(1a)}$	pzi$^{31}_{(A)}$	tsi$^{33}_{(1)}$
地	ta$^{33}_{(1)}$	tɯ$^{35}_{(1)}$	te$^{43}_{(1)}$	ti$^{55}_{(1)}$	ta$^{55}_{(1)}$	tæ$^{24}_{(1)}$	tæ$^{32}_{(1a)}$	ti$^{31}_{(A)}$	ti$^{33}_{(1)}$
稻子	na$^{55}_{(2)}$	nɯ$^{31}_{(2)}$	mple$^{31}_{(2)}$	ndlɦi$^{35}_{(2)}$	mpla$^{54}_{(2)}$	mplæ$^{55}_{(2)}$	mplæ$^{53}_{(2)}$	——	——
久	la$^{55}_{(2)}$	lɯ$^{31}_{(2)}$	le$^{31}_{(2)}$	lɦi$^{35}_{(2)}$	la$^{54}_{(2)}$	læ$^{55}_{(2)}$	læ$^{53}_{(2)}$	li$^{31}_{(A)}$	li$^{24}_{(2)}$
长短	ta$^{35}_{(3)}$	ntɯ$^{44}_{(3)}$	nte$^{55}_{(3)}$	nti$^{55}_{(3)}$	nta$^{13}_{(3)}$	ntæ$^{13}_{(3)}$	ntæ$^{42}_{(3a)}$	nʔti$^{55}_{(B)}$	nti$^{53}_{(3)}$
一朵花	——	ʈɯ$^{44}_{(3)}$	ʈou$^{55}_{(3)}$韵！	ʈə$^{55}_{(3)}$	ʈa$^{13}_{(3)}$	ʈæ$^{13}_{(3)}$	——	——	——
盐	ɕi$^{35}_{(3)}$	ȵ̥tɕɯ$^{44}_{(3)}$	ɳʈʂe$^{55}_{(3)}$	ɳʈʂə$^{55}_{(3)}$	ntsa$^{13}_{(3)}$	nzæ$^{13}_{(3)}$	ntsæ$^{42}_{(3a)}$	nɳtsi$^{55}_{(B)}$	zei$^{53}_{(3)}$
身体	tɕi$^{35}_{(3)}$	tɕɯ$^{44}_{(3)}$	tɕe$^{55}_{(3)}$	tɕi$^{55}_{(3)}$	tɕa$^{13}_{(3)}$	tɕæ$^{13}_{(3)}$	tɕæ$^{42}_{(3a)}$	tɕi$^{55}_{(B)}$	tɕi$^{53}_{(3)}$
路	ki$^{35}_{(3)}$	kɯ$^{44}_{(3)}$	ke$^{55}_{(3)}$	ki$^{55}_{(3)}$	ka$^{13}_{(3)}$	kæ$^{13}_{(3)}$	kæ$^{43}_{(3a)}$	tɕi$^{55}_{(B)}$	ki$^{53}_{(3)}$
狗	l̥a$^{35}_{(3)}$	qwɯ$^{44}_{(3)}$	tl̥e$^{55}_{(3)}$	tl̥i$^{55}_{(3)}$	ʔla$^{13}_{(3)}$	tl̥æ$^{13}_{(3)}$	l̥æ$^{42}_{(3a)}$	qlei$^{55}_{(B)}$	tl̥i$^{53}_{(3)}$
手	pi$^{11}_{(4)}$	tɯ$^{33}_{(4)}$	te$^{21}_{(4)}$	di$^{33}_{(41)}$	tsa$^{32}_{(4)}$	kæ$^{31}_{(4)}$	ʂe$^{11}_{(4)}$	wei$^{55}_{(B)}$	pi$^{13}_{(4)}$
霜	ta$^{44}_{(5)}$	tɯ$^{53}_{(5)}$	te$^{44}_{(5)}$	ti$^{33}_{(5)}$	ta$^{43}_{(5)}$	tæ$^{43}_{(5)}$	tæ$^{55}_{(5a)}$	ti$^{24}_{(C)}$	ti$^{55}_{(5)}$
蛋	ki$^{44}_{(5)}$	——	qe$^{44}_{(5)}$	qə$^{33}_{(5)}$	qa$^{43}_{(5)}$	qæ$^{43}_{(5)}$	hæ$^{55}_{(5a)}$	qwji$^{24}_{(C)}$	ki$^{55}_{(5)}$
钩	qa$^{44}_{(5)}$	——	Nqe$^{44}_{(5)}$	Nqɯ$^{33}_{(5)}$	Nqa$^{43}_{(5)}$	Nqæ$^{43}_{(5)}$	ŋkæ$^{55}_{(5a)}$	——	Nqei$^{55}_{(5)}$

我们在地韵比较表中可以看到，在养蒿、宗地、复员、枫香各有两个反映形式，我不想在这里谈，理由并不是因为太简单。其中有的比较简单，如养蒿、宗地、复员，可以用出现在不同发音部位的声母，或出现在不同声调的音节，解释何以有不同的反映形式。枫香也有两种反映形式，却不能简单地用出现在不同发音部位的声母去解释何以有不同的反映形式。目前我还不能解释。我在这里想着重谈一谈石门的情况。石门地韵有三个反映形

式：一个是 i，接大多数的声母；一个是 ɯ，接小舌音声母，但不接 q；一个是 ə，接卷舌音声母，却又接小舌音声母 q。为什么小舌音声母 q 和卷舌音声母接同样的反映形式，而不和其他小舌音声母接同样的反映形式呢？如果由古声类来看，这个问题不难解释。在地韵比较表中的以 q 为声母的字是作“蛋”讲的字，这个字的古声母不是单纯的小舌音声母，而是可以构拟为 qwj 的复辅音声母，其更早的形式可能是 qwɭ 或 qɭw，它后面接 ə 不接 ɯ 就好理解了。

由上面所谈的情况来看，苗语方言语音的比较研究，对于我们深入细致地认识苗语有着非常重要的意义。过去我们着重对苗语各方言作平面的描写，研究黔东方言的不了解湘西、川黔滇方言的情况，研究湘西方言的不学习黔东方言和川黔滇方言。我自己过去只是把精力主要放在研究川黔滇方言的滇东北次方言上。近一两年接触到其他一些方言、次方言的材料，做了一些语音比较工作，才体会到方言比较的重要。苗语研究工作者今后如能多做些苗语方言的比较，对于苗瑶语族以至汉藏语系各语言间的比较研究，必将大有裨益。

我对苗语语法上几个问题的看法*

苗语是解放后才大规模调查的。过去，苗语工作者参加帮助苗族创造文字的工作，为了设计文字方案和编纂词典，对苗语的语音和词汇研究较多，对语法的研究较少，只写过几篇有关语法问题的文章。① 自从党的十一届三中全会以来，党的各项政策在苗族地区得到落实，人民的生活有了不小的改善，因此苗族人民对学习文化，特别是对学习本民族文字的要求日益强烈。在这种情况下，积极开展对苗语语法的研究，就提到苗语工作者的日程表上来了。

苗语是单音节语，尽管在个别方言、次方言中有较多的形态变化，总的说来，词序和虚词是表达语法意义的主要手段。苗语的词序和汉语最相近，只是指示词、绝大多数形容词作修饰语和名词作限制性修饰语时在中心语之后。连名词、代名词作领属性修饰语都和汉语一样，在中心语之前。苗语的虚词绝大多数也和汉语的相当。是不是我们就可以套用汉语的语法呢？不能。苗语毕竟是和汉语不同的语言，有它自己的语法规律，就连不同的方言、次方言也都有自己的语法规律。② 我们决不能在写苗语语法时，套用汉语的语法，也不能给各方言、次方言写共同的语法，而是要根据苗语各方言、次方言的语言事实去分析研究，不能强求一致。不过，为了互相学习的方便，相同的语法现象最好作相同的解释，用相同的术语，这样便于不同方言区的苗族互相学习其他方言的文字，也便于学习汉语文。

---

* 本文收在《民族语言研究文集》，青海民族出版社，1982 年，第 230 ~ 267 页。

① 已发表的有：拙著《贵州威宁苗语量词》，载《语言研究》第二期，1957 年；曹翠云著《黔东苗语状词初探》，载《中国语文》1961 年 4 月号；张永祥、今旦、曹翠云合著《黔东苗语的指示词》，收在《中央民族学院学术论文选集》，1980 年；罗安源著《贵州松桃苗话的冠词》，载《民族语文》1980 年第 4 期，等等。

② 1956 年调查苗语时，未对黔中南一带的苗语作深入了解，而将苗语分为东部（湘西）、中部（黔东）、西部（川黔滇）、北部（滇东北）四个方言。1959 年全面调查苗语以后，对以前的方言划分作了改动。原东部方言改为湘西方言，原中部方言改为黔东方言。其他地区的苗语是一个方言，名为川黔滇方言。原西部方言改为川黔滇方言中的一个次方言，名为川黔滇次方言。原北部方言改为川黔滇方言的另一个次方言，名为滇东北次方言。在川黔滇方言中另外还有贵阳、惠水、麻山、罗泊河、重安江等五个次方言。

苗语语法中有许多问题需要讨论，本文只就几个问题提出初步看法，希望得到同志们的批评指正。

一　什么是一个词

研究苗语语法首先遇到的问题就是什么是一个词的问题。在50年代末期我们编纂几本苗语方言词典时是一个音节一个音节分写的。这样一来，词典中的一条词目可能是词，也可能是词组，词儿一律不连写。但不连写只是为了进行编纂词典工作的方便，并没解决什么是一个词的问题。研究语法，必须解决什么是一个词的问题，因为词是句子中表达意义的最小单位。

苗语是单音节语。单音节语的特点是每个音节差不多都有词汇意义或语法意义。音节和音节组合起来构成的语段有大家公认是词的，如川黔滇苗语 zhuab luab “啰嗦” 两个音节叠韵，是一个双音的单纯词。又如川黔滇苗语 ghuad（屎）rangx（龙）“青苔”（浮在水中的），原义为“龙屎”，“龙屎”与“青苔”毫无关系，所以这是一个修饰式的合成词。[①] 如果音节与音节组合起来构成的语段可以看作词，又可以看作词组，我认为看作词组较为主动，因为单音节语很难说哪个音节不能自由运用。例如月份名称，就是既能看作词又能看作词组的。川黔滇苗语月份名称 ib（一）hlit（月）“一月”，aob（二）hlit“二月”，beb（三）hlit“三月”，bloub（四）hlit“四月”，zhib（五）hlit“五月”，drout（六）hlit“六月”……中，有共同成分 hlit“月”，在 hlit 前面有表示数目的语素。西方语言不同，例如英语 January“一月”，February“二月”，March“三月”，April“四月”，May“五月”，June“六月”……，分析不出哪一部分作“月”讲，哪一部分是表示月份次序的语素，所以，这些月份名称只能是词，不能是词组。苗语和英语月份名称在用法上也不相同，川黔滇苗语可以说 ib（一）aob（二）beb（三）hlit（月）yaos（是）ndox（天）chab（新）“一、二、三月是春天”，bloub（四）zhib（五）drout（六）hlit（月）yaos（是）ndox（天）shod（热）“四、五、六月是夏天”；英语的 January、February 决不能拆开写作 Jan-February，单音节的月份名称如 March、June 等更不能拆开。所以，说月份名称在英语是词，在苗语不必一定是词，可以是词组。与此相似的是滇东北苗语的一星期

① 本文一律用苗文举例，以便于懂苗文的人阅读。文末附有苗文和国际音标对照表，供不懂苗文的人参阅对照。文中例句以川黔滇苗语为主，有时也举黔东苗语和滇东北苗语的例子，湘西苗语的例子则甚少。川黔滇苗语的例子都是从《苗语语法纲要》（川黔滇方言）、《川黔滇方言苗汉简明词典》（贵阳，1958年）上引用的；黔东苗语的例子都是从《苗语语法纲要》（黔东方言）、《黔东方言苗汉简明词典》（贵阳，1958年）上引用的；滇东北苗语的例子都是从《苗汉简明词典》（滇东北方言）（贵阳，1965年）上引用的，湘西苗语的例子是从罗安源著《贵州松桃苗话的冠词》上引用并转写成苗文的。

的曜日名称也是词组，不是词。它从星期一到星期六的名称是 lid（礼）nbais（拜）ib（一），lid（礼）nbais（拜）ab（二），lid（礼）nbais（拜）zib（三），lid（礼）nbais（拜）dlaob（四），lid（礼）nbais（拜）bwb（五），lid（礼）nbais（拜）dlaot（六），是由一个共同的成分 lid nbais 后面加上数词 ib、ab、zib、dlaob、bwb、dlaot 构成。在口语中可以说 lid（礼）nbais（拜）ab（二）bwb（五）bib（我们）hit（不）maol（去）dlat（到）laos（城）“星期二、五我们不进城。”英语的 Monday，Tuesday，Wednesday，Thursday，Friday，Saturday 虽然有共同成分-day，但“星期二、五”不能说做 Tues-Friday，所以说英语的曜日名称是词。滇东北苗语“星期日”是 hnub（日）shot（休息），也不一定非看作词不可。还有，“三十”、“四十”、“五十”……“九十”等在汉语中用数词词组表示的数目，有人认为在川黔滇、滇东北苗语是复合数词，不是数词词组，理由是在这些数目中表示“十”的语素和单说时的“十”不同。例如川黔滇苗语这些数目读作 peb（三）jouf（十），bloub（四）jouf（十），zhib（五）jouf（十）……juax（九）jouf（十）。“十”单说时是 gouf，不是 jouf。我认为不妨认为作“十”讲的词有两个形式，一个是 gouf，一个是 jouf。因为尽管“十”单说时不是 jouf，但 jouf 可以和 beb（三），bloub（四），zhib（五）……juax（九）等数词连用，表示“三十”、“四十”、“五十”……“九十”等两位数，特别是约数“三四十”、“四五十”、“五六十”等可以说作 peb（三）bloub（四）jouf（十），bloub（四）zhib（五）jouf（十），zhib（五）drout（六）jouf（十）。看来 jouf 和前面的 beb，bloub，zhib……juax 粘得不紧，不像英语 thirty，forty，fifty……ninety 中的表示“十”的语素-ty 和前面表示数目“三”、“四”、“五”、……“九”的语素 thir-，for-，fif-……nine-粘得那样紧，英语“三四十”，“四五十”，“五六十”决不能说作 thir-forty，for-fifty，fif-sixty。一种语言中表示同一数目的词不一定只有一个，汉语表示“一”这个数目的词有“一”、“幺”，同音不同形的还有“壹”。英语表示“十”这个数目的词有 ten，decade，表示“二十”这个数目的词有 twenty，score。日语由“一”到“十”都各有两个说法，一个是固有的，一个是借自汉语的。苗语中有两个“十”并不特殊。此外，还有每月前十天的名称在川黔滇、滇东北苗语中是在“一”、“二”、“三”……“十”等数目前面加上一个相当汉语“初”的语素，在川黔滇苗语是 sab（初）ib（一），sab（初）aob（二），sab（初）beb（三），sab（初）bloub（四），sab（初）zhib（五），sab（初）drout（六），sab（初）xangt（七），sab（初）yif（八），sab（初）juax（九），sab（初）gouf（十）。这些表示每月最初十天的名称也应当看作词组，不应当看作词，因为“初一、二”可以说作 sab（初）ib（一）aob（二），“初二、三”可以说作 sab aob beb，“初七、八”可以说作 sab xangt yif，“初八、九”可以说作 sab yif juax。看来，sab 和 ib，aob、beb……juax、gouf 等粘得不太紧，并且“月初”说作 hlit（月）sab（初），sab 的自由运用的能力很强。

下面再谈一谈所谓前缀或词头的问题。研究苗语语法的同志一般都把滇东北苗语的 ab（ad，at，ak），川黔滇苗语的 ab（ghab），黔东苗语的 ghab 叫做前缀或词头。和这相当的在湘西苗语是 ghaob，有人主张 ghaob 是前缀，有人主张是冠词。关于这个问题，过去我只注意到湘西苗语的 ghaob 不是前缀，因为 ghaob 有明显的冠词的性质。最近，认识到 ab 或 ghab 和一般所理解的构词前缀或词头有很大的差别。在印欧语中前缀（prefix）是复合词的重要成分；带不带前缀，词的意义很不相同，有时词类也不相同。如英语 bi-是一个前缀，表示“二”、“双”的意思，angular“有角的”，biangular“有双角的”；polar“南极或北极的”，bipolar“两极的”。in-（或 im-，il-，ir-）是一个前缀，表示“不”、“非”、“无”的意思，ability“能力”，inability“无能”；possible“可能”，impossible“不可能”；legal“合法的”，illegal“非法的”；regular“规则的”，irregular“不规则的”。en-是一个前缀，表示“使……”的意思，large“大”，enlarge“使大”；rich“富”，enrich“使富”。像这样的才是语言学上所说的前缀。苗语的 ab 或 ghab 是可有可无的，如川黔滇苗语的 ab bos 和 hos 都作“祖母”讲，ab ved 和 ved 都作“姐姐”讲，ab daos 和 daos 都作“木墩”讲，ab hout 和 hout 都作“头”讲；滇东北苗语的 ab njix 和 njix 都作“柱子”讲，Ab Hmaob 和 Hmaob 都作“苗族”讲，at njiaox 和 njiaox 都作“嘴”讲；黔东苗语的 ghab songb 和 songb 都作“鬃”讲，ghab jongx 和 jongx 都作“根”讲，ghab vangx 和 vangx 都作“边儿”讲。至于湘西苗语的 ghaob 更是可有可无。单说时带有 ghaob，如 Ghaob Xiongb“苗族”，作修饰语时就不加 Ghaob，如 ndeud（字）Xiongb（苗族）“苗文”。ghaob ndut（树）“树”，作修饰语时就不加 ghaob，如 ghaob nux（叶）ndut（树）“树叶”，由于“树叶”已不是单音节的语段，连 ghaob nux ndut 都可以把 ghaob 省略，径读作 nux ndut。所以苗语的 ab、ghab，ghaob 和语言学上所说的前缀很不相同，除湘西苗语的 ghaob 可以叫做冠词外，其他方言、次方言的 ab、ghab 可以叫做助词。这里要声明一句，我不是主张苗语的 ab、ghab、ghaob 都不是前缀。如果去掉它们就没有意义或改变了意义，还是应当看作前缀的。如滇东北苗语的 ab dil 作“袖子”讲，去掉了 ab，只剩下 dil 就作“手”讲，意义变了，所以 ab dil 中的 ab 仍然是前缀。川黔滇苗语的 ab nangs 作“昨天”讲，去掉了 ab，只剩下 nangs，就作“雨”讲，和“昨天”毫无关系，所以 ab nangs 中的 ab 仍然是前缀。黔东苗语的 ghab ghol 作“质量不好”讲，去掉了 ghab，只剩下 ghol，就作“断”讲，和“质量不好”无关，所以 ghab ghol 中的 ghab 仍然是前缀。甚至 ghab ghol 可能就是一个双声的单纯词。有的同志认为 ab、ghab、ghaob 接在形容词前面是前缀，因为变为名词了，如川黔滇苗语的 loul 作“老”讲，at loul 作“老人”讲，hlob 作“大”讲，ad hlob 作“老大”（弟兄中的最年长的）讲。在这种情况下，也不一定把 ab 看作前缀，仍然可以看作助词，只要说明助词 ab 加在形容词前面表示后面的形容词作名词用就行了。这很像汉语的结构助词“的”；“老的”、“大的”如果不是作修饰语，就是作名词用，意为“老的人或物”、“大的人或物”。当然也有人认为“的”是后缀，叫做名物化的后缀。不过作后缀讲总不大合适，因为“的”可以加在词组的后面，如“做买卖的”、“要饭的”、“新买的”、“卖不出去的”等。这也很像英语的 the，如 the rich“富人”，the poor“穷人”；the 不是前缀，是冠词，冠词也是虚词。

川黔滇苗语的 guk ndongt（木）“木匠”，guk hlout（铁）“铁匠”，guk reb（石头）

"石匠"，guk guab（药）"医生"等语段里面的 guk 有的同志认为是前缀。其实 guk 的意义很具体，就是"匠人"的意思。它可以加在 ndongt（木），hlout（铁），reb（石头），guab（药）等词的前面，把它看作受这些词修饰的单词，并没有什么问题。它不仅受词修饰，还可以受词组修饰，如 guk nzid（补）yal（锅）"补锅匠"。干某一行业的人在一种语言中是词，在另一种语言中不一定是词，例如"木匠"、"铁匠"、"石匠"、"医生"等在英语中分别是 carpenter，blacksmith，masoh，doctor，都是词，在川黔滇苗语中就是词组，因为可以找到作"匠人"讲的共同成分 guk。在川黔滇苗语中和 guk 相似的还有一个 dob，意思是"……的人"（dob 还作"儿子"讲，但一词可以多义，汉语的"书"就可以作"写"、"信"讲），如 dob yos（养）zhax（牲口）"牧童"，dob nggenl（懒）"懒汉"，dob uat（做）ghongb（庄稼）"农夫"，dob geuf（读）ndeud（书）"学生"。这些看来都好像是词，若是译作"养牲口的人"、"懒人"、"做庄稼的人"、"读书的人"就觉得好像是词组。苗语的一个语段是词还是词组有其客观的标准，不能因汉语的译法不同而改变性质。根据甲的译法是词，根据乙的译法又是词组，这就是脱离了苗语的实际来研究苗语的语法。还有川黔滇苗语"头发"叫做 bloub（毛）hout（头），"秋天"叫做 ndox（天）zal（凉），有的同志认为这两个语段都是词，因为 bloub hout 里面没有"发"字，ndox zal 里面没有"秋"字。这又是拿汉语去衡量苗语。在苗族人看来"头上的毛"就是"发"的意思，"凉的天气"就是"秋"的意思。如果汉语把"头发"就叫"头毛"，把"秋天"就叫"凉天"，我们会把苗族的 bloub hout，ndox zal 看成词吗？

总而言之，苗语是每个音节差不多都有意义的单音节语。几个音节合起来构成一个语段，如果从各个音节的意义看得出整个语段的意义，最好看作词组，反正词组也可以作句子成分，不会影响对句子的分析，而且这样还可以避免离合词、词组词等术语。

二　状词问题

苗语动词、形容词后面常常接上一个或两个音节，以描写或限制动词、形容词的意义，正如汉语的"响当当"、"响咚咚"、"白生生"、"白皑皑"等。如川黔滇苗语 lod（断）ngguad（断裂声）"喀喳一声断了"，lod（断）hlaot（迅速状）"一下子就断了"，ndul（流）ndangt dril（急流状）"汹涌地流"，deus〔（花）开〕npob vaos（繁盛状）"（花）盛开"；dlangx（黄）bil（淡黄状）"淡黄色"，dlangx（黄）rab（金黄状）"金黄色"，khuad（干）nal nggid（瘦状）"干瘪瘪的"，dlob（黑）ghuad zhis（黑状）"黑漆漆的"。有一些动词、形容词后面所接的音节和动词、形容词声母相同。如川黔滇苗语：tlat（跳）tlend（快跳状）"快跳"，ndit（动）ndas（乱动状）"乱动"，dlot（光）dlad（光滑状）"溜光"或"光溜溜的"，shod（热）shaot（热状）"热乎乎的"。

动词、形容词后面所接的音节是动词、形容词的后缀呢，还是独立的一个词类呢？关于这个问题多数同志认为这样的音节是一个独立的词类，并命名为状词。这个名称不一定恰当，因为在动词后面的有表示动作的声音的。不过表示声音的很少，绝大多数是表示状态的，所以就采用了状词这个名称。①

我们为什么认为这样的音节是一个独立的词类呢？理由有三。

第一，这样的音节和动词、形容词粘得并不是很紧。例如川黔滇苗语在动词和这样的音节中间还可以加上 ndox，bub 等音节表示加强的意义，如：jaox（拿）nzhenl（小心状）“小心地拿”，jaox（拿）ndox nzhenl（小心状）“特别小心地拿”；nggangs（爬行）ghenl（慢爬状）“慢慢地爬行”，nggangs（爬行）bub ghenl（慢爬状）“很慢很慢地爬行”，我们把 ndox，bub 等音节列为助词。

第二，如果动词后面有宾语，形容词后面有补语，这样的表示状态的音节要放在宾语、补语的后面。如川黔滇苗语：deuf（出）hlaot（迅速状）“很快出来”，deuf（出）drongx（门）hlaot（迅速状）“很快出门”；jit（亮）nblangl（光亮状）“亮光光的”，jit（亮）caik（漆）nblangl（光亮状）“具有油漆的光亮”（“漆”补充“亮”的原由）。黔东苗语 yuk（收）zent（快状）“快快地收”，yuk（收）ud（衣服）zent（快状）“快收衣服”；xiok（红）gob liob（红的样子）“红艳艳的”，xiok（红）mais（脸）gob liob（红的样子）“脸红红的”。

第三，这样的表示状态的音节可以接在不同的动词后面，如川黔滇苗语：lod（断）hlaot（快状）“一下子断了”，luas（笑）hlaot（快状）“突然一笑”，trot（拉）hlaot（快状）“猛地一扯”，nzend（翻）hlaot（快状）“很快地翻”。在滇东北苗语中这样的音节还有很多的形态变化，我们将另文讨论。

根据以上三个理由，我们认为动词、形容词后面表示状态的音节是一个独立的词类。然而不同意这个看法的同志认为：形容词后面的表示状态的音节，基本上只接在一个形容词后面，不能自由运用去修饰别的形容词，因此乃是那个形容词的后缀。我们认为这种看法的产生是受到意义的限制所致。状词之所以叫状词就是对于意义比较广的动词、形容词加以限制或描写的。例如川黔滇苗语 lab 作“红”讲，“红”的颜色意义比较概括，鲜血、污血、石榴花、火焰、晚霞、荷花都是红的，但各不相同。汉语只能在“红”后面加上“艳艳、彤彤”等来说明桃花、火焰等。其他的红颜色则在“红”前面加修饰词，如“鲜红”、“火红”、“粉红”等。苗语采用的是在“红”后面加不同的状词来表示：lab zhual“鲜血的红色”，lab blaif“脸的红色”，lab dlongs“紫红色”，lab blid“红红的”（用途较广），lab vaos“红黄色”（如火的颜色）。在这种情况下，不能要求状词修饰很多的形容词。zhual 是把红的颜色限制在描写“鲜红的血”这个范围的词，怎么能要求它去修饰“绿”、“黑”等形容词呢？形容词修饰名词也有类似的性质，“雪”、“银”、“日”总是和

① 丁声树先生在 1940 年就提出“状词”这个术语。见丁先生著《诗卷耳芣苜采采说》（载《国立北京大学四十周年纪念论文集》，昆明，1940 年）。

“白”连用，“煤”、“墨”、“夜”总是和“黑”连用，至少连用的机会多一些吧。作修饰用的词有局限性，而状词，特别是修饰形容词的状词的局限性更大，不能因为有局限性就否认其作独立词类的资格。

就是没有以上所说的情况，我们认为也应当把这种接在动词、形容词后面的音节看作一个独立的词类，而不看作动词、形容词的后缀。因为动词、形容词有许多特性，如能受副词修饰〔川黔滇苗语 mol“去”—zhit（不）mol（去）“不去”，lab“红”—zhit（不）lab（红）“不红”〕；能作修饰语〔川黔滇苗语 mual“买”—mual（买）lek（的）nzhed（盐）“买的盐”，draos“肥”—nbuat（猪）draos（肥）“肥猪”〕；能用肯定、否定相连的方式提问〔川黔滇苗语 mol（去）zhit（不）mol（去） “去不去?”rongt（好）zhit（不）rongt（好）“好不好?”〕；能重叠〔川黔滇苗语 buas“抱”—buas（抱）buas（抱）“抱一抱”，ndout“多”—ndout（多）ndout（多）“多多的”〕。如果把动词、形容词后面表示状态的音节看作后缀，那么这些带后缀的动词、形容词也应当具有这些特性。事实上并不然，它们只能在句子中作谓语。作谓语只是动词、形容词的一种功能，不能因为它们可以作谓语就把它们叫做动词、形容词。所以最好不把接在动词、形容词后面的表示状态的音节叫做后缀。如果一定要把它们看作动词、形容词的后缀，就必须在讲动词、形容词时声明有一种特殊的动词、形容词。这种特殊的动词、形容词不受副词修饰，不能作修饰语，不能用肯定、否定连用的形式提问，不能重叠。特殊的动词有宾语时，宾语出现在动词词根和后缀之间；特殊的形容词有补语时，补语出现在形容词词根和后缀之间。我们划分词类主要根据意义和句法功能，在动词、形容词的分类上当然也应当根据意义和句法功能。我认为如果在动词和形容词中加上带后缀的，那就是没有根据句法功能分类，而只根据意义进行分类，这是不全面的。

顺便提一下状词和动词、形容词的关系问题。有的同志认为状词是描写、限制动词和形容词的，所以状词是修饰动词、形容词的，是状语。有的同志认为状词出现在动词、形容词之后，而苗语中动词、形容词的修饰语多在动词、形容词之前，补足语多在动词、形容词之后，状词既然出现在动词、形容词之后，所以状词是补充动词、形容词意义之不足的，是补语。我认为作状语比较合适，因为状词描写、限制动词、形容词的功能比较明显，本身的名称又是状词，状词作状语容易为人理解。叫状词而作补语用有些别扭。我不是说，叫什么词就得作什么语。动词、名词、形容词都能作补语，而词类中又没有主词、宾词、补词。我只是从状词的作用上看，认为作状语较好，这个问题还可以讨论。最好苗语各方言语法对这种关系的看法一致，叫状语就都叫状语，叫补语就都叫补语，因为这种语法现象在苗语各方言中基本上是一致的。

三　量词问题

苗语和汉语都有比较多的量词。量词这个名称并不十分恰当，因为除去“斤”、“两”、“升”、“斗”、“里”、“丈”、“尺”、“寸”这样的表示重量、容量、长度的单位称作量词比较恰当以外，其余如“个”、“头”、“只”、“双”、“座”、“棵”、“根”等显然有把事物分类的作用，所以有人把这些词叫类别词。不过我们在研究苗语语法时采用了用得比较普遍的量词这个术语。在术语上各种方言语法没有分歧，分歧在对于量词的认识上。有人认为量词具有冠词的作用，在苗语中量词经常出现在名词前面有表示名词的类别，如：川黔滇方言 dol（只）nbuat（猪）“猪”，lob（个）bangl（池）“池子”，drangb（把）dras（刀）“刀”。其中 dol 表示后面的名词是一种动物的名称，lob 表示后面名词是一种圆形或中空的无生物的名称，drangb 表示后面的名词是一种工具的名称。它们的作用相当于印欧语的冠词，不过印欧语只把事物分为阴、阳两类或阴、阳、中三类，而苗语中分类分得多一些罢了。在这种认识的基础上，认为量词与名词连用是量词修饰名词，因为在印欧语只能认为冠词修饰名词，不能认为名词修饰冠词。也有人不这样看，认为量词与名词连用是名词修饰量词。理由是：苗语的量词尽管有冠词的作用，但和冠词有很大的区别。冠词只能修饰名词，不受任何词修饰，苗语的量词可以受指示词修饰，如黔东苗语 dail（只）nongd（这）“这只”，laib（个）deis（哪）“哪个”。苗语的量词还可以受形容词修饰，如黔东苗语 dail（只）hlieb（大）“大的那只”，laib（个）xok（红）“红的那个”。黔东苗语的量词和地名连用时显然是地名修饰量词，而不是量词修饰名词，如 dail（个—指人）Kad（凯）Linx（里）“凯里人”，dail（个）Beif（北）Jinb（京）“北京人”。在这种情况下，量词的体词性很强，所以有人把汉语的量词叫副名词。既然 dail hlieb“大的那个”、dail Kad Linx“凯里人”中的量词 dail 分别受 hlieb、Kad Linx 修饰，那么 dail 应当解释作“有生命的东西”，不要老想着汉语的相当的量词“个”字。dail hlieb 的意思是“大的那个有生命的东西”，dail Kad Linx 的意思是“凯里的有生命的（即凯里人）”。根据这个道理来看，dail bat（猪）的意思是“猪这种有生命的东西”，当然是名词 bat 修饰量词 dail。在川黔滇、滇东北苗语中量词也受形容词修饰，如川黔滇苗语 dol（个）gus hlob（大）“大的那个（指人或动物）”，滇东北苗语 lub（个）guk lieb（红）“红的那个（指圆形或中空的无生物）”，只不过在名词和形容词之间有联系助词（川黔滇的是 gus，滇东北的是 guk）罢了。川黔滇、滇东北苗语没有地名修饰量词的情况。主张名词修饰量词的还有一个理由，就是苗语名词的修饰语如果是描写性的和限制性的，多位于被修饰的名词之后，如黔东方言 dud（书）xok（红）“红书”，dif（桶）eb（水）“水桶”。量词的体词性很强，形容词修饰量词时，如上所述，也是在量词之后。在 dail bat

“猪”这个词组中，当然是 bat 修饰 dail，只要把 dail 解释作“有生命的东西”就行了，dail bat 的实际意思是“猪那种有生命的东西”。关于这个问题，我的看法是尽管双方都有道理，还是认为量词修饰名词较好。若是全面一些看问题，就会发现名词修饰量词的说法有缺点。量词中包括度、量、衡的单位，年、月、日等时间单位，并且经常和数词组成数量词组，而数词是放在量词前面的。如：黔东方言 ib（一）dliangx（庹）“一庹（五尺）”，ib（一）jangb（斤）“一斤”，ib（一）hnaib（日）“一天”。所以说名词或量词的限制性修饰语不一定都在被修饰的量词之后。如果说数词作修饰语时在被修饰的量词之前是特殊情况，那就还有不好解释的地方。如黔东方言 ib dail bat“一只猪”，按照名词修饰量词的说法，必须是 bat 修饰 ib dail，解释作“猪那么一个有生命的东西”好像还说得过去；但是在 ib（一）jangb（斤）ngax（肉）“一斤肉”中，说 ngax 修饰 ib jangb 就不好理解。并且把 jangb 依照 dail 那样概括为“一切具有五百克那么大的重量的东西”似乎也不对，因为“斤”不是一种东西，而只是一个单位。如果把 jangb 解释为“五百克那么大的重量”，ib jangb 是“一个五百克那么大的重量”，再用 ngax 修饰这个词组，就得解释作“肉的一个五百克那么大的重量”。恐怕人们都把 ib jangb ngax 理解为“肉的五百克的重量”，而不会理解为“五百克的可以吃的含有蛋白和脂肪的一种动物性食品”。所以，还是让数量词组作修饰语来修饰名词，也就是让“一斤”来修饰“肉”好懂。既然 ib jangb ngax“一斤肉”中的 ib jangb 修饰 ngax 好懂，那么最好认为 ib dail bat“一只猪”中的 ib dail 是修饰 bat 的，因为把同样的结构作不同的解释既不便于学生们学习，也没有必要这样做。既然 ib dail 修饰 bat 成立，那么，dail 修饰 bat 也就顺理成章了。我们讲量词时，只需说：量词和名词结合时，量词修饰名词；数量词组和名词结合时，数量词组修饰名词；但量词和形容词结合时，形容词修饰量词；黔东方言地名和量词结合时，地名修饰量词，表示某地方的人，这就把问题解决了。否则表示度、量、衡、时间的单位的量词就不好处理，说它们受名词修饰，实在不好解释。

四　系词问题

川黔滇、滇东北苗语都有系词。滇东北苗语有两个系词，一个是 guk，一个是 gik；川黔滇苗语只有一个 gus。我觉得一两个词作为一个词类没有必要，可以称之为联系助词，并和情貌助词、结构助词、语气助词同列在助词之内，但仍可简称为系词。

（一） 滇东北苗语的 guk 用途很多，这里只举几个主要的用途：

1. 联系主语和体词性表语。如：

Gud guk ad Vaos.　我是汉族。
我　是（助词）汉族

Gis guk ad Hmaob.　你是苗族。
你　是（助词）苗族

2. 联系谓语动词和作宾语的子句。例如：

Gud baob guk nil hit dax dangl.　我知道他不来了。
我 知道 是 他 不 来 了

Gud hnod guk gis hit las hxek niangb sib.　我听说你还没结婚。
我 听见 是 你 不 曾 迎娶 妻子 还

3. 联系中心语和后置的定语。例如：

Nangl (ndeud) nid guk ib nangl ndeud guk lieb.　这（书）是一本红书。
本 书 这 是 一 本 书 红

Nangl (ndeud) nid guk ib nangl ndeud guk hit raot.　这（书）是一本坏书。
本 书 这 是 一 本 书 不 好

Ndeud guk gud mual.　我买的书。
书 我 买

4. 联系谓语和补语。例如：

Gud as naox guk fad sangt.　我吃得太饱了。
我（助词）吃 够 掉

dait nwl nid as gik bit ntit guk zaix hlat dut sangt dangk.　这匹马挣扎得把绳子弄断了。
匹 马 这（助词） 挣扎 条 绳 断 掉 了

（二）滇东北苗语的 gik 主要有两种用途：

1. 联系主语和谓词性表语，前面可加助词 as。例如：

Nil mbangb deut dil gik bit cod.　他的四肢粗壮有力。
他 臂 脚 手 粗壮的样子

Nil as gik dlok at ncit.　他笑眯眯的。
他（助词） 笑 笑的样子

Ndlaox ndaot gik nzab mib sieb.　树叶绿茵茵的。
叶 树 绿 绿的样子

2. 联系动词或动词性词组和以状词充当的后置状语。例如：

Ghad shit had lal gik bib dreb khaid ndrux aid?　什么人在（坡）下面叽里咕噜地说话呢？
什么人 谈 话 说话声 处 下面 呢

Nil zaox hik lul gik bib qiub bit qid.　他们细声说话。
他 们 说 话 细声说话声

（三）川黔滇苗语的 gus 有两种用途：

1. 联系主语和体词性表语。例如：

Nil gus god yeuf dlangb.　他是我舅父。
他 是 我 翁 舅

Gaox gus dol dus?　你是谁？
你 是 个 哪

2. 联系中心语和后置定语。例如：

Bend ndeud gus chab nil jaox nol leuf.　新的那本书他拿去了。
本 书 新 他 拿 去 去了

Shaob yangx gus naox roub ok yaos beb lek. 吃草的那群羊是我们的。
群 羊 吃 草 那 是 我们 的

Caik del gus sik 右手
只 手 右

滇东北苗语的 guk，gik 和川黔滇苗语的 gus 不是判断动词，而是一种虚词。滇东北苗语有一个判断动词 yos，川黔滇苗语有一个判断动词 yaos。说 yos、yaos 是判断动词是因为它们有动词的一部分性质，如：能受副词“不”修饰，能用肯定、否定相加的方式提问，但不能重叠，不能作定语。至于滇东北苗语的 guk、gik 和川黔滇苗语的 gus 则完全没有动词的特性，所以把它们列入助词，叫联系助词（简称系词），不作为一个词类。

滇东北苗语的 yos“是”有三种用途：

1. 作否定判断句的动词（必须受否定副词 hit“不”修饰）。例如：

Dut nid hit yos gud bies. 这只不是我的。 Gud hit yos ad Hmaob. 我不是苗族。
只 这 不 是 我 的 我 不 是 苗族

2. 作肯定、否定相连形式的问句的动词。例如：

Gis yos hit yos ad Hmaob? 你是不是苗族？
你 是 不 是 苗族

对这种形式的问句的回答，如果是肯定的，绝对不能用 yos，只能用系词 guk 联系主语和表语：Gud（我）guk（是）ad Hmaob（苗族）“我是苗族”。

3. 用于肯定或否定的答语词中。例如：

Gis guk ad Mangb lak? 你是彝族吗？
你 是 彝族 吗

Yos jiok，gud guk ad Mangb. 是的，我是彝族。
是 的 我 是 彝族

Hit yos，gud hit yos ad Mangb. 不，我不是彝族。
不 是 我 不 是 彝族

川黔滇苗语有一个判断动词 yaos“是”，它可以用于肯定判断句，并有取代 gus 的趋势。其他用法和滇东北苗语相同。例如：

Zhaob ndongt nad yaos ib zhaob ndongt jab. 这是一棵杉树。
棵 树 这 是 一 棵 树 杉

Zhaob ndongt ok yaos zhit yaos ib zhaob ndongt jab? 那是不是一棵杉树？
棵 树 那 是 不 是 一 棵 树 杉

Zhaob ndongt ok zhit yaos ib zhaob ndongt jab，yaos ib zhaob ndongt tod.
棵 树 那 不 是 一 棵 树 杉 是 一 棵 树 松
那不是一棵杉树，是一棵松树。

Zhaob ndongt nad yaos ib zhaob ndongt jab las? 这是一棵杉树吗？
棵 树 这 是 一 棵 树 杉 吗

Yaos, zhaob ndongb nad yaos ib zhaob ndongt jab.　　是，这是一棵杉树。
是　棵　树　这　是　一　棵　树　杉

Zhit yaos, zhaob ndongt nad zhit yaos ib zhaob ndongt jab, yaos ib zhaob ndongt tod.
不　是　棵　树　这　不　是　一　棵　树　杉　是　一　棵　树　松
不，这不是一棵杉树，是一棵松树。

顺便在这里说一说判断句的分析问题。有的同志认为系词也是判断动词，这当然是不对的。他们把系词和其后的体词或体词性词组，以及判断动词和后面的代表判断的结果的体词或体词性词组，都统称为合成谓语。如上面的例句 Zhaob ndongt nad yaos ib zhaob ndongt jab 之中 yaos ib zhaob ndongt jab 就分析为合成谓语。有的同志把判断句中的判断动词叫谓语，把代表判断的结果的体词或体词性词组叫表语。如在分析黔东苗语 Laib（个）vangl（寨）aib（那）dis（是）Vangx Hob（养蒿）“那个村子是养蒿”这句话时，dis 是谓语，Vangx Hob 是表语。我认为川黔滇苗语或滇东北苗语的系词谈不上和后面的体词或体词性词组构成合成谓语，也就是判断动词 yaos、yos 和后面的体词或体词性词组构成合成谓语也是不恰当的。在实际语言中，判断动词是和主语在一个语段里，跟后面的体词或体词性词组中间有一个停顿。从主语的语段里拉出一部分来和停顿之后的语段组成合成谓语是说不过去的。我认为判断动词〔滇东北苗语的（hit）yos，川黔滇苗语的 yaos，黔东苗语的 dis，湘西苗语的 nis（是）〕后面的体词或体词性词组叫表语比较恰当。至于滇东北、川黔滇苗语的系词后面的体词或体词性词组，以及各种苗语方言直接和主语相连的表示判断结果的体词或体词性词组〔如黔东苗语的 Hnaib（日）nongd（这）hnaib（日）zab（五）“今天初五”，川黔滇苗语的 Hnob（日）nad（这）sab（初）zhib（五）“今天初五”〕叫做体词谓语固然可以，但本质上和判断动词后面的体词或体词性词组是一样的，都是和主语共指某一事物或说明主语的属性、种类或归属的，所以最好也叫做表语。

五　名词、量词补充形容词的问题

苗语的形容词能受名词补充。如黔东苗语 hangt（臭）hseik（漆）“有漆的臭味”，在 Hangd nongd（这里）hangt（臭）hseik（漆）“这里有漆的臭味”这句话中，没有 hseik 意思就不全，只知道有臭味，不知道是什么臭味。加上 hseik 后就明确知道有漆的臭味。又如川黔滇苗语 maob（痛）hnad（牙）“牙痛”，在 God（我）maob（痛）hnad（牙）hend（很）“我牙很痛”这句话中，没有 hnad 意思也不全，听话人只知道说话人很痛，但不知道身体的哪一个部位痛。加上 hnad 后就明确知道是牙痛。所以说形容词后面的名词是补充形容词意义之不足的。有人认为形容词后加名词是谓主结构，像上面的前一例

hangt hseik，发出臭味的的确是 hseik“漆”；第二例 maob hnad，痛的部分的确是 hnad“牙”。但因这种结构进入句子后还有主语，而形容词正是说明那个主语的，所以把形容词后的名词解释作补充形容词意思之不足的词更好一些。有人认为这种结构是形宾结构，我认为这是不正确的，因为 Hangd nongd hangt hseik“这里有漆的臭味”并不是“这里把漆给弄臭了”的意思。在黔东苗语中，量词也可以补充形容词，如 hlieb（大）laib（粒）“粒儿大”，yut（小）diod（块）“块儿小”，hib（高）dail（个）“个儿高”，dad（长）jiox（条）“条儿长”。hlieb laib“粒儿大”是说明某种谷物的颗粒大，主要是大。在哪方面大呢？是在颗粒方面大，并不是把颗粒给弄大了。hib dail“个儿高”是说明某人个儿高，主要是高。在哪方面高呢？在个儿方面高，并不是把个儿给弄高了。所以说，形容词和其后的名词、量词是补充关系，不是支配关系。

六　能愿动词和后面紧接的动词的关系问题

苗语的能愿动词经常和另一个动词连用，如川黔滇苗语 zeux（会）laix（犁）“会犁”，gangd（敢）niaob（坐）“敢坐”，nenx（能）wangx（完）chenx（成）“能完成”。其他各方言、次方言也都有这种动词。它们具有动词的一部分特性，如：能受副词修饰，能用肯定、否定相连的形式提问，但不能重叠，不受状词修饰。能愿动词和紧接其后的动词是什么关系呢？有人解释作支配关系。有人不谈关系，只说和后面的动词组成合成谓语。我认为即使它们和后面的动词组成合成谓语，也有一个结合的关系问题。我认为能愿动词和后面的动词是补充关系：中心词是能愿动词，后面的动词是补足语。为什么说能愿动词受后面的动词补充呢？因为在回答带能愿动词的问话时，可以省略后面的动词，但能愿动词不能省略。如川黔滇苗语 Gaox（你）zeux（会）laix（犁）lax（田）las（吗）？“你会犁田吗？”这句问话，回答时说 God（我）zeux（会）“我会”，就不能说 God（我）laix（犁）“我犁”。又如川黔滇苗语 Gaox（你）gangd（敢）niaob（坐）zhit（不）gangd（敢）niaob（坐）？“你敢不敢坐？”这句问话，回答时可以说 Gangd“敢”或 Zhit gangd“不敢”，但不能说 Niaob“坐”或 zhit niaob“不坐”。有人把这种动词叫助动词，顾名思义是指它们在句子中起辅助后面的动词的作用。但在句子中它们是起主要作用的，所以说叫助动词不如叫能愿动词。但是，仅说能愿动词在与后面的动词结合时起主要作用，这还没有说明能愿动词和后面的动词是补充关系。必须把能愿动词作新的解释，才能说明。如川黔滇苗语的 zeux 解释作“会”是不能让人理解 zeux（会）hot（唱）“会唱”中的 hot 补充 zeux 的。若是把 zeux 解释作“有本领”，则对于 hot 补充 zeux（有本领）就好理解了。像 Gaox（你）zeux（有本领）hot（唱）“你有本领唱”这句话，只说 Gaox zeux“你有本领”，意思就不完全，不知道在哪方面有本领；加上 hot，就知道在“唱的方面”有本领。所以，hot 是补充 zeux 的意义之不足的。又如川黔滇苗语 gangd 解释作“敢”是不能让人理解 gangd（敢）mol（去）“敢去”中的 mol 补充 gangd 的，若是把 gangd 解释作“有勇气”，则对于 mol 补充 gangd 就好理解了。像 God（我）gangd（有勇气）mol（去）“我有勇气去”这句话，只说 God gangd“我有勇气，意思就不完全，听话人不知道说话人在哪方面有勇气；加上 mol，就知道在“去这件事情上”有勇气，所以 mol 是补充 gangd 的意思之不足的。

苗文声母与国际音标对照表

国际音标	文字			
	湘西	黔东	川黔滇	滇东北
p	b	b	b	b
ph	p	p	p	p
mp	nb		nb	nb
mph	np		np	np
pl			bl	
phl			pl	
mpl			nbl	
mphl			npl	
pɹ	bl			
phɹ	pl			
mphɹ	npl			
m	m	m	m	m
m̥			hm	hm
m̥h	hm	hm		
mɹ	ml			
w	w		w *	w
f	f	f	f	f
fh		hf		
v		w	v	v
ts	z	z	z	z
tsh	c	c	c	c

* 和川黔滇方言文字 w 相当的国际音标是 u。

续表

国际音标	文字			
	湘西	黔东	川黔滇	滇东北
nts	nz		nz	nz
ntsh	nc		nc	nc
s	s	s	s	s
sh		hs		
z		n		r
t	d	d	d	d
th	t	t	t	t
nt	nd		nd	nd
nth	nt		nt	nt
tl̥			dl	dl
tl̥ɦ			tl	tl
ntl̥				ndl
ntl̥ɦ				ntl
n	n	n	n	n
n̥			hn	hn
n̥h	hn	hn		
l	l	l	l	l
l̥		dl	hl	hl
l̥h	hl	hl		
ʈ	zh		dr	dr
ʈh	ch		tr	tr
ɳʈ	nzh		ndr	ndr
ɳʈh	nch		ntr	ntr
tʂ			zh	zh
tʂh			ch	ch
ɳtʂ			nzh	nzh
ɳtʂh			nch	nch
ɳ	nh			nr
ʂ	sh		sh	sh
ʐ	r		r	

续表

国际音标	文字			
	湘西	黔东	川黔滇	滇东北
tɕ	j	j	j	j
tɕh	q	q	q	q
ntɕ	nj		nj	nj
ntɕh	nq		nq	nq
ɕ	x	x	x	x
ɕh		hx		
ʑ	y	y	y	y
k	g	g	g	g
kh	k	k	k	k
ŋk	ngg		ngg	ngg
ŋkh	nk		nk	nk
ŋ	ng	ng	ng	ng
ŋ̊				hng
x				hx
xh		h		
ɣ		v		
q	gh	gh	gh	gh
qh	kh	kh	kh	kh
ɴq	ngh		ngh	ngh
ɴqh	nkh		nkh	nkh
χ				hx
h	h	h	h	h

苗文声调字母与调形符号对照表

调形符号	湘西	35	31	44	22	53	42		
	黔东	33	55	35	11	44	13	53	31
	川黔滇	43	31	55	21	44	13	33	24
	滇东北	54	35	55	11	33	21	11	21
声调字母		b	x	d	l	t	s	k	f

苗文韵母与国际音标对照表

国际音标	文字			
	湘西	黔东	川黔滇	滇东北
ɑ	a	a	a	a
ɒ			ua	
ɔ	ao			
o	o	o	o	o
a	ea			
ɛ		ai		
e	e		e	
ə		e		e
ɤ	eu			
ɯ	ou			w
ai			ai	ai
ei	ei	ei	ei	
ɑu			ao	ao
ou			ou	
ɑɯ				ang
ɛɯ			eu	
œy				eu
ɛ̃	an			
en		en	en	
eĩ	en			
ɑŋ		ang	ang	
ɑ̃	ang			
uŋ		ong	ong	
ũ	ong			
əɹ			er	
i	i	i	i	i
iɑ	ia	ia	ia	ia
iɒ			iua	
iɔ	iau			
io	io	io	io	io

续表

国际音标	文字			
	湘西	黔东	川黔滇	滇东北
iu	iu	iu		iu
ia	iea			
ie	ie		ie	ie
iə		ie		
iɤ	ieu			
iɯ	iou			iw
iai			iai	iai
iɑu			iao	iao
iou			iu	
iɑɯ				iang
iɛɯ			ieu	
iœy				ieu
iɛ̃	ian			
ieĩ	in	in	in	
iɑŋ		iang	iang	
iɑ̃	iang			
ioŋ	iong	iong	iong	
u	u	u	u	u
uɑ	ua			ua
ua	uea			
ue	ue		ue	
uɤ	ueu			
uɯ	uou			
uɑi			uai	
uei	ui		ui	
uɛ̃	uau			
uen			un	
ueĩ	un			
uɑŋ			anug	
uɑ̃	uang			
y				yu

湖南泸溪瓦乡话语音*

湖南怀化地区的沅陵、辰溪、溆浦三县和湘西土家族苗族自治州的泸溪、吉首、古丈、大庸四县，居住着一种自称“瓦乡”的人，人口约有30万。瓦乡人讲的话，当地汉、苗、土家各族人都听不懂。1956年，原中国科学院少数民族语言调查第二工作队到湘西调查苗语时，曾记录过泸溪县红土溪的瓦乡话，发音人覃万高，男性，当时32岁，农业社社员。那时我们正忙于调查苗语，粗略地看过那份记录材料之后，知道瓦乡话不是苗语，也就未加研究。近来有人提出瓦乡话是少数民族语言的问题。我想，尽管瓦乡话不是苗语，但弄清它到底是什么语言，还是有必要的，所以我又翻出那份二十多年前的记录材料，对瓦乡话作了初步的研究。我们的结论是：瓦乡话是汉语的一种方言。

瓦乡话这种汉语方言颇具特点，我觉得有必要介绍给语言学界，并希望有更多的人对瓦乡话作调查研究，这将对汉语方言学、音韵学和词汇学的研究都有帮助。

一

瓦乡话的语音特点，值得说的很多，例如：没有塞音韵尾，没有m、n韵尾，只有一个舌根鼻音韵尾ŋ；有浊的塞音和塞擦音声母；中古全浊上声基本上未并入去声；等等。——但这些都不是最重要的。瓦乡话最重要的语音特点是：它和中古汉语的语音对应关系比较复杂。也就是说，中古汉语的一个声类或韵类在瓦乡话中常有多种读法。当然中古汉语的一个声类或韵类在现代汉语各大方言中也都不一定是只有一个读法，但一般说来，对应关系是比较严整的。如果不止一种读法，往往可以找出其原因。瓦乡话则不然，同一个中古汉语的声类（特别是浊声类）或韵类常有两种以上的读法，但又不是都能以出现的环境不同来解释这些现象。中古平、上、去、入各声调的字，瓦乡话都可能有两种以上的读法。就在瓦乡话的这个语音特点中，还有特别值得注意的地方，就是有的读法和中

---

* 本文发表于《语言研究》（华中工学院）1982年第1期，第135～147页。

古声类的发音方法或发音部位相差很远。中古汉语的擦音在瓦乡话中有读作塞擦音的，如心母在中古汉语中读作 s，在瓦乡话中虽然也一般读作 s，但有读作 ts'的（“嫂”读作 ts'ɑɔ^{53}）；书母在中古汉语中读作 ɕ，在瓦乡话中有一种读法是 ts（“水”读作 tsu^{53}）。中古汉语的全浊音在瓦乡话中有读作鼻音的，如定母在中古汉语中读作 d，在瓦乡话中有一种读法是 n（“桃”读作 nɑɔ^{23}）；澄母在中古汉语中读作 ȡ，在瓦乡话中有一种读法是 ȵ（“肠”读作 ȵoŋ^{55}）。来母在中古汉语中读作 l，在瓦乡话中有一种读法是 dz（“流”读作 dzəɯ^{23}）。韵类方面也有类似的情况。中古低元音韵在瓦乡话中有读作高元音的，如歌韵①在中古汉语中读作 ɑ，在瓦乡话一般读作 y（“左”读作 tɕy^{53}）；戈韵合口一等在中古汉语中读作 uɑ，在瓦乡话中有一种读法是 y（“过”读作 ky^{33}），另有一种读法是 ei（“破［肚子］”读作 p'ei^{33}）。中古后圆唇元音韵在瓦乡话中有读作前展唇元音的，如模韵在中古汉语中读作 uo，在瓦乡话中有一种读法是 ei（“粗”读作 ts'ei^{55}）；虞韵在中古汉语中读作 juo，在瓦乡话中有一种读法也是 ei（“腐［烂］”读作 fei^{54}）。中古前元音韵在瓦乡话中有读作后元音的，如支韵开口在中古汉语中读作 je，在瓦乡话中有一种读法是 ɔ（“皮”读作 fɔ^{23}）；之韵开口在中古汉语中读作 i，在瓦乡话中有一种读法是 ɑ（“籽”读作 tsɑ^{53}），另一种读法是 ɑɔ（“耳”读作 ȵɑɔ^{53}）。中古后高圆唇元音韵在瓦乡话中一般读作低展唇元音，如侯韵在中古汉语中读作 u，在瓦乡话中的一般读法是 ɑ（“头”读作 tɑ^{55}）；尤韵在中古汉语中读作 ju，在瓦乡话中的一般读法也是 ɑ（“收”读作 sɑ^{55}）。尤韵在瓦乡话中还有一种读法是 ei（“浮”读作 fei^{23}）。同中古音读法的差别，表现在舌位前后、唇形圆展的不同。

瓦乡话为什么和中古汉语语音对应关系这么复杂呢？我认为有两种可能。一种可能是方言渗透的结果。所谓方言渗透是在瓦乡话中增加了其他方言的语音，当然其他方言的语音是随着词汇渗入瓦乡话的。瓦乡人现在居住在湖南省的西部，他们和当地说湘西话的人密切交往，湘西话的语音就必然渗入瓦乡话。瓦乡人并不是湘西土著，根据瓦乡人的传说，他们是从陕、甘或江西迁到湘西的，那就不知道他们在迁徙中曾接触多少种其他方言。每次接触都可能有其他方言的语音渗入瓦乡话，因而造成今日瓦乡话和中古汉语语音对应关系复杂的现象。另一种可能是瓦乡话保存了中古以前的语音。中古以前的语音和中古语音肯定是不会全同的。一个中古声类可能是由中古以前的几个声类合并而成的，一个中古韵类可能是由中古以前的几个韵类合并而成的；或者中古以前同一声类或韵类的字到中古有个别的并入另一声类或韵类。如果上述两种情况都有，那就更难怪今日瓦乡话的语音和中古汉语语音的对应关系如此复杂。

与声类、韵类的情况不同，瓦乡话和中古汉语的声调对应关系却比较严整。尽管同一声类或韵类在瓦乡话中的读法很多，但声调不合的很少。如果有，也明显可以看出主要是来自现代湘西话或客家话的字。这使我联想起苗语中的汉语借词的情况。我们知道，苗语

① 本文舒声韵类一律以平声韵为代表，促声韵单列。

的声调系统和汉语的相同。苗语所借汉词总不会是同一时期向同一汉语方言借的，因为苗族在历史上曾多次迁徙。值得注意的是：苗语中的老借词大都合于苗汉两种语言的声调对应关系，尽管在各个方言中调值不同，但调类不乱；苗语各方言中的现代汉语借词显然是按调值借的，因而同一调类的借词在各苗族方言中属于不同的调类。瓦乡话的情况正与此类似。按照我上面说的第一种可能，瓦乡话中曾渗有不同时期、不同方言的语音，但调类仍然大都合于对应规则。我们在研究苗语时一直没法解释的现象，在瓦乡话中又遇到了。这确是一个非常值得认真考虑的问题。

下面着重讲瓦乡话和中古汉语对应关系的复杂情况。由于不是描写性的文章，我不列出瓦乡话的声母、韵母、声调表。何况瓦乡话的声、韵、调都很简单。本文例字较多，可以说把声、韵母都反映出来了。关于声调，下面将详细讨论。

二

由于篇幅有限，我不打算把全部中古的声类、韵类和瓦乡话的对应都写出来，只举几个声类、韵类的对应关系作为代表，由这几个代表就可以看出瓦乡话和中古声类、韵类对应关系复杂的情况了。应当补充一句，这里所列的并不是对应关系最复杂的，例如以母的对应关系就没有禅母复杂，豪韵的对应关系就没有支韵开口复杂。

下面先列声类对应的例子。只限于我们记出的，可能有遗漏。

1. 并母(中古读 b)

b	bɔ^{24}耙	bi^{33}篦	bɛ^{24}盆	bɑn^{53}蚌	bɑɔ^{33}抱
bj	bjeŋ^{55}瓶				
p	poŋ^{24}盘	pi^{33}鼻			
pj	pje^{24}便(宜)				
p‘	p‘ɔ^{55}排	p‘ei^{55}陪、(萝)卜			
f	fɔ^{24}皮	foŋ^{24}平	foŋ^{33}病		

2. 定母（中古读 d）

d	dɔ^{24}驼(背)	di^{55}提	dəɯ^{24}投	doŋ^{33}淡	
t	tɔ^{55}抬(头)	tɑ^{55}头	tɑɔ^{55}(核)桃	təɯ^{53}肚(腹)	tɛ^{24}代(替)
t	t‘ɑɔ^{53}道	t‘i^{53}地(方)	t‘oŋ^{53}断	t‘ɔ^{33}(一)代	
l	lɛ^{24}田	ly^{33}大	lu^{53}读		
n	nɑɔ^{24}桃(子)	noŋ^{55}(红)糖			
dz	dzeŋ^{55}藤(子)				

ȶ　ȶe^{24}蹄

3. 来母（中古读 l）

l　ly^{55}炉（子）　lɔ^{33}癞（蛤蟆）　luɛ^{55}轮（流）　ləɯ^{55}（狐）狸

lj　ljɑŋ^{55}粮　ljɑŋ^{33}（月）亮　ljɑ^{53}六、绿

z　zɛ（或 zuɛ）^{24}来　zɑ^{24}梨　zɑ^{33}漏

n　nei^{53}履　nɑɔ^{53}老（马）　nɑ^{55}（阁）楼　noŋ^{55}拦　nɑŋ^{24}（一百）零（一）

noŋ^{33}亮

ȵ　ȵoŋ^{55}凉、梁

dz　dzɛ^{24}林　dzoŋ^{33}乱　dzəɯ^{33}（丑）陋

ts　tsəɯ^{55}聋、留　tsɔ^{53}两（个）

4. 从母（中古读 dz）

dz　dzɛ^{24}（刚）才　dzə^{24}层　dzɑŋ^{24}蚕（豆）

ts　tsɑɔ^{53}造（孽）　tsɛ^{24}（一）钱（银子）

ts‘　ts‘ɑɔ^{53}（制）造　ts‘əɯ^{33}自（己）

dʑ　dʑe^{24}前（日）　dʑye^{53}截（断）

tɕ‘　tɕ‘e^{53}在　tɕ‘y^{55}凿

tɕ　tɕi^{24}糍（粑）　tɕoŋ^{24}墙

s　sɿ^{24}（大）齐［大家］

5. 邪母（中古读 z）

dʑ　dʑə^{24}斜　dʑoŋ^{53}（大）象　dʑəɯ^{24}袖

dz　dzu^{24}穗

ɕ　ɕe^{33}（多）谢　ɕoŋ^{33}像

6. 澄母（中古读 ȡ）

ȡ　ȡoŋ^{24}（赶）场　ȡoŋ^{55}长（工）　ȡɑ^{55}择

ȶ　ȶɑ^{24}绸　ȶe^{24}椽　ȶoŋ^{24}（打）仗

ȶ‘　ȶ‘ɑ^{53}柱　ȶ‘əɯ^{55}直　ȶ‘ə^{53}（轻）重　ȶ‘oŋ^{53}（一）丈

ts　tsɑ^{55}池　tsɑɔ^{53}濯

ts‘　ts‘oŋ^{53}撞　ts‘oŋ^{24}（蜈蚣）虫

dʑ　dʑeŋ^{24}橙

tɕ　tɕe^{24}住　tɕe^{53}治

d　dɛ^{53}沉

ȵ　ȵoŋ^{55}肠

7. 书母（中古读 ɕ）

ɕ　ɕe^{53}闪　ɕe^{55}身（体）　ɕe^{33}扇

s　sɔ⁵⁵赊　su⁵⁵输(钱)　su⁵³鼠　sɿ⁵⁵尸　sɑ⁵⁵收(到)

ts　tsu⁵³水　tsɑɔ⁵³(多)少　tsəɯ⁵³守　tsəɯ⁵⁵(一)升(米)

tsu⁵³束

dʑ　dʑi³³湿

tɕʻ　tɕʻe⁵⁵呻（吟）　tɕʻoŋ⁵⁵声

ȶʻ　ȶe⁵⁵伸（舌头）

8. 晓母（中古读 h）

h　hu⁵⁵喝[专指蚊子吸血的动作,人喝水用"饮"]　hy⁵³(火)闪[闪电]

hei⁵⁵灰(尘)　hɔ⁵³瞎　hoŋ³³(鸟叫)唤

f　fə⁵³(水)火　fɛ⁵⁵(黄)昏

ɕ　ɕi⁵⁵(布)稀　ɕɑɔ⁵³晓(得)　ɕeŋ⁵⁵兴(工)[表示开始的意思]

ɕoŋ⁵³响　ɕoŋ⁵⁵香(臭)

s　səɯ⁵³吸(气)

kʻ　kʻu⁵³虎　kʻəɯ⁵³喜(欢)

9. 以母（中古音为零声母）

z　zɔ⁵³野(鸡)　zɑɔ²⁴摇(筛子)　zɑ⁵⁵油

ʑ　ʑɑɔ⁵⁵窑　ʑɑɔ⁵³舀　ʑɑɔ³³鹞　ʑy⁵³钥

dz　dzoŋ⁵³痒

ɕ　ɕe⁵³叶(子)

下面列出韵类对应的例子，同样可能有遗漏。

1. 歌韵（中古读 ɑ）

e　ȶe⁵⁵多(少)　ȶʻe⁵⁵拖

y　tɕʻy⁵⁵搓　tɕy⁵³左　ky⁵⁵哥、歌　ly³³大(小)　kʻy⁵³可(以)

ʔy⁵⁵屙(屎)

ye　ye²⁴河(水)　ɡye⁵³我

əɯ　ŋəɯ³³饿(肚子)

ɑ　tɑ⁵³大(齐)[大家]

ɔ　tɔ⁵⁵多(谢)

u　nu⁵⁵箩(筐)

ə　kə²⁴(半)个(月)

2. 戈韵合口一等（中古读 uɑ）

y　ky³³过　hy⁵³火(闪)[闪电]　ty⁵³朵

ye　ye²⁴和(气)

ɔ　mɔ⁵⁵蘑(芋)　pɔ⁵⁵跛(子)　fɔ⁵³火(药)

ei　pei^{53}簸(米)　p‘ei^{33}破(肚子)　fei^{53}破(衣服)

ə　fə^{53}(水)火

u　su^{55}蓑(衣)　ɕu^{53}唆(使)

əɯ　məɯ^{55}磨(刀)　məɯ^{33}(石)磨　əɯ^{23}禾

3. 麻韵开口二等（中古读 a）

ɔ　pɔ^{55}疤　bɔ^{24}耙　mɔ^{55}麻(布)　p‘ɔ^{33}怕　sɔ^{55}沙(子)

kɔ^{55}家　ŋɔ^{24}芽　ŋɔ^{55}衙　kɔ^{53}(真)假　ʔɔ^{55}鸦

ʔɔ^{53}哑　ɔ^{53}下　hɔ^{53}(惊)吓

u　ku^{33}价、嫁、架(起)　u^{33}蛤(蟆)

ɑ　mɑ^{55}妈

uɑ　suɑ^{33}洒

4. 模韵（中古读 uo）

u　pu^{53}补(衣服)　pu^{33}布　p‘u^{55}铺(床)　ku^{55}姑　ku^{53}估（计）、鼓

u^{55}狐（狸）、猢（狲）、瓠（芦）　u^{24}湖　ʔu^{55}乌（龟）

ei　t‘ei^{53}土（墙）　tsei^{33}做　ts‘ei^{55}粗（糙）

əɯ　t‘əɯ^{33}兔　ləɯ^{24}露（水）　ləɯ^{55}（瓠）芦　təɯ^{53}赌、肚（腹）

y　t‘y^{33}（呕）吐　tɕ‘y^{33}错（误）　ly^{55}炉（子）

oŋ　oŋ^{53}五　k‘oŋ^{55}枯

5. 虞韵（中古读 juo）

ɑ　tɑ^{55}株　ts‘ɑ^{53}取　ʈ‘ɑ^{53}柱　tsɑ^{53}主(人)　tsɑ^{33}树

sɑ^{53}数(数儿)　sɑ^{33}(岁)数　ʐɑ^{33}(蘑)芋

y　tɕ‘y^{53}惧　ty^{33}(蜘)蛛

u　fu^{53}斧、(豆)腐

ei　fei^{53}腐(烂)　fei^{24}扶(起)

6. 咍韵（中古读 ʌi）

ɔ　tɔ^{55}抬(头)　t‘ɔ^{33}(一)代　k‘ɔ^{55}开(花)　ɔ^{33}害(人)　lɔ^{33}癞(蛤蟆)

ɛ　zɛ^{24}(或 zuɛ^{24})来　tsɛ^{24}再　t‘ɛ^{24}太

e　tɕ‘e^{53}在

ei　ts‘ei^{33}(白)菜

ɑ　hɑ^{53}海

uɑ　ts‘uɑ^{55}猜

ɔ　dɔ^{24}(麻)袋

7. 齐韵开口（中古读 iɛi）

i　tɕi^{53}挤　ti^{33}帝　tɕ‘i^{33}砌　t‘i^{33}(抽)屉　di^{55}提

	tɕi^{33}（估）计	pi^{33}闭	bi^{33}篦	tʻi^{33}（代）替	
e	me^{53}米	ȶe^{24}啼、蹄	ɕe^{33}细（嫩）	dʑe^{24}（来）齐	lje^{55}犁
	ȵe^{55}泥	tʻe^{33}替（你做）	tɕe^{33}继（续）		
ei	pʻei^{55}批（评）				
ɑ	kɑ^{24}鸡	kʻɑ^{55}溪	tʻɑ^{33}剃	tʻɑ^{55}梯	

8. 豪韵（中古读 ɑu）

ɑɔ	mɑɔ^{24}毛	tɑɔ^{55}刀、（核）桃	tʻɑɔ^{24}（圈）套	tɑɔ^{24}淘（米）	nɑɔ^{24}桃（子）
	lɑɔ^{53}脑、老（实）	nɑɔ^{53}老（马）	tsɑɔ^{55}（酒）糟	tsɑɔ^{24}槽	tsɑɔ^{53}早
	tsʻɑɔ^{53}草、（制）造、嫂		kɑɔ^{55}高	kɑɔ^{55}蒿	hɑɔ^{53}好（坏）
	bɑɔ^{33}抱				
əu	səu^{24}扫（帚）	kəu^{33}告（状）			

9. 尤韵（中古读 ju）

ɑ	tɕʻɑ^{55}秋（季）	tsʻɑ^{55}（交）秋［立秋］		ȶʻɑ^{55}抽	ȶɑ^{24}绸
	sɑ^{55}收（到）	dʑɑ^{24}球	pʻɑ^{53}（媳）妇	ljɑ^{53}柳（树）	
	tɕɑ^{53}九、韭、久、酒	tɕɑ^{55}揪	ɕɑ^{55}修（理）	dʑɑ^{24}泅	zɑ^{55}油
	vɑ^{53}有	zɑ^{33}右			
əɯ	tsəɯ^{55}留	ŋəɯ^{24}牛	səɯ^{33}瘦	səɯ^{53}手	dzəɯ^{24}仇、流
	ʑəɯ^{55}忧				
ei	fei^{24}浮	fei^{33}覆（盖）			

10. 魂韵（中古读 uən）

uɛ	tsʻuɛ^{55}村	suɛ^{55}孙	kuɛ^{55}裈［裤子］	kʻuɛ^{33}困	kuɛ^{53}滚
	ʔuɛ^{53}稳	huɛ^{55}（头）昏	kʻuɛ^{33}棍	ʔuɛ^{55}瘟	
ɛ	bɛ^{24}盆	mɛ^{55}门	pɛ^{53}本	fɛ^{55}（黄）昏	

11. 唐韵（中古读 ɑŋ）

oŋ	poŋ^{24}旁	toŋ^{55}当，堂、（冰）糖		noŋ^{55}（红）糖	noŋ^{33}浪
	tsʻoŋ^{55}仓	koŋ^{55}钢	soŋ^{55}桑		
ɑŋ	tɕɑŋ^{55}刚（才）	tɑŋ^{55}塘			
ə	pə^{55}帮	mə^{24}忙			
ɔ	tɕɔ^{24}藏（起来）				

12. 觉韵（中古读 ɔk）

ɔ	pɔ^{53}剥	kʻɔ^{53}壳	tɔ^{24}桌		

pɔ^{55}爆［《广韵·觉韵》："北角切，火烈也"。《说文·火部》："灼也，从'火'，'暴'声。"在瓦乡话中指"水热"的"热"］

uɑ	tsuɑ^{53}捉（鱼）	tsuɑ^{24}啄（木鸟）			

əu　kəu^{53}（牛）角

ɑɔ　kɑɔ^{53}（眼）角　tsɑɔ^{53}濯

ə　ə^{33}学（生）

u　u^{55}学　fu^{53}握（手）

ɑ　ʔɑ^{55}龌（龊）　sɑ^{55}（龌）龊

13. 职韵开口（中古读 jək）

y　tɕy^{33}稷［高粱］

e　pje^{24}逼　ɕe^{53}（休）息

i（ɿ）①ɕi^{24}媳（妇）　sɿ^{55}（粮）食

əɯ　tsəɯ^{53}织（布）　zəɯ^{24}食（饭）　ʈ'əɯ^{55}直

ɑ　sɑ^{53}色

三

瓦乡话有四个声调：高平调，调值为55，中升调，调值为24；高降调，调值为53，中平调，调值为33。有连读变调现象，变调规则尚未深入研究。一般地说复音词或词组末尾的音节，如果是中平调，常常是由高平调、高降调变来的；高平调或中升调后面接高平调时，前面的高平调或中升调常常变为中平调。另外有一个低降调，调值为31，是一个变调形式；高降调的入声字居于词的末尾时，常常读作低降调。也有别的声调变作低降调的，不过出现频率极低。

中古清声母平声字基本上读55调，只有极少数字读24调（“撕”读作 zɑ^{24}，“钩”读作 kɑ^{24}，“阉”读作 ʐe^{24}，“汤”读作t'oŋ^{24}，“熏”读作 ɕye^{24}，“光滑”读作 kuɑŋ^{24}，“鸡”读作 kɑ^{24}），个别的读53调和33调（“唆”读作 ɕu^{53}，“墩”读作t'uɛ^{53}，“箍”读作 ku^{33}）。中古浊声母平声字大半读24调，小半读55调，个别的53调（“沉”读作 dɛ^{53}）。由于清声母平声字有少数读24调、浊声母平声字有小半读55调来看，很难说瓦乡话的55调是阴平调，24调是阳平调。瓦乡人并不把55调和24调看作两个声调，事实上这两个调值是同一个平声的两个变体。例如：“鸡”单读时读作 kɑ^{24}，但在“鸡蛋”、“鸡公”（公鸡）、“鸡娘”（母鸡）等复音词中都读作 kɑ^{55}；“牛”单读时读作 ŋəɯ^{24}，但在“牛牯子”（公牛）“牛娘”（母牛）“牛栏房子”（牛圈）等复音词中都读作 ŋəɯ^{55}。这并不是连读变调，而是因出现环境不同有不同的读法。在通县，“人”单读是 ʐen^{35}，和北京话一样，但

① 因本文未列音系，ɿ 为 i 的接舌前音声母的变体，仍按变体写，不写作 i。

在“没人$_{\text{儿}}$”这个词组里“人$_{\text{儿}}$”读作ʐer^{55}；北京人读“（苏）联”作lian^{35}，但有很多人读“联（合）”作lian^{55}。我自己的家乡话——河北省滦南县倴城话，去声因出现环境不同而有三个变体：55（单读或在句中重读）、51（在句中不重读，但不是轻声）、232（单读时强调）。其实单读时读这三个声调中的哪一个都可以，这主要是因为这三个调值和平声、上声显著不同。只要不把去声读成平声、上声，听话人就认为是去声，不过通常出现的是55、51、232这三个形式，这三个形式就都是本调。当然可以规定55为本调，其他两个形式是变调，不过这种变调和狭义的连读变调不同罢了。我认为瓦乡话的情况也正是这样，只要不把平声字读作53调和33调，就不会发生误解。不过阴平读作55调，似乎已经固定下来，阳平调值还未固定。由统计数字来看，阳平将来颇有固定为24调的可能。这也可以说是瓦乡话正处在阴平、阳平分立的过程中。

中古上声基本上读53调，只有少数例外（“跛”读作pɔ^{55}，“吐出”读作tʻy^{33}，“竖”读作dza^{33}，“抱”读作bao^{33}）。有两个字的读音应当在这里交代一下。“淡”读作doŋ^{33}，《广韵·敢韵》“淡”字音徒敢切，但在注释中说，“又徒滥切”，看来“淡”字有上、去二读，所以“淡”读作doŋ^{33}不能算例外。又“像”读作ɕoŋ^{33}，“像”与“相貌”的“相”通用很普遍，“相”的读音是ɕoŋ^{33}，所以“像”读作ɕoŋ^{33}不能算例外。

中古去声多数字是33调。但有相当多的中古去声字读53调，例如：

(惊)吓 hɔ^{53}　　惧 tɕʻy^{53}　　(开)会 buei^{53}　　地(方) tʻi^{53}
治 tɕe^{53}　　冒(烟) mɑɔ^{53}　　(强)盗 tʻaɔ^{53}　　茂(盛) məɯ^{53}
念(道) ȵɑŋ^{53}　　缎(子) tuɑŋ^{53}　　撞(见) tsʻoŋ^{53}　　外 uɛ^{53}
大(齐)[大家] tɑ^{53}　　(衣服)破 fei^{53}

也有相当多的中古去声字读24调，例如：

个 kə^{24}　　炸(开) dzɔ^{24}　　露(水) ləɯ^{24}　　露(出) zɿ^{24}
(口)袋 də^{24}　　试 sɿ^{24}　　(圈)套 tʻɑɔ^{24}　　(不)要 ʑɑɔ^{24}
怄(气) ŋəɯ^{24}　　代(表) tɛ^{24}　　太 tʻɛ^{24}　　再 tsɛ^{24}
袖(子) dʑəɯ^{24}　　咒(骂) tsəɯ^{24}　　陷(下) ɛ^{24}　　占(领) tsɑŋ^{24}
汗 əŋ^{24}　　住 tɕe^{24}　　洞 də^{24}　　算(了) suɑŋ^{24}
穗 dzu^{24}　　跳 daɔ^{24}

我认为全浊来源的去声字读53调是受了客家话的影响。中古全浊声母变为送气清音是客家话的特征，全浊上声变为去声也是客家话的特征，而客家话的去声的调值接近瓦乡话的上声调值。在客家话的影响下，全浊来源的去声字跟随全浊来源的上声字一同读作53调了①。去声读53调的字中可能有的受了北方官话的影响，如“（开）会”读作huei^{53}，“缎（子）”读作tuɑŋ^{53}等。去声读24调的，可能受湘西话的影响：湘西话属西南官话系统，西南官话去声的调值13和瓦乡话的53调接近，湘西话有浊的塞音、塞擦音声母，瓦

① 据北大中文系语言学教研室编的《汉语方音字汇》所列，梅县客家话的去声调值为42。

乡话24调的去声字如果是浊来源的，恰恰多是浊声母。

中古清声母和次浊声母入声字绝大多数读53调，也就是说并入上声。下面列举一些例字：

拉 dzɔ^{53}　　蜡 lu^{53}　　眨 tsu^{53}　　插 tsʻɔ^{53}

压 ʔɔ^{53}　　掐 tɕe^{53}　　叶(子)ɕe^{53}　　贴 ȶʻe^{53}

涩 tɕɔ^{53}　　急 kəɯ^{53}　　辣 nu^{53}　　擦 tsʻu^{53}

渴 kʻy^{53}　　割(断)ku^{53}　　八 pɔ^{53}　　(造)孽 ȵe^{53}

瞎 hɔ^{53}　　铁 tʻɑ^{53}　　节 tɕe^{53}　　切 tɕʻe^{53}

吸(气)səɯ^{53}　　噎 ʑe^{53}　　(逃)脱 tʻy^{53}　　末 mɛ^{53}

雪 ɕy^{53}　　月 ȵy^{53}　　发(抖)pʻə^{53}　　发(酵)fɔ^{53}

缺 tɕʻy^{53}　　血 ɕy^{53}　　笔 pɑ^{53}　　蜜 mɛ^{53}

七 tɕʻi^{53}　　虱 sɑ^{53}　　日 əŋ^{53}　　骨 kuɑ^{53}

出 tsʻu^{53}　　(赌)博 pɑɔ^{53}　　索(子)ɕy^{53}　　雀 tɕy^{53}

着(衣)ty^{53}　　色 sɑ^{53}　　脚 ky^{53}　　钥 ʑy^{53}

捉(鱼)tsuɑ^{53}　　(牛)角 kəu^{53}　　壳 kʻɔ^{53}　　(眼)角 kɑɔ^{53}

握(手)fu^{53}　　北 pei^{53}　　扑 bɔ^{53}　　(啄)木(鸟)mje^{53}

塞 seŋ^{53}　　(稻)谷 ku^{53}　　(休)息 ɕe^{53}　　六 ljɑ^{53}

绿 ljɑ^{53}　　织(布)tsəɯ^{53}　　竹 tsəɯ^{53}　　忆 ʔəɯ^{53}

曲 kʻəɯ^{53}　　束 tsu^{53}　　郭(公)[布谷鸟]kuɛ^{53}

有少数读55调和24调，也就是说并入平声。下面列举几个例字：

入 oŋ^{55}　　(菩)萨 suɑ^{55}　　杀 sɑ^{55}　　别 pje^{55}

瘪 pje^{55}　　揭 tɕe^{55}　　篾 mje^{55}　　阁(楼)kɑ^{55}

龌 ʔɑ^{55}　　龊 sɑ^{55}　　肉 ȵəɯ^{55}　　媳(妇)ɕi^{24}

一 ʑi^{23}　　没(有)pɛ^{24}　　啄(木鸟)tsuɑ^{24}

不(服从)pɑ^{24}　　(摸)索 ɕye^{24}　　弱 zɔ^{24}　　逼 pje^{24}

桌 tɔ^{24}　　壁(龙)[臭虫]pi^{55}　　爆["火热"的"热"]pɔ^{55}

喝[蚊子吸血的动作]hu^{55}

有少数读33调，在复音词或词组中的可能是由其他声调变来的。下面列举一些例字：

(水)獭 tʻa^{33}　　扎(实)tsɔ^{33}　　(板)栗 li^{33}　　失 dzu^{33}

(洞)窟 kʻua^{33}　　不(是)pu^{33}　　硌(脚)ŋu^{33}　　稷[高粱]tɕy^{33}

滴 ti^{33}　　锡 ɕe^{33}　　木(耳)mɔ^{33}　　筑 dzɑ^{33}

(蜡)烛 tsə^{33}　　(可)惜 ɕe^{33}　　(火)药 ʑy^{33}

中古全浊声母入声字基本上读55调和24调，可以说是并入平声。下面举一些例字：

狭 u^{55}　　叠 də^{24}　　十 tsʻʅ^{55}　　拾 tsʻʅ^{55}

舌 dʑe^{24}　　夺 tɔ^{55}　　活 huɛ^{24}　　罚 fɔ^{24}

凿 tɕʻy^{55}　　滑 uɑ^{55}　　学 u^{55}　　食(饭) zəɯ^{24}

(粮)食 sɿ^{55}　　直 ʈʻəɯ^{55}　　择 ɖɑ^{55}　　熟 tsʻeɯ^{55}

合(得来) huɛ^{23}

有少数读 53 调的,如:

读 lu^{53}　　嚼 tɕɑɔ^{53}　　截(断) dʑye^{53}　　贼 tsʻɑ^{53}

濯 tsɑɔ^{53}

有个别读 33 调的，有的可能是由 55 或 24 调变来的，如：“勺”读作 dʑy^{33}，它出现在复音词末尾，（水勺 tsu^{53} dʑy^{53}，小杓 ȵɑŋ^{24} dʑy^{33}）肯定是变调。又如“服”读作 fu^{33}，它出现在复音词“服侍”中；“学”读作 ə^{33}，它出现在复音词“学生”中；“实”读作 sɿ^{33}它出现在复音词“扎实”中，“服”、“学”、“实”读 33 调也可能是变调。不过到底单读时是 55 调还是 24 调，尚须作进一步调查。“薄”读作 bə^{33}，由于是单音节词，记音时如未同标准词对照，可能把高平记成中平。“族”字出现在“民族”（现代汉语词）一词中读作 tsʻə^{31}，可能是按西南官话读的，西南官话入声并入阳平，调值为 31。

四

上面谈的主要是瓦乡话和中古汉语的语音对应情况。下面谈一谈有关瓦乡话语音的另外一些问题。先谈声母问题。

瓦乡话的舌面音和北京话的差别较大①。在北京话不读舌面音的（在标音上不接-i、-y、-i-、-y-的），在瓦乡话有一些字读舌面音，而北京话读舌面音的（在标音上接-i、-y、-i-、-y-的）在瓦乡话却有一些字不读舌面音，这也增加了瓦乡话和北京话的差别。下面分别举一些例子（北京话的标音从略）。

1. 瓦乡话读舌面音，而北京话不读舌面音的：

多 ʈe^{55}　　拖 ʈʻe^{55}　　搓 tɕʻy^{55}　　左 tɕy^{53}

矬 tɕʻɑ^{55}　　唆 ɕu^{53}　　柱 ʈʻɑ^{53}　　住 tɕe^{24}

脆 tɕʻy^{33}　　纸 tɕe^{53}　　舐 dʑe^{53}　　蛛 ty^{55}[应视为 ʈy^{55}]

(钥)匙 tɕe^{33}[由 55 或 24 变来]　　是 tɕʻe^{53}　　刺 tɕʻi^{33}

四 ɕi^{33}　　糍 tɕi^{24}　　治 tɕe^{53}　　嘴 tɕy^{53}

髓 ɕy^{53}　　跪 tɕʻy^{53}　　吹 tɕʻy^{53}　　龟 tɕye^{55}

① 这里所说的舌面音包括舌面音和腭化音。北京话标音无腭化音声母的形式，腭化作用利用韵母-i、-y或介音-i-、-y-表示。

柜 tɕ‘y^{53}　贵 tɕy^{33}　鬼 tɕy^{53}　围 y^{24}
抽 ȶ‘ɑ^{55}　绸 ȶɑ^{24}　朝 ȶɑɔ^{55}　柔 ly^{55}［应视为 ljy^{55}］
愁 t‘y^{55}［应视为 ȶ‘y^{55}］闪 ɕe^{53}　染 ȵe^{53}　针 tɕe^{55}
深 ɕe^{55}　枕（头）tɕe^{53}　涩 tɕɔ^{53}　湿 dʑi^{33}
燃 ȵe^{55}　扇 ɕe^{33}　舌 dʑe^{24}　热 dʑe^{53}
椽 ȶe^{24}　和（气）ye^{24}　刚（才）tɕɑŋ^{55}　凿 tɕ‘y^{55}
索（子）ɕy^{53}　（摸）索 ɕye^{24}　长（工）ȡoŋ^{55}　长（短）ȡɑŋ^{24}
肠 ȵoŋ^{55}　（赶）场 ȡoŋ^{24}　（生）长 ȶoŋ^{53}　丈 ȶ‘oŋ^{53}
（打）仗 ȶoŋ^{24}　绕 ȵɑɔ^{53}　着（衣）ty^{53}［应视为 ȶy^{53}］
勺 dʑy^{33}　择 ȡɑ^{55}　橙 dʑeŋ^{24}　责（备）ɕe^{53}
摘 ȶe^{53}　声 tɕ‘oŋ^{55}　肉 ȵəɯ^{55}　耳 ȵɑɔ^{53}
猪 ȶəɯ^{55}　帐（子）ȶoŋ^{33}　中 ȶə^{55}

2. 北京话读舌面音，而瓦乡话不读舌面音的：

牙 ŋo^{24}　家 kɔ^{55}　（真）假 kɔ^{53}　价 ku^{33}
嫁 ku^{33}　架（起）ku^{33}　架（子）kɔ^{33}　稼 kɔ^{33}
鸦 ʔɔ^{33}　哑 ʔɔ^{53}　下 ɔ^{53}　衙 ŋɔ^{55}
野 zɔ^{53}　锯 kəɯ^{33}　夜 zu^{33}　去 k‘ə^{33}
解（劝）kɔ^{53}　解（脱）kɑ^{53}　鸡 kɑ^{24}　溪 k‘ɑ^{55}
履 nei^{53}　地（方）t‘i^{53}　鞘 k‘ɑɔ^{33}　笑 sɑɔ^{33}
摇 zɑɔ^{24}　交 kɑɔ^{55}　敲（门）k‘ɑɔ^{55}　铰 kɑɔ^{53}
跳 dɑɔ^{24}　条 dɔ^{31}①　牛 ŋəɯ^{24}　油 zɑ^{55}
有 vɑ^{53}　右 zɑ^{33}　林 dzɛ^{24}　饮 ʔə^{53}
眼 ŋɛ^{53}　晏 ʔeŋ^{33}　（一）钱（银子）sɛ^{24}　籼 sɛ^{55}
箭 tsɛ^{33}　天 t‘ɛ^{55}　田 lɛ^{24}　千 ts‘ɛ^{55}
捻 nɛ^{53}　靛 t‘ɛ^{53}　铁 t‘ɑ^{53}　园（子）zoŋ^{55}
犬 k‘uɛ^{53}　引 zuɛ^{53}　匀 zuɛ^{24}　羊 zoŋ^{24}
养 zoŋ^{53}　痒 dzoŋ^{53}　亮 noŋ^{33}（一）两（油）　neŋ^{53}
豇（豆）koŋ^{55}　江 kɑŋ^{55}　两（个）tsɔ^{53}　讲 kə^{53}
咸 dzəɯ^{24}　淹 ʔə^{55}　盐 zɛ^{24}　忆 ʔəɯ^{53}
杏 oŋ^{53}　行（走）hoŋ^{55}　赢 zeŋ^{24}　精 tseŋ^{55}
清 ts‘eŋ^{55}　请 ts‘eŋ^{53}　平 foŋ^{24}　病 foŋ^{33}
命 moŋ^{33}　领（导）neŋ^{53}　颈 kə^{53}　磬 k‘oŋ^{53}
擤 heŋ^{53}　星 seŋ^{55}　腥 seŋ^{55}　听 t‘ɑŋ^{55}
醒 seŋ^{53}　融 zə^{24}　瞎 hɔ^{53}　名 meŋ^{55}
（一百）零（一）nɑŋ^{24}　学 u^{55}　学（生）ə^{33}［由 55 或 24 变来］
（牛）角 kəu^{53}　（眼）角 kɑɔ^{53}　壳 k‘ɔ^{53}［北京口语有非舌面音的读法］

① 见于接数词的形式，由 55 或 24 变来。变调后，韵母也变。可能原来的韵母是 ɑɔ。

瓦乡话有一部分中古全浊声母读作送气清音，在前面讲声调时曾谈到这是受客家话的影响。我们记录的字不多，现在列出，以便于读者从这些字中看问题。

烞 tɕ‘a^{55}	柱 ȶ‘ɑ^{53}	代 t‘ɔ^{33}	在 tɕ‘e^{53}
惧 tɕ‘y^{53}	排 p‘ɔ^{55}	是 tɕ‘e^{55}	（制）造 ts‘ɑɔ^{53}
刨（子）p‘aɔ^{53}	柜 tɕ‘y^{53}	地（方）t‘i^{53}	跪 tɕ‘y^{53}
道 t‘ɑɔ^{53}	盗 t‘ɑɔ^{53}	（媳）妇 p‘ɑ^{53}	愁 t‘y^{55}
垫 t‘ɛ^{53}	件 tɕ‘e^{53}	近 tɕ‘e^{53}	棍 k‘uɛ^{33}
菌 tɕ‘ye^{53}	断 t‘oŋ^{53}	丈 ȶ‘oŋ^{53}	（轻）重 ȶ‘ə^{53}
陪 p‘ei^{55}	自 ts‘əɯ^{33}	船 t‘oŋ^{55}	撞 ts‘oŋ^{53}
十 ts‘ɿ^{55}	拾 ts‘ɿ^{55}	（萝）卜 p‘ei^{55}	白 p‘ɔ^{55}
直 ȶ‘əɯ^{55}	凿 tɕ‘y^{55}	熟 ts‘əɯ^{55}	族 ts‘ə^{31}
贼 ts‘ɑ^{53}	（蜈蚣）虫 ts‘oŋ^{23}		

值得注意的是：上面这些字的中古去声字，除“代”、“棍”、“自”以外，其余的“惧”、“地”、“柜”、“刨”、“盗”、“垫”、“靛”、“撞”等字都读53调。这并不说明瓦乡话全浊去声并入上声，因为瓦乡话全浊去声来源的字并未全部并入上声，只有全浊来源变为送气清音的去声字才读53调。这种情况正好说明全浊来源变为送气清音的上声字和全浊来源变为送气清音的去声字具有相同的调值，也就是一部分全浊上声并入去声。在前面讲声调时我已经说过这种去声字读作53调是客家话对瓦乡话的影响。现在的问题是：全浊来源变为送气清音声母的去声字“代”、“棍”、“自”为什么没有读53调而读的是33调。我们记的材料不多，像这样的字恐怕还有一些，到底有多少，还须作进一步调查。同时，我们二十多年前记的那些读53调的去声字，是否还在读53调，也须进一步调查。我认为很有可能这些读53调的去声字早晚要恢复到去声本调，即33调，“代”、“棍”、“自”不过是先驱罢了。这是我由苗语各时期古借词调类不乱推想出来的，可能是错误的。但要证明我的看法是错误的，还要过相当长的时间以后。

帮、滂、并、明等声类在全国各大方言都未见读轻唇音的，而在瓦乡话滂母和并母却有几个读轻唇音的字。我们记录的有“（衣服）破”读作 fei^{53}，“喷”读作 fɛ^{55}，“皮”读作 fɔ^{24}，“被”读作 fo^{53}，“平”读作 foŋ^{23}，“病”读作 foŋ^{33}。这是瓦乡话语音上的一个特殊现象。至于非、敷、奉、微等声类的字，在瓦乡话中有几个读重唇的如“（地）方”读作 poŋ^{55}，“（媳）妇”读作 p‘ɑ^{53}，“发（抖）”读作 p‘ə^{53}，“尾”读作 mɛ^{53}，“万”读作 me^{33}，“问”读作 me^{33}，这可能是古音的残留。这种现象在闽、粤、客家方言都有。

中古鼻音在闽南方言变为浊口音的现象是常见的，如潮州话“马”读作 be^{53}，“抹”读作 buaʔ^{55}，“芽”读作 ɡe^{55}，“袜”读作 beʔ^{55}。在瓦乡话中也有一个字属于这种情况，那就是“我”字，单读时作 ɡye^{53}，在句子中往往以变调形式出现，读作 ɡye^{31}。试比较：

厦门话"我"字的读音 gua[51]①。这虽是一个小问题，但值得注意，是不是瓦乡话和闽南方言有比较近的关系呢？在瓦乡话中有一个与此相反的现象，就是中古浊口音变为鼻音。我们记录的只有四个字。"饭"，瓦乡话读作 moŋ[55]（因系单音节词，可能中平记为高平）。"饭"是奉母元韵字，元韵有 oŋ 这样的一种读法："园（子）"读作 zoŋ[55]。可见它的韵母并不孤单。那么 moŋ[55]是"饭"的读音，大概没有问题。"肠"，瓦乡话读作 ȵoŋ[55]。"肠"是澄母阳韵开口字，阳韵开口的主要读法是 oŋ："床"读作 tsoŋ[55]，"羊"读作 zoŋ[23]，韵母和声调都合对应规则，ȵoŋ[55]是"肠"的读音没有问题。"桃（子）"，瓦乡话读作 nɑɔ[24]。"桃"是定母豪韵字，豪韵的主要读法是 ɑɔ："刀"读作 tɑɔ[55]，"毛"读作 mɑɔ[53]，韵母和声调都合对应规则，nɑɔ[55]是"桃"的读音没有问题。"（红）糖"，在瓦乡话读作 noŋ[55]。"糖"是定母唐韵字，唐韵的主要读法是 oŋ："钢"读作 koŋ[55]，"桑"读作 soŋ[55]，韵母和声调都合对应规则，noŋ[55]是"糖"的读音没有问题。据说湖南西部有的定母字的声母是 n，如桃源县的"桃"字，常德人就读作 nɑo[24]。看来瓦乡话的这种由口音变鼻音的读法是受了邻近汉语方言的影响。

书母在闽南方言和闽北方言中有个别字读作塞擦音声母的，瓦乡话在这一点上和这两个方言相似，不过具体的字两两之间互有异同。下面列一个比较表②。

	厦门话	福州话	瓦乡话
水	tsui[51]	tsuei[31]	tsu[53]
少	siu[11]	tsieu[31]	tsɑɔ[53]
升	sɪŋ[55]	siŋ[44]	tsəɯ[55]
守	siu[51]	sieu[31]	tsəɯ[53]
手	ts'iu[51]	ts'ieu[31]	səɯ[53]
束	——	——	tsu[53]

在这一语音现象上，看来闽北方言似乎比闽南方言更近于瓦乡话。当然，作方言比较，不能由个别现象决定关系远近，要作全面的比较才能得出结论。无论如何，瓦乡话和闽南、闽北两个方言应当作细致的比较。

来母在瓦乡话中有 ts、dz 的读法："留"读作 tsəɯ[55]，"聋"读作 tsəɯ[55]，"流"读作 dzəɯ[24]，"林"读作 dzɛ[24]，这样的读法在别的方言中没有见过。我认为《切韵》的来母可能有几个来源，也就是说，《切韵》以前有几个声类到《切韵》时代在绝大多数方言中合并为来母，读作 l。"籀"以"留"为声符，泷音"双"，《广韵·江韵》所江切，水名，以"龙"为声符，"流"、"梳"声符相同，"郴"以"林"为声符，值得深思。另外，

① 闽南方言材料引自《汉语方音字汇》。

② 闽南、闽北方言材料引自《汉语方音字汇》。

“藤”在瓦乡话读作 dzeŋ⁵⁵，起初我怀疑定母有 dz 这个读法，但考虑到“媵”、“塍”、“胜（勝）”这几个字和“藤”具有共同声符“朕”，它们的声母都不是端系声母，而是章系声母，章系字“升”在瓦乡话读作 tsəɯ⁵⁵，那么“藤”读作 dz 也不足为怪。所以说中古定母的来源也不是单一的。

瓦乡话的入声韵尾在个别字中不是丢失而是变为鼻音，如“塞”读作 seŋ⁵³，“入”读作 oŋ⁵⁵，“日”读作 əŋ⁵³。这种现象在汉口话中就有，如“牧”、“木”、“目”等都读作 moŋ³⁵，“没”读作 moŋ²¹³。汉口话这种现象都出现在声母为 m 的条件下，可以解释为受鼻音声母的影响。瓦乡话“入”、“日”二字的塞音韵尾读作鼻音也容易解释，因为“入”、“日”二字在中古属日母，日母中古读 ȵʑ，其中的鼻音成分，塞音韵尾变为鼻音也是受鼻音声母影响的结果。至于“塞”读作 seŋ⁵³还找不出适当的解释，seŋ⁵³是不是作“塞”讲的另外的一个上声字的读音？这还要作进一步的研究。

下面再谈一谈有关瓦乡话韵母的一个有趣的现象。我们已经看到瓦乡话只有一个舌根鼻音韵尾 ŋ。这个 ŋ 在少数字中还不稳定，有时还要丢失，如数词“三”单读时已经没有 ŋ，读作 sɔ⁵⁵，只是在和其他数词组成复合数词时或和“第”连用表示序数时，才带 ŋ，如 soŋ⁵⁵⁻³³ts'ʅ⁵⁵“三十”，ti⁵³soŋ⁵⁵“第三”。“岩匠”（石匠）读作 ŋaŋ⁵⁵ dʑoŋ³³，但“岩脑箍”（石头）读作 ŋɑ⁵⁵ lɑɔ⁵³ ku³³。与此有关的现象是：有些阳声韵类的读法中，有的带鼻音韵尾，有的不带。如清韵开口的主要读法是 eŋ，但“盛（饭）”读作 dʑə²⁴，“颈”读作 kə⁵³（eŋ 的元音音值近似 ə）；登韵字“能”读作 neŋ⁵⁵，“藤”读作 dzeŋ⁵⁵，但“层”读作 dzə²⁴，“等”读作 tə⁵³；桓韵大多数字的韵母是 oŋ，但“端”读作 tɔ⁵⁵；庚韵开口三等字“平”读作 foŋ²⁴，“病”读作 foŋ³³，“命”读作 moŋ³³，但“明（年）”读作 mɔ⁵⁵。我认为这不是因为受了其他方言影响的结果，而是瓦乡话发展变化的趋势。瓦乡话已经把 m、n、p、t、k 等五个韵尾丢失了，如果不是现在交通便利，文化事业如电影戏剧等在瓦乡人居住的地区同样得到发展，那里的学校推广普通话，说不定瓦乡话最后也会把 ŋ 韵尾丢失！当然，今后瓦乡话只能再增加一个 n 韵尾，而决不会把 ŋ 韵尾丢失的。

五

最后谈几个小问题，我觉得它们很有意思。

瓦乡话作“裤子”讲的字读作 kuɛ⁵⁵，根据声韵对应规则，这个字应是“裈”字。“裈”在《广韵·魂韵》读古浑切，注释中说：“亵衣也。”也就是短裤。《汉书·司马相如传》：“相如身自着犊鼻裈，与庸保杂作。”按照《广韵》的反切，“裈”在北京话中应当读作 kun⁵⁵，但北京话没有这个音节，凡该读 kun⁵⁵ 的都改读为 k'un，如“昆”、“崑”、

“鲲”等字都读作 k‘un^{55}，这就是改变了中古声母的性质，把不送气音改为送气音了。瓦乡话却保持着中古见母的读法，不送气，读作 kuɛ^{55}。

北京话“棍”读作 kun^{51}，《广韵》没有这个字，不知道这个字在中古音中属于什么声母。因为北京话 k 声母有两个来源：一个是见母，一个是群母。例如，“诡”读作 kuei^{214}，是见母字；“跪”读作 kuei^{51}，是群母字。“棍”既不见于《广韵》，那么，它是见母字呢还是群母字呢？瓦乡话“棍”读作 k‘uɛ^{33}，可推知“棍”的中古声母一定是群母而不能是见母，因为瓦乡话全浊声母可以有送气的，但全清声母没有送气的。

北京话把捏住鼻子用气排出鼻涕的动作说作 ɕiəŋ^{214}，写作“擤”，《广韵》没有“擤”字，不知道这个字在中古音中属于什么声母。因为北京话 ɕ 声母有五个来源：一个是心母（“西”读作 ɕi^{55}），一个是邪母（“习”读作 ɕi^{35}），一个是晓母（“喜”读作 ɕi^{214}），一个是匣母（“奚”读作 ɕi^{35}），一个是溪母（“溪”读作 ɕi^{55}）。瓦乡话“擤”读作 heŋ^{53}，说明“擤”的声母只能是晓母或匣母，不可能是其他声母。再用北京话来参证：匣母字尽管在北京话读 ɕ，但没有上声字，因为匣母是全浊声母，上声字都并入去声了。由此可推知“擤”在中古属于晓母。

清韵开口字在瓦乡话中多数读作 eŋ，如：

名 meŋ^{55}　　精 tseŋ^{55}　　清 ts‘eŋ^{55}　　正（月）tseŋ^{55}

赢 zeŋ^{24}　　轻 tɕ‘eŋ^{55}　　（完）成 tseŋ^{24}　　领（导）neŋ^{53}

请 ts‘eŋ^{53}　　正（在）tseŋ^{33}

但同韵类的“声”字在瓦乡话中却读作 tɕ‘oŋ^{55}。这使我怀疑“声”字在《切韵》以前是否属于清韵开口。我认为在《切韵》以前“声”是属于庚韵开口三等的。请看庚韵开口三等的几个字：平 foŋ^{24}，病 foŋ^{33}，命 moŋ^{33}。可能到了《切韵》时代，“声”的韵母和清韵开口字相同了，所以陆法言等人把“声”列入清韵开口了。值得注意的是：《广韵·清韵》“书盈切”只有这一个“声”字。移来的痕迹十分明显。

与此相似，青韵开口字在瓦乡话中也是多数读作 eŋ，如：瓶 bjeŋ^{55}，青 ts‘eŋ^{55}，星 seŋ^{55}，腥 seŋ^{55}，醒 seŋ^{53}。《广韵·迥韵》有“謦”字（属青韵类），作“咳嗽”讲。在瓦乡话中作“咳嗽”讲的字读作 k‘oŋ^{53}。“謦”、“声”声符相同，很可能“謦”、“声”在《切韵》以前同韵类，“謦”的韵母和青韵开口字不同，而到了《切韵》时代便和青韵开口字相同了，所以陆法言等人把“謦”列入青韵开口。特别值得注意的是：《广韵·迥韵》“去挺切”只有这一个“謦”字，这也正是移来的痕迹。

还有，瓦乡话作“哭”讲的字读作 lje^{24}，这个音和与“泣”同韵（缉韵）的“笠”字瓦乡话的读音 li^{24}很接近。我认为是“泣”字的读音，可能“泣”字在《切韵》以前声母不是 k‘而是 l（j），到了《切韵》时代由于某种原因变为 k‘了。《说文·水部》“泣”字许慎的解释是：“无声出涕曰‘泣’，从‘水’，‘立’声。”而徐铉却根据《切韵》作“去急切”。这说明在公元 100 年左右“泣”的声母还是 l（j），而到了 601 年已经变成 k‘了。

贵州威宁苗语的方位词*

表示方位的词在贵州威宁苗语（属川黔滇方言滇东北次方言，以下除必要时，一律简称苗语）和名词有明显的区别。苗语名词能受量词、数量词组、形容词修饰，而表示方位的词不能受量词、数量词组、形容词修饰。这种表示方位的词前面可以接量词，但不是量词修饰表示方位的词，而是表示方位的词修饰量词。如：tu^{33}（只）dɦi^{35}（对面那）“对面那只”，lu^{55}（个）bɦi^{35}（坡上那）“坡上那个”。所以苗语表示方位的词不是名词的附类，而是一个独立的词类，叫做方位词。

苗语的方位词分前置、后置、中置、指示等四种，现分述于下。

一　前置方位词

前置方位词不能单独作句子成分，必须和它们的修饰语构成修饰词组后才能作句子成分。由于它们永远居于修饰它们的名词或名词性词组的前面，所以叫前置方位词。

前置方位词有 vɦai^{31}、bɦi^{31}、ɳɖɦu^{31}、dɦi^{31}、dɦu^{31}、ɳɖɦai^{31}、tshai^{31}、bɦi^{31}dɦi^{31}、bɦi^{31}dɦu^{31}、xu^{31}fa^{55}、hi^{33}fa^{55}（hi^{31}fa^{55}）、hi^{33}dʑɦi^{35}（hi^{31}dʑɦi^{35}）等十二个。

由上列十二个前置方位词可以看出，前七个单音节的，声调都是低降调；第八至第十是双音节的，其第一个音节的声调也是低降调；第十一、十二这两个双音节的，其第一个音节的声调是中平调，也可以是低降调。如果认为双音节的前置方位词，由于前置的关系，其决定性声调是第一个音节，则前置方位词在语音上的特征是声调的低降性。我们可以肯定这十二个前置方位词（双音节的只限于前一音节）本来并不是同一调类的音节，现在都读作低降调（最后两个前置方位词的前一个音节至少可以说有低降调的一种读法），这是类推变调的结果。明显的证据有二：（1）低降调是苗语第6Ⅱ、8Ⅱ两调的调形，而苗语这两个调都出现在浊音声母的音节上，现在居然有 tshai^{31} 这样的以送气清音为声母的

* 本文发表于《民族语文》1982年第4期，第20～34页转第5页。

音节，这是不符合苗语声母与声调的关系的。所以说 tshai^{31}的声调是类推变调变来的。(2) 最后两个双音节的前置方位词各有两种读法。这说明类推变调正在进行之中，早晚这两个前置方位词会由括弧内的形式取代括弧外的形式。由这两个尚未完成类推变调过程的例子，可以看出 hi^{31}是由 hi^{33}变来的。

前六个前置方位词 vɦai^{31}、bɦi^{31}、ɳɖɦu^{31}、dɦi^{31}、dɦi^{31}、ɳɖɦai^{31}都是送气浊音声母的。由声母和声调的关系来看，它们六个都应是第 8 Ⅱ 调的音节（低降调虽是第 6 Ⅱ、8 Ⅱ 两调的调形，但第 6 Ⅱ 调的音节，声母是纯浊音，第 8 Ⅱ 调的音节的声母才是送气浊音的）。但事实并不如此。它们之中除 vɦai^{31}在川黔滇次方言中找不到同源字因而不能确知其调类以外，其余五个都有同源字，没有一个是第 8 调（威宁苗语第 8 调分Ⅰ、Ⅱ，第 8 Ⅱ 调是非名词音节的调类）的音节。bɦi^{31}本是第 4 调的音节，在川黔滇次方言贵州毕节先进话读作［bɦe^{31}］（先进话第 4 调为低降调），在威宁应读作 bɦi^{11}（威宁苗语第 4 调分Ⅰ、Ⅱ，第 4 Ⅱ 调是非名词音节的调类，调形为低平），发生了类推变调。ɳɖɦu^{31}本是第 6 调的音节，毕节先进话读作［ɳɖɦau^{13}］（先进话第 6 调为低升调），在威宁应读作 ɳɖo^{31}（威宁苗语第 6 调分Ⅰ、Ⅱ，第 6 Ⅱ 调是非名词音节的调类，调形为低降），未发生类推变调（因第 6 Ⅱ、8 Ⅱ 两调调形相同，都是低降），却发生了类推变声，纯浊音声母变为送气浊音声母了；同时韵母也发生了变化，按对应规则应为 o，现在变为 u。dɦi^{31}本来也是第 6 调的音节，毕节先进话读作［dɦi^{13}］，在威宁应读作 di^{31}，未发生类推变调，却发生了类推变声，纯浊音声母变为送气浊音声母了。dɦu^{31}是 dɦi^{31}的同源异形字，不必谈；ɳɖɦai^{31}本是第 7 调音节，毕节先进话读作［ntai^{33}］（先进话第 7 调为中平调），在威宁应读作 ntai^{11}（威宁苗语第 7 调和第 4 Ⅱ 调调形相同，都是低平），不但发生类推变调，还发生了类推变声，不送气清音声母变为送气浊音声母了，同时，声母的发音部位也发生了变化，按对应规则应为舌尖中音，却变为舌尖后音。只有 vɦai^{31}在川黔滇次方言中找不到同源字，可以认为是 vɦai^{31}影响其他前置方位词发生了类推变调（有时还伴随着类推变声）。但更可能 vɦai^{31}本来也不是第 8 Ⅱ 调的音节，影响其他前置方位词发生类推变调的是 ɳɖɦu^{31}、dɦi^{31}；不过 nɖɦu^{31}、dɦi^{31}是由 ɳɖu^{31}、di^{31}通过类推变声变来的，而影响它们发生类推变声的是 bɦi^{31}和 vɦai^{31}。为什么我们说 vɦai^{31}本来也不是第 8 Ⅱ 调的音节呢？因为和这六个前置方位词同声、韵的指示方位词都是高升调的，它们是 vɦai^{35}、bɦi^{35}、ɳɖɦu^{35}、dɦi^{35}、dɦu^{35}、ɳɖɦai^{35}，很明显这也是类推变调的结果。我们已经知道 bɦi^{35}本是第 4 调的音节，ɳɖɦu^{35}、dɦi^{35}和 dɦi^{35}的同源异形字 dɦu^{35}是第 6 调的音节，ɳɖɦai^{35}本是第 7 调的音节，也就是说它们都不是第 2 调（威宁苗语第 2 调是高升调）的音节，它们只有受 vɦai^{35}的影响发生类推变调。所以说 vɦai^{35}本来是第 2 调的音节，它作前置方位词用并受了 ɳɖɦu^{31}、dɦi^{31}的影响，变为 vɦai^{31}，发生了类推变调，变为低降调。ɳɖɦu^{31}、dɦi^{31}也影响了其他前置方位词发生类推变调，但它们的声母本为纯浊音，却受了 vɦai^{31}、bɦi^{31}的影响发生了类推变声。我们这只是一个假设，不论这种假设是否合乎实际情况，苗语方位词的类推变调是个别音节影响多数音节发生的。这种现象在别的语言中是少见的。

苗语的前置方位词和居于它们后面的作修饰语的名词或名词性词组构成表示处所的词组在句子中常作状语，所以前置方位词在位置上很像介词。例如 vɦai^{31}（那儿）lai^{55}（个）vɦaɯ^{35}（园子）mɦa^{35}（有）i^{55}（一）dai^{35}（只）mpa^{33}（猪）“园子那儿有一只猪”。这一句话也可以说作 ȵo^{55}（在）vɦai^{31}（那儿）lai^{55}（个）vɦaɯ^{35}（园子）mɦa^{35}（有）i^{55}（一）dai^{35}（只）mpa^{33}（猪）。很明显，在 vɦai^{31}的前面有一个介词 ȵo^{55}（由动词 ȵo^{55}“存在，居住，生活”虚化而来）。在这一点上，苗语很像汉语。在汉语里，“园子那儿有一只猪”和“在园子那儿有一只猪”都能说，并且意思相同。只是句子的结构不同，前者作状语的是表示处所的词组，后者作状语的是介宾短语。所以说 vɦai^{31}不是介词，是方位词。不过在我们所记的材料里，前置方位词前面接介词的不多。在绝大多数的情况下，是以前置方位词为中心语的修饰词组作状语。这就很难说前置方位词不是介词。至于将来前置方位词会不会变成介词，我们不敢断言。

下面列出十二个前置方位词，注明它们的意义，并举几个含有前置方位词的例句。至于前置方位词和它们的修饰语构成的修饰词组在句子中充当什么成分，那是句法问题，本文暂不涉及。

1. vɦai^{31} “那儿，这儿”不管水平面的高低，是用途最广的前置方位词。

vɦai^{31} ŋɡɦa^{35} tɯ^{55}nɦɯ$^{35-55}$① tɕau^{55} ta^{55}die^{31}. 屋里（那儿或这儿）人很多。
那儿(或这儿) 房子 人 多 很

tai^{33} ȵɦu^{35} vɦai^{31} lai^{55} dɦie^{35} ku^{11} pi^{55} ʐɦi^{35} bie^{53}.
只 牛 那儿(或这儿) 个 坝子 是 我们 家 的
坝子那儿（或这儿）的牛是我们家的。

2. bɦi^{31} “（坡上）那儿，（坡上）这儿”，指山坡高处。

ȵɦi^{11}dzɦau^{35} a^{33} ɳu^{53} bɦi^{31} lai^{55} a$^{55-11}$ɳʈʂi^{11} ʈau^{55}. 他们在山上做活儿。
他们 做 事 那儿（或这儿） 个 顶 山

mbɦo^{35} ʐɦaɯ$^{35-55}$ bɦi^{31} lai^{55} ʈau^{55} ȵi^{55} ku^{11} pi^{55} ʐɦi^{35} bie^{53}.
群 羊 这儿 个 山 这 是 我们 家 的
这山上的这群羊是我们家的。

3. ɳɖɦu^{31} “（坡下）那儿，（坡下）这儿”，指山坡低处。

ɳɖɦu^{31} lai^{55} qaɯ^{55} ʈau^{55} mɦa^{35} i^{55} tɕo^{55} zau^{33} tsi^{55}qɯ^{55}.
那儿（或这儿） 个 底 山 有 一 块 好 玉米
山下面那儿（或这儿）有一块好玉米（地）。

lu^{55} ŋɡɦa$^{35-55}$ ɳɖɦu^{31} lai^{55} haɯ^{55} ku^{11} i^{55} lu^{55} ŋɡɦa^{35} a$^{55-11}$dzɦie^{11}.
个 房子 那儿（或这儿） 个 山谷 是 一 个 房子 木板
山谷那儿（或这儿）的那（或这）栋房子是一栋木板房。

4. dɦi^{31} “（对面）那儿”，多指隔着山谷或河流对面的和说话人所在地水平相同的地方。

① 凡声母为送气浊音的高升调的音节变读为高平调后，浊送气成分一律丢失。

dɦi^{31} lai^{55} baɯ$^{33-11‘}$① au^{55} mɦa^{35} i^{55} la^{35} ti^{55}ŋgau$^{35-55}$.

那儿 个 井 水 有 一 个（小）姑娘

（对面的）水井那儿有一位姑娘。

ti^{55} ntau$^{33-11‘}$ dɦi^{31} lai^{55} vɦaɯ^{35} ku^{11} ntau^{33} tɕie^{55}.

些 树 那儿 个 园子 是 树 杉

（对面的）园子那儿的那些树是杉树。

5. dɦu^{31} “（对面）那儿”，距离比 dɦi^{31}远。

ȵo^{55} dɦu^{31} lai^{55} ʈau^{55} mɦa^{35} i^{55} lu^{55} ŋgɦa^{35} ku^{11} lo^{33} a^{55}və^{55}fɯ^{55}.

在 那儿 个 山 有 一 个 房子 （联系助词） 抹 石灰

在（对面更远的）山那儿有一栋抹上石灰的房子。

6. ɳɖɦai^{31} “里面，在一定范围之内（也指时间）”，后面的修饰语一般都是不带量词的名词。

ɳɖɦai^{31} ti^{55} qau^{55} ntsa^{55} dɦaɯ^{11} ȵtɕa^{33} daɯ^{11}. 地里庄稼全都绿了。

里 地 庄稼 绿 完 完全貌 了

ɳɖɦai^{31} dɦie^{35} mɦa^{35} i^{55} mbɦo$^{35-55}$ dʐɦie^{35}. 坝子上（指平坝范围之内）有一群牲口。

里 坝子 有 一 群 牲口

ȵo^{55} dʑɦai^{35} ɳɖɦai^{31} lu^{55} ʂo$^{55-33}$ ndlɦau^{35}-və^{55}-ndlɦau^{35}-ntau$^{33-55}$ ku^{11}gi^{11} ntsa^{55} mi^{55}sie^{55}.

在 时 里 夏天 叶 石 叶 树 （联系助词） 绿 绿 貌

在夏季（范围以内的时期）树叶绿茵茵的。

7. tshai^{31} “（侧面）那儿”，指与说话人在同一水平面的左右两侧，多指不在视线以内的地方。

tshai^{31} lai^{55} ŋgɦa^{35} mɦa^{35} i^{55} tshi^{55} a^{55}dzɦie^{11}. （侧面的）房子那儿有一块木板。

那儿 个 房子 有 一 块 木板

tsi^{55} tɯ^{55}nɦɯ$^{35-55}$ tshai^{31} lai^{55} ŋgɦa^{35} ku^{11} ku^{55} a$^{55-31}$mɦau^{31}.

位（男性）人 那儿 个 房子 是 我 哥哥

（侧面的）房子那儿的那个人是我哥哥。

8. bɦi^{31}dɦi^{31}本指水平面比说话人较高的对面那儿，现在的用法和 dɦi^{31}一样，例句从略。

9. bɦi^{31}dɦu^{31}本指水平面比说话人较高距离更远的对面那儿，现在的用法和 dɦu^{31}一样，例句从略。

10. xu^{31}fa^{55} “上面（指正上方）”，多指紧贴修饰它的名词所表事物的上面。

mɦa^{35} i^{55} da^{35} a$^{55-11}$ʈʂhy^{11} ȵo^{11} xu^{31}fa^{55} lai^{55} ngɦa^{35}. 房上有一只小猫儿。

有 一 只（小） 猫 在 上面 个 房子

① 以下凡浊声母的音节变调后带上浊送气成分的，在变调的右侧加上“ ‘ ”符号。

mɦa^{35} i^{55} naɯ$^{33-31}$ ntey^{55} ȵo^{55} xu^{31}fa^{55} dzai^{53} ki^{33}ɖɦau^{35}. 在桌子上面有一本书。
有 一 本 书 在 上面 张 桌子

11. hi^{33}fa^{55}（hi^{31}fa^{55}）"上面"，不一定是垂直方向，多指悬在修饰它的名词所表事物的上空。

mɦa^{35} i^{55} dai^{35} lɦie^{35} vɦə^{11} hi^{33}fa^{55} lai^{55} ŋɡɦa^{35}. 房上面（半空中）有一只鹞子在盘旋。
有 一 只 鹞子 盘旋 上面 个 房子

mɦa^{35} i^{55} mbɦo$^{35-55}$ a^{55}ɢey^{53} ʐaɯ^{33} ȵdʑɦau^{11} hi^{33}fa^{55} lai^{55} ʈau^{55} lɦey^{31}.
有 一 群 大雁 飞 过 上面 个 山 去了
有一群大雁飞过山去了。

12. hi^{33}dʐɦi^{35}（hi^{31}dʐɦi^{35}）"下面"，指修饰它的名词所表事物的下面，可以紧贴或不紧贴该事物。

ȵɦi^{11}dzɦau^{35} ʂo^{33} vɦai^{31} hi^{33}dʐɦi^{35} fai^{55} qaɯ^{55} ntau$^{33-11}$.
他们 休息 那儿 下面 棵 底 树
他们在树下休息。（两个前置方位词连用）

hi^{33}dʐɦi^{35} dzai^{53} ki^{33}ɖɦau^{35} mɦa^{35} i^{55} da^{35} a$^{55-11}$ʈʂhy^{11}. 桌子下面有一只小猫儿。
下面 张 桌子 有 一 只 （小）猫

由上所举的例句，可以看出修饰前置方位词的名词性词组常由量词和名词构成，有时由量词、名词和指示方位词构成。

这里必须指出：凡前有前置方位词、后有指示方位词的表示处所的词组，如果其前置方位词为 tshai^{31}、dɦi^{31}、dɦu^{31}、bɦi^{31}dɦi^{31}、bɦi^{31}dɦu^{31}，则其指示方位词必须分别为 tshai^{35}、dɦi^{35}、dɦu^{35}、bɦi^{31}dɦi^{35}（或 dɦi^{35}）、bɦi^{31}dɦu^{35}（或 dɦu^{35}）。如果其前置方位词为 vɦai^{31}、bɦi^{31}、ɳɖɦu^{31}，表示的是距说话人较远的处所，则其指示方位词必须分别为 vɦai^{35}、bɦi^{35}、ɳɖɦu^{35}；而表示的如果是说话人所在地，则其指示方位词都是 ȵi^{55}。下面举几个例句：

tshai^{31} lai^{55} ŋɡɦa^{35} tshai^{35} mɦa^{35} i^{55} tshi^{55} a^{55}dzɦie^{11}. 侧面的那栋房子那儿有一块木板。
那儿 个 房子 侧面那 有 一 块 木板

dɦi^{31} lai^{55} ŋɡɦa^{35} dɦi^{35} mɦa^{35} i^{55} lɯ^{55} tu^{55} kho$^{33-11}$ ndzɦaɯ^{35}.
那儿 个 房子 对面那 有 一 位 者 治 病
对面的那栋房子那儿有一位医生。

dɦu^{31} lai^{55} ŋɡɦu^{35} dɦu^{35} mɦa^{35} i^{55} lai^{35} tu^{55} a$^{33-11}$ va$^{53-31}$lɦa^{31}.
那儿 个 房子 更远的对面那 有 一 个 者 做 生意
更远的对面那栋房子那儿有一位商人。

bɦi^{31}dɦi^{31} lai^{55} ŋɡɦa^{35} bɦi^{31}dɦi^{35}（或 dɦi^{35}） mɦa^{35} i^{55} lɯ^{55} a^{55}bo^{55}lɦau$^{11-53}$①.
那儿 个 房子 对面那 有 一 位 老太婆
对面那栋房子那儿有一位老太婆。

① 凡声母为送气浊音的低平调的音节，变读为高降调后，浊送气成分一律丢失。

bɦi^{31}dɦu^{31} lai^{55} ŋgɦa^{35} bɦi^{31}dɦu^{35}（或 dɦu^{35}）mɦa^{35} i^{55} lu^{55} a^{55}və^{55} ɢɦu$^{35-55}$ qɯ$^{55-33}$.

那儿 个 房子 更远的对面那 有 一 个 石头 磨 粮食

更远的对面那栋房子那儿有一副磨。

tai^{33} ȵɦu^{35} vɦai^{31} lai^{55} dɦie^{35} vɦai^{35} ku^{11} ku^{55} bie^{53}.

只 牛 那儿 个 坝子 那 是 我 的

那个坝子那儿的那头牛是我的。

ȵɦi^{11}dzɦau^{35} a^{33} ɳu^{53} bɦi^{31} lai^{55} a$^{55-11}$ɳʈʂi^{11} ʈau^{55} bɦi^{35}.

他们 做 事 那儿 个 顶 山 坡上面那

他们在那山上做活儿。

lu^{55} ŋgɦa$^{35-55}$ nɖɦu^{31} lai^{55} haɯ^{55} ɳɖɦu^{35} ku^{11} i^{55} lu^{55} ŋgɦa^{35} a$^{55-11}$dzɦie^{11}.

个 房子 那儿 个 山谷 坡下面那 是 一 个 房子 木板

那个山谷那儿的那栋房子是一栋木板房。

tai^{33} ȵɦu^{35} vɦai^{31} lai^{55} dɦie^{35} ȵi^{55} ku^{11} ku^{55} bie^{53}.

只 牛 这儿 个 坝子 这 是 我 的

这个坝子这儿的这头牛是我的。

ȵɦi^{11}dzɦau^{35} a^{33} ɳu^{53} bɦi^{31} lai^{55} a$^{55-11}$ɳʈʂi^{11} ʈau^{55} ȵi^{55}.

他们 做 事 这儿 个 顶 山 这

他们在这山上做活儿。

lu^{55} ŋgɦa$^{35-55}$ ɳɖɦu^{31} lai^{55} haɯ^{55} ȵi^{55} ku^{11} i^{55} lu^{55} ŋgɦa^{35} a$^{55-11}$dzɦie^{11}.

个 房子 这儿 个 山谷 这 是 一 个 房子 木板

这个山谷这儿的（这栋）房子是一栋木板房。

二　后置方位词

后置方位词能够单独作句子成分。它们和修饰它们的名词或名词性词组构成修饰词组时居于后面，所以叫后置方位词。

后置方位词有 a^{55} ʂa^{55}、pi^{55} ʂa^{55}、pi^{55} ti^{55}、a^{55} dzi^{53}、pi^{55} dau^{53}、i^{55} tha^{11}、pi^{55} ɳʈaɯ^{55}、a^{55}qɯ^{55}等八个。

pi^{55} ɳʈaɯ^{55}有两个意思：一个意思是“多数事物当中”的“中”；一个意思是“中部”、“中央”或“一半的地方”。作前一个意思讲的 pi^{55} ɳʈaɯ^{55}是后置方位词，作后一个意思讲的pi^{55} ɳʈaɯ^{55}是中置方位词。作中置方位词的 pi^{55} ɳʈaɯ^{55}还有一些特殊的用法，详见中置方位词部分。

i^{55}tha^{11}是单说时的形式，而在句子中时第一个音节省略，本文例句中写作 tha^{11}。

后置方位词之所以叫后置方位词，是因为它们作中心语时，在修饰语之后。这只是说明了绝大部分的情况，并不是永远如此。例如 a^{55} ʂa^{55}、a^{55} qɯ^{55}居于表示时间单位的名词“年”、“月”、“日”、“周” 等的后面时，就不是中心语而是修饰语，用法像指示方位词。我们认为这是个别后置方位词的特殊用法，因此在指示方位词中不列 a^{55} ʂa^{55}、a^{55} qɯ^{55}。另外，a^{55}dzi^{53}、pi^{55}dau^{53}在变读为 a^{31}dzi^{31}、pi^{31}dzu^{31}之后，也由中心语变为修饰语。我们认为这同样是个别后置方位词的特殊用法，在指示方位词中也不列a^{31}dzi^{31}、pi^{31}dau^{31}。

后置方位词在语音上的特点是：它们都是双音节的，没有前置方位词所具有的低降调的音节，也没有绝大多数指示方位词所具有的高升调的音节。构成后置方位词的两个音节中，前一个音节都是高平调，后一个音节的声调不外高平、高降、低平三种。没有任何一个音节以送气浊音为声母。

下面列出后置方位词的例句，注明它们的意义并举例。

1. a^{55} ʂa^{55} “上面，上空”，用途比较广。

a^{55} ʂ a^{55} tsi^{55} tɯ^{55}nɦɯ$^{35-55}$ dɦa^{35} daɯ^{11}.　　上面（指上级机关）派人来了。

上面　派　人　　来　了

ku^{55} ȵo^{55} a^{55} ʂ a^{55}，gi^{31} ȵo^{55} pi^{55}ti^{55}.　　我在上面，你在下面。(盖房时用语)

我　在　上面　　你　在　下面

vɦai^{31}　　lai^{55} ʈau^{55} a^{55} ʂ a^{55} mɦa^{35} i^{55} la^{35} baɯ$^{33-11'}$ au^{55}.

那儿（或这儿）个　山　上　有　一 个（小）井　水

山的上面那儿（或这儿）有一口小水井。

lu^{55} l̥i$^{33-11}$ a^{55} ʂa^{55} ku^{11} lu^{55} tsi^{55} l̥i$^{33-11}$.　　上月是三月。(a^{55} ʂa^{55}作修饰语)

个　水　上　是　个　三　月

2. pi^{55} ʂa^{55}意义同 a^{55} ʂa^{55}，少用，例句从略。

3. pi^{55}ti^{55} “下面，下方”，用途较广。

tsa^{55}　　tu^{55} ʈau$^{33-11}$ mau^{33} ȵi^{55} ki^{55}ɳʈʂhi^{11} a^{33}nta^{55}lɦa^{31} ʈau^{33} pi^{55}ti^{55} tɕie$^{33-11}$.

个(男性,指小) 者　送　信　这　赶快　趴　向　下　着

这个小通讯员赶快趴下。

pi^{55} vai^{11} tl̥aɯ^{55}nɦɯ$^{35-55}$ ʈau^{33} vɦai^{31} lai^{55} ko^{33} a$^{55-11}$dɯ$^{33-11'}$ pi^{55}ti^{55}.

我们　藏　东西　在　那儿　个　根　墙　下

我们把东西藏在墙脚下面。

pi^{55}ti^{55}这个后置方位词现在有下面这样的用法，这显然是受了现代汉语的影响。

ȵo^{55} ku^{11}ʈʂha^{33}taɯ^{33} tɕaɯ^{55}xə^{11} pi^{55}ti^{55}，pi^{55} ʐa^{55} ʈhau^{33} zo^{53} tɕa^{55}tsho^{11} pi^{55} vɦu^{31} ʐi$_{11}^{53-11'}$.

在　共产党　领导　下　我们　要　用　力　建造　我们　国家

在共产党领导下，我们要努力建设我们的国家。

4. a^{55}dzi^{53} “上边”，指山坡高处。

bɦi^{31}　　lai^{55} ŋgɦa^{35} a^{55}dzi^{53} mɦa^{35} i^{55} da^{35} ʈʂhi^{11}.

那儿(或这儿) 个　房子　上边　有　一 只(小) 山羊

房子（所在山坡的）上边那儿（或这儿）有一只小山羊。

gi^{31} ȵdʑɦau^{11} a^{55}dzi^{53}.

你　走　上边

你走上边（指山坡上比说话人所在处较高的横路）。

ȵɦi^{11} ȵo^{55} lai^{55} ŋgɦa^{35} a^{31}dzi^{31}.

他　住在　个　房子　上边的

他住在(山坡上两栋房子中)靠上边的(那栋)房子。(a^{55}dzi^{53}作修饰语时,变读为 a^{31}dzi^{31}。)

5. pi^{55}dau^{53} “下边”，指山披低处。

ɳɖɦu^{31} lai^{55} ŋgɦa^{35} pi^{55}dau^{53} mɦa^{35} i^{55} dai^{35} nɯ$^{33-11'}$.

那儿（或这儿）个　房子　下边　有　一　匹　马

房子（所在山坡的）下边那儿（或这儿）有一匹马。

ku^{55} ȵdʑɦau^{11} pi^{55}dau^{53}.

我　走　下边

我走下边（指山坡上比听话人所在处较低的横路）。

ȵɦi^{11} ȵo^{55} lai^{55} ŋgɦa^{35} pi^{31}dau^{31}.（pi^{55}dau^{53}作修饰语，变读为 pi^{31}dau^{31}）

他　住在　个　房子　下边

他住在（山坡上两栋房子中靠）下边的（那栋）房子。

6. i^{55}tha^{11} “前面”，不管水平面高低。

vɦai^{31} lai^{55} ŋgɦa^{35} tha^{11} mɦa^{35} i^{55} fai^{35} ly$^{53-31}$ ʐɦaɯ^{35}.

那儿（或这儿）个　房子　前面　有　一　棵　柳树

房子前面那儿（或这儿）有一棵柳树。

ȵɦi^{11} tʂaɯ^{33} li^{33}fau^{33} nɦa^{31} ʈau^{33} tha^{11}.　他抬头向前看。

他　抬　头　看　向　前面

7. pi^{55}ɳʈaɯ^{55} “中，内”，指在许多事物之内。

ti^{55} li^{33}phy^{55} ȵi^{55} pi^{55}ɳʈaɯ^{55} mɦa^{35} i^{55} lu^{55} ku^{11} ku^{55} bie^{53}.　这些瓶子当中有一个是我的。

些　瓶子　这　中　有　一　个　是　我　的

tʂy^{55} ʂi^{11}lɦau^{11} hi$^{33-55}$ ȵo^{55} saɯ$^{33-11}$ a^{55}qɯ^{55}, a^{55}ʐɦey^{11}a^{33}phy^{55} mi^{31} pi^{55}ɳʈaɯ^{55} ʈai^{11} dɦey^{31}

主师老　不　在　掉　以后　祖先　们　中　又　出

i^{55} lɯ^{55} tu^{55} dɦau$^{11-53}$.

一　位　者　能

主师老（传说中的苗族古代的领袖）去世之后，祖先们中间又出了一位能人。

pi^{55} vɦu^{31}ʐɦi$^{53-11'}$ tɯ^{55}nɦɯ$^{35-55}$ mɦa^{35} ndlɦie^{35} ti^{55} tɯ^{55}nɦɯ$^{35-55}$ tl̥au^{55} mbey$^{33-31}$ pi^{55}ɳʈaɯ^{55} i^{55}

我们　国家　人　有　表面　地　人　四　份　中　一

mbey$^{33-31}$.　我国人口占世界人口四分之一。

份

8. a^{55}qɯ^{55} “后面”；“以后，后来”（表示时间）。

dɦi^{31} lai^{55} ŋgɦa^{35} dɦi^{35} a^{55}qɯ^{55} dʑo^{31} mɦa^{35} i^{55} fai^{35} thu^{55}.
那儿 个 房子 对面 后 种 有 一 棵 松
对面那栋房子（那儿）的后面种着一棵松树。

ku^{55} ley^{55} ku^{55} mbɦo^{35} dʐɦie$^{35-55}$ dɦa^{35} a^{55}qɯ^{55}. 我赶我的这群牲口随后来。
我 赶 我 群 牲口 来 后

a^{55}qɯ^{55} ȵ̊ɦi^{11} mɦau^{11} tl̥a^{33} m̥au^{55}li^{31}nɦa^{31} lɦey^{31}. 后来他到石门坎去了。
后来 他 去 到 （石门坎） 去了

taɯ^{33}na^{55} ku^{55} tsa^{55} ky^{55} a^{55} lɯ^{55} nɦau^{35} ʈʂhai^{11} saɯ^{33} a^{55}qɯ^{55} ʈai^{11} mɦau^{55}
今晨 我 个（男性，指小） 弟弟 二 个 吃 早饭 掉 后 就 去
a^{33}fɯ^{33} tl̥a^{33} vɦai^{31} pi^{55} lai^{55} vɦaɯ^{35} lɦey^{31}.
玩 到 那儿 我们 个 园子 去了
今天早晨我和弟弟两人吃过早饭之后，就到我们的园子那儿玩儿去了。

三　中置方位词

中置方位词能够单独作句子成分。它们受名词修饰时在名词之前，但如果名词带有量词，则量词要放在中置方位词之前，也就是说，它们位于量词和名词之间，所以叫中置方位词。

中置方位词有 ndlo^{53}、ɢɦau^{31}、ndlɦie^{35}、fau^{55}、qaɯ^{55}、ko^{33}、a^{55}ndu^{53}、a^{55}ɳʈʂi^{11}、a^{55}tɕai^{11}、pi^{55}ɳʈaɯ^{55}等十个。

a^{55}tɕai^{11}有时修饰量词 qho^{55} “处”（及其变形 qhai^{55}、qha^{55}），这种用法像指示方位词。但指示方位词能修饰任何量词，而 a^{55}tɕai^{11}只能修饰个别量词。我们认为 a^{55}tɕai^{11}不能算是指示方位词，a^{55}tɕai^{11}的这种用法只是一种特殊用法。

在后置方位词部分已经谈过 pi^{55}ɳʈaɯ^{55}分属于后置和中置两种方位词，事实上作“中央”、“中部”、“一半的地方”的中置方位词 pi^{55}ɳʈaɯ^{55}有时可以修饰个别的量词，如 qho^{55} “处”（及其变形 qhai^{55}、qha^{55}），lu^{55}（及其变形 lai^{55}、la^{55}）等；和 a^{55}tɕai^{11}一样，我们也不认为 pi^{55}ɳʈaɯ^{55}是指示方位词。pi^{55}ɳʈaɯ^{55}的这种用法只是一种特殊的用法。

有时名词不带量词，在后面作修饰语修饰中置方位词，在这种情况下，也不能认为中置方位词借作前置方位词使用，因为它们前面经常还有前置方位词，尽管中置方位词有时单用，前面既没有量词或前置方位词，后面也没有名词，我们还是把它们叫做中置方位词，因为如果有量词出现（那个量词必定是中置方位词后面的名词所需要的）而且受后面的名词修饰时，量词一定在中置方位词的前面。

中置方位词在语音上没有共同的特点。它们有双音节的，有单音节的，有高平、高

降、低降、高升、中升各种声调；双音节的声调搭配有55 55，55 11，55 53三种类型；声母有清、有浊，浊的又有送气、不送气两种。

下面列出十个中置方位词，注明它们的意义并举例。

1. ndlo^{53} “内，里边”，指有一定界限的事物的内部。

vɦai^{31} lai^{55} ndlo^{53} vɦaɯ^{35} dʑo^{31} mɦa^{35} tsi^{55}qɯ^{55}，zau^{55}tl̥ey^{55} ɳɖo^{31} a^{33}fau^{55}zau^{55}.

那儿 个 内 园子 种 有 玉米 白菜 和 萝卜

园子里边（那儿或这儿）种有玉米、白菜和萝卜。（lai^{55}是vɦaɯ^{35}的量词，中置方位词ndlo^{53}介于lai^{55}和vɦaɯ^{35}之间）

ȵo^{55} vɦai^{31} lai^{55} ndlo^{53} ŋgɦa^{35} mɦa^{35} i^{55} dai^{35} tl̥i^{55}.

在 那儿 个 内 房子 有 一 只 狗

在房子里边（那儿或这儿）有一只狗。（lai^{55}是ŋgɦa^{35}的量词，中置方位词ndlo^{53}介于lai^{55}和ŋgɦa^{35}之间）

2. ɢɦau^{31} “外面，反面，背面”，指有一定界限的事物的外面，多指背后。

vɦai^{31} lai^{55} ɢɦau^{31} ŋgɦa^{35} mɦa^{35} i^{55} fai^{35} ntau^{33}.

那儿 个 背后 房子 有 一 棵 树

房后（那儿或这儿）有一棵树。（lai^{55}是ŋgɦa^{35}的量词，中置方位词ɢɦau^{31}介于lai^{55}和ŋgɦa^{35}之间）

ȵɔ^{55} vɦai^{31} lai^{55} ɢɦau^{31} ʈau^{55} mɦa^{35} i^{55} la^{35} ɕey^{55}.

在 那儿 个 背面 山 有 一 个(小) 湖

在山后（那儿或这儿）有一个小湖。（lai^{55}是ʈau^{55}的量词，中置方位词ɢɦau^{31}介于lai^{55}和ʈau^{55}之间）

ɢɦau^{31} a^{33}dlɦau^{35} mɦa^{35} i^{55} lɦɯ$^{35-55}$ tɯ^{55}nɦɯ$^{35-55}$.

外 门 有 一 个 人

门外有一个人。（省略a^{33}dlɦau^{35}的量词lai^{55}，名词a^{33}diɦau^{35}修饰中置方位词ɢɦau^{31}）

tɕhey^{33} ntau^{55} ȵi^{55} ndlɦie^{35} ɢɦau$^{31-11'}$ tu^{33} fai^{55} hi^{33} tau^{33}.

匹 布 这 正面 反面 都 分 不 得

这匹布正（面）、反面都分不出来。（中置方位词ndlɦie^{35}、ɢɦau^{31}单用，没有受带量词的名词修饰）

3. ndlɦie^{35} “正面，表面”。

a^{55}ma^{53}ntey^{55} ʑa^{55} ku^{11} sau^{33} ʈau^{33} ɳɖɦai^{31} ndlɦie^{35} ntey^{55}. 字要写在纸的正面。

字 要（联系助词）写 在 里 正面 纸

tai^{55} ntey^{55} ȵi^{55} ndlɦie^{35} ɢɦau$^{31-11'}$ tu^{33} nɦa^{31} hi$^{33-55}$ dɦey^{31} lɦo^{11}.

些 纸 这 正面 反面 都 看 不 出 来

这些纸正（面）、反面都看不出来。

4. fau^{55} “顶部，上方”，指事物的上端，或紧挨在某物的最上部。(fau^{55}的本义为“头”)

bɦi^{31} lai^{55} fau^{55} zo$^{31-11‘}$ mɦa^{35} i^{55} dai^{35} tl̥i^{55}.

那儿 个 顶 村子 有 一 只 狗

村子（所在山坡的）上面那儿（或这儿）有一只狗。（lai^{55}是 zo^{33}的量词，中置方位词 fau^{55}介于 lai^{55}和 zo^{33}之间）

bɦi^{31} lai^{55} fau^{55} ʈau^{55} mɦa^{35} zau^{55} -tl̥u^{55} -zau$^{55-33}$ -dlau^{31} ku^{11} ai^{55} l̥o^{55}.

那儿（或这儿）个 顶 山 有 林 黑 林 紫（联系助词）很 大

山顶上（那儿或这儿）有很大的原始森林。（lai^{55}是 ʈau^{55}的量词，中置方位词 fau^{55}介于 lai^{55}和 ʈau^{55}之间）

5. qaɯ^{55}“底部，下边”，指事物的下部或挨近某物的底部。

vɦai^{31} lai^{55} qaɯ^{55} ʈau^{55} mɦa^{35} i^{55} dai^{35} ʑɦaɯ^{35}.

那儿（或这儿）个 底 山 有 一 只 羊

山下（那儿或这儿）有一只羊。（lai^{55}是 ʈau^{55}的量词，中置方位词 qaɯ^{55}介于 lai^{55}和 ʈau^{55}之间）

vɦai^{31} fai^{55} qaɯ^{55} ntau$^{33-11}$ tshey^{55} i^{55} ba^{35} au^{55}.

那儿（或这儿）棵 底 树 冒 一 条（小） 水

树底下（那儿或这儿）冒出一小股水。（fai^{55}是 ntau^{33}的量词，中置方位词 qaɯ^{55}介于 fai^{55}和 ntau^{33}之间）

6. ko^{33} “根部”，指事物的下半部，靠近底部。

ɳ̥ɔ^{55} vɦai^{31} lai^{55} kɔ^{33} ʈau^{55} mɦa^{35} i^{55} lɯ^{55} a^{33}lau^{33} ku^{11} ntsi^{33} ʑɦey^{11}dɦy^{11}.

在 那儿 个 根 山 有 一 位 老人（联系助词） 叫 愚公

在山脚（那儿）有一位名叫愚公的老人。（lai^{55}是 ʈau^{55}的量词，中置方位词 ko^{33}介于 lai^{55}和 ʈau^{55}之间）

vɦai^{31} fai^{55} ko^{33} thu^{55} dlɦo^{35} thu$^{55-33}$ ɡi^{11} ndlɦy^{11} ntl̥o^{33}.

那儿（或这儿）棵 根 松 油 松 （联系助词） 流 流貌

松树根部（那儿或这儿）松香流得汪汪的。（fai^{55}是 thu^{55}的量词，中置方位词 ko^{33}介于 fai^{55}和 thu^{55}之间）

7. a^{55}ndu^{53} “边、岸”。

vɦai^{31} baɯ^{33} a$^{55-31}$ndu$^{53-31}$ dlɦi^{35} mɦa^{35} i^{55} dai^{35} nɯ$^{33-11‘}$.

那儿（或这儿） 条 岸 河 有 一 匹 马

河边（那儿或这儿）有一匹马。（baɯ^{33}是 dlɦi^{35}的量词，中置方位词 a^{55}ndu^{53}介于 baɯ^{33}和 dlɦi^{35}之间）

ɳo^{55} vɦai^{31} lai^{55} a$^{55-31}$ndu$^{53-31}$ vɦaɯ^{35} mɦa^{35} i^{55} ba^{35} au^{55} ku^{11}ɡi^{11}

在 那儿（或这儿） 个 边 园子 有 一 条(小) 水 （联系助词）

ɳʈʂhie^{55} bɯ^{31}.

清 清貌

在园子旁边(那儿或这儿)有一条清澈的小河。(lai^{55}是 vɦaɯ^{35}的量词，中置方位词 a^{55}ndu^{53}介于 lai^{55}和 vɦaɯ^{35}之间)

8. a^{55}ɳʈʂi^{11} “尖端、顶端”，指事物的最上部。

vɦai^{31} lai^{55} a$^{55-11}$ɳʈʂi^{11} ʈau^{55} mɦa^{35} i^{55} lai^{35} ŋɡɦa^{35}.

那儿(或这儿) 个 顶 山 有 一 个 房子

山顶(那儿或这儿)有一栋房子。(lai^{55}是 ʈau^{55}的量词，中置方位词 a^{55}ɳʈʂi^{11}介于 lai^{55}和 ʈau^{55}之间)

tai^{33} tl̥aɯ^{55} tsey^{11} dɦi^{31} fai^{55} a$^{55-11}$ɳʈʂi^{11} ntau^{33} dɦi^{35}.

只 鹰 停 那儿 棵 顶 树 对面那

老鹰落在对面那棵树的树梢儿(那儿)。(fai^{55}是 ntau^{33}的量词，中置方位词 a^{55}ɳʈʂi^{11}介于 fai^{55}和 ntau^{33}之间)

9. a^{55}tɕai^{11} “当间儿”，指两个以上事物彼此间的空间距离。

ɳo^{55} vɦai^{31} ti^{55} a$^{55-11}$tɕai^{11} ntau^{33} dʐo^{31} mɦa^{35} ʐy^{55}ʐɦy^{31}.

在 那儿(或这儿) 些 当间儿 树 种 有 土豆儿

在那些(或这些)棵树当间儿(那儿或这儿)种着土豆儿。(ti^{55}是修饰 ntau^{33}的复量词，中置方位词 a^{55}tɕai^{11}介于量词 ti^{55}和 ntau^{33}之间)

vɦai^{31} lai^{55} a$^{55-11}$tɕai^{11} ŋɡɦa^{35} mɦa^{35} i^{55} fai^{35} ntau^{33}.

那儿(或这儿) 个 当间儿 房子 有 一 棵 树

在房与房之间(那儿或这儿)有一棵树。(lai^{55}是 ŋɡɦa^{35}的量词，中置方位词 a^{55}tɕai^{11}介于 lai^{55}和 ŋɡɦa^{35}之间。由于一栋房子本身不可能有彼此间的空间距离，所以必须是两栋以上才有彼此间的空间距离。既然如此，量词用单数形，不会产生误解)

中置方位词 a^{55}tɕai^{11}有时可以修饰量词 qho^{55}（及其变形 qhai^{55}、qha^{55}，指地方），在这种情况下。a^{55}tɕai^{11}是借作指示方位词使用。如：

ma^{31}lɦɯ^{35} qhai^{55} a$^{55-11}$tɕai^{11} tsau^{11} zɦau^{31} i^{55} lɯ^{55} si^{55}.

你俩 处 中间的 足 坐 一 个 还

你们俩当间儿(的那块或这块地方)还够坐一个人的。

10. pi^{55}ɳʈaɯ^{55} “中部，中央”，指事物一半或正中的地方，也指时间。

i^{55} da^{35} a$^{55-11}$key^{11} tɯ^{55} ta^{55} ʈa^{55} vɦai^{31} dzɦai^{35} pi^{55}ɳʈaɯ^{55} ki$^{55-33}$

一 只(小) 癞蛤蟆 稳坐 （指小助词） 稳坐貌 那儿 条 中央 路

ʂa^{11} vɦai^{35}.

交叉 那

一只小癞蛤蟆稳稳地坐在那条十字路的中央(那儿)。(dzɦai^{35}是 ki^{55} ʂa^{11}的量词，中置方位词 pi^{55}ɳʈaɯ^{55}介于 dzɦai^{35}和 ki^{55} ʂa^{11}之间)

thau^{33} ku^{11} ɲ̥ɦi^{11} si^{55} lɦo^{11} dzo^{31} pi^{55}ɳʈaɯ^{55} ki$^{55-33}$ i^{55}, ɲ̥ɦi^{11} ɳʈʂi^{55} i^{55} dzau$^{33-31}$
时（联系助词） 他 转 来 到 中 路 那 他 遇见 一 群
tu^{55} ʂau^{11}.
者 穷

他回来走到半路的时候，他遇见一群贫民。（指"路的中段"时，在中置方位词 pi^{55}ɳʈaɯ^{55}前不加量词，若指"某一条路的中央"时，需要在 pi^{55}ɳʈaɯ^{55}前面加量词 dzɦai^{35}，dzɦai^{35}是 ki^{55}的量词）

dʑɦai^{35} ɳɖɦai^{31} lai^{55} pi^{55}ɳʈaɯ^{55} dʐɦau$^{35-55}$ mɦa^{35} i^{55} da^{35} tɕy^{33}ly^{33} mɦau^{11} ɳʈhie^{55} i^{55}
时 内 个 中 冬 有 一 只(小) 蟋蟀 去 找 一
da^{35} ki$^{55-31}$ndzɦau^{31}.
只(小) 蚂蚁

在半冬（范围内）的时节有一只蟋蟀去拜访一只蚂蚁。（lai^{55}是 dʐɦau^{35}的量词，中置方位词介于 lai^{55}和 dʐɦau^{35}之间）

中置方位词 pi^{55}ɳʈaɯ^{55}可以修饰个别的量词。如：

lai^{55} pi^{55}ɳʈaɯ^{55} ku^{11} ku^{55} bie^{53}. 中间那个（或这个）是我的。
个 中 是 我 的

ɡi^{31} zɦau^{31} qhai^{55} pi^{55}ɳʈaɯ^{55}. 你坐在当中那块儿（或这块儿）。
你 坐 处 中

这是中置方位词 pi^{55}ɳʈaɯ^{55}借作指示方位词使用。

pi^{55}ɳʈaɯ^{55}还作"半"讲，一定和数词 i^{55}"一"连用，构成数词词组。如：

i^{55} lɯ^{55} tau^{33} i^{55} pi^{55}ɳʈaɯ^{55}. 一个人得一半。
一 个 得 一 半

这种用法的 pi^{55}ɳʈaɯ^{55}意义上虽与中置方位词 pi^{55}ɳʈaɯ^{55}有联系，但用法不同，应看作数词。

四 指示方位词

指示方位词主要有两种作用，一种是指示远、近、高、低、对面、侧面等方位的地点，相当于汉语的"这里"、"那里"；另一种是作修饰语，修饰量词或含有量词的词组，指示量词所暗示或修饰的事物的远、近、高、低等方位，相当于汉语"这本书"的"这"，"那个人"的"那"。

以在修饰词组中的位置而论，指示方位词永远居于最后。如 lai^{55}（个）ɲ̥i^{55}（这）"这个"，lai^{55}（个）ŋɡɦa^{35}（房子）ɲ̥i^{55}（这）"这栋房子"，lai^{55}（个）ŋɡɦa^{35}（房子）dʐɦie$^{35-55}$（牲口）ɲ̥i^{55}（这）"这牲口棚"。居于最后却不叫后置方位词，这是因为我们的"后置"的定义是

“居于作修饰语的名词或名词性词组之后”，换句话说后置方位词在修饰词组中是中心语（它们当中只有极个别的有时作修饰语），指示方位词虽居于修饰词组之最后，但它们不是中心语而是修饰语，正好和我们的“后置”的定义相反。

指示方位词大部分和前置方位词有密切的语音上的联系，在前面讲前置方位词时已简略说了一下两者的关系。这里再谈一谈指示方位词语音上的一些问题。

指示方位词共有 ȵi^{55}、vɦai^{35}、i^{55}、bɦi^{35}、ɳɖɦu^{35}、dɦi^{35}、dɦu^{35}、ɳɖɦai^{35}、tshai^{35}、tshau^{35}、bɦi^{31}dɦi^{35}、bɦi^{31}dɦu^{35}、dy^{31}等十三个。这十三个指示方位词中除 ȵi^{55}、i^{55}、dy^{31}、tshau^{35}以外都有相应的前置方位词。它们和相应的前置方位词声、韵母都相同，只有声调不同。我们已经说过单音节的前置方位词都是低降调的。双音节的前置方位词和指示方位词声、韵相同的 bɦi^{31}dɦi^{31}、bɦi^{31}dɦu^{31}等两个的声调也都是低降的。我们看看上列的与前置方位词声、韵相同的指示方位词，单音节的都是高升调，双音节的后一个音节也都是高升调的。如果由于指示方位词永远居于词组最后，其决定性声调为后一个音节的声调的话，应当说这九个指示方位词声调的特点在于它们的高升性。能不能说声调的高升性是指示方位词的共同特点呢？不能。因为还有 ȵi^{55}、i^{55}、dy^{31}三个指示方位词没有这个特点。我们认为威宁苗语的指示方位词在声调上本来没有什么共同的特点。ȵi^{55}、i^{55}、dy^{31}等三个指示方位词在其他方言都有同源词，ȵi^{55}在各方言都是第 3 调的音节，如凯里养蒿话读作［noŋ^{35}］（养蒿话第 3 调为高升调），毕节先进话读作［na^{55}］（先进话第 3 调为高平调）；i^{55}在各方言也都是第 3 调的音节，如凯里养蒿话读作［ʔi^{35}］，毕节先进话读作［ʔi^{55}］；dy^{31}在各方言都是第 6 调的音节，如凯里养蒿话读作［tɦei^{13}］，毕节先进话读作［dɦu^{13}］。在威宁苗语中 ȵi^{55}、i^{55}也是第 3 调的音节（威宁石门坎话第 3 调为高平调），dy^{31}也是第 6 调的音节，不过是第 6 调音节中的非名词音节的声调，我们标作 6Ⅱ罢了。看起来威宁苗语的指示方位词和其他方言同源的都未改变调类。为什么另外十个指示方位词都是高升调的音节呢？我们知道 bɦi^{35}本为第 4 调的音节（在威宁是第 4Ⅱ调），ɳɖɦu^{35}、dɦi^{35}、dɦu^{35}本为第 6 调的音节（在威宁是第 6Ⅱ调），ɳɖɦai^{35}本为第 7 调的音节，tshai^{35}、tshau^{35}声母不是送气浊音，本来也不是第 2 调的音节（威宁第 2 调是高升调），bɦi^{31}dɦi^{35}是 bɦi^{31}和 dɦi^{35}的合体字，bɦi^{31}-dɦu^{35}是 bɦi^{31}和 dɦu^{35}的合体字。这些指示方位词没有一个是第 2 调的音节的。现在它们都读高升调（双音节的指第二个音节）是受了第 2 调音节的指示方位词 vɦai^{35}的影响，发生类推变调的结果。这里面有两个问题：第一个问题是为什么 vɦai^{35}没有影响 ȵi^{55}、i^{55}、dy^{31}发生类推变调；第二个问题是为什么 ȵi^{55}、i^{55}、dy^{31}没有把那些方位词的声调类推变为高平调或低降调。对于第一个问题我们的回答是：苗语本来没有 bɦi^{35}、dɦi^{35}、dɦu^{35}、ɳɖɦu^{35}、ɳɖɦai^{35}、bɦi^{31}dɦi^{35}、bɦi^{31} dɦu^{35}、tshai^{35}等指示方位词，这些词是威宁苗语所特有的，是说这个次方言的苗族为了指示方位更加清楚由前置方位词 bɦi^{31}、dɦi^{31}、dɦu^{31}、ɳɖɦu^{31}、ɳɖɦai^{31}、bɦi^{31}dɦi^{31}、bɦi^{31}dɦu^{31}、tshai^{31}等变来的。这些前置方位词的共同特点是含有送气成分，它们和 vɦai^{35}在声母上有共同性，所以都受 vɦai^{35}的影响发生了类推变调，变为高升调了。至于 ȵi^{55}、i^{55}、dy^{31}，这是苗语原来就有的指示方位词，声母都和威宁苗语特有的指示方位词 vɦai^{35}差别较大，所以没有受 vɦai^{35}的影响发生类推变调。对于第二个问题我们的回答是：这些前置方位词除 tshai^{31}以外，声母原来是或者已经变为送气浊音，声母为送气浊音的音节变为高平调是不可能的，因为威宁苗语高平调的音节没有以送气浊音为声母的。至于 tshai^{31}，它虽不是以送气浊音为声母的音节，但毕竟带有送气成分，又是和其他前置方位词同时产生一个相应的指示方位词。所以在发生类推变调时，它也和其他前置方位词一样，相应的指示方位词也读作高升调，成为 tshai^{35}。和 tshai^{35}有同源异形关系的 tshau^{35}是后来产生的。至于 dy^{31}没有影响其他前置方位词在产生相应的指示方位词时发生类推变调的原因，我们是这样设想的：首先假定不同声调的前置方位词已经通过类推变调变为低降调了，dy^{31}本身就是低降调的，如果让前置方位词原封不动地作指示方位词用，就根本谈不上类推变调，因为声调未发生变化。也许威宁苗族不习惯于用同一个声调的方位词又在名词前面作中心语同时又在后面作修饰语吧！？以上是我们的初步假设和对于假设的解释，提出来希望和苗语研究工作者，特别是苗族同志大家共同研究、讨论。

下面列出十三个指示方位词，注明它们的意义，并举几个含有指示方位词的例句。

1. ȵi^{55} “这儿，这”，指说话人所在地或距说话人最近的地方；在修饰表示时间单位的名词如“年”、“月”、“日”等或含有这些名词的词组以及与名词 dʑɦai^{35}（或 dʑɦai^{35} ȵau$^{53-11'}$）“时间”、thau^{33} “时”所构成的修饰词组里还指示时间。

ku^{55} tai^{33} mɯ$^{33-11'}$ ȵo^{55} ȵi^{55}. 我的马在这儿。
我 匹 马 在 这儿

lai^{55} ŋɡɦa^{35} ȵi^{55} ku^{11} ku^{55} i^{55}vɦai^{31} tsho^{11} tɕie^{33}. 这栋房子是我父亲盖的。
个 房子 这 是 我 父亲 建造 起

ɕau^{33} ȵi^{55} ȵɦi^{11} hi$^{33-55}$ ȵo^{55} saɯ^{33}. 这一年他去世了。
年 这 他 不 在 掉

a^{55} l̥i$^{33-11}$ ȵi^{55} lɦo^{11} ʂo^{55} ta^{55}die^{31}. 这两个月以来热得很。
二 月 这 来 热 很

pi^{55}dʐau^{53} n̥u^{55} ȵi^{55} ȵɦi^{11} ɖɦey^{31} ta^{55}dei^{31}. 这几天他很忙。
几 日 这 他 忙 很

dʑɦai^{35} ȵi$^{55-33}$ tu^{55} a$^{33-11}$ qau^{55} mi^{31} ɣɦu^{11}ɣɦu^{11} ɖɦey^{11}. 这时农夫最忙。
时间 这 者 做 庄稼 们 最 忙

（dʑhai^{35}是比较长的一段时间。）

thau^{33} ȵi^{55} mɦa^{35} i^{55} dai^{35} nɯ$^{33-11'}$ dɦa^{35} daɯ^{11}. 这时来了一匹马。
时 这 有 一 匹 马 来 了

（thau^{33}是“当……的时候”的意思。）

ȵi^{55}还可以修饰个别的不含有量词的名词性词组。如：

ti^{55} tɕhey$^{33-11}$ ȵi^{55} zau^{33} a^{33}fɯ^{33} ta^{55}die^{31}. 这地方很好玩。

地 处 这 好 玩 很

2. vɦai^{35} “那儿，那”，不管水平面高低，指在视线以内距说话人比较远的地方。

ɡi^{31} ntey^{55} ȵo^{55} vɦai^{35} la^{11}? 你的书在那儿吗？（用手指在视线以内的地方。）

你 书 在 那儿 吗

tai^{33} vɦai^{35} ku^{11} i^{55} dai^{35} ȵɦu^{35}. 那是一头牛。

只 那 是 一 只 牛

3. i^{55} “那儿，那”，不在视线以内，多用于讲故事或叙述自己过去的见闻；修饰表示时间单位的名词如“年”、“月”、“日”等或含有这些名词的词组以及名词 dʑɦai^{35}（或 dʑɦai^{35}ȵau$^{53-11‘}$）“时间”、thau^{33} “时”构成修饰词组表示时间。

mɦa^{35} pi^{55}dʐau^{53} lɯ^{55} tɯ^{55}nɦɯ$^{35-55}$ ȵo^{55} i^{55}?

有 几 个 人 在 那儿

有几个人在那儿？（向听话人问外地的情况。）

vɦai^{31} lai^{55} ŋɡɦa^{35} i^{55} mɦa^{35} i^{55} dai^{35} lie^{55}.

那儿 个 房子 那 有 一 只 猴子

那栋房子（那儿）有一只猴子。（讲故事）

ɕau^{33} i^{55} au^{55} naɯ$^{53-11‘}$ d̥^{55} ta^{55}die^{31}. 那年雨水很大。（追忆往事）

年 那 水 雨 大 很

lu^{55} l̥i$^{33-11}$ i^{55} ku^{55} hi$^{33-55}$ ȵo^{55} ŋɡɦa^{35}. 那个月我没在家。（叙述往事）

个 月 那 我 不 在 房子

n̥u^{55} i$^{55-33}$ ndɦu^{35} ai^{55} no^{33}. 那天天气很冷。（追忆往事）

日 那 天 很 冷

dʑɦai^{35}ȵau$^{53-11‘}$ i^{55} hi^{33} zau^{33} ɡɦy^{31}. 那日子不好过。（追忆往事）

时间 那 不 好 过

thau^{33} i^{55} nɦau^{35} hau^{11} la^{55} zau^{33} la^{55}tu^{55} na^{55}ȵi^{55}.

时 那 吃 喝 将 好 过 现在

那时生活将要比现在好。（向往未来）

4. bɦi^{35} “坡上那儿，坡上那”，指山坡高处。

ɡi^{31} nɦa^{31} mɦa^{35} i^{55} lu^{55} ŋɡɦa^{35} ȵo^{55} bɦi^{35}.

你 看 有 一 个 房子 在 坡上那儿

你看，上面有一栋房子。（用手指同一山坡的高处）

lai^{55} vɦaɯ^{35} bɦi^{35} ku^{11} pi^{55} ʑɦi^{35} bie^{53}.

个 园子 坡上那 是 我们 家 的

上面那个园子是我们家的。（用手指同一山坡的高处）

bɦi^{31} lai^{55} ŋɡɦa^{35} bɦi^{35} mɦa^{35} i^{55} lɦɯ$^{35-55}$ tu^{55} kho$^{33-11}$ ndzɦaɯ^{35}.

那儿 个 房子 坡上那 有 一 位 者 治 病

在上面那栋房子（那儿）有一位医生。（用手指同一山坡的高处）

5. nɖɦu^{35}“坡下那儿，坡下那”，指山坡低处。

ku^{55} tai^{33} mpa^{33} ȵo^{55} ɳɖɦu^{35}.

我　只　猪　在　坡下那里

我的猪在下面。（用手指同一山坡的低处）

ku^{55} bɦo^{31} ku^{11} qhai^{55} ɳɖɦu^{35} mɦa^{35} i^{55} lai^{35} vɦaɯ^{35}.

我　看见（联系助词）　处　坡下那　有　一　个　园子

我看见下面那块儿有一个园子。（用手指同一山坡的低处）

6. dɦi^{35}“对面那儿，对面那”，多指隔着山谷或河流对面的和说话人水平相同的地方。

mɦa^{35} i^{55} dai^{35} ȵɦu^{35} ȵo^{55} dɦi^{35}.　　对面（那儿）有一头牛。

有　一　只　牛　在　对面那儿

dɦi^{31} lai^{55} ŋɡɦa^{35} dɦi^{35} mɦa^{35} i^{55} dai^{35} ȵɦu^{35}.

那儿　个　房子　对面那　有　一　只　牛

对面那栋房子（那儿）有一头牛。

7. dɦu^{35}的意义和 dɦi^{35}相同，不过距离较远，例句从略。

8. ɳɖɦai^{35}“里面，在一定范围之内”，不能作修饰语。

mɦa^{35} i^{55} dai^{35} ȵɦu^{35} ȵo^{55} ɳɖɦai^{35}.　　在里面有一头牛。

有　一　只　牛　在　里面

dɦa^{31} bau^{31} ɳɖɦai^{35} lɦey^{31} daɯ^{11}!　　踢进去了！（指足球）

踢　进　里面　去了　了

9. tshai^{35}“侧面那儿，侧面那”，指与说话人在同一水平面上的左右两侧，一般在视线以外。

mɦa^{35} i^{55} dai^{35} nɯ$^{33-11'}$ ȵo^{55} tshai^{35}.　旁边儿那儿有一匹马。

有　一　匹　马　在　侧面那儿

tshai^{31} lai^{55} ŋɡɦa^{35} tshai^{35} mɦa^{35} i^{55} lu^{55} a^{55} və^{55} ɢɦu$^{35-55}$ qɯ$^{55-33}$.

那儿　个　房子　侧面那　有　一　个　石　磨　粮食

旁边儿那房子（那儿）有一副磨。

10. tshau^{35}的意义和 tshai^{35}相同，不过距离较远，经常单用，极少作修饰语。

ȵɦi^{11} tɕi^{55}da^{11} mɦa^{35} i^{55} lu^{35} baɯ^{33} au^{55} ȵo^{55} tshau^{35}.

他　说　有　一　个　井　水　在　更远的侧面那儿

他说在侧面很远很远的那儿有一口井。

11. bɦi^{31} dɦi^{35}本指水平面比说话人较高的对面那儿、对面那，现在用法和 dɦi^{35}相同，例句从略。

12. bɦi^{31} dɦu^{35}本指水平面比说话人较高、距离更远的对面那儿、对面那。现在用法和 dɦu^{35}相同，例句从略。

13. dy^{31}“哪儿，哪”，疑问指示方位词。如果作“哪儿”讲，要变读作 dy^{53}。高降调是第6Ⅰ调，低降调是第6Ⅱ调。“哪儿”是第6Ⅰ调，作修饰语用的“哪”是第6Ⅱ调。但修饰量词qho^{55}“处”时，要变为高降调。

ɡi^{31} mɦau^{11} tl̥a^{33} dy^{53}？ 你到哪儿去？

你 去 到 哪儿

tl̥au^{55} dey^{33} ʈau^{33} tɕhaɯ^{55} dy^{31}？ 在哪间（房子）烧火？

烧 火 在 间 哪

ku^{55} ntey^{55} ȵo^{55} qho^{55} dy$^{31-53}$？ 我的书在哪儿？

我 书 在 处 哪

苗语表示“左”、“右”的词可以算是特殊的方位词。“左”是li^{55}fə^{11}，“右”是li^{55}si^{11}，都是单说时的形式。它们本身不能单独表示方位，前面一定要加量词saɯ^{55}“边”、tshai^{33}“只”（指手、脚、臂、腿等）。接saɯ^{55}、tshai^{33}时，li^{55}读得很轻，并且变为低平调，有时甚至于听不见。接tshai^{33}时，可以作修饰语，接saɯ^{55}时不能作修饰语。如果要作修饰语，前面要加前置方位词vɦai^{31}。下面举几个例子。

vɦai^{31} lai^{55} ŋɡɦa^{35} saɯ^{55} li$^{55-11}$fə^{11} mɦa^{35} i^{55} dai^{35} mpa^{33}.

那儿（或这儿） 个 房子 边 左 有 一 只 猪

房子左边（那儿或这儿）有一只猪。

ku^{55} ʈhau^{33} tshai^{33} di$^{33-11ʻ}$ tshai^{33} li$^{55-11}$fə^{11} dʑɦo^{35} su^{55}. 我用左手拿筷子。

我 用 只 手 只 左 拿 筷子

vɦai^{31} lai^{55} ŋɡɦa^{35} saɯ^{55} li$^{55-11}$si^{11} mɦa^{35} i^{55} dai^{35} nɯ$^{33-11ʻ}$.

那儿（或这儿） 个 房子 边 右 有 一 只 马

房子右边（那儿或这儿）有一匹马。

ku^{55} mo^{55} tshai^{33} mpaɯ^{55} tshai^{33} li$^{55-11}$si^{11}. 我右胳臂疼。

我 痛 只 臂 只 右

ku^{55} mo^{55} tshai^{33} li$^{55-11}$si^{11}. 我右边这只疼。

我 痛 只 右

lai^{55} ŋɡɦa^{35} vɦai^{31} saɯ^{55} li$^{55-11}$si^{11} ku^{11} ku^{55} bie^{53}.

个 房子 那儿（或这儿） 边 右 是 我 的

右边（那儿或这儿）的（那栋或这栋）房子是我的。

li^{55}fə^{11}和量词lɯ^{55}（及其男性定指变形tsi^{55}、tsai^{55}、tsa^{55}，女性定指变形lai^{55}、la^{55}，不定指变形lɦɯ^{35}、lai^{35}、la^{35}）个、位构成固定词组，作左撇子讲。如：

ɡo^{31} tsai^{55} li$^{55-11}$fə^{11} dɦa^{35} li^{33}bu^{33} zau^{33} lɦa^{35}.

让 个 左 来 就 好 扔

让左撇子来就好扔了。（在一种地形适于用左手操作时说的话。）

lai^{55} li$^{55-11}$fə^{11} ʂey^{11} nda^{53} hi$^{33-55}$ ʈʂha^{11} fai^{33}. 左撇子绩麻不怎么快。

个 左 绩 麻 不 怎么 快

苗语没有表示“东”、“西”、“南”、“北”的方位词。这些方位都是用词组表示的。

“东”是 saɯ^{55}（边）n̥u^{55}（日）dɦa$^{35-55}$（来），意思是“太阳出来的那一边”；“西”是 saɯ^{55}（边）n̥u^{55}（日）ntsɯ$^{33-11}$（没），意思是“太阳没的那一边”；“南”是 saɯ^{55}（边）tɕa$^{33-11}$（风）tʂhaɯ^{55}（晴），意思是“晴风的那一边”。苗族地区南距海洋较远，南风没有水汽，只要一刮南风，天气就由阴转晴，所以把“南”叫做“晴风的那一边”；“北”是 saɯ^{55}（边）tɕa$^{33-11}$（风）bɦa^{11}（阴），意思是“阴风的那一边”。苗族地区在长江南面，相距不远，北风含有较多的水汽，只要一刮北风，天气就由晴转阴，所以把“北”叫做“阴风的那一边”。这只是一般的情况，有时因居住的地区不同，水流的方向不同，方位的叫法也不同。有的地区把“东”叫做 qaɯ^{55}（底）ndɦu$^{35-55}$（天）“天底”，把“西”叫做 fau^{55}（顶）ndɦu^{35}（天）“天顶”，因为那个地方水向东流。在水向北流的地区，又把“北”叫做 qaɯ^{55} ndɦu$^{35-55}$，“南”叫做 fau^{55} ndɦu^{35}。如果水流的方向不是正北而是西北或东北，则 qaɯ^{55} ndɦu$^{35-55}$，fau^{55} ndɦu^{35}所代表的方向又成了“西北”、“东南”或“东北”、“西南”了。

苗语的各种方位词就简单介绍这一些。在苗族日常生活中，这几十个方位词远远不能表示苗族所表述的方位。方位词和方位词还能构成几百个方位词词组，每个词组表达一个特定的方位。但由于篇幅关系，这里不再列举，以后将另文讨论。

贵州威宁苗语的状词*

贵州威宁苗语（属川黔滇方言滇东北次方言）动词、形容词后面经常附有一些音节，表示动词所表动作的状态、速度、声音和形容词所表性质的状态。例如 dɦey^{31}（出）dlɦey^{11}（急出貌）的意思是“一下子就出来”，zɦau^{31}（坐）ʈa^{55}（端坐貌）的意思是“端正地坐着”，pai^{55}（迸）pi^{33}ɳʈi^{55}（迸落的声音）的意思是“噼里啪啦地乱迸（多指谷物的颗粒）”，ntsa^{55}（绿）mi^{55}sie^{55}（绿貌）的意思是“绿茵茵的”，tl̥ey^{55}（白）ntshie^{11}lɦie^{11}（白貌）的意思是“白生生的”。我们曾一度认为，经常附在动词、形容词后面的音节很少单独使用，可以看作动词、形容词的后加成分，例如把上面举的例子写成 dɦey^{31}dlɦey^{11}、zɦau^{31}ʈa^{55}、pai^{55}pi^{33}ɳʈi^{55}、ntsa^{55}mi^{55}sie^{55}、tl̥ey^{55}ntshie^{11}lɦie^{11}，都看作带后加成分的合成词，意义分别为“急出”、“端坐”、“乱迸”、“绿茵茵”、“白生生”。但情况并不是这样简单。

在动词、形容词与后附音节之间还可以加上具有附加意义的音节。在动词和后附音节之间可以加上 ta^{55}，表示动词所表动作的施动者是小的人或事物，如 zɦau^{31} ta^{55} ʈa^{55}的意思是“（小的人）端正地坐着”；还可以加 tsi^{55}，表示减弱的意思，如 zɦau^{31} tsi^{55} ʈa^{55}的意思是“坐得虽端正，但不是那么太端正”。在形容词和后附音节之间除可以加 ta^{55}、tsi^{55}以外，还可以加 ndɦu^{35}，表示加强意思。如 tl̥ey^{55} ta^{55} ntshie^{11}lɦie^{11}的意思是“（小的东西）白生生的”，tl̥ey^{55}tsi^{55}ntshie^{11}lɦie^{11}的意思是“白虽白，但不是那么太白”，tl̥ey^{55} ndɦu^{35} ntshie^{11} lɦie^{11}的意思是“白极了”。在这种情况下，我们觉得如果把动词、形容词与后附音节看作带后加成分的合成词的话，势必要承认这种合成词还可以加中加成分 ta^{55}、ndɦu^{35}、tsi^{55}。还有，如果动词是及物的，后附音节还要放在动词的宾语之后，而且在宾语与后附音节之间加一个起联系作用的音节 ɡi^{11}，如 hi^{11}（说）lu^{33}（话）ɡi^{11}（联系音节）pi^{55}ʈə^{55}（大声说话声）的意思是“大声说话”，如果说话者是一个孩子，这个语段中还要加一个 ta^{55}，即 hi^{55} lu^{33} ɡi^{11} ta^{55} pi^{55}ʈə^{55}（［小的人］大声说话）。如果把这样长的语段叫做一个词，那么有些句子就只有主语和谓语，因为动词和它的宾语合并成为一个词了。这就要造成一种混乱

* 本文为提交第15届国际汉藏语言学会议的论文，会后发表在《语言研究》1983年第2期，第192～211页。

的局面；带后加成分的及物动词作谓语时，句子没有宾语，不带后加成分的动词作谓语时，句子有宾语。试比较下列两句话：

ȵɦi^{11} hi^{11} lu^{33} ɡi^{11} pi^{55} ʈə^{55}. 他大声说话。（主—谓）
他 说 话 大声

ȵɦi^{11} hi^{11} lu^{33} . 他说话。（主—谓—宾）
他 说 话

在这种情况下，我们觉得把动词后面表示动作状态、声音等的音节看作附加成分是不恰当的，因为句法体系遭到了破坏。我们只好承认动词的后附音节是独立的词，叫做状词。

形容词没有宾语，是否可以把形容词的后附音节看作后加成分呢？我们也曾这样想过，但动词和形容词的后附音节有许多共同性，例如都有变形，都能加 ta^{55}、tsi^{55}等音节表示附加意义。如果把 ta^{55}、tsi^{55}看作动词后面的状词的前加成分或者看作助词，它们在带后加成分的形容词里却是中加成分。试比较：

zɦau^{31} ta^{55} ʈa^{55} 或 zɦau^{31} ta^{55} ʈa^{55} （小的人）端正地坐着
坐 （前加成分）端坐貌 坐 （助词）端坐貌

tl̥ey^{55} tɑ^{55} ntshie^{11} lɦie^{11} （小的东西）白生生的
白 （中加成分 + 后加成分）

很明显，这是把一个作用相同的语素 ta^{55}作了不同的处理。最后我们决定把动词、形容词的后附音节统一称为状词，把有附加意义的音节 ta^{55}、ndɦu^{35}、tsi^{55}看作助词。

状词虽然主要修饰动词、形容词，但它们和副词不同。在威宁苗语中，副词通常是在动词、形容词前面作修饰语，而状词都是在后面作修饰语。副词没有形态变化，状词绝大多数都有形态变化。所以我们没有把状词看作副词的一个附类，而认为状词是一个独立的词类。

一 状词的语音特点

状词有单音节的和多音节的，多音节的主要是双音节的，有少数是四音节的。

威宁苗语共有六个调形，它们是高平、高降、高升、中平、低降、低平，其调值分别为 55、53、35、33、31、11。威宁苗语古仄声来源的单音节词与词类有关：古苗语浊声母上声字在威宁苗语有低平、中平两个调形。低平是非名词的调形，中平是名词的调形。古苗语浊声母去声字和入声字在威宁苗语都各有低降、高降两个调形。低降是非名词的调形，高降是名词的调形。威宁苗语保存着古苗语的全部浊塞音和浊塞擦音（包括带鼻冠音的 mb、ndz…）。由于状词不是名词性的词，所以声母为浊塞音和浊塞擦音的中平、高降调的单音节词中没有状词。双音节的状词，声调主要有55 55、33 33、31 31、11 11、33 35、33 55 六种组合形式，其中，中平调音节也没有浊塞音和浊塞擦音声母。

二 和状词连用的三个助词

有三个助词可以加在状词前面表示附加意义。第一个是表示指小意义的 ta^{55}。指小是对主语说的，当主语是代表小的人或事物的名词、代词时（例如听话人是一个小孩子，则代词“你”就是代表小的人），绝大多数的状词前面要加 ta^{55}；有时，主语虽不是代表小的人或事物的名词、代词，状词前面也可以加 ta^{55}，这时 ta^{55}的意义不是指小，而是表示嘲讽或亲昵。第二个是表示加强意义的 ndɦu^{35}。加强是对性质说的，如果认为形容词所表示的性质比一般的程度为强，就在修饰形容词的状词前面加 ndɦu^{35}。第三个是表示减弱意义的 tsi^{55}。减弱是对动作或性质来说的，如果认为动词所表示的动作或形容词所表示的性质比一般的程度为弱，就在状词前面加 tsi^{55}。

三 状词的形态变化

（一）绝大多数状词除本形外都有一个变形。本形表示动作或性质是规则的、单纯少变的；变形表示动作或性质是不规则的、复杂多变的。本形和变形跟句子的主语部分所代表的事物是单个的或多个的无必然关系。但由于单个事物所做的动作或所具有的性质往往比较规则、单纯少变，多个事物所做的动作或所具有的性质往往比较不规则、复杂多变，所以主语部分所代表的事物为单个的时候，多用状词的本形，为多个的时候，多用状词的变形。状词变形的规则如下。

1. 单音节的 变形是在本形的前面加上一个音节。所加音节的声母和本形的声母相同，韵母为 u，声调为高平调。例如 bɯ^{31}（清洁貌）的变形为 bu^{55}bɯ^{31}。

如果本形的韵母为 u，则所加音节的韵母要异化为 i。例如：lu^{31}（光亮貌）的变形为 $li^{55}lu^{31}$。

如果本形的韵母为 o、y、au、ey（本身为圆唇元音或以圆唇元音结尾），则所加音节的韵母可以异化为 i，也可以不异化，仍旧是 u。虽然两种形式在语言中都存在，但异化为

i 的形式用得较多。例如：ndlɦo^{11}（飘浮貌）的变形为 ndli^{55}ndlɦo^{11}或 ndlu^{55}ndlɦo^{11}①。ȵy^{33}（愁闷貌）的变形为 ȵi^{55}ȵy^{33}或 ȵu^{55}ȵy^{33}，dzɦau^{11}（撞个满怀貌）的变形为 dzi^{55}dzɦau^{11}②或 dzu^{55}dzɦau^{11}，lɦey^{11}（叫声）的变形为 li^{55}lɦey^{11}或 lu^{55}lɦey^{11}。

2. 双音节的

（1）当本形第一个音节的声母为 p、t、th、k、kh、m、l，韵母为 i，或者本形第一个音节的声母为喉塞音（标音时省略），韵母为 a 时，本形前面加上两个音节。所加第一个音节的声、韵母和本形第一个音节的声、韵母相同，声调为高平调；所加第二个音节的声母和本形第二个音节的声母相同，韵母为 u 或异化为 i，异化的条件和单音节的状词相同，声调为高平调。例如：pi^{33}ɳʈi^{55}③（迸落声）的变形为 pi^{55}ɳʈu^{55}pi^{33}ɳʈi^{55}；a^{11}lɦey^{11}（呼叫声）的变形为 a^{55}li^{55}a^{11}lɦey^{11}或 a^{55}lu^{55}a^{11}lɦey^{11}④。这种变形若直接接在动词、形容词后面作修饰语，所加的第一个音节可以省略。例如：pi^{55}ɳʈu^{55}pi^{33}ɳʈi^{55}可以省略为 ɳʈu^{55}pi^{33}ɳʈi^{55}；a^{55}li^{55}a^{11}lɦey^{11}或a^{55}lu^{55}a^{11}lɦey^{11}可以省略为 li^{55}a^{11}lɦey^{11}或 lu^{55}a^{11}lɦey^{11}。

（2）当本形第一个音节不是 pi、ti、thi、ki、khi、mi、li、a（不算声高）而本形两个音节的韵母相同时，则在本形前面加两个音节，所加第一个音节的声母和本形第一个音节的声母相同，所加第二个音节的声母和本形第二个音节的声母相同，两个音节的韵母都是 u。例如：ntshie^{11}lɦie^{11}（白貌）的变形为 ntshu^{55}lu^{55}ntshie^{11}lɦie^{11}。如果本形的两个音节的韵母是 u，所加两个音节韵母都异化为 i。例如：thu^{11}lɦu^{11}（注视貌）的变形为 thi^{55}li^{55}thu^{11}lɦu^{11}。当本形的两个音节的韵母不同的时候，则在本形前面加两个音节，所加第一个音节的声、韵母和本形第一个音节的声、韵母相同，所加第二个音节的声母和本形第二个音节的声母相同，韵母为 u。例如：dʐi^{31}vɦai^{31}（悄悄走貌）的变形为 dʐi^{55}vu^{55}dʐi^{31}vɦai^{31}。如果变形第二个音节的声母为浊的流音、擦音（如上面二例中的 l、v），在直接放在动词、形容词的后面作修饰语时，浊的流音、擦音丢失，因而使所加的两个音节合并为一个音节。上述的 ntshu^{55}lu^{55}ntshie^{11}lɦie^{11}读作 ntshu^{55}ntshie^{11}lɦie^{11}，dʐi^{55}vu^{55}dʐi^{31}vɦai^{31}读作 dʐu^{55}dʐi^{31}vɦai^{31}。如果第二个音节不是浊的流音、擦音，则无合并现象。例如：ȵtɕhaɯ^{55}n̥aɯ^{55}（颤动貌）的变形 ȵtɕhu^{55}n̥u^{55}ȵtɕhaɯ^{55}n̥aɯ^{55}不能读作 ȵtɕhu^{55}ȵtɕhaɯ^{55}n̥aɯ^{55}。

（二）威宁苗语修饰动词的状词不论单音节的或双音节的都有重叠形式，不只重叠一次，也可以重叠两次、三次，或重叠双音节状词的第二个音节（本文只以重叠一次的作代表），表示动作的延续。个别修饰形容词的双音节状词，在本身单独用来表示具有该状词修饰的形容词所表性质的事物在作延续的动作时，也可以重叠。重叠也是一种形态变化。

① 高平调的音节没有送气浊音声母，所加音节的声母必须去掉浊送气成分。这里的 ndl-仍看作和 ndlɦ-相同。

② i 接舌尖前、后音声母时，读展唇舌尖前、后元音，如这里的 dzi^{55} dzɦau^{11}实际读音为［dzɿ^{55} dzɦau^{11}］。

③ pi^{33}ɳʈi^{55}实际读音为［pi^{33}ɳʈɿ^{55}］。

④ 以元音开始的音节实际都有一个喉塞音声母，这里的 a^{11}lɦey^{11}的实际读音为［ʔa^{11}lhœy^{11}］（ey 的实际音值为 œy）。后同此。

四　状词的分类

状词可以分为以下六类。

（一）第一类状词

第一类状词直接放在形容词的后面修饰形容词。这类状词有貌、式两种语法范畴。貌有单纯貌和驳杂貌；式有普通式、指小式、加强式和减弱式。下面列出单音节的和多音节的第一类状词语法变化表。

1. 单音节第一类状词 bɯ^{31}（清洁貌）［修饰形容词 xu^{55}（清洁）］的语法变化表：

单纯貌

普通式　bɯ^{31}

指小式　ta^{55} bɯ^{31}

加强式　ndɦu^{35} bɯ^{31}

减弱式　tsi^{55} bɯ^{31}

驳杂貌

普通式　bu^{55} bɯ^{31}

指小式　ta^{55} bu^{55}bɯ^{31}

加强式　ndɦu^{35} bu^{55}bɯ^{31}

减弱式　tsi^{55} bu^{55}bɯ^{31}

2. 双音节第一类状词 ntshie^{11} lɦie^{11}（白貌）［修饰形容词tl̥ey^{55}（白）］的语法变化表：

单纯貌

普通式　ntshie^{11} lɦie^{11}

指小式　ta^{55} ntshie^{11}lɦie^{11}

加强式　ndɦu^{35} ntshie^{11}lɦie^{11}

减弱式　tsi^{55} ntshie^{11}lɦie^{11}

驳杂貌

普通式　ntshu^{55} lu^{55} ntshie^{11} lɦie^{11}（ntshu^{55} ntshie^{11} lɦie^{11}）

指小式　ta^{55} ntshu^{55} lu^{55} ntshie^{11} lɦie^{11}（ta^{55} ntshu^{55} ntshie^{11} lɦie^{11}）

加强式　ndɦu^{35} ntshu^{55} lu^{55} ntshie^{11} lɦie^{11}（ndɦu^{35} ntshu^{55} ntshie^{11} lɦie^{11}）

减弱式　tsi^{55} ntshu^{55} lu^{55} ntshie^{11} lɦie^{11}（tsi^{11} ntshu^{55} ntshie^{11} lɦie^{11}）

下面举几个含有第一类状词 ȵɦu^{35}（嫩貌）［修饰形容词 tau^{11}ma^{11}（嫩）］和 ntshie^{11} lɦie^{11}（白貌）的例句。

faɯ^{55}(棵) zau^{55}(菜) ȵi^{55}(这) a^{31}(可) tau^{11}ma^{11}(嫩) ȵɦu^{35}(嫩貌). 这棵菜可嫩。(单纯貌普通式)

fa^{55}(棵，指小) zau^{55} ȵi^{55} a^{31} tau^{11} ma^{11} ta^{55}(指小，助词) ȵɦu^{35}. 这小棵菜可嫩。(单纯貌指小式)

faɯ^{55} zau^{55} ȵi^{55} a^{31} tau^{11} ma^{11} ndɦu^{35}(加强助词) ȵɦu^{35}. 这棵菜可嫩极了。(单纯貌加强式)

faɯ^{55} zau^{55} vɦai^{35}(那) a^{31} lau^{31}(稍) tau^{11} ma^{11} tsi^{55}(减弱助词) ȵɦu^{35}. 那棵菜还算嫩。(单纯貌减弱式)

ti^{55}(些) faɯ^{55} zau^{55} ȵi^{55} a^{31} tau^{11}ma^{11} ȵi^{55}ȵɦu^{35}(嫩貌). 这些棵菜可嫩（有嫩得很的，有稍差一点儿的)。(驳杂貌普通式)

ta^{55}(些，指小) faɯ^{55} zau^{55} ȵi^{55} tau^{11}ma^{11} ta^{55}(指小助词) ȵi^{55}ȵɦu^{35}. 这些小棵儿的菜可嫩（有的很嫩，有的稍差一点儿)。(驳杂貌指小式)

ti^{55} faɯ^{55} zau^{55} ȵi^{55} a^{31} tau^{11}ma^{11} ndɦu^{35}(加强助词) ȵi^{55}ȵɦu^{35}. 这些棵菜可嫩极了（有嫩得很的，有稍差一点儿，但也很嫩)。(驳杂貌加强式)

ti^{55} faɯ^{55} zau^{55} vɦai^{35} a^{31}lau^{31}(稍) tau^{11}ma^{11} tsi^{55}(减弱助词) ȵi^{55}ȵɦu^{35}. 那些棵菜还算嫩（有的嫩，有的稍差一点儿，有的不嫩)。(驳杂貌减弱式)

tu^{33}(只) la^{55}(兔) ȵi^{55}(这) i^{55}(一) tu$^{33-31}$①(只) ku^{11}(联系助词) tl̥ey^{55}（白） ntshie^{11} lɦie^{11}(白貌)。这(只兔儿) 是一只白生生的兔儿。(单纯貌普通式)

ta^{33}(只，指小，定指) la^{55} ȵi^{55} i^{55} da^{35}(只，指小，不定指) ku^{11} tl̥ey^{55} ta^{55}(指小助词) ntshie^{11}lɦie^{11}. 这（只小兔儿）是一只白生生的小兔儿。(单纯貌指小式)

tu^{33} la^{55} ȵi^{55} i^{55} tu$^{33-31}$ ku^{11} tl̥ey^{55} ndɦu^{35}(加强助词) ntshie^{11}lɦie^{11}. 这（只兔儿）是一只白极了的兔儿。(单纯貌加强式)

tu^{33} la^{55} vɦai^{35}(那) i^{55} tu$^{33-31}$ ku^{55} tl̥ey^{55} tsi^{55}（减弱助词）ntshie^{55}lɦie^{55}. 那（只兔儿）是一只白不呲咧的兔儿。(单纯貌减弱式)

ti^{55}(些，定指) tu$^{33-11‘}$② la^{55} ȵi^{55} di^{31}(些，不定指) ku^{11} tl̥ey^{55} ntshu^{55} ntshie^{11} lɦie^{11}（白貌）. 这些（只兔儿）是一些白生生的兔儿（有的很白，有的稍差一点儿)。(驳杂貌普通式)

ta^{55}（些，指小，定指）tu$^{33-11‘}$la^{55} ȵi^{55} da^{35}（些，指小，不定指）tu$^{33-11‘}$ku^{11} tl̥ey^{55} ta^{55}（指小助词）ntshu^{55}ntshie^{11}lɦie^{11}. 这些（只小兔儿）是一些白生生的小兔儿（有的很白，有的稍差一点儿)。(驳杂貌指小式)

---

① tu^{33}是一个有特殊变化的量词，它的定指变形为 tai^{33}，ta^{33}不定指变形为 dai^{35}，da^{35}，本形 tu^{33}接数词 1、2、3、4、5 时为 du^{31}，接数词 9 时为 dɦu^{11}。

② 凡变调后声母变为带浊送气成分的浊音时，在变调调值的后面加上一个“‘ ”符号。这里的 tu^{33}变调后读作 dɦu^{11}。

ti^{55} tu$^{33-11}$ʻ la^{55} ȵi^{55} di^{31} （些，不定指） ku^{11} tl̥ey^{55} ndɦu^{35} （加强助词） ntshu^{55} ntshie^{11} lɦie^{11}. 这些（只兔儿）是一些白极了的兔儿（有的特别白，有的稍差一点儿，但也很白）。（驳杂貌加强式）

ti^{55} tu$^{33-11}$ʻ la^{55} vɦai^{35} di^{31}（些，不定指） ku^{11} tl̥ey^{55} tsi^{55}（减弱助词） ntshu^{55}ntshie^{11}lɦie^{11}. 那些（只兔儿）是一些白不呲咧的兔儿（有的还算白，有的稍差一点儿，有的更差）。（驳杂貌减弱式）

第一类状词和形容词构成的词组在句子中经常作表语，但必须用联系助词 ɡi^{11} 和主语相连，同时在 ɡi^{11} 前面还经常有副词 a^{31} （可）、a^{31}lau^{31}（稍） 等。为了节省篇幅只举四个例句。

faɯ^{55}（棵） zau^{55}（菜） ȵi^{55}（这） a^{31}（可） ɡi^{11}（联系助词） tau^{11}ma^{11} （嫩） ȵɦu^{35}（嫩貌）. 这棵菜可是嫩。（单纯貌普通式）

faɯ^{55} zau^{55} vɦai^{35}（那） a^{31} lau^{31}（稍） ɡi^{11}（联系助词） tau^{11}ma^{11}（嫩） tsi^{55} （减弱助词） ȵɦu^{35}. 那棵菜还算是嫩。（单纯貌减弱式）

tu^{33}（只） la^{55}（兔） ȵi^{55}（这） a^{31}（可） ɡi^{11} （联系助词） tl̥ey^{55} （白） ndɦu^{35} （加强助词） ntshie^{11}lɦie^{11}（白貌）. 这只兔儿可是白极了。（单纯貌加强式）

ta^{55}（些，指小） tu$^{33-11}$ʻ la^{55} ȵi^{55} a^{31}（可） ɡi^{11} （联系助词） tl̥ey^{55} ta^{55}（指小助词） ntshu^{55} ntshie^{11}lɦie^{11}（白貌）. 这些只小兔儿可是白生生的（有的很白，有的差一点儿，但还是够白的）。（驳杂貌指小式）

有少数双音节的第一类状词可以和联系助词 ɡi^{11} 组成 ɡi^{11} 字短语，在这种短语中，状词的意义也和修饰形容词时的意义不同，而是表示事物摆动的样子，此事物具有状词经常修饰的形容词所表示的性质。这种 ɡi^{11} 字短语在句子中作前状语，修饰作谓语的动词。在这种用法中，状词没有加强式和减弱式，驳杂貌用四音节的变形而不用省略第一个音节或第一、二两个音节合并的三音节的变形，单纯貌和驳杂貌都可以重叠表示延续。下面举几个例句。

qa^{55} ʂi^{33}（什么） ɡi^{11}（联系助词） ntshie^{11}lɦie^{11}（白物晃动貌） tl̥a^{33}（到） qhai^{55}（处） dɦi^{35} （对面那） lɦey^{31}（去了）? 什么白色的东西一晃一晃地到对面去了? （单纯貌普通式）

i^{55}（一） da^{35}（只，指小，不定指） ʑɦaɯ^{35}（羊） ɡi^{11}（联系助词） ta^{55} （指小助词） ntshie^{11}lɦie^{11}（白物晃动貌） tl̥a^{33}（到） qhai^{55} dɦi^{35} lɦey^{31}. 一只小白羊一晃一晃地到对面去了。（单纯貌指小式）

qa^{55} ʂi^{33} ɡi^{11}（联系助词） ntshu^{55}lu^{55}ntshie^{11}lɦie^{11}（白物晃动貌） tl̥a^{33} （到） qhai^{55} dɦi^{35} lɦey^{31}? 什么白色的东西一晃一晃地到对面去了?（即使主语所表事物是单个的，也可以用驳杂貌的形式。这是因为晃动得不规则，忽高忽低，忽左忽右，或时隐时现。如一只白色的蝴蝶在树林中飞过，在说话人未能肯定飞过去的东西是蝴蝶时就可以提出这样的问题。）（驳杂貌普通式）

i^{55} da^{35} ʑɦaɯ^{35} ɡi^{11} ta^{55} ntshu^{55}lu^{55}ntshie^{11}lɦie^{11} tl̥a^{33} qhai^{55} dɦi^{35} lɦey^{31}. 一只小白羊一晃一晃地到对面去了。（驳杂貌指小式）

qa^{55} ʂi^{33} ɡi^{11} ntshie^{11}lɦie^{11}ntshie^{11}lɦie^{11}(白物晃动貌) tl̥a^{33} qhai^{55} dɦi^{35} lɦey^{31}? 什么白色的东西一晃一晃、一晃一晃地到对面去了?(单纯貌普通式延续体)

i^{55} da^{35} ʐɦaɯ^{35} ɡi^{11} ta^{55} ntshu^{55}lu^{55}ntshie^{11}lɦie^{11}ntshu^{55}lu^{55}ntshie^{11}lɦie^{11} (白物晃动貌) tl̥a^{33} qhai^{55} dɦi^{35} lɦey^{31}. 一只小白羊一晃一晃地到对面去了。(驳杂貌指小式延续体)

第一类状词一般没有延续体，只有像上面所说的极少数的第一类状词和 ɡi^{11} 组成 ɡi^{11} 字短语时才有延续体，可以认为这是第一类状词借作第五类状词用，所以我们在谈第一类状词的语法范畴时，未说有延续体，也就是说修饰形容词的状词没有重叠形式。

(二) 第二类状词

第二类状词直接放在不及物动词后面修饰不及物动词。这类状词有貌、式两种语法范畴：貌有单纯貌和驳杂貌；式有普通式、指小式和减弱式。下面列出第二类状词 ʈa^{55} (端坐貌) [修饰动词 zɦau^{31} (坐)] 的语法变化表：

单纯貌

普通式	ʈa^{55}
指小式	ta^{55} ʈa^{55}
减弱式	tsi^{55} ʈa^{55}

驳杂貌

普通式	ʈu^{55} ʈa^{55}
指小式	ta^{55} ʈu^{55}ʈa^{55}
减弱式	tsi^{55} ʈu^{55}ʈa^{55}

下面举几个含有第二类状词 ʈa^{55} (端坐貌) 的例句。

ɳɦi ^{11}(他) zɦau^{31}(坐) ʈa^{55}(端坐貌) qhai^{55}(处) vɦai^{35}(那) . 他在那儿正襟危坐。(单纯貌普通式)

tsa^{55}(个，男性，指小) ky^{55}(弟弟) zɦau^{31} ta^{55}(指小助词) ʈa^{55} qha^{55}(处，指小) vɦai^{35}. 小弟弟在那儿端端正正地坐着。(单纯貌指小式)

ɳɦi^{11} zɦau^{31} tsi^{55}(减弱助词) ʈa^{55} qhai^{55} vɦai^{35}. 他在那儿不是那么太端正地坐着。(单纯貌减弱式)

ɳɦi^{11}dzɦau^{31}(他们) zɦau^{31} ʈu^{55}ʈa^{55}(端坐貌) qɦai^{55} vɦai^{31}. 他们在那儿端正地坐着 (人多，坐的状态不一)。(驳杂貌普通式)

ta^{55}(些，指小) ŋa$^{55-11}$ ʐau^{11}(孩子) vɦai^{35} zɦau^{31} ta^{55}(指小助词) ʈu^{55}ʈa^{55} qha^{55}(处，指小) vɦai^{35}. 那些小孩子在那儿端正地坐着 (人多，坐的状态不一)。(驳杂貌指小式)

ɳɦi^{11} dzɦau^{35} zɦau^{31} tsi^{55}(减弱助词) ʈu^{55}ʈa^{55} qhai^{55} vɦai^{35}. 他们在那儿坐得不是那么端正 (人多，坐的状态不一)。(驳杂貌减弱式)

(三) 第三类状词

第三类状词可以直接放在不及物动词后面修饰不及物动词，也可以和 ɡi^{11} 组成 ɡi^{11} 字短语再放在不及物动词后面修饰不及物动词。这类状词有貌、式、体三种语法范畴：貌有单纯貌和驳杂貌；式有普通式、指小式；体有一次体、多次体和延续体。状词直接修饰不及物动词时表示一次体，状语和 gi^{11}组成的 gi^{11}字短语修饰不及物动词时表示多次体。状词的重叠形式或状词的重叠形式和 gi^{11}组成的 gi^{11}字短语修饰不及物动词都表示延续体，二者没有区别。下面列出单音节的和双音节的第三类状词的语法变化表。

1. 单音节第三类状词 dlɦey^{11}① （火苗晃动貌）［修饰不及物动词 dʑi^{31} （燃烧）］的语法变化表：

单纯貌

普通式

一次体　dlɦey^{11}

多次体　gi^{11} dlɦey^{11}

延续体　dlɦey^{11}dlɦey^{11} （或 gi^{11} dlɦey^{11}dlɦey^{11}）

指小式

一次体　ta^{55} dlɦey^{11}

多次体　gi^{11} ta^{55} dlɦey^{11} （少用）

延续体　ta^{55} dlɦey^{11}dlɦey^{11} （或 gi^{11} ta^{55} dlɦey^{11}dlɦey^{11}）

驳杂貌

普通式

一次体　dli^{55}dlɦey^{11} （或 dlu^{55}dlɦey^{11}）

多次体　gi^{11} dli^{55}dlɦey^{11} （或 gi^{11} dlu^{55}dlɦey^{11}）

延续体　dli^{55}dlɦey^{11}dli^{55}dlɦey^{11} （或 dlu^{55}dlɦey^{11}dlu^{55}dlɦey^{11}或 gi^{11} dli^{55}dlɦey^{11}dli^{55}dlɦey^{11}或 gi^{11} dlu^{55}dlɦey^{11}dlu^{55}dlɦey^{11}）

指小式

一次体　ta^{55} dli^{55}dlɦey^{11} （或 ta^{55} dlu^{55}dlɦey^{11}）

多次体　gi^{11} ta^{55} dli^{55}dlɦey^{11} （或 gi^{11} ta^{55} dlu^{55}dlɦey^{11}）

延续体　ta^{55} dli^{55} dlɦey^{11} dli^{55} dlɦey^{11} （或 ta^{55} dlu^{55} dlɦey^{11} dlu^{55} dlɦey^{11} 或 gi^{11} ta^{55} dli^{55}dlɦey^{11}dli^{55}dlɦey^{11}或 gi^{11} ta^{55} dlu^{55}dlɦey^{11}dlu^{55}dlɦey^{11}）

2. 双音节第三类状词 pi^{33}ɳʈi^{55} （迸落貌）［修饰不及物动词 pai^{55} （迸落）］的变化表：

单纯貌

普通式

一次体　pi^{33}ɳʈi^{55}

多次体　gi^{11} pi^{33}ɳʈi^{55}

① dlɦey^{11}也修饰不及物动词 dɦey^{31} （出），意思是“急出貌”。

延续体　pi^{33}ɳʈi^{55}pi^{33}ɳʈi^{55}（或 ɡi^{11} pi^{33}ɳʈi^{55}pi^{33}ɳʈi^{55}）

指小式

一次体　ta^{55} pi^{33}ɳʈi^{55}

多次体　ɡi^{11} ta^{55} pi^{33}ɳʈi^{55}

延续体　ta^{55} pi^{33}ɳʈi^{55}pi^{33}ɲʈi^{55}（或 ɡi^{11} ta^{55} pi^{33}ɳʈi^{55}pi^{33}ɳʈi^{55}）

驳杂貌

普通式

一次体　pi^{33}ɳʈu^{55}pi^{33}ɳʈi^{55}（或 ɳʈu^{55}pi^{33}ɳʈi^{55}）

多次体　ɡi^{11} pi^{55}ɳʈu^{55}pi^{33}ɳʈi^{55}

延续体　pi^{55} ɳʈu^{55} pi^{33} ɳʈi^{55} pi^{55} ɳʈu^{55} pi^{33} ɳʈu^{55}（或 ɳʈu^{55} pi^{33} ɳʈi^{55} ɳʈu^{55} pi^{33} ɳʈi^{55} 或 ɡi^{11} pi^{55}ɳʈu^{55}pi^{33}ɳʈi^{55}pi^{55}ɳʈu^{55}pi^{33}ɳʈi^{55}）

指小式

一次体　ta^{55} pi^{55}ɳʈu^{55}pi^{33}ɳʈi^{55}（或 ta^{55} ɳʈu^{55}pi^{33}ɳʈi^{55}）

多次体　ɡi^{11} ta^{55} pi^{55}ɳʈu^{55}pi^{33}ɳʈi^{55}

延续体　ta^{55} pi^{55}ɳʈu^{55}pi^{33}ɳʈi^{55}pi^{55}ɳʈu^{55}pi^{33}ɳʈi^{55}（或 ta^{55} ɳʈu^{55}pi^{33}ɳʈi^{55}ɳʈu^{55}pi^{33} ɳʈi^{55}或 ɡi^{11} ta^{55} pi^{55}ɳʈu^{55}pi^{33}ɳʈi^{55}pi^{55}ɳʈu^{55}pi^{33}ɳʈi^{55}）

为了节省篇幅，下面只举几个含有第三类状词 dlɦey^{11}(火苗晃动貌）的例句。

dʐɦaɯ^{35}(堆）dey$^{33-53}$（火）dʑi^{31}(燃）dlɦey^{11}(火苗晃动貌）. 这堆火一下子着了（火苗晃动着）。(单纯貌普通式一次体)

dʐɦaɯ^{35} dey$^{33-53}$ dʑi^{31} ɡi^{11}(联系助词）dlɦey^{11}. 这堆火着得时猛时弱（猛时火苗晃动，弱时不见火苗）。(单纯貌普通式多次体)

dʐɦaɯ^{35} dey$^{33-53}$ dʑi^{31} ɡi^{11}(联系助词）dlɦey^{11}dlɦey^{11}（火苗晃动貌）. 这堆火熊熊燃烧（火苗一直晃动着）。(单纯貌普通式延续体)

dʐɦa^{35}(堆，指小）dey$^{33-11}$ʻ dʑi^{31} ta^{55}(指小助词）dlɦey^{11}. 这小堆儿火一下子着了（火苗晃动着）。(单纯貌指小式一次体)

dʑɦa^{35}(堆，指小）dey$^{33-11}$ʻ dʑi^{31} ɡi^{11}(联系助词）ta^{55}(指小助词）dlɦey^{11}. 这小堆儿火着得时猛时弱（猛时火苗晃动，弱时不见火苗）。(单纯貌指小式多次体，少用)

dʐɦa^{35}(堆，指小）dey$^{33-11}$ʻ dʑi^{31} ɡi^{11}(联系助词）ta^{55}(指小助词）dlɦey^{11}dlɦey^{11}（火苗晃动貌）. 这小堆儿火熊熊燃烧。(单纯貌指小式延续体)

dʐɦaɯ^{35} dey$^{33-35}$ dʑi^{31} dli^{55}dlɦey^{11}(或 dlu^{55}dlɦey^{11}，火苗晃动貌）. 这堆火一下子着了（由于柴草种类不一，火苗晃动得不规则）。(驳杂貌普通式一次体)

dʐɦaɯ^{35} dey$^{33-35}$ dʑi^{31} ɡi^{11}(联系助词）dli^{55}dlɦey^{11}(或 dlu^{55}dlɦey^{11}）. 这堆火着得时猛时弱（火苗晃动得不规则）。(驳杂貌普通式多次体)

dʐɦaɯ^{35} dey$^{33-35}$ dʑi^{31} ɡi^{11}(联系助词）dli^{55}dlɦey^{11}dli^{55}dlɦey^{11}(或 dlu^{55}dlɦey^{11}dlu^{55}dlɦey^{11}，火苗晃动貌)。这堆火熊熊地燃烧着（火苗晃动得不规则）。(驳杂貌普通式延续体)

dʐɦa^{35}(堆，指小) dey$^{33-11}$ dʑi^{31} ta^{55}(指小助词) dli^{55}dlɦey^{11}(或 dlu^{55}dlɦey^{11}). 这小堆儿火一下子着了（由于柴草种类不一，火苗晃动得不规则）。(驳杂貌指小式多次体)

dʐɦa^{35}(堆，指小) dey$^{33-11}$ dʑi^{31} ɡi^{11}(联系助词) ta^{55}(指小助词) dli^{55}dlɦey^{11}dli^{55}dlɦey^{11}(或 dlu^{55}dlɦey^{11}dlu^{55}dlɦey^{11}). 这小堆儿火熊熊燃烧着（火苗晃动得不规则）。(驳杂貌指小式延续体)

第三类状词一次体或不带联系助词 ɡi^{11}的延续体的形式与所修饰的不及物动词构成的词组，在句子中经常作表语，但必须用联系助词 ɡi^{11}和主语相连。上面举的一次体和延续体的例句，只要在不及物动词前面加上联系助词 ɡi^{11}就可以了。下面只举四个例句。

dʐɦaɯ^{35} dey$^{33-53}$ ɡi^{11}(联系助词) dʑi^{11} dlɦey^{11}. 这堆火火苗摇摇晃晃地燃烧着。(单纯貌普通式一次体)

dʐɦaɯ^{35} dey$^{33-53}$ ɡi^{11}(联系助词) dʑi^{31} dlɦey^{11}dlɦey^{11}. 这堆火火苗摇摇晃晃地一直熊熊燃烧着。(单纯貌普通式延续体)

dʐɦa^{35}(堆，指小) dey$^{11-35}$ ɡi^{11}(联系助词) dʑi^{31} ta^{55}(指小助词) dli^{55}dlɦey^{11}（或 dlu^{55}dlɦey^{11}). 这小堆儿火火苗忽高忽低地燃烧着。(驳杂貌指小式一次体)

dʐɦa^{35}(堆，指小) dey$^{33-53}$ ɡi^{11}(联系助词) dʑi^{31} ta^{55}(指小助词) dli^{55}dlɦey^{11}dli^{55}dlɦey^{11}(或 dlu^{55}dlɦey^{11}dlu^{55}dlɦey^{11}). 这小堆儿火火苗忽高忽低地熊熊燃烧着。(驳杂貌指小式延续体)

（四）第四类状词

第四类状词修饰及物动词，但必须和联系助词 ɡi^{11}组成 ɡi^{11}字短语才能修饰，位置在及物动词的宾语后面。这类状词有貌、式、体三种语法范畴：貌有单纯貌和驳杂貌；式有普通式、指小式和减弱式；体有短暂体和延续体。下面列出第四类状词 pi^{55}ʈə^{55}（大声说话声）[修饰及物动词 hi^{11}(说)] 的语法变化表：

单纯貌

普通式

短暂体　pi^{55}ʈə^{55}

延续体　pi^{55}ʈə^{55}pi^{55}ʈə^{55}

指小式

短暂体　ta^{55} pi^{55}ʈə^{55}

延续体　ta^{55} pi^{55}ʈə^{55}pi^{55}ʈə^{55}

减弱式

短暂体　tsi^{55} pi^{55}ʈə^{55}

延续体　tsi^{55} pi^{55}ʈə^{55}pi^{55}ʈə^{55}

驳杂貌

普通式

短暂体　pi^{55} ʈu^{55} pi^{55} ʈə^{55}

延续体　pi^{55} ʈu^{55} pi^{55} ʈə^{55} pi^{55} ʈu^{55} pi^{55} ʈə^{55}

指小式

短暂体　ta^{55} pi^{55} ʈu^{55} pi^{55} ʈə^{55}

延续体　ta^{55} pi^{55} ʈu^{55} pi^{55} ʈə^{55} pi^{55} ʈu^{55} pi^{55} ʈə^{55}

减弱式

短暂体　tsi^{55} pi^{55} ʈu^{55} pi^{55} ʈə^{55}

延续体　tsi^{55} pi^{55} ʈu^{55} pi^{55} ʈə^{55} pi^{55} ʈu^{55} pi^{55} ʈə^{55}

下面举几个含有第四类状词 pi^{55} ʈə^{55}（大声说话声）的例句。

ȵɦi^{55} dzɦau^{35}（他们）hi^{11}（说）lu^{33}（话）ɡi^{11}（联系助词）pi^{55} ʈə^{55}（大声说话声）．他们大声说话。（单纯貌普通式短暂体）

ȵɦi^{11} dzɦau^{35} hi^{11} lu^{33} ɡi^{11}（联系助词）pi^{55} ʈə^{55} pi^{55} ʈə^{55}（大声说话声）．他们没完没了地大声说话。（单纯貌普通式延续体）

tsa^{55}（个，男性，指小）ŋa$^{55-11}$ ʑau^{11}（孩子）ȵi^{55}（这）hi^{11} lu^{33} ɡi^{11}（联系助词）ta^{55}（指小助词）pi^{55} ʈə^{55}（大声说话声）．这孩子大声说话。（单纯貌指小式短暂体）

tsa^{55} ŋa$^{55-11}$ ʑau^{11} ȵi^{55} hi^{11} lu^{33} ɡi^{11}（联系助词）ta^{55} pi^{55} ʈə^{55} pi^{55} ʈə^{55}（大声说话声）．这孩子没完没了地大声说话。（单纯貌指小式延续体）

ȵɦi^{11} hi^{11} lu^{33} ɡi^{11}（联系助词）tsi^{55}（减弱助词）pi^{55} ʈə^{55}. 他说话说得不是那么太响亮。（单纯貌减弱式短暂体）

ȵɦi^{11} hi^{11} lu^{33} ɡi^{11}（联系助词）tsi^{55} pi^{55} ʈə^{55} pi^{55} ʈə^{55}. 他一直没完没了不那么太响亮地说话。（单纯貌减弱式延续体）

dzau^{33}（群，指人）qa^{55} ʂi^{33}（什么）hi^{11} lu^{33} ɡi^{11}（联系助词）pi^{55} ʈu^{55} pi^{55} ʈə^{55} qhai^{55}（处）tshai^{35}（侧面那）ai^{55}（呢）？一群什么人在旁边那儿大声说话呢（人多，声音嘈杂）？（驳杂貌普通式短暂体）

dzau^{33} qa^{55} ʂi^{33} hi^{11} lu^{33} ɡi^{11}（联系助词）pi^{55} ʈu^{55} pi^{55} ʈə^{55} pi^{55} ʈu^{55} pi^{55} ʈə^{55} qhai^{55} tshai^{35} ai^{55}？一群什么人在旁边那儿没完没了地大声说话呢（人多，声音嘈杂）？（驳杂貌普通式延续体）

ta^{55}（些，指小）ti^{55} ŋɡɦau$^{35-55}$①（姑娘）hi^{11} lu^{33} ɡi^{11}（联系助词）ta^{55}（指小助词）pi^{55} ʈu^{55} pi^{55} ʈə^{55}. 小姑娘们大声说话（人多，声音嘈杂）。（驳杂貌指小式短暂体）

ta^{55} ti^{55} ŋɡɦu$^{35-55}$ hi^{11} lu^{33} ɡi^{11}（联系助词）ta^{55} pi^{55} ʈu^{55} pi^{55} ʈə^{55} pi^{55} ʈu^{55} pi^{55} ʈə^{55}. 小姑娘们没

① 高升调变为高平调后，丢失浊送气成分，鼻音后浊的塞音和塞擦音读作清音，所以这里的 ti^{55} ŋɡɦau$^{35-55}$ 实际读音为［ti^{55} ŋkau^{55}］。

完没了地大声说话（人多，声音嘈杂）。（驳杂貌指小式延续体）

ȵɦi^{11} dzɦau^{35} hi^{11} lu^{33} ɡi^{11}（联系助词） tsi^{55}（减弱助词） pi^{55}ʈu^{55}pi^{55}ʈə^{55}（大声说话貌）. 他们不那么太响亮地大声说话（人多，声音嘈杂）。（驳杂貌减弱式短暂体）

ȵɦi^{11} dzɦau^{35} hi^{11} lu^{33} ɡi^{11}（联系助词） tsi^{55} pi^{55}ʈu^{55}pi^{55}ʈə^{55}pi^{55}ʈu^{55}pi^{55}ʈə^{55}. 他们一直不那么太响亮地大声说话（人多，声音嘈杂）。（驳杂貌减弱式延续体）

第四类状词有的本身可以在句子中作表语，但必须有联系助词 ɡi^{11}和主语相连。在这种情况下，状词兼有它经常修饰的及物动词的意义。仍以 pi^{55}ʈə^{55}为例。为了节省篇幅只举两个例句。

ȵɦi^{11} ɡi^{11}（联系助词） pi^{55}ʈə^{55} qhai^{55} tshai^{35}. 他在旁边那儿大声说话。（单纯貌普通式短暂体）

la^{55}（个，女性，指小） ti^{55} ŋɡɦau$^{35-55}$（姑娘） ɡi^{11}（联系助词） ta^{55}（指小助词） pi^{55}ʈə^{55} pi^{55}ʈə^{55} qhai^{55} tshai^{35}. 小姑娘在旁边那儿没完没了地大声说话。（单纯貌指小式延续体）

（五）第五类状词

第五类状词不修饰动词、形容词，经常在作谓语的句子中作表语，但必须有联系助词 ɡi^{11}和分句的主语相连。这类状词有双音节的，有四音节的。双音节的有貌、式、体三种语法范畴：貌有单纯貌和驳杂貌；式有普通式、指小式和减弱式；体有短暂体和延续体。四音节的没有貌和体的范畴。式的范畴和双音节的相同，有普通式，指小式和减弱式。下面列出双音节的和四音节的第五类状词的语法变化表。

1. 双音节的第五类状词 pi^{11}ɳʈʂai^{11}（眨眼貌）的语法变化表：

单纯貌：

普通式

短暂体　pi^{11}ɳʈʂai^{11}

延续体　pi^{11}ɳʈʂai^{11}pi^{11}ɳʈʂai^{11}

指小式

短暂体　ta^{55} pi^{11}ɳʈʂai^{11}

延续体　ta^{55} pi^{11}ɳʈʂai^{11}pi^{11}ɳʈʂai^{11}

减弱式

短暂体　tsi^{55} pi^{11}ɳʈʂai^{11}

延续体　tsi^{55} pi^{11}ɳʈʂai^{11}pi^{11}ɳʈʂai^{11}

驳杂貌

普通式

短暂体　pi^{55}ɳʈʂu^{55}pi^{11}ɳʈʂai^{11}

延续体　pi^{55}ɳʈʂu^{55}pi^{11}ɳʈʂai^{11}pi^{55}ɳʈʂu^{55}pi^{11}ɳʈʂai^{11}

指小式

短暂体　　ta^{55} pi^{55} ɳʈʂu^{55} pi^{11} ɳʈʂai^{11}

延续体　　ta^{55} pi^{55} ɳʈʂu^{55} pi^{11} ɳʈʂai^{11} pi^{55} ɳʈʂu^{55} pi^{11} ɳʈʂai^{11}

减弱式

短暂体　　tsi^{55} pi^{55} ɳʈʂu^{55} pi^{11} ɳʈʂai^{11}

延续体　　tsi^{55} pi^{55} ɳʈʂ u^{55} pi^{11} ɳʈʂai^{11} pi^{55} ɳʈʂu^{55} pi^{11} ɳʈʂai^{11}

2. 四音节的第五类状词 pi^{33} tshey^{55} pi^{11} ɳ̥ɦaɯ^{11}（毛粗貌）的变化表：

普通式　　pi^{33} tshey^{55} pi^{11} ɳ̥ɦaɯ^{11}

指小式　　ta^{55} pi^{33} tshey^{55} pi^{11} ɳ̥ɦaɯ^{11}

减弱式　　tsi^{55} pi^{33} tshey^{55} pi^{11} ɳ̥ɦaɯ^{11}

下面举几个含有第五类状词 pi^{11} ɳʈʂai^{11}（眨眼貌）和 pi^{33} tshey^{55} pi^{11} ɳ̥ɦaɯ^{11}（毛粗貌）的例句。为了节约篇幅，含有 pi^{11} ɳʈʂai^{11} 的例句只举单纯貌的六个，含有 pi^{33} tshey^{55} pi^{11} ɳ̥ɦaɯ^{11} 的举三个。

ɳ̥ɦi^{11}（他） a^{55} ma^{53}（眼睛） li^{33} mu^{33}（就） ɡi^{11}（联系助词） pi^{11} ɳʈʂai^{11}（眨眼貌）. 他眼睛一眨一眨的。（单纯貌普通式短暂体）

ɳ̥ɦi^{11} a^{55} ma^{53} li^{33} mu^{33} ɡi^{11}（联系助词） pi^{11} ɳʈʂai^{11} pi^{11} ɳʈʂai^{11}（眨眼貌）. 他眼睛老是一眨一眨的。（单纯貌普通式延续体）

tsa^{55}（个，男性，指小） ŋa$^{55-11}$ ʐau^{11}（孩子） ȵi^{55}（这） a^{55} ma^{53} li^{33} mu^{33} ɡi^{11}（联系助词） ta^{55}（指小助词） pi^{11} ɳʈʂai^{11}. 这孩子眼睛一眨一眨的。（单纯貌指小式短暂体）

tsa^{55} ŋa$^{55-11}$ ʐau^{11} ȵi^{55} a^{55} ma^{53} li^{33} mu^{33} ɡi^{11}（联系助词） ta^{55} pi^{11} ɳʈʂai^{11} pi^{11} ɳʈʂai^{11}. 这孩子眼睛老是一眨一眨的。（单纯貌指小式延续体）

ɳ̥ɦi^{11} a^{55} ma^{53} li^{33} mu^{33} ɡi^{11}（联系助词） tsi^{55}（减弱助词） pi^{11} ɳʈʂai^{11}. 他不怎么眨巴眼。（单纯貌减弱式短暂体）

ɳ̥ɦi^{11} a^{55} ma^{53} li^{33} mu^{33} ɡi^{11}（联系助词） tsi^{55} pi^{11} ɳʈʂai^{11} pi^{11} ɳʈʂai^{11}. 他不常眨巴眼。（单纯貌减弱式延续体）

tai^{33}（只） mpa^{33}（猪） zau^{55}（野外） ȵi^{55}（这） tl̥au^{55}（毛） ɡi^{11}（联系助词） pi^{33} tshey^{55} pi^{11} ɳ̥ɦaɯ^{11}（毛粗貌）. 这只野猪，毛粗粗的。（普通式）

ta^{33}（只，指小） mpa^{33} zau^{55} ȵi^{55} tl̥au^{55} ɡi^{11}（联系助词） ta^{55}（指小助词） pi^{33} tshey^{55} pi^{11} ɳ̥ɦaɯ^{11}（毛粗貌）. 这只小野猪，毛粗粗的。（指小式）

tai^{33} mpa^{33} zau^{55} ȵi^{55} tl̥au^{55} ɡi^{11}（联系助词） tsi^{55}（减弱助词） pi^{33} tshey^{55} pi^{11} ɳ̥ɦaɯ^{11}. 这只野猪，毛不怎么粗。（减弱式）

双音节的第五类状词有的能够在句子中或在分句中作谓语。在这种情况下，我们认为是状词借作动词用。例如：

a^{55} ma^{53}（眼） pi^{11} ɳʈʂai^{11}（眨巴）. 眼睛眨巴。（在句子中作谓语）

ɳ̥ɦi^{11}(他) a^{55}ma^{53} pi^{11} ɳʈʂai^{11}.　　他眼睛眨巴。(在分句中作谓语)

四音节的第五类状词有个别的可以和联系助词 ɡi^{11} 组成 ɡi^{11} 字短语修饰不及物动词。在这种情况下，我们认为是第五类状词借作第三类状词用。例如：

i^{55}(一) dzau$^{33-31}$(群，指人) tu^{55}(者) a$^{33-11}$(做) qau^{55}(庄稼) zɦau^{31} (坐) ɡi^{11}(联系助词) ɡau^{31}lau^{31}ɡau^{31}ʈʂu^{11} (围成一圈儿). 一群农民围成一圈坐着。

有的四音节的第五类状词可以和联系助词 ɡi^{11} 组成 ɡi^{11} 字短语，在不及物动词前面修饰不及物动词。例如：

ɳ̥ɦi ^{11}(他) qha^{55} ɳ̥au^{53}(刚刚) ɡi^{11}(联系助词) pi^{33} qho^{33} pi^{33} qho^{33}(走路不稳貌) dɦa^{35} (来) ɳɖɦu^{35}(坡下面). 他刚刚从坡下面晃晃悠悠地走来。(ɡi^{11} pi^{33}qho^{33}pi^{33}qho^{33} 修饰 dɦa^{35})

在这里要交代一下，pi^{33}qho^{33}pi^{33}qho^{33}很可能是双音节状词 pi^{33}qho^{33}的重叠形式，在语法上表延续体。但现在 pi^{33}qho^{33}已不单独作状词用，所以把 pi^{33}qho^{33}pi^{33}qho^{33}看作四音节的第五类状词。虽然如此，若是使 pi^{33}qho^{33}分别和 mɦau^{11} (去)、lɦo^{11} (来) 组成对偶的词组，也是单用，但必须在这种情况下才能单用。例如：

ɳ̥ɦi ^{11}(他) pi^{33}qho^{33}(慢走) mɦau^{11}(去) pi^{33}qho^{33}(慢走) lɦo^{11}(来) qhai^{55} (处) vɦai^{35} (那). 他在那儿无目的地走来走去。

在这种场合，pi^{33}qho^{33}不是状词，而是动词，意思是"慢走"。

ɳ̥ɦi^{11} ɖaɯ^{31}(跑) mɦau^{11}(去) ɖaɯ^{31}(跑) lɦo^{11}(来) qhai^{55} vɦai^{35}. 他在那儿跑来跑去。

四音节的第五类状词有一些可以借作名词用，表示具有状词所表形象的人或物。这样借作名词用的状词可以和名词一样受量词修饰。例如：

mphu^{55}u^{55}mphə^{31}ə^{31}　蠢笨貌（指身体肥胖）

　tsai^{55}(个，指男人) mphu^{55}u^{55}mphə^{31}ə^{31}　蠢笨的男人

　lai^{55}(个，指女人) mphu^{55}u^{55}mphə^{31}ə^{31}　蠢笨的女人

　tai^{33}(只，指动物) mphu^{55}u^{55}mphə^{31}ə^{31}　蠢笨的动物（如大象）

khau^{55}n̥aɯ^{55}khau^{33} ʂə^{55}　衣服破烂貌

　tsai^{55}(个，指男人) khau^{55}n̥aɯ^{55}khau^{33} ʂə^{55}　衣服破烂的男人

　lai^{55}(个，指物或指女人) khau^{55}n̥aɯ^{55}khau^{33} ʂə^{55}　破烂的东西(如麻袋)；衣服破烂的女人

pi^{33}they^{55} pi^{11}lɦa^{11}　衣冠不整貌

　tsai^{55}(个，指男人) pi^{33}they^{55}pi^{11}lɦa^{11}　衣冠不整的男人

　lai^{55}(个，指女人) pi^{33}they^{55}pi^{11}lɦa^{11}　衣冠不整的女人

li^{33}qhaɯ^{55}l̥i^{11}dʑi^{31}　四肢不全貌

　tsai^{55}(个，指男人) li^{33}qhaɯ^{55}l̥i^{11}dʑi^{31}　四肢不全的男人

　lai^{55}(个，指女人) li^{33}qhaɯ^{55}l̥i^{11}dʑi^{31}　四肢不全的女人

tɕhau^{55} n̥au^{55} tɕhau^{55} ʈʂy^{55}① 迫不及待貌

tsai^{55}（个，指男人）tɕhau^{55} n̥au^{55} tɕhau^{55} ɳʈʂy^{11} 急性的男人

lai^{55}（个，指女人）tɕhau^{55} n̥au^{55} tɕhau^{55} ʈʂy^{11} 急性的女人

（六）第六类状词

第六类状词直接接在动宾词组或形补词组的后面作修饰语，没有变形和重叠形式，不和表指小、加强、减弱等附加意义的助词连用，也就是说，没有貌、式、体等语法范畴。如果主语是代表小的人或事物的名词，需要在谓语部分表示指小意义时，则指小意义的助词 ta^{55} 要加在作动词的宾语或作形容词的补语的名词前面。这类状词多为单音节的，有少数为双音节的。这类状词和被修饰的动宾词组、形补词组构成固定词组，在句子中充当一个句子成分。有时动宾词组、形补词组中的动词、形容词和作宾语、补语的名词的意义都不明确，只是由类推知道它们是动词、形容词、名词而已。严格说来，这样的固定词组有的已经成为复音词了。这种固定词组经常用联系助词 ɡi^{11} 和主语相连，在句子中作表语；有的和 ɡi^{11} 组成 ɡi^{11} 字短语在动词前面修饰动词。下面列举一些包含第六类状词的固定词组。

a^{33}（做）fai^{55} ʑɦɯ^{11} 风流潇洒（fai^{55} 是名词，意义不明确，因而状词 ʑɦɯ^{11} 的意义也不明确，但这三个词构成的固定词组作“潇洒”讲。）

a^{33}（做）a$^{55-31}$ du$^{53-31}$（粉末）mphu^{55}（成粉末貌） 碎为齑粉

bɦai^{31}（流）au^{55}（水）zaɯ^{55}（不断流水貌） 潺潺流水

bɦai^{31}（流）ka^{33} ma^{31}（泪）tsi^{55} li^{55}（流泪貌） 眼泪汪汪

tl̥ey^{55}（白）fau$^{55-33}$（头）dɦey^{11}（苍白貌）白发苍苍（fau^{55} 本义为“头”，现在单用时作“顶”讲，如“山顶”叫 fau^{55}（顶）ʈau^{55}（山），“头”现在作 li^{33} fau^{33}。）

tl̥u^{55}（黑）tl̥hu$^{33-11}$（脸）ɳ̥tɕie^{55}（黝黑貌） 面孔黝黑

dlɦu^{35} fau^{55}（头）ŋɦo^{11}（低头貌） 点头哈腰（dlɦu^{35} 的意义不明确）

fɯ^{33}（摇）a^{55} ndzɦaɯ^{11}（尾）sie^{31}（摇尾貌） 摇动尾巴

下面举几个含有 fɯ^{33} a^{55} ndzɦaɯ^{11} sie^{31} 的例句。

tai^{33}（只）tl̥i^{55}（狗）ɡi^{11}（联系助词）fɯ^{33}（摇）a^{55} ndzɦaɯ^{11}（尾）sie^{31}（摇尾貌）. 狗一摆一摆地摇着尾巴。（固定词组作表语，用联系助词 ɡi^{11} 和主语相连）

mɦa^{35}（有）i^{55}（一）dai^{35}（只，不定指）tl̥i^{55} ɡi^{11}（联系助词）fɯ^{33} a$^{55-11}$ ndzɦaɯ^{11} sie^{31} dɦa^{35}（来）qhai（处）vɦai^{35}（那）. 有一只狗从那儿摇着尾巴来了。（固定词组和联系助词 ɡi^{11} 组成 ɡi^{11} 字短语。修饰不及物动词 dɦa^{35}）

mɦa^{35} i^{55} da^{35}（个，指小，不定指）tl̥i^{55} ɡi^{11}（联系助词）fɯ^{33} ta^{55}（指小助词）a^{55} ndzɦaɯ^{11} sie^{31} dɦa^{35} qhai^{55} vɦai^{35}. 有一只小狗儿从那儿摇着尾巴来了。（固定词组中

① y 接舌尖前、后音声母时读圆唇舌尖前、后元音，这里的 ɳʈʂy^{11} 实际读音为［ɳʈʂʮ^{11}］。因 y 接舌尖后音声母，所以读作圆唇舌尖后元音 ʮ，如 y 接舌尖前音声母就读作圆唇舌尖前元音 ɥ，如 sy^{11}（相似）实际读音为［sɥ^{11}］。

作动词宾语的名词前面加上指小助词 ta^{55}，表示作主语的名词是代表小事物的。在这句话中也是固定词组和联系助词 gi^{11}组成 gi^{11}字短语，修饰不及物动词 dɦa^{35}）

附主要状词表

第一类状词

状词	修饰的形容词
a^{33}nti^{33}　浑浊貌	ntl̥o^{55}　浑
a^{33}ntl̥y^{55}　有光泽貌	ndlie^{31}　光滑
a^{11}sai^{11}　细小貌（多指条状物，也指声音）	ʂau^{55}　小，细
bɯ^{31}　清洁貌	xu^{55}　清洁
dɦey^{11}　灰色貌	phɯ^{55}　灰（指颜色）
ki^{11}dʐɦa^{11}　红色貌（多指血）	lie^{55}　红
ki^{11}ndɦa^{11}　红色貌（多指花）	lie^{55}　红
li^{55}ȵtɕie^{55}　黑色貌，紫色貌	tl̥u^{55}黑，dlau^{31}紫
li^{33}ŋkau^{33}　弯曲貌	ʈʂho^{55}弯曲（弯度较大）
lo^{11}　厚貌	ta^{55}　厚
mi^{55}sie^{55}　绿色貌，蓝色貌	ntsa^{55}　绿，蓝
mə^{33}　胖貌	dlo^{31}　胖
ndlɦɯ^{11}　紧貌（多指绳索）	ndlɦu^{35}　紧
ȵɦu^{35}　嫩貌	tau^{11} ma^{11}　嫩
ntl̥a^{11}　湿貌	ntu^{55}　湿
ntl̥hie^{11}　陡貌	ntshaɯ^{55}　陡
ntshie^{11} lɦie^{11}　白色貌	tl̥ey^{55}　白
ȵaɯ^{33}(或 ȵɯ^{33})　矮小貌	ɢɦɯ^{11}　矮
ŋkhaɯ^{55}　高貌	sie^{55}　高
ɳɖɦai^{31}　直貌	ȵtɕaɯ^{55}直（弯曲之反）
ɳɖɦɯ^{11}　嘈杂声	ɳʈo^{55}　响
ɳʈʂai^{11}　薄貌	ȵɦie^{11}　薄
pi^{11}ɖɦɯ^{11}　斑斓貌	ndlau^{31}花（颜色斑斓）
tai^{55}　蔫败貌	mɦə^{11}　蔫

ti^{33}ɴqho^{33} 苦味	ie^{55} 苦
ti^{11}qai^{11} 窈窕貌	ʑie^{31} 窈窕
to^{33} 静貌	ɳdʐie^{31} 静
vɦu^{11} 黄色貌(指金、麦)	vɦaɯ^{35} 黄
zey^{33} 潮湿貌	nau^{33} 潮湿

第二类状词

状词	**修饰的不及物动词**
a^{33}ɳʈy^{33} 缩成皱纹状	ŋgɦau^{31} 皱
a^{33}ʈʂey^{55} 细雨蒙蒙貌	ʈʂhau^{11} 下毛毛雨
a^{33}ʈʂey^{55} 密而不透气的感觉	po^{11} 闷
dlɦaɯ^{11} 斜貌	i^{55} 靠,倚,py^{33}睡,l̥ə^{55}躺
la^{31} 张开貌,伸展貌	ntha^{55} 张开(指翅膀),伸展开(指菜叶)
lɦai^{31} 满得要溢出貌	ntl̥a^{33} 溢
lɦey^{11} 叫声	ɢɦa^{35} 叫
ndɦo^{11}lɦo^{11} 麻木貌	tɕhi^{31} ʑɦau^{31} 麻木
ndlɦaɯ^{11} 滑动貌	taɯ^{55} 滑动
nthau^{33} 猛然想起貌	ndɦy^{31} 想
ntsha^{33} 生气貌	tɕhi^{33} 生气(发怒)
ntl̥o^{33} 不断流貌	ndlɦy^{11}流
ɳɖɦai^{31}站立不动貌	ʂey^{55}站
ɳʈʂau^{55} 注视貌	ɳʈʂie^{33} 注视
pi^{33}tɕhie^{55} 静听貌	nau^{31} 听
pi^{33}tɕu^{55} 发愣貌	ɖɦaɯ^{11} 发愣
tl̥ha^{11} 下垂貌	ʈʂaɯ^{33} 悬挂
ʈa^{55} 端正貌	zɦau^{31}坐,py^{33}睡,l̥ə^{55}躺,i^{55}倚,靠,ȵo^{55}坐,dzɦai^{11}趴
vo^{31} 结冰貌	khu^{33} 结
zaɯ^{55} 流出貌	bɦai^{31} 流出
zɦaɯ^{11} 横放貌	taɯ^{55} 横放
zɦo^{11} 静守貌	zo^{55} 守

第三类状词

状词		修饰的不及物动词	
bɦɯ^{11}	迅速站起貌	ʂey^{55}	站起
dlɦie^{11}	迅速翻越貌	ntsɯ^{55}	翻越
dlɦey^{11}	急出貌	dɦey^{31}	出
dlɦey^{11}	火苗晃动貌	dʑi^{31}	燃
fo^{33}	急回头貌	si^{55}	回头
ley^{33}	下垂貌	tl̥au^{55}	垂
lu^{31}	发光貌	tɕi^{33}	发光
mbo^{31}	倒塌貌	mphau^{33}	倒塌
nta^{33}	趴着貌	dzɦai^{11}	趴
nta^{33}	溅水貌	tshai^{11}	溅
nthau^{33}	急坐貌	zɦau^{31}	坐
nthie^{33}	急站住貌	ʂey^{55}	站住
nthi^{33}	猛踹貌	dɦa^{31}	踹
ɳɖaɯ^{31}	猛然一惊貌	ɖɦaɯ^{11}	惊
pho^{33}	急开貌	qhɯ^{55}	开
ʂai^{55}	吼叫声	nthi^{33}	吼(斥责)
tsa^{33}	水四溅貌	bɦai^{31}	爆裂(含水物,如眼珠)
phey^{55}	气泄出声	bɦai^{31}	爆裂(含气物,如球)
ʑo^{31}	消失貌	lɦey^{31}	去

第四类状词

状词		修饰的及物动词及其宾语
pi^{31}lie^{31}	伸舌貌	l̥au^{55}(伸)a^{55}ndlɦai^{11}(舌)伸舌
li^{33}tɕy^{55}	撅口鼻状	tɕi^{55}(撅)a^{55}mby^{53}(鼻)撅鼻子(多指牲口)
li^{11}dʑɦo^{11}	跷腿貌	ʈʂaɯ^{33}(翘)a^{55}dʑi^{53}(腿)跷腿
nta^{33}nta^{33}	倒水貌	l̥i^{55}(倒)au^{55}(水)倒水
ʂɯ^{55}ʑɦɯ^{11}	声音拖长貌	xu^{33}(唱)ŋɡɦau^{35}(歌)唱歌
ʈʂhey^{11}lɦey^{11}	流血貌	bɦai^{31}(流)ʈʂhaɯ^{55}(血)流血
ki^{33}tə^{55}	竖耳朵	ʈʂaɯ^{33}(竖)a^{33}mbɦə^{35}(耳)竖耳
khi^{31}laɯ^{31}	轻快伸手貌	tɕi^{55}(伸)di^{33}(手)伸手

ha^{31}ha^{31} 张嘴貌	ʈa^{33}(张)a^{33}lo^{33}(嘴)张嘴
pi^{55}ʈə^{55} 大声说话声	hi^{11}(说)lu^{33}(话)说话
pi^{33}tɕhi^{55} 耳语声	hi^{11}(说)lu^{33}(话)说话
qa^{33}nti^{33} 闭眼貌	qɯ^{33}(闭)a^{55}ma^{53}(眼)闭眼
nthy^{31} 关门声	qo^{11}(关)a^{33}dlɦau^{35}(门)关门
pi^{11}lɦɯ^{11} 绕腿貌	ʐɦo^{35}(绕)a^{55}dʐi^{53}(腿)(舞姿)

第五类状词

状词	前面所接作分句主语的名词
li^{11}vɦo^{11} 牙弯曲貌(如象牙)	ɡau^{33} 牙
li^{11}vɦo^{11} 眼球转动貌	a^{55}ma^{53} 眼
ntbey^{33}nthey^{55} 心跳动声	a^{55}sie^{55} 心
ɳʈʂhau^{33}lau^{33} 拖长尾貌	a^{55}ndzɦaɯ^{11} 尾巴
pi^{31}dau^{31} 心急貌	a^{55}sie^{55} 心
pi^{11}dlɦaɯ^{11} 斜眼貌	a^{55}ma^{53} 眼
pi^{11}ɳʈʂai^{11} 眨眼貌	a^{55}ma^{53} 眼
pi^{31}ɳ̟au^{31} 嘴巴一张一闭貌	a^{33}ɳ̟dʐɦau^{35} 嘴
pi^{33}khaɯ^{33} 角很长貌	ku^{55} 角
pi^{31}lɦaɯ^{11} 青筋暴露貌	ʂey^{55} 筋
pi^{33}tsho^{55} 胳膊粗壮貌	mpaɯ^{55} 臂
pi^{33}ɳ̟tɕho^{55} 眼皮无力张合貌	a^{55}ma^{53} 眼
su^{11}vɦu^{11} 眼睛发亮貌(兽类)	a^{55}ma^{53} 眼
tsi^{55}lu^{55} 瞪眼貌	a^{55}ma^{53} 眼
ɢo^{31}lɦo^{31} 眼珠转动貌	a^{55}ma^{53} 眼
ki^{11}ndɦa^{11} 红润貌	tl̥hu^{33} 脸
tau^{55}lau^{55} 凸起貌	a^{55}dzɦi^{11} 腮

第六类状词

状词	出现的固定词组
a^{31}dly^{31} 皮肤呈皱纹貌(多指面部)	tɕhey^{11}(穿)ɳʈə^{33}(皱纹)a^{31}dly^{31}(呈皱纹貌)满脸皱纹
dɦey^{11} 苍白貌	tl̥ey^{55}(白)fau$^{55-33}$(头)dɦey^{11}(苍白貌)白发苍苍

dlɦey^{11} 稀烂貌	a^{33}（做）tl̥i^{11}（粥）dlɦey^{11}（稀烂貌）烂成稀粥
khey^{55} 厚而硬貌	ɳʈʂu^{33}（堆积）kau^{55}（污垢）khey^{55}（厚而硬貌）蓬头垢面
ki^{33}mphə^{33} 透亮貌	bɦo^{31}（见）ki^{55}（路）ki^{33}mphə^{33}（透亮貌）通光透亮
ki^{55}ʈə^{55} 龇牙貌	ntsi^{33}（龇）ȵ̥ie^{55}（牙齿）ki^{55}ʈə^{55}（龇牙貌）龇牙咧嘴
ki^{33}ʈhau^{33} 翅膀下垂貌	mpa^{33}（披）a^{55}ti^{11}（翅）ki^{33}ʈhau^{33}（翅膀下垂貌）耷拉着翅膀
ko^{33} 气愤貌	o^{33}（肿）sie^{55}（心）ko^{33}（气愤貌）气冲牛斗
ley^{33} 悠长声	mɦa^{35}（有）ʂaɯ^{55}（声音）ley^{33}（悠长声）声音悠扬
mbɦo^{11} 精力充沛貌	mɦa^{35}（有）zo$^{53-11}$'（力量）mbɦo^{11}（精力充沛貌）精力充沛
mphu^{55} 成粉末貌	a^{33}（做）a$^{55-31}$du$^{53-31}$（粉末）mphu^{55}（成粉末貌）碎为齑粉
mpɯ^{11} 秀丽貌	a^{33}（做）au^{55}（水）mpɯ^{11}（秀丽貌）清秀美丽
ntl̥ɯ^{55}（或 pi^{33}ntl̥ɯ^{55}）清晰貌	mɦa^{35}（有）lu^{55}（声）ntl̥ɯ^{55}（清昕貌）声音清脆
ȵ̥tɕie^{55} 黝黑貌	tl̥u^{55}（黑）tl̥hu$^{33-11}$（脸）ȵ̥tɕie^{55}（黝黑貌）面孔黝黑
ŋɦo^{11} 低头貌	dlɦu^{35} fau^{55}（头）ŋho^{11}（低头貌）点头哈腰（dlɦu^{35}的意义不明确）
tl̥ey^{55} 多水分貌	a^{33}（做）au^{55}（水）tl̥ey^{55}（多水分貌）水灵可口（指瓜果）
tsi^{55}li^{55} 流泪貌	bɦai^{31}（流）ka^{33}ma^{31}（泪）tsi^{55}li^{55}（流泪貌）眼泪汪汪
ʈʂhey^{11}lɦey^{11} 涌出貌	bɦai^{31}（流）ka^{33}ma^{31}（泪）ʈʂhey^{11}lɦey^{11}（涌出貌）泪如泉涌
zo^{31} 擦掌貌	sa^{33}（摩）di^{33}（手）zo^{31}（擦掌貌）摩拳擦掌

苗语方言划分问题*

1956 年 10 月 31 日至 11 月 7 日在贵阳召开了苗族语言文字问题科学讨论会。中国科学院少数民族语言调查第二工作队在会上作了题为《苗语方言的划分和文字问题》的报告。在这篇报告中，苗语划分为东部、中部、西部和滇东北四个方言。1957 年 7 月 8 日中央民委召开了民族语文工作座谈会，在会上苗语方言的名称作了一些改动。东部方言改为湘西方言，中部方言改为黔东方言，西部方言改为川黔滇方言，滇东北方言仍叫滇东北方言。

1956 年在贵阳召开苗族语言文字问题科学讨论会的时候，苗语的调查尚未结束。第二工作队的报告说“黔中南一带的苗语很复杂，有好几种互相说不通的话。由于我们掌握的材料不够，目前不能判明它们是一个方言的几个次方言或者是几个不同的方言。还有待于进一步的调查。”（《苗族语言文字问题科学讨论会汇刊》第 16 ~ 17 页，1957 年，贵阳）在贵州省语委会和第二工作队同志们的共同努力下，到 1959 年初，黔中南一带的苗语基本上调查完毕。经过反复研究，证明这一带还有十四种彼此在词汇上差别很大的苗话，它们和 1956 年划分的四个方言词汇的差别也很大。如果根据词汇差别的大小来划分方言，苗语将不是只分为四个方言，而是十八个方言。

贵州省语委会和第二工作队在 1959 年曾多次开会讨论苗语方言的划分问题。在讨论时，同志们普遍认为只有 270 多万人口的苗族（本文所采用的人口统计数字均系当时的统计数字）所使用的苗语竟分为十八个方言，而人口为 6.5 亿的汉族使用的汉语却只有八个方言（闽南、闽北各算一个方言），两相比较，未免太悬殊了。由于历史和地理的原因，苗语内部差别较大确是事实，但划分方言时应当尽量求同存异，这是参加讨论的多数同志的愿望。大家的认识一致以后，又重新讨论方言的划分问题，因为 1956 年划分苗语为四个方言是在黔中南一带苗语未调查清楚的情况下临时划分的，所以，有重新划分的必要。

经过反复讨论决定，使用人口很少的九种地方话暂作为特殊的地方话看待，不算方言，以免方言数目过多。剩下的九种苗话除 1956 年已划为方言并经 1957 年定名为湘西（使用人数 44 万）、黔东（使用人数 90 万）、川黔滇（使用人数 74 万）和滇东北方言（使用人数 10 万）的苗话以外，还有：（1）贵阳、平坝、清镇、安顺一带的苗话，使用

* 本文发表于《民族语文》1983 年第 5 期，第 1 ~ 22 页。

人数8万；（2）惠水、长顺、罗甸、贵定一带的苗话，使用人数8.5万；（3）紫云苗族布依族自治县、长顺、望漠一带的苗话，使用人数6.4万；（4）福泉、龙里、瓮安、贵定、开阳等县毗连地带的苗话，使用人数3万；（5）黄平县枫塘、重新、凯里市龙场、狗场、甘坝、隆昌和黔西、织金等县部分地区的苗话，使用人数3万。要是把这五种苗话划为方言是完全可以的，做起来也容易，只需说明“1956年划分苗语为四个方言时，黔中南一带的苗语还未调查完毕，现已调查完毕，并已证明这一带苗语还可分为五个方言，连同1956年划分的四个方言，苗语共分九个方言”就可以了。

但是，当时参加讨论的同志普遍认为应当求同存异，九种地方话不一定都叫做方言，可以采用次方言的名称。本来，方言划分是没有固定标准的。以我国来说，阿尔泰语系的蒙古语族各语言之间，突厥语族各语言之间的差别就比较小，不同的民族各用自己的语言也可以勉强交际。而汉语的粤方言、客家方言、闽南方言、闽北方言、吴方言、湘方言彼此差别就很大，操这些方言的人彼此不能用自己的方言互相交际。既然划分方言没有固定的标准，我们不妨允许苗语方言差别比一般语言的方言差别更大一些。

一

苗语主要是根据语音的差别来划分方言的。通过对比研究，我们知道古苗语有*mp、*mph、*mb、*nts、*ntsh、*ndz、*nt、*nth、*nd……*ŋk、*ŋkh、*ŋɡ、*ɴq、*ɴqh*ɴɢ等带鼻冠音的闭塞音（闭塞成分包括塞音和塞擦音）声类。这些声类在现代各地苗话的读音不同。根据这些声类的读音，我们可以把苗语分为湘西、黔东和川黔滇三个方言。

在湘西方言，带鼻冠音的清闭塞音（包括不送气的和送气的）声类*mp、*mph、*nts、*ntsh、*nt、*nth……*ŋk、*ŋkh、*ɴq、*ɴqh等仍然读作带鼻冠音的清闭塞音，出现在阴类调（亦称单数调）的音节；带鼻冠音的浊闭塞音声类*mb、*ndz、*nd……*ŋɡ、*ɴɢ等的浊闭塞音部分b、dz、d……ɡ、ɢ丢失，读作浊鼻音m、n、……ŋ，在阳上（包括阳入）、阳去调音节有浊送气成分，出现在阳类调（亦称双数调）的音节。

在黔东方言，带鼻冠音的清闭塞音声类，鼻冠音m、n……ŋ、ɴ丢失，读作清塞音（包括送气的和不送气的）p、ph、t、th……tɕ、tɕh、q、qh和清擦音s、sh、ɕ、ɕh，出现在阴类调的音节；带鼻冠音的浊闭塞音声类的读音方式略同湘西方言，即丢失浊闭塞音成分，读作浊鼻音（只有古苗语的*mbr声类在个别地区读作z），出现在阳类调的音节，在阳上调音节有轻微的浊送气成分，在阳去调有较重的浊送气成分。

在川黔滇方言，带鼻冠音的清闭塞音声类的读音方式在大多数地区同湘西方言，即仍读作带鼻冠音的清闭塞音，出现在阴类调的音节，在阴、阳调未分化的地区读作mʔp、 mʔph、nʔts、nʔtsh、nʔt、nʔth、……ŋʔk、ŋʔkh、ɴʔq、ɴʔqh；带鼻冠音的浊闭塞音声类和湘西、黔东方言不同，没有丢失闭塞音部分，除在阴、阳调未分化的地区和重安江流域读作 mp、nts、nt……ŋk、ɴq 外，大多数地区浊闭塞音部分在阳上、阳去两调的音节读作带浊送气成分的清闭塞音 mpɦ、ntsɦ、ntɦ……ŋkɦ、ɴqɦ 或带浊送气成分的浊闭塞音 mbɦ、ndzɦ、ndɦ……ŋgɦ、ɴɢɦ。但我们利用声调把这些带浊送气成分的清闭塞音或带浊送气成分的浊闭塞音都处理为清闭塞音了。因为它们只出现在阳上、阳去两调，只需说明阳上、阳去两调音节的清闭塞音读作带浊送气成分的清闭塞音或读作带浊送气成分的浊闭塞音就可以了。在阳平、阳入两调的音节中虽然单读时读作清闭塞音 mp、nts、nt……ŋk、ɴq，但连读时，如果发生变调现象，又读作带浊送气成分的清闭塞音或带浊送气成分的浊闭塞音。滇东北地区带鼻冠音的浊闭塞音声类即使在阳平、阳入调的音节，浊闭塞部分仍读作浊闭塞音，不过在阳平调的音节和一部分阳入调的音节中增加了浊送气成分。

用几句简单的话就可以概括说明三个方言在语音上的一种重要差别：在湘西方言，只有阴类调的音节有带鼻冠音的闭塞音声母；在黔东方言，根本没有带鼻冠音的闭塞音声母；在川黔滇方言，全部声调的音节都有带鼻冠音的闭塞音声母。

下面以湖南省花垣县吉卫乡腊乙坪话（简称吉卫）代表湘西方言，贵州省凯里挂丁乡养蒿话（简称养蒿）代表黔东方言，贵州省毕节县先进乡大南山话（简称先进）代表川黔滇方言举例说明古苗语带鼻冠音的闭塞音声类在这三个方言的读音情况。例见表一，表内音标右上角的数字表示五度标调法的调值，右下角括弧内的数字表示调类。腊乙坪话阴入并入阴上，调值是44；阳入并入阳上，调值是33。因此，在44调音节的右下角括弧内的数字是“3”下角括弧内的数字是“4”时，说明那个音节是阳上调的，是“8”时，说明那个音节是阳入调的。阴平、阳平、阴上、阳上、阴去、阳去、阴入、阳入分别用1、2、3、4、5、6、7、8、表示。阳类调音节方括弧外是音位标音，方括弧内是实际读音，以后一律同此，非必要时，不再说明。

二

湘西方言分为两个土语。西部土语通行在湖南省花垣、凤凰、保靖等县，吉首县西部，古丈县西部，贵州省松桃苗族自治县、铜仁、石阡等县，湖北省宣恩、来凤、咸丰等县，四川省秀山、酉阳等县。东部土语通行在湖南省泸溪县，古丈县东部，吉首县东部，龙山县吴家寨等地。湘西方言在语音上除带鼻冠音的闭塞音声母只出现在阴类调的音节这一特点外，还有一些特点：

表一

调类		例字字义 \ 代表点	养蒿	吉卫	先进
平声	阴	粗糙	sha$^{33}_{(1)}$	ntshɑ$^{35}_{(1)}$	ntshi$^{43}_{(1)}$ ntshi$^{43}_{(1)}$
		当中	ʈoŋ$^{31}_{(1)}$	ɳʈoŋ$^{35}_{(1)}$	ɳʈaŋ$^{43}_{(1)}$
	阳	拍（手）	ma$^{55}_{(2)}$	ma$^{31}_{(2)}$	mpua$^{31}_{(2)}$
		船	ȵaŋ$^{55}_{(2)}$	ŋaŋ$^{31}_{(2)}$	ŋkau$^{31}_{(2)}$
上声	阴	早	so$^{35}_{(3)}$	ntso$^{44}_{(3)}$	ntso$^{55}_{(3)}$
		盐	ɕi$^{35}_{(3)}$	ȵtɕɯ$^{44}_{(3)}$	ɳʈʂe$^{55}_{(3)}$
	阳	懒	ŋi$^{11}_{(4)}$ [ŋ^{ɦ}i^{11}]	ȵe$^{33}_{(4)}$ [ȵɦe^{33}]	ŋken$^{21}_{(4)}$ [ŋgɦen^{21}]
		吞	ŋaŋ$^{11}_{(4)}$ [ŋ^{ɦ}ɑŋ^{11}]	ŋu$^{33}_{(4)}$ [ŋɦu^{33}]	ɴqau$^{21}_{(4)}$ [ɴɢɦɑu^{21}]
去声	阴	雪	pɛ$^{44}_{(5)}$	mpe$^{53}_{(5)}$	mpo$^{44}_{(5)}$
		猪	pa$^{44}_{(5)}$	mpa$^{53}_{(5)}$	mpua$^{44}_{(5)}$
	阳	麻	no$^{13}_{(6)}$ [nɦo^{13}]	no$^{42}_{(6)}$ [nɦo^{42}]	ntua$^{13}_{(6)}$ [ndɦɒ^{13}]
		勤快	ŋa$^{13}_{(6)}$ [ŋɦᴀ^{13}]	ŋɑ$^{42}_{(6)}$ [nɦɑ^{42}]	ɴqua$^{13}_{(6)}$ [ɴɢɦɒ^{13}]
入声	阴	织（布）	to$^{53}_{(7)}$	nto$^{44}_{(7)}$	nto$^{33}_{(7)}$
		肚脐	tu$^{53}_{(7)}$	ntu$^{44}_{(7)}$	nteu$^{33}_{(7)}$
	阳	舌头	ȵi$^{31}_{(8)}$	mjɑ$^{33}_{(8)}$ [mjɦɑ^{33}]	mplai$^{24}_{(8)}$
		窄	ŋi$^{31}_{(8)}$	ŋɑ$^{33}_{(8)}$ [ŋɦɑ^{33}]	ɴqai$^{24}_{(8)}$

说明：本文各表例字都是单音节的词或词根。

1. 古苗语 *m̥ʑ、*m̥r 声类读作清擦音，西部土语读作舌面前清擦音 ç，东部土语读作舌尖前清擦音 s，今只以西部土语代表点吉卫举例。例见表二。

表二

声类	例字意义	养蒿	吉卫	先进
*m̥ʑ	牙齿	m̥hi$^{35}_{(3)}$	çɛ$^{44}_{(3)}$	m̥a$^{55}_{(3)}$
*m̥r	自称（苗族）	m̥hu$^{33}_{(1)}$	ɕoŋ$^{35}_{(1)}$	m̥oŋ$^{43}_{(1)}$

2. 古苗语 *ql、*ɢl、*qɭ 声类读作圆唇化小舌塞音；*qlw、*ɢlw 声类读作圆唇化舌根塞音。例见表三。

表三

声类	例字意义	养蒿	吉卫	先进
*ql	白	l̥u$^{33}_{(1)}$	qwə$^{35}_{(1)}$	tl̥eu$^{43}_{(1)}$
*ɢl	桃子	l̥en$^{55}_{(2)}$	qwa$^{31}_{(2)}$	tl̥ua$^{31}_{(2)}$

*qɭ	鬼	l̥jaŋ$^{33}_{(1)}$	qwei$^{35}_{(1)}$	tl̥aŋ$^{43}_{(1)}$
*qlw	宽	faŋ$^{35}_{(3)}$	kwei$^{44}_{(3)}$	tl̥aŋ$^{55}_{(3)}$
*ɢlw	黄	faŋ$^{55}_{(2)}$	kwei$^{31}_{(2)}$	tl̥aŋ$^{31}_{(2)}$

说明：

作“鬼”讲的字在养蒿声母是舌面前清边音，因限于印刷条件，用l̥j 表示。本文凡舌面前清边音都用l̥j 表示，舌面前浊边音都用 lj 表示。

3. 古苗语第 4 韵类读作后高元音，西部土语读作展唇的 ɯ，东部土语读作圆唇的 u，今只以西部土语代表点吉卫举例。例见表四。

表四

例字意义	养蒿	吉卫	先进
地	ta$^{33}_{(1)}$	tɯ$^{35}_{(1)}$	te$^{43}_{(1)}$
稻子	na$^{55}_{(2)}$	nɯ$^{31}_{(2)}$	mple$^{31}_{(2)}$
长（短）	ta$^{35}_{(3)}$	ntɯ$^{44}_{(3)}$	nte$^{55}_{(3)}$
树枝	tɕi$^{11}_{(4)}$ [tɕ^{ɦ}i^{11}]	kɯ$^{33\text{声!}}_{(4)}$ [kɦɯ^{33}]	tɕe$^{13\text{调!}}_{(6)}$ [dʑɦe^{13}]
烤（火）	ta$^{44}_{(5)}$	ntɯ$^{53}_{(5)}$	nte$^{44}_{(5)}$

说明：

（1）凡声母、韵母、声调不合对应规则的，加“声！”、“韵！”、“调！”字样。

（2）养蒿古苗语第 4 韵类接唇音、舌面音、舌根音声母时读作 i，接其他声母时读作 a。

4. 古苗语第 5 韵类读作后高元音，西部土语读作展唇的 ɯ，东部土语基本上读作复元音 ou，在个别字读作 u，今只以西部土语代表点吉卫举例。例见表五。

表五

例字意义	养蒿	吉卫	先进
石头	ɣi$^{33}_{(1)}$	ʐɯ$^{35}_{(1)}$	ʐe$^{43}_{(1)}$
耳朵	zɛ$^{55}_{(2)}$	mʐɯ$^{31}_{(2)}$	ɳʈʂe$^{31}_{(2)}$
房子	tsɛ$^{35}_{(3)}$	pʐɯ$^{44}_{(3)}$	ʈʂe$^{55}_{(3)}$
鱼	zɛ$^{11}_{(4)}$ [z^{ɦ}ɛ^{11}]	mʐɯ$^{33}_{(4)}$ [mʐɦɯ^{33}]	ɳʈʂe$^{21}_{(4)}$ [ɳɖʐɦe^{21}]
近	ɣi$^{44}_{(5)}$	ʐɯ$^{53}_{(5)}$	ʐe$^{44}_{(5)}$

说明：

（1）养蒿古苗语第 5 韵类接舌根音声母时读作 i，接舌尖前声母读作 ɛ。由古苗语第 4 韵类来推测，第 5 韵类接唇音、舌面音声母时也读作 i，接其他声母时都读作 ɛ，但因未见到例字，不敢断定。第 4 韵类的字甚多，所以能够那样断定。

（2）养蒿古苗语 *mbr 声类读作 z。

5. 古苗语第 16 韵类读作前元音。例见表六。

表六

例字意义	养蒿	吉卫	先进
菜	ɣu$^{33}_{(1)}$	ʐei$^{35}_{(1)}$	ʐou$^{43}_{(1)}$
还（账）	pə$^{55}_{(2)}$韵！	pji$^{31}_{(2)}$	pou$^{31}_{(2)}$
头虱	çhu$^{35}_{(3)}$	ȵtçhi$^{44}_{(3)}$	ɳtʂhou$^{55}_{(3)}$
梦	pu$^{44}_{(5)}$	mpei$^{53}_{(5)}$	mpou$^{44}_{(5)}$
摘（猪草）	ȵu$^{13}_{(6)}$ ［ɳɦu^{13}］	ɳei$^{42}_{(6)}$	——

说明：

（1）吉卫古苗语第16韵类接腭化音声母和舌面音声母时读作i，接其他声母时读ei，反正是前元音，与养蒿、先进为后元音者不同。

（2）作“还（账）”讲的字养蒿是pə$^{55}_{(2)}$，韵母不符合对应规则，但声、调都符合对应规则，故列入。

（3）先进作“摘（猪草）”的字和养蒿、吉卫的不同源，故未列。

6. 古苗语第23韵类读作前次高元音e。例见表七。

表七

例字意义	养蒿	吉卫	先进
儿子	tɛ$^{33}_{(1)}$	te$^{35}_{(1)}$	to$^{43}_{(1)}$
太阳	n̥hɛ$^{33}_{(1)}$	n̥he$^{35}_{(1)}$	n̥o$^{43}_{(1)}$
满	pɛ$^{35}_{(3)}$	pe$^{44}_{(3)}$	po$^{55}_{(3)}$
虱子	tɛ$^{35}_{(3)}$	te$^{44}_{(3)}$	to$^{55}_{(3)}$
雪	pɛ$^{44}_{(5)}$	mpe$^{53}_{(5)}$	mpo$^{44}_{(5)}$
（线）断	tɛ$^{44}_{(5)}$	te$^{53}_{(5)}$	to$^{44}_{(5)}$
问	nɛ$^{13}_{(6)}$ ［nɦɛ^{13}］	ne$^{42}_{(6)}$ ［nɦe^{42}］	no$^{13}_{(6)}$ ［nɦo^{13}］

7. 古苗语第26韵类读作前元音。例见表八。

表八

例字意义	养蒿	吉卫	先进
蛇	naŋ$^{33}_{(1)}$	nei$^{35}_{(1)}$	naŋ$^{43}_{(1)}$
花	paŋ$^{31}_{(2)}$	pei$^{31}_{(2)}$	paŋ$^{31}_{(2)}$
鹰	l̥aŋ$^{35}_{(3)}$	qwei$^{44}_{(3)}$	tl̥aŋ$^{55}_{(3)}$
老鼠	naŋ$^{11}_{(4)}$ ［ȵ^{ɦ}ɑŋ^{11}］	nei$^{33}_{(4)}$ ［nɦei^{33}］	naŋ$^{21}_{(4)}$ ［nɦɑŋ^{21}］
飞	ʑaŋ$^{44}_{(5)}$	ʑi$^{53}_{(5)}$	ʑaŋ$^{44}_{(5)}$
胡须	ȵaŋ$^{13}_{(6)}$ ［ȵɦɑŋ^{13}］	ȵi$^{42}_{(6)}$ ［ȵɦi^{42}］	——

说明：

（1）吉卫古苗语第26韵类接舌面音声母时，读作i，接其他声母时，读作ei，反正是前元音，并且相当高，与养蒿、先进后低元音为韵母的主要元音者不同。

（2）这个古韵类在贵州省松桃苗族自治县和湖南省的大部分西部土语区读作鼻化韵母 eĩ、ĩ。

（3）先进作“胡须”讲的字和养蒿、吉卫不同源，故未列。

三

黔东方言分为三个土语。东部土语通行在贵州省锦屏、黎平等县和湖南省靖县、会同等县。北部土语通行在贵州省凯里、黄平、雷山、台江、剑河等县和三都水族自治县。南部土语通行在贵州省榕江、从江等县，广西壮族自治区三江侗族自治县和融水苗族自治县。黔东方言在语音上除根本没有带鼻冠音的闭塞音声母这一特点外，还有一些特点：

1. 古苗语 *pr、*phr 声类读作舌尖前音，与川黔滇方言的滇东北、重安江次方言相同。例见表九。

表九

声类 \ 例字字义 \ 代表点		养蒿	吉卫	先进
*pr	五	tsa$^{33}_{(1)}$	pʐɑ$^{35}_{(1)}$	tʂi$^{43}_{(1)}$
	房子	tsɛ$^{35}_{(3)}$	pʐɯ$^{44}_{(3)}$	tʂe$^{55}_{(3)}$
	暗	tsə$^{53}_{(7)}$	pʐu$^{44}_{(7)}$	tʂou$^{33}_{(7)}$
*phr	吹（火）	tsho$^{33}_{(1)}$	phʐo$^{35}_{(1)}$	tʂhua$^{43}_{(1)}$

2. 古苗语 *ʔr、*r̥、*r 声类读作舌根擦音。例见表十。

表十

声类 \ 例字字义 \ 代表点		养蒿	吉卫	先进
*ʔr	石头	ɣi$^{33}_{(1)}$	ʐɯ$^{35}_{(1)}$	ʐe$^{43}_{(1)}$
	菜	ɣu$^{33}_{(1)}$	ʐei$^{35}_{(1)}$	ʐou$^{43}_{(1)}$
*r̥	蕨菜	xhə$^{33}_{(1)}$	ʂo$^{35}_{(1)}$	ʂua$^{43}_{(1)}$
	高	xhi$^{33}_{(1)}$	ʂɛ$^{35}_{(1)}$	ʂa$^{43}_{(1)}$
*r	梨	ɣa$^{55}_{(2)}$	ʐɑ$^{31}_{(2)}$	ʐua$^{31}_{(2)}$
	寨子	ɣaŋ$^{11}_{(4)}$［ɣ^{ɦ}ɑŋ^{11}］	ʐɑŋ$^{33}_{(4)}$［ʐɦɑ̃^{33}］	ʐau$^{21}_{(4)}$［ʐɦɑu^{21}］

3. 古苗语 *tɭ̥、*dɭ、*ɳdɭ 声类读作舌面前音。例见表十一。

表十一

声类 \ 例字字义 \ 代表点		养蒿	吉卫	先进
*tɭ̥	六	ȶu$^{44}_{(5)}$	ʈɔ$^{53}_{(5)}$	ʈou$^{44}_{(5)}$
*dɭ	门	ȶu$^{55}_{(2)}$	ʈu$^{31}_{(2)}$	ʈoŋ$^{31}_{(2)}$
*ɳdɭ	拄（手杖）	ȵa$^{13}_{(6)}$ [ȵɦᴀ^{13}]	ɳɑ$^{42}_{(6)}$ [ɳɦɑ^{42}]	ɳti$^{13}_{(6)}$ [ɳdɦʅ^{13}]

4. 古苗语 *ql、*ɢl 声类读作舌尖中清边音l̥，例见表十二。

表十二

声类 \ 例字字义 \ 代表点		养蒿	吉卫	先进
*ql	白	l̥u$^{33}_{(1)}$	qwə$^{35}_{(1)}$	tl̥eu$^{43}_{(1)}$
	黑	l̥ɛ$^{33}_{(1)}$	qwe$^{35}_{(1)}$	tl̥o$^{43}_{(1)}$
	狗	l̥a$^{35}_{(3)}$	qwɯ$^{44}_{(3)}$	tl̥e$^{55}_{(3)}$
	腰	l̥a$^{35}_{(3)}$	qwɑ$^{44}_{(3)}$	tl̥ua$^{55}_{(3)}$
	鹰	l̥aŋ$^{35}_{(3)}$	qwei$^{44}_{(3)}$	tl̥aŋ$^{55}_{(3)}$
*ɢl	桃子	l̥en$^{55}_{(2)}$	qwa$^{31}_{(2)}$	tl̥ua$^{31}_{(2)}$

5. 古苗语 *qɭ、*ɢɭ 声类读作舌面前清边音l̥j。例见表十三。

表十三

声类 \ 例字字义 \ 代表点		养蒿	吉卫	先进
*qɭ	鬼	l̥jaŋ$^{33}_{(1)}$	qwei$^{35}_{(1)}$	tl̥aŋ$^{43}_{(1)}$
	槽	l̥joŋ$^{33}_{(1)}$	coŋ$^{35}_{(1)}$	tl̥aŋ$^{43}_{(1)}$
*ɢɭ	庹	l̥jaŋ$^{55}_{(2)}$	ci$^{31}_{(2)}$	tl̥aŋ$^{31}_{(2)}$

说明：

吉卫古苗语 *qɭ、*ɢɭ 声类读作 c，不一定不合对应规则，很可能是以接韵母 oŋ、i 为条件的变体，因例字缺乏，不敢断定。

6. 古苗语 *qlw、*ɢlw 声类读作唇齿清擦音 f。例见表十四。

表十四

声类	例字字义 \ 代表点	养蒿	吉卫	先进
*qlw	宽	$faŋ^{35}_{(3)}$	$kwei^{44}_{(3)}$	$t̥laŋ^{55}_{(3)}$
	过	$fa^{44}_{(5)}$	$kwɑ^{53}_{(5)}$	$t̥lua^{44}_{(5)}$
*ɢlw	黄	$faŋ^{55}_{(2)}$	$kwei^{31}_{(2)}$	$t̥laŋ^{31}_{(2)}$
	（逃）脱	$fa^{31}_{(8)}$	$qwei^{33}_{(8)}$ ［qwɦei^{33}］	$t̥li^{13}_{(6)}$ 调！［dlɦi^{13}］

说明：

（1）吉卫古苗语声类 * ɢlw 读作 qw，不一定不合对应规则，很可能与阳入调有关，因例字缺乏，不敢断定。

（2）先进作“（逃）脱”讲的字是阳去调，不符合对应规则，但声、韵都符合对应规则，故列入。

四

川黔滇方言内部比较复杂，可分川黔滇、滇东北、贵阳、惠水、麻山、罗泊河、重安江等七个次方言。这七个次方言之所以叫次方言而不叫土语，是因为它们彼此之间无论语音和词汇方面差别都是相当大的，有的次方言内部还分土语，甚至土语和土语之间也有很大的差别。

下面谈一谈七个次方言的特点。

（一）川黔滇次方言

这个次方言有两个土语。第一土语通行范围最广，北起四川南部，南到云南南部。越南、老挝、泰国境内的苗语也属于这个土语。这个土语内部比较一致，各地的人均能互相通话。第二土语通行在贵州省纳雍、赫章等县和六盘水市的水城特区等地，通行范围甚小。这个次方言在语音上的特点如下：

1. 古苗语 *pʑ、*phʑ、*m̥ʑ、*mʑ、*mpʑ、*mphʑ、*mbʑ 等声类基本上读作舌尖前音，与滇东北次方言相同，和其他几个次方言不同。例见表十五。（以毕节先进乡大南山话代表川黔滇次方言，简称先进；以威宁荣合乡石门坎话代表滇东北次方言，简称石门；以贵阳青岩摆托话代表贵阳次方言，简称青岩；以贵阳高坡甲定话代表惠水次方言，简称高坡；以紫云苗族布依族自治县的宗地乡绞坨话代表麻山次方言，简称宗地；以福泉复员乡野鸡坡话代表罗泊河次方言，简称复员；以黄平重兴乡枫香话代表重安江次方言，简称枫香）：

表十五

声类	例字字义 \ 代表点	先进	石门	青岩	高坡	宗地	复员	枫香
*pʑ	公（狗）	tsi$^{55}_{(3)}$	tsi$^{55}_{(3)}$	pje$^{13}_{(3)}$	pɑ$^{13}_{(3)}$	pji$^{42}_{(3a)}$	pa$^{55}_{(B)}$	pa$^{53}_{(3)}$
*phʑ	半（斤）	tshai$^{33}_{(7)}$ 调！	tshai$^{11}_{(7)}$ 调！	phjai$^{43}_{(5\sim7)}$	phe$^{43}_{(5\sim7)}$	pje$^{13}_{(7b)}$ 调！	phje$^{24}_{(C)}$	phɛ$^{55}_{(5)}$
*m̥ʑ	牙齿	m̥a$^{55}_{(3)}$	ȵ̊ie$^{55}_{(3)}$	m̥jen$^{13}_{(3)}$	m̥hɛ$^{13}_{(3)}$	mji$^{232}_{(3b)}$ [mjɦi^{232}]	m̥jen$^{55}_{(B)}$	m̥hen$^{53}_{(3)}$
*mʑ	母（狗）	na$^{24}_{(8)}$	ȵie$^{55}_{(8I)}$	mje$^{54}_{(8)}$ 韵！	mɛ$^{55}_{(8)}$	mji$^{21}_{(8)}$	men$^{24}_{(C)}$ 调！	men$^{13}_{(8)}$
*mpʑ	补（锅）	ntsi$^{55}_{(3)}$	ntsi$^{55}_{(3)}$	mpji$^{13}_{(3)}$	mpɑ$^{13}_{(3)}$	mpji$^{42}_{(3a)}$	mʔpa$^{55}_{(B)}$	mpa$^{53}_{(3)}$
*mphʑ	女儿	ntshai$^{33}_{(7)}$	ntshai$^{11}_{(7)}$	mphjai$^{43}_{(7)}$	mphe$^{43}_{(7)}$	mpje$^{13}_{(7b)}$ [mpjɦe^{13}]	mʔphje$^{31}_{(D)}$	mphɛ$^{53}_{(7)}$
*mbʑ	编（辫子）	ntsa$^{21}_{(4)}$ [ndzɦa^{21}]	ndzɦie$^{43}_{(4II)}$	mpjen$^{32}_{(4)}$ [mpjɦen^{32}]	mpɛ$^{31}_{(4)}$	mpjein$^{11}_{(4)}$ [mpjɦeɪ^{11}]	mpen$^{55}_{(B)}$	mpen$^{13}_{(4)}$

说明：

（1）宗地 1、3、5、7 调因声母来源不同，各分为两个调，来源于古全清声母的标作 1a、3a、5a、7a；来源于古次清声母的标作 1b、3b、5b、7b。古全清声母包括清的不送气的塞音、塞擦音（不带鼻冠音的和带鼻冠音的）、前带喉塞音的鼻音、边音、浊擦音（喉塞音也属于不送气的塞音，不过在音标上未见。凡以元音开始的音节前面都有一个喉塞音声母，本文未举以元音开始的例字）；古次清声母包括清的送气的塞音、塞擦音（不带鼻冠音和带鼻冠音的）、清的鼻音、边音、擦音。

（2）宗地的鼻音、边音、擦音（包括清的和浊的）、带鼻冠音的塞音、塞擦音在 1b、3b、4、5b、6、7b 各调音节，声母都带有浊送气成分；在青岩，4、6 两调音节，声母都带有浊送气成分；在高坡，6 调音节声母带有浊送气成分；在复员、枫香任何声调音节，声母都不带浊送气成分。

（3）罗泊河次方言声调未分阴、阳，仍保持古苗语平、上、去、入四个声调，分别标作 A、B、C、D。在复员入声并入平声，调值都是 31，但我们仍按原来的调类分别标作 A、D。

（4）石门坎 4、6、8 调因词类不同各有两个调值，名词调分别标作 4I、6I、8I；非名词调分别标作 4Ⅱ、6Ⅱ、8Ⅱ。

（5）作“半”讲的字是 5 调字，这由复员、枫香两点，可以断定。先进、石门、宗地变为 7 调是历史上变调的结果，声调不符合对应规则，所以写上“调！”字样；青岩、高坡阴入并入阴去，调值都是 43，不敢肯定是 5 调或 7 调，所以标作 5 ~ 7，不认为声调不符合对应规则。在其他场合，如果是阴去，标作“5”，如果是阴入，标作“7”，也就是按原来的调类标。

2. 古苗语*pr、*phr、*br、*mpr、*mbr 等声类读作舌尖后音（有少数地区读作腭化双唇音）。例见表十六。

表十六

声类	字义（例字／代表点）	先进	石门	青岩	高坡	宗地	复员	枫香
*pr	暗	ʈʂou$^{33}_{(7)}$	tsau$^{11}_{(7)}$	pju$^{43}_{(7)}$	plə$^{43}_{(7)}$	pʐu$^{44}_{(7a)}$	pjo$^{31}_{(D)}$	tsou$^{53}_{(7)}$
*phr	吹（火）	ʈʂhua$^{43}_{(1)}$	tsha$^{55}_{(1)}$	phjo$^{55}_{(1)}$	phlu$^{24}_{(1)}$	pʐa$^{22}_{(1b)}$	phja$^{31}_{(A)}$	tsha$^{33}_{(1)}$
*br	鼠	ʈʂua$^{13}_{(6)}$ [dʐɦɒ^{13}]	——	pjo$^{21}_{(6)}$ [pjɦo^{21}]	plu$^{22}_{(6)}$ [plɦu^{22}]	pʐəa$^{13}_{(6)}$	vja$^{55}_{(B)}$ 调！	tsa$^{24}_{(2)}$ 调！
*mpr	绿	ɳʈʂua$^{43}_{(1)}$	ntsa$^{55}_{(1)}$	mpjo$^{55}_{(1)}$	mplu$^{24}_{(1)}$	mpʐa$^{32}_{(1a)}$	mʔpja$^{31}_{(A)}$	ntsa$^{33}_{(1)}$
*mbr	呻吟	ɳʈʂaŋ$^{31}_{(2)}$	ndzɦaɯ$^{35}_{(2)}$	mpjɔŋ$^{54}_{(2)}$	mploŋ$^{55}_{(2)}$	mpʐua$^{53}_{(2)}$	mpen$^{31}_{(A)}$	ntsoŋ$^{24}_{(2)}$

说明：

作“老鼠”讲的字在先进有 ʈʂua$^{13}_{(6)}$ 和 naŋ$^{21}_{(4)}$ 两个，石门坎有和先进的 naŋ$^{21}_{(4)}$ 对应的 naɯ$^{33}_{(4I)}$，没有和 ʈʂua$^{13}_{(6)}$ 对应的，故未列。

这个次方言作“水”讲的字和其他方言、次方言不同。其他方言、次方言作“水”讲的字都同源，属古苗语*ʔ 声类第 32 韵类平声。这个次方言作“水”讲的字和滇东北、罗泊河、重安江次方言作“河”讲的字相同，属古苗语*ɢl 声类第 4 韵类平声，在先进读作 tl̥e$^{31}_{(2)}$。这个字是鉴别某种苗话是否属于川黔滇次方言的最可靠的标志。

3. 古苗语*ʈʂ、*ʈʂh、*dʐ、*ɳʈʂ、*ɳʈʂh、*ʂ、*r、*ʔr、*r̥ 等声类读作舌尖后音。例见表十七。

表十七

声类	例字字义 ＼ 代表点	先进	石门	青岩	高坡	宗地	复员	枫香
*ʈʂ	甑子	ʈʂo$^{44}_{(5)}$	ʈʂu$^{33}_{(5)}$	tsoŋ$^{43}_{(5)}$	səŋ$^{43}_{(5)}$	soŋ$^{55}_{(5a)}$	tsaŋ$^{24}_{(c)}$	soŋ$^{55}_{(5)}$
*ʈʂh	灰烬	ʈʂhou$^{55}_{(3)}$	ʈʂhau$^{55}_{(3)}$	su$^{13}_{(3)}$	sho$^{13}_{(3)}$	sɔ$^{232}_{(3b)}$ [sɦɔ^{232}]	tshu$^{55}_{(B)}$	ɕou$^{53}_{(3)}$
*dʐ	刺猬	ʈʂou$^{13}_{(6)}$	dʐau$^{53}_{(61)}$	tsu$^{21}_{(6)}$ [tsɦu^{21}]	so$^{22}_{(6)}$ [sɦo^{22}]	so$^{13}_{(6)}$ [sɦo^{13}]	zu$^{24}_{(c)}$	sou$^{31}_{(6)}$
*ɳʈʂ	盐	ɳʈʂe$^{55}_{(3)}$	ɳʈʂə$^{55}_{(3)}$	ntsa$^{13}_{(3)}$	nzæ$^{13}_{(3)}$	ntsæ$^{42}_{(3a)}$	nʔtsi$^{55}_{(B)}$	zei$^{53}_{(3)}$
*ɳʈʂh	血	ɳʈʂhaŋ$^{55}_{(3)}$	ɳʈʂhaɯ$^{55}_{(3)}$	ntshɔŋ$^{13}_{(3)}$	nshoŋ$^{13}_{(3)}$	ntsua$^{232}_{(3b)}$ [ntsɦua^{232}]	nʔtshen$^{55}_{(B)}$	ntshoŋ$^{53}_{(3)}$
*ʂ	暖	ʂo$^{55}_{(3)}$	ʂo$^{55}_{(3)}$	sau$^{13}_{(3)}$	shə$^{13}_{(3)}$	so$^{232}_{(3b)}$ [sɦo^{232}]	su$^{55}_{(B)}$	ɕau$^{53}_{(3)}$
*r	梨	ʐua$^{31}_{(2)}$	zɦa$^{35}_{(2)}$	vo$^{54}_{(2)}$	ʐu$^{55}_{(2)}$	ʐa$^{53}_{(2)}$	wja$^{31}_{(A)}$	ɣa$^{24}_{(2)}$
*ʔr	好	ʐoŋ$^{44}_{(5)}$	zau$^{33}_{(5)}$	ven$^{43}_{(5)}$	ʐoŋ$^{43}_{(5)}$	ʐaŋ$^{55}_{(5a)}$	ʔwjoŋ$^{24}_{(c)}$	ɣoŋ$^{55}_{(5)}$
*r̥	蕨菜	ʂua$^{43}_{(1)}$	sa$^{55}_{(1)}$	fo$^{55}_{(1)}$	ʂhu$^{24}_{(1)}$	ʐa$^{22}_{(1b)}$ [ʐɦɑ^{22}]	sa$^{31}_{(A)}$	ha$^{33}_{(1)}$

（二）滇东北次方言

这个次方言不分土语，通行在云南省东北部和贵州省西北角。整个次方言区的苗族都能用苗语互相交际。这个次方言在语音上的特点如下。

1. 古苗语的浊闭塞音声类在各阳类调音节都读浊音。在苗语各方言、次方言中，苗语古浊闭塞音声类在阳平、阳入调字大都读作清音（川黔滇次方言第二土语例外），但滇东北次方言古苗语浊闭塞音声类在阳平调音节单读时读作带浊送气成分的浊音，连读变调时，读作纯浊音；在阳上、阳入调字，如果是非名词性的，读作带浊送气成分的浊音，如果是名词性的，读作纯浊音（在云南武定、禄劝一带无此差别，都读作带浊送气成分的浊音），在阳去调字读作纯浊音。例见表十八。

表十八

声类	例字	字义 \ 代表点	先进	石门	青岩	高坡	宗地	复员	枫香
阳平	*b	花	paŋ$^{31}_{(2)}$	bɦaɯ$^{35}_{(2)}$	pɔŋ$^{54}_{(2)}$	poŋ$^{55}_{(2)}$	pua$^{53}_{(2)}$	ven$^{31}_{(A)}$	pu$^{24}_{(2)}$
	*mb	拍手	mpua$^{31}_{(2)}$	mbɦa$^{35}_{(2)}$	mpo$^{54}_{(2)}$	mpɑ$^{55}_{(2)}$	mpa$^{53}_{(2)}$	mpzi$^{31}_{(A)}$	mpa$^{24}_{(2)}$
阳上	*d	柴	teu$^{21}_{(4)}$ [dɦɛɯ^{21}]	deu$^{33}_{(4I)}$	tau$^{32}_{(4)}$ [tɦɑu^{32}]	tə$^{31}_{(4)}$	tɯ$^{11}_{(4)}$	ðo$^{55}_{(B)}$	tɛ$^{13}_{(4)}$
	*mbr	鱼	ɳʈʂe$^{21}_{(4)}$ [ɳɖʐɦe^{21}]	mbə$^{33}_{(4I)}$	mpæ$^{32}_{(4)}$ [mpɦæ^{32}]	mplæ$^{31}_{(4)}$	mpʐe$^{11}_{(4)}$ [mpʐɦe^{11}]	mpji$^{55}_{(B)}$	ntsei$^{13}_{(4)}$
	*d	等候	tau$^{21}_{(4)}$ [dɦɑu^{21}]	dɦo$^{33}_{(4II)}$	tɔŋ$^{32}_{(4)}$ [tɦɔŋ^{32}]	toŋ$^{31}_{(4)}$	toŋ$^{11}_{(4)}$	ðoŋ$^{55}_{(B)}$	taŋ$^{13}_{(4)}$
阳去	*mbr	鼻子	ɳʈʂu$^{13}_{(6)}$ [ɳɖʐɦu^{13}]	mby$^{53}_{(6I)}$	mpjou$^{21}_{(6)}$ [mpjɦou^{21}]	mplɯ$^{22}_{(6)}$ [mplɦɯ^{22}]	mpʐu$^{13}_{(6)}$ [mpʐɦu^{13}]	mpju$^{24}_{(C)}$	ntsi$^{31}_{(6)}$
	*nd	麻	ntua$^{13}_{(6)}$ [ndɦo^{13}]	nda$^{53}_{(6I)}$	nto$^{21}_{(6)}$ [ntɦo^{21}]	ntu$^{22}_{(6)}$ [ntɦu^{22}]	ntəa$^{13}_{(6)}$ [ntɦəɑ^{13}]	nta$^{24}_{(C)}$	nta$^{31}_{(6)}$
	*d	死	tua$^{13}_{(6)}$ [dɦɒ^{13}]	da$^{31}_{(6II)}$	to$^{21}_{(6)}$ [tɦo^{21}]	tu$^{22}_{(6)}$ [tɦu^{22}]	təa$^{13}_{(6)}$	ða$^{24}_{(C)}$	ta$^{31}_{(6)}$
阳入	*ŋg	双	ŋkeu$^{24}_{(8)}$	ŋgey$^{53}_{(8I)}$	ŋkau$^{54}_{(8)}$	ŋkə$^{55}_{(8)}$	ŋkə$^{21}_{(8)}$	ŋko$^{31}_{(D)}$	ŋkɛ$^{13}_{(8)}$
	*d	咬	to$^{24}_{(8)}$	dɦo$^{53}_{(8II)}$	tau$^{54}_{(8)}$	tə$^{55}_{(8)}$	to$^{21}_{(8)}$	ðu$^{31}_{(D)}$	tau$^{13}_{(8)}$

说明：

（1）先进、青岩、高坡、宗地、复员、枫香对古苗语浊闭塞音声类各有不同的读音。先进、青岩、高坡、宗地在阳平、阳入调的音节都读作清音；在先进，阳上、阳去调的音节读作带浊送气成分的浊音；在青岩，阳上、阳去调的音节读作带浊送气成分的清音；在高坡，阳上调的音节读作清音，阳去调的音节读作带浊送气成分的清音；在宗地，阳上、阳去调的音节，不带鼻冠音的读作清音，带鼻冠音的读作带浊送气成分的清音；在复员，平声、上声、去声、入声调的音节都读作清音，这里声调尚未分化为阴、阳两类；在枫香、阳平、阳上、阳去、阳入调的音节都读作清音。

（2）“双”是量词，属名词性，所以在石门坎是8I调，声母是纯浊音。

2. 古苗语*pʐ、*phʐ、*m̥ʐ、*mʐ、*mpʐ、*mphʐ、*mbʐ等声类读作舌尖前音，与川黔滇次方言相同，例见川黔滇次方言的语音特点1。

3. 古苗语*pr、*phr、*br、*mpr、*mbr等声类读作舌尖前音，与重安江次方言相同，例见川黔滇次方言的语音特点2。

4. 古苗语*ʈʂ、*ʈʂh、*dʐ、*ɳʈʂ、*ʈʂh、*ʂ等声类读作舌尖后音，与川黔滇次方言相同，例见川黔滇次方言的语音特点3。

5. 古苗语 *r、*ʔr、*r̥ 等声类读作舌尖前音，例见川黔滇次方言的语音特点 3。

6. 古苗语 *pl、*phl、*mbl 等声类读作舌音，例见表十九。

表十九

声类 字义 例字 代表点	*pl	*phl	*mbl
	四	抚摩	叶子
先进	plou$^{43}_{(1)}$	phlu$^{44}_{(5)}$	mploŋ$^{31}_{(2)}$
石门	tl̥au$^{55}_{(1)}$	tl̥hy$^{33}_{(5)}$	ndlɦau$^{35}_{(2)}$
青岩	plou$^{55}_{(5)}$	——	mplen$^{54}_{(2)}$
高坡	plo$^{24}_{(1)}$	——	mploŋ$^{55}_{(2)}$
宗地	plɔ$^{32}_{(1a)}$	plou$^{35}_{(5b)}$	mplaŋ$^{53}_{(2)}$
复员	plou$^{31}_{(A)}$	phlu$^{24}_{(c)}$	mploŋ$^{31}_{(A)}$
枫香	plou$^{33}_{(1)}$	phlu$^{55}_{(5)}$	mploŋ$^{24}_{(2)}$

说明：

作“抚摩”讲的字，在青岩读作 lo$^{54}_{(2)}$，不同源；在高坡读作 phla$^{13}_{(3)}$phləŋ$^{13}_{(3)}$，两个音节韵、调都不符合对应规则，故未列。

7. 古苗语第 20 至 32 韵类（都是有鼻音韵尾的）在别的方言、次方言或多或少带有鼻音韵尾，唯有本次方言都读作没有韵尾的韵母。具有这个特点的还有川黔滇次方言的第二土语。例见表二十。

表二十

声类	例字 字义 代表点	先进	石门	青岩	高坡	宗地	复员	枫香
20	芦笙	qen$^{31}_{(2)}$	ɢɦɯ$^{35}_{(2)}$	qe$^{54}_{(2)}$	qin$^{55}_{(2)}$	hæin$^{53}_{(2)}$	ʁwjaŋ$^{31}_{(A)}$	ki$^{24}_{(2)}$
21	裙子	ta$^{43}_{(1)}$	tie$^{55}_{(1)}$	ten$^{55}_{(1)}$	tɛ$^{24}_{(1)}$	tæin$^{32}_{(1a)}$	ten$^{31}_{(A)}$	ten$^{33}_{(1)}$
22	熟	ʂa$^{55}_{(3)}$	ʂie$^{55}_{(3)}$	sen$^{13}_{(3)}$	shɛ$^{13}_{(3)}$	sæin$^{232}_{(3b)}$ [sɦæ i^{232}]	sen$^{55}_{(B)}$	ɕen$^{53}_{(3)}$
23	星	qo$^{43}_{(1)}$	qu$^{55}_{(1)}$	qoŋ$^{55}_{(1)}$	qəŋ$^{24}_{(1)}$	hoŋ$^{32}_{(1a)}$	qaŋ$^{31}_{(A)}$	qoŋ$^{33}_{(1)}$
24	肠子	ɳ̥o$^{55}_{(3)}$	ɳ̥u$^{55}_{(3)}$	ɳ̥u$^{13}_{(3)}$	ɳ̥həŋ$^{13}_{(3)}$	ɳ̥oŋ$^{232}_{(3b)}$ [ɳ̥ɦoŋ^{232}]	ɳ̥en$^{55}_{(B)}$	ɳ̥hoŋ$^{53}_{(3)}$
25	船	ŋkau$^{31}_{(2)}$	ŋgɦo$^{35}_{(2)}$	ŋkɔŋ$^{54}_{(2)}$	ŋkoŋ$^{55}_{(2)}$	ŋkoŋ$^{53}_{(2)}$	ŋkoŋ$^{31}_{(A)}$	ŋkaŋ$^{24}_{(2)}$
26	甜、香	qaŋ$^{43}_{(1)}$	qaɯ$^{55}_{(1)}$	qɔŋ$^{55}_{(1)}$	qoŋ$^{24}_{(1)}$	hua$^{32}_{(1a)}$	qen$^{31}_{(A)}$	qoŋ$^{33}_{(1)}$

续表

声类 \ 例字字义 \ 代表点		先进	石门	青岩	高坡	宗地	复员	枫香
27	吃	nau$^{31}_{(2)}$	nɦau$^{35}_{(2)}$ 韵！	nau$^{54}_{(2)}$ 韵！	noŋ$^{55}_{(2)}$	nɔ$^{53}_{(2)}$	noŋ$^{31}_{(A)}$	noŋ$^{24}_{(2)}$
28	直	ȵtɕaŋ$^{31}_{(2)}$ 调！	ȵtɕaɯ$^{55}_{(1)}$	——	ȵtɕɑŋ$^{24}_{(1)}$	ȵtɕaŋ$^{32}_{(1a)}$	nʔtɕaŋ$^{31}_{(A)}$	ȵtɕaŋ$^{33}_{(1)}$
29	龙	ʐaŋ$^{31}_{(2)}$	zɦaɯ$^{35}_{(2)}$	vaŋ$^{54}_{(2)}$	ʐɑŋ$^{55}_{(2)}$	ʐaŋ$^{53}_{(2)}$	wjoŋ$^{31}_{(A)}$	ɣaŋ$^{24}_{(2)}$
30	重	ȵ̥aŋ$^{55}_{(3)}$	ȵ̥aɯ$^{55}_{(3)}$	ȵ̥aŋ$^{13}_{(3)}$	ȵ̥hɑŋ$^{13}_{(3)}$	ȵa$^{232}_{(3b)}$ [ȵɦɑ^{232}]	ȵ̥oŋ$^{55}_{(B)}$	ȵ̥haŋ$^{53}_{(3)}$
31	落	poŋ$^{43}_{(1)}$	pau$^{55}_{(1)}$	poŋ$^{55}_{(1)}$	poŋ$^{24}_{(1)}$	paŋ$^{32}_{(1a)}$	poŋ$^{31}_{(A)}$	poŋ$^{33}_{(1)}$
32	针	koŋ$^{43}_{(1)}$	kau$^{55}_{(1)}$	ken$^{55}_{(1)}$	koŋ$^{24}_{(1)}$	kaŋ$^{32}_{(1a)}$	koŋ$^{31}_{(A)}$	koŋ$^{33}_{(1)}$

这个次方言作“房子”讲的字和其他方言、次方言不同，其他方言、次方言作“房子”讲的字都同源，属古苗语*pr 声类第 5 韵类上声。这个次方言作“房子”讲的字和川黔滇、麻山、罗泊河次方言作“牲口圈”讲的字同源，属古苗语*ŋɡ 声类第 12 韵类平声，在石门坎读作 ŋɡɦa$^{35}_{(3)}$。这个字也可以作“牲口圈”讲，但要加上修饰语，如“猪圈”说作 ŋɡɦa$^{35}_{(3)}$mpa$^{33-11}_{(5)}$，“牛圈”说作 ŋɡɦa$^{35}_{(3)}$ȵɦu$^{35-55}_{(2)}$。

这个次方言作“饭”讲的字和其他方言、次方言不同，属古苗语*v 声类入声。因其他方言、次方言无同源词，不能确知其韵类，在石门坎读作 va$^{53}_{(8I)}$。

（三）贵阳次方言

这个次方言分三个土语。东部土语通行在贵阳、平坝、黔西、金沙、清镇、开阳等县（市）的部分地区。西南土语通行在平坝、清镇、安顺、长顺、贵阳等县（市）的部分地区。西部土语通行在安顺市和镇宁布依族苗族自治县的部分地区。这个次方言在语音上的特点如下：

1. 古苗语*pr、*phr、*br、*mpr、*mbr 等声类读作腭化双唇音（接个别韵母时不腭化），例见川黔滇次方言的语音特点 2。

2. 古苗语*ʈʂ、*ʈʂh、*dʐ、*ɳʈs、*ɳʈʂh 等声类读作舌尖前音，例见川黔滇次方言的语音特点 3。

3. 古苗语第 4 韵类读作 a。例见表二十一。

表二十一

代表点 / 例字 / 字义	先进	石门	青岩	高坡	宗地	复员	枫香
菌子	ȵ̥tɕe$^{43}_{(1)}$	ȵ̥tɕi$^{55}_{(1)}$	ȵ̥tɕa$^{55}_{(1)}$	ȵ̥tɕæ$^{24}_{(1)}$	ȵ̥tɕæ$^{32}_{(1a)}$	ȵ̥ʔtɕi$^{31}_{(A)}$	ȵ̥tɕi$^{33}_{(1)}$
久	le$^{31}_{(2)}$	lɦi$^{35}_{(2)}$	la$^{54}_{(2)}$	læ$^{55}_{(2)}$	læ$^{53}_{(2)}$	li$^{31}_{(A)}$	li$^{24}_{(2)}$
长（短）	nte$^{55}_{(3)}$	nti$^{55}_{(3)}$	nta$^{13}_{(3)}$	ntæ$^{13}_{(3)}$	ntæ$^{42}_{(3a)}$	nʔti$^{55}_{(B)}$	nti$^{53}_{(3)}$
手	te$^{21}_{(4)}$ [dɦe^{21}]	dj$^{33}_{(4I)}$	tsa$^{32}_{(4)}$ [tsɦa^{32}]	kæ$^{31}_{(4)}$	ʂe$^{11}_{(4)}$ [ʂɦe^{11}]	wei$^{55}_{(B)}$	pi$^{13}_{(4)}$
烤（火）	nte$^{44}_{(5)}$	nti$^{44}_{(5)}$	nta$^{43}_{(5)}$	ntæ$^{43}_{(5)}$	ntæ$^{55}_{(5a)}$	nʔti$^{24}_{(C)}$	nti$^{55}_{(5)}$
下（蛋）	nte$^{13}_{(6)}$ [ndɦe^{13}]	ndi$^{31}_{(6II)}$	nta$^{21}_{(6)}$ [ntɦa^{21}]	ntæ$^{22}_{(6)}$ [ntɦæ^{22}]	nte$^{13}_{(6)}$ [ntɦe^{13}]	nti$^{24}_{(C)}$	nti$^{31}_{(6)}$

4. 古苗语第 13 韵类读作 au，与重安江次方言相同，和其他几个次方言不同。例见表二十二。

表二十二

代表点 / 例字 / 字义	先进	石门	青岩	高坡	宗地	复员	枫香
雷	so$^{43}_{(1)}$	so$^{55}_{(1)}$	sau$^{55}_{(1)}$	shə$^{24}_{(1)}$	so$^{22}_{(1b)}$ [sɦo^{22}]	su$^{31}_{(A)}$	phau$^{33}_{(1)}$
步	ʈo$^{31}_{(2)}$	——	ʈau$^{54}_{(2)}$	ʈə$^{55}_{(2)}$	ʈo$^{53}_{(2)}$	ʐu$^{31}_{(A)}$	tɕau$^{24}_{(2)}$
线	so$^{55}_{(3)}$	so$^{55}_{(3)}$	sau$^{13}_{(3)}$	shə$^{13}_{(3)}$	so$^{232}_{(3b)}$ [sɦo^{232}]	su$^{55}_{(B)}$	phau$^{53}_{(3)}$
（回）来	lo$^{21}_{(4)}$ [lɦo^{21}]	lɦo$^{43}_{(4II)}$	lau$^{32}_{(4)}$ [lɦɑu^{32}]	lə$^{31}_{(4)}$	lu$^{11}_{(4)}$ [lɦu^{11}]	lu$^{55}_{(B)}$	lau$^{13}_{(4)}$
拧(毛巾)	ʈʂo$^{44}_{(5)}$	ʈʂo$^{33}_{(5)}$	pjɑu$^{43}_{(5)}$	plə$^{43}_{(5)}$	pʐo$^{55}_{(5a)}$	pju$^{24}_{(C)}$	tsɑu$^{13}_{(4)}$
力量	ʐo$^{13}_{(6)}$ [ʐɦo^{13}]	zo$^{53}_{(6I)}$	vau$^{21}_{(6)}$ [vɦɑu^{21}]	ʐə$^{22}_{(6)}$ [ʐɦə^{22}]	ʐu$^{13}_{(6)}$ [ʐɦu^{13}]	wju$^{24}_{(C)}$	ɣau$^{31}_{(6)}$
笑	ʈo$^{33}_{(7)}$	ʈl̥o$^{11}_{(7)}$	ʈau$^{43}_{(7)}$	ʈə$^{43}_{(7)}$	ʂo$^{44}_{(7a)}$	ʈʂu$^{31}_{(D)}$	tɕau$^{53}_{(7)}$
咬	to$^{24}_{(8)}$	dɦo$^{31}_{(8II)}$	tau$^{54}_{(8)}$	tə$^{55}_{(8)}$	to$^{21}_{(8)}$	ðu$^{31}_{(D)}$	tau$^{13}_{(8)}$

说明：

（1）石门坎作“步”讲的字是 ɖa$^{53}_{(6I)}$，韵、调都不符合对应规则，故未列。

（2）古苗语第 13 韵类在宗地有两个读音，在第 4、6 两调的音节读作 u，在其他调类的音节读作 o。

（四）惠水次方言

这个次方言分四个土语。东部土语通行在罗甸县西关，惠水县高摆榜等地。中部土语通行在惠水县摆金、长顺县的部分地区。北部土语通行在贵阳市高坡，贵定县塘堡、平伐等地。西南土语通行在惠水县雅水，长顺县摆塘等地。这个次方言在语音上的特点如下：

1. 古苗语 *tsh 声类读作舌尖前清擦音，并有送气成分（有的地区无送气成分）。例见表二十三。

表二十三

例字字义 \ 代表点	先进	石门	青岩	高坡	宗地	复员	枫香
千	tsha$^{43}_{(1)}$	tshie$^{55}_{(1)}$	sen$^{55}_{(1)}$	shɛ$^{24}_{(1)}$	tɕein$^{22}_{(1b)}$ [tɕɦe i^{22}]声！	tshen$^{31}_{(A)}$	ɕen$^{33}_{(1)}$
米	tsho$^{55}_{(3)}$ （小米）	tshu$^{55}_{(3)}$ （小米）	soŋ$^{13}_{(3)}$	shəŋ$^{13}_{(3)}$	soŋ$^{232}_{(3b)}$ [sɦoŋ^{232}]	tshaŋ$^{55}_{(B)}$	ɕoŋ$^{53}_{(3)}$
漆	tshai$^{33}_{(7)}$	tshai$^{11}_{(7)}$	sai$^{43}_{(7)}$	she$^{43}_{(7)}$	se$^{13}_{(7b)}$ [sɦe^{13}]	tshe$^{24}_{(C)}$ 调！	ɕɛ$^{53}_{(7)}$

说明：

（1）作“千”讲的字，宗地声母不符合对应规则，但韵、调都符合对应规则，故列入。

（2）作“米”讲的字，先进、石门坎已缩小意义，专指小米。

2. 古苗语 *qlw、*ɢlw 声类读作舌根音 k，和贵阳次方言相同，和其他次方言不同。例见表二十四。

表二十四

声类	例字字义 \ 代表点	先进	石门	青岩	高坡	宗地	复员	枫香
* qlw	黄瓜	tl̥i$^{43}_{(1)}$	tl̥i$^{55}_{(1)}$	ke$^{55}_{(1)}$	kɑ$^{24}_{(1)}$	hwɪ$^{32}_{(1a)}$	qwa$^{31}_{(A)}$	qwa$^{33}_{(1)}$
	远	tl̥e$^{43}_{(1)}$	tl̥i$^{55}_{(1)}$	ka$^{55}_{(1)}$	kæ$^{24}_{(1)}$	hwæ$^{32}_{(1a)}$	qwei$^{31}_{(A)}$	qwei$^{33}_{(1)}$
	宽	tl̥aŋ$^{55}_{(3)}$	faɯ$^{55}_{(3)}$	kɔŋ$^{13}_{(3)}$	koŋ$^{13}_{(3)}$	hwua$^{42}_{(3a)}$	——	qwoŋ$^{53}_{(3)}$
	过	tl̥ua$^{44}_{(5)}$	tl̥a$^{33}_{(5)}$	ko$^{43}_{(5)}$	ku$^{43}_{(5)}$	——	qwa$^{24}_{(c)}$	qwa$^{55}_{(5)}$
* ɢlw	黄	tl̥aŋ$^{31}_{(2)}$	vɦaɯ$^{35}_{(2)}$	kɔŋ$^{54}_{(2)}$	koŋ$^{55}_{(2)}$	hwua$^{53}_{(2)}$	ʁwen$^{31}_{(A)}$	——
	亮	kaŋ$^{31}_{(2)}$	——	kɔŋ$^{54}_{(2)}$	koŋ$^{55}_{(2)}$	hwua$^{53}_{(2)}$	ʁwen$^{13}_{(A)}$	qwoŋ$^{24}_{(2)}$
	（逃）脱	tl̥i$^{13}_{(6)}$ [dlɦi^{13}] 调！	dlɦi$^{31}_{(8II)}$	——	kɑ$^{55}_{(8)}$	hwɪ$^{21}_{(8)}$	ʁwa$^{31}_{(D)}$	qwa$^{31}_{(6)}$ 调！

说明：

（1）某一点与其他各点不同源的字不列。

（2）石门坎作“过”讲的字也作为“到”。

（3）这两个声类在石门坎有舌音、唇音两种读法，读作唇音的两个例字都是接韵母 aɯ 的，唇音可能是以接 aɯ 为条件的变体。

（4）作“（逃）脱”讲的字是阳入调字，先进、枫香读阳去调，原因不明。

（五）麻山次方言

这个次方言分四个土语。中部土语通行在紫云苗族布依族自治县宗地、打易、罗甸县边阳。西部土语通行在望谟县猴场。北部土语通行在长顺县代化，罗甸县边阳，惠水县董上。南部土语通行在望谟县麻山、乐宽。这个次方言在语音上的特点如下：

1. 没有清鼻音、清边音，古苗语清鼻音、清边音声类，在这个次方言都读作浊鼻音、浊边音。例见表二十五。

表二十五

声类 \ 例字字义 \ 代表点		先进	石门	青岩	高坡	宗地	复员	枫香
*m̥	晚上	m̥au$^{44}_{(5)}$	m̥o$^{33}_{(5)}$	m̥ɔŋ$^{43}_{(5)}$	m̥hoŋ$^{43}_{(5)}$	mɔ$^{35}_{(5b)}$ [mɦɔ^{35}]	m̥oŋ$^{24}_{(c)}$	m̥haŋ$^{55}_{(5)}$
*m̥ʑ	牙齿	ȵ̥a$^{55}_{(3)}$	ȵ̥ie$^{55}_{(3)}$	m̥jen$^{13}_{(3)}$	m̥hɛ$^{13}_{(3)}$	mi$^{232}_{(3b)}$ [mɦi^{232}]	m̥jen$^{55}_{(B)}$	m̥hen$^{53}_{(3)}$
*m̥r	苗族	m̥oŋ$^{43}_{(1)}$	m̥au$^{55}_{(1)}$	m̥oŋ$^{55}_{(1)}$	m̥hoŋ$^{24}_{(1)}$	maŋ$^{22}_{(1b)}$ [mɦɑŋ^{22}]	m̥jo$^{31}_{(A)}$	m̥hoŋ$^{33}_{(1)}$
*n̥	太阳	n̥o$^{43}_{(1)}$	n̥u$^{55}_{(1)}$	n̥oŋ$^{55}_{(1)}$	n̥həŋ$^{24}_{(1)}$	noŋ$^{22}_{(1b)}$ [nɦoŋ^{22}]	n̥a$^{31}_{(A)}$	n̥hoŋ$^{33}_{(1)}$
*ŋ̊	饭	n̥au$^{44}_{(5)}$	——	n̥ɔŋ$^{43}_{(5)}$	n̥hoŋ$^{43}_{(5)}$	ɳɔ$^{35}_{(5b)}$ [ɳɦɔ^{35}]	——	ȵ̥haŋ$^{55}_{(5)}$
*ȵ̥	肠子	ȵ̥o$^{55}_{(3)}$	ȵ̥u$^{55}_{(3)}$	ȵ̥u$^{13}_{(3)}$	ȵ̥haŋ$^{13}_{(3)}$	ȵoŋ$^{232}_{(3b)}$ [ȵɦoŋ^{232}]	ȵ̥en$^{55}_{(B)}$	ȵ̥hoŋ$^{53}_{(3)}$
*l̥	绳子	l̥ua$^{44}_{(5)}$	l̥a$^{33}_{(5)}$	l̥o$^{43}_{(5)}$	l̥hɑ$^{43}_{(5)}$	la$^{35}_{(5b)}$ [lɦɑ^{35}]	l̥i$^{24}_{(c)}$	l̥ha$^{55}_{(5)}$

说明：

（1）石门坎、复员作“饭”讲的词和其他点不同源，故未列。

（2）宗地 1b、3b、5b、7b 调的音节，鼻音、边音、擦音、带鼻冠音的闭塞音都带浊送气成分。

2. 没有小舌塞音，古苗语不带鼻冠音的小舌闭塞音声类，全读作 h；带鼻冠音的小舌闭塞音声类，全读作 ŋk。例见表二十六。

表二十六

声类	例字义 ＼ 代表点	先进	石门	青岩	高坡	宗地	复员	枫香
*q	鸡	qai$^{43}_{(1)}$	qai$^{55}_{(1)}$	qai$^{55}_{(1)}$	qe$^{24}_{(1)}$	he$^{32}_{(1a)}$	qe$^{31}_{(A)}$	qɛ$^{33}_{(1)}$
*qh	捆	qhai$^{43}_{(1)}$	qhai$^{55}_{(1)}$	qhai$^{55}_{(1)}$	qhe$^{24}_{(1)}$	he$^{22}_{(1b)}$ [hɦe^{22}]	qhe$^{31}_{(A)}$	qhɛ$^{33}_{(1)}$
*ɢ	（鸟）叫	qua$^{31}_{(2)}$	ɢɦa$^{35}_{(2)}$	qo$^{54}_{(2)}$	qɑ$^{55}_{(2)}$	ha$^{53}_{(2)}$	ʁi$^{31}_{(A)}$	qa$^{24}_{(2)}$
*ɴq	鸽子	ɴqua$^{43}_{(1)}$	ɴqa$^{55}_{(1)}$	ɴqo$^{55}_{(1)}$	ɴqu$^{24}_{(1)}$	ŋka$^{32}_{(1a)}$	ɴʔqa$^{31}_{(A)}$	ɴqa$^{33}_{(1)}$
*ɴqh	干燥	ɴqhua$^{43}_{(1)}$	ɴqha$^{55}_{(1)}$	ɴqho$^{55}_{(1)}$	ɴqhɑ$^{24}_{(1)}$	ŋka$^{22}_{(1b)}$ [ŋkɦa^{22}]	——	ɴqha$^{33}_{(1)}$（口干）
*ɴɢ	肉	ɴqai$^{31}_{(2)}$	ɴɢɦai$^{35}_{(2)}$	ɴqai$^{54}_{(2)}$	ɴqe$^{55}_{(2)}$	ŋke$^{53}_{(2)}$	ɴqe$^{31}_{(A)}$（猎物）	ɴqɛ$^{24}_{(2)}$

说明：

（1）作“干燥”讲的字，复员和其他点不同源，故未列；枫香另有作“干燥”讲的字，ɴqha$^{33}_{(1)}$作“口干”或是“旱”讲。

（2）复员另有作“肉”讲的字 ŋʔkaŋ$^{24}_{(C)}$。ɴqe$^{31}_{(A)}$作“猎物”讲。其实，在别的点，这个字也作“猎物”讲，如石门坎“打猎”叫 ley$^{55}_{(3)}$（追）ɴɢɦai$^{35}_{(3)}$（猎物）。

3. 古苗语 *qlw、*ɢlw 声类读作圆唇化喉擦音 hw，例见惠水次方言的语音特点 2。

4. 阴类调因古声母的全清、次清，全部或部分地各分化为两个调。例见表二十七。

表二十七

调类	阴平		阴上		阴去		阴入	
古声母	全清	次清	全清	次清	全清	次清	全清	次清
例字字义 ＼ 代表点	儿子	煮（开水）	早	线	戴（帽子）	怕	接（受）	漆
先进	to$^{43}_{(1)}$	tho$^{43}_{(1)}$	ntso$^{55}_{(3)}$	so$^{55}_{(3)}$	ntoŋ$^{44}_{(5)}$	ɳtʂhai$^{44}_{(5)}$	tsai$^{33}_{(7)}$	tshai$^{33}_{(7)}$
宗地	toŋ$^{32}_{(1a)}$	to$^{22}_{(1b)}$	ntso$^{42}_{(3a)}$	so$^{232}_{(3b)}$ [sɦo^{232}]	ntaŋ$^{55}_{(5a)}$	ntse$^{35}_{(5b)}$ [ntsɦe^{35}]	se$^{44}_{(7a)}$	se$^{13}_{(7b)}$ [sɦe^{13}]

5. 古苗语 *pʑ、*phʑ、*m̥ʑ、*mʑ、*mpʑ、*mphʑ、*mbʑ 等声类读作腭化双唇音，例见川黔

滇次方言的语音特点 1。

6. 古苗语 *pr、*phr、*br 声类读作 pʐ；*mpr、*mbr 声类读作 mpʐ，例见川黔滇次方言的语音特点 2。

（六）罗泊河次方言

这个次方言不分土语，通行在福泉、瓮安、贵定、龙里、开阳各县的毗连地区和凯里县老君寨、大小泡木等地。这个次方言在语音上的特点如下：

1. 古苗语带鼻冠音的闭塞音声类在这个次方言有两种类型的读音，古闭塞部分为清音的，现在读作 mʔp、mʔph、nʔts、nʔtsh、nʔt、nʔth 等，在鼻冠音与闭塞音之间有一个喉塞音、形成短暂的停顿；古闭塞部分为浊音的，现在读作 mp、mph、nts、ntsh、nt、nth 等。例见表二十八。

表二十八

声类	例字字义 ╲ 代表点	先进	石门	青岩	高坡	宗地	复员	枫香
*mp	沸	mpou$^{44}_{(5)}$	mpau$^{33}_{(5)}$	mpu$^{43}_{(5)}$	mpo$^{43}_{(5)}$	mpɔ$^{55}_{(5a)}$	mʔpu$^{24}_{(c)}$	mpou$^{55}_{(5)}$
*mpʑ	双生（子）	ntsai$^{43}_{(1)}$	ntsai$^{55}_{(1)}$	mpji$^{55}_{(1)}$	mpe$^{24}_{(1)}$	mpje$^{32}_{(1a)}$	mʔple$^{31}_{(A)}$	mpɛ$^{33}_{(1)}$
*nts	洗（碗）	ntsua$^{55}_{(3)}$	ntsa$^{55}_{(3)}$	ntso$^{13}_{(3)}$	nzɑ$^{13}_{(3)}$	ntsa$^{42}_{(3a)}$	nʔtsi$^{55}_{(B)}$	za$^{53}_{(3)}$
*nt	纸	nteu$^{55}_{(3)}$	ntey$^{55}_{(3)}$	ntau$^{13}_{(3)}$	ntə$^{13}_{(3)}$	ntə$^{42}_{(3a)}$	nʔto$^{55}_{(B)}$	ntɛ$^{53}_{(3)}$
*ɳʈh	裹腿	ɳʈhoŋ$^{43}_{(1)}$	ɳʈhau$^{55}_{(1)}$	ɳʈhen$^{55}_{(1)}$	ɳʈhoŋ$^{24}_{(1)}$	ɳʈaŋ$^{22}_{(1b)}$ [ɳʈɦɑŋ^{22}]	ɳʔʈʂhoŋ$^{31}_{(A)}$	ȵtɕhoŋ$^{32}_{(1)}$
*ʈʂh	水獭	ɳʈʂhua$^{43}_{(1)}$	ɳʈʂha$^{55}_{(1)}$	ntsho$^{55}_{(1)}$	nshu$^{24}_{(1)}$	ntsa$^{21}_{(1b)}$ [ntsɦɑ^{21}]	nʔtsha$^{31}_{(A)}$	ntsha$^{33}_{(1)}$
*ŋkh	扬尘	ŋkheu$^{43}_{(1)}$	ŋkhey$^{55}_{(1)}$	ŋkhau$^{55}_{(1)}$	ŋkhə$^{24}_{(1)}$	ŋkə$^{22}_{(1b)}$ [ŋkɦə^{22}]	ŋʔkho$^{31}_{(A)}$	ŋkhɛ$^{33}_{(1)}$
*ntsh	陡	ntshaŋ$^{43}_{(1)}$	ntshaɯ$^{55}_{(1)}$	ntshaŋ$^{55}_{(1)}$	nshɑŋ$^{24}_{(1)}$	ntsəŋ$^{22}_{(1b)}$ [ntsɦəŋ^{22}]	nʔtshoŋ$^{31}_{(A)}$	——
*mb	拍（手）	mpua$^{31}_{(2)}$	mbɦa$^{35}_{(2)}$	mpo$^{54}_{(2)}$	mpɑ$^{55}_{(2)}$	mpa$^{53}_{(2)}$	mpzi$^{31}_{(A)}$	mpa$^{24}_{(2)}$
*mbr	耳朵	ɳʈʂe$^{31}_{(2)}$	mbɦə$^{35}_{(2)}$	mpæ$^{54}_{(2)}$	mplæ$^{55}_{(2)}$	mpʐæ$^{53}_{(2)}$	mpji$^{31}_{(A)}$	ntsei$^{24}_{(2)}$
*ɳɖ	鼓	ɳʈua$^{21}_{(4)}$ [ɳɖɦɒ^{21}]	ɳɖa$^{33}_{(41)}$	ɳʈo$^{32}_{(4)}$ [ɳʈɦo^{32}]	ɳʈu$^{31}_{(4)}$	ɳʈəa$^{11}_{(4)}$ [ɳʈɦəɑ^{11}]	ɳʈʂa$^{55}_{(B)}$	ȵtɕa$^{13}_{(4)}$
*ŋg	兰靛	ŋkaŋ$^{31}_{(2)}$	ŋgɦaɯ$^{35}_{(2)}$	ŋkɔŋ$^{54}_{(2)}$	ŋkoŋ$^{55}_{(2)}$	ŋkua$^{53}_{(2)}$	ȵtɕen$^{31}_{(A)}$	ŋkoŋ$^{24}_{(2)}$

2. 古苗语带先喉塞音的鼻音、边音、浊擦音声类仍保持先喉塞成分。例见表二十九。

表二十九

声类	例字字义＼代表点	先进	石门	青岩	高坡	宗地	复员	枫香
*ʔm	病	mau$^{43}_{(1)}$	mo$^{55}_{(1)}$	moŋ$^{55}_{(1)}$	mɔŋ$^{24}_{(1)}$	məŋ$^{32}_{(1a)}$ 韵！	ʔmoŋ$^{31}_{(A)}$	maŋ$^{33}_{(1)}$ 韵！
*ʔw	簸箕	vaŋ$^{43}_{(1)}$	vaɯ$^{55}_{(1)}$	vɔŋ$^{55}_{(1)}$	voŋ$^{24}_{(1)}$	wua$^{32}_{(1a)}$	ʔwen$^{31}_{(A)}$	vu$^{33}_{(1)}$
*ʔn	蛇	naŋ$^{43}_{(1)}$	naɯ$^{55}_{(1)}$	no$^{55}_{(1)}$	nɑŋ$^{24}_{(1)}$	na$^{32}_{(1a)}$	ʔnen$^{31}_{(A)}$	noŋ$^{33}_{(1)}$
*ʔl	红	la$^{43}_{(1)}$	lie$^{55}_{(1)}$	len$^{55}_{(1)}$	lɛ$^{24}_{(1)}$	læin$^{32}_{(1a)}$	ʔlen$^{31}_{(A)}$	len$^{33}_{(1)}$
*ʔr	看守	ʐo$^{55}_{(3)}$	zo$^{55}_{(3)}$	vau$^{13}_{(3)}$	ʐə$^{13}_{(3)}$	ʐo$^{42}_{(3a)}$	ʔwju$^{55}_{(B)}$	ɣoŋ$^{53}_{(3)}$
*ʔɭ	兔	lua$^{55}_{(3)}$	la$^{55}_{(3)}$	lo$^{13}_{(3)}$	lu$^{13}_{(3)}$	ɭa$^{42}_{(3a)}$	ʔla$^{55}_{(B)}$	la$^{53}_{(3)}$
*ʔȵ	哭	ȵa$^{55}_{(3)}$	ȵie$^{55}_{(3)}$	ȵen$^{13}_{(3)}$	ȵɛ$^{13}_{(3)}$	ȵi$^{42}_{(3a)}$	ʔȵen$^{55}_{(B)}$	ȵi$^{53}_{(3)}$
*ʔʑ	秧	ʑo$^{43}_{(1)}$	ʑu$^{55}_{(1)}$	ʑoŋ$^{55}_{(1)}$	ʑəŋ$^{24}_{(1)}$	ʑoŋ$^{32}_{(1a)}$	ʔʑaŋ$^{31}_{(A)}$	ʑoŋ$^{33}_{(1)}$

3. 古苗语浊的不带鼻冠音的闭塞音声类读作浊擦音，如果是由浊闭塞音和流音组成的声类，则浊闭塞音部分读作浊擦音。不过浊擦音后面似乎略有闭塞成分，可略而不计，例见表三十。

表三十

声类	例字字义＼代表点	先进	石门	青岩	高坡	宗地	复员	枫香
*b	抱	pua$^{13}_{(6)}$ [bɦɒ^{13}]	ba$^{31}_{(6II)}$	po$^{21}_{(6)}$ [pɦo^{21}]	pu$^{22}_{(6)}$ [pɦu^{22}]	pəa$^{13}_{(6)}$	va$^{24}_{(c)}$	pa$^{13}_{(6)}$
*bʑ	手	te$^{21}_{(4)}$ [dɦe^{21}]	di$^{33}_{(4I)}$	tsa$^{32}_{(4)}$ [tsɦɑ^{32}]	kæ$^{31}_{(4)}$	ʂe$^{11}_{(4)}$ [ʂɦe^{11}]	wei$^{55}_{(B)}$	pi$^{13}_{(4)}$
*br	鼠	tʂua$^{13}_{(6)}$ [dʑɦɒ^{13}]	——	pjo$^{21}_{(6)}$ [pjɦo^{21}]	plu$^{22}_{(6)}$ [plɦu^{22}]	pʐəa$^{13}_{(6)}$	vja$^{55}_{(B)}$ 调！	tsa$^{24}_{(2)}$ 调！
*bɭ	魂	pli$^{13}_{(6)}$ [blɦi^{13}] 调！	dli$^{55}_{(1)}$ 调！	ple$^{21}_{(6)}$ [plɦɑ^{21}] 调！	pla$^{22}_{(6)}$ [plɦa^{22}] 调！	pɭɪ$^{33}_{(6)}$ 调！	vlo$^{31}_{(A)}$ 韵！	pla$^{24}_{(2)}$
*dz	害羞	tsaŋ$^{31}_{(2)}$	dzɦaɯ$^{35}_{(2)}$	tsɔŋ$^{54}_{(2)}$	soŋ$^{55}_{(2)}$	sua$^{53}_{(2)}$	zen$^{31}_{(A)}$	soŋ$^{24}_{(2)}$
*d	（客）来	tua$^{31}_{(2)}$	dɦa$^{35}_{(2)}$	to$^{54}_{(2)}$	tu$^{55}_{(2)}$	ta$^{53}_{(2)}$	ða$^{31}_{(A)}$	ta$^{24}_{(2)}$

续表

声类	例字字义 \ 代表点	先进	石门	青岩	高坡	宗地	复员	枫香
*ɖ	笛子	ʈaŋ$^{31}_{(2)}$	ɖɦaɯ$^{35}_{(2)}$（管子）	ʈaŋ$^{54}_{(2)}$	ʈɑŋ$^{55}_{(2)}$	——	ʐoŋ$^{31}_{(A)}$	tɕaŋ$^{24}_{(2)}$
*ɖɳ	门	ʈoŋ$^{31}_{(2)}$	dlɦau$^{35}_{(2)}$	ʈen$^{54}_{(2)}$	ʈoŋ$^{55}_{(2)}$	ʂaŋ$^{53}_{(2)}$	ʐoŋ$^{31}_{(A)}$	tɕoŋ$^{24}_{(2)}$
*dʐ	淡	ʈʂua$^{13}_{(6)}$ [dʐɦɒ^{13}]	dʐa$^{31}_{(6Ⅱ)}$	tso$^{21}_{(6)}$ [tsɦo^{21}]	sɑ$^{22}_{(6)}$ [sɦɑ^{22}]	səa$^{13}_{(6)}$ [sɦəɑ^{13}]	zi$^{24}_{(c)}$	sa$^{31}_{(6)}$
*dʑ	九	tɕua$^{31}_{(2)}$	dʑɦa$^{35}_{(2)}$	tɕo$^{54}_{(2)}$	tɕu$^{55}_{(2)}$	tɕa$^{53}_{(2)}$	ʑa$^{31}_{(A)}$	tɕa$^{24}_{(2)}$
*g	蚱蜢	koŋ$^{31}_{(2)}$	gɦau$^{35}_{(2)}$	——	koŋ$^{55}_{(2)}$	kaŋ$^{53}_{(2)}$	ɣoŋ$^{31}_{(A)}$	koŋ$^{24}_{(2)}$
*ɢ	矮	qe$^{21}_{(4)}$ [ɢɦe^{22}]	ɢɦɯ$^{43}_{(4Ⅱ)}$	qe$^{32}_{(4)}$ [qɦe^{32}]	qɑ$^{31}_{(4)}$	hɪ$^{11}_{(4)}$ [hɦɪ^{11}]	ʁa$^{55}_{(B)}$	qa$^{24}_{(2)}$
*ɢl	桃子	tl̥ua$^{31}_{(2)}$	dlɦa$^{35}_{(2)}$	ʔlo$^{54}_{(2)}$	tl̥ɑ$^{55}_{(2)}$	l̥a$^{53}_{(2)}$	ʁlei$^{31}_{(A)}$	tl̥a$^{24}_{(2)}$
*ɢɳ	庹	t l̥aŋ$^{31}_{(2)}$	dlɦaɯ$^{35}_{(2)}$	ʔlɔŋ$^{54}_{(2)}$	tl̥oŋ$^{55}_{(2)}$	l̥ua$^{53}_{(2)}$	ʁlei$^{31}_{(A)}$	tl̥oŋ$^{24}_{(2)}$

说明：

（1）作“鼠”讲的字，复员是上声、枫香是阳平，与其他四个点不同，所以上注“调！”字样。但应注意到枫香不变调，其他四个点都有由阳平、阳上变为阳去的变调规律，所以这个字是否阳去调，还成问题。

（2）作“魂”讲的字肯定是阳平调的，石门坎阴平无浊声母字，凡浊声母字都是由阳平变来的。先进、青岩、高坡、宗地是阳去，都是由阳平变来的。复员浊声母平声，相当其他点的阳平。枫香不变调，这个字正是以阳平出现。

（3）宗地阳去有两个调值，大多数字是 13，调类标作 6；少数是 33，调类标作 6′，如作“魂”讲的字。

4. 古苗语第 9、10 两韵类读作前高元音，即使是因接某种性质的声母而产生变体，其舌位也是偏前偏高的，和其他次方言把这两个韵类读作低元音或者后元音的是很不相同的。例见表三十一。

表三十一

韵类 \ 例字字义 \ 代表点		先进	石门	青岩	高坡	宗地	复员	枫香
9	（鸟）叫	qua$^{31}_{(2)}$	ɢɦa$^{35}_{(2)}$	qo$^{54}_{(2)}$	qɑ$^{55}_{(2)}$	ha$^{53}_{(2)}$	ʁi$^{31}_{(A)}$	qa$^{24}_{(2)}$
	桃子	tl̥ua$^{31}_{(2)}$	dlɦa$^{35}_{(2)}$	ʔlo$^{54}_{(2)}$	tl̥ɑ$^{55}_{(2)}$	l̥a$^{53}_{(2)}$	ʁlei$^{31}_{(A)}$	tl̥a$^{24}_{(2)}$
	淡	tʂua$^{13}_{(6)}$ [dʐɦɒ^{13}]	dʐa$^{31}_{(6II)}$	tso$^{21}_{(6)}$ [tsɦo^{21}]	sɑ$^{22}_{(6)}$ [sɦɑ^{22}]	səa$^{13}_{(6)}$ [sɦəɑ^{13}]	zi$^{24}_{(c)}$	sa$^{31}_{(6)}$
	扇子	ntsua$^{24}_{(8)}$ 声！	ndzɦa$^{35}_{(2)}$ 调！	mpjo$^{54}_{(8)}$	mplɑ$^{55}_{(8)}$	mpja$^{21}_{(8)}$ 声！	mpzi$^{31}_{(D)}$	ntsa$^{13}_{(8)}$
10	密、厚	tua$^{43}_{(1)}$	ta$^{55}_{(1)}$	to$^{55}_{(1)}$	tɑ$^{24}_{(1)}$	ta$^{32}_{(1a)}$	ti$^{31}_{(A)}$	ta$^{33}_{(1)}$
	拍（手）	mpua$^{31}_{(2)}$	mbɦa$^{35}_{(2)}$	mpo$^{54}_{(2)}$	mpɑ$^{55}_{(2)}$	mpa$^{53}_{(2)}$	mpzi$^{31}_{(A)}$	mpa$^{24}_{(2)}$
	洗（碗）	ntsua$^{55}_{(3)}$	ntsa$^{55}_{(3)}$	ntso$^{13}_{(3)}$	nzɑ$^{13}_{(3)}$	ntsa$^{42}_{(3a)}$	nʔtsi$^{55}_{(B)}$	za$^{53}_{(3)}$
	汤	kua$^{44}_{(5)}$ 调！	ka$^{33}_{(5)}$ 调！	ko$^{13}_{(3)}$	kɑ$^{13}_{(3)}$	ka$^{42}_{(3a)}$	tɕi$^{55}_{(B)}$	ka$^{53}_{(3)}$
	百	pua$^{44}_{(5)}$	pa$^{33}_{(5)}$	po$^{43}_{(5)}$	pɑ$^{43}_{(5)}$	pa$^{55}_{(5a)}$	pi$^{24}_{(c)}$	pa$^{55}_{(5)}$
	柴刀	tsua$^{33}_{(7)}$ 调！	tsa$^{33}_{(5)}$	tso$^{43}_{(5)}$	sɑ$^{43}_{(5)}$	sa$^{44}_{(7a)}$ 调！	tsi$^{24}_{(c)}$	sa$^{55}_{(5)}$
	绳子	l̥ua$^{44}_{(5)}$	l̥a$^{33}_{(5)}$	l̥o$^{43}_{(5)}$	l̥hɑ$^{43}_{(5)}$	la$^{35}_{(5b)}$ [lɦɑ^{35}]	l̥i$^{24}_{(c)}$	l̥ha$^{55}_{(5)}$
	客人	qhua$^{44}_{(5)}$	qha$^{33}_{(5)}$	qho$^{43}_{(5)}$	qhɑ$^{43}_{(5)}$	ha$^{35}_{(5b)}$ [hɦɑ^{35}]	qhei$^{24}_{(c)}$	qha$^{55}_{(5)}$
	梳子	ʐua$^{13}_{(6)}$ [ʐɦɒ^{13}]	za$^{53}_{(6I)}$	vo$^{21}_{(6')}$	ʐɑ$^{22}_{(6)}$ [ʐɦɑ^{22}]	ʐəa$^{13}_{(6)}$ [ʐɦəɑ^{13}]	wji$^{24}_{(c)}$	ɣa$^{31}_{(6)}$
	抢	hua$^{33}_{(7)}$	ha$^{11}_{(7)}$	ho$^{43}_{(7)}$	hɑ$^{43}_{(7)}$	ɦa$^{13}_{(7b)}$ [ɦɑ^{13}]	hi$^{31}_{(D)}$	ha$^{53}_{(7)}$

说明：

（1）古苗语第 9、10 两个韵类在川黔滇方言基本上合并了，但是在黔东方言这两个韵类的读音不同，第 9 韵类读作 en，第 10 韵类读作 a。

（2）古苗语第 9 韵类，在复员，除接 ʁl 声母时读作 ei 以外，都读作 i，第 10 韵类，在复员，除接小舌塞音声母时读作 ei 以外，都读作 i。ei 这个复元音的主要元音 e 也是偏前，偏高的元音。所以说古苗语第 9、10 两个韵类在罗泊河次方言的读音很有特色。

（3）作“扇子”讲的字在先进、宗地声母不符合对应规则，在石门坎声调不符合对应规则，原因不明。作“汤”讲的字在先进、石门坎声调不符合对应规则，作“柴刀”

讲的字在先进和宗地声调不符合对应规则，都是历史上变调的结果。

（4）青岩阳去调音节有不带浊送气成分的，这些音节的调值标作<u>21</u>，调类标作 6′，如作“梳子”讲的字。

（七）重安江次方言

这个次方言不分土语，通行在贵州黄平县枫塘、重新、崇人，凯里县龙场、狗场、甘坝、龙山、隆昌、碧波和黔西、织金等县的部分地区。这个次方言在语音上的特点如下：

1. 古苗语浊的闭塞音声类在各阳类调都读清音。例见滇东北次方言的语音特点 1。

2. 古苗语 *pr、*phr、*br、*mpr、*mbr 等声类读舌尖前音，与滇东北次方言相同。例见川黔滇次方言的语音特点 2。

3. 古苗语 *tsh 声类读作舌面前清擦音 ɕ，很具特色，例见惠水次方言的语音特点 1。

4. 古苗语 *ʈ、*ɖ 声类读作 tɕ。例见表三十二。

表三十二

声类	例字 字义 / 代表点	先进	石门	青岩	高坡	宗地	复员	枫香
*ʈ	（一）把（锄）	ʈaŋ$^{43}_{(1)}$	——	ʈɔŋ$^{55}_{(1)}$	ʈoŋ$^{24}_{(1)}$	ʈua$^{32}_{(1a)}$	ʈʂen$^{31}_{(A)}$	tɕoŋ$^{33}_{(1)}$ （一）根 （棍子）
	回（来）	ʈau$^{55}_{(3)}$	ʈo$^{55}_{(3)}$	——	——	ʈoŋ$^{42}_{(3a)}$	ʈʂoŋ$^{55}_{(B)}$	tɕaŋ$^{53}_{(3)}$
	摘耳根	ʈou$^{33}_{(7)}$	ʈau$^{11}_{(7)}$	ʈu$^{43}_{(7)}$	ʈə$^{43}_{(7)}$	ʈu$^{44}_{(7a)}$	ʈʂo$^{31}_{(D)}$	tɕou$^{53}_{(7)}$
*ɖ	步	ʈo$^{31}_{(2)}$	——	ʈau$^{54}_{(2)}$	ʈə$^{55}_{(2)}$	ʈo$^{53}_{(2)}$	ʐu$^{31}_{(A)}$	tɕau$^{24}_{(2)}$
	笛子	ʈaŋ$^{31}_{(2)}$	ɖɦaɯ$^{35}_{(2)}$ （管子）	ʈaŋ$^{54}_{(2)}$	ʈɑŋ$^{55}_{(2)}$	——	ʐoŋ$^{31}_{(A)}$	tɕaŋ$^{24}_{(2)}$
	桌子	ʈoŋ$^{31}_{(2)}$	ɖɦau$^{35}_{(2)}$	ʈen$^{54}_{(2)}$	ʈoŋ$^{55}_{(2)}$ （墩子）	ʈaŋ$^{53}_{(2)}$ （椅子）	ʐoŋ$^{31}_{(A)}$ （凳子）	tɕoŋ$^{24}_{(2)}$ （凳子）
	筷子	ʈeu$^{13}_{(6)}$ [ɖɦɛɯ^{13}]	——	ʈau$^{21}_{(6)}$ [ʈɦau^{21}]	ʈə$^{22}_{(6)}$ [ʈɦə^{22}]	ʈɯ$^{13}_{(6)}$	ʐo$^{24}_{(c)}$	tɕɛ$^{31}_{(6)}$

说明：

（1）某一点与其他各点不同源的字不列。

（2）例字有转义情况时，把现在的意义注在音标下面。

（3）复员古苗语 *ʈ 声类读作 ʈʂ，不读作 ʈ，也颇具特色，但不能算是罗泊河次方言的特点，因为次方言区有的地方如龙里水尾 *ʈ 声类读作 ʈ。

五

上面我们把苗语方言和各方言次方言的语音特点作了简单的介绍。关于苗语方言划分还有一些问题需要讨论。首先，划分方言时词汇标准和语法标准也要考虑。苗语是不是划分为三个方言最合理，有没有更合理的划分法？其次，次方言和土语的差别程度有何区别？为什么湘西方言内部分为东部、西部两个土语而川黔滇方言内部却分为七个次方言？把湘西东部、西部土语改为东部、西部次方言行不行？等等。这些问题都还值得作进一步的研究。

我们在五十年代调查了一些地区的苗语，记录了一些材料，但无论是调查的广度和深度都是很不够的。我们对苗语各种地方话的研究既不全面，又不深入。在这种情况下，我们是不能下结论说我们对苗语方言的划分已经十分正确，没有改动的余地了。我们深切盼望苗语研究工作者，今后再多作一些调查，记录更多的材料，对苗语方言划分提出更好的意见。

苗文的正字法问题*

凡是拼音文字都必须有个正确拼写的方法，通称正字法。本文想就苗文的正字法问题，谈谈个人的不成熟的意见。

党和政府于1956年批准给苗族创制了三种方言文字，改革了滇东北次方言（当时叫滇东北方言）的老文字。各种文字都是拉丁字母式的拼音文字。现在各种文字都在试验推行。我们在创制文字时，曾明确规定各种文字的基础方言（对苗族的方言文字来说，应称为基础土语）和标准音点。要求文字由基础方言选词，按标准音点的语音拼写。但我们选定的标准音点并不是各方言区政治、经济、文化的中心，这种话在群众中没有威信，在拼写时难免出现不按标准音拼写。因而产生一些词的写法不一致的现象，使文字不能很好地成为书面交际工具。这对于文字的发展很不利，应当引起苗语文工作者的注意。

语言和文字虽然都是人们的交际工具，但作用不同。语言是说给对方听的。两个说不同方言的人对话，尽管两种话差别很大，但因为对话的双方都在现场，遇到听不懂的词语，可以当时向对方提问。同时又有一个语言环境，双方都知道谈论的问题是什么，这也很有助于理解对方所说词语的含义。我们平时走在路上或坐在车船上遇到外省人向自己问路或交谈，如果不是方言差别很大，我们一般能听懂全部或大部分那种外省话的词语。文字是写给对方看的，一般是写字的人和看字的人不在同一地方，看字的人看到不懂的词语，只能猜测，无法询问。

任何一种民族的语言都有方言、土语的差别。无论政府怎样推行标准语，也不能禁止各方言区的人说自己的方言，最多只能做到非标准语区的人会说两种方言，一种是标准语，一种是自己的方言。汉语普通话推广多年，政府也只是让其他方言区的人学会普通话，并无禁止使用其他方言的意图。

尽管汉语分为八大方言，有的方言还分若干种土语，但是代表汉语的只有一种文字即汉字。汉字是表意文字，说不同方言的人可以按照自己的方言读汉字，但必须按标准的写法写汉字。这是文字规范化问题。例如“日”字北京话读作 ʐʅ^{51}；西安话读作 ɚ^{21}；成都话读作 zʅ^{31}；太原话读作 zəʔ^{2}；汉口话读作 ɯ^{21}；扬州话读作 ləʔ^{5}；温州话读作 zai^{12}；双峰

* 本文发表在《贵州民族研究》1984年第3期，第5~15页。

话读作 i^{23}；南昌话读书音为 lət^{21}，口语音为 ȵit^{21}；广州话读作 jat^{22}；厦门话读作 dzit^{5}；潮州话读作 zik^{1}；但文字一定要写作“日”，不能写成其他的样子。拼音文字是表音文字，也必须有一个统一的写法。不能说因为表音，各方言、土语区的人就按自己的语音拼写。苗语的方言差别大，创制的是方言文字。川黔滇、滇东北的文字还是次方言的文字。凡是说同一方言、次方言的苗族都应当遵守本方言、次方言文字的统一的拼写法。否则苗文就不能成为很好的书面交际工具。

拼音文字到底应当按照什么地方的语音拼写呢？历史较久的拼音文字的标准写法有一个逐步定型的过程。为了尽快地使广大地区的人民有一种共同的书面交际工具，新创文字必须确定基础方言和标准音，防止听任各地人拼写自己的话。我们在创立苗文时认真考虑过几种苗文的基础方言和标准音点，经参加开会的代表充分讨论，才确定下来。例如湘西方言文字的基础方言是西部土语，标准音点是湖南花垣县吉卫乡腊乙坪，黔东方言文字的基础方言是北部土语，标准音点是贵州凯里挂丁乡养蒿。我们选的基础方言和标准音点是否正确，可以讨论，但确定基础方言和标准音点是必要的。基础方言比较容易选择，例如湘西方言西部土语在创制文字时使用人数为 45 万，而东部土语在创制文字时使用人数只有 5 万，当然基础方言应当选西部土语。像苗族这样的未形成各方言区政治、经济、文化中心的民族，选择理想的标准音点就很困难。选择标准音点是从多方面考虑的。首先要考虑语音的代表性，湘西方言文字的标准音点若从政治、经济、文化的中心来考虑，应选吉首话作标准音，但吉首话比较特殊。对广大地区，特别是贵州松桃苗族自治县来说，学习起来比较困难。若选松桃话作标准音，对整个湘西方言区来说，未免比较偏西，最后才确定以湖南花垣县吉卫乡腊乙坪话为标准音。事实上我们不是百分之百地以腊乙坪话为标准，还照顾了广大地区的苗语发音。有一部分腊乙坪韵母为 ei 的字，在大多数地区韵母读作 eĩ，也就是说有鼻音化成分，在文字中我们把这一部分字的韵母写作 en。例如：作“漂浮”、“鬼”、“花”、“黄”、“鹰”、“宽”、“坟”讲的词在腊乙坪分别读作 ntei^{35}、qwei^{31}、pei^{31}、kwei^{31}、qwei^{44}、kwei^{44}、ntsei^{35}，在文字中分别写作 ndenb、ghuenb、benx、guenx、ghuend、guend、nzent（u 在 ghuenb，guenx，ghuend，guend 等词中实际是唇化音符号）。这种情况在黔东方言文字中也有。例如标准音点养蒿的语音中有一个声母 z，这个声母在大多数地区读作 n。例如作“耳朵”、“呻吟”、“鱼”、“鼻子”、“笋”、“辣”、“扇子”讲的词在养蒿分别读作 zɛ^{55}、zaŋ^{55}、zɛ^{11}、zɛ^{13}、za^{13}、za^{31}、zen^{31}，在文字中分别写作 naix、nangx、nail、nais、nais、naf、nenf。还有，养蒿个别读音特殊的词，也按大多数地区读音拼写。例如作“脚”、“多”、“跳”讲的词在养蒿分别读作 lɛ^{33}、nɛ^{44}、ȶa^{53}，但在大多数地区分别读作 lo（1）、no（5）、ȶi（7）（括弧内的数字表示调类，各地调类不乱，但调值不同），在文字中我们把这几个词分别写作 lob、not、dik。这样做是为了更便于广大地区的人学习和使用文字。当然这样做会给标准音点的人带来一定的不便，即有些词不能按自己的语音拼写文字，但非标准音点的人有更多的词不能按自己的语音拼写而要按标准音拼写，他们岂不是更不方便吗？标准音点的人了解到这种情况，在写字时，有个别音、个别词的写法不合自己的读音，需要死记，这一点困难是可以克服的。

拼音文字比表意文字容易学是事实，但毕竟还是要学习以后才能会。不是学会了字母就等于掌握了文字。我们常常听说某某地方的少数民族学了几个月甚至几天的拼音文字就脱了盲。这是不切合实际的。学习一种文字，不掌握几千个词的正确写法，不能说是脱了盲。而掌握几千个词的正确写法绝不是几个月甚至几天之内所能办到的。有这种说法的人所说的脱盲是指学习文字的人能用文字方案中的声、韵母和声调字母拼写他自己的话。拼出来的不是文字而是用了一种记音符号记录了自己的语音。如果学会了字母就等于脱盲，那么，使用拼音文字的民族就应该没有文盲。事实上在那些民族中还是有文盲。

拼音文字的正确写法不仅仅是按照标准音点的语音拼定，个别声、韵母和单词的写法照顾广大地区的语音作一些改动，就完全没有问题了。我们创制的几种苗文都是有声调字母的。有的苗语方言文字的标准音点的语音中有很复杂的连读变调现象，这就产生了声调字母的写法问题。川黔滇次方言（创造文字时叫西部方言）文字的标准音点贵州毕节县先进乡大南山的苗话中，苗语固有的修饰关系和联合关系的合成词或词组都有连读变调现象。变调规则比较简单，即平声（包括阴平、阳平）字能使后面的阳平、阳上、阳入调字的声调变为阳去（声母为送气浊音），能使后面的阴上调字的声调变为阴去，阴去调字的声调变为阴入。过去我们习惯用1、2、3、4、5、6、7、8等八个数字作为阴平、阳平、阴上、阳上、阴去、阳去、阴入、阳入等八个调的代号。用代号列出变调公式即：

$1+2\rightarrow1+6$，$1+3\rightarrow1+5$，$1+4\rightarrow1+6$，$1+5\rightarrow1+7$，$1+8\rightarrow1+6$；

$2+2\rightarrow2+6$，$2+3\rightarrow2+5$，$2+4\rightarrow2+6$，$2+5\rightarrow2+7$，$2+8\rightarrow2+6$

例如：

thoŋ$^{43}_{(1)}$（桶）tl̥e$^{31}_{(2)}$（水）“水桶”读作［thoŋ^{43}dlɦe^{13}］

（6调字声母为送气浊音，调值为13）

ntou$^{43}_{(1)}$（布）sa$^{55}_{(3)}$（蓝）“蓝布”读作［ntou^{43}sa^{44}］（5调调值为44）

qaŋ$^{43}_{(1)}$（底）ʐau$^{21}_{(4)}$（村）“寨子下面”（山坡上的村寨的底部）读作［qaŋ^{43}ʐɦau^{13}］

plou$^{43}_{(1)}$（毛）mpua$^{44}_{(5)}$（猪）“猪毛”读作［plou^{43}mpɒ^{33}］（7调调值为33）

i$^{43}_{(1)}$（一）ŋkeu$^{24}_{(8)}$（双）“一双”读作［i^{43}ŋgɦɛɯ^{13}］

ɴqai$^{31}_{(2)}$（肉）ȵo$^{31}_{(2)}$（牛）“牛肉”读作［ɴqai^{31}ȵɦo^{13}］

ɴqai$^{31}_{(2)}$（肉）tl̥e$^{55}_{(3)}$（狗）“狗肉”读作［ɴqai^{31}tl̥e^{44}］

nto$^{31}_{(2)}$（天）tsa$^{21}_{(4)}$（凉）“秋天”读作［nto^{31}dzɦa^{13}］

na$^{31}_{(2)}$（年）ɕoŋ$^{44}_{(5)}$（岁）“年岁”读作［na^{31}ɕoŋ^{33}］

ʈoŋ$^{31}_{(2)}$（桌子）ʈeu$^{24}_{(8)}$（竹子）“竹桌”读作［ʈoŋ^{31}ɖɦɛɯ^{13}］

作“水桶”、“蓝布”、“寨子下面”、“猪毛”、“一双”、“牛肉”、“狗肉”、“秋天”、“年岁”、“竹桌”讲的词或词组若按实际读音拼写应分别写作 tongb dles、ndoub sat、ghangb raos、bloub nbuak、ib ngeus、nghaix nios、ndox zas、nax xongt、drong dreus。作

“水”、“蓝”、“寨子”、“猪”、“双”、“牛”、“狗”、“凉”、“年”、“竹子”讲的词在文字中单独出现时分别写作 dlex、sad、raol、nbuat、ngeuf、niox、dled、zal、xongt、dreuf。在和阴平、阳平调字连读时，又分别写作 dles、sat、raos、nbuak、ngeus、nios、dlet、zas、xongk、dreus。这就造成一字两形的现象。换句话说这是字无定形。字无定形是不利于交际的。特别是目前苗文词儿尚未连写，如果允许同义异形的词存在，难免产生一些同形异义的词。例如：dles、zas、raos、dreus 本来分别作“震动”、“板子”、“快貌”、“筷子”讲，由于按变调拼写，又分别作“水”、“凉”、“寨子”、“竹子”讲，看字的人就要猜测 dles、zas、raos、dreus 等词到底作什么讲。而若记住变调规则，每个词都按本调拼写，这种猜测是可以避免的。我们认为变调规则不论多么复杂，毕竟不是杂乱无章的。只要把规则整理出来，让学习文字的人记住这些规则，字都按单读时的读音拼写，一方面可以避免字无定形的缺点，另一方面也可以减少同形异义的词。主张按变调拼写的人认为学习文字还要记住变调规则，负担过重。其实，学习任何文字都不是轻而易举一学就会的，都有一些死记规则的任务。单音节的语言在语法上没有变格、变位的规则，只有很少的一点变调规则要记，应当说是困难不大。法文的一个动词有 100 种变位形式，而且动词还分为具有不同变位规则的三组，另外还有一些不规则动词。学习法文的人要死记这么复杂的变位规则，不然学不会法文。会说法语的人也得背诵这些变位规则，不是会说就会写，因为法语的言文不一致，有些字在口语中读音相同，在文字中写法不同。例如作“吃”讲的词在法文中不定式是 manger，现在时直陈式单数第一、二、三人称和复数第三人称在口语中都发音作［mɑ̃ʒ］而在文字中单数第一、三人称写作 mange，单数第二人称写作 manges，复数第三人称写作 mangent，如果按口语读音把单数第二人称和复数第三人称都写作 mange，就错了。特别是代名词单数阳性第三人称和复数第三人称在口语中读音相同，只是在文字中单数阳性第三人称写作 il“他”，复数第三人称写作 ils“他们”。在口语中“他吃”和“他们吃”都发音作［il mɑ̃ʒ］，但在文字中“他吃”写作 il mange，“他们吃”写作 ils mangent，所以法国人不学文字也不会写出正确的法文。他们要死记变位规则，按规定的写法拼写。俄语除动词变位以外，名词、代名词、形容词、数词还有很复杂的变格规则。名词分阳性、中性、阴性三种，不同性的名词有不同的变格规则。形容词、数词因修饰的名词的性的不同，也有不同的变格规则。学习俄语的人必须死记这些规则。我们单音节有声调的语言只有几条变调规则需要死记，不应当认为是很大的负担。

有一些词由于种种原因改变了调类，我们应当按改变了的调类拼写。例如在大南山的苗话中把本来是阳平调（第 2 调）的作“人”讲的词改变为阴平调（第 1 调），那就要承认这个词已由阳平调改变为阴平调。在川黔滇方言文字中就得标阴平调声调字母 b，把它写作 nenb。至于与“人”字有关的另一个词“亲戚”读作 $\text{nen}^{31}_{(1)}\text{ʈʂaŋ}^{55}_{(3)}$，其中的 $\text{nen}^{31}_{(2)}$是阳平调，那就按阳平调把这个词写作 nenx zhangd（x 为阳平调字母，d 为阴上调字母）。注意，这里出现了阴上调字居于阳平调字后面的情况，按实际读音，阴上调应读作阴去调，但因有变调规则可循，nenx zhangd 不写作 nenx zhangt（t 为阴去调字母）。

滇东北次方言文字标准音点贵州威宁彝族回族苗族自治县石门坎苗话的声调非常复杂，变调规则也比较多。学习滇东北次方言拉丁字母拼音文字的人（云南楚雄彝族自治州的苗族学习改革的老苗文）最伤脑筋的是声调的标法问题。过去我们语文工作者作过这种文字声调标法的规定，并且运用这些规定编写了滇东北《苗汉简明词典》（1965 年，贵州民族出版社。）。但我们并没有写出正字法，以致教、学这种文字的人都遇到了困难。

下面先谈谈石门坎苗话声调的大概情况。石门坎有六个不同的调形即高平、高降、高升、中平、低平、低降。我们习惯用 55、53、35、33、11、31 分别表示这六个调形的调值。阴平阴上两个调类的调值都是 55。我们改革滇东北文字时，为了照顾这两个调类调值不同的地区，人为地把阴平和阴上两个调类分开。规定阴平调的声调字母为 b，阴上调的声调字母为 d。例如作“厚”、“喂”、“热”、“教”、“五”、“远”讲的词在石门坎分别读作 ta^{55}、pu^{55}、ku^{55}、qha^{55}、pɯ^{55}、tl̥i^{55}。在文字中分别写作 dab、bub、gub、khab、bwb、dlib。作“拉”、“满”、“我”、“干燥”、“搬（家）”、“狗”讲的词在石门坎也分别读作 ta^{55}、pu^{55}、ku^{55}、qha^{55}、pɯ^{55}、tl̥i^{55}，但在文字中分别写作 dad、bud、gud、khad、bwd、dlid。大多数地区的阴平、阴上两个调类的调值不同。不同的调值写作不同的声调字母，对于大多数地区的人很方便，但对于标准音点石门坎的人来说就不方便了。他们要死记哪些高平调字声调字母为 b，哪些高平调字声调字母为 d。为了便于广大地区的人学习文字，石门坎人应当克服这一点困难。

阳平调的调值为 35，量词的不定指普通称和指小称的变形，调值也是 35。35 调的声调字母为 x。阳平调的作“花”、“嘴”、“田”、“有”、“吃”、“九”讲的词分别读作 bɦaɯ^{35}、ȵdʑɦau^{35}、lɦie^{35}、mɦa^{35}、nɦau^{35}、dʑɦa^{35}，在文字中分别写作 bangx、njiaox、liex、max、naox、jiax。学习文字的人要记住阳平调字的声母都是送气浊音。量词不定指普通称和指小称的变形声母都不是送气浊音，如作“个”（指圆形或中空的无生物），“只、头、匹、尾、根”（指动物或长形中实的无生物）“棵”、“堆”（指柴草）、“群”（指人或动物）讲的量词 lu^{55}、tu^{33}、faɯ^{55}、ȵdʑɦy^{35}、mbɦo^{35}的不定指普通称变形分别读作 lai^{35}、dai^{35}、fai^{35}、ȵdʑai^{35}、mbai^{35}，不定指指小称变形分别读作 la^{35}、da^{35}、fa^{35}、ȵdʑa^{35}、mba^{35}。这几个量词的两种变形在文字中各分别写作 laix、daix、faix、njiaix、nbaix 和 lax、dax、fax、njiax、nbax。学文字的人要记住量词的这两种变形的声母都是不带浊送气成分的浊音或清音。这就产生了一些同形异音而又异义的词。例如，见到 dax，看上下文，知道是动词，就读作 dɦa^{35}，意思是“来”，知道是量词，就读作 da^{35}，意思是“小的动物或小的长形中实的无生物”的单量；见到 lax，知道是动词，就读作 lɦa^{35}，意思是“丢”、“砍”或“与……有什么亲属关系”，知道是量词，就读作 la^{35}，意思是“小的圆形或中空的无生物”的单量；见到nbax，知道是动词，就读作 mbɦa^{35}，意思是“拍（手）”，知道是量词，就读作 mba^{35}，意思是“小群”（指人或动物）。这种同形异音而又异义的情况并不可怕，看上下文极易分辨。在许多语言中都有这种情况。例如汉语“长”有时读作 tʂhaŋ^{35}，有时读作 tʂaŋ^{214}，前一种读法是形容词，后一种读法是动词；“重”也有两种读法，读作 tʂoŋ^{51}时是形容词，读作tʂhoŋ^{35}时是动词；“干”也有两种读法，读作 kan^{55}时是形容词，读作 kan^{51}时是动词。又如英语 read 有两种读法，读作［riːd］时是作“读”讲的动词的现在时态，读作［red］时，又作“读”讲的动词的过去时态；record 也有两种读法读作[ri'kɔːd]时是作“记录”讲的动词，读作['rekɔːd]时是作“记录”讲的名词。同形异音词最多的语言是日语，几乎每一个汉字都至少有两种读音，但不一定都异义，可是异义的也不少。例如“私”读作 watakushi 时，作“我”讲，读作 shi 时，作“私”讲；“难”在“困难”一词中读作 nan，“困难”一词义同汉语，“难”在“有难”一词中读 gatai，整个词读作 arigatai，意为“值的感谢的”，等等不胜枚举。学习滇东北苗文的人不要被这种同形异音而又异义的词吓倒。文字是有上下文的，并且是一个句子一个句子地学习的。在 vaif nid max ib dax naos“这里有一只小鸟”这一句话里，dax 前面有 ib“一”，后面有 naos“鸟”，学文字的人绝不会把 dax 读作“来”讲的 dɦa^{35}。

阳上调字因词类不同而有两个调值：非名词性的字，调值为 11，名词性的字（包括量词），调值为 33。虽然调值不同，但 33 调的字有的可以自由变读为 11 调，如作“墙”讲的词可以读作 a^{33}dɯ^{33}或 a^{55}dɦɯ^{11}；作“老人”讲的词可以读作 a^{33}lau^{33}或 a^{55}lɦau^{11}。这种名词性的阳上调字其声母都是纯浊音，和阴去调字声母都是清声母的不同，变调规则也不同，如作“猪”讲的词 mpa^{33}前面接量词定指普通称 tai^{33}，仍然读作 mpa^{33}。这是阴去调字；作“鱼”讲的阳上调的词 mbə^{33}前面接 tai^{33}就读作 mbɦə^{11}，所以我们把阳上调的声调字母定为 l。不论其调值为 33 或 11，学习文字的人要记住声调字母为 l 的单音节词如果是名词或量词，声母要读作纯浊音。例如文字中分别作“村寨”、“鱼”、“手”、“海碗”、“集市”、“犬齿”、“野蒜”讲的 rol、mbel、dil、dail、gil、gaol、dlol 等词都是名词，要分别读作 zo^{33}、mbə^{33}、di^{33}、dai^{33}、gi^{33}、gau^{33}、dlo^{33}。双音节的名词，如果第二个音节的声调字母为 l，有的可以读为纯浊音声母，如 at dwl“墙”读作 a^{33}dɯ^{33}。但大多数读作送气浊音，调值为 11，例如 ad zal“药”读作 a^{55}dzɦa^{11}，ad val“野山药”读作 a^{55}vɦa^{11}。

阴去调的调值为 33，但具有 33 调值的不全是阴去调字，如上面所说的阳上调的单音节名词、量词的声调就是 33。我们发现有许多阴上调来源的字在石门坎变为阴去调了，例如作“骨头”、“树林”、“姐姐”、“头”、“皮”讲的词分别读作 a^{33}tshaɯ^{33}、a^{33}zau^{33}、a^{33}zi^{33}、li^{33}fau^{33}、pi^{33}tey^{33}。阴去调的声调字母定为 t，如作“月亮”、“猪”、“午饭”、“年”、“青杠树”、“绳子”、“铁”讲的词分别读作l̥i^{33}、mpa^{33}、ʂu^{33}、ɕau^{33}、ʈu^{33}、l̥a^{33}、l̥au^{33}，在文字中分别写作 hlit、nbat、shut、xiaot、drut、hlat、hlaot。上面说的由阴上变为阴去调的字，我们认为它们已经发生了调类的转变，不能再看作阴上调字，要看作阴去调字，声调字母用 t。例如上面举的作“骨头”、“树林”、“姐姐”、“头”、“皮”讲的词在文字中分别写作 at cangt、at raot、at rit、lit faot、bit deut。

阳去和阳入调各有两个调值：31 调是非名词性词的调值，53 调是名词性词的调值。31 调的阳去和阳入调字的声母不同，容易划分。凡声母为纯浊音的是阳去调字，声调字母定为 s；凡声母为送气浊音的是阳入调字，声调字母定为 f。例如阳去调的非名词性的作“死”、“盖”、“问”、“为了”、“种植”、“花的”、“褐色的”讲的词分别读作 da^{31}、mbo^{31}、nu^{31}、nɯ^{31}、dʑo^{31}、ndlau^{31}、dlau^{31}，在文字中分别写作 das、nbos、nus、nws、jios、ndlaos、dlaos。阳入调的非名词性的作“出”、“看”、“忙”、“踢”、“咬”、“耽搁”、“坐”、“硬”讲的词分别读作 dɦey^{31}、nɦa^{31}、ɖɦey^{31}、dɦɑ^{31}、dɦo、ɳɖɦy^{31}、zɦau^{31}、zɦa^{31}，在文字中分别写作 deuf、naf、dreuf、daf、dof、ndryuf、raof、raf。学习文字的人看到 s 调的字，就把声母读作纯浊音，看到 f 调的字，就把声母读作送气浊音，大致不差。这里说大致不差，是因为 31 调的字中有一部分汉语借词如“搭”、“试”、“赌”、“（贪）图”、“侧”、“擦”、“尝”分别读作 ta^{31}、ʂi^{31}、tu^{31}、thu^{31}、tshai^{31}、tsha^{31}、ʂaɯ^{31}，在文字中分别写作 das、shis、dus、tus、cais、cas、shangs。这一部分汉语借词的声母是清音，不是纯浊音，好在这种借词不多，本身是清送气塞音和塞擦音以及清擦音声母的如 shis、tus、cais、cas、shangs 等绝不是阳去调字，一下子就看得出来它们是汉语借词。只有声母为 b、d、g 等的字如 bis、das、gos 才有可能是阳去调字。bis 在 bis gis “明天”一词中读作 bi^{31}，单用时是汉语借词，意思是“逼”或“笔”，读作 pi^{31}，这是同形异音而异义的词。das 作“死”讲时读作 da^{31}，作“搭”讲时读作 ta^{31}。gos 作“使”、“让”讲时读作 go^{31}，作“过”讲时读作 ko^{31}。这都要学习文字的人根据上下文判断声母的清浊。53 调的阳去和阳入调字的声母相同都是纯浊音。阳去调的作“兵”、“力气”、“梳子”、“死尸”、“别人”、“眼睛”、“鸟”讲的词分别读作 ɖo^{53}、zo^{53}、za^{53}、da^{53}、la^{53}、a^{55}ma^{53}、nau^{53}，在文字中分别写作 dros、ros、ras、das、las、ad mas、naos。阳入调的作“饭”、“双”、“事情”、“汉族”、“步”、“豆子”讲的词分别读作 va^{53}、ngey^{53}、ɳu^{53}、a^{55}vau^{53}、ɖa^{53}、dau^{53}。由于阳去和阳入调字的声母相同，都是纯浊音，所以在声调字母上阳入调和阳去调未作区别，也用 s。上列这几个阳入调字在文字中分别写作 vas、ngeus、nrus、ad vaos、dras、daos。学习文字的人见到 s 调的字，声母就读作纯浊音（其中有一些汉语借词的声母读作清音），但须记住名词和量词读作 53 调，其他的词类读作 31 调。这里面有一个问题，即 53 调阳去和阳入调字单读时声母虽都是纯浊音，但变调规则不全同。前者变为 31 调时，声母仍为纯浊音，例如 la^{53}为阳去调字，义为“别人”，前面接 pa^{11}“伴”（借音）构成复音词 pa^{11}la^{53}，义为“朋友”，实际读音为［pa^{11}la^{31}］。后者变为 31 调时，声母为送气浊音，例如 ŋgey^{53}为阳入调字，义为“双”，前面接 pa^{11}“伴”，构成复音词 pa^{11}ŋgey^{53}，义为“伴侣”、“配偶”，实际读音为［pa^{11}ŋgɦœy^{31}］。学习文字的人又要死记哪些字变调后声母是纯浊音，哪些字变调后声母是送气浊音。如果把 53 调的名词或量词因阳去、阳入的不同分别以 s 和 f 作声调字母，学习文字的人又要死记一部分 f 调字单读时声母是纯浊音，与一般的 f 调字的声母为送气浊音，声调为 31 的区别太大，而且与 s 调字读 53 调的声母都读纯浊音，而声调字母却不同。阳入调的名词和量词的声调字母究竟是用 s 好，还是用 f 好，还可以讨论。

石门坎苗话的连读变调也很复杂，不能在这里详细叙述，只以有修饰关系的和并列关系的复合词和词组的变调来说，就和川黔滇文字的标准音点贵州毕节县先进乡大南山的苗语不尽相同。下面以 1、2、3、4I、4Ⅱ、5、6I、6Ⅱ、7、8I、8Ⅱ 分别代表阴平、阳平、阴上、阳上名（名词性阳上）阳上非名（非名词性阳上）、阴去　阳去名、阳去非名、阴入、阳入名、阳入非名各调列出变调公式：

1 +2→1 +1，1 +3→1 +5，1 +4I→1 +6I，1 +4Ⅱ→1 +6I，1 +5→1 +7，

1 +6I→1 +4Ⅱ，1 +6Ⅱ→1 +4Ⅱ，1 +8I→1 +4Ⅱ，1 +8Ⅱ→1 +4Ⅱ；

2 +2→2 +1，2 +3→2 +5，2 +4I→2 +6I，2 +4Ⅱ→2 +6I，2 +5→2 +7，

2 +6I→2 +4Ⅱ，2 +6Ⅱ→2 +4Ⅱ，2 +8I→2 +4Ⅱ，2 +8Ⅱ→2 +4Ⅱ

例如：

au$^{55}_{(1)}$（水）ndʐɦau$^{35}_{(3)}$（嘴）“口水”读作［ʔau^{55}ntɕau^{55}］（1 调调值为 55，声母应变为纯浊音，但鼻冠音后的浊音，读作清音。）

tu$^{55}_{(1)}$（儿子）ki$^{55}_{(3)}$（孙子）“子孙”读作［tu^{55}ki^{33}］（5 调调值为 33）

lu$^{55}_{(1)}$（个）dai$^{33}_{(4I)}$（海碗）“海碗”读作［lu^{55}dai^{53}］（6I 调调值为 53）

tu$^{55}_{(1)}$（者）ŋgɦɯ$^{11}_{(4Ⅱ)}$（懒）“懒汉”读作［tu^{55}ŋkɯ^{53}］（6I 调调值为 53，声母应变为纯浊音，但鼻冠音后的浊音，读作清音。）

ti$^{55}_{(1)}$（地）tɕhey$^{33}_{(5)}$（处）“地方”读作 ti^{55}tɕhey^{11}（7 调调值为 11）

lu$^{55}_{(1)}$（个）za$^{53}_{(6I)}$（梳子）“梳子”读作［lu^{55}zɦɑ^{11}］（4Ⅱ 调调值为 11，声母为送气浊音。）

au$^{55}_{(1)}$（水）da$^{31}_{(6Ⅱ)}$（死）“死水”读作［ʔɑu^{55}dɦɑ^{11}］

i$^{55}_{(1)}$（一）vau$^{53}_{(8I)}$（万）“一万”读作［ʔi^{55}vɦɑu^{11}］

ti$^{55}_{(1)}$（地）ndlɦau$^{31}_{(8Ⅱ)}$（黏）“黏地”读作［ti^{55}ndlɦɑu^{11}］

ɴɢɦai$^{35}_{(2)}$（肉）ȵɦu$^{35}_{(2)}$（牛）“牛肉”读作［ɴɢɦai^{35}ȵu^{55}］（1 调调值为 55，声母无浊送气成分）

dlɦo$^{35}_{(2)}$（油）ʈʂo$^{55}_{(3)}$（虎）“虎油”读作［dlɦo^{35}ʈʂo^{33}］

ɴɢɦai$^{35}_{(2)}$（肉）nɯ$^{33}_{(4I)}$（马）“马肉”读作［ɴɢɦai^{35}nɯ^{53}］（6I 调调值为 53）

ȵɦu$^{35}_{(2)}$（牛）ŋgɦɯ$^{11}_{(4Ⅱ)}$（懒）“懒牛”读作［ȵɦu^{35}ŋkɯ^{53}］（6I 调调值为 53，声母应变为纯浊音，但鼻冠音后的浊音读作清音。）

ɴɢɦai$^{35}_{(3)}$（肉）mpa$^{33}_{(5)}$（猪）“猪肉”读作［ɴɢɦai^{35}mpɑ^{11}］

dlɦaɯ$^{35}_{(3)}$（精力）zo$^{53}_{(6I)}$（力气）“精神”读作［dlɦɑɯ^{35}zɦo^{11}］

ʐɦaɯ$^{35}_{(3)}$（羊）dlo$^{31}_{(6Ⅱ)}$（肥）“肥羊”读作［ʐɦɑɯ^{35}dlɦo^{11}］

dʐɦa$^{35}_{(3)}$（九）vau$^{53}_{(8I)}$（万）“九万”读作［dʐɦɑ^{35}vɦɑu^{11}］

ndlɦi$^{35}_{(3)}$（稻谷）ndlɦau$^{31}_{(8Ⅱ)}$（黏）“黏稻谷”、“黏米”读作［ndlɦi^{35}ndlɦɑu^{11}］

我们认为石门坎的变调规则尽管复杂，但毕竟是有限的。在文字中应当都写本调，不写变调形式，以免产生字无定形的现象。关于按变调拼写的缺点，在前面已谈过，这里就不多说了。

下面谈一个问题就是苗语方言文字的汇通问题。在我们设计文字方案时曾经考虑过各方言次方言有明显对应关系的音，应尽量用相同的字母表示，以便将来各种方言文字统一为一种苗文。最突出的表现就是声调字母的一致。除湘西方言阴入已并入阴上，阳入已并入阳上，不再使用入声声调字母外，其他三种方言文字都是用 b、x、d、l、t、s、k、f 八个声调字母分别表示阴平、阳平、阴上、阳上、阴去、阳去、阴入、阳入等八个调类，湘西只有前六个调类，也用相同的 b、x、d、l、t、s 表示，只是 d 调字中含有其他方言的 k 调字，l 调字里面含有其他方言的 f 调字。例如作“狗”、“老虎”、“书”、“站立”、“借（牛）”、“哭”、“早”、“宽”、“长”讲的词在腊乙坪分别读作 qwɯ^{44}、tɕo^{44}、ntə^{44}、ɕə^{44}、qɑ^{44}、ȵ̥ɛ^{44}、ntso^{44}、kwei^{44}、ntɯ^{44}，在湘西文字中分别写作 ghuoud、jod、ndeud、xeud、ghad、niand、nzod、guend、ndoud；在大南山分别读作 tl̥e^{55}、tʂ̥o^{55}、nteu^{55}、ʂ̥eu^{55}、qe^{55}、ȵ̥a^{55}、ntso^{55}、tl̥aŋ^{55}、nted，在川黔滇文字中分别写作 dled、zhod、ndeud、sheud、ghed、niad、nzod、dlangd、nded。作“女儿”、“翅”、“笑”、“弯曲”、“织”讲的词在腊乙坪分别读作 te^{35}mpha^{44}、tei^{44}、ʈo^{44}、ŋkhu^{44}、nto^{44}，在湘西文字中分别写作 deb npad、deid、zhod、nkud、ndod；在大南山分别读作 ntshai^{33}、ti^{33}、ʈo^{33}、ŋkhou^{33}、nto^{33}，在川黔滇文字中分别写作 ncaik、dik、drok、nkouk、ndok。由上面的例子可以看出湘西的 d 调和川黔滇的 d、k 两调相当。又如作“柴”、“碓窝”、“锅”、“鱼”、“懒”讲的词在腊乙坪分别读作 tə^{33}、qhu^{44}tɕo^{33}、wɛ^{33}、mʐɯ^{33}、ȵ̥e^{33}，在湘西文字中分别写作 deul、khud jol、wanl、mloul、niel；在大南山分别读作 teu^{21}、qhau^{55}tɕo^{21}、ʑa^{21}、tʂ̥e^{21}、ŋken^{21}，在川黔滇文字中分别写作 deul、khaod jol、yal、nzhel、ngenl。作“母亲”、“辣”、“磨（面）”、“闪”、“八”、“十”、“舔”讲的词在腊乙坪分别读作 a^{35}mi^{33}、mʐei^{33}、ʐo^{33}、ljɑ^{33}、ʑi^{33}、ku^{33}、ʑɑ^{33}，在湘西文字中分别写作 ab mil、mleil、rol、lial、yil、gul、yal；在大南山分别读作 na^{24}、ɳʈʂi^{24}、ʐo^{24}、lai^{24}、ʑi^{24}、kou^{24}、ʑai^{24}，在川黔滇文字中分别写作 naf、nzhif、rof、laif、yif、gouf、yaif。由上面的例子可以看出湘西的 l 调和川黔滇的 l、f 两调相当。我们认为湘西不要 k、f 两个声调字母是正确的。因为在那里阴入已并入阴上，阳入已并入阳上，没有区别，人为地把阴入，阳入分出来是没有必要的。

为什么滇东北也是六个调值却采用了八个声调字母呢？当然为了和川黔滇，黔东汇通也是一个理由，但主要是它本身决定的。首先在这个次方言中大部分地区阴平和阴上是有区别的，只有石门坎二者合并，应当照顾广大地区把阴平、阴上分开，阴平用 b 作声调字母，阴上用 d 作声调字母。其次，非名词的阳去和阳入调值虽同为 31，但二者所在音节的声母不同，阳去调字的声母是纯浊音，阳入调字的声母是送气浊音。如果采用同一个声调字母，势必要增加一个表示浊送气成分的字母，那就使字形加长了。我们用了 s、f 两个声调字母，s 是阳去调的声调字母，兼表所在字的声母是纯浊音，f 是阳入调的声调字母，兼表所在字的声母是送气浊音，字形又不加长而且便于两调调值不同的地区的人学习。

我们也曾把各方言、次方言读音不同而有对应关系的声、韵母尽量用相同的字母表示。例如黔东的l̥和川黔滇、滇东北的 tl̥对应，川黔滇、滇东北的 tl̥在文字中是用 dl 表示的，所以黔东的l̥也用 dl 表示。作“白”、“黑”、“狗”、“腰”、“鹰”讲的词在大南山分别读作 tl̥eu^{43}、tl̥o^{43}、tl̥e^{55}、tl̥ua^{55}、tl̥aŋ^{55}，在川黔滇文字中分别写作 dleub、dlob、dled、dluad、dlangd；在养蒿分别读作l̥u^{33}、l̥ε^{33}、l̥a^{35}、qa^{33} l̥a^{35}、l̥aŋ^{35}，在黔东文字中分别写作 dlub、dlaib、dlad、ghab dlad、dlangd，双方形状相似，有的字形全同，如 dlangd“鹰”。湘西方言和这个声母对应的是 qw，发音部位相差太远，没有用相同的字母而写作 ghund。又如滇东北的 aɯ 和川黔滇的 aŋ 对应，川黔滇的 aŋ 在文字中是用 ang 表示的，所以滇东北的 aɯ 也用 ang 表示。例如作“蛇”、“穗”、“浮”、“鬼”、“花”、“鹰”讲的词，在大南山分别读作 naŋ^{43}、n̥aŋ^{43}、ntaŋ^{43}、tl̥aŋ^{43}、paŋ^{31}、tl̥aŋ^{55}，在川黔滇文字中分别写作 nangb、hnangb、ndangb、dlangb、bangx、dlangd；在石门坎分别读作 naɯ^{55}、n̥aɯ^{55}、ntaɯ^{55}、pi^{55} tl̥aɯ^{55}、bɦaɯ^{35}、tl̥aɯ^{55}，在滇东北文字中分别写作 nangb、hnangb、ndangb、bid dlangb、bangx、dlangd，双方读音不同，但字形基本全同。湘西方言和这个韵母对应的是 ei，为照顾本方言广大地区，在文字中用 en 表示，没有和川黔滇、滇东北汇通。因为语音差别较大，在文字中写作 ang，让学文字的人读 ei 或 en 有困难。况且湘西有以 aŋ 作韵母的词，如作“船”、“射”、“听见”、“蝇子”、“等候”、“寨子”、“埋”、“晚上”、“放”讲的词在腊乙坪分别读作 ŋaŋ^{31}、paŋ^{44}、n̥haŋ^{44}、maŋ^{33}、taŋ^{33}、ʐaŋ^{33}、ljaŋ^{33}、m̥haŋ^{53}、tɕaŋ^{53}，在湘西文字中这些词的韵母必须用 ang 表示。如果让学文字的人死记韵母 ang 的部分字读作 ei 或 en 是有困难的，所以湘西的 ei 没有和川黔滇的 aŋ 汇通。

在创制文字时我们作了汇通工作，虽然不一定能够促进苗语各方言文字统一为一种苗文，但使一些读音不同但有对应关系的词写法相近或相同，对于不同方言、次方言的苗族互相学习文字是比较方便的。

现在川黔滇和滇东北的文字方案作了一些改动。有的改动与湘西、黔东文字有关。例如川黔滇有 ŋ、ŋk 两个声母，滇东北有 ŋ、ŋk、ŋg、ŋgɦ 四个声母，原先两种文字都用 ng 表示 ŋ，川黔滇文字用 ngg 表示 ŋk，滇东北文字用 ngg 表示 ŋk、ŋg、ŋgɦ。这两种文字中以 ng 作声母的词各只有十多个，而以 ngg 作声母的词各有七八十个。为了使字形减短，现在把这两个声母互换，即以 ngg 表示 ŋ，以 ng 表示川黔滇的 ŋk，表示滇东北的 ŋk、ŋg、ŋgɦ。这样做是有道理的。黔东方言也有 ŋ 声母，但没有 ŋk 声母，在这种情况下，没有必要以 ŋgg 表示 ŋ 而把 ng 闲起来不用。为了和川黔滇、滇东北汇通而使字形加长是不值得的。而湘西方言有 ŋ、ŋk、ŋkw、ɲc 等声母，但 ŋk、ŋkw、ɲc 只出现在阴类调的音节中，数量比川黔滇、滇东北少一半，要不要以 ngg 表示 ŋ，以 ng 表示 ŋk、ŋkw、ɲc，可以讨论。现在试验推行的课本没有改动原方案仍然以 ng 表示 ŋ，以 ngg 表示 ŋk、ŋkw（w 以 u 介音形式出现）、ɲc（加 i 介音），我认为这样做是可以的。因为湘西文字中以 ngg 作声母的词比川黔滇、滇东北少，而且以 ng 表示 ŋ 不但和黔东汇通而且和汉语拼音方案汇通。

下面谈一谈介音 i 的问题。苗语各方言、次方言都有舌面音声母。例如大南山有 tɕ、tɕh、ɕ、ȵtɕ、ȵtɕh，这几个声母在文字中分别用 j、q、x、nj、nq 表示。它们和韵母相拼时要不要加介音 i 可以讨论。汉语拼音方案是加介音 i 的，不过在方案中未提介音 i 而是把介音 i 和韵母合在一起叫做 i 行韵母，规定凡舌面音声母必定和 i 行韵母相拼。例如："加"、"秋"、"小" 分别拼作 jia、qiu、xiao。过去苗语各方言文字对于加不加介音 i，并不一致。湘西、黔东、川黔滇文字都没有加介音 i，使舌面音声母直接和韵母相拼。例如作 "碓"、"扫"、"年"、"粑粑"、"震动" 讲的词在大南山分别读作 tɕo^{21}、tɕhe^{43}、ɕoŋ^{44}、ȵtɕua^{55}、ȵtɕhaŋ^{44}，在川黔滇文字中分别写作 jol、qeb、xongt、njuad、nqangt。滇东北文字却和汉语拼音方案一样，在声母和韵母之间加一个介音 i。例如作 "风"、"过"、"伸"、"记"、"抖" 讲的词在石门坎分别读作 tɕa^{33}、tɕhau^{33}、ɕaɯ^{55}、ȵtɕo^{33}、ȵtɕho^{11}，在滇东北文字中分别写作 jiat、qiaot、xiangb、njiot、nqiok。前三种文字不要介音 i，字形短一点，比较好，滇东北文字要介音 i，和汉语拼音方案一致，对学习汉语文有好处，但这会使字形加长，是很大的缺点。现在试验推行的滇东北文字，也把介音 i 去掉了，我认为这样做是正确的。既有专用的舌面音声母，介音 i 完全可以不要。现在四种苗文在介音 i 问题上采用了相同的办法，便于不同方言区的苗族人民学习别的方言文字。

关于现代汉语借词的拼写法问题，过去规定按汉语拼音方案拼写，不加声调字母。目的是增加各方言的共同成分，也便于学生在学习苗文后学习汉语文。缺点是一种文字中有的字标调有的字不标调，既不谐调，又读不出汉语借词的准确声调。现在湘西、黔东、川黔滇都用苗文方案中的声、韵、调拼写当地的汉语，只有滇东北文字汉语借词仍按汉语拼音方案拼写。我认为不妨试验一个时期，如果学习滇东北文字的人感到不易学习，以后可以依照其他方言文字的办法，改用苗文的声、韵、调拼写当地的汉语。如果学习上没有困难，就用汉语拼音方案拼写，也确实便于学生今后学习汉语文，免得上苗文课时学的汉语借词是一个样子，上汉语课时汉字的注音又是另一个样子。至于有的字标调，有的字不标调，字形不谐调的问题是一个小问题。日文汉字和假名混合使用，看起来也不谐调，但并未因此而令人厌恶日文，更没有影响日文作为日本人的书面交际工具。

苗文创制了已近三十年，通过试验推行，发现了原方案的一些缺点，要逐步加以改正。任何拼音文字都要有这么一个过程。但是为了使苗文很快地成为苗族人民的书面交际工具，修改的过程不能过分延长。当务之急是开会讨论，制定出正字法，好使今后的课本、语法、词典都按统一的正字法拼写，苗文才能走向健康发展的大道。

再论湖南泸溪瓦乡话是汉语方言*

《语言研究》1982 年第 1 期发表了我的文章《湖南泸溪瓦乡话语音》。在那篇文章中，我主要从语音上证明瓦乡话是汉语的一种方言，列举了中古汉语九个声母和十三个韵母的瓦乡话读音，也谈到中古汉语声调在瓦乡话的分合情况。在全篇文章中共举了五百六十多个例字，这些例字多为单音节词。之后见到张永家、侯自佳同志写的《关于“瓦乡人”的调查报告》,① 主张瓦乡话是一种少数民族语言，认为在瓦乡话中和汉语相同的词，不过是借词而已。我认为这个问题有讨论一下的必要。本文想进一步谈一谈瓦乡话是汉语方言的理由。请读者在阅读本文时，参阅《湖南泸溪瓦乡话语音》，因为在那篇文章中我简单介绍了瓦乡话，叙述了瓦乡话语音和中古汉语语音的复杂对应关系，特别是一个调类具有不同调值的情况。看了那篇文章有助于理解本文例词的标音。

一

我们发现瓦乡话的词有很多和普通话的读音相同或相近，这些词多数是基本词。很难判断它们是一种少数民族语言中的汉语借词，下面举一些例子。

鼻 pi^{33}　闭 pi^{33}　北 pei^{53}　剥 pɔ^{53}　布 pu^{33}　补 pu^{53}　篦 bi^{33}

抱 bɑɔ^{33}　铺(床) pʻu^{55}　妈 mɑ^{55}　毛 mɑɔ^{42}　正 tseŋ^{33}　糟 tsɑɔ^{55}　早 tsɑɔ^{52}

青 tsʻeŋ^{55}　清 tsʻeŋ^{55}　请 tsʻeŋ^{53}　草 tsʻɑɔ^{53}　吵 tsʻɑɔ^{53}　炒 tsʻɑɔ^{53}　虫 tsʻoŋ^{24}

---

* 本文发表于《中国语文》1985 年第 3 期，第 171 ~ 177 页。

① 见《吉首大学学报》1984 年第 1 期，第 109 ~ 115 页。

出 ts'u^{53}　星 seŋ^{55}　腥 seŋ^{55}　醒 seŋ^{53}　杀 sɑ^{55}①　输 su^{55}　鼠 su^{53}

手 səɯ^{53}　尸 sɿ^{55}　刀 tɑɔ^{55}　夺 tɔ^{55}　驼 dɔ^{24}　屉 t'i^{33}　替 t'e^{33}

能 neŋ^{55}　贴 ȶ'e^{53}　挤 tɕi^{53}　计 tɕi^{33}　节 tɕe^{53}　七 tɕ'i^{53}　砌 tɕ'i^{33}

切 tɕ'e^{53}　稀 ɕi^{55}　媳 ɕi^{24}　谢 ɕe^{33}　晓 ɕɑɔ^{53}　噎 ʑe^{53}　腰 ʑɑɔ^{55}

窑 ʑɑɔ^{55}　舀 ʑɑɔ^{53}　鹞 ʑɑɔ^{33}　粮 ljɑŋ^{55}　高 kɑɔ^{55}　姑 ku^{55}　估 ku^{53}

鼓 ku^{53}　谷 ku^{53}　壳 k'ɔ^{53}　蒿 hɑɔ^{55}

有相当多的词读音和普通话差别较大。但从比较研究的语音对应上来看,这些和普通话读音不同的词也是汉语词。中古汉语和瓦乡话语音的对应关系复杂,有些词瓦乡话的读音和现代汉语特别是普通话相差太远,很容易给人以错觉,认为瓦乡话和汉语无关,而是一种少数民族语言,和汉语读音相同或相近的词却认为是借词。其实,无论中古汉语和瓦乡话语音对应关系多么复杂,却有条理可循。下面举一些例子说明这个问题。中古汉语精、从、照、审(书)、禅、知、澄、来母在瓦乡话都有 ts 的读法。

精　籽 tsɑ^{53}　**从**　造 tsɑɔ^{53}　**照**　扎 tsɔ^{33}　**审**(书)　水 tsu^{53}

禅　树 tsɑ^{33}　**知**　啄 tsuɑ^{53}　**澄**　池 tsɑ^{55}　**来**　留 tsəɯ^{55}

中古汉语澄、来、泥、疑、日母都有 ȵ 的读法:

澄　肠 ȵoŋ^{55}　**来**　凉 ȵoŋ^{55}　**泥**　泥 ȵe^{55}　**疑**　月 ȵy^{53}

日　耳 ȵɑɔ^{53}

中古汉语来、床、日、喻(云)母都有 z 的读法:

来　来 zɛ^{24}　梨 zɑ^{24}　漏 zɑ^{33}　**床**　食 zəɯ^{24}　**日**　弱 zɔ^{24}

喻(云)　右 zɑ^{33}

中古汉语定、来、日母都有 l 的读法:

定　大 ly^{33}　田 lɛ^{24}　**来**　炉 ly^{55}　**日**　柔 ly^{55}

中古汉语定、来、从、邪、禅、喻(以)母都有 dz 的读法:

定　藤 dzeŋ^{55}　**来**　林 dzɛ^{24}　**从**　才 dzɛ^{24}　**邪**　穗 dzu^{24}

禅　仇 dzəɯ^{24}　**喻**(以)　痒 dzoŋ^{53}

中古汉语从、邪、澄、床、禅、群、日母都有 dʑ 的读法:

从　前 dʑe^{24}　**邪**　斜 dʑə^{24}　**澄**　橙 dʑeŋ^{24}　**床**　舌 dʑe^{24}

禅　勺 dʑy^{55}　**群**　球 dʑɑ^{24}　**日**　热 dʑe^{53}

中古歌(举平以赅上去,下同)、戈、虞、咍、佳、齐、支、之、侯、尤、缉、曷、黠、屑、质、栉、没、铎、觉、陌、屋、烛韵都有 ɑ 的读法:

歌　大(家) tɑ^{53}　**戈**　矬 tɕ'ɑ^{55}　**虞**　树 tsɑ^{33}　**咍**　海 hɑ^{53}

佳　解 kɑ^{53}　**齐**　梨 zɑ^{24}　**支**　池 tsɑ^{55}　**之**　籽 tsɑ^{53}

侯　漏 zɑ^{33}　**尤**　揪 tɕɑ^{55}　**缉**　色 sɑ^{53}　**曷**　獭 t'ɑ^{33}

① 阴入大多数字调值为53,如“北”“剥”“出”,但“杀”的调值为55。这和北京话相似,阴入调值不定。

黠　杀 sɑ^{55}　屑　铁 t‘ɑ^{53}　质　笔 pɑ^{53}

栉　虱 sɑ^{53}　没　不（服从）pɑ^{24}　铎　阁（楼）kɑ^{55}　觉　龌 ʔɑ^{55}

陌　择 ɖɑ^{55}　屋　筑 dzɑ^{33}　烛　绿 ljɑ^{53}

中古汉语歌、戈、模、脂、虞、祭、支、微、尤、曷、屑、末、薛、铎、药、职韵都有 y的读法：

歌　歌 ky^{55}　戈　过 ky^{33}　模　炉 ly^{55}　脂　柜 tɕ‘y^{53}

虞　惧 tɕ‘y^{53}　祭　脆 tɕ‘y^{33}　支　跪 tɕ‘y^{53}　微　鬼 tɕy^{53}

尤　柔 ly^{55}　曷　渴 k‘y^{53}　屑　血 ɕy^{53}　末　脱 t‘y^{53}

薛　雪 ɕy^{53}　铎　凿 tɕ‘y^{55}　药　脚 ky^{53}　职　稷 tɕy^{33}

中古汉语戈、模、鱼、脂、之、侯、尤、蒸、东、缉、职、屋韵都有 əɯ 的读法：

戈　禾 əɯ^{24}　模　芦 ləɯ^{55}　鱼　猪 ʈəɯ^{55}　脂　自 ts‘əɯ^{33}

之　喜 k‘əɯ^{53}　侯　投 dəɯ^{24}　尤　留 tsəɯ^{55}　蒸　升 tsəɯ^{55}

东　聋 tsəɯ^{55}　缉　急 kəɯ^{53}　职　直 ʈ‘əɯ^{55}　屋　竹 tsəɯ^{53}

如果不是像上面这样排列分析，说“大”读作 ly^{33}，“水”读作 tsu^{53}，“留”读作 tsəɯ^{55}，“漏”读作 zɑ^{33}，“林”读作 dzɛ^{24}，“树”读作 tsɑ^{33}，谁都会认为瓦乡话可能不是汉语。当看到“田”的声母也是 l 时，就不觉得“大”的声母是 l 有什么可怀疑的了。当看到“梨”“来”的声母也是 z 时，就不觉得“漏”的声母是 z 有什么可怀疑的了。瓦乡话的语音和中古汉语语音对应关系复杂是事实。但不能因为对应关系复杂，就不顾二者的对应关系，硬说瓦乡话是另一种语言。

二

瓦乡话有相当多的古汉语词，而且语音又和中古汉语的语音有这样复杂的对应关系，就更增加了对瓦乡话的生疏感，特别是不很熟悉古汉语的人，很容易把瓦乡话看作一种少数民族语言。下面我们看看这方面的例子。

（一）作“脸”讲的词读作 mje^{33}。mje^{33}是“面”字的读音。“面”是明母仙韵开口去声字。在瓦乡话，明母我们记出两种读法，一种是 m，如“毛”读作 mɑɔ^{42}。一种是 mj，如“庙”读作 mjɔ^{33}；仙韵开口我们记出两种读法，一种是 e，如“偏”读作pje^{55}，一种是 ɛ，如“籼”读作 sɛ^{55}。mje^{33}的声母是明母的一种读法 mj，韵母是仙韵开口的主要读法 e，声调是中平调，中平调是去声。所以 mje^{33}是“面”字的读音。

（二）作“大雁”讲的词读作 t‘ɛ^{55} məɯ^{55}。t‘ɛ^{55} məɯ^{55}是“天鹜”二字的读音。“天”

是透母先韵开口平声字。在瓦乡话透母我们记出的读法是 t‘，如“兔”读作 t‘əɯ^{33}；先韵开口有四种读法。一种是 ɛ，如“田”读作 lɛ^{24}，一种是 e，如“肩”读作 tɕe^{55}（e 可以看作 ɛ 的以接舌面音或腭化音为条件的变体），一种是 eŋ，如“见”读作 tɕeŋ^{33}，一种是 i，如“砚”读作 ȵi^{33}。t‘ɛ^{55}的声母是透母的读法 t‘，韵母是先韵开口的一种读法 ɛ，声调是高平调，高平调是平声（主要是阴平，有一部分阳平），所以 t‘ɛ^{55}是“天”字的读音。məɯ^{55}是“鹜”字的读音。“鹜”字在广韵去声遇韵，亡遇切，注云：又音“目”。“目”在瓦乡话读作 məɯ^{55}。所以“鹜”也读作 məɯ^{55}，t‘ɛ^{55} məɯ^{55}就是“天鹜”二字的读音。“鹜”是鸭子，瓦乡人把“大雁”叫做“天鹜”，就是把“大雁”看作天上的鸭子。

（三）作“怕”讲的字读作 tɕ‘y^{53}。tɕ‘y^{53}是“惧”字的读音。“惧”是群母虞韵去声字。在瓦乡话，群母我们记出四种读法：一种是 tɕ，如“骑”读作 tɕe^{24}，一种是 dʑ，如“球”读作 dʑɑ^{24}，一种是 tɕ‘，如“件”读作tɕ‘e^{53}，一种是 k，如“舅”读作 kəɯ^{33}；虞韵我们记出五种读法：一种是 u，如“斧”读作 fu^{53}，一种是 ɑ，如“柱”读作 ȶ‘ɑ^{53}，一种是 y，如“（蜘）蛛”读作 ty^{55}，一种是 ei，如“腐（烂）”读作 fei^{53}，一种是 e，如“住”读作 tɕe^{33}。tɕ‘y^{53}的声母是群母的一种读法 tɕ‘，韵母是虞韵的一种读法 y，声调本应为中平调。但这个字是全浊去声字，在瓦乡话全浊去声字如果受客家话影响，声母变为送气清音，其声调多变为上声即高降调，如“盗”读作 t‘ɑɔ^{53}。所以 tɕ‘y^{53}是“惧”字的读音。

（四）作“舔”讲的字读作 dʑe^{53}。dʑe^{53}是“舐”字的读音。“舐”本作“舓”或“䑛”是床（船）母支韵开口上声字。在瓦乡话，床（船）母我们记出六种读法：一种是 z，如“食”读作 zəɯ^{24}，一种是 s，如“（粮）食”读作 sɿ^{55}，一种是 t‘，如“船”读作 t‘oŋ^{55}，一种是 tɕ，如“乘（车）”读作 tɕe^{24}，一种是 dʑ，如“舌”读作 dʑe^{24}；支韵开口我们记出五种读法：一种是 i，如“刺”读作 tɕ‘i^{33}，一种是 ei，如“碑”读作 pei^{55}，一种是 ɔ，如“皮”读作 fɔ^{24}，一种是 ɑ，如“池”读作 tsɑ^{55}，一种是 e，如“骑”读作 tɕe^{24}。dʑe^{53}的声母是床（船）母的一种读法 dʑ。韵母是支韵开口的一种读法 e，声调是高降调，高降调为上声，所以 dʑe^{53}是“舐”字的读音。“舐”义为舔，在成语“舐犊情深”中仍在使用。

（五）作“关闭”讲的字读作 pi^{33}。pi^{33}是“闭”字的读音。“闭”是帮母齐韵开口去声字。在瓦乡话，帮母的主要读法是 p，齐韵开口我们记出五种读法：一种是 e，如“犁”读作 lje^{55}，一种是 ɑ，如“溪”读作 k‘ɑ^{55}，一种是 i，如“砌”读作 tɕ‘i^{33}，一种是 ei，如“批（评）”读作 p‘ei^{55}，一种是 y，如“系”读作 hy^{33}。pi^{33}的声母是帮母的主要读法 p，韵母是齐韵开口的一种读法 i，声调是中平调，中平调是去声，所以 pi^{33}是“闭”字的读音。

（六）作“看”讲的字读作 moŋ^{33}，moŋ^{33}是“望”字的读音。“望”是微母阳韵合口去声字。在瓦乡话，微母我们记出两种读法：一种是 m，如“尾”读作 mɛ^{53}，一种是 v，如“袜”读作 vɔ^{33}；阳韵合口我们记出的读法有三种：一种是 oŋ，如“放”读作 foŋ^{33}，一种是 ɑŋ，如“（牛）房”读作 wɑŋ^{33}（33 系由 24 或 55 变来的），一种是 əŋ，如“（马）房”读作 wəŋ^{13}。moŋ^{33}的声母是微母的一种读法 m，韵母是阳韵合口的一种读法 oŋ，声调是中平调，中平调是去声，所以 $mo\eta^{33}$ 是“望”字的读音。“望”字的意义很多，其中有一种意思是向远处看，但与“看”连用作“看望”讲，已无向远处看的意思。河北唐山一带的方言“望”单用意义同“看”，例如“我望望”等于“我看看”。瓦乡话只用“望”表示看的意思，“看”不用。

（七）作“回来”讲的字读作 $f\varepsilon^{53}$。$f\varepsilon^{53}$ 是“返”字的读音。“返”是非母元韵合口上声字，在瓦乡话，非母我们记出两种读法：一种是 f，如“风”读作 $f\partial^{55}$，一种是 p，如“（地）方”读作 $po\eta^{55}$；元韵合口我们记出四种读法：一种是 ɛ，如“远”读作 $v\varepsilon^{53}$，一种是 oŋ，如“园”读作 $zo\eta^{55}$，一种是 e，如“万”读作 me^{33}，一种是 ye，如“劝”读作 $t\c{c}ye^{33}$。$f\varepsilon^{53}$ 的声母是非母的一种读法 f，韵母是元韵合口的一种读法 ɛ，声调是高降调，高降调是上声，所以 $f\varepsilon^{53}$ 是“返”字的读音。

（八）作“吃”讲的字读作 $z\partial ɯ^{24}$。$z\partial ɯ^{24}$ 是“食”字的读音。“食”是床（船）母职韵开口字。在瓦乡话，床（船）母我们记出的读法中有一种是 z（见前面对于“舐”的解释），职韵开口我们记出七种读法：一种是 e，如“逼”读作 pje^{24}，一种是 y，如“稷”读作 $t\c{c}y^{33}$，一种是 i，如“媳（妇）”读作 $\c{c}i^{24}$，一种是 ə，如“忆”读作 $ʔ\partial^{53}$ 一种是 ɑ，如“色”读作 $s\alpha^{53}$，一种是 ɿ（i 的以接舌尖前音为条件的变体），如“（粮）食”读作 $sɿ^{55}$，一种是 əɯ，如“直”读作 $ʈ‘\partial ɯ^{55}$。$z\partial ɯ^{24}$ 的声母是床（船）母的一种读法 z，韵母是职韵开口的一种读法 əɯ，声调为中升调，中升调是平声（多为阳平字）的一个调值，阳入调主要并入平声，所以 $z\partial ɯ^{24}$ 是“食”字的读音。

（九）瓦乡话作“喝”讲的字读作 $ʔ\partial^{53}$。$ʔ\partial^{53}$ 是“饮”字的读音。“饮”是影母侵韵上声字。在瓦乡话，影母我们记出六种读法，一种是 ʔ，如“衣”读作 $ʔi^{55}$，一种是零声母，如“弯”读作 $u\alpha\eta^{55}$，一种是 ŋ，如“爱”读作 $\eta\varepsilon^{24}$ 一种是 ʑ，如“影”读作 $ʑe\eta^{53}$，一种是 f，如“握”读作 fu^{53}，一种是 z，如“伊”读作 zei^{55}；侵韵我们记出五种读法，一种是 ə，如“淋”读作 $dʑ\partial^{53}$，一种是 ɛ，如“林”读作 $dz\varepsilon^{24}$，一种是 e（ɛ 的以接舌面音为条件的变体），如“心”读作 $\c{c}e^{55}$，一种是 i，如“今（年）”读作 $t\c{c}i^{55}$，一种是 ɑŋ，如“今（日）”读作 $t\c{c}\alpha\eta^{24}$。ʔə 的声母是影母的一种读法 ʔ，韵母是侵韵的一种读法 ə，声调是高降调，高降调是上声，所以 $ʔ\partial^{53}$ 是“饮”字的读音。

（十）“鸡叫”读作 $k\alpha^{24}$ $ʈe^{24}$。$k\alpha^{24}$ $ʈe^{24}$ 是“鸡啼”二字的读音。“鸡”是见母齐韵开口平声字。在瓦乡话，见母我们记出三种读法：一种是 k，如“哥”读作 ky^{55}，一种是 tɕ，如“计”读作 $t\c{c}i^{33}$，一种是 g，如“（水）沟”读作 $g\partial ɯ^{24}$；齐韵开口我们记的五种读法中有一种是 ɑ（见前面对于“闭”字的解释）。$k\alpha^{24}$ 的声母是见母的一种读法 k，韵母是齐韵开口的一种读法 ɑ，声调是中升调，中升调是平声的一个调值，所以 $k\alpha^{24}$ 是“鸡”字的读音。“啼”是定母齐韵开口平声字，在瓦乡话，定母我们记出七种读法：一种读法是 d，如“驼（背）”读作 $dɔ^{24}$，一种是 t，如“抬（头）”读作 $tɔ^{55}$，“头”读作 $t\alpha^{55}$，一种是 t‘，如“道”读作 $t‘\alpha ɔ^{55}$，一种是 l，如“田”读作 $l\varepsilon^{24}$，一种是 n，如“桃（子）”读作

nɑɔ^{24}，一种是 dz，如“藤”读作 dzeŋ^{55}，一种是 ʈ，如“蹄”读作 ʈe^{24}；齐韵开口有一种读法是 e（见前面对“闭”字的解释），ʈe^{24}的声母是定母的一种读法 ʈ，韵母是齐韵开口的一种读法 e，声调是中升调，中升调是平声的一个调值，所以 ʈe^{24}是“啼”字的读音。

此外，作“狗叫”讲的词读作 k‘uε^{53} ɦi^{33}是“犬吠”的读音；作“鞋”讲的字读作 nei^{53}是“履”字的读音；作“记忆”讲的字读作 ʔəɯ^{53}是“忆”字的读音；作“旧”讲的字读作 ku^{33}是“故”字的读音；作“叫”讲的字读作 hoŋ^{33}是“唤”字的读音；作“肿”讲的字读作 ʔə^{53}是“臃”字的读音；作“迟”讲的字读作 ʔəŋ^{33}是“晏”字的读音；作“穿（衣）”讲的字读作 ty^{53}是“着”字的读音；作“饱”讲的字读作 ʑe^{33}是“餍”字的读音；作“甜”讲的字读作 koŋ^{55}是“甘”字的读音；作“早晨”讲的词读作 ʈɑɔ^{55} tɑ^{55}是“朝头”二字的读音。这些记音都经过我认真分析，有把握是这些汉字的音，为了节省篇幅不再一一分析。

三

主张瓦乡话是一种少数民族语言的张永家、侯自佳二位同志在他们的文章《关于“瓦乡人”的调查报告》中举的为数不多的瓦乡话词语，除少数写不出汉字来的方言词以外，都是用瓦乡话语音读出的汉字音。现在我只列出他们举的单音节词“风”、“雨”、“河”、“动”、“睡”、“园”、“凉”来分析它们的语音构造。限于篇幅，“船”、“羊”、“旋”、“短”、“陡”、“升”、“斗”就不一一分析了。

（一）作“风”讲的词标音是 fə^{44}（我们记作 fə^{55}，定的调值较张、侯高一度），fə^{44}正是“风”字的读音。“风”是非母东韵合口三等平声字，非母在瓦乡话有一种读法是 f（见前面对于“返”字的解释），东韵合口三等有一种读法是 ə，如“中”读作 ʈə^{55}，声调是次高平调（我们记作高平），张、侯的次高平调是平声的一个调（主要是阴平字），所以 fə^{44}是“风”字的读音。

（二）作“雨”讲的词标音是 va^{53}。va^{53}是“雨”字的读音。“雨”是喻（云）母虞韵上声字。喻（云）母有一种读法是 v，如“有”字我们记作 vɑ^{53}，张、侯记作 va^{53}（A 音位我们记作后 ɑ，张、侯记作前 a）。虞韵有一种读法是 ɑ（见前面对于“惧”字的解释），声调是高降调，高降调是上声，所以 va^{53}是“雨”字的读音。

（三）作“河”讲的词标音是 wə^{35}。“河”的声母是匣母。匣母在瓦乡话不读作清擦音（只有一个例外，即“最后”的读音是 hɔ^{53}），一般都是零声母（实际是一个浊喉擦音 ɦ）。张、侯记作 w 可能是表示 ɦ 的，因为“河”的韵母是歌韵。歌韵我们没有记到 uə 的读法，如果歌韵有 uə 的读法，则 w 可以看作 u 前加 ɦ 即 ɦu 的缩写。35 调是平声的一个调（主要是阳平字），wə^{35}是“河”字的读音应当说是没有问题的。

（四）作“动”讲的词标音是 ntsə^{53}。我们未记到这个字。把张、侯的标音改成我们的标音应是 dzə^{53}。“动”字是定母东韵合口一等上声字。定母有一种读法是 dz，如“藤”读作 dzeŋ^{55}；东韵合口一等有一种读法是 ə，如“东”读作 tə^{55}，“通”读作t‘ə^{55}，“铜”读作 də^{24}，“葱”读作 ts‘ə^{55}，“空”读作 k‘ə^{55}，“孔”读作k‘ə^{53}，“烘”读作 hə^{55}，“哄”读作 hə^{53}。dzə^{53}（张、侯的 ntsə^{53}）的声母是定母的一种读法 dz，韵母是东韵合口一等的一种读法 ə，声调为高降调，高降为上声，所以 ntsə^{53}（我们应记作 dzə^{53}）是“动”字的读音。

（五）作“睡”讲的词标音是 k‘ue^{22}。k‘ue^{22}是“困”字的读音，我们记作 k‘uɛ^{33}。张、侯把去声记作 22，我们记的高一度，作 33，称中平调。“困”字是溪母魂韵去声字。在瓦乡话，溪母有一种读法是 k‘（见前面对于“犬”字的解释）。魂韵我们记出三种读法：一种是 uɛ（张、侯记作 ue），如“村”读作 ts‘uɛ^{55}，一种是 ɛ（uɛ 的以接唇音为条件的变体），如“盆”读作 bɛ^{24}，一种是 ɔ，如“（拙）笨”读作 bɔ^{24}。k‘ue^{22}（我们记作 k‘uɛ^{33}）的声母是溪母的一种读法 k‘。韵母是魂韵的一种读法 ue（我们记作 uɛ），声调是去声，所以说 k‘ue^{22}（我们记作 k‘uɛ^{33}）是“困”字的读音。

（六）作“园”讲的词标音是 lo^{44}，我们记“园”字的音是 zoŋ^{55}。如果张、侯误以“园”代替“圆”，lo^{44}作“圆”讲，是一个方言词，我不知道写哪个汉字。

（七）作“凉”讲的词标音是 tɕue^{22}，我们记“凉”字的音是 ȵoŋ^{55}，可能瓦乡话有两个表示“凉”的词，这个 tɕue^{22}是个方言词，我不知道写哪个汉字。

张、侯二同志另外在别的比较项目中列举了几个单音节词，一个是作“房子”讲的 tɕi^{53}，一个是作“桌子”讲的 two^{35}，一个是作“绿色”讲的 lia^{31}，一个是作“红色”讲的 hə^{35}，一个是作“高粱”讲的 tɕui^{22}，一个是作“绸子”讲的 ta^{35}，一个是作“叔叔”讲的 ʔɔ^{35}。除作“叔叔”讲的 ʔɔ^{35}是一个方言词，写不出汉字来以外，其他几个音标都可以写出汉字来。tɕi^{53}，我们记的和张、侯相同，是“室”字的读音。two^{35}，我们记作 tɔ^{24}，是“台”字的读音。lia^{31}，我们记作 ljɑ^{53}，是“绿”字的读音。hə^{35}，我们记作 ə^{24}，是“红”字的读音。tɕui^{22}，我们记作 tɕy^{33}，是“稷”字的读音。ta^{35}，我们记作 ȶɑ^{42}，是“绸”字的读音。这些字我都认真分析过，声、韵、调都合对应规律，我才敢说某个标音是某字的读音。

由上面张、侯举的单音节词来看，只有三四个写不出汉字来，其余的词都是汉语词，怎么能说是少数民族语言的词呢？

张、侯二同志认为写不出汉字来就是少数民族语言的词。他们当然认为所举出的音标都是写不出汉字来的，但一经分析，绝大多数都可以写出汉字来。看来写出写不出不是绝对的，了解了语音对应规律，就可以写出来。

很可能真有写不出汉字来的词，这不是瓦乡话所特有的现象，汉语的任何方言都有写不出汉字来的方言词。我们决不能因为瓦乡话有写不出汉字来的方言词，就说瓦乡话不是汉语方言。

张、侯二同志在他们的文章中列了一个倒装词语表，大意是汉语“母鸡”、“母牛”、“母猪”、“母狗”、“波浪”在瓦乡话要说作“鸡母”、“牛母”、“猪母”、“狗母”、“浪波”。这也不能构成瓦乡话是少数民族语言的理由，因为这种现象在汉语南方各方言里是非常普遍的。

张、侯两位同志在他们的文章中列了两个音节多少比较表，一个是瓦乡话音节多于汉语的词语，一个是瓦乡话音节少于汉语的词语。这两个表一点也不说明瓦乡话不是汉语方言而是一种少数民族语言。因为同一种语言的不同方言，其词的音节数是不会完全一样的，甲方言单音节词在乙方言可能是双音节词或多音节词。道理很明白，无须多说。

我们判断一种话是独立的语言还是某种语言的方言虽然有时会遇到困难，但瓦乡话是汉语的方言则是很明显的。因为语音有和中古音严整的对应关系，词汇中绝大多数和其他汉语方言相同，语法基本和其他方言相同，即使有一些特殊的语法现象也不能看得太重，因为汉语各方言都各有一些特殊的语法现象。对瓦乡话有兴趣的人不妨费些时间研究一下瓦乡话在语法上的特点，以便使人们对瓦乡话这种汉语方言有一个完整的了解。

贵州威宁苗语的声调*

贵州威宁彝族回族苗族自治县荣合乡石门坎是苗语滇东北次方言文字的标准音点。本文题目中的贵州威宁苗语即指石门坎苗话而言。石门坎苗话的声调在整个苗语中是非常特殊的。本文想对石门坎苗话的声调作一全面的叙述，提出各个声调的音节在文字中标什么声调字母的意见。

本文将分以下四节：一、古苗语声调在石门坎苗话中的反映形式。二、石门坎苗话中的声调变革，简称调变。三、石门坎苗话中的连读变调，简称变调。四、文字中声调的标法。

一　古苗语声调在石门坎苗话中的反映形式

石门坎苗话共有六个调值，即55、35（实际为24，因无更高的声调，故定为35，量词不定指普通称和指小称的声调为354或243，即最后有一些下降。因为有词汇和语音条件的限制，也并入35调）、53、33（实际为44，因为没有真正的中平调，故定为33）、31（实际为21。因为没有第二个低降调，为了避免奇数字和偶数字同时出现在调值里，故定为31）、11（实际为22，因为没有更低的平调，故定为11。声母为送气浊音的音节，其声调为12，即略有一些上升。因有语音条件限制，也定为11）。

古苗语平、上、去、入四声在石门坎苗话因声母发音方法不同各分裂为两个声调，即阴平、阳平，阴上、阳上，阴去、阳去，阴入、阳入。它们的调值分别为55、35、55、33/11、33、53/31、11、53/31。阳上、阳去、阳入各有两个调值，名词性的单音节词（包括名词和量词，有个别虚词）或词根，调值分别为33、53、53，非名词性的单音节词（包括名词、量词以外的各种词类的词，其中有代名词）或词根，调值分别为11、31、31。

由上面可以看出，阴平、阴上调值同为55，阳上非名和阴入调值同为11，阳上名和阴

* 本文收在《中国民族语言论文集》，四川民族出版社，1986，第91～134页。

去调值同为33，阳去名和阳入名调值同为53，阳去非名和阳入非名调值同为31。是不是可以认为阴平和阴上，阳上非名和阴入，阳上名和阴去，阳去名和阳入名，阳去非名和阳入非名都分别合并了呢？不可以。因为：(1) 阴平和阴上、阳去名和阳入名的音节，声母发音方法相同，但变调规则不同。(2) 其他调值相同的不同调类的音节，声母发音方法不同，变调规则也不同。所以石门坎苗话的调值虽然有六个，但调类至少有阴平、阳平、阴上、阳上名、阳上非名、阴去、阳去名、阳去非名、阴入、阳入名、阳入非名等十一个。我们说至少有十一个，是因为阳平调里面并入了调值为354的量词不定指普通称和指小称专有的一个调类；阳去非名调里面并入了一批声母为清音的汉语借词的调类。尽管调值同为31，但这些借词的声调肯定不是苗语的阳去调，应当自成一个调类。由于量词有词汇兼语音特征，汉语借词有语音特征，分别并入阳平、阳去非名，只需在变调时记住一些例外，就可以了。这样可以使声调系统简单一些，但是否可取还可以讨论。我们习惯用数字1、2、3、4Ⅰ、4Ⅱ、5、6Ⅰ、6Ⅱ、7、8Ⅰ、8Ⅱ分别代表阴平、阳平、阴上、阳上名、阳上非名、阴去、阳去名、阳去非名、阴入、阳入名和阳入非名各调。下面列出各个声调的例字。为了节省篇幅，每个声调只举两个例字。

声调	调号	调值	例字	
阴平	1	55	a^{55}la^{55}坡地最上部	kau^{55}针
阳平	2	35	lɦa^{35}扔	ɡɦau^{35}围
阴上	3	55	la^{55}兔子	kau^{55}污垢
阳上名	4Ⅰ	33	lu^{33}话	ɡau^{33}犬齿
阳上非名	4Ⅱ	11	lɦa^{11}伸入	ɡɦau^{11}驯顺
阴去	5	33	la^{33}骂	kau^{33}刮
阳去名	6Ⅰ	53	la^{53}别人	ɡau^{53}块（竹林）
阳去非名	6Ⅱ	31	la^{31}快乐	tʂy^{55}ɡau^{31}官府
阴入	7	11	la^{11}也	kau^{11}袒护
阳入名	8Ⅰ	53	va^{53}饭	ɢau^{53}外面
阳入非名	8Ⅱ	31	lɦa^{31}游水	ɡɦau^{31}十

并入阳平调的量词不定指普通称和指小称的例字，可以举 lai^{35}“某个”（普通称）和 la^{35}“某个”（指小称）。并入阳去非名调的汉语借词的例字，可以举 pa^{31}“办”、ta^{31}“搭”。注意阳平调音节的声母都是送气浊音，但并入阳平调的量词不定指普通称和指小称的声母都是清音或纯浊音。阳去非名调音节的声母都是纯浊音，但并入阳去非名调的汉语借词的声母大都是清音，只有少数词的声母是浊的鼻音、边音和擦音，如 ŋai^{31}“爱”、lai^{31}“赖”、ʐaɯ^{31}“让”。并入阳去非名的还有一些语气词，如 ma^{31}“嘛”、nai^{31}“呶”（指东西给别人看时的语气词）。语气词也有6Ⅰ调的，如 ʐa^{53}“吧”（祈使句第一人称用的语气词），汉语借词和语气词都不遵守阳去名和阳去非名调的变调规则。量词不定指普通称和指小称能使所接的名词变调，但和阳平调的变调规则不同。

二　石门坎苗话中的声调变革，简称调变

古苗语上声调分裂为阴上和阳上两个声调，这是现代苗语绝大多数方言、土语共有的现象，石门坎也不例外。古苗语清声母上声字就是现代苗语的阴上调字。在绝大多数的方言土语中，阴上调只有一个调值。在石门坎却不然，有一部分阴上调音节的调值和阴去调的调值相同，也就是说有一部分阴上调音节的调值不是55 而是33。这部分音节绝大多数都是带有前加成分的合成词的词根。例如 a^{33} ntsau^{33} “影子”，a^{33} ɳʈʂaɯ^{33}（竹木条编的）“墙”，a^{33}zau^{33} “树林”，a^{33} vau^{33} “姐夫”，pi^{33} tɕy^{33} “皮”，pi^{33} qhɯ^{33} “仆人”，li^{33} fau^{33} “头”，li^{33}kau^{33} “麂子”。

为什么阴上调音节会有一部分读作阴去调呢？这是历史上连读变调的结果。本来这些阴上调音节也是读作55 调的，前面的前加成分最初是阴平调的，在石门坎有一条极为重要的变调规则即阴平调能使后面的阴上变为阴去。应当说以上的几个例词有一个时期曾读作 a^{55}ntsau^{33}，a^{55} ɳʈʂaɯ^{33}，a^{55} zau^{33}，a^{55} vau^{33}，pi^{55} tɕy^{33}，pi^{55} qhɯ^{33}，li^{55} fau^{33}，li^{55} kau^{33}。但是现在石门坎苗话前加成分的双音节词的声调配合模式没有高平中平型的，高平调居于第一个音节时，第二个音节的声调只能是高平、高降、低平、低降。上列的 a^{55} ntsau^{33}、a^{55} ɳʈʂaɯ^{33}、a^{55}zau^{33}等读法与带前加成分的双音节词的声调配合模式不合。有两种解决办法，一种办法是阴上变为阴去以后，再进一步变为阴入，即高平变为中平以后，再进一步变为低平，这就合于高平低平型这一带前加成分的双音节词的声调配合模式了。另一种办法是第二个音节由阴上变为阴去以后就不再变，而使第一个音节的阴平变为阴去，即由高平变为中平，这样，两个音节的声调都是中平，石门坎苗话带前加成分的双音节词的声调有中平中平型的配合模式。现在看起来，前面所举的 a^{33} ntsau^{33}、a^{33} ɳʈʂaɯ^{33}、a^{33} zau^{33} 等双音节词是用第二种办法构成的。为什么没有按第一种办法解决呢？这是因为阴上调是高平调，由于变调改为中平，听话的人可以接受，即听得懂。因为高平和中平相差无几。如果再进一步改为低平，与本来的高平相差太远，听话的人接受不了，即听不懂，所以采取了第一个音节改为中平调的折中办法。这样两个音节都只降低一个高度，不影响交际，也合于带前加成分的双音节词的声调配合模式。这种由阴上变为阴去的现象叫做声调变革，简称调变，这是历史上连读变调的结果。我们必须尊重语言现实，认为 a^{33} ntsau^{33}、a^{33} ɳʈʂaɯ^{33}、a^{33} zau^{33} 等双音节词的词根是阴去调的，不能再认为它们是阴上调的，因为它们已经变为阴去调。

石门坎苗话方位词中，单音节前置方位词和除 ȵi^{55} “这”、i^{55} “那”（不在视线以内的）、dy^{31} “哪” 以外的单音节指示方位词都各只有一个声调。英国学者唐纳认为这是类

推变调①。我们认为现在不能再把这种现象叫做变调，而应该叫做调变，因为它们的声调已经变革了，不过它们是类推变调的结果。下面把单音节的前置方位词和除 ȵi^{55}、i^{55}、dy^{31}以外的单音节的指示方位词全部列出②：

1. 前置方位词

vɦai^{31}那儿、这儿(不管水平面的高低)

bɦi^{31}（坡上）那儿、(坡上）这儿

ɳɖɦu^{31}（坡下）那儿、(坡下）这儿

dɦi^{31}（对面）那儿、这面

dɦu^{31}（对面）那儿(距离较远)

ɳɖɦai^{31}（里面,在一定范围之内,也指时间)那儿、(里面)这儿

ʦhai^{31}（侧面）那儿、这儿

ʦhau^{31}（侧面）那儿(距离较远)

2. 指示方位词

vɦai^{35}那儿、那(不管水平面高低)

bɦi^{35}（坡上）那儿、(坡上）那

ɳɖɦu^{35}（坡下）那儿、(坡下）那

dɦi^{35}（对面）那儿、(对面）那

dɦu^{35}（对面）那儿、(对面）那(距离较远)

ɳɖɦai^{35}（里面）那儿(在一定范围之内)

ʦhai^{35}（侧面）那儿、(侧面）那

ʦhau^{35}（侧面）那儿、(侧面）那(距离较远)

可以看出上列两种方位词各有一个共同的声调，前置方位词的共同声调是 31，指示方位词的共同声调是 35。vɦai^{31}和 vɦai^{35}，bɦi^{31}和 bɦi^{35}，ɳɖɦu^{31}和 ɳɖɦu^{35}，dɦi^{31}和 dɦi^{35}，dɦu^{31}和 dɦu^{35}，ɳɖɦai^{31}和 ɳɖɦai^{35}，ʦhai^{31}和 ʦhai^{35}，ʦhau^{31}和 ʦhau^{35}本来两两是一个词。只是由于前置方位词中有一两个 31 调的，指示方位词中有一两个 35 调的。这些方位词中如果有的原来不是 31 调的，作前置方位词用时，用类推的方法变为 31 调。这些方位词中如果有的原来不是 35 调的，作指示方位词用时，用类推的方法变为 35 调。绝不可能原来这些方位词都是 31 调或 35 调。再说一个词只能有一个声调，不能同时有两个声调。现在有两个声调，其中一个甚至两个声调都是由类推变调变来的。由于有类推变调才出现，现在前置方位词有一个共同的 31 调，指示方位词有一个共同的 35 调的情况。至于哪一个方位词本来是 31 调的，哪一个方位词本来是 35 调的，由于没有其他方言材料参考，我们不能

① 见唐纳（G. B. DOWNER），《白苗话的调变和变调》（Tone Change and Tone-shift in White Miao）载于《亚非研究院学报》第 30 卷，第 3 部分（*Bulletin of the School of Oriental and Afriam Stadies*, vol XXX part 3. 589 - 599. 1967），第 589 ~ 599 页，1967，伦敦。

② 见本书《贵州威宁苗语的方位词》一文。

确知。但各前置方位词和各指示方位词本来不是同一声调的词，我们可以从贵州毕节先进乡大南山苗话得到一些证据。作“上面（同一山坡水平较高处）”讲的词在大南山是 pe^{21}，读作［bɦe^{21}］是阳上调。作“对面”讲的词在大南山是 ti^{13}，读作［dɦi^{13}］。是阳去调。现在这两个方位词在石门坎各有两个调值：作前置方位词时，调值和其他前置方位词同为31，作指示方位词时，调值和其他指示方位词同为35。足以证明今天石门坎单音节的前置方位词调值全都是31，指示方位词调值（除 ȵi^{55}“这”、i^{55}“那”、dy^{31}“哪”以外）全都是35，一定是类推变调的结果。石门坎的方位词已经发生了调变，应当尊重语言现实，承认各前置方位词都是阳入非名调的（ʦhai^{31}、ʦhau^{31}的声母不合，因为阳入非名调音节的声母是送气浊音，ʦhai^{31}、ʦhau^{31}只能视为特殊的阳入非名调音节），承认各指示方位词都是阳平调的（ȵi^{55}“这”、i^{55}“那”、dy^{31}“哪”例外）。

石门坎苗话中还有一些调变现象。作“汤”讲的词本为阴上调，它前面没有前加成分，但也变为阴去调，读作 ka^{33}。这个词最初有前加成分 a^{33}，现在前加成分 a^{33}丢失了。ka^{33}由 ka^{55}变来的过程和前面所说的 a^{33}ntsau^{33}、a^{33}ɳʈʂaɯ^{33}、a^{33}zau^{33}等双音节词中的词根调变的过程相同。作“七”讲的词本为阳去调，现在变为阴去，读作 ɕaɯ^{33}。这是受作“六”讲的词的声调影响而变为阴去的。作“六”讲的词读作 tl̥au^{33}，是阴去调。它使和它相邻的数词“七”变为阴去调，这也是一种类推变调。现在当然要认为 ɕaɯ^{33}是阴去调，尽管“七”和“八”连读时读作 ɕaɯ^{31}，又露出阳去调的痕迹。作“你们”讲的词本来是阳平调，现在变为阳去，读作 mi^{31}。这可能是受了作“你”讲的词的影响而变为阳去的。作“你”讲的词读作 ɡi^{31}，是阳去调。它使第二人称代名词复数“你们”变为阳去调，这也是类推变调引起的调变。作“半（年）”讲的词本来是阴去调，现在变为阴入，读作 ʦhai^{11}。这是因为“半”经常前接数词“一”，数词“一”读作 i^{55}，是阴平调。阴平调后接阴去调，阴去变为阴入，这是一条变调规则。ʦhai^{11}是 ʦhai^{33}接 i^{55}的变调形式，现在 i^{55}省略不用了，tshai^{11}就以变调形式单独出现，这是因变调引起的调变。作“灶”讲的词本来是阴去调，现在读作 a^{55}ʦo^{11}。ʦo^{11}是作“灶”讲的词根，变为阴入调；作“坟”讲的词本来是阴去调，现在读作 hi^{55}nʦaɯ^{11}。nʦaɯ^{11}是作“坟”讲的词根，变为阴入调；作“聋子”讲的词本来是阳平调，现在读作 a^{55}laɯ^{55}。laɯ^{55}是作“聋”讲的词根，变为阴平调；作“镰刀”讲的词本来是阳平调，现在读作 a^{55}lie^{55}。lie^{55}是作“镰刀”讲的词根，变为阴平调。作“蛆”讲的词本来是阴去调，现在读作 kaɯ^{55}kaɯ^{11}。kaɯ^{11}是作“蛆”讲的词根，变为阴入调。这几个词都是因变调引起的调变，因为前加成分 a^{55}、hi^{55}本是阴平调（现改为阴上调），作“虫”讲的词素 kaɯ^{55}也是阴平调。阴平调后接阳平时，阳平变阴平；后接阴去时，阴去变阴入，这是两条变调规则。ʦo^{11}、nʦaɯ^{11}、laɯ^{55}、lie^{55}、kaɯ^{11}分别是由 ʦo^{33}、nʦaɯ^{33}、lɦaɯ^{35}、lɦie^{35}、kaɯ^{33}变来的。现在 ʦo^{33}、nʦaɯ^{33}、lɦaɯ^{35}、lɦie^{35}、kaɯ^{33}不再分别作“灶”、“坟”、“聋”、“镰刀”、“蛆”讲了。应当说它们都已发生了调变，即有的阳平调变为阴平了，有的阴去调变为阴入了。这些调变是由变调引起的。作“男人”讲的词是阳去调，按声韵对应规则，这个词在石门坎应读作 dʑaɯ^{53}。但石门坎现在使用的是另一个作“男人”讲的词 a^{55}ʑey^{53}，dʑaɯ^{53}已不用。不过在古歌里作“男孩”讲的词 tu^{55}ti^{55}dʑɦaɯ^{11}中的词根 dʑɦaɯ^{11}是 dʑaɯ^{53}的调变形式，调变是由变调引起的。作“收”讲的词本来是阴平调，现在变为阴去调，读作 ʂau^{33}。怎么产生这种调变，尚未查明。很可能是为了区别同音词而改变声调，因为 ʂau^{55}作“小”讲，如果把作“收”讲的词读作 ʂau^{55}，这就产生同音词。改为 ʂau^{33}，只降低一个高度，不妨碍交际，正好没有别的词读作 ʂau^{55}，因而避免了与作“小”讲的词同音。作“扇子”讲的词本来是阳入调，现在变为阳平调，读作 ndzɦa^{35}。作“软”讲的词本来是阳去调，现在读作 tau^{11}ma^{11}。ma^{11}是作“软”讲的词根，变为阴入调。关于这两个词产生调变的原因，我们尚未查明。

三　石门坎苗话的连读变调，简称变调

石门坎苗话的连读变调比较复杂。当两个或两个以上的音节组成修饰式或并列式的合成词或词组以及数词与数词组成数词词组均可产生变调，但数量词组修饰名词时不产生变调。此外，动词的不肯定形的第一个音节能使动词词根变调。第六类状词出现的固定词组虽是动宾或形补结构，也有变调现象。否定副词 hi^{33}“不”修饰动词、形容词时，表示相互意义的副词 hi^{11}“互相”修饰动词时，有特殊的变调规则：有时 hi^{33}、hi^{11}本身变调，有时后接的动词、形容词变调。作“母亲”讲的词 ȵɦie^{31}和作“父亲”讲的词 vɦai^{31}也有特殊的变调规则。数词后接量词，复量词后接量词，数词后接作“百”、“万”讲的数词 pa^{33}、vau^{53}时，常有特殊的变调规则，可参考本文集《贵州威宁苗语量词》。这里不谈。下面详细叙述主要的正常和特殊变调规则。

（一）主要的正常变调规则

1. 二音节相连时的变调

（1）2 调（阳平，量词的不定指普通称、指小称除外，下同）前接 1 调（阴平）时，变 1 调（音标右上角的双位数字表示调值，右下角括弧内的数字表示调类）。例如：

口水 au$^{55}_{(1)}$（水）ȵdʑɦau$^{35}_{(2)}$（嘴）读作［ʔɑu^{55}ȵtɕɑu^{55}］（1 调音节无送气浊音声母，鼻冠音后面的浊的塞音、塞擦音都读清音）

牛角 ku$^{55}_{(1)}$（角）ȵɦu$^{35}_{(2)}$（牛）读作［ku^{55}ȵu^{55}］

（2）3 调（阴上）前接 1 调时，变 5 调（阴去）。例如：

子孙 tu$^{55}_{(1)}$（儿子）ki$^{55}_{(3)}$（孙子）读作［tu^{55}ki^{33}］

百姓m̥au$^{55}_{(1)}$（苗族）ʂa$^{55}_{(3)}$（汉族）读作［m̥ɑu^{55} ʂɑ^{33}］

（3）4I 调（阳上名）前接 1 调时，变 6I 调（阳去名）。例如：

村庄 lu$^{55}_{(1)}$（个）zo$^{33}_{(4I)}$（村庄）读作［lu^{55}zo^{53}］

马毛 tl̥au$^{55}_{(1)}$（毛）nɯ$^{33}_{(4I)}$（马）读作［tl̥ɑu^{55}nɯ^{53}］

（4）4II 调（阳上非名）前接 1 调时，变 6I 调。例如：

懒汉 tu$^{55}_{(1)}$（者）ŋɡɦɯ$^{11}_{(4II)}$（懒）读作［tu^{55}ŋkɯ^{53}］（6I 调音节无送气浊音声母，鼻冠音后面的浊的塞音、塞擦音都读清音）

凉水 au$^{55}_{(1)}$（水）dzɦie$^{11}_{(4II)}$（凉）读作［ʔɑu^{55}dzie^{53}］

（5）5 调前接 1 调时变 7 调（阴入）。例如：

地方 ti$^{55}_{(1)}$（地）tɕhey$^{33}_{(5)}$（处）读作［ti^{55}tɕhœy^{11}］

旧衣服 qu$^{55}_{(1)}$（旧）ʈʂho$^{33}_{(5)}$（衣服）读作［qu^{55}ʈʂho^{11}］

（6）6I 调前接 1 调时，变 4II 调。例如：

梳子 lu$^{55}_{(1)}$（个）za$^{53}_{(6I)}$（梳子）读作［lu^{55}zɦɑ^{11}］

雨水 au$^{55}_{(1)}$（水）naɯ$^{53}_{(6I)}$（雨）读作［ʔɑu^{55}nɦɑɯ^{11}］

（7）6II 调（阳去非名）前接 1 调时，变 4II 调。例如：

养子 tu$^{55}_{(1)}$（儿子）ba$^{31}_{(6II)}$（抱）读作［tu^{55}bɦa^{11}］

肥鸡 qai$^{55}_{(1)}$（鸡）dlo$^{31}_{(6II)}$（肥）读作［qai^{55}dlɦo^{11}］

（8）8I 调（阳入名）前接 1 调时，变 4II 调。例如：

剩饭 qu$^{55}_{(1)}$（旧）va$^{53}_{(8I)}$（饭）读作［qu^{55}vɦa^{11}］

一双 i$^{55}_{(1)}$（一）ŋɡey$^{53}_{(8I)}$（双）读作［ʔi^{55}ŋɡɦœy^{11}］

（9）8II 调（阳入非名）前接 1 调时，变 4II 调。例如：

黏土地 ti$^{55}_{(1)}$（地）ndlɦau$^{53}_{(8II)}$（黏）读作［ti^{55}ndlɦɑu^{11}］

随便踢一踢 du$^{55}_{(1)}$（变韵调重叠音节）dɦa$^{53}_{(8II)}$（踢）读作［du^{55}dɦɑ^{11}］（动词不肯定形，表示不认真、无目的、杂乱无章的动作，其构成方法系在动词原形前加一个声母与动词原形相同、韵母为 u［如果动词原形的韵母为 u，则异化为 i］、声调为 1 调的音节。）

（10）2 调前接 2 调时，变 1 调。例如：

牛肉 ɴɢɦai$^{35}_{(2)}$（肉）ȵɦu$^{35}_{(2)}$（牛）读作［ɴɢɦai^{35}ȵu^{55}］

羊油 dlɦo$^{35}_{(2)}$（油）ʑɦaɯ$^{35}_{(2)}$（羊）读作［dlɦo^{35}ʑɑɯ^{55}］

（11）3 调前接 2 调时，变 5 调。例如：

笛子 ɢɦɯ$^{35}_{(2)}$（笛）ʂɯ$^{55}_{(3)}$（声）读作［ɢɦɯ^{35} ʂɯ^{33}］

长久 lɦi$^{35}_{(2)}$（久）nti$^{55}_{(3)}$（长）读作［lɦi^{35}nti^{33}］

（12）4I 调前接 2 调时，变 6I 调。例如：

马肉 ɴɢɦai$^{35}_{(2)}$（肉）nɯ$^{33}_{(4I)}$（马）读作［ɴɢɦai^{35}nɯ^{53}］

鱼油 dlɦo $^{35}_{(2)}$（油）mbə $^{33}_{(4I)}$（鱼）读作［dlɦo^{35}mpə^{53}］

（13）4II 调前接 2 调时，变 6I 调。例如：

老牛 ȵɦu $^{35}_{(2)}$（牛）lɦau $^{11}_{(4II)}$（老）读作［ȵɦu^{35}lɑu^{53}］

凉肉 ɴɢɦai $^{35}_{(2)}$（肉）dzɦie $^{11}_{(4II)}$（凉）读作［ɴɢɦai^{35}dzie^{53}］

（14）5 调前接 2 调时，变 7 调。例如：

年龄 ȵɦie $^{35}_{(2)}$（年）ɕau $^{33}_{(5)}$（岁）读作［ȵɦie^{35}ɕɑu^{11}］

牲口 dʐɦie $^{35}_{(2)}$（牲口）mpa $^{33}_{(5)}$（猪）读作［dʐɦie^{35}mpɑ^{11}］

（15）6I 调前接 2 调时，变 4II 调。例如：

精力 dlɦaɯ $^{35}_{(2)}$（精神）zo $^{53}_{(6I)}$（力量）读作［dlɦɑɯ^{35}zɦo^{11}］

时间 dʑɦai $^{35}_{(2)}$（时间）ȵau $^{53}_{(6I)}$（时间）读作［dʑɦai^{35}ȵɦɑu^{11}］

（16）6II 调前接 2 调时，变 4II 调。例如：

肥牛 ȵɦu $^{35}_{(2)}$（牛）dlo $^{31}_{(6II)}$（肥）读作［ȵɦu^{35}dlɦo^{11}］

死羊 ʑɦaɯ $^{35}_{(2)}$（羊）da $^{31}_{(6II)}$（死）读作［ʑɦɑɯ^{35}dɦɑ^{11}］

（17）8I 调前接 2 调时，变 4II 调。例如：

豆油 dlɦo $^{35}_{(2)}$（油）dau $^{53}_{(8I)}$（豆）读作［dlɦo^{35}dɦɑu^{11}］

九双 dʑɦa $^{35}_{(2)}$（九）ŋgey $^{53}_{(8I)}$（双）读作［dʑɦɑ^{35}ŋgɦœy^{11}］

（18）8II 调前接 2 调时，变 4II 调。例如：

糯稻 ndlɦi $^{35}_{(2)}$（稻）ndlɦau $^{53}_{(8II)}$（黏）读作［ndlɦi^{35}ndlɦɑu^{11}］

罪过 ȵɦy $^{35}_{(2)}$（罪）ʑɦa $^{53}_{(8II)}$（错）读作［ȵɦy^{35}ʑɦɑ^{11}］

（19）4I 调前接 3 调时，变 4II 调。例如：

这些鱼 tai $^{55}_{(3)}$（些〈定指普通称〉）mbə $^{33}_{(4I)}$（鱼）读作［tai^{55}mbɦə^{11}］

这些小马 ta $^{55}_{(3)}$（些〈定指指小称〉）nɯ $^{33}_{(4I)}$（马）读作［tɑ^{55}nɦɯ^{11}］

（20）6I 调前接 3 调时，变 4II 调。例如：

这团麻 tl̥o $^{55}_{(3)}$（团〈定指壮美称〉）nda $^{53}_{(6I)}$（麻）读作［tl̥o^{55}ndɦɑ^{11}］

这背篓土豆 tɕai $^{55}_{(3)}$（背篓）vey $^{53}_{(6I)}$（土豆）读作［tɕai^{55}vɦœy^{11}］

（21）6I 调前接 4I 调时，变 6II 调。例如：

鸟窝 və $^{33}_{(4I)}$（窝）nau $^{53}_{(6I)}$（鸟）读作［və^{33}nɑu^{31}］

鸟类 naɯ $^{33}_{(4I)}$（鼠）nau $^{53}_{(6I)}$（鸟）读作［nɑɯ^{33}nɑu^{31}］

（22）8I 调前接 4I 调时，变 8II 或 6II 调。例如：

盛饭的海碗 dai $^{33}_{(4I)}$（海碗）va $^{53}_{(8I)}$（饭）读作［dai^{33}vɦɑ^{31}］或［dai^{33}vɑ^{31}］

豆芽 gau $^{33}_{(4I)}$（芽）dau $^{53}_{(8I)}$（豆子）读作［ɡɑu^{33}dɦɑu^{31}］或［ɡɑu^{33}dɑu^{31}］

（23）6I 调前接 5 调时，变 6II 调。例如：

雨脚 tey $^{33}_{(5)}$（脚）naɯ $^{53}_{(6I)}$（雨）读作［tœy^{33}nɑɯ^{31}］（连阴雨最后的一阵雨）

鸟脚 tey$^{33}_{(5)}$（脚）nau$^{53}_{(6I)}$（鸟）读作［tœy^{33}nɑu^{31}］

（24）8I 调前接 5 调时，变 8Ⅱ 调或 6Ⅱ 调。例如：

客饭 qha$^{33}_{(5)}$（客人）va$^{53}_{(8I)}$（饭）读作［qhɑ^{33}vɦɑ^{31}］或［qhɑ^{33}vɑ^{31}］

豆税 ʂə$^{33}_{(5)}$（税）dau$^{53}_{(8I)}$（豆子）读作［ʂə^{33}dɦɑu^{31}］或［ʂə^{33}dɑu^{31}］

（25）4I 调前接 6I 调时，变 4Ⅱ 调。例如：

别人的马 la$^{53}_{(6I)}$（别人）nɯ$^{33}_{(4I)}$（马）读作［la^{53}nɦɯ^{11}］

兄妹、姐弟 ma$^{53}_{(6I)}$（姐、妹）nu$^{33}_{(4I)}$（舅）读作［ma^{53}nɦu^{11}］

（26）6I 调前接 6I 调时，变 6Ⅱ 调。例如：

别人的鸟 la$^{53}_{(6I)}$（别人）nau$^{53}_{(6I)}$（鸟）读作［lɑ^{53}nɑu^{31}］

贼军 dzɯ$^{53}_{(6I)}$（贼）ɖo$^{53}_{(6I)}$（军队）读作［dzɯ^{53}ɖo^{31}］

（27）8I 调前接 6I 调时，变 8Ⅱ 调或 6Ⅱ 调。例如：

别人的豆子 la$^{53}_{(6I)}$（别人）dau$^{53}_{(8I)}$（豆子）读作［lɑ^{53}dɦɑu^{31}］或［lɑ^{53}dɑu^{31}］

军事 ɖo$^{53}_{(6I)}$（军队）ɳu$^{53}_{(8I)}$（事情）读作［ɖo^{53}ɳɦu^{31}］或［ɖo^{53}ɳu^{31}］

（28）4I 调前接 7 调时，变 4Ⅱ 调。例如：

马铃 l̥ey$^{11}_{(7)}$（铃）nɯ$^{33}_{(4I)}$（马）读作［l̥œy^{11}nɦɯ^{11}］

鼠皮口袋 l̥y$^{11}_{(7)}$（皮口袋）naɯ$^{33}_{(4I)}$（鼠）读作［l̥y^{11}nɦɑɯ^{11}］

（29）6I 调前接 7 调时，变 6Ⅱ 调。例如：

伴侣 pa$^{11}_{(7)}$（伴）la$^{53}_{(6I)}$（朋友）读作［pɑ^{11}lɑ^{31}］

小鸟 ŋa$^{11}_{(7)}$（小者）nau$^{53}_{(6I)}$（鸟）读作［ŋɑ^{11}nɑu^{31}］

（30）8I 调前接 7 调时，变 8Ⅱ 调。例如：

配偶 pa$^{11}_{(7)}$（伴）ŋgey$^{53}_{(8I)}$（双）读作［pɑ^{11}ŋgɦœy^{31}］

盛豆子的皮口袋 l̥y$^{11}_{(7)}$（皮口袋）dau$^{53}_{(8I)}$（豆子）读作［l̥y^{11}dɦɑu^{31}］

（31）4I 调前接 8I 调时，变 4Ⅱ 调。例如：

双手 ŋgey$^{53}_{(8I)}$（双）di$^{33}_{(4I)}$（手）读作［ŋkœy^{53}dɦi^{11}］

这堆瓦 bey$^{53}_{(8I)}$（堆）va$^{33}_{(4I)}$（瓦）读作［bœy^{53}vɦɑ^{11}］

（32）6I 调前接 8I 调时，变 6Ⅱ 调。例如：

这捆麦子 ndzai$^{53}_{(8I)}$（捆）mo$^{53}_{(6I)}$（麦子）读作［ndzai^{53}mo^{31}］

俩朋友 ŋgey$^{53}_{(8I)}$（双）la$^{53}_{(6I)}$（朋友）读作［ŋkœy^{53}lɑ^{31}］

（33）8I 调前接 8I 调时，变 8Ⅱ 调或 6Ⅱ 调。例如：

豆饭 va$^{53}_{(8I)}$（饭）dau$^{53}_{(8I)}$（豆）读作［vɑ^{53}dɦɑu^{31}］或［vɑ^{53}dɑu^{31}］

这一两饭 li$^{53}_{(8I)}$（两）va$^{53}_{(8I)}$（饭）读作［li^{53}vɦɑ^{31}］或［li^{53}vɑ^{31}］

2. 多音节相连时的变调

（1）多音节词本身的变调　当多音节（三个或三个以上的音节）构成一个词时，如各音节有变调关系，必须依上述各变调规则变调。其变调的办法是：最后音节受倒数第二个音节的影响变调，倒数第二个音节受它前面的音节影响变调，只有第一个音节不变调。如果第二个音节和以后各音节有喉塞音声母，则喉塞音声母脱落。例如：

tu$^{55}_{(1)}$（者） a$^{33}_{(5)}$（做） ɳu$^{53}_{(8I)}$（事情）“工人”

这个词的第三个音节受第二个音节的影响变为8II 调或6II 调（第24 条变调规则），第二个音节再受第一个音节的影响变为7 调（第5 条变调规则），同时脱落喉塞音声母（凡以元音开始的音节前面都有喉塞音声母），第一个音节不变调，整个词读作［tu^{55}ɑ^{11}ɳɦu^{31}］或［tu^{55}ɑ^{11}ɳu^{31}］。

tu$^{55}_{(1)}$（者） a$^{33}_{(5)}$（做） qau$^{55}_{(1)}$（庄稼）“农夫”

这个词的最后一个音节是1 调，1 调是不变调的声调。第二个音节受第一个音节的影响变为7 调（第5 条变调规则），同时脱落喉塞音声母。第一个音节不变调，整个词读作［tu^{55}ɑ^{11}qɑu^{55}］。

tu$^{55}_{(1)}$（者） a$^{33}_{(5)}$（做） vau$^{53}_{(6I)}$la$^{53}_{(8I)}$（买卖）“商人”

这个词的第四个音节受第三个音节的影响变为8II 调（第27 条变调规则，注意，在这里8I 调不变6II 调），第三个音节再受第二个音节的影响变为6II 调（第23 条变调规则），第二个音节再受第一个音节的影响变为7 调（第5 条变调规则），同时脱落喉塞音声母，第一个音节不变调，整个词读作［tu^{55}ɑ^{11}vɑu^{31}lɦɑ^{31}］。

a$^{33}_{(5)}$（前加成分） fau$^{55}_{(3)}$（头） zau$^{55}_{(1)}$（菜）“萝卜”

这个词的第三个音节是1 调，1 调是不变调的声调。第二个音节是3 调，第一个音节是5 调，3 调前接5 调不变调，所以整个词仍读作［ʔɑ^{33}fɑu^{55}zɑu^{55}］。

a$^{33}_{(5)}$（前加成分） bɦo$^{35}_{(3)}$（女人） tu$^{55}_{(1)}$（儿子） fə$^{55}_{(3)}$（意义不明）“妇孺”

这个词的第四个音节是3 调，受第三个音节的影响变为5 调（第2 条变调规则），第三个音节是1 调，1 调是不变调的声调。第二个音节是2 调，第一个音节是5 调，2 调前接5 调不变调，所以整个词读作［ʔɑ^{33}bɦo^{35}tu^{55}fə^{33}］。

（2）双音节词后接单音节词时的变调　首先看后面的单音节词和前面的双音节词的第二个音节有没有变调关系，如果有，就依上述各条变调规则变调。然后再看双音节词的两个音节有没有变调关系，如果有，也依上述各条变调规则变调。例如：

qhɑ$^{55}_{(1)}$（教） ntey$^{55}_{(3)}$（书）“老师” nau$^{53}_{(6I)}$（鸟）意思是“老师的鸟”。

首先看后面的单音节词和双音节词的第二个音节没有变调关系，所以单音节词仍读［nɑu^{53}］，其次又看出双音节词的两个音节有变调关系，3 调前接1 调时变5 调（第2 条变调规则），所以双音节词读作［qhɑ^{55}ntœy^{33}］，整个词组读作［qhɑ^{55}ntœy^{33}nɑu^{53}］。

a$^{55}_{(3)}$（前加成分） vau$^{53}_{(6I)}$（汉族） lu$^{33}_{(4I)}$“话”意思是“汉族的语言”。

首先看出后面的单音节词和双音节词的第二个音节有变调关系，4I 调前接6I 调时，变4II 调（第25 条变调规则），所以单音节词读作［lɦu^{11}］。其次又看出双音节词的两个音节没有变调关系，所以仍读作［ʔɑ^{55}vau^{53}］，整个词组读作［ʔɑ^{55}vɑu^{53}lɦu^{11}］。

（3）量词后接带前加成分的双音节词时的变调　当前加成分为 a（不论何调）时，a 前面的喉塞音脱落。如量词的韵母为 a 或 ai，则双音节词的前加成分 a（不论何调）连读时可以脱落。

①当双音节词的第二个音节为 4Ⅰ 调时，前加成分变为 7 调，词根（即第二个音节）变为 4Ⅱ 调。例如：

tai$^{33}_{(5)}$（只） a$^{33}_{(5)}$（前加成分） dy$^{33}_{(4Ⅰ)}$（狐狸）“狐狸”读作［tai^{33}ɑ^{11}dɦy^{11}］或［tai^{33}dɦy^{11}］

tai$^{33}_{(5)}$（只） mi$^{33}_{(5)}$（前加成分） ɡi$^{33}_{(4Ⅰ)}$（公马）“公马”读作［tai^{33}mi^{11}ɡɦi^{11}］

②当双音节词的第二个音节为 4Ⅱ 调时，前加成分变为 7 调，词根（即第二个音节）不变调。例如：

tai$^{33}_{(5)}$（把） a$^{55}_{(3)}$（前加成分） ɖɦie$^{11}_{(4Ⅱ)}$（刀）“刀”读作［tai^{33}ɑ^{11}ɖɦie^{11}］或［tai^{33}ɖɦie^{11}］

ta$^{33}_{(5)}$（个，指小） a$^{55}_{(3)}$（前加成分） ndlɦa$^{11}_{(4Ⅱ)}$（蚂蟥）“蚂蟥”读作［tɑ^{33}ɑ^{11}ndlɦɑ^{11}］或［tɑ^{33}ndlɦɑ^{11}］

③当双音节词的第二个音节为 6Ⅰ 调时，前加成分和词根（即第二个音节）都变为 6Ⅱ 调。例如：

lai$^{55}_{(3)}$（个） a$^{55}_{(3)}$（前加成分） ma$^{53}_{(6Ⅰ)}$（眼）“眼睛”读作［lai^{55}ɑ^{31}mɑ^{31}］或［lai^{55}mɑ^{31}］

tai$^{33}_{(5)}$（个） ki$^{55}_{(3)}$（前加成分） lau$^{53}_{(6Ⅰ)}$（运气）“运气”读作［tai^{33}ki^{31}lɑu^{31}］

④当双音节词的第二个音节为 6Ⅱ 调时，前加成分变为 6Ⅱ 调，词根（即第二个音节）不变。例如：

tai$^{33}_{(5)}$（只） ki$^{55}_{(3)}$（前加成分） sie$^{31}_{(6Ⅱ)}$（獾）“獾”［读作 tai^{33}ki^{31}sie^{31}］

tai$^{33}_{(5)}$（只） a$^{55}_{(3)}$（前加成分） phaɯ$^{31}_{(6Ⅱ)}$（鼷鼠）“鼷鼠”读作［tai^{33}ɑ^{31}phɑɯ^{31}］或［tai^{33}phɑɯ^{31}］

⑤当双音节词的第二个音节为 7 调时，前加成分变为 7 调，词根（即第二个音节）是 7 调当然不变，因为 7 调是不变调的声调。例如：

lai$^{55}_{(3)}$（个） a$^{55}_{(3)}$（前加成分） tsa$^{11}_{(7)}$（山崖）“山崖”读作［lai^{55}ɑ^{11}tsɑ^{11}］或［lai^{55}tsɑ^{11}］

tai$^{33}_{(5)}$（只） ki$^{55}_{(3)}$（前加成分） tl̥i$^{11}_{(7)}$（野猫）“野猫”读作［tɑi^{33}ki^{11}tl̥i^{11}］

⑥当双音节词的第二个音节为 8Ⅱ 调时，前加成分变为 6Ⅱ 调，词根（即第二个音节）不变调。例如：

tai$^{33}_{(5)}$（只） ki$^{55}_{(3)}$（前加成分） ndzɦau$^{31}_{(8Ⅱ)}$（蚂蚁）“蚂蚁”读作［tai^{33}ki^{31}ndzɦɑu^{31}］

dzɦo$^{33}_{(3)}$（个） pi$^{55}_{(3)}$（前加成分） dɦau$^{31}_{(8Ⅱ)}$（故事）“故事”读作［dzɦo^{35}pi^{31}dɦɑu^{31}］

（4）单音节词（包括量词）或双音节词后接不带前加成分的双音节或三音节词时的变调　先看前后两个词本身有没有变调关系，如果有，先处理它们的变调。然后再看后面的词的第一个音节与前面的词的后一个音节（如果前面的词是单音节的，就是那个词本身）有没有变调关系，如果有，连读时要变调。例如：

lu$^{55}_{(1)}$（个） ŋɡɦa$^{35}_{(3)}$（房子） ɡey$^{31}_{(6Ⅱ)}$（读） ntey$^{55}_{(3)}$（书）“学校”。

首先看出后一个词的第三个音节与第二个音节没有变调关系。其次看出这个词的第二个音节与第一个音节有变调关系，6Ⅱ调前接2调时变4Ⅱ调（第16条变调规则），则第二个音节要读作［ɡɦœy^{11}］，这个词读作［ŋɡɦɑ^{35}ɡɦœy^{11}ntœy^{55}］。最后看出后面的词的第一个音节与前面的单音节词有变调的关系，2调前接1调时变1调（第1条变调规则），则后面的词的第一个音节要读作［ŋkɑ^{55}］，整个词组读作［lu^{55}ŋkɑ^{55}ɡɦœy^{11}ntœy^{55}］。

dzɦo$^{35}_{(3)}$（条） ki$^{55}_{(3)}$（路） ʂa$^{11}_{(7)}$（交叉）“十字路”。

首先看出后一个词的第二个音节与第一个音节没有变调关系，所以这个词仍读作［ki^{55} ʂɑ^{11}］。又看出后一个词的第一个音节与前面的单音节词有变调关系，3调前接2调时变5调（第11条变调规则），则后面的词的第一个音节要读作［ki^{33}］。整个词组读作［dzɦo^{35}ki^{33} ʂɑ^{11}］。

（二）主要的特殊变调规则

1. 量词和数词“百”、“万”前面接数词时变调有时与前面所列的正常变调规则不合，可参考本书《贵州威宁苗语量词》一文，这里不再赘述。

2. ȵɦie$^{31}_{(8Ⅱ)}$“母亲”、vɦai$^{31}_{(8Ⅱ)}$“父亲”的变调

（1）人称代名词修饰后面的名词时，一般不能使后面的名词变调，但有的人称代名词能使ȵɦie$^{31}_{(8Ⅱ)}$“母亲”、vɦai$^{31}_{(8Ⅱ)}$“父亲”变调，其规则如下：

①pi$^{55}_{(1)}$“我们”、ɡi$^{31}_{(6Ⅱ)}$“你”、mi$^{31}_{(6Ⅱ)}$“你们”修饰这两个表亲属称谓的名词时，能使它们变4Ⅱ调。例如：

pi$^{55}_{(1)}$“我们” ȵɦie$^{31}_{(8Ⅱ)}$“母亲” 读作［pi^{55}ȵɦie^{11}］

ɡi$^{31}_{(6Ⅱ)}$“你” vɦai$^{31}_{(8Ⅱ)}$“父亲” 读作［ɡi^{31}vɦai^{11}］

mi$^{31}_{(6Ⅱ)}$“你们” ȵɦie$^{31}_{(8Ⅱ)}$“母亲” 读作［mi^{31}ȵɦie^{11}］

②ku$^{55}_{(3)}$“我”、ȵɦi$^{11}_{(4Ⅱ)}$“他”、ȵɦi$^{11}_{(4Ⅱ)}$dzɦau$^{35}_{(3)}$“他们”修饰这两个表亲属称谓的名词时，不能使它们变调。例如：

ku$^{55}_{(3)}$“我” vɦai$^{31}_{(8Ⅱ)}$“父亲” 读作［ku^{55}vɦai^{31}］

ȵɦi$^{11}_{(4Ⅱ)}$“他” ȵɦie$^{31}_{(8Ⅱ)}$“母亲” 读作［ȵɦi^{11}ȵɦie^{31}］

ȵɦi$^{11}_{(4Ⅱ)}$dzɦau$^{35}_{(3)}$“他们” vɦai$^{31}_{(8Ⅱ)}$“父亲” 读作［ȵɦi^{11}dzɦɑu^{35}vɦai^{31}］

（2）对面称呼时，ȵɦie$^{31}_{(8Ⅱ)}$“母亲”读作［ȵie^{33}］，vɦai$^{31}_{(3Ⅱ)}$“父亲”读作［vai^{33}］。

（3）ȵɦie$^{31}_{(8Ⅱ)}$“母亲”vɦai$^{31}_{(8Ⅱ)}$“父亲”连用时，意思是“双亲”读作［ȵie^{53}vɦai^{31}］。

（4）这两个词单说时，有人习惯在前面加上一个前加成分i$^{55}_{(3)}$，把这两个词分别读作［ʔi^{55}ȵɦie^{31}］、［ʔi^{55}vɦai^{31}］。

3. 否定副词hi$^{33}_{(5)}$“不”后接动词、形容词时的变调

（1）hi$^{33}_{(5)}$后接1调的动词、形容词时，动词、形容词不变调，hi$^{33}_{(5)}$本身变1调。例如：

hi$^{33}_{(5)}$“不”pau$^{55}_{(1)}$“知道”读作[hi^{55}pɑu^{55}]

hi$^{33}_{(5)}$“不”ʈʂhie$^{55}_{(1)}$“新”读作[hi^{55}ʈʂhie^{55}]

（2）hi$^{33}_{(5)}$后接2调、3调、5调的动词、形容词时，hi$^{33}_{(5)}$和动词、形容词都不变调。例如：

hi$^{33}_{(5)}$ “不” nɦau$^{35}_{(3)}$ “吃” 读作 [hi^{33}nɦɑu^{35}]

hi$^{33}_{(5)}$ “不” vɦaɯ$^{35}_{(3)}$ “黄” 读作 [hi^{33}vɦɑɯ^{35}]

hi$^{33}_{(5)}$ “不” ta$^{55}_{(3)}$ “拉” 读作 [hi^{33}tɑ^{55}]

hi$^{33}_{(5)}$ “不” nti$^{55}_{(3)}$ “长” 读作 [hi^{33}nti^{55}]

hi$^{33}_{(5)}$ “不” saɯ$^{33}_{(5)}$ “送” 读作 [hi^{33}sɑɯ^{33}]

hi$^{33}_{(5)}$ “不” zau$^{33}_{(5)}$ “好” 读作 [hi^{33}zɑu^{33}]

（3）hi$^{33}_{(5)}$后接4Ⅱ调的动词、形容词时，hi$^{33}_{(5)}$本身不变调，动词、形容词变4Ⅰ调。例如：

hi$^{33}_{(5)}$“不”mɦau$^{11}_{(4Ⅱ)}$“去”读作[hi^{33}mɑu^{33}]

hi$^{33}_{(5)}$“不”ŋɡɦɯ$^{11}_{(4Ⅱ)}$“懒”读作[hi^{33}ŋkɯ^{33}]

（4）hi$^{53}_{(5)}$后接6Ⅱ调的动词、形容词时，hi$^{33}_{(5)}$本身变3调，动词、形容词变6Ⅰ调。例如：

hi$^{33}_{(5)}$“不”da$^{31}_{(6Ⅱ)}$“死”读作[hi^{55}dɑ^{53}]

hi$^{33}_{(5)}$“不”ʐa$^{31}_{(6Ⅱ)}$“瘦”读作[hi^{55}ʐɑ^{53}]

（5）hi$^{33}_{(5)}$后接7调的动词、形容词时，hi$^{33}_{(5)}$本身变3调，动词、形容词不变调。例如：

hi$^{33}_{(5)}$ “不” ntau$^{11}_{(7)}$ “打” 读作 [hi^{55}ntɑu^{11}]

hi$^{33}_{(5)}$ “不” ʂau$^{11}_{(7)}$ “穷” 读作 [hi^{55} ʂɑu^{11}]

（6）hi$^{33}_{(5)}$后接8Ⅱ调的动词、形容词时，hi$^{33}_{(5)}$本身变3调，动词、形容词不变调。例如：

hi$^{33}_{(5)}$ “不” bho$^{31}_{(8Ⅱ)}$ “看见” 意思是“没看见”，读作 [hi^{55}bho^{31}]

hi$^{33}_{(5)}$ “不” ɖɦey$^{31}_{(8Ⅱ)}$ “忙” 读作 [hi^{55}ɖɦœy^{31}]

（7）hi$^{33}_{(5)}$后接6Ⅱ调的清声母的动词、形容词（几乎全是汉语借词）时，hi$^{33}_{(5)}$变3调，动词、形容词不变调。例如：

hi$^{33}_{(5)}$ “不” ti$^{31}_{(6Ⅱ)}$ “定” 读作 [hi^{55}ti^{31}]

hi$^{33}_{(5)}$ “不” ho$^{31}_{(6Ⅱ)}$ “合” 意思是 “不适合” 读作 [hi^{55}ho^{31}]

（8）hi$^{33}_{(5)}$后接双音节的动词、形容词时，如果它们本身的两个音节有变调关系，当然要变调，然后依以上七项规定，以双音节动词、形容词的第一个音节的声调决定hi$^{33}_{(5)}$和它本身的声调。但双音节形容词有4Ⅱ调叠音的，前接hi$^{33}_{(5)}$时，形容词的第一个音节和第二个音节都变 4I 调。如果双音节动词、形容词的第一个音节是清声母的 6II 调音节（多为前加成分），不能认为那个音节是真正的 6II 调音节。这样音节的 6II 调应看作低降调的清声母的动词的声调一样，是并入 6II 调的另一类声调。不过为了方便，我们还是把这种声调叫做 6II 调。例如：

hi$^{33}_{(5)}$ “不” pau^{55} taɯ^{55} “聪明” 读作 [hi^{55} pau^{55} taɯ^{55}]

hi$^{33}_{(5)}$ “不” ndlɦu$^{35}_{(3)}$ dzɦə$^{11}_{(4II)}$ “凶狠”，双音节形容词本身的两个音节有变调关系，4II 调前接 2 调时，变 6I 调（第 12 条变调规则），则形容词的第二个音节要读作 [dzə^{53}]，整个词组读作 [hi^{55} ndlɦu^{35} dzə^{53}]。

hi$^{33}_{(5)}$ “不” ta$^{55}_{(3)}$ thə$^{55}_{(3)}$ “耽误” 读作 [hi^{33} ta^{55} thə^{55}]

hi$^{33}_{(5)}$ “不” ʈʂhɯ$^{33}_{(5)}$ ʈʂhɯ$^{33}_{(5)}$ “发抖” 读作 [hi^{33} ʈʂhɯ^{33} ʈʂhɯ^{33}]

hi$^{33}_{(5)}$ “不” ndɦey$^{11}_{(4II)}$ qhai$^{55}_{(1)}$ “捆绑” 读作 [hi^{33} ntœy^{33} qhai^{55}]

hi$^{33}_{(5)}$ “不” ndlau$^{31}_{(6II)}$ tɕi$^{33}_{(5)}$ “光荣” 读作 [hi^{55} ndlau^{53} tɕi^{33}]

hi$^{33}_{(5)}$ “不” pi$^{11}_{(7)}$ ʈʂai$^{11}_{(7)}$ “眨眼” 读作 [hi^{55} pi^{11} ɳʈʂai^{11}]

hi$^{33}_{(5)}$ “不” li$^{11}_{(7)}$ ɡɦau$^{11}_{(4II)}$ “容易” 读作 [hi^{55} li^{11} ɡɦau^{11}]

hi$^{33}_{(5)}$ “不” bɦo$^{31}_{(8II)}$ ki$^{55}_{(3)}$ “亮” 读作 [hi^{55} bɦo^{31} ki^{55}]

hi$^{33}_{(5)}$ “不” a$^{31}_{(6II)}$ ɖa$^{31}_{(6II)}$ “傻” 读作 [hi^{55} a^{31} ɖa^{31}]

hi$^{33}_{(5)}$ “不” tɕhi$^{31}_{(6II)}$ ʐɦa$^{31}_{(8II)}$ “错” 读作 [hi^{55} tɕhi^{31} ʐɦa^{31}]

（9）hi$^{33}_{(5)}$后不接 4I、6I、8I 调的词，因为这三个调没有动词、形容词。

4. 表示相互意义的副词 hi$^{11}_{(7)}$ “互相” 加在动词和个别形容词前面时的变调。

（1）hi$^{11}_{(7)}$加在 1 调的动词前面时，hi$^{11}_{(7)}$本身变 5 调，动词不变调。例如：

hi$^{11}_{(7)}$ “互相” tɕaɯ$^{55}_{(1)}$ “牵” 读作 [hi^{33} tɕaɯ^{55}]

hi$^{11}_{(7)}$ “互相” qha$^{55}_{(1)}$ “教” 读作 [hi^{33} qha^{55}]

（2）hi$^{11}_{(7)}$ “互相” 加在 2 调的动词前面时，hi$^{11}_{(7)}$本身变 5 调，动词变 1 调。例如：

hi$^{11}_{(7)}$ “互相” dʐɦu$^{35}_{(2)}$ “踩” 读作 [hi^{33} ɖʐu^{55}]

hi$^{11}_{(7)}$ “互相” mbɦaɯ$^{35}_{(2)}$ “帮助” 读作 [hi^{33} mpaɯ^{55}]

（3）hi$^{11}_{(7)}$加在 3 调的动词和个别的形容词前面时，hi$^{11}_{(7)}$本身变 5 调，动词、形容词也变 5 调。例如：

hi$^{11}_{(7)}$ “互相” ta$^{55}_{(3)}$ “拉” 读作 [hi^{33} ta^{33}]

hi$^{11}_{(7)}$ “互相” ley$^{55}_{(3)}$ “追赶” 读作 [hi^{33} lœy^{33}]

hi$^{11}_{(7)}$ “互相” nti$^{55}_{(3)}$ “长” 意思是 “一样长” 读作 [hi^{33} nti^{33}]

（4）hi$^{11}_{(7)}$加在 4II 调的动词前面时，hi$^{11}_{(7)}$和动词都变 6II 调。例如：

hi$^{11}_{(7)}$ “互相” dʑɦy$^{11}_{(4II)}$ “聚会” 读作 [hi^{31} dzy^{31}]

hi$^{11}_{(7)}$ “互相” dɦo$^{11}_{(4II)}$ “等候” 读作 [hi^{31} do^{31}]

（5）hi$^{11}_{(7)}$加在 5 调的动词和个别的形容词前面时，hi$^{11}_{(7)}$本身不变调，动词、形容词变 7 调。例如：

hi$^{11}_{(7)}$ “互相” ɴqɯ$^{33}_{(5)}$ “勾” 意思是 “互相勾结” 读作 ［hi^{11}ɴqɯ^{11}］

hi$^{11}_{(7)}$ “互相” la$^{33}_{(5)}$ “骂” 读作 ［hi^{11}lɑ^{11}］

hi$^{11}_{(7)}$ “互相” zau$^{33}_{(5)}$ “好” 意思是 “相好”，读作 ［hi^{11}zɑu^{11}］

（6）hi$^{11}_{(7)}$加在 6Ⅱ 调的动词前面时，hi$^{11}_{(7)}$本身不变调，动词变 4Ⅱ 调。例如：

hi$^{11}_{(7)}$ “互相” la$^{31}_{(6Ⅱ)}$ “喜欢” 意思是 “共同欢乐” 读作 ［hi^{11}lɦɑ^{11}］

hi$^{11}_{(7)}$ “互相” ɖau$^{31}_{(6Ⅱ)}$ “爱慕” 读作 ［hi^{11}ɖɦɑu^{11}］

（7）hi$^{11}_{(7)}$加在 7 调的动词前面时，hi$^{11}_{(7)}$和动词都不变调。例如：

hi$^{11}_{(7)}$ “互相” ʂa$^{11}_{(7)}$ “交叉” 读作 ［hi^{11} ʂɑ^{11}］

hi$^{11}_{(7)}$ “互相” ntau$^{11}_{(7)}$ “打” 读作 ［hi^{11}ntɑu^{11}］

（8）hi$^{11}_{(7)}$加在 8Ⅱ 调的动词前面时，hi$^{11}_{(7)}$本身不变调，动词变 4Ⅱ 调。例如：

hi$^{11}_{(7)}$ “互相” dɦa$^{31}_{(8Ⅱ)}$ “踢” 读作 ［hi^{11}dɦɑ^{11}］

hi$^{11}_{(7)}$ “互相” bɦo$^{31}_{(8Ⅱ)}$ “看见” 读作 ［hi^{11}bɦo^{11}］

（9）hi$^{11}_{(7)}$加在 6Ⅱ 调的清声母的动词前面时，hi$^{11}_{(7)}$本身变 6Ⅱ 调，动词不变调。例如：

hi$^{11}_{(7)}$ “互相” ʈʂho$^{31}_{(6Ⅱ)}$ “吵” 意思是 “互相吵闹”，读作 ［hi^{31}ʈʂho^{31}］

hi$^{11}_{(7)}$ “互相” ʦha$^{31}_{(6Ⅱ)}$ “擦” 意思是 “互相摩擦”，读作 ［hi^{31}ʦhɑ^{31}］

（10）由于 4Ⅰ、6Ⅰ、8Ⅰ 调的词没有动词、形容词，所以这三个声调的词不能加 hi$^{11}_{(7)}$。

5. 加在量词前使量词变为名词的前加成分 a 的声调和量词的变调。

（1）a 加在第Ⅰ类量词（清声母Ⅰ调）前面时，a 本身为 3 调，量词不变调。例如：

a$^{55}_{(3)}$ faɯ$^{55}_{(1)}$ “棵儿” （指植物）

a$^{55}_{(3)}$ pho$^{55}_{(1)}$ “张儿” （指毡子）

（2）a 加在第Ⅱ类量词（2 调）前面时，a 本身为 5 调，量词不变调。例如：

a$^{55}_{(3)}$ dzɦo$^{35}_{(3)}$ “条儿” （指绳子）

a$^{33}_{(5)}$mbɦo$^{35}_{(3)}$ “群儿” （指牲口）

（3）a 加在第Ⅲ类量词（3 调）前面时，a 本身为 5 调，量词不变调。例如：

a$^{33}_{(5)}$ tɕo$^{55}_{(3)}$ “块儿” （指粑粑）

a$^{33}_{(5)}$ ʈə$^{55}_{(3)}$ “朵儿” （指花）

（4）a 加在第Ⅳ类量词（5 调）前面时，a 本身为 5 调，量词不变调。例如：

a$^{33}_{(5)}$ ʦo$^{33}_{(5)}$ “条儿” （指线）

a$^{33}_{(5)}$ ʦhai$^{33}_{(5)}$ “块儿” （指肉）

（5）a 加在第Ⅴ类量词（4Ⅰ 调）前面时，a 本身为 3 调，量词变 8Ⅱ 调。例如：

a$^{55}_{(3)}$ baɯ$^{33}_{(4Ⅰ)}$ “条儿” （指河）读作 ［ʔɑ^{55}bɦɑɯ^{31}］

a$^{55}_{(3)}$ naɯ$^{33}_{(4I)}$ “本儿”（指书）读作［ʔɑ^{55}nɦɑɯ^{31}］

（6）a 加在第Ⅵ类量词(8I 调）前面时，a 本身为 3 调，量词变 8Ⅱ 调。例如：

a$^{55}_{(3)}$ dzi$^{53}_{(8I)}$ “张儿”（指桌子）、“座儿”（指桥）读作［ʔɑ^{55}dzɦɿ^{31}］

a$^{55}_{(3)}$ bey$^{53}_{(8I)}$ “堆儿”（指一切可以堆积之物）读作［ʔɑ^{55}bɦœy^{31}］

（7）a 接在第Ⅶ类量词（1 调声母为 l）前面时，a 本身为 5 调，量词变 2 调。例如：

a$^{55}_{(5)}$ lu$^{55}_{(1)}$ “个儿”（指中空或圆形的无生物）读作［ʔɑ^{33}lɦu^{35}］

a$^{55}_{(5)}$ lɯ$^{55}_{(1)}$ “个儿”（指人）读作［ʔɑ^{33}lɦɯ^{35}］

（8）a 接在不规则量词 tu$^{33}_{(5)}$ “只”（指动物）、“桩”（指事情）、“根”（指长形、质硬的无生物）前面时，a 本身为 5 调，量词变 4I 调。即 a$^{33}_{(5)}$ tu$^{33}_{(5)}$ 读作［ʔɑ^{33}du^{33}］。

6. 第六类状词所在的固定词组的变调①在一般情况下，动词和它的宾语，形容词和它的补语都没有变调关系。但第六类状词和一个动宾结构或形补结构组成固定词组后，作动词的宾语、形容词的补语的名词要变调。其规则如下：

（1）当动词、形容词的声调为 1 调、2 调时，后面的名词要按正常变调规则变调，但有例外。例如：

mɦa$^{35}_{(2)}$ “有” zo$^{53}_{(6I)}$ “力量” mbɦo$^{11}_{(4Ⅱ)}$ “精力充沛貌” 意思是“精力充沛”。

这个固定词组中的名词与动词有变调关系，6I 调前接 2 调时，变 4Ⅱ 调（第 15 条变调规则），则这个固定词组读作［mɦɑ^{35}zɦo^{11}mbɦo^{11}］。

tl̥ey$^{55}_{(1)}$ “白” fau$^{55}_{(3)}$ “头” dɦey$^{11}_{(4Ⅱ)}$ “苍白貌” 意思是“白发苍苍”。

这个固定词组中的名词与形容词有变调关系：3 调前接 1 调时，变 5 调(第 2 条变调规则），则这个固定词组读作［tl̥œy^{55}fɑu^{33}dɦœy^{11}］。

例外：dlɦu$^{35}_{(2)}$ “意义不明” fau$^{55}_{(3)}$ “头” ŋɦo$^{11}_{(4Ⅱ)}$ “低头貌” 意思是“点头哈腰”。

这个固定词组中的名词与形容词虽有变调关系：3 调前接 2 调时，应变为 5 调（第 11 条变调规则），但这个固定词组中的名词没有变调，即 fau$^{55}_{(3)}$仍读作［fɑu^{55}］。

（2）当这种固定词组中的名词是带前加成分的双音节词时，如果词根的声调为 4Ⅱ 调或 7 调，前加成分 a$^{55}_{(3)}$的喉塞音声母脱落，声调变 7 调，如果名词词根的声调为 6I 调，则词根和前加成分 a$^{55}_{(3)}$的声调都变 6Ⅱ 调，前加成分的喉塞音声母也脱落。例如：

fɯ$^{33}_{(5)}$ “摇” a$^{55}_{(3)}$ndzɦaɯ$^{11}_{(4Ⅱ)}$ “尾巴” sie$^{31}_{(6Ⅱ)}$ “摇尾貌” 意思是“摇动尾巴”。

这个固定词组中的名词词根的声调是 4Ⅱ 调，前加成分 a$^{55}_{(3)}$的喉塞音声母脱落，声调变 7 调，这个固定词组读作［fɯ^{33}ɑ^{11}ndzɦɑɯ^{11}sie^{31}］。

mpa$^{33}_{(5)}$ “披” a$^{55}_{(3)}$ti$^{11}_{(7)}$ “翅” ki$^{33}_{(5)}$thau$^{33}_{(5)}$ “翅膀下垂貌” 意思是“耷拉着翅膀”。

这个固定词组中的名词词根的声调是 7 调，前加成分 a$^{55}_{(3)}$的喉塞音声母脱落，声调变 7 调，这个固定词组读作［mpɑ^{33}ɑ^{11}ti^{11}ki^{33}thɑu^{33}］。

① 参见本书《贵州威宁苗语的状词》一文。

a$^{33}_{(5)}$ “做” a$^{55}_{(3)}$du$^{53}_{(6I)}$ “粉末” mphu$^{55}_{(3)}$ “呈粉末状” 意思是 “碎为齑粉”。

这个固定词组中的名词词根的声调是6I调，前加成分 a$^{55}_{(3)}$和名词词根的声调都变6Ⅱ调，前加成分的喉塞音声母脱落，这个固定词组读作［ʔɑ^{33}ɑ^{31}du^{31}mphu^{55}］。

四　文字中声调的标法

滇东北次方言文字的标准音点是石门坎话，当然要按石门坎的声调标声调字母。石门坎共有十一个声调，但按平、上、去、入各分阴、阳的原则，只有八个声调字母即 b、x、d、l、t、s、k、f。它们分别代表阴平、阳平，阴上、阳上，阴去、阳去，阴入、阳入。这就产生滇东北文字同一声调字母表示不同声调的现象。另外，石门坎阴平、阴上调值相同，由于次方言区内多数地方这两个声调调值不同，同时在石门坎，这两个声调的变调规则不同，所以用了不同的声调字母分别表示阴平、阴上。这又是用不同的声调字母表示相同的调值，所以四种苗文中滇东北苗文的声调最难掌握。

我们认为标声调字母应当掌握两个原则。第一个原则是尊重语言现实，但又恰当地照顾语言历史；第二个原则是尽量做到词有定形，避免一词多形现象。本着这两个原则，我们提出以下几条声调字母标法的意见。

（一） 声调已经变革的，即以变革后的声调作为本调，按变革后的声调标声调字母。根据这个规定，凡本文第二段所谈的发生声调变革的词都应按变革以后的声调标声调字母。当然发生声调变革的词决不限于第二段所举的那些。这是只列出第二段所举的那些词的标音和文字写法。

汉义	标音	文字写法
姐夫	a^{33}vau^{33}	at vaot
竹木条编的墙	a^{33}ɳʈʂaɯ^{33}	at nzhangt
影子	a^{33}ntsau^{33}	at nzaot
树林	a^{33}zau^{33}	at raot
皮	pi^{33}tey^{33}	bit deut
仆人	pi^{33}qhɯ^{33}	bit khwt
头	li^{33}fau^{33}	lit faot
麂子	li^{33}kau^{33}	lit gaot
这里、那里	vɦai^{31}	vaif
坡上面	bɦi^{31}	bif
坡下面	ɳɖɦu^{31}	ndruf

对面，这面	dɦi^{31}	dif
对面（距离较远）	dɦu^{31}	duf
里面	ɳɖɦai^{31}	ndraif
侧面，这边	tshai^{31}	caif
侧面（距离较远）	tshau^{31}	caof
那儿，那	vɦai^{35}	vaix
坡上那儿，坡上那	bɦi^{35}	bix
坡下那儿，坡下那	ɳɖɦu^{35}	ndrux
对面那儿，对面那	dɦi^{35}	dix
对面那儿，对面那（距离较远）	dɦu^{35}	dux
里面	ɳɖɦai^{35}	ndraix
侧面那儿，侧面那	tshai^{35}	caix
侧面那儿，侧面那（距离较远）	tshau^{35}	caox
汤	ka^{33}	gat
七	ɕaɯ^{33}	xangt
你们	mi^{31}	mis
半（年）	tshai^{11}	caik
灶	a^{55}tso^{11}	ad zok
坟	hi^{55}ntsaɯ^{11}	hid nzangk
聋子	a^{55}laɯ^{55}	ad langb
镰刀	a^{55}lie^{55}	ad lieb
蛆	kaɯ^{55}kaɯ^{11}	gangb gangk
男孩	tu^{55}ti^{55}dʐɦaɯ^{11}	dub did jangl
收	ʂau^{33}	shaot
扇子	ndzɦa^{35}	nzax

（二）阳上名和阳上非名调值虽分别为33和11，但声调字母一律标l，阳去名和阳去非名调值虽分别为53和31，但声调字母一律标s；阳入名和阳入非名调值虽分别为53和31，但声调字母一律标f。我们为什么这样主张呢？这是为了照顾语言历史。因为阳上名和阳上非名本来是一个声调即阳上调，阳去名和阳去非名本来是一个声调即阳去调，阳入名和阳入非名本来是一个声调即阳入调。现在湘西、黔东、川黔滇三种苗文阳上调都是用l作声调字母，阳去调都是用s作声调字母。黔东、川黔滇两种苗文阳入调都是用f作声调字母。即便在滇东北次方言，很多地方阳上、阳去、阳入并未因词类不同而分为两个声调。所以我们认为阳上名和阳上非名都用l作声调字母，阳去名和阳去非名都用s作声调字母，阳入名和阳入非名都用f作声调字母是比较恰当的。有人主张阳上名的调值既然和阴去相同，可以和阴去用同一个声调字母，即用t作声调字母。我们认为这样做不好，因为阴

去的音节，声母（除浊的鼻音、边音、擦音外）都是清音，阳上名的音节，声母都是浊音，如果同一个声调字母既表示声母是清音又表示声母是浊音就要死记哪些 t 调的音节声母是浊音。还有阳上名和阴去的变调规则大不相同，而阳上名和阳上非名前接阴平、阳平时都变阳去名。阳上名在日常谈话中经常是以阳上非名出现的，所以阳上名和阳上非名用同一个声调字母是恰当的。只需记住 l 调的名词，量词的声母读纯浊音，其他词类的词声母读送气浊音就可以了。阳去名和阳去非名都用 s 作声调字母，阳入名和阳入非名都用 f 作声调字母除照顾历史以外，也是因为在滇东北次方言区有许多地方阳去、阳入并未因词类不同而各分为两个声调，而即便在石门坎地区日常谈话中阳去名经常是以阳去非名出现，阳入名经常是以阳入非名出现的。阳上名、阳去名的词不多。下面列出这三个声调的主要的词的标音和文字写法。

汉义	标音	文字写法
刺	khi^{33}bo^{33}	kit bol
水井	kaɯ^{33}	bangl
糠	a^{33}baɯ^{33}	at bangl
鱼	mbə^{33}	nbel
份、倍	mbey^{33}	nbeul
奶	mi^{33}	mil
把（指线）	ma^{33}	mal
蝇子	mo^{33}mo^{33}	mol mol
窝（指猪）	mɯ^{33}	mwl
瓦	va^{33}	val
尿	vɯ^{33}	vwl
抱（指柴）	dza^{33}	zal
衣物	dzau^{33}	zaol
群（指人）	dzau^{33}	zaol
阵（指风雨）	zo^{33}	rol
柜子	zu^{33}	rul
手	di^{33}	dil
袖子	a^{33}di^{33}	at dil
狐狸	a^{33}dy^{33}	at dyul
柴	de^{33}	deul
海碗	dai^{33}	dail
墙	a^{33}dɯ^{33}	at dwl
野蒜	dlo^{33}	dlol

马	nɯ^{33}	nwl
册	naɯ^{33}	nangl
老人	a^{33}lau^{33}	at laol
夹箩	a^{33}ɖau^{33}	at draol
饭勺	ki^{33}ȵʥu^{33}	git njul
碓	a^{33}ʥo^{33}	at jol
如何	a^{33}ʥaɯ^{33}	at jangl
生的	a^{33}ȵau^{33}	at niaol
犬齿	ɡau^{33}	gaol
公马	mi^{33}ɡi^{33}	mit gil
趟	ŋɡə^{33}	ngel
蔡族	a^{33}ɣu^{33}	at hxul
爪	ɢau^{33}	ghaol
抱（一抱）	ba^{53}	bas
鼻子	a^{55}mby^{53}	ad nbyus
缎子	mba^{53}	nbas
脓	bau^{53}	baos
手镯	bau^{53}	baos
眼睛	a^{55}ma^{53}	ad mas
土豆	vey^{53}	veus
汉族	a^{55}vau^{53}	ad Vaos
贼	dzɯ^{53}	zws
凿子	dzau^{53}	zaos
死尸	qau^{55}da^{53}	ghaod das
钱	du^{53}tshi^{55}	dus cid
何处	qho^{55}dy^{53}	khod dyus
麻	nda^{53}	ndas
边	a^{55}ndu^{53}	ad ndus
鸟	nau^{53}	naos
红薯	a^{55}mu^{53}	ad mus
露水	pi^{55}ly^{53}	bid lyus
别人	la^{53}	las
城市	lau^{53}	laos
裤子	ɑ^{55}ɖi^{53}	ad dris

多少	pi^{55}dʐau^{53}	bid zhaos
腿	a^{55}ʥi^{53}	ad jis
男人	a^{55}ʑey^{53}	ad yeus
艾子	ŋɯ^{53}	nggws
山岭	ɣɯ^{53}	hxws
大雁	a^{55}ɢey^{53}	ad gheus
饭	va^{53}	vaf
伯父	vai^{53}l̥o^{55}	vaif hlob
捆（麦子）	ndzai^{53}	nzaif
豆子	dao^{53}	daof
封（指信）	dla^{53}	dlaf
双	ŋgey^{53}	ngeuf
觉（睡一觉）	dʐi^{53}	zhif
事	ɳu^{53}	nruf
条（指街）	ʥa^{53}	jaf
伯母	ȵie^{53}l̥o^{55}	nief hlob

（三）凡由于连读而产生变调的，一律标本调，不标变调。例如：

汉义	**标音**	**文字写法**
口水	au$^{55}_{(1)}$ȵʥɦau$^{35\to55}_{(2)\to(1)}$	aob njaox
子孙	tu$^{55}_{(1)}$ki$^{55\to33}_{(3)\to(5)}$	dub gid
懒汉	tu$^{55}_{(1)}$ŋgɦɯ$^{11\to53}_{(4\mathrm{II})\to(6\mathrm{I})}$	dub ngwl
地方	ti$^{55}_{(1)}$tɕɦey$^{33\to11}_{(5)\to(7)}$	dib qeut
肥鸡	qai$^{55}_{(1)}$dlo$^{31\to11}_{(6)\to(4\mathrm{II})}$	ghaib dlos
剩饭	qu$^{55}_{(1)}$va$^{53\to11}_{(8\mathrm{II})\to(4\mathrm{II})}$	ghub vaf
长久	lɦi$^{35}_{(3)}$nti$^{55\to33}_{(3)\to(5)}$	lix ndid
牛肉	ɴɢɦai$^{35}_{(3)}$ȵɦu$^{35\to55}_{(2)\to(1)}$	nghaix niux
鱼油	dlɦo$^{35}_{(3)}$mbə$^{33\to53}_{(4\mathrm{I})\to(6\mathrm{I})}$	dlox nbel
年龄	ȵɦie$^{35}_{(3)}$ɕau$^{33\to11}_{(5)\to(7)}$	niex xaot
力量	dlɦaɯ$^{35}_{(3)}$zo$^{53\to11}_{(6\mathrm{I})\to(4\mathrm{II})}$	dlangx ros
豆油	dlɦo$^{35}_{(3)}$dau$^{53\to11}_{(8\mathrm{II})\to(4\mathrm{II})}$	dlox daof
工人	tu$^{55}_{(1)}$a$^{33\to11}_{(5)\to(7)}$ɳu$^{53\to31}_{(8\mathrm{I})\to(8\mathrm{II})}$	dub at nruf
汉语	a$^{55}_{(6\mathrm{I})}$vau^{53}lu$^{33\to11}_{(4\mathrm{I})\to(4\mathrm{II})}$	ad vaos lul
刀	tai$^{33}_{(5)}$a$^{55\to11}_{(3)\to(7)}$ɖɦie$^{11}_{(4\mathrm{II})}$	dait ad driel

蚂蚁	tai$^{33}_{(5)}$ki$^{55\to31}_{(3)\to(6\text{II})}$ ndzɦau$^{31}_{(8\text{II})}$	dait gid nzaof
眼睛	lu$^{55}_{(1)}$a$^{55\to31}_{(3)\to(6\text{I})}$ ma$^{53\to31}_{(6\text{I})\to(6\text{II})}$	lub ad mas
公马	tai$^{33}_{(5)}$mi$^{33\to11}_{(5)\to(7)}$ gi$^{33\to11}_{(4\text{I})\to(4\text{II})}$	dait mi gil
你母亲	gi$^{31}_{(6\text{II})}$ȵɦie$^{31\to11}_{(8\text{II})\to(4\text{II})}$	gis nief
不知道	hi$^{33\to55}_{(5)\to(3)}$ pau$^{55}_{(1)}$	hit baob
不打	hi$^{33\to55}_{(5)\to(3)}$ ntau$^{11}_{(7)}$	hit ndaok
不死	hi$^{33\to55}_{(5)\to(3)}$ da$^{31\to53}_{(6\text{II})\to(6\text{I})}$	hit das
不忙	hi$^{33\to55}_{(5)\to(3)}$ ɖɦey$^{31}_{(8\text{II})}$	hit dreuf
互相帮助	hi$^{11\to33}_{(7)\to(5)}$ mbɦaɯ$^{35\to55}_{(2)\to(1)}$	hik nbangx
互相拉	hi$^{11\to33}_{(7)\to(5)}$ tɑ$^{55\to33}_{(3)\to(5)}$	hik dad
互相勾结	hi$^{11}_{(7)}$Nqɯ$^{33\to11}_{(5)\to(7)}$	hik nghwt
相见	hi$^{11}_{(7)}$bɦo$^{31\to11}_{(8\text{II})\to(4\text{II})}$	hik bof

（四） 前加成分 a 因所接词根声调不同而有不同的声调，应根据实际读音写 a 的声调，不能人为地给定一个声调。因为 a 是一个无词汇意义的音节，人为地定一个声调没有实用价值。反而会增加学习文字的人死记变调的任务。另一个不能人为地给 a 定一个声调的理由是 a 的声调是根据现代石门坎苗话的带前加成分的双音节声调配合模式而定的，我们硬性给 a 定一个调值，就破坏了石门坎苗话的内部发展规律。下面列出带前加成分 a 的双音节词的标音、文字写法和所属声调配合模式的例子。

汉义	标音	文字写法	声调配合模式
胃	a$^{55}_{(3)}$tl̥aɯ$^{55}_{(1)}$	ad dlangb	高平高平型
嘴	a$^{33}_{(5)}$ȵ̥ʥɦau$^{35}_{(3)}$	at njaox	中平高升型
肠子	a$^{33}_{(5)}$ȵ̥u$^{55}_{(3)}$	at hniud	中平高平型
狐狸	a$^{33}_{(5)}$dy$^{33}_{(4\text{I})}$	at dyul	中平中平型
刀	a$^{55}_{(3)}$ɖɦie$^{11}_{(4\text{II})}$	ad driel	高平低平型
祖父（对称）	a$^{11}_{(7)}$ʐɦey$^{11}_{(4\text{II})}$	ak yeul	低平低平型
肺	a$^{33}_{(5)}$mpy$^{33}_{(5)}$	at nbyut	中平中平型
眼睛	a$^{55}_{(3)}$ma$^{53}_{(6\text{I})}$	ad mas	高平高降型
毛发耸立貌	a$^{31}_{(6\text{I})}$ɖʐo$^{31}_{(6\text{II})}$	as zhos	低降低降型
喘病	a$^{55}_{(3)}$sau$^{31}_{(6\text{II})}$	ad saos	高平低降型
感冒	a$^{55}_{(3)}$tha$^{11}_{(7)}$	ad tak	高平低平型
外婆（对称）	a$^{11}_{(7)}$tai$^{11}_{(7)}$	ak daik	低平低平型
堆儿	a$^{55}_{(3)}$pey$^{53}_{(8\text{I})}$	ad beuf	高平高降型
领子	a$^{55}_{(3)}$lɦau$^{31}_{(8\text{II})}$	ad laof	高平低降型

我们说尽量做到词有定型，就是说还不能完全做到一词一形，有时难免出现一词二形或多形现象。例如作“母亲”、“父亲”讲的词单读时分别为 ȵɦie^{31}、vɦai^{31}，但还有“母亲”、“父亲”两个亲属称谓的对称形式分别为 ȵie^{33}、vɦai^{33}，在写信或写小说时为了表示亲切的感情，应当按实际语音拼写文字，这就是说“母亲”、“父亲”应分别写作 niet、vait。这样，作“母亲”讲的词在文字中有 nief、niet 两种形式，作“父亲”讲的词在文字中有 vaif、vait 两种形式。我们不主张两种形式都作为词条收入词典，可以只收 nief 和 vaif，在这两个词条内说明在什么条件下可以写作 niet、vait。我们这种办法可能有人不同意，他们可能主张“母亲”和“父亲”只准有一个写法，即 nief 和 vaif。也可能有人主张 nief、niet、vaif、vait 都作为独立的词条收在词典中。前一种意见是原则问题，可以讨论，后一种意见是处理方法问题。如果多数人同意有几个不同词形，就列几个词条，我们不反对。

另有一种词无定形的现象是不能避免的。例如作“头”讲的词本来是阴上调的，不过在石门坎已经发生调变，全词读作 li^{33}fau^{33}，词根变为阴去调了。按尊重语言现实的原则，这个词应写作 lit faot。但是在个别合成词、四字格和第六类状词出现的固定词组中常出现阴上调的形式，如 fau$^{55}_{(3)}$ ȵtɕau$^{33}_{(5)}$“枕头”、fau$^{55}_{(3)}$ tl̥aɯ$^{55}_{(1)}$ fau$^{55}_{(3)}$ qha$^{33}_{(5)}$“贵客”、tl̥ey$^{55}_{(1)}$ fau$^{55}_{(3)}$ dɦeu$^{11}_{(4II)}$“白发苍苍”。在这些词和词组中的 fau$^{55}_{(3)}$都是作“头”讲。我们决不能因作“头”讲的词已经调变为 li^{33}fau^{33}，就把这些词和词组中的 fau$^{55}_{(3)}$都改为 fau$^{33}_{(5)}$。我们还是尊重语言现实把这些词和词组分别写作 faod njaot，faod dlangb faod khat，dleub faod deul，尽管在 dleub faod deul 这个词组中，faod 受 dleub 的影响变为 faot，我们还是根据写本调不写变调的规定，这个词组不写作 dleub faot deul。又如作“林”讲的词本来是阴上调的，不过在石门坎已发生调变，全词读作 a^{33}zau^{33}，按尊重语言现实原则，这个词写作 at raot。但在 zao$^{55}_{(3)}$ tl̥u$^{55}_{(1)}$ zau$^{55}_{(3)}$ dlau$^{31}_{(6II)}$“原始森林”这个四字格中，作“林”讲的词，又以阴上调的形式出现。我们还是尊重语言现实，把这个四字格写作 raod dlub raod dlaos。

还有一种词无定形的现象，就是带词头的以阳上名调音节为词根的双音节词如 a$^{33}_{(5)}$dy$^{33}_{(4I)}$“狐狸”、a$^{33}_{(5)}$ dɯ$^{33}_{(4I)}$“墙”等词也可以有 a$^{55}_{(3)}$ dɦy$^{11}_{(4II)}$、a$^{55}_{(3)}$dɦɯ$^{33}_{(4II)}$等读法，这就产生一词两读如何书写的问题。我们认为这样的词不多，为了便于两种读音的人书写，可允许有两个写法，如作“狐狸”讲的词可以写作 at dyul，也可以写作 ad dyul，作“墙”讲的词可以写作 at dwl，也可以写作 ad dwl。在词典里，也都作为词条收进，以便于两种读音的人检索。

上面我们把石门坎苗话的声调作了全面的分析，列举了重要的发生调变的词和连续变调的规则。最后我们提出对滇东北苗文声调字母标法的意见。我们的研究很不全面，特别是对声调字母的标法，考虑得很不成熟。希望对苗文有兴趣的同志，特别是滇东北苗语文工作者批评指正。

苗瑶语的系属问题初探*

一

苗瑶语（Miao-Yao）的系属问题迄今在语言学界没有取得一致的意见。在20世纪初期，英国人戴维斯（H. R. Davies）主张苗瑶语属于支那诸语（Sinitic languages）中的孟高棉语系（Mon-Khmer Family）。戴维斯的支那诸语包括孟高棉语、掸语（Shan）、汉语（Chinese）和藏缅语（Tibeto-Burman）四个语系[①]。用现在的术语来说，戴维斯的支那诸语即是汉藏语系，戴维斯的四个语系即是四个语族，也就是说戴维斯主张苗瑶语属于汉藏语系的孟高棉语族。挪威学者科诺（S. Konow）认为苗瑶语是一个独立的语系，叫做曼语系（Man Family）[②]。德国人类学家施密特（P. W. Schmidt）主张苗瑶语属台语系（Thai Family）[③]。法国汉学家马伯乐（H. Maspéro）认为苗瑶语是独立的苗瑶语系（Miao-Yao Family）[④]。这些学者所称的语系都相当于现在语族，属于汉藏语系。施密特和科诺、马伯乐的不同之点在于他没有把苗瑶语看作一个独立的语族而是看作台语族中的两种语言。科诺和马伯乐虽都认为苗瑶语是独立的语族，但名称不同：科诺把这个语族叫做曼语族，马伯乐把这个语族叫做苗瑶语族。

1906年施密特建立了南亚语系（Austroasiatic Family），他把孟高棉语列在南亚语系。施密特本人虽没有把苗瑶语列入孟高棉语族（Mon-khmer Group），但如果有人既赞成南亚语系包括孟高棉语族，又赞成戴维斯把苗瑶语列入孟高棉语族，这就出现了主张苗瑶语属于南亚

---

* 本文是提交给1986年1月27日至29日在美国加州大学圣巴巴拉分校召开的中国少数民族历史文化语言国际讨论会的论文。会后发表在《民族语文》1986年第1期，第1～18页转79页。

① H. R. Davies, Yün-nan, *The Link between India and the Yangtze*, p. 337, London, 1909.

② S. Konow, *Linguistic Survey of India* vol. I, part 1, p. 39, Calcutta, 1909.

③ P. W. Schmidt, *Die Sprachfamilien und Sprachenkreise der Erde*, p. 133, Heidelberg, 1926.

④ H. Maspéro, Un Empire Colonial Français, L' Indochine, Tome I, *Langues*, p. 67, Paris, 1929.

语系的学说。法国学者欧德里古尔（A. G. Haudricourt）就认为苗瑶语属于南亚语系[①]。

我国学者一向主张苗瑶语属于汉藏语系（Sino-Tibetan Family），认为汉藏语系包括汉语、苗瑶语、壮侗语和藏缅语四个语族[②]。

1942 年美国学者白保罗（P. K. Benedict）提出一个新学说。他认为台语（Thai，相当我国的壮傣语支）、加岱语（包括黎语 Li，仡佬语 Kelao，拉嘉语 Laqua，拉绨语 Lati）和印度尼西亚语（Indonesian）共同组成一个语族和由孟高棉语、越南语组成的另一个语族同属于古南方语系（Proto-Austric），他也把苗瑶语列在古南方语系的图表上，不过他在苗瑶语前面加了一个问号，表示尚未肯定[③]。1966 年白氏改变了 1942 年的学说：他把东南亚的语言分为汉藏、苗瑶、民家、南亚和澳台五个语系。澳台语系包括南岛语（Austronesian）、加岱语、台语、侗水语（Kam-Sui）等[④]。1973 年白氏又修改了他的学说，他把苗瑶语列入澳台语系，作为一个独立的语族，另一个语族包括加岱语、南岛语和南亚语[⑤]。最后在 1975 年他又把南亚语从澳台语系中划出。澳台语有两个语族，一个是苗瑶语族，一个是由加岱语和南岛语组成的语族。这里的加岱语除 1942 年的四种语言以外，还包括台语、侗水语、拉加语（Lakkia）和临高语（Ong-be）[⑥]。

苗瑶语之所以被人们认为属于不同的三个语系，是因为苗瑶语和这三个语系的语言都有一些来源相同的词。要确定苗瑶语属于哪个语系，就要看苗瑶语和哪一个语系的语言真正同源的词多一些。词的来源相同不一定都是各种语言的原始共同语传下来的同源词，其中有的词可能是一种语言借自其他语言的。正是由于对借词和同源词不易区别，才引起对苗瑶语系属问题的不同看法。如果像英国学者唐纳（G. B. Downer）那样认为凡是瑶语和汉语的来源相同的词一律以汉语借词看待[⑦]，那就根本谈不上苗瑶语属于汉藏语系的问题。我们研究苗瑶语的系属，必须实事求是，尽量找出足以说明苗瑶语属于什么语系的理由。当然在我看来是同源词的，可能在别人看来是借词，但如果说我举的例词都是借词，那就不公正了。

---

① A. G. Haudricourt, "Les phonèmes et le vocabulaire du thai commun", *Journal Asiatique*, p. 235 (1948). 本文发表后，欧德里古尔给《民族语文》编辑部来信附寄他的'The Limifs and Connections of Austroasiatic in the Northeast, Norman H. Zide (ed) *Studies in Comparative Austroasiatic Linguistics* (Indo-Iranian Monographs Vol. V) Mouton & CO. 1966'在这篇文章中欧氏已改变旧的看法。他说最近主张苗瑶语属于南亚语系是 R. A. D. Forrest (The Chinese Language, London, Faber, pp. 89 - 96)，欧氏认为苗瑶语是南亚语和藏缅语之间的环节。——辅世注

② 罗常培、傅懋勣：《国内少数民族语言文字的概况》，载《中国语文》1954 年 3 月。

③ P. K. Benedict, Thai, Kadai and Indonesian, "A New Alignment in Southeastern Asia", *American Anthropologist.* vol. 44, No. 4 part l, pp. 576 - 601, October-Decembre, 1942.

④ P. K. Benedict, Austro-Tai, Behavior Science Notes 1, 1966, p. 258. 重见于 P. K. Benedict, *Austro-Thai: Language and Culture, with a Glossary of Roots*, p. 32, HRAF Press, 1957.

⑤ P. K. Benedict, "Austro-Thai and Austroasiatic", a paper presented at the Ist. International Conference on Austroasiatic Linguistics (FICAL) Honolulu, Hawaii, January 1973. 重见于白氏 1975 年书第 464 ~ 490 页，图表在第 485 页。

⑥ 见白氏 1957 年书第 135 页上的图表。

⑦ G. B. Downer, "Strata of Chinese Loanwords in the Mien Dialect of Yao, Asia Major", A British *Journal of Far Eastern Studies* Vol. XVIII, Part I, pp. 1 - 33, 1973.

二

引起苗瑶语属于南亚语系说的是戴维斯。戴维斯认为苗瑶语属于孟高棉语族，而孟高棉语族是施密特所建立的南亚语系的一个语族。赞成存在着南亚语系又同意戴维斯把苗瑶语列入孟高棉语族的欧德里古尔当然就是主张苗瑶语属于南亚语系的。

戴维斯举了35个词（虽有36个，但“水”这个词重复，实为35个），他认为这35个词是苗瑶语和孟高棉语的同源词，他就根据这35个词确定苗瑶语属于孟高棉语族。我们认为他所举的35个词存在着许多问题。为了便于说明，我们把戴维斯的35个词的对照表（戴维斯前引书第341～343页）全部列出如下：

汉义	苗	瑶	孟高棉（括弧内为该词所属语言的名称）
人	Nai	To-mien	Mnih（塔雷因 Talain）
	Tam-ming		
父亲	——	Tia	A-ta（蒲满 P'u-man）
		I-tie	Te（佤 wa）
儿子	To	Ton	Koh-trom（塔雷因）
	T'am-t'ong		Kuan-t'ao（拉 La）
头	Tao-hao	Ngong	Kdap（塔雷因）
	K'o		Dau（越南 Annamese），ken（拉、崩龙 Palaung），An-ngwa（蒲满）
眼	Mai	Moi	Muh（塔雷因）
	k'a-mwa		Mu-ti（蒲满），Tre-muk（斯丁 Stieng），Chre-mo（柬埔寨 Cambodian），Mui（越南），Mat（卡母 k'a-mu），Mat（巴拿 Banar）
牙	Hna	——	Ngek（塔雷因）
胃	Ka-plang	——	Pung（塔雷因）
脚	——	Sao	Sho（拉），Tsu-awng（卡母）
手	Tie	——	Teh（拉，卡母），Tai（崩龙，越南），Toa（塔雷因），Ti（巴拿，斯丁，梁 Riang）
房子	Chei	——	Cha（拉）
牛	Liao	——	Klaow（塔雷因）
水牛	Tu	——	Trao（越南）
狗	Klie	Klu	Kle（塔雷因）

金	Ko	——	Kri（拉，崩龙）
铁	Hlao	——	Hlak（崩龙）
树	Ndong	Ti-dheang	Tang-he（崩龙）
		Ti-ngiang	Tang-ke（梁），Tnom（塔雷因），Tom（斯丁）
日	Hno	Mo-noi	Tngoa（塔雷因），Ngay（柬埔寨），Nge（越南）
夜	Pang	——	Mbön（佤），Ptawm（塔雷因），P'o-p'un（拉），A-pu（蒲满）
水	Tlie	——	Daik（塔雷因），Dak（斯丁，巴拿），Doi（索 So），Do（索威 Soue），Tuk（柬埔寨）
水	——	Wom	Ung（蒲满），Om（卡母，达瑙 Danaw），Em（崩龙）
地	Pa-tie	Dao	Ka-tai（崩龙），Ka-te（卡母，梁），T'ui（蒲满），Dat（越南），Dey（柬埔寨），Daik（塔雷因）
风	Chwa	Jiao	Kya（塔雷因），k'yal（柬埔寨），Gio（越南）
天空	——	Long	Me-long（索），plan（崩龙），Mplin（拉梅特 Lameit），Pleng（梁）
河	Tiang	To Tom	Ton-le（柬埔寨），Ta（蒲满）
饭	Mao	Mai	Ma（卡母），Bai（柬埔寨），Byu（达瑙）
好	Jong	——	Juan（蒲满）
重	Hnyang	——	Nang（越南），Tngon（柬埔寨）
轻	She	——	Shöng（拉），Sral（柬埔寨），Sa（塔雷因）
白	Klo	——	Kwu（塔雷因）
二	Pi	——	Ba（塔雷因）
三	Pie	Po	Ba（越南），Bey（柬埔寨），Pi（塔雷因），Pei（斯丁，索）
四	Plou	{Plei Pie}	P'on（佤、崩龙），Pon（拉、塔雷因），Pun（蒲满、达瑙），Bon（越南）
五	Pa	{Pla Pia}	Pram（斯丁），Buon（柬埔寨），Bon（越南），P'an（崩龙）
六	Cho	Chiu	Sao（越南）
	Tiu		Sung（索，索威），Trao（塔雷因），Taw（崩龙，拉梅特），Twal（梁），Tun（达瑙）
九	Chio	——	Chin（越南），Tchit（塔雷因）

十　Kao　——　Kao（佤，拉），Kö（崩龙），Skall（梁）

这个表有明显错误的地方，须改正。

1. “人”这个词苗语的第二个读法作 tam-ming，这是不可能的。苗语没有 m 韵尾，这个词可能是被人称为苗族而操瑶语的人的说法，因为 tam-ming 和表上瑶语栏的 to-mien 很相近。还有“儿子”这个词苗语的第二个读法作 t‘am-t‘ong，这也是不可能的，可能也是被人称为苗族而操瑶语的人的说法。

2. “眼”这个词越南语的读法作 mui，据戴维斯书中附的孟高棉语词汇，mui 在越南语作“鼻子”讲。越南语作“眼”讲的词是 kon-mat，所以在这里 mui 应改为 mat。

3. “五”这个词越南语的读法作 bon，据戴维斯书中的词汇附录，bon 在越南语作“四”讲。越南语作“五”讲的词是 nam，应删去 bon，也不必换成 nam，因 nam 与苗瑶语“五”的读音无相似之处。

4. “二”在苗语没有读作 pi 的方言、土语，苗语“二”是以喉塞音作声母的，书写时可不写出来，如 au（川黔滇方言的川黔滇次方言），o（黔东方言），ɯ（湘西方言），a（川黔滇方言的滇东北次方言）等。pi 据我们估计是黔东方言“三”的读音。戴维斯误把 pi 作为“二”的读音列在表上，以便与塔雷因语“二”的读音 ba 联系。既然苗语的“二”不读 pi，那就联系不起来了。

5. “夜”这个词的苗语读法作 pang。我们没有见过“夜”这词以 p 作声母的苗语材料。黔东苗语“夜”读作m̥haŋ。m̥haŋ 这个声母初听起来很像 p‘，可能 pang 就是误听的m̥haŋ的声音。因为孟高棉语的材料都是以 b、p、p‘和苗语的 p 相联系的。苗语的 p 既然是m̥h 的误记，则“夜”这个词苗语与孟高棉语无关。

6. “河”这个词的苗语读法作 tiang。我们没有见过“河”这个词以 t 作声母的苗语材料。黔东苗语“河”有读作n̥hiaŋ 的。n̥h这个声母初听起来很像 t‘，可能 tiang 就是误听的n̥hiaŋ 的声音。因为孟高棉语的材料都是以 t 和苗语的 t 相联系的。苗语的 t 既然是n̥h 的误记，则“河”这个词苗语与孟高棉语无关。

表上虽然列了 35 个比较词，其中 16 个只有苗语材料，没有瑶语材料。其中三个只有瑶语材料，没有苗语材料。苗、瑶语都有材料的共有 16 个。这 16 个词中，“头”、“河”、“水”，苗、瑶不同源，所以苗瑶同源而与孟高棉语在语音上有联系的只有 13 个。我们认为由 13 个在语音上有联系而不一定同源的词来下结论说苗瑶语属于孟高棉语族，未免过于草率。

戴维斯的比较表中苗瑶语同孟高棉语语音上有联系的词，只是语音近似，并无对应规律。这里面有三种情况：第一种情况是把音记错了，如“夜”，“河”这两个词的音就是分别把m̥h 和n̥h 记作 p 和 t，以孟高棉语的 b，p，p‘和苗语的m̥h 联系，以孟高棉语的 t 和苗语的n̥h 联系，是很困难的。第二种情况是孟高棉词根上的音和苗瑶语前加成分的音近似，这就没有多大价值了，如“头”这个词，戴氏举的苗语材料是 tao-hao，这个词中的 tao 是前加成分，hao 是词根，而戴氏举的孟高棉语的第一个材料是塔雷因语的 kdap，第二个材料是越南语的 dao。显然这是因为这两个词里面都有一个 d 音与苗语 tao 中的 t 发音部位相同。可惜语音上有联系的是前加成分而不是词根，这又有什么用呢？第三种情况是在比较的词中，苗与瑶本身不同源，后面举的孟高棉语各种语言的语音有的和苗语的音有联系，有的和瑶语的音有联系。这样的例词不利于说明苗瑶语与孟高棉语属于同一语族，反而连苗与瑶是否同属于一个语族，戴氏心目中的孟高棉语族中的许多种语言是否属于孟高棉语族都成问题了。

戴维斯是否研究过这一现象：苗瑶语的清浊音是对立的。尽管发音部位或发音方法相近，如果清浊不同，决不是同一来源的。如果说在苗瑶语是清音，在孟高棉语是浊音，那就需要系统的语音对应，不能只有孤证。例如“牙齿”这个词在表上苗语材料作 hna，写作国际音标是n̥a，n̥是清鼻音，孟高棉语族的塔雷因语的材料作 ngek，写作国际音标是 ŋek，ŋ 是浊音。必须有两个以上苗语声母为n̥的词在塔雷因语相当的词中声母是 ŋ，才能证明两者有同源关系。显然另外一个声母为n̥的苗语词n̥o（戴氏记作 hno）“日”的塔雷因语的读法是 tŋoa（戴氏记作 tngoa），声母不是 ŋ 而是 tŋ，所以“牙齿”、“日”这两个词苗语和塔雷因语并不同源。

通过以上的分析，戴维斯虽然列了 35 个词，实际苗瑶语与孟高棉语语音有联系的只有“人”、“儿子”、“眼”、“狗”、“树”、“地”、“风”、“饭”、“三”、“四”、“五”、“六”等十二个词。其中“儿子”是否同源很成问题，因为和苗瑶语比较的塔雷因语和拉语作“儿子”讲的词分别读作 kon-trom 和 kuan-t‘ao，我们不知道这两个双音节词中的哪一个音节是词根，哪一个音节是附加成分。如果词根是前面的 kon 和 kuan，而后面的 trom 和 t‘ao 是后加成分，则和苗瑶语相似的声母 tr 和 t‘在后加成分上，就谈不上同源的问题。另一个同源有问题的词是“饭”。这个词在苗语各方言、土语都不同源，湘西方言读作l̥jhe，黔东方言读作 ka，川黔滇方言的川黔滇次方言有n̥au，tɕua，mau 等不同的读法，川黔滇方言的滇东北次方言读作 va。整个苗语把“饭”说作 mau（戴维斯记作 mao）的是很小的地区。这样孟高棉语族个别语言作“饭”讲的词 mai 和一部分地区的苗语作“饭”讲的词 mau 声母同为 m，它并不能说明苗瑶语和孟高棉语作“饭”讲的词同源。

恐怕最相似的就是几个数词，很容易使人相信苗瑶语的“三”、“四”、“五”、“六”和孟高棉语同源。但我们知道数词是可以借用的。如台语借用了汉语的数词，借用以后把固有的数词除个别的以外都不用了。苗瑶语为什么不能借用别的民族的数词呢，值得注意的是苗瑶语借用的是不是孟高棉语的数词还很成问题。白保罗认为苗族语“三”以上的数词借自汉藏语或者可能借自早期藏缅语①。白保罗是主张苗瑶语属澳台语系的，当然在苗瑶语里出现汉藏语系的数词，他认为是苗瑶语借用汉藏语系的。白保罗对孟高棉语是作过

① P. K. Benedict, *Austro-Thai Studies*, 3. Austro-Thai and Chinese, Behavior Science Notes 2, 1967, p. 283，重见于白氏 1975 年书第 83 页。

研究的，他不认为苗瑶语的数词借自孟高棉语，必定有他的道理。我们现在只讲戴维斯的35个词比较表上的“三”、“四”、“五”、“六”四个数词。

“三”这个数词古苗语的声母我们构拟为*pʑ，韵母为第4韵类，我们可构拟为为*æ。这个数词在现在的苗语方言、土语中虽有读作pi、pu、pe、pa等以p作声母的，但川黔滇方言的滇东北次方言和重安江次方言却读作tsi。声母属舌尖前音，声调为阴平调，不能说同汉语的“三”毫无相似之处。

“四”这个数词戴维斯举的孟高棉语的读音都带鼻音韵尾，而苗瑶语这个数词在任何方言土语里都没有带鼻音韵尾的。日本学者鸟居龙藏所著《苗族调查报告》列举了我国西藏和尼泊尔的藏缅语族语言的数词“四”在固戎语（Gurung）读作pli，在帕里语（Pahri）读作pi，在霍尔帕语（Horpa）读作hla（试比较黔东苗语l̥u“四”），在车旁语（Ts‘epang）读作plöi（试比较川黔滇苗语plou）。“五”这个数词在许多种语言都读作panch，在缅甸的库米语读作pan①。我们认为这两个数词特别是“五”是这些语言借自印欧语的（如英语“四”、“五”都是以f作开首辅音，印地语“五”读作panch，俄语“五”读作пять［pjatj］）。这两个数词苗语也可能是通过藏缅语借自印欧语的。至于孟高棉语的这两个数词也可能是由巴利语借的，当然也是印欧语的数词。越南语“五”读作nam，与印欧语无关。

“六”这个数词，苗瑶语同藏缅语的一些语言更近一些，如缅甸语读作kyauk，夏尔巴语（Śarpa）读作tuk，塔克西亚语（Taksya）读作tu，固戎语读作tu，木尔米语（Murmi）读作dhu②，纳西语（Mosso）读作ts‘ua，藏语（Tibetan）读作tʂ‘u，藏文拉丁字母转写为drug。其中缅甸语读作kyauk最值得注意，因为kyauk的声母是由复辅音kl或kr来的，而苗语“六”的声母我们构拟为*tl̥，kl与tl̥发音非常相近，而且缅甸语这个词有k韵尾。瑶语“六”我们记作tɕu^{7}（戴维斯记作chiu）。苗语川黔滇方言的滇东北次方言“六”我们记作tl̥au^{5}。凡瑶语是第7调苗语是第5调的音节，古苗瑶语必定有k韵尾，所以“六”这个数词，苗语和藏缅语同源的可能性很大，是否借词我们现在不下结论。

根据以上的分析，我们认为戴维斯的35个词的比较表不能说明苗瑶语属于孟高棉语族，也就是不能说明苗瑶语属于南亚语系。

① 鸟居龙藏：《苗族调查报告》，上海商务印书馆，1936年，第361~364页。

② 鸟居龙藏前引书第365页。

三

白保罗在《澳台：语言与文化》一书中列了一个词根表（A Glossary of Roots），共有208页。其中有关苗瑶语的条目有190多个，数目可不算少，但存在的问题也不少。

一个条目有时有几个意义上有关联的词。其实有些词的联系是很勉强的。例如“稻”、“甘蔗”、“竹子”、“树”这四个词是一个条目。这四种植物是有很大区别的，有的是草本，有的是木本，有的很矮，有的很高，茎有的是实心的，有的是空心的，古澳亚人应当区分得开这四种植物。白氏把这四种植物列在一个词条，意味着古澳台人分不清这四种植物。但“稻”这个词又见于另外的五个词条，这又表示古澳台人对同一种植物的品种又分得很细。我们认为古澳台人不会落后到连“稻”和“树”都分不清的程度，也不会进步到能区分“稻”的不同品种。造成一条包括多词，一词见于多条这种现象的原因是由于各地对同一种事物的叫法不同，无法构拟为一个形式。其中某个又和别的意义有关联的事物在语音上有些联系，所以把这种叫法同意义有关联、语音有联系的词作为一个条目。其他的叫法如果有意义关联、语音有联系的也合起来作为一个条目。实在找不到意义有关联、语音有联系的词时，就自成一个条目。这只能说明古代居住在东南亚一带的人对某种事物并没有共同的叫法。如果这种现象是个别的，问题还不大，如果这种现象是大量的，那就要考虑把这些人叫做古澳台人是否正确了。又如“下雨”、“下小雨”、“雾”、“雪”、“云”、“黄昏”、“黑暗”、“天空”这八个词是一个条目。这里面有名词、动词、形容词，给这八个词构拟一个古形式，是什么词类呢，到底当什么讲呢？能说古澳台人用一个词表示八个不同的事物、动作、性状吗？

下面举两个条目，在每个条目后面提出我们的意见。

1. 第219页第7个条目

出现、到达、来、诞生、产（卵）*[b][ɑ]tu；*[b][ɑ]t/l/u；[b][ɑ]ndu

（1）印尼语**bətu“出现”，来自*bɑtu（重读形式）。古波利尼西亚语**fotu“出现”。东南巴布亚语*potu“来”：穆卡瓦语、夸吉拉语botu，派瓦语votu；卡佩尔（Arther Capell）说东南所罗门有它的多种形式，意思是“诞生”。

台语*taw“来”（掸语，老挝语），来自*(ɑ) tu。布依语tɑu“诞生、出去”（试比较台语）。侗水语*thaw“到/到达”：水语、莫家语、侗语thɑu，来自*［p］（h）（ɑ）tu（次要的送气）（试比较台语）。

古瑶语*thaw“到”（海宁瑶语又作“来”讲），可能是来自侗水语的借词。

（2）黎语 *tlou：南部黎语 tou“诞生/生（孩子）；产（卵）；活（=诞生）；绿（=活）〔木柴〕”，北部黎语 tlou，布配黎语 thou，来自 *(ə) t/l/u（非加重形式，试比较（1）项的印尼语、古波利尼西亚语、东南巴布亚语）。

（3）古苗瑶语 *ndaw“产（卵）”（海宁瑶“创造” = “生 <小孩>”），来自 *(ɑ) ndu。

白保罗必定是认为“出现”、“到达、“诞生”、“产（卵）”在古澳台语是一词，后来在各种语言这个词表示了不同的意义，例如在古苗瑶语这个词只有“产（卵）”一个意义了。我们认为这是不可能的。因为布依语的 tau 是阴上调、侗水语的 thaw 是阴去调。瑶语的 thaw，据白保罗说可能是从侗水语借的，即使不是借的，在瑶语也是阴类调音节。阴类调音节的声母，在古音必定是清声母，而古苗瑶语的 *ndaw 是浊声母。现在在苗语各方言、土语实际读音都是浊音，如黔东方言读作 nɦa^6，川黔滇方言的川黔滇次方言读作 ndɦe^6，川黔滇方言的滇东北次方言读作 ndi^6 都是阳去调，不可能和布依语的 tau，侗水语的 thaw 是同源词，不但语音上不同，在意义上也不同。这个词在苗语只能作“产（卵）”讲，根本不能作“到”、“来”讲，更不能作“出现”讲。所以这个条目不能用苗语的材料，瑶语的 thaw 既然白保罗认为可能是侗水语来的借词，也就不必列了。

白保罗给这个词条构拟了三个古音，究竟哪一种形式是古澳台人的说法呢，大概不能说古澳台人对这个词有三种不同的说法吧。

我们认为 *[b][ɑ]tu 是根据印尼语构拟的，因为谭博夫（Dempwolff）印尼语的构拟形式是 *bətu，白保罗构拟为 *batu。*[b][ɑ]t/l/u 是在印尼语的基础上参考了黎语的 tl 声母构拟的。*[b][ɑ]ndu 是在印尼语的基础上参考了苗瑶语的 nd 声母构拟的。这种把一个古词构拟成不同的形式，在理论上是站不住的。另外认为不同意义的几个词是由上古同一个词分化出来的，也不一定合乎实际情况。

2. 第 265 页第二个条目

黑暗，夜，晚上，黑，红，紫 *[ ]kam；*[ ]k/l/am；*( )(ŋ)kəm；*( )(ŋ)k/l/əm

（1）台语 *kam“颜色暗，介于蓝、黑之间，紫（坎提语，掸语）；黑、暗（老挝语）；黑（偶然变黑），污垢（白泰语）；紫罗兰色（侬语：与‘红’组合）；血的颜色，红（暹罗语）”；试再比较台语 *[x]am“暗，多荫的，多云的（土—侬语）；秘密的，隐藏的（暹罗语）”，侗水语 *qam“深（红）”；又台语 *ɣam < *ɢam“晚上，夜”，布依语 ham（低调）“晚上”，侗水语 *ʔńam < *ʔŋam < *ɴɢam，义同，临高语 da-kom ~ da-kəm，义同（哲理迈森 C. C. Jeremaissen 1892 年材料），kiem（低调）“夜”（萨维那 F. M. Savina，1965 年欧德里古尔替他公布的材料）；并注意明显的中加形式（只见于暹罗语）：*[g，ɣ] lam“很暗，黑暗地”和 *[g、ɣ] ram（声调不同）“发黑，暗，恶化了的”（中加形式指 l、r 而言。——辅世注）

瑶语：海宁瑶语 siʔ kam“紫罗兰色”（siʔ 义为“赤”），可能是一个汉语借词或汉语本由澳台语借用，瑶语又由汉语借回，汉语词是 kâm“绀（深紫，紫罗兰色）”。

（2）台语*klam“鲜樱桃红色”（暹罗语），布依语 kyam ~ am“紫罗兰色”，来自*klam。

瑶语：海宁瑶语 klam tou“煤烟黑灰＝火（tou）的黑物（klam）”。

（3）台语*k［i］m“金”（侬 kem）＝“暗/红（金属）”，一个借给汉语又借回来的词，汉语为*kịəm，来自原始的澳台语*kəm；并试比较台语*ɣam（声调不同，来自〈1〉项的词根）“金”，来自 ɢam，*ɢam 是*qam〈1〉项的）的同源异形词，塞克语 ɡam，拉嘉语 ɡəm，可能还有拉绑语 khɑ，义同，但大多数加岱语是“金”的借给汉语，由汉语又借回来的形式：布依语 kim，莫家语ćim，侗语 tyəm＝ćɔm，临高语 kɔm（哲理迈森 1892 年材料），kim（萨维那 1965 年材料），南部黎语 khim，白沙黎语 kɛm；语义上的联系，试比较恩加朱－达雅克语 bulao“金” <印尼**bulaw“红”。

古瑶语*dzyəm（高调）：清莱瑶语 dziem（高调）“曙光，暗”，海宁瑶语 jɔm“暗（天空，屋子）；夜，晚上”，来自古苗瑶语*ntsyəm，来自更早的*ŋkəm。

（4）印尼语*kələm“暗”（恩加朱－达雅克语“月亏”）。占语 klam“晚上”，来自k*［ ］l［ə］m。

古苗语*klu（ŋ）“黑，蓝”（经常作“黑”讲，碧差汶苗语〔萨维那 1916 年材料〕又作“污垢”讲），来自古苗瑶语*kḷ［əm］；瑶语：海宁瑶语 ɡlɔm（高调）“（天气）暗”，来自古苗瑶语*ŋkḷəm。

我们看了这个条目以后，提出以下几个问题：

1. 这个条目共有四个构拟形式，头一个形式*［ ］kam，看来是根据台语构拟的，第二个形式*［ ］k/l/am，看来是在台语大多数语言的基础上参照暹罗语的材料构拟的，第三和第四个形式是第一和第二个形式的轻读形式（即变元音为 ə）加上鼻冠音，这是看到侗水语的*ʔńam <*ʔŋam，才加上鼻冠音的。在没有任何带鼻冠音的材料的条件下，见到ʔńam、ʔŋ 声母就加鼻冠音，是不是有点武断呢？

2. 古澳台人对这几个意义上有联系的词是有四种读法呢，还是只有四种读法中的一种读法呢？如果是第一种，怎么解释暹罗语的 kl 声母呢，如果是第二种，怎么解释侗水语的ʔńam、ʔŋ 等含有鼻音的声母呢？如果是第三种，也解释不了暹罗语的 kl 声母，那么只有第四种可以解释各种语言的现象，为什么还保留前三种构拟的形式呢？

3. 第（3）项用台语“金”字的读音和*kam“暗紫色”相联系，说“金”的古音*ɢam是*kam 的同源异形词，理由是“金”＝暗色/红色金属。我们都知道金是明亮的黄色金属，把“金”和“暗”联系，不一定有必要。

4. 这个条目中古苗瑶族有三个构拟形式，它们是*ntsyəm、*kḷ［əm］、*ŋkḷəm，难道古苗瑶语“黑”这个词没有一定的说法？

5. 我们再看 264 页的第 6 个条目“暗”、“黑”“背阴”有两个构拟形式，265 页的第一个条目“暗”、“雾”/“霭”、“阴暗的”，“背阴”/“阴暗的”、“夜”有一个构拟形式，360 页第二个条目“下雨”、“下小雨”、“雾”、“雪”、“云”、“黄昏”、“黑暗”、“天空”有两个构拟形式，361 页第七个条目“红”、“深色的”、“变红”、“害羞（的）”有六个构拟形式，连同我们举的 265 页第二个条目的四个构拟形式，表示“黑”、“暗”意义的词在古澳台语就有十五种说法，这可能吗？

6. 白保罗提出汉语向澳台语借词，以后澳台语又借回的学说，我们是不能同意的。因为一种语言向另一种语言借词，通常是后一种语言的使用者文化比较先进，或者人数特别多。汉族自有史以来没有和澳台民族大规模接触以前就形成很完整的语言，一切基本词都已具备，不可能再向南方的澳台民族借用基本词。如果说在有史以前澳台民族文化比汉族发达，人口比汉族多，有什么根据？说汉语的“绀”、“金”借自古澳台语，后来又借给澳台语，是不能令人信服的。我们认为台语的 * kɑm、侗水语的 * qɑm、瑶语的 kɑm 都是汉语“绀”字的借音，侗水语的 ? ńɑm、?ŋɑm 是汉语“暗”字的借音，台语的 * kim，布依语的 kim，莫家语的ćim，侗语的 tyəm = ćəm，临高语的 kɛm、kim，南部黎语的 khim，白沙黎语的 kɛm 都是汉语“金”字的借音。至于说汉字“金”的声母是 k，不好解释侗水语的声母 q，那是把汉语见母的来源单一化的结果。如果考虑到中古汉语的见母在上古或原始汉语可能有 k、q 两种读法，那不是很容易解释侗水语的 q 声母吗？

白保罗构拟的 190 多个与苗瑶语有关的澳台语词全是用上面举的这两个例子的办法构拟的。我们认为如果苗瑶语真有一批令人信服的和南岛语同源的词，我们才相信苗瑶语属澳台语系。如果像白保罗这样一个条目包括几个意义有关联语音有联系的词，一个词分见于几个条目，把各个条目中各种语言材料各取一点特征，摆在一起就算是古澳台语的拟音，这是不能令人相信的。用白氏的办法我们能够很容易地把英语、法语、日语和苗瑶语列在同一个语系。因为从各种语言的意义有关联的词中找相同或相近的语音并不困难。例如“死”这个词英语读作 die，苗语读作 da，瑶语读作 tai。法语“死”读作 mourir，但“杀死”读作 tuer，里面有一个 t 和英语、苗语、瑶语的 d、t 有联系，所以法语就取“杀死”这个词。日语“死”读作 shinu，但“刀”读作 katana，里面有一个 t 和英语、苗语、瑶语、法语的 d、t 有联系，另外还有元音 a 与苗语、瑶语的 a 相同，所以日语就取 katana“刀”这个词。于是根据 die、da、tai、tue、katana 构拟古音，这并不困难，但条目不能是一个“死”，而是“死”、“杀死”、“刀”。白保罗的构拟就是这样做的，所以他的构拟不能让我们相信苗瑶语和南岛语属于同一个语系。至于苗瑶语和台语、侗水语到底是什么关系，还需要做深入的比较。

四

我们认为苗瑶语和汉语有密切关系，这种关系决不是简单的苗瑶语从汉语吸收借词或者汉语从苗瑶语吸收借词的关系。下面我们列一个苗瑶语与汉语有关系的词表，表上的词我们认为都是有共同来源的。其中可能有古借词，但这样的古借词已成为苗瑶语作为一个整体的借词，不是苗语或瑶语的某个方言的借词。这样的古借词和苗瑶语固有词有共同性即调类在各个方言基本不乱，在汉语是阴平、阴上、阴去、阴入的在苗瑶语也分别是阴平、阴上、阴去、阴入；在汉语是阳平、阳上、阳去、阳入的在苗瑶语也分别是阳平、阳上、阳去、阳入。只有收 k 尾的阴入在苗语和阴去合并，收 k 尾的阳入在苗语和阳去合并。这就使我们不容易区分固有词和古借词。我们在词表中尽量收基本词，当然也有少数非基本词，那是为了说明语音对应规律才列入的。苗语我们列了三个点的材料，即湖南省花垣县吉卫乡（曾有一度叫吉伟，现改为吉卫）代表湘西方言，简称“吉卫”；贵州省凯里市养蒿村代表黔东方言，简称“养蒿”；贵州省毕节县先进乡代表川黔滇方言，简称“先进”。瑶语我们只列了一个点的材料，这个点是广西壮族自治区兴安县的财喜乡，在表上写作“财喜”。表上汉语、苗语、瑶语的声调一律以 1、2、3、4、5、6、7、8 分别代表阴平、阳平、阴上、阳上、阴去、阳去、阴入、阳入。

汉义	中古汉语	古苗语声母构拟	苗语			瑶语	说明
			吉卫	养蒿	先进	财喜	
百	*pɐk^{7}	*p	pa^{5}	pa^{5}	pua^{5}	pɛ^{7}	苗语阴入并阴去
破开	*phuɑ^{5}	*ph	pha^{5}	pha^{5}	phua^{5}	phaːi^{5}	吉卫韵母不合，应作 ɑ
败(坏)	*bai^{6}	*b	pɑ^{4}	pa^{4}	pua^{4}	——	汉语声调和苗语不同
抱	*bau^{4}	*b	——	pə^{6}	pua^{6}	——	汉语声调和苗语不同
买	*mæi^{4}	*m	——	mɛ^{4}	mua^{4}	maːi^{4}	
卖	*mæi^{6}	*m	me^{6}	mɛ^{4}	mua^{6}	maːi^{6}	养蒿“买”、“卖”不分，后面加“入”、“出”表示“买”、“卖”
目(眼)	*mjuk^{8}	*m	——	mɛ^{6}	mua^{6}	mwei^{6}	苗语阳入并阳去，瑶语声调不合
麦	*mæk^{8}	*m	——	maŋ^{4}	mau^{6}	mɛ^{8}	苗语阳入并阳去，养蒿声调不合，其 ŋ 尾由 k 尾变来
沸	*pfjuəi^{5}	*mp	——	pu^{5}	mpou^{5}	bwei^{5}	
豝(猪)	*pa^{1}	*mp	mpa^{5}	pa^{5}	mpua^{5}	——	汉语声调和苗语不同
园子	*ɣjuɐn^{2}	*w	——	vaŋ^{2}	vaŋ^{2}	hun^{1}	瑶语声调不合
芋头	*ɣjuo^{6}	*w	wə^{6}	vu^{6}	veu^{6}	hou^{6}	

续表

汉义	中古汉语	古苗语声母构拟	苗语			瑶语	说明
			吉卫	养蒿	先进	财喜	
马	*ma^{4}	*mʑ	me^{4}	ma^{4}	nen^{4}	ma^{4}	
母狗	*mu^{4}	*mʑ	——	mi^{8}	na^{8}	ȵei^{4}	苗语声调不合
补	*puo^{3}	*mpʑ	mpɑ^{3}	pu^{3}	ntsi^{3}	bje^{3}	养蒿韵母不合，应作 a
辫子	*biɛn^{4}	*mbʑ	——	mi^{4}	ntsa^{4}	bin^{4}	养蒿“辫子”整个词为 qa^{1} tɛ^{3} mi^{4}，mi^{4} 又作编辫子的“编”讲。先进 ntsa^{4} 作“编”讲
吹火	*tɕhjuě^{1}	*phr	phʐo^{1}	tsho^{1}	ʈʂhua^{1}	——	
耳朵	*ȵjě^{4}	*mbr	mʐɯ^{2}	zɛ^{2}	ɳʈʂe^{2}	me^{2}-nɔːm^{2}	汉语声调和苗瑶语不同
鱼	*ŋjo^{2}	*mbr	mʐɯ^{4}	zɛ^{4}	ɳʈʂe^{4}	bjau^{4}	汉语声调和苗瑶语不同
糯	*nuɑ^{6}	*nbl	mu^{8}	nə^{8}	mplou^{8}	bjau^{8}	汉语声调和苗瑶语不同
鬃	*tsuŋ^{1}	*ts	tsoŋ^{3}	soŋ^{1}	tsoŋ^{1}	tsoŋ^{1}	吉卫声调不合；养蒿韵母不合，应作 u
灶	*tsɑu^{5}	*ts	——	so^{5}	tso^{7}	dzu^{5}	先进声调不合,是历史上变调的结果；瑶语声母不合,应为 ts
接受	*tsjæp^{7}	*ts	——	sei^{7}	tsai^{7}	tsip^{7}	
千	*tshiɛn^{1}	*tsh	tshɛ^{1}	shaŋ^{1}	tsha^{1}	tshin^{1}	吉卫声母不合，应作 s
漆	*tshjet^{7}	*tsh	tshei^{7}	shei^{7}	tshai^{7}	tshjet^{7}	吉卫声、韵均不合，应读作 sɑ^{7}
钱(重量单位)	*dzjæn^{2}	*dz	——	saŋ^{2}	tsa^{2}	tsin^{2}	
凿	*dzɑk^{8}	*dz	——	so^{6}	tsou^{6}	tsu^{8}	苗语阳入并阳去
早	*tsɑu^{3}	*nts	ntso^{3}	so^{3}	ntso^{3}	dzjou^{3}	
蓑衣	*sjɑ^{1}	*s	sɔ^{1}	sho^{1}	si^{1}	fei^{1}	吉卫、养蒿韵母不合，应分别为 i、en
送	*suŋ^{5}	*s	——	shoŋ^{5}	saŋ^{5}	fuŋ^{5}	
答	*tʌp^{7}	*t	tɯ^{1}	ta^{1}	te^{1}	tau^{1}	汉语声调和苗瑶语不同
得	*tək^{7}	*t	tɔ^{5}	tɛ^{5}	tou^{5}	tu^{7}	苗语阴入并阴去

续表

汉义	中古汉语	古苗语声母构拟	苗语			瑶语	说明
			吉卫	养蒿	先进	财喜	
断	*duɑu^{4}	*t	te^{5}	tɛ^{5}	to^{5}	taŋ^{5}	汉语声调和苗瑶语不同
炭	*thɑn^{5}	*th	the^{5}	thɛ^{5}	then^{5}	thaːn^{5}	
铜	*duŋ^{2}	*d	toŋ^{2}	tə^{2}	toŋ^{2}	toŋ^{2}	吉卫韵母不合，应为 u
豆	*du^{6}	*d	——	tə^{8}	tou^{8}	top^{8}	汉语声调和苗瑶语不同
人	*ȵjen^{2}	*n	ne^{2}	nɛ^{2}	nen^{1}	mjen^{2}	先进声调不合，是历史上变调的结果
老	*lɑu^{4}	*l	——	lu^{4}	lou^{4}	——	
两（重量单位）	*ljɑŋ^{4}	*l	——	laŋ^{4}	li^{4}	luŋ^{4}	
中	*ʈjuŋ^{1}	*ɳʈ	ɳʈoŋ^{1}	ʈoŋ^{1}	ɳʈaŋ^{1}	——	
箸（筷子）	*ɖjo^{6}	*ɖ	ʈɯ^{6}	ʈu^{6}	ʈeu^{6}	tsou^{6}	
梨	*ljɛi^{2}	*r	ʐɑ^{2}	ɣa^{2}	ʐua^{2}	lai^{2}	
廪(仓)	*ljen^{4}	*r	ʐe^{4}	——	ʐo^{4}	laːm^{4}	
利(锐)	*ljei^{6}	*r	ʐɑ^{6}	ɣɑ^{6}	ʐua^{6}	lai^{6}	
里(村)	*li^{4}	*r	ʐɑŋ^{4}	ɣaŋ^{4}	ʐau^{4}	laŋ^{4}	古代二十五家为里，相当现在的村
镰刀	*ljæm^{2}	*ɭ	——	ljen^{2}	la^{1}	lim^{2}	先进声调不合，是历史上变调的结果
量米	*ljɑŋ^{2}	*ɭ	——	lji^{2}	lo^{2}	——	
里（长度单位）	*lji^{4}	*ɭ	——	lji^{4}	li^{4}	lei^{4}	
收	*ɕju^{1}	*ʂ	——	ɕhu^{1}	ʂou^{5}	sjou^{1}	先进声调不合
升（容量单位）	*ɕjəŋ^{1}	*ʂ	——	ɕhen^{1}	ʂa^{1}	sɛːŋ^{1}	
酒	*tsju^{3}	*tɕ	tɕɯ^{3}	tɕu^{3}	tɕeu^{3}	tiu^{3}	吉卫韵母不合，应为 ə
穿针	*tɕhjuæn^{1}	*tɕh	tɕhaŋ^{1}	tɕhaŋ^{1}	tshau^{1}	tshun^{1}	
骑	*gje^{2}	*dʑ	——	tɕi^{2}	tɕai^{2}	tɕei^{2}	
臼	*gju^{4}	*dʑ	tɕo^{4}	tɕə^{4}	tɕo^{4}	——	

续表

汉义	中古汉语	古苗语声母构拟	苗语			瑶语	说明
			吉卫	养蒿	先进	财喜	
银	*ŋjen^{2}	*ȵ̥	——	ȵ̥i^{2}	ȵ̥a^{2}	ȵ̥aːn^{2}	
秧	*ʔjɑŋ^{1}	*ʔʑ	ʑɑŋ^{1}	ʑi^{1}	ʑo^{1}	jaːŋ^{1}	吉卫韵母不合，应为 e
伸	*ɕjen^{1}	*ɕ	——	ɕhoŋ^{1}	ɕaŋ^{1}	suŋ^{1}	
羊	*jɑŋ^{2}	*ʑ	ʑoŋ^{2}	ʑoŋ^{2}	ʑaŋ^{2}	juŋ^{2}	养蒿 ʑoŋ^{2} 为歌谣用字，口语中“羊”为 lji^{3}
养家	*jɑŋ^{4}	*ʑ	——	ʑi^{6}	ʑo^{6}	juŋ^{4}	苗语声调不合
角	*kɔk^{7}	*k	ce^{1}	ki^{1}	ko^{1}	tɕɔːŋ^{1}	汉语声调与苗瑶语不同
金	*kjem^{1}	*k	ɲce^{1}	tɕen^{1}	ko^{1}	tɕom^{1}	吉卫声母不合，应为 c
鸡	*kjɛi^{1}	*q	qa^{1}	qei^{1}	qai^{1}	tɕai^{1}	
甘(甜)	*kɑm^{1}	*q	——	qaŋ^{1}	qaŋ^{1}	kaːm^{1}	瑶语声母不合，应为 tɕ
孔(洞)	*khuŋ^{3}	*qh	——	qhaŋ^{3}	qhau^{3}	——	
客	*khɐk^{7}	*qh	qha^{5}	qha^{5}	qhua^{5}	tɕhɛ^{7}	苗语阴入并阴去
鸽	*kʌp^{7}	*ɴq	ɴqo^{1}	qo^{1}	ɴqua^{1}	kop^{7}	汉语声调和苗语不同，瑶语声母不合，应为 ɡ
价	*ka^{5}	*ɴq	ɴqa^{5}	qa^{5}	ɴqe^{5}	tɕa^{5}	瑶语声母不合，疑为借词
渴	*khɑt^{7}	*ɴqh	ɴqhe^{7}	——	ɴqhe^{7}	ɡaːt^{7}	
下去	*ɣA^{6}	*ɴɢ	——	ŋa^{4}	ɴqe^{4}	dʑe^{6}	苗语声调不合
狗	*ku^{3}	*ql	qwɯ^{3}	l̥a^{3}	tl̥e^{3}	tɕu^{3}	
鬼	*kjuəi^{3}	*qɭ	qwei^{1}	l̥jaŋ^{1}	tl̥aŋ^{1}	——	汉语声调和苗瑶语不同
滚	*kuən^{3}	*qɭ	——	l̥jaŋ^{3}	tl̥au^{3}	dʑaŋ^{5}	瑶语声母、声调都不合
瓜	*kua^{1}	*qlw	kwɑ^{1}	fa^{1}	tl̥i^{1}	kwa^{1}	选进 tl̥i^{1} 作“黄瓜”讲
广(宽)	*kuɑŋ^{3}	*qlw	kwei^{3}	faŋ^{3}	tl̥aŋ^{3}	kjwaŋ^{3}	
过	*kua^{5}	*qlw	kwɑ^{5}	fa^{5}	tl̥ua^{5}	kjwe^{5}	
黄	*ɣuɑŋ^{2}	*ɢlw	kwei^{2}	faŋ^{2}	tl̥aŋ^{2}	jwaŋ^{2}	
煌(亮)	*ɣuɑŋ^{2}	*ɢlw	——	faŋ^{2}	kaŋ^{2}	ɡjwaŋ^{1}	瑶语声母、声调都不合
滑(脱)	*ɣuæt^{8}	*ɢlw	qwei^{8}	fa^{8}	tl̥i^{8}	——	
喝	*hʌp^{7}	*h	hu^{7}	hə^{7}	hou^{7}	hop^{7}	

上表中的词声母有的在汉语、苗语、瑶语完全相同，韵母相同或相近，如“百”、“破”、“买”、“卖”、“目”、“麦”、“鬃”、“得”、“炭”、“老”、“两”。有的在汉语、苗语、瑶语声母虽不同，但只是清浊的不同或发音部位上稍有不同，韵母还是相同或相近的，如“败”、“抱”、“断”、“铜”、“豆”、“箸”、“银”、“骑”、“白”等。以上举的这些声、韵母在汉、苗、瑶三种语言中相同或相近的词，其声调在三种语言中也大多是相同的。我们认为这些汉语与苗瑶语在语音上相同或相近的词必定是来源相同的。正因为苗、瑶语和汉语在这些词的读音上非常相近，不赞成苗瑶语属于汉藏语系的人硬说这些词是苗瑶语从汉语借来的。

我们也注意到汉语不带鼻冠音的声母和苗语带鼻冠音声母对应的例词，如“沸”、“耙”、“补”、“中”、“鸽”、“价”、“渴”等。这些词在苗语湘西方言和川黔滇方言声母都是带鼻冠音的。除“耙”、“鸽”二词以外，汉语和苗语声调也相同，这就不能算作借词了，因为汉语没有带鼻冠音的声母。不可能从汉语借一个没有鼻冠音声母的词，到苗语以后，在声母上再加上一个鼻冠音。反对苗瑶语属于汉藏语系的人会提出反对的意见，说这样的词太少，并且一个声母往往只有一个例词。必须有大量的材料证明原始汉语有带鼻冠音的声母，才能说明这些词是苗瑶语和汉语在语音上是有关系的，那也不排除是苗瑶语借自汉语的，不过是借的时间早一些罢了。我们对这种意见虽不同意，但我们也没有更多的理由说明这些词是汉语和苗瑶语的同源词。我们应该承认我们的比较研究还不深入，今后应当加强这方面的研究工作。

我们从表上注意到几个中古汉语“来”母字和古苗语的*r声母字对应的现象，这些词在苗语三个方言，声母分别读作ʐ、ɣ、ʐ，在瑶语读作l。若说这些词是借词，我们是不能同意的。因为苗语有l这个声母，从汉语借l声母的词，不读l而读ʐ、ɣ、ʐ是说不过去的。这样的词除表上举的四个以外，我们还可再列两个。一个是“龙”，在中古汉语读作*ljuoŋ^{2}，在吉卫读作ʐoŋ^{2}，在养蒿读作ɣoŋ^{2}，在先进读作ʐaŋ^{2}。一个是“力”，在中古汉语读作*ljək^{8}，在吉卫读作ʐo^{6}，在养蒿读作ɣə^{6}，在先进读作ʐo^{2}。“龙”在汉语和苗语都是阳平调，“力”在汉语是阳入调，但因收k尾，在苗语收k尾的阳入调并入阳去。古苗语有一个*ʔr声母，这个声母在吉卫、养蒿、先进也分别读作ʐ、ɣ、ʐ。作“林”讲的词就是古*ʔr声母的，现在在吉卫读作ʐu^{3}，在养蒿读作ɣu^{2}，在先进读作ʐoŋ^{3}。“林”在中古汉语属“来”母字，读作*ljəm^{2}，我们认为中古的“来”母可能有不同的来源，“林”这个词在原始汉藏语声母可能不是*l而是*ʔl或*ʔr，说不定“林”这个词就是苗汉同源词。声调不合，问题不大，因为由汉字的谐声字来看，可以断定汉语的声调产生在造字以后（如“汪”、“枉”、“旺”均以“王”作声符，分别为平、上、去声），声调不同很可能正好说明是同源词。

我们构拟为小舌音的古苗语声母在汉语都是舌根音和它们对应。用中古汉语的术语来说即苗语的小舌音和见、溪、匣母对应。表的最后一部分就是很明显的例证。值得注意的是我们构拟的古苗语声母虽然是小舌音，但在现代的苗语中可不一定仍读小舌音。例如古

苗语声母 *ɴɢ 在养蒿就读作 ŋ；古苗语声母 *ql，在养蒿读作l̥，在先进读作 tl̥；古苗语声母 *qɭ 在养蒿读作l̥j；在先进读作 tl̥；古苗语声母 *qlw 在吉卫读作 kw，在养蒿读作 f，在先进读作 tl̥；古苗语声母 *ɢlw 在吉卫虽有 qw 的读法，但也有 kw 的读法，在养蒿读作 f，在先进有 tl̥和 k 两个读法。我们认为古苗语小舌音声母在中古汉语都以舌根音声母和他们对应，而苗语各方言反而读作唇音(f)、舌尖中音(tl̥)，正好说明有这种对应关系的词是苗汉同源词，而不是借词。如果是苗语借自汉语的，必定各方言都用舌根音来读汉语借词，而不可能用唇音、舌尖中音来读汉语借词。使我们看出苗语小舌音声母和汉语舌根音声母对应的同源词最重要的根据当然是这些词苗语和汉语的声调相同，但如果没有湘西方言把古苗瑶语的小舌音声母读作小舌音或舌根音，我们也不敢以唇音、舌尖前音和汉语的舌根音联系。我最初接触的苗语是川黔滇方言的滇东北次方言，在那个次方言里作“狗”讲的词读作 tl̥i³，作“黄瓜”讲的词读作 tl̥i¹。我多年不知道这两个词是苗汉同源词，只是后来研究苗语方言声韵母比较时，才知道“狗”在湘西读作 qwɯ³，“黄瓜”在湘西读作 kwɑ¹，才知道滇东北的tl̥i³和 tl̥i¹ 分别和湘西的 qwɯ³、kwɑ¹ 对应。当然 tl̥i³、tl̥i¹ 是苗汉同源词。

苗汉两种语音从原始汉藏语分道扬镳的年代距今不知有几千年了。单音节的语言，语音只要变动一点，就不容易看出原貌。而任何发音部位的音都可以改变为另一个发音部位的音，这在任何类型的语言都是相同的。例如法语的舌根音 q(u) 和 g(u) 和英语的唇音 f、w 对应，“四”在法语是 quatre，在英语是 four，“战争”在法语是 guerre，在英语是 war。又如汉语的鼻音在日本的汉语借词中有变为塞音的。“男”，日语的音读有 daŋ 这个读法；“马”，日语的音读有 ba 这个读法；还有“十”，日语的音读是 dʑu；而在滇东北的苗语，“十”就有 dʑɦau⁸ 这样的一种读法，我们就想到“十”这个数词也是苗汉同源词。还有作“晚上”讲的词在苗语黔东方言读作m̥haŋ⁵，会不会和汉语的“晚”同源呢？汉语的“晚”，中古音作 mjuɐn⁴，和m̥haŋ⁵ 有三个区别：第一个区别是清浊的区别，mj 是浊音，m̥h 是清音；第二个区别是韵尾的区别，n 是舌尖音，ŋ 是舌根音；第三个区别是声调的区别，前者是阳上，后者是阴去，我们认为这三种区别都不妨碍这两个词是同源词。清鼻音变为浊鼻音在苗语是常见的，苗语川黔滇方言的麻山次方言，就没有清鼻音，凡是其他方言、次方言读作清鼻音的，在这个次方言都读作浊鼻音。“晚上”这个词在麻山次方言就读作 mɔ⁵。舌尖韵尾和舌根韵尾的交替是汉语方言中常见的现象，“生”、“成”、“冷”在北京话分别说作 ʂəŋ、ʈʂhəŋ、ləŋ，在贵阳话分别说作 sən、tshən、lən；“本”、“人”、“心”在北京话分别说作 pən、ʐən、ɕin，在太原话分别说作 pəŋ、zəŋ、ɕiŋ。至于声调，且不必说原始汉藏语没有声调，就是在现代的苗语，声调转换也是常见的。如作穿衣的“穿”讲的词在先进是n̥aŋ³，在养蒿是 naŋ⁴，前者为阴上，后者为阳上。又如“七”这个数词，在先进是 ɕaŋ⁵，在吉卫是 tɕoŋ⁶，前者为阴去，后者为阳去。“穿”本是阴上调字，养蒿变为阳上，“七”本是阳去调字，先进变为阴去。所以苗语的m̥haŋ⁵ 和汉语的 mjuɐn⁴ 完全有可能是同源词。

上面的表，我们是以古苗语的声母依发音部位的前后排列的，有的声母虽只有一个同源词，但两个以上的也不少，总可以看出苗语和汉语声母对应的大概情况。至于声调的对应由表上的大多数比较词中都可以看出，看不出来的只是韵母的对应。古苗语的韵母是三十二个，不知道要比古苗瑶语少多少个韵母。因为古苗瑶语有 m、n、ŋ、p、t、k 六个辅音韵尾，而在古苗语只有一个鼻音韵尾，它接在前元音后时读作 n，接在后元音后时，读作 ŋ，即使算是保留 n、ŋ 两个辅音韵尾，也丢失了 m、p、t、k 等四个辅音韵尾。这些丢失韵尾的古苗瑶语的韵母都并到没有韵尾或只有韵尾 n、ŋ 的古苗语的韵母中去了。中古汉语韵母是带 m、n、ŋ、p、t、k 六个韵尾的，以中古汉语的韵母和苗语的韵母对应都很困难，更不用说古苗语的韵母到现代苗语中又有所合并，一般的方言土语只有十几个韵母。所以现代苗语和中古汉语韵母没有明显的对应规律。尽管如此，我们还是能找到一些对应的痕迹。例如“秧”、“量米”、“养家”在中古汉语是宕摄开口三等韵，在古苗语是第二十三韵类，这个韵类在吉卫、养蒿、先进分别读作 ɛ、e、o。“秧”在吉卫读作 ʑɑŋ^{1}，这不符合对应规律，是一个汉语借词。“秧”在养蒿读作 ʑi^{1}，这符合对应规律，因 ɛ 接舌面音时变为 i，所以 ʑi^{1} 实为 ʑɛ^{1}。“秧”在先进读作 ʑo^{1}，正合对应规律。“量”在吉卫没有同源词，在养蒿读作 lji^{2}，这合乎对应规律。因为 lji 是舌面音（正规的写法应作ȴ，因ȴ这个符号一般印刷厂没有，所以改写作 lj），ɛ 接舌面音时变为 i，所以 lji^{2} 实为 ljɛ^{2}。“量米”在先进读作 lo^{2}，正合对应规律。“养家”在吉卫没有同源词，在养蒿读作 ʑi^{6}，这合乎对应规律，因 ʑ 是舌面音，ɛ 接舌面音时变为 i，所以 ʑi^{6} 实为 ʑɛ^{6}。“养家”在先进读作 ʑo^{6}，正合对应规律。又如“龙”、“中”在中古汉语是通摄合口三等韵，属于古苗语第二十九韵类。这个韵类在吉卫、养蒿、先进分别读作 oŋ、oŋ、aŋ，“龙”在吉卫、养蒿、先进分别读作 ʐoŋ、ɣoŋ、ʐaŋ，“中”在吉卫、养蒿、先进分别读作 ɳʈoŋ^{1}、ȶoŋ^{1}、ɳʈaŋ^{1}，都合乎对应规律。此外“送”在中古汉语是通摄合口一等韵，也并入古苗语第二十九韵类。“送”在吉卫没有同源词，在养蒿、先进分别读作 shoŋ^{5}、saŋ^{5}，合乎对应规律。合乎汉苗语音对应规律的还有宕摄合口一等韵的“黄”、“煌”、“广”，梗摄开口二等入声陌韵的“百”、“客”，蟹摄开口二等韵的“买”、“卖”等，不再一一叙述。

五

我们在本文第二节指出戴维斯把苗瑶语列在孟高棉语的证据不足，所以认为苗瑶语不应当属于南亚语系。在本文第三节指出白保罗把苗瑶语列在澳台语系的证据不足，并对他构拟古澳台语音的方法提出意见，我们认为苗瑶语不应属于澳台语系。在本文第四节我们列一个苗瑶语和汉语同源词表，从声母、韵母的对应关系上分析，这些词应当认为是苗瑶语和汉语的同源词。

苗瑶语除去在第四节所谈的和汉语有相当数量的同源词以外，还有一些语音、语法、词汇上和汉语相同的特征。这些相同之处表面上看是类型学上的相同或相似，但为什么苗瑶语有这些类型学上的相同或相似而与汉语邻近并且借词更多的朝鲜语、日本语没有这些类型学上的相似呢？这里面必定有内在的原因，只是我们还没有发现而已。

语音上的相同相似有以下几点：

1. 语音的结合有局限性，能居于音节末尾的辅音在古代汉语和苗瑶语只能是 p、t、k、m、n、ŋ，现代的汉语方言有丢失 p、t、k、m 辅音韵尾的，现代的苗语也丢失这几个韵尾。

2. 古汉语有平、上、去、入的声调系统，古苗瑶语也有完全和汉语相同的平、上、去、入的声调系统。现代汉语方言平、上、去、入四声因声母的清、浊不同，有的分化为两个声调，分化以后又有归并现象。例如汉语普通话平声分为阴平、阳平两调，上声全浊声母的并入去声，去声没有分化，但吸收了一部分全浊声母的上声字。入声分化了，全浊入声基本上并入阳平、阴入；次浊入声并入阴平、上声、去声。苗语的湘西方言四声因声母清浊分化为阴平、阳平、阴上、阳上、阴去、阳去、阴入、阳入以后，阴入并入阴上，阳入并入阳上。苗语川黔滇方言的惠水和贵阳两个次方言四声因声母清、浊分化为阴平、阳平、阴上、阳上、阴去、阳去、阴入、阳入以后，阴入并入阴去，阳入并入阳平。海南岛的回辉话是一种占语，现在也产生了声调。但回辉话的声调系统和汉语的声调系统毫无内在的联系，完全根据原来占语的特性，如什么性质的声母，什么性质的韵尾等决定现在回辉话声调的高低、升降。这说明由没有声调的语言变为有声调的语言不是都能产生和汉语相同的声调系统的。

3. 由于语音的结合有局限性，音节便于分析为声母和韵母两部分，因此音位学在汉语和苗瑶语里远不如声韵学重要。

语法的相同或相似有以下几点：

（1）苗瑶语和汉语都缺乏形态变化，词序和虚词是表达语法意义的主要手段。

（2）苗瑶语和汉语一样都有许多表示事物类别的量词。

（3）苗语和汉语一样都有表示动作、性质的细微区别的状词，这种状词在汉语里相当丰富，不过至今未引起汉语语法学家的注意，在一般语法书中尚未取得词类的地位（只在香港、台湾的汉语语法学家周法高、魏培泉、萧继宗等人的著作中有状词的提法）。

词汇的相同或相似有以下几点：

（1）单音节词相当多，即便是多音节的词，除复音的单纯词以外，每个音节都有词汇意义或语法意义，因此有时主张分析的人认为是两个词；在主张综合的人看来是一个词，所以词儿连写是很困难的事。汉语目前用方块汉字，没有连写的问题。苗文是拉丁字母式的拼音文字，我们的正字法规定苗文以音节为单位，词儿不连写，就是为了避免因词儿连写造成的词形不一致的现象。

（2）有相当多的并列四字格，这种并列四字格有的是词，有的是词组，有时很难分，原因也是每个音节大都有意义。有人认为是一个词，有人认为是两个词，甚至有人认为是四个词。好在现在汉语用的是方块字，苗语的词儿不连写，未造成词形上不一致的现象。

以上我们叙述了苗瑶语和汉语在类型学上的相似之处，这和同源词来比，是次要的。但在有相当数量的同源词存在的条件下，有这些类型学上的相同或相似，对于说明苗瑶语和汉语同属于汉藏语系，是有帮助的。

我们在这篇文章中没有和藏缅语、壮侗语比较，到底苗瑶语和这两个语族有多少同源词，还须作相当深入的比较。比较的结果如果说明苗瑶语同壮侗语有相当多的同源词，那时我们还要坚持壮侗语也是汉藏语系的一个语族。

本文的目的只是说明苗瑶语应和汉语属于同一个语系。至于这个语系有哪几个语族，苗瑶语是独立的语族，还是和别的语言同属于一个语族如施密特把苗瑶语列入台语族那样，只有在全面比较以后再下结论。

苗语语音研究中理论和实践的结合*

解放前我国研究苗语的人才不多，但张琨先生写了一篇非常重要的论文《苗瑶语声调问题》（载于历史语研究所《集刊》第16本，第93～110页，1947年），建立了苗瑶语有八个声调的理论。这个理论对于解放后我们进行的苗语调查起了指导的作用，使我们在调查之前有所依据，知道哪些字（即音节，本文音节都简称为字）是第1调的，哪些字是第2调的、第3调的……①。在编问题集（即调查大纲）时，我们把八个调的苗语单音词的汉译词各选若干个附在后面，调查时先问所附各调的例字，把各调的调值确定下来，然后从头记录材料。遇到不知道调类的字，就拿来和已定的八个调的调值相比，按照发音合作人的意见搞清楚那个字和哪些字的调值相同，记出那个字的声调。因此，我们记的声调，基本上是准确的。这是理论指导实践的例子。

苗语各地的话并不是都有八个调值，常常只有五六个调值。我们认为，这是某两个或某三个声调在那种地方话里读相同的调值的缘故。湖南花垣县吉卫话的阴上调和阴入调的调值就同为44，例如pe^{44}“满”是阴上调字，pu^{44}“关门”是阴入调字；阳上调、阳入调的调值就同为33，例如tə^{33}“柴、火”，是阳上调字，tɑ^{33}“蹬”是阳入调字。

两个调共一个调值不一定表示两个调合并为一个调，如果有不同的变调规则，还得认为是两个调。贵州威宁彝族回族苗族自治县石门坎话的阴平调和阴上调的调值同为55，例如pau^{55}“知道”，pu^{55}“满”，调值同为55，但pau^{55}是阴平调字，pu^{55}是阴上调字，两个调并未合并。因为阴平和阴上两调的变调规则不同。当阴平调字和前面的阴平或阳平调字构成修饰关系或并列关系的合成词或词组时，后面那个阴平调字不变调。例如tu^{55}“者”和l̥au^{55}“勤”都是阴平调字，二者构成修饰关系的合成词tu^{55}l̥au^{55}“勤快人”时，l̥au^{55}不

---

* 本文是作者1986年8月在贵阳召开的第三次中国民族语言学术讨论会上宣读的论文。发表于《民族语文》1987年第1期，第1～6页。

① 张琨把八个调分别称为第1、2、3、4、5、6、7、8调，我们仿照汉语，把八个声调称为阴平、阳平、阴上、阳上、阴去、阳去、阴入、阳入调，记音时分别标作1、2、3、4、5、6、7、8，所以通常也称为第1、2、3、4、5、6、7、8，调。后来我们建立了四个声调的理论，把四个调类分别称为平声、上声、去声、入声，记音时分别标作A、B、C、D。

变调，这个合成词还读作 tu^{55}l̥au^{55}。又如 ɴɢɦai^{35}“肉”是阳平调字，qai^{55}“鸡”是阴平调字，二者构成修饰关系的词组 ɴɢɦai^{35} qai^{55}“鸡肉”时，qai^{55}不变调，这个词组还读作 ɴɢɦai^{35} qai^{55}。阴上调字和前面的阴平或阳平调字构成修饰关系或并列关系的合成词或词组时，阴上调字的声调要变为阴去调，即 55 变为 33。例如 tu^{55}“儿子”是阴平调字，ki^{55}“孙子”是阴上调字，二者构成并列关系的合成词 tu^{55}ki^{55}“子孙”时，ki^{55}要变为 ki^{33}，这个合成词读作 tu^{55}ki^{33}。又如 ɴɢɦai^{35}“肉”是阳平调字，tl̥i^{55}“狗”是阴上调字，二者构成修饰关系的词组 ɴɢɦai^{35}tl̥i^{55}“狗肉”时，tl̥i^{55}要变为 tl̥i^{33}，这个词组读作 ɴɢɦai^{35}tl̥i^{33}。另外，阴平调和阴上调的动词、形容词前接否定副词 hi^{33}“不”时，阴平调和阴上调的动词、形容词都不变调，但阴平调的动词、形容词前面的 hi^{33}变为 hi^{55}。例如 hi^{33}pau^{55}“不知道”读作 hi^{55}pau^{55}，hi^{55}lie^{55}“不红”读作 hi^{55}lie^{55}。阴上调的动词、形容词前面的 hi^{33}则不变调，例如 hi^{33}ley^{55}“不追”还读作 hi^{33}ley^{55}，hi^{33}nti^{55}“不长”还读作 hi^{33}nti^{55}。还有，阴平调和阴上调的动词前接副词 hi^{11}“互相”时，hi^{11}要变为 hi^{33}，阴平调的动词不变调，例如 hi^{11} tɕaɯ^{55}“互相牵”读作 hi^{33}tɕaɯ^{55}，hi^{11}qha^{55}“互相教”读作 hi^{33}qha^{55}；而阴上调的动词要变为阴去调，即 55 变为 33，例如 hi^{11}ta^{55}“互相拉”读作 hi^{33}ta^{33}，hi^{11}ley^{55}“互相追”读作 hi^{33}ley^{33}。由于阴平和阴上两调的变调规则不同，所以不能认为这两个调合并为一个调。在文字方案上也分别采用了不同的声调字母：阴平调用 b 作声调字母，pau^{55}“知道”、lie^{55}“红”、tɕaɯ^{55}“牵”、qha^{55}“教”的文字形式分别为 baob、lieb、jangb、khab；而阴上调用 d 作声调字母，ley^{55}“追”、nti^{55}“长”、ta^{55}“拉”的文字形式分别为 leud、ndid、dad。

当我们调查贵州福泉县野鸡坡话时，我们发现：（1）在野鸡坡阴平调和阳平调的调值同为 31，例如阴平调义为“我们”的字在石门坎读作 pi^{55}，调值为 55，阳平调义为“花”的字在石门坎读作 bɦaɯ^{35}，调值为 35，在野鸡坡这两个字分别读作 pei^{31}和 ven^{31}，调值同为 31。（2）在野鸡坡阴上调和阳上调的调值同为 55，例如阴上调义为“满”的字在石门坎读作 pu^{55}，调值为 55，阳上调义为“刺（名词）”的字在石门坎读作 bo^{33}，调值为 33，在野鸡坡这两个字分别读作 paŋ^{55}和 vu^{55}，调值同为 55。（3）在野鸡坡阴去调和阳去调的调值同为 24，例如阴去调义为“睡”的字在石门坎读作 py^{33}，调值为 33，阳去调义为“抱”的字在石门坎读作 ba^{31}，调值为 31，在野鸡坡这两个字分别读作 pu^{24}和 va^{24}，调值同为 24。（4）在野鸡坡阴入调和阳入调的调值同为 31，和阴平调、阳平调的调值相同，例如阴入调义为“翅膀”的字在石门坎读作 ti^{11}，调值为 11，阳入调义为“咬”的字在石门坎读作 dɦo^{31}，调值为 31，在野鸡坡这两个字分别读作 ta^{31}和 ðu^{31}，调值同为 31。这时，我们不认为是阴阳平、阴阳上、阴阳去、阴阳入在野鸡坡合并。我们认为古苗语不是有八个调类，而是有平、上、去、入四个调类。现代苗语具有八个声调的地方话，只是四个调类因古声母清浊的不同而分化为四个阴调和四个阳调。野鸡坡话的声调未因古苗语声母的清浊而分化为阴阳两类。这正是古苗语的声调系统，只不过是入声并入平声而已。于是我们建立了古苗语声调分平、上、去、入四个声调的理论。这是实践充实、发展理论的例子。

我们有古苗语具有四个声调的理论，又有四个声调后来各分阴阳的理论，在记音时，就知道哪个调查点的哪个古声调阴阳尚未分化，哪个调查点的古声调分化为阴阳两类以后又有哪个调和哪个调合并了，但这只是一般的情况。语音现象是复杂的，调查的点多了，就会遇到特殊情况。当我们调查贵州紫云苗族布依族自治县宗地话时，我们发现宗地话的阴平、阴上、阴去、阴入各调都各有两个调值：阴平调的两个调值为 32 和 22，阴上调的两个调值为 42 和 232，阴去调的两个调值为 55 和 35，阴入调的两个调值为 44 和 13。例如阴平调义为“我们”的字在贵州凯里市养蒿读作 pi^{33}，在宗地读作 pæ^{32}，阴平调义为“猪拱土”的字在养蒿读作 phɛ^{33}，在宗地读作 pou^{22}；阴上调义为“满”的字，在养蒿读作 pɛ^{35}，在宗地读作 poŋ^{42}，阴上调义为“骨头”的字在养蒿读作 shoŋ^{35}，在宗地读作 saŋ^{232}；阴去调义为“霜”的字在养蒿读作 ta^{44}，在宗地读作 tæ^{55}，阴去调义为“炭”的字在养蒿读作 thɛ^{44}，在宗地读作 tæin^{35}，阴入调义为“接受”的字在养蒿读作 sei^{53}，在宗地读作 se^{55}，阴入调义为“漆”的字，在养蒿读作 shei^{53}，在宗地读作 se^{13}。经过分析，阴平、阴上、阴去、阴入调的字，当声母来自古全清声母（包括不送气清闭塞音①，如 *p、*ts、*t、*ʈʂ、*tɕ、*k；由不送气清塞音和浊流音构成的复辅音，如 *pʑ、*pr、*pl、*ql；带先喉塞音的浊连续音，如 *ʔm、*ʔn、*ʔl、*ʔr、*ʔʑ；带鼻冠音的不送气清闭塞音，如 *mp、*nts、*nt、*ɳʈʂ、*ȵtɕ；带鼻冠音的不送气清闭塞音和浊连续音构成的复辅音，如 *mpʑ、*mpr、*mpl、*ɴql 等）时，在宗地话里调值分别为 32、42、55、44；当声母来自古次清声母（包括送气清闭塞音，如 *ph、*tsh、*th、*ʈʂh、*tɕh、*kh；由送气清塞音和浊连续音构成的复辅音，如 *phʑ、*phr、*phl、*qhlw；清的擦音、连续音，如 *s、*ʂ、*ɕ、*x、*h、*m̥、*n̥、*l̥、*r̥、*ʑ̥；带鼻冠音的送气清塞音和浊连续音构成的复辅音，如 *mphʑ、*mphl 等）时，在宗地话里调值分别为 22、232、35、13。这样，我们由记音实践得出古苗语声母的全清、次清对苗语某些地方话的声调有影响的理论。

另外，当我们调查湖南泸溪县洞头话时，我们发现在洞头话中阴平、阴去调各有两个调值，阴平调的为 53 和 31，阴去调的为 33 和 22。例如阴平调义为“我们”、“病”、“太阳”、“蒸”、“雷”、“裹腿”的字在贵州毕节县大南山分别读作 pe^{43}、mau^{43}、n̥o^{43}、tɕo^{43}、so^{43}、ɳʈhoŋ^{43}，而在洞头分别读作 pu^{53}、ʔmaŋ^{53}、n̥ei^{53}、tɕe^{53}、so^{53}、ȵtɕhɯ^{53}；阴平调义为“布”、“湿”、“中间”、“菌子”的字在大南山分别读作 ntou^{43}、nto^{43}、ɳʈaŋ^{43}、ȵtɕe^{43}，而在洞头分别读作 nti^{31}、ntei^{31}、ȵȶə^{31}、ŋku^{31}。阴去调义为“睡”、“破开肚子”、“晚上”、“风”、“送”、“洗衣服”、“薅”的字在大南山分别读作 pu^{44}、phua^{44}、m̥au^{44}、tɕua^{44}、saŋ^{44}、ntshua^{44}、nthua^{44}，而在洞头分别读作 pa^{33}、pha^{33}、m̥aŋ^{33}、tɕi^{33}、sə^{33}、ntshɔ^{33}、nthɔ^{33}；阴去调义为“雪”、“猪”、“坟”、“烤火”、“爬树”的字在大南山分别读作 mpo^{44}、mpua^{44}、ntsaŋ^{44}、nte^{44}、ȵtɕe^{44}，而在洞头分别读作 mpei^{22}、mpa^{22}、ntsæ^{22}、ntu^{22}、

① 本文闭塞音包括塞音和塞擦音。

ȵtɕu^{22}。经过分析，阴平、阴去调的字，当声母来自古苗语带鼻冠音的不送气清闭塞音声母时，在洞头的调值分别为31、22；当声母来自古苗语的其他声母，包括带鼻冠音的送气清闭塞音声母时，在洞头的调值分别为53、33。而在大南山，阴平、阴去调的字，无论声母来自古苗语的什么声母，调值都各有一个，即阴平调的调值为43，阴去调的调值为44。这样，我们又由记音实践得出声母是不是来自古苗语带鼻冠音的不送气清闭塞音对苗语某些地方话个别阴类调有影响的理论。

在苗语中，有时语法对语音特别是对声调也有影响。当我们调查石门坎苗话时，发现绝大多数阳上、阳去、阳入调字各有两个调值，阳上调的两个调值为33和11，阳去调的两个调值为53和31，阳入调的两个调值也是53和31。例如：阳上调义为“鱼”的字在大南山读作 ɳʈʂe^{21}，义为“凉”的字在大南山读作 tsa^{21}，这两个字在石门坎分别读作 mbə^{33}和 dzɦie^{11}；阳去调义为“镯子”的字在大南山读作 pou^{13}，义为“抱”的字在大南山读作 pua^{13}，这两个字在石门坎分别读作 bau^{53}和 ba^{31}；阳入调义为“豆子”的字在大南山读作 tou^{24}，义为“咬”的字在大南山读作 to^{24}，这两个字在石门坎分别读作 dau^{53}和 dɦo^{31}。阳上、阳去、阳入调的字在大南山都各有一个调值，即阳上调的调值为21，阳去调的调值为13，阳入调的调值为24。在石门坎不但同一个调类的调值有两个，有的声母也有区别。除阳去调53调值和31调值的字声母都是纯浊音外，阳上和阳入调各自的两个调值的字声母则有纯浊音和送气浊音的区别，即阳上调33调值的字和阳入调53调值的字声母是纯浊音，阳上调11调值的字和阳入调31调值的字声母是送气浊音。经过分析，我们看出阳上调的名词和量词的调值为33，声母是纯浊音，例如：mo^{33}“蝇子”，vɯ^{33}“尿”，va^{33}“瓦”，di^{33}“手”，na^{33}“柿子”，mbə^{33}“鱼”，ndzie^{33}“辫子”，baɯ^{33}“一条河”，dla^{33}“一顿饭”，və^{33}“一窝鸟”。阳上调其他词类的调值为11，声母是送气浊音，例如：mɦa^{11}“买”，mɦau^{11}“去”，vɦɯ^{11}“解小便”，ndzɦie^{11}“编辫子”，mɦo^{11}“面粉细”，ȵɦie^{11}“薄”，ȵɦi^{11}“他”，bɦɯ^{11}“急起貌”，dlɦey^{11}“急出貌”，ɣɦu^{11}“刚刚”。阳去调的名词和量词的调值为53，声母为纯浊音，例如：ma^{53}“眼睛”，mby^{53}“鼻子”，vey^{53}“芋头”，dzau^{53}“凿子”，ba^{53}“一抱柴”，bey^{53}“一堆柴”，阳去调其他词类的调值为31，声母也是纯浊音，例如：da^{31}“死”，dai^{31}“卖”，dzo^{31}“到达”，nu^{31}“问”，die^{31}“真”，dlo^{31}“肥”，lu^{31}“发光貌”，mbo^{31}“倒塌貌”，bɯ^{31}“清洁貌”，gi^{31}“你”，mi^{31}“你们”，də^{31}“从此以后”。阳入调名词和量词的调值为53，声母为纯浊音，例如：dau^{53}“豆子”，va^{53}“饭”，dla^{53}“一封信”，da^{53}“踢了一踢”，ŋgey^{53}“一双筷子”。阳入调其他词类的调值为31，声母为送气浊音，例如：nɦa^{31}“看”，bɦo^{31}“看见”，dɦey^{31}“出”，mbɦɯ^{31}“辣”，ɴɢɦai^{31}“窄”，lɦai^{31}“满得快要溢出貌”，ɳɖɦai“伫立貌”，ʑɦi^{31}“八”，gɦau^{31}“十”。我们把33调值的阳上调叫做阳上（名），在音标后标调类时作4I，如 mbə$^{33}_{(4I)}$“鱼”，11调值的阳上调叫做阳上（非名），在音标后标调类时作4Ⅱ，如 ndzɦei$^{11}_{(4Ⅱ)}$“凉”；53调值的阳去调叫做阳去（名），在音标后标调类时作6I，如“bau$^{53}_{(6I)}$“镯子”，31调值的阳去调叫做阳去（非名），在音标后标调类时作6Ⅱ，如 ba$^{31}_{(6Ⅱ)}$“抱”；53调值的阳入调叫做阳入（名），在音标后标调类时作8Ⅰ，如 va$^{53}_{(8Ⅰ)}$“饭”，31调值的阳入调叫做阳入（非名），在音标后标调类时作8Ⅱ，如 bɦo$^{53}_{(8Ⅱ)}$“看见”。于是我们由记音实践又建立了由于词类不同而影响声调的理论。

以上所说的几项都是实践充实、发展声调理论的例子。

我们记录了200多个点的材料，通过比较，划分了方言、次方言。各方言，次方言代表点的语音都各具特征。我们把各方言、次方言代表点的声母、韵母作了比较，从而找出了古苗语的声类和韵类。我们初步认为古苗语的声类共有121个，韵类共有32个。因为苗语各地语音差别很大，不能用音标表示声类和韵类的名称。我们从同一声类的字中选出一个，以表其词汇意义的汉字作为声类的名称，从同一韵类的字中选出一个，以表其词汇意义的汉字作为韵类的名称，把声类称为“母”，把韵类称为“韵”。例如“百母”就是义为“百”的苗语词的声母所属的那一个声类，“一韵”就是义为“一”的苗语词的韵母所属的那一个韵类。于是，我们建立了声、韵类的理论[①]。当然这个理论是由记音实践得出来的。

我们早已掌握了调类的理论，又有了声类和韵类的理论，这对于今后的苗语调查提供了便利的条件。例如义为“镰刀”、“田”、“量米”、“一里路”、埋”、“惯”、“闪”的字都属于镰母，在同一个调查点，这些字的声母应当是相同的。如果记音时不注意，可能把其中的某几个字的声母记作 ɭ，而把另外一两个字的声母记作 l。这就要仔细听，看是否另外一两个字的声母也是 ɭ。又如义为“雷”、“深”、“煮开水”、“大”、“女人”、“步”、“盖被”、“吹芦笙”、“早”、“线”、“扁担断”、“看守”、“水浑”、“老虎”、“暖和”、“磨刀”、“刺（名词）”、“回来”、“碓”、“黄牛”、“拧毛巾”、“灶”、“一口饭”、“拔刀”、“腋下”、“休息”、“炊烟”、“拃”、“盖锅”、“到达”、“力气”、“滴下来”、“织布”、“笑”、“泥泞”、“鸭子”、“看见”、“咬”、“磨包谷”的字都属于笑韵，在同一个调查点，这些字的韵母应当是相同的。如果记音时不注意，可能把其中的某几个字的韵母记作 o，某几个字的韵母记作 ɔ，某几个字的韵母记作 ou。这就要仔细听，看是否有记错了的，发现错误立刻改正。这样就避免把同一个声母、韵母记作不同的音。

当然，同一声类、韵类在某一个调查点不一定都读相同的音。因为声母接的韵母不同，韵母接的声母不同，声、韵母出现的字的声调不同，声母、韵母都可以有变体。例如沟母在野鸡坡有 k，tɕ 两个变体。当所接的韵母为前元音时，读作 tɕ，为后元音（a 为后元音，实读作 ɑ）时，读作 k，如：tɕe^{31}“炒”，tɕen^{31}“金、虫”，tɕi^{55}“路、汤”，tɕen^{24}“蛆”；ka^{31}“药”，kaŋ^{31}“角”，koŋ^{31}“针、沟”，ku^{55}“弟弟”，kaŋ^{55}“我”，ko^{31}“斗笠”。人韵在野鸡坡有 aŋ、a 两个变体。当所接声母为鼻音时读作 a，所接声母为其他声母

① 参见本书《苗语的声类和韵类》一文。

（包括带鼻冠音的塞音声母）时，读作 aŋ，如：na^{31}“人”，m̥a^{55}“脚印”，ma^{55}“马”，n̥a^{55}“弩”；ʁwjaŋ^{31}“芦笙”，ŋkaŋ^{55}“懒”，thaŋ^{24}“炭”。抱母在石门坎有 b、bɦ 两个变体。当出现在阳平、阳上（非名）、阳入（非名）调的字中时，读作 bɦ，出现在阳上（名）、阳去（名）、阳去（非名）、阳入（名）调的字中时，读作 b，例字见前面关于语法影响声调的讨论。搓韵在宗地有 a、əa 两个变体。当出现在阳上、阳去两调字中时，读作 əa，如：pəa^{11}“坏了”（阳上），pʐəa^{13}“老鼠”，mpʐəa^{13}“笄、孤儿、寡妇”，təa^{13}“死”，ɭəa^{13}“惯”，tɕəa^{13}“遇见”，ŋkəa^{13}“勤快”（以上阳去）。出现在其他调的字中时，读作 a，如：ka^{32}“药”（古全清声母阴平），sa^{22}“搓绳子”（古次清声母阴平），l̥a^{42}“腰”，ha^{42}“屎”（以上古全清声母阴上），mpa^{55}“披衣服”，ta^{55}“杀人”，ɭa^{55}“撕布”，tɕa^{55}“嚼饭”，ha^{55}“公鸡叫”、“嫁”（以上古全清声母阴去），pa^{35}“破开肚子”（古次清声母阴去）。当我们记音时，如发现同一声类或韵类的读音不同，一定要找出所以读音不同的原因。如找不出来，有两种可能：一种可能是那个字和其他方言、次方言不同源；另一种可能是那个字和其他方言、次方言同源，却是另外一个声类或韵类的，而我们把不同的声类、韵类混在一起了。这就要找更多调查点的材料进行比较。必要时，要增加声类和韵类的数目。例如义为“苗族”的字，我们归入晚母，李永燧认为它不属于晚母，应当自成一个声类①。又如美国学者斯特列克（David Strecker）认为义为“人”和“鸟”的字应属于一个可构拟为 *mɭ 的声类，这两个字我们过去认为是属于构拟为 *n 的鸟母②。这是在理论指导实践的同时又用实践来充实、发展理论。

有了理论，在利用过去未在理论指导下记录的语言材料时，可以避免由于记音时的不认真而带来的错误。最近我们翻阅洞头话的材料，发现把义为“酸”的字记作 sɔ^{53}，把义为“葫芦”的字记作 to^{53}，把义为“嘴”的字记作 ȵo^{33}，把义为“铁”的字记作 ɬo^{33}、把义为“六”的字记作 ȶɔ^{33}，把义为“暗”的字记作 pjəu^{24}，把义为“斗笠”的字记作 ku^{24}，把义为“弯曲”的字记作 ŋkou^{24}，把义为“糯”的字记作 nou^{24}，把义为“十”的字记作 gou^{24}，把义为“喝”的字记作 hou^{24}。这些字都是收韵字，而这份材料把韵母记作 ɔ、o、əu、u、ou 等五个不同的形式。我们认为记音人不会把单元音记成复元音，但把 o 记作 ɔ，把 ou 记作 əu 则是可能的。我们不能不从声调上找问题。我们发现阴入和阳入调的字除义为“斗笠”的字记作 ku^{24}，韵母为单元音 u 外，其他各字的韵母都是复元音。阴入调的 ŋkou^{24}“弯曲”，hou^{24}“喝”，阳入调的 nou^{24}“糯”，gou^{24}“十”，韵母是 ou，唯有 pjəu^{24}“暗”的韵母都是 əu，这显然是记错了，应当记作 ou，也就是 pjəu^{24}应当记作 pjou^{24}。其他调的字，韵母记作 o、ɔ 两种形式，sɔ^{53}“酸”（阴平）、ȶɔ^{33}“六”（阴去）的韵母是 ɔ，to^{53}“葫芦”（阴平）、ȵo^{33}“嘴”（阳平）、ɬo^{33}“铁”（阴去）的韵母是 o，这

① 李永燧同志口头对作者讲的。

② 美国学者斯特列克寄给作者一份在 19 届国际汉藏语言学会议的发言稿，题为《一个新发现的古苗语复辅音 * mɭ在巴哼语和那峨语中的证据》（Evidence from Pa Hng and Na-e for a New Proto-Hmongic Cluster：* mɭ-）。

显然是把同一个韵母记作两种形式。由入声字的韵母是 ou 来看，这个韵合口度较大，可把 ɔ 改为 o。现在只有一个 ku^{24} “斗笠” 不好处理。我们认为 ku^{24} 是个阴入调字，按理应当记作 kou^{24}，不过记音人不可能把 kou^{24} 记作 ku^{24}，所以我们可以作为存疑处理，即在 ku^{24} 旁注上 “韵!” 字，表示韵母有问题。这样，这几个字应分别记作下面的样子：

酸	so^{53}	葫芦	to^{53}	嘴	ȵo^{33}
铁	ɬo^{33}	六	ȶo^{33}	暗	pjou^{24}
喝	hou^{24}	弯曲	ŋkou^{24}	斗笠	ku^{24} （韵!）
十	gou^{24}	糯	nou^{24}		

并加注说明：收韵有两个变体，在入声调的字读作 ou，在其他声调的字读作 o。这样，我们用理论来指导使用早期调查的材料，从而不致把建立声、韵理论之前所记录的大量材料看成一堆废纸。理论应当这样被我们运用，不但指导我们记录新的材料，也可以指导我们利用旧的材料。

今后我们还要在实践中充实理论，即尽快找到同源字所属的声类和韵类，改正我们已确定的声类和韵类的数目，挖掘声调方面还没有发现的问题，等等。我们的任务还相当繁重！

一个苗语字韵类归属的改正*

1979 年我曾写过一篇题为《苗语方言声韵母比较》的论文，提交第 12 届汉藏语言学会议（油印本，未发表，以下简称 1979 年文）。在文章中我选用了 674 个单音节词或词根（以下简称字）进行苗语湘西方言、黔东方言和川黔滇方言的 7 个次方言的比较，得出古苗语的 121 个声类和 32 个韵类，并给古苗语的声类构拟了古音。后来经过深入研究和补充调查，我在 1980 年以后写的《苗语的声类和韵类》、《苗语方言划分问题》、《苗语古音构拟问题》、《苗语补充调查中的新收获》等文，对 1979 年文作了很多修正。声类数目增至 129 个，韵类数目减为 30 个，改变了一些声类的古音构拟，并给古苗语的韵类构拟了古音，改正了 1979 年文中一些苗语字的声类归属。

本文只谈 1979 年文把一个作“渴”讲的苗语字的韵类归错，需要改正它的韵类归属问题。这个意见是美国学者斯特列克（David Strecker）先生提出来的。

苗语有两个作“渴”讲的字，有的地方专有一个作“渴”讲的字，有的地方作“干燥”讲的字同时也作“渴”讲。1979 年文把专作“渴”讲的字叫“渴$_{\text{二}}$”，把兼作“渴”和“干燥”讲的字叫“渴$_{\text{一}}$”。我在 1979 年文把作“渴$_{\text{二}}$”讲的字列在地韵字表中，也就是说这个字是地韵字。1989 年 12 月斯特列克先生给我来信说作“渴$_{\text{二}}$”讲的字是借韵字。他列了一个比较表：

韵类	例字汉义	印支苗语甲（Hmong）	印支苗语乙（Mong）	布努语东努土语	畲语莲花方言	畲语罗浮方言	古苗语
借韵	矮	qe$^{22}_{(4)}$ ~ qi$^{22}_{(4)}$	qɦe$^{42}_{(4)}$	ku$^{231}_{(4)}$	khje$^{42}_{(4)}$	khje$^{53}_{(4)}$	*ɢa^{B}
	下去	ɴqe$^{22}_{(4)}$ ~ ɴqi$^{22}_{(4)}$	ɴqɦe$^{42}_{(4)}$	ŋku$^{231}_{(4)}$	kje$^{42}_{(4)}$	——	*ɴɢa^{B}
	渴$_{\text{二}}$	ɴqhe$^{22}_{(7)}$ ~ ɴqhi$^{22}_{(7)}$	ɴqhe$^{22}_{(7)}$	ŋkhu$^{31}_{(7)}$	khje$^{35}_{(6)}$	khje$^{35}_{(6)}$	*ɴqha^{D}
地韵	钩	ɴqe$^{33}_{(5)}$不能读作ɴqi$^{33}_{(5)}$	ɴqai$^{33}_{(5)}$	ŋke$^{42}_{(5)}$	——	——	*ɴqæ^{C}
	蛋	qe$^{33}_{(5)}$不能读作 qi$^{33}_{(5)}$	qai$^{33}_{(5)}$	ce$^{42}_{(5)}$	ka$^{31}_{(5)}$	kja$^{31}_{(5)}$	*qwjæ^{C}

* 本文发表于《民族语文》1991 年第 2 期，第 59 ~ 61 页。

关于这个表有几点要说明的：1. “印支苗语甲”在斯氏原文是 White Hmong，“印支苗语乙”在斯氏原文是 Green Mong，直译应分别为“白苗”、“绿苗”，为了区别于国内的苗语，改为“印支苗语甲”和“印支苗语乙”，下面附上 Hmong 和 Mong，说明是自称不同的印度支那的两种苗族的语言。2. “印支苗语甲”的第 4 调和第 7 调调值同为 22，斯氏原文把例字的调类符号写作 47，如作“矮”讲的字，斯氏写作 qe$^{22}_{(47)}$ ~ qi$^{22}_{(47)}$，作“渴$_{二}$”讲的字，斯氏写作ɴqhe$^{22}_{(47)}$ ~ ɴqhi$^{22}_{(47)}$。我们已经知道作“矮”讲的字是第 4 调字，调类符号不标 47，只标 4，作“渴$_{二}$”讲的字是第 7 调字，调类符号不标 47，只标（7）。这两个例字我们分别写作 qe$^{22}_{(4)}$ ~ qi$^{22}_{(4)}$、ɴqhe$^{22}_{(7)}$ ~ ɴqhi$^{22}_{(7)}$，由例字的标音，可以看出第 4 调和第 7 调调值同为 22。3. 斯氏原文布努语、畲语例字只标调类，未标调值，和苗语例字的标法不同。我请毛宗武同志查对调查材料，给布努语、畲语的例字加上了调值。如作“矮”讲的字斯氏原文布努语东努土语写作 ku^{4}，我改写作 ku$^{231}_{(4)}$，斯氏原文畲语莲花方言写作 khje^{4}、罗浮方言写作 khje^{4}，我分别改写作 khje$^{42}_{(4)}$和 khje$^{53}_{(4)}$4. 由上表上看，作“渴$_{二}$”讲的畲语的调类标作 6 似与苗语、布努语的声调不合，畲语的 6 调相当苗语，布努语的第 7、8 两调，这是标调的方法不同，不是声调不合，见《畲语简志》第 15 页。

由斯氏的比较表，可以很明显地看出作“渴$_{二}$”讲的字是借韵字，不是地韵字。

1987 年夏我调查了贵州安顺市汪家山的苗语，汪家山的材料也说明作“渴$_{二}$”讲的字是借韵字，不是地韵字。借韵在汪家山接小舌塞音声母的反映形式是 e，如：qe$^{33}_{(1)}$黄瓜，qe$^{53}_{(2)}$蒜，qe$^{55}_{(3)}$借牛，qe$^{11}_{(4)}$矮，ɴqe$^{11}_{(4)}$下去，ɴqe$^{35}_{(5)}$价钱。地韵在汪家山的反映形式是 a，如 pa$^{33}_{(1)}$三，sa$^{33}_{(1)}$钢，mpla$^{53}_{(2)}$稻子，la$^{53}_{(2)}$久，nta$^{55}_{(3)}$长短，ntsa$^{55}_{(3)}$盐，tsa$^{11}_{(4)}$手，tɕa$^{11}_{(4)}$枝，mpa$^{35}_{(5)}$名字，ta$^{35}_{(5)}$霜，nta$^{11}_{(6)}$下蛋。作“渴$_{二}$”讲的字在汪家山读作ɴqhe$^{56}_{(7)}$，不读作ɴqha$^{55}_{(7)}$，所以说这个字是借韵字，不是地韵字。

我之所以在 1979 年文中认为作“渴$_{二}$”讲的字是地韵字是由于我把川黔滇方言罗泊河次方言的代表点贵州福泉县复员公社（今改干坝乡）野鸡坡的作“渴$_{一}$”讲的字误认为作“渴$_{二}$”讲的字了。福泉县野鸡坡苗话平声和入声调值都是 31，如果不和别的方言比较，见到 31 调的字不知道是平声（调类号标作 A）还是入声（调类号标作 D）。福泉县野鸡坡把作“渴”讲的字读作ɴʔqhei^{31}，我主观地认为ɴʔqhei^{31}是入声字，是作“渴$_{二}$”讲的字，加上调类号，写作ɴʔqhei$^{31}_{(D)}$。因为作“渴$_{二}$”讲的字在川黔滇方言川黔滇次方言的代表点贵州毕节县先进乡（今改小哨苗族乡）的大南山和川黔滇方言滇东北次方言的代表点贵州威宁彝族回族苗族自治县荣合公社（今改中水区）的石门坎分别读作 ɴqhe$^{33}_{(71)}$和 ɴqhɯ$^{11}_{(7)}$，都是入声字。1979 年文中作“渴$_{二}$”讲的字在湘西方言的代表点湖南花垣县吉伟公社（今改吉卫乡）的腊乙坪读作ɴqhe$^{44}_{(7)}$，也是入声字。作“渴$_{二}$”讲的字在比较的 9 个点中只有野鸡坡、大南山、石门坎和腊乙坪四个点有材料。其中大南山和石门坎的读法，韵母既合借韵的反映形式，又合地韵的反映形式。腊乙坪的读法，韵母既不合借韵的反映形式，也不合地韵的反映形式，只好在音标旁边写上“韵！”表示韵母不合对应规律。野鸡坡的读法，韵母合地韵的一种反映形式。地韵在野鸡坡有两种反映形式，一种是 i，如 ti$^{31}_{(A)}$地，tɕhi$^{31}_{(A)}$扫地，nʔti$^{24}_{(B)}$长短，ɴʔtsi$^{24}_{(B)}$盐，tɕi$^{24}_{(B)}$路，ɴʔti$^{24}_{(C)}$烤火，ȵ̥ʔtɕi$^{31}_{(C)}$爬树；一种是 ei，如 pei$^{31}_{(A)}$我们，qwei$^{31}_{(A)}$远，ʁlei$^{31}_{(A)}$河，qlei$^{24}_{(B)}$狗，wei$^{24}_{(B)}$手，mʔpei$^{24}_{(C)}$名字。我武断地把作“渴$_{二}$”讲的字认为是地韵字了。其实，野鸡坡的ɴʔqhei^{31}不是作“渴$_{二}$”讲的字，它是作“渴$_{一}$”讲的字，它应当标 A 调类，不应当标 D 调类，即应当写作ɴʔqhei$^{31}_{(A)}$。ɴʔqhei$^{31}_{(A)}$是渴母拍韵字，野鸡坡拍韵接小舌音声母的反映形式也是 ei，例如作“客人”讲的字就读作 qhei$^{24}_{(C)}$。造成这种错误的另一个原因是野鸡坡作“干燥”讲的字我们只问到一个 ȵ̥tɕe$^{24}_{(C)}$没有问到ɴʔqhei^{31}。我既然发现ɴʔhei^{31}只作“渴”讲，我就主观地认为它是作“渴$_{二}$”讲的字，所以就把调类号标作 D，把整个字写作ɴɔqhei$^{31}_{(D)}$，野鸡坡地韵至少有一种反映形式是 ei，借韵的反映形式不论接什么声母都是 a，如 pja$^{31}_{(A)}$五，ɴʔtsha$^{31}_{(A)}$粗糙，ʔwja$^{31}_{(A)}$蜂蜜，qwa$^{31}_{(A)}$黄瓜，ða$^{31}_{(A)}$弟兄，ʁa$^{31}_{(A)}$蒜，mʔpa$^{24}_{(B)}$补锅，nʔta$^{24}_{(B)}$手指，wja 尿$^{24}_{(B)}$，ʁa$^{24}_{(B)}$矮，ɴqa$^{24}_{(B)}$下去，l̥a$^{24}_{(C)}$月亮，ɴʔqa$^{24}_{(C)}$价钱，ɳʈʂa$^{24}_{(C)}$拄拐棍，ta$^{31}_{(D)}$翅，mpja$^{31}_{(D)}$辣，za$^{31}_{(D)}$醒，ʑa$^{31}_{(D)}$八，ʁwa$^{31}_{(D)}$逃脱；正好石门坎和大南山作“渴$_{二}$”讲的字韵母分别是 ɯ 和 e，既合借韵的反映形式，也合地韵的反映形式，因为野鸡坡的ɴʔqhei^{31}合地韵反映形式，我就把作“渴二”讲的字误认为地韵字了。

经斯特列克先生指出，我再作了和汪家山苗话的比较，认识到 1979 年文把作“渴$_{二}$”讲的字的韵类归属弄错了。野鸡坡的ɴʔqhei^{31}是作“渴$_{一}$”讲的字，是渴母拍韵平声字，应写作ɴʔqhei$^{31}_{(A)}$。

通过这个字韵类归属的改正，我受到很大的教育。我们做研究工作千万不能大意，更不能犯主观主义。假如我在 1979 年仔细查对布努语和苗语方言材料，是不会把野鸡坡的ɴʔqhei$^{31}_{(A)}$误认为ɴʔqhei$^{31}_{(D)}$，即把平声字误认为入声字的。当然也就不会把应当属于借韵的字错误地列在地韵中了。

贵州威宁苗语带前加成分的双音节名词的形态变化*

贵州威宁苗语带前加成分的双音节名词除民族名称如 a^{33}sa^{55}“布依族”、a^{55}vau^{55}“汉族”、a^{55}maɯ^{55}“彝族”等，亲属称谓如 a^{33}zi^{33}“姐姐”、a^{33}vau^{33}“姐夫”、a^{55}bo^{55}“祖母”、a^{11}tai^{11}“外祖母”等以外都有形态变化。名词本形叫肯定形，变形叫不肯定形。肯定形指的事物是明确的、固定的，就是那个名词所指事物本身，如 a^{55}ma^{53}“眼睛”是视觉器官，不肯定形指的事物是不明确的、不固定的，如：a^{55}mu^{55}a$^{55-31}$ma$^{53-31}$“眼睛什么的”，即指眼睛、鼻子、耳朵、嘴等器官。

威宁苗语名词前加成分有 a^{55}-、a^{33}-、a^{11}-、pi^{55}-、pi^{33}-、ti^{55}-、ki^{55}-、ki^{33}-、li^{55}-、li^{33}-等，其中以 a^{55}-、a^{33}-出现的频率最高。

带前加成分的双音节名词的不肯定形构成的方法是在肯定形的前面加两个音节。所加的第一个音节和肯定形的第一个音节（即前加成分）的声母、韵母相同，声调为高平调；所加第二个音节和肯定形的第二个音节（即词根）的声母相同，若肯定形的第二个音节的声母是带浊送气成分的浊声母，则所加第二个音节的声母必须去掉浊送气成分，所加第二个音节的韵母由肯定形第二个音节的韵母决定。如果肯定形的第二个音节的韵母是展唇元音 a、ə、ɯ、i 或由展唇元音构成的复辅音 ai、aɯ，则所加第二个音节的韵母是 u。如果肯定形的第二个音节的韵母是圆唇后高元音 u，则所加第二个音节的韵母是 i。如果肯定形的第二个音节的韵母是圆唇后次高元音 o 或圆唇前高元音 y 或复元音 au、ey，则所加第二个音节的韵母可以是 i，也可以是 u，但以 i 为常用。所加第二个音节的声调为高平调。如：

a^{55}ma^{53}眼睛——a^{55}mu^{55}a$^{55-31}$ma$^{53-31}$ 眼耳口鼻

a^{55}ndu^{53}边——a^{55}ndi^{55}a$^{55-31}$ndu$^{53-31}$ 田边地角

pi^{55}ndzau^{53}魔鬼——pi^{55}ndzu^{55}（或 pi^{55}ndzi^{55}）pi$^{51-31}$ndzau$^{53-31}$ 妖魔鬼怪

下面举几个带前加成分的双音节名词和它们的肯定形、不肯定形的例句。

---

* 本文发表于《民族语文》1996 年第 1 期，第 34~36 页转 33 页。

1. a^{55}pha^{11}汤里的食物

① lai^{55} kho^{55} ka$^{33-11}$ zau^{55} ȵ̥i^{55} hi^{33} mɦa^{35} a^{55}pha^{11} daɯ^{11}, ʂo^{11} dia^{35} ka^{33} ka^{33} ta^{55} daɯ^{11}.

个 碗 汤 菜 这 不 有 汤中食物 了 剩 一点儿 汤 汤 只 了

这碗汤菜里没有菜了，只剩一点儿汤水了。

② qha^{55} mɦa^{35} dia^{35} a^{55}phu^{55}a$^{55-11}$pha^{11} ai^{55}? hai^{11} lɦo^{11} ʈhau^{33} ȵ̥hi^{11}a$^{55-33}$lɦɯ^{35} nɦau^{35} thie^{55}.

还 有 一点儿 菜、豆腐、豆粒、花生等物 吗 舀 来 给 他们俩 吃 添

汤菜里还有点儿菜、豆腐、豆粒、花生什么的吗？舀来给他们俩吃。

a^{55}pha^{11}这个词之所以有不肯定形，是由于汤里边的食物可以是一种，也可以是多种，如肉、白菜、豆腐、豆粒等。

2. a^{33}phey^{55}箩筐

① vɦai^{31} ȵ̥i^{55} mɦa^{35} i^{55} lu^{55} a^{33} phey^{55}. 这里有一个箩筐。

地方 这 有 一 个 箩筐

② ʦʂa^{55} mɦa^{35} a^{55} phi^{55}a^{33}phey^{55} dʐi^{11}, khey^{11} lɦo^{11} pi^{55} ndɦi^{31} ti^{55} qau^{55} ȵ̥i^{55} saɯ^{33}.

若 有 箩筐箩筐什么的 的话 拿 来 我们 装 些 粮食 这 掉

若是有箩筐、箩筐什么的，拿来我们把这些粮食装好。

3. a^{55}ndu^{53}边

① xai^{33} mɦau^{11} lɦa^{35} saɯ^{33} lai^{55} a^{55} ndu^{53} ɕey^{55}! 运到海边扔掉！

运 去 扔 掉 个 边 海

② ku^{55} la^{55} mɦau^{11} ȵ̥tɕey^{11} a^{55}ndi^{55}a$^{55-31}$ndu$^{55-31}$ ti^{55}. 我要去挖边角地。

我 将要 去 挖 边角地带 地

田边地角指田地的不能用犁耕的地带，因为太窄小，容不下牛拉犁转换方向，也指可以开垦的田边地角附近的刺丛。大概正是由于田边地角形状复杂，才用不肯定形。

4. pi^{55}ndzau^{53}魔鬼

① ȵ̥o^{55} ndlɦie^{35} ti^{55} hi^{33} mɦa^{35} pi^{55} ndzau^{53} dʐo^{11}. 世界上没有魔鬼。

在 世界 上 不 有 魔鬼 的

② ɖau^{31}ku^{11} pi^{55}ndzu^{55}（或 ndzi^{55}）pi$^{55-31}$ ndzau$^{53-31}$ tau^{33} ȵ̥tɕi^{33} ȵ̥ɦi^{11} na^{55}.

大概 妖魔 鬼 怪 得 爬 他 因

魔鬼妖精什么的附在他身上了。（多指由于失恋或相思，有的人精神失常，外人才有这样的议论。）

5. a^{55}ma^{53}眼睛

① ku^{55} mɦa^{35} a^{55} lu^{55} a^{55}ma^{53}, ku^{55} ʈhau^{33} a^{55}ma^{53} nɦa^{31}.

我 有 二 只 眼睛 我 用 眼睛 看

我有两只眼睛，我用眼睛看。

② qha^{55} lɦa^{35} a^{55}və^{55} ntau^{11} dʐɦie^{35} di^{55}, tau^{33} ntau^{11} a^{55}mu^{55}a$^{55-31}$ma$^{53-31}$ die^{11}.

不要 扔 石头 打 牲口 不要 得 打 眼耳口鼻 的

（qha^{55}…di^{55} 二字前后呼应，作不要…讲）不要扔石头打牲口，会打着眼睛什么的。

6. a^{33}ndlɦau^{35}叶子

①tsi^{55} faɯ^{55} tsi^{55} ly^{53}ʑɦaɯ^{35} ɳi^{55} tai^{55} a^{33}ndlɦau^{35} dʑi^{11} gi^{11} vɦaɯ^{35} ki^{55}zie^{55}.

三 棵 （助量词） 杨 柳 这 些 叶 子 呢 （系词） 黄 澄澄

这三棵杨树的叶子黄澄澄的。（秋天的景象）

② no^{33} ta^{55}die^{31}，mɦau^{22} tɕhi^{55} tia^{55} a^{55}ndli^{55}（或 ndlu^{55}） a^{33}ndlɦau^{35} ntau^{33}

冷 很 去 扫 一些（指小） 叶子 什么的 （如落叶、落花） 树

vɦai^{35} lɦo^{11} pi^{55} l̥ey^{55} nti^{33}.

那 来 我们 烧 烤火

天很冷，去扫那些树叶，落花、干枝什么的来，我们点着烤火。

7. a^{33}ntsau^{33}树荫

① faɯ^{55} ntau^{33} ɳi^{55} tai^{33} a^{33}ntsau^{33} lɦo^{11} faɯ^{55} ta^{55}die^{31}. 这棵树有很宽的树荫。

棵 树 这 个 树 荫 经、由 宽 很

② ʈʂhaɯ^{55}ku^{55} ta^{55}die^{31}，mɦau^{11} ɳo^{55} tl̥ɑ$^{33-11}$ bɦi^{31} tia^{55} a^{55}ntsu^{55}（或 ntsi^{55}） a^{33}ntsau^{33} bɦi^{35}.

炎热 很 去 坐 到 坡上面 一些(指小) 各种树的树荫 坡上面那

（bɦi^{31}……bɦi^{35}二字前后呼应作“坡上面那”讲）炎热得很，到坡上面那些树荫去坐一会儿。

a^{55}ntsu^{55}（或 ntsi^{55}） a^{33}ntsau^{33}不是一个树的树荫，而是许多树的，所以用不肯定形。

8. a^{33}ɳdʑɦɑu^{35}嘴

① ku^{55} mɦa^{35} i^{55} lu^{55} a^{33}ɳdʑɦau^{35}，ku^{55} ʈhau^{33} a^{33}ɳdʑɦau^{35} nɦau^{35} va^{53} ɳɖo^{31} hi^{11} lu^{33}.

我 有 一 个 嘴 我 用 嘴 吃 饭 和 说 话

我有一张嘴，我用嘴吃饭和说话。

② ɳɦi^{11} dzɦau^{35} ti^{55} a^{55}ɳdʑu^{55}（或 ɳdʑi^{55}） a^{33}ndʑɦau^{35} tu^{33} ʈʂy^{33} tɕey^{55} mə^{33} si^{55}.

他 们 一些 嘴巴鼻子什么的 都 有…味儿 酒 香气 尚

（ʈʂy^{33}…“有…味儿”，ʈʂy^{33}tɕey^{55}是有酒味儿）他们的嘴巴、鼻子什么的还都有酒味儿。

有一些带前加成分的双音节名词如 li^{33}fau^{33} “头”、a^{55}key^{11} “癞蛤蟆”、a^{55}ɢey^{53} “大雁”、a^{55}ʈʂhy^{11} “猫”、a^{55}ɖi^{53} “裤子”、ki^{33}ɖɦau^{35} “桌子”、a^{55}lu^{55} “果子” 很少用不肯定形。事实上这些名词都有不肯定形，如 a^{55}ʈʂɦy^{11} “猫” 的不肯定形 a^{55}ʈʂɦi^{55} a$^{55-11}$ʈʂɦy^{11}指的还是猫，想不出还有什么别的动物，只能是颜色不同的猫，如黑猫、白猫、花豹、波斯猫等。但 ki^{55}tl̥i^{11} “野猫” 指的动物不仅限于野猫。ki^{55}tl̥i^{11}能泛指一切猛兽如老虎、狮子等，所以 ki^{55}tl̥i^{11}的不肯定形经常出现。ki^{55}tl̥i^{11}甚至经常代替 ʈʂo^{55} “虎”、fɯ^{33} “狼”，大概直接呼 ʈʂo^{55}、fɯ^{33}会造成恐惧的感觉，甚至于对“狮”、“虎”有人尊称为 a^{11}ʑɦey^{11} “爷爷”。

由于上面举的例子可以看出带前加成分的双音节名词不肯定形所代表的事物虽然都是不明确、不固定的，但也表示复杂、多数。如“这头牛红着眼看人”（因为发怒）这句话中的“眼”不能用不肯定形，要说作：

tai^{33} ɳɦu^{35} ɳi^{55} a^{55}ma^{53} ki^{11}dʐ̥ɦa^{11} thie^{55} tɯ^{55}nɯ^{55}.

只 牛 这 眼睛 红 对着 人

若是“这群牛红着眼看人”这句话的“眼”就得用不肯定形，要说作：

mbɦai^{35} ȵɦu^{35} ȵi^{55} a^{55}mu^{55} a$^{55\text{-}31}$ma$^{53\text{-}31}$ ki^{11}dʐɦa^{11} thie^{55} tɯ^{55}nɯ^{55}.

群　牛　这　一双双　的眼睛　红　对着　人

意思是许多双眼红着。

附录

1. 以 pi^{55}-作前加成分的双音节名词举例

pi^{55}naɯ^{55} 蛇　pi^{55}kaɯ^{55} 虫　pi^{55}tɕaɯ^{55} 蚯蚓　pi^{55}tl̥aɯ^{55} 鬼

pi^{55}qaɯ^{55} 头儿、根儿　pi^{55}dʐɦai^{31} 山羊胡须　pi^{55}dzɦai^{31} 火星儿　pi^{55}lɦai^{31} 火焰

pi^{55}dɦau^{31} 故事　pi^{55}tɕo^{11} 疙瘩、瘊子　pi^{55}khey^{11} 绳结　pi^{55}ly^{53} 露水

2. 以 pi^{33}作前加成分的双音节名词举例

pi^{33}tey^{33} 皮　pi^{33}ntsi^{33} 蝴蝶　pi^{33}ɢɦo^{35} 关节　pi^{33}dzɦy^{35} 石堆

pi^{33}tɕho^{55} 麻雀　pi^{33}ʈʂhu^{33} 伴郎

3. 以 ti^{55}-作前加成分的双音节名词举例

ti^{55}ŋgɦau$^{35\text{-}55}$（ŋgau^{55}）姑娘　ti^{55}ndzɦa^{11} 孤儿　ti^{55}ɢɦau^{11} 脊背　ti^{55}l̥au^{55} 小腿

4. 以 ki^{55}-作前加成分的双音节名词举例

ki^{55}mpa^{55} 瓜　ki^{55}ʈha^{55} 扫帚　ki^{55}l̥aɯ^{55} 布条　ki^{55}tau^{55} 葫芦

ki^{55}tl̥i^{55} 黄瓜　ki^{55}ndzɦau^{31} 蚂蚁　ki^{55}tə^{11} 号（一种乐器）

ki^{55}nʈʂa^{11} 喜鹊　ki^{55}dzɦa^{31} 马桑

5. 以 ki^{33}-作前加成分的双音节名词举例

ki^{33}ʈau^{33} 爪、蹄、指甲　ki^{33}ʈu^{33} 青杠树　ki^{33}ʂa^{33} 辣椒　ki^{33}tsɯ^{55} 小方柜

6. 以 li^{55}-作前加成分的双音节名词举例

li^{55}a^{55} 乌鸦　li^{55}fai^{11} 铧口　li^{55}gau^{55} 火镰　li^{55}qa^{55} 牛轭

li^{55}mɦa^{31} 牛虻　li^{55}vɦau^{31} 犁头

7. 以 li^{33}-作前加成分的双音节名词举例

li^{33}pɦy^{55} 瓶子　li^{33}kau^{33} 麂子　li^{33}qu^{55} 公牛　li^{33}tɕa^{33} 一种灌木

li^{33}qhau^{33} 枷

后　记

这本文集共收论文十九篇①，其中绝大多数都是关于苗语的。《怎样分析和记录汉藏语系语言的声调》虽然在题目上看不出与苗语有关，但其中所举的例子主要是汉语和苗语的。《广西龙胜伶话记略》写的是广西壮族自治区龙胜各族自治县的一种汉语方言，但操这种汉语方言的却是苗族。伶话和湖南省城步苗族自治县的绝大多数苗族所说的话基本相同，可以算是同一方言，而城步的苗族一直认为他们说的话是苗语。我觉得介绍一下伶话对于纠正这种错误认识是有帮助的。《湖南泸溪瓦乡话语音》和《再论湖南泸溪瓦乡话是汉语方言》这两篇文章讨论的是另一种汉语方言。湖南省沅陵地区和湘西土家族苗族自治州自称为瓦乡的居民说一种和当地汉语差别很大的汉语方言，但有人认为瓦乡人说的话是苗语，这就有必要弄清瓦乡话到底是汉语还是苗语。苗语虽然和汉语同属于汉藏语系，但毕竟是语音、语法、词汇各方面差别很大的两种语言。以基本词汇来说，瓦乡话的天、地、日、月、水、火、风、雷；吃、喝、拉、撒、睡、行、动、坐、卧、走；红、蓝、黑、白、绿；一、二、三、四、五等都是汉语词，怎么能说瓦乡话是苗语呢？瓦乡人的民族成分是另一个问题。瓦乡话是汉语的一种方言必须肯定，不能含糊。《台湾高山族语言概况》虽然与苗语无关，但美国学者白保罗主张苗语和印度尼西亚语同属于澳台语系，而高山族的语言正是属于印度尼西亚语族的几种语言之一，了解一点高山族的语言情况，对苗语研究工作者来说也是必要的。

这本文集中《贵州威宁苗语的方位词》《贵州威宁苗语的状词》《贵州威宁苗语的声调》是苗族王德光同志提供的材料，由我执笔写出初稿，然后我们两人共同讨论，修改成为定稿，署名时因由我执笔把我写在前面，王德光同志写在后面，其实如果不是王德光同志和我合作，我是写不出这三篇文章的。把两人合作的文章收入我的文集，我觉得心中不安，但王德光同志慨然同意，在此我谨向王德光同志表示谢意。

我应当感谢马学良先生，他在百忙中给我这本文集写了过誉的序。在马先生的鼓励下，今后我将加倍努力在苗语研究工作中做出一些成绩。

---

① 本文集前十九篇是作者自选的篇目，应琳先生认为，《一个苗语字韵类归属的改正》和《贵州威宁苗语带前加成分的双音节名词的形态变化》两篇文章，篇幅不长，但很有意义。现附在第十九篇后，总计二十一篇。——编者识

尽管我在校改过去发表的这十九篇论文时反复斟酌，改正过去写错和印错的字句和符号。但因限于水平，错误之处在所难免，请阅读的同志不吝赐教，我在此翘首伫盼同志们提出宝贵的意见。

王辅世

1987 年 3 月 27 日

图书在版编目（CIP）数据

王辅世语言研究文集/王辅世著．—北京：社会科学文献出版社，2014.9
（中国社会科学院老年学者文库）
ISBN 978-7-5097-5966-0

Ⅰ．①王…　Ⅱ．①王…　Ⅲ．①苗语-文集　Ⅳ．①H216-53

中国版本图书馆CIP数据核字（2014）第084229号

·中国社会科学院老年学者文库·

王辅世语言研究文集

著　　者／王辅世

出 版 人／谢寿光
出 版 者／社会科学文献出版社
地　　址／北京市西城区北三环中路甲29号院3号楼华龙大厦
邮政编码／100029

责任部门／人文分社（010）59367215
电子信箱／renwen@ssap.cn
项目统筹／宋月华　魏小薇
经　　销／社会科学文献出版社市场营销中心（010）59367081　59367089
读者服务／读者服务中心（010）59367028

责任编辑／李钊祥　魏小薇
责任校对／师小平
责任印制／岳　阳

印　　装／三河市东方印装有限公司
开　　本／787mm×1092mm　1/16
印　　张／38.25
字　　数／852千字
版　　次／2014年9月第1版
印　　次／2014年9月第1次印刷
书　　号／ISBN 978-7-5097-5966-0
定　　价／189.00元